westermann

Klaus Hegemann, Udo Schaefer

Basiswissen IT-Berufe

Einfache IT-Systeme

11. Auflage

Bestellnummer 01626

Zusatzmaterialien zu Einfache IT-Systeme

Für Lehrerinnen und Lehrer

Lösungen zum Schulbuch: 978-3-427-02183-4
Lösungen zum Schulbuch Download: 978-3-427-01630-4

BiBox Einzellizenz für Lehrer/-innen (Dauerlizenz)
BiBox Klassenlizenz Premium für Lehrer/-innen und
bis zu 35 Schüler/-innen (1 Schuljahr)
BiBox Kollegiumslizenz für Lehrer/-innen (Dauerlizenz)
BiBox Kollegiumslizenz für Lehrer/-innen (1 Schuljahr)

Für Schülerinnen und Schüler

BiBox Einzellizenz für Schüler/-innen (1 Schuljahr)
BiBox Einzellizenz für Schüler/-innen (4 Schuljahre)
BiBox Klassensatz PrintPlus (1 Schuljahr)

© 2025 Westermann Berufliche Bildung GmbH, Ettore-Bugatti-Straße 6-14, 51149 Köln
service@westermann.de, www.westermann.de

Druck und Bindung: Westermann Druck GmbH, Georg-Westermann-Allee 66, 38104 Braunschweig

ISBN 978-3-427-01626-7

Vorwort

Das vorliegende Buch ist Teil einer Fachbuchreihe, die für die informations- und telekommunikationstechnischen Berufe (IT-Berufe) konzipiert wurde und bereits seit vielen Jahren auf dem Markt etabliert ist. Diese Neuauflage basiert weiterhin auf der bekannten thematischen Aufteilung der prüfungsrelevanten IT-Inhalte auf die Fachbücher „Einfache IT-Systeme" und „Vernetzte IT-Systeme".

Die fachsystematisch strukturierten Inhalte des vorliegenden Buches decken hierbei maßgeblich die technischen Unterrichtsinhalte ab, die im Bildungsplan für (technische) Informatik aufgeführt werden.

Das vorliegende Buch lässt sich daher insbesondere für die Ausbildung zum informationstechnischen Assistenten bzw. zur informationstechnischen Assistentin sowie generell zur Vermittlung von IT-Grundlagen an technischen Gymnasien oder anderen Bildungsinstitutionen verwenden.

Die inhaltlichen Schwerpunkte der entsprechenden fachbereichsspezifischen Handlungsfelder sind kapitelweise gegliedert und in lerndidaktisch sinnvoller Weise aufbereitet. Englische Fachbegriffe sind integriert. Jedes Kapitel schließt mit Fragen zur (Selbst-)Überprüfung erworbener Fachkompetenzen ab, teilweise auch mit selbstständig durchzuführenden Handlungsaufgaben.

Handhabung

Das vorliegende Fachbuch ist sowohl Informationsbasis als auch unterrichtsbegleitendes Nachschlagewerk bei der Lösung kompetenzfördernder Aufgabenstellungen. Die chronologische Bearbeitung der Kapitel ist nicht zwingend erforderlich, vielmehr kann sie sich an den Erfordernissen der jeweils im Unterricht eingebrachten Lernsituationen orientieren. Darüber hinaus ist das Buch auch zum individuellen Selbststudium und zur Prüfungsvorbereitung geeignet.

Neben den grundlegenden Kapiteln über die Hard- und Software von IT-Systemkomponenten sowie die IT-Sicherheit (Kap. 1–3) kann bei Bedarf auch auf die Kapitel über die prinzipiellen Vorgänge bei der Informationsverarbeitung (Kap. 4) sowie die hierzu erforderlichen elektrotechnischen Grundlagen (Kap. 5) zurückgegriffen werden. Kap. 5 vermittelt zusätzlich Grundkenntnisse der Elektroinstallation (z. B. Leitungsdimensionierung und Schutzmaßnahmen nach VDE), die beispielsweise für die Bereitstellung der Energieversorgung von IT-Systemen erforderlich sind.

Der zugehörige Aufbauband „Vernetzte IT-Systeme", auf den in einigen Kapiteln verwiesen wird, behandelt schwerpunktmäßig die Grundlagen der Vernetzung von informationstechnischen Geräten (z. B. Netzwerktechnik, Protokollstrukturen, Serverbetriebssysteme) sowie zugehörige technische Grundlagen (z. B. elektrische und optische Übertragungstechniken).

Die Autoren

Inhaltsverzeichnis

Computer sind heute die maßgeblichen IT-Geräte in der Datenverarbeitung und daher in allen Bereichen des beruflichen und privaten Lebens zu finden.

Die Bezeichnung **IT** wird hierbei üblicherweise abkürzend für den Begriff „Informationstechnik" (*information technology*) verwendet, den Oberbegriff für die *technische Informations- und Datenverarbeitung*. Die Informationstechnik stellt eine Kombination dar aus der *Elektrotechnik* (Lehre von der Entwicklung, der Herstellung und dem Betrieb elektrischer und elektronischer Bauteile, Geräte, Systeme und Anwendungen) und der *Informatik* (Lehre von der Darstellung, Verarbeitung und Übertragung von Informationen mittels technischer Systeme).

Sowohl die Daten*verarbeitung* als auch die Daten*übertragung* erfolgen heute fast nur noch *digital*. Die Digitaltechnik bildet somit die gemeinsame technische Grundlage heutiger Computer- und Kommunikationstechniken.

> Als **IT-Geräte** *(IT devices)* bezeichnet man – unabhängig von ihrem Komplexitätsgrad – im weitesten Sinne alle elektronischen Geräte, die für die Darstellung, Verarbeitung und Übertragung von Informationen und Daten geeignet sind.
>
> Als **IT-System** *(IT system)* bezeichnet man den Zusammenschluss bzw. die Zusammengehörigkeit technischer Komponenten oder Geräte zum Zweck der elektronischen Datenverarbeitung.

Ein einzelner Computer stellt ein vergleichsweise *einfaches IT-System* dar, welches aus einzelnen elektronischen Bauteilen und Komponenten besteht, die sich in einem gemeinsamen Gehäuse befinden. Ein komplexeres bzw. vernetztes *IT-System* wäre ein Zusammenschluss verschiedener, räumlich verteilter Computer, die über entsprechende Verbindungsleitungen miteinander kommunizieren.

Computer müssen die verschiedensten datentechnischen Aufgaben erledigen können. Prinzipiell führen sie aber stets die folgenden drei grundlegenden Funktionen aus:

- Entgegennahme einer strukturierten **Eingabe** von einem Benutzer bzw. einer Benutzerin (User) oder einem technischen Gerät (z. B. einem Sensor)
- **Verarbeitung** der Eingabedaten nach festgelegten Regeln
- **Ausgabe** der erzeugten Ergebnisse an einen Benutzer bzw. eine Benutzerin oder an ein technisches Gerät (z. B. einen Aktor)

Trotz unterschiedlichster Einsatzbereiche und Anforderungen weisen sie grundsätzliche Gemeinsamkeiten bezüglich ihres Aufbaus und ihrer Funktionsweise auf:

- Ein Computer muss neben grundlegenden Eingabe- und Ausgabefunktionen die unterschiedlichsten Verknüpfungsoperationen (mathematische Berechnungen, logische Vergleiche) ausführen können. Hierzu ist eine komplex aufgebaute Verarbeitungseinheit erforderlich, der sog. **Prozessor** (CPU: *Central Processing Unit*; Kap. 1.3).

- Einen Computer muss man vor der Bearbeitung einer Aufgabe anweisen können, wie diese mit den grundlegenden Verknüpfungsoperationen zu erledigen ist. Da diese Aufgaben häufig sehr umfangreich sind, besteht ihre Formulierung meist aus vielen nacheinander auszuführenden Anweisungen, dem **Programm**.

- Ein Computer benötigt zur Steuerung und Überwachung der vorhandenen elektronischen Komponenten (**Hardware**) sowie der auszuführenden Programme (**Anwendungssoftware**; Kap. 2.2) bestimmte Basisprogramme (**Systemsoftware**; Kap. 2.1). Die Gesamtheit dieser Basisprogramme bezeichnet man als **Betriebssystem** (OS: *Operating System*; Kap. 2.3).

- Ein Computer muss das Betriebssystem dauerhaft und das abzuarbeitende Programm mindestens für die Dauer der Bearbeitung festhalten können. Er benötigt hierzu entsprechende **Speichereinheiten** (*storage devices*; Kap. 1.5).

Im einfachsten Fall besteht ein Computer demzufolge aus einer Eingabeeinheit, der Verarbeitungseinheit mit der CPU, die arithmetische und logische Operationen ausführen kann (Rechenwerk) und die Vorgänge in der DV-Anlage entsprechend dem vorgegebenen Programm steuert (Steuerwerk), sowie einer Speicher- und einer Ausgabeeinheit.

> Ein Computer arbeitet nach dem sog. **EVA-Prinzip** (**E**ingabe – **V**erarbeitung – **A**usgabe).

Bild 1.1 stellt diese grundlegende Struktur grafisch als Funktionsblöcke dar; eine solche Darstellung bezeichnet man als **Blockschaltbild** *(block diagram)*.

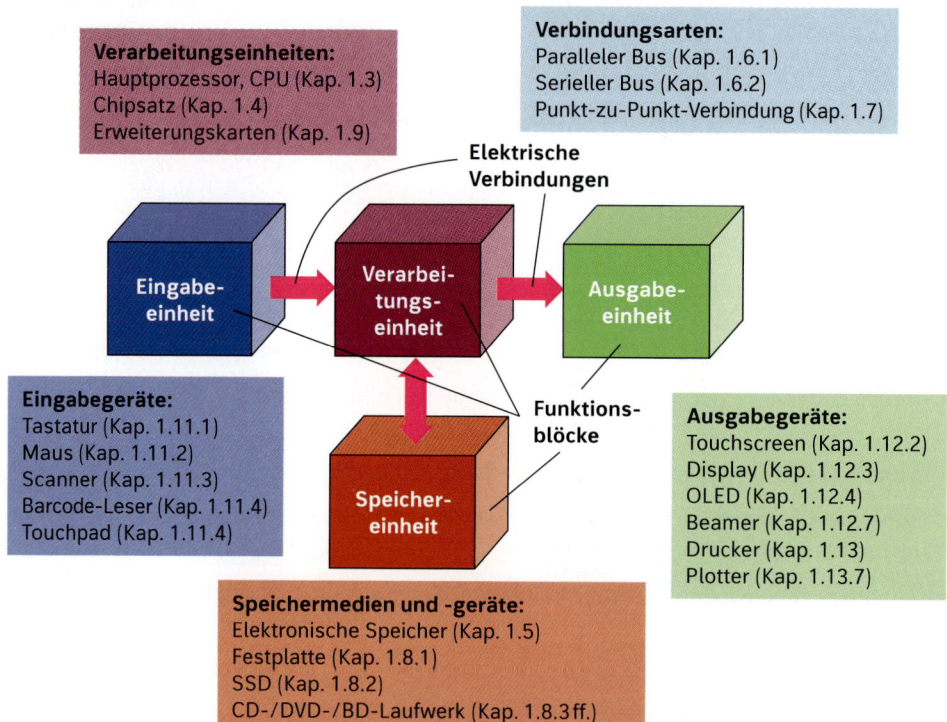

Bild 1.1: Grundlegendes Blockschaltbild eines Computers

Mit einem Blockschaltbild lassen sich komplexe Zusammenhänge vereinfacht und modellhaft darstellen, ohne dass man die genaue Funktion oder die Strukturen der einzelnen Komponenten kennen muss. So besteht beispielsweise die maßgebliche „Verarbeitungseinheit" eines modernen Computers meist aus einer größeren Anzahl einzelner Prozessoren sowie zugeordneten Hilfskomponenten.

Zwischen den dargestellten Funktionsblöcken werden im Betrieb ständig Daten ausgetauscht. Daher müssen diese Einheiten elektrisch so miteinander verbunden werden, dass die Daten von jeder angeschlossenen Baugruppe zu einer beliebigen anderen Einheit der Anlage übertragen werden können. Außerdem muss sichergestellt werden, dass alle Einheiten richtig angesteuert werden.

Um diese Anforderungen zu erfüllen, werden die *internen* Baugruppen eines Computers über elektrische Leitungen miteinander verbunden. *Externe* Komponenten (z.B. Drucker, Tastatur) werden anstatt mit elektrischen Leitungen vielfach auch drahtlos mittels Funktechnik angebunden (z.B. Bluetooth, Kap. 1.7.8; WLAN, Kap. 1.7.9).

Dem jeweiligen Stand der Technik entsprechend wurden Computer im Laufe der Entwicklungsgeschichte unterschiedlich realisiert (z.B. mit Elektronenröhren, mit einzelnen Halbleiter-Bauelementen, mit vielen elektronischen Schaltkreisen auf einem Chip). Mit der einsetzenden Massenfertigung in den 1980er-Jahren wurden die Produktionskosten geringer, sodass die Anschaffung eines Computers nun auch für Privatpersonen erschwinglich wurde. Aus dieser Zeit stammt der Begriff „Personal Computer".

Als **Personal Computer** (PC: *Personal Computer*) bezeichnete man ursprünglich ein Datenverarbeitungsgerät, welches für die Nutzung durch eine einzelne Person vorgesehen war, ohne dass die Ressourcen des Gerätes in Bezug auf die Datenverarbeitung mit anderen Nutzenden oder Rechnern geteilt werden mussten (Einzelplatzrechner).

Moderne Computer im privaten Umfeld oder am Arbeitsplatz arbeiten heute kaum noch als „Stand-alone-Geräte", sondern sind lokal, firmenintern oder weltweit vernetzt und greifen auf externe Ressourcen zu (z.B. Netzwerkspeicher, Cloud-Computing). Hierbei werden sie meistens von mehreren Personen bedient. Trotzdem hat sich auch für diese Rechner die Abkürzung „PC" etabliert und wird im allgemeinen Sprachgebrauch als generelle Bezeichnung für ein Datenverarbeitungsgerät verwendet. Zur genaueren Bezeichnung von Datenverarbeitungsgeräten werden aber auch andere Begriffe verwendet, die dann beispielsweise die jeweilige Leistungsfähigkeit wiederspiegeln, z.B. *Thin-Client, Zero-Client, Fat-Client, Stick-PC, Server, Supercomputer* oder *Terminal*. Alternativ orientiert man sich bei der Bezeichnung am Einsatzzweck, z.B. *Arbeitsplatzrechner, Gamer-PC* oder *Industrie-PC*.

Als **Arbeitsplatzrechner** oder **Arbeitsplatzcomputer** *(workplace computer)* wird ein PC bezeichnet, der am Arbeitsplatz eines Menschen steht und zur Bildschirmarbeit genutzt wird. Sein Hauptzweck ist, die Interaktion der Nutzenden mit den jeweils beruflich erforderlichen Anwendungsprogrammen zu ermöglichen.

Ein Arbeitsplatzrechner sollte speziell für seinen jeweiligen Einsatz ausgelegt sein. Das betrifft sowohl die technischen Eigenschaften (Kap. 1) als auch die auf dem Rechner ausgeführten Programme (Kap. 2). Entsprechend den gesetzlichen Vorgaben sind zusätzlich ergonomische Eigenschaften zu erfüllen sowie ökologische Aspekte zu beachten (Kap. 1.14).

Statt der klassischen Desktop-Computer (Kap. 1.1.6) werden inzwischen immer häufiger Notebooks mit Dockingstationen (Kap. 1.1.2) eingesetzt. Das gilt insbesondere, wenn Mobilität eine Rolle spielt (z.B. beim Vor-Ort-Service oder beim Homeoffice). Mitarbeitende im Außendienst verwenden in der Regel Notebooks oder Tablets (Kap. 1.1.4). Für die betriebliche Kommunikation werden diese Personen vielfach zusätzlich – nicht zuletzt aus Sicherheitsaspekten – auch mit weiteren firmeneigenen IT-Geräten ausgestattet (z.B. Smartphone, Kap. 1.1.5).

Im industriellen Bereich werden Computer weniger zur Bildschirmarbeit als vielmehr zur Steuerung und Überwachung von Betriebsabläufen und Produktionsprozessen verwendet (Kap. 1.1.7). Hierbei werden informations- und softwaretechnische Elemente auch zur Überwachung und Steuerung von mechanischen Komponenten eingesetzt (Sensoren und Aktoren; Kap. 5.5.6.1).

In den folgenden Kapiteln werden die Bezeichnungen, die kennzeichnenden Leistungsmerkmale und die technischen Eigenschaften unterschiedlicher aktueller Computertypen sowie erforderlicher peripherer IT-Geräte dargestellt. Diese Informationen dienen als Entscheidungshilfen bei der Auswahl und der Bewertung entsprechender Komponenten für einen PC-Arbeitsplatz.

1.1 PC-Geräteklassen

PCs mit bestimmten gleichartigen technischen Merkmalen oder Gehäuseformen ordnet man vielfach einer sog. **Geräteklasse** *(device class)* zu. Für diese Geräteklassen existieren – nicht zuletzt auch aus Marketinggründen – eigene Bezeichnungen.

1.1.1 Barebone

Unter einem **Barebone** versteht man einen PC in einem würfelförmigen Gehäuse mit Abmessungen bis zu einer Größenordnung von ca. 20 cm × 20 cm × 35 cm (B × H × T). Die Grundausstattung im Gehäuseinneren beschränkt sich zunächst nur auf das Netzteil, ein an die Gehäuseabmessungen angepasstes Mainboard sowie eine begrenzte Anzahl nach außen geführter Schnittstellenanschlüsse (z.B. HDMI, USB, LAN).

Die bereits vorhandenen Komponenten lassen sich in der Regel nicht austauschen. Je nach Einsatz und Kundenwunsch lässt sich ein Barebone – abhängig von der Bauform –

a)

b)

Bild 1.2: Beispiele für Barebones: a) Würfelform, b) Flachbauweise

aber begrenzt mit zusätzlichen Komponenten bestücken (z. B. SSD, DVD-/BD-Laufwerk, TV-Tuner, Card-Reader). Inzwischen gibt es Barebones für jede aktuelle **x86-CPU** (Kap. 1.3), in die sich auch marktgängige Speichermodule einbauen lassen. Auch Funktechniken werden unterstützt (z. B. Bluetooth, WiFi). Nutzende können je nach Wunsch ein aktuelles **Windows**- oder **Linux**-Betriebssystem (Kap. 2.5) installieren. Gegenüber anderen PCs bieten einige Barebones die Möglichkeit, ein eingebautes DVD/BD-Laufwerk oder einen TV-Tuner direkt ohne langen **Bootvorgang** (Kap. 3.1) zu nutzen. Da aufgrund der kompakten Bauweise zusätzliche aktive Maßnahmen zur Wärmeabfuhr aus dem Inneren mittels Lüfter erforderlich sind, kann der Geräuschpegel bei einem Barebone unter Umständen höher liegen als bei größeren Gehäusetypen. Für die kontrollierte Bedienung eines Barebones sind jeweils zusätzliche externe Komponenten erforderlich. Hierzu gehören üblicherweise eine Tastatur, eine Maus und ein Bildschirm. Barebones in Flachbauweise (Bild 1.2 b) benötigen auch ein externes Netzteil. Zu den Herstellern zählen die Firmen Shuttle, MSI, Asus, Aopen, Supermicro, Zotac und Elitegroup. Die Firma Asus vertreibt spezielle, meist quadratische Barebones mit einer Kantenlänge von jeweils ca. 10 cm unter der Marketingbezeichnung **NUC** (Next Unit of Computing).

1.1.2   Notebook

> Ein **Notebook** ist ein tragbarer PC mit Gehäuseabmessungen in der Größenordnung bis zu 35 cm × 28 cm × 3 cm (B × T × H). Im Gehäuse sind sämtliche für die Funktion erforderlichen elektronischen Komponenten sowie die Tastatur und der Flachbildschirm untergebracht.

Der **TFT-Flachbildschirm** (Kap. 1.12.3.3) befindet sich im aufklappbaren Gerätedeckel. Die klassische Displaygröße mit einer Bildabmessung im Verhältnis 4:3 (Breite im Verhältnis zur Höhe) wurde bei Notebooks inzwischen von Breitbild-Displays mit einem Seitenverhältnis von 16:9 oder 16:10 verdrängt (Kap. 1.12.1). Die Pixelauflösung beträgt bis zu 3 840 × 2 160 Punkte (UHD: **U**ltra **H**igh **D**efinition). Die Grafikfunktionen (**GPU**: **G**raphic **P**rocessing **U**nit; Kap. 1.9.1.1) sind auf dem Board implementiert.

Die Steuerung des Bildschirmcursors erfolgt über ein integriertes Touchpad (Mousepad; Kap. 1.11.4) oder durch Anschluss einer externen USB-Maus (Kap. 1.6.3). In der Regel verfügen Notebooks über verhältnismäßig leistungsstarke CPUs sowie ggf. auch über ein integriertes optisches (Kombi-)Laufwerk (CD/DVD/BD, Kap. 1.8.3).

Eine mobile Energieversorgung ist für einige Stunden über den eingebauten Akku (Li-Ion, NiMH, Li-Polymer) gewährleistet. Die Laufzeit beträgt je nach Modell bis zu zehn Stunden und hängt ab von der Belastung (z. B. Displayhelligkeit) und der Ladekapazität des Akkus. Bei längeren Betriebszeiten und zur Akkuladung muss das mitgelieferte separate Netzteil verwendet werden. Ein Notebook verfügt je nach Ausstattung und Leistungsfähigkeit über die Schnittstellen eines PCs in einem Towergehäuse (z. B. USB, HDMI, Displayport, Thunderbolt, eSATA, SD-Kartenslot; Kap. 1.7). Das Gewicht beträgt bis zu 3 kg.

Geräte mit kleineren Abmessungen und etwas geringerer Ausstattung werden auch als **Mini-Notebooks** oder **Sub-Notebooks** bezeichnet (z. B. Abmessungen ca. 28 cm × 20 cm × 3 cm; Gewicht ≤ 1,2 kg; weniger USB-Buchsen, ca. 10 Zoll bis 14 Zoll Bildschirmdiagonale, UXGA-Bildschirmauflösung; 1 Zoll = 2,542 cm). Diese Geräte haben aus Platzgründen meist kleinere und enger liegende Tasten, auch der Ziffernblock (Kap. 1.11.1) und ein optisches Laufwerk fehlen.

Die ursprünglich von Intel für eigene, kleine Mini-Notebooks geprägte Bezeichnung **Ultrabook** wird heute auch allgemein für entsprechende Geräte mit kleinen Abmessungen, geringem Gewicht und – trotz verhältnismäßig guter Leistungsfähigkeit – mit längerer Batterielaufzeit (> 10 Std.) sowie ähnlichen Eigenschaften wie ein Tablet verwendet (Kap. 1.1.4; z. B. schneller Systemstart, Dicke ≤ 21 mm, Gewicht ≤ 1,4 kg, 12- bis 15-Zoll-Display, SSD-Speicher, kein CD-/DVD-/BD-Laufwerk).

a)   b)

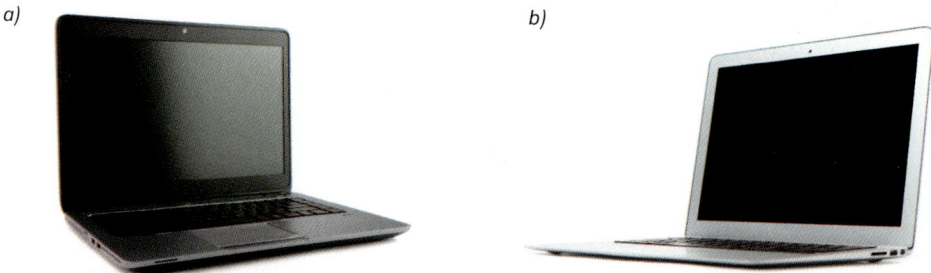

Bild 1.3: Beispiel für ein Notebook (a) und ein Sub-Notebook (b)

Synonym (d. h. bedeutungsgleich) für Notebook wird allgemein auch die im englischen Sprachraum verbreitete Bezeichnung **Laptop** verwendet. Zu den Herstellern gehören die Firmen Elitegroup, Asus, Dell, Compaq, Apple, HP, Fujitsu, Samsung, Sony und andere.

Um sämtliche Komponenten im Gehäuse unterzubringen und einen möglichst langen Akkubetrieb zu gewährleisten, müssen diese äußerst geringe Abmessungen aufweisen, eine minimale Energieaufnahme besitzen und wenig Abwärme erzeugen. Hierzu werden speziell entwickelte **mobile x86-Prozessoren** (ULV-CPU, Kap. 1.3) und **mobile Grafikchips** mit intelligentem Power-Management und Low-Voltage-Betriebsmodus sowie besondere Speicherbausteine eingesetzt (SO-DIMMs, Kap. 1.5.3.5).

Bei den Notebooks unterscheidet man standardmäßig die folgenden klassischen Betriebszustände:

Betriebszustand	Beschreibung
ON	Prozessor arbeitet, Display eingeschaltet, Speicher aktiv
IDLE	Prozessor nicht aktiv, Display ausgeschaltet, Speicher aktiv (d. h., Gerät ist bereit für Aktionen)
STAND-BY	Prozessor nicht aktiv, Display und andere nicht benötigte Komponenten ausgeschaltet, Speicherinhalt wird lediglich durch Refresh gesichert, Speicher aber nicht aktiv (d. h. kein direktes Schreiben oder Lesen möglich)

Bild 1.4: Typische Betriebszustände bei Notebooks (erweiternd sind ggf. auch zusätzliche Betriebszustände einstellbar)

Alle gängigen Betriebssysteme für Desktop-PCs lassen sich auch auf Notebooks installieren. In Abhängigkeit vom verwendeten Betriebssystem und den unterstützten ACPI-Spezifikationen (Kap. 1.2.3) können weitere Betriebszustände zur Energieeinsparung aktiviert werden. Notebooks verfügen außer einem Steckplatz für einen zweiten Speicherriegel im Allgemeinen nicht über interne Erweiterungssteckplätze (Slots). Funktionserweiterungen sind daher nur über einen ggf. vorhandenen externen **Kartencinschub** *(card slot)* mit der Bezeichnung **ExpressCard** möglich. Die **ExpressCard** gibt es in zwei Spezifikationen: ExpressCard/34 und ExpressCard/54. Beide Typen sind jeweils 5 mm dick und passen in den gleichen ExpressCard-Slot (26 einseitig angebrachte Kontakte; Bild 1.5).

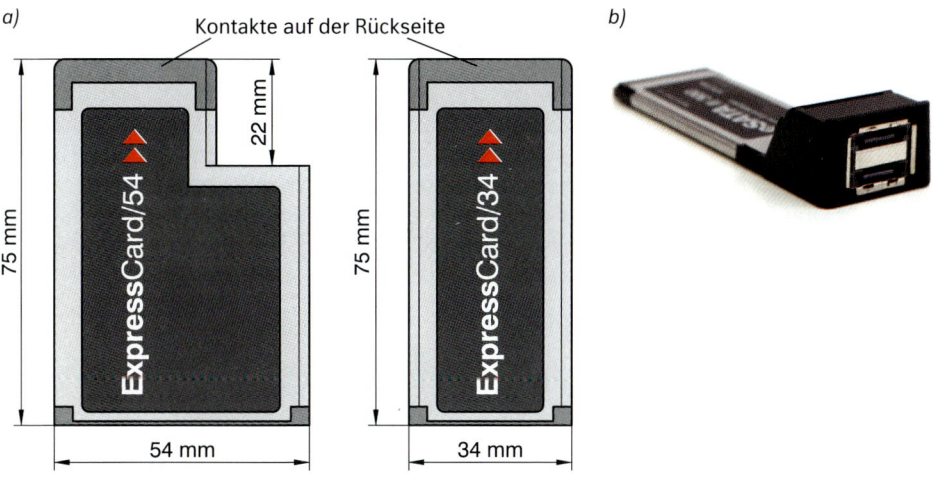

Bild 1.5: a) ExpressCard/54 und ExpressCard/34, b) Beispiel für eine ExpressCard: 2 x eSATA (Kap. 1.7.1)

Die Anbindung erfolgt intern über PCIe × 1 (Kap. 1.7.4). Die ExpressCard ist Hot-Plug-fähig, d.h., sie kann unter Spannung gesteckt und gezogen werden. Für den Betrieb sind keine zusätzliche Software und kein Kartentreiber erforderlich.

Sofern noch nicht implementiert, gehören zu den Anwendungen, die mittels ExpressCard eingebunden werden können, die drahtgebundene und drahtlose Kommunikation (Gigabit-Ethernet, WLAN, LTE, 5G; „Vernetzte IT-Systeme" Kap. 1.1.2.5, Kap. 1.1.2.4, Kap. 3.6), TV-Empfänger/Decoder, GPS-Empfänger, Ausweiskarten, Messkarten, Massenspeicher (Festplatte) oder Adapter für zusätzliche Schnittstellen (z.B. FireWire, USB, eSATA; Bild 1.5 b).

Da viele der genannten Funktionalitäten sich auch direkt per USB-Stick implementieren lassen, sofern sie nicht bereits on Board vorhanden sind, statten die Hersteller ihre Notebooks für den Consumerbereich aus Kostengründen nicht mehr durchgängig mit Express-Card-Slots aus.

Notebooks können auch über einen Anschluss für eine Dockingstation verfügen.

> Eine **Dockingstation** *(docking station)* ist eine Zusatzeinrichtung, die einem Notebook einen Stromanschluss, Erweiterungssteckplätze und Anschlussmöglichkeiten für Peripheriegeräte zur Verfügung stellt, wodurch das Notebook zu einem „Desktop-PC" wird.

1.1.3   Netbook

> Als **Netbook** bezeichnet man eine Geräteklasse für preiswerte, kompakt aufgebaute und portable PCs für gängige Büro- und Multimediaaufgaben, insbesondere für den Internetzugang. Ein Netbook verfügt über wesentlich weniger Ausstattungsmerkmale und eine deutlich geringere Rechenleistung als ein Notebook. Die Abmessungen betragen ca. 25 cm × 18 cm × 2 cm (B × T × H).

Als CPU kommen bei den meisten Geräten ein **Intel-Atom-Prozessor** (Kap. 1.3.3) oder ein vergleichbarer Prozessor anderer Anbieter zum Einsatz (Kap. 1.4), bei dem die Grafikfunktionen bereits im CPU-Chip implementiert sind (**APU**: **A**ccelerated **P**rocessing **U**nit, Kap. 1.3.1).

Sämtliche Komponenten – also auch der Prozessor – sind bei Netbooks fest auf dem Mainboard (**Mini-IPX-Formfaktor**, Kap. 1.2) verlötet und lassen sich nicht austauschen. Das Gewicht liegt bei ca. 1 bis 1,7 kg. Je nach Modell beträgt die Akkulaufzeit (Li-Ion, NiMH, Li-Polymer) zwischen sieben und zwölf Stunden. Die Displaygröße variiert modellabhängig (und damit auch preisabhängig) zwischen 8,9 Zoll (1 024 × 600 Pixel) und 12,1 Zoll, die Auflösung beträgt meist bis zu 1 920 × 1 080 Pixel (Kap. 1.9.1).

Als Massenspeicher kommt heute ein elektronischer **SSD-Flashspeicher** (Kap. 1.8.2) zum Einsatz. Bis auf wenige darüber hinausgehende Ausnahmen hat der **Arbeitsspeicher** 2 bis 4 GByte DDR4-RAM (Kap. 1.5.3). Ein integriertes optisches Laufwerk fehlt. (Hinweis: zu Unterschieden bei der Verwendung von Dezimal- und Binärpräfixen zur Angabe von Speichergrößen siehe Kap. 4.3.2.)

Bild 1.6: Beispiel für ein Netbook

Die Schnittstellenausstattung beschränkt sich in der Regel auf ein bis drei USB-Buchsen, je einen Audio-Ein- und -Ausgang, einen Kartenleser und einen Ausgang für ein externes Display (z. B. Micro-HDMI, Kap. 1.7.6.4). Ein WLAN-Modul ist bei allen Geräten integriert, immer mehr Netbooks verfügen auch über ein LTE- oder 5G-Modem. Meist werden Netbooks mit einem Windows-Betriebssystem (Basisversion, Kap. 2.5.1) angeboten, sie sind wahlweise aber auch mit Linux (Kap. 2.5.2) erhältlich.

Als Alternative besteht die Möglichkeit, ein Netbook mit dem von Google entwickelten Betriebssystem **Chrome OS** zu erwerben. Vom Ansatz her ist ein solches Netbook lediglich mit einem kleinen SSD-Speicher (z. B. 32 GByte) ausgestattet und speziell darauf abgestimmt, Anwendungsprogramme *nicht* lokal zu installieren, sondern diese als Cloud-Anwendung (siehe „Vernetzte IT-Systeme", Kap. 2.4.1) über das Internet zu nutzen und sämtliche Daten dort dezentral zu speichern. Da beim Systemstart kaum Software geladen werden muss, liegt die Bootzeit bei ca. 10 Sekunden. Google bezeichnet diese Netbooks werbewirksam als „**Chromebooks**".

1.1.4 Tablet

Ein **Tablet** (engl. „Schreibtafel") ist ein mobiler Computer („Tablet-PC") in einem sehr flachen Gehäuse (≤ 2 cm) ohne Maus und Tastatur. Die Bedienung erfolgt mit einem digitalen Stift (Stiftfunktion) oder mit dem Finger (Touchfunktion) über das berührungsempfindliche Display, welches meist die gesamte Oberseite des Gehäuses ausfüllt.
Ein **konvertibles Tablet** besteht aus prinzipiell zwei zusammengehörenden Komponenten. Der Tablet-Teil sieht wie ein handelsübliches Tablet aus und kann auch so genutzt werden (Tablet-Modus). Durch Kombination mit dem zugehörigen Tastatur-Teil bietet das Gerät erweiterte Funktionalität und kann wie ein handelsübliches Notebook genutzt wer-

den (Notebook-Modus). Alternativ findet man auch die Bezeichnungen **Hybrid-Tablet** oder **Two-in-One**.

Die technische Ausstattung und der Funktionsumfang aktueller konvertibler Tablets sind vergleichbar mit einem klassischen Notebook, d. h., sie arbeiten mit aktuellen Windows- oder Linux-Betriebssystemen und verfügen je nach Ausstattung über die handels-üblichen Schnittstellen (z. B. USB, HDMI, eSATA), eine leistungsstarke CPU (z. B. Core i7), eine SSD und einen bis zu 8 GByte großen Arbeitsspeicher. Die Displaygrößen rei-chen von 11 Zoll bis zu 14 Zoll, wobei in der Regel TFT-Technologien (Kap. 1.12.3.3) ein-gesetzt werden. Abhängig vom jeweiligen Gerät ist der Tablet-Teil um 360° umklappbar (**Convertible Tablet**; Bild 1.7 a) oder abnehmbar (**Detachable Tablet**; Bild 1.7 b). Zur Be-dienung im Tablet-Modus ist eine Unterstützung von Stift- bzw. Touchfunktion seitens des Betriebssystems erforderlich. Diese Funktionen werden bei aktuellen Windows-Ver-sionen während der Installation ebenso automatisch auf einem Tablet installiert wie eine Handschrifterkennung und ein sog. **Mathepad** (Bildschirmbereich zur handschriftlichen Eingabe mathematischer Formeln mit anschließender Editierung). Einige Hersteller stel-len zusätzlich Spezialsoftware zur optimalen Bedienung im Tablet-Modus zur Verfügung (z. B. automatische Displayrichtung, Helligkeitssteuerung, Stiftkalibrierung usw.).

a)

b)

Bild 1.7: Beispiele für konvertible Tablets: a) Tablet-Teil um 360° klappbar, b) Tablet-Teil abnehmbar

Hochwertige Tablets können zwischen Finger- und Stifteingabe unterscheiden: Sie schal-ten die Fingerbedienung automatisch ab, sobald sich der mitgelieferte Stift (Stylus; Kap. 1.11.4) in der Nähe des Displays befindet. Auf diese Weise werden Fehleingaben verhindert (z. B. durch aufliegende Handballen). Auf dem Markt sind inzwischen auch Tablets mit farbigem **e-Ink-Display** (Kap. 1.1.8; Kap. 1.12.5) für die Direkteingabe per Sty-lus oder Tastatur erhältlich.

Mit der Markteinführung des **iPads** der Firma Apple wurde eine völlig neue Art von Tablet kreiert. Das iPad und die nachfolgenden vergleichbaren Geräte konkurrierender Anbieter unterscheiden sich in wesentlichen Punkten von anderen Tablet-Computern.

Sie sind primär für fingerbedienbare Anwendungen ausgelegt und verwenden meist CPUs auf **ARM-Basis** (Kap. 1.3). Diese benötigen anders geartete Betriebssysteme als die her-kömmlichen Desktop- oder Tablet-PCs. Abhängig vom Tablet-Hersteller werden folgende ARM-kompatible Betriebssysteme eingesetzt (Bild 1.9):

a)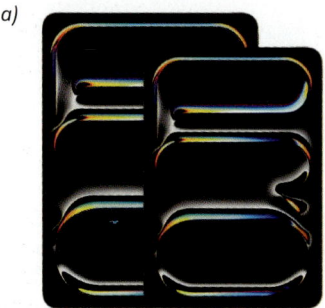

b)

Bild 1.8: Beispiele für Tablets: a) iPads mit Darstellung im Hochformat, b) Tablet mit Darstellung im Querformat

Tablets im Stil eines iPads, auf denen ein klassisches Windows-Desktop-Betriebssystem läuft, haben nach wie vor nur einen geringen Marktanteil.

Bezeichnung	Hersteller
Android	Google
iOS	Apple

Bild 1.9: Tablet-Betriebssysteme mit den höchsten Marktanteilen

Tablets des iPad-Typs sind extrem dünn (≤ 1,5 cm) und speziell auf die mobile Kommunikation mit dem Internet ausgelegt. Je nach technischer Ausstattung erfolgt die Internetverbindung

- mittels eines eingebauten WLAN-Adapters, der den Zugang über einen in Reichweite befindlichen WLAN-Access-Point herstellt und/oder

- über ein eingebautes Mobilfunkmodem, mit dem sich das Gerät per LTE oder 5G in ein vorhandenes Mobilfunknetz (siehe „Vernetzte IT-Systeme", Kap. 3.6) einwählt. Dieses stellt dann die Verbindung zum Internet her. Das direkte Telefonieren wie mit einem klassischen Handy ist über dieses Modem meist nicht möglich, entsprechende Zusatzprogramme (z. B. Whatsapp, FaceTime, Skype) und eine eingebaute Frontkamera ermöglichen allerdings Videotelefonie.

Ein Tablet mit integriertem Mobilfunkmodem kann selbst als privater Hotspot dienen. Hierbei wird eine bestehende LTE- oder 5G-Verbindung über das Tablet per WLAN (Kap. 1.7.9) auch anderen Geräten zur Verfügung gestellt.

> Die Fähigkeit eines Gerätes, über eine Mobilfunkverbindung anderen Geräten per WLAN einen Internetzugang zur Verfügung zu stellen, wird als **Tethering** bezeichnet.

Voraussetzung ist allerdings ein entsprechender Mobilfunktarif, der diese Funktion auch unterstützt.

Weitere gängige Merkmale von Tablets sind:

- geringes Gewicht (z. B. iPad Pro 13 Zoll 2024: ca. 579 Gramm bei einer Größe von ca. 28,1 cm × 21,5 cm × 0,51 cm)

- je nach Gehäuseabmessungen sensitive Displays von 8 Zoll bis 13 Zoll; die Auflösungen liegen je nach Displaygröße und Preis zwischen 800 × 480 Pixel und 2 880 × 1 920 Pixel (z. B. Surface Pro 11. Edition; Displayformat: 3:2) bei Helligkeitswerten bis zu 600 cd/m^2 (Kap. 1.12.1).

- Multitouch-Bedienung durch Fingerberührung (kapazitive Touchtechnologie ermöglicht Gestensteuerung, ohne Druck auf das Display auszuüben; Kap. 1.12.2)

- ohne langen Bootvorgang sofort betriebsbereit und intuitiv bedienbar

- kein integriertes Festplattenlaufwerk, sondern lediglich ein interner SSD-Speicher (Kap. 1.8.2), der nachträglich nicht erweiterbar ist

- keine oder nur eine geringe Anzahl von externen Schnittstellen, auch ein Slot für externe Speicherkarten ist nicht immer vorhanden

- durch sog. **Apps** (Abkürzung für **App**lications, d. h. kleine Anwendungsprogramme) in ihrem Funktionsumfang multimedial erweiterbar

- mobile Energieversorgung durch eingebauten Akku (Li-Ion, NiMH, Li-Polymer; Kap. 1.10.2); Akku-Aufladung meist über einen USB-Anschluss, anschließbar an die USB-Buchse eines Desktop-PCs oder an ein entsprechendes externes Netzteil

Bei Geräten der Firma Apple kommen Hardware, Betriebssystem und Entwicklervorgaben aus einer Hand und sind somit optimal aufeinander abgestimmt. Der Bezug von Software (Programme, Musik, Filme, E-Books) ist prinzipiell nur über den Apple-eigenen Verkaufsshop möglich (Ausnahme: Verwendung entsprechender Tools von Drittanbietern oder **Jailbreak**, d. h. nicht-autorisiertes Entfernen von Nutzungsbeschränkungen).

Für die Nutzung der Angebote des Apple Stores und den Bezug regelmäßiger Updates ist eine einmalige Registrierung erforderlich. Man erhält eine eindeutige **Apple-ID**, über die sich unterschiedliche Apple-Geräte synchronisieren lassen.

Auch andere Hersteller von (mobilen) Betriebssystemen verwenden dieses Geschäftsmodell und erlauben zunächst nur die Installation von Software aus dem eigenen Verkaufsshop (z. B. Google, Microsoft), jedoch nicht so restriktiv wie Apple (d. h., nach einer Änderung der Systemeinstellungen sind – auch ohne Verwendung von Drittanbieter-Tools – Apps aus alternativen Quellen installierbar).

Eine noch relativ junge Gerätegattung wird unter der Bezeichnung **E-Ink-Tablet** vermarktet. Hierbei handelt es sich um Tablets, die zur Darstellung anstelle eines TFT-Displays die von E-Book-Readern bekannte (farbige) E-Ink-Technologie verwenden (Kap. 1.1.8, Kap. 1.12.6). Diese ermöglicht bei Displaygrößen zwischen 7 und 10,3 Zoll die handschriftliche Eingabe von Texten und Notizen mit einem Stylus (Kap. 1.11.4) fast so wie auf Papier. Das schreiben, lesen, markieren und bearbeiten von Texten kann so deutlich augenschonender erfolgen als auf einem TFT-Display gleicher Größe. Abhängig vom Hersteller (z. B. PocketBook, Tolino, reMarkable, Onyx) unterscheiden sich die Geräte in ihrer technischen Leistungsfähigkeit, der zur Verfügung stehenden Software sowie der Qualität der Darstellung deutlich voneinander.

1.1.5   Smartphone

Als **Smartphone** bezeichnet man ein Mobiltelefon (umgangssprachlich: Handy), welches zusätzlich mit umfangreichen Computerfunktionen ausgestattet ist. Es verfügt über ein Betriebssystem, das Nutzenden die Installation einer Vielzahl zusätzlicher individueller Anwendungen (Apps) ermöglicht, die ursprünglich einem Desktop-PC vorbehalten waren.

Aktuell gibt es bei den Smartphones mehrere unterschiedliche Betriebssysteme, wobei Android den weitaus größten Marktanteil hat.

Bezeichnung	Hersteller
Android	Open Handset Alliance, Google
Apple iOS	Apple
Tizen	Intel, Samsung, Linux Foundation

Bild 1.10: Smartphone-Betriebssysteme

Die Bedienung erfolgt über das sensitive TFT- bzw. AMOLED-Display (Kap. 1.12.3 ff.). Neben der bei allen Geräten grundsätzlich möglichen Gestensteuerung per Finger ist bei manchen Geräten zusätzlich auch die Bedienung mit einem beigefügten, speziellen Stift möglich (Kap. 1.11.4). Die Texteingabe erfolgt über eine eingeblendete Bildschirmtastatur (Softkeyboard), nur vereinzelt sind Geräte noch mit einer Hardwaretastatur ausgestattet. Als CPU werden speziell konfigurierte, energiesparende ARM-Prozessoren mit geringen Abmessungen verwendet, die Taktfrequenzen liegen zum Teil oberhalb von 4 GHz. Gängige Praxis ist inzwischen der Einsatz von Mehrkern-Prozessoren (z. B. Quadcore, Octacore im High-End-Bereich mit bis zu 12 Kernen; Kap. 1.3.1). Zunehmend verfügen aktuelle Smartphones auch über implementierte KI-Funktionalitäten (NPU, Kap. 1.3.1).

Bild 1.11: Beispiel für ein Smartphone

Abhängig vom Modell werden folgende Ausstattungsmerkmale zur Verfügung gestellt:

Ausstattung	Merkmale/Apps (Beispiele)
Kommunikation	VoIP-Telefonie Videofonie Chat SMS E-Mail Internet (zum Teil auch unterstützt durch KI-Funktionalitäten)
Medienwiedergabe	Audioplayer Videoplayer Foto- und Videokamera Bildbetrachter E-Book-Reader PDF-Reader Radio-Empfänger TV-Streaming Sprachaufnahme/Diktiergerät
Datenspeicher	Interner Flashspeicher Slot für zusätzliche Speicherkarte
Spielekonsole	Diverse Spiele
Navigation	**GPS**-Empfänger (**G**lobal **P**osition **S**ystem; allgemeine Bezeichnung für satellitengestützte Standortbestimmung); Genauigkeitssteigerung durch gleichzeitige Nutzung mehrerer verschiedener Satellitsysteme (z. B. neben dem US-amerikanischen System auch das deutsche **GALILEO**-, oder das chinesische **BEIDOU**-System) **A-GPS** (Assisted-GPS = Standortbestimmung durch zusätzliche Auswertung des vom Smartphone gesendeten Funksignals) Landkarten Standortbezogene Dienste („Local Awareness"; **POI**: Points of Interest)

Ausstattung	Merkmale/Apps (Beispiele)
Organizer-Funktionen (PIM: Personal Information Manager)	Office-Anwendungen (Textverarbeitung, Tabellenkalkulation, Grafik-erstellung usw.) Adressbuch Terminkalender Notizen, Aufgabenliste, Geburtstagsliste
Daten-verbindungen	USB Bluetooth Tethering WLAN (Wireless Local Area Network) GSM (Global System for Mobile Communication) GPRS (General Packet Radio Service) EDGE (Enhanced Data-Service for GSM-Evolution) LTE (Long Term Evolution) 5G NFC (Near Field Communication: drahtlose Kommunikation über wenige Zentimeter, siehe Exkurs unten) Fernsteuerungsfunktion (mittels Funktechniken oder per Infrarot; z. B. lokal bei Fernsehgeräten als Alternative zur beigefügten Fernbedie-nung oder extern via Internet zur Steuerung von Heizung und Rollladen im sog. „Smart Home")
Sensoren	Bewegungssensor Lagesensor Magnetfeldsensor Lichtsensor Näherungssensor LIDAR-Sensor (Light Detection and Ranging); mit Radar vergleichbare, laser-optische Abstands- und Raumvermessung

Bild 1.12: Funktionen und technische Ausstattung von Smartphones (Beispiele)

Exkurs

*NFC basiert auf der **RFID**-Technologie (Radio Frequency Identification). Hierbei handelt es sich um eine Technik zur berührungslosen automatischen Identifikation von Gegenständen und Objekten durch Funksignale über eine Strecke von wenigen Zentimetern. Sie ist in der ISO 15693 spezifiziert.*

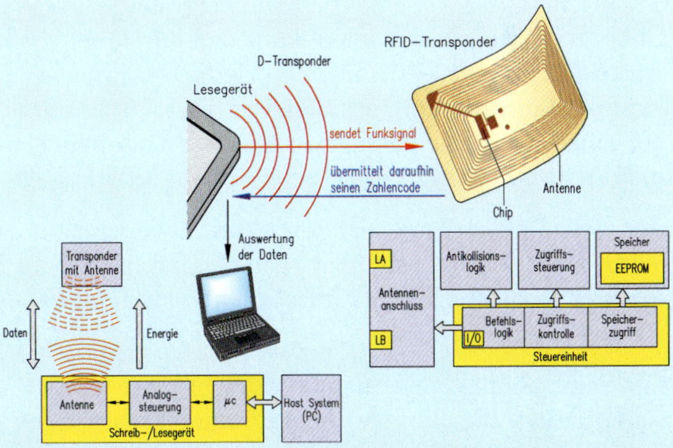

Zu den RFID-Anwendungsbereichen gehören – neben dem Datenaustausch zwischen zwei Smartphones – der Einsatz in

Bild 1.13: Prinzipieller Aufbau eines RFID-Systems

der gesamten Distributionslogistik, die Handhabung und Verfolgung von Gepäck und Paketen, der Einsatz papierloser Eintrittskarten oder Flugscheine, Scheckkarten zum berührungslosen Bezahlen sowie die Personenidentifikation bzw. die Zugangskontrolle.

*Ein **RFID-System** setzt sich prinzipiell zusammen aus einer ortsfesten oder tragbaren Leseeinheit mit Antenne und Decoder sowie einem am zu identifizierenden Objekt anzubringenden*

Funktransponder mit Antenne und Mikrochip zur Datenspeicherung. Die Datenspeicherung erfolgt in einem integrierten Flashspeicher (Kap. 1.5.1.1). Über das Lesegerät kann der Mikrochip nicht nur gelesen, sondern auch neu programmiert werden.

*Aktive Transponder besitzen eine Batterie oder ein Netzteil. Passive Transponder beziehen die Energie, die zum Auslesen oder Neuprogrammieren erforderlich ist, mittels induktiver Kopplung (d. h. über ein magnetisches Feld, Kap. 5.4.2) über die Funkschnittstelle zum jeweiligen Lesegerät. Die Größe eines vollständigen **RFID-Labels** (Mikrochip, Transponder, Antenne; auch als **RFID-Tag** oder **Smart-Label** bezeichnet) beträgt nur wenige Millimeter und kann beispielsweise nahezu unsichtbar unter einem dünnen Etikett angebracht werden. Die übertragenen Informationen lassen sich auf direktem Wege datentechnisch auswerten. Zur Übertragung der Informationen werden je nach Anwendung die Frequenzbereiche 125 kHz, 13,56 MHz, 860–930 MHz und 2,45 GHz genutzt. Alle Schreib-/Lesevorgänge erfolgen im Millisekundenbereich, sodass auch Objekte, die sich schnell bewegen, erfasst und ausgewertet werden können.*

Alle im Smartphone gespeicherten Informationen lassen sich mit einer Desktop-Anwendung synchronisieren. Je nach Gerät bzw. Betriebssystem erfolgt der Datenabgleich direkt mit dem Arbeitsplatz-PC oder über das Internet. Teilweise ist die Synchronisation bzw. die Datenspeicherung auch nur im Internet möglich („Cloud-Computing", siehe „Vernetzte IT-Systeme", Kap. 2.4.1). Hierdurch bildet das Smartphone die Basis für eine individuelle, multifunktionale und mobile Büro- und Datenkommunikation mit nur einem Gerät. Eine eindeutige Abgrenzung zwischen den Produktgruppen „Handy" und „Smartphone" ist dabei nicht immer möglich.

Mit einem Smartphone, das sich per WLAN über einen Hotspot ins Internet einwählen kann, sind auch (meist günstigere oder kostenlose) VoIP-Telefonate möglich.

Smartphones müssen ab Mitte 2024 gemäß einer in nationales Recht umgesetzten EU-Verordnung mit einer USB-Typ-C-Buchse (Kap. 1.6.3.1) ausgestattet sein, über die ein handelsübliches Ladegerät angeschlossen werden kann, sofern dieses der Norm EN 62684 entspricht. Diese Norm legt einige Sicherheitsvorschriften fest (z. B. Überspannungs- und Überstromabschaltung, maximale Störemissionen). Eine Aufladung ist auch per USB bei Anschluss an einen PC möglich. Vielfach werden auch Smartphones angeboten, die eine kontaktlose Aufladung ermöglichen (sog. Qi-Standard). Hierzu muss das Gerät lediglich auf eine Ladeschale gelegt werden. Die Energieübertragung erfolgt automatisch mittels induktiver Kopplung (d. h. über ein magnetisches Feld, Kap. 5.4.2).

Bei vielen Smartphones ist der Akku fest eingebaut und kann nicht gewechselt werden. Wird der Akku unbrauchbar (Ladezyklen, Kap. 5.3.1.3), kann das Gerät auch bei noch intakter sonstiger Technik meist nicht weiter verwendet werden (Recycling und Umweltschutz, Kap. 1.14.2).

Für Smartphones mit einem vergleichsweise großen Touchscreen (> 5 Zoll) wurde zwischenzeitlich die Bezeichnung **Phablet** kreiert, eine Wortkombination aus *Phone* und *Tablet*. Diese lassen sich vielfach sowohl mit den Fingern als auch mit einem speziellen Eingabestift bedienen (Kap. 1.11.4). Auch Smartphones mit einem faltbaren Display sind inzwischen auf dem Markt erhältlich.

Jedes Smartphone hat intern eine (eindeutige), international gültige *Gerätekennung* gespeichert, die als IMEI-Nummer bezeichnet wird (**IMEI**· International Mobile Equipment **I**dentity). Diese wird angezeigt, indem man die Tastenkombination *#06# eingibt. Wird ein Gerät gestohlen und dann unrechtmäßig genutzt, lässt es sich anhand dieser Nummer, die bei jeder Nutzung übertragen wird, wiedererkennen bzw. sperren (sofern die

IMEI nicht mit entsprechender Software manipuliert wurde!).

Die Identifizierung einer *teilnehmenden Person*, die mit einem Smartphone in einem Mobilfunknetz kommuniziert, erfolgt anhand der eingelegten **SIM-Karte** (Subscriber Identity Module). Auf dieser ist die international gültige, benutzerspezifische Teilnehmerkennung **IMSI** (International Mobile Subscriber Identity) gespeichert, die beispielsweise für die Gebührenabrechnung benötigt wird. Bei einem Austausch der SIM-Karte in einem

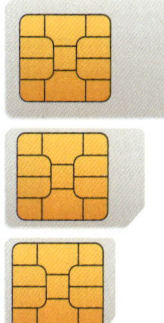

Mini-SIM-Karte
2FF (Second Form Factor)
25 mm × 15 mm

Micro-SIM-Karte
3FF (Third Form Factor)
15 mm × 12 mm

Nano-SIM-Karte
4FF (Fourth Form Factor)
12,3 mm × 8,8 mm

Bild 1.14. SIM-Kartenformate

Gerät ändert sich somit zwangsläufig die Teilnehmerrufnummer. Für den Netzbetreiber ist dies gleichbedeutend damit, dass eine andere Person telefoniert. Für den Businessbereich interessant sind Smartphones, die sich gleichzeitig mit zwei verschiedenen SIM-Karten betreiben lassen. Hiermit lassen sich beispielsweise die geschäftliche und die private Kommunikation eindeutig voneinander trennen.

SIM-Karten gibt es in unterschiedlichen Größen, um diese möglichst platzsparend in mobile Geräte einbauen zu können (Bild 1.14; aktuell bevorzugt das Nano-Format). Anschlusstechnisch sind diese Formate untereinander kompatibel, sodass durch entsprechendes Zuschneiden bzw. Adaptereinsatz eine Größenanpassung an den vorhandenen Kartenslot möglich ist. SIM-Karten verfügen auch über einen Speicherbereich (meist bis zu 64 KiB, Kap. 4.3.2), in dem sich eine begrenzte Anzahl von Kontaktdaten und gesendeten/empfangenen SMS-Nachrichten dauerhaft speichern lässt.

Im Gegensatz zu den genannten SIM-Karten kann man eine **eSIM** (embedded SIM) nicht auswechseln, da sie elektronisch integriert und somit einem entsprechenden Smartphone oder anderen Gerät dauerhaft zugeordnet ist (Einsparung des Kartenslots, bei Anbieterwechsel keine neue Karte, sondern nur Umprogrammierung erforderlich). Eine eSIM wird beispielsweise verwendet beim eCall-System in Kraftfahrzeugen, welches bei einem Unfall automatisch über das Mobilfunknetz Standortinformationen an eine Zentrale absetzen sowie eine Sprechverbindung zu einem Notruf aufbauen kann, oder bei Smartwatches (z. B. für Kinder) zum Abruf des Aufenthaltorts oder Senden eines Notrufs.

Sogenannte Dual-SIM-Smartphones verfügen entweder über *zwei* Kartenslots oder über *einen* Slot und eine eSIM. In beiden Fällen ist das Smartphone dann theoretisch über zwei unterschiedliche Rufnummern erreichbar (z. B. einmal privat, einmal dienstlich). Ein Parallelbetrieb ist aber nicht immer möglich, da bei vielen Smartphones per Umschaltung lediglich eine der SIMs aktiv geschaltet werden kann.

1.1.6 Desktop-PC

Ein **Desktop-PC** besteht im Wesentlichen aus einer Hauptplatine, deren Größe genormt ist und auf der die wichtigsten Verarbeitungseinheiten und Anschlüsse des Computers platziert sind. Vom Grundkonzept her lässt sich ein Desktop-PC individuell mit zusätzlichen Komponenten und einbaubaren Peripheriegeräten (z. B. Speicherriegel, Grafikkarte, Festplatte, DVD-/BD-Laufwerk) modular aufbauen.

Abgesehen von den Geräten zur Eingabe und zur Ausgabe (z.B. Tastatur, Maus, Display) befinden sich sämtliche Komponenten in einem genormten Metallgehäuse, dessen Größe die Anzahl der einbaubaren Geräte bestimmt (z.B. Anzahl der Einschübe, Bild 1.15).

Bild 1.15: Beispiele für Desktop- und Towergehäuse

Hierbei handelt es sich um sog. **Desktop-Gehäuse**, die meist auf dem Arbeitstisch stehen, oder um **Tower-Gehäuse**, die meist neben dem Arbeitstisch platziert werden. Die Gehäuse müssen aus Schutzgründen geerdet sein (vgl. Kap. 5.7.4).

> In Abhängigkeit von ihrer Größe unterscheidet man bei den Tower-Gehäusen **Mini-**, **Midi-** und **Big-Tower**.

Im Konsumerbereich und bei Arbeitsplatzrechnern werden bei dieser Geräteklasse meist **x86-Prozessoren** eingesetzt (Hersteller z.B. Intel, AMD).

Um den Aufbau und die Arbeitsweise eines Desktop-PCs zu verstehen, reicht eine prinzipielle Darstellung wie in Bild 1.1 in der Regel nicht aus. Um zudem die Eignung als Arbeitsplatzrechner einzuschätzen, ist eine genauere Betrachtung der einzelnen Bauteile, Komponenten und Baugruppen erforderlich. Hierzu zählen insbesondere:

- die Eigenschaften des jeweils verwendeten Hauptprozessors (CPU)
- die Hilfsprozessoren, die den Hauptprozessor bei seiner Arbeit unterstützen (Controller, Chipsatz)
- die verwendeten Bussysteme und Punkt-zu-Punkt-Verbindungen, die sich u.a. in der Anschlusstechnik und der Datenübertragungsgeschwindigkeit unterscheiden (z.B. PEG, DMI, PCIe, SATA, Memory Bus)
- die zur schnelleren Verarbeitung eingesetzten Zwischenspeicher (z.B. Cache)
- die verschiedenen Ein- und Ausgabegeräte (z.B. Tastatur, Maus, TFT-Display, sensitiver Touchscreen, Drucker)
- die eingesetzten Medien zur dauerhaften Datenspeicherung (z.B. Festplatte, SSD, DVD, BD, USB-Stick)
- die Erweiterungen durch Zusatzkomponenten, die auf entsprechende Steckplätze (Slots) gesetzt werden, um den PC mit zusätzlichen oder verbesserten Eigenschaften auszustatten (z.B. High-End-Grafikkarte)
- die für den reibungslosen Ablauf erforderlichen weiteren Baugruppen (z.B. Takterzeugung)

- die Funktionsweise der angeschlossenen Peripheriegeräte (Display, Drucker, Maus, Tastatur usw.)

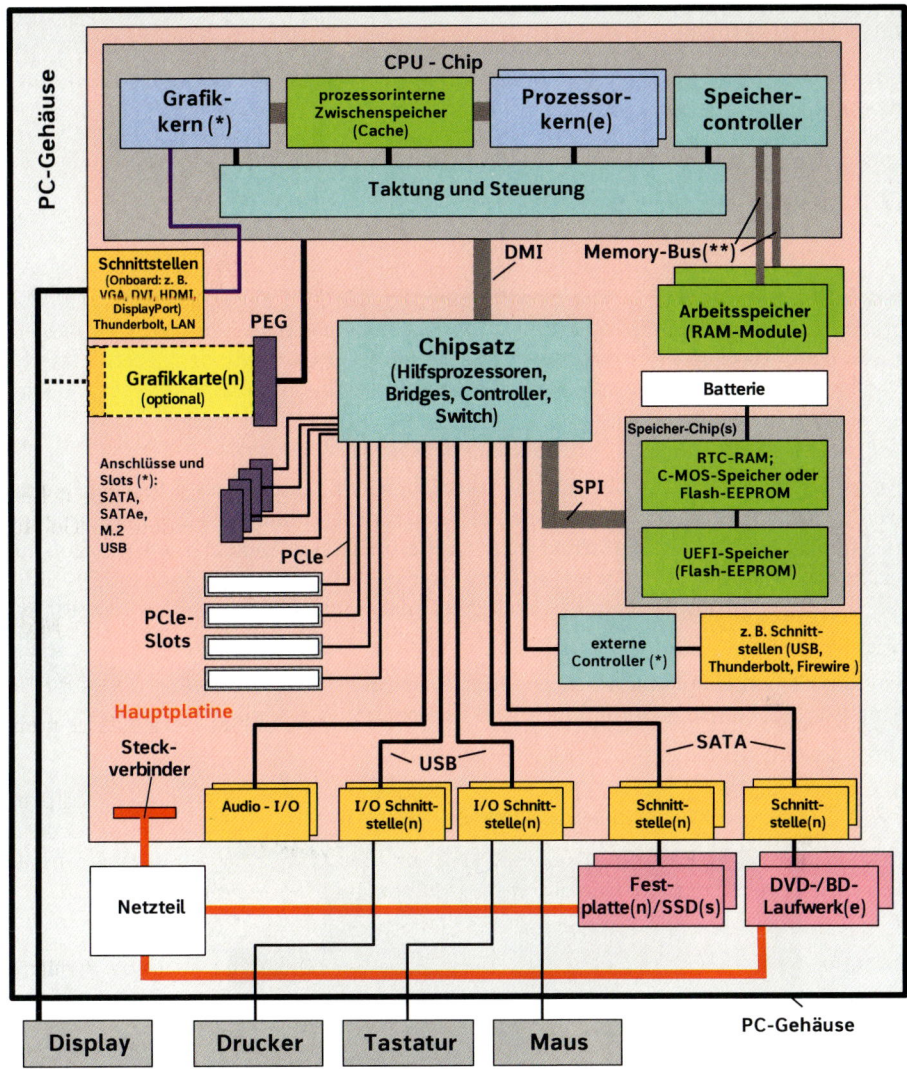

(*): optional, herstellerabhängig sind Abweichungen möglich
(**): bis zu 4 Speicherkanäle

Bild 1.16: Erweitertes Blockschaltbild eines Desktop-PCs (Hinweis: Anstelle von SATA-Anschlüssen werden für schnelle SSDs zunehmend M.2-Schnittstellen verwendet.)

Berücksichtigt man diese Komponenten, so ergibt sich ein komplexeres Blockschaltbild eines PCs (Bild 1.16). Da man in der Lage ist, mehrere Millionen elektronischer Bauelemente (z. B. Transistoren als elektronische Schalter) in einen einzigen Halbleiterchip zu integrieren, werden heutzutage in der Regel mehrere der dargestellten Funktionsblöcke – insbesondere die Controller – auf einem einzigen IC (Integrated Circuit; integrierter Schaltkreis) untergebracht. Der Hauptanteil der integrierten Schaltungen wird auf der Hauptplatine (Trägerplatte) platziert.

Die Blockschaltbilder von anderen Geräteklassen (Barebone, Notebook, Nettop, Tablet) sehen prinzipiell ähnlich wie in Bild 1.16 aus, weisen jedoch keine modulare Struktur auf und verfügen daher über weniger Erweiterungsmöglichkeiten. Auch die Anzahl der Schnittstellen ist geringer.

Die einzelnen in Bild 1.16 dargestellten Funktionsblöcke werden in den folgenden Kapiteln ausführlich behandelt.

1.7.7 Einplatinen-PCs

Ein **Einplatinen-Computer** (*single-board computer*; **SBC**) ist allgemein ein Computersystem, bei dem sich alle für den Betrieb maßgeblichen elektronischen Komponenten auf einer einzigen, kleinen **Platine** (*printed circuit board*; **PCB**) befinden. Hierzu zählen insbesondere Prozessor, Arbeitsspeicher sowie Schnittstellen mit Eingabe- und Ausgabefunktionen. Die Energieversorgung erfolgt über ein separates Netzteil.

Aufgrund der Beschränkung nur auf die wesentlichsten Komponenten besitzen solche Platinen meist sehr geringe Abmessungen (z.B. 85 mm × 56 mm; Bild 1.17). Sie arbeiten energieeffizient und werden aufgrund ihrer Größe vielfach in industriellen Anlagen zur Steuerung und Überwachung von Produktionsprozessen eingesetzt. Industrielle SBCs sind auch für den Einsatz in rauen Umgebungen (Vibrationen, Stöße, erhöhte Temperatur) geeignet.

Zu den klassischen Einplatinen-PCs gehören beispielsweise die Raspberry Pi-Boards in ihren unterschiedlichen Ausprägungen (z.B. Raspberry Pi 4 Modell B, Raspberry Pi 5; Bild 1.17).

Bild 1.17: Platinenbestückung eines Raspberry Pi 5-Boards

Alternativ zu den ohne Gehäuse erwerbbaren Versionen (z.B. Bild 1.17) existieren auch Ausführungen, bei denen die Platine direkt in einem Tastaturgehäuse untergebracht ist

(z. B. Raspberry P 400). Die auf der jeweiligen Platine vorhandenen Anschlüsse sind dann an der Gehäuserückseite untergebracht (z. B. **DSI**: *Display Serial Interface; CSI: Camera Serial Interface;* **GPIO**-Anschlüsse: *General-Purpose Input/Output*). Befindet sich im Lieferumfang des Boards eine SD-Karte, auf der sich das systemeigene Betriebssystem **Raspberry Pi OS** befindet, beginnt der Bootvorgang nach dem Start automatisch, sobald die Karte im SD-Slot erkannt wird. Alternativ lässt sich mithilfe eines entsprechenden Installationsprogramms (**Raspberry Pi Imager**) mit jedem handelsüblichen Computer ein Betriebssystem (original Raspberry Pi OS oder verfügbare Alternativen) aus dem Internet downloaden und auf eine SD-Karte kopieren, die dann in den Raspberry-Kartenslot eingeschoben wird. Nach Durchlaufen einiger Installationsschritte meldet sich das System mit einer dem Windows-Desktop ähnlichen grafischen Benutzeroberfläche (z. B. Taskleiste, Infobereich usw.) auf einem angeschlossenen Display. Auch die zur Verfügung gestellten Programmtools sind vergleichbar mit denen herkömmlicher PCs (Dateimanager, Webbrowser, Konfigurationswerkzeuge, Benutzerkontensteuerung). Zusätzlich zur bereits installierten Software lässt sich eine Vielzahl weiterer kompatibler Applikationen aus dem Internet installieren (siehe z. B. http://www.raspberrypi.com/software/).

Neben der Verwendung heruntergeladener Softwarepakete kann man mit dem Raspberry Pi auch selbst programmieren. Das Betriebssystem Raspberry Pi OS beinhaltet hierzu bereits vorinstallierte Programmiersprachen bzw. Entwicklungsumgebungen (**IDE**: *Integrated Development Environment*).

Zu den Einplatinen-PCs können auch die sog. **Mikrocontroller-Boards** – oder kurz: **MCU-Boards** (*microcontroller unit*) – gezählt werden.

> Ein **Mikrocontroller** (µC) ist ein Ein-Chip-Computersystem, das vielfach auch unter dem Begriff **S**ystem-**o**n-a-**C**hip (**SoC**) vermarktet wird.

Technisch bestehen zwischen einem klassischen SBC und einem MCU einige Unterschiede:

Einplatinen-Computer (SBC)	Mikrocontroller-Board (MCU)
– Umfasst Prozessor, Speicher, Ein-/Ausgabeeinheiten wie GPU, Bluetooth- und Wifi-Komponenten, oft als Single-Chip-System (**SoC**: **S**ystem **o**n a **C**hip) auf einer kleinen Platine – Der Mikroprozessor (CPU) ist vergleichsweise leistungsfähig und für vielfältige Einsatzzwecke verwendbar. – Meist 32- oder 64-bit-Architektur – Interner Arbeitsspeicher üblicherweise im GiByte-Bereich – Verfügt über ein eigenes Betriebssystem (meist Linux-basierend) – Bedienung, Steuerung und Programmierung über speziell angepasste grafische Benutzeroberflächen möglich	– Umfasst (wie ein SoC-Prozessor) Speicher und Ein-/Ausgabeanschlüsse als Mikrocontroller in einem Chip auf einer kleinen Platine (von SoC spricht man jedoch nur bei der Zusammenfassung von PC-Prozessoren und zugehörigen Systemkomponenten) – Der Mikrocontroller (µC, MCU) ist meist optimiert zur Durchführung einzelner, programmierbarer Basisprogramme, insbesondere zur Steuerung und Überwachung automatisierter Arbeits- und Produktionsprozesse – Meist 8-, 16- oder 32-bit-Architektur – Vergleichsweise kleiner interner Arbeitsspeicher (meist im KiByte-Bereich) – Verfügt über kein eigenes Betriebssystem – Bedienung und Programmierung mittels jeweils unterstützter Programmiersprache (z. B. C, Python): – *direkt* über eine vorhandene Schnittstelle (z. B. **ISP**: **I**n-**S**ystem-**P**rogrammierung über eine serielle Schnittstelle; engl. **ICSP**: *In-Circuit Serial Programming*) oder

Einplatinen-Computer (SBC)	Mikrocontroller-Board (MCU)
– Meist steht auch eine Vielzahl mitgelieferter oder nachträglich installierbarer Hilfs- bzw. Anwendungsprogramme zur Verfügung. – Die Speicherung von System- und Anwendungssoftware erfolgt auf einem externen Speicher (z. B. SD-Karte)	– *indirekt* mittels eines zusätzlichen Controllers, der z. B. per USB-Anschluss neue Firmwaredaten empfängt und damit den Haupt-Mikrocontroller programmiert, oder – mittels integrierter Bootloader-Anwendung, oder – mithilfe eines separaten Programmiergeräts (mit einem speziellen Sockel, in welchen der µC zur Programmierung gesteckt wird)

Bild 1.18: Unterschiede zwischen SBC und MCU

Mikrocontroller befinden sich heutzutage in nahezu jedem technischen Gerät zur Steuerung sich ständig wiederholender Funktionsabläufe (z. B. Waschmaschine). Im industriellen Bereich werden sie als eingebettete Systeme zur Steuerung einzelner Produktionsschritte innerhalb komplexer Fertigungsstrukturen eingesetzt. Bekannte Hersteller von Mikrocontrollern sind STMicroelectronics, Atmel (inzwischen Microchip Technology Inc.), Microchip Technology Inc., Espressif, Infineon oder Intel.

Einen hohen Bekanntheits- und Verbreitungsgrad haben insbesondere Mikrocontroller-Boards erlangt, die unter der Bezeichnung Arduino vermarktet werden.

Der Begriff **Arduino** bezeichnet eine Mikrocontroller-Plattform, die aus einer Produktfamilie von Mikrocontroller-Boards sowie einer zugehörigen integrierten Entwicklungsumgebung besteht (**IDE**: *integrated development environment*).

Arduino-Boards gibt es in unterschiedlichen Versionen mit untereinander abweichenden technischen Daten und Leistungsmerkmalen sowie in verschiedenen Bauausführungen, die an die jeweiligen Einsatzzwecke angepasst sind (z. B. Arduino Zero, Arduino Uno, Arduino Due, Arduino Mega 2560, Arduino Leonardo, Arduino Micro, Arduino Nano, Arduino Pro usw.). Die technischen Merkmale des jeweils verwendeten Mikrocontrollers lassen sich anhand seiner Typenbezeichnung klassifizieren (z. B. ATmega 328P-PU).

Neben den „offiziellen" Arduino-Boards gibt es eine Vielzahl an von Drittherstellern produzierten Boards, die mit der Arduino-Software kompatibel sind. Diese sind preislich meist günstiger und tragen Bezeichnungen wie Funduino, Freeduino o. Ä.

Eine kostengünstige, aber dennoch leistungsstarke Alternative bieten auch Entwicklerboards auf der Basis des ESP32-Mikrocontrollers.

ESP32 ist die Bezeichnung einer vergleichsweise kostengünstigen und mit geringem Leistungsbedarf ausgeführten 32-Bit-Mikrocontrollerfamilie, die von der chinesischen Firma Espressif entwickelt und vermarktet wird.

Die Chips werden als fertige Module angeboten, d. h., sie sind auf eine kleine Platine gelötet (Modulabmessungen ca. 25,5 mm × 18 mm × 3,1 mm). Die angebotenen Module unterscheiden sich in einigen technischen Merkmalen (z. B. Einkern- oder Zweikernsysteme, Flashspeichergröße, Zusatzfunktionen), ansonsten verfügen sie über viele identische Eigenschaften (Modulbezeichnungen z. B. ESP32, WROOM-32D, ESP32-SOLO-1, ESP32-WROVER-E). Sie lassen sich entweder direkt als vorgefertigte Lösung in ein Endprodukt integrieren oder sie werden auf Entwicklungsplatinen platziert, die mittels einiger zusätzlich vorhandener Komponenten (z. B. Programmierschnittstelle, Anschluss-Stiftleisten) dem jeweiligen Anwendungszweck angepasst werden können.

1.1.8 Sonstige Geräteklassen

Weitere mögliche Geräteklassen sind im Folgenden zusammengefasst. Hierbei handelt es sich teilweise nur um spezielle Unterfamilien bereits genannter Klassen oder um Marketingbezeichnungen einzelner Herstellerfirmen. Einplatinen-Computer, die in wesentlich kleineren Gehäusen betrieben werden als gewöhnliche PCs, werden allgemein auch als **Small Form Factor** PCs (SFF) bezeichnet (Beispiel: Raspberry Pi; Kap. 1.1.7).

Nettop

Die Bezeichnung **Nettop** resultiert aus den Begriffen **Net**work und Desk**top** und wurde als Marketingbezeichnung von Intel kreiert. Es handelt sich um kleine und preiswerte Desktop-PCs mit eingeschränkter Funktionalität und geringerem Schnittstellenangebot.

Nettops sind WLAN-fähig und verfügen über eine Netzwerkschnittstelle (Gigabit-Ethernet). Der verwendete Atom-Prozessor kann ohne Lüfter betrieben werden, arbeitet daher geräuschlos und ist meist direkt auf dem Mini-ITX-Mainboard aufgelötet. Als Massenspeicher kommen SSDs (Kap. 1.8.2) zum Einsatz. Die Leistungsaufnahme ist sehr gering (unter 25 W), eine Erweiterung mit zusätzlichen Komponenten ist meist nicht möglich.

All-in-One-PC

Unter einem **All-in-One-PC** (**AiO**-PC) versteht man einen Computer, bei dem die gesamte Rechnertechnik mit in das Displaygehäuse eingebaut wird.

AiO-PCs können als platzsparende Desktop-Computer angesehen werden. Die Leistungs- und Ausstattungsmerkmale sind vergleichbar mit denen eines Desktops. Tastatur und Maus sind meist kabellos verbunden, lediglich das Netzkabel ist am Monitor angeschlossen. Populärer Vorreiter ist der iMac der Firma Apple.

Ultra-Mobile-PC

Unter einem **Ultra-Mobile-PC** (**UMPC**) versteht man einen kleinen portablen Computer, der per WLAN überall kommunizieren kann, eine geringe Leistungsaufnahme hat und mit verschiedenen Büroanwendungen sowie GPS ausgestattet ist.

UMPCs gehören prinzipiell zu den Tablet-PCs und wurden konzeptionell von Intel und Microsoft entwickelt. Sie werden über den 7 bis 10 Zoll großen Touchscreen bedient und arbeiten mit Windows-Betriebssystemen. Neben Büroanwendungen (Office-Paket) kann das Gerät auch zur multimedialen Unterhaltung verwendet werden (Spiele, Video). Darüber hinaus ermöglicht der **GPS**-Empfänger eine mobile Navigation.

Industrie-PC

> Ein **Industrie-PC** (kurz: IPC) ist ein Computer, der speziell für Aufgaben im industriellen Bereich eingesetzt wird. Hierbei steht die Verarbeitung von *Prozessdaten in Echtzeit* im Vordergrund.

Im Unterschied zu einem Arbeitsplatzrechner, der üblicherweise in einer Büroumgebung platziert wird, befindet sich ein Industrie-PC meist in einer etwas raueren Umgebung (Produktionshallen, Werkshallen, Feuchträume, Außenbereich usw.) und ist damit wesentlich mehr störenden Umwelteinflüssen ausgesetzt. Aus diesem Grund unterscheiden sich die Anforderungen an einen IPC deutlich von denen eines Arbeitsplatzrechners. Zu diesen Anforderungen zählen insbesondere:

- höhere Temperaturresistenz (*temperature resistance*)
- größere Schockresistenz (*shock resistance*)
- Wasserdichtheit (*watertightness*)
- besonderer EMV-Schutz (*EMV protection*)
- größere Ausfallsicherheit (*fail-safety*)
- Langzeitverfügbarkeit (*long-term availability*)

IPCs sind bezüglich ihrer Abmessungen vielfach für den Einbau in ein **19-Zoll-Rack** – einen industriell genormten Baugruppenträger für technische Geräte – dimensioniert. Da die Anforderungen an die Prozessorleistung bei der industriellen Prozessdatenverarbeitung meist nicht sehr hoch sind, reichen in IPCs vielfach CPUs mit geringer Performance aus (z.B. Single-Core-CPUs; Bild 1.31). Neben Prozessoren der Atom-Serie kommen daher auch vielfach ARM-Prozessoren zum Einsatz. Auch Einplatinen-Rechner wie etwa **Raspberry Pi** werden verwendet.

E-Book-Reader

> Ein **E-Book-Reader** ist eine Geräteklasse mit Abmessungen von ca. 13 cm × 19 cm × 1,5 cm, die sehr leicht ist und speziell für die Darstellung elektronischer Publikationen konzipiert wurde.

Abhängig von den Gehäuseabmessungen liegen die Displaygrößen bei E-Book-Readern zwischen 6 und ca. 10 Zoll. Hierbei handelt es sich meist um touchscreenfähige monochrome E-Ink-Displays (Kap. 1.12.6), deren Auflösung je nach Modell und Preisklasse zwischen ca. 600 × 800 Pixeln und ca. 1 240 × 1 860 Pixeln variiert. Inzwischen findet man auch farbige Displays mit dieser Technologie (Kap. 1.12.6). Um auch im Dunkeln lesen zu können, verfügen viele Geräte zusätzlich über eine integrierte LED-Beleuchtung (**L**ight **E**mitting **D**iode). Über eine USB-C-Buchse (Kap. 1.6.3) lässt sich der interne Akku laden und der Reader mit einem PC verbinden, um dort gespeicherte eBooks in den internen Flashspeicher (Kap. 1.5.1.1) zu kopieren. Alternativ verfügen die Geräte auch über ein WLAN-Modul, sodass ein eBook direkt aus dem Internet in den Flashspeicher geladen werden kann. In diesem Speicher können bis zu 1 500 eBooks

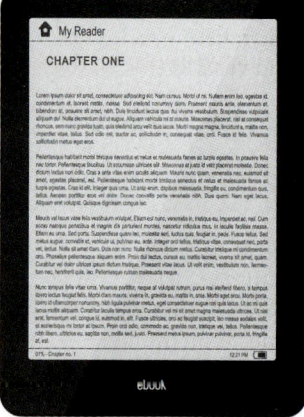

Bild 1.19: Beispiel für einen E-Book-Reader

abgelegt werden, über den vorhandenen Micro-SD-Kartenslot lässt sich der Speicher noch erweitern. Der Lithium-Polymer-Akku (Kap. 1.10.2) ermöglicht einen ununterbrochenen Betrieb über mehrere Tage. Das Gewicht eines Readers beträgt meist weniger als 500 Gramm.

Einige Hersteller statten ihre Geräte mit zusätzlichen Merkmalen aus, z. B. mit

- einem integrierten mp3-Player, um den Buchtext vorzulesen („Text-to-Speech-Funktion", hat jedoch nicht die Qualität eines Hörbuches) oder um beim Lesen Musik zu hören;

- einem Touchscreen (Kap. 1.12.2), über den mittels beigefügtem Stylus wie auf einem Blatt Papier kurze Notizen, Texte, Zeichnungen oder Bilder eingegeben oder bearbeitet werden können; diese Geräte können gängige Dateiformate verarbeiten (z. B. txt, rtf, doc, png, jpeg usw.; Kap. 3.2.4);

- einem Staub- und Wasserschutz (Kennzeichnung gemäß DIN EN 60529, z. B. IP67; IP: International Protection; 6: „staubdicht"; 7: „Schutz gegen zeitweiliges Untertauchen").

Zu den Herstellern von E-Book-Readern gehören Acer, PocketBook, Kobo, Tolino und Amazon.

Verbunden mit einem E-Book-Reader ist ein Geschäftsmodell, bei dem man sich bei entsprechenden Anbietern in elektronischer Form vorliegende Bücher oder Zeitschriften auf sein Gerät lädt und diese dann dauerhaft oder für einen bestimmten Zeitraum nutzen kann. Gekaufte Literatur ist meist durch ein **DRM**-Verfahren (Digitales Rechte-Management) gegen illegales Kopieren bzw. Weitergeben geschützt. E-Books werden in unterschiedlichen Formaten angeboten (z. B. TXT, PDF, EPUB, MOBI, AZW, KF8), jedoch kann nicht jeder eBook-Reader jedes Format lesen.

Wearable Computer

Wearable Computer („tragbarer Computer") oder kurz „**Wearables**" sind intelligente Kleinstcomputer, die am Körper getragen werden, in die Kleidung integriert sind oder sich in Alltagsgegenständen befinden. Im Gegensatz zu anderen mobilen PCs, mit denen die Benutzenden meist aktiv eine Tätigkeit ausführen (z. B. SMS schreiben, Bilder ansehen, spielen), sollen Wearables möglichst unbemerkt im Hintergrund arbeiten und die Nutzenden in alltäglichen Situationen unterstützen oder ihre Körperfunktionen überwachen. Zunehmend verbreiten sich insbesondere die folgenden Wearables:

- **Datenbrillen** (*data glasses*; auch: *smart glasses*, **AR**-Brillen), die beispielsweise Informationen zu Sehenswürdigkeiten oder zu Arbeitsprozessen auf die Glasoberfläche der Brille in das Gesichtsfeld der Betrachtenden einblenden (orts- oder tätigkeitsbezogene Dienste als „Augmented Reality", also „erweiterte Realität")

- **Fitnessarmbänder** *(smart bracelets)*, die beispielsweise über diverse Sensoren medizinische Werte aufzeichnen (z. B. bei sportlichen Aktivitäten Puls, Blutsauerstoff, Körpertemperatur, Kalorienverbrauch), die aber auch – leicht modifiziert, z. B. durch Alarmfunktionen – in der Medizin- und Gesundheitstechnik zur permanenten Überwachung von chronisch Kranken (auch während der Arbeit) eingesetzt werden können (**AAL**: Ambient Assisted Living)

- **Fitnessuhren** *(fitness watches*; auch: *smart watches)*, die auf dem Uhrendisplay zusätzlich zu Uhrzeit und gemessenen Körperdaten auch noch Wetterinformationen oder geografische Daten bzw. Trackingdaten (begrenzt) anzeigen können. Auch eine akustische Ausgabe ist teilweise möglich. Die Funktionsvielfalt lässt sich durch zusätzliche Apps individuell erweitern (z. B. Benachrichtigung über eingegangene Anrufe oder E-Mails).

integrierte Kamera

im Sichtfeld eingeblendete Informationen

Bild 1.20: Beispiele für Wearables

Viele der Geräte nutzen als Betriebssystem **Android Wear**, eine Android-Variante von Google. Die genannten Armbänder und Uhren können aufgenommene Messdaten bei Bedarf drahtlos an ein Smartphone, ein Tablet oder einen PC übertragen. Die Datenübertragung erfolgt über **Bluetooth Low Energy** (Kap. 1.7.8) oder **ANT+** (Funknetzstandard für Sensoren mit ANT-Modulen, die das lizenzfreie ISM-Band nutzen; Frequenzen zwischen 2,403 und 2,480 GHz mit 78 Kanälen, AES-Verschlüsselung mit 128 Bit, Übertragungsrate bis zu 20 Kbit/s; Peer-to-Peer- und Maschennetze sind unidirektional und bidirektional möglich). Aus Datenschutzgründen ist die Verwendung von Wearables (insbesondere Fitnessarmbändern) sehr kritisch zu betrachten, da eine Nutzung aller angebotenen Features nur nach vorheriger Registrierung beim Hersteller möglich ist. An diesen übermitteln die Geräte über eine App im Smartphone sämtliche aufgezeichneten Körper- und Bewegungsdaten. Die Nutzenden können dies im Regelfall nicht verhindern und besitzen keine Kontrolle über die weitere Verwendung dieser Informationen. Datenbrillen und Geräte für Geotracking können auch über ein integriertes GPS und teilweise auch über einen direkten Internetzugang auf ein Mobilfunknetz zugreifen. Sie haben eine sehr geringe Leistungsaufnahme (teilweise im µW-Bereich) und werden mit eingebauten Akkus oder wechselbaren Knopfzellen betrieben. Vereinzelt werden auch Verfahren des Energy Harvestings eingesetzt, um die zeitlich eingeschränkte Nutzung bei Batteriebetrieb zu umgehen.

Energy Harvesting nennt man die Gewinnung von kleinen Mengen an Energie aus alltäglichen physikalischen Gegebenheiten, wie beispielsweise Luftströmungen, Umgebungstemperaturen, Lichteinfall, Vibrationen oder elektromagnetischer Strahlung.

AUFGABEN

1. Was versteht man im Zusammenhang mit Computern unter dem „EVA-Prinzip"?

2. Die grundlegenden Funktionen eines Computers lassen sich in einem einfachen Blockschaltbild aus vier Funktionseinheiten darstellen. Skizzieren Sie ein solches Blockschaltbild und benennen Sie diese Einheiten.

3. Was verstand man ursprünglich unter einem Personal Computer? Wie wird die Abkürzung PC heute verwendet?

4. Welche Bezeichnungen können alternativ für Datenverarbeitungsgeräte verwendet werden, um ggf. den Einsatzbereich oder die Leistungsfähigkeit näher zu beschreiben? Erläutern Sie die jeweilige Bezeichnung, ggf. auch mithilfe einer Internetrecherche.

5. Was versteht man unter einer „PC-Geräteklasse"? Nennen Sie verschiedene Geräteklassen.

6. Was versteht man unter einem „Barebone"?

7. Nennen Sie wesentliche Unterschiede, die zwischen einem Desktop-PC und einem Notebook bestehen.

8. Welche drei Betriebszustände sind bei Notebooks spezifiziert? Erläutern Sie die Unterschiede.

9. Bei welchen Computertypen werden sog. Karteneinschübe zur Funktionserweiterung eingesetzt? Welche Kartentypen unterscheidet man? Nennen Sie wesentliche Eigenschaften.

10. Welche Unterschiede bestehen zwischen einem Netbook und einem Ultrabook?

11. Als Massenspeicher werden bei portablen Geräten die Festplattenlaufwerke zunehmend von den SSD-Flashspeichern verdrängt. Nennen Sie jeweils Vor- und Nachteile beider Speichermedien. (Lösungshinweis: Verwenden Sie die Informationen aus Kap. 1.8 oder führen Sie eine Internetrecherche durch.)

12. Erläutern Sie die Unterschiede zwischen einem (herkömmlichen) Tablet und einem konvertiblen Tablet.

13. Was versteht man unter dem Begriff „Tethering"?

14. a) Über welche Ausstattungsmerkmale verfügt ein modernes Smartphone?
    b) Wozu benötigt man bei einem Smartphone die IMSI-Nummer und die IMEI-Nummer? Erläutern Sie die Abkürzungen.

15. Erstellen Sie (sofern möglich mithilfe eines entsprechenden Programms in einem ansprechenden Layout) eine Tabelle oder eine Mindmap, in der die typischen Komponenten eines Desktop-PC nach folgenden Kriterien aufgelistet werden:
    – Baugruppen auf der Hauptplatine
    – Komponenten innerhalb des Gehäuses
    – externe Komponenten

16. Was versteht man unter der Kurzbezeichnung „Wearables"?

17. Welche zusätzlichen, erhöhten Anforderungen müssen Industrie-PCs erfüllen?

18. Laut Hersteller hat ein IPC die Schutzart IP67.
    a) Welche Bedeutung haben die Abkürzung IP und die nachfolgenden beiden Ziffern?
    b) Recherchieren Sie, welchen Schutzumfang die Kennzeichnung IP67 jeweils bietet.
    c) Recherchieren Sie, welchen Schutzumfang jeweils andere Kennziffern des IP-Schutzes bieten, und listen Sie diese Kennziffern mit ihren Bedeutungen tabellarisch auf.

19. a) Erläutern Sie die Technik der Bilddarstellung bei einem handelsüblichen E-Book-Reader.

b) Vergleichen Sie den Energiebedarf eines E-Book-Reader-Displays mit dem eines gleich großen LCD-Displays und begründen Sie den Unterschied. (Lösungshinweis: Verwenden Sie Informationen aus den Kapiteln 1.12.3 und 1.12.6 oder führen Sie eine Internetrecherche durch.)

20. a) Wodurch unterscheidet sich ein klassischer Einplatinen-PC (SBC) von einem Mikrocontroller-Board (MCU)?

b) Recherchieren Sie im Internet die technischen Spezifikationen der SBC-Boards Raspberry Pi 4 Modell B und Raspberry Modell Pi 5. Erstellen Sie mit einem entsprechenden Computerprogramm eine Tabelle, in der Sie die Spezifikationen in englischer Sprache dokumentieren.

21. Der Chip ESP32 wird auf einer Vielzahl von Mikrocontroller-Boards verwendet. Recherchieren Sie im Internet, welche Varianten vom Hersteller Espressif angeboten werden und welche Unterschiede bestehen bzw. für welche Anwendungsbereiche sie vorgesehen sind.

1.2 Mainboard

Die industrielle Fertigung von IT-Geräten erfolgt durchgängig automatisiert. Die elektronischen Bauteile (Widerstände, Kondensatoren, ICs, Steckverbinder usw.), die für die jeweilige Gerätefunktion erforderlich sind, werden hierbei von entsprechend programmierten Bestückungsmaschinen auf einer Trägerplatte aus Kunstharz (Platine) platziert. Diese Trägerplatte wird als **Mainboard** oder **Motherboard** bezeichnet. Die Trägerplatte enthält in mehreren Schichten (Layer) elektrisch leitfähige Bahnen, über die die Bauelemente miteinander verbunden sind und über die Daten in Form von elektrischen Strömen fließen können. Allgemein wird eine solche Platine auch als „gedruckte Leiterplatte" (Printed Circuit Board, **PCB**) bezeichnet. Diese Bezeichnung leitet sich aus den speziellen fotodrucktechnischen Verfahren ab, die beim Herstellungsprozess der Leiterbahnen angewendet werden. Da sehr viele elektrische Verbindungen untergebracht werden müssen, sind diese Leiterbahnen, die in der Regel aus Kupfer oder Silber bestehen, sehr dünn. Wegen dieser geringen Abmessungen sind sie mechanisch nur wenig belastbar.

Aufgrund aktueller EU-Richtlinien (RoHS, Kap. 1.14.2) dürfen bei der Herstellung nur Materialien verwendet werden, die wenig umweltbelastend sind („Green Mainboard").

Das **Mainboard** ist Träger der wichtigsten elektronischen Komponenten eines IT-Geräts. Es muss ohne mechanische Verspannung in das jeweilige Gehäuse eingebaut werden, da sich ansonsten Mikrorisse in den Leiterbahnen bilden können, die eine einwandfreie Funktion verhindern.

1.2.1 Formfaktor

Die Abmessungen der Trägerplatinen werden insbesondere bei portablen Geräten jeweils passend für die Größe des Produkts dimensioniert und lassen sich in anderen Geräten nicht verwenden. Dies gilt *nicht* für Trägerplatinen, die in Desktop- oder artverwandten

Gehäusen untergebracht werden können. Diese unterliegen in ihrer Größe und ihrem prinzipiellen Aufbau einer Normung, um herstellerübergreifend den Einbau in entsprechende Gehäuse zu ermöglichen.

> Die Normung von Motherboards wird als **Formfaktor** *(form factor)* bezeichnet.

Am weitesten verbreitet bei den Desktop- und den Tower-PCs ist zurzeit der sog. **ATX**-Formfaktor (**A**dvanced **T**echnology E**X**tended). Dieser zeichnet sich insbesondere durch folgende Merkmale aus:

- Die Abmessungen des ATX-Boards betragen standardmäßig 12" × 9,6" (12" lies: 12 Zoll; 1 Zoll = 2,542 cm; somit ca. 305 mm × 244 mm).
- Die Anordnung der Löcher zur Befestigung des Boards im PC-Gehäuse ist genau vorgegeben.
- Das Board ist in verschiedene Bereiche aufgeteilt. Innerhalb dieser Bereiche ist jeweils die maximal zulässige Höhe der vorhandenen Bauteile (ICs, Steckkarten, Lüfter, Kühlkörper, Anschlüsse) vorgegeben.
- Die Anordnung der Anschlüsse für die externen Schnittstellen (Kap. 1.7) ist genormt und erfolgt in einem speziellen Bereich an einer Seite des Boards.
- Der ATX-Netzteileinschub besitzt genormte Abmessungen, Eigenschaften und Anschlüsse (Kap. 1.10.1).
- Der Anschluss des Boards an das PC-Netzteil erfolgt mit einem verpolungssicheren Stecker. Die Pin-Anordnung des Anschlusssteckers ist genormt.

Des Weiteren existiert ein spezieller **Mini-ATX-Formfaktor**, bei dem die Board-Abmessungen ca. 11,2" × 8,2" betragen, sowie ein **Micro-ATX-Formfaktor** (μATX) mit den Abmessungen 9,6" × 9,6". Diese kleineren ATX-Boards sind kostengünstiger herstellbar, da einige Komponenten anzahlmäßig reduziert wurden (z.B. weniger Erweiterungsslots, zum Teil auch geringerer Leistungsumfang des UEFI, Kap. 3.1).

Bei den Nettops findet man meist den **Mini-ITX-Formfaktor** (ITX: Integrated Technology eXtended). Mini-ITX-Boards weisen mit 17 cm × 17 cm (6,7" × 6,7") wesentlich kleinere Abmessungen als

Bild 1.21: Beispiel für ein Micro-ITX-Board

ein ATX-Board auf. Sie können jedoch in einem ATX-Gehäuse befestigt und von einem ATX-Netzteil über einen 20-poligen Normstecker (Kap. 1.10.1) mit Energie versorgt werden.

1.2.2 Mainboard-Komponenten

Auf einem Mainboard befinden sich in der Regel die folgenden Baugruppen bzw. Komponenten:

- Sockel für den Hauptprozessor (CPU, Kap. 1.3)
- Chipsatz (Hilfsprozessoren, Kap. 1.4)
- IC für das UEFI (Flash-EEPROM, Kap. 1.5.1.1)

- Batterie, die bei Abschaltung vom 230-V-Netz die Energieversorgung der Systemuhr übernimmt
- Hilfskomponenten (Support-Bausteine, z.B. Schwingquartz, Timer-IC als Taktgeber, Echtzeituhr, Controller)
- Steckplätze für den Hauptspeicher (RAM-Speicher, Arbeitsspeicher, Kap. 1.5.3)
- Steckplätze für Erweiterungskarten (Slots, Kap. 1.9)
- Schnittstellenanschlüsse (z.B. HDMI, USB, Firewire, Audio, LAN, SATA, eSATA, Kap. 1.7)
- Anschluss für die Spannungsversorgung des Mainboards; Spannungswandler zur Bereitstellung von Spannungen (3,3 V, 5 V) für die Energieversorgung angeschlossener Komponenten (Spezifikation ATX12VO; Kap. 1.10.1)
- sonstige Anschlusskontakte, z.B. **Jumper** und **Pfostenstecker** *(pin head connector)* in unterschiedlichen Ausprägungen; Informationen über vorhandene Anschlüsse und deren Funktion sind dem Manual des Motherboards zu entnehmen (z.B. für Power LED, System Speaker, Reset, Lüfter; Bild 1.22).

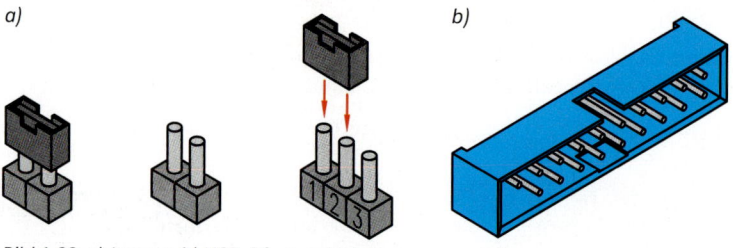

Bild 1.22: a) Jumper, b) USB-Pfostenstecker

Weitere elektronische Bauelemente dienen der sicheren Funktion sowie der Unterdrückung von elektrischen Störungen (z.B. Spannungswandler: ICs zur Erzeugung und Stabilisierung benötigter Versorgungsspannungen; Kondensatoren, engl. *caps*, zur Störunterdrückung).

Mainboards werden von verschiedenen Herstellern angeboten. Trotz der vorgegebenen Spezifikationen unterscheiden sich die Boards verschiedener Hersteller sowohl in der Leistungsfähigkeit (z.B. Prozessor, Chipsatz) als auch in der Anzahl der verwendeten Komponenten (z.B. Slots, Schnittstellen).

Auch die Anordnung einzelner Komponenten ist unterschiedlich, da ein Standard in vielen Fällen lediglich vorgibt, *wie* einzelne Komponenten platziert werden müssen, aber nicht exakt *wo*. Hieraus resultieren ggf. auch geringfügige Größenunterschiede. Zur eindeutigen Unterscheidung der vorhandenen Anschlüsse und Steckplätze sind diese meist farblich gekennzeichnet. Zu jedem Mainboard gehört ein Handbuch *(manual)*, in dem die Lage der einzelnen Komponenten und der Anschlüsse dargestellt ist (Bild 1.24). Ebenso werden im Handbuch die technischen Leistungsmerkmale umfassend beschrieben (Bild 1.25).

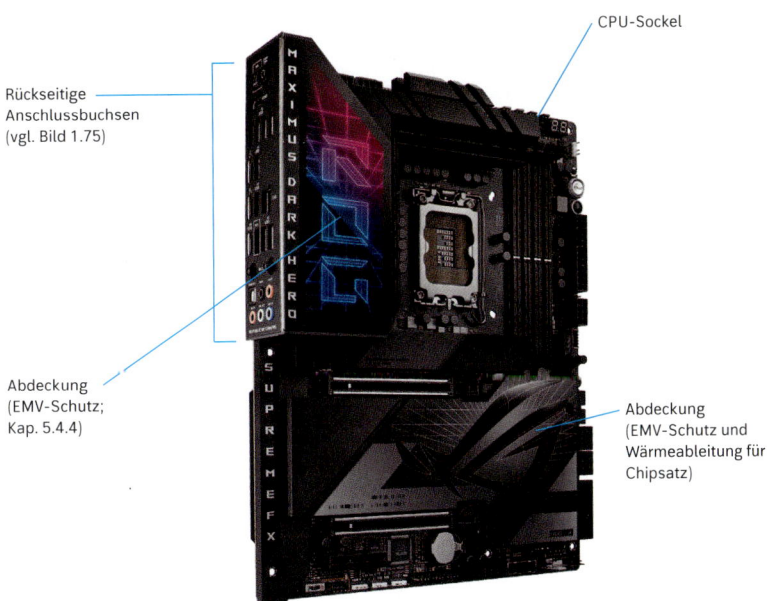

CPU-Sockel

Rückseitige
Anschlussbuchsen
(vgl. Bild 1.75)

Abdeckung
(EMV-Schutz;
Kap. 5.4.4)

Abdeckung
(EMV-Schutz und
Wärmeableitung für
Chipsatz)

Bild 1.23: Beispiel für ein ATX-Board; Lage der internen Anschlüsse siehe Bild 1.24

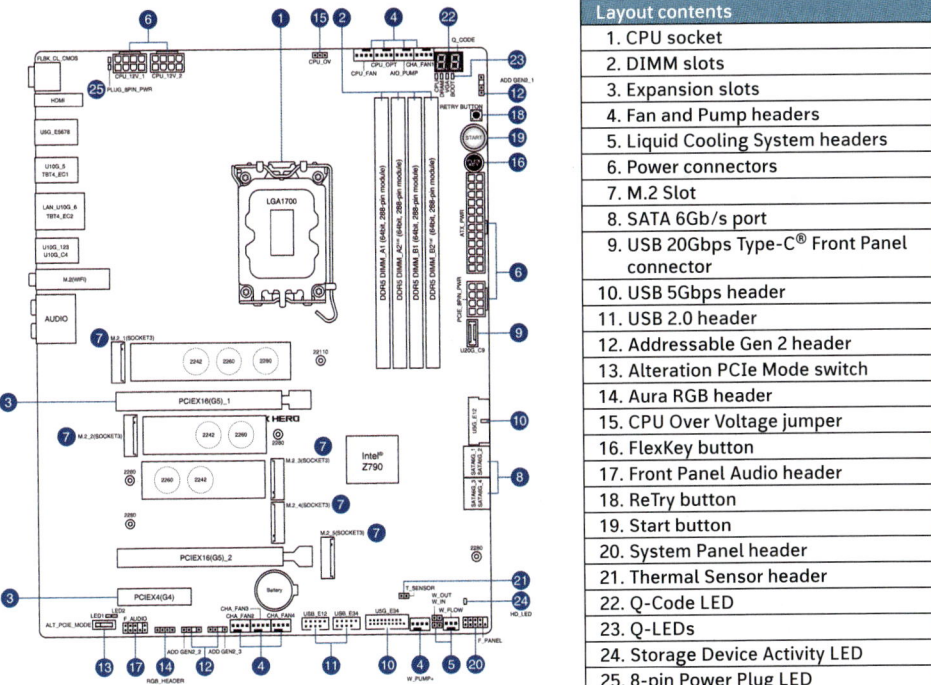

Layout contents
1. CPU socket
2. DIMM slots
3. Expansion slots
4. Fan and Pump headers
5. Liquid Cooling System headers
6. Power connectors
7. M.2 Slot
8. SATA 6Gb/s port
9. USB 20Gbps Type-C® Front Panel connector
10. USB 5Gbps header
11. USB 2.0 header
12. Addressable Gen 2 header
13. Alteration PCIe Mode switch
14. Aura RGB header
15. CPU Over Voltage jumper
16. FlexKey button
17. Front Panel Audio header
18. ReTry button
19. Start button
20. System Panel header
21. Thermal Sensor header
22. Q-Code LED
23. Q-LEDs
24. Storage Device Activity LED
25. 8-pin Power Plug LED

Bild 1.24: Vereinfachte Layoutdarstellung mit nummerierten Anschlüssen (Beispiel aus einem Manual)

CPU	Intel® Socket LGA1700 for Intel® Core™ 14th & 13th Gen Processors, Intel® Core™ 12th Gen, Pentium® Gold and Celeron® Processors Supports Intel® Turbo Boost Technology 2.0 and Intel® Turbo Boost Max Technology 3.0** *** Refer to www.asus.com for CPU support list.** **** Intel® Turbo Boost Max Technology 3.0 support depends on the CPU types.**
Chipset	Intel® Z790 Chipset
Memory	4 x DIMM slots, Max. 192GB, DDR5 Non-ECC, Un-buffered Memory* Dual Channel Memory Architecture Supports Intel® Extreme Memory Profile (XMP) ASUS Enhanced Memory Profile II (AEMP II) Supports DIMM Flex *** Supported memory types, data rate (speed), and number of DRAM modules vary depending on the CPU and memory configuration, for more information please refer to CPU/Memory Support list under the Support tab of product information site of visit https://www.asus.com/support/.** *** Non-ECC, Un-buffered DDR5 Memory supports On-Die ECC function.**
Graphics	1 x HDMI™ port** 2 x Intel® Thunderbolt™ 4 port (USB Type-C®) support DisplayPort and Thunderbolt™ video outputs*** *** Graphics specifications may vary between CPU types. Please refer to www.intel.com for any updates.** **** Support 4K@60Hz as specified in HDMI 2.1** ***** VGA resolution support depends on processors' or graphic cards' resolution.**
Expansion Slots	**Intel® Core™ Processors (14th & 13th & 12th Gen)*** 2 x PCIe 5.0 x16 slots (supports x16 or x8/x8 modes)** **Intel® Z790 Chipset** 1 x PCIe 4.0 x4 slot *** Please check PCIe bifurcation table on support site (https://www.asus.com/support/FAQ/1037507/).** **** M.2_1 shares bandwidth with PCIEX16(G5)_2 and PCIEX16(G5)_1. When M.2_1 is occupied with SSD device, PCIEX16(G5)_2 will be disabled and PCIEXx16(G5)_1 will run x8 only.** ***** To ensure compatibility of the device installed, please refer to https://www.asus.com/support/ for the list of supported peripherals.**
Storage	**Supports 5 x M.2 slots and 4 x Sata 6Gb/s ports*** **Intel® Core™ Processors (14th & 13th & 12th Gen)** – M.2_1 slot (Key M), type 2242/2260/2280/22110 (supports PCIe 5.0 x4 mode)** – M.2_2 slot (Key M), type 2242/2260/2280 (supports PCIe 4.0 x4 mode) **Intel® Z790 Chipset** – M.2_3 slot (Key M), type 2242/2260/2280 (supports PCIe 4.0 x4 mode) – M.2_4 slot (Key M), type 2280 (supports PCIe 4.0 x4 mode) – M.2_5 slot (Key M), type 2280 (supports PCIe 4.0 x4 mode) – 4 x SATA 6Gb/s ports

1

	* Intel® Rapid Storage Technology supports PCIe RAID 0/1/5/10, SATA RAID 0/1/5/10. ** M.2_1 shares bandwidth with PCIEX16(G5)_2. When M.2_1 is enabled, PCIEX16(G5)_2 will be disabled and PCIEX16(G5)_1 will run x8 only.
Ethernet	1 x Intel® 2.5Gb Ethernet ASUS LANGuard
Wireless & Bluetooth®	**Intel® Wi-Fi 7*** 2x2 Wi-Fi 7 (802.11be)** Supports 2.4/5/6GHz frequenzy band*** Supports Wi-Fi 7 320MHz bandwidth, up to 5.76Gbps transfer rate. Bluetooth® v5.4**** * Compatible with Windows 11 or later. ** Wi-Fi 7 MLO(Multi-link Operation) full functions support will be ready in Windows 11 2024 Platform (Windows 11 24H2) or later. *** Wi-Fi 6GHz frequency band and bandwidth regulatory may vary between countries. **** The Bluetooth version may vary, please refer to the Wi-Fi module manufacturer's website for the latest specifications.
USB	**Rear USB (Total 12 ports)** 2 x Thunderbolt™ 4 ports (2 x USB Type-C®) 6 x USB 10Gbps ports (5 x Type-A + 1 x USB Type-C®) 4 x USB 5Gbps ports (4 x Type-A) **Front USB (Total 9 ports)** 1 x USB 20Gbps connector (supports USB Type-C® with up to 60W PD/QC4+)** 2 x USB 5Gbps headers support 4 additional USB 5Gbps ports 2 x USB 2.0 headers support 4 additional USB 2.0 ports * USB Type-C® power delivery output: 5V/3A ** USB Type-C® power delivery output: 5V/9V/15V/20V max. 3A, PPS: 3.3-21V max. 3A
Audio	**ROG SupremeFX 7.1 Surround Sound High Definition Audio CODEC ALC4082*** – Impedance sense for front and rear headphone outputs – Supports: Jack-detection, Multi-streaming, Front Panel Jack-retasking – High quality 120 dB SNR stereo playback output and 110 dB SNR recording input – Supports up to 32-Bit/384 kHz playback **Audio Features** – SupremeFX Shielding Technology – ESS® ES 9218 QUAD DAC – Gold-plated audio jacks – Rear optical S/PDIF out port – Premium audio capacitors * The LINE OUT port on the rear panel does not support spatial audio. If you wish to use spatial audio, make sure to connect your audio output device to the audio jack on the front panel of your chassis or use a USB interface audio device.
Back Panel I/O Ports	2 x Thunderbolt™ 4 USB Type-C® ports 6 x USB 10Gbps ports (5 x Type-A + 1 x USB Type-C®) 4 x USB 5Gbps ports (4 x Type-A) 1 x HDMI™ port

	1 x Wi-Fi Module 1 x Intel® 2.5Gb Ethernet port 5 x Gold-plated audio jacks 1 x Optical S/PDIF out port 1 x BIOS FlashBack™ button 1 x Clear CMOS button	
Internal I/O Connectors	**Fan and Cooling related** 1 x 4-pin CPU Fan header 1 x 4-pin CPU OPT Fan header 1 x 4-pin AIO Pump header 4 x 4-pin Chassis Fan headers **Power related** 1 x 24-pin Main Power connector 2 x 8-pin +12V Power connectors 1 x 8-pin PCIe Power connector **Storage related** 5 x M.2 slots (Key M) 4 x SATA 6Gb/s ports **USB** 1 x USB 20Gbps connector (supports USB Type-C®) 2 x USB 5Gbps headers support 4 additional USB 5Gbps ports 2 x USB 2.0 headers support 4 additional USB 2.0 ports	1 x W_PUMP+ header 1 x 2-pin Water In header 1 x 2-pin Water Out header 1 x 3-pin Water Flow header

Bild 1.25: Beispiele für technische Leistungsmerkmale eines Mainboards (Auszüge aus einem Manual; Hinweis: International verwendete Bezeichnungen können von deutschen Normen abweichen)

Des Weiteren beinhaltet das Manual Warnhinweise zum Umgang mit den vorhandenen Komponenten. Diese sollte man beachten, da sonst an einzelnen Bauteilen Funktionsstörungen durch elektrostatische Einflüsse auftreten können (Bild 1.26).

WARNING!

Computer motherboards contain very delicate integrated circuit chips. To protect them against damage from static electricity, you should follow some precautions whenever you work on your computer.
1. Unplug your computer when working on the inside.
2. Use a grounded wrist strap before handling computer components. If you do not have one, touch both of your hands to a safely grounded object or to a metal object, such as the power supply case.
3. Hold components by the edge and do not try to touch the chips, leads or connectors, or other components.
4. Place components on a grounded antistatic pad or on the bag that came with the component whenever the components are separated from the system.

Bild 1.26: Warnhinweise zum Umgang mit einem Motherboard

Aktualisierte Informationen zu Entwicklungen neuer Boards können bei Bedarf entsprechenden Fachzeitschriften oder den Internetseiten der Anbieter entnommen werden.

1

1.2.3 ACPI

In den technischen Beschreibungen von Mainboards findet man die Abkürzung **ACPI** (**A**dvanced **C**onfiguration and **P**ower **I**nterface). Dahinter verbirgt sich eine Spezifikation, die den direkten Betriebssystemeingriff für die Konfiguration und das Power-Management von PCs beschreibt. Auf dem Motherboard befinden sich hierzu separate Leitungen zur Überwachung angeschlossener Komponenten (ACPI-Bus). Neben dem Schutz vor thermischer Überlastung ermöglicht ACPI auch die Steuerung verschiedener Energiesparmodi, aus denen sich ein PC schneller in den arbeitsbereiten Zustand versetzen lässt als durch einen gewöhnlichen Bootvorgang (Kap. 3.1). Um dies zu realisieren, muss ein ACPI-fähiges Betriebssystem teilweise Aufgaben übernehmen, die sonst das UEFI (Kap. 3.1.1) erledigen würde. Die ACPI-Spezifikation unterscheidet insbesondere zwischen Betriebszuständen des Gesamtsystems (**S-States**) und der CPU (**C-States** bzw. **P-States**; P: Performance).

Modus	Wesentliche Merkmale
S0	System ist voll funktionsfähig (normaler Betriebszustand)
S1 **POS: Power-on-Suspend**	– CPU im „Schlafmodus", d. h., sie führt keine Anweisungen aus. – Display ist aus. – Speichermodule werden lediglich mit Energie versorgt, es erfolgen keine Zugriffe, lediglich ein erforderlicher „Refresh" (Kap. 1.5.2.2) in Selbststeuerung. – Netzteil und Bussysteme bzw. Punkt-zu-Punkt-Verbindungen arbeiten normal. – Vorteil: PC ist in kürzester Zeit wieder voll betriebsbereit.
S2	Wie S1, jedoch zusätzlich CPU völlig spannungslos (wird wenig genutzt)
S3 **STR: Suspend-to-RAM**	– CPU verhält sich wie bei S1 – Das Mainboard erhält über die 5-V-Standby-Leitung (+5 VSB) Energie, um die RAMs im Self-Refresh mit Strom zu versorgen. Hierdurch wird der Inhalt des Arbeitsspeichers gesichert. – Ansonsten wird das System abgeschaltet (Soft-off).
S4 **STD: Suspend-to-Disc**	– Das Betriebssystem erstellt ein „Image" des Arbeitsspeichers auf der Festplatte. – Danach wird das System komplett abgeschaltet (Soft-off ohne +5 VSB). – Bei einem Neustart wird ein kompletter Bootvorgang durchlaufen. – Vorteil: Der PC kann komplett vom Versorgungsnetz getrennt werden, bei einem Neustart können die Anwender/-innen dort weiterarbeiten, wo sie aufgehört haben.
S5	– sog. Soft-off-Modus – Der gesamte PC ist nahezu abgeschaltet, jedoch liefert das Netzteil Spannung und das System kann durch Betätigung des Einschalttasters (meist an der Gehäusefront) gestartet werden.
C0	– CPU arbeitet normal; verschiedene P-States möglich
C1	– CPU wartet auf Befehle (leichter Schlafzustand)
C2, C3	– CPU in unterschiedlich tiefen Schlafzuständen (Sleep-Mode), dadurch verringerte Leistungsaufnahme (bis zu 15 W)
C4, C5, C6	– CPU in verschiedenen, sehr tiefen Schlafzuständen, Leistungsaufnahme bis ca. 10 W; vorwiegend bei Mobilprozessoren

Modus	Wesentliche Merkmale
C7	– CPU nahezu stromlos, Kernspannungen komplett abgeschaltet, Leistungsaufnahme < 0,5 W

Bild 1.27: ACPI-Betriebsmodi (Beispiele; boardabhängig sind Abweichungen möglich)

Um ACPI nutzen zu können, müssen alle Komponenten im System entsprechend aufeinander abgestimmt sein (z. B. ACPI-konformes Netzteil), das UEFI muss ACPI unterstützen und das Betriebssystem muss im ACPI-Modus installiert sein, was üblicherweise der Fall ist. Für jedes im System arbeitende Gerät muss ein ACPI-konformer Treiber installiert sein. Jeder ACPI-konforme PC verfügt zudem über entsprechende Interrupt-Mechanismen, die es ermöglichen, den PC bei externen Ereignissen wieder aus dem Sleep-Modus zu wecken (z. B. Betätigung der Tastatur). Einige Microsoft-Betriebssysteme (z. B. Windows 10, Windows 11) bieten den Nutzenden aber auch Stromsparoptionen an, die nicht zwingend auf der ACPI-Spezifikation basieren (z. B. der Hibernate-Modus). Die standardmäßigen ACPI-Einstellungen lassen sich im UEFI unter dem Menüpunkt „Power" (Menüname ggf. abweichend; Kap. 3.1.2) in vielen Bereichen individuell anpassen.

AUFGABEN

1. Was versteht man bei Mainboards unter dem sog. „Formfaktor"?

2. Welche Formfaktoren werden jeweils bei Netbooks und bei Desktop-PCs eingesetzt?

3. Was bedeutet die Abkürzung ATX? Nennen Sie Merkmale des ATX-Formfaktors.

4. Ein Mainboard ist gemäß dem sog. µATX-Formfaktor spezifiziert. Welche Abmessungen (in mm × mm) hat dieses Board?

5. Welche Komponenten sind auf einem Mainboard zu finden?

6. Welche Vorsichtsmaßnahmen sind beim Einbau eines Motherboards zu beachten (siehe z. B. Bild 1.26)?

7. Bei Windows-Betriebssystemen findet man häufig die Abkürzung ACPI. Was bedeutet sie und welche Funktionen werden damit beschrieben?

8. Analysieren Sie die Leistungsmerkmale eines Mainboards aus Bild 1.25 (Auszug aus einem Manual), indem Sie
   a) den Text übersetzen und strukturiert in einer eigenen Tabelle dokumentieren und
   b) ggf. technische Merkmale der angegebenen Komponenten mithilfe des Buches oder des Internets recherchieren und in der Tabelle ergänzen.
   c) Suchen Sie im Internet das Manual eines vergleichbaren Produkts. Informieren Sie sich anhand dieses Manuals darüber, welche weiteren Informationen enthalten sind, und erfassen Sie diese überblicksartig in einer Liste.

1.3   Prozessor

Der **Prozessor** – genauer der Hauptprozessor (**CPU: C**entral **P**rocessing **U**nit) – stellt das Kernstück eines PCs dar und ist damit die zentrale Verarbeitungseinheit des Rechners.

Er basiert auf der sog. Mikrochiptechnologie, bei der mehrere Millionen (!) Transistoren (elektronische Bauelemente zur Realisierung binärer Schaltfunktionen; Kap. 5.5.4.2, Kap. 4.4.3.1) auf einem nur wenige Quadratzentimeter großen Trägermaterial – dem **Mikrochip** – angebracht werden. Deswegen wird er oft auch als **Mikroprozessor** bezeichnet.

Zum Schutz vor mechanischen Einflüssen ist der Mikrochip in einem Gehäuse untergebracht; der elektrische Anschluss erfolgt über nach außen geführte Kontakte.

Bild: 1.28: Beispiel eines Prozessor-ICs (Ober- und Unterseite)

Der Mikrochip, auf dem der eigentliche Prozessor untergebracht ist, wird auch als **Prozessor-Die** (sprich: Dai) bezeichnet. Der Prozessor-Die ist wesentlich kleiner als die Prozessorplatine, die die Unterseite des Prozessor-ICs mit den vorhandenen Kontakten bildet. Die mechanischen Abmessungen des ICs werden maßgeblich durch die Anzahl dieser Kontakte bestimmt.

1.3.1   Prozessor-Funktionsblöcke

Die klassischen Funktionsblöcke eines Prozessors, anhand derer man sich erste Kenntnisse über seinen Aufbau erarbeiten kann, sind in Bild 1.29 dargestellt.

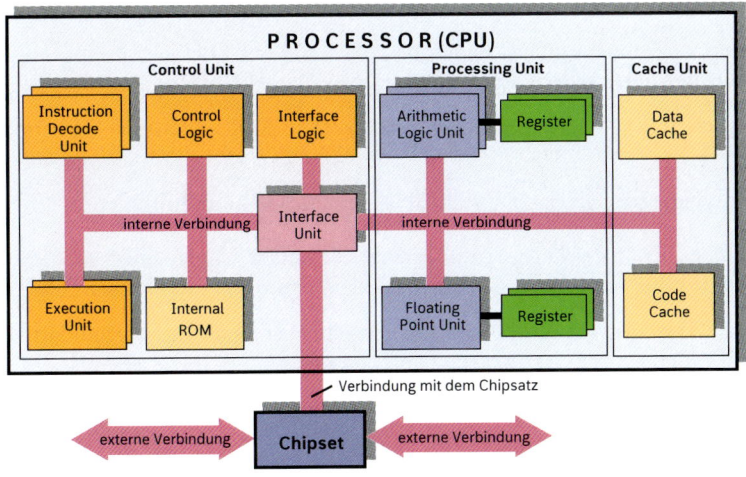

Bild 1.29: Grundlegende Funktionsblöcke eines Prozessors (CPU)

Funktionsblock	Funktion
Instruction Decode Unit (IDU)	**Befehlsdecoder**; „übersetzt" die eingehenden Befehle, die dem Prozessor als Programm übergeben werden, anhand eines prozessorinternen ROMs in den sog. Mikrocode und übergibt sie der Ausführungseinheit
Execution Unit	**Ausführungseinheit**; führt die im Mikrocode vorliegenden Befehle aus
Control Logic	**Kontrolleinheit**; steuert den Ablauf der Mikroprogramme
Internal ROM	**Interner ROM-Speicher**; beinhaltet die Mikroprogramme des Prozessors
Interface Logic	**Steuereinheit**; steuert und überwacht die internen Verbindungen
Interface Unit	**Schnittstelle** zwischen den internen Verbindungen und der Verbindung zum Chipsatz
Arithmetic Logic Unit (ALU)	**Arithmetisch logische Einheit**; führt arithmetische und logische Rechenoperationen aus
Floating Point Unit (FPU)	**Gleitkommarechner**; führt Berechnungen mit Gleitkommazahlen aus (Darstellung sehr großer und sehr kleiner Zahlen in Exponentialschreibweise; Beispiel: $1\,954 \times 10^5$, Alternativschreibweise: 1954 E5 anstatt $195\,400\,000$; E steht für Exponent; ermöglicht schnellere Verarbeitung)
Register (REG)	**Registerspeicher**; spezieller Speicher für Zwischenergebnisse
Data Cache	**Cachespeicher**; schneller Zwischenspeicher für Daten
Code Cache	**Cachespeicher**; schneller Zwischenspeicher für Befehle (muss nicht unbedingt getrennt vom Datencache sein)

Bild 1.30: Aufgaben der Prozessor-Funktionsblöcke

Das **Steuerwerk** *(control unit)* ist die umfangreichste Einheit des Prozessors. Es steuert und kontrolliert sämtliche Vorgänge im PC.

Der **Befehlsdecoder** (IDU, *command decoder*) benötigt für seine Arbeit unter Umständen eine längere Zeitspanne, als für die eigentliche Befehlsausführung erforderlich ist. Zur Geschwindigkeitssteigerung sind auf dem Prozessorchip deshalb oftmals mehrere parallel arbeitende IDUs integriert. Aus dem gleichen Grunde sind bei manchen Prozessoren die Ausführungseinheiten ebenfalls mehrfach vorhanden.

Das **Rechenwerk** *(processing unit)* umfasst neben der **ALU** und der **FPU** jeweils spezielle **Register** zur Zwischenspeicherung von berechneten Daten. Die ALU kann

- mathematische Berechnungen (z.B. Addition, Subtraktion, Multiplikation, Division; Kap. 4.4.2.1) und

- logische Verknüpfungen (z.B. UND, ODER, NICHT; Kap. 4.4.1.1) durchführen.

Erst durch die ALU ist die CPU in der Lage, Prüfungen auf Gleichheit, Ungleichheit und Größe durchzuführen und damit entsprechend den Anweisungen eines Programms zu arbeiten.

Moderne Prozessoren verwenden für diese Berechnungen aber auch die vorhandenen Verarbeitungseinheiten integrierter Grafikkerne (siehe unten).

Der im Prozessorgehäuse vorhandene **Cache**speicher dient der Vergrößerung der Arbeitsgeschwindigkeit des Prozessors (Kap. 1.3.2). Die dargestellte Struktur lässt sich mit zusätzlichen Funktionseinheiten erweitern, die nicht direkt der CPU zuzuordnen sind, sondern prinzipiell eigenständig arbeiten. Hierzu zählt insbesondere ein Prozessor für die

Grafikfunktionen (GPU; Kap. 1.9.1.1), dessen Rechenfähigkeiten über die reine Bildberechnung hinausgeht und der deshalb auch zur Leistungssteigerung des Gesamtsystems genutzt werden kann.

> Die Kombination aus einer CPU und einer GPU auf einem gemeinsamen Chip, bei der die GPU auch universelle, programmiertechnische Aufgaben ausführen kann, bezeichnet man als **APU** (**A**ccelerated **P**rocessing **U**nit).

1

Die Darstellung in Bild 1.29 zeigt lediglich grundlegende Funktionsblöcke, sie spiegelt aber nicht die wesentlich komplexeren Strukturen aktueller CPUs wider. Diese lassen sich bei Bedarf auf den entsprechenden Internetseiten der Hersteller finden.

Im Laufe der Prozessorentwicklung wurden immer mehr Funktionen auf einem einzigen Mikrochip integriert. Neben den zentralen Funktionseinheiten (CPU, ALU, Register, Kontrolleinheiten) gehören hierzu auch periphere Komponenten (Schnittstellen, Controller, Speicher), spezialisierte Elemente für Audio- und Videoberechnungen sowie Komponenten für die Sicherheit (z. B. Patform Security Processor).

> Die zentralen Funktionseinheiten einer CPU werden als **Prozessorkern** *(processor core)* bezeichnet.

Die Komponenten des Prozessorkerns bestimmen maßgeblich die Eigenschaften und Leistungsmerkmale einer CPU. Zur vereinfachten Darstellung werden oft nicht die einzelnen Komponenten, sondern der gesamte Kern als Ganzes in einem einzigen Funktionsblock skizziert. Jeder Kerntyp benötigt zur Ansteuerung einen eigenen Befehlssatz. Die Kombination eines Kerntyps mit unterschiedlichen peripheren Funktionseinheiten (z. B. mit/ohne Speichercontroller, verschieden große Cachespeicher) auf dem gleichen Mikrochip führt zu Prozessorvarianten, die sich in ihrer Leistungsfähigkeit voneinander unterscheiden können.

> Prozessoren mit gleichem Kern, aber unterschiedlichen peripheren Komponenten bilden eine **Prozessorfamilie** *(processor family)*.

Zur Steigerung der Leistungsfähigkeit werden anstelle von Einkernprozessoren heute durchgängig Mehrkernprozessoren eingesetzt.

> Ein **Mehrkernprozessor** *(multicore processor)* besteht aus zwei, vier oder einer größeren Anzahl von Kernen, die meist gemeinsam *auf einem einzigen Mikrochip* untergebracht sind.

Diese Kerne können gleichzeitig unterschiedliche Prozesse abarbeiten, sie können auch parallel einen einzigen Prozess ausführen. Bild 1.31 visualisiert einige grundsätzliche Prozessorstrukturen.

Prozessorstruktur	Merkmale
a) 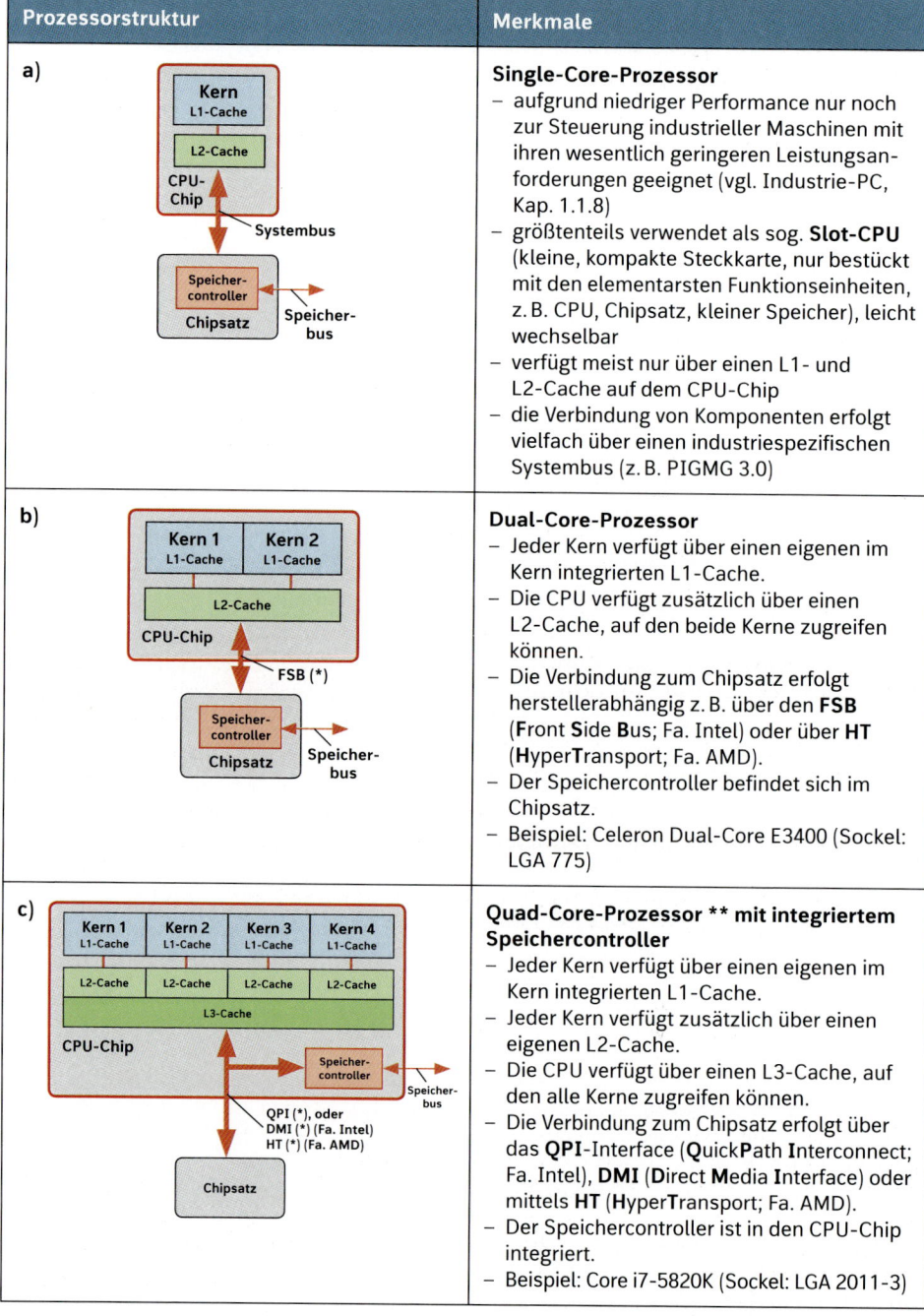	**Single-Core-Prozessor** – aufgrund niedriger Performance nur noch zur Steuerung industrieller Maschinen mit ihren wesentlich geringeren Leistungsanforderungen geeignet (vgl. Industrie-PC, Kap. 1.1.8) – größtenteils verwendet als sog. **Slot-CPU** (kleine, kompakte Steckkarte, nur bestückt mit den elementarsten Funktionseinheiten, z. B. CPU, Chipsatz, kleiner Speicher), leicht wechselbar – verfügt meist nur über einen L1- und L2-Cache auf dem CPU-Chip – die Verbindung von Komponenten erfolgt vielfach über einen industriespezifischen Systembus (z. B. PIGMG 3.0)
b)	**Dual-Core-Prozessor** – Jeder Kern verfügt über einen eigenen im Kern integrierten L1-Cache. – Die CPU verfügt zusätzlich über einen L2-Cache, auf den beide Kerne zugreifen können. – Die Verbindung zum Chipsatz erfolgt herstellerabhängig z. B. über den **FSB** (**F**ront **S**ide **B**us; Fa. Intel) oder über **HT** (**H**yper**T**ransport; Fa. AMD). – Der Speichercontroller befindet sich im Chipsatz. – Beispiel: Celeron Dual-Core E3400 (Sockel: LGA 775)
c)	**Quad-Core-Prozessor ** mit integriertem Speichercontroller** – Jeder Kern verfügt über einen eigenen im Kern integrierten L1-Cache. – Jeder Kern verfügt zusätzlich über einen eigenen L2-Cache. – Die CPU verfügt über einen L3-Cache, auf den alle Kerne zugreifen können. – Die Verbindung zum Chipsatz erfolgt über das **QPI**-Interface (**Q**uick**P**ath **I**nterconnect; Fa. Intel), **DMI** (**D**irect **M**edia **I**nterface) oder mittels **HT** (**H**yper**T**ransport; Fa. AMD). – Der Speichercontroller ist in den CPU-Chip integriert. – Beispiel: Core i7-5820K (Sockel: LGA 2011-3)

Prozessorstruktur	Merkmale
d) 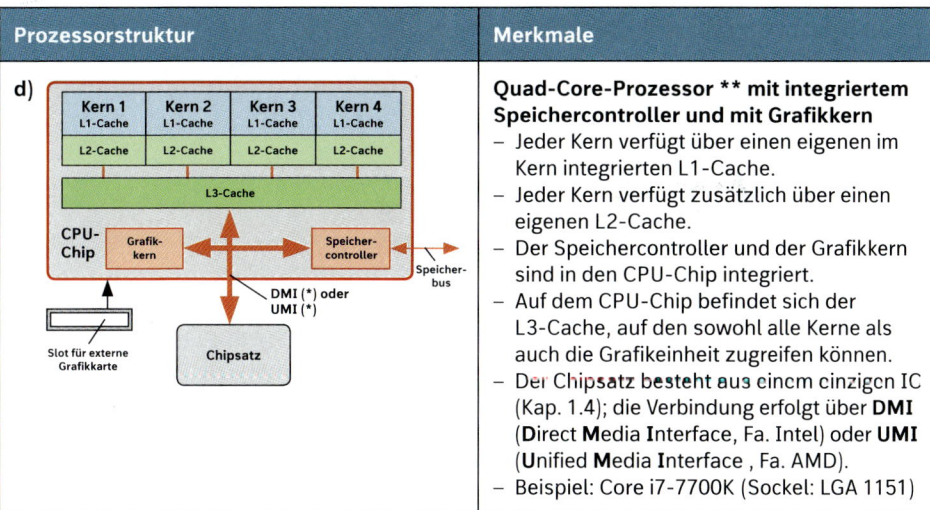	**Quad-Core-Prozessor ** mit integriertem Speichercontroller und mit Grafikkern** – Jeder Kern verfügt über einen eigenen im Kern integrierten L1-Cache. – Jeder Kern verfügt zusätzlich über einen eigenen L2-Cache. – Der Speichercontroller und der Grafikkern sind in den CPU-Chip integriert. – Auf dem CPU-Chip befindet sich der L3-Cache, auf den sowohl alle Kerne als auch die Grafikeinheit zugreifen können. – Der Chipsatz besteht aus einem einzigen IC (Kap. 1.4); die Verbindung erfolgt über **DMI** (**D**irect **M**edia **I**nterface, Fa. Intel) oder **UMI** (**U**nified **M**edia **I**nterface, Fa. AMD). – Beispiel: Core i7-7700K (Sockel: LGA 1151)

Bild 1.31: Beispiele für grundsätzliche Prozessorstrukturen (: Erläuterung in Bild 1.32; **: Grundstruktur prinzipiell auch mit größerer Kernzahl möglich, siehe unten)*

Prinzipiell gleichartig aufgebaut wie ein Quad-Core-Prozessor sind Prozessoren mit bis zu 24 Kernen (z. B. Core i9-14900K, Sockel LGA 1700). Darüber hinaus gibt es auch Prozessoren mit bis zu 64 Kernen, die im Consumerbereich eingesetzt werden (z. B. AMD Ryzen Threadripper 3990X). Hierbei kommen **Multi-Chip-Module** zum Einsatz, bei denen sich mehrere Kerne auf *einem* Halbleiter-Chip befinden. Auf einem *gemeinsamen* Substrat bzw. in einem *gemeinsamen* Gehäuse werden dann wiederum mehrere Chips zusammengefasst, sodass sich eine CPU mit einer Vielzahl von Kernen ergibt. Mit solchen Strukturen lassen sich auch Kerne mit unterschiedlicher Leistungsfähigkeit kombinieren. Besonders leistungsstarke Typen werden hierbei allgemein als **P-Kerne** *(performance-cores)*, andere schwächere, aber sehr effizient arbeitende Typen als **E-Kerne** *(efficiency-cores)* bezeichnet (z. B. Core i9-14900K: 8P + 16E). Im kommerziellen Bereich (Rechenzentren, Cloud-Server) kommen Prozessoren mit deutlich mehr Kernen zum Einsatz (z. B. Intel Xeon-6-CPUs mit bis zu 144 E-Kernen).

Neben den klassischen CPU-Kernen mit ihren unterschiedlichen Leistungsfähigkeiten (P-Kern, E-Kern) oder der Kombination einer CPU mit einem Grafikkern (CPU + GPU = APU) werden im Zuge der Entwicklung von künstlicher Intelligenz (KI) zunehmend auch sogenannte **KI-Kerne** eingesetzt.

Als **KI-Kern**, **Neural Engine** oder **Neural Processing Unit (NPU)** bezeichnet man einen Prozessor, der bei KI-basierenden Anwendungen eingesetzt wird und in seiner Struktur das menschliche neuronale System nachahmt. Eine NPU ist speziell darauf optimiert, mathematische Berechnungen im Zusammenhang mit Machine-Learning-Aufgaben zu realisieren („Vernetzte IT-Systeme", Kap. 2.4.3). Vergleichbar wie bei den Grafikkernen nutzt man hierbei auch die Aufgabenbearbeitung mittels Parallelisierung, um viele kleine Aufgaben auf einmal auszuführen, wodurch ein zusätzlicher Performance-Schub realisierbar wird.

Ein von Google speziell für die Beschleunigung von Machine-Learning-Aufgaben entwickelter Prozessor wird unter der Bezeichnung **TPU** (Tensor Processing Unit) vermarktet. Andere Entwicklungen gehen in die Richtung, eine GPU mit einer NPU zu kombinieren (**GPNPU**: General Purpose Neural Processing Unit).

1.3.2   Prozessorkenngrößen

Die Leistungsfähigkeit eines Prozessors wird zunächst bestimmt durch die Geschwindigkeit, mit der er selbst arbeitet.

Der **CPU-Takt** *(CPU clock rate)* ist ein Maß für die Geschwindigkeit, mit der ein Prozessor arbeitet. Er wird gewöhnlich in Megahertz (MHz) oder Gigahertz (GHz) angegeben und ist im Prinzip die Frequenz, mit der ein Prozessor gemäß Herstellerangaben getaktet werden sollte.

Darüber hinaus wird seine Verarbeitungsgeschwindigkeit dadurch beeinflusst, wie schnell ihm erforderliche Daten aus dem Arbeitsspeicher (Kap. 1.5.3) und den peripheren Komponenten (z. B. Festplatte; Kap. 1.8.1) zur Verfügung gestellt werden. Die Schnelligkeit, mit der diese Daten zum Prozessor übertragen werden, hängt von der **Verbindungsart** und der **Taktung** der Datenleitungen ab, über die er mit den Speichern bzw. dem Chipsatz verbunden ist. Hierbei existieren unterschiedliche Varianten.

Bezeichnung	Erläuterung
Front Side Bus (**FSB**)	– Verbindungsleitungen zwischen CPU und Chipsatz; verwendet bei älteren Intel-Prozessoren *ohne* integrierten Speichercontroller (Bild 1.31 b); Einsatz nur noch im industriellen Bereich – Überträgt Daten zwischen CPU, Arbeitsspeicher und Peripherie (z. B. Arbeitsspeicher) – Der FSB umfasst neben Steuer- und Taktleitungen 32 Adress- und 64 Datenleitungen. – Der FSB-Bustakt beträgt gestuft je nach Version 100 MHz, 133 MHz, 166 MHz, 200 MHz, 266 MHz, 333 MHz oder 400 MHz. – Mithilfe der „**Quad-Pumped Technologie**" (Marketingbezeichnung der Fa. Intel; auch **QDR**: **Q**uadruple **D**ata **R**ate genannt) kann die Datenmenge pro Takt so vergrößert werden, dass z. B. die Datenrate auf einem mit 333 MHz getakteten FSB effektiv so groß ist wie mit einem 1 333 MHz getakteten FSB; der 333 MHz getaktete Bus wird dann werbewirksam als „FSB-1333" bezeichnet. – Der FSB-Takt und der CPU-Takt müssen in einem festen Frequenzverhältnis zueinander stehen (Prozessortakt = FSB-Takt × Muliplikator); der Multiplikator kann im BIOS begrenzt eingestellt werden.
QuickPath Interconnect (**QPI**) Ultra Path Interconnect (**UPI**)	– Verbindungsleitungen zwischen CPU und Chipsatz; verwendet bei Intel-Prozessoren *mit* integriertem Speichercontroller ab der ersten Core-i-Generation (Bild 1.31 c) – Als **Referenztakt** wird ein 133-MHz-Signal verwendet; Speichercontroller und Kerne arbeiten mit unterschiedlichen Taktfrequenzen, die jeweils ein Vielfaches von 133 MHz sind. Bei einem Multiplikator von 32 ergibt sich beispielsweise ein CPU-Takt von 4,2 GHz (z. B. Core i7-7700K). – Bei einer Taktfrequenz von 4,2 GHz lassen sich bis zu 16,8 GByte/s (Kap. 4.3.2) übertragen; da QPI als Punkt-zu-Punkt-Verbindung im Vollduplexbetrieb (gleichzeitiger Datentransfer auf den Aderpaaren in beide Richtungen) arbeitet, ergibt sich eine theoretische Datenrate von bis zu 33,6 GByte/s zwischen CPU und Chipsatz. Wegen der verwendeten DDR-Übertragungstechnik (Kap. 1.5.3) spricht Intel bei der 4,2-GHz-QPI-Frequenz von 8,4 Gigatransfers pro Sekunde (8,4 GT/s; theoretischer Wert, in der Praxis kleiner und vom CPU-Modell abhängig). – Nachfolgeversion wird von Intel unter der Bezeichnung **UPI** (**U**ltra **P**ath Interconnect) vermarktet; Taktfrequenz bis zu 5,2 GHz, somit bis zu 10,4 GT/s, entspricht einer Datenrate von bis zu ca. 21 GByte/s pro Richtung

Bezeichnung	Erläuterung
HyperTransport (HT) **Infinity Fabric**	– Verbindungsleitungen zwischen CPU und Chipsatz; seit Längerem verwendet bei AMD-Prozessoren (Bild 1.31 c) und GPUs – Der Arbeitsspeicher ist über den Speicherbus ebenfalls direkt an der CPU angeschlossen. – Je nach HT-Version ergeben sich unterschiedliche Übertragungsraten: max. Taktfrequenz Bit pro Richtung HT 1.0: 0,2 bis 0,8 GHz bis ca. 50 Gbit/s HT 2.0: 0,2 bis 1,4 GHz bis ca. 90 Gbit/s HT 3.0: 0,2 bis 2,6 GHz bis ca. 165 Gbit/s HT 3.1: 0,2 bis 3,2 GHz bis ca. 205 Gbit/s – Übertragung mit LVDS-Signalen (1,2 Volt ± 5 %; Kap. 4.1.3) – Die auf HT aufbauenden Folgeversionen werden unter der Bezeichnung **Infinity Fabric** (inzwischen eine komplexe Verbindungsarchitektur) vermarktet und bieten versionsabhängig frei skalierbare Datenraten von bis zu ca. 1 300 Gbit/s pro Link (erweiterbar durch gleichzeitige Nutzung mehrerer Links).
Direct Media Interface (DMI 2.0; DMI 3.0 ; DMI 4.0)	– Verbindungsleitungen zwischen CPU und Chipsatz; verwendet bei Intel-Prozessoren *mit* integriertem Speichercontroller ab der zweiten Core-i-Generation (Bild 1.31 d) – Bei DMI 2.0 handelt es sich prinzipiell um eine PCIe 2.0 × 4-Verbindung, bei DMI 3.0 ursprünglich um eine PCIe 3.0 × 4-Verbindung (Kap. 1.7.4), inzwischen auch um bis zu 8 PCIe 3.0-Verbindungen (vgl. Bild 1.38); bei DMI 4.0 sind es dann bis zu 8 PCIe 4.0-Verbindungen, jeweils abhängig vom verwendeten Chipsatz. – Als **Referenztakt** wird ein 100-MHz-Signal verwendet (Base Clock, erzeugt auf dem Motherboard); Speichercontroller und Kerne arbeiten mit unterschiedlichen Taktfrequenzen, die jeweils ein Vielfaches von 100 MHz sind und mithilfe von Multiplikatoren im Prozessor erzeugt werden. – **Dynamische Taktsteuerung**: wirkt gleichzeitig auf die Arbeitsfrequenzen der CPU-Kerne mit ihren Caches, den Grafikkern sowie den Arbeitsspeicher; dadurch ist ein Übertakten der CPU nur sehr eingeschränkt möglich, da sämtliche angeschlossenen Komponenten ihre Taktfrequenz von der Base Clock ableiten und nicht mehr unabhängig voneinander sind.
Unified Media Interface (UMI)	– Bezeichnung der Fa. AMD für die Verbindung zwischen einer APU (**A**ccelerated **P**rocessor **U**nit, Kap. 1.3.1) und einem FCH (**F**usion **C**ontroller **H**ub, Kap. 1.4) – Basiert auf der PCIe-Verbindungstechnik und ist damit vergleichbar mit DMI – Datenübertragungsrate bis zu 1 GiByte/s pro Lane

Bild 1.32: CPU-Verbindungen mit dem Chipsatz (Beispiele; Angabe der übertragbaren Datenmenge auch mit Binärpräfixen möglich; Kap. 4.3.2)

Der CPU-Takt ist allerdings nicht mehr die alleinige aussagekräftige Größe für die Leistungsfähigkeit bzw. die Arbeitsgeschwindigkeit des Prozessors, da die Bearbeitung einer Anweisung auch mehrere Takte dauern kann und sowohl von der Anzahl der vorhandenen Kerne sowie der in jedem Kern parallel arbeitenden Komponenten abhängt.

Aus diesem Grunde werden bei Leistungsangaben für Prozessoren auch häufig die folgenden Begriffe verwendet:

- **MIPS**
  MIPS ist die Abkürzung für **M**illions of **I**nstructions **p**er **S**econd, zu Deutsch: „Millionen Anweisungen pro Sekunde". Sie gibt an, wie viele Anweisungen ein Prozessor

durchschnittlich innerhalb einer Sekunde verarbeitet (zum Vergleich: Pentium III: bis zu 1 000; Core i9: bis zu 10 000).

- **FLOPS**
  FLOPS steht für Floating Point Operations per Second, zu Deutsch: „Gleitkomma-Operationen pro Sekunde", und ist ein Maß für die durchschnittliche Rechenleistung eines Prozessors. Ein moderner Prozessor (z. B. Core i9-Serie) erreicht mehr als 200 GigaFLOPS (GFLOPS), die GPU im Snapdragon X Elite ermöglicht bis zu 4,6 TeraFLOPS (TFLOPS), ein Supercomputer liegt bei über 1 000 ExaFLOPS (EFLOPS; 1 EFLOP = 10^{18} FLOPS).

- **TOPS**
  TOPS bedeutet Tera Operations per Second und wird verwendet, um die Leistung einer NPU in einem KI-PC zu messen und zu bewerten. Der TOPS-Wert gibt an, wie viele Billionen Operationen ein KI-System pro Sekunde ausführen kann (1 Tera = 1 Billion = 10^{12}; z. B. Snapdragon X-NPU: 45 TOPS). Die Angabe kann zur Messung der Gesamtsystemleistung verwendet werden, er kann sich aber auch lediglich auf eine bestimmte Hardwarekomponente beziehen (z. B. eine Grafikkarte mit KI-Funktionalität).

Weitere charakteristische – und ggf. effizienzsteigernde – Merkmale, die neben dem Preis bei einer Anschaffung von Bedeutung sein können, sind u. a.:

- **Herstellungstechnologie** *(manufactoring technology)*
  Spricht man im Zusammenhang mit Prozessoren von der Herstellungstechnologie, so ist damit stets die Größe der integrierten Bauelemente und deren elektrischen Verbindungen gemeint. Kleinere Strukturen bedeuten eine höhere Integrationsdichte und damit eine größere Funktionalität auf gleichem Raum sowie kürzere Verbindungen und damit geringere Signallaufzeiten. Zurzeit können Strukturen in einer Größe bis 3 nm (1 nm = 10^{-9} m) realisiert werden. Hierdurch lassen sich insbesondere auch wesentlich größere Cachespeicher bis zu mehreren Megabytes realisieren oder – in Form sog. **Chiplets** – mehrere Dies und Zusatzkomponenten auf einem gemeinsamen Substrat platzieren. Allerdings steigt mit höherer Integrationsdichte auch die Wärmeentwicklung pro Flächeneinheit sowie unerwünschte Leiterbahneffekte aufgrund von **Elektromigration** (Kap. 5.3.2.1).

- **Architektur** *(architecture)*
  Unter Architektur versteht man bei Mikroprozessoren das technische Prinzip bzw. das Verfahren, nach dem Daten und Programme verarbeitet werden. Man unterscheidet zwischen CISC-Prozessoren und RISC-Prozessoren:

  - CISC ist die Abkürzung für Complex Instruction Set Computing und bezeichnet Allround-Prozessoren, die einen umfassenden, komplexen Befehlssatz verarbeiten können. Die einzelnen Befehle können sehr mächtig sein, die Ausführung eines Befehls erfordert in der Regel mehrere Taktzyklen.

  - RISC steht für Reduced Instruction Set Computing und bezeichnet Prozessoren, die nur einen verhältnismäßig kleinen, aber effizienten Befehlssatz verarbeiten können. Diese Befehle sind derart optimiert, dass sie sehr schnell ausgeführt werden können – meist in einem einzigen Taktzyklus. Komplexe Befehle werden vor der eigentlichen Verarbeitung in entsprechend einfache Teile zerlegt. Hierdurch ist eine schnellere Verarbeitung möglich, für die Zerlegung sind jedoch zusätzliche Zwischenspeicher (Register) innerhalb des Prozessors erforderlich.

- **Verarbeitungskonzept** *(processing concept)*
  Anstelle der „klassischen" Arbeitsweise eines Prozessors, bei der zu jedem Zeitpunkt genau ein Befehl ausgeführt wird, der stets nur einen Datenwert bearbeitet (**SISD:**

Single Instruction Single Data), besteht bei modernen Prozessoren die Möglichkeit, während eines Befehlszyklus' mehrere Datenwerte zu verarbeiten (**SIMD**: Single Instruction **M**ultiple **D**ata).

- **Hyperthreading (HT)**
  Hyperthreading bezeichnet eine Technik, bei der softwareseitig auf einem einzigen physikalisch vorhandenen Prozessor mehrere logische Kerne simuliert werden. Hierdurch kann eine Anwendung auf diese Kerne verteilt werden und in mehreren Prozessen gleichzeitig bearbeitet werden. Hyperthreading kann auch bei Mehrkernprozessoren eingesetzt werden. Ein Betriebssystem, das Hyperthreading unterstützt, erkennt dann sowohl die „echten" als auch die „virtuellen" Rechenwerke (auch **logische Prozessoren** genannt) und muss die Rechenlast möglichst effizient auf mehrere parallel laufende „Rechenfäden" (Threads) verteilen.

- **Pipelining**
  Hierunter versteht man eine Methode für das Holen und Decodieren von Befehlen, bei der sich zu jedem Zeitpunkt mehrere Programmbefehle auf verschiedenen Bearbeitungsstufen befinden. Im Idealfall steht dem Prozessor bereits der nächste decodierte Befehl für die Bearbeitung zur Verfügung, wenn die Bearbeitung des vorhergehenden gerade abgeschlossen ist. Auf diese Weise entstehen für den Prozessor keine Wartezeiten und die gesamte Verarbeitungszeit verkürzt sich. Hierzu sind zusätzliche Register innerhalb des Prozessors erforderlich.

- **Cachegröße** *(cache size)*
  Um die Verarbeitungsgeschwindigkeit zu erhöhen, besitzen aktuelle Prozessoren mehrere integrierte Cachespeicher. Für die Effizienz des Cache ist neben seiner Größe auch die Frequenz entscheidend, mit der er getaktet wird (Kap. 1.5.4).

- **Anzahl der Speicherbusse** *(number of memory busses)*
  Die Anzahl und die Datenrate der unterstützten Speicherbusse (z.B. Dual-Channel, Triple-Channel, Quad-Channel; Kap. 1.5.3.3) beeinflusst maßgeblich die Arbeitsgeschwindigkeit der CPU.

- **Integrierte Funktionsblöcke** *(integrated functional blocks)*
  Eine größere Anzahl parallel arbeitender Funktionsblöcke und die Integration weiterer Funktionseinheiten (z.B. Grafikprozessor, Speichercontroller, PCIe-Controller) ermöglichen eine schnellere Bearbeitung von Befehlen.

- **Befehlssatzerweiterung** *(enhanced instruction set, instruction set extensions)*
  Eine Befehlssatzerweiterung ermöglicht dem Prozessor eine schnellere und optimierte Bearbeitung von Anweisungen (z.B. SSE 4.2-Befehlssatz; **SSE**: Streaming SIMD Extension). Die Befehlssatzerweiterung **AVX** 2.0 (Advanced Vector eXtensions) vergrößert z.B. die Befehlsbusbreite auf 256 bit (zum Vergleich: Befehlssatzerweiterung SSE 4.2: 128 bit).

- **Spezialfunktionen** *(special functions)*
  Etwa Turbo-Boost-Technologie 3.0 (**TBT** 3.0; Fa. Intel): kurzzeitig können alle Prozessorkerne ihre maximal ausgewiesene Leistungsaufnahme (**TDP**: Thermal Design Power; Kap. 1.3.4) durch gesteuerte Übertaktung überschreiten.

Eine CPU-Taktsteigerung führt in der Regel zwar zu einer höheren Verarbeitungsgeschwindigkeit, allerdings steigt auch die Verlustleistung (Kap. 5.3.1.4), die in Form von Wärme abgeführt werden muss.

Bei Prozessoren mit vielen Kernen kann die Arbeit auf die einzelnen Kerne verteilt werden, somit ist die gleiche Verarbeitungsgeschwindigkeit wie bei einem Prozessor mit einer geringeren Kernzahl auch bei niedrigeren Taktraten und damit geringerer Verlustleistung pro Kern möglich.

Um die Verlustleistung weiter zu verringern, arbeiten moderne Prozessoren mit wesentlich geringeren Versorgungsspannungen als ältere Generationen (z. B. früher: 3,3 V; heute: 1,25 V). Beim Bootvorgang erkennt das UEFI (Kap. 3.1.1) den vorhandenen Prozessor, stellt die erforderliche **Corespannung** *(core voltage)* in der Regel automatisch ein und überwacht diese im laufenden Betrieb. Je nach Energiespartechnik wird die Corespannung sogar lastabhängig gesteuert und/oder einzelne Kerne werden ganz oder teilweise abgeschaltet.

> Eine niedrigere Corespannung verringert die Leistungsaufnahme und die Abwärme einer CPU und ermöglicht dadurch höhere CPU-Taktraten.

Trotz oft nur geringer technischer Unterschiede zwischen den jeweils eingesetzten Energiespartechniken verwenden die Hersteller aus Marketinggründen verschiedene Bezeichnungen (z. B. AMD: **PSS** – Performance Supported States, ehemals Cool'n'Quiet, **Optimized Power Management**, **Enhanced Power Now!**; Intel: **EIST** – Enhanced Intel SpeedStep Technology).

Bei EIST wird in Kombination mit der Versorgungsspannung auch die Taktung in Abhängigkeit von der Prozessorauslastung verändert. Die hierbei eingestellten Kernspannungs- und Frequenzarbeitspunkte werden als **C-States** (Kap. 1.2.3) bezeichnet.

Eine Verringerung der Frequenz wirkt sich bei der Leistungsaufnahme der CPU geringer aus als eine Verringerung der Kernspannung, da diese *quadratisch* in die Leistungsberechnung eingeht (Kap. 5.1.5.5). Insbesondere bei den Mobilprozessoren führt der Einsatz von EIST zu einer hohen Performance bei einer vergleichsweise niedrigen elektrischen Leistungsaufnahme (Thermal Design Power, Kap. 1.3.4).

Um die Performance von Prozessoren (aber auch anderer Hard- und Software) miteinander zu vergleichen, werden sog. **Benchmark-Tests** („Maßstabs"-Tests) durchgeführt. Bei solchen Tests kommen Programme zum Einsatz, die die Fähigkeiten von Prozessoren feststellen – z. B. die Geschwindigkeit, mit der ein Prozessor Befehle ausführt oder Gleitkommazahlen verarbeitet. Beim Test werden immer dieselben Daten verarbeitet, sodass durch einen Vergleich der Ergebnisse Rückschlüsse darauf gezogen werden können, wie hoch die jeweilige Leistungsfähigkeit auf einem bestimmten Gebiet ist.

Die Entwicklung von aussagekräftigen, objektiven Benchmarks ist jedoch sehr schwierig, da verschiedene Hardware-Software-Kombinationen unter wechselnden Bedingungen stark divergierende Leistungswerte hervorrufen können. Nachdem ein Benchmark-Verfahren zum Standard geworden ist, kommt es auch häufig vor, dass die Herstellerfirma ein Produkt so modifiziert, dass es im Benchmark besser abschneidet als das der Konkurrenz, wobei jedoch die praxisrelevante Leistungsfähigkeit nicht unbedingt erhöht wird. Mit den besseren Benchmark-Ergebnissen wirbt aber die Herstellerfirma, um die Verkäufe anzukurbeln.

1

1.3.3 Prozessorbezeichnungen

Prozessoren werden von verschiedenen Firmen hergestellt, Marktführer sind derzeit **Intel** (**I**ntegrated **E**lectronics) und **AMD** (**A**dvanced **M**icro **D**evices).

Die Bezeichnung der einzelnen Prozessortypen erfolgte zunächst nur mit Ziffern, z. B. 286, 386 und 486. Die erste Ziffer kennzeichnete dabei die **Prozessorgeneration**, die beiden letzten Ziffern die zugrunde liegende **Mikroprozessor-Architektur** und die damit verbundenen **Befehlssätze** *(instruction sets)*. Diese Architektur hat sich vom Grundsatz her bis heute kaum verändert, lediglich die Befehlssätze wurden ständig erweitert. Daher bezeichnet man auch heutige CPUs, die auf dieser Architektur basieren, allgemein als **x86-Prozessoren**.

Seit geraumer Zeit werden von allen Herstellern spezielle Produktbezeichnungen verwendet (z. B. **Intel**: Atom, Celeron, Core 2 Quad, Core i, Core Ultra; **AMD**: Athlon, Phenom, Ryzen). Diese lassen sich – anders als allgemeine Ziffernkennzeichnungen – urheberrechtlich schützen und dürfen von anderen Firmen nicht verwendet werden. Spezielle Namenszusätze weisen auf besondere Leistungsmerkmale hin (z. B. Intel: Core i7 Extreme Edition).

Prozessoren einer bestimmten Produktreihe weisen in der Regel jeweils reihentypische Merkmale auf. So verfügen beispielsweise **Atom-Prozessoren** über besonders effiziente Stromsparmechanismen, die den Energieverbrauch im Leerlauf weiter als sonst üb-

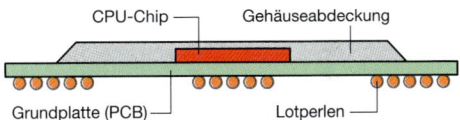

Bild 1.33: µFCBGA-Gehäuse (Grundprinzip)

lich absenken (**LV-CPU**; **L**ow **V**oltage-CPU, im Sleepmodus bis 0,3 V). Sie arbeiten bei einer Kernspannung von 0,8 V bis 1,175 V mit Taktfrequenzen bis zu 3,2 (Turbo-Mode) GHz und sind mit ihrem **µFCBGA**-Gehäuse (**m**icro **F**lip **C**hip **B**all **G**rid **A**rray; kleine Lotperlen auf der Gehäuseunterseite; Bild 1.33) direkt auf dem Mainboard aufgelötet. Die TDP (Kap. 1.3.4) liegt bei Einkernern unter 5 W, bei Mehrkernern unter 10 W. Dadurch müssen sie lediglich passiv gekühlt werden. Sie verfügen über entsprechende Cachespeicher, je nach Typ mit bis zu 6 MByte, und unterstützen DDR4-RAM oder DDR5-RAM (z. B. Atom 7203C). Auch bei den Atom-Prozessoren können die Grafikfunktionen bereits im CPU-Chip implementiert sein, der passende Chipsatz dazu verfügt dann lediglich über PCH-Funktionen (Kap 1.4).

Sehr weit verbreitet und wesentlich leistungsstärker ist die Intel-Prozessorreihe mit der Bezeichnung **Core-i**. Die jeweils nachgestellte Ziffer 3, 5, 7 oder 9 definiert (grundsätzlich) die jeweils aufsteigende Leistungsklasse. Dieser Leistungsklassenziffer folgt dann eine (inzwischen) fünfstellige Modellnummer (hierbei 1. + 2. Ziffer: zugeordnete Mikroarchitektur-Generation, gefolgt von der Modellnummer), auf die wiederum bis zu zwei Großbuchstaben folgen können, die Auskunft über potenzielle Eigenschaften geben (z. B. **K**: Taktmultiplikator kann vergrößert werden; **LM**: Mobile-CPU mit abgesenkter Thermal Design Power: Kap. 1.3.4).

Core-i-Prozessoren gibt es in unterschiedlichen – meist jährlich aktualisierten – Generationen. Sie unterscheiden sich jeweils in der Struktur der Prozessorkerne, die mit bestimmten Codenamen bezeichnet werden (z. B. 11. Generation: **Rocket Lake**; 12. Generation: **Alder Lake**; 13. Generation: **Raptor Lake**; 14. Generation: **Raptor Lake Refresh**). Ab der 11. Generation werden CPUs insbesondere für Laptops und Ultrabooks unter der Produktbezeichnung **EVO** (z. B. EVO-i7; EVO: „Evolution") vermarktet.

Ab der 14. CPU-Generation verschwindet bei Intel das „i" aus den Prozessornamen. Eine neue Prozessorreihe wird dann unter der Bezeichnung **Core Ultra** („Arrow Lake") vermarktet. Bei nahezu gleicher Taktung wie bei den CPUs der 13. Generation arbeiten die Ultra-Prozessoren deutlich effizienter. Sie sind hauptsächlich für starke Beanspruchungen konzipiert, verfügen über eine größere Anzahl von Kernen, spezielle KI-Chips sowie einen L3-Cache bis zu 64 MiByte (Kap. 1.5.4).

AMD vermarktet die Kombination aus CPU und GPU auf einem gemeinsamen Prozessor-Die – sog. APUs (Kap. 1.3.1) – unter der Bezeichnung **Fusion**. Die derzeitig aktuelle Prozessorstruktur heißt **Zen**, gefolgt von einer Versionsnummer (z.B. Zen 4). Die Prozessoren dieses Typs werden unter der Produktbezeichnung **Ryzen** (z.B. Ryzen 9 9950X3D) angeboten.

Zur exakten Bezeichnung eines Prozessors verwenden die Hersteller zusätzlich noch die Begriffe Revision und Stepping. Beide kennzeichnen Veränderungen an einem Prozessorkern.

> Als **Revision** bezeichnen Hersteller meist eine weitreichende Veränderung/Verbesserung an einem Prozessorkern, ohne dass dessen Basis-Funktionsumfang geändert wird (z.B. Ergänzen eines zusätzlichen Registers).
>
> Ein **Stepping** kennzeichnet das grundsätzliche Überarbeiten eines Kerns zur Optimierung oder zur Beseitigung eines Fehlers.

Revisionen werden mit Buchstabenfolgen angegeben. Bei den Steppings werden Buchstaben- und Zahlenkombinationen verwendet, die meistens aufwärts gezählt werden (z.B. ist ein Prozessor mit Stepping A2 ein „älterer" Typ als der gleiche Prozessor mit Stepping B3; es gibt aber auch Abweichungen von dieser Regel).

Das Stepping ist oftmals Teil der auf dem Gehäuse aufgedruckten genauen Typenbezeichnung, bei Intel wird es **S-Spec-Code** genannt (Alternativschreibweise: **sSpec**; z.B. sSpec-Code des Core i7 5960X: SR20Q).

Während im Desktop-Bereich meist x86-Prozessoren eingesetzt werden, verwendet man in den Geräten der mobilen Kommunikation (Smartphone, Tablet) überwiegend ARM-Prozessoren.

> Die Abkürzung **ARM** (**A**dvanced **R**ISC **M**achines) bezeichnet eine spezielle Chip-Architektur für Mikroprozessoren. Diese RISC-Prozessoren arbeiten mit einem sehr effizienten Befehlssatz und haben einen geringen Energiebedarf.

Die (namengebende) Firma ARM Limited entwickelt lediglich die Prozessorarchitekturen, hergestellt werden die Prozessoren von anderen Herstellern mit den entsprechenden Lizenzen. Diese Hersteller produzieren Halbleiterbausteine, in denen dann zu den Prozessorkernen – abhängig von jeweiligen Kundenwünschen – noch andere Funktionen „eingebettet" werden. Die ARM-Prozessorkerne stellen dann lediglich ein „System auf dem Chip" (System on a Chip: **SoC**) in einem „eingebetteten System" (**Embedded System**) dar.

Die ARM-CPUs wurden zunächst durchnummeriert (ARM 1 bis ARM 11). Seit geraumer Zeit wird eine Weiterentwicklung dieser Architektur unter der Bezeichnung **Cortex** vermarktet. Cortex-Prozessoren stellen mehr Rechenleistung bei gleichzeitig geringerer Stromaufnahme zur Verfügung (z.B. Cortex A-Typen: 64-Bit-Prozessoren in 7-nm- oder 4 nm-Technologie, mit geräteabhängigen Taktfrequenzen bis zu 3,3 GHz und einer Leistungsaufnahme ≤ 5 W TDP). Cortex-Prozessoren sind heute in fast allen Smartphones und Tablets zu finden (z.B.

Snapdragon 8 Gen 4; mit 6 Cortex-A725-Kernen, bis 2,8 GHz, 2 Cortex-X925-Kernen, bis 4,26 GHz; alle Kerne 64 Bit in 3 nm-Technik; 6 MiByte L3-Cache; zusätzlich KI-Engine; Videoauflösung bis 8 K, HDR 10-Unterstützung, mit Gigabit-, LTE- und 5G-Modem). Oftmals werden auch andere Marketingbezeichnungen verwendet. Zunehmend werden auf aktuellen Notebooks ARM-Prozessoren eingesetzt, auf denen auch Windows 11 lauffähig ist („**Windows on ARM**"; z. B. Snapdragon Elite X 1E84-100). Die aktuellen Snapdragon-X-Prozessoren verfügen hierzu über eine sehr leistungsstarke NPU mit mindestens 40 Billionen TOPS.

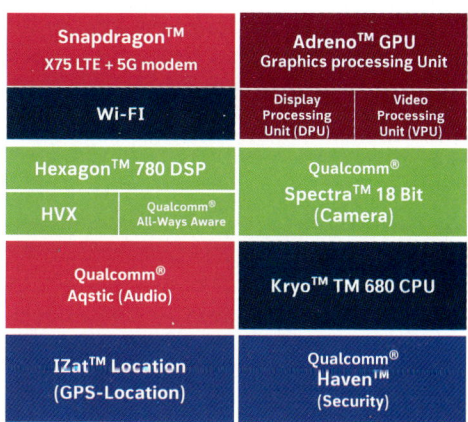

Bild 1.34: typische Funktionsblöcke eines ARM-SoC (Beispiel)

Der speziell für die eigenen PC-Produkte von Apple entwickelte Prozessortyp **M1** ist ebenfalls ARM-basierend und wird in 5-nm-Technologie hergestellt. Das Basismodell verfügt über 4 **P-Cores** (Taktrate bis zu 3,2 GHz, je 192 KiByte L1-Befehlscache, je 128 KiByte L1-Datencache, gemeinsamer 12 MiByte L2-Cache) und 4 **E-Cores** (Taktrate bis ca. 2 GHz, je 128 KiByte Befehlscache, je 64 KiByte Datencache, gemeinsamer 4 MiByte L2-Cache). Zusätzlich beinhaltet er eine leistungsstarke GPU mit bis zu 8 aktiven Shader-Kernen (Kap. 1.9.1.1), eine neuronale Netzwerkstruktur mit 16 Kernen („Apple Neural Engine" für maschinelles Lernen) sowie weitere Funktionsblöcke (z. B. HDR Video-Prozessor, Controller für NVMe, PCIe-4 und Thunderbolt, gemeinsam nutzbarer 8 MiByte L3-Cache). Die auf der M1-Architektur aufbauenden Modelle **M1 Pro** und **M1 Max** verfügen typabhängig über eine unterschiedliche Anzahl von Kernen oder Funktionsblöcken. Das Folgemodell **M1 Ultra** basiert auf zwei M1 Max-Chips („UltraFusion-Architektur") und verfügt über eine CPU mit 20 Kernen (16P + 4E) sowie zusätzlich über eine 64-Kerne-GPU.

Die Nachfolgegeneration der 5-nm-basierenden CPUs trägt die Bezeichnung **M2**. Die Basisversion liefert im Vergleich mit dem M1 bei nahezu gleicher Anzahl von CPU-, GPU- und Shader-Kernen eine verbesserte, energieeffizientere Performance (z. B. aufgrund höherer Taktung und einer höheren Speicherbandbreite). Die dritte Generation (**M3**) wird in 3-nm-Technologie gefertigt und ermöglicht bei einem ansonsten ähnlichen Aufbau wie der **M2** einen Prozessortakt bis ca. 4 GHz. Sein Nachfolger **M4** verfügt über maximal 4 P-Kerne mit jeweils bis zu 4,05 GHz sowie über 6 E-Kerne mit jeweils bis zu 2,75 GHz Taktfrequenz. Die implementierte Neural Engine ermöglicht bis zu 38 TOPS. Insgesamt besitzt der M4 eine deutlich bessere Energie-Effizienz als das Vorgängermodell.

Prozessoren in PCs werden – abgesehen von wenigen Ausnahmen – nicht fest verlötet, sondern mit einem Sockel auf dem Motherboard befestigt. Im Laufe der Prozessorentwicklung kamen hierbei unterschiedliche Sockeltypen zum Einsatz. Die einzelnen Sockeltypen sind untereinander nicht kompatibel.

Die allgemeine Bezeichnung **ZIF**-Sockel (**Z**ero **I**nsertion **F**orce Socket) bei den Sockeln mit Pin-Fassungen drückt aus, dass zum Einsetzen des Prozessors in den Sockel kein Kraftaufwand erforderlich ist. Der eingesetzte Chip wird nach dem Einsetzen lediglich mit einem kleinen Hebel arretiert, wobei die Kontakte der Fassungen gegen die einzelnen Pins gepresst werden. Hierbei werden die Pins infolge sog. Scherkräfte mechanisch belastet (siehe Beispiel: PGA-ZIF-Sockel, Bild 1.35 a; **PGA: P**in **G**rid **A**rray). Alternativ wird dieser

Sockeltyp in verschiedenen Bauformen auch in anderen Bereichen eingesetzt und dann allgemein als **Test-** oder **Programmiersockel** bezeichnet (z. B. zur Programmierung von Mikrocontroller-ICs; Kap. 1.7.7)

Seit geraumer Zeit besitzen Intel-Prozessoren keine Pins mehr, sondern kleine Kontaktflächen an der Unterseite. Die entsprechenden Gegenkontakte in den speziell hierfür entwickelten **LGA-Sockeln** (Land Grid Array) bestehen aus winzigen Federn, auf die der Prozessor vorsichtig – d. h. ohne Berührung dieser Federchen mit den Fingern – gelegt und durch einen Rahmen angedrückt und arretiert wird. Vorteil dieser Konstruktion ist, dass zur Fixierung des Prozessors keine Scherkräfte mehr ausgeübt werden müssen. Außerdem wird das Problem beseitigt, dass die Kontaktbeinchen wie kleine Antennen wirken, was vorher zu Schwierigkeiten bei der Steigerung der Taktfrequenzen führte. Die Ziffern hinter der Sockelbezeichnung LGA geben Auskunft über die Anzahl der Kontakte. Ab den Ryzen-7000er-Prozessoren verwendet AMD ebenfalls einen in LGA-Technik ausgeführten CPU-Sockel (Sockel **AM5** mit 1718 Kontakten; unterstützt PCIe 5.0 und DDR5-RAM-Module).

Bild 1.35: Beispiele für Prozessorsockel: a) PGA-ZIF-Sockel (veranschaulichende Darstellung), b) LGA-Sockel

Bei Prozessoren benötigt fast jede Generation einen neuen Sockeltyp. Grund dafür ist die Änderung der Hardware (z. B. von DDR4- auf DDR5-Speichermodule, von dreikanaligem auf vierkanaliges Speicherinterface) oder das Hinzufügen von zusätzlichen Komponenten (z. B. Grafikanbindung bzw. Grafikkern; IGP, Kap. 1.9.1.1). Auch die unterschiedliche Art der Verbindung mit dem Chipsatz (Bild 1.32) führt dazu, dass sich die Anzahl der Kontakte im Laufe der Zeit geändert hat.

1.3.4 Prozessorkühlung

Die Anforderungen an die Kühlung von Prozessoren sind über die Zeit ständig angestiegen, da durch höhere Taktfrequenzen, kleinere Halbleiterstrukturen und Prozessorgehäuse die maximal zulässige CPU-Temperatur schneller erreicht wird. Deswegen ist – bis auf Ausnahmen im Bereich portabler PCs und Industrie-PCs – zusätzlich zum obligatorischen Kühlkörper mit einem möglichst geringen Wärmewiderstand R_{th} (Kap. 5.3.1.4) unbedingt ein Ventilator auf dem Prozessor erforderlich.

Diese Kühleinheit muss so dimensioniert sein, dass die von der CPU abgegebene Wärmeleistung hinreichend schnell abgeführt wird.

Als **Thermal Design Power** (TDP) wird vom Hersteller diejenige Verlustleistung angegeben, auf die das verwendete Kühlelement (Kühlkörper und Ventilator) sowie die PC-Gehäusebelüftung mindestens ausgelegt sein müssen, damit der Prozessor unter Volllast seinen Temperatur-Grenzwert nicht überschreitet.

Die Thermal Design Power wird in Watt (W) angegeben (Kap. 5.3.1.4). Wenn sich die Temperatur innerhalb des CPU-Chips unzulässig erhöht, wird die CPU-Leistung automatisch verringert oder der Prozessor schaltet sich ab.

Ein Prozessorventilator arbeitet mit einer 12-V-Versorgungsspannung und wird an die dafür vorgesehenen Kontakte auf dem Motherboard angeschlossen. Durch die Montage von Ventilator und Kühlkörper ist der eigentliche Prozessor-IC in der Regel nicht mehr zu sehen. Um sowohl die Geräuschentwicklung des Lüfters als auch seine Energieaufnahme möglichst gering zu halten, wird die Lüfterdrehzahl in Abhän-

Kontakt-
fläche für
das CPU-
Gehäuse

Bild 1.36: Prozessorkühlblock

gigkeit von der Prozessortemperatur geregelt. Dazu muss die Regelungselektronik ein ausreichend präzises Temperatursignal erhalten. Bei LGA-Mainboards ist die Möglichkeit vorgesehen, die Steuerung des Lüfters mit einem Kontrollsignal zu realisieren, welches mittels eines implementierten Messfühlers direkt aus der aktuellen Prozessortemperatur gewonnen und mittels entsprechender Hardware-Monitoring-Schaltungen im Zusammenspiel mit dem UEFI (Kap. 3.1.1) verarbeitet wird. Dieses Signal (ein **pulsweitenmodu-liertes** [PWM] 25-kHz-Signal) steht an einem zusätzlichen Pin des Lüfteranschlusses am Mainboard zur Verfügung. Die sog. **PWM-Lüfter** verarbeiten dieses Signal und können auf diese Weise ihre Drehzahl temperaturabhängig regulieren.

Bei der Kühlermontage ist auf eine gute Wärmeleitung zwischen dem CPU-Gehäuse und dem Kühlerboden zu sorgen. Eine Verbesserung des Wärmetransports ist durch den Einsatz eines speziellen Wärmeleitmediums (**TIM**: Thermal Interface Material; Wärmeleitpaste) möglich. Teilweise werden auch sog. **Heatpipes** (Kap. 5.3.1.4) eingesetzt.

AUFGABEN

1. Was bezeichnet man als Prozessor-Die? Wieso ist der Prozessor-Die kleiner als das Prozessorgehäuse?

2. Welche drei wesentlichen Prozessoreinheiten (Units) unterscheidet man bei einer CPU?

3. ALU und FPU sind zwei wichtige Funktionsblöcke eines Prozessors. Nennen Sie die Bedeutung der Abkürzungen und die jeweiligen Aufgaben der Funktionsblöcke.

4. Was ist eine APU?

5. Was ist ein ARM-Prozessor? Nennen Sie technische Merkmale und Einsatzbeispiele.

6. Nennen Sie vier verschiedene grundsätzliche Prozessorstrukturen, die von den Herstellern vermarktet werden. Erläutern Sie die Unterschiede.

7. Welche Kenngrößen eines Prozessors geben Auskunft über seine Leistungsfähigkeit?

8. Aus welchem Grund geben Hersteller zu ihren Prozessoren Informationen über die „Revision" und das „Stepping"?

9. Was bedeuten die Abkürzungen ZIF-Sockel und LGA-Sockel?

10. Kann man die heutigen Motherboards zu einem späteren Zeitpunkt mit einem leistungsfähigeren Hauptprozessor aufrüsten? Worauf ist hierbei ggf. zu achten?

11. Lassen sich die Prozessoren verschiedener Hersteller grundsätzlich auf dem gleichen Sockel montieren (Antwort mit Begründung)?

12. Nennen Sie Beispiele für Maßnahmen, mit denen sich die Performance von Prozessoren verbessern lässt.

13. Welcher Unterschied besteht zwischen einem CISC-Prozessor und einem RISC-Prozessor?

14. Was versteht man unter dem sog. EIST-Verfahren? Warum wird diese Technik bei CPUs eingesetzt?

15. Was ist ein Benchmark-Test?

16. Welche Information kann man dem TDP-Wert von Prozessoren entnehmen?

17. Die Corespannung eines Prozessors wird von 3,3 V auf 2,3 V gesenkt. Um wie viel Prozent ändert sich die auftretende Verlustleistung, die in Form von Wärme abgeführt werden muss? Begründen Sie den Wert der Leistungsänderung mithilfe elektrotechnischer Grundlagen (Kap. 5.1).

18. Welche besonderen Merkmale besitzt ein PWM-Lüfter?

19. Erstellen Sie mithilfe einer Internetrecherche eine Tabelle, in der Sie (mindestens fünf) verschiedene Generationen von x86-Prozessoren mit den folgenden Kenngrößen miteinander vergleichen: Hersteller, Prozessorbezeichnung/Mikroarchitektur, Anzahl der Kerne, CPU-Takt in GHz, Cachegrößen in KiByte, Sockelbezeichnung, Chipsatzanbindung, TDP in Watt, Fertigungstechnik. Geben Sie außerdem die Bedeutung von verwendeten Abkürzungen an.

20. Informieren Sie sich im Internet über die maximale und minimale Leistungsaufnahme von mindestens fünf verschiedenen Prozessoren unterschiedlicher Leistungsklassen. Stellen Sie Ihre Ergebnisse tabellarisch und in Form eines geeigneten Diagramms dar. Leiten Sie aus Ihren Rechercheergebnissen eine Aussage über einen möglichen Einsatz in portablen Geräten ab und begründen Sie diese.

1.4   Chipsatz

Als **Chipsatz** *(chipset, set of chips)* bezeichnet man eine Anzahl von Hilfsprozessoren und Controllern, die den Hauptprozessor in seinen Verwaltungs- und Steuerungsfunktionen entlasten. Der Chipsatz ist fest auf dem Mainboard aufgelötet und kann nicht ausgetauscht werden.

Der Chipsatz bestand ursprünglich stets aus zwei ICs (daher die Bezeichnung als „Satz"). Zu den Aufgaben eines Chipsatzes gehören generell:

- Verwaltung der verschiedenen Datenübertragungssysteme (z. B. PCIe, USB; Kap. 1.6) und Schnittstellen (z. B. SATA, eSATA, M.2, Firewire, LAN; Kap. 1.7)

- Steuern der Datenflüsse von und zu den angeschlossenen Komponenten

- Abstimmung der unterschiedlichen Bustakte und Übertragungsraten

Zur Verwaltung der unterschiedlichen Bussysteme sowie der angeschlossenen Komponenten verfügt der Chipsatz über Controller, die auch als **Bridges** oder **Hubs** bezeichnet werden, deren genaue Bezeichnungen aber bei den Chipherstellern in Abhängigkeit vom jeweiligen Funktionsumfang variieren.

Bezeichnung		Hersteller
Memory Controller Hub (**MCH**, Version mit integriertem Speichercontroller) Input/Output Hub (**IOH**; Version ohne integrierten Speichercontroller)	Input/Output Controller Hub (**ICH**)	Intel
–	Platform Controller Hub (**PCH**; Einchip-Lösung in Kombination mit CPUs, bei denen Memory-Controller, Grafikkern und Grafikanbindung im CPU-Gehäuse integriert sind)	
–	Fusion Controller Hub (**FCH**; Einchip-lösung, in Kombination mit einer APU der Fusion-Reihe)	AMD

Bild 1.37: Beispiele für Bezeichnungen der Chipsatzkomponenten

Im Zuge der technischen Weiterentwicklung werden inzwischen viele der ursprünglich im Chipsatz verwalteten Funktionseinheiten direkt in das CPU-Gehäuse implementiert. Hierdurch erreicht man eine Geschwindigkeitssteigerung bei der Bearbeitung anstehender Aufgaben, da die Übertragungswege der Signale kürzer werden. Aus diesem Grund besteht der Chipsatz heute nur noch aus einem einzigen IC. Die gängige Bezeichnung „Chipsatz" hat sich bislang aber (noch) nicht geändert.

Trotz der Verlagerung vieler Funktionen bleibt der Chipsatz – neben der CPU – eine maßgeblich leistungsbestimmende Komponente eines Computers.

Die Hersteller visualisieren die Leistungsmerkmale ihrer Chipsätze gerne mit einem Blockdiagramm. Ob sämtliche zur Verfügung stehenden Merkmale dann auch technisch genutzt werden, legen jedoch die Mainboard-Hersteller fest. Hier lohnt ein Blick in das jeweilige Mainboard-Manual oder auf die Internetseite des Herstellers.

Andere Intel-Chipsätze oder Produkte konkurrierender Anbieter (z. B. AMD) weisen vergleichbare Eigenschaften auf, auch wenn die Anzahl der anschließbaren Komponenten differiert oder die Bezeichnungen teilweise verschieden sind.

Für Anwendungen in portablen Geräten (Laptop, Netbook, Tablet) werden Chipsätze mit ähnlichen technischen Eigenschaften verwendet, allerdings kommen hier spezielle Varianten mit möglichst geringer Leistungsaufnahme und weniger unterstützten Anschlüssen zum Einsatz. Aus Platzgründen werden hier vielfach sog. **SoCs** (System-on-a-Chip) verwendet.

Inzwischen werden auch erste PCs ohne (separaten) Chipsatz auf dem Mainboard angeboten. Bei einem solchen Mainboard werden alle vorhandenen Schnittstellen allein von den im verwendeten Prozessor enthaltenen I/O-Einheiten verwaltet (z. B. ASRock Deskmeet X600-Serie mit Ryzen 8000, AM5-Sockel).

Von den Internetseiten der Hersteller lassen sich die Daten und Leistungsmerkmale der jeweils aktuellen Chipsätze herunterladen.

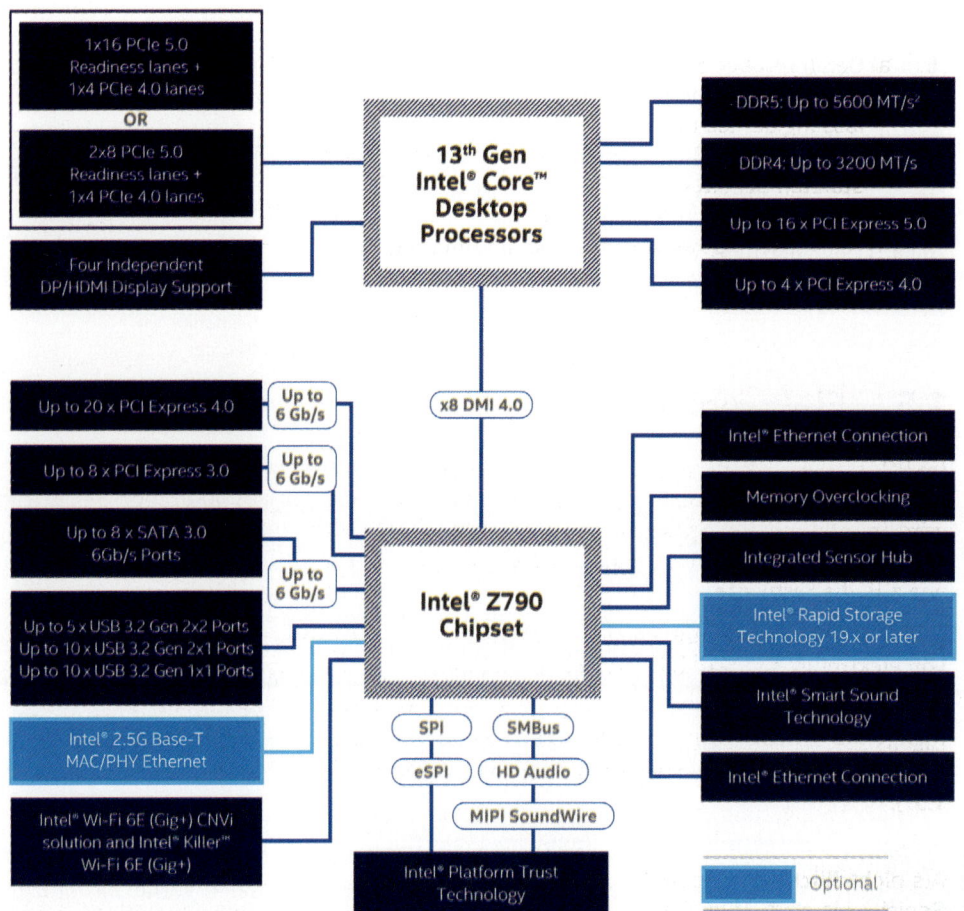

Bild 1.38: Hersteller-Blockdiagramm eines Intel-Chipsatzes; (Hinweis: International verwendete Bezeichnungen und Schreibweisen können von deutschen Normen abweichen.)

AUFGABEN

1. Welche Aufgaben hat der Chipsatz?

2. Welche unterschiedlichen Bezeichnungen werden für die Chipsatzkomponenten verwendet?

3. Welche Vorteile bietet ein Chipsatz, der lediglich aus einem einzigen IC besteht?

AUFGABEN

4. Die Verbindung zwischen Chipsatz und CPU kann prinzipiell mittels FSB, HT, QPI oder DMI erfolgen. Erläutern Sie die Abkürzungen und die technischen Merkmale der angegebenen Verbindungsarten.

5. Kann der Chipsatz zu einem späteren Zeitpunkt ausgetauscht werden (Antwort mit Begründung)?

6. a) Bild 1.38 zeigt das Hersteller-Blockdiagramm eines Intel-Chipsatzes. Analysieren Sie die im Diagramm enthaltenen Informationen und erstellen Sie eine Zusammenfassung der technischen Leistungsmerkmale des Chipsatzes (in Tabellenform).
   b) Recherchieren Sie ergänzend auch technische Daten zu den angegebenen unterstützten Schnittstellen (PCIe, USB, WiFi usw.) und Technologien (z. B. Intel Rapid Storage, Intel Platform Trust usw.). (Lösungshinweis: Recherche in anderen Kapiteln dieses Fachbuchs und/oder im Internet)

1.5 Elektronische Speicher

Im PC-Bereich versteht man unter einem Speicher allgemein ein Medium, das der Aufbewahrung von Daten in computerlesbarer Form dient. Der Begriff „Speicher" *(memory)* wird im allgemeinen Sprachgebrauch vielfach gleichbedeutend mit dem Begriff „Speichermedium" *(storage)* verwendet. Dieser bezeichnet aber eigentlich einen Datenträger wie z. B. die Festplatte.

Auf dem Motherboard und den ggf. vorhandenen Zusatzkarten wird der Speicher in Form von elektronischen **Halbleiterspeichern** (z. B. auf der Basis von Silizium) verwirklicht.

Je nach Technologie weisen die verwendeten elektronischen Speicher unterschiedliche Eigenschaften auf. Grundsätzlich unterscheidet man zwischen „nicht flüchtigen Speichern" und „flüchtigen Speichern" mit jeweils unterschiedlichen Spezifikationen (Bild 1.39).

Als **nicht flüchtigen Speicher** *(non-volatile memory)* bezeichnet man ein elektronisches Speicherelement, das Daten auch nach dem Abschalten der Spannungsversorgung dauerhaft speichern kann.

Als **flüchtigen Speicher** *(volatile memory)* bezeichnet man ein elektronisches Speicherelement, das Daten nur speichern kann, solange eine Spannungsversorgung gegeben ist. Nach dem Abschalten oder nach einer Unterbrechung der Spannungsversorgung sind alle gespeicherten Daten verloren.

Ein Halbleiterspeicher besteht aus einer großen Anzahl von elektronischen Bauelementen, die mikroskopisch klein auf dem Halbleiterchip (Speicher-IC) angeordnet sind. Diese Bauelemente bilden einzelne **Speicherzellen**, in denen die Informationen binär (0 oder 1, Kap. 4.1.2) abgelegt werden können. Die Größe eines Halbleiterspeichers wird auch Speicherkapazität genannt.

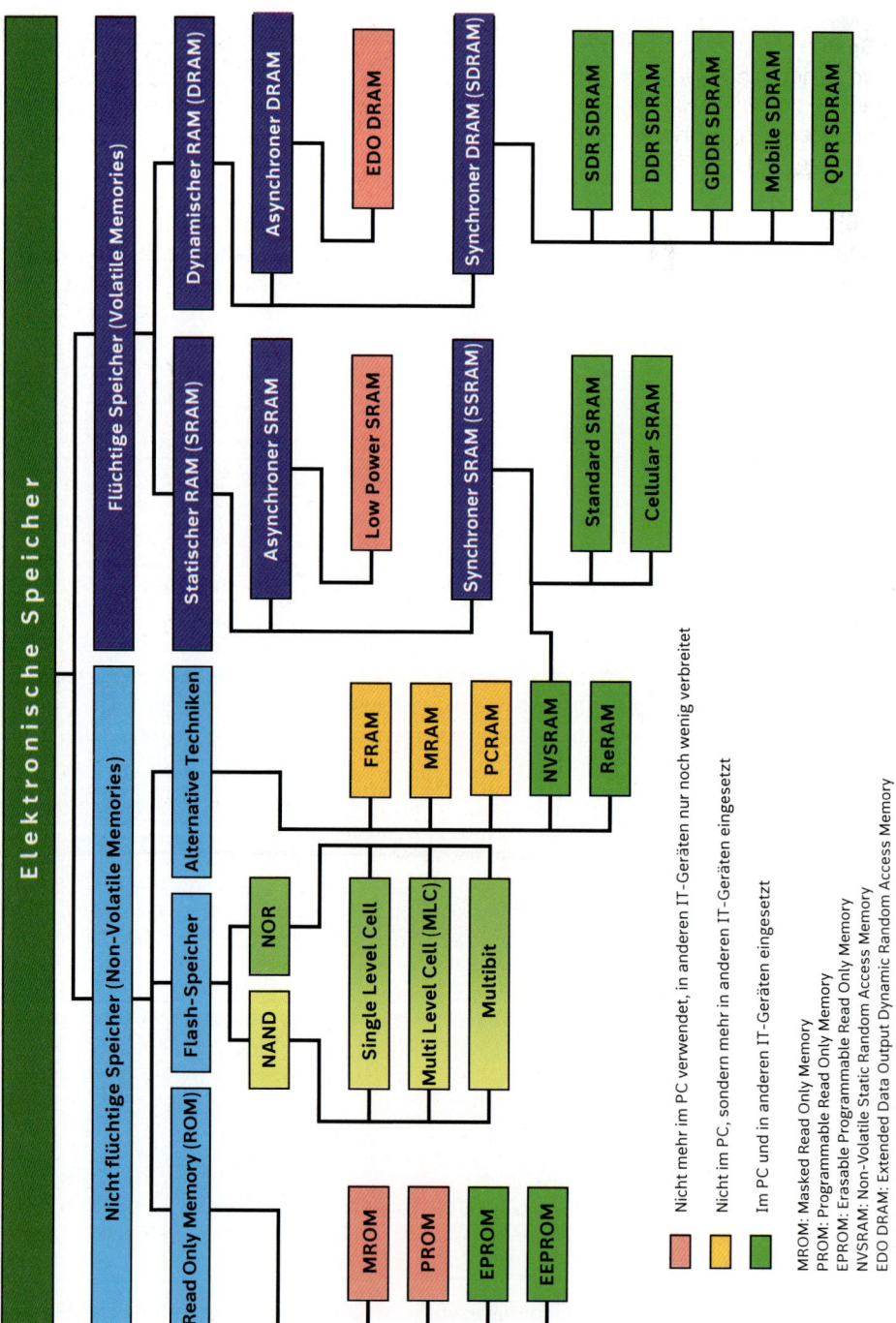

Bild 1.39: Übersicht elektronische Speicher (exemplarische Auswahl)

Die **Speicherkapazität** *(memory capacity, storage space)* eines Halbleiterspeichers gibt die vorhandenen Speicherzellen in Byte an. Bei großen Kapazitätswerten erfolgt die Angabe
- entweder unter Verwendung von *Dezimalpräfixen* in Kilobyte (kB), Megabyte (MB), Gigabyte (GB) oder Terabyte (TB)
- oder unter der Verwendung von *Binärpräfixen* in Kibibyte (KiB), Mebibyte (MiB), Gibibyte (GiB) oder Tebibyte (TiB).

Abhängig von der verwendeten Präfixart ergeben sich bei der Kapazitätsangabe unterschiedliche Zahlenwerte (Kap. 4.3.2).

Für den Einsatz von Halbleiterspeichern sind neben der Speicherkapazität auch die folgenden Kenngrößen von Bedeutung:

- **Zugriffszeit** *(access time)*
  Zeitspanne, die vom Anlegen der Adresse einer Speicherzelle bis zu dem Zeitpunkt vergeht, an dem die Daten von der Zelle zum Prozessor (oder umgekehrt) übertragen werden können

- **Datenrate**, Datentransferrate *(data rate, data transfer rate)*
  Geschwindigkeit, mit der Daten in den bzw. aus dem Speicher gelesen werden können. Sie wird in Bytes pro Sekunde angegeben, ihre Größe hängt vom verwendeten Halbleiterspeicher, vom Bussystem und von der Zugriffsmethode (z. B. Pipeline Burst) ab.

1.5.1 Nicht flüchtige Speicher

Die ersten nicht flüchtigen Speicher, die entwickelt wurden, konnten technologisch bedingt lediglich ein einziges Mal mit Daten beschrieben werden. Danach waren die gespeicherten Daten nicht mehr veränderbar, sie konnten jedoch beliebig oft ausgelesen werden. Aus dieser Zeit stammt die Bezeichnung **ROM** (**R**ead **O**nly **M**emory), die bis heute – z. T. auch fälschlicherweise – als Oberbegriff für eine Vielzahl von nicht flüchtigen Speichern verwendet wird. Alternativ sind auch die Bezeichnungen **Festwertspeicher** oder **Permanentspeicher** gebräuchlich. Die Abkürzung ROM wird ebenfalls in Verbindung mit optischen Speichermedien benutzt (z. B. DVD-ROM; Kap. 1.8.3).

Die Marktbedeutung von nicht flüchtigen Speichern hat in den letzten Jahren ständig zugenommen. Im Gegensatz zu früher existieren heute jedoch unterschiedliche technologische Ansätze für die Realisierung von nicht flüchtigen Speichern. Allen gemeinsam ist, dass sie inzwischen auch wiederbeschreibbar sind. Sie unterscheiden sich lediglich in der Art, wie dieses erneute Beschreiben technisch realisiert wird (z. B. PROM, EPROM, EEPROM; Bild 1.39). Von großer technischer Bedeutung sind derzeit die sog. Flashspeicher, die eine besondere Kategorie der EEPROMs darstellen (Alternativschreibweise: E²PROM, **E**lectrical **E**rasable **P**rogrammable **R**ead **O**nly **M**emory; elektrisch löschbarer programmierbarer Festwertspeicher).

1.5.1.1 Flashspeicher

Im Gegensatz zu den klassischen EEPROMs lassen sich bei Flash-(EEPROM-)Speichern mehrere Bytes gleichzeitig löschen bzw. beschreiben, wodurch sich eine vergleichsweise höhere Datenrate ergibt. Man unterscheidet sog. NOR- und NAND-Typen (Kap. 4.4.1.1).

NOR-Typen sind Flashspeicherzellen, die über mehrere Datenleitungen parallel geschaltet sind. NOR-Speicher werden
blockweise beschrieben, jedoch ist bei diesem Typ der Lesezugriff wahlfrei auf jedes einzelne Byte möglich. Hierdurch ergeben sich wesentlich kürzere Zugriffszeiten, eine einfachere
Gestaltung der Schnittstelle sowie eine weniger komplexe
Steuerungssoftware als bei einem NAND-Typ. Allerdings benötigt dieser Speichertyp wegen der größeren Anzahl an Datenleitungen mehr Platz und lässt rund zehnmal weniger
Lösch-Schreib-Zyklen zu als ein NAND-Speicher.

Bild 1.40: Speicher-IC für UEFI
auf einem Mainboard (Prinzipdarstellung)

NOR-Typen werden in Computern zur Speicherung des UEFI
(Kap. 3.1.1) verwendet, da ihre Bitfehlerhäufigkeit geringer
ist und sie somit auch ohne zusätzliche Fehlerkorrekturfunktionen zuverlässig arbeiten.

> **NOR-Flashspeicher** sind besonders für Anwendungen geeignet, bei denen die Zuverläs-
> sigkeit und die Ausfallsicherheit im Vordergrund stehen.

Bei **NAND-Typen** sind die einzelnen Speicherzellen in größeren Blöcken hintereinandergeschaltet (typische Blockgröße: 16 KiByte; Kap. 4.3.2). Jeder Block ist an eine gemeinsame Datenleitung angeschlossen. Durch die geringe Anzahl von Datenleitungen ergibt sich
auf dem Speicherchip zwar eine besonders kompakte Bauweise (d.h. größere Speicherkapazität pro Quadratzentimeter Siliziumfläche), jedoch können Daten nur blockweise
gelesen bzw. geschrieben werden (d.h. langsamere Zugriffszeiten und größerer Soft-
wareaufwand zur Ansteuerung der Speicherzellen eines Blocks). Um einen Block neu
beschreiben zu können, muss dieser erst durch Anlegen einer Spannung komplett gelöscht werden. Die bei diesem Typ herstellungsbedingte höhere Anzahl von defekten
Blöcken („Bad Blocks") wird bereits zum Zeitpunkt der Auslieferung detektiert und markiert. Diese können dann nicht mehr für Speicherzwecke verwendet werden. Da auch im
Laufe der Nutzung die Wahrscheinlichkeit hoch ist, dass weitere Blöcke unbrauchbar
werden, ist ein ständiges „**Bad-Block-Management**" erforderlich, welches in der Regel ein
auf dem Speicherchip integrierter Controller übernimmt.

> **NAND-Flashspeicher** sind besonders für Anwendungen geeignet, bei denen große Da-
> tenmengen auf kleinstem Raum elektronisch gespeichert werden müssen (z.B. SD-Karte,
> SSD).

Unter der Bezeichnung **eMMC** (**em**bedded **M**ulti**m**edia **C**ard) findet man diesen Flashspei-
chertyp – in Kombination mit einem einfachen, integrierten Storage Controller – vielfach
fest eingebaut in preisgünstigen Mobilgeräten (z.B. Kamera, Smartphone, Netbook). Anstelle von eMMC-Speichern werden bei eingebetteten Systemen aber zunehmend auch
Flashspeicher gemäß dem schnelleren **UFS**-Standard (**U**niversal **F**lash **S**torage) verwendet
(z.B. UFS 4.0: theoretische Datenrate typabhängig bis zu 5,8 GB/s).

Zur Steigerung der Speicherkapazität von NAND-Flashspeichern werden technische Verfahren eingesetzt, die es ermöglichen, mehr als 1 Bit pro Speicherzelle zu speichern.

> Herkömmliche Speicherzellen, die lediglich 1 Bit pro Zelle speichern, werden als **Single-
> Level Cell** (**SLC**) bezeichnet.

Speicherzellen, die mehrere Bit pro Zelle speichern können, werden mit dem Oberbegriff **Multi-Level Cell** (**MLC**) bezeichnet.

Technisch bedingt kann jede Zelle eines SLC-Speichers bis zu 10^6-mal beschrieben werden, bei MLC-Typen sind es 10^5-mal. Das Auslesen von Speicherinhalten ist bei beiden Typen unbegrenzt möglich. Aktuell werden Speicherzellen verwendet, die drei Bit pro Zelle (**TLC**: Triple-Level Cell) oder vier Bit pro Zelle (**QLC**: Quadruple-Level Cell) speichern können.

Durch die Fertigung von Speicherchips mit übereinanderliegenden Zellen (gestapelte Speicherzellen; dreidimensionale Anordnung) lässt sich bei gleichen Chipabmessungen die Speicherkapazität wesentlich weiter steigern. Diese Technologie wird beispielsweise unter der Bezeichnung **3D-V-NAND** (Fa. Samsung) vermarktet und ermöglicht derzeit bis zu 192 Funktionslagen in vertikaler Anordnung (deshalb V-NAND). Hiermit lassen sich Speicherkapazitäten mit bis zu 1 Terabyte realisieren. Zu beachten ist, dass die Hersteller die Kapazitätsangaben traditionell mit Dezimalpräfix angeben, die von einem PC erkannten bzw. angegebenen Werte sind in der Regel kleiner (siehe Kap. 4.3.2).

Eingebaut findet man QLC-Speicher in MP3-Playern, Tablets und Smartphones. Sie werden auch als Ersatz für handelsübliche Festplatten als sog. **Solid State Drives** (SSD; Kap. 1.8.2) eingesetzt.

Darüber hinaus finden sich Flashspeicher auch in USB-Sticks und als **Embedded Flash** in Mikroprozessoren.

Embedded bedeutet „eingebettet". Diese Bezeichnung wird für Komponenten verwendet, die Teil eines Gesamtsystems sind, aber möglicherweise technologisch unterschiedlich aufgebaut oder gefertigt werden.

Austauschbar sind QLC-Speicher auch in Form sog. **Flashspeicherkarten** in vielen elektronischen Geräten zu finden. Diese Speicherkarten gibt es in verschiedenen Spezifikationen, Bauformen und mit unterschiedlichen technischen Merkmalen (z.B. **CF**: Compact Flash). Von Bedeutung im PC-Bereich sind heute nur noch **SD-Karten** (Secure Digital; eigentlich Secure Digital Memory Card).

Die SD-Karte gibt es in drei unterschiedlichen Größen (SD, miniSD, microSD, Bild 1.41); die Neuproduktion von miniSD-Karten wurde allerdings inzwischen eingestellt. Die Nutzung der microSD-Karte ist mit einem entsprechenden Einschubadapter auch im normalen SD-Kartenslot möglich.

Neben den eigentlichen Speicherzellen befindet sich auf jedem Kartenchip jeweils auch ein steuernder Speichercontroller.

Für alle Karten wurden im Laufe der Zeit verschiedene Spezifikationen entwickelt (Bild 1.43). Diese unterscheiden sich maßgeblich in der verfügbaren Speicherkapazität und in der Übertragungsgeschwindigkeit. Grundsätzlich ist bei allen Versionen technisch bedingt die Übertragungsrate beim Auslesen größer als beim Beschreiben. Die in Bild 1.43 angegebenen Übertragungsraten sind Maximalwerte, die in der Praxis erreichbaren realen Werte sind geringer und hängen sowohl vom Hersteller als auch vom benutzten Gerät ab.

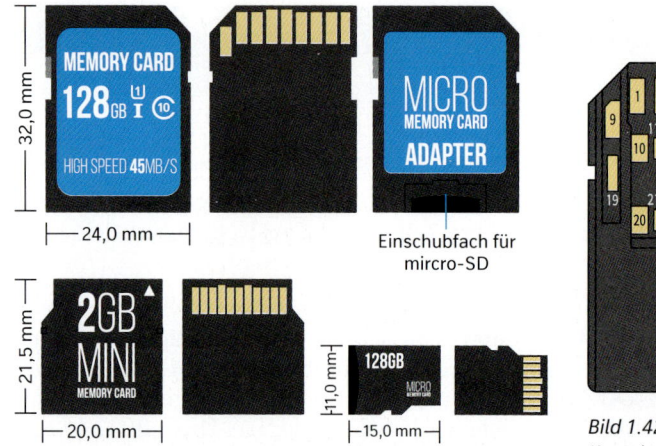

Bild 1.41: Größen von SD-Speicherkarten

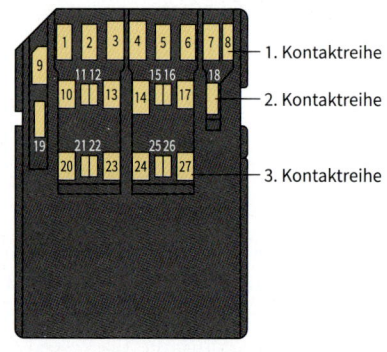

Bild 1.42: Prinzipielle Anordnung der Kontaktreihen und Kontaktnummerierung bei einer SDUC-Karte

Bezeichnung	Merkmale
SD (Standard-SD)	– Verwendete ursprünglich das FAT-16-Dateisystem (FAT, Kap. 3.2.4.1) – Daher nur Speichergrößen bis zu 2 GByte – Übertragungsrate ursprünglich ca. 3,6 MByte/s, heute auch schneller
SDHC (**SD** High **C**apacity)	– Erweiterung des ursprünglichen SD-Standards – Speichergrößen bis zu 32 GByte – Übertragungsrate bis zu 25 MByte/s – Üblicherweise sind SDHC-Karten mit FAT 32 vorformatiert, aber auch mit anderen Dateisystemen formatierbar (z. B. NTFS, HFS); sie sind dann allerdings für Digitalkameras nicht mehr lesbar. – Auch können nicht alle SD-fähigen Geräte SDHC-Karten verarbeiten.
SDXC (**SD** e**X**tended **C**apacity)	– Nachfolger von SDHC – Speichergrößen bis zu 2 TByte (Kap. 4.3.2) bei Verwendung des Dateisystems **exFAT** (Kap. 3.2.4.1) – Mit exFAT geht die Abwärtskompatibilität zu anderen Dateisystemen (z. B. FAT 32, NTFS) verloren. – Definition eines neuen Anschluss-Standards (**UHS**: Ultra High Speed) mit wesentlich höheren Übertragungsraten: **UHS I**: bis ca. 100 MByte/s (**UHS Class 1**, vgl. Bild 1.44) **UHS II**: bis ca. 300 MByte/s (**UHS Class 3**, vgl. Bild 1.44) **UHS III**: mit bis zu ca. 600 MByte/s (wurde nicht weiter entwickelt, da Nachfolgekarten integrierte PCIe-Schnittstellen verwenden; siehe SDUC)

Bezeichnung	Merkmale
SDUC (**SD U**ltra **C**apacity)	– Nachfolger von SDXC – Speicherkapazität bis zu 128 Terabyte (bei Verwendung von exFAT) – Neuer Anschlussstandard **SD Express** ermöglicht Datenübertragungsgeschwindigkeiten von bis zu 985 MByte/s (SD-Standard Version 7). – Hierzu Integration einer **PCIe**-Schnittstelle (Kap. 1.7.4) in die Speicherkarten, die dann mittels **NVMe**-Protokoll (Kap. 1.8.2) zunächst über die UHS-II-Kontakte angesteuert wird (2 Kontaktreihen auf der Rückseite; Bild 1.42) – SD-Spezifikation Version 8 steigert die Schnittstellengeschwindigkeit auf bis nahezu 2 GByte/s (2 x PCIe 3.0 oder 1 x PCIe 4.0) – Bei Nutzung von 2 PCIe-Lanes ist eine dritte Kontaktreihe erforderlich (Bild 1.42); mit 2 x PCIe 4.0 ist theoretisch eine Übertragung mit nahezu 4 GByte/s möglich.

Bild 1.43: Spezifikationen von SD-Speicherkarten (Hinweis: Die Hersteller verwenden bei Kapazitätsangaben und Übertragungsraten stets Dezimalpräfixe; es können aber auch Binärpräfixe verwendet werden; Kap. 4.3.2)

Insbesondere zwecks Kompatibilität zu älteren Geräten findet – trotz möglicher Einschränkungen bei der Nutzung – auch das (überholte) Dateisystem FAT 32 weiterhin Anwendung. Trotzdem sind SDXC- und SDUC-Karten zu SD- oder SDHC-Lesegeräten nur eingeschränkt abwärtskompatibel.

Aufgrund technischer und juristischer Probleme mit exFAT werden SD-Karten bei Android- und GNU/Linux-Systemen (Kap. 2.5.2) zumeist mit dem Linux-Dateisystem **ext4** (Kap. 3.2.4.3) formatiert.

Der **SDHC**-Standard definiert erstmalig auch sog. **Speed Classes** (Tempoklassen), die eine Aussage über die *minimal* garantierte Schreibgeschwindigkeit auf den Datenträger zulassen (im Gegensatz zum UHS-Standard, der die *maximal* mögliche Bitrate über die verwendete Schnittstelle angibt).

Bezeichnung	Bitrate	Kennzeichnung		
		SDHC	SDXC/UHS	Video
Class 2	≥ 2 MByte/s	CLASS ②		
Class 4	≥ 4 MByte/s	CLASS ④		
Class 6	≥ 6 MByte/s	CLASS ⑥		V6
Class 10/UHS Class I	≥ 10 MByte/s	CLASS ⑩	⌐1⌐	V10
UHS Class 3/Video Class 30	≥ 30 MByte/s		⌐3⌐	V30
Class 60	≥ 60 MByte/s			V60
Class 90	≥ 90 MByte/s			V90
SDUC-Speed-Classes (Standard 9.1)				
Class 150	≥ 150 MByte/s	E150		
Class 300	≥ 300 MByte/s	E300		
Class 450	≥ 450 MByte/s	E450		
Class 600	≥ 600 MByte/s	E600		

Bild 1.44: Geschwindigkeitsklassen und zugehörige Logos

Als Entscheidungshilfe beim Kauf werden inzwischen zusätzlich auch sog. **Anwendungs-leistungsklassen** angegeben, die speziell darüber informieren, wie viele Ein- und Ausgabedaten pro Sekunde (**IOPS: I**nput/**O**utput **O**perations **p**er **S**econd) eine Karte bei zufälligen Schreib- und Lesezugriffen auf verteilte Daten *mindestens* verarbeiten kann. Diese erfolgen beispielsweise bei einem Smartphone vermehrt durch App-Zugriffe, bei denen meist nur wenige Daten geschrieben oder gelesen werden. Die neue Klassifizierung soll auf diese besondere Eignung hinweisen, wohingegen die Speed Classes vor allem auf die Datenrate bei größeren, zusammenhängenden Datenblöcken abgestimmt sind (z.B. bei Filmen und Bildern).

Die Eigenschaften einer Karte sowie die besondere Eignung für bestimmte Anwendungen werden mit entsprechenden Logos auf der Karte deklariert. So wird durch das „**V30**"-Symbol (Bild 1.44) beispielsweise die besondere Eignung für die Speicherung von hochauflösenden Videos (4k-Videos) gekennzeichnet, das „**A1**"-Symbol steht für „**App Performance Class 1**" (Bild 1.45).

Anwendungs-Leistungsklasse	Mindestschreib-geschwindigkeit	Mindestgeschwindigkeit bei zufälligem	
		Schreibzugriff	Lesezugriff
A1 (Class A1)	10 MByte/s	500 IOPS	1 500 IOPS
A2 (Class A2)		2 000 IOPS	4 000 IOPS

Bild 1.45: Zusätzlich definierte Anwendungsleistungsklassen

1.5.1.2 Alternative nicht flüchtige Speicher

Das Ziel jeglicher Forschungsarbeit auf dem Gebiet der Speichertechnik ist die Entwicklung eines „universellen Speichertyps" *(universal memory)*, der die Vorteile eines nicht flüchtigen Speichers mit den Eigenschaften der etablierten flüchtigen Speichertechniken in sich vereint oder diese sogar noch verbessert (z.B. schnelle Schreib-/Lesezugriffe, beliebig oft beschreibbar, geringe Energieaufnahme, hohe Packungsdichte).

Eine der geforderten Eigenschaften ist – im Unterschied zum Schreiben/Lesen in einer vorgegebenen Reihenfolge (Blockzugriff, sequenzieller Zugriff) – insbesondere auch die Fähigkeit, auf jede Speicherzelle einzeln und in beliebiger Reihenfolge zugreifen zu können.

Ein Speicher, bei dem der Zugriff auf jede Speicherzelle in beliebiger Reihenfolge und unabhängig von anderen Zellen erfolgen kann, wird als „Speicher mit wahlfreiem Zugriff" bezeichnet. Die englische Bezeichnung lautet **R**andom **A**ccess **M**emory; meist wird die Abkürzung **RAM** verwendet.

Hierbei sind folgende Entwicklungen von Bedeutung:

Bezeichnung	Eigenschaften
FRAM Ferromagnetischer RAM, auch **FeRAM**	– Nicht flüchtiger Speicher, bei dem die Datenspeicherung mittels Polarisation (Einwirkung eines elektrischen Feldes auf Moleküle, Kap. 5.4.1) eines ferroelektrischen Materials erfolgt Die Polarisation des ferroelektrischen Materials (z.B. Blei-Zirkonium-Titanat, PZT) wird durch Anlegen eines externen elektrischen Feldes (Kap. 5.4.1) hervorgerufen und bleibt auch nach Abschalten des externen Feldes erhalten.

Bezeichnung	Eigenschaften
	– Der Zellaufbau entspricht dem einer DRAM-Zelle (Kap. 1.5.2.2); anstelle eines konventionellen Kondensators wird ein Kondensator mit ferro-elektrischem Dielektrikum verwendet. – Ein FRAM kann bis zu 10^{15}-mal beschrieben und gelesen werden. (zum Vergleich: EEPROM bis zu 10^6-mal), besitzt einen niedrigen Energieverbrauch beim Schreiben und eine sehr niedrige Zugriffszeit (< 100 ns). – Derzeitige Speichergröße: bis zu 256 Kibit pro Chip – Einsatzbereich: mobile Elektronikgeräte (z.B. Smartphones, Micro-controller)
MRAM magneto-resistiver RAM	– Nicht flüchtiger Speicher, bei dem logische Zustände nicht wie bei DRAMs als elektrische Ladung (Kap. 5.1.1.1), sondern durch Änderung des elektrischen Widerstandes (Kap. 5.1.3) gespeichert werden – Hierbei wird die Eigenschaft bestimmter Materialien ausgenutzt, ihren elektrischen Widerstand unter dem Einfluss eines magnetischen Feldes (Kap. 5.4.2) zu ändern; diese Widerstandsänderung bleibt auch nach Abschalten des verursachenden Magnetfelds erhalten. – Ein MRAM kann praktisch beliebig oft beschrieben und gelesen werden, es ist aufgrund der höheren Fertigungskosten meist nur in industriellen Schaltungen zu finden (z.B. **SPS: S**peicher-**P**rogrammierbare **S**teuerungen; Firmwarespeicherung bei IBM-Datacore-SSDs).
PRAM, PCRAM Phase-Change RAM, Phasenwechsel-speicher	– Nicht flüchtiger Speicher, bei dem zur Speicherung von logischen Zuständen ebenfalls die Änderung des elektrischen Widerstandes spezieller Materialien (Chalkogenid-Legierung) ausgenutzt wird – Die Widerstandsänderung ergibt sich hierbei jeweils in Abhängigkeit vom Materialzustand: **amorph**, d.h. hoher Widerstand, oder **kristallin**, d.h. geringer Widerstand des speziellen Materials. – Die Zustandsänderung wird durch einen Stromimpuls im µA-Bereich hervorgerufen und bleibt auch nach dem Abschalten des Stromimpulses erhalten.
RRAM, ReRAM resistiver RAM	– Nicht flüchtiger Speicher, dessen Speicherfähigkeit darauf beruht, dass bei den benutzten Materialien (z.B. Nickeloxid, Titanoxid) eine Wider-standsänderung durch das Anlegen einer elektrischen Spannung bewirkt wird, die auch nach Abschalten der verursachenden Spannung bestehen bleibt – Die kurzzeitig anliegende Spannung verändert – anders als beim PCRAM – lediglich die Lage bestimmter eingebetteter Nanokristalle, wodurch sich die Leitfähigkeit dauerhaft ändert. Durch Anlegen einer anderen Spannung ist der Vorgang reversibel und wiederholt durch-führbar.

Bild 1.46: Alternative nicht flüchtige Speicher

Im Gegensatz zu den Flashspeichern ist bei den in Bild 1.46 genannten Speichertypen *vor* dem Schreiben neuer Inhalte *kein* Löschen von vorhandenen Inhalten erforderlich.

Eine spezielle Form resistiver RAMs wurde von den Firmen Intel und Micron Technology entwickelt und wird unter den Bezeichnungen **3D XPoint** (sprich: 3D Cross Point) bzw. **Optane** (Fa. Intel, z.B. bei SSDs; Kap. 1.8.2) vermarktet. Dieser Speichertyp weist eine we-sentlich kürzere Latenzzeit beim Lesen auf als beispielsweise herkömmliche Flashspei-cher, er ist – auch durch den Wegfall der Löschvorgänge – insgesamt bis zu 1000-mal schneller und besitzt eine höhere Packungsdichte.

Während heutige nicht flüchtige Speicher ausnahmslos auf Siliziumbasis hergestellt werden, können künftige Speichergenerationen auch auf Basis organischer Polymere (d.h. Plastik, ähnlich wie OLEDs; Kap. 1.12.4) produziert werden. Hierdurch ergeben sich einfachere und preiswertere Produktionsprozesse als bisher. Vorteilhaft ist auch die Verformbarkeit, die den Einsatz in Kombination mit durchsichtigen Displays oder in Kleidungsstücken ermöglicht, sowie die niedrigere Energieaufnahme im aktiven Betrieb.

1.5.2 Flüchtige Speicher

Die Speicherzellen der ersten flüchtigen Speicher, die im PC verwendet wurden, konnten im Gegensatz zu den damaligen ROMs sowohl in beliebiger Reihenfolge beschrieben als auch gelesen werden („Speicher mit wahlfreiem Zugriff"). Daher hatte sich schnell die Abkürzung **RAM** (**R**andom **A**ccess **M**emory) für flüchtige Speicher etabliert. Aus technischer Sicht ist diese Bezeichnung ausschließlich für flüchtige Speicher heute nicht mehr korrekt (vgl. Kap. 1.5.1.2: FRAM, MRAM, ReRAM). Die Abkürzung RAM wird auch in Verbindung mit wiederbeschreibbaren optischen Speichermedien benutzt (z.B. DVD-RAM, Kap. 1.8.3).

Obwohl bei den flüchtigen Speichern bei Unterbrechung der Spannungsversorgung ein Datenverlust auftritt, werden sie im PC nicht komplett durch Flashspeicher ersetzt, da die derzeitigen flüchtigen (RAM-)Speicher wesentlich schneller beschrieben und gelesen werden können.

Ein RAM-Speicher-IC beinhaltet nicht nur die einzelnen Speicherzellen, sondern auch Komponenten, die ein Schreiben und Lesen der Speicherinhalte erst ermöglichen. In Bild 1.47 ist der prinzipielle Aufbau eines solchen Speicher-ICs dargestellt.

Der Anschluss eines RAM-Speichers erfolgt über ein Bussystem (Kap. 1.6). Die Steuerlogik kontrolliert sämtliche Vorgänge innerhalb des ICs und wertet die anliegenden Signale des Steuerbusses aus. Der eigentliche Speicherbereich ist matrizenförmig aufgebaut, wobei jede Speicherzelle mittels einer Zeilen- und einer Spaltenadresse eindeutig ansprechbar ist.

Die flüchtigen RAM-Speicher lassen sich in die Gruppen **SRAM** (Static **RAM**) und **DRAM** (**D**ynamic **RAM**) unterteilen.

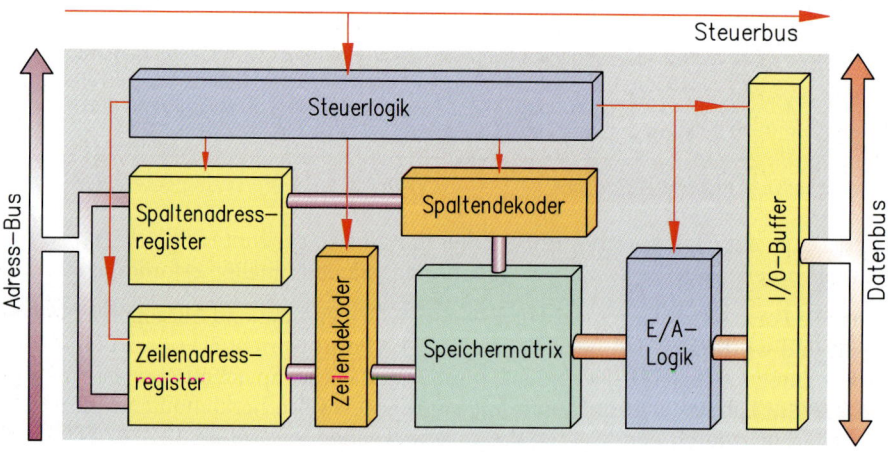

Bild 1.47: Prinzipieller Aufbau eines RAM-Speicherbausteins

1.5.2.1 SRAM

Die Speicherzelle eines statischen RAMs ist aus sog. **Flipflops** aufgebaut, die aus einer Zusammenschaltung von logischen Gattern gebildet werden (Kap. 4.4.3.1). Jedes Flipflop besteht aus sechs Transistoren (**6T-Speicherzelle**) und kann einen binären Zustand (0 oder 1; Kap. 4.3.2) einnehmen. Für eine 8-Bit-Speicherzelle sind demnach acht Flipflops erforderlich.

> Durch Anlegen eines kurzen Spannungsimpulses (z. B. 0 V oder 3 V) kann eine SRAM-Zelle einen binären Zustand (0 oder 1) einnehmen und diesen als Information so lange unverändert erhalten, wie die Betriebsspannung vorhanden ist.

Durch den Einsatz von Flipflops kann eine solche Speicherzelle zwar extrem schnell gelesen und beschrieben werden, jedoch ist für jede Speicherzelle wegen der großen Zahl an Transistoren relativ viel Platz auf dem Chip erforderlich.

Die Zugriffszeit bei SRAMs ist generell kürzer als bei DRAMs. Da jedoch die Integrationsdichte von Speicherzellen pro Flächeneinheit geringer ist als bei den DRAM-Typen und sie zudem kostenintensiver bei der Herstellung sind, werden sie meist nur als lokaler Speicher auf einem Chip (Registerspeicher) oder als Zwischenspeicher (Cachespeicher; Kap. 1.5.4) mit vergleichsweise kleiner Speicherkapazität eingesetzt.

1.5.2.2 DRAM

Die Abkürzung DRAM wird als Oberbegriff für alle dynamisch arbeitenden RAM-Bausteine verwendet.

Eine DRAM-Speicherzelle besteht typischerweise aus einem Transistor und einem Kondensator (**1T/1C-Speicherzelle**). Die Informationsspeicherung in der Zelle erfolgt durch das Speichern elektrischer Ladungen im Kondensator (Kap. 5.5.1), der Zugang wird über einen speziellen Transistor, der als elektronischer Schalter fungiert, freigegeben oder gesperrt. Da der Kondensator jedoch ständig einen Teil seiner Ladung und somit seiner Information verliert, muss dieser in kurzen Abständen durch einen Spannungsimpuls aufgefrischt werden. Technisch erfolgt dieses Wiederaufladen durch einen Lesezugriff, während dem der Inhalt der Zelle gelesen, verstärkt und erneut geschrieben wird.

> Bei einem DRAM muss der Speicherinhalt jeder Zelle in kurzen Abständen erneuert werden. Diesen Vorgang bezeichnet man als **Refresh**.

Im dynamischen Vorgang des Refresh liegt die Ursache für die Bezeichnung dieses RAM-Typs. Eine solche Auffrischung ist bei heutigen Speichertypen standardmäßig meist nach 32 ms oder 64 ms erforderlich und wird **Refreshzyklus** genannt. Während der Refreshzeit einer Speicherzelle kann der Prozessor nicht auf die darin enthaltenen Daten zugreifen. Der Refreshvorgang muss deshalb so ausgelegt sein, dass keine wesentlichen Verzögerungen für die Lese- und Schreibzyklen des Prozessors entstehen. Die meisten modernen DRAM-Bausteine steuern ihren Refreshzyklus selbst über die eingebaute Steuerlogik (Self-Refresh).

Die ersten synchronen DRAM-Bausteine, die im PC eingesetzt wurden, konnten jeweils nur bei der abfallenden Taktsignalflanke (Kap. 4.4.3.1) Daten ein- oder auslesen. Aus diesem Grund bezeichnet man diesen Speichertyp als **SDR**-SDRAM (Single **D**ata **R**ate SDRAM; kurz: **SDR-RAM**). Nachfolgende Speichergenerationen konnten Daten dann sowohl bei der ansteigenden als auch bei der abfallenden Taktsignalflanke schreiben und lesen.

> Das Prinzip der Datenübertragung auf der positiven und der negativen Flanke des Taktsignals nennt man **Double Data Rate Transfer**.
>
> Speicherbausteine, die Daten sowohl auf der ansteigenden als auch auf der abfallenden Taktflanke schreiben oder lesen können, bezeichnet man als **DDR-SDRAM** (**D**ouble **D**ate **R**ate SDRAM) oder kurz als **DDR-RAM**.

Ein DDR-RAM hat bei gleicher Taktfrequenz den doppelten Datendurchsatz wie ein SDR-RAM. Im Laufe der Zeit wurden aufgrund der erhöhten Taktraten bei den Prozessoren immer schnellere Datenzugriffe auf die Speicherzellen erforderlich. Hieraus resultiert die Entwicklung von immer schnelleren dynamischen Speichertypen sowie der Einsatz von Optimierungsmethoden für den Zugriff bzw. für den jeweiligen Einsatz. In Bild 1.48 sind einige Beispiele für diese dynamischen RAM-Typen zusammengefasst.

Abkürzung	Bezeichnung	Information
LP-SDRAM	Low Power **SD-RAM**	Auch als Mobile-RAM bezeichnet; speziell entwickelter SD-RAM für den mobilen Einsatz in Notebooks und Smartphones
DDR2-RAM **DDR3-RAM** **DDR4-RAM** **DDR5-RAM** **DDR6-RAM**	**D**ouble **D**ata **R**ate (SD-)**RAM** 2, 3, 4, 5 oder 6	Weiterentwicklungen der DDR-RAM-Technologie mit jeweils höheren Datenraten (Bild 1.51)
SG-(SD-) **RAM** **bzw.** **GDDR-RAM**	**S**ynchronous **G**raphic (SD-)**RAM**; bzw. **G**raphic **DDR-RAM**	Bezeichnung für einen im Grafikbereich eingesetzten SDRAM-Typ; arbeitet auf der Basis von DDR, ist aber ausgelegt auf große Bandbreite und hohe Taktfrequenz (z. B. GDDR5X-SDRAM: Datenbusbreite 512 bit, Taktfrequenz bis zu 3 GHz, QDR-Technik; GDDR6-SDRAM: Taktfrequenz bis zu 4 GHz; GDDR7-SDRAM: Vergrößerung der Übertragungsrate durch Wechsel der Codierung von NRZ (Non-Return-to-Zero) zu PAM3 (Puls-Amplituden-Modulation), einem wert- und zeitdiskreten Signal mit nur drei Signalzuständen, Bild 4.1; siehe auch „Vernetzte IT-Systeme", Kap. 4.1.5.1 und Kap. 4.1.11)
QDR-(SD-) **RAM, QDR** **II-RAM**	**Q**uad **D**ata **R**ate (SD-) **RAM**	Weiterentwicklung des DDR-RAM mit dedizierten Eingangs- und Ausgangsports, die gleichzeitig und unabhängig voneinander mit doppelter Datenrate arbeiten und so jeweils zwei Lese- und Schreibvorgänge pro Taktzyklus schaffen

Bild 1.48: Beispiele für dynamische RAM-Typen

1.5.3   Arbeitsspeicher

Der Arbeitsspeicher wird auch **Hauptspeicher** *(main memory)* oder **Systemspeicher** *(system memory)* genannt und ist neben dem Prozessor und dem Chipsatz ein weiterer leistungsbestimmender Bestandteil eines PCs. Er ist für das Speichern von Daten während der Bearbeitung zuständig, da der Prozessor diese nur begrenzt in seinen Registern und Zwischenspeichern festhalten kann. Die Größe des Hauptspeichers ist daher mit entscheidend dafür, welche Programme und welche Datenmengen verarbeitet werden können. Der Arbeitsspeicher besteht aus dynamischen RAM-Bausteinen (DRAMs).

Diese DRAM-Bausteine werden allerdings nicht als einzelne ICs, sondern als ganze Module auf dem Motherboard platziert.

1

> Unter einem **Speichermodul** *(memory module, storage module)* oder Speicherriegel versteht man eine kleine Leiterplatte, die mit oberflächenmontierten Speicher-ICs bestückt ist. Man unterscheidet zwischen **Single-Sided-** und **Double-Sided-Modulen** (einseitig bzw. beidseitig bestückt).

Die Module werden in die auf dem Motherboard vorgesehenen Slots gesteckt. Je nach Aufbau und verwendeter Technologie haben sie eine unterschiedliche Anzahl von Kontakten. Zu den am Markt bedeutendsten Produzenten von Speichermodulen gehören die Firmen Samsung, Micron, Infineon und Hynix. Diese und weitere Firmen sind im **JEDEC** (Joint Electronic Device Engineering Council) vertreten, einem Konsortium, das u. a. die Spezifikationen von Speichermodulen entwickelt.

1.5.3.1   Dual Inline Memory Module

> Als **Dual Inline Memory Modul** (**DIMM**) bezeichnet man Speichermodule, deren Anschlusskontakte beidseitig an einem Rand der Leiterplatte angebracht werden, auf dem die Speicherchips befestigt sind.

Grundsätzlich unterscheidet man verschiedene Sorten, die untereinander wegen ihres unterschiedlichen Aufbaus nicht kompatibel sind und somit auch nicht gemischt auf einem Board verwendet werden können.

Bezeichnung	Erläuterung
Unregistered DIMM **(UDIMM)**	– Datenleitungen liegen ungepuffert parallel an den Eingangskontakten des Moduls an – Adressleitungen liegen ungepuffert parallel an den Eingangskontakten des Moduls an – Ältere Bezeichnung: „unbuffered"
Registered DIMM **(RDIMM)**	– Datenleitungen liegen ungepuffert parallel an den Eingangskontakten des Moduls an – Adressleitungen werden über zusätzliche Register parallel an die Eingangskontakte angeschlossen; dadurch werden sie elektrisch vom Speichercontroller entkoppelt und entlasten diesen – Ältere Bezeichnung: „buffered"

Bezeichnung	Erläuterung
Fully Buffered DIMM (FBDIMM)	– Datenleitungen und Adressleitungen liegen nicht direkt an den Eingangskontakten an, sondern werden über den **AMB** (**A**dvanced **M**emory **B**uffer) angeschlossen, der sich zusätzlich auf der DIMM-Leiterplatte befindet – Der AMB stellt über 24 Leitungen eine Verbindung zum Speichercontroller her; hierbei wird eine serielle Schnittstellentechnik verwendet (ähnlich wie PCIe; Kap. 1.7.4).
Clocked Unbuffered DIMM (CUDIMM)	– DDR5-RAM-Module, die zusätzlich einen speziellen „Takttreiber-Chip" enthalten – dieser verstärkt das Taktsignal des Speichercontrollers in der CPU und verbessert damit die Signalqualität – ermöglicht höhere Taktraten und verbesserte Datenübertragung zwischen Arbeitsspeicher und CPU – Anschlüsse kompatibel zu UDIMMs – CPU-Unterstützung ab Core Ultra 200-Serie (Kap. 1.3.3)

Bild 1.49: DIMM-Sorten

Dual Inline Memory Module für den Consumerbereich werden mit DDR4- oder DDR5-RAM-Bausteinen bestückt. Aufgrund einer jeweils verschieden angebrachten Einkerbung an der jeweiligen Kontaktseite sind die entsprechenden Slots untereinander nicht kompatibel. Ältere DDR-Typen sind nur noch in Industrie-PCs zu finden (Bild 1.53 und Kap. 1.1.7).

Die grundsätzlichen Arbeitsweisen der älteren SDR-Module und der verschiedenen DDR-Typen bei der Ansteuerung der Speicherchips verdeutlicht Bild 1.51.

Bild 1.50: DDR5-Module

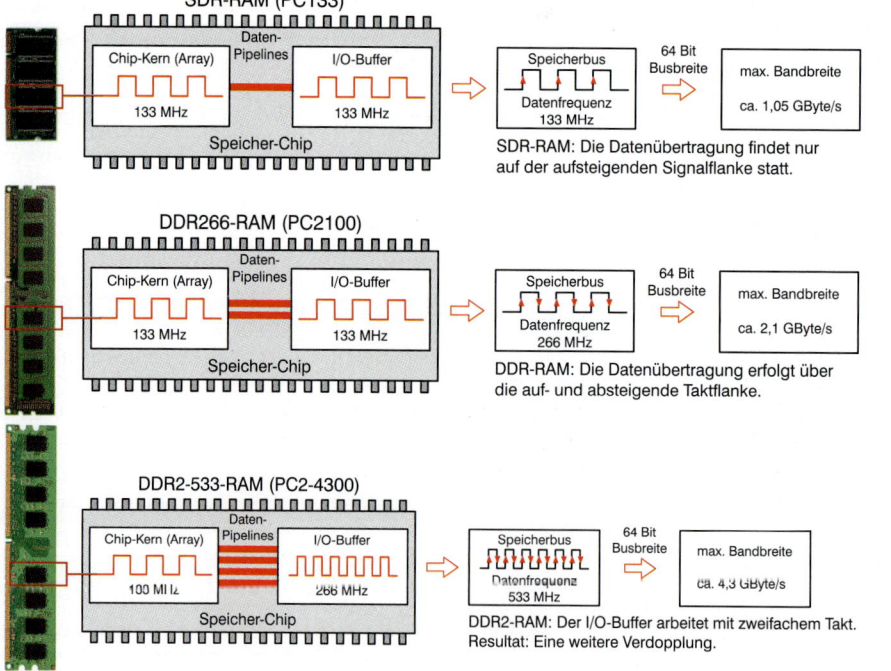

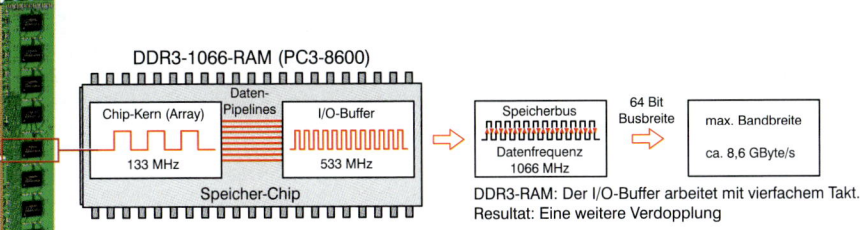

Bild 1.51: Vergleich der Datenübertragung bei SDR- und verschiedenen DDR-RAMs (Grundprinzip); Hinweis: Die Datenfrequenz entspricht der jeweiligen Geschwindigkeitsklasse, die Bandbreite wird hier traditionell mit Dezimalpräfixen angegeben; siehe Kap. 4.3.2 und Rechenbeispiel in Kap. 1.5.3.3.

Speicher	Grundprinzip und Technik
SDR-RAM	– Speichermatrix und I/O-Buffer sind über eine Datenpipeline miteinander verbunden. – Speichermatrix und I/O-Buffer werden gleich getaktet (im Beispiel: 133 MHz). – Der Speicherbus wird ebenfalls mit 133 MHz getaktet. – Bei einer Übertragung nur auf der ansteigenden Flanke ergibt sich eine Datenfrequenz von 133 MHz. – Bei einer Datenbusbreite von 64 bit beträgt die Bandbreite theoretisch ca. 1 GByte/s.
DDR-RAM	– Speichermatrix und I/O-Buffer sind über zwei Datenpipelines miteinander verbunden. – Speichermatrix und I/O-Buffer werden gleich getaktet (im Beispiel: 133 MHz). – Der Speicherbus wird ebenfalls mit 133 MHz getaktet. – Bei einer Übertragung auf der ansteigenden und der abfallenden Flanke ergibt sich eine Datenfrequenz von 266 MHz. – Bei einer Datenbusbreite von 64 bit beträgt die Bandbreite theoretisch ca. 2,1 GByte/s.
DDR2-RAM	– Speichermatrix und I/O-Buffer sind über vier Datenpipelines miteinander verbunden. – Der I/O-Buffer wird doppelt so schnell getaktet wie die Speichermatrix. – Der Speicherbus wird ebenfalls mit 266 MHz getaktet oder es werden zwei Speicherkanäle mit jeweils 133 MHz verwendet. – Bei einer Übertragung auf der ansteigenden und der abfallenden Flanke ergibt sich insgesamt eine Datenfrequenz von 533 MHz. – Bei einer Datenbusbreite von 64 bit beträgt die Bandbreite theoretisch ca. 4,3 GByte/s.

Bild 1.52: Unterschiede der Datenübertragung bei SDR-, DDR- und DDR2-RAMs (Grundprinzipien)

DDR3-RAMs verfügen über acht interne Datenpipelines, wodurch sich der Datendurchsatz auf dem Speicherbus bei entsprechend vergrößertem Takt theoretisch erneut verdoppelt. Wegen der größeren Zugriffszeiten von DDR3-Speichern fällt in der Praxis die Geschwindigkeitssteigerung allerdings geringer aus.

Die Verwendung von Datenpipelines wird auch als **Prefetch** bezeichnet.

Demnach verfügt ein DDR2-Speicher über ein Vierfach-Prefetch, ein DDR3-Speicher über ein Achtfach-Prefetch. **DDR4**-Speicher arbeiten ebenfalls mit einem Achtfach-Prefetch, bei einer weiteren Verdopplung wäre ein breiterer Datenbus erforderlich. Stattdessen verwendet man eine andere Organisationsstruktur und zusätzliche schnelle Zwischenspeicher, wodurch höhere Taktfrequenzen möglich sind. Des Weiteren verfügen sie über eine verbesserte Fehlererkennung und -korrektur.

Die **DDR5**-RAM-Speicher arbeiten mit einem Sechzehnfach-Prefetch (optional auch 32-fach) sowie einer Aufteilung der Ein- und Ausgabe auf zwei Kanäle. Darüber hinaus arbeiten DDR5-Speicherchips mit einem 16 Bit Error Correction Code (ECC; vorher acht Bit). Entsprechend der jeweiligen JEDEC-Spezifikation sollen DDR5-Speichermodule bis zu 8.800 Megatransfers realisieren können (DDR5-8800 bzw. PC5-70400; Bild 1.53). Die nachfolgende **DDR6**-Generation wird voraussichtlich mit DDR6-8800-Typen beginnen und im Laufe der Zeit schrittweise auf bis zu DDR6-17600 erhöht werden.

1.5.3.2 Speicherorganisation

Unabhängig von den aufgeführten DIMM-Sorten können die auf den Modulen verwendeten Speicherchips unterschiedlich organisiert sein:

- ohne Paritätsprüfung
- mit Paritätsprüfung
- mit Fehlerkorrekturcode (**ECC:** Error Correction Code)

Die Paritätsprüfung stellt eine Möglichkeit der Fehlerkontrolle dar. Arbeitet ein Computersystem mit Paritätsprüfung, benötigt es RAM-Bausteine, bei denen jeweils zu acht Datenbits (1 Byte) zusätzlich ein **Paritätsbit** gespeichert werden kann. Man unterscheidet hierbei zwischen gerader und ungerader Parität.

Bei **gerader Parität** *(even parity)* wird das Paritätsbit auf „1" gesetzt, wenn das zugehörige Datenbyte eine ungerade Anzahl von Einsen enthält. Es wird auf „0" gesetzt, wenn das zugehörige Byte eine gerade Anzahl von Einsen enthält. Bei **ungerader Parität** *(odd parity)* verhält es sich genau umgekehrt.

Mit einem Paritätsbit lässt sich erkennen, ob ein Fehler innerhalb eines Datenwortes eingetreten ist; eine Korrektur ist allerdings nicht möglich. Das liegt daran, dass nicht erkennbar ist, welches der acht Datenbits ggf. fehlerhaft übertragen wurde. Eine Fehlerkorrektur ist nur mit einem entsprechenden Fehlerkorrekturcode möglich, der durch die Verwendung von speziellen Algorithmen eine Fehlerorterkennung bewirkt. Ein solcher Fehlerkorrekturcode wird in erster Linie in High-End-PCs und Servern verwendet.

Bei manchen Rechnern lässt sich die Paritätskontrolle über entsprechende BIOS/UEFI-Einstellungen zu- oder abschalten. Allerdings verzichten viele Hersteller aus Kostengründen bei den Speicher-ICs auf die Möglichkeit, zusätzlich ein Paritätsbit speichern zu können. Eine Paritätskontrolle kann bei solchen ICs natürlich nicht zugeschaltet werden. Die meisten Rechner, die keine Paritätskontrolle erfordern, können allerdings mit Speichermodulen arbeiten, die ein Paritätsbit aufweisen.

1.5.3.3 Geschwindigkeitsklassen

Um die Arbeitsgeschwindigkeit der verschiedenen Speichertypen besser einordnen zu können, wird zusätzlich zur Taktfrequenz meist auch deren sog. **Geschwindigkeitsklasse** *(speed category, speed rating)* angegeben.

Speicher-modul	Anzahl der Anschluss-pins	Anzahl Datenleitungen		Span-nung (Daten-leitung)	Interner Chiptakt	Speicher-bustakt (extern)	Geschwindigkeitsklasse	
		ohne ECC	mit ECC					
DDR-RAM*	184	64	72	2,5 V oder 2,6 V	166 MHz 200 MHz	166 MHz 200 MHz	DDR-333 DDR-400	(PC-2700) (PC-3200)
DDR2-RAM*	240	64	72	1,8 V	166 MHz 200 MHz 266 MHz	333 MHz 400 MHz 533 MHz	DDR2-667 DDR2-800 DDR2-1066	(PC2-5300) (PC2-6400) (PC2-8500)
DDR3-RAM*	240	64	72	1,5 V	200 MHz 233 MHz 266 MHz	800 MHz 933 MHz 1 066 MHz	DDR3-1600 DDR3-1866 DDR3-2133	(PC3-12800) (PC3-14900) (PC3-17000)
DDR4-RAM	288	64	72	1,2 V	266 MHz 333 MHz 400 MHz 533 MHz 733 MHz	1 066 MHz 1 333 MHz 1 600 MHz 2 133 MHz 2 933 MHz	DDR4-2133 DDR4-2666 DDR4-3200 DDR4-4266 DDR4-5866	(PC4-17000) (PC4-21300) (PC4-25600) (PC4-34128) (PC4-46928)
DDR5-RAM	288	64	80	1,1 V bis 1,45 V	600 MHz 800 MHz	2 400 MHz 3 200 MHz	DDR5-4800 DDR5-6400	(PC5-38400) (PC5-51200)

Bild 1.53: Beispiele für Geschwindigkeitsklassen und Eigenschaften von Speichermodulen (* nur noch in älteren PCs oder in IT-Geräten zur industriellen Prozessdatenverarbeitung mit typischerweise geringeren Leistungsanforderungen zu finden)

Zu beachten ist, dass man bei einem Modul für die Klassenzuordnung manchmal nur eine einzige Bezeichnung findet, z. B. PC5-38400, teilweise wird aber auch eine doppelte Bezeichnung verwendet, z. B. DDR5-6400 (PC5-51200).

Bei der Berechnung des Zahlenwertes für die Geschwindigkeitsklasse (z. B.: 51200) wird traditionell mit Zehnerpotenzen gearbeitet (siehe Rechenbeispiel unten und Kap. 4.3.2).

Bei einem DDR5-RAM mit einem Chiptakt von 800 MHz ergibt sich die folgende maximale (theoretische) Übertragungsrate $v_{\text{Ümax}}$:

$$v_{\text{Ümax}} = \frac{\text{Datenbusbreite} \cdot \text{Geschwindigkeitsklasse}}{8} = \frac{64 \text{ bit} \cdot 6400 \text{ MHz}}{8}$$

$$= 51\,200\,000\,000 \text{ Byte/s} = \mathbf{51\,200} \cdot 10^6 \text{ Byte/s} = 51,2 \text{ GByte/s}$$

Dies entspricht 47,7 GiByte/s (Wert gerundet; Kap. 4.3.2)

Dieses DDR5-RAM-Modul (DDR5-6400) trägt somit auch die Bezeichnung PC5-51200. Durch die gleichzeitige Nutzung mehrerer Speichermodule lässt sich die Übertragungsrate weiter steigern.

Dual Channel, **Triple Channel** oder **Quad Channel** bezeichnen die Fähigkeit eines Speichercontrollers, zwei, drei oder vier Speicherkanäle parallel zu betreiben.

Pro Kanal können in der Regel zwei Speichermodule angeschlossen werden. Auf einem Dual-Channel-fähigen Board befinden sich somit üblicherweise vier, meist mit Buchstaben bezeichnete und nummerierte Slots für die Module (z. B. bei einem mit DDR5-Modulen bestückbaren Board für der ersten Kanal: **A1** und **A2** bzw. die zugehörigen Slotnummern DDR5_2 und DDR5_4; für den zweiten Kanal: **B1** und **B2** bzw. die zugehörigen Slotnummern DDR5_1 und DDR5_3). Vielfach sind die zum gleichen Kanal gehörenden Slots auch gleichfarbig (z. B. 2x schwarz und 2x blau). Die entsprechende Zuordnung kann im jeweiligen Handbuch zum Board nachgelesen werden.

Mit einem entsprechenden Speichercontroller verdoppelt, verdreifacht bzw. vervierfacht sich (theoretisch) dann jeweils die pro Takt zur CPU übertragene Datenmenge. Im angegebenen Beispiel ergäbe sich bei Dual-Channel-Betrieb somit eine Datenrate von rund 102,4 GByte/s (95,2 GiByte/s), bei Triple Channel ca. 153,6 GByte/s (143,1 GiByte/s) und bei Quad-Channel 204,8 GByte/s 190,8 GiByte/s). Bei der Bestückung ist darauf zu achten, dass die verwendeten Module stets gleiche technische Kenndaten aufweisen.

1.5.3.4 Speichertiming

Die Zugriffszeit auf RAM-Speicherzellen wird wegen ihres matrixförmigen Aufbaus (zeilen- und spaltenförmige Anordnung) maßgeblich von folgenden Faktoren bestimmt:

- t_{CL}: CAS Latency (CAS: Column Address Strobe, Spaltenadresse)
  Nach der Übermittlung der Zeilen- und der Spaltenadresse einer Speicherzelle vergehen einige Taktzyklen, bis diese Informationen intern verarbeitet sind und der Inhalt der entsprechenden Speicherzelle an den Datenleitungen anliegt.

- t_{RCD}: RAS to CAS Delay (RAS: Row Address Strobe; CAS: Column Address Strobe)
  Die Ansteuerung einer Speicherzelle erfolgt über eine Zeilen- und eine Spaltenadresse. Um Anschlüsse einzusparen, werden beide Adressen hintereinander über die gleichen Leitungen des Adressbusses übermittelt: zunächst die Zeilenadresse, dann die Spaltenadresse. Dieses mehrfache Ausnutzen der Adressleitungen bezeichnet man als **Multiplexbetrieb** *(multiplexing)*. Beide Adressen liegen einige Taktzyklen auseinander, um sie eindeutig voneinander unterscheiden zu können.

- t_{RP}: Row Precharge Delay
  Bevor der nächste Schreib- oder Lesevorgang innerhalb einer Zeile beginnen kann (d. h. eine Zeile erneut aktiviert werden kann), benötigt der Baustein eine Erholzeit von einigen Takten.

- t_{RAS}: Row Active Strobe
  Nachdem eine Zelle in einer Zeile angesteuert wurde (d. h. aktiviert wurde), muss diese Zeile einige Taktzyklen aktiviert bleiben, bevor sie wieder deaktiviert werden kann, damit sich eindeutige Signalzustände einstellen können. Rein rechnerisch ergibt sich die Zeitdauer t_{RAS} aus der Summe $t_{CL} + t_{RCD} + t_{RP}$.

Die zeitliche Verkürzung dieser Faktoren ist erklärtes Ziel bei jeder Speicherentwicklung. Aufgrund der endlichen Ausbreitungsgeschwindigkeit elektrischer Signale (Kap. 5.1.2.3) sowie der Reaktionszeit elektronischer Komponenten sind dieser Entwicklung allerdings physikalische Grenzen gesetzt.

> Die Einstellung der Faktoren CAS Latency, RAS to CAS Delay, Row Precharge Delay und Row Active Strobe bezeichnet man als **Speichertiming** *(memory timing, storage timing)*.

Die genannten Faktoren werden von den Herstellern als geschwindigkeitsbestimmende Kenngrößen zusätzlich zur allgemeinen Speicherbezeichnung angegeben, indem die

Anzahl der jeweils erforderlichen Speichertaktzyklen spezifiziert wird (z. B. PC3-12800 – 7-7-7).

Speicher	Timing	t_{CL}	t_{RCD}	t_{RP}	t_{RAS}
DDR3-1600	7-7-7-21	8,75 ns	8,75 ns	8,75 ns	26,25 ns
DDR4-2133	14-14-14	13,125 ns	13,125 ns	13,125 ns	
DDR5-6400	10-12,2-12,2	10 ns	12,2 ns	12,2 ns	

Bild 1.54: Beispiele für Speichertimings

Bei einigen Speichertypen werden nur die ersten drei Werte angegeben. Das Timing ist abhängig vom verwendeten Speichertyp und kann meist im UEFI-Setup unter dem Menüpunkt „Chipset Configuration" eingestellt werden (Kap. 3.1.2; Menüpunkt kann je nach UEFI-Version abweichen).

Moderne UEFI-Versionen erkennen den vorhandenen Speichertyp und stellen das Timing automatisch ein. Eine Veränderung dieses Timings führt in der Regel zu unkontrollierten Systemabstürzen. Die Verwendung von neuen Speichertypen mit zum Teil anderem Timing setzt voraus, dass dieses vom UEFI und vom Chipsatz des Motherboards unterstützt wird.

1.5.3.5 Small Outline DIMM (SO-DIMM)

Eine Sonderform mit besonders kleinen Abmessungen stellen die SO-DIMMs dar, die speziell in Notebooks eingesetzt werden (Abmessungen: 67,6 mm × 30 mm). Im Gegensatz zu den DIMM-Modulen, die senkrecht zur Hauptplatine stehend in Slots gedrückt werden, werden SO-DIMMs schräg in die Halterung eingesetzt und dann so arretiert, dass sie parallel zur Hauptplatine

Bild 1.55: SO-DIMM

liegen. SO-DIMMs gibt es in unterschiedlichen Spezifikationen, die sich u. a. in der Anzahl der Kontakte unterscheiden (DDR3-SO-DIMMs: 204 Kontakte, DDR4-SO-DIMMs: 260 Kontakte; DDR5-SO-DIMMs: 262 Kontakte). Unterschiedlich angebrachte Einkerbungen an der Kontaktseite verhindern eine Verwechslung. Zur Verringerung der Energieaufnahme werden bei SO-DIMMs meist sog. **LP**-SDRAMs (Low Power; z. B. LPDDR5-6400) verwendet. Diese auch als **Mobile-RAMs** bezeichneten Speicher arbeiten mit reduzierten Versorgungsspannungen, unterstützen einen „Deep Power Down Mode" und verfügen über ein spezielles Refresh-Management (TCSR: Temperaturkompensierter Self-Refresh; PASR: partieller Array-Self-Refresh).

1.5.4   Cachespeicher

Damit der Prozessor nicht bei jedem Zugriff auf den im Vergleich zur CPU langsam arbeitenden Hauptspeicher warten muss, werden zwischen CPU und Arbeitsspeicher verschiedene Zwischenspeicher geschaltet.

> Der Speicher zwischen Arbeitsspeicher und Prozessorkern wird **Cachespeicher** *(cache memory, cache requirement)* genannt.

Da es aber technisch schwierig ist, einen Cachespeicher zu realisieren, der sehr groß und gleichzeitig sehr schnell ist, verwendet man mehrere hierarchisch hintereinander geschaltete Cache-Stufen (Cache-Level), die durchnummeriert werden. Die Stufe mit der niedrigsten Nummer bezeichnet hierbei den Cache mit der kürzesten Zugriffszeit. Durch diese Struktur wird der Zugriff des Prozessors auf den Hauptspeicher erheblich beschleunigt. Die schnellere Arbeitsweise wird dadurch ermöglicht, dass für diese Speicher schnelle statische RAM-Speicher verwendet werden. Außerdem werden diese Cachespeicher meist direkt in den Prozessorchip integriert und arbeiten dann entweder mit dem vollen oder dem halben Prozessortakt. Alle Prozessoren verfügen heute über einen **First Level Cache** (1st Level Cache, L1-Cache) und einen **Second Level Cache** (2nd Level

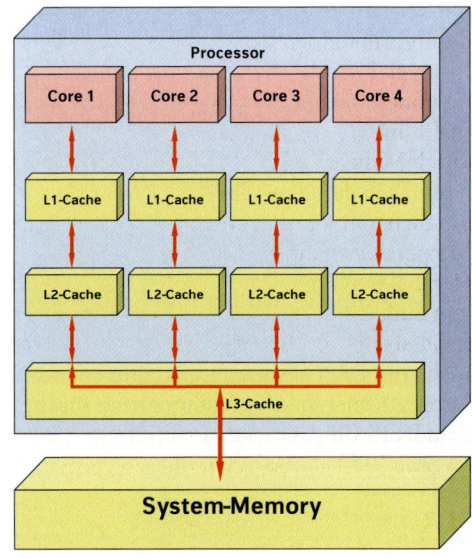

Bild 1.56: Cachespeicher

Cache, L2-Cache). Erforderliche Daten gelangen vom Arbeitsspeicher *(system memory)* zunächst in den Second Level Cache und von dort in den First Level Cache. Hier können sie dann ohne Wartezeit vom Prozessor zur Verarbeitung abgerufen werden. Mehrkernprozessoren verfügen zusätzlich über eine dritte integrierte Cache-Stufe, die als **Third Level Cache** (3rd Level Cache, L3-Cache) bezeichnet wird. Bei Mehrkernprozessoren mit drei Cache-Levels hat jeder Kern separate L1- und L2-Caches, der L3-Cache wird vielfach gemeinsam von allen Kernen genutzt (Bild 1.56). Hierbei muss für eine entsprechende Zuordnung und Korrektheit der vorhandenen Cache-Daten gesorgt werden *(cache coherence)*. Prozessorabhängig weisen die Cachespeicher folgende typische Größenordnungen auf:

- L1-Cache: ca. 16 KiByte bis 1024 KiByte pro Kern; Zugriffszeit ca. 3 ns
- L2-Cache: ca. 512 KiByte bis 16 MiByte pro Kern; Zugriffszeit ca. 5 ns
- L3-Cache: bis zu 64 MiByte; Zugriffszeit ca. 10–15 ns

1.5.5   CMOS-Speicher

Der **CMOS-Speicher** (CMOS: Complementary Metal Oxide Semiconductor; komplementärer Metalloxidhalbleiter) ist ein besonderer Speicherchip, in dem grundsätzliche Informationen über die (bei jedem System möglicherweise unterschiedliche) Systemkonfiguration abgelegt werden (d. h. mit welchen Controllern, Laufwerken, Festplatten, Bildschirmen usw. er bestückt ist). Diese Informationen benötigt der Computer für den Startvorgang. Im gleichen Chip ist meist auch die interne Systemuhr (RTC: Real Time Clock) untergebracht, weshalb dieser Chip in den Handbüchern vielfach auch als **RTC-RAM** bezeichnet wird.

Bei diesem Speicherchip handelte es sich früher um einen statischen RAM-Speicher mit einer sehr geringen Stromaufnahme. Ist der Rechner ausgeschaltet, wird die Stromversorgung durch eine eingebaute Batteriezelle (Kap. 5.3.1.3) aufrechterhalten, sodass auch die Systemuhr weiterlaufen kann. Die Lebensdauer einer solchen Zelle beträgt je nach Zellenart fünf bis zehn Jahre. Sind die Informationen des CMOS-Speichers verloren gegangen, gibt der Rechner beim Booten eine Fehlermeldung aus. Auch falsche Informationen im CMOS-Speicher können dazu führen, dass der Rechner nicht mehr startet. Solche Informationen können beispielsweise durch Malware (Kap. 2.6.7) verursacht werden. Unter Umständen ist dann auch der generelle Zugriff auf den CMOS-Speicher nicht mehr

Bild 1.57: Batteriezelle

möglich. Oft kann in einem solchen Fall der gesamte Inhalt dieses Speichers mithilfe eines Jumpers oder eines Unterbrecherkontaktes auf dem Mainboard gelöscht werden. Einige Hersteller statten ihre Boards im hinteren ATX-Anschlussbereich (Bild 1.75) auch mit einer von außen zugänglichen **CMOS-Reset-Taste** aus, die den Löschvorgang bewirkt. Anschließend startet der Rechner dann mit den Standardeinstellungen (Kap. 3.1), auch wenn diese nicht unbedingt optimal sind. Die heutige Speichertechnik ermöglich das Speichern von Informationen der Systemkonfiguration in einem zusätzlichen Flash-EEPROM-Bereich auf dem UEFI-Chip. Oftmals ist in einem solchen Speicherbereich zur Sicherheit auch noch ein zweites UEFI abgelegt. Die Batteriezelle ist dann nur noch für die Systemuhr erforderlich.

AUFGABEN

1. Auf einer englischen Internetseite über elektronische Speicher wird der Begriff „volatile memory" verwendet. Welche Bedeutung hat diese Bezeichnung?
2. Welche verschiedenen Halbleiterspeicher gibt es in einem PC und welche Unterschiede bestehen bezüglich des Speicherverhaltens?
3. Wofür stehen die Abkürzungen Flash-EEPROM, SRAM, DRAM, SDRAM, DDRRAM und ReRAM?
4. Die Speicherkapazität wird in MByte bzw. GByte oder in MiByte bzw. GiByte angegeben. Erläutern Sie den Unterschied.
5. Welche Spezifikationen von SD-Flashspeicherkarten gibt es? Welche Eigenschaften haben sie?
6. a) Bei SDHC-Speicherkarten wird erstmalig die sog. Speed Class angegeben. Welche Information kann man der Speed Class entnehmen?
   b) SD-Karten gibt es in unterschiedlichen Größen. Um welchen Typ handelt es sich bei nebenstehender Abbildung? Welche Abmessungen hat dieser Kartentyp?
   c) Welche Informationen kann man den dargestellten Aufdrucken entnehmen?

7. Was bedeutet ein Refresh im Zusammenhang mit elektronischen Speicherzellen?
8. Welche Kontrolle lässt sich bei Speicherbausteinen mit einer Paritätsprüfung durchführen? Erläutern Sie das Grundprinzip der Paritätsprüfung.
9. Als Arbeitsspeicher werden in Desktop-PCs sog. DIMM-Module verwendet. Erläutern Sie die Bezeichnung DIMM.
10. Erläutern Sie bei den DIMM-Modulen den Unterschied zwischen UDIMMs und FBDIMMs.

11. Ein Arbeitsspeichermodul gehört zur Geschwindigkeitsklasse PC5-67200. Wie schnell wird diese Modul getaktet? Welche alternative Bezeichnung kann dieses Speichermodul zur Einordnung in eine Geschwindigkeitsklasse tragen?

12. Welche Datenübertragungsraten ergeben sich theoretisch bei einem Speichertakt von 266 MHz bei einem DDR2-SDRAM-Modul, einem DDR3-SDRAM-Modul und einem DDR4-SDRAM-Modul?

13. Was bedeutet die Bezeichnung Triple Channel?

14. Was versteht man unter dem sog. Speichertiming und wie ist die diesbezügliche Einstellung 2-3-3-8 im UEFI zu interpretieren?

15. a) Welche Arten von Cachespeicher unterscheidet man bei einem PC? Warum erfolgt diese Unterscheidung?
    b) Welche Funktion haben Cachespeicher?
    c) Erläutern Sie den prinzipiellen Aufbau der Speicherzellen eines Cachespeichers und vergleichen Sie diesen mit dem prinzipiellen Aufbau der Speicherzellen des Arbeitsspeichers. (Lösungshinweis: Verwenden Sie Informationen aus Kap. 4.4.3 und 5.5.1 oder recherchieren Sie im Internet.)
    d) Recherchieren Sie, welche Speicherkapazitäten die genannten Cache-Arten bei aktuellen Prozessoren aufweisen. Vergleichen Sie hierzu Produkte der Hersteller Intel und AMD.

16. Was versteht man unter dem RTC-RAM?

1.6   Bussysteme

Ein Bussystem verbindet die verschiedenen Teile des Systems – Prozessor, Chipsatz, Controller, Arbeitsspeicher und Eingabe-Ausgabe-Ports – über elektrische Leitungen miteinander und ermöglicht ihnen so den Informationsaustausch. In Abhängigkeit von der Art der Informationsübertragung unterscheidet man parallele und serielle Bussysteme. Darüber hinaus werden als leistungsfähigere Alternative sog. „Punkt-zu-Punkt-Verbindungen" eingesetzt. Hierbei handelt es sich aber *nicht* um ein Bussystem, da jedes Gerät über separate Leitungen mit einer entsprechenden Schnittstelle auf dem Motherboard verbunden wird. Daher wird diese Verbindungstechnik im Kapitel „Schnittstellen" (Kap. 1.7) behandelt.

Im Bereich der (digitalen) Automatisierungstechnik bezeichnet man ein Bussystem, das Messfühler (Sensoren) und Stellglieder (Aktoren) mit einem Steuergerät verbindet, allgemein als **Feldbus**.

Die im Folgenden vielfältig genannten Datenraten werden üblicherweise in Bit pro Sekunde oder Byte pro Sekunde angegeben. Hierbei handelt es sich aber nicht notwendigerweise nur um die vom PC verarbeiteten Nutzdaten, sondern auch um zusätzliche Informationen (z.B. Paketheader) oder spezielle Signalaufbereitungen (z.B. Leitungscodes; „Vernetzte IT-Systeme", Kap. 4.1.11), die für eine sichere Übertragung erforderlich sind. Um zu verdeutlichen, dass neben den Nutzdaten auch zusätzliche Informationen übertragen werden, werden oft auch andere Bezeichnungen verwendet, z.B. „Transfers pro Sekunde" (Kap. 1.7.4) oder „Symbolrate" (Kap. 1.7.6.4). Die erzielbaren Nutzdatenraten sind dann kleiner als die angegebenen Zahlenwerte.

1.6.1 Grundstruktur paralleler Busse

> Ein **paralleler Bus** *(parallel bus)* liegt vor, wenn eine Gruppe zusammengehörender Bits (Datenwort) gleichzeitig über separate Leitungen übertragen werden können.

Ein paralleler Bus besteht in der Regel aus speziellen Gruppen von Leitungen, die unterschiedliche Arten von Informationen übertragen. Man unterscheidet:

- Datenbus *(data bus)*
- Adressbus *(address bus)*
- Steuerbus *(control bus)*

Der Informationsaustausch über den **Datenbus** kann umso schneller vonstatten gehen, je mehr Leitungen vorhanden sind. Deshalb werden – in Abhängigkeit von den Leistungsmerkmalen des vorhandenen Prozessors – die Baugruppen meist mit 8, 16, 32, 64 oder 128 Datenleitungen verbunden. Bei acht Datenleitungen können gleichzeitig acht binäre Zustände (d.h. 8 bit) übertragen werden. Man spricht deshalb

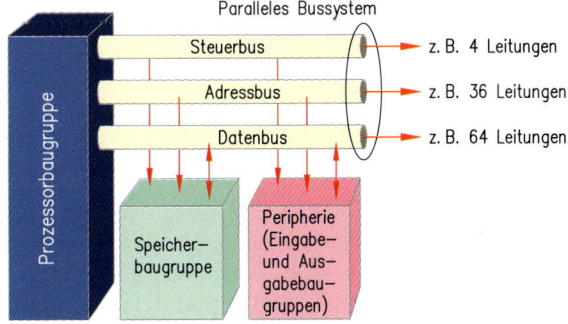

Bild 1.58: Prinzipielle Struktur eines parallelen Bussystems

auch von einer Datenbusbreite von **8 bit = 1 Byte**. Bei 128 Leitungen liegt dementsprechend eine Busbreite von 128 bit bzw. 16 Byte vor.

> Die **Datenbusbreite** *(data bus width)* gibt an, wie viele Leitungen bei einem parallelen Bus gleichzeitig zur Übertragung von Daten zur Verfügung stehen. Je größer die Datenbusbreite ist, desto mehr Informationen können parallel übertragen werden. Bei einem parallelen Bus wird die **Datenübertragungsrate** *(data transmission rate, bit rate)* in **kByte/s**, **MByte/s** oder **GByte/s** angegeben (Dezimalpräfixe). Die Angabe übertragbarer **Datenmengen** *(data volumes)* erfolgt auch in **KiByte/s**, **MiByte/s** oder **GiByte/s** (Binärpräfixe; Kap. 4.3.2).

Wollen mehrere angeschlossene Geräte gleichzeitig Daten über diesen Datenbus übertragen, muss die zur Verfügung stehende Übertragungsrate aufgeteilt werden.

Die Adressierung der Daten erfolgt hierbei über den **Adressbus** *(address bus)*. Damit man in den Arbeitsspeicher Daten ablegen und auch wieder auslesen kann, muss **jeder Speicherplatz** mit einer Adresse versehen werden. Die Anzahl der Adressleitungen ist somit der entscheidende Faktor für die Anzahl der maximal adressierbaren Speicherplätze.

> Die Anzahl *n* der maximal ansprechbaren Speicherplätze lässt sich berechnen mit der Gleichung:
>
> $$n = 2^A$$
>
> n = Anzahl der adressierbaren 8-Bit-Speicherplätze
> A = Anzahl der vorhandenen Adressleitungen (Adressbusbreite)

Die Anzahl *A* der erforderlichen Adressleitungen lässt sich berechnen mit der Gleichung:

$$A = \frac{\log n}{\log 2}$$

Beispiel

Wie groß ist der maximal adressierbare Speicherbereich bei einer Adressbusbreite von 34 Leitungen?

Lösung

n = 2^{34} Byte = 17 179 869 184 Byte = 16 777 216 KiByte = 16 384 MiByte = 16 GiByte

Umgekehrt gilt: A = $\dfrac{\log 17\,179\,869\,184}{\log 2} = \dfrac{10,2}{0,3} = 34$

Über den **Steuerbus** *(control bus)* gibt der Prozessor einer angesprochenen Baugruppe bekannt, ob er von ihr Daten empfangen oder zu ihr senden will.

Über den Adressbus und den Steuerbus werden Signale nur in *einer* Richtung gesendet: Der Prozessor gibt Adress- und Steuersignale aus, um damit eine Baugruppe oder eine Speicherzelle anzusprechen. Über den Datenbus müssen Daten in *beide* Richtungen bewegt werden können, allerdings zu unterschiedlichen Zeiten. Der Prozessor muss Daten einlesen können (von einer Eingabebaugruppe oder einer Speicherzelle) oder Daten ausgeben können (zu einer Ausgabebaugruppe oder einer Speicherzelle).

Der Datenbus ist ein **bidirektionaler Bus** *(bidirectional bus),* auf ihm werden Daten in **beiden** Richtungen bewegt. Der Adressbus und der Steuerbus arbeiten **unidirektional**, d.h., Signale werden nur in **einer** Richtung – vom Prozessor zu den angeschlossenen Baugruppen – gesendet.

Im Zuge des technischen Fortschritts der PCs wurden in der Vergangenheit unterschiedliche Konzepte für parallele Bussysteme entwickelt (z.B. **ISA**-Bus: Industry Standard **Architecture** Bus; **PCI**-Bus: Peripheral Component Interconnect Bus).

Diese wurden inzwischen mehrheitlich von Punkt-zu-Punkt-Verbindungen verdrängt (Kap. 1.7). Den (E)ISA-Bus findet man noch im industriellen Bereich, vereinzelt gibt es auch noch ältere PC-Mainboards, die durch einen Zusatzchip (und nicht durch den Chipsatz) einen PCI-Slot verwalten können.

Parallele Bussysteme werden beispielsweise zur Anbindung des Arbeitsspeichers (Kap. 1.5.3) an den in der CPU befindlichen Controller sowie für die Verbindung von GDDR-RAM (Kap. 1.5.2.2) eingesetzt.

1.6.2   Grundstruktur serieller Busse

Ein **serieller Bus** *(serial bus)* liegt vor, wenn eine Gruppe zusammengehörender Bits nacheinander auf einer Leitung übertragen wird. Eine solche Busverbindung wird auch als **Link** bezeichnet.

Ein Link besteht entweder nur aus einem einzigen Adernpaar, über das die Datenübertragung in beide Richtungen erfolgt, oder aus zwei Adernpaaren, über die dann die Datenübertragung richtungsgetrennt erfolgt (bidirektional, Vollduplex). Sofern keine weiteren Leitungen vorhanden sind, erfolgt die erforderliche Übertragung der Adress-, Steuer- und Datensignale nacheinander auf derselben Leitung. Die Komponenten sind bei einem seriellen Bus zwar prinzipiell ebenfalls parallel angeschlossen, die einzelnen Komponenten „verarbeiten" aber stets nur diejenigen Daten, die per vorangegangener Adressierung für sie bestimmt sind.

> Bei einem seriellen Bus wird die **Datenübertragungsrate** *(data transmission rate, bit rate)* in **kbit/s**, **Mbit/s** oder **Gbit/s** angegeben (Dezimalpräfixe). Die Angabe übertragbarer **Datenmengen** *(data volumes)* erfolgt auch in **Kibit/s**, **Mibit/s** oder **Gibit/s** (Binärpräfixe; Kap. 4.3.2).

1

Zur Erhöhung der Übertragungsrate lassen sich bei Bedarf je nach Spezifikation des seriellen Busses auch mehrere Links zusammenschalten, über die dann *gleichzeitig*, aber *taktunabhängig* voneinander Daten übertragen werden können. Hierbei entstehen keine Probleme wegen unterschiedlicher Signallaufzeiten auf den verschiedenen Leitungen, wie sie bei hohen Taktfrequenzen auf einem parallelen Bus auftreten können. Aktuelle Vertreter serieller Bussysteme sind USB (Kap. 1.6.3) und Firewire (Kap. 1.6.4).

1.6.3 USB

> Die Abkürzung **USB** steht für **U**niversal **S**erial **B**us (universeller serieller Bus) und bezeichnet einen von einem Firmenkonsortium (Compaq, Hewlett-Packard, IBM, Microsoft, NEC u.a.) entwickelten Standard für den Anschluss externer Geräte an einen *seriellen* digitalen Bus.

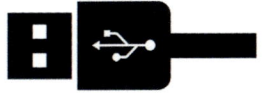

Universal Serial Bus

Bei USB handelt es sich um einen sog. **freien Standard**, d.h., alle Spezifikationen sind frei verfügbar und somit für die Herstellung und Vermarktung von USB-Produkten ohne Lizenzgebühren anwendbar. USB wurde seit seiner ersten Veröffentlichung ständig weiterentwickelt und ist inzwischen in verschiedenen Versionen verfügbar, die sich insbesondere in der jeweils unterstützten Datenrate (Bitrate) unterscheiden. Auch die verwendeten Stecker und Buchsen wurden versionsabhängig weiterentwickelt, sodass untereinander trotz bestehender technischer Abwärtskompatibilität inzwischen in vielen Fällen entsprechende Verbindungsadapter erforderlich sind.

Version (Veröffentlichung)	Modus	Max. Bitate ($\ddot{\text{U}}_{max}$)	Typ. Nutzdatenrate**
USB 1.0/1.1 (1994/1998)	Low Speed Full Speed	1,5 Mbit/s 12 Mbit/s	950 kbit/s 7,6 Mbit/s
USB 2.0 (2000)	High-Speed	480 Mbit/s	300 Mbit/s
USB 3.2 Gen 1 (USB 3.0*; USB 3.1 Gen 1*) (2008)	USB 5 Gbit/s (SuperSpeed*)	5 Gbit/s	2,2 Gbit/s

Version (Veröffentlichung)	Modus	Max. Bitate ($Ü_{max}$)	Typ. Nutzdatenrate**
USB 3.2 Gen 2 (USB 3.1*; USB 3.1 Gen 2*) (2013)	USB 10 Gbit/s (SuperSpeed-Plus*)	10 Gbit/s	6,7 Gbit/s
USB 3.2 Gen 2 x 2 (2017)	SuperSpeed USB 20 Gbit/s	20 Gbit/s	13,4 Gbit/s
USB4 (alternativ: **USB4 1.0, USB4 Gen 3 x 2**) (2019)	USB 40 Gbit/s	Version 1.0: 40 Gbit/s	26,9 Gbit/s
USB4v2 (alternativ: **USB4 2.0**) (2022)	USB 80 Gbit/s	Version 2.0: 80 Gbit/s symmetrisch; 120 Gbit/s asymmetrisch	53,7 Gbit/s

Bild 1.59: USB-Versionen; * ursprüngliche Bezeichnungen; ** Werte gerundet (Gen: „Generation"; Angabe übertragbarer Datenmengen auch mit Binärpräfixen möglich; Kap. 4.3.2)

Zwischen der Veröffentlichung einer weiterentwickelten Version und der flächendeckenden Marktpräsenz entsprechender Geräte vergeht meist ein gewisser Zeitraum. Die abwärtskompatible USB-Version 4 unterstützt auch Intels Thunderbolt 4-Protokoll (Kap. 1.7.7), sodass auch der gleichzeitige Betrieb mehrerer Displays oder Grafikkarten mit UHD-Auflösung möglich ist. USB4 arbeitet weiterhin mit der USB-spezifischen Hub-Struktur (Bild 1.62) und hat somit das Daisy Chaining (Kap. 1.6.4) von Thunderbolt nicht übernommen. Im Gegensatz zu Thunderbolt kann USB4 von den Hardwareherstellern aber lizenzfrei genutzt werden, wodurch die Geräte vergleichsweise preiswert angeboten werden können.

Die vom Normungsgremium bei Veröffentlichung der neuen Version im Jahr 2017 gleichzeitig auch für ältere Versionen propagierten Bezeichnungsänderungen mögen zwar technisch nachvollziehbar sein, führen in der Praxis aber eher zu Verwirrungen, da – abhängig von Text und Autor/-in – verschiedene Bezeichnungen für ein und dieselbe USB-Version kursieren (Bild 1.59).

USB sieht versionsübergreifend unterschiedlich schnelle Betriebsmodi vor (Bild 1.59), um jedem angeschlossenen Gerät eine adäquate Übertragungsgeschwindigkeit zur Verfügung stellen zu können. Der gleichzeitige Betrieb von Geräten mit verschiedenen Datenübertragungsraten ist problemlos möglich. Hierbei werden die Daten seriell in Paketen mit unterschiedlicher Größe und in unterschiedlichen Zeitabständen übertragen (bei hohen Datenraten also mehr Pakete pro Zeiteinheit; z. B. blaue Pakete in Bild 1.60). Jedes Paket beginnt mit einem Header.

Als **Header** bezeichnet man den Datenbereich am Anfang eines Paketes (Informationskopf), der Informationen über die Ursprungs- und die Zieladresse, Paket-ID-Nummer sowie ggf. zur Steuerung und zur Fehlerkorrektur enthält (in Bild 1.60 gelb markiert).

Zur seriellen Übertragung wird bis USB 2.0 ein spezieller NRZ-Leitungscode verwendet (Non Return to Zero, im Prinzip binäre 0- und 1-Signale; Kap. 4.1.2), dem zur Synchronisation ein Taktsignal hinzugefügt ist. Zur Vergrößerung der Effizienz bei der Datenübertragung erfolgt bei USB 3.1 Gen 1 der Datentransport mit dem sog. 8B/10B-Leitungscode

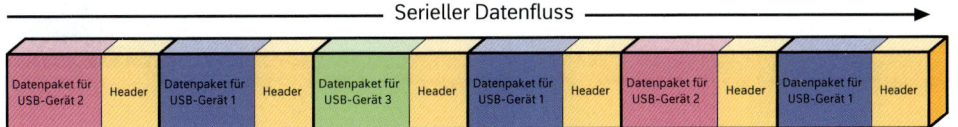

Bild 1.60: Serieller Datenfluss bei USB (Grundprinzip)

(vgl. Kap. 1.7.1). Ab USB 3.1 Gen 2 wird der 128B/132B-Leitungscode verwendet (Kap. 4.3.8 und „Vernetzte IT-Systeme", Kap. 4.1.11).

Aufgrund der Header sowie der Übertragung zusätzlicher Prüfdaten zur Fehlererkennung, Füllbits (**Bit Stuffing**: Bitstopfen, Einfügen von Zusatzbits zur Synchonisation) und/oder Leitungscodierungen (Kap. 4.3.8) ist die erzielbare Nutzdatenrate bei allen USB-Versionen stets wesentlich kleiner als die spezifizierte maximale Übertragungsrate (meist $\leq 70\%\ \ddot{U}_{max}$, Bild 1.59).

Zur Steuerung aller Busaktivitäten ist jeweils ein zentraler Controller erforderlich, der sämtliche angeschlossenen Geräte überwacht.

Allgemein wird ein PC (oder ein anderes Gerät) mit steuernden Funktionen für angeschlossene (USB-)Geräte als **Host** bezeichnet.
Ein Gerät, das Kommunikationsleitungen zu angeschlossenen peripheren Geräten an einer zentralen Stelle bündelt und eine elektrische Verbindung herstellt, bezeichnet man als **Hub**. Die Anschlüsse an einem Hub werden **Ports** genannt. An jedem Port kann nur ein einziges peripheres Gerät angeschlossen werden.
Ein PC, der als USB-Host fungiert und über mehrere USB-Ports für den direkten Anschluss externer USB-Geräte verfügt, wird auch als **Root Hub** bezeichnet.

Heutige PCs unterstützen meist verschiedene USB-Standards und verfügen daher über mehrere entsprechende USB-Controller (z.B. **UHCI**: Universal Host Controller Interface, **OHCI**: Open Host Controller Interface, **EHCI**: Enhanced Host Controller Interface, **xHCI**: Extensible Host Controller Interface), die entweder im Chipsatz integriert oder als separate ICs auf dem Motherboard platziert sind (Kap. 1.4).

Die Anschlüsse USB-tauglicher Hubs und Endgeräte werden mit einem allgemein gültigen Logo (Bild 1.61) gekennzeichnet und müssen ein standardisiertes Interface zur Verfügung stellen, welches u.a. die folgenden Merkmale besitzt:

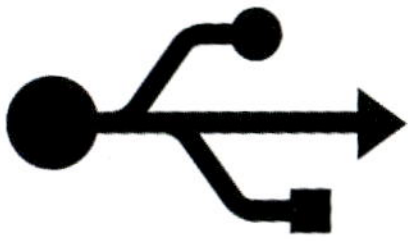

- Unterstützung der jeweiligen USB-Protokolle
- Reaktion auf standardisierte USB-Operationen (z.B. Konfiguration oder Reset)
- Bereitstellung von Informationen über die jeweils implementierten Funktionen; hierzu liefern ergänzende Symbole am USB-Logo entsprechende zusätzliche Informationen, etwa

Bild 1.61: allgemeines USB-Logo

zur Energieversorgung angeschlossener Geräte (Power Delivery; Kap. 1.6.3.2) oder zur Übertragungsgeschwindigkeit (z.B. ein Batteriesymbol; „SS" für Superspeed oder „10" für Superspeed+)

Da USB eine 7-Bit-Adressierung verwendet, lassen sich insgesamt bis zu 127 Geräte *(devices)* anschließen, z.B. externe DVD/BD-Laufwerke, Drucker, Scanner, digitale Kameras, Spiele-Adapter sowie Maus und Tastatur. Die Topologie von USB entspricht einem baumförmigen System, welches in einzelne Ebenen aufgeteilt ist.

> Der Begriff **Topologie** *(topology)* bezeichnet die Art der Leitungsführung, in der die Geräte miteinander verbunden werden.

An der Spitze steht hierbei der PC als USB-Host, der in der Regel bereits über mehrere USB-Anschlüsse verfügt, somit also auch die Funktion eines Hubs erfüllt (1. Ebene in Bild 1.62).

Jeder USB-Controller im PC stellt eine bestimmte Anzahl interner und externer USB-Ports zur Verfügung. An einen PC mit insgesamt acht USB-Ports lassen sich demnach bis zu acht USB-Devices – Endgeräte oder Hubs – anschließen, die dann die nächste Ebene bilden (2. Ebene in Bild 1.62). Reine Endgeräte werden auch als **Knoten** *(nodes)* bezeichnet. Es gibt aber auch spezielle **Multifunktions-geräte** *(compound devices)*, an die sich wiederum weitere Endgeräte anschließen lassen. Diese Multifunktionsgeräte erscheinen dem Host wie ein Hub mit mehreren permanent angeschlossenen Knoten.

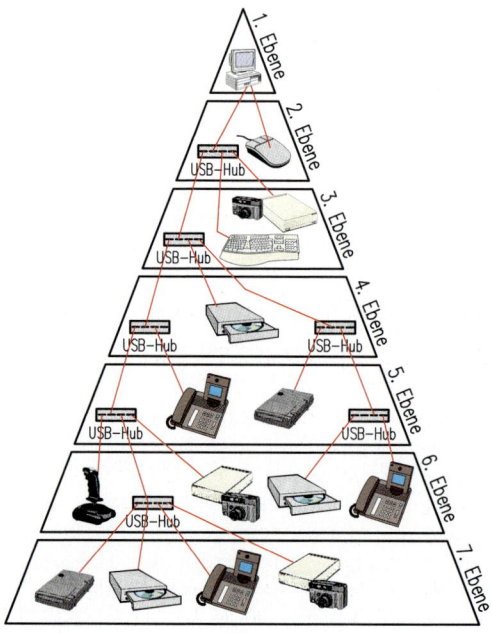

Bild 1.62: Topologie des USBs

An die Hubs der 2. Ebene (Bild 1.62) können weitere Endgeräte oder Hubs angeschlossen werden, die dann die nächste Ebene bilden. Auf diese Weise sind bis zu sieben Ebenen möglich. Betrachtet man allein die Ebenen, in denen Hubs hintereinandergeschaltet werden, so gibt es bei USB insgesamt fünf Hub-Ebenen (in Bild 1.62 Ebene 2 bis 6). Eine größere Anzahl von Hub-Ebenen verursacht Übertragungsprobleme – u. a. bedingt durch Laufzeiteffekte – und ist daher nicht erlaubt. Der Universal Serial Bus weist somit eine baumförmige Struktur auf, bei der die Hubs jeweils die Verbindungen zu einer weiteren Ebene schalten. Während des laufenden Betriebs können Geräte hinzugefügt oder abgetrennt werden (**Hot Plugging**), die dann automatisch erkannt und initialisiert werden (**Plug and Play**). Zu beachten ist, dass bei angeschlossenen Speichermedien (z. B. externe USB-Festplatte) die Daten oftmals erst PC-intern zwischengespeichert werden. Um beim Trennen einen möglichen Datenverlust zu vermeiden, sollte der Anschlussstecker erst *nach* einer ordnungsgemäßen Abmeldung entsprechend den Vorgaben des jeweiligen Betriebssystems abgezogen werden.

Alle USB-Geräte besitzen eine fest verdrahtete Hardware-Erkennung – bestehend aus Herstellerangaben, Seriennummer und Produkterkennung – um den Bus nach einem Reset oder Neustart korrekt initialisieren zu können. Dazu gehören auch Informationen bezüglich der Geräteklasse, Art der Stromversorgung und möglicher Übertragungsbandbreiten. Während der Initialisierung spricht der Host ebenenweise alle Knoten an und weist jedem Gerät eine eindeutige ID zu *(user identification)*.

Die Einteilung in **Geräteklassen** *(device classes)* dient zur Unterscheidung angeschlossener Geräte mit unterschiedlichen Eigenschaften. Für jede Geräteklasse sind in den USB-Spezifikationen bereits grundlegende Treiber (sog. **generische Treiber**) implementiert.

Hierdurch sind die meisten USB-Geräte direkt nach Anschluss verwendbar, ohne dass jedes Mal spezielle, gerätespezifische Treiber installiert werden müssen (z.B. Maus, Tastatur, externe Festplatte). Bei Bedarf lassen sich diese allerdings jederzeit nachladen.

Aufgrund der universellen Einsatzmöglichkeiten und der höheren Übertragungsgeschwindigkeit hat USB die ehemals vorhandenen Standardschnittstellen (z.B. serielle und parallele Schnittstellen) weitestgehend ersetzt.

1.6.3.1 USB-Anschluss- und Verbindungstechnik

Mit jedem neuen USB-Standard wurde die mögliche Datenübertragungsrate maßgeblich gesteigert, sodass jeweils auch neue Verbindungskabel und Steckverbindungen erforderlich waren.

Bis einschließlich **USB 2.0** werden zur Verbindung der Geräte vieradrige Kabel verwendet, wobei zwei Adern für den bidirektionalen Datenverkehr und zwei Adern für eine begrenzte Energieversorgung angeschlossener Geräte durch den Host vorgesehen sind. Die Datenübertragung erfolgt mit differenziellen Signalen (Kap. 4.1.3).

Bei den USB-2.0-Steckverbindungen unterscheidet man grundsätzlich zwischen den Varianten Typ A und Typ B. Beide sind mechanisch inkompatibel, sodass eine Verwechslung beim Anschluss nicht möglich ist. Der breite **Typ-A-Stecker** wird immer in Richtung Host, der quadratische **Typ-B-Stecker** immer in Richtung Peripheriegerät verwendet (Bild 1.64).

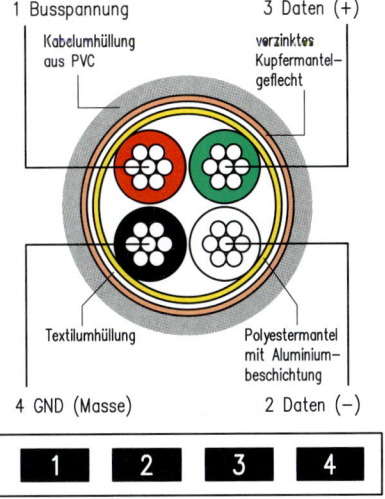

Bild 1.63: Prinzipieller Aufbau eines USB-2.0-Kabels und Kontaktzuordnung

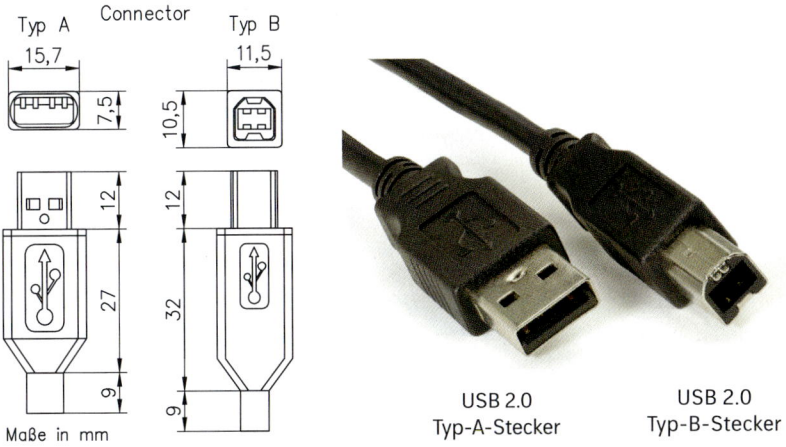

Bild 1.64: USB-2.0-Steckervarianten

Bei Geräten mit kleinen Abmessungen werden auch spezielle verkleinerte Stecker und Buchsen eingesetzt (Mini- und Micro-USB; Mini-USB ist nicht mehr Bestandteil aktueller Spezifikationen). Diese verfügen meistens über einen zusätzlichen fünften Anschlusskontakt, der zur Geräteidentifikation dient. Der Micro-USB-2.0-Anschluss diente bei Smartphones (Kap. 1.1.5) lange Zeit als Standardverbindung zur leitergebundenen Datenübertragung und zum Aufladen des Akkus. Seit Mitte 2024 dürfen Smartphones per EU-Verordnung nur noch mit einem USB-C-Anschluss auf den Markt gebracht werden.

Steckermantel

Bild 1.65: Micro-, Mini- und USB Typ A-Stecker   Bild 1.66: Micro-, Mini- und USB Typ A-Buchse

Bei allen abgebildeten Steckerausführungen sind die beiden Kontaktzungen für die Spannungsversorgung länger als die Kontakte für die Signalleitungen (Bild 1.63, Pin 1 und 4). Hierdurch wird sichergestellt, dass beim Einstecken während des laufenden Betriebes die Versorgungsspannung für das Gerät geringfügig eher anliegt als die zu verarbeitenden Daten. Innerhalb dieser kurzen Zeitspanne kann die Geräteelektronik die erforderlichen Betriebswerte annehmen, bevor anliegende Daten verarbeitet werden.

Der Standard **USB 3.2 Gen 1** (alte Bezeichnungen **USB 3.0** bzw. **USB 3.1 Gen 1**) bietet eine Erhöhung der Bitrate auf bis zu 5 Gbit/s (SuperSpeed-Modus). Die Datenübertragung im SuperSpeed-Modus erfolgt hierbei richtungsgetrennt über zwei zusätzliche, getrennte Aderpaare (Bild 1.67: Pin 5, 6 und 8, 9) im Vollduplex mit differenziellen Signalen (Kap. 4.1.3). Mit dem Aderpaar für den USB-2.0-Betrieb (Pin 2, 3) sowie zwei Adern für die Spannungsversorgung (Pin 1, 4) besteht ein als USB 3.2 Gen 1 spezifiziertes Kabel somit insgesamt aus acht Leitungen (vier Aderpaare, Bild 1.67).

Aus Gründen der Abwärtskompatibilität zu USB 2.0 hat man den alten Typ-A-Stecker beibehalten und lediglich die Kontaktzahl um fünf zusätzliche Anschlüsse erweitert, die hinter den vorhandenen vier Kontakten angeordnet sind (TX+, TX−, RX+, RX− und Masse; Pin 5 bis 9 in Bild 1.67). Somit passen alte und neue Typ-A-Stecker mechanisch zusammen. Die Kontaktzunge (oder das Gehäuse) bei den USB-3.2-Gen-1-Steckern/Buchsen ist zur Unterscheidung von reinen USB-2.0-Anschlüssen blau gefärbt (Bild 1.68). Beim alten Typ-B-Ste-

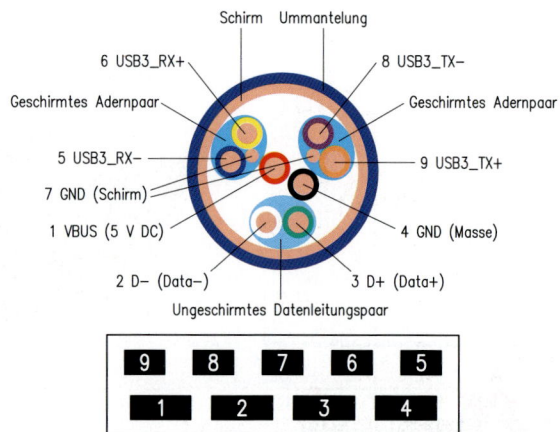

Bild 1.67. Prinzipieller Aufbau eines USB-3.2-Gen 1-Kabels und Kontaktzuordnung (USB-Bezeichnungen siehe Bild 1.59)

cker hingegen fehlt der Platz für zusätzliche Kontakte, dieser bekommt daher einen Anbau, der so gestaltet ist, dass der alte Typ-B-Stecker in die neue Buchse passt, aber nicht der neue Typ-B-Stecker in die alte Buchse (Bild 1.68 Mitte). Auch die alten, in Kleingeräten (Kamera, Smartphone usw.) verwendeten Micro-Versionen des Typ-B-Steckers bieten keinen Platz für neue Pins und erhalten einen Anbau (Bild 1.68 links). Eine Mini-Version von USB-3.2-Gen-1-Steckverbindern existiert nicht.

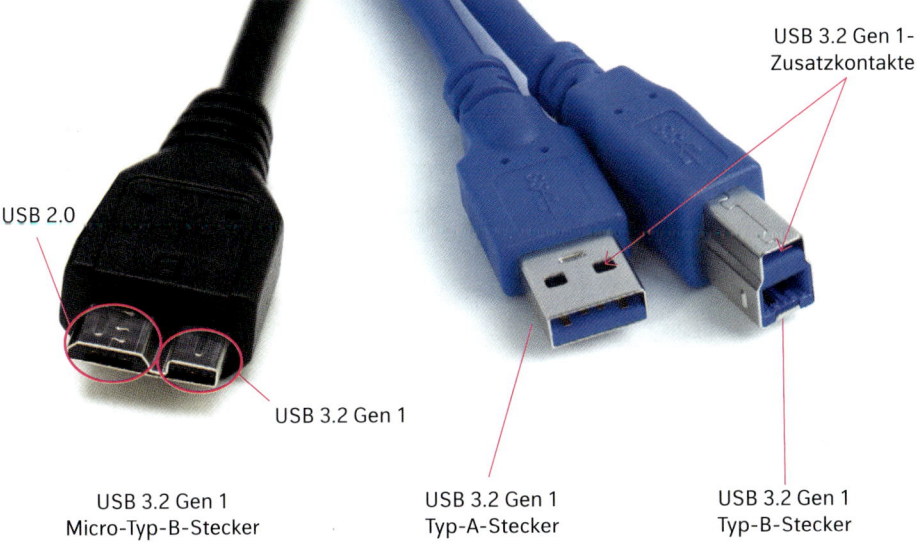

Bild 1.68: USB-3.2-Gen-1-Stecker und -Buchsen (USB-Bezeichnungen siehe Bild 1.59)

Bei **USB 3.2 Gen 2** (alte Bezeichnungen **USB 3.1** bzw, **USB 3.1 Gen 2**) verdoppelt sich die Übertragungsrate gegenüber der Vorgängerversion auf bis zu 10 Gbit/s. Gleichzeitig wird eine neue Steckerform definiert, die eine symmetrische Bauform aufweist. Dieser „**Typ-C-Stecker**" hat eine mittig angeordnete Kontaktzunge, die beidseitig mit den gleichen Anschlusspins versehen ist und somit in beiden Orientierungen (d.h. auch um 180° gedreht) in die entsprechende Typ-C-Fassung gesteckt werden kann.

Im Gegensatz zu den bisherigen Verbindungskabeln mit Typ-A- und Typ-B-Steckern befindet sich an *beiden* Enden eines USB-3.2-Gen-2-Kabels der *gleiche* Typ-C-Stecker (Bild 1.69). Er ist kleiner als der bisherige Typ-A-Stecker (Bild 1.64) und damit nicht mehr kompatibel zu den bisher verwendeten Stecksystemen. Um

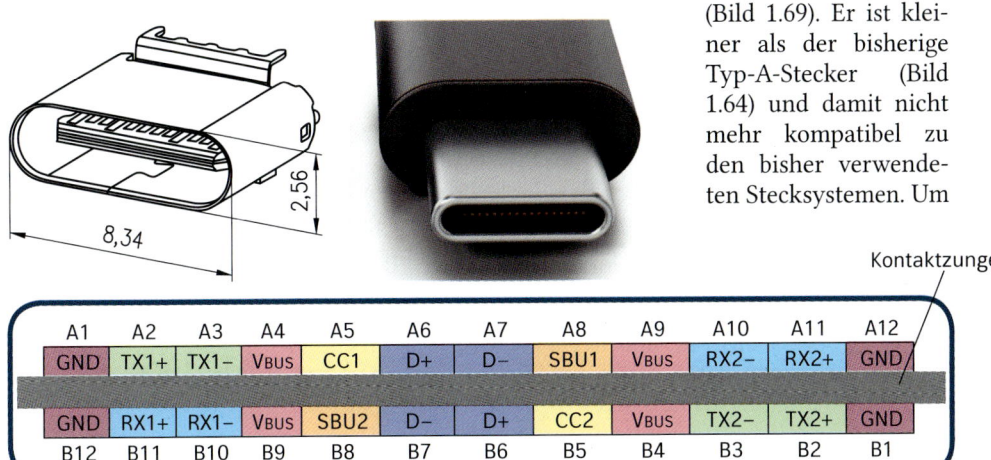

Bild 1.69: USB-Typ-C-Stecker

diese weiter nutzen zu können, werden diverse Adapterkabel angeboten. Einige Boards liefern auch (eingeschränkte) USB-3.2-Gen-2-Leistungsmerkmale an einer rückseitig vorhandenen, speziellen Typ-A-Buchse (siehe Bild 1.75).

Pin-Nr.	Belegung der Kontaktzunge
A1, A12 B1, B12	**GND**: Ground
A2, A3 B2, B3	**TX1+, TX1-**: High Speed Data Path 1 (Transmit USB or Transmit DP Alt-Mode; Verwendung von zwei Leitungspaaren)
A4, A9 B4, B9	**VBus**: Bus Power
A5 B5	**CC1, CC2**: Configuration Detection
A6, A7 B6, B7	**D+, D-**: USB 2.0 Bus Interface (Verwendung von einem Leitungspaar)
A8 B8	**SBU1, SBU2**: Secondary Bus System (Alternate Connection; Headphone Analog Signal)
A10, A11 B10, B11	**RX2+, RX2-**: High Speed Data Path 2 (Receive USB or Transmit DP Alt-Mode; Verwendung von zwei Leitungspaaren)

Bild 1.70: Anschlussbelegung USB-Typ-C-Stecker

Bei der Version **USB 3.2 Gen 2 × 2** wird nicht wie gehabt die Datenrate eines Links verdoppelt, sondern stattdessen zusätzlich ein vorhandenes Adernpaar in einem vollbeschalteten USB-C-Kabel parallel genutzt.

Der Typ-C-Stecker kann in Kombination mit USB, aber auch gänzlich ohne USB-Datenverbindung mannigfaltig genutzt werden. Hierzu werden sog. **Alternate Modes** definiert, bei denen den einzelnen Anschlusspins und Verbindungsleitungen auch andere Funktionen zugeordnet werden können. Alternative Modi sind beispielsweise:

- **Displayport Alternate Mode (DP Alt Mode)**; mit entsprechenden Geräten können Displayport-Signale (USB 3.2 Gen 2) bis zur Version 1.4, bei USB4 auch Version 2.0 (Kap. 1.7.6.5), über eine Typ-C-Steckverbindung transportiert werden, die ein Display in UHD-Auflösung ansteuern. Bei entsprechender Aufteilung der Datenpfade des USB C-Kabels ist auch die gleichzeitige Übertragung von USB- *und* Displayport-Signalen möglich.

- **Audio Adapter Accessory Mode (AAA Mode)**; bei einigen Geräten ist die 3,5-mm-Audio-Buchse entfallen, der Anschluss von Kopfhörern und Lautsprechern funktioniert dann auch mit entsprechenden Adaptern (z.B. USB-Typ-C-Stecker auf 3,5-mm-Audio-Buchse) über USB-Hubs.

Der Typ-C-Stecker ist mit entsprechenden Adapterkabeln auch kompatibel zu anderen Schnittstellensignalen, z.B. HDMI und MHL (Kap. 1.7.6). Darüber hinaus verwendet Apple ab Thunderbolt 3 ebenfalls den Typ-C-Stecker für seine Geräte (Kap. 1.7.7).

Um sämtliche Übertragungsmöglichkeiten nutzen zu können, ist ein mit *allen* Verbindungsleitungen ausgestattetes USB-3.2-Gen-2-Kabel (**FFC**: Full Featured Cable; Bild 1.71) erforderlich. Über einen im Typ-C-Stecker implementierten elektronischen Chip (Stromversorgung über Pin V$_{Conn}$; Bild 1.71) können die jeweiligen Schnittstellensignale detektiert werden. Bei USB4 erfolgt zudem eine intelligente Aufteilung der Übertragungsrate auf die zur Verfügung stehenden Verbindungsleitungen in Kombination mit einem höheren Verdichtungsgrad der Daten. Zu beachten ist, dass in der Praxis nicht jedes Kabel mit USB-Typ-C-Anschlüssen über diese Leitungs-Vollausstattung verfügt. Ob die genannten Funktionalitäten bei Vollausstattung unterstützt werden, hängt aber auch von der herstellerseitig *in* den jeweiligen Geräten implementierten Elektronik ab.

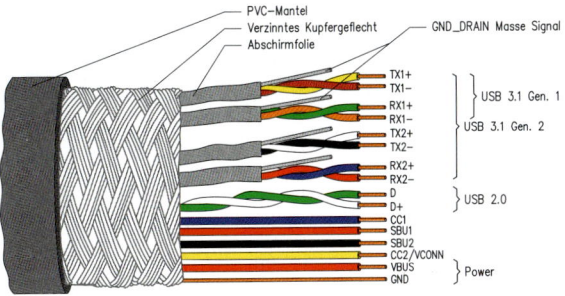

Bild 1.71: Aufbau eines USB-3.1-Gen-2-Full-Featured-Kabels (USB-Bezeichnungen siehe Bild 1.59)

1.6.3.2 USB-Energieversorgung

Von Beginn an ermöglichte ein USB-Anschluss prinzipiell auch eine Energieversorgung angeschlossener Geräte ohne eigene Stromversorgung über das für die Datenübertragung verwendete USB-Kabel („**Bus-Powered Devices**"). Diese war zunächst aber lediglich auf kleinere Geräte mit einer vergleichsweise geringen Energieaufnahme begrenzt. Geräte mit höherer Leistung mussten über eine separate Stromleitung mit Energie versorgt werden („**Self-Powered Devices**").

Ziel der schrittweisen Entwicklung war jedoch, möglichst alle angeschlossenen Geräte über einen USB-Anschluss mit Energie zu versorgen und bei mobilen Geräten gleichzeitig auch den Akku in kurzer Zeit zu laden. Aus diesem Grund erfolgte – zeitgleich mit, aber unabhängig von der Entwicklung der USB-3.2-Gen-2-Spezifikation für den Datenverkehr – die Entwicklung einer Spezifikation zur gleichzeitigen Verwendung der USB-Typ-C-Steckverbindung zur erweiterten Energieversorgung angeschlossener Geräte.

> **USB Power Delivery 2.0 (UPD** oder **USB-PD**) ist die Bezeichnung einer Spezifikation des **USB-IF** (**USB I**mplementers **F**orum) über eine *bidirektional* mögliche Energieversorgung zweier Geräte, die über ein USB-3.2-Gen-2-Kabel mit Typ-C-Stecker verbunden sind. Hierbei werden – unabhängig von einer aktiven Datenübertragung – über die USB-Power-Anschlusspins mithilfe des UPD-Protokolls und entsprechenden in den Geräten vorhandenen Konfigurationscontrollern die *Richtung* der Energieversorgung sowie die *Größe* von Strom und Spannung ausgehandelt.

Die bis dato vorhandenen Energieversorgungen über USB (Low-Powered, High-Powered, USB-BC; Bild 1.72) können als Vorstufen der aktuellen USB-PD-Spezifikation angesehen und dieser entsprechend zugeordnet werden.

Version	Bezeichnung/Profil	Energieversorgung (max.)	Bemerkungen/Beispiele
USB 1.0/1.1	Low-Powered	5 V/0,1 A	Tastatur, Maus

Version	Bezeichnung/ Profil		Energieversorgung (max.)	Bemerkungen/Beispiele
USB 2.0	High-Powered		5 V/0,5 A	Scanner, externe 2,5-Zoll-Festplatten; begrenzt auch Ladefunktion kleinerer Mobilgeräte möglich (USB-BC bis 2,5 W, siehe unten)
USB 3.2 Gen 1	High-Powered		5 V/0,9 A	Smartphone
	USB Battery Charging (USB-BC)		5 V/1,5 A	Spezifikation für USB-Lade-geräte; Port-Bezeichnung: DCP (Dedicated Charging Port)
USB 3.2 Gen 2, USB 3.2 Gen 2 × 2, USB4	Profile USB Power Delivery 2.0	1*	5 V/2 A	kleinere, portable Geräte
		2	5 V/2 A 12 V/1,5 A	Tablets, Netbooks, Scanner
		3	5 V/2 A 12 V/3 A	Notebooks
		4	5 V/2 A 12 V/3 A 20 V/3 A	Drucker
		5	5 V/2 A 12 V/5 A 20 V/5 A	Displays, aktive Lautsprecher-boxen

Bild 1.72: Energieversorgung über USB (* abwärtskompatibel zu USB 2.0 und USB 3.2 Gen 1; USB-Bezeich-nungen siehe Bild 1.59)

Viele Geräte benötigen im Moment der Inbetriebnahme einen wesentlich höheren Ein-schalt- bzw. Anlaufstrom als im normalen Betriebszustand (z.B. 2,5-Zoll-Festplatten: An-laufstrom bis ca. 0,8 A, Betriebsstrom bis ca. 0,25 A). Zwar werden hierdurch USB-2.0-Ports kurzzeitig überlastet, verkraften dies jedoch in der Regel schadlos. Um auch Geräte mit etwas höherem Strombedarf über einen USB-Port speisen zu können (USB-BC, Bild 1.72), unterstützen einige Geräte die auf einer EU-Richtlinie basierende **Battery Charging Specification** für USB-Ladegeräte.

USB Power Delivery 2.0 definiert fünf Versorgungsprofile mit unterschiedlichen Leis-tungsanforderungen (Bild 1.72). Die Stromflussrichtung und der Leistungsbedarf – zur Energieversorgung eines angeschlossenen Gerätes und/oder zu Ladezwecken – werden hierbei während der Initialisierung über entsprechende Konfigurationscontroller, die unabhängig von der Datenübertragung arbeiten können, für jede Kabelverbindung indi-viduell zwischen den beiden angeschlossenen Geräten ausgehandelt. In der USB-PD-No-menklatur wird hierbei unterschieden zwischen **Provider**-Geräten, deren USB-Anschlüs-se als Energiequelle fungieren (**DFP**: Downstream Facing Port), und **Consumer**-Geräten, deren USB-Anschlüsse Verbraucher darstellen (**UFP**: Upstream Facing Port). Unter Um-ständen kann der USB-Anschluss eines Gerätes auch beide Funktionen aufweisen (**DRP**: Dual Role Port). Das Gerät mit dem höheren Energiepotenzial kann hierbei jeweils die Stromversorgung übernehmen, bei veränderten Verhältnissen kann das System umschal-ten.

Mit **USB-Power-Delivery 3.0** werden die bisherigen Power-Profile mit der festen Zuordnung von Spannung und Maximalstrom durch flexible Einstellungen abgelöst (**PPS: Programmable Power Supply**). Dies ermöglicht entsprechenden USB-Netzteilen (offizielle Bezeichnung: **Certified USB Fast Charger**) nicht nur feste Spannungsstufen oberhalb von 5 V bereitzustellen, sondern auch dynamisch jeweils erforderliche Spannungswerte zu generieren (z.B. bei Profil 4 auch 15 V/3 A). Zusätzlich zum USB-PD-Modus „Standard Power Range" mit bis zu 100 W (20 V/5 A; Bild 1.72) können entsprechende USB4-kompatible Geräte auch Leistungen bis zu 240 W (48 V/5 A; „Extended Power Range") liefern.

> Ein **USB-Anschluss**, der mindestens mit USB 3.2 Gen 2 konform ist *und* die USB-PD-Spezifikationen erfüllt, stellt eine **Kombination aus einer schnellen Datenschnittstelle und einem bidirektionalen Energieverteilsystem dar**.

1

So könnte beispielsweise ein PC ein angeschlossenes Display über das USB-Kabel mit Bildsignalen und Strom versorgen, das Energieversorgungskabel des Displays würde in diesem Fall nicht benötigt. Andererseits könnte das gleiche Display bei Verbindung mit dem Energieversorgungsnetz aber auch den Akku eines über USB angeschlossenen Tablets laden.

Für die erhöhte Leistungsübertragung ab Profil 2 sind spezielle USB-Kabel erforderlich. Zu beachten ist, dass nicht alle USB-3.2-Gen-2-Anschlüsse und Kabel die USB-PD-Spezifikationen (bzw. sämtliche Profile) erfüllen. Vom USB-IF zertifizierte Logos an Geräten, Anschlüssen und Kabeln sollen daher Auskunft über die jeweils unterstützten Merkmale geben. Bei Bedarf lassen sich Informationen zu den einzelnen IF-Logos im Internet recherchieren (z.B. Suchbegriff „USB-IF-Logos").

Die in den Spezifikationen angegebenen maximalen Kabellängen (meist < 1,5 m) sollten nicht überschritten werden, da es ansonsten leicht zu Induktionsstörungen (Kap. 5.4.2.4, Kap. 5.5.2.5) kommen kann. Bei längeren Übertragungsstrecken können entsprechende Signalregeneratoren eingesetzt werden, die das Signal aufbereiten.

1.6.3.3 Sonstige USB-Spezifikationen

USB-OTG (On The Go) stellt eine Erweiterung ab dem USB-2.0-Standard dar und spezifiziert eine USB-Geräteklasse, die untereinander ohne einen zwischengeschalteten PC als Steuergerät (Host) Daten austauschen kann. Durch eine implementierte Protokollergänzung verfügen OTG-Geräte selbst über die Fähigkeit, begrenzt die Rolle eines Hosts zu übernehmen. Ein USB-Gerät mit begrenzter Übernahme von Host-Eigenschaften wird als **Dual-Role-Gerät** bezeichnet. OTG-fähige Geräte können mit Verbindungsadaptern (Bild 1.73) ab dem USB-2.0-Standard verbunden werden. Da die Host-Funktion bei OTG-Geräten beliebig tauschbar ist, müssen sich die Benutzenden keine Gedanken über das richtige Anstecken von Kabeln machen.

Bild 1.73: Beispiel für einen OTG-Verbindungs-Adapter (USB-C auf USB 3.2 Gen 1)

Des Weiteren gibt es **Wireless-USB**-Produkte, die insbesondere bei den sog. **HID**-Anwendungen (Human Interfaces Devices) Anwendung finden, also Tastaturen, Mäuse und Gamepads für Spielekonsolen. Eine drahtlose USB-Strecke besteht aus einem entsprechenden Sender, der in einen USB-Anschluss eingesteckt wird, und einem USB-Transceiver im angeschlossenen Gerät. Aus Sicht des Rechners verhält sich die Funkstrecke wie ein USB-Kabel. Die Funkübertragung (meist Bitrate bis 1 Mbit/s im ISM-Band 2,4 GHz, Reichweite ca. 10 m, Frequenzsprungverfahren mit 79 Kanälen) ist ähnlich der bei Bluetooth, allerdings mit einem erheblich einfacheren Protokoll.

1.6.4   Firewire

Firewire ist die Kurzbezeichnung für ein serielles Bussystem, das ursprünglich auf einer Entwicklung für eine schnelle serielle Datenübertragung der Firma Apple basiert.

Durch den Zusammenschluss verschiedener namhafter Hersteller der Computer- und der Audio-/Video-Industrie (z.B. Adaptec, AMD, Apple, IBM, Microsoft, Philips, Sony, TI, JVC, Yamaha u.a.) wurde diese Entwicklung modifiziert und führte 1995 zur Veröffentlichung des primären Firewire-Standards, dessen Originalbezeichnung **IEEE 1394–1995** lautet.

IEEE ist die Abkürzung für **I**nstitute of **E**lectrical and **E**lectronics **E**ngineers, eine amerikanische Vereinigung von Elektro- und Elektronikingenieurinnen und -ingenieuren, die für viele Standards in Hardware und Software verantwortlich ist.

Inzwischen existiert eine völlig überarbeitete und fehlerbereinigte Version dieses Standards. Dieser fasst die ursprüngliche Version und die beiden Erweiterungen IEEE 1394a und IEEE-1394b zusammen (**IEEE 1394-2008**). Darüber hinaus verwendet Sony für diese Technologie aus Marketinggründen die firmeneigene und lizenzgeschützte Bezeichnung **i-Link**.

Der Bus-Standard IEEE 1394 weist folgende allgemeine Spezifikationen auf:

- frei zugänglicher Standard, d.h. für Hersteller von Firewire-Geräten fallen grundsätzlich keine Lizenzgebühren an (Ausnahme: Produktion bestimmter erforderlicher ICs, für die Sony die Lizenzen hat)
- rein digital arbeitendes, bidirektionales Bussystem
- direkte Kommunikationsmöglichkeit zwischen zwei Geräten, kein Host-PC erforderlich
- Plug-and-Play-fähig, somit sind keine IRQ- bzw. DMA-Einstellungen (Kap. 3.3.5) beim Einsatz neuer Geräte notwendig
- Hot-Plugging, d.h., während des laufenden Betriebes lassen sich Geräte hinzufügen oder entfernen
- gleichzeitiger Betrieb von langsamen und schnellen Geräten an einem Bus möglich
- in begrenztem Umfang Fremdspeisung über Anschlusskabel möglich, hierdurch sind auch Geräte ohne eigene Energieversorgung anschließbar

Firewire weist eine Art Baumstruktur auf, bei der die Geräte (Nodes) in einem oder mehreren Strängen hintereinandergeschaltet werden. Die Verbindungsstränge werden **Hops** genannt.

Meist verfügt jedes Firewire-Gerät über zwei Ports, einen Eingang und einen Ausgang. Insgesamt dürfen höchstens 16 Hops zwischen zwei beliebigen Nodes liegen. Die Begrenzung der Anzahl möglicher Hops resultiert aus der endlichen Signalgeschwindigkeit (Kap. 5.1.2.3). Die Datenübertragung zwischen zwei Knoten ist auch dann möglich, wenn dazwischenliegende Knoten nicht in Betrieb sind. Diese Möglichkeit des Hintereinanderschaltens von (Firewire-)Geräten bezeichnet man auch als **Daisy Chaining**. Verfügen Geräte über mehr als zwei Ports, sind Verzweigungen möglich, Schleifen zwischen den Geräten sind jedoch nicht erlaubt.

Firewire verwendet eine 6-Bit-Adressierung für die Nodes (Node-ID), somit sind bis zu 63 Geräte an einem Bus anschließbar.

Für die Flexibilität der Firewire-Struktur ist von Vorteil, dass kein Host-PC erforderlich ist. Grundsätzlich kann jeder Knoten die Funktion des Bus-Managers übernehmen. Im Gegensatz zu USB sind somit echte Peer-to-Peer-Verbindungen möglich, d.h., zwei Geräte können direkt miteinander verbunden werden und Daten austauschen (z.B. digitaler Videorekorder und digitaler Camcorder).

Für die verschiedenen Kabel existieren auch unterschiedliche Steckertypen, jeweils mit vier bzw. sechs (1394a) oder neun (1394b) Anschlusspins. Alle Verbindungsstecker können innerhalb eines Systems gemischt verwendet werden, sofern die Geräte über entsprechende Anschlüsse verfügen.

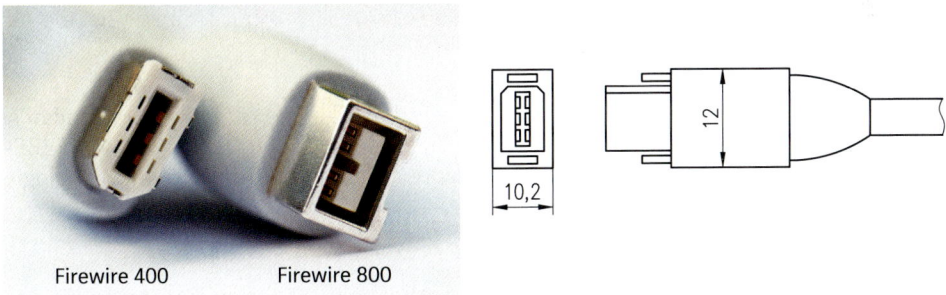

Firewire 400   Firewire 800

Bild 1.74: a) Firewire-Stecker, b) Normzeichnung eines 6-poligen Firewire-Steckers

Der Standard IEEE 1394a sieht Übertragungsraten (Bitraten) von 100 Mbit/s, 200 Mbit/s und 400 Mbit/s über Kupferkabel vor (Kurzbezeichnung: S100, S200, S400). Die Kabellänge zwischen zwei Geräten bei einer S400-Verbindung darf maximal 4,5 m, bei S200 maximal 14 m betragen. IEEE 1394b definiert zusätzlich die Übertragungsraten 800 Mbit/s, 1 600 Mbit/s und 3 200 Mbit/s (S800, S1600 und S3200). Damit ist Firewire inzwischen wesentlich langsamer als aktuelle USB-Entwicklungen (Kap. 1.6.3).

1.6.5 Vergleich der Bussysteme

Die parallelen Busstrukturen haben sich in der Vergangenheit als einfach, effizient und wirtschaftlich erwiesen. Aufgrund der immer höheren erforderlichen Übertragungsraten stoßen sie aber in vielerlei Hinsicht an ihre Grenzen:

- Der parallele Bus wird von allen angeschlossenen Einheiten (CPU, Speicher, Peripheriegeräte) *gemeinsam* – jeweils als Punkt-zu-Punkt-Verbindung – genutzt. Hierbei müssen sich alle Geräte die auf dem Bus zur Verfügung stehende Übertragungsbandbreite teilen, wodurch es zu Überlastungen und damit zu Wartezeiten kommen kann, die das System verlangsamen.

- Die Zunahme der Busbreite vergrößert die Anzahl der Leiterbahnen sowie ggf. der Anschlusskontakte von Steckkarten und führt damit zu einem erhöhten Platzbedarf auf den Platinen.

- Physikalische und elektrische Phänomene (z.B. frequenzabhängige Leiterbahnwiderstände, Laufzeitunterschiede zwischen Bussignalen; Kap. 5.1.2.3) erfordern ein ausgereiftes und damit teures Leiterplatten-Layout und begrenzen die mögliche Buslänge, die in der Regel auf wenige Zentimeter beschränkt ist.

Während die parallelen Busstandards einen gemeinsam genutzten Bus vorsehen, handelt es sich bei den seriellen Standards USB und Firewire um „vernetzte" Konzepte. Diese besitzen einige Vorteile gegenüber den parallelen Architekturen:

- Es werden sowohl Punkt-zu-Punkt- als auch Punkt-zu-Mehrpunkt-Verbindungen unterstützt.

- An die Stelle von 32 bis 512 bit breiten Bussystemen mit der dafür erforderlichen Anzahl von physikalisch vorhandenen Leitungen treten serielle „Kanäle" auch **Pipes** genannt, die durch den Einsatz von Multiplextechniken gleichzeitig von verschiedenen Geräten genutzt werden können und die über zwei bzw. vier Leitungen übertragen werden.

- Entfernungen bis zu einigen Metern lassen sich problemlos überbrücken.

AUFGABEN

1. Erläutern Sie die prinzipiellen Unterschiede zwischen einem parallelen und einem seriellen Bus.

2. Aus welchen grundsätzlichen Leitungsgruppen besteht ein paralleler Bus?

3. Welcher Unterschied besteht zwischen einem unidirektionalen und einem bidirektionalen Bus?

4. Begründen Sie, warum serielle Bussysteme bei hohen Taktfrequenzen Vorteile gegenüber parallelen Bussystemen aufweisen.

5. Über eine Datenverbindung müssen 2,6 GiByte an Nutzdaten übertragen werden. Welche Zeit würde hierfür theoretisch unter Zugrundelegung der im Buch angegebenen maximalen Übertragungsraten benötigt:
   a) bei USB 2.0?
   b) bei USB 3.2 Gen 2?
   c) bei Firewire gemäß IEEE 1394b?
   d) bei PCIe 4.0 × 16 (Kap. 1.7.4)?

6. Ein Prozessor kann maximal 64 GiByte Speicher adressieren. Wie viele Adressleitungen sind hierzu erforderlich?

7. Berechnen Sie exakt, wie viele Bytes Speicherkapazität ein 64-GiByte-Speicher hat.

8. a) Nennen Sie die verschiedenen USB-Versionen und erläutern Sie die technischen Unterschiede.
   b) Erstellen Sie mit einem geeigneten Computerprogramm ein ansprechendes Balkendiagramm, das die im Buch angegebenen Datenraten der verschiedenen USB- und Firewire-Versionen visualisiert. Erstellen Sie eine kleine vergleichende Präsentation beider Bussysteme (verwenden Sie hierzu ggf. Ihr Balkendiagramm) mit anschließender Bewertung.

9. Was versteht man unter einem „Twisted-Pair-Kabel" und welche PC-Busse verwenden diese Kabelart? Aus welchem Grund verwendet man diesen Kabeltyp? (Hinweis: Verwenden Sie ggf. Informationen aus Kap. 5.3.2.3 und/oder führen Sie eine Internetrecherche durch.)

10. Welche Bedeutung hat das abgebildete Symbol?

11. Was versteht man bei USB unter einem „Root-Hub"?

12. Ein Kunde hat sich per E-Mail an den Support Ihrer Firma gewandt, mit der Bitte um kurze zusätzliche Erläuterungen zu den im Manual der letzten Mainboard-Lieferung aufgeführten Bezeichnungen UHCI, OHCI, EHCI und XHCI. Erstellen Sie ein formal korrektes Antwortschreiben, in dem Sie die angegebenen Abkürzungen sowie zugehörige technische Merkmale in Tabellenform erläutern. (Hinweis: Internetrecherche erforderlich.)

13. Welches Problem kann sich bei Verwendung einer Wireless-USB-Tastatur und einer Wireless-USB-Maus möglicherweise ergeben, wenn es beim Bootvorgang zu einem Fehler kommt und Einstellungen im UEFI-Setup erforderlich sind? (Hinweis: Verwenden Sie ggf. Informationen aus Kap. 3.1 oder recherchieren Sie im Internet.)

14. a) Aus welchem Grund existieren bei USB 2.0 ein sog. Typ-A- und ein Typ-B-Stecker?
    b) Welche Unterschiede gibt es jeweils bei USB 2.0 und USB 3.2 Gen 1 zwischen den unter a) genannten Steckertypen?
    c) Welche Merkmale weist der USB-Stecker Typ C auf?

15. a) Welche Möglichkeiten der Energieversorgung ermöglicht USB-Power Delivery 2.0? Welche technischen Voraussetzungen sind hierzu erforderlich?
    b) Welche Unterschiede bestehen zwischen den Standards USB-PD 2.0 und USB-PD 3.0?

16. Wie viele Geräte lassen sich bei USB maximal an einem Strang anschließen? Woraus resultiert diese Begrenzung der Anzahl?

17. An einem USB sind Geräte angeschlossen, die in gleichen Zeitintervallen unterschiedlich große Datenmengen übertragen müssen (z. B. Tastatur und externe Festplatte). Auf welche Weise ist der Datenfluss organisiert, damit jedes Gerät seiner Funktion entsprechende Datenmengen übertragen kann?

18. Was versteht man unter USB-OTG?

19. Die Leitungslängen bei USB und bei Firewire sind entsprechend der jeweiligen Spezifikationen begrenzt. Begründen Sie diese Tatsache mithilfe elektrotechnischer Gesetzmäßigkeiten. (Hinweis: Verwenden Sie ggf. Informationen aus Kap. 5.)

20. Der Firewire-Standard trägt alternativ auch die Bezeichnung IEEE 1394-xxxx. Erläutern Sie die Abkürzung. Wofür stehen hier die Platzhalter xxxx?

1.7 Schnittstellen

Der Begriff Schnittstelle wird sehr häufig in verschiedenen Zusammenhängen mit unterschiedlichen Bedeutungen verwendet:

- Umgangssprachlich formuliert man, die Tastatur stelle die Schnittstelle zwischen Mensch und Computer dar.

- In der Programmierung bezeichnet man als Schnittstelle beispielsweise die verschiedenen Ebenen der Routinen, die zwischen einer Anwendung und der Hardware existieren (Softwareschnittstelle).

- Die Platinen, Stecker und anderen Bauelemente, die Teile des Computers miteinander verbinden, stellen eine hardwaremäßige Schnittstelle dar und ermöglichen eine Informationsübertragung von einer Stelle zu einer anderen (Hardwareschnittstelle).

> Allgemein versteht man unter einer **Schnittstelle** *(interface)* einen Punkt, an dem eine Verbindung zwischen zwei Elementen hergestellt wird, damit sie miteinander arbeiten können.

Standardisierte Schnittstellen ermöglichen herstellerunabhängige Verbindungen zwischen Computer, Drucker, Festplatten sowie anderen Komponenten. Um Steckplätze zu sparen, sind auf modernen Motherboards eine Reihe von Schnittstellen meist direkt integriert. Sie sind entweder auf der Rückseite des Rechnergehäuses über entsprechende Anschlüsse zugänglich (Bild 1.75) oder innerhalb des Gehäuses direkt mit dem entsprechenden Gerät verbunden (z.B. Festplatte). Die ATX-Spezifikation (Kap. 1.2.1) schreibt exakt vor, in welchem Bereich die außen zugänglichen Anschlüsse der externen Schnittstellen auf dem Motherboard zu platzieren sind. Solche Vorgaben existieren auch für andere Mainboard-Standards. Innerhalb eines solchen spezifikationsabhängigen Bereichs können die jeweiligen Hersteller die Platzierung, die Art und die Anzahl der angebotenen Schnittstellen selbst festlegen.

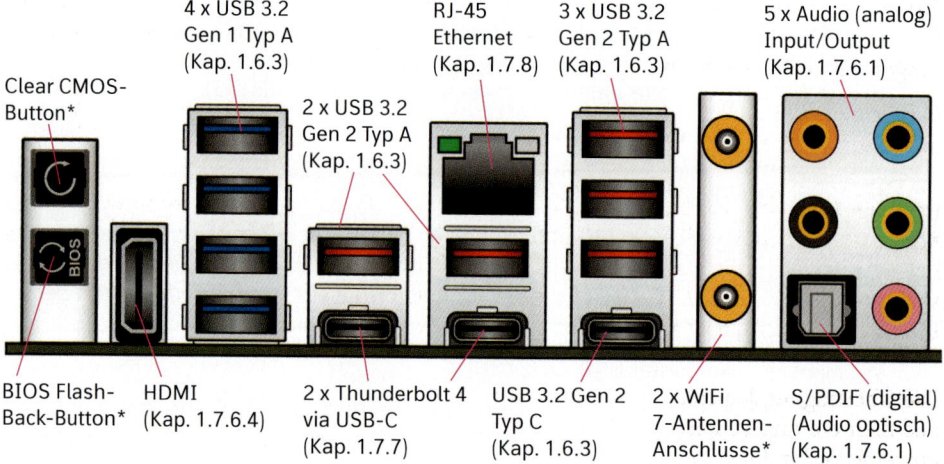

Bild 1.75: Beispiel für rückseitige externe Schnittstellenanschlüsse eines Motherboards (* nur optional vorhanden, keine Standardausstattung)

Die Überwachung der einzelnen Schnittstellen und teilweise die Ansteuerung der daran angeschlossenen Komponenten übernimmt ein entsprechender Controller.

> Ein **Controller** ist eine Gerätekomponente, über die der Computer auf angeschlossene Geräte oder umgekehrt ein angeschlossenes Gerät auf Subsysteme des PCs zugreifen kann.

Die Controller der meisten in Bild 1.75 dargestellten Schnittstellen befinden sich im Chipsatz. Vereinzelt werden von den Herstellern Zusatzchips auf dem Board platziert, um das

Schnittstellenangebot zu erweitern. Ist eine Schnittstelle erforderlich, die standardmäßig nicht zur Verfügung steht, so kann diese auch mittels eines Adapters in einem Steckplatz ergänzt werden (z. B. SAS-Adapter; Kap. 1.7.2).

> Ein **Adapter** ist eine Steckkarte für einen PC, die es ermöglicht, Peripheriegeräte zu nutzen, für die standardmäßig nicht die notwendigen Buchsen, Ports und Platinen vorhanden sind. Eine einzige Steckkarte kann dabei über mehrere integrierte Anschlüsse verfügen.

Ebenso wie Speicherbausteine benötigt jede Schnittstelle eine eindeutige logische Adresse, unter der sie vom Prozessor angesprochen werden kann. Eine solche Adresse wird in der Regel standardmäßig vergeben. Andererseits muss ein an eine Schnittstelle angeschlossenes Gerät die Möglichkeit haben, den Arbeitsprozess des Prozessors zu unterbrechen, um beispielsweise Daten anzufordern. Eine solche Anforderung erfolgt über einen entsprechend zugewiesenen **IRQ** (Interrupt **R**equest; Kap. 3.3.5).

Viele der früher in PCs standardmäßig vorhandenen externen Schnittstellen existieren heute nicht mehr oder werden nur noch vereinzelt von Boards unterstützt. Auf älteren Boards oder im industriellen Bereich sind sie allerdings noch zu finden. Hierzu gehören vor allem die serielle Com- und die parallele LPT-Schnittstelle (**Com**: **Com**munication; **LPT**: **L**ine **P**rint **T**erminal) sowie der Maus- und der Tastaturanschluss. Diese waren meist an der Gehäuserückseite zu finden.

Bei aktuellen Boards werden diese Schnittstellen fast ausnahmslos als USB-Anschlüsse realisiert. Maus und Tastatur werden häufig auch kabellos über einen Nano-Funkempfänger mit USB-Stecker angeschlossen (vgl. Kap. 1.6.3.3).

Parallele Schnittstellen (z. B. **IDE**: **I**ntegrated **D**evice **E**lectronics) wurden inzwischen durch seriell arbeitende Punkt-zu-Punkt-Verbindungen ersetzt.

> Bei einer **Punkt-zu-Punkt-Verbindung** (P2P: *point to point connection*) wird jede Komponente jeweils über separate elektrische Leitungen an einen elektronischen Schalter *(switch)* angeschlossen. Dieser stellt bedarfsorientiert nur dann eine *elektrisch aktive* Verbindung zwischen zwei Komponenten her, wenn diese Informationen austauschen. Die Datenübertragung bei Punkt-zu-Punkt-Verbindungen erfolgt seriell.

Die Übertragungskapazität der Leitung muss somit nicht – wie bei parallelen Systemen – auf mehrere angeschlossene Geräte aufgeteilt werden, sondern steht komplett für jede einzelne Verbindung zur Verfügung.

1.7.1 Serial-ATA

> **Serial-ATA** (**S**erial **A**dvanced **T**echnology **A**ttachment; kurz: **SATA** oder **S-ATA**) bezeichnet eine seriell arbeitende Schnittstelle für die Verbindung eines SATA-Gerätes (z. B. Festplatte) mit dem Chipsatz. Hierbei handelt es sich um eine interne Punkt-zu-Punkt-Verbindung, da jedes Gerät über separate Leitungen an den Chipsatz angeschlossen wird.

SATA wurde von den Firmen Dell, IBM, Intel, Seagate und Maxtor als Nachfolger des alten, parallel arbeitenden **ATA**-Standards entwickelt. Zur Abgrenzung dieser neuen

Technik wird der alte Standard heute als **PATA** (Parallel Advanced Technology Attachment; auch **P-ATA**) bezeichnet.

SATA-Schnittstellen weisen u. a. die folgenden Eigenschaften auf:

- 7-adriges Kabel: jeweils zwei nicht verdrillte Adern pro Übertragungsrichtung (d. h. keine Twisted-Pair-Kabel; „Vernetzte IT-Systeme", Kap. 4.1.1.3), drei Adern zur Trennung und Abschirmung (Masseleitungen); keine Terminierung erforderlich

- Datenübertragung mit differenziellen Signalen (±250 mV; **LVDS**: **L**ow **V**oltage **D**ifferential **S**ignal; Kap. 4.1.3); zur Übertragung wird eine sog. 8B/10B-Codierung verwendet, d. h., ein 8-Bit-Datenwort wird mit 10 Bit codiert und dann übertragen („Vernetzte IT-Systeme", Kap. 4.1.11.3). Hierdurch verringert sich die übertragbare Nutzdatenrate, die Übertragung ist aber weniger fehlerbehaftet (Rechenbeispiel zu SATA Revision 3.0, Bild 1.76: brutto 6 Gbit/s ergibt netto eine Nutzdatenrate von [6 Gbit/s : 8] · 0,8 = 600 MByte/s; Faktor 8: Umrechnung von Bit in Byte, Faktor 0,8: Berücksichtigung der 8B/10B-Codierung).

- Kabellängen bis zu 100 cm

- Ca. 8 mm breiter, verpolungssicherer Stecker (Bild 1.77), auch für portable Geräte geeignet

- Hot-Plugging-fähig (ausgenommen die Systemplatte)

- Port-Multiplier: Ermöglicht – sofern vorhanden – den Anschluss von bis zu 15 SATA-Geräten an einem SATA-Port des PC; die am Multiplier angeschlossenen Geräte müssen sich allerdings die Datenrate des PC-SATA-Ports teilen

SATA unterscheidet die folgenden drei Spezifikationen/Revisionen:

Offizielle Bezeichnung	Serial ATA 1,5 Gbit/s	Serial ATA 3,0 Gbit/s	Serial ATA 6,0 Gbit/s
Alternative Bezeichnungen	SATA I SATA 1.0 SATA 1,5 Gbit/s SATA-150	SATA II SATA Revision 2.0 SATA 3 Gbit/s SATA-300	SATA III SATA Revision 3.0 SATA 6 Gbit/s SATA 6G SATA-600
Netto-Bitrate (pro Richtung)	bis zu 150 MByte/s	bis zu 300 MByte/s	bis zu 600 MByte/s
Taktfrequenz	1,25 GHz	1,25 GHz	1,25 GHz

Bild 1.76: SATA-Spezifikationen (Angabe übertragbarer Datenmengen auch mit Binärpräfixen möglich; Kap. 4.3.2; bei der Bezeichnung werden aber ausschließlich Dezimalpräfixe verwendet.)

Alle Revisionen können prinzipiell den gleichen Kabeltyp und den gleichen Stecker verwenden. SATA wurde ursprünglich aber nur für den Einsatz innerhalb des PC-Gehäuses konzipiert. Daher verfügen die SATA-Kabel über keine Abschirmung gegenüber elektromagnetischen Störungen (Kap. 5.4.4). Die Abschirmung übernimmt im Inneren das Blechgehäuse des PCs. Auch die mechanische Festigkeit der Leitungen ist nicht ausreichend für einen Einsatz außerhalb des PCs.

SATA-2.0-und SATA-3.0-konforme Stecker ermöglichen im Gegensatz zu SATA 1.0 eine sichere mechanische Verbindung durch eine hinzugekommene Steckerverriegelung. Der

SATA-3.0-Standard definiert zusätzlich einen neuen, kleineren Steckverbinder für 1,8-Zoll-Festplatten.

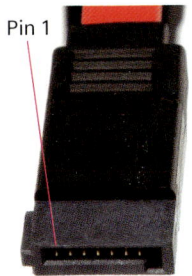

Pin 1

SATA 1.0   SATA 2.0 mit Verriegelung

Pin-Nr.	Belegung
1	Masse
2	TX+ (Senden)
3	TX- (Senden)
4	Masse
5	RX- (Empfangen)
6	RX+ (Empfangen)
7	Masse
–	Schutz vor Verdrehen

Bild 1.77: SATA-Stecker mit Pin-Belegung

SATA-Anschlüsse sind auf dem Mainboard nummeriert und oftmals farblich unterschiedlich gestaltet (Bild 1.78). Hieran lassen sich ggf. unterschiedliche Übertragungsgeschwindigkeiten erkennen, die von den Controllern jeweils maximal an diesem Anschluss unterstützt werden. In der Regel lassen sich paarweise gleichfarbige Slots auch zu einem RAID-Array (Kap. 1.7.3) zusammenschalten. Über die jeweilige (nicht einheitliche) Bedeutung der Farbgestaltung sollte man sich im jeweiligen Handbuch des Herstellers informieren.

Zur Energieversorgung verwenden SATA-Geräte (z. B. Festplatten, Kap. 1.8.1.1) einen speziellen 15-poligen Stecker (12 V; 5 V; bei älteren Geräten zusätzlich 3,3 V; Kap. 1.10.1). Durch die größere Pinzahl ist beispielsweise der sog. **Staggered-Spin-up-Betrieb** möglich. Hierbei wird ein Gerät erst dann eingeschaltet, wenn der SATA-Controller es anfordert. Da der Anlaufstrom von Festplatten erheblich höher ist als der Betriebsstrom, kann die Netzteilbelastung reduziert werden, indem der Controller z. B. mehrere vorhandene Festplatten nacheinander anlaufen lässt.

Bild 1.78: SATA-Anschlüsse auf dem Mainboard

Ab SATA Revision 2.0 bieten sich auch spezielle Möglichkeiten zur Einbindung von Festplatten. Neben **NCQ** (Native Command Queuing), einem Verfahren zur Verkürzung von Schreib-/Lesekopfbewegungen beim optimierenden Umsortieren, lässt sich auch einfacher ein RAID-Array (Kap. 1.7.3) aufbauen.

Die ursprüngliche SATA-3.0-Revision wurde inzwischen erweitert. Als nen-

PCIe 3.0

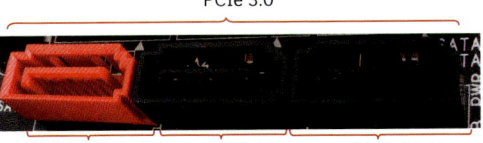

PCIe Takt + Power   SATA-Slot 1   SATA-Slot 2

Bild 1.79: SATA-Express-Slot

nenswerte Neuerung führt Revision 3.2 eine neue SATA-Schnittstelle ein, in Revision 3.3 wird zusätzlich die Unterstützung von Festplatten mit Shingled Magnetic Recording (Kap. 1.8.1.2) sowie ein erweitertes „Power Device Feature" spezifiziert.

Diese Schnittstelle wird unter den Bezeichnung **SATA Express 8 Gbit/s** bzw. **SATA Express 16 Gbit/s** vermarktet und kann einerseits SATA-Signale verarbeiten, ist andererseits übertragungstechnisch aber auch kompatibel zu PCIe 3.0. Der SATA-Express-Slot kann entweder mit zwei herkömmlichen SATA-Steckern (SATA-Slot 1 und 2; Bild 1.79) belegt werden oder alternativ – unter zusätzlicher Nutzung der Takt- und Power-Anschlüsse – mit einem PCIe-3.0 × 2-Kabel. Auf diese Weise ermöglicht er die Bündelung von zwei PCIe-Lanes (Kap. 1.7.4). Pro Lane können theoretisch bis ca. 8 Gbit/s übertragen werden. Die Datenübertragung herkömmlicher SSDs (AHCI; Kap. 1.8.2) kann dann über diese PCIe-Anbindung wesentlich schneller erfolgen als mittels SATA. Bei den heutigen schnellen SSDs mit NVMe (Kap. 1.8.2) stößt SATA Express aber bereits an seine Grenzen, da der Slot (aufgrund seiner Anbindung an den Chipsatz) lediglich *zwei* PCIe-Lanes unterstützen kann.

Schnellere Verbindungsalternativen bieten daher inzwischen der **M.2**-Slot (Kap. 1.7.5) oder der **U.2**-Slot. Der bereits seit Längerem im Serverbereich eingesetzte U.2-Anschluss (dortige ehemalige Bezeichnung: **SFF-8639**) wird zunehmend auch im Consumerbereich vermarktet, da er bis zu vier PCIe-3.0-Lanes bereitstellen kann.

Im Zusammenhang mit SATA existieren die folgenden Entwicklungen:

Bezeichnung	Erläuterung
eSATA	**external SATA** – Bezeichnet eine Spezifikation für den Anschluss externer SATA-Geräte an einen PC – Verwendet gegen elektromagnetische Störungen abgeschirmte Kabel, Stecker und Buchsen; Kabellängen bis zu 2 m; geringfügig höhere Signalpegel als bei ursprünglichem SATA – eSATA-Stecker passen in SATA-Buchsen, SATA-Stecker aber nicht in eSATA-Buchsen, um den externen Gebrauch von internen SATA-Kabeln zu verhindern. – In eine eSATA-Buchse passt oft auch ein USB-2.0-Stecker; die USB-Kontakte können dann zur Stromversorgung genutzt werden. – Austausch von Geräten im laufenden Betrieb möglich (**HotSwap**-fähig)
eSATAp	**Power-over-eSATA** – Begrenzte Energieversorgung angeschlossener Kleingeräte (z. B. Memory-Card, Festplatte) über eSATA-Kabel möglich – Anschlusstechnik ist hierbei sowohl zu SATA als auch zu USB kompatibel – Teilweise verfügen PCs daher auch über Anschlussbuchsen, in denen sowohl ein USB-Gerät als auch ein eSATA-Gerät betrieben werden kann.
mSATA	**mini-SATA** – Spezifiziert von Samsung und der JEDEC (**J**oint **E**lectronic **D**evice **E**ngineering **C**ouncil) – Verkleinerte Anschlüsse, z. B. zur Verwendung von SSDs in mobilen Geräten (Bild 1.111)
Micro-SATA	– spezieller, gegenüber mSATA nochmals verkleinerter Anschluss für 1,8"-Festplatten oder SSD-Speicher – spezifiziert in SATA Revision 2.6; inzwischen verdrängt von M.2 (Kap. 1.8.2), daher nur noch in älteren Geräten zu finden

Bild 1.80: Weitere SATA-Entwicklungen

1.7.2 Serial Attached SCSI

Serial Attached SCSI (SAS) ist eine von der ANSI (**A**merican **N**ational **S**tandards Institute) spezifizierte serielle Schnittstelle für eine Verbindung zwischen PC und entsprechenden SAS-Peripheriegeräten. Hierbei handelt es sich um eine Punkt-zu-Punkt-Verbindung.

Da die parallele SCSI-Schnittstellentechnik (**SCSI**: **S**mall **C**omputer **S**ystem **I**nterface) bei den heute erforderlichen hohen Taktraten an ihre physikalischen Grenzen stößt, wurde entsprechend dem bereits auf dem Markt befindlichen SATA-Vorbild eine serielle SCSI-Anbindung entwickelt. SAS wird vornehmlich in Servern eingesetzt.

Die Daten werden je nach Spezifikation seriell mit bis zu 3 Gbit/s (SAS I), 6 Gbit/s (SAS II), 12 Gbit/s (SAS III) oder 24 Gbit/s (SAS IV) übertragen. Nach Abzug der bei einer seriellen Übertragung erforderlichen Protokollinformation (*protocol overhead*) resultieren hieraus Nettobitraten von ca. 300 MByte/s, 600 MByte/s, 1200 MByte/s oder 2400 MByte/s. (Hinweis: Hersteller verwenden traditionell vielfach Dezimalpräfixe anstelle von Binärpräfixen zur Angabe von Übertragungsraten; siehe Kap. 4.3.2.) SAS-Festplatten verfügen oft über zwei Steckverbinder. Diese können entweder zur Vergrößerung des Datendurchsatzes bei Betrieb an einem einzigen Host verwendet werden oder zum gleichzeitigen Anschluss an zwei verschiedene Host-Adapter, die dann gleichzeitig und unabhängig voneinander auf die Festplatte zugreifen können.

Die gleichzeitige Zugriffsmöglichkeit zweier Host-Adapter auf eine über zwei Steckverbinder angeschlossene Festplatte bezeichnet man als **Dual-Porting**.

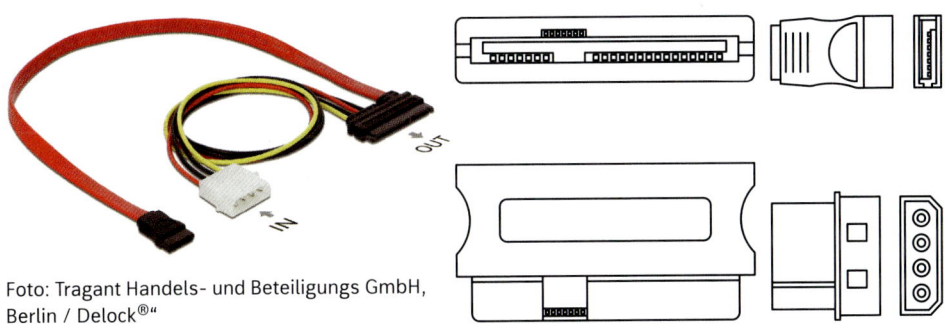

Foto: Tragant Handels- und Beteiligungs GmbH, Berlin / Delock®"

Bild 1.81: SAS-Stecker und Buchsen (Beispiele)

SAS ist kompatibel zu SATA und unterstützt außerdem auch die parallelen SCSI-Protokolle. SAS-Stecker und -Buchsen sind daher ähnlich wie SATA-Steckverbindungen aufgebaut. Allerdings verfügen SAS-Buchsen über einen Steg und SAS-Stecker über einen Keil zwischen Daten- und Stromanschlüssen. Dadurch lässt sich ein SATA-Kabel nicht in ein SAS-Gerät stecken, wohl aber ein SAS-Kabel in ein SATA-Gerät (SFF 8482-Standard). Darüber hinaus haben sich weitere Steckertypen etabliert (z.B. SFF 8087; nachzulesen z.B. im Wikipedia-Eintrag „Serial Attached SCSI").

Die Spannungen auf den Datenleitungen sind geringfügig höher als bei SATA (SAS: symmetrische differenzielle Signale auf getrennten Sende- und Empfangsadern, jeweils ca. ±500 mV; SATA: ca. ±250 mV; Kap. 1.7.1). Dadurch vergrößert sich die Übertragungssicherheit.

1.7.3 RAID

RAID ist die Abkürzung für **R**edundant **A**rray of **I**ndependent **D**isks (redundante Reihe unabhängiger Platten) und bezeichnet Verfahren zur Datenspeicherung, bei denen die Daten zusammen mit Fehlerkorrekturcodes und/oder Paritätsinformationen auf verschiedenen Festplattenlaufwerken verteilt gespeichert werden.

Die Paritätsinformationen (*parity information*) ermöglichen eine Wiederherstellung von Daten, auch wenn ein (begrenzter) Teil dieser Daten verloren gegangen ist. Bei RAID muss man zwischen Software-RAID und Hardware-RAID unterscheiden.

Bei **Software-RAID** wird das Zusammenwirken der beteiligten Festplatten komplett vom Betriebssystem des PCs gesteuert und überwacht, sodass kein spezieller RAID-Controller erforderlich ist. Alle aktuellen Betriebssysteme verfügen über entsprechende Software-Routinen, um vorhandene Festplatten als RAID-System zu verwalten. Allerdings werden hierbei die Systemressourcen (CPU, Bussysteme) zusätzlich belastet.

Bei **Hardware-RAID** befindet sich ein separater **RAID-Controller** auf dem Motherboard oder auf einer implementierten Erweiterungskarte. Dieser verwaltet die angeschlossenen Festplatten, die meist im Gehäuse des PCs untergebracht sind und in der Regel auch nur den Nutzenden des PCs zur Verfügung stehen. Der Controller arbeitet unabhängig von der CPU des PCs und erfordert keine zusätzlichen Systemressourcen. Ein solches Speichersystem wird auch als **Direct Attached Storage** (**DAS**, alternativ: **Server Attached Storage**, SAS) bezeichnet.

In Rechenzentren oder in Unternehmen fallen wesentlich größere Datenmengen an als auf einem Privat-PC, die entweder nur gespeichert oder zusätzlich gegen Datenverlust gesichert werden müssen. Hierbei wird ein RAID-Controller samt den erforderlichen Festplatten in separaten Gehäusen untergebracht und arbeitet autark (unabhängig von anderen Computern). Der Zugriff von anderen Computern auf diese Festplatten erfolgt über ein spezielles firmeninternes oder ein gegen Fremdzugriffe geschütztes öffentliches Kommunikationsnetz. Ein solches System, das meist unabhängig von einem firmenspezifischen LAN arbeitet, wird als **Storage Area Network** (**SAN**) bezeichnet. Alternativ lassen sich Daten auch in einer **Cloud**-Anwendung (siehe „Vernetzte IT-Systeme", Kap. 2.4.1) ablegen. Hierbei wissen die Benutzenden allerdings nicht mehr, wo genau ihre Daten gespeichert und wie sie gesichert sind, sie können aber weltweit darauf zugreifen.

RAID-Systeme lassen sich je nach verwendetem Controller entweder mit SATA- oder mit SAS-Festplatten aufbauen. Die jeweiligen Festplatten sollten über gleich große Speicherkapazitäten verfügen. Grundsätzlich gibt es verschiedene Möglichkeiten, wie die vorhandenen Festplatten zusammenarbeiten können. Diese unterscheiden sich in der Art der Datenverteilung, der Zugriffsgeschwindigkeit und der Systemkosten und werden als **RAID Level** bezeichnet.

Bezeich-nung	Beschreibung	Eigenschaften	Grafische Darstellung
RAID Level 0 (Data Striping)	– Zerlegung von Daten in Blöcke (Stripes), die gleichmäßig verteilt auf den eingebundenen Platten gespeichert werden – Sog. Striping-Faktor ist Maß für die Größe der Blöcke (Standardwert: 64 KiByte)	– Mindestens zwei Festplatten erforderlich – Vergrößerung der Datentransferrate, da während der Positionierzeit einer Platte von einer anderen bereits gelesen (geschrieben) werden kann – Alle eingebundenen Platten müssen gleich große Kapazität aufweisen. – Keine Erhöhung der Datensicherheit, da Datenverlust auf einer Platte Verlust der gesamten Datei bedeutet	
RAID Level 1 (Drive Mirroring)	– Daten werden komplett auf eine Platte geschrieben – Sämtliche Daten werden vollständig auf eine zweite Platte gespiegelt.	– Mindestens zwei Festplatten erforderlich – Bei Ausfall einer Platte gehen keine Daten verloren, sofern man noch auf die gespiegelten Daten zugreifen kann. – Die Speicherkapazität für die Nutzdaten auf den Platten reduziert sich aufgrund der erforderlichen redundanten Informationen (bis zu 50 %), dadurch erhöhte Kosten	
RAID Level 10 (lies: eins-null, nicht zehn)	– Kombination von RAID Level 0 und RAID Level 1, d. h. blockweise Verteilung der Daten auf mindestens zwei Platten sowie Spiegelung jeder Datenplatte	– Mindestens vier Festplatten erforderlich – Verbindung des schnellen Datenzugriffs von Level 0 mit der Erhöhung der Datensicherheit von Level 1	

Bezeich-nung	Beschreibung	Eigenschaften	Grafische Darstellung
RAID Level 5	– Zerlegung von Nutzdaten in Blöcke und Speicherung auf verschiedenen Festplatten – Keine zusätzliche Platte als Parity-Laufwerk, sondern gleichzeitig Speicherung zugehöriger Parity-Informationen (Ap, Bp, Cp und Dp) auf jeder Platte mit Nutzdaten	– Mindestens drei Festplatten erforderlich – Hohe Datensicherheit bei geringeren Kosten als bei RAID Level 2 – Verringerung der Speicherkapazität für die Nutzdaten auf jeder Platte (bis zu 20 %)	
RAID Level 6	– Wie RAID Level 5, durch entsprechende Datenverteilung können bis zu 2 Platten ausfallen, ohne dass Datenverlust entsteht.	– Mindestens 4 Platten erforderlich – Höhere Datensicherheit, aber teurer als RAID 5	

Bild 1.82: RAID-Level (Beispiele)

Neben dem dargestellten RAID-Level 10 gibt es auch andere RAID-Kombinationen, z. B. RAID 01 (i. Allg. vier Platten erforderlich) oder RAID 51 (mindestens sechs Platten erforderlich).

Jedes RAID-System lässt sich zusätzlich zur jeweiligen Mindestanzahl von Festplatten auch mit einem (normalerweise) unbenutzten Reservelaufwerk (**Hot-Spare-Laufwerk**) ausstatten. Bei Ausfall eines aktiven Laufwerks im RAID-Verbund übernimmt dieses Reservelaufwerk dann automatisch dessen Funktion, die Redundanz kann hierdurch schnellstmöglich wiederhergestellt werden.

Im Zusammenhang mit (oder zur Abgrenzung von) RAID findet man auch die folgenden Begriffe:

Begriff	Erläuterung
Matrix-RAID	Kombination aus RAID 0 und RAID 1, wobei aber nicht vier, sondern nur zwei Festplatten (Platte A und Platte B) erforderlich sind; beide Festplatten werden hierbei jeweils in zwei voneinander unabhängige Partitionen (A1, A2 und B1, B2; Kap. 3.2.2) unterteilt; sämtliche Inhalte von Bereich A1 werden auf Bereich B1 gespiegelt (RAID 1), in den jeweils verbleibenden Bereichen (A2 und B2) werden die Inhalte auf beide Festplatten verteilt (RAID 0).

Begriff	Erläuterung
RAID 5E **RAID 5EE**	**RAID 5** Enhanced Kombination von RAID 5 mit freien Hot-Spare-Bereichen, die sich nicht auf einem separaten Laufwerk, sondern jeweils am Ende der vorhandenen RAID-5-Laufwerke befinden; bei einem Plattenausfall lässt sich dessen Inhalt durch die vorhandenen Paritätsinformationen auf einem der freien Bereiche wiederherstellen. Bei **RAID 5EE** befinden sich die Hot-Spare-Bereiche nicht an den Festplattenenden, sondern sind auf den einzelnen Festplatten diagonal verteilt, wodurch sich ein Geschwindigkeitsvorteil bei der Datenwiederherstellung ergibt.
NRAID	Non-**RAID** – Von einigen RAID-Controllern angebotene Funktion, bei der lediglich ein Zusammenschluss mehrerer Festplatten erfolgt, vergleichbar mit einem Festplattenverbund, der von einem **L**ogical **V**olume **M**anager (LVM) verwaltet wird (somit *kein* RAID) – Im Gegensatz zu den RAID-Leveln sind hier Festplatten mit unterschiedlichen Kapazitäten ohne Speicherverlust kombinierbar (z. B. 20-GByte-Platte + 40-GByte-Platte ergibt bei NRAID eine virtuelle Platte von 60 GByte; bei RAID 0 wären nur 40 GByte nutzbar; Kapazitätswertangaben traditionell mit Dezimalpräfix.) – NRAID bietet keine Redundanz, keine größere Ausfallsicherheit und keinen Performancegewinn.
JBOD	**J**ust a **B**unch **O**f **D**iscs Kein RAID, sondern lediglich eine Bezeichnung für verschiedene redundanzfreie Kombinationsarten von Festplatten, z. B.: – Ein RAID-Controller arbeitet als normaler Festplattencontroller und stellt dem Betriebssystem vorhandene Festplatten als einzelne separate Platten (d. h. ohne Verbund) zur Verfügung. – Ein RAID-Controller kombiniert mehrere Festplatten, sodass sie dem Betriebssystem wie ein einziges physikalisches Laufwerk erscheinen (entspricht funktional NRAID); eine Aufteilung in logische Laufwerke (Kap. 3.2.2) ist hierbei möglich. Unabhängig von der Verwaltung durch einen RAID-Controller kann mit JBOD auch ein beliebiger Zusammenschluss von Festplatten zu einem logischen Volume bezeichnet werden.

Bild 1.83: Sonstige Begriffe im Zusammenhang mit RAID

1.7.4 PCI express

PCI express (**PCIe**) bezeichnet eine Verbindungstechnik innerhalb eines PCs zwischen dem Chipsatz bzw. der CPU und zusätzlich eingebauten Komponenten. Hierbei handelt es sich jeweils um Punkt-zu-Punkt-Verbindungen.

Die Steuerung des Verbindungsauf- und -abbaus erfolgt meist durch den Chipsatz (z.B. PCH, Kap. 1.4), in dem sich der PCIe-Controller und die erforderlichen „elektronischen Schalter" (PCIe-Switches) befinden. Nur bei direktem Anschluss von PCIe-Komponenten an die CPU übernimmt diese dann auch die Verbindungssteuerung (z.B. bei Intel-CPUs über den implementierten PCIe-Root-Complex).

PCIe ist somit *kein* paralleles Bussystem wie PCI. Die Namensverwandtschaft zum früher verwendeten, parallel arbeitenden PCI-Bus (Peripheral Component Interconnect Bus) resultiert aus der softwaremäßigen Kompatibilität zwischen beiden Systemen.

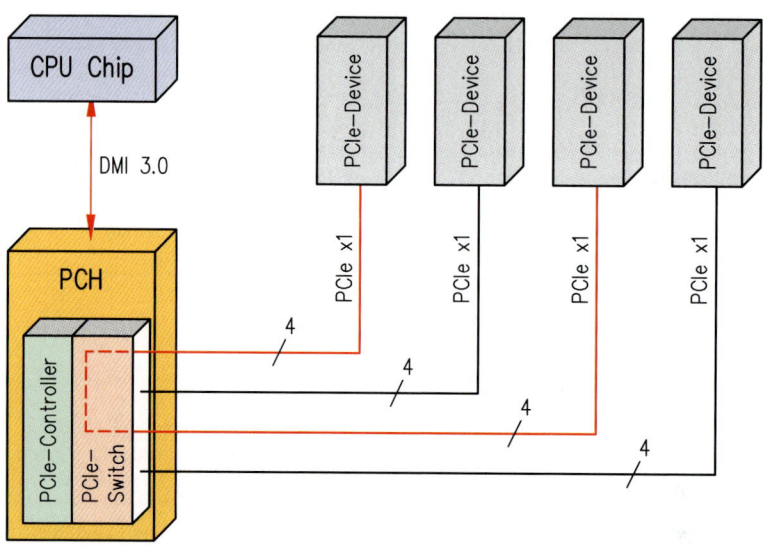

Bild 1.84: PCIe-Verbindungstechnik (Grundprinzip; angegeben ist nur die Anzahl der Datenleitungen)

Während bei PCI sämtliche Komponenten parallel an den gleichen Busleitungen angeschlossen waren, stellt ein PCIe-Chipsatz für jedes Device (Erweiterungskarte, Endgerät) einen separaten Anschluss (PCIe-Port, PCIe-Slot) bereit.

Die Datenübertragung zwischen angeschlossenen PCIe-Geräten (Endpoints) erfolgt zwar seriell, die Verarbeitung in den Geräten aber parallel. Daher müssen die Daten vor der Übertragung zunächst in serielle Informationen umgewandelt werden. Dies erfolgt durch einen entsprechenden **Parallel-zu-Seriell-Wandler** (sog. **Schieberegister**; Kap. 4.4.3.2) im jeweiligen Gerät. Umgekehrt wandeln Seriell-zu-Parallel-Wandler die seriell übertragenen Daten wieder in parallele Informationen um.

Gesendete und empfangene Daten können hierbei gleichzeitig auf getrennten Aderpaaren mit differenziellen Signalen (Kap. 4.1.3) übertragen werden.

> Die gleichzeitige Datenübertragung in Sende- und Empfangsrichtung bezeichnet man als **Vollduplex** (*full duplex*).

Die Adern sind gegeneinander abgeschirmt, aber nicht miteinander verdrillt (d.h. kein Twisted-Pair-Kabel; „Vernetzte IT-Systeme", Kap. 4.1.1.3).

Die PCIe-Steckverbindungen (PCIe-Slots) sind lösbar, sie sind nicht kompatibel zu den alten PCI-Slots. PCIe-Geräte können im aktiven Betrieb an- und abgeklemmt werden (Hot-Plugging-Fähigkeit).

Eine PCIe-Steckverbindung ermöglicht auch die begrenzte Energieversorgung eines angeschlossenen Gerätes (10 W bis 75 W, abhängig von der Slotvariante). Bei höherem Energiebedarf (z. B. bei Grafikkarten) sind Zusatzstecker erforderlich.

Neben den Sende- und Empfangsadern sowie den Leitungen zur Energieversorgung hat jede PCIe-Steckverbindung noch weitere Kontakte, die für Steuer- und Masseleitungen erforderlich sind (PCIe ×1: 36 Kontakte; PCIe ×4: 64 Kontakte; PCIe ×8: 98 Kontakte; PCIe ×16: 164 Kontakte).

Bild 1.85: PCIe-Steckverbindungen; links PCIe · 1, rechts PCIe · 16

> Die aus einem Sende- und einem Empfangskanal bestehende Punkt-zu-Punkt-Verbindung wird bei PCIe als **Lane** bezeichnet (Kurzschreibweise: **PCIe ×1**). Jede Lane verfügt über ein Adernpaar für die Senderichtung und ein Adernpaar für die Empfangsrichtung.

Das Herstellerkonsortium **PCI-SIG** (PCI-Special Interest Group, www.pcisig.com) hat seit der Einführung von PCIe im Jahr 2004 verschiedene PCIe-Spezifikationen verabschiedet, die sich hauptsächlich in ihrer Datenübertragungsrate voneinander unterscheiden. Die verwendeten Steckplätze (Slots) der einzelnen Versionen sind untereinander nicht voll kompatibel.

Version (Erscheinungs-jahr)	Taktrate	Theor. Bitrate* pro Lane und Richtung	Nettobyterate* pro Lane und Richtung (Werte gerundet)
PCIe 1.0/1.1 (2004)	1,25 GHz	2,5 Gbit/s	250 MByte/s
PCIe 2.0/2.1 (2007)	2,5 GHz	5 Gbit/s	500 MByte/s
PCIe 3.0 (2012)	4 GHz	8 Gbit/s	ca. 1 GByte/s
PCIe 4.0 (2017)	8 GHz	16 Gbit/s	ca. 2 GByte/s
PCIe 5.0 (2019)	16 GHz	32 Gbit/s	ca. 4 GByte/s
PCIe 6.0 (2021)	16 GHz	64 Gbit/s	ca. 7,9 GByte/s
PCIe 7.0 (2025)	32 GHz	128 Gbit/s	ca. 15 GByte/s

Bild 1.86: Spezifikationen bei PCIe (* Angabe übertragbarer Datenmengen auch mit Binärpräfixen möglich; Kap. 4.3.2).

Bei allen Versionen lassen sich auch mehrere Lanes zu einem Link bündeln, sodass höhere Datenraten erzielt werden können. Auf diese Weise lässt sich die jeweils bereitgestellte Übertragungskapazität bedarfsorientiert skalieren. Auch für den Anschluss externer Geräte existiert eine entsprechende PCIe-Spezifikation („externes PCIe").

> Unter der **Skalierbarkeit** (*scalability*) der Übertragungskapazität versteht man die bedarfsorientierte Zuordnung von Datentransferraten ohne aufwendige Änderung von Hardware-Grundfunktionen.

In einem Link können 1, 2, 4, 8, 16 oder 32 Lanes gebündelt werden. Der PCIe-4.0-×16-Anschluss für eine PCIe-Grafikkarte (PEG: Kap. 1.4) besteht somit aus 16 Lanes und ermöglicht eine Datenrate von bis zu 32 GiByte/s pro Übertragungsrichtung. Bei 16 Lanes stehen insgesamt 64 Datenleitungen zur Verfügung. Abhängig von der Anzahl der Lanes in einem Link sind jeweils spezielle Steckverbindungen vorhanden (z.B. PCIe ×1, PCIe ×4, PCIe ×8,

PCIe ×16; Bild 1.85). Die PCIe-Slots der gleichen Generation sind untereinander kompatibel, d.h., eine PCIe-4.0-×1-Karte kann beispielsweise auch in einen PCIe-4.0-×4-Slot gesteckt werden. Die übrigen drei Lanes werden dann nicht genutzt. Aufgrund der Verdopplung der Datenrate einer Lane genügt dann beim Standard PCIe 5.0 für die gleich große Übertragungsrate ein PCIe-×8-Anschluss für die Grafikkarte (Bild 1.87). Hierdurch werden die Steckverbinder kleiner und lassen sich kostengünstiger herstellen.

	2 Lanes (PCIe ×2)	4 Lanes (PCIe ×4)	8 Lanes (PCIe ×8)	16 Lanes (PCIe ×16)
PCIe 1.0/1.1	500 MByte/s	1 GByte/s	2 GByte/s	4 GByte/s
PCIe 2.0/2.1	1 GByte/s	2 GByte/s	4 GByte/s	8 GByte/s
PCIe 3.0	2 GByte/s	4 GByte/s	8 GByte/s	16 GByte/s
PCIe 4.0	4 GByte/s	8 GByte/s	16 GByte/s	32 GByte/s
PCIe 5.0	8 GByte/s	16 GByte/s	32 GByte/s	64 GByte/s
PCIe 6.0	15,8 GByte/s	31,5 GByte/s	63,1 GByte/s	126,1 GByte/s
PCIe 7.0	30,1 GByte/s	60,1 GByte/s	120,5 GByte/s	240,7 GByte/s

Bild 1.87: Vergleich der maximal möglichen PCIe-Nettobyteraten (Werte gerundet; die Angaben übertragbarer Datenmengen sind auch unter Verwendung von Binärpräfixen möglich; Kap. 4.3.2).

Bei einem PCIe-Link wird der zu übertragende Datenstrom auf die im Link vorhandenen Lanes verteilt, unabhängig voneinander übertragen und am anderen Ende automatisch wieder zusammengesetzt.

Der Einsatz der Switch-Technologie ermöglicht zudem die gleichzeitige und unabhängige Nutzung mehrerer Punkt-zu-Punkt-Verbindungen zwischen jeweils verschiedenen Geräten mit der vollen Bandbreite, die nur von der Anzahl der jeweils enthaltenen Lanes abhängig ist.

Für die Übertragung wird bis einschließlich Spezifikation 2.1 ein **8B/10B-Leitungscode** (Alternativschreibweise: 8b/10b; Kap. 4.3.8) verwendet. Hierbei wird 1 Datenbyte (8 bit: 8 B) in einen sog. „Character" – bestehend aus 10 bit (10 B) – so umcodiert, dass weder innerhalb eines Characters noch im Übergang zwischen zwei Charactern mehr als fünf gleiche Bits in Folge (0 oder 1) entstehen. Hierdurch erhält man die für eine Übertragung erforderliche Gleichstromfreiheit (Kap. 4.3.8); gleichzeitig ergeben sich hinreichend viele Impulsflanken innerhalb des Datenstroms, aus denen sich die Taktrate (im GHz-Bereich, Bild 1.86) nur aus einer problemlos zu übertragenden Basis-Taktfrequenz (im MHz-Bereich) sicher rückgewinnen und synchonisieren lässt. Ab PCIe 3.0 verwendet man einen **128B/130B-Leitungscode**. Hierbei werden jeweils 128 Bit (16 Byte) zu einem Datenblock zusammengefügt und übertragen. Wegen des geringeren Overheads gegenüber dem 8B/10B-Code (auf 128 Bit Nutzdaten entfallen nur 2 Bit zusätzliche Steuerdaten) ergibt sich hierbei nahezu eine Verdopplung der Nutzdatenrate, obwohl die Taktrate gegenüber PCIe 2.0 nicht verdoppelt wurde (Bild 1.86). Ab PCIe 6.0 kommt eine völlig andere, wesentlich effizientere Leitungscodierung zum Einsatz (**PAM 4**; Kap. 4.3.8; Hinweis: Die verschiedenen Codierungen werden hier nur benannt, um ausbildungsübergreifend einen technischen Überblick zu geben. Weitergehende Erklärungen erfolgen im Band „Vernetzte IT-Systeme", Kap. 4.1.5.1, Kap. 4.1.11)

Wegen der verwendeten Leitungscodierungen entspricht bei PCIe (wie auch bei anderen Verbindungstechniken) die jeweilige Nutzdatenrate nicht der übertragenen Gesamtdatenrate. Aus diesem Grund wird die Gesamtbitrate (Bruttobitrate) des Öfteren nicht in GByte/s, sondern in **Gigatransfers pro Sekunde** (GT/s) angegeben (Beispielrechnung für **PCIe 5.0 ×1**: 32 GT/s entspricht 32 GBit/s · (128 Bit/130 Bit) / 8 = 3,9 GByte/s).

Die Datenübertragung erfolgt in allen Fällen mit differenziellen Signalen mit geringem Spannungshub (**LVDS**: **L**ow **V**oltage **D**ifferential **S**ignaling: Kap. 4.1.3).

1.7.5 M.2

> **M.2** ist die Bezeichnung einer Spezifikation für eine interne PC-Schnittstelle zum Anschluss von Erweiterungskarten und SSDs (Kap. 1.8.2). Neben der Anschlusstechnik definiert der Standard auch die unterstützten Übertragungsarten sowie die Abmessungen der Karten.

Der M.2-Standard definiert Steckkarten mit Breiten von 12, 16, 22 oder 30 Millimetern bei Kartenlängen zwischen 16 und 110 Millimetern in genormten Stufen. Die Abmessungen einer M.2-Karte kann man ihrer aufgedruckten Bezeichnung entnehmen. Eine Karte mit der Bezeichnung „M.2 2280" (alternativ: M.2 NGFF 2280; **NGFF**: **N**ext **G**eneration **F**orm **F**actor) ist 22 mm breit und 80 mm lang. Die Karten können einseitig oder zweiseitig mit Bauteilen bestückt werden, die Höhe der aufgebrachten Komponenten darf maximal 1,5 mm betragen. Die Anschlusskontakte sind ebenfalls beidseitig angebracht (bis zu 67 Pins). M.2-Karten sind somit kleiner und kompakter als Karten mit mSATA-Anschluss (Kap. 1.7.1).

Die M.2-Anschlussbuchse wird als **M.2-Port** oder **M.2-Slot** bezeichnet. Dieser kann bis zu 4 PCIe-Lanes (Kap. 1.7.4) und einen SATA-6G-Anschluss (Kap. 1.7.1) unterstützen. PCIe und SATA können gleichzeitig genutzt werden.

Abhängig vom Einsatzzweck verfügt jede M.2-Karte an bestimmten Stellen ihrer Steckerleiste über Aussparungen, die als **Key** (Schlüssel) bezeichnet werden. Die Karten passen daher nur in die jeweiligen Slots.

Key-Bezeichnung und Merkmale	Ansicht Steckerleiste
Key B – bis zu 2 PCIe-Lanes – 1 × SATA 6G	6 Pins breit
Key M – bis zu 4 PCIe-Lanes – 1 × SATA 6G	5 Pins breit
Key B + M – bis zu 2 PCIe-Lanes – 1 × SATA 6G	

Bild 1.88: M.2-Keys

Bild 1.89: Beispiele für M.2-Karten

M.2-Steckkarten gibt es inzwischen für WLAN, Bluetooth, GPS, NFC und andere Funktionen. Interessant ist für die meisten Endverbraucher/-innen aber insbesondere die mögliche Anbindung schneller SSDs im Kartenformat (Kap. 1.8.2) über maximal vier PCIe-4.0-Lanes, bei der bis zu 8 GByte/s (Kap. 1.7.4) übertragen werden können (zum Vergleich: SATA 6G: 600 MByte/s; Kap. 1.7.1).

1.7.6 Audio- und Video-Anschlüsse

Bei portablen Geräten sind Display und Lautsprecher direkt im Gehäuse untergebracht. Die erforderlichen Controller befinden sich auf dem jeweiligen Board, sodass eine Bild- und Tonwiedergabe multimedialer Inhalte ohne zusätzliche Komponenten möglich ist. Für den Anschluss externer Wiedergabegeräte stehen aus Platzgründen meist nur wenige Anschlüsse zur Verfügung (z. B. für Kopfhörer: 3,5 mm Klinkenbuchse; für Display: HDMI, siehe unten). Allerdings geht der Trend dahin, aus Kostengründen die Klinkenbuchse einzusparen und die Audiowiedergabe über andere Anschlüsse zu realisieren (z. B. USB-Typ-C-Anschluss).

Um Inhalte auch in höchster Qualität auf einem externen Gerät wiedergeben (oder direkt aus dem Internet streamen) zu können, haben unterschiedliche Konsortien (Firmenzusammenschlüsse) verschiedene Verfahren und Standards geschaffen. Einige dieser Standards und die damit verbundenen technischen Begriffe und Bezeichnungen sind in Bild 1.90 zusammengefasst.

Bezeichnung	Merkmale
MHL	**M**obile **H**igh-Definition **L**ink – Vom MHL-Konsortium (Nokia, Samsung, Sony, Toshiba) entwickelter Standard für eine kabelgebundene Schnittstelle zwischen einem Mobilgerät (z. B. Smartphone, Tablet) und einem Wiedergabegerät (z. B. Display, Fernseher, Projektor mit HDMI-Anschluss) für die Übertragung von hochauflösenden Audio- und Videosignalen (7.1-Surround-Sound, unkomprimiertes Videosignal mit 1 080p) – Unterstützt HDCP-Verschlüsselung (Bild 1.117) – Begrenzte Unterstützung der Energieversorgung des Mobilgeräts (z. B. MHL 1.0: 5 V/500 mA; MHL 2.0: 5 V/900 mA; MHL 3.0: bis zu 2 A) – Abhängig vom Mobilgerät werden unterschiedliche Stecker/Buchsen verwendet (z. B. 5-polige Micro-USB-Buchse, mit vom USB-Standard abweichenden Signalspezifkationen). – MHL 3.0 unterstützt auch 4K-Auflösung (Ultra-HD, bis 2 160p, 30 fps)
WiFi-Direct	– Von der Wi-Fi Alliance (Zusammenschluss von über 200 Firmen) definierter Funkstandard auf der Basis der Norm IEEE 802.11 („WLAN-Standard"; Kap. 1.7.9) – WiFi-Direct ermöglicht die *direkte* Kommunikation (d. h. *ohne* zusätzlichen Access Point, im Gegensatz zum klassischen WLAN) zwischen zwei WLAN-fähigen Endgeräten, hierbei muss aber nur *eines* der beiden Geräte „WiFi-Direct-fähig" sein. – Versionsabhängig unterschiedliche Bitraten und Reichweiten (z. B. 802.11a: 54 Mbit/s, bis ca. 10 m; 802.11n: 450 Mbit/s, bis ca. 150 m, jeweils in geschlossenen Räumen) – Übertragung im lizenzfreien Bereich bei 2,4 GHz und 5 GHz

Bezeichnung	Merkmale
Miracast	– Von der Wi-Fi Alliance definierter, offener Funkstandard für die Peer-to-Peer-Übertragung von Audio- und Videosignalen (5.1-Surround-Sound, Video bis 1080p-Auflösung, d.h. Full-HD) zwischen einem Mobilgerät und einem Bildschirm – Durch die Verwendung des WiFi-Direct-Standards ist *kein* Einbinden der beteiligten Geräte in ein WLAN erforderlich, *beide* Geräte müssen aber Miracast unterstützen.
Chromecast (vergleichbares Konkurrenz-produkt: **Fire TV Stick**)	– Von Google (Fire TV: von Amazon) entwickelter Stick zur Übertragung von Audio- und Videosignalen auf ein Fernsehgerät unter Verwendung eines lokalen WLANs (d.h. Access Point erforderlich) – Die Sticks verfügen jeweils über einen HDMI-Stecker für den Anschluss an das Fernsehgerät. – Er überträgt nur bestimmte, auf Google-Applikationen (bzw. Fire TV Stick: auf Amazon) abgestimmte Medieninhalte an den Fernseher, entweder direkt aus dem Internet oder aus einer anderen Quelle (z.B. lokaler PC). Hierzu erhält er von einem Gerät mit einer entsprechenden App (z.B. Tablet) die erforderlichen Informationen und Steuersignale (z.B. IP-Adresse der Quelle, Lautstärkeregelung). – Weiterentwicklungen bieten erweiterten Leistungsumfang (z.B. Chromecast Ultra: 4K-Auflösung; Chromecast 3: Bluetooth, WLAN-Unterstützung WiFi 4, WiFi 5, WiFi 6, WiFi 7; Kap. 1.7.9)
Airplay 2	– Zweite Version der von Apple entwickelten Funkschnittstelle zur Übertragung von Daten (Bildschirminhalte, Spiele, Fotos, Videos, Musik) von einem Apple-End-gerät zu einem beliebigen Airplay-2-fähigen Wiedergabegerät – Verwendet ein vorhandenes WLAN (mit Access Point), Bitrate bis ca. 120 Mbit/s, Audio in CD-Qualität
DLNA	**D**igital **L**iving **N**etwork **A**lliance – Bezeichnung einer Vereinigung von über 300 namhaften Herstellern von informationstechnischen Geräten; Hauptaufgabe ist die Entwicklung technischer Spezifikationen und die Zertifizierung von technischen Geräten im Bereich der Kommunikationstechnik bei Endverbraucherinnen und -verbrauchern, mit dem Ziel, dass informationstechnische Geräte unterschiedlicher Hersteller bei den Endkundinnen und -kunden problemlos miteinander kommunizieren können (Interoperabilität von Endgeräten) – Hierzu definiert DLNA unterschiedliche Geräteklassen, in denen die Geräte entsprechend zertifiziert werden, u.a.: Home Network Devices (z.B. Media Server, Media Player), Home Infrastructure Devices (z.B. Media Converter), Mobile Handheld Devices (z.B. Smartphones) – Weitere Informationen siehe www.dlna.org
UPnP	**U**niversal **P**lug a**n**d **P**lay – Ursprünglich als technisches Merkmal für PC-Hardware von Microsoft eingeführt, dient UPnP heute als Standardbezeichnung für entsprechend zertifizierte Geräte mit der Fähigkeit, herstellerunabhängig über ein IP-basierendes Netzwerk mit oder ohne Kontrolle durch eine zentrale Instanz (z.B. einen Router) miteinander zu kommunizieren.

Bild 1.90: Übertragungsstandards und Bezeichnungen

Inzwischen verfügen nicht nur Mobilgeräte über diese Merkmale und Standards, sondern auch andere Geräte werden damit werbewirksam vermarktet (z.B. PCs, Receiver, TV-Geräte).

Die heutigen Desktop-PCs verfügen ebenfalls über On-Board-Controller für die Bild- und Tonwiedergabe. Für die extern anzuschließenden Displays und Lautsprecher stehen aber meist mehrere unterschiedliche Anschlüsse auf dem Motherboard zur Verfügung, die von der Gehäuserückseite zugänglich sind. Einige PCs besitzen zusätzlich auch an der Frontseite Audioanschlüsse.

1.7.6.1 Audioanschlüsse

Für die analoge Audioübertragung stellt ein Desktop-PC mehrere Klinkenbuchsen zur Verfügung, die softwaregesteuert oft auch multifunktional verwendet werden (z.B. Mic, Line in, Line out oder Lautsprecherausgänge für ein 5.1- bzw. 7.1-Soundsystem; Kap. 1.9.2). Feste Bezeichnungen sind daher meist nicht aufgedruckt, die Buchsen sind lediglich farblich gekennzeichnet. Bei manchen PCs befinden sich einige der Anschlussbuchsen sowohl an der Rückseite als auch an der Frontseite des Gehäuses.

Farbe	Bezeichnung	Typische Nutzung (bei Bedarf softwaremäßig umkonfigurierbar)
Rosa	Mic (Eingang)	3,5 mm Klinkenbuchse für ein Mono-/Stereomikrofon
Blau	Line In/Aux (Eingang)	3,5 mm Klinkenbuchse für die Aufnahme analoger Mono-/Stereosignale (Eingang)
Grün	Line Out (Ausgang)	3,5 mm Klinkenbuchse für die Wiedergabe analoger Stereosignale für Kopfhörer oder Frontlautsprecher (Front Speaker)
Schwarz	Line Out (Ausgang)	3,5 mm Klinkenbuchse für die Wiedergabe analoger Stereosignale für Rücklautsprecher (Rear Speaker)
Silber*	Line Out (Ausgang)	3,5 mm Klinkenbuchse für die Wiedergabe analoger Stereosignale für Seitenlautsprecher (Side Speaker)
Orange	Line Out (Ausgang)	3,5 mm Klinkenbuchse für die Wiedergabe analoger Signale für den Centerlautsprecher (Center Speaker) und den Tiefbass-Lautsprecher (Subwoofer)

Bild 1.91: Farbcodierung der Audioanschlüsse (* optional; stattdessen kann auch der Mic-Eingang als Ausgang programmiert werden; vgl. Bild 1.75)

Eine eingebaute Soundkarte hat die gleichen Anschlüsse, stellt diese aber alternativ auch in Form von Cinch-Buchsen zur Verfügung (Kap. 1.9.2).

Darüber hinaus gibt es meist auch noch einen S/PDIF-Anschluss.

S/PDIF steht für **S**ony/**P**hilips **D**igital **I**nter**f**ace und bezeichnet eine digitale Schnittstelle für die Übertragung elektrischer oder optischer Stereo-Audiosignale.

Der elektrische S/PDIF-Anschluss wird als koaxiale Cinch-Buchse, der optische Anschluss wird über eine **Toslink**-Buchse (**Toshiba Link**; Fotodiode, Lichtwellenlänge ca. 650 nm; Alternativbezeichnung: F05-Buchse) realisiert. Der Einsatz entsprechender Audio-Codecs ermöglicht über Toslink auch die Übertragung eines Mehrkanaltons (z.B. AC-3 Dolby Digital, 5.1-Kanalsystem; Kap. 1.9.2).

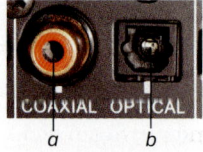

Bild 1.92: Elektrischer (a) und optischer (b) S/PDIF-Anschluss

Für höherwertigere Kanalsysteme (z. B. DTS-HD, 7.1-System) ist dieser Anschluss wegen der zu geringen Datenrate nicht geeignet. Hierzu muss man auf einen der nachfolgend dargestellten Anschlüsse zurückgreifen, die eine gleichzeitige Übertragung von Audio- und Videosignalen in hoher Qualität über einen einzigen Anschluss ermöglichen (Kap. 1.7.6.4 ff.).

1.7.6.2 VGA

VGA (**V**ideo **G**raphics **A**rray; Kap. 1.9.1) ist eine Schnittstelle für die Übertragung analoger Videosignale. Diese Signale werden für den Anschluss eines analog arbeitenden Bildschirms benötigt. Da diese Form bilderzeugender Geräte aber fast gänzlich vom Markt verschwunden sind, wird dieser Anschluss in vielen Fällen eingespart, da die analogen Signale auch mit einem entsprechenden Adapterstecker an einer DVI Schnittstelle abgegriffen werden können. Alternativ wird diese Schnittstelle auch **D-Sub** genannt.

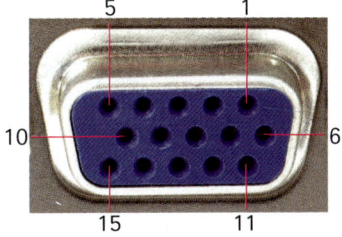

Bild 1.93: VGA-Buchse und VGA-Stecker

1.7.6.3 DVI

> **DVI** (**D**igital **V**isual **I**nterface) ist eine kombinierte analoge und digitale Schnittstelle für den Anschluss von Video-Displays, unabhängig von der verwendeten Darstellungstechnologie.

An den DVI-Ausgang angeschlossene Flachbildschirme werden direkt digital angesteuert, sofern sie selbst über einen entsprechenden DVI-Eingang verfügen. Ein (älteres) Wiedergabegerät, welches lediglich über einen VGA-Anschluss (Kap. 1.7.6.2) verfügt, kann mithilfe eines entsprechenden Adaptersteckers an der DVI-I-Buchse eines PCs angeschlossen werden (Bild 1.94).

Die DVI-Schnittstelle verfügt über die folgenden technischen Eigenschaften:

- passend für alle Arten von Rechnern, Monitoren und Displays, unabhängig von der Technologie und der Pixelauflösung

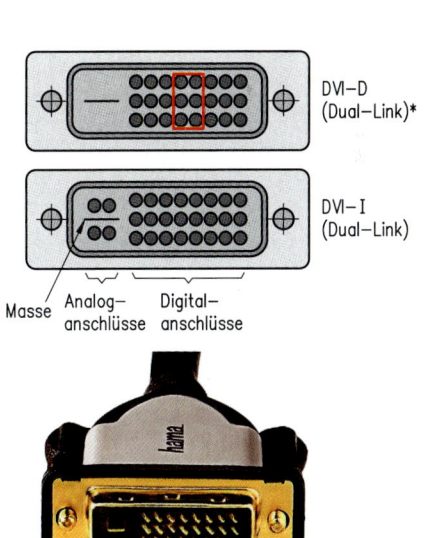

* Bei Single-Link-Anschluss fehlen die rot umrahmten Anschlüsse oder sie werden nicht genutzt.

Bild 1.94: DVI-Stecker und -Buchsen

- serielle Übertragung der Daten über maximal zwei Links (bei Nutzung der digitalen Schnittstelle)
- Übertragungsbandbreite bei digitaler Single-Link-Verbindung bis 165 MHz (maximal 1 920 × 1 200 Pixel bei 60 Hz), bei digitaler Dual-Link-Verbindung bis 330 MHz (maximal 2 560 × 1 600 Pixel bei bis zu 144 Hz)
- hohe Resistenz gegenüber von außen einwirkenden elektromagnetischen Störungen durch spezielles Übertragungsverfahren (**TMDS**: **T**ransition **M**inimized **D**ifferential Signaling; speziell codierte Signale mit differenziellen Spannungen von ± 3,3 V über abgeschirmte Leitungen; Kap. 4.1.3)
- geeignet für lange Kabelverbindungen
- Plug-and-Play-fähig
- selbsttätige Erkennung der jeweiligen Displayeigenschaften während des laufenden Betriebes (Hot Plug Detection, Display Feature Detection)
- unverwechselbarer eigener Steckverbinder in unterschiedlichen Varianten (z. B. **DVI-D**: 24-Pin Digital-Stecker; **DVI-I**: 24 + 4 Pin Digital/Analog-Kombistecker; Bild 1.94), wobei im digitalen Single-Link-Modus 18 und im Dual-Link-Modus 24 Steckkontakte verwendet werden
- kostengünstige Herstellung

1.7.6.4 HDMI

Anstelle der DVI-Anschlusstechnik verwenden inzwischen die meisten IT-Geräte den im TV-/Videobereich etablierten **HDMI-Standard** (High Definition Multimedia Standard Interface; www.hdmi.org), der sowohl Videodaten als auch Audiodaten digital mit hoher Qualität in einem gemeinsamen Kabel überträgt. HDMI arbeitet ohne Datenkompression und weist keinen systembedingten Qualitätsverlust auf, da beispielsweise keine Analog-Digital- oder Digital-Analog-Wandlung erforderlich ist. Die Samplingrate von Audiodaten liegt zwischen 32 und 192 kHz, es können bis zu acht Audiokanäle übertragen werden (z. B. 7.1-Soundsystem; Kap. 1.9.2). HDMI unterstützt in allen Versionen auch einen Audio-Rückkanal (**ARC**: **A**udio **R**eturn **C**hannel; ab Version 2.1 auch **eARC**). Weitere Merkmale sind in Bild 1.95 zusammengefasst.

Version	1.4a	2.0/2.0a	2.1/2.1a
Erscheinungsjahr	2010	2013/2015	2017/2022
Frequenz	340 MHz	600 MHz	1 200 MHz
Anzahl Links (max.)	3	3	4
Bitrate pro Link (max.; Werte gerundet)	2,5 Gbit/s (3D-fähig; Videoauflösung bis 4K, aber nur maximal 30 fps; Bild 1.145)	4,5 Gbit/s (4K-Unterstützung mit 60 fps, 3D-fähig), HDR-Unterstützung (Rev. 2.0a)	10 Gbit/s (8K-Unterstützung mit 60 fps, 4K mit bis zu 120 fps; 3D-fähig), HDR
Farbtiefe (max.)	32 bit	48 bit	42 bit und 48 bit

Version	1.4a	2.0/2.0a	2.1/2.1a
Audioformate/ Soundverfahren (Bild 1.128)	8 Kanal PCM Dolby Digital Plus DTS, DTS-HD MPEG True-HD	32 Kanal Audio Dolby Digital Plus True HD DTS, DTS-HD MPEG	32 Kanal Audio, Dolby-Atmos (**eARC:** enhanced ARC; ermöglicht höhere Bandbreite und unkomprimierte Datenströme)

Bild 1.95: HDMI-Kennwerte (Auswahl; die „a"-Versionen weisen jeweils nur geringfügige technische Verbesserungen auf; z. B. Version 2.1a Bitrate bis zu 12 Gbit/s pro Link)

1

Wegen des verwendeten 8B/10B-Leitungscodes wird statt der Datenrate, die nur die Nutzdaten berücksichtigt, alternativ die sog. **Symbolrate** angegeben, die auch den Overhead durch die Leitungscodierung beinhaltet. Bei beiden Angaben können auch Dezimalpräfixe verwendet werden (Kap. 4.3.2).

Zusätzlich ist in der Version 2.1 auch der **HDMI-Alt-Mode** implementiert, der die Übertragung von HDMI-Signalen über USB-3.2-Gen-2-Kabel mit Typ-C-Steckern definiert (Kap. 1.6.3.1). Jeder Link überträgt die Daten seriell. Die Übertragung erfolgt hierbei gleichzeitig und unabhängig voneinander. Die Spezifikationen definieren allgemein Leitungslängen bis zu 15 m, mit einem Signalrepeater kann diese Länge verdoppelt werden.

Bild 1.96: Vergleich der HDMI-Stecker (von oben: HDMI, Mini-HDMI, Micro-HDMI)

Eine fehlerfreie Übertragung hängt bei HDMI aber auch von den Übertragungseigenschaften der verwendeten Kupferkabel ab. Um eine Aussage über diese Übertragungseigenschaften zu machen, werden diese inzwischen in neun von der **HDMI Licensing Organization** definierte Kabelkategorien unterteilt (nicht identisch mit den Kategorien für LAN-Kabel). Diese Kategorien beinhalten *keine* Zuordnung zu den HDMI-Versionen, sondern geben Leistungsmerkmale in Kombination mit einem speziellen Steckertyp an. Man unterscheidet im Consumerbereich die Steckertypen A bis D, die jeweils geringfügig abweichende Abmessungen aufweisen. Am häufigsten im PC-Bereich anzutreffen sind Steckertyp A, Typ C („Mini-HDMI") sowie der mit der HDMI-Version 1.4 spezifizierte Typ D („Micro-HDMI"; speziell zum Anschluss portabler Geräte; Bild 1.96). Diese Varianten verfügen über 19 Kontakte; mittels Adapter wird jeweils die Kompatibilität unter den einzelnen Varianten und zu DVI-D sichergestellt.

Exemplarisch werden folgende, im PC-Bereich anzutreffende Kabeltypen verglichen, die gemäß entsprechender Lizenzbestimmungen nicht mehr mit Versionsnummern bezeichnet werden dürfen, sondern folgende Namen tragen:

- **Standard-HDMI-Kabel**: Übertragungsrate bis zu 7,4 Gibit/s (ca. 7,9 Gbit/s; Kap. 4.3.2) bei Leitungslängen bis 15 m; Videoformat bis 720 p oder 1 080 i (Kap. 4.3.2); Steckertyp A

- **Ultra-High-Speed-HDMI-Kabel**: Übertragungsrate bis zu 39,7 Gibit/s (ca. 42,6 Gbit/s; Kap. 6.1.5.1) bei Leitungslängen bis 7,5 m; Videoformat 4K/120Hz, 8K/60Hz; Steckertyp A, C oder D

Beim Kabelkauf ist zu beachten, dass es auch spezielle HDMI-Kabel mit **HEC**-Leitungen (**HDMI** Ethernet Channel, speziell für eine Netzwerkverbindung) gibt. Diese weisen die gleiche 19-polige Steckerbelegung auf, lediglich die beiden HEC-Leitungen sind – wie bei Netzwerkkabeln üblich – gegeneinander verdrillt („Vernetzte IT-Systeme", Kap. 4.1.1.3). Die Anfang 2025 veröffentlichte Version HDMI 2.2 weist erneut deutliche Verbesserungen gegenüber ihren Vorgängern auf. So ermöglicht diese beispielsweise eine Datenrate von bis zu 24 Gbit/s pro Link, eine Bildwiederholfrequenz von bis zu 240 Hz bei UHD sowie eine maximale Auflösung von 12K (12.288 × 6.480 Pixel bei 60 Hz). Allerdings sind für diese hohen Datenraten entsprechend spezifizierte neue Datenkabel erforderlich („HDMI-Ultra96", mit Leitungslängen bis maximal 3 m).

1.7.6.5 Displayport

Speziell für den PC-Bereich hat die VESA bereits 2007 einen weiteren Verbindungsstandard mit der Bezeichnung **Displayport (DP)** spezifiziert, der ein digitales Übertragungsverfahren für Bild- und Tonsignale sowie die zugehörigen Stecker, Buchsen und Kabel definiert. Displayport arbeitet mit *unidirektionalen* Kanälen (**Main Links**) zum Wiedergabegerät, stellt also keine *bidirektional* nutzbaren Datenverbindungen bereit, da der vorhandene Rückkanal (AUX-Channel, siehe unten) eine wesentlich geringere Datenrate besitzt. Der Standard existiert inzwischen in den folgenden Versionen:

Version	DP 1.1	DP 1.2	DP 1.3/1.4	DP 2.0/2.1*
Erscheinungsjahr	2007	2009	2014/2016	2019/2022
Bitrate pro Main Link (netto, Werte gerundet)	2 Gbit/s (8B/10B-Leitungscode)	4 Gbit/s (8B/10B-Leitungscode)	6 Gbit/s (8B/10B-Leitungscode)	18 Gbit/s (128B/132B-Leitungscode)
Anzahl Main Links	4	4	4	4
Video-Auflösung (max.)	2560 × 1600, für Full-HD (1920 × 1080) sind 2 Main Links erforderlich	4K (UHD) (3840 × 2160) bei 60 fps; 3D-fähig	5K (5120 × 2880), 8K (8192 × 4320), jeweils bei 60 fps; DP 1.4: 5K bis zu 120 fps, Unterstützung von HDR, 3D-fähig	bis 16 K (15360 x 8460) bei 60 fps, bei 8 K bis 240 fps; mit HDR 10 ohne Komprimierung; unterstützt Daisy Chaining und USB-C-Stecker; 10 Gbit/s-Ethernet-Unterstützung

*Bild 1.97: Displayport-Kennwerte (Auswahl; * beinhaltet Anpassungen an USB4; die Angabe übertragbarer Datenmengen ist auch mit Binärpräfixen möglich; Kap. 4.3.2)*

Die Main Links arbeiten als Punkt-zu-Punkt-Verbindungen, ähnlich wie bei PCIe. Displayport zeichnet sich durch folgende Merkmale aus:

- 20-poliger flacher Verbindungsstecker mit mechanischer Verriegelung (bei HDMI nicht vorhanden)

- pro Main Link ein Leitungspaar; Leitungslänge bei Nutzung eines Links bis 10 m, bei voller Bandbreite mit vier Links maximal 2 m

- Überwindung größerer Strecken durch den Einsatz aktiver **DP-Repeater**; zur Energieversorgung der Repeater steht an Pin 20 des Displayports eine Versorgungsspannung von 3,3 V mit ca. 500 mA zur Verfügung

- Im Datenstrom lassen sich optional bis zu acht 24-Bit-Audiokanale mit einer maximalen Sampling-Rate von 192 kHz übertragen (identisch mit HDMI).

- Übertragung von Display-Spezifikationsdaten über einen zusätzlichen universellen Hilfskanal (AUX-Channel, Display Data Channel DDC; ca. 720 Mbit/s ab DP 1.2)

- zusätzlich Hotplug-Detect-Signal

- Unterstützung des mit HDMI eingeführten Kopierschutzverfahrens HDCP (Bild 1.117)

- Datenübertragung mit störunanfälligen differenziellen Signalen (TMDS: **T**ranistion-**M**inimized **D**ifferential **S**ignaling; Kap. 4.1.3) mit kleinen Spannungspegeln (200–600 mV), deren Größe in Abhängigkeit von der jeweiligen Leitungslänge für eine störungsfreie Übertragung dynamisch festgelegt wird

- mittels entsprechender passiver Adapter kompatibel zu DVI und HDMI; allerdings müssen die Chipsätze der Grafikkarten wegen unterschiedlicher Übertragungsverfahren bzw. Signalpegel diese Normen auch unterstützen (Dual- bzw. Triple-Mode-Display-Engines: Im DVI- bzw. HDMI-Modus übertragen drei Displayport-Links die RGB-Farbsignale und der vierte Link das Taktsignal.)

Ab Displayport 1.3 ist darüber hinaus der gleichzeitige Betrieb von zwei 4K-Wiedergabegeräten an einem einzigen Anschluss mittels **Multi-Stream-Transport** (**MST**) möglich. Hierzu ist lediglich ein weiteres Kabel zwischen den Wiedergabegeräten erforderlich, welches das zweite Gerät speist. Außerdem werden ab Displayport 1.3 die Anschlussmöglichkeiten von Geräten durch Unterstützung anderer Standards erweitert. Hierzu zählt beispielsweise die Unterstützung von USB-Funktionalitäten.

Auf diese Weise lässt sich beispielsweise ein 4K-Display betreiben, welches lediglich zwei der vier Lanes benötigt. Mit den anderen beiden lassen sich dann USB-Daten im Super-Speed-Modus (Kap. 1.6.3) übertragen.

Bei gleicher Übertragungsrate wie bei Version 1.3 wird ab Displayport 1.4 darüber hinaus auch der USB-Typ-C-Stecker samt Kabel (DP Alt Mode bei USB 3.1 Gen 2; Kap. 1.6.3.1) unterstützt.

Ab Version 1.3 wurde auch ein **Mini-Displayport** mit kleineren Abmessungen speziell für portable Geräte spezifiziert. Der Displayport-Stecker ist vergleichsweise klobig, da in ihm mehrere Chips integriert sind (aktive Signalanpassung für unterschiedliche Betriebsmodi). Displayport 2.0/2.1 unterstützt Daisy Chaining (Kap. 1.6.4) auch mit mehr als zwei Geräten.

Bild 1.98: Displayport-Stecker und -Buchse

1.7.7   Thunderbolt

Thunderbolt ist der Name für eine universelle Hochgeschwindigkeitsschnittstelle, die von Intel zusammen mit Apple sowohl zur Übertragung von Daten als auch für Bild- und Tonsignale zwischen Multimediageräten (PC, Videocamera) und dem Computer entwickelt wurde.

Diese Schnittstelle mit der ursprünglichen Bezeichnung **Light Peak** sollte eigentlich rein optisch arbeiten und Daten per Lichtwellenleiter übertragen. In einer ersten Version wurde sie dann jedoch zunächst mit Kupferleitungen realisiert.

Technisch gesehen bildet Thunderbolt lediglich einen Tunnel für Datenströme, die bei PCIe- und Displayport-Verbindungen vorliegen. Mit einem entsprechenden Controllerchip (**THC: Thunderbolt H**ost **C**ontroller; **TDC: Thunderbolt D**evice **C**ontroller) kann somit relativ einfach jedes Gerät mit einer Thunderbolt-Schnittstelle versehen werden. Der Host Controller kann bis Thunderbolt 2 auch eine Energieversorgung bis zu 10 W für ein angeschlossenes Device bereitstellen, bei Thunderbolt 3 bis zu 100 W (basierend auf USB-PD; Kap. 1.6.3.2). Ebenso ist auch eine Verbindung zwischen zwei Hosts möglich.

Die Übertragung der Daten erfolgt bidirektional und gleichzeitig mit einer Bitrate von zunächst bis zu 10 Gbit/s (Leitungscode 64B/66B; Kap. 4.3.8; „Vernetzte IT-Systeme", Kap. 4.1.11). Die Version Thunderbolt 2 ermöglicht durch Bündelung zweier Kanäle Bitraten bis zu 20 Gbit/s bei gleichen Steckern und Kabeln, lediglich ein neuer Controller (Codename: Falcon Ridge) muss verwendet werden.

Die Thunderbolt-1- und -2-Stecker sind identisch mit Mini-Displayport-Steckern. Somit kann jeder Flachbildschirm mit Displayport auch an eine Thunderbolt-Schnittstelle angeschlossen werden. Verfügt ein angeschlossenes Gerät nicht über einen Thunderbolt-Adapter (TDC), so schaltet der Host-Adapter (THC) automatisch in den Kompatibilitätsmodus, d. h., die Displayport-Daten werden nicht per Thunderbolt-Protokoll getunnelt, sondern direkt übertragen. Gleiches gilt für eine PCIe-basierende Verbindung.

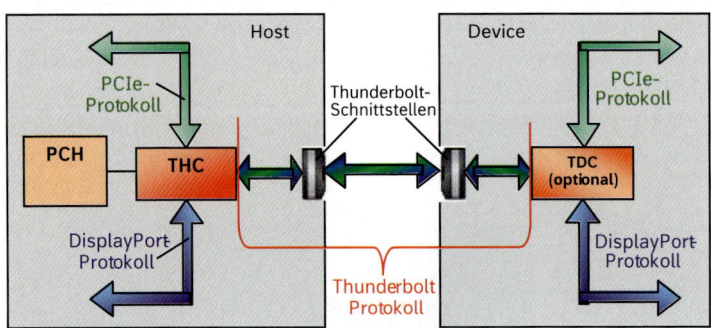

Bild 1.99: Grundprinzip Thunderbolt-Schnittstelle

Ein elektrisches Thunderbolt-Kabel kann bis zu 3 m überbrücken. Thunderbolt 3 übernimmt dann den USB-Typ-C-Stecker (Kap. 1.6.3.1), unterstützt bis zu vier PCIe-3.0-Lanes (Kap. 1.7.4) sowie Displayport 1.2 (Kap. 1.7.6.5). Die übertragbare Gesamtdatenrate kann theoretisch bis zu 40 Gbit/s betragen. Zur Anpassung an frühere Thunderbolt-Versionen sind Adapter erforderlich. Thunderbolt 4 übernimmt alle technischen Spezifikationen der Vorgängerversion, integriert aber zusätzlich noch den USB-Standard 3.2 Gen 2 × 2 mit seiner Übertragungsrate von 20 Gbit/s sowie USB4 (Gen 3 x 2) mit 40 Gbit/s. Zugleich wird auch der Dispayport-Standard 1.4 unterstützt. Bei Thunderbolt 5 verdoppelt sich die bidi-rektional und symmetrisch übertragbare Datenrate auf bis zu 80 Gbit/s (auch unsymmet-risch nutzbar, z. B. 120 Gbit/s + 40 Gbit/s).

Bis zu sechs Thunderbolt-Geräte können hintereinandergeschaltet werden sofern sie je-weils über einen zweiten Anschluss für das Durchschleifen des Signals verfügen („Daisy-Chaining"). Auf diese Weise lassen sich z. B. mehrere Displays über ein einziges Kabel mit demselben PC verbinden.

1.7.8   Bluetooth

Der Anschluss eines Peripheriegerätes an den PC mit einem Verbindungskabel weist eine Vielzahl von Nachteilen auf. Aus diesem Grund werden neben Infrarot und Wireless-USB (Kap. 1.6.3.3) auch andere kabellose Verbindungstechniken eingesetzt. Hierzu zählt insbe-sondere die Bluetooth-Technologie.

Bluetooth (BT) bezeichnet einen Standard in der Nahbe-reichs-Funktechnik, mit der beliebige elektronische Geräte ohne Kabelverbindung in einem festgelegten Frequenzbe-reich über eine kurze Entfernung miteinander kommunizie-ren können.

Bild 1.100: Bluetooth-Modul

Mithilfe dieser Technik lassen sich nicht nur Peripheriegeräte an einen PC anschließen, sondern auch beliebige Geräte unter-einander vernetzen. Die Bluetooth-Technik besteht im Wesentlichen aus einem prozessor-gesteuerten Sende- und Empfangsmodul mit sehr kleinen Maßen, welches auch in porta-blen Geräten Platz findet.

Zwischen den Geräten eines Bluetooth-Netzes sind Punkt-zu-Punkt- und Punkt-zu-Mehrpunkt-Verbindungen möglich. In einem solchen Netz sind zunächst alle Geräte gleich-berechtigt. Jedes bluetoothfähige Gerät ist über eine 48-Bit-Adresse entsprechend dem IEEE-802.15-Standard identifizierbar (**IEEE:** Institute of Electrical and Electronics Engi-neers). Möchte ein Gerät 1 in Kommunikation mit einem Gerät 2 treten, so übernimmt Gerät 1 die sog. **Masterfunktion** und steuert den Datenaustausch mit Gerät 2 (Slave). Die Kommunikation zwischen den Geräten im Sende-/Empfangsbereich eines Bluetooth-Net-zes erfolgt nach der Vergabe einer 3-Bit-MAC-Adresse (**MAC:** Media Access Control; Zu-griffskontrollebene) durch den Master. Für alle Geräte gibt es jeweils ein entsprechendes Bluetooth-Profil (Bild 1.104), das auf die jeweilige Gerätefunktionalität abgestimmt ist.

Den Prozess bei der erstmaligen Verbindungsaufnahme zwi-schen zwei Bluetooth-Geräten bezeichnet man als **Pairing**. In einem **Bluetooth-Netz** können bis zu acht verschiedene bluetoothfähige Geräte gleichzeitig *aktiv* miteinander kom-munizieren. Ein solches Netz wird als **Piconetz** bezeichnet.

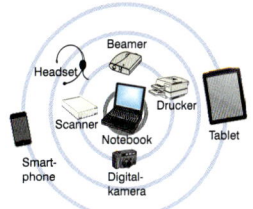

Bild 1.101: Piconetz

Insgesamt können sich theoretisch bis zu 255 (8 bit **PMA**; Passi-ve **M**ember **A**ddress) Geräte in einem solchen Piconetz befin-den (sofern bereits acht Geräte kommunizieren, die restlichen dann lediglich *passiv*). Zu den Vorteilen dieser Technik zählen:

- Aufbau kabelloser Verbindungen zwischen PCs und sämtlichen Peripheriegeräten (z. B. Tastatur, Maus, Drucker, Mobiltelefon; WPAN: **W**ireless **P**ersonal **A**rea **N**etwork)

- Verringerung der Anzahl der Geräteschnittstellen bei einem PC und damit verbunden Reduktion der Produktionskosten

- keine Anschaffung zusätzlicher spezieller Kabel

- schnelle Einrichtung von Ad-hoc-Verbindungen

- automatische und unbeaufsichtigte Kommunikation zwischen zwei Geräten

Kenngröße	Eigenschaft
Sendeleistung	Klasse I: 100 mW, Klasse II: 2,5 mW, Klasse III: 1 mW (zusätzlich bei BT 5.0: 10 mW; „Klasse" 1,5)
Reichweite	Klasse I: ≤ 100 m, Klasse II: ≤ 10 m, Klasse III: ≤ 2,5 m, jeweils ohne Sichtkontakt; ab Version 2.0 auch größere Reichweiten möglich; im Low-Energy-Modus bis zu 10 m; ab Version 5.0 auch im Low-Energy-Modus bis zu 100 m
Stromaufnahme	max. 0,3 mA (Stand-by-Mode) max. 30 mA (Sendebetrieb); im Low-Energy-Modus nur 10 mA; ab Version 5.0 auch < 5 mA
Bitrate	max. 1 Mbit/s (theoretisch), ab Version 2.0 bis zu 3 Mbit/s (ab Version 5.0 auch im Stromsparmodus)
Betriebsarten: Datenübertragung symmetrisch Datenübertragung asymmetrisch Sprachübertragung	ursprünglich ca. 430 kbit/s in beide Richtungen* ursprünglich ca. 720 kbit/s in die eine und ca. 57 kbit/s in die andere Richtung* 64 kbit/s in beide Richtungen*
Frequenzbereich	2,408–2,48 GHz (ISM-Band**, lizenzfrei)
Modulations-verfahren	**GFSK**: **G**auss **F**requency **S**hift **K**eying; Frequenzsprungverfahren, bei dem 79 Kanäle in 1-MHz-Abständen zur Verfügung stehen, zwischen denen bis zu 1 600-mal pro Sekunde hin- und hergesprungen wird (siehe „Vernetzte IT-Systeme", Kap. 4.1.5.2).
Übertragungs-sicherheit	– Fehlerkorrektur durch **FEC** (**F**orward **E**rror **C**orrection) – Empfangsquittierung durch **ARQ** (**A**utomatic **R**epeat **R**equest)
Sonstiges	– Zulässige Grenzwerte für die Belastung durch Hochfrequenz werden eingehalten – Keine störenden Auswirkungen auf andere Telekommunikations-einrichtungen

Bild 1.102: Technische Basisdaten von Bluetooth (* Weiterentwicklungen siehe Bild 1.103; übertragbare Datenmengen können auch mit Binärpräfixen angegeben werden; Kap. 4.3.2; ** ISM-Band = Industrial, Scientific and Medical Band)

Ein Gerät kann gleichzeitig Teil mehrerer Piconetze sein, es kann aber nur in einem einzigen Piconetz die Masterfunktion ausüben. Hierbei können die Geräte aus bis zu zehn Piconetzen untereinander in Kontakt treten.

Mehrere Piconetze zusammengefasst nennt man auch ein **Scatternetz**.

Die einzelnen Piconetze lassen sich durch unterschiedliche Hopping-Kanalfolgen unterscheiden. Geräte innerhalb eines Piconetzes müssen die gleichen Kanalfolgen aufweisen, d. h., sie müssen sich auf den jeweiligen Master synchronisieren.

Durch ständige Weiterentwicklung wurde der ursprüngliche Bluetooth-Standard stetig verbessert und den Forderungen nach schnellerer Datenübertragung und erhöhter Übertragungssicherheit angepasst. Die meisten Entwicklungen sind abwärtskompatibel. Bild 1.103 fasst wesentliche Entwicklungsschritte zusammen.

Version	Wesentliche Änderungen
2.1+ EDR	– Bitrate bis zu 3 Mbit/s (netto ca. 2 Mbit/s, *nicht* im Stromsparmodus) – Multi-Cast-Betrieb, d. h., es lassen sich Gerätegruppen auf einmal adressieren – Unterstutzung zusätzlicher Leistungsmerkmale wie etwa **SSP** (**S**ecure **S**imple **P**airing: vereinfachtes und sichereres Verfahren zur eindeutigen Erkennung des jeweiligen Kommunikationspartners) und **QoS** (**Q**uality **of S**ervice: Erfüllung der gestellten Anforderungen an die Dienstgüte, z. B. zuverlässiger Verbindungsaufbau, fehlerfreie Informationsübertragung).
3.0	(Wurde nicht fertiggestellt)
4.0	– **Bluetooth-Low-Energy**-Funktion (**BLE** bzw. **Bluetooth Smart**) für alle Profile, ermöglicht u. a. den Verbindungsaufbau und eine Übertragung in weniger als 5 ms, dadurch Reduzierung des Energieverbrauchs, insbesondere bei mobilen Geräten und Sensoren (z. B. für Bluetoothsensoren, die mehrere Jahre mit einer einzigen Batterie laufen; nicht abwärtskompatibel) – Verbesserte Fehlerkorrektur – Erhöhter Sicherheitsstandard durch eine AES-Verschlüsselung mit 128 bit (**AES**: **A**dvanced **E**ncryption **S**tandard)
4.1	– Weiterentwicklung des störungsfreien Sendens und Empfangens gegenüber anderen Funkverbindungen mittels **Adaptive Frequency Hopping** (automatischer Frequenzwechsel bei Registrierung einer Störung, z. B. durch LTE im 2,6-GHz-Bereich) – Weitere Energieeinsparung bei Low-Energy-Geräten durch Verringerung des Overheads – Vergrößerung des Verbindungsintervalls auf bis zu 3 Min. ohne manuellen Eingriff, falls zwischenzeitlich eine Funkverbindung zwischen zwei Geräten abbrechen sollte (z. B. zwischen TV und aktiver 3D-Shutterbrille, Kap. 1.12.8.1; vorher ca. 30 Sek.). – Neues Geräteprofil, bei dem ein Gerät gleichzeitig als Master und als Slave arbeiten kann (**Dual-Profil**)
4.2	– Enthält neues Protokoll (**IPSP**: **I**nternet **P**rotocol **S**upport **P**rofile) zur Kommunikation von BT-Geräten auch mit **IP**v6-Paketen im Stromsparmodus (**I**nternet **P**rotocol: "Vernetzte IT-Systeme", Kap. 1.7.2; ermöglicht auch Verbindungen zum **IoT** (Kap. 1.7.9; „Vernetzte IT-Systeme", Kap. 2.4.4) – Implementierung weiterer Sicherheitsstandards (z. B. bei Verbindung mit **Beacons**, siehe unten) – Mindestens Verdopplung der Übertragungsrate gegenüber den Vorgängerversionen durch Vergrößerung der Datenpakete (nur zwischen Geräten ab dem BT-4.2-Standard) – Erneut verbesserte Stromsparmodi
5.0	– Speziell zugeschnittene Profile auf Geräte des **IoT** (Fitnesstracker, Headsets, Sensoren) – Bitraten bis zu 2 Mbit/s bei Reichweiten über 100 m, *auch im Stromsparmodus* – Einfachere und umfangreichere Nachrichtenübertragung von Beacons und im Smart-Home-Bereich bzw. IoT (vernetzter Heimbereich: z. B. Licht-, Heizung- u. Rollladensteuerung, Musik- u. Videostreaming)

Version	Wesentliche Änderungen
5.1	– Zentimetergenaue Positionserfassung (vorher nur metergenau) – Exaktere Richtungsbestimmung, woher ein ein BT-Signal kommt – Verbesserte Echtzeitortung für die Innenraumnavigation
5.2	– Optimierung der Audio-Übertragung mittels LE-Audio – Ermöglicht die gleichzeitige, synchrone Audioübertragung von einer Quelle an mehrerer Empfänger („Location Based Audio Sharing") – Verbesserte Audioqualität durch Einsatz des Kompressionsverfahrens **LC3** (**L**ow **C**omplexity **C**ommunications **C**odec) mit geringeren Latenzzeiten – Unterstützung für BT-fähige Hörgeräte
5.3	Generelle Verbesserungen in Bezug auf Zuverlässigkeit, Benutzerfreundlichkeit und Energieeffizienz im Zusammenhang mit IoT-Geräten, z. B: – geringere Latenzzeiten beim Wechsel einer Low-Rate-Verbindung in einen Burst-Übertragungsmodus (z. B. bei einem medizinischen Überwachungsgerät) – Anpassung der Verschlüsselungslänge bei der Host-zu-Controller-Verbindung in Abhängigkeit von den jeweiligen Sicherheitsanforderungen – schnellere und effizientere Zuweisung bzw. Umschaltung von Übertragungskanälen zwischen dem Host und einem Peripheriegerät (z. B. bei auftretenden Übertragungsstörungen)
5.4	Weitere Verbesserungen in Bezug auf Leistung und Effizienz, sowie Funktionserweiterungen bei IoT-Geräten, z. B.: – Periodic Advertising with Responses (PAwR); bidirektionale Kommunikation eines Zugriffspunktes mit mehreren Endgeräten (z. B. Remote-Überwachung und Änderung elektronischer Etiketten auf verschiedenen Produkten) – Encrypted Adverising Data (EAD); verschlüsselte Übertragung von Werbung
6.0	unter anderem Verbesserungen bei der Ortung von Geräten und stabilere Audioverbindungen über BT Low Energy: – **Channel Sounding**: mittels **P**hase-**B**ased **R**anging (**PBR**) und **R**ound-**T**rip **T**iming (**RTT**) lassen sich der tatsächliche Abstand und die Richtung eines gesuchten Geräts exakter bestimmen (z. B. zentimetergenaues Aufspüren eines Trackers) – Verringerung von Latenzen beim Empfang von Audiodaten mittels **I**sochronous **A**daptation **L**ayer (**ISOAL**) und **P**rotocol **D**ata **U**nit **F**raming (**PDUF**) – **Frame Space Update**: ermöglicht Audiogeräten Datenpakete abhängig von ihrer Größe zeitlich dynamisch zu versenden und nicht mehr im konstanten Zeitabstand von 150 μs

Bild 1.103: Bluetooth-Versionen

Als **Beacons** bezeichnet man kleine, auf **BLE**-Technik basierende Funksender, die über eine nahe Distanz *ohne* Pairing zu einem anderen, empfangsbereiten BT-Gerät (< 10 m) kurze Informationen verschicken können (z. B. auf ein Smartphone mit entsprechender App: Produktwerbung im Geschäft oder im Museum Infos zu einem Ausstellungsstück). Auch eine Standortbestimmung innerhalb von Gebäuden ist damit möglich. Ab BT 4.2 ist eine Beacon-Übertragung an ein Empfangsgerät mit aktiviertem Bluetooth erst dann möglich, wenn die nutzende Person zustimmt.

Damit BT-Geräte untereinander verschiedenartige Daten austauchen können, müssen sie die entsprechenden Übertragungsprofile unterstützen.

Abkürzung	Bedeutung	Bemerkung
A2DP	**A**dvanced **A**udio **D**istribution **P**rofile	Streaming von Audiodateien
AVRCP	**A**udio **V**ideo **R**emote **C**ontrol **P**rofile	Fernbedienungsfunktionen

Abkürzung	Bedeutung	Bemerkung
BIP	Basic Imaging Profile	Übertragung von Bild- und Fotodateien
GATT	Generic Attribute Profile	Energiesparende Übertragung von Sensordaten
HFP	Hands Free Profile	Schnurlos-Telefonie im Auto
HID	Human Interface Device Profile	Datenübertragung von Eingabegeräten (Tastatur, Maus usw.)
MAP	Message Access Profile	Austausch kurzer Nachrichten zwischen zwei BT-Geräten
PAN	Personal Area Network Profile	Nahbereich-Netzwerkverbindungen
SAP	SIM Access Profile	Zugriff auf Telefon-SIM-Karte
VDP	Video Distribution Profile	Übertragung von Videodaten

Bild 1.104: Beispiele für Bluetooth-Profile

1.7.9 Netzwerkzugang

Spricht man im Zusammenhang mit PCs von einem Netzwerkzugang, so ist stets der Zugang zu einem Kommunikationsnetz gemeint.

Als **Kommunikationsnetz** (*communication network*; Alternativbezeichnung: **Kommunikationssystem**) bezeichnet man die Gesamtheit aller innerhalb dieser Struktur vorhandenen Verbindungsleitungen, Funkstrecken, Verteilstationen und Endgeräte (Computer und andere Kommunikationseinrichtungen) zum Austausch von Informationen (Sprache, Daten, Messwerte).

Über ein Kommunikationsnetz ist jedem angeschlossenen Gerät die Interaktion mit jedem anderen Gerät im Netzwerk möglich. Kommunikationsnetze werden nach verschiedenen Gesichtspunkten unterteilt und benannt (z.B. LAN, WLAN; siehe auch „Vernetzte IT-Systeme", Kap. 1.1.2.3, Kap. 1.1.2.4).

LAN (**L**ocal **A**rea **N**etwork) bezeichnet ein lokales Kommunikationsnetzwerk, das aus einer Gruppe von Computern und anderen Geräten (z.B. Drucker, Scanner) besteht, die über einen räumlich begrenzten Bereich (z.B. häuslicher Bereich, Firmengelände) verteilt und meist durch elektrische Kommunikationsleitungen miteinander verbunden sind.

Als **WLAN** (**W**ireless **L**ocal **A**rea **N**etwork) bezeichnet man generell ein drahtloses, lokales Funknetz. Die größte Verbreitung haben hierbei Funknetze, die auf dem Standard **IEEE 802.11** basieren. Daher wird die Bezeichnung WLAN vielfach synonym (d.h. bedeutungsgleich) mit dem IEEE-802.11-Standard verwendet.

Der IEEE-802.11-Standard existiert in technisch unterschiedlichen Spezifikationen, für die sich auch die Bezeichnung **WiFi** etabliert hat (**W**ireless **F**idelity; z.B. WiFi 5, WiFi 6, WiFi 6E, WiFi7).

Als größtes und weltumspannendes Kommunikationsnetz wird das Internet angesehen.

> Das **Internet** (**Inter**connected **Net**work) ist ein globales Kommunikationsnetz, das aus einer Vielzahl einzelner unterschiedlicher Computernetzwerke besteht. Diese sind über zentrale Knotenpunkte, die regional von öffentlichen Netzbetreibern zur Verfügung gestellt werden, weltweit miteinander verbunden.

Im Zuge der ständig zunehmenden Vernetzung von technischen Geräten beschränkt sich die Verwendung des Internets heute allerdings nicht mehr nur auf die klassischen Kommunikationsmittel (PC, Notebook, Tablet, Smartphone usw.), sondern umfasst auch andere Geräte oder Gegenstände. Diese werden mit entsprechenden technischen Komponenten ausgestattet (Sensoren, RFID; Kap. 1.1.5) und können so aus der Ferne – mit und ohne Eingriff eines Menschen – unter Verwendung der Ressourcen des Internets den Zustand von Geräten und Dingen einfach ermitteln oder aktuelle Daten über physische Objekte und Vorgänge sammeln (z.B. Paketverfolgung im Internet, Heizungssteuerung eines Wohnhauses von unterwegs, Gesundheitsüberwachung von Erkrankten mit automatischem Arztnotruf, Auto mit automatischem Polizeinotruf und Unfallortübermittlung bei einem Verkehrsunfall). In diesem Zusammenhang spricht man daher zunehmend vom **Internet der Dinge** (Internet of Things; **IoT**).

Die Verbindung eines einzelnen Computers oder eines anderen IT-Geräts mit einem Kommunikationsnetz kann über ein Kabel oder über eine Funkschnittstelle erfolgen. Für den kabelgebundenen Anschluss über Kupferleitungen ist eine Netzwerkbuchse mit der Bezeichnung **RJ-45** (**R**egistered **J**ack: genormte Buchse) erforderlich, auch bekannt als **Ethernet-Buchse** oder **Western-Buchse** (Name der Entwicklungsfirma). Bei den lokalen (und damit räumlich begrenzt funktionierenden) Funkschnittstellen hat sich durchgängig der IEEE-802.11-Standard etabliert.

Mit den beiden genannten Verbindungsarten lassen sich folgende Anschlussszenarien realisieren:

1. Das IT-Gerät wird über seine Netzwerkbuchse mit einem Netzwerkkabel direkt an ein vorhandenes **DSL-Modem** oder ein **BK-Kabelmodem** angeschlossen. Für den Betrieb des DSL-Modems ist ein entsprechender **DSL-Anschluss**, für den Betrieb des BK-Kabelmodems ein entsprechender **BK-Kabelanschluss** erforderlich. Bei beiden Anschlussarten wird von den jeweiligen öffentlichen Anbietern eine Verbindung mit einem Internetknotenpunkt bereitgestellt und verwaltet. Die zur Verfügung stehenden Übertragungsraten und Dienste hängen hierbei auch vom jeweils abgeschlossenen Datentarif ab.

Exkurs

DSL ist die Abkürzung für Digital Subscriber Line (Digitale Teilnehmeranschlussleitung) und ist die allgemeine Bezeichnung für ein Anschluss- und Übertragungskonzept, mit dem ein PC oder ein anderes Kommunikationsgerät über eine vorhandene zweiadrige Telefon-Anschlussleitung mit dem Internet verbunden werden kann. Hiermit sind derzeit Datenraten bis 100 Mbit/s Down- und bis 40 Mbit/s Upstream bis maximal 300 m übertragbar. Die DSL-Technik ist nur für den Datentransport über Kupferleitungen einsetzbar. Der Anschluss des erforderlichen DSL Modems erfolgt an eine vorhandene Telefon-Anschlussdose. Die Sprachkommunikation erfolgt hierbei grundsätzlich als VoIP (Voice over IP; „Vernetzte IT-Systeme", Kap. 3.8.1). Das DSL-Modem verfügt – neben Anschlüssen für Telefone – in der Regel auch über vier RJ-45-Buchsen für entsprechende netzwerkfähige Endgeräte. Zusätzlich kann es als WLAN-Access-Point (WLAN-Router) für WiFi-fähige Endgeräte fungieren.

*Der zunehmende Bedarf an Übertragungsbandbreite führt sowohl bei Firmenanschlüssen als auch im Privatbereich dazu, dass die Netzbetreiber ihre Kupferanschlussleitungen durch Glasfaserleitungen ersetzen (**FTTH**: Fibre To The Home; „Vernetzte IT-Systeme", Kap. 3.2.1). Hierdurch wird auch ohne DSL-Techniken ein Datenanschluss möglich, der weitaus höhere Datenraten zur Verfügung stellen kann.*

*Beim **BK-Kabelanschluss** (Breitband-Kommunikations-Kabelanschluss) wird das ehemalige TV-Kabelnetz genutzt, das durch Erweiterung mit einem Rückkanal zu einem bidirektionalen Netz ausgebaut wurde. Zusätzlich zur digitalen Übertragung von TV-Kanälen sind Internetverbindungen mit (theoretischen) Datenraten bis zu 10 Gbit/s Down- und bis zu 1 Gbit/s Upstream bei Leitungslängen bis zu 150 km möglich. Das hierzu erforderliche Kabelmodem wird an eine vorhandene Multimediadose des Kabelnetzbetreibers angeschlossen. Neben einem Anschluss für einen digitalen TV-Empfänger verfügt es in der Regel ebenfalls über vier RJ-45-Buchsen und kann auch als WiFi-Access-Point arbeiten.*

2. Das IT-Gerät wird über seine Netzwerkbuchse mit einem Netzwerkkabel in ein lokales Computernetz (LAN) eingebunden. Prinzipiell können alle in diesem LAN befindlichen Geräte miteinander kommunizieren. Das LAN verfügt über einen einzigen, zentralen Zugang zu einem Internetknotenpunkt, der allen angeschlossenen Geräten zur Verfügung steht. Die Verwaltung erfolgt über einen zuständigen Administrator, LAN- und Interneteinstellungen (Berechtigungen, Datenraten) werden zentral verwaltet.

3. Geräte ohne einen RJ-45-Anschluss (z.B. Tablets; Kap. 1.1.4) verfügen in der Regel über ein integriertes WLAN-Funkmodul, über das sie sich mit einem vorhandenen DSL- oder BK-Kabelmodem verbinden können. Auch in ein vorhandenes LAN lassen sich diese Geräte über entsprechende WLAN-Access-Points integrieren.

4. Ein Smartphone oder ein Tablet mit Mobilfunkmodem verfügt naturgemäß über einen drahtlosen Zugang zu einem vorhandenen öffentlichen Funknetz (z.B. GSM-Netz, LTE-Netz, 5G-Netz). Dieser Zugang kann auch für die Datenkommunikation mit dem Internet genutzt werden. Geräte, die über keine solche Funkschnittstelle verfügen, können per Tethering (Kap. 1.1.4) die Funkschnittstelle eines Smartphones oder Tablets nutzen. Alternativ lassen sie sich auch per USB-Stick mit einer eigenen GSM-/LTE-/5G-Funkschnittstelle nachrüsten. Erforderlich sind eine jeweilige Netzverfügbarkeit und ein entsprechender Mobilfunkvertrag.

Die Techniken von DSL- und BK-Anschlüssen, der Aufbau von LAN- und WLAN-Netzen sowie die Eigenschaften von GSM-, LTE- und 5G-Funknetzen werden zusammen mit den erforderlichen Fachbegriffen im Aufbauband „Vernetzte IT-Systeme" ausführlich behandelt.

AUFGABEN

1. Was versteht man im PC-Bereich unter einer Schnittstelle?

2. Über welche Arten von Schnittstellen verfügt ein PC standardmäßig?

3. Was versteht man unter einer Punkt-zu-Punkt-Verbindung? Welchen Vorteil bietet diese Verbindungsart?

4. Moderne PCs verfügen standardmäßig über sog. SATA-Schnittstellen. Was bedeutet die Abkürzung SATA?

5. Nennen Sie technische Daten der verschiedenen SATA-Spezifikationen sowie deren alternative Bezeichnungen.

6. Was versteht man unter
    a) eSATA,
    b) eSATAp?

7. Was bedeutet im Zusammenhang mit dem Computer die Abkürzung SAS? Erläutern Sie kurz die technischen Merkmale.

8. Was bedeutet die Abkürzung RAID? Welcher Unterschied besteht zwischen Software-RAID und Hardware-RAID?

9. Erläutern Sie die Begriffe „Direct Attached Storage" und „Storage Area Network".

10. Was versteht man unter einem RAID-Level? Welche Merkmale weist RAID-Level 5 auf?

11. Was ist eine PCIe-Lane? Was ist ein PCIe-Link? Was bedeutet die Angabe PCIe 5.0 × 8?

12. Seit der PCIe-Version 3.0 wird eine andere Leitungscodierung für die Datenübertragung verwendet als bei den Vorgängerversionen. Welche Vorteile ergeben sich hierdurch?

13. a) Welche technischen Merkmale besitzt eine M.2-Schnittstelle?
    b) Nennen Sie ein Anwendungsbeispiel.

14. Viele Kommunikationsgeräte verfügen über MHL, Miracast, WiFi-direct oder DLNA-Fähigkeiten. Erläutern Sie die Begriffe und nennen Sie die jeweiligen technischen Merkmale.

15. Wozu wird ein S/PDIF-Anschluss verwendet? Welche Anschlussbuchsen gibt es?

16. Für die Verbindung eines Bildschirms mit dem PC stehen unterschiedliche Anschlusssysteme zur Verfügung. Hierzu gehören VGA, DVI, HDMI, Displayport und Thunderbolt. Erstellen Sie eine Tabelle (ggf. mit einem entsprechenden Computerprogramm), in der Sie die wesentlichen technischen Merkmale der genannten Anschlusstechniken zusammenfassen.

17. Bei Informationen zu den PCIe-Übertragungsraten findet man alternativ Angaben in „Gigabyte pro Sekunde" oder in „Gigatransfers pro Sekunde". Erläutern Sie den Unterschied.

18. a) Erläutern Sie die Eigenschaften und den Einsatzbereich von Bluetooth.
    b) Was ist ein Piconetz, was ist ein Scatternetz?

19. a) Was versteht man im Zusammenhang mit Bluetooth unter einem „Beacon"?
    b) Welche Profile müssen Bluetooth-Geräte (mindestens) unterstützen, um untereinander Audio-, Bild- und Videodaten streamen zu können?

20. Nennen und erläutern Sie unterschiedliche Arten, wie der Zugang eines einzelnen Computers oder eines anderen IT-Geräts zum Internet grundsätzlich realisiert werden kann (Hinweis: Je nach Bearbeitungstiefe ist ggf. eine zusätzliche Internetrecherche erforderlich.)

1.8 Laufwerke und Speichermedien

Der Begriff Laufwerk bezeichnet im Bereich der PC-Technik ein elektromechanisches Gerät, das in der Lage ist, auf einem entsprechenden Träger Daten dauerhaft zu speichern und/oder zu lesen. Abhängig von der technischen Art des Speicherns unterscheidet man:

- magnetische Laufwerke (Speichermedium z. B. Festplatte, Magnetband)
- optische Laufwerke (Speichermedium z. B. CD, DVD, BD)

Optische Laufwerke für den PC werden in der Regel in einem **Laufwerksschacht** (*drive slot*), einer quaderförmigen Aussparung an der Frontplatte des PC-Gehäuses, als Einschubgerät fest montiert. Der Laufwerksschacht verfügt hierzu über vorbereitete Löcher für die Befestigung. Festplatten hingegen werden meist im Gehäuseinneren platziert und sind von außen nicht zugänglich.

Wie alle mechanischen Geräte unterliegen Laufwerke einem natürlichen Verschleiß. Erklärtes Ziel bei der Entwicklung und der Fertigung ist neben der Verwendung umweltfreundlicher und recycelbarer Materialien eine möglichst lange Betriebsdauer und damit eine hohe Zuverlässigkeit im praktischen Betrieb.

Unter der Bezeichnung **MTBF** (**M**ean **T**ime **B**etween **F**ailures) geben Hersteller die durchschnittliche Zeit an, die wahrscheinlich vergehen wird, bis ein Laufwerk ausfällt. Sie wird meist in Stunden angegeben.

Gelegentlich findet man auch die Bezeichnung „Flash-Laufwerk". Hierbei handelt es sich eigentlich nicht um ein Laufwerk, sondern um eine Schnittstelle (Kartenslot) für das Lesen und Beschreiben von Flashkarten (Kap. 1.5.1.1). Diese Schnittstelle wird in der Regel intern über einen USB-Port verwaltet und erscheint im Dateimanager lediglich mit einer Laufwerksbezeichnung.

1.8.1 Festplattenlaufwerk

Unter einem **Festplattenlaufwerk** (**H**ard **D**isc **D**rive, **HDD**) versteht man ein Gerät, das sich in einem staubdichten Gehäuse befindet und unflexible Platten enthält, auf denen Daten magnetisch gespeichert werden können. Für Festplattenlaufwerke hat sich auch der vereinfachende Begriff **Festplatte** (**H**ard **D**isc, **HD**) eingebürgert.

Die meist aus Aluminium bestehenden Platten sind zum Zweck der Speicherung mit einem magnetisierbaren Material beschichtet. Auf einer Festplatte können Daten dauerhaft gespeichert werden, d. h., sie gehen auch nach Abschalten der Versorgungsspannung nicht verloren. Festplattenlaufwerke werden heutzutage meist in einem 3,5-Zoll-Einschubgehäuse in einen PC eingebaut, in portablen Geräten findet man auch 1,8-, 2- oder 2,5-Zoll-Laufwerke.

1.8.1.1 Aufbau und Anschluss von Festplatten

Die in PCs verwendeten Festplattenlaufwerke enthalten in der Regel zwei bis sechs beidseitig beschreibbare Platten, die auf einer Drehachse montiert sind. Bei Großrechnern verwendete Laufwerke können bis zu zwölf einzelne Platten beinhalten. Eine Festplatte kann wiederholt gelesen, gelöscht und erneut beschrieben werden. Jede Seite einer Platte verfügt hierzu über einen eigenen Schreib-/Lesekopf. Ein Schreib-/Lesekopf ist im Prinzip eine winzige Spule (Kap. 5.5.2). Der Schreib- bzw. Lesevorgang basiert auf dem Elektromagnetismus bzw. der elektromagnetischen Induktion (Kap. 5.4.2.4). Alle Köpfe sind auf einem gemeinsamen Kopfträger montiert, der mechanisch mithilfe eines Schrittmotors über die Plattenoberfläche bewegt und positioniert wird. Der Kopfträger wird auch **Zugriffskamm** genannt.

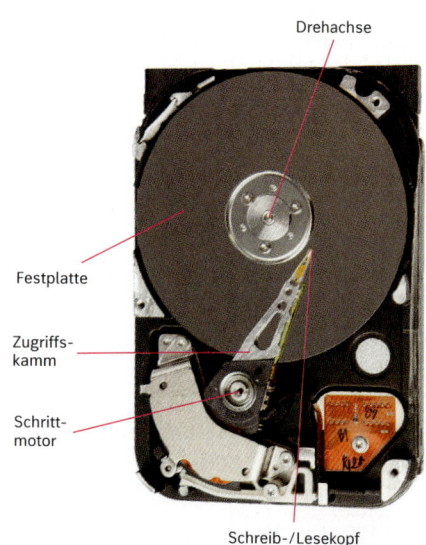

Bild 1.105: Aufbau eines Festplattenlaufwerks

Die Platten sind durch das versiegelte Gehäuse gegen Staub geschützt. So kann der Kopf mit 3 bis 15 nm Abstand von der Oberfläche einer Platte bewegt werden, die sich – angetrieben von einem Motor – in der Regel konstant mit 5 400 U/min bis 15 000 U/min dreht. Die hohen Drehzahlen bewirken eine größere Wärmeentwicklung, die über das Festplattengehäuse nach außen abgeführt werden muss. Die Schreib-/Leseköpfe schweben auf einem dünnen Luftkissen über der Plattenoberfläche, das durch die Rotation der Platten erzeugt wird. Sie dürfen die Platten nicht berühren, sonst würde durch einen sog. **Headcrash** die Plattenoberfläche zerstört. Beim Abschalten werden die Köpfe in einen eigens dafür vorgesehenen Bereich nahe der Drehachse gesteuert. Dies regelt eine Elektronik, die auf das Abschalten der Stromversorgung reagiert und die Bewegungsenergie der Platten zum Positionieren der Köpfe benutzt.

Durch die Drehbewegung der Platten entstehen aufgrund von Reibungseffekten elektrostatische Ladungen (Kap. 5.4.1). Würden diese sich plötzlich entladen, könnte dies zu Schäden innerhalb des Festplattengehäuses führen. Um das zu verhindern, ist an der Laufwerksachse eine kleine Feder befestigt, die mit dem Gehäuse verbunden ist und als Erdungsleiter dient.

Das Datenkabel bei den heute üblichen SATA-Platten (Kap. 1.7.1) ist 7-adrig, die Energieversorgung erfolgt über einen 15-poligen Anschluss (12 V; 5 V; früher auch 3,3 V; Kap. 1.10.1). Der Grund für die größere Anzahl der Kontakte ist die Hot-Plugging-Fähigkeit, die für jede der Spannungen jeweils auch einen längeren „Pre-Charge"-Anschluss mit längeren Kontaktzungen erfordert, die beim Stecken den ersten Kontakt herstellen (Staggered Contacts, Bild 1.106).

Im Festplattengehäuse sind auch die Elektronik und die Software (Firmware) zur Steuerung der Positionierung der Köpfe untergebracht. Ab der SATA-2.0-Version unterstützen alle Festplatten das sog. **Native Command Queuing** (NCQ; bei SAS-Platten als **TCQ**: Tagged Command Queuing bezeichnet). Hierunter versteht man die Fähigkeit

einer Festplatte, mehrere Kommandos ent-
gegenzunehmen und diese in einer Warteschlange (*queue*) zu verwalten. Hierzu ist
ein festplatteneigener Cachespeicher erforderlich. Anstatt diese Kommandos nur
in der Eingangsreihenfolge abzuarbeiten,
können diese so sortiert werden, dass die
Köpfe möglichst kurze Wege zurücklegen.

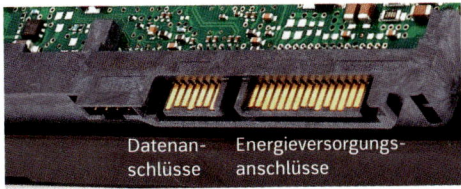

Bild 1.106: Anschlüsse bei einer SATA-Festplatte

NCQ-fähige Platten können von sich aus den Host-Adapter ansprechen und so aktiv
auf den Hauptspeicher zugreifen (First Party DMA; Kap. 3.3.5). Voraussetzung für NCQ
ist neben der Platte auch ein Host-Adapter mit dieser Fähigkeit. Darüber hinaus muss
im BIOS/UEFI unter der Rubrik „SATA Configuration" die Einstellung **AHCI** gewählt
sein. AHCI (**A**dvanced **H**ost **C**ontroller **I**nterface) ist ein unter der Federführung von
Intel entwickelter *offener Schnittstellenstandard* für SATA-Controller, d. h., er darf ohne
Lizenzgebühren genutzt werden. Neben SATA-Anschlüssen werden alternativ auch
Festplatten mit PCIe-Anschlüssen (Kap. 1.7.4) angeboten, um die Geschwindigkeitsvor-
teile bei der Datenübertragung zu nutzen.

1.8.1.2 Kenngrößen von Festplatten

Um Daten auf einer Festplatte dauerhaft speichern zu können, müssen die Plattenober-
flächen zunächst vorbereitet werden. Hierzu werden diese in Zylinder, Spuren,
Sektoren und Cluster eingeteilt. Allerdings bleibt dem Computer bei den heutigen
Festplattenkapazitäten die tatsächliche Geometrie verborgen, da das Betriebssystem
zwar den Festplattencontroller steuert, dieser aber eigenständig die Einteilung vor-
nimmt. Dieser Vorgang, den man allgemein als **Formatieren** bezeichnet, wird in
Kap. 3.2.1 ausführlich dargestellt.

Speicherkapazität (memory capacity, storage space)

Die Speicherkapazität einer Festplatte wird oft als „Bruttokapazität" angegeben. Nach der
Formatierung ist diese Kapazität jedoch nicht mehr in vollem Umfang nutzbar, da für die
interne Organisation der Festplatte Daten auf einem Teil ihrer Oberfläche gespeichert werden, der dann für die Nutzenden nicht mehr zur Verfügung steht. Darüber hinaus ist zu
beachten, dass die Hersteller die Kapazitätsgrößen meist mit *dezimalen* Präfixen angeben
(z.B. 1 TByte = 10^{12} Byte; Kap. 4.3.2), dagegen Betriebssysteme oft *binäre* Präfixe für die
Berechnung ansetzen (man muss also jeweils mit Faktor 1 024 rechnen). Eine 1-Terabyte-
Platte wird dann beispielsweise nur als 931-Gigabyte-Platte angezeigt. Heutige 3,5-Zoll-
Festplatten können mehrere Terabyte speichern. Diese großen Speicherkapazitäten werden
bei gleichen geometrischen Abmessungen u. a. dadurch möglich, dass die einzelnen magnetisierbaren Bereiche seit geraumer Zeit nicht mehr horizontal in Drehrichtung (Bezeich-
nung: **LMR** = **L**ongitudinal **M**agnetic **R**ecording), sondern senkrecht dazu angeordnet sind.
Hierdurch lassen sich die Bits wesentlich dichter packen. Dieses Aufzeichnungsverfahren
wird **Perpendicular Recording** genannt (Alternativbezeichnungen: **PMR**: Perpendicular
Magnetic **R**ecording, **CMR**: **C**onventional **M**agnetic **R**ecording; Bild 1.107).

Allerdings müssen auch bei diesem Verfahren die magnetisierbaren Bereiche einen Min-
destabstand voneinander haben, da bei senkrechter Anordnung ein stärkeres magnetisches Feld (Kap. 5.4.2.2) erforderlich ist. Liegen sie zu dicht zusammen, würden beim
Magnetisieren nicht nur der gewünschte Bereich, sondern auch benachbarte Bereiche

beeinflusst und dadurch gespeicherte Daten verloren gehen. Lange Zeit lag daher bei PMR-Festplatten der maximal erreichbare Kapazitätswert bei ca. 4 TByte. Um diesen Wert bei gleichbleibenden geometrischen Abmessungen weiter signifikant zu steigern, verfolgen die Hersteller – neben dem Einsatz verbesserter magnetischer Materialien und der Verwendung von 4k-Sektorgrößen (Kap. 3.2.1) – u. a. folgende Ansätze:

Heliumfüllung (helium filled)

Im Inneren eines Festplattengehäuses befindet sich üblicherweise Luft. Die Plattenrotation verursacht Strömungseffekte, wodurch sich einerseits das Luftkissen bildet, auf dem der Schreib-/Lesekopf über der Plattenoberfläche schwebt. Andererseits führen die Luftströmungen aber auch zu einem erhöhten mechanischen Widerstand bei der Drehbewegung und zu unerwünschten Plattenvibrationen. Die Platten müssen daher eine bestimmte Dicke aufweisen, um stabil zu rotieren.

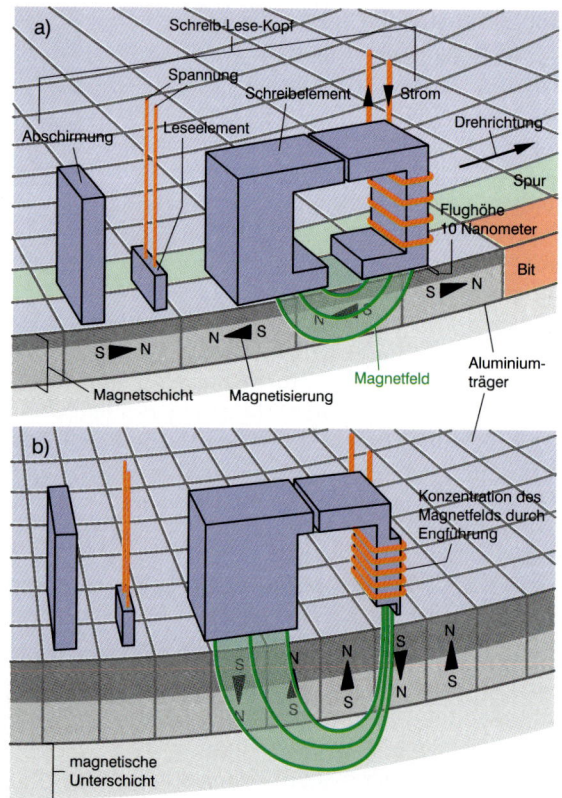

Bild 1.107: Grundprinzipien magnetischer Aufzeichnung
a) Frühere, waagerechte Anordnung magnetischer Bereiche
b) Aktuelle, senkrechte Anordnung magnetischer Bereiche
    (Perpendicular Recording)

Die unerwünschten Strömungseinflüsse lassen sich reduzieren, indem man die Luft durch ein Gas mit einer geringeren Dichte ersetzt, z. B. Helium. Dadurch können die Magnetscheiben dünner ausfallen, ohne zu vibrieren, und es entsteht Platz für eine höhere Anzahl von Platten, wodurch größere Speicherkapazitäten möglich werden.

Damit das Helium während des Betriebs nicht entweicht, muss das Festplattengehäuse allerdings luftdicht versiegelt sein. Mit Helium gefüllte Festplatten ermöglichen derzeit Speicherkapazitäten bis zu 15 TByte. Diese sind aber vergleichsweise teuer.

HAMR (Heat-Assisted Magnetic Recording)

Mittels HAMR lässt sich die erforderliche Magnetisierungsfeldstärke durch kurzzeitige Erhitzung des beim Schreibvorgang zu magnetisierenden Bereichs reduzieren. Durch die geringere Magnetfeldstärke werden benachbarte Bereiche nicht mehr beeinflusst und können somit enger zusammengelegt werden. Mit dieser Technik will man die Speicherkapazität von 3,5-Zoll-Platten langfristig bis auf 50 TByte erhöhen (2,5-Zoll-Platten bis 30 TByte). Die gezielte Erhitzung einzelner Bereiche erfolgt bei HAMR mit einem Laser, der in den Schreib-/Lesekopf integriert ist. Das Verfahren lässt sich nur bei PMR-Festplatten mit speziell beschichteten, magnetisierbaren Oberflächen anwenden.

MAMR (Microwave-Assisted Magnetic Recording)

Um die Speicherdichte auf einer Festplatte zu erhöhen, verwendet MAMR bei der Magnetisierung gleichzeitig ein elektromagnetisches Mikrowellenfeld im Bereich von 20–40 GHz. Durch diese Hilfsenergie lässt sich die zur Magnetisierung aufzubringende magnetische Feldstärke ebenfalls reduzieren, sodass deutlich kleinere Schreibköpfe und schmalere Datenspuren möglich werden. Im Gegensatz zur HAMR-Technik kann dieses Verfahren auch bei herkömmlichen PMR-Festplatten verwendet werden und wird herstellerabhängig auch als **F**lux **C**ontrol-MAMR (**FC**-MAMR) bezeichnet. Eine alternative Entwicklung mit der Bezeichnung **MAS-MAMR** (**M**icrowave **A**ssisted **S**witching-MAMR) benötigt hingegen ein speziell angepasstes magnetisches Speichermedium.

SMR (Shingled Magnetic Recording)

Die magnetische Oberfläche von Festplatten wird bekanntlich in Spuren unterteilt, die konzentrisch zueinander angeordnet sind (Kap. 3.2.1). Der Schreib-/Lesekopf speichert bzw. liest die Daten auf diesen Spuren. Technisch bedingt ist der Schreibkopf als „aktiver Magnetisierer" wesentlich breiter als der Lesekopf, der lediglich als passiver Sensor arbeitet. Die erzeugten Spuren sind daher so breit wie der Schreibkopf der Festplatte, der Lesekopf liest davon aber nur einen wesentlich schmaleren Teil. Ein Sicherheitsabstand (*guard space*) zwischen den Spuren stellt zudem sicher, dass beim Schreiben keine Daten auf Nachbarspuren überschrieben werden (z.B. in Bild 1.108 a) auf Spur 2).

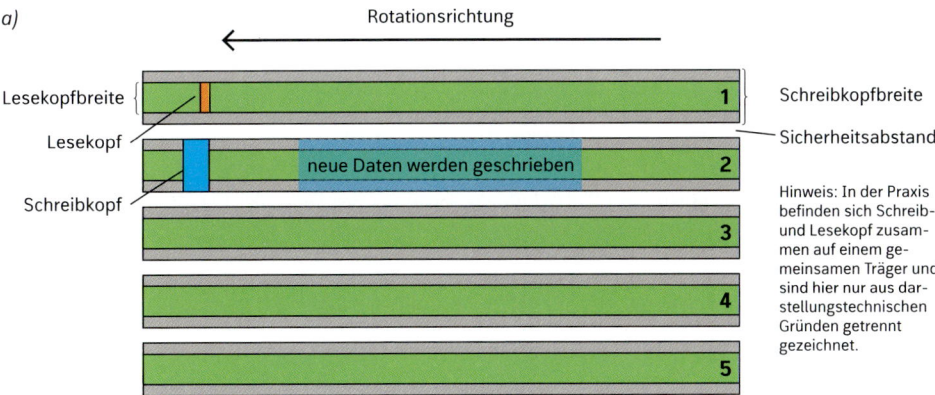

Herkömmliche PMR-Festplatte mit nebeneinanderliegenden Spuren und Sicherheitsabstand (Grundprinzip)

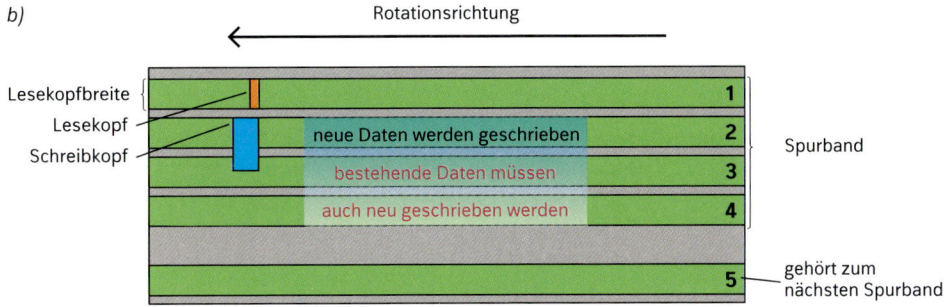

SMR-Festplatte mit überlappenden Spuren in einem Spurband (Grundprinzip)

Bild 1.108: Spurlagen bei a) PMR-Festplatte und b) SMR-Festplatte

Das SMR-Verfahren basiert darauf, auf diesen Sicherheitsabstand zu verzichten und benachbarte Spuren so weit überlappend anzuordnen (engl. *shingle* = Dachziegel), dass sie nur der Breite des Lesekopfes entsprechen. Werden in einer Spur Daten neu geschrieben (z. B. in Bild 1.108 b) auf Spur 2), so überstreicht der Schreibkopf hierbei zwangsläufig die Nachbarspur 3 und überschreibt die darin enthaltenen Informationen. Die entsprechenden Daten aus Spur 3 müssen also *vor* dem Beschreiben von Spur 2 zwischengespeichert werden, um sie *nach* dem Beschreiben von Spur 2 wiederherstellen zu können. Dieser Vorgang wiederholt sich dann zwangsläufig auch bei Spur 4 und ggf. bei weiteren nachfolgenden Spuren. Damit sich dieser Ablauf nicht bei jedem Schreibvorgang in irgendeiner Spur bis zum Ende der Festplatte fortsetzt, werden die Spuren in sog. **Bänder** angeordnet, zwischen denen ein hinreichend großer Spurabstand besteht, sodass sich keine Überlappung mehr ergibt (in Bild 1.108 b) zwischen der 4. und 5. Spur).

Zwar ergibt sich bei diesem Verfahren ein größerer Schreibaufwand bei jedem Speichervorgang, die Festplattenkapazität kann aber um bis zu 25 % steigen.

Im Zusammenhang mit großen Speicherkapazitäten spielt auch die Sicherheit der gespeicherten Daten eine wichtige Rolle. Der Einsatz von Laufwerks-Verschlüsselungssoftware (z. B. VeraCrypt, BitLocker, DiskCryptor) erhöht zwar die Sicherheit gegen unbefugten Datenzugriff, reduziert jedoch die Systemperformance, da jeder Zugriff zunächst einen Ver- bzw. Entschlüsselungsvorgang auslöst. Um einem Datenverlust durch Festplattenausfall vorzubeugen, werden RAID-Verfahren eingesetzt (Kap. 1.7.3).

Zugriffszeit (access time)

Die Zugriffszeit ist ein gängiges Maß für die Geschwindigkeit, mit der eine Festplatte arbeitet. Sie setzt sich aus den folgenden Faktoren zusammen:

- Reaktionszeit der Laufwerkselektronik, d. h. Zeit für die Bearbeitung der zur Positionierung erforderlichen UEFI-Systemroutinen (Controller-Overhead)
- Suchzeit, d. h. Zeitspanne, die für die Positionierung des Schreib-/Lesekopfes auf die gewünschte Spur erforderlich ist
- Latenzzeit, d. h. Zeit, die abgewartet werden muss, damit die gewünschten Daten auf der Spur unter dem Schreib-/Lesekopf erscheinen
- Zeit, die für das Lesen der gewünschten Daten erforderlich ist

Da die Suchzeit und die Latenzzeit maßgeblich von der Start- und Zielposition des Schreib-/Lesekopfes abhängen, wird in der Praxis stets ein Mittelwert angegeben (mittlere Zugriffszeit). Typische Werte liegen zwischen 4 ms und 20 ms.

Spurwechselzeit (track to track time)

Beim Lesen von stark fragmentierten Dateien muss überdurchschnittlich oft die Spurlage gewechselt werden. Hier ist die sog. Spurwechselzeit von Bedeutung, die angibt, wie viel Zeit für den Wechsel zwischen zwei benachbarten Spuren erforderlich ist (Größenordnung 3 ms bis 30 ms).

Datentransferrate (data transfer rate)

Die *Datentransferrate* (Bitrate) gibt Aufschluss über die für die Datenübertragung erforderliche Zeit. Sie wird in Megabit pro Sekunde (Mbit/s) oder Megabyte pro Sekunde (MByte/s) angegeben und hängt eng mit der Drehgeschwindigkeit der Platten zusammen. Bei Angabe der übertragenen *Datenmenge* werden die Angaben auch in Mebibit pro Sekunde (Mibit/s) oder Mebibyte pro Sekunde gemacht (MiByte/s; Binärpräfixe siehe Kap. 4.3.2). Begrenzt wird die Bitrate von der verwendeten Schnittstelle und deren Spezifikation (Kap. 1.7). Allerdings werden die theoretisch möglichen maximalen Bitraten einer Schnittstelle von Magnetfestplatten in der Praxis nicht erreicht. Bei „langsamen" Festplatten liegt dieser Wert bei ca. 50 MByte/s, bei „schnellen" Platten ergeben sich Werte bis zu 300 MByte/s. Die erreichbaren Werte hängen auch davon ab, ob die Festplatte über einen zusätzlichen schnellen Cachespeicher verfügt (z. B. 256 MiByte), in dem die übertragenen Daten vor der magnetischen Speicherung zunächst elektronisch zwischengespeichert werden können.

1.8.1.3 Handhabung von Festplatten

Im Umgang mit Festplatten sind grundsätzlich folgende Dinge zu beachten:

1. Da die Speicherung der Daten magnetisch erfolgt, können diese Daten durch die Einwirkung eines magnetischen Feldes unbrauchbar werden. Zwar sind die Platten selbst durch das Gehäuse gegenüber äußeren magnetischen Einflüssen geschützt, dennoch sollte man Festplatten nicht dauerhaft starken magnetischen Feldern aussetzen.

2. Die magnetisierbaren Platten rotieren innerhalb des Gehäuses mit einer hohen Drehzahl. Die Lagerung dieser Platten wird also mechanisch stark beansprucht und unterliegt einem natürlichen Verschleiß. Um diesen Verschleiß so gering wie möglich zu halten, ist die vom Hersteller vorgegebene Einbaulage zu beachten.

3. Das wiederholte „Hochfahren" und „Herunterfahren" von Festplatten erhöht sowohl den mechanischen Verschleiß der Lager als auch den der Schreib-/Leseköpfe, da diese dann jeweils in der dafür vorgesehenen Zone „landen" (siehe oben). Insofern sollte der mittels Power-Management mögliche Stand-By-Modus, bei dem das Laufwerk nach einer voreingestellten Zeit ohne Befehlseingabe abgeschaltet wird, nicht zu kurz gewählt werden.

4. Platten und Lager reagieren empfindlich auf mechanische Einflüsse. Aus diesem Grund sollten Erschütterungen während des Betriebes möglichst vermieden werden.

1.8.2 Solid State Laufwerk

Ein **Solid State Laufwerk** (**SSD**: **S**olid **S**tate **D**rive oder **S**olid **S**tate **D**evice) ist ein elektronisches nicht flüchtiges Speichermedium, das ausschließlich aus Halbleiter-Speicherchips aufgebaut ist. Es kann wie ein herkömmliches Laufwerk angesprochen werden.

Die Bezeichnung Laufwerk (*drive*) ist insofern irreführend, als es ohne rotierende Scheibe oder sonstige bewegliche Mechanik arbeitet. Dadurch ist es absolut unempfindlich gegenüber mechanischen Stößen (hohe Schocktoleranz) und besonders geeignet für den Einsatz in portablen Geräten. SSDs lassen sich – u. a. abhängig von ihrer Bauform – an unterschiedliche Schnittstellen anschließen. So gibt es beispielsweise

- die SSD im klassischen 2,5-Zoll-Gehäuse für den Einbau in einen PC an eine SATA-, PCIe- oder U.2-Schnittstelle (zusätzlich oder anstelle einer Magnetfestplatte);

- die SSD auf einer M.2-Platine (M.2-Formfaktor; Kap. 1.7.5) für den Anschluss an die gleichnamige Schnittstelle (bietet höhere Übertragungsraten als SATA-Anschlüsse).

Da ein SSD im Gegensatz zur Festplatte nicht erst mechanisch einen Schreib-/Lesekopf zu den Daten fahren muss, sondern nur einzelne Leitungen aktiviert, kann es auch wesentlich schneller auf Daten zugreifen (*Lesezugriff*, z. B. 7,2 GByte/s bis ca. 14 GByte/s). Allerdings erfolgen *Schreibzugriffe* (z. B. 2 GByte/s bis ca. 12 GByte/s) langsamer als Lesezugriffe, da die derzeit verwendeten Flashspeicher in der Regel vorher einen zusätzlichen Löschvorgang erfordern, der stets blockweise durchgeführt wird (Ausnahme: 3D XPoint-Speicher; Kap. 1.5.1.2 ff.). Um diesen Vorgang zu beschleunigen, verfügen SSDs meist über einen integrierten DRAM-Pufferspeicher (DRAM-Cache: bis zu 512 MiByte). In diesem Cache werden Schreibzugriffe entgegengenommen, in einer Warteschlange sortiert (**NCQ**: Native Command Queuing) und anschließend intelligent auf die einzelnen Blöcke verteilt.

a)

b)

Bild 1.109: Beispiele für Solid Stade Devices: a) 2,5-Zoll-Gehäuse, b) M.2-Format

Parameter	SSD	Festplatte
Schock	> 1 000 g	bis zu 200 g
Vibration	bis zu 20 g	bis zu 1 g
Temperatur	− 40 °C bis + 85 °C	+ 5 °C bis + 55 °C
MTBF in Std.	bis zu 4 Millionen	bis zu 1 Million

Erdbeschleunigung:
$1 \, g = 9{,}81 \, m/s^2$

Bild 1.110: Vergleich der Eigenschaften von SSD und Festplatte

Solid State Drives verwenden bis auf wenige Ausnahmen NAND-Flashspeicherchips, dabei kommen MLC-NAND zum Einsatz (Kap. 1.5.1.2). Um bei einer SSD einen MTBF-Wert (Kap. 1.8) von über 1 000 000 zu erreichen, sorgt der eingebaute Controller mit einer ausgeklügelten Logik dafür, dass Schreibzugriffe gleichmäßig verteilt über das gesamte Laufwerk erfolgen (**Wear-Leveling**).

Durch das implementierte **D**evice **I**nitiated **P**ower **M**anagement (**DIPM**) ist ein SSD zudem in der Lage, in Zeiten fehlender Zugriffe die Schnittstellenelektronik abzuschalten und so ihren Energieverbrauch drastisch zu reduzieren (< 1 W). Wegen ihres niedrigen Energieverbrauchs werden SSDs gerne als Alternative zu herkömmlichen Festplatten eingesetzt, z. B. in Subnotebooks und Nettops. Allerdings sind ihre derzeit erhältlichen Speicherkapazitäten gegenüber denen von Festplatten in der gleichen Größe teurer. Gängige Größen liegen derzeit im Consumerbereich zwischen 512 GByte und ca. 16 TByte, im industriellen Bereich auch höher (bis ca. 60 TByte; Hinweis: Die Hersteller verwenden zur Kapazitätsangabe meist Dezimalpräfixe; Kap. 4.3.2). SSDs arbeiten in der Regel mit 5 V Betriebsspannung.

Gegenüber der SATA-Anschlusstechnik lässt sich die Übertragungsrate von SSDs bei Verwendung eines M.2-Slots (Kap. 1.7.5) deutlich erhöhen. Eine weitere Steigerung ergibt sich durch die Verwendung des NVMe-Protokolls (**NVMe**: Non-Volatile Memory express), einer auf PCIe basierenden Spezifikation, die inzwischen AHCI (Kap. 1.8.1.2) zunehmend ablöst und kürzere Latenzzeiten ermöglicht. Hiermit lassen sich beim sequenziellen Lesen theoretisch bis zu 16 GByte/s (PCIe 5.0 × 4; Kap. 1.7.4) übertragen (in der Praxis derzeit bis zu ca. 14 GByte/s, z.B. Corsair MP700 PRO SE). SSDs im 2,5-Zoll-Format mit alternativen Anschlüssen (z.B. dem bislang vornehmlich bei Servern eingesetzten **U.2-Anschluss, ehemalige Bezeichnung: SFF 8639**) können per Adapter auch an einer M.2-Fassung betrieben werden. Ebenfalls für den Serverbereich bietet Intel seit 2018 unter der Marketingbezeichnung **Ruler** („Lineal") ein spezielles Format für Optane-SSDs mit Speicherkapazitäten (zunächst) bis zu 32 TBytes an, die bis zu 8 PCIe-4.0-Lanes unterstützen und auch zu PCIe 5.0 kompatibel sind (SFF-TA-1002-Anschlussstecker).

SATA

mSATA

M.2

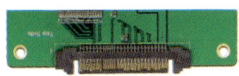

U.2

Foto: Tragant Handels-
und Beteiligungs GmbH,
Berlin / Delock®"

Bild 1.111: Vergleich der SSD-Anschlussvarianten

Ein Solid State Drive lässt sich auch mit einem herkömmlichen Festplattenlaufwerk kombinieren. Hierbei übernimmt das SSD (mit DRAM-Cache) die schnelle Zwischenspeicherung vor der abschließenden Speicherung auf der Festplatte.

> Die Kombination eines Solid State Drives mit einer herkömmlichen Festplatte in einem gemeinsamen Gehäuse wird als **Hybridlaufwerk** (*hybrid drive*) bezeichnet.

Auf dem Markt sind auch „Laufwerke" erhältlich, die in einem Gehäuse mehrere wechselbare SDHC-Flashhspeicherkarten über einen speziellen Controller-Chip zu einem RAID-0-Verbund (Kap. 1.7.3) zusammenfassen. Dadurch können sie im System als eine einzige große Flash-Disc angesprochen werden.

1.8.3 Optische Laufwerke

Die Bezeichnung optisches Laufwerk (*optical drive*) basiert auf dem optischen Verfahren, mit dem die Daten auf dem Speichermedium gelesen oder ggf. auch geschrieben werden. Als Speichermedien dienen dünne Scheiben aus Polycarbonat, einem Kunststoff, der preiswert herstellbar ist und der Licht mit einem bestimmten Brechungsindex ablenkt ($\eta = 1,55$; d.h., Licht wird in einem bestimmten Winkel gebrochen). In dieses Grundsubstrat werden beim Schreiben die binären Daten mittels verschiedener technischer Verfahren so eingebrannt, dass sich Bereiche mit unterschiedlichem Reflexionsverhalten ergeben. Die Oberfläche wird mit einer Lackschicht versiegelt.

In Abhängigkeit vom verwendeten Speichermedium unterscheidet man prinzipiell CD-Laufwerke, DVD-Laufwerke und BD-Laufwerke.

> **CD** steht für **C**ompact **D**isc und bezeichnet ein optisches Speichermedium für digitale Daten, das ursprünglich nur für die Wiedergabe von Audiodaten entwickelt wurde.
> **DVD** ist die Abkürzung für **D**igital **V**ersatile **D**isc (vielseitige digitale Disc), wird oft aber auch als **D**igital **V**ideo **D**isc bezeichnet.

BD steht für **B**lu-Ray **D**isc und bezeichnet den technischen Nachfolger der DVD, der insbesondere die Speicherung von Videos/Filmen in höchster Qualität (HD- bzw. UHD-Qualität; **HD**: **H**igh **D**efinition, **UHD**: **U**ltra **H**igh **D**efinition) mit den dafür erforderlichen hohen Speicherkapazitäten ermöglicht.

Das Lesen der Daten erfolgt bei allen Laufwerksarten mit einem vom Prinzip her gleichartig aufgebauten optischen Abtastmechanismus, der im Wesentlichen aus einer intensiven Lichtquelle – z. B. einem Laser mit ca. 0,5 mW Leistung –, Fokussierlinsen und einer Fotodiode (lichtempfindliches Halbleiterbauelement) besteht.

Diese Anordnung befindet sich auf einem beweglichen Träger, der sich – angetrieben von einem kleinen Motor – während des Lesevorgangs radial von innen nach außen bewegt. Die binären Daten sind bei nicht wiederbeschreibbaren Datenträgern als kleine Vertiefungen (Pit) oder Erhöhungen (Land) in das Grundsubstrat (Polycarbonat) eingebrannt und mit einer lichtreflektierenden Aluminiumschicht (Alu) überzogen. Aufgrund der Rotation des Speichermediums werden diese Lands und Pits unter der Optik vorbeigezogen.

Der Lesevorgang erfolgt von unten durch das Grundsubstrat, die Oberseite ist meist mit einem kennzeichnenden Aufdruck versehen (Label; Bild 1.112). Das von den Lands und Pits unterschiedlich reflektierte Licht eines Lasers wandelt die Fotodiode zurück in elektrische Signale. Die Regenbogenfarben, die man manchmal beim Betrachten der Unterseite beobachtet, entstehen durch die Streuung des Lichts an den Pits. Bei den optischen Speichermedien ist wie bei Festplatten ein direkter wahlfreier Zugang auf die gespeicherten Daten möglich, da die Leseoptik frei positionierbar ist. Die Steuerung erfolgt durch die Elektronik des jeweiligen Laufwerks. Die Kunststoffscheibe rotiert lediglich, wenn ein Lesevorgang stattfinden soll. Der Zugriff wird durch eine LED an der Gehäusefront signalisiert.

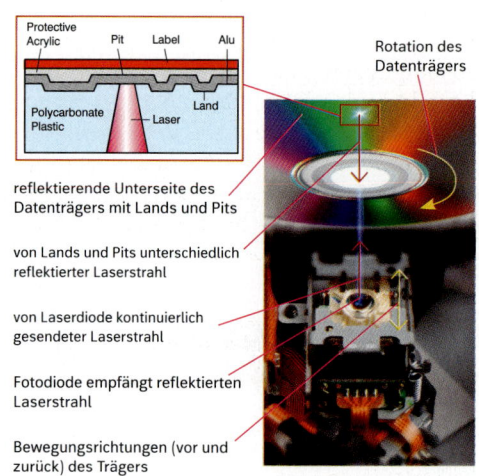

Bild 1.112: Prinzip des Abtastmechanismus bei einem optischen Laufwerk

Die Daten werden in der Regel in Form einer durchgehenden Spirale von innen nach außen aufgebracht. Diese Spirale ist in einzelne Sektoren unterteilt, die neben den Nutzdaten zusätzlich Paritätsbits zur Fehlerortbestimmung und zur Fehlerkorrektur enthalten. Mehrere Sektoren werden zu einer „Spur" (*track*) zusammengefasst. Bei den ersten optischen Datenträgern (Musik-CDs) war – und ist bis heute – die Datendichte (Anzahl der Pits und Lands pro Längeneinheit) am Innenrand genauso groß wie am Außenrand. Um beim Lesevorgang den Datendurchsatz konstant zu halten, ist die *Umlaufgeschwindigkeit* (d. h. die abgetastete Strecke pro Sekunde) in Abhängigkeit von der Position des Lesekopfes konstant zu halten. Technisch wird dies als „konstante Lineargeschwindigkeit" (Constant **L**inear **V**elocity, **CLV**) bezeichnet.

Das Lesen eines optischen Mediums erfolgt meist von innen nach außen. Hierbei wird beim klassischen CLV-Verfahren die Drehzahl kontinuierlich kleiner, um pro Zeiteinheit eine konstante Strecke abtasten zu können.

Anders verhält sich ein sog. **CAV**-Laufwerk (Constant Angular Velocity, konstante Winkelgeschwindigkeit). Ein CAV-Laufwerk weist eine konstante *Umdrehungsgeschwindigkeit* auf, was dazu führt, dass die Datenübertragungsrate variiert und von innen nach außen größer wird.

Obwohl die Abtastung bei CDs, DVDs und BDs prinzipiell gleichartig verläuft, unterscheiden sich die auf den jeweiligen Datenträgern aufgebrachten Datenstrukturen in ihrer Größe erheblich voneinander. Um diese Strukturen lesen zu können, werden in den jeweiligen Laufwerken Laser mit unterschiedlicher Wellenlänge eingesetzt. Je kleiner die Wellenlänge, desto feinere Strukturen lassen sich erkennen. Hierdurch ergeben sich bei gleicher Größe des Datenträgers (Standarddurchmesser: 12 cm) auch unterschiedlich große Speicherkapazitäten.

Der technische Aufbau der Laufwerke ist ansonsten nahezu identisch. Sie werden meist in einem 5,25-Zoll-Einschub in das PC-Gehäuse eingebaut und an eine SATA-Schnittstelle angeschlossen. Die Stromversorgung erfolgt über ein separates Kabel (Kap. 1.10.1). Für den Einbau in Notebooks existieren spezielle Slim-Line-Gehäuse. Bei allen optischen Laufwerken des Consumerbereichs erfolgt das Einlegen des Speichermediums mittels einer Schublade, die von einem Motor geöffnet und geschlossen wird. Um Beschädigungen zu vermeiden, ist beim Einlegen des Mediums zu beachten, dass dieses korrekt in der dafür vorgesehenen Vertiefung liegt. Eine BD benötigt im Gegensatz zur CD/DVD einen kurzwelligen blauen Laser und kann daher nicht mit dem langwelligen roten Laser eines CD/DVD-Laufwerks gelesen werden. Erst die Kombination eines roten Lasers mit einem blauen Laser in einem sog. **Combo**-**Laufwerk** ermöglicht das Lesen von CD-/DVD- und BD-Speichermedien. Heutige Combo-Laufwerke unterstützen fast jedes CD-/DVD-/BD-Dateiformat und können Medien unterschiedlicher Technologien lesen (Bild 1.114).

	CD	DVD	BD
	1,2 mm substrate	0,6 mm substrate	0,1 mm cover layer
Spurabstand			
Spurabstand	1,6 µm	0,74 µm	0,32 µm
Größe Land/Pit	0,83 µm	0,4 µm	0,15 µm
Wellenlänge des Lasers	780 nm (rot)	650 nm (rot)	405 nm (blau)
Speicherkapazität	650–900 MB	4,7–17 GB, (siehe Kap. 1.8.3.1)	25–100 GB (siehe Kap. 1.8.3.2)
Dicke	1,2 mm	1,2 mm	1,2 mm
Gewicht ca.	20 g	20 g	20 g

Bild 1.113: Datenstrukturen im Vergleich (Hinweis: Die Hersteller geben die Speicherkapazitäten traditionell mit Dezimalpräfix an; Binärpräfixe siehe Kap. 4.3.2)

> Ein optisches Laufwerk, das unterschiedliche CD-/DVD-/BD-Formate und CDs/DVDs/ BDs verschiedener Technologien lesen kann, wird als **multireadfähig** bezeichnet.

Mit einer analog aufgebauten Vorrichtung, wie in Bild 1.112 dargestellt, lassen sich in einem CD-/DVD-/BD-Rekorder auch entsprechende Datenträger beschreiben. Hierbei sind jedoch in Abhängigkeit vom verwendeten Datenträger höhere Leistungen des Laserstrahls (6–12 mW) sowie unterschiedliche Fokussierungen (Single Layer, Double Layer) erforderlich.

> **CD-/DVD-/BD-Rekorder** werden auch als **CD-/DVD-/BD-Brenner** bezeichnet. Jeder CD-/DVD-/BD-Brenner kann auch als normales CD-/DVD-/BD-Laufwerk arbeiten.

Im Handel erhältliche Rekorder sind auch in der Lage, entsprechende Datenträger mit unterschiedlichen Spezifikationen **(Disc-Formate)** zu brennen. Sie werden daher als **multiformatfähig** bezeichnet. Die heutigen Brennergenerationen unterstützen auch mehrlagige Rohlinge (**DL**: Double-Layer-Technologie bzw. Dual-Layer-Technologie).

Bezeichnung	Merkmale
CD-DA	CD – **Digital Audio** Bezeichnet allgemein eine digitale Audio-CD; die maximale Wiedergabezeit beträgt ca. 70–80 min. Die Datenübertragungsrate (Bitrate) liegt maximal bei ca. 172 kByte/s.
CD-ROM **DVD-ROM** **BD-ROM**	CD/DVD/BD – **Read Only Memory** Bezeichnet allgemein einen optischen Datenträger, der nur gelesen, aber nicht beschrieben werden kann; kann sich auch auf das entsprechende Laufwerk beziehen. Bei Daten-CDs liegt die *einfache Datenübertragungsrate* mit ca. 150 kByte/s etwa in der Größenordnung einer Audio-CD. In einem CD-ROM-Laufwerk lassen sich die Daten aber auch wesentlich schneller auslesen. Die *technisch möglichen* maximalen Übertragungsraten werden hierbei dann als ganzzahlige Vielfache dieser einfachen Übertragungsrate angegeben (z. B. 52-fach: ca. 7 800 kByte/s; Schreibweise: 52 x). Bei DVD- und BD-ROM-Laufwerken liegen die Datenübertragungsraten deutlich höher (Kap. 1.8.3.1 und 1.8.3.2).
CD-R **CD+R** **DVD-R** **DVD-R DL** **DVD+R** **DVD+R DL** **BD-R** **BD-R DL** **BD-R XL**	CD/DVD/BD – **Recordable** Eine Form einer CD/DVD/BD, die mit einem entsprechenden Recorder *einmal* beschrieben werden kann Durch die Laserbestrahlung in einem entsprechenden Recorder verändert sich im jeweiligen CD/DVD/BD-Medium die Lichtdurchlässigkeit einer zusätzlich eingebrachten organischen Schicht dauerhaft, durch die sich dann beim Lesen unterschiedliche Reflexionen ergeben. Der Schreibvorgang erfolgt bei den CD/DVD/BD-Medien jeweils mit unterschiedlichen Wellenlängen (Bild 1.113, siehe auch „Vernetzte IT-Systeme", Kap. 4.2). Längere Sonneneinstrahlung beeinflusst das Reflexionsverhalten der vorhandenen organischen Schicht, sodass das Medium unbrauchbar werden kann. Die Typen -R und +R unterscheiden sich hinsichtlich der Formatierung und sind daher jeweils zueinander nicht kompatibel (verschiedene Entwicklungskonsortien).

Bezeichnung	Merkmale
	Die **DL-Typen** (*double layer types*) verwenden auf einer Seite *zwei* untereinanderliegende Aufzeichnungsschichten und verdoppeln dadurch ihre jeweils mögliche Speicherkapazität (Bild 1.113, siehe auch Kap. 1.8.3.1 und 1.8.3.2). Die Blu-Ray **XL**-Typen verwenden insgesamt vier Aufzeichnungsschichten. Für die Aufzeichnung sind entsprechend geeignete Laufwerke (Brenner) erforderlich.
CD-RW **CD+RW** **DVD-RW** **DVD+RW** **DVD-RAM** **BD-RE** **BD-RE DL** **BD-RE XL**	CD/DVD – **ReWritable**; DVD – **Random Access Memory**; BD – **Recordable Erasable** Bezeichnet jeweils CD/DVD/BD-Speichermedien, die ein *mehrfaches* Löschen und Beschreiben ermöglichen. Hierbei wird das sog. **Phasenänderungs-Aufzeichnungsverfahren** (*phase-change recording*) angewendet, bei dem prinzipiell das Reflexionsvermögen einer speziellen Schicht mit mikroskopisch kleinen metallischen Kristallen mithilfe eines konzentrierten Laserstrahls verändert wird. Dieser Vorgang ist reversibel und kann mindestens 1 000-mal durchgeführt werden. Aufgrund dieses Aufzeichnungsverfahrens ist der Reflexionsgrad wesentlich geringer als bei den einmal beschreibbaren Medien. Die Typen –RW und +RW sind nicht zueinander kompatibel. Bei einer DVD-RAM liegen grundsätzlich andere Verzeichnisstrukturen und Formatierungen vor als bei den ±RW-Typen. Sie können von optischen Laufwerken im PC bearbeitet, dann aber vielfach nicht von herkömmlichen optischen Playern gelesen werden. Die DL-Typen verwenden zwei, die XL-Typen vier untereinanderliegende Aufzeichnungsschichten. Für die Aufzeichnung sind entsprechend geeignete Laufwerke (Brenner) erforderlich.

Bild 1.114: Disc-Formate von optischen Speichermedien

Die Datentransferrate eines CD-/DVD-/BD-*Rekorders* liegt beim *Lesen* eines entsprechenden Mediums in der gleichen Größenordnung wie bei einem entsprechenden ROM-Laufwerk. Beim Brennvorgang (d. h. beim *Schreiben*) ist sie allerdings geringer und hängt auch vom verwendeten Medium ab. Aus diesem Grund werden bei CD-/DVD-/BD-Brennern stets die Werte für das Lesen (1. Wert), das Schreiben einer CD/DVD/BD-R (2. Wert) und das Schreiben einer CD/DVD-RW (bzw. BD-RE; 3. Wert) angegeben (Beispielwerte: 48x, 16x, 8x).

In vielen Anwendungsbereichen wurden diese Speichermedien inzwischen von Flashspeichern (Kap. 1.5.1.1) verdrängt.

Damit ein Multi-Format-Rekorder die Brenn- und Abspielparameter richtig einstellen kann, muss er das eingelegte Medium eindeutig erkennen können. Aus diesem Grund ist jeder CD-/DVD-/BD-Rohling mit den sog. **ADIP-Informationen** (Address In Pregroove) versehen, denen das Laufwerk u. a. diese Informationen entnehmen kann. Kann ein Rekorder diese in einem inneren Kreisring aufgebrachten Informationen nicht erkennen, ist ein Brennen des Rohlings in der Regel nicht möglich.

Die Leistungsfähigkeit eines CD-/DVD-/BD-Rekorders wird jedoch nicht nur von der Hardware, sondern auch von der verwendeten Software maßgeblich beeinflusst. Folgende Dinge sollten beachtet werden:

Schreibgeschwindigkeit

Je höher die Schreibgeschwindigkeit, desto schneller verläuft der Aufzeichnungsprozess, desto größer wird jedoch auch die Wahrscheinlichkeit von Fehlern. Die Schreibgeschwindigkeit sollte individuell eingestellt werden können. Während des Schreibvorgangs werden die Daten zunächst zwischengespeichert (gepuffert). Ist dieser Pufferspeicher leer (**Buffer-Underrun**), wird der Schreibvorgang unterbrochen, bis wieder genügend Daten im Puffer sind. Dann wird der Vorgang an der gleichen Stelle fortgesetzt. Bei höheren Brenngeschwindigkeiten steigt die Gefahr von Schreibfehlern.

Schreibmethode

Beim Kopiervorgang wird ein optischer Datenträger üblicherweise in einem einzigen Vorgang beschrieben (**Singlesession**). Ist dieser Vorgang abgeschlossen, d. h. wurde ein Lead-In- und ein Lead-Out-Bereich auf den Datenträger geschrieben, ist ein weiteres Beschreiben nicht möglich, auch wenn noch nicht die gesamte Speicherkapazität ausgenutzt wurde.

> Der **Lead-In-Bereich** ist der Startbereich eines optischen Datenträgers, in dem u. a. das Inhaltsverzeichnis (**TOC: Table Of Contents**) geschrieben wird.
> Der **Lead-Out-Bereich** signalisiert dem Laufwerk das Ende des Datenträgers.
> Das Beschreiben eines optischen Datenträgers in einer einzigen Session wird auch als **Disc At Once** (DAO) bezeichnet.

Eine andere Schreibmethode wird als **Multisession** bezeichnet. Solange die Speicherkapazität des Datenträgers ausreicht, besteht die Möglichkeit des mehrfachen Startens des Schreibvorgangs und damit des Anhängens von Daten in verschiedenen Sitzungen. Hierbei wird jeweils ein eigenes Lead-In/Lead-Out geschrieben, allerdings werden diese miteinander verbunden, sodass der Eindruck eines einzigen großen Verzeichnisses entsteht. Aufgrund der hohen Speicherkapazität bei einer DVD/BD erfolgt das Beschreiben in der Regel im Multisession-Verfahren.

Wie alle Datenträger legen auch bei optischen Datenträgern vorgegebene logische Strukturen fest, wie Dateien und Verzeichnisse organisiert und den vorhandenen physikalischen Sektoren zuzuordnen sind. Dieses Dateisystem ist in der **ISO 9660** spezifiziert und wurde mehrfach ergänzt und erweitert (z. B. **Joliet**: max. 64 Zeichen pro Dateiname, 8 Verzeichnisebenen; **RockRidge**: Unix-Spezifikationen, unter Windows nicht lesbar; **hfs**: Macintosh-Spezifikationen).

Der Wunsch nach einem einheitlichen, für alle Plattformen lesbaren Dateisystem führte zur Entwicklung von **UDF** (**U**niversal **D**isc **F**ormat; Kap. 3.2.4.3). Dieses Dateisystem kann nicht nur bei CDs, sondern auch bei DVDs verwendet werden.

1.8.3.1 DVD-Technologien

Neben der Verkleinerung der Datenstrukturen (Bild 1.113) wird bei einer DVD die Vergrößerung der Speicherkapazität gegenüber der CD auch durch den Einsatz folgender technischer Verfahren bewirkt:

- Verbesserung des Fehlerkorrekturverfahrens

- Einsatz von Kompressionsverfahren (Verfahren zur Reduzierung des Datenvolumens, ohne dass Nutzinformationen verloren gehen)

- Laserabtastung bei kürzeren Wellenlängen

- Datenaufzeichnung auf zwei untereinanderliegenden Informationsschichten (Layer), die durch eine lichtdurchlässige, 40 µm dicke Schicht voneinander getrennt sind (einseitige doppellagige DVD; Bezeichnung z. B. DVD-R DL oder DVD+R DL)

- Datenaufzeichnung auf beiden Seiten der DVD (zweiseitige doppellagige DVD)

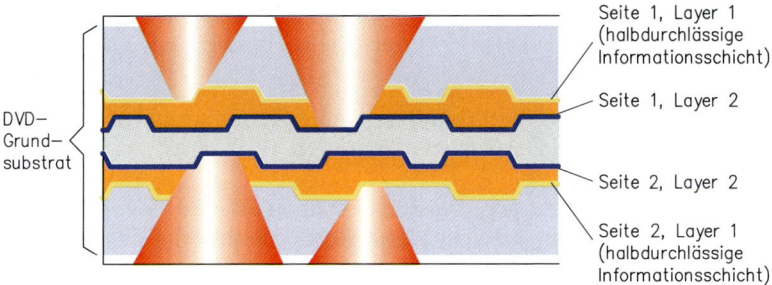

Bild 1.115: Prinzipieller Aufbau einer zweiseitigen doppellagigen DVD

In Bild 1.115 sind zur Verdeutlichung des Abtastmechanismus vier Laserstrahlen darge-stellt, in der Praxis erfolgt die Abtastung nur mit einem einzigen Laserstrahl von einer Seite, sodass die DVD zur Wiedergabe der Informationen von Seite 2 im Abspielgerät ge-wendet werden muss. Zweiseitig bespielte DVDs können somit nicht mit einem Label versehen werden.

Während der Verlauf der ersten Spur (Layer 1) auf jeder Seite spiralförmig von innen nach außen führt, existieren für die zweite Spur (Layer 2) zwei Alternativen:

PTP (Parallel Track Path)

Die zweite Spur verläuft parallel zur ersten, sodass während des Lesevorgangs ein Springen zwischen den Spuren möglich ist (z.B. zur Wahl verschiedener Kameraperspektiven).

OTP (Opposite Track Path)

Die zweite Spur fängt dort an, wo die erste aufhört, d.h., sie wird von außen nach in-nen gelesen. Lange Filme können auf diese Weise ohne Unterbrechung abgespielt wer-den, da der Laser nicht erst zur Mitte zu-rückfahren muss.

Wie bei CDs wird auch bei DVDs die Da-tentransferrate als Vielfaches eines Bezugs-wertes (Standardwert; Schreibweise: 1x) angegeben (vgl. Bild 1.114). Dieser Stan-dardwert beträgt bei DVDs ca. 1,4 MByte/s (Wert gerundet; Datendurchsatz einer stan-dardkonformen Video-DVD). Aktuelle DVD-Player ermöglichen Übertragungsge-schwindigkeiten bis 24x (Lesen; beim Schreiben ca. 16x, auch abhängig vom Me-dium).

Gerätecode	Bereich
Code 0	ohne Einschränkung
Code 1	USA, Kanada
Code 2	Europa, Japan, Südafrika, mittlerer Osten, Ägypten
Code 3	Hongkong, Südostasien, Ostasien
Code 4	Mittel- u. Südamerika, Australien, Neuseeland, Pazif. Inseln
Code 5	Indien, Afrika, Nord-Korea, Mongolei, GUS-Staaten
Code 6	China

Bild 1.116: DVD-Regionalcodes

Eine DVD ist mit ihren typisch hohen Da-tenvolumen sowohl zur Speicherung von Computerdaten als auch von Audio- und Videodaten geeignet (z.B. Kinofilme). Da sich die Daten aufgrund der digitalen Speicherung schnell und vor allem verlustfrei vervielfäl-tigen lassen, verwendet die Industrie verschiedene Verfahren, um eine unerwünschte Verbreitung einzuschränken:

- Durch die Verwendung sog. **Regionalcodes** (Bild 1.116) sind DVD-Videos nicht beliebig austauschbar, sondern nur in einem DVD-Player abspielbar, dessen Code mit dem auf der DVD übereinstimmt.

- Durch die Verwendung von **Kopierschutzverfahren** werden DVDs so codiert, dass keine oder nur eine begrenzte Anzahl von Kopien möglich ist.

Des Weiteren versucht man, mit einem sog. **Wasserzeichen** zu arbeiten. Hierunter versteht man auf *Wiedergabegeräten* nicht sichtbare Zusatzinformationen, die aber von *Aufnahmegeräten* erkannt werden und eine Aufnahme oder Kopie verhindern sollen.

Verfahren	Beschreibung
CGMS	**Copy Generation Management System** Informationen auf der DVD, welche Teile wie oft kopiert werden dürfen; diese Informationen werden dem analogen und dem digitalen Signal beigemischt.
AACS	**Advanced Access Content System** Bei HD-DVD- und Blu-Ray-Geräten eingesetztes Verfahren, mit dem der Anbieter – insbesondere die Filmindustrie – nicht nur Kopien verbieten, sondern teilweise auch die Abspielmodalitäten kontrollieren kann. Mittels eines speziellen Rechtesystems (DRM: Digital Rights Management) soll bestimmt werden können, auf welchen Geräten das Abspielen möglich ist und nach welcher Zeit oder nach wie vielen Abspielvorgängen eine Wiedergabe verweigert wird. BD+ verwendet hierzu eine kleine virtuelle Maschine (BDSVM: Blu-Ray Disc Secure Virtual Machine), die in Blu-Ray-Geräten implementiert ist und auf dem **SPDC**-Konzept (**S**elf-**P**rotecting **D**igital **C**ontent) basiert. Die VM erkennt unerlaubte Veränderungen an der Hard- oder Software eines Players. Jeder lizensierte Player muss hierzu einen Erkennungsschlüssel bereitstellen, der darüber hinaus in bestimmten zeitlichen Abständen zu erneuern ist (aktive Internetanbindung erforderlich) . Nur nach Erkennung und Verifizierung eines legalen Schlüssels lassen sich vorhandene Dateien entschlüsseln.
HDCP	**High-Bandwidth Digital Content Protection** Von Intel entwickeltes Verschlüsselungssystem für HDMI und DVI zur geschützten Übertragung von Audio- und Videodaten, das auch bei HDTV und Blu-Ray-DVD zum Einsatz kommt. Die Verschlüsselung basiert auf einem kryptografischen Verfahren, bei dem über einen 56 bit langen Schlüssel die Authentizität des Verbindungspartners in einer Wiedergabekette (z. B. DVD-Laufwerk, TFT-Bildschirm, Audio-Verstärker) überprüft wird. Jeder Hersteller beteiligter Geräte muss diese bei der Digital Protection LLC zertifizieren lassen, um eine ID zu erhalten, damit eine Übertragung/Wiedergabe in HD-Qualität überhaupt möglich ist. Diese ID ist die Basis einer bei jeder Verbindung neu verschlüsselten Übertragung. Eine Übertragung/Wiedergabe von Inhalten ist nicht bzw. nur eingeschränkt möglich, wenn eines der beteiligten Geräte HDCP nicht unterstützt. HDCP-verschlüsselte Informationen lassen sich, wenn überhaupt, nur in SDTV-Qualität (**S**tandard **D**efinition TV, z. B. 720 × 576 Pixel) aufzeichnen. Die Wiedergabe von 4K-Inhalten ist nur auf Geräten möglich, die mindestens HDCP 2.2 unterstützen. HDCP 2.2 erfordert entsprechende Decoder-Chips und ist nicht kompatibel mit 1.x-Vorgängerversionen.

Bild 1.117: DVD-Kopierschutzverfahren (Beispiele)

Bei den DVD-Brennern ist zwischen der standardmäßigen **Single-Layer**- und der modernen **Double-Layer-Technik** (z. B. DVD+R DL) zu unterscheiden. Die beiden Aufnahmeschichten einer DVD+R DL bestehen aus organischen Farbstoffen, in die mit einem Laser unterschiedlich lange Markierungen eingebrannt werden. Hinter dem unteren Layer 1 befindet sich eine halbtransparente Reflexionsschicht, die 50 % des Laserlichts durchlässt, sodass auch die darunterliegende 2. Schicht (Layer 2) bei anderer Fokussierung des Lasers beschrieben werden kann. Der Brennvorgang startet zunächst im Innenbereich der unteren Schicht. Am Außenrand wechselt er auf den zweiten Layer und endet dann wieder am Innenring. Beim Brennen einiger DVD-Formate ist zu beachten, dass sie finalisiert werden müssen, bevor sie auf einem anderen Gerät als dem Aufnahmesystem abgespielt werden können (z.B. DVD-R; gilt aber nicht für DVD+RW).

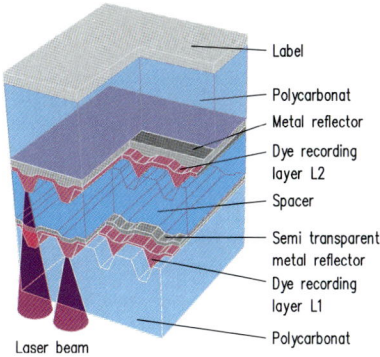

Bild 1.118: Aufbau einer Double-Layer-DVD

> **Finalisieren** (*finalization*) bedeutet, dass ein optischer Datenträger mit Zusatzinformationen (z.B. Dateisystem, Menü, Inhaltsverzeichnis usw.) beschrieben wird, die ein Lesen in anderen Geräten erst ermöglicht.

Nach dem Finalisieren kann ein Datenträger nicht mehr weiter beschrieben werden, auch wenn theoretisch noch Speicherplatz vorhanden wäre.

1.8.3.2 Blu-Ray-Technologien

Bei prinzipiell gleichem Aufbau und gleicher Funktionalität wie ein DVD-Laufwerk verwendet ein **Blu-Ray-Laufwerk** einen blauen Laser mit einer Wellenlänge von 405 nm und ein Objektiv mit einer kleineren Blendenöffnung. Beides bewirkt eine kleinere Fokussierung des Laserstrahls. Damit kann ein Blu-Ray-Laufwerk wesentlich kleinere Strukturen erkennen und wesentlich größere Datenmengen speichern als ein normales DVD-Laufwerk (Bild 1.113). Dies führt zu einer Aufnahmekapazität von ca. 25 GByte pro Layer sowie zu einer Datentransferrate (Bitrate) in der Größenordnung von 4,5 MByte/s (Standardwert; Schreibweise: 1x; Datenrate eines Blu-Ray-Filmabspielgerätes, HD-Qualität, 8-kanaliger Ton). Aktuelle BD-Laufwerke für PCs liefern Übertragungsraten bis zu 16x (Lesen, auch abhängig vom Medium).

Im Gegensatz zur DVD, bei der sich die Aufnahmeschicht zwischen zwei jeweils 0,6 mm dicken Kunststoffscheiben befindet, ist die Aufnahmeschicht der Blu-Ray-Disc auf ein 1,1 mm dickes Substrat aufgebracht und wird lediglich von einer 0,1 mm dicken Deckschicht gegen Kratzer geschützt. Da der Laserstrahl hierbei einen kürzeren Weg durch die Schutzschicht

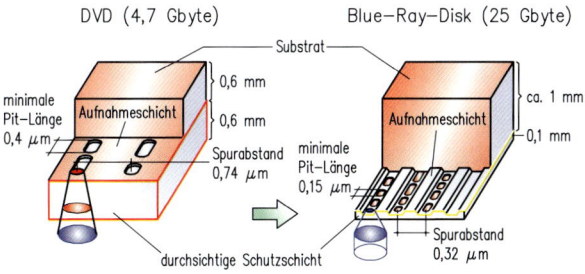

Bild 1.119: Unterschied zwischen DVD- und Blu-Ray-Disc

hat, verringert sich die Wahrscheinlichkeit optischer Fehler (Streuungs- oder Brechungseffekte), die den Strahlengang des Lasers stören könnten.

Durch den Einsatz sog. Pick-up-Heads, die mit einem blauen (405 nm), einem roten (650 nm) und einem infraroten (780 nm) Laser ausgestattet sind, können Blu-Ray-Laufwerke auch CDs und DVDs auslesen, sodass die Abwärtskompatibilität gegeben ist. Verfügbar sind auch die wiederbeschreibbaren Discs BD-R und BD-RW. Die wiederbeschreibbare BD-RW arbeitet mit der von der CD-RW bekannten Phase-Change-Technik (Kap. 1.8.4). Kombibrenner für alle drei Formate sind in gleicher Weise mit drei Laserdioden entsprechender Leistung aufgebaut. Eine Blu-Ray-Disc ermöglicht die Speicherung eines Films in HD-Qualität (1 920 × 1 080 Bildpunkte, im Gegensatz zu den bei DVD üblichen 720 × 576 Bildpunkten).

BD-3D ist eine Erweiterung der Blu-Ray-Spezifikation für die Wiedergabe von 3D-Darstellungen. Diese verwendet MPEG-4 MVC (**M**oving **P**ictures **E**xperts **G**roup – **M**ultiview **V**ideo **C**oding) und lässt sich nur mit stereoskopischen Displays wiedergeben, die über einen HDMI-Anschluss ab Version 1.4 verfügen (ansonsten erfolgt die Wiedergabe in 2D). Die **Ultra HD Blu-Ray**-Spezifikation (**UHD Blu-Ray**) definiert den Nachfolgestandard mit einer höheren Auflösung und einer größeren Speicherkapazität (UHD-Auflösung 3 840 × 2 160, **HFR**: **H**igh **F**rame **R**ate, Audio-Format Dolby Atmos, Speicherkapazität bis 66 GByte auf 2 Layern, bis 100 GByte auf 3 Layern). Hierbei kommt der H.265/HEVC-Komprimierungsstandard (**H**igh **E**fficiency **V**ideo **C**oding) zum Einsatz, zur Wiedergabe ist mindestens ein DispayPort-1.3- oder ein HDMI-2.0-Anschluss erforderlich, der auch den Kopierschutz HDCP 2.2 unterstützt.

Genau wie bei der DVD ist bei der Blu-Ray-Disc ein Regionalcode vorgegeben, um eine unerwünschte Verbreitung zu verhindern. Die regionale Zuordnung ist hierbei aber anders als bei der DVD (Bild 1.120). Im Gegensatz zur DVD wird der Regionalcode nur von der Abspielsoftware und nicht vom Betriebssystem geprüft. Als Kopierschutzverfahren wird derzeit **AACS** (Bild 1.117) verwendet. Beim Standard **BD+** kommt

Code	Bereich
A	Hongkong, Japan, Korea, Südamerika, Südostasien, Taiwan, USA
B	Afrika, Australien, Europa
C	China, Indien, Nepal, Russland, Südasien, Zentralasien

Bild 1.120: BD-Regionalcodes

eine Online-Autorisierung zur Entschlüsselung der Informationen hinzu. Die Abspielsoftware läuft hierbei in einer virtuellen Maschine (Kap. 2.5.1.6). Sie überwacht das unmanipulierte Abspielen und kann bei Manipulation unterbrechen oder den Abspielvorgang nur für einen bestimmten Zeitraum zulassen. Als weiterer Schutz vor unautorisierter, wiederholter Nutzung kann darüber hinaus bei BD+ eine Blu-Ray-Disc Anweisungen enthalten, während des Abspielvorgangs bestimmte Daten online abzurufen, ohne die eine Wiedergabe nicht möglich ist.

1.8.4 Lebensdauer von Speichermedien

Wie alle Produkte unterliegen auch Trägermaterialien digitaler Speichermedien natürlichen Alterungsprozessen. Im Gegensatz zum Papier, auf dem jahrhundertelang Daten gesammelt und archiviert wurden, kann man den elektronischen Datenträgern diesen Alterungsprozess jedoch nicht ansehen. Hierin liegt die Gefahr von Datenverlusten, die entstehen, wenn man nicht rechtzeitig eine Kopie anfertigt.

Die Langzeithaltbarkeit (*long-term durabiltiy*) von Datenträgern hängt von verschiedenen Faktoren ab:

- Fertigungsqualität (*production quality, manufacturing quality*)
- chemische und mechanische Stabilität der Datenschicht

- mechanische Stabilität und Verschleiß des Datenträger-Grundmaterials
- Verschmutzung (*pollution, contamination*)
- Handhabung (*handling*)

Bei magnetischen Datenträgern ist insbesondere die **Remanenz** (der gewünschte verbleibende Restmagnetismus; siehe auch Kap. 5.4.2) eine wichtige Eigenschaft der Aufzeichnungsschicht. Röntgenstrahlen und Durchleuchtungen auf Flughäfen üben keinen Einfluss auf diese Kenngröße aus. Sie wird allerdings bei Lagertemperaturen oberhalb 20 °C negativ beeinflusst. Ebenso beeinflussen chemische Vorgänge wie etwa Korrosion und Hydrolyse die Speichereigenschaften.

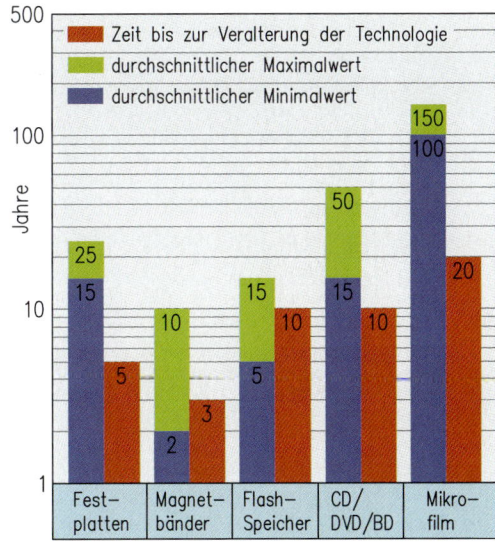

Bild 1.121: Vergleich der Lebensdauer verschiedener Speichermedien

Im Vergleich zum Mikrofilm haben alle anderen Speichermedien eine kurze Lebensdauer.

Ein weiteres Problem stellt die Veralterung von verwendeten Technologien dar. Standards von heute sind das Opfer des technischen Fortschritts von morgen und werden durch neue Entwicklungen ersetzt (z. B. 5,25-Zoll-Diskettenlaufwerke). Auch eine nachlassende Nachfrage kann dazu führen, dass bestimmte Speichermedien nicht mehr so häufig eingesetzt werden. Dies betrifft aktuell beispielsweise Magnetbänder sowie CD-, DVD- und BD-Medien, die nur noch von sehr wenigen Firmen hergestellt werden.

AUFGABEN

1. Auf welchem Grundprinzip basiert die Speicherung von Daten auf einer Festplatte? Welcher Unterschied bezüglich der Speicherung besteht zu einem SSD?

2. Eine Kundin interessiert sich für den technischen Vorgang des Schreibens und Lesens auf einer Festplatte. Erläutern Sie ihr die Prozesse mithilfe elektrotechnischer Grundgesetze. (Lösungshinweis: Verwenden Sie Informationen aus Kap. 5.4.2 oder aus dem Internet.)

3. Was versteht man unter dem sog. Headcrash und welche Folgen können hierdurch entstehen?

4. Mit welchen Drehzahlen rotieren moderne Festplattenlaufwerke? Welche Probleme können sich ergeben, wenn diese Drehzahlen erhöht werden?

5. Was versteht man bei Festplatten unter NCQ?

6. Welche Kenngrößen beschreiben maßgeblich die Eigenschaften einer Festplatte?

7. Welche Hinweise sollte man Kundinnen und Kunden zur Handhabung von Festplatten grundsätzlich geben?

8. a) Welche Bauformen und welche Anschlussvarianten gibt es im Consumerbereich bei SSDs?
    b) Was ist ein Hybridlaufwerk?

9. Was versteht man bei einer CD/DVD unter einem Pit und einem Land?

10. In einer Anzeige wird ein multiformatfähiger DVD-Brenner 16x/4x/4x, CD 32x/16x/8x angeboten. Welche Informationen enthalten diese Angaben?

11. Die Laserstrahlen, mit denen CDs, DVDs und BDs abgetastet werden, unterscheiden sich technisch voneinander. Erläutern Sie die Unterschiede und begründen Sie diese.

12. Ein Kunde möchte sich über die Technik des Lesevorgangs einer CD/DVD/BD informieren. Erklären Sie ihm diesen Vorgang.

13. Was versteht man bei DVDs unter der Double-Layer-Technik? Erläutern Sie das technische Prinzip.

14. Eine Auszubildende in einem IT-Beruf hat in einem Artikel über optische Laufwerke die Bezeichnung CLV (Constant Linear Velocity) gelesen, diesen Begriff jedoch nicht verstanden. Erklären Sie ihr den Zusammenhang.

15. Traditionell geben die CD-/DVD-/BD-Hersteller die Speicherkapazitäten ihrer Produkte mithilfe von Dezimalpräfixen an (siehe Bild 1.113). Welche Werte ergeben sich jeweils bei der Verwendung von Binärpräfixen (siehe Kap. 4.3.2)?

16. Aus welchem Grund kann eine CD/DVD-R nur einmal, eine CD/DVD-RW jedoch mehrfach beschrieben werden?

17. Welche Möglichkeit bietet sich beim Beschreiben, wenn ein DVD-Rekorder in Verbindung mit der entsprechenden Software multisessionfähig ist?

18. Welche Techniken werden im Zusammenhang mit einer DVD mit den Abkürzungen PTP und OTP bezeichnet?

19. Welche Vorkehrungen treffen Hersteller, um unerwünschte Kopien bespielter DVDs und BDs möglichst zu verhindern? Nennen und beschreiben Sie kurz die einzelnen Maßnahmen.

20. Die maximale Lesegeschwindigkeit (Übertragungsgeschwindigkeit) wird bei CDs, DVDs und BDs stets als ganzzahliges Vielfaches eines Standardwertes angegeben (z. B. 32x).
    a) Wie groß ist diese Standardlesegeschwindigkeit (Schreibweise: 1x) bei den genannten Datenträgern?
    b) Um welchen Faktor ist diese Standardlesegeschwindigkeit bei einem BD-Laufwerk höher als bei einem CD-Laufwerk?

1.9   Erweiterungskarten

Viele Funktionen, die früher nur mit zusätzlichen Erweiterungen nachrüstbar waren, sind heute auf dem Motherboard implementiert (z. B. Grafik-, Sound- oder Netzwerkfunktion). Das Nachrüsten mit zusätzlichen Karten ist daher nur dann erforderlich, wenn man beispielsweise eine qualitativ bessere Leistung erzielen möchte, als sie implementierte Chips liefern können (z. B. Grafik: im Gamerbereich für realitätsgetreue 3D-Animationen, bei CAD-Anwendungen oder im medizinischen Bereich), oder man eine spezielle Funktionalität benötigt, die standardmäßig nicht vorhanden ist (z. B. zur Messwertaufnahme).

Eine **Erweiterungskarte** (*expansion card*) wird über einen freien **Erweiterungssteck-platz** (*expansion slot*) auf dem Mainboard mit der CPU oder dem Chipsatz des Computers verbunden.

Bei Notebooks und anderen portablen Computern sind die Erweiterungskarten vielfach als **ExpressCard** (Kap. 1.1.2) ausgeführt. Zu beachten ist, dass nicht alle PC-Geräteklassen erweiterungsfähig sind.

1.9.1 Grafikkarten

Eine eingebaute Grafikkarte übernimmt die Funktion des intern vorhandenen Grafik-chips, die visuell darzustellenden Daten des Prozessors (Buchstaben, Diagramme, farb-liche Hintergründe usw.) so aufzubereiten, dass sie das angeschlossene Display wieder-geben kann. Daher lassen sich die nachfolgenden Ausführungen in weiten Teilen auch auf eine intern vorhandene Grafikeinheit übertragen.

Der Anschluss einer Grafikkarte erfolgt meist über einen speziellen PCIe-Slot, der direkt an den CPU-Chip angebunden ist (Kap. 1.7.4). Abhängig von den Abmessungen belegt eine Grafikkarte dabei möglicherweise auch zwei der rückseitigen externen Einbauschlit-ze des PC-Gehäuses (Bild 1.122).

Der auf dem Mainboard befindliche PCIe-Slot für den Anschluss einer externen Grafik-karte trägt die Bezeichnung **PEG** (**P**CI **E**xpress for **G**raphics).

Die Eigenschaften einer Grafikkarte unterliegen – ebenso wie die angeschlossenen Dis-plays – einer Standardisierung. Diese beschreibt die jeweils festgelegten technischen Merkmale, damit eine Karte unabhängig vom Hersteller in jedes Gerät mit den passenden Anschlüssen eingebaut werden kann und problemlos funktioniert.

Zu den in einem **Grafikstandard** festgelegten Parametern gehören insbesondere die maß-geblichen Leistungsmerkmale der (Bild-)Auflösung und der Farbtiefe.

Die **Auflösung** (*resolution*) einer Grafikkarte bezeichnet die maximale Anzahl von Bild-punkten, die einzeln angesteuert und auf dem Bildschirm dargestellt werden können. Diese Bildpunkte werden auch **Pixel** genannt.

Die **Farbtiefe** (*colour depth*) einer Grafikkarte bezeichnet die Anzahl von Bits, mit der die Farbe eines Pixels gespeichert wird.

Die Auflösung wird in der Form **1 920 × 1 080** angegeben und bedeutet bei diesem Zahlen-beispiel, dass die Grafikkarte 1 920 Pixel horizontal (nebeneinander) und 1 080 Pixel verti-kal (untereinander) ansteuern kann. Hierbei ist zu beachten, dass die Auflösung einer Grafikkarte zunächst nichts mit der Anzahl der Bildpunkte (Pixel; Kap. 1.12.1) eines Dis-plays zu tun hat. In der Praxis sollten die Auflösungen von Grafikkarte und Display aller-dings aufeinander abgestimmt sein. Zur optimalen Anpassung sind moderne Grafikkar-ten daher in der Lage, mit zugehöriger Treibersoftware auch Bildauflösungen zu generieren, die kleiner sind als der jeweils angegebene Maximalwert (im obigen Fall z.B. auch 1 024 × 768).

Die Farbtiefe wird in der Form **32 bit** (Kap. 4.3.2) angegeben. Je größer die Anzahl der Bits ist, desto mehr Farbnuancen lassen sich darstellen.

Im Laufe der technischen Entwicklung haben sich unterschiedliche Grafikstandards auf dem Markt etabliert (z. B. CGA, EGA, VGA). Von diesen werden bis heute der bereits 1987 von der Firma IBM entwickelte **VGA**-Standard (**V**ideo **G**raphics **A**rray; 640 × 480 Pixel, 16 Farben) sowie der von der **VESA** (**V**ideo **E**lectronics **S**tandards **A**ssociation) definierte Standard **SXGA** (**S**uper e**X**tended **G**raphics **A**rray; 1 280 × 1 024 Pixel, 16 Farben) von allen Grafikkarten unterstützt und dient als Darstellungsmodus für den „technischen Notfall" (z. B. defekte oder fehlende Kartentreiber).

Die dem VGA-Standard nachfolgenden Bezeichnungen (z. B. SVGA, UXGA, QXGA usw.) stellen lediglich noch Kürzel für bestimmte, wesentlich höhere Auflösungen und Farbtiefen dar, sind aber keine eigenständigen Standards (siehe auch Bild 1.146).

Heutige Grafikkarten unterstützen auch die im TV-Bereich gängigen Auflösungen (z. B. **Full HD**: 1 920 × 1 080, **UHD**: 3 840 × 2 160).

1.9.1.1 Grafikkartenkomponenten

Zu den wichtigsten leistungsbestimmenden Komponenten von Grafikkarten gehören der Grafikprozessor, der Grafikspeicher sowie weitere beschleunigende Elemente für die Bildbearbeitung und die Bilddarstellung (z. B. 3D-Beschleuniger, Shader-Einheiten; Kap. 1.9.1.2). Maßgeblich für die Leistung einer Grafikkarte sind auch die Höhe der Taktung sowie die implementierte Software.

Bei der Anschaffung sind auch die Art und die Anzahl der zur Verfügung stehenden externen Anschlüsse von Bedeutung (Kap. 1.7.6).

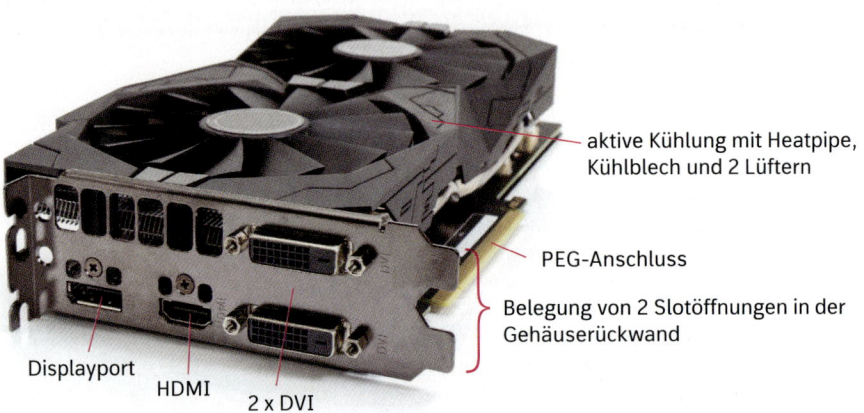

aktive Kühlung mit Heatpipe, Kühlblech und 2 Lüftern

PEG-Anschluss

Belegung von 2 Slotöffnungen in der Gehäuserückwand

Displayport

HDMI

2 x DVI

Bild 1.122: Schnittstellen einer Grafikkarte (Beispiel)

Grafikprozessor

Um die heutigen Anforderungen an die Darstellungsqualität und die Darstellungsgeschwindigkeit zu erfüllen, setzt man spezielle Grafikprozessoren ein, welche die Bildberechnungen durchführen und so den Hauptprozessor entlasten. Insbesondere animierte 3D-Darstellungen sind sehr rechenintensive Vorgänge und erfordern spezielle Funktionalitäten, die in diesen Grafikprozessoren implementiert sind (Kap. 1.9.1.2).

Der Prozessor einer Grafikkarte wird als **Graphic Processing Unit** (**GPU**; manchmal auch **eGPU**, external GPU) oder auch als **Grafik-Chipsatz** bezeichnet.

Der in einem CPU-Chip integrierte Grafikprozessor wird auch **IGP** (**I**ntegrated **G**raphics **P**rocessor; manchmal auch **iGPU**, internal GPU) genannt.

Eine Vielzahl von Berechnungen, die ursprünglich von einer GPU durchgeführt wurden, erledigt bei Grafikkarten mit KI-Funktionalität eine zusätzlich vorhandene **NPU** (**N**eural **P**rocessing **U**nit; Kap. 1.3).

Aufgrund seiner hohen Verlustleistung (bis zu 900 W bei High-End-Grafikkarten) muss der Grafikprozessor genauso wie die CPU passiv oder aktiv (Bild 1.122) gekühlt werden. Die GPU-Taktfrequenz liegt zwischen 1 000 MHz und 2 500 MHz.

Eine Vielzahl von Mainboards bietet auch die Möglichkeit, zwei oder mehr hierfür geeignete Grafikkarten gleichzeitig an entsprechenden PEG-Slots zu betreiben, um die Grafikleistung zu erhöhen.

Die Aufteilung des Rechenaufwands für die Darstellung aufwendiger Computergrafiken auf mehrere Grafikkarten bzw. Grafikchips wird firmenübergreifend mit dem Sammelbegriff **Multi-GPU** bezeichnet.

Aus Marketinggründen wird diese Kopplungstechnik von den Herstellerfirmen werbewirksam mit eigenen Bezeichnungen versehen, z. B. **Scalable Link Interface** (SLI, Fa. Nvidia) oder **Crossfire** (Fa. AMD).

Als **Hybrid-Grafik** bezeichnet man eine Kombination aus der On-Board-Grafik und einer zusätzlichen Grafikkarte. Hierdurch bietet sich die Möglichkeit, bei einfachen Anwendungen Strom zu sparen (z. B. Office-Anwendungen: nur die On-Board-Grafik ist aktiv). Bei rechenintensiven Multimedia-Anwendungen (z. B. 4K-Video-Wiedergabe) wird dann auf die zusätzliche Grafikkarte umgeschaltet.

Grafikspeicher

Der **Grafikspeicher** (*graphic memory*) dient zur Ablage der im Grafikprozessor verarbeiteten Bildinformationen. In ihm befindet sich nach der Bearbeitung durch den Grafikprozessor in digitaler Form sozusagen ein Abbild des Displaybildes. Ein solcher Bildspeicher wird auch als **Frame-Buffer** bezeichnet.

Befindet sich die GPU auf dem Mainboard (On-Board-Grafikprozessor), so wird meist ein Teil des vorhandenen Arbeitsspeichers als Frame-Buffer reserviert. Diese als **Shared Memory** bezeichnete Technik ist insbesondere bei portablen Geräten (Notebooks, Netbooks; Kap. 1.1.2; 1.1.3) zu finden. Auch bei Arbeitsplatzrechnern, die lediglich zur Bearbeitung gängiger Office-Programme dienen, reicht diese Konstellation in den meisten Fällen aus.

Bei 3D-Anwendungen oder in Gamer-PCs ist jedoch ein separater Speicher auf der Grafikkarte von Vorteil, da dieser von der GPU und nicht vom Mainboard-Chipsatz gesteuert wird und damit wesentlich schneller ist.

Auf den Grafikkarten befinden sich in der Regel spezielle **GDDR-SRAM**-Chips (**G**raphics **D**ouble **D**ata **R**ate-**SDRAM**), die auf DDR-SDRAM (Kap. 1.5.2) basieren. Im Gegensatz zum klassischen Arbeitsspeicher des PCs, der mit einer Datenbusbreite von standardmäßig 64 bit arbeitet, beträgt die Datenbusbreite beim Grafikspeicher bis zu 1 024 bit und arbeitet mit einer Taktfrequenz, die je nach Kartentyp effektiv zwischen 3 GHz und 21 GHz liegt (unter Verwendung von bis zu 16-fachem Prefetching; siehe auch Kap. 1.5.3.1).

Die Größe des erforderlichen Grafikspeichers wird bestimmt durch die maximale Auflösung und die Farbtiefe der Grafikkarte. Für die Speichergröße eines Bildes gilt prinzipiell:

> Speicherbedarf = horizontale Auflösung · vertikale Auflösung · Farbtiefe

Beispiel
Wie groß muss der Grafikspeicher einer Grafikkarte mit UXGA-Auflösung bei einer Farbtiefe von 32 bit mindestens sein?

Lösung
Eine Recherche ergibt: Die UXGA-Auflösung beträgt 1600 × 1200 Pixel, somit gilt für den Speicherbedarf S:

$$S = 1600 \cdot 1200 \cdot 32\ bit = 61\,440\,000\ bit = \frac{61\,440\,000}{8}\ Byte = 7\,680\,000\ Byte$$

$$= 7{,}32\ MiByte\ (theoretischer\ Wert)$$

Da Kapazitäten von Speicher-ICs aber stets ganzzahlige Vielfache der Zahl 2 sind, beträgt die Speichergröße in der Praxis mindestens 8 MiByte.
Hinweis: Die Speichergröße kann auch mit Dezimalpräfixen angegeben werden (Kap. 4.3.2).

In der Praxis verfügen Grafikkarten über einen wesentlich größeren Grafikspeicher (z. B. bis zu 24 GiByte, im Profibereich bis zu 64 GiByte). Erforderlich ist diese Speichergröße beispielsweise für Berechnungen von Bewegtbildern (z. B. Videofilm mit 60 Bildern pro Sekunde; meist angegeben in der Form 60 **fps**: **f**rames **p**er **s**econd). Hierbei haben insbesondere animierte perspektivische Effekte (z. B. Änderungen von Form, Größe, Oberflächenstruktur und Farbverlauf für jeden neuen Blickwinkel) mit ihren möglichst realitätsnahen Darstellungen, die nahezu in Echtzeit zu berechnen sind (Kap. 1.9.1.2), einen großen Speicherbedarf. Bei Bedarf kann eine Grafikkarte auch auf Teile des Arbeitsspeichers auf dem Mainboard zugreifen.

Je größer die Anzahl der darstellbaren Farben, desto realistischer werden die Farbverläufe und damit die Darstellung auf dem Bildschirm. Für bestimmte Farbtiefen haben sich eigenständige Namen eingebürgert:

Bezeichnung	Farbtiefe	Information
Hi Color	16	Für jedes Pixel stehen 16 bit an Farbinformation zur Verfügung. Der Anteil der Rot/Grün/Blau-Information ist hierbei verschieden groß (5 bit/6 bit/5 bit), da die Farbempfindlichkeit des menschlichen Auges für Grün am höchsten und für Rot und Blau niedriger ist.
True Color	32	Für jedes Pixel stehen 32 bit für die Farbinformation zur Verfügung, jeweils 8 bit für Rot, Grün und Blau, sowie zusätzlich 8 bit für die Transparenz („Alphakanal", Alpha Blending; Kap. 1.9.1.2). Die erreichbare Anzahl verschiedener Farben liegt höher als das menschliche Auge zu unterscheiden vermag. (Hinweis: Die Farbtiefe mit 24 bit ohne die Transparenzinformation wird ebenfalls mit True Color bezeichnet.)

Bezeichnung	Farbtiefe	Information
Deep Color	48	Maximale Bitzahl, die ab HDMI 1.4 (Kap. 1.7.6.4) für die Übertragung von Bildinformationen pro Pixel zur Verfügung stehen (bei hochwertigen Displays werden meist 42 bit verwendet). Die hiermit mögliche Anzahl darstellbarer Farben kann vom menschlichen Auge nicht mehr unterschieden werden.

Bild 1.123: Bezeichnungen von Farbtiefen

RAM-DAC

Im Zusammenhang mit Grafikkarten begegnet man möglicherweise auch dem Begriff RAM-DAC (RAM-Digital Analog Converter). Diese technische Komponente erzeugt aus den im Bildspeicher digital gespeicherten Informationen analoge Signale, die zur Ansteuerung eines analog arbeitenden Anzeigegeräts (z. B. ein heute kaum noch gebräuchlicher Röhrenmonitor) erforderlich sind. Für digital arbeitende Displays wird diese Komponente nicht benötigt.

1.9.1.2 Perspektivische Darstellung

Als **perspektivische Darstellung** (*perspective view*) bezeichnet man die Fähigkeit von Grafikkarten, durch entsprechende Aufbereitung der Bildschirminformationen eine Art dreidimensionalen optischen Eindruck eines Bildes auf dem Display zu erzeugen. Hierbei handelt es sich *nicht* um eine stereoskopische Darstellung, bei der für jedes Auge ein eigenes Bild erzeugt wird (Kap. 1.12.8), sondern es wird lediglich der Eindruck einer räumlichen Tiefe vermittelt. In diesem Zusammenhang spricht man auch von dreidimensionalen Effekten (**3D-Effekte**). Je nach verwendeter Software lassen sich damit Gegenstände stufenlos um verschiedene Achsen drehen oder es erscheint, als könne man sich in Räumen oder Gängen bewegen (virtuelle Welten). Bei diesen 3D-Effekten wird die dritte Dimension (z-Achse) durch Rendering auf dem eigentlich zweidimensionalen Bildschirm erzeugt.

Unter **Rendering** versteht man Mittel der perspektivischen Darstellung zur Erzeugung eines realitätsnahen Abbildes von Objekten.

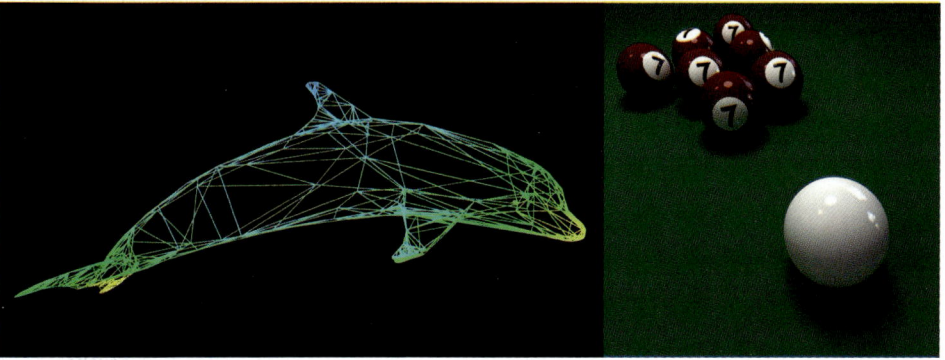

Bild 1.124: Perspektivische Darstellung von Objekten (Beispiele)
a) Polygonstruktur eines Objekts *b) „plastische" Oberflächengestaltung*

Rendering verwendet mathematische Methoden, um die Positionen von Lichtquellen in Relation zu einem Objekt zu beschreiben und Effekte wie Aufhellungen, Schattierungen und Farbveränderungen zu berechnen, die normalerweise durch Licht hervorgerufen würden. Um Oberflächen plastisch und „stofflich" aussehen zu lassen, werden diese mit einer **Textur** versehen (Bild 1.124 b). Hierzu wird zunächst eine Oberfläche mithilfe eines virtuellen „Drahtgitters" realisiert.

Dieses Drahtgitter bildet kleine, meist dreieckige Teilflächen (Polygone, Bild 1.124 a), denen dann bestimmte Attribute (Farbe, Helligkeit, Schattierung usw.) zugeordnet werden. Dieses Verfahren wird als **Texture Mapping** bezeichnet. Dreieckige Flächenelemente verwendet man, da diese vom Prozessor am schnellsten berechnet werden können und sich nahezu jede Oberfläche beliebig genau in Dreiecke auflösen lässt. Zu den rechenintensiven Darstellungsverfahren bei realitätsnahen perspektivischen Darstellungen zählen u. a.:

Bezeichnung	Eigenschaften
Raytracing	Berechnung von Farbe und Intensität eines Bildpunktes unter Berücksichtigung von Transparenz, Reflexion und Absorption von Lichtstrahlen
Alpha-Blending	Effekt zur Simulation durchsichtig erscheinender Objekte (z. B. Wasseroberflächen)
Specular Highlights	Darstellung von Lichtstrahlen auf metallischen Oberflächen (Glanzlichter-Effekt)
Fogging	Eine Art Nebeleffekt zur Erhöhung der Tiefenwirkung
Environment-Mapping	Spiegelungseffekte der Umwelt an einem reflektierenden 3D-Objekt
Bump-Mapping	Erzeugung von Schattierungen und Spiegelungen
Anti-Aliasing	Methoden zur Kantenglättung, um z. B. den sog. Treppeneffekt zu unterdrücken
Mip-Mapping	Eine Art Lupeneffekt: Nähert man sich einem Objekt, werden zusätzliche Details sichtbar.
Chroma-Keying	Ersetzen von Bildbereichen eines Farbtons durch ein separat aufgenommenes Bild; früher als „Blue-Box" bekannt, heute mit jedem Farbton möglich

Bild 1.125: Beispiele für rechenintensive 3D-Effekte

Um all diese Effekte in möglichst kurzer Zeit realisieren zu können, benötigen Grafikprozessoren sog. **3D-Beschleuniger** (*3D accelerator*). Hierzu gehören die bereits von der CPU bekannten **Daten-Pipelines** (3D-Pipeline, Render-Pipeline) und die **Shader-Einheiten** (*shader units*, Shader ALUs). Man unterscheidet:

- **Pixel-Shader**; Berechnung der dynamischen Veränderung von Bildpunkten und Pixelfarben zur realistischen Darstellung von Oberflächen, z. B. bei wechselndem Lichteinfall
- **Vertex-Shader**; Berechnung der dynamischen Veränderungen von Objekten, z. B. Form und Position bei Abstandsänderung
- **Geometry-Shader**; Berechnung von Polygonveränderungen, z. B. bei Änderung des Blickwinkels

Je nach Leistungsklasse verfügt eine GPU über mehr als 2 000 Shader-Einheiten, die mit einem Shadertakt zwischen 1 500 MHz und 2 500 MHz arbeiten.

Die große Anzahl der Shadereinheiten sollte ursprünglich nur ein paralleles und damit schnelles Berechnen von Pixelveränderungen ermöglichen, welches durch die GPU gesteuert wird. Durch Erweiterung ihres Funktionsumfangs lassen sich Shader – und damit die gesamte Grafikeinheit – aber auch für allgemeine mathematische Berechnungen einsetzen.

> Eine Grafikeinheit mit erweitertem Funktionsumfang wird auch als **GPGPU** (**G**eneral **P**urpose Computation on **G**raphics **P**rocessing **U**nit) bezeichnet.

Eine GPGPU ist somit in der Lage, die CPU in ihrer Arbeit zu entlasten, indem eine Vielzahl von Rechenoperationen ausgelagert wird.

1

1.9.2   Soundkarten

> Eine **Soundkarte** (*sound board, sound card, audio interface*) ist eine Erweiterungskarte, die dazu dient, Sprach- und Audiosignale aufzunehmen, sie digital zu verarbeiten und zu speichern sowie sie umgekehrt in ein analoges Signal zurück zu wandeln und anschließend wiederzugeben.

Seitdem der von Intel definierte Standard **High-Definition Audio** (HD-Audio) von allen On-Board-Audio-Chips direkt vom Mainboard unterstützt wird und die 5.1-Ausgabe sowie ein optischer Digitalausgang zur Standardausstattung von Desktop-PCs gehören, haben Soundkarten an Bedeutung verloren. Allerdings definiert dieser Standard nur Mindestanforderungen und sagt nichts über die tatsächlichen Audio-Leistungsmerkmale eines Boards aus.

Eine Soundkarte bietet meist eine bessere Klangqualität und eine Unterstützung von zusätzlichen Soundverfahren oder Spezialfunktionen, mit denen sich Raumklangeffekte noch natürlicher realisieren lassen.

Die elektrischen (und optischen) Anschlüsse einer Soundkarte sind zunächst identisch mit denen, die ein Motherboard zur Verfügung stellt (Kap. 1.7.6.1). Alternativ zu den **3,5-mm-Klinken-Buchsen** werden aber auch **Cinch-Buchsen** oder andere, professionelle Anschlüsse angeboten (z.B. mit Schraubgewinde und speziellen Abschirmungen für Studiomikrofone).

Darüber hinaus können rückseitig auch zusätzliche Anschlüsse zur Verfügung gestellt werden (z.B. **MIDI**-Anschluss: Musical Instrumental Digital Interface, Anschluss von digital steuerbaren Musikinstrumenten; digitaler **S/PDIF**-Anschluss; Kap. 1.7.6.1).

Klinken-   Cinch-
Stecker   Stecker

Intern wird eine Soundkarte meist über einen PCIe-Slot (Kap. 1.7.4) mit dem Motherboard verbunden. Alternativ werden auch „externe" Soundkarten für den USB-Anschluss oder den ExpressCard-Anschluss angeboten.

Bild 1.126: Klinken- und Cinch-Stecker

Klinken-
buchsen

Midi-
Anschluss

Bild 1.127: a) interne Soundkarte, b) USB-Stick mit Soundkartenfunktion (Beispiele)

Bei einer Soundkarte sind die wichtigsten und leistungsbestimmenden Komponenten die A/D- und D/A-Wandler sowie der DSP. Darüber hinaus sind zur Verarbeitung unterschiedlicher Soundverfahren jeweils entsprechende Encoder/Decoder-Chips erforderlich.

Codec

A/D- und D/A-Wandler (Kap. 4.4.4) werden technisch meist in einem einzigen elektronischen Baustein (IC: Integrated Circuit) zusammengefasst und allgemein als **CODEC** (**Co**der **Dec**oder) bezeichnet. Die Umwandlung eines analogen Audiosignals in ein Digitalsignal erfolgt in den drei Schritten **Abtasten**, **Quantisieren** und **Codieren** (*sample, quantize, encode*; siehe auch „Vernetzte IT-Systeme", Kap. 4.1.5.4).

> Die Audioqualität bei der Analog-Digital-Wandlung (*analog-to-digital conversion*) hängt maßgeblich ab von
> * der **Abtastfrequenz** (*sampling rate*), d.h. der Häufigkeit, mit der dem Audiosignal Amplitudenwerte zur digitalen Weiterverarbeitung entnommen werden,
> * der **Auflösung** (*resolution*), d.h. der Anzahl der Bits, die bei der Codierung eines Abtastwerts verwendet werden.

Die Wiedergabequalität einer Soundkarte entspricht heute mindestens der eines Audio-CD-Players. Um diese Qualität zu erzielen, sind Soundkarten mit 16-Bit-A/D-Wandlern (oder höher) ausgestattet und arbeiten meist mit Abtastfrequenzen von 44,1 kHz. Die im höheren Preissegment angebotenen High-End-Soundkarten bieten je nach Typ auch Samplingraten von 48 kHz, 96 kHz und 192 kHz bei Klirrfaktoren unter 0,009 %.

> Der Klirrfaktor ist ein Maß für die unerwünschte Verfälschung einer Signalform, die sich bei der Verarbeitung ergibt. Einen Klirrfaktor kleiner als 0,1 % kann das menschliche Ohr in der Regel nicht wahrnehmen.

DSP

DSP ist die Abkürzung für **Digital Signal Processor** und bezeichnet allgemein einen Prozessor, der speziell für die Verarbeitung von digitalen Signalströmen geeignet ist. Im Zusammenhang mit der Soundkarte ist ein spezieller Prozessor zur Verarbeitung von Audioinformationen gemeint. Die digitalisierten Rohdaten werden im DSP bearbeitet und hierbei meist auch mittels unterschiedlicher Komprimierungsverfahren reduziert. Die digitalen Klänge werden auch **Samples** genannt. Die komprimierten Daten werden dann in einem **Audiodateiformat**, beispielsweise in **MP3** oder als Waveform Audio File (**WAV**), auf dem Arbeitsspeicher der Soundkarte zwischengespeichert, bevor sie auf der Festplatte abgelegt werden.

1

Bei der Wiedergabe läuft das Verfahren in umgekehrter Richtung ab. Der DSP ist hierbei in der Lage, in Kombination mit einem Software-Synthesizer digitalisierte, beliebige akustische Signale (Töne, Klänge, Geräusche) zu erzeugen, die nach entsprechender D/A-Wandlung durch einen vorhandenen Analogverstärker mit vergleichsweise geringer Leistung den Direktanschluss von Kopfhörer oder Lautsprechern zur Wiedergabe ermöglicht.

Digitalisierte Klänge benötigen sehr viel Speicherkapazität (S_K), da ein akustisches Signal regelmäßig in sehr kurzen Zeitabständen abgetastet werden muss und diese Abtastwerte dann digital gespeichert werden. Der Speicherbedarf in Byte eines digitalisierten Signals errechnet sich folgendermaßen:

$$S_K = \frac{\text{Abtastfrequenz} \cdot \text{Kanalzahl} \cdot \text{Auflösung} \cdot \text{Zeitdauer}}{8}$$

Die Kanalzahl beträgt bei Mono 1 und bei Stereo 2; die Auflösung bezeichnet die Bitanzahl für jeden codierten Abtastwert; die Zeitdauer gibt an, wie lange die Aufzeichnung dauert. Der Speicherbedarf lässt sich durch spezielle Komprimierungsverfahren erheblich reduzieren.

Beispiel

Eine Soundkarte liefert einen Stereoton in CD-Qualität.
a) Wie groß müssen Abtastfrequenz und Auflösung mindestens sein?
b) Wie viele verschiedene Signalamplituden lassen sich bei dieser Auflösung digital darstellen? (Lösungshinweis: siehe auch Kap. 4.4.4)
c) Welche Datenrate D muss in Echtzeit verarbeitet werden?
d) Welche Dateigröße ergibt sich ohne Komprimierung bei der Speicherung eines halbstündigen Musikstücks?

Lösung

a) CD-Qualität bedeutet folgende Standardwerte: Abtastfrequenz 44,1 kHz, 16 bit A/D-Wandlung.
b) Die Anzahl der Signalamplituden beträgt $2^{16} = 65\,536$.
c) $D = \dfrac{44,1\ kHz \cdot 2 \cdot 16\ bit}{8} = \dfrac{44,1 \cdot 10^3 \cdot 2 \cdot 16\ bit}{8 \cdot s} = 176\,400\ \dfrac{Byte}{s} = 172,3\ KiByte/s$
d) $S_K = D \cdot 30\ min = 172,3\ KiByte/s \cdot 30 \cdot 60\ s = 302,9\ MiByte$

Hinweis: Datenraten können auch mit Dezimalpräfix angegeben werden (Kap. 4.3.2).

Einige Komprimierungsverfahren sind verlustbehaftet, d.h., die digital gespeicherten Musik-Files besitzen nicht die akustische Qualität des Originals, auch wenn dies teilweise nicht hörbar und nur messtechnisch erfassbar ist (z.B. **MP3**; **AAC**: Advanced Audio Coding). Verlustfrei arbeitet beispielsweise **FLAC** (Free Lossless Audio Codec).

Zum Lieferumfang einer Soundkarte gehört auch Treibersoftware. Allerdings werden Soundkarten in der Regel von allen aktuellen Betriebssystemen direkt unterstützt, sodass zusätzliche Treiber für den grundsätzlichen Betrieb nicht unbedingt erforderlich sind.

Soundverfahren

Neben Stereo unterstützen Soundkarten (ebenso wie moderne AV-Receiver) unterschiedliche Soundverfahren zur Schaffung einer möglichst realitätsnahen Audioumgebung mit einem räumlichen Klangeindruck (3D-Klang).

Räumliche Klangeindrücke (*spatial sound impressions*) entstehen durch Laufzeit- und Intensitätsunterschiede bei der Wahrnehmung von Schallwellen, die von Audioquellen „gesendet" und von den menschlichen Ohren „empfangen" werden.

Anhand dieser wahrgenommenen Informationen lassen sich Richtung und Entfernung im Raum einschätzen, wobei für den Klangeindruck zusätzlich die Größe und die Beschaffenheit der Umgebung eine Rolle spielen. Zur Erzeugung eines solchen Eindrucks werden unterschiedliche technische Verfahren eingesetzt.

Bezeichnung	Eigenschaften
Stereo	2 Kanäle/2 Lautsprecher (vorne rechts/vorne links)
Dolby Surround	2 Kanäle/4 Lautsprecher (2 vorne (rechts/links), zusätzlich 2 Lautsprecher hinten (rechts/links), auf die über einen analogen Decoder das „Surroundsignal" gelegt wird, das aus der Zusammenlegung und der zeitlichen Verzögerung beider Kanäle gebildet wird)
Dolby Pro Logic Dolby Pro Logic II	2 Kanäle/4 Lautsprecher (vorne rechts, vorne links, Mitte, Surround); d. h. 4 Wiedergabekanäle, die in 2 Aufnahmekanälen codiert sind; analoger Pro-Logic-Decoder erforderlich; im Gegensatz zu Pro Logic mit einer Bandbreitenbegrenzung auf 7 kHz im Surroundkanal wird bei Pro Logic II der gesamte hörbare Frequenzbereich (20–20 000 Hz) im Surroundkanal wiedergegeben und es bestehen erweiterte Klangeinstellungsmöglichkeiten zur Anpassung an die Raumakustik.
Dolby Digital (AC-3), Dolby Digital Plus	6 Kanäle/6 Lautsprecher (vorne rechts, vorne links, Mitte, hinten rechts, hinten links), zusätzlich aktiver Subwoofer (**LFE**: **L**ow **F**requency **E**ffect); auch als **5.1-Kanalsystem** bezeichnet; digitaler Dolby-Decoder erforderlich. Dolby Digital Plus unterstützt bis zu 14 Kanäle mit einer Auflösung von 24 bit und einer Abtastfrequenz von 96 kHz; Verwendung bei Blu-Ray.
DTS (DTS NEO)	**D**igital **T**heater **S**oundsystem; 6-kanaliges (5.1-)Tonaufzeichnungsformat bei Kinofilmen und Soundtracks auf DVD; als Erweiterung auch mit 8 Kanälen als 7.1-System erhältlich; verbesserte Klangqualität gegenüber Dolby Digital durch niedrigere Kompressions- und höhere Datenrate; digitaler DTS-Decoder erforderlich (Bei DTS NEO wird aus einem Stereoton durch komplexe Berechnungen ein Mehrkanalton erzeugt, wodurch ein Surround-Effekt entsteht.)
DTS-HD Master Audio Dolby TrueHD	Konkurrierende, speziell für Blu-Ray-Disc entwickelte 8-kanalige digitale Audioformate; bei Bitraten bis zu 24 Mbit/s werden 8 echte Soundkanäle (7.1-Soundsystem) ohne Datenreduktion verarbeitet; für den Einsatz von Dolby TrueHD ist mindestens HDMI 1.3 erforderlich.

Bezeichnung	Eigenschaften
Dolby Atmos	„Dreidimensionales" Surround-Soundsystem für den Heimbereich mit bis zu 34.1 Kanälen; praktisch eher zu realisieren sind 11 Lautsprecher plus zwei Subwoofer (11.2-Tonsystem); zusätzlich zu einer 7.1-Anlage sind hierbei bis zu vier zusätzliche Deckenlautsprecher erforderlich. Per Software werden zwei voneinander unabhängige „Tonebenen" erzeugt, die zusätzlich zum vorhandenen 7.1-Raumklang (vorne, hinten, links, rechts) eine weitere akustische Ebene wahrnehmbar machen (oben, unten); kompatibel zu bestehenden Systemen, d. h., ein 7.1-AV-Receiver kann mit einem entsprechenden Update den Dolby-Atmos-Ton extrahieren und wiedergeben. Im professionellen Bereich unterstützt Dolby Atmos theoretisch beliebig viele Tonspuren.

1

*Bild 1.128: Soundverfahren (Hinweis: Dolby Atmos ist nicht zu verwechseln mit der Bezeichnung **Dolby-Vision**. Trotz Ähnlichkeit in der Namensgebung handelt es sich bei Dolby Vision nicht um ein zusätzliches Soundverfahren, sondern um eine zu HDR konkurrierende Videotechnologie.)*

1.9.3 PC-Messkarte

Mithilfe einer **PC-Messkarte** (*measuring card*) lässt sich ein PC als Messgerät für fast jede physikalische Größe nutzen, z.B. Spannung, Strom, Widerstand, Frequenz, Leistung, Temperatur, Luftdruck, Windstärke usw. Insbesondere im industriellen Bereich werden PCs mit Messkarten ausgestattet und dienen beispielsweise der Überwachung und Steuerung von Produktionsprozessen (Kap. 1.1.7). Eine solche Karte besteht grundsätzlich aus einem Analog- und einem Digitalteil.

Sofern es sich um nichtelektrische Größen handelt, müssen diese zunächst mit entsprechenden vorgeschalteten Wandlern in elektrische Signale umgewandelt werden. Die analogen Signale werden an einen der vorhandenen Eingänge gelegt, verstärkt (oder abgeschwächt) und mithilfe einer Sample-and-Hold-Schaltung (S/H) abgetastet und fixiert. Mithilfe eines Multiplexers (MUX; Kap. 4.4.2.3) werden die Signale zusammengefasst und mit einem A/D-Wandler (Kap. 4.4.4 in ein Digitalsignal umgewandelt. Dieses kann dann vom PC verarbeitet werden. Mit entsprechender Software kann man sich die Messergebnisse in Form eines auf dem Bildschirm dargestellten Messgerätes (z.B. eines Oszilloskops) ausgeben lassen. Neben reinen Überwachungs- und Messfunktionen sind über entsprechende Verbindungen auch Regelprozesse durchführbar.

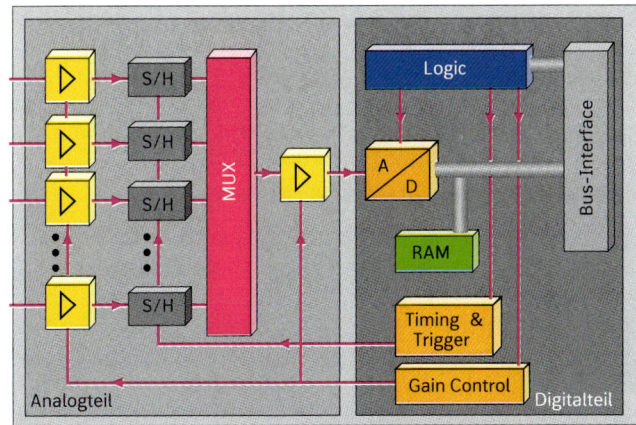

Bild 1.129: Prinzipieller Aufbau einer Messkarte mit analogen Eingängen

AUFGABEN

1. Was versteht man unter der Auflösung einer Grafikkarte?

2. Welche Komponenten bestimmen maßgeblich die Leistungsfähigkeit einer Grafikkarte?

3. Welche Größe (theoretisch und praktisch) sollte der Speicher einer Grafikkarte bei einer TrueColor-Darstellung mit einer Auflösung von 1 024 × 768 in der Praxis mindestens haben? Wie viele Farben lassen sich darstellen?

4. Welche Übertragungsraten sind theoretisch bei einer PEG-(PCI 5.0 × 16-)Karte möglich?

5. Was versteht man im Zusammenhang mit Grafikkarten unter einem Shader? Wozu wird er eingesetzt?

6. Erklären Sie einem Kunden, warum perspektivische Darstellungen wesentlich mehr Rechenleistung erfordern als standardmäßige 2D-Darstellungen.

7. Was bedeutet der Begriff „Texture Mapping"?

8. Alpha-Blending und Anti-Aliasing bezeichnen Effekte bei der perspektivischen Darstellung. Erläutern Sie, was man unter diesen beiden Begriffen versteht.

9. Erläutern Sie die Bezeichnungen GPU, IGP und GPGPU und nennen Sie die Unterschiede.

10. Aus welchen Komponenten besteht ein CODEC und welche Funktionen hat es bei einer Soundkarte?

11. Welche Funktion hat ein DSP auf der Soundkarte?

12. Welche Speicherkapazität ist für die Speicherung eines Musikstückes von 10 Minuten Dauer in CD-Qualität (Stereo, Sample-Rate 44,1 kHz, Auflösung 16 bit) ohne Komprimierung erforderlich?

13. Erläutern Sie die verschiedenen Soundverfahren, die Soundkarten zur Schaffung eines 3D-Klangeindrucks unterstützen.

14. Eine PC-Messkarte kann die elektrischen Größen Spannung, Strom, Widerstand, Frequenz und Leistung über angeschlossene Messfühler erfassen und als Zahlenwert mit der entsprechenden Einheit auf dem Bildschirm ausgeben. Erstellen Sie eine Tabelle (ggf. mit einem entsprechenden Computerprogramm) für die genannten Größen mit folgenden Inhalten: Name der elektrischen Größe, Formelzeichen der elektrischen Größe, Name der Einheit und Formelzeichen der Einheit. (Lösungshinweis: Verwenden Sie Informationen aus Kap. 5.1.)

15. Recherchieren Sie zu folgenden genannten Abkürzungen jeweils die Bedeutung, die Auflösung und das Bildformat: VGA, XGA, SXGA, UXGA, UXGA+, QXGA, WQHD, HUXGA. Welche dieser Auflösungen entspricht dem Full-HD-Standard?

16. a) Erstellen Sie die unten dargestellte Tabellenstruktur mit einem Tabellenkalkulationsprogramm auf dem PC. Beachten Sie hierbei ggf. auch die Formatierungen (Ausrichtungen, Rahmen, Farben).
    b) Berechnen und ergänzen Sie die fehlenden Werte in den Spalten „Anzahl Farben" und „Grafikspeichergröße – Theoretisch".
    c) Aus welchem Grund lassen sich die theoretisch berechneten Werte in der Praxis nicht realisieren? Tragen Sie die jeweils in der Praxis verwendeten Werte in die entsprechende Spalte ein.

d) Erstellen Sie in einem weiteren Schritt eine zweite Tabelle so, dass die Werte in den hellgrau hinterlegten Zellen nach jeweiliger Eingabe von Auflösung und Farbtiefe automatisch berechnet werden. (Aufgabe mit höherem Schwierigkeitsgrad; zur Lösung sind Kenntnisse im Umgang mit Formeln und Funktionen zur Berechnung von Zellenwerten erforderlich. Lösungshinweis: Zellen mit Zahlenwerten und alphanumerischen Zeichen aufteilen.)

Auflösung	Farbtiefe in Bit	Anzahl Farben	Grafikspeichergröße	
			Theoretisch	Praktisch
640 × 480	16	65 536	600 KiByte	1 MiByte
1 024 × 768	32			
1 280 × 1 024	24			
1 920 × 1 080	32			
3 840 × 2 160	36			

17. a) Welche Techniken verbergen sich hinter den Marketingbezeichnungen „Scalable Link Interface" und „Crossfire"?
    b) Was versteht man unter einer „Hybrid-Grafik"?

1.10 PC-Netzteil

Alle IT-Geräte benötigen zur **Energieversorgung** (*energy supply, power supply*) eine oder mehrere Gleichspannungen (Kap. 5.1.1.6). Bei stationärem Betrieb werden diese Gleichspannungen entweder durch jeweils in die Geräte *integrierte* Netzteile oder durch *externe* Netzteile bereitgestellt. Hierzu werden diese Netzteile über genormte Steckverbindungen (Schutzkontakt-Steckdose; Kap. 5.6.2) mit dem 230-V-Energieversorgungsnetz verbunden. Sie wandeln die Netz-Wechselspannung mittels elektronischer Verfahren in die erforderliche Gleichspannung um.

Mobile Geräte (Notebooks, Tablets, Smartphones, Wearables usw.) benötigen neben einem externen Netzteil zusätzlich auch eine mobile Energiequelle, um jederzeit und überall betriebsbereit sein zu können. Hier kommen vorwiegend im Gerät verbaute Batterien (Kap. 5.3.1.3) unterschiedlicher Arten zum Einsatz, deren Energiegewinnung jeweils auf chemischen Prozessen beruht.

Zur stationären Energieversorgung werden überwiegend **Schaltnetzteile** (*switching power supply*) eingesetzt. Die Bezeichnung „Schaltnetzteil" resultiert aus der charakteristischen Arbeitsweise dieses Netzteiltyps, bei der – vereinfacht dargestellt – die 230-V-Eingangswechselspannung nach ihrer Gleichrichtung elektronisch mit einer hohen Frequenz ein- und ausgeschaltet (d. h. „zerhackt") wird. Diese hochfrequent zerhackte Spannung wird anschließend – abhängig vom Schaltnetzteiltyp – unterschiedlich weiter verarbeitet, um die erforderliche Größe der Gleichspannung zu erzeugen. Am Ende der Verarbeitungsschritte erfolgt immer eine Filterung und Stabilisierung der Ausgangsspannung. Aufgrund ihrer Arbeitsweise besitzen Schaltnetzteile Vorteile gegenüber den herkömmlichen, linear geregelten Netzteilen:

■ Durch das hochfrequente „Zerhacken" der zunächst gleichgerichteten Netzwechselspannung ist kein klobiger „Netztrafo" erforderlich, um – wie bei linearen Netzteilen üblich – erst die 230-V-Netzspannung auf den gewünschten Spannungswert herunter-zutransformieren; dadurch ergeben sich Einsparungen bei Gewicht und Volumen.

- Schaltnetzteile liefern große Ausgangsströme bei geringer Verlustleistung und haben somit einen hohen Wirkungsgrad (bis zu 95 %, bei linearen Netzteilen weniger).

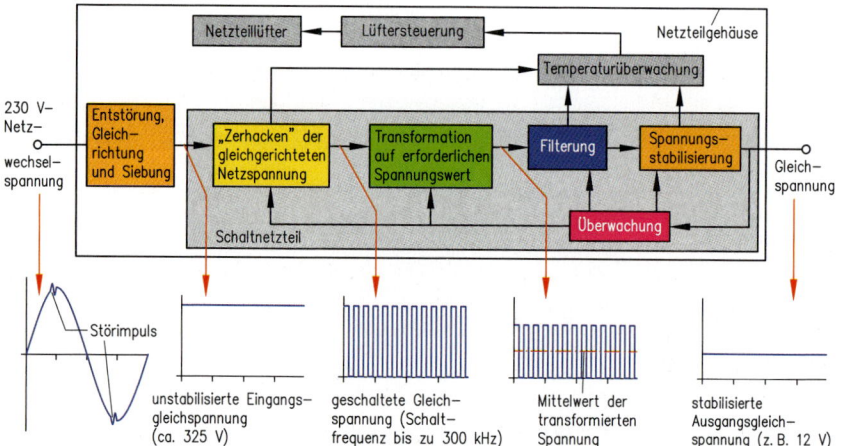

Bild 1.130: Blockschaltbild eines Schaltnetzteils und prinzipielle Spannungsverläufe (Grundprinzip)

Nachteilig ist allerdings, dass durch die hohen Schaltfrequenzen ($\geq$ 40 kHz) Störsignale entstehen, deren Ausbreitung durch zusätzliche Filterschaltungen unterdrückt werden muss. Bild 1.130 zeigt ein vereinfachtes Blockschaltbild eines Schaltnetzteils sowie die prinzipiellen Spannungsverläufe nach den jeweiligen Umwandlungsschritten.

PC-Netzteile werden grundsätzlich in einem rundum geschlossenen Metallgehäuse gelie-fert. Die Gehäuseabmessungen sind genormt und somit passend für die rückseitigen Netzteilöffnungen aller ATX-Gehäuse. Je nach Ausführung existieren bei den ATX-Netz-teilen aber unterschiedliche Gehäusetiefen, die bei einem Austausch zu beachten sind.

Das Metallgehäuse ist intern mit dem Anschluss des Schutzleiters (grün-gelb ummantelter Leiter des Energieversorgungskabels; Kap. 5.6.3) verbunden und verhindert ein Berühren Spannung führender Teile. Der eingebaute Lüfter dient der Wärmeabfuhr der im Betrieb entstehen-den Verlustleistung (Kap. 5.1.5.7).

An der Rückseite des Gehäuses befindet sich ein Schalter, mit dem das Netzteil komplett von der 230-V-Versorgungsspannung getrennt werden kann (Off-Position). In der On-Position des rückseitigen *Schalters* kann mit dem an der Frontseite des PCs angebrachten *Taster* der PC gestartet werden (Boot-vorgang; Kap. 3.1). Wird der PC nach der Nutzung softwaremäßig heruntergefahren, bleibt das Netz-teil weiterhin im Stand-by-Betrieb und nimmt eine geringe Ruheleistung auf (Soft-Switch).

Bild 1.131: PC-Netzteileinschub (Beispiel)

Das Öffnen des Netzteilgehäuses ist nur einer Elektrofachkraft gemäß VDE 0100 erlaubt, wobei die Sicherheitsvorschriften zu beachten sind (Kap. 5.7).

1

Der verpolungssichere Stecker des ATX-Netzteils wird mit der genormten Buchse des **ATX-Mainboards** (Kap. 1.2) verbunden und versorgt dieses mit sämtlichen erforderlichen Betriebsspannungen (24-poliger Stecker, ab ATX12V-2.4-Standard bzw. EPS12V-Server-Standard; Bild 1.132). Hierbei dient die Parallelschaltung mehrerer Leitungen mit dem gleichen Spannungswert (z. B. Pin 21 und 22) dazu, die Strombelastung pro Leitung gering zu halten (Kap. 5.1.2.2). Gemäß ATX-Spezifikation darf beispielsweise die Strombelastung einer 12-V-Leitung maximal 20 A betragen. Darüber hinaus fordert die Spezifikation ab Version 2.2 auch zwei unabhängig voneinander arbeitende 12-V-Schienen (zwei Anschlüsse, in denen jeweils unabhängig voneinander 12 V bereitgestellt werden). Neben der Bereitstellung der erforderlichen Spannungen dienen einige der Leitungen auch zur Überwachung dieser Werte (z. B. Pin 8, 11, 14).

Um die vom Netzteil für das Motherboard bereitgestellten Versorgungsspannungen bei abgezogenem Anschlussstecker prüfen zu können, muss das zunächst spannungsfrei geschaltete Netzteil neu gestartet werden. Hierzu muss Pin 16 des Anschlusssteckers (grünes Anschlusskabel) über eine kurze Leitung mit einem der Masseanschlüsse (z. B. Pin 17; schwarzes Kabel) verbunden werden. Ohne einen angeschlossenen Verbraucher sollte das Netzteil aber nicht lange betrieben werden, da es ansonsten funktionsbedingt möglicherweise einen Schaden davontragen kann (Schaltnetzteile sind stets mit einer geringen „Grundlast" zu betreiben).

Die weiteren Stecker dienen zur Energieversorgung des Prozessors (12 V Power Connector), von SATA-Laufwerken und von PCIe-Grafikkarten (sechspoliger Zusatzstecker/bis 75 W oder achtpoliger Zusatzstecker/bis 150 W; nicht identisch mit dem CPU-Power-Connector).

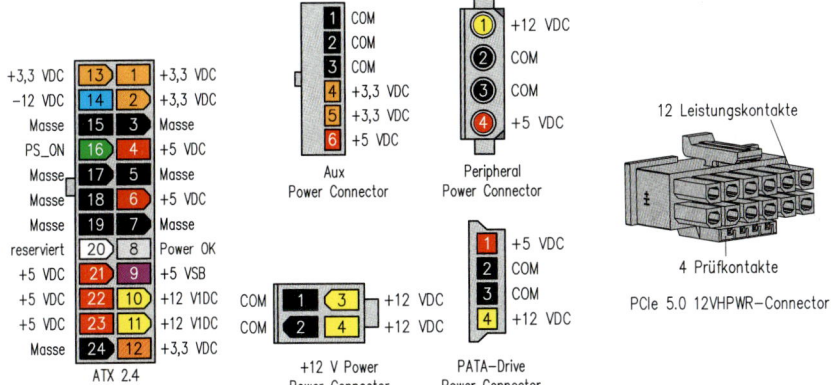

Bild 1.132: Technische Darstellung von ATX-Netzteilsteckern verschiedener Generationen (Beispiele)

Bild 1.133: Reale Bauformen von ATX-Netzteilsateckern (Auswahl)

Die Version ATX 2.5 unterstützt ab Windows 10 eine Funktion, die das Versetzen eines PCs in den Ruhezustand und das anschließende Wiederaufwecken bei entsprechend kompatiblen Boards wesentlich verkürzt („Modern Standby"). Zudem kann im Ruhezustand eine Netzwerkverbindung für die Übertragung von Updates, E-Mails und Benachrichtigungen bestehen bleiben. Bei der **ATX12VO**-Spezifikation (ATX 12 **V**olt **O**nly) verfügt der Mainboardstecker nur noch über zehn Anschlusskontakte und das Netzteil liefert nur noch 12-V-Spannungen. Zusätzlich existiert ein 6-poliger Stecker für PEG (Kap. 1.9.1). Die derzeit noch erforderlichen 3,3 V und 5 V werden dann gemäß Spezifikation durch Spannungswandler erzeugt, die sich direkt auf dem Mainboard befinden. Ein Board für diese Spezifikation verfügt dann über entsprechende Anschlussbuchsen zur Spannungsversorgung angeschlossener Geräte (z. B. SATA-Stromkabel). Die Leitungen sind üblicherweise fest mit dem Netzteil verbunden und werden als Kabelbaum aus dem Netzteilgehäuse herausgeführt. Eventuell fehlende Anschlussstecker lassen sich mittels Adapter nachrüsten. Einige Hersteller bieten alternativ auch Netzteile mit verschiedenen internen Buchsen an, bei denen die Anschlusskabel mit den passenden Gerätesteckern bedarfsorientiert angeschlossen werden können. Der **ATX12VO-2.0**-Standard beinhaltet zusätzlich Möglichkeiten der Energieeinsparung durch implementierte Überwachungsmechanismen zwischen Netzteil und Motherboard. Hierbei wird das System in Echtzeit überwacht, sodass bei geringer Arbeitsintensität die Stromentnahme automatisch gedrosselt wird ("Lastrückmeldung an das Netzteil").

Eine wesentlich umfangreichere Überarbeitung liefert der **ATX-Standard 3.0** ("ATX Version 3.0 Multi-Rail Power Supply Design Guide"), der u. a. eine größere Zuverlässigkeit, eine bessere Leerlauf-Energieeffizienz sowie insbesondere einen neuen Stromversorgungsanschluss für Grafikkarten beinhaltet. Dieser nicht abwärtskompatible Stecker mit der Bezeichnung **PCI-Express 5.0 12VHPWR** (kurz: **12VHPWR**; 12 Volt High Power) verfügt über zwölf Kontakte für die Energieübertragung (6 × 12 V + 6 × Masse; Bild 1.132 sowie über vier zusätzliche Kontakte, mit deren Hilfe das Netzteil feststellen kann, welche Leistung für eine angeschlossene Grafikkarte bereitgestellt werden muss (z. B. 150 W, 300 W, 450 W oder 600 W). Außerdem dürfen Grafikkarten mit 12VHPWR-Anschluss ihren Leistungsbedarf kurzzeitig (d. h. im Millisekundenbereich) bis zum dreifachen ihres Nennwertes überschreiten (**"Power Excursion"**). Geringfügige, nachträgliche Überarbeitungen im Stecker-Design sollen die Kontaktflächen vergrößern und so den Übergangswiderstand für den fließenden Strom verringern (**ATX-Standard 3.1**; Steckerbezeichnung nunmehr: "**12V-2x6**").

Ein Netzteil muss entsprechend der zu erwartenden Leistungsaufnahme der angeschlossenen Komponenten dimensioniert sein. Hierbei sind bei einem PC Leistungsreserven für spätere Erweiterungen (z. B. nachträglicher Einbau einer Erweiterungskarte) zu berücksichtigen. Die Leistungsaufnahmen sind bei den einzelnen Komponenten recht unterschiedlich (Bild 1.134).

Komponente	Mittlere Leistungsaufnahme ca.
Motherboard	25–60 W
Prozessor	15–150 W (typabhängig)
Festplattenlaufwerk	bis zu 15 W
CD/DVD/BD-Laufwerk	15 W (bei Schreib-Lesezugriffen)
Arbeitsspeicher	bis zu 3 W pro Speicherriegel
Grafikkarte	100–900 W (typabhängig)

Bild 1.134: Mittlere Leistungsaufnahme einzelner Komponenten (Beispiele)

Üblicherweise beträgt die Nennleistung heutiger Netzteileinschübe 400–1000 W. Bei einigen Netzteilen wird neben den einzelnen Strombelastbarkeiten auf dem Typenschild auch die sog. **Combined Power** angegeben (Bild 1.135). Dies deutet darauf hin, dass eine oder mehrere Spannungen von einer gemeinsamen Trafowicklung abgegriffen werden. In einem solchen Fall können nicht alle Ausgänge mit ihren einzeln angegebenen Maximalströmen bzw. den daraus resultierenden Maximalleistungen belastet werden, sondern in der Summe lediglich mit dem als Combined Power angegebenen Wert. Der Wirkungsgrad moderner PC-Netzteile liegt gemäß der ATX-2.4-Spezifikation bei mindestens 80 %, bei der ATX12VO-Spezifikation belastungsabhängig zwischen 82% und 85%. Erfüllen oder übertreffen PC-Netzteile einen vorgegebenen ATX-Wirkungsgrad, werden sie mit entsprechenden (standardisierten) Bezeichnungen vermarktet (bei ATX bis Version 2.5 z.B. **80 Plus Bronze:** ≥ 82%; **80 Plus Silber:** ≥ 85%; **80 Plus Gold:** ≥ 87%; **80 Plus Platinum** ≥ 89%; **80 Plus Titanium:** ≥ 90%). Zur Abgrenzung von früheren Versionen sieht der ATX-3.0-Standard auch neue Gütesiegel etwa für Energieeffizienz, Gehäusegröße und Lärmentwicklung vor (Cybernetics-Zertifizierung).

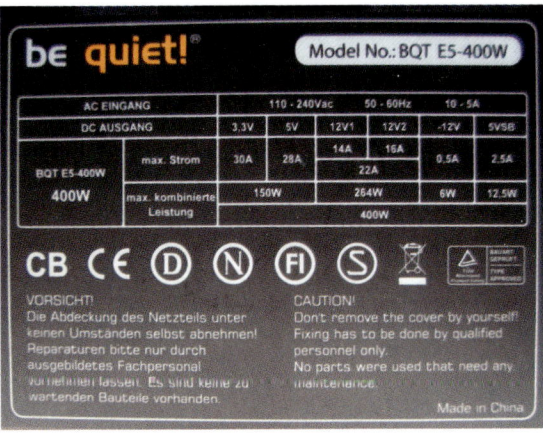

Bild 1.135: Typenschild eines PC-Netzteils

> Bei einer praxisgerechten Dimensionierung soll das Netzteil im Mittel bis zu 80% seiner Nennleistung abgeben.

Nachteilig ist, dass bei einem Stromausfall sämtliche nicht dauerhaft gespeicherte Daten verloren gehen. Um dies zu verhindern, bietet die Industrie sog. **unterbrechungsfreie Stromversorgungen** an (**USV**; Peripheral Power Supply, Uninterruptible Power Supply; Kap. 5.3.1.3). Hierunter versteht man eine Zusatzstromversorgung für einen Computer oder ein Gerät, welche die Energieversorgung bei einem Stromausfall so lange übernimmt (z.B. mithilfe eines Energiespeichers), bis alle Daten gesichert sind.

AUFGABEN

1. Mit welchen Spannungen muss ein modernes ATX-Motherboard versorgt werden?

2. SATA-Festplatten werden mit einem 15-poligen Stecker an das PC-Netzteil angeschlossen.
   a) Welche Spannungen benötigen SATA-Festplatten?
   b) Begründen Sie die vergleichsweise große Anzahl der Pins.
   c) Warum sind die Kontaktzungen der Pins unterschiedlich lang?

3. Ein PC wird nachträglich mit einem zweiten DVD-Laufwerk und einem weiteren Festplattenlaufwerk ausgestattet. Um welchen Wert vergrößert sich die Belastung des Netzteils (Worst-Case-Betrachtung mit den im Fachbuch angegebenen mittleren Leistungswerten)?

4. In einem Fachaufsatz über Netzteileinschübe finden Sie wiederholt die Abkürzung AC/DC. Welche konkrete Bedeutung hat diese Abkürzung? Welche Eigenschaft des Netzteils wird hiermit beschrieben?

5. Auf dem Typenschild eines PC-Netzteils ist angegeben, mit welchen Strömen die jeweiligen Anschlüssen für die Spannungen maximal belastet werden dürfen (siehe Tabelle).

U / V	+3,3	+5	+5	+12	+12	−12
I_{max} / A	20	22	2,5	14	16	0,5

     a) Berechnen Sie aus den gegebenen Werten die maximale Leistung, die das Netzteil abgeben kann.

     b) Das Netzteil hat einen Wirkungsgrad von 70 %. Wie groß ist die aus dem 230-V-Energieversorgungsnetz aufgenommene Leistung?

     c) Wie groß ist bei obigem Wirkungsgrad der aus dem 230-V-Netz aufgenommene Strom?

     d) Welche Kosten würden entstehen, wenn ein PC mit diesem Netzteil das ganze Jahr (365 Tage) ununterbrochen mit maximaler Belastung betrieben wird? (Arbeitspreis pro kWh: 35 Cent)

     (Lösungshinweis: Verwenden Sie bei Bedarf Informationen aus Kap. 5.1.)

6.   Ein Kunde legt Ihnen einen ATX-Netzteileinschub vor, den er aus seinem PC ausgebaut hat. Er behauptet, dass dieses Netzteil keine Gleichspannung abgibt, da kein daran angeschlossenes Gerät funktioniert. Mit welchen Messgeräten lässt sich diese Aussage prüfen? Welche Einstellungen sind an diesen Messgeräten vor der Messung ggf. vorzunehmen? Beschreiben Sie mit eigenen Worten den Messvorgang und die Ergebnisse, die bei einem intakten Netzteileinschub zu erwarten sind. (Lösungshinweis: Verwenden Sie bei Bedarf Informationen aus Kap. 5.1.)

7.   Begründen Sie, warum bei einigen Steckverbindern des ATX-Netzteils spannungsgleiche Anschlüsse mehrfach vorhanden sind und die daran angeschlossenen Leitung parallel geschaltet sind (z. B: 12 V-Power-Connector, Bild 1.132; siehe auch Kap. 5.1.2.6).

8.   a) Welche Art von Netzteil verwendet man üblicherweise bei einem PC?
     b) Beschreiben Sie die prinzipielle Funktionsweise eines solchen Netzteils.

9.   Welche gravierenden Unterschiede bestehen zwischen den Netzteilspezifikationen ATX 2.4 und ATX12VO?

10.   Auf den Typenschildern von PC-Netzteileinschüben wird vielfach auch die sog. „Combined Power" angegeben. Erläutern Sie diesen Begriff.

1.11   Eingabegeräte

Zu den **Eingabegeräten** (*input devices*) zählen alle Peripheriegeräte, mit denen Eingaben in ein Computersystem vorgenommen werden können. Man unterscheidet mechanische Eingabegeräte wie **Tastatur, Maus** oder **Joystick** und optische Eingabegeräte wie **Barcode-Leser** oder **Scanner**. Manche Peripheriegeräte können sowohl als Eingabe- als auch als Ausgabegerät dienen (z. B. Touchscreen). Im Folgenden werden die wichtigsten HID-Eingabegeräte (**HID**: Human Interface Device) kurz dargestellt.

1.11.1   Tastatur

Die **Tastatur** (*keyboard*) ist ein reines Eingabegerät und stellt das gebräuchlichste Verbindungsglied zwischen dem PC und der Nutzerin bzw. dem Nutzer dar. Alle heutigen Tastaturen basieren auf der sog. MF-2-Tastatur (**MF**: Multi-Funktions-Tastatur, ursprünglich 102 Tasten), obwohl sich Anzahl und Anordnung der vorhandenen Tasten zum Teil geändert haben (z. B. weitere Tasten: zusätzlich zwei „Windows-Tasten" und eine „Menü-Taste").

Das handelsübliche Tastaturlayout umfasst meist vier Bereiche (Bild 1.136), wobei sich die Buchstabenanordnung des alphanumerischen Blocks im deutschen Sprachraum (**QWERTZ-Tastatur**) von der international üblichen Tastatur (**QWERTY-Tastatur**) unterscheidet. Die Bezeichnungen resultieren aus der Anordnung der linken sechs Zeichentasten in der oberen Reihe der Buchstabentasten.

> Beim QWERTZ-Tastatur-Layout ist für die richtige Verarbeitung aller Buchstaben ein deutscher Tastaturtreiber erforderlich.

Funktions- und Zusatztasten   Ziffernblock

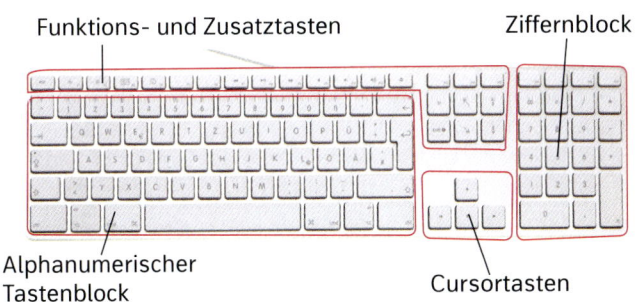

Alphanumerischer
Tastenblock   Cursortasten

Bild 1.136: MF-2-Tastatur mit Zusatztasten (deutsches Tastaturlayout)

Die Bedeutung der zusätzlich zu den Buchstaben und Ziffern auf einer Standardtastatur aufgedruckten Bezeichnungen und Symbole werden in der folgenden Tabelle erläutert.

Taste	Alternative Bezeichnung	Funktion
Esc	ESCAPE	Dient häufig zum Verlassen von Programmen oder zum Beenden von Aktionen
⇥	TAB	Tabulatortaste zum Setzen von Tabulatorsprüngen (z. B. bei der Textverarbeitung) oder Springen durch Eingabemasken oder Menüs
⇩	CAPS LOCK	Feststelltaste; nach Betätigung werden alle Buchstaben großgeschrieben, die Aktivierung wird durch eine Leuchtdiode signalisiert. Die Funktion wird deaktiviert durch erneute Betätigung der Feststelltaste.
⇧	SHIFT Taste	Umschalttaste, die bei **gleichzeitiger** Betätigung einer anderen Taste eine Funktion hat (Großschreibung von Buchstaben; Sonderfunktionen in Abhängigkeit von der verwendeten Software). Die Taste ist doppelt vorhanden.
Strg	CRTL; CONT; CONTROL	Steuerungstaste, die bei **gleichzeitiger** Betätigung einer anderen Taste eine Funktion hat. Diese hängt von der verwendeten Software ab. Die Taste ist doppelt vorhanden.
Alt		Steuerungstaste, die bei **gleichzeitiger** Betätigung einer anderen Taste eine Funktion hat. Bei vielen Programmen kann mithilfe der Alt -Taste und den Ziffern auf dem Ziffernblock der ASCII-Code der einzelnen Zeichen eingegeben werden.

Taste	Alternative Bezeichnung	Funktion
Alt Gr		Steuerungstaste, die bei **gleichzeitiger** Betätigung einer Taste mit einem **zusätzlichen Aufdruck** (z.B. µ, {, [, @) den Zugriff auf dieses Zeichen erlaubt. Andere mögliche Funktionen hängen von der verwendeten Software ab.
↵	ENTER; CARRIAGE RETURN	Steuerungstaste, mit der dem Betriebssystem mitgeteilt wird, dass ein eingegebener Befehl auszuführen ist; bei Standardsoftware Befehl zum Zeilensprung. Die Enter-Taste im Ziffernblock hat die gleiche Funktion.
←	BACKSPACE	Löscht das zuletzt eingegebene Zeichen
Druck	HARDCOPY; PRTSCR	Unter Windows wird bei gleichzeitiger Betätigung der Tastenkombination Alt + Druck der Bildschirminhalt des gerade aktuellen Fensters in die Zwischenablage kopiert (**Screenshot**). Ist nicht auf allen Tastaturen vorhanden (z.B. bei Notebooks).
Rollen⇕	SCROLL LOCK	Nach Betätigung konnte man sich früher (unter DOS) bildabschnittsweise mit den Pfeiltasten in einem Dokument bewegen, ohne die Schreibmarke (den Cursor) zu verschieben. Die Aktivierung wird durch eine Leuchtdiode signalisiert. Die Deaktivierung erfolgt durch erneute Betätigung der Taste. Wird heute nur noch von wenigen Programmen unterstützt.
Pause	Untbr.	Ermöglicht bei manchen Programmen die Unterbrechung eines laufenden Vorgangs
Einfg		Wechselt zwischen dem **Überschreibmodus** und dem **Einfügemodus**. Der Einfügemodus bewirkt, dass alle eingegebenen Zeichen an der aktuellen Cursorposition eingefügt werden. Dieser Modus bleibt bis zur Deaktivierung durch erneutes Betätigen erhalten. Normalerweise keine Signalisierung des eingestellten Modus durch eine LED; bei manchen Anwendungsprogrammen (z.B. Word) wird in der Statuszeile die Anzeige **ÜB** aktiviert bzw. deaktiviert.
Entf	DEL; DELETE; Lösch	Löscht das Zeichen hinter der aktuellen Cursorposition; bei Standardsoftware können auch mehrere vorher markierte Zeichen gelöscht werden. Die Funktion ist auch im Ziffernblock vorhanden.
Pos1	ANF; HOME	Platziert den Cursor bei Standardsoftware in die erste Spalte der aktuellen Zeile. Die Funktion ist auch im Ziffernblock enthalten.
Ende	END	Platziert den Cursor bei Standardsoftware hinter das letzte Zeichen der aktuellen Zeile. Die Funktion ist auch im Ziffernblock enthalten.
Bild ↑	PgUp	Ermöglicht in vielen Programmen das Blättern von einer Bildschirmseite nach oben. Meist wird der Cursor hierbei mitverschoben. Die Funktion ist auch im Ziffernblock enthalten.
Bild ↓	PgDn	Ermöglicht in vielen Programmen das Blättern von einer Bildschirmseite nach unten. Meist wird der Cursor hierbei mitverschoben. Die Funktion ist auch im Ziffernblock enthalten.
Num⇕	NUM-LOCK	Schaltet zwischen der Doppelbelegung des Ziffernblocks um. Ist die Zifferfunktion aktiviert, wird dies durch eine Leuchtdiode signalisiert (LED an).

Taste	Alternative Bezeichnung	Funktion
⊞	Windows-Taste	Öffnet unter Windows das Startmenü aus jeder aktiven Anwendung heraus; bewirkt unter Windows bei gleichzeitiger Betätigung in Kombination mit anderen Tasten versionsabhängig unterschiedliche Aktionen der Benutzeroberfläche, z. B. *Windows-Taste + E* öffnet den Windows-Explorer; *Windows-Taste + A* öffnet das Info-Center (unter anderen Betriebssystemen andere Aktionen möglich)
▤	Menütaste	Dient dem direkten Aufruf eines **Kontextmenüs**, das dann abhängig von der Cursorposition eine maßgebliche Funktionsauswahl öffnet.

Bild 1.137: Bezeichnungen und Symbole auf einer PC-Standardtastatur

Die **Funktionstasten** (*function keys*) F1 bis F12 werden in Abhängigkeit von der verwendeten Software dazu benutzt, komplexe Funktionen auszuführen. Die Zuordnung von Funktionen ist bei den einzelnen Programmen jedoch nicht einheitlich. Manche Programme bieten die Möglichkeit, einer Funktionstaste eine gewünschte Funktion zuzuordnen.

Des Weiteren sind auf dem Markt eine Vielzahl von Tastaturen mit **ergonomischer Tastenanordnung** (*ergonomic key arrangement*; leicht abgewinkelte Tasten jeweils für die linke und rechte Hand) erhältlich. Bei portablen Geräten (Notebook, Netbook) fehlt aus Platzgründen ggf. der Ziffernblock. Mittels der zusätzlichen **Fn-Taste** (Fn: Function) können in Kombination mit anderen Tasten herstellerspezifisch zusätzliche Funktionen aufgerufen werden (z. B. Surface Pro: *Fn + Entf* für größere Bildhelligkeit; *Fn + Leertaste* erstellt eine Kopie des Bildschirminhalts). Bei Tastaturen, die sich auf dem Bildschirm einblenden lassen, kann man meist zwischen verschiedenen Darstellungen wechseln. Einige Tastaturen verfügen über weitere Tasten mit zusätzlichen Funktionen (z. B. Lautstärkeeinstellungen, Home-Taste zum direkten Öffnen des Standardbrowsers).

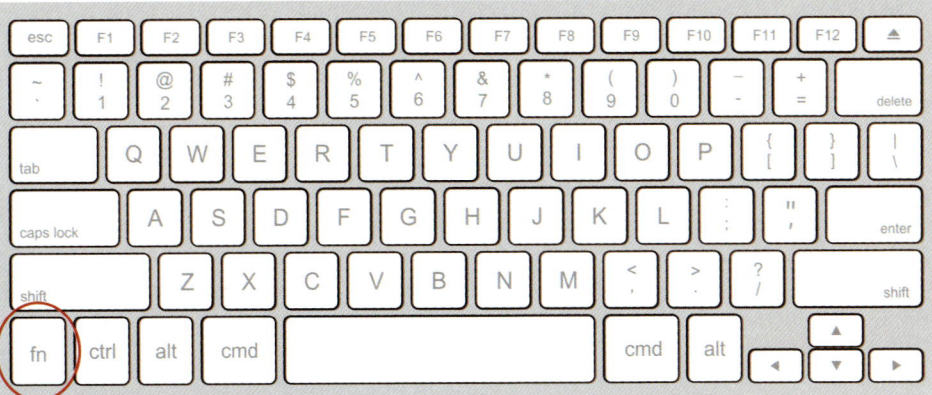

Bild 1.138: Beispiel für eine Tablet-Tastatur mit Fn-Taste (englisches Tastaturlayout)

Der Anschluss einer (Hardware-)Tastatur erfolgt meist über USB (Kap. 1.6.3), kabellos über einen Nano-Funkempfänger mit USB-Stecker oder über Bluetooth. Bei einem fehlerhaften Bootvorgang kann es bei einem Wireless-Anschluss zu einem Eingabeproblem kommen, sofern noch keine entsprechenden Treiber geladen wurden (z. B. wenn Änderungen bei den UEFI-Einstellungen erforderlich sind; Kap. 3.1.2). Bei portablen Geräten mit abnehmbarer Tastatur (z. B. Hybrid-Tablets; Kap. 1.1.4) werden die Kontakte zwischen beiden Teilen vielfach magnetisch zusammengehalten.

Durch die Verwendung eines eigenen Controllers können auch serielle Daten *zur* Tastatur geschickt werden. Hierdurch lassen sich beispielsweise die Tastatur-**Anschlagsgeschwindigkeit** (*velocity*), die **Wiederholrate** (*repetition rate*) einer gedrückt gehaltenen Taste (ca. zwei bis 25 Zeichen pro Sekunde) oder die **Ansprechverzögerung** (*response delay*; ca. 250 ms bis 1 s) einstellen (dies ist bedeutsam für Ergonomie und Barrierefreiheit, Kap. 1.14). Tastaturen unterscheiden sich auch hinsichtlich der Kraft, die man bei der Betätigung einer Taste aufwenden muss, oder haben einen deutlich spürbaren Betätigungspunkt, an dem der Tastendruck registriert wird (taktiles Feedback, teilweise auch mit Klickgeräusch).

1.11.2 Maus

Die **Maus** (*mouse*) ist ebenfalls ein Eingabegerät zur Kommunikation mit dem PC. Eine Eingabe ist allerdings nur mit betriebsbereitem Display kontrollierbar, da die Befehlseingabe durch Platzieren des Mauszeigers auf ein dargestelltes Befehlsfeld und Klicken mit einer Maustaste erfolgt.

Zu den grundlegenden Merkmalen einer Maus gehören das Gehäuse mit einer planen Grundfläche und einem Aufbau, der die Bedienung mit einer Hand gestattet, typischerweise ein Scrollrad, zwei oder drei Tasten auf der Oberseite sowie eine Einrichtung zum Erfassen der Bewegungsrichtung an der Unterseite. Diese erfolgt über optische Verfahren. An der Unterseite einer optischen Maus befindet sich hierzu eine **LED** (Light Emitting Diode), die Licht in Richtung der Unterlage abstrahlt. Ein optischer Sensor an der Unterseite der Maus (monochrome Kamera mit einem sehr kleinen quadratischen Erfassungsbereich) empfängt das von der Oberfläche der Unterlage reflektierte Licht und wertet die bei Bewegung auftretenden Unterschiede der reflektierten Strahlen aus. Die Anzahl der Pixel der Kamera ist zwar sehr gering, sie nimmt aber eine hohe Anzahl von Bildern pro Sekunde (fps, Bild 1.145) auf, um Mausbewegungen sehr schnell erkennen zu können (typischerweise 2 000 fps, im Gamerbereich deutlich höher). Die auf verspiegelten oder durchsichtigen Glasoberflächen bestehenden Probleme der Bewegungserkennung bei herkömmlichen optischen Mäusen mit Standard-Rot-LED oder Laserdiode (Bild 1.139 a und b) werden durch unterschiedliche Technologien verringert (z. B. Bild 1.139 c, **BlueTrack-Technik**: Verwendung einer breit streuenden, kurz-

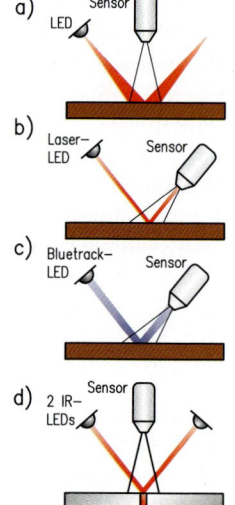

Bild 1.139: Abtast-mechanismen optischer Mäuse (Grundprinzip)

welligen blauen LED; Bild 1.139 d, **Darkfield-Technik**: 2 Infrarot-LEDs, die polarisiertes Licht abgeben; Polarisation siehe Kap. 1.12.3.1). Durch das Verschieben der Maus wird ein Bildschirmcursor bewegt, dessen Aussehen sich je nach Anwendung und Position verändern kann.

Die Beziehung zwischen der Mausbewegung auf dem Mauspad und der Bewegung des Bildschirmcursors bezeichnet man als **Mausempfindlichkeit** (*mouse sensitivity*).

Die Mausempfindlichkeit lässt sich bei den meisten Anwendungsprogrammen individuell anpassen. Unter einer **Maussspur** (*mouse trail*) versteht man hierbei eine schattenähnliche Spur, die auf dem Bildschirm während einer Mausbewegung angezeigt werden kann.

Die meisten Mäuse verfügen über ein mechanisches oder elektronisches **Scrollrad** (*scroll wheel*), mit dem man in den verschiedensten Applikationen durch einfaches Drehen einen vertikalen Bildlauf steuern kann und mit dem man wie mit einer Taste bei Klick bestimmte vorprogrammierte Funktionen ausführen kann. Verschiedentlich befinden sich an der Mausseite auch weitere Tasten für (programmierbare) Zusatzfunktionen.

Die Maus ist ein **relatives Zeigegerät** (*relative pointing device*), da es keine definierten Grenzen für die Mausbewegungen auf dem Mauspad gibt und ihre Lage auf einer Fläche nicht direkt auf dem Bildschirm abgebildet wird.

So kann man beispielsweise die Maus hochheben und an einer anderen Stelle wieder aufsetzen, ohne dass sich die Lage des Bildschirmzeigers verändert, da keine Bewegung registriert wurde. Zur Auswahl von Elementen oder Befehlen auf dem Bildschirm drücken die Benutzenden eine der Maustasten, um einen „Mausklick" zu erzeugen.

Der Anschluss der Maus erfolgt an den USB-Anschluss (direkt per Kabel oder kabellos mittels Funkempfänger) oder per Bluetooth. Voraussetzung für das Arbeiten mit der Maus ist ein Programm mit einer grafischen Benutzeroberfläche und einer entsprechenden Software (Maustreiber), welche die Bewegungen der Maus erfasst und in entsprechende Befehle umsetzt. Unter Windows wird eine Maus in der Regel automatisch erkannt und eingebunden.

1.11.3 Scanner

Unter einem **Scanner** (Abtaster) versteht man allgemein ein optisches Datenerfassungsgerät, mit dem es möglich ist, eine Vorlage mithilfe von Sensoren zu erfassen und diese in eine digitale Form zu bringen, sodass sie mit einem Computer verarbeitet, analysiert und dargestellt werden kann.

Eines der Hauptanwendungsgebiete ist das Erfassen von Dokumenten, Textpassagen und Abbildungen von bedrucktem Papier. Die hierzu verwendeten Geräte lassen sich in unterschiedliche Kategorien einteilen. Ein wesentliches Unterscheidungsmerkmal ist hierbei das Prinzip, nach dem die einzuscannende Vorlage befestigt bzw. transportiert wird.

Beim **Flachbettscanner** (*flatbed scanner*) wird die Vorlage mit der bedruckten Seite nach unten auf einer Glasoberfläche fixiert und der Abtastmechanismus bewegt sich, angetrieben von einem kleinen Schrittmotor, unter der Glasoberfläche über die Vorlage. Die Fixierung kann – bei aufgeklappter Glasabdeckung – per Hand erfolgen oder automatisiert durch einen zusätzlichen Einzugmechanismus, der die Dokumente automatisch auf die Glasoberfläche befördert und nach dem Scanvorgang wieder auswirft.

Der **Einzugscanner** (*feed scanner*), der z.B. bei Faxgeräten eingesetzt wird, zieht das Papier ein und bewegt es über einen stationären Scanmechanismus. Der Scanvorgang erfolgt, während das Dokument bewegt wird.

In anderen Bereichen werden spezielle Arten optischer Scanner eingesetzt. So handelt es sich bei einem **Fingerabdruckscanner** (*fingerprint scanner*) um einen Sensor, mit dem man die (unverwechselbaren) biometrischen Merkmale eines Fingers (oder mehrerer Finger) erfassen und anschließend ein digitales Abbild dieses Fingerabdrucks erstellen kann. Bei einem halbautomatischen Fingerabdruckscanner muss man einen Finger über eine schmale Scannerfläche ziehen (kompaktere Bauform), ein vollautomatischer Fingerabdruckscanner erfasst einen (oder mehrere) Finger durch Auflegen auf eine Fläche (qualitativ bessere Ergebnisse). Durch Vergleich mit gespeicherten Abdruckdaten ist die eindeutige Identifikation einer Person möglich. Zur Abtastung werden optische oder kapazitive Sensoren eingesetzt, die bei hochwertigen Systemen durch thermische oder Ultraschallsensoren ergänzt werden (zur Überprüfung auf „Lebend-Erkennung"). Fingerabdruckscanner findet man in vielen sicherheitsrelevanten Bereichen als Zugangskontrolle und in Smartphones für das Entsperren des Gerätes oder zur Verifizierung bei Onlinekäufen. Zunehmend werden in den genannten Bereichen zur Erfassung (eindeutiger) biometrischer Merkmale auch sog. **Irisscanner** eingesetzt, bei denen anstatt des Fingerabdrucks die (ebenfalls unverwechselbare) Augeniris erfasst wird.

Bei einem Scanvorgang wird die Vorlage von einer Lichtquelle beleuchtet. Dieses Licht wird in Abhängigkeit der Farbgestaltung der Vorlage unterschiedlich reflektiert und von lichtempfindlichen Sensoren aufgenommen. Bei Papierscannern werden platzsparende **LEDs** (Light Emitting Diodes) eingesetzt. LEDs benötigen keine Aufwärmphase, da sie sofort betriebsbereit sind. Diese mit der Abkürzung **CIS** (Contact Image Sensor) bezeichnete Technologie bietet neben der geringeren Bauhöhe des Scanners auch einen niedrigeren Stromverbrauch durch die LEDs. Hierdurch kann der Scanner seinen gesamten Energiebedarf aus der USB-Schnittstelle des PCs beziehen, ein separates Netzteil ist nicht erforderlich.

Die Aufzeichnung der reflektierten Lichtwerte erfolgt bei Scannern mit winzigen lichtempfindlichen **CMOS**-Elementen (**C**omplementary **M**etal **O**xid **S**emiconductor).

Diese CMOS-Bausteine erzeugen entsprechend der auftreffenden Lichtstärke elektrische Ladungen, die dann weiterverarbeitet werden können. Meist sind diese CMOS-Elemente in einer geraden Reihe angeordnet und erfassen eine Vorlage zeilenweise. Durch den Einsatz optischer Umlenksysteme (Spiegel) und Linsen – wie etwa beim Flachbettscanner – werden störende Einflüsse (z.B. Streulicht) gering gehalten.

Um mit diesen CMOS-Elementen eine Vorlage farbig aufnehmen zu

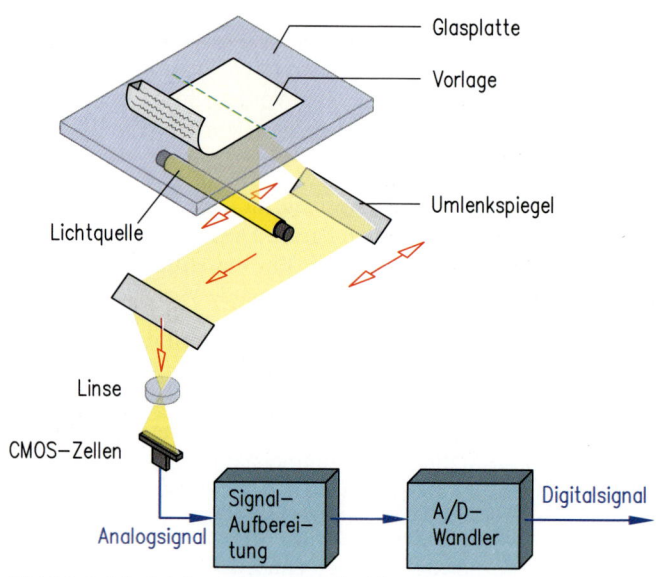

Bild 1.140: Prinzipieller Aufbau eines Flachbettscanners

können, müssen entsprechend dem additiven Farbdarstellungsverfahren (Kap. 1.12.1) die drei Grundfarben Rot, Grün und Blau separat erfasst werden. Moderne Scanner ermöglichen dies in einem einzigen Scan-Durchgang (**Single Pass Scanner**). Sie besitzen hierzu CMOS-Elemente, die jeweils mit einem Rot-, Grün- und Blaufilter maskiert sind. Die Größe der elektrischen Ladungen, die die CMOS-Bausteine beim Belichtungsvorgang aufnehmen, entspricht jeweils einem bestimmten Farbwert.

Die analogen „Farbwertsignale" werden anschließend in ein Digitalsignal umgewandelt, das vom PC verarbeitet werden kann. Eingescannte Vorlagen liegen als Bitmap-Grafik mit entsprechend großem Speicherbedarf vor.

> Eine **Bitmap-Grafik** speichert für jeden darstellbaren Punkt die Koordinaten und den Farbwert. Aus diesem Grund benötigt sie ein großes Speichervolumen. Sie wird auch als **Pixelgrafik** bezeichnet.

Um eingescannte Texte mit einem handelsüblichen Textverarbeitungsprogramm weiterverarbeiten zu können, muss eine Umwandlung der alphanumerischen Zeichen und Satzzeichen in editierbare Textzeichen erfolgen.

> Die Umwandlung eines eingescannten Textes in eine editierbare Textvorlage erfolgt mithilfe eines optischen **Zeichenerkennungsprogramms** (**OCR**; **O**ptical **C**haracter **R**ecognition).

Diese Umwandlung erfolgt mithilfe von **Mustervergleichsverfahren**. Aufgrund der Vielzahl unterschiedlicher Schriftarten und Schriftattribute (z. B. Fett- und Kursivschrift) bestehen jedoch häufig große Unterschiede in der Gestaltung der Zeichen, sodass eine absolut fehlerfreie Zeichenerkennung (*character recognition*) in der Regel nicht möglich ist. Grafische Darstellungen oder Bilder (Fotos) können mit entsprechenden Programmen (z. B. Adobe Creative Suite, Corel Draw) bearbeitet werden.

Die Genauigkeit, mit der eine Vorlage eingescannt werden kann, hängt von der **Auflösung** des Scanners ab. Sie wird – wie bei Druckern – in **Dots per Inch** (dpi), in **Pixel pro Millimeter** (ppm) oder **Pixel per Inch** (ppi) angegeben.

Die genannten Auflösungen sind typische Werte und hängen nicht zuletzt vom Gerätepreis ab. Ein Leistungsvergleich nur anhand einer angegebenen, aber nicht näher bezeichneten Auflösung gestaltet sich in der Praxis oftmals schwierig, da die **tatsächliche physikalische Auflösung** durch entsprechende Interpolationsverfahren (mathematische Verfahren zur Berechnung von Zwischenwerten) zu einer **scheinbar vorhandenen Auflösung** vergrößert werden kann. Durch diese Verfahren lassen sich beispielsweise „Treppeneffekte" reduzieren. Scanner werden meist an einen USB-Port angeschlossen, über den auch die Stromversorgung erfolgt.

Scannerart	Auflösung
Einzugscanner	300 bis 900 dpi
Flachbettscanner	600 bis 4 800 dpi
Flachbett-Diascanner	1 200 bis 9 600 dpi

Bild 1.141: Scannerarten mit typischen Auflösungen

Um ein Dokument zu digitalisieren, reicht es auch oftmals aus, es mit dem Smartphone zu fotografieren und als PDF-Datei abzuspeichern. Es gibt aber auch spezialisierte Scanner-Apps, die darüber hinaus eine Vielzahl von Zusatzfunktionen bieten, z. B. eine integrierte Texterkennung (OCR), die durchsuchbare PDF-Dokumente erzeugt, eine automatische Perspektiv- und Farbkorrektur bietet und zudem eine Dateiverwaltung mit Ordnern und Suchfunktionen ermöglicht.

Mit dem Ziel, eine einheitliche Softwareschnittstelle für Scanner zu entwickeln, wurde ein Standard mit der Bezeichnung **TWAIN** (**T**echnology **W**ithout **A**n **I**nteresting **N**ame) geschaffen. Moderne Scanner (und auch Digitalkameras) werden meist über den TWAIN-Standard angesteuert. Auf diese Weise ist eine weitestgehend problemlose Integration der Geräte in die meisten Bildbearbeitungsprogramme möglich. Alternative Softwareschnittstellen sind **ISIS** (Image and Scanner Interface Specification; kommerzielle Anwendung), **SANE** (Scanner Access Now Easy; bei Linux) oder **WIA** (Windows Image Acquisition; bei Windows).

1.11.4 Sonstige Eingabegeräte

Neben der bisher genannten Peripherie gibt es noch weitere Eingabegeräte.

Trackball

Der **Trackball** ist ein stationäres Zeigegerät, welches aus einer Kugel besteht, die auf zwei Rollen gelagert ist. Die Rollen sind im rechten Winkel zueinander angeordnet und wandeln eine Bewegung der Kugel in vertikale und horizontale Bewegungen auf dem Bildschirm um. Die Kugel wird mit der Hand bewegt. Ein Trackball verfügt in der Regel auch über eine oder zwei Tasten zum Auslösen von Aktionen.

Mousepad/Touchpad

Das **Mousepad** bzw. **Touch**- oder **Trackpad** ist ein Zeigegerät, das aus einer kleinen, flachen, berührungsempfindlichen Sensorfläche besteht. Der Mauszeiger auf dem Bildschirm kann verschoben werden, indem man mit dem Finger oder einem Stift über die Oberfläche des Pads fährt. Durch Tippen mit dem Finger auf dem Pad wird eine Funktion wie beim Betätigen einer Maustaste durchgeführt. Vorrichtungen dieser Art finden sich meist bei Notebooks und Netbooks.

Stylus

Stylus ist die Bezeichnung für einen Eingabestift, der für die Bedienung von Geräten mit sensitiven Oberflächen (Touchscreen, Tablet, Smartphone) geeignet ist. Mit einem solchen Stift ist eine Eingabe in vielen Fällen wesentlich präziser möglich als mit den Fingern.

Bei druckempfindlichen Bildschirmen (Widerstandsprinzip; Kap. 1.12.2) genügt hierzu ein beliebiger Stift mit einer Kunststoffspitze. Bei einem kapazitiven Touchscreen (Kapazi-

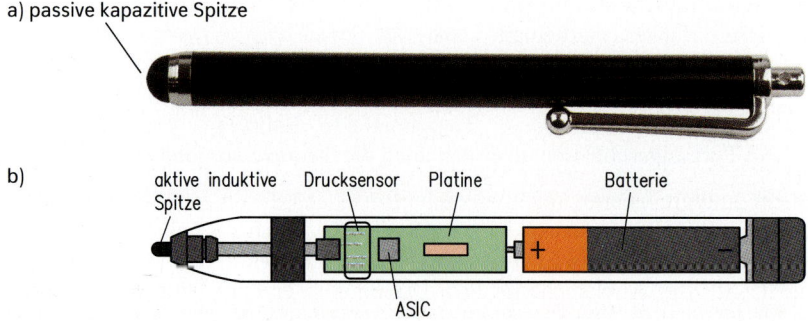

Bild 1.142: a) Passiver Stylus, b) aktiver Stylus (Prinzipdarstellung)

tätsprinzip; Kap. 1.12.2) ist ein spezieller Stift mit einer leitfähigen Spitze erforderlich. Diese bildet den Ersatz für die Fingerkuppe und fällt daher meist etwas dicker aus (Bild 1.142 a). Zwar ist er hierdurch weniger präzise bei der Linienführung, kann aber auf jedem kapazitiv arbeitenden Gerät verwendet werden (und hinterlässt keine Fingerabdrücke auf der Glasoberfläche).

Darüber hinaus gibt es spezielle, aktive Eingabestifte, die in der Regel auf ein bestimmtes Produkt abgestimmt sind. Diese verwenden meist eine induktive Eingabemethode, bei der in der Stiftspitze ein kleines elektromagnetisches Feld (Kap. 5.4.2) erzeugt wird. Dieses Feld wird durch entsprechende Sensoren auf der Displayoberfläche detektiert und seine Bewegung auf der Oberfläche ausgewertet. Auf diese Weise ist ein sehr präzises Zeichnen und Schreiben auf der Oberfläche möglich (auch in Verbindung mit OCR; Kap. 1.11.3). Ist ein solcher Stylus zusätzlich mit einem internen Drucksensor sowie einer entsprechenden Elektronik (ASIC: Application Specific Integrated Circuit, Bild 1.142 b; siehe auch Kap. 5.5.5) ausgestattet und verfügt das damit bediente Gerät über die zugehörige Software, lassen sich auch dicke und dünne Linien realisieren. Bei Stiftbenutzung wird von dieser Software in der Regel auch die übliche Touch-Bedienung abgeschaltet, damit es nicht zu Fehleingaben durch aufliegende Finger oder Handballen kommt. Am Stift befindliche Tasten können mit zusätzlichen Funktionen belegt werden (z. B. Öffnen eines bestimmten Programms).

Digitizer

Digitizer bzw. **Grafiktablets** bestehen aus einer ebenen Fläche mit Sensoren, welche die Position eines speziellen Stiftes aufnehmen, mit dem man die Fläche berührt. Hierbei ist die Position des Stifts innerhalb eines definierten Bewegungsbereichs immer mit einer vordefinierten Bildschirmposition verknüpft, d. h., bei Grafiktabletts handelt es sich um **absolute Zeigegeräte**. Zusätzlich hat ein Digitizer auch Schaltflächen, bei deren Berührung vordefinierte Aktionen ausgelöst werden.

Barcode-Leser

Ein **Barcode-Leser** (*bar code scanner*) ist ein optisches Gerät, das mithilfe eines Laserstrahls Barcodes (Kap. 4.3.6) lesen und interpretieren kann (z. B. an Registrierkassen). Der Laserstrahl wird auf das Papier gerichtet und erfasst die Codierung. Die vertikalen Balken des Codes reflektieren den Strahl anders als das Papier, auf dem sie angebracht sind. Das reflektierte Signal wird mithilfe lichtempfindlicher Bauelemente aufgenommen und die Muster aus hellen und dunklen (oder farbigen) Stellen in digitale Signale umgesetzt, die dann unabhängig von der Leserichtung von einem Rechner korrekt weiterverarbeitet werden können. Alternativ kann auch ein Smartphone oder ein WebCam-Modul mit einem entsprechenden Programm zur Barcode-Erkennung verwendet werden.

Digicam

Eine **Digicam** ist eine Kamera, die über eine optische Blende einfallendes Licht mithilfe eines lichtempfindlichen Bildsensors (CMOS-Chip; Kap. 1.11.3) pixelweise in elektrische Signale umwandelt. Diese werden dann von einem nachfolgenden A/D-Wandler (Kap. 4.4.4) digitalisiert. Durch entsprechende Bildverarbeitungssoftware wird die Bildqualität überprüft und werden ggf. automatische Korrekturen der Einstellung vorgenommen, Pixelfehler beseitigt und die Daten (meist komprimiert) in ein entsprechendes Bild- bzw. Videoformat umgewandelt (z. B. jpeg oder mpeg). Die Daten lassen sich auf einem Display (Kap. 1.12.3.3) anzeigen, auf eine Speicherkarte (Kap. 1.5.1.2) oder Festplatte ablegen oder über ein Interface direkt streamen (z. B. Einsatz als Webcam bei einer Videokonferenz).

Qualitätsbestimmende Größen einer Digitalkamera sind die Pixelzahl, die Größe der lichtempfindlichen Aufnahmefläche des CMOS-Chips und die Farbauflösung (Farbtiefe). Abhängig von der Preisklasse sind hierbei auch Aufnahmen in HD- oder UHD-Qualität möglich.

Portable Geräte (Notebook, Netbook) verfügen meist über eine eingebaute Kamera an der Frontseite, Smartphones und Tablets haben zusätzlich eine oder mehrere rückseitige Kameralinsen mit unterschiedlichen Optiken (Normallinse, Weitwinkel, Makro, Tiefenschärfe). Auf ein Desktop-Display aufsetzbare Kameras verfügen in der Regel über einen USB-Anschluss.

AUFGABEN

1. Welcher Unterschied besteht zwischen einer QWERTZ-Tastatur und einer QWERTY-Tastatur?

2. a) Welche Funktion hat unter Windows die Tastenkombination (Alt) + (Druck)?
   b) Wozu dient die oft auf Tastaturen von portablen Geräten vorzufindende „Fn-Taste"? Nennen Sie Anwendungsbeispiele.

3. Mit welcher Tastenkombination kann man das bei E-Mail-Adressen erforderliche Zeichen „@" erzeugen?

4. Welche Änderung ergibt sich bei einem Textverarbeitungsprogramm durch Betätigen der Einfg-Taste?

5. Bei optischen Mäusen unterscheidet man verschiedene (optische) Verfahren. Nennen und erläutern Sie diese.

6. Welcher Unterschied besteht zwischen einem relativen Zeigegerät und einem absoluten Zeigegerät?

7. Was versteht man unter der Mausempfindlichkeit?

8. Was ist ein Barcode-Leser? Wo finden Barcodes Verwendung? Welche Vorteile ergeben sich durch die Nutzung dieser Codes?

9. Welche Vorteile bietet bei einem Scanner der Einsatz von LEDs gegenüber anderen Lichtquellen?

10. Eine Kundin interessiert sich für Scanner und fragt nach der Bedeutung der Bezeichnung Single Pass Scanner. Erläutern Sie.

11. Welche Funktion erfüllt ein sog. OCR-Programm?

12. Was versteht man unter der Scannerauflösung und wie wird sie angegeben? Welche typischen Werte erreichen moderne Scannertypen? Worauf ist bei der Beurteilung dieses Wertes zu achten?

13. Was versteht man unter dem TWAIN-Standard?

14. Was ist ein Digitizer? Welche Eigenschaften hat er?

15. Wozu benötigt man im PC-Bereich einen „Stylus"? Erläutern Sie die verschiedenen Ausführungsvarianten.

16. Das Verwaltungsbüro Ihrer Firma soll mit neuen mechanischen Tastaturen ausgestattet werden. Hierbei sollen auch die individuellen Bedürfnisse der Beschäftigten bezüglich der Tastentechnologie Berücksichtigung finden (z.B. Kraftaufwand, den man bei der Nutzung aufwenden muss, oder spürbarer Betätigungspunkt). Sie erhalten den Auftrag, sich per Internetrecherche über Unterschiede zu informieren, diese schriftlich zusammenzutragen und den Beschäftigten zu präsentieren.

1.12 Bildgebende Komponenten

Die vom internen Grafikchip oder der zusätzlichen Grafikkarte eines Computers erzeugten Signale werden mithilfe bildgebender Systeme visuell dargestellt. Hierbei setzt man am Arbeitsplatz standardmäßig **Flachbildschirme** (*flat screen*) ein. Diese verwenden je nach Technologie unterschiedliche physikalische Phänomene zur Bilderzeugung (z. B. Flüssigkristalle, Elektrolumineszens). Für die über den Arbeitsplatz hinausgehende Darstellung werden zu Präsentationszwecken auch sog. **Beamer** (Kap. 1.12.7) eingesetzt.

1.12.1 Farbdarstellungsverfahren und Kenngrößen

Die Darstellungsoberfläche eines Bildschirms besteht aus einzelnen Leuchtpunkten, die auch **Pixel** genannt werden. Bei einem Farbbildschirm besteht jedes Pixel aus einem roten, einem grünen und einem blauen Teilpunkt, die so nahe nebeneinanderliegen, dass ein menschliches Auge die Teilpunkte einzeln nicht mehr erkennen kann. Der Abstand zwischen den Mittelpunkten zweier benachbarter Punkte gleicher Farbe wird **Pixelabstand** (*dot pitch*) genannt. Der Pixelabstand bildet die Grenze der Auflösung eines Bildschirms. Die Auflösung an sich ist jedoch kein geeignetes Maß für die Bildschärfe. Daher wird nicht der Pixelabstand, sondern die Anzahl der **P**ixel pro **I**nch (**ppi** oder **dpi**: **d**ots **p**er **i**nch; 1 inch = 1 Zoll = 2,54 cm) angegeben.

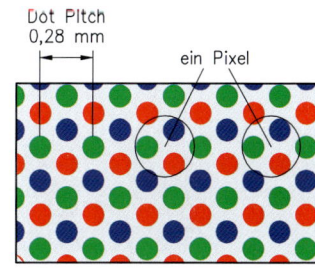

Bild 1.143: Pixel und Dot Pitch

Jedes Pixel wird von der Grafikkarte einzeln angesteuert (Kap. 1.9.1). Hierbei können die Intensitäten der Grundfarben **R**ot, **G**rün und **B**lau (**RGB**) jedes Pixels unabhängig voneinander eingestellt werden. Ein bestimmtes Mischungsverhältnis dieser drei Grundfarben nehmen wir als eine bestimmte Farbe wahr. Ändert man das Mischungsverhältnis, ändert sich auch die Farbwahrnehmung. Auf diese Weise lassen sich sämtliche vom menschlichen Auge wahrnehmbaren Farben realisieren. Die Farbe Weiß entsteht durch Mischung aus intensivem Rot, intensivem Grün und intensivem Blau.

Bild 1.144: Additives Farbmodell

> Die **Bilderzeugung** (*image creation, image production*) bei einem RGB-Display erfolgt nach dem sog. **additiven Farbmischverfahren** (*additive color mixing procedure*) aus den drei Grundfarben Rot, Grün und Blau.

Bei diesem additiven Verfahren handelt es sich um ein Farbmodell zur Beschreibung von Farben, die durch farbiges Licht erzeugt werden. Die Farbe Schwarz würde sich bei diesem Modell durch Mischen der drei Grundfarben mit der Intensität Null ergeben. In der Praxis werden die Licht erzeugenden Elemente je nach verwendeter Technik abgeschaltet oder abgedeckt (z. B. Backlight), sodass der Bildschirm dunkel bleibt. Der sich hierbei ergebende „Schwarzwert" ist ein Gütekriterium bei Flachbildschirmen und hängt u. a. von der verwendeten Bilderzeugungstechnik ab.

Das additive Farbmischverfahren wird bis auf wenige Ausnahmen (z. B. E-Book-Reader; Kap. 1.1.8) bei allen farbigen Displays verwendet. Es lässt sich jedoch nicht bei Licht absorbierenden Körperfarben, wie dies etwa bei Druckfarben der Fall ist, anwenden (Kap. 1.13.6).

Unabhängig von der Technik, die einer Bilderzeugung zugrunde liegt, gibt es einige technikübergreifende Parameter, die einen Vergleich von bildgebenden Systemen ermöglichen (Bild 1.145).

Bezeichnung	Erläuterung
Bildseitenverhältnis, kurz: Seitenverhältnis oder Bildformat (*aspect ratio, image format*)	Angabe des Verhältnisses von Bildschirmbreite zu Bildschirmhöhe; wird meist als Zahlenwertbruch ohne Einheit angegeben, manchmal auch auf 1 normiert; typische Werte sind: 4:3 (lies: vier zu drei; klassischer Fernseher); normiert: 1,33:1 16:9 (Breitbildformat Fernseher, DVB, HDTV, UHD); normiert: 1,77:1 16:10 (Breitbildformat Notebooks); normiert: 1,6:1
Bildschirmgröße, Displaygröße (*screen size, display size*) h d b	Angabe der Bildschirmdiagonalen in Zoll; die Bildschirmdiagonale ist der Abstand zweier sich diagonal gegenüberliegender Ecken eines Bildschirms; die alleinige Angabe der Bildschirmdiagonale ist nur dann sinnvoll nutzbar, wenn das Bildseitenverhältnis bekannt ist; zwischen der Bildschirmdiagonale d, der Bildbreite b und der Bildhöhe h gilt folgender Zusammenhang: $d^2 = b^2 + h^2$ (Satz des Pythagoras)
Auflösung (*resolution*)	**Physikalische Auflösung:** Maximale Zahl der physikalisch vorhandenen Farbtripelpunkte; wird als Zahlenpaar „Anzahl der waagerechten Bildpunkte × Anzahl der senkrechten Bildpunkte" angegeben (Alternativbezeichnung: **native Auflösung**) **Logische Auflösung:** Anzahl der waagerechten und senkrechten Bildpunkte, die von der Grafikkarte einzeln angesteuert werden können; in der Regel sind verschiedene Wertepaare möglich (siehe Kap. 1.9.1); die Zahl der physikalisch vorhandenen Bildpunkte eines Bildschirms entspricht der maximal möglichen logischen Auflösung.
Leuchtdichte (*luminance*)	Helligkeit eines Bildes, wird in der SI-Einheit Candela pro Quadratmeter (cd/m²) angegeben; Bei einem Beamer wird auch der Lichtstrom in Lumen (lm) angegeben. (Hinweis: Im englischsprachigen Raum wird alternativ auch die Einheit **Nit** verwendet; 1 Nit = 1 cd/m²)
Kontrast (*contrast*)	Quotient aus dem größten erreichbaren Helligkeitswert (Weißwert) und dem geringsten erreichbaren Helligkeitswert (Schwarzwert) eines Bildpunktes; wird als Verhältnis angegeben (z. B. 300:1)
Ausleuchtung (*illumination*)	Gleichmäßigkeit der Bildhelligkeit als Quotient aus der **Helligkeit** (*brightness*) des hellsten Bildpunktes zu der des dunkelsten Bildpunktes bei einem definierten Testbild mit konstanten Helligkeitswerten; Angabe in %
Bildgeometrie (*image geometry*)	Zusammenfassung aller Geometriefehler bei der Darstellung von definierten Testbildern (z. B. Kissenverzerrungen, abgerundete Ecken, Ellipsen statt Kreise); Prüfprogramme sind als Shareware erhältlich

Bezeichnung	Erläuterung
Darstellungsmodus (***view mode, display mode***)	**Interlaced-Modus** (z.B. 1 080i) Beim Bildaufbau wird bei einem Durchgang jeweils nur jede zweite Pixelzeile geschrieben; zur kompletten Darstellung eines Bildes sind somit zwei Durchgänge erforderlich. **Non-Interlaced-Modus, Progressiv-Modus** (z.B. 1 080p) Beim Bildaufbau werden bei einem Durchgang alle Pixelzeilen nacheinander geschrieben.
Bildwiederholfrequenz (***refresh rate***)	Anzahl der Bilder, die pro Sekunde dargestellt werden; sie wird in Hertz (Hz) oder alternativ auch in „**f**rames **p**er **s**econd" (**fps**; Bilder pro Sekunde) angegeben.

Bild 1.145: Allgemeine Kenngrößen bildgebender Systeme

Die Bildschirmgröße, das Seitenverhältnis und die Auflösung stehen in einem engen Verhältnis zueinander (Bild 1.146).

Die Darstellung auf einem digital angesteuerten Display ist qualitativ dann am besten, wenn seine physikalische Auflösung identisch ist zur (eingestellten) Auflösung der steuernden Grafikkarte. Viele Displays verfügen über die sog. **ACM-Funktion** (**A**daptive **C**olor **M**anagement), die für eine optimierte Darstellung Kontrast und Helligkeit abhängig vom Bildinhalt automatisch anpasst.

Alle bildgebenden Komponenten müssen bestimmten Qualitäts- und Sicherheitsstandards genügen, um auf dem Markt zugelassen zu werden. Die Erfüllung dieser Standards wird durch entsprechende Prüfsiegel auf dem Display dokumentiert (Kap. 1.14.3).

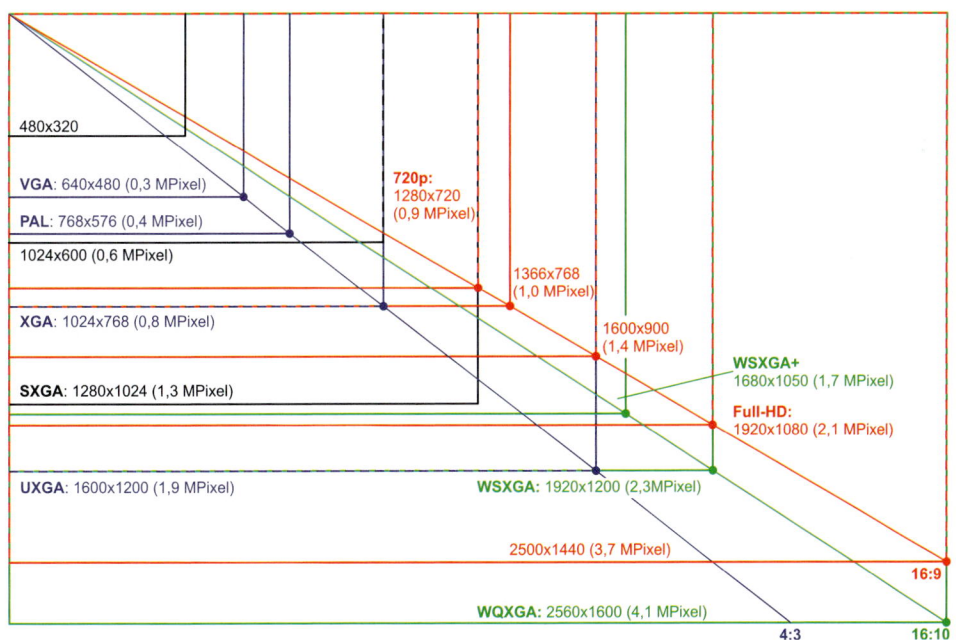

Bild 1.146: Bezeichnung von Auflösungen sowie Zusammenhang zwischen Bildschirmformat und Auflösung (Beispiele)

1.12.2 Touchscreen

> Unter einem Touchscreen versteht man ein Bild-Wiedergabegerät **mit einer sensitiven Bildschirmoberfläche** (*sensitive screen*, Sensorbildschirm). Ein Touchscreen kann als Eingabe- und als Ausgabegerät arbeiten.

Durch die Berührung der Bildschirmoberfläche können die Benutzenden eine Auswahl treffen oder einen Cursor verschieben. Um den Punkt zu bestimmen, an dem man sie berührt, arbeiten Sensorbildschirme nach einem der im Folgenden aufgeführten physikalischen Prinzipien.

Widerstandsprinzip

Die Oberfläche des Bildschirms ist mit einem leitfähigen Material beschichtet, das sich – gehalten von winzigen Abstandshaltern – in geringem Abstand zu einer zweiten leitfähigen Schicht befindet. Zwischen beiden Schichten liegt eine geringe elektrische Spannung. Werden die leitenden Schichten durch einen leichten Druck (eine bloße Berührung reicht meist nicht aus) der Bildschirmoberfläche zusammengepresst, ergibt sich an dieser Stelle eine Widerstandsveränderung, deren Koordinaten von einer Steuerelektronik ausgewertet werden. Ein mit dieser Technik arbeitender Bildschirm wird auch als **resistiver Touchscreen** bezeichnet (Anwendung z. B. in Industrie-PCs; Kap. 1.1.7).

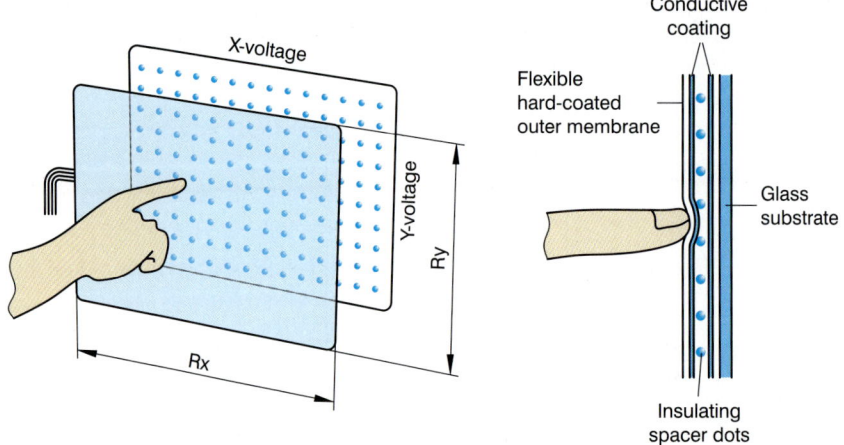

Bild 1.147: Koordinatenbestimmung nach dem Widerstandsprinzip

Kapazitätsprinzip

Eine Glasplatte wird auf beiden Seiten mit einem leitfähigen Material beschichtet, die Außenseite zusätzlich mit einem Kratzschutz versehen. Die innere Schicht dient der Abschirmung. Ein Gitter aus senkrecht zueinander angeordneten Elektroden erzeugt ein homogenes elektrisches Feld (Kap. 5.4.1) auf der äußeren leitfähigen Schicht. Prinzipiell entspricht diese Anordnung einem Kondensator (Kap. 5.5.1). Berührt ein Finger den Bildschirm, so verändert sich an dieser Stelle die Kapazität des Kondensators. Eine Auswertelektronik ermittelt die Koordinaten des Berührpunktes. Heutige kapazitive Touchscreens können auch mehrere Berührpunkte gleichzeitig detektieren (Multi-Touch, z. B. zum Zoomen durch gleichzeitige Bewegungen von zwei Fingern auf dem

Display). Nachteilig ist, dass bei kapazitiven Bildschirmen eine Bedienung weder
mit herkömmlichen Handschuhen noch
mit anderen Gegenständen (z. B. handelsüblichen Stiften) möglich ist, da hierbei
der Einfluss auf das elektrische Feld zu
gering ist. Mittlerweile bietet der Fach-
handel aber auch spezielle Handschuhe
an, die an den Fingerkuppen speziell aus-
gearbeitete Bereiche besitzen, mit denen
die Bedienung von kapazitiven Touchscreens möglich ist. Das Kapazitätsprinzip wird bei den meisten portablen Geräten verwendet.

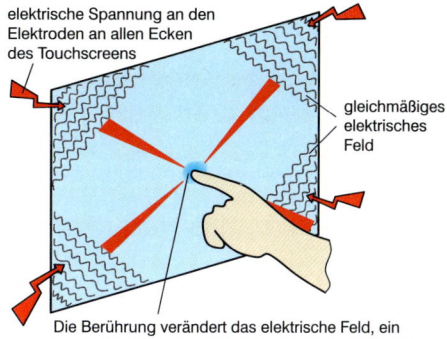

Bild 1.148: Koordinatenbestimmung nach dem Kapazitätsprinzip

Energie-Absorptionsprinzip

Die Bildschirmoberfläche besteht aus einer unbeschichteten Glasplatte. Ein Generator
erzeugt Oberflächenwellen (Frequenz z. B. 5 MHz), die durch an den Bildschirmecken
angeordnete Wandler in stehende Wellen umgewandelt werden. Berührt ein Gegenstand
die Glasoberfläche, wird an dieser Stelle ein Teil der Wellenenergie absorbiert. Die Wandler erfassen diese Veränderung und die Auswertelektronik bestimmt die Koordinaten des
Berührpunktes. Die Bedienung ist mit einem beliebigen Gegenstand möglich, es ist aber
stets eine Berührung erforderlich, eine bloße Annäherung reicht nicht aus.

Unterbrecherprinzip

Entlang zweier Bildschirmränder befinden sich winzige Infrarot-Leuchtdioden, auf den
jeweils gegenüberliegenden Seitenrändern sind lichtempfindliche Fototransistoren angeordnet. Die Leuchtdioden erzeugen ein Gitter aus unsichtbarem Infrarotlicht auf der Bildschirmoberfläche. Bei Berührung wird dieses Lichtgitter an einer Stelle unterbrochen.

Die genannten Prinzipien werden bei den unterschiedlichsten Displayarten angewendet
und weisen vergleichend die folgenden Eigenschaften auf:

Bezeichnung	Eigenschaften
Widerstandsprinzip (*resistance principle*)	Ältestes Verfahren, robust und im industriellen Bereich weit verbreitet, preiswert, Funktion bei mechanischem Druck durch Finger und andere Gegenstände
Kapazitätsprinzip (*capacity principle*)	Meist eingesetztes Verfahren, erfordert Berührung mit leitfähigem Gegenstand (z. B. Finger oder spezieller Stylus; Kap. 1.11.4), kein mechanischer Druck nötig, wird bei allen aktuellen Smartphones verwendet
Energieabsorptionsprinzip (*energy absorption principle*)	Teures Verfahren, zur Aufnahme bzw. Veränderung der hochfrequenten Wellenenergie ist ein weicher Gegenstand erforderlich (z. B. Finger, Radiergummi).
Unterbrecherprinzip (*interrupter principle*)	Vergleichsweise teures Verfahren, beliebige Gegenstände zur Unterbrechung des Infrarotlichtes verwendbar

Bild 1.149: Eigenschaften der verwendeten Verfahren zur Koordinatenbestimmung von Touchscreens

1.12.3 Flüssigkristall-Display

Als Flüssigkristalle bezeichnet man spezielle stäbchenförmig angeordnete Moleküle mit der besonderen Eigenschaft, dass sie unter bestimmten Voraussetzungen schichtweise die gleiche räumliche Orientierung aufweisen (sog. nematische Phase) und sich diese Orientierung durch ein anliegendes elektrisches Feld (Kap. 5.4.1) verändern lässt. Da einfallendes Licht an diesen Molekülen gebrochen wird, kann man durch Veränderung der elektrischen Feldstärke das Brechungsverhalten steuern. Zur Bilderzeugung ist polarisiertes Licht erforderlich.

1.12.3.1 Polarisation von Licht

Physikalisch kann Licht als elektromagnetische Welle betrachtet werden. Eine Lichtquelle sendet üblicherweise nicht polarisiertes Licht aus, d. h. Lichtwellen, deren Schwingungsebenen räumlich beliebig verteilt sind. Im Gegensatz dazu besteht polarisiertes Licht nur aus Wellen mit einer einzigen Schwingungsebene. Mithilfe eines Polarisationsfilters kann man aus einer Quelle Lichtwellen herausfiltern, die nur eine einzige Schwingungsebene haben. Dieses Licht nutzt man bei LCD-Anzeigen.

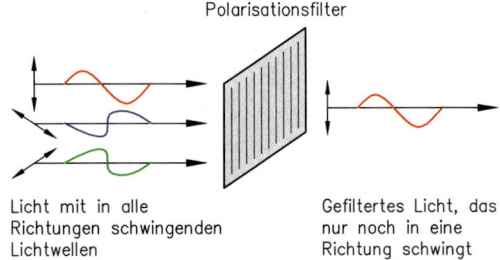

Bild 1.150: Prinzip der Polarisation

Ein **Polarisationsfilter** (*polarization filter*) lässt nur Schwingungen einer einzigen Schwingungsebene durch.

1.12.3.2 LC-Display

LCD ist die Abkürzung für **Liquid Crystal Display**. Hiermit werden allgemein Flachbildschirme bezeichnet, die zur Bilddarstellung die physikalischen Eigenschaften von Flüssigkristallen nutzen.

Prinzipiell besteht ein LCD-Anzeigeelement aus mehreren Schichten mit Flüssigkristallen, die sich zwischen zwei dünnen Glasplatten befinden, und zwei Polarisationsfiltern, deren Polarisationsebenen um 90° gegeneinander gedreht sind.

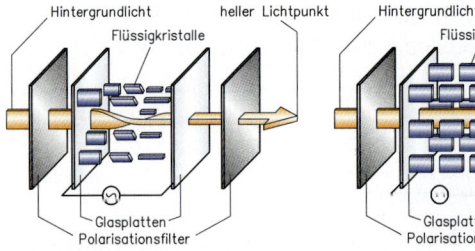

Bild 1.151: Heller Lichtpunkt bei einer LCD-Zelle

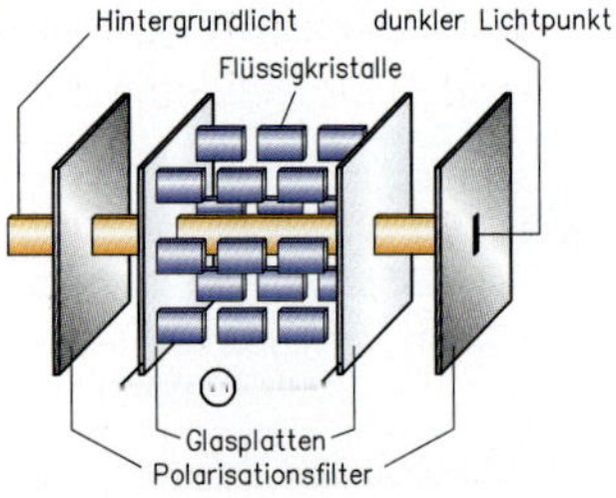

Bild 1.152: Dunkler Lichtpunkt bei einer LCD-Zelle

Ohne eine anliegende Spannung zwischen den Glasplatten wird einfallendes Licht von dem linken Filter polarisiert, an den Kristallen um 90° schraubenförmig gebrochen und von dem rechten Filter durchgelassen. Der Betrachter sieht einen hellen Lichtpunkt (Bild 1.151). Bei Anlegen einer Spannung wird einfallendes Licht zunächst wieder polarisiert, jedoch an den nun anders ausgerichteten Flüssigkristallen nicht gebrochen. Dieses Licht kann den rechten Filter nicht durchdringen, es entsteht ein dunkler Lichtpunkt (Bild 1.152).

Ein gesamtes LC-Display besteht aus einer matrizenförmigen (d.h. zeilen- und spaltenförmigen) Anordnung von einzelnen LCD-Elementen, wie in Bild 1.151 bzw. 1.152 dargestellt. Ein Display mit einer Auflösung von 1024 × 768 Bildpunkten besteht demnach aus insgesamt 786432 Elementen, die einzeln über Leiterbahnen angesteuert werden können (**Passiv-Matrix-Display**). Die Ansteuerung eines Bildpunktes erfolgt in der Praxis allerdings nicht mit einer Gleichspannung, sondern mit einer rechteckförmigen Wechselspannung. Durch Variation des Tastverhältnisses (Verhältnis von Einschalt- zu Ausschaltzeit) und der Frequenz, mit der ein Bildpunkt geschaltet wird, lassen sich verschiedene Graustufen realisieren. Durch die Verwendung von drei untereinanderliegenden Flüssigkristallschichten lassen sich prinzipiell auch Farb-LCD-Anzeigen herstellen.

> Die Drehung des Lichts durch die Flüssigkristalle wird auch als **Twist** bezeichnet.

Durch besondere technische Verfahren lässt sich der Twist und damit die Darstellungsqualität (Lichtausbeute, Kontrast) verbessern.

Abkürzung	Name	Information
TN-LCD	**T**wisted **N**ematic LCD	Erste LCD-Generation, Schwarz-Weiß-Darstellung und Graustufen, geringe Lichtausbeute, geringer Kontrast, geringe Kosten
STN-LCD	**S**upertwisted **N**ematic LCD	Aufgrund des größeren Twists Steigerung des Kontrasts; Schwarz-Weiß- und Farbdarstellung, jedoch Farbunreinheiten, schmaler Betrachtungswinkel
DSTN-LCD	**D**ouble **S**upertwisted **N**ematic LCD	Großer Kontrast, keine Farbunreinheiten, schmaler Betrachtungswinkel
FSTN-LCD	**F**ilm **S**upertwisted **N**ematic LCD	Dünnerer Aufbau gegenüber DSTN-LCD, schmaler Betrachtungswinkel

Bild 1.153: Verschiedene LCD-Entwicklungen

Bei allen LCD-Techniken liegt ein vergleichsweise schmaler Betrachtungswinkel vor. Dies wird verursacht durch das von den Polarisationsfiltern gebündelte Licht, das sich nicht nach allen Seiten gleichmäßig ausbreiten kann.

1.12.3.3 TFT-Display

TFT ist die Abkürzung für **T**hin **F**ilm **T**ransistor. Hiermit werden diejenigen LC-Flachbildschirme bezeichnet, bei denen die Ansteuerung der Flüssigkristalle mithilfe spezieller Transistoren erfolgt, die direkt hinter der Bildschirmoberfläche angebracht werden.

Das Problem des eingeschränkten Betrachtungswinkels lässt sich mit einem TFT-Display reduzieren. Hierzu befinden sich in jedem Anzeigeelement Transistoren als aktive Verstärker, die die steuernde Spannung dort gezielt ein- und ausschalten und damit die jeweilige Lichtdurchlässigkeit verändern (**Aktiv-Matrix-Display**). Diese Transistoren sind in einer Art Film direkt auf der Glasoberfläche angebracht und werden als **Thin Film Transistoren (TFT)** bezeichnet. Aufgrund dieser technischen Anordnung sind größere Betrachtungswinkel realisierbar.

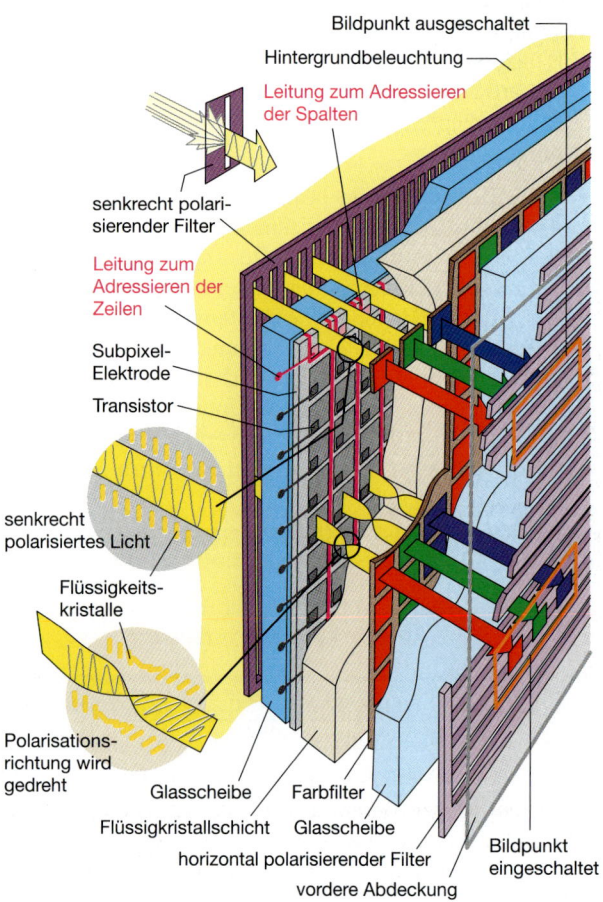

Bild 1.154: Prinzipieller Aufbau eines TFT-Displays

Bei Farb-TFT-Displays werden pro Bildpunkt drei Transistoren benötigt, d.h., ein Farb-Display mit 1920 × 1080 Bildpunkten (Full-HD) erfordert 3317760 Transistoren, von denen keiner ausfallen darf. Um die Ausschussrate gering zu halten, verwenden einige Hersteller mehr als drei Transistoren pro Bildpunkt. Ein defekter Transistor kann so von einem Reservetransistor ersetzt werden. Die Farbdarstellung erfolgt durch **additive Mischung** der drei Grundfarben Rot, Grün und Blau (Farbtripel). Durch die Transistoransteuerung einzelner Pixel können einmal eingestellte Lichtintensitäten in konstanter Stärke wiedergegeben werden.

TFT-Displays liefern ein flimmerfreies Bild. Sie werden pixelweise angesteuert und benötigen für diese Ansteuerung ein **digitales Signal**.

Bei den TFT-Panels werden Entwicklungen zur weiteren Vergrößerung des Betrachtungswinkels herstellerabhängig unter verschiedenen Bezeichnungen vermarktet.

Bezeichnung	Eigenschaften
IPS (**I**n-**P**lane **S**witching)	Durch spezielle konstruktive Maßnahmen (Steuerelektroden in einer Ebene parallel zur Bildschirmoberfläche, dadurch keine schrauben-förmige Brechung mehr wie in Bild 1.151, sondern zur Bildschirm-oberfläche parallele Ausrichtungen der LCD-Moleküle), verbesserte Schärfe, Farbintensität und Kontraste; Betrachtungswinkel bis zu 170° in alle Richtungen ohne Farbverfälschungen; Weiterentwick-lungen z. B. Super-IPS, Advanced Super-IPS, Enhanced-IPS; wegen ihres geringeren Preises vielfach als Arbeitsplatz-Display eingesetzt (gegenüber MVA-Technik bevorzugt)
MVA (**M**ulti **D**omain **V**ertical **A**lignment)	Durch spezielle Form der TFT-Zellen (Zellen in mehrere Ebenen unterteilt) Blickwinkel bis 170°, hoher Kontrast; Verbesserung der Eigenschaften durch zusätzlichen Einsatz von ADF (**A**utomatic **D**omain **F**ormation); mit dieser Technik wird die Ausrichtung der Moleküle bei großen Panels besser steuerbar; wegen höherer Kosten meist im Profibereich eingesetzt (CAD, Medizintechnik)
ASV (**A**dvanced **S**uper **V**iew Technology)	Kombination aus Transmissionstechnologie (Backlight) und Reflexi-onstechnologie (passive Beleuchtung durch Umgebungslicht), durch sternförmige Neigung der Flüssigkristalle Blickwinkel bis 170°, Reaktionszeit ≤ 20 ms

Bild 1.155: TFT-Techniken zur Blickwinkelvergrößerung (Beispiele)

Alle Flachbildschirme benötigen Fremdlicht zur Darstel-lung der Bildschirminhalte. Zur Erzeugung dieses Fremd-lichts werden heutzutage Leuchtdioden (LEDs) eingesetzt.

LEDs haben eine geringe Einbautiefe, sodass sich sehr dün-ne Displays produzieren lassen. Außerdem haben sie eine geringe Stromaufnahme, arbeiten also energieeffizient und führen zu einer längeren Betriebsdauer bei batteriebetrie-benen Geräten.

Bild 1.156: Blickwinkel bei einem TFT-Bildschirm

Bei der Verwendung von LEDs unterscheidet man folgende Prinzipien:

1. **Edge-LED**-Prinzip: Lediglich an den Seiten des Bildschirms sind LEDs angebracht; über eine Licht leitende Kunststoffschicht wird deren Licht möglichst gleichmäßig hinter dem LCD- bzw. TFT-Bildschirm verteilt. Diese Variante arbeitet sehr energiesparend.

2. **Full-(Array-)LED**-Prinzip: Hinter dem gesamten LC- bzw. TFT-Bildschirm sind LEDs verteilt; die Lichtverteilung ist gleichmäßiger als beim Edge-Prinzip und der Kontrast ist größer, jedoch ist der Energieverbrauch höher (erforderlich für Bildschirme mit **HDR**: **H**igh **D**ynamic **R**ange). Durch die Verwendung einer sehr großen Anzahl sog. **Mini-LEDs** (Vermarktung mit verschiedenen Bezeichnung; Kap. 1.12.6) lässt sich eine noch präzisere Ausleuchtung mit deutlich höheren Kontrasten auch in sehr kleinen Bereichen realisieren. Der Begriff **Direct-LED** bezeichnet eine Technik, bei der hinter dem Bildschirm eine geringere Anzahl von LEDs verteilt ist (kostengünstigere Herstel-lung, aber weniger präzise Ausleuchtung).

3. **Micro-LED**-Prinzip: Hierbei handelt es sich um eine Technologie, die sich maßgeblich von der (fast namensgleichen) Mini-LED-Technik unterscheidet. Während Mini-LEDs

noch kleinste Bildschirmbereiche ausleuchten, handelt es sich bei der Micro-LED-Technik quasi um winzige, selbstleuchtende Pixel, die – im Gegensatz zu OLEDs (Kap. 1.12.4) – aus anorganischen Materialien bestehen und damit deutlich höhere Helligkeits-, Kontrast- und Schwarzwerte ohne die Gefahr eines Burn-In (Kap. 1.12.4) erzielen. Gleichzeitig ist die Langlebigkeit höher als bei herkömmlichen TFT-Bildschirmen.

Während die Pixel eines Micro-LED-Bildschirms das Licht selbst erzeugen, durchdringen bei den beiden anderen Prinzipien die von den LEDs erzeugten Lichtstrahlen den LCD- bzw. TFT-Bildschirm von hinten und gelangen so ins Auge der Betrachtenden (Backlight). Bildschirme dieser Art nennt man **transmissiv**.

Bei einfachen LCD-Anzeigen (z. B. Taschenrechner) gibt es gar keine Beleuchtung im Hintergrund. Bei diesen Anzeigen wird von außen einfallendes Fremdlicht (z. B. Sonnenlicht) genutzt, indem es mehr oder weniger stark reflektiert wird. Einen Bildschirm dieser Art bezeichnet man als **reflektiv**. Ein Display, das beide Darstellungsverfahren in Kombination verwendet, wird als **transflektives Display** bezeichnet (Beispiele: LCD-Armbanduhr oder LCD-Digitalwecker mit zuschaltbarer Beleuchtung).

> Displays, die Fremdlicht zur Darstellung benötigen, werden **passive Displays** genannt.

Zu beachten ist, dass der Begriff „passiv" hier im Zusammenhang mit der Lichterzeugung verwendet wird, bei der Bezeichnung „Passiv-Matrix-Display" jedoch im Zusammenhang mit der Steuerung der Lichtdurchlässigkeit. Die Hintergrundbeleuchtung stellt insbesondere bei batteriebetriebenen IT-Geräten eine zusätzliche Belastung für die Energiequelle dar.

1.12.4 Organisches Display

> **Organische Displays** (*organic displays*) sind Flachbildschirme, deren bildgebende Eigenschaften auf der Basis der Elektrolumineszenz organischer Materialien beruhen.
> Unter **Elektrolumineszenz** versteht man die durch das Anlegen eines elektrischen Feldes hervorgerufene Emission von Licht.

Die Basis dieser Displays bilden sog. organische Leuchtdioden (**OLED**: Organic Light Emitting Diode), die prinzipiell wie die anorganischen Leuchtdioden (LEDs) funktionieren. OLEDs weisen allerdings einen komplexeren Aufbau auf. Als Licht emittierende Substanzen werden organische Polymere eingesetzt. Jede OLED-Zelle eines Panels wird einzeln angesteuert.

OLED-Panels besitzen gravierende Vorteile gegenüber LED-, LC- und TFT-Displays:

- extrem dünn herstellbar (Aufbaudicke 200 µm, mit Folienmantel < 1 mm), biegsam
- keine Hintergrundbeleuchtung erforderlich
- große Leuchtstärken
- geringe Energieaufnahme
- großer Betrachtungswinkel (allseitig bis 170°)
- geringe Reaktionszeit (< 1 µs), d. h. geeignet zur Darstellung von Bewegtbildern

Nachteilig ist allerdings die Gefahr, dass sich bei sehr langer Darstellung statischer heller Bilder diese wie ein Schatten auf der Oberfläche einbrennen können (**Burn-In-Effekt**). Diesem OLED-typischen Effekt kann durch spezielle technologische Maßnahmen entgegengewirkt werden. In Abhängigkeit vom Herstellungsprozess und den verwendeten Materialien haben sich unter dem Oberbegriff OLED unterschiedliche Bezeichnungen etabliert, z.B. **SM-OLED** (Small Molecule OLED) (Small Molecule OLED), **AM-OLED** (Active Matrix OLED) oder **SuperAMOLED** (vgl. Kap. 1.12.6). Zum Schutz der feuchteempfindlichen organischen Substanzen müssen alle OLEDs mit einer absolut luftdichten Folienummantelung versehen werden.

In Bild 1.157 sind einige Eigenschaften der vorgestellten Technologien zusammengefasst dargestellt.

Eigenschaft	LCD	TFT	OLED
Größe u. Gewicht	flach, geringes Gewicht	flach, geringes Gewicht	extrem dünn, sehr leicht
Bilddiagonale	bis 17 Zoll und Sondergrößen	bis 32 Zoll und Sondergrößen (TV-Geräte vielfach verbreitet bis 98 Zoll)	kleine Displays (z.B. bis 7,6 Zoll bei Smartphones); TV-Geräte von 42 bis 97 Zoll
Funktion *	passiv	passiv	aktiv
Ansteuerung	digital	digital	digital
Auflösung	fest	fest	fest
Blickwinkel	90°–120°	100°–170°	170°
Kontrast	ca. 200:1	200:1–1 000:1	> 1 000:1
Helligkeit	ca. 300 cd/m²	200 bis 700 cd/m²	300–2 500 cd/m²
Schalt- bzw. Ansprechzeit	50–500 ms (temperaturabh.)	2–20 ms (temperaturabh.)	50–100 ns
Leistungsaufnahme*	< 5 W	5–30 W	< 1 W
Umgebungstemperatur (typisch)	0 °C–50 °C	–10 °C–50 °C	–50 °C–80 °C
Bildverzerrungen	keine	keine	keine
Sonstiges	plane Bildoberfläche, defekte Bildpunkte möglich, eingeschränkter Betrachtungswinkel, keine Strahlungsemissionen	plane Bildoberfläche, defekte Bildpunkte möglich, keine Strahlungsemissionen	biegsame Bildoberfläche, keine Strahlungsemissionen, große Bildhelligkeit, brillante Ausleuchtung, Lebensdauer zurzeit < 50 000 Std.; teurer als TFT

*: Aktiv: selbstleuchtend   Passiv: Fremdlicht erforderlich

Bild 1.157: Kurzvergleich der Technologien

Um einen besseren Vergleich der Eigenschaften von elektrooptischen Anzeigen zu ermöglichen, gibt es den ISO-Standard 9241. In diesem Standard sind die ergonomischen Anforderungen und die anzuwendenden Messverfahren für elektronische visuelle Anzeigen unabhängig von der verwendeten Technologie zusammengefasst und beschrieben.

1.12.5 E-Paper-Display

Das Prinzip des (monochromen) E-Paper-Displays (**EPD**: electronic paper display; Alternativbezeichnung: E-Ink = elektronische Tinte) besteht darin, dass Millionen winziger Kügelchen (Durchmesser 50 μm bis 100 μm) in einer ölartigen Substanz schwimmen, die in einer wabenartig aufgebauten dünnen, transparenten Silikonfolie einge-

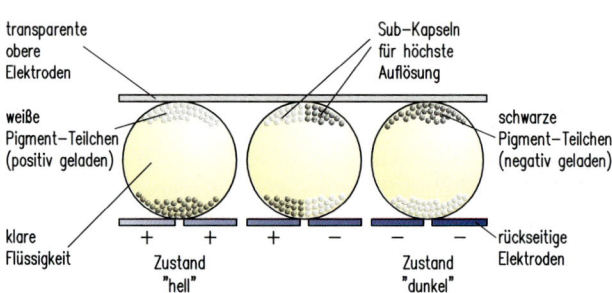

Bild 1.158: Grundprinzip des E-Paper-Displays

schweißt ist. Die Kügelchen sind auf einer Seite schwarz und auf der anderen Seite weiß eingefärbt und elektrisch polarisiert. Werden sie einem elektrischen Feld ausgesetzt, richten sie sich entsprechend aus, die Oberfläche wird – je nach Polung des Feldes – entweder schwarz oder weiß. Die Ausrichtung bleibt auch nach Entfernen des elektrischen Feldes erhalten. Eine Energiezufuhr ist nur zum Ändern der dargestellten Informationen erforderlich. Das E-Paper-Display benötigt keine Hintergrundbeleuchtung, sondern reflektiert lediglich einfallendes Licht (reflektives Display). Ein solches Display kann auch so dünn gefertigt werden, dass es biegsam ist. Unter der Marketingbezeichnung **e-Ink Carta** werden Displays angeboten, die einen höheren Kontrast bei der Darstellung aufweisen. Mit einer entsprechenden Anordnung farbiger Pigmentkügelchen (**CMYW**: **C**yan, **M**agenta, **Y**ellow, **W**hite) sind auch Farbdarstellungen (begrenzt) möglich. Diese Technologie wird beispielsweise unter der Bezeichnung **A**dvanced **C**olor **eP**aper (**ACeP**) vermarktet.

Aktuell existieren drei unterschiedliche Farbdarstellungstechnologien mit den Marketingbezeichnungen *Kaleido*, *Gallery Plus* und *Spectra 6*. Diese unterscheiden sich beispielsweise in der Art der Farberzeugung (Farbfilter vor den Schwarz-Weiß-Pigmentteilchen oder farbige Mikrokapseln) oder der Anzahl der darstellbaren Farben (z. B. Kaleido-3: bis zu 4096; Gallery Plus: bis zu 50 000). Eine Stifteingabe mit einer akzeptablen Reaktionszeit (insbesondere im Schwarz-Weiß-Betrieb) wird von allen drei Technologien unterstützt, sodass mit diesen Displays ausgestattete Geräte nicht nur zur Betrachtung, sondern auch zur Eingabe und Bearbeitung von Notizen, Texten, Grafiken und Bildern verwendet werden können (Kap. 1.1.4). Allerdings erreichen diese Techniken sowohl bei den Bildaufbauzeiten als auch bei der Bildauflösung (noch) nicht die Qualitäten von herkömmlichen LC-, TFT- oder OLED-Displays.

1.12.6 Sonstige Displaytechniken und Bezeichnungen

Bei einer insgesamt begrenzten Anzahl grundsätzlich möglicher Displaytechnologien versuchen die Marketingabteilungen der produzierenden Displayhersteller vielfach, sich durch kreative Bezeichnungen ihrer Produkte von der Konkurrenz abzugrenzen und so ein vermeintliches Alleinstellungsmerkmal zu erzielen. Auch kleinere Weiterentwicklungen lassen sich auf diese Weise hervorheben. Dies gilt sowohl für Handy-Displays als auch für großformatige Bildschirme im IT-Bereich und in der Unterhaltungselektronik. Beispiele hierfür sind in Bild 1.159 zusammengefasst.

Marketingbezeichnung	Hersteller	Merkmale
PLS-Panel **Super PLS Panel**	Samsung	**P**lane-to-**L**ine-**S**witching; basieren auf der gleichen Technik wie IPS-Displays (Kap. 1.12.3.3) von LG und anderen Herstellern (z. B. Apple, Dell, Asus, Eizo, HP, Acer, Sony)
NanoCell	LG	Klassisches IPS-Display (Kap. 1.12.3.3), ergänzt um eine dünne Schicht mit Nanopartikeln, die unreine Farben aus dem Bild herausfiltern, die keine Rot-, Grün- oder Blautöne aufweisen; dadurch ergibt sich eine verbesserte Farbsättigung, allerdings auch ein schlechteres Kontrastverhältnis
POLED	LG	**P**lastic-**OLED**; Bezeichnung der OLED-Technik für Smartphone-Displays; entspricht Samsungs AMOLED-Technologie (Kap. 1.12.4)
Super AMOLED	Samsung	Verbessert die AMOLED-Basistechnologie bei Smartphones, indem es die berührungsempfindliche Schicht in das Display selbst integriert, anstatt sie als zusätzliche Schicht aufzutragen
Dynamic and Fluid AMOLED	Samsung, OnePlus	AMOLED-Displays, die nicht nur eine hohe Bildwiederholrate haben, sondern auch zwischen verschiedenen Raten wechseln können
Super Retina	Apple	Bezeichnung für OLED-Displays, die in iPhones verwendet werden; Zusatzbezeichnung „XDR" beschreibt Displays, die HDR-Inhalte (**H**igh **D**ynamic **R**ange) anzeigen können
Liquid Retina, **Liquid Retina XDR**	Apple	Rückwirkend geprägter Begriff, der ältere LCD-Displays von Apple mit „Retina"-Auflösung beschreibt (d. h., bei denen das menschliche Auge die einzelnen Pixel bei normalem Betrachtungsabstand nicht mehr wahrnehmen kann); der Zusatz XDR ist Apples Name für die Mini-LED-Technologie
ProMotion	Apple	Beschreibung von Apple-Bildschirmen mit hohen Bildwiederholraten, die dynamisch angepasst werden können
QLED **Quantum Dots**	Samsung	QLED-Displays sind Geräte, bei denen das Full-LED-Prinzip (Kap. 1.12.3.3) als Hintergrundbeleuchtung eingesetzt wird. Quantum Dots sind zusätzliche winzig kleine Partikel in einer Beschichtung vor den LEDs, die das von den LEDs erzeugte Licht ausbalancieren und somit Farbunreinheiten vermindern sollen.
QD-OLEDs	Sony, Samsung	Prinzipiell die Übertragung der Quantum-Dots-Technologie der QLED-Displays auf organische Displays (OLEDs); hierbei wird zunächst nur blau leuchtendes OLED-Material verwendet, um eine davor befindliche Pixelschicht zu beleuchten, die zusätzlich rote und grüne Quantenpunkte enthält, sodass letztendlich die drei erforderlichen farberzeugenden RGB-Subpixel entstehen; ermöglicht deutlich höhere Kontrastwerte als andere Technologien (vgl. Bild 1.157)

Bezeichnung von Weiterentwicklungen		
LTPS (Low-Temperature PolySilicon)	Hersteller-übergreifend	Eine Variante des TFT, die im Vergleich zu herkömmlichen TFT-Bildschirmen eine höhere Auflösung und einen geringeren Stromverbrauch bietet und auf der a-Si-Technologie (amorphes Silizium) basiert
IGZO (Indium Gallium Zinc Oxide)		Ein Halbleitermaterial, das in TFT-Schichten verwendet wird und ebenfalls höhere Auflösungen und einen geringeren Stromverbrauch ermöglicht; kommt in verschiedenen Arten von LCD-Bildschirmen (TN, IPS, MVA) und OLED-Displays zum Einsatz
LTPO (Low-Temperature Polycrystalline Oxide)		Eine von Apple entwickelte Technologie, die sowohl in OLED- als auch in LCD-Displays eingesetzt werden kann, da sie LTPS- und IGZO-Techniken kombiniert; hierdurch ergibt sich ein geringerer Stromverbrauch

Bild 1.159: Marketingbezeichnungen und Bezeichnungen von Weiterentwicklungen bei Displays (Beispiele)

Alternativ zu den diversen OLED-Techniken werden Smartphones künftig ebenfalls mit Micro-LED-Technologien ausgestattet werden, bei der quasi jedes RGB-Subpixel aus einer einzeln ansteuerbaren Leuchtdiode besteht (Kap. 1.12.3.3). Die Verwendung dieser selbstleuchtenden Technologie erfordert keine zusätzliche Hintergrundbeleuchtung mehr. Dies ermöglicht bei geringerem Stromverbrauch eine höhere Helligkeit mit gleich hohen Kontrasten wie bei einem OLED-Display, ohne dass die Gefahr besteht, dass ein Bild sich einbrennt wie bei organischen Dioden.

Neben der Funktion als reines visuelles Ausgabegerät wird das Display auch als bidirektionale Schnittstelle zum Menschen eingesetzt. Der Einsatz neu entwickelter Materialien ermöglicht bei den klassischen Touchscreens (Kap. 1.12.2) – anders als bislang üblich mittels einer mechanisch hervorgerufenen Vibration – eine direkte haptische Rückmeldung. Diese wird durch weiche **Elastomeraktoren** erzeugt, die aus einer dünnen elastischen Folie mit aufgedampften Elektroden bestehen, deren Dicke sich bei Anlegen einer elektrischen Spannung punktuell verändert („aktorische Systeme").

Neben diesen klassischen Touchscreens mit ihren bislang resistiven oder kapazitiven Eingabemethoden kann als Eingabesignal auch das **Eye-Tracking** (Analyse von Blickbewegungen) oder die **Gestensteuerung** (z. B. Steuerung durch erkennbare Bewegungsmuster einer Hand) eingesetzt werden.

Immer mehr Displays kombinieren hierbei eine elektronische Platine zur Ansteuerung, Licht emittierende Schichten und μ-optische Funktionen miteinander und werden in den verschiedensten Anwendungen eingesetzt (z. B. transparente Displays, sog. Head-Up-Displays; μ-Displays für AR/VR; flexible, falt- und dehnbare Displays usw.).

1.12.7 Beamer

Ein **Beamer** ist ein Video-Großbildprojektor für die Darstellung eines Display- oder Fernsehbildes auf einer Leinwand.

Zur Projektion werden verschiedene Prinzipien eingesetzt.

Projektionsprinzip	Merkmale
Röhrenprojektion	Projektor mit drei Röhren in den Grundfarben Rot, Grün und Blau, die ihr Licht getrennt auf die Projektionsfläche werfen; aus der Überlagerung der drei Lichtstrahlen ergibt sich die farbige Darstellung des Bildes; analoge Ansteuerung, zeilenweiser Bildaufbau, d. h., es werden keine einzelnen Pixel angesteuert, daher sehr variabel einstellbar bei der Auflösung; veraltete Technik
LCD/TFT-Panel-Technologie	Ein LCD/TFT-Panel wird von hinten mit einer starken Lichtquelle angestrahlt; die Lichtdurchlässigkeit wird pixelweise gesteuert, der Einsatz von RGB-Farbfiltern liefert eine farbige Darstellung; digitale Ansteuerung
DLP-Projektor mit DMD-Panel-Technologie	**D**igital **L**ight **P**rocessing; **D**igital **M**icromirror **D**evice Spezielles Verfahren, bei dem – vereinfacht dargestellt – winzige Spiegel (14 × 16 µm) beweglich auf einem Chip platziert sind; die Spiegel reflektieren die mittels RGB-Filter aufbereitete Farbinformation, die dann über eine Linse auf die Leinwand projiziert wird. Es sind jeweils nur diejenigen Mikrospiegel in Richtung Leinwand gerichtet, die gerade die vom RGB-Filter durchgelassene Farbe projizieren sollen.
LCoS-Panel, D-ILA-Projektor	**L**iquid **C**rystal **o**n **S**ilicon Prinzipiell wie ein TFT-Panel aufgebaut, jedoch wird das Panel nicht von hinten von einem Lichtstrahl durchleuchtet und ändert seine Lichtdurchlässigkeit, sondern es wird von vorne angestrahlt und ändert je nach Ansteuerung sein Reflexionsverhalten, ein RGB-Farbfilter liefert eine farbige Darstellung; das reflektierte Licht wird über Linsen gebündelt und auf einer Leinwand projiziert; digitale Ansteuerung; alternative Bezeichnung D-ILA (**D**irect-Driven **I**mage **L**ight **A**mplifier; Fa. JVC): sehr große Helligkeit durch Einsatz einer Xenon-Lampe, vergleichsweise teuer, nur für professionellen Einsatz geeignet

Bild 1.160: Beamer-Technologien

Den prinzipiellen Aufbau eines LCD/TFT-Panels zeigt Bild 1.161.

Das weiße Licht einer Lampe wird mit zwei dichroitischen Filtern in die drei Farbkomponenten Rot, Grün und Blau aufgeteilt. Nach dem Durchleuchten der jeweiligen LCD/TFT-Matrix werden alle drei Grundfarben in einem dichroitischen Prisma wieder zusammengeführt und über eine Linse auf die Leinwand projiziert. Einfachere Systeme arbeiten auch mit einem einzigen LCD/TFT-Panel mit integrierten Farbfiltern, wobei die Darstellungsqualität (z. B. Kontrast, Farbintensität) schlechter ist. Die Helligkeit der Darstellung hängt von der Lichtleistung der verwendeten Lichtquelle ab. Diese wird in **Lumen** angegeben. Bei Werten oberhalb von 1 500 Lumen ist in der Regel

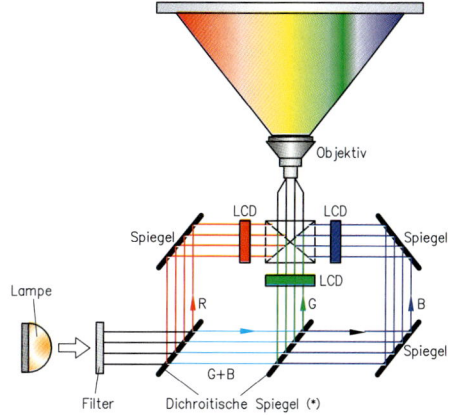

Bild 1.161: Projektionssystem mit drei LCD-/TFT-Panels (* Dichroitischer Spiegel = Semitransparenter Spiegel, der Licht eines bestimmten Frequenzbereichs reflektiert, während er für andere Lichtfrequenzen undurchlässig ist)

kein Abdunkeln des Raumes erforderlich. Anstelle herkömmlicher Lampen werden wegen ihrer besseren Energieeffizienz zunehmend auch Hochleistungs-LEDs als Lichtquelle eingesetzt.

Lumen (lm) ist die Einheit des gesamten **Lichtstroms**, der von einer Lichtquelle *nach allen Seiten* abgegeben wird (DIN EN 61947-1).
Die **Lichtstärke** hingegen gibt die Größe des Lichtstroms an, der *in eine bestimmte Richtung* abgegeben wird. Sie wird mit der Einheit **Candela (cd)** bzw. Lumen pro Raumwinkel angegeben.
Die **Beleuchtungsstärke** gibt an, wie groß der Lichtstrom ist, der *auf eine bestimmte Fläche* auftrifft. Sie wird in der Einheit **Lux (lx)** angegeben (1 Lux = 1 Lumen pro 1 Quadratmeter).

Neben den TFT-Projektoren hat auch die **DLP-Technologie** (Digital Light Processing) zunehmend an Bedeutung gewonnen. Sie wird eingesetzt in den Bereichen Daten- und Videoprojektoren (Beamer), DLP-Fernseher und digitales Kino (DLP Cinema). Ihr Kernstück ist eine DMD-Baugruppe, ein halbleiterbasiertes Lichtschalter-Array mit einzeln adressierbaren Mikrospiegeln.

Ein **DMD** (Digital Mirror Device) besteht je nach geforderter Auflösung aus Hunderttausenden beweglichen Mikrospiegeln, die durch darunterliegende CMOS-Speicherzellen gesteuert werden. Die Spiegel sind so aufgebaut, dass sie sich in eine Position von +10° oder −10° schwenken lassen − je nach dem binären Zustand der CMOS-Zellen. Wird ein Spannungspuls an die Zelle gesandt, so bleibt jeder Spiegel entweder in seiner Stellung oder er kippt sehr schnell in die entgegengesetzte Lage, je nach den Daten in der zugehörigen Speicherzelle.

Bild 1.162: Deckenmontage eines Beamers in einem Schulungsraum

DLP-Projektoren ermöglichen eine präzise Wiedergabe von bis zu 16,7 Millionen Farben durch den Einsatz einer digitalen Farbkontrolle von den Eingangsdaten bis zur Projektion. Infolge der geringen Pixelabstände (μm-Bereich) ergibt sich keine erkennbare Linienstruktur. DLP-Projektoren haben aufgrund ihrer geringen Größe und ihres niedrigen Gewichts gegenüber TFT-Projektoren Vorteile, was sie insbesondere für den mobilen Einsatz geeignet macht. Allerdings benötigen diese Panels eine hohe Rechenleistung zur Steuerung der bis zu 2,4 Millionen Spiegel. Bei den Beamern gibt es auch 3D-Varianten, die mittels polarisiertem Licht und der Verwendung von Polfilterbrillen stereoskopische Darstellungen realisieren können (Kap. 1.12.8). In Schulungsräumen stehen meist leistungsstarke Tageslichtprojektoren zur Verfügung, die unter der Decke angebracht sind (Bild 1.162) und sich vielfach auch drahtlos (WLAN, WiFi-direct, Bluetooth) ansteuern lassen.

Inzwischen werden auch Laserprojektoren für den professionellen und semiprofessionellen Bereich angeboten. Hierbei kommen unterschiedliche Technologien zum Einsatz, die sich sowohl in der Lichterzeugung (z. B. unterschiedliche Laserdioden, klassische LED) als auch in ihrer Projektionstechnik (LCD, DLP) voneinander unterscheiden, beispielsweise:

- Laser-Phosphor-Technologie mit drei LCD-Panels
- Laser-Phosphor-Technologie mit einem Chip (für alle drei Grundfarben) oder mit drei Chips (für jede Grundfarbe separat) in DLP-Technologie
- RB-Laserlichtquelle (RB: Rot-Blau) mit 3-Chip-DLP-Technologie
- RGB Laser Light Source (RGB: Rot-, Grün- und Blau-Laser) mit 3-Chip-DLP-Technologie

1.12.8 Stereoskopische Darstellung

Auf einem Bildschirm lassen sich auch **stereoskopische Darstellungen** (3D-Darstellungen) realisieren. Für die Wahrnehmung eines räumlichen Eindrucks sind für das menschliche Gehirn allerdings zwingend zwei getrennte Bilder in leicht versetztem Abstand erforderlich, eines für das linke und eines für das rechte Auge. Durch den Einsatz verschiedener Techniken, die primär auf der Filterung oder der Erzeugung sog. stereoskopischer Halbbilder beruhen, kann dieser Effekt erzeugt werden. Hierbei gibt es Verfahren, bei denen eine „3D-Brille" erforderlich ist, aber auch solche, die ohne zusätzliche Brille auskommen. Hierzu sind sog. autostereoskopische Displays erforderlich.

1

1.12.8.1 Verfahren mit 3D-Brille

Das älteste Verfahren basiert auf dem Einsatz einer **Farbfilterbrille** (z. B. Rot für das linke und Cyan für das rechte Auge). Bei entsprechender Einfärbung der wechselweise auf dem Bildschirm dargestellten Halbbilder entsteht ein räumlicher Eindruck, allerdings mit dem Nachteil einer gewissen Farbverfälschung.

Alternativ können auch sog. **Shutterbrillen** verwendet werden. Hierbei handelt es sich um zwei steuerbare LCD-Gläser, die wechselweise durchsichtig und undurchsichtig geschaltet werden. Die Umschaltung erfolgt synchron zum Takt des Displaybildes, auf dem nacheinander abwechselnd die Bilder für das linke und das rechte Auge dargestellt werden. Über eine Funkverbindung (Infrarot oder Bluetooth; Kap. 1.7.8) zwischen der Shutterbrille und dem 3D-Bildschirm wird die Synchronität der Bildwechsel in beiden Geräten hergestellt. Die Bildwechselfrequenz des Displays sollte mindestens 100 Hz betragen, da sich verfahrensabhängig die Bildfrequenz pro Auge halbiert und sich ansonsten ggf. Flimmereffekte ergeben. Die Auflösung im 3D-Betrieb ändert sich nicht.

Ein **Head Mounted Display** (HMD) wird ebenfalls wie eine Brille aufgesetzt. Es besitzt jedoch keine Polarisationswirkung, sondern es handelt sich um zwei Kleinst-Displays, die unmittelbar vor dem Auge angebracht werden. Durch die Augennähe lässt sich ein relativ groß erscheinendes Bild auf die Netzhaut projizieren, bei Aufnahmen mit einer Stereokamera auch in 3D. Ein HMD ermöglicht so insbesondere bei den immer kleiner werdenden Geräten der Unterhaltungsindustrie mit ihren winzigen Displays eine groß erscheinende portable Darstellung.

Mit der computerunterstützten Schaffung virtueller Realitäten (VR: **V**irtual **R**eality) wurden inzwischen auch spezielle HMDs entwickelt, mit denen man eine 3D-Welt nicht nur betrachten, sondern sich auch in ihr bewegen kann. Diese unter der Bezeichnung VR-Brillen (z. B. Oculus Quest 2, Samsung SM-R325) vermarkteten Geräte verfügen – zusätzlich zu den beiden Kleinst-Displays, die die Augen komplett von der realen Umgebung abschirmen – über Sensoren zur Registrierung von Kopfbewegungen der nutzenden Person. Synchron dazu werden virtuelle räumliche Bilder auf die Displays projiziert.

Projiziert man hingegen stereoskopische Bilder auf einer Leinwand mit wechselweise polarisiertem Licht (3D-Beamer; Kap. 1.12.7) und verwendet zur Betrachtung eine **Polarisationsbrille** (kurz: **Polfilterbrille**), so kann ein Auge jeweils nur dasjenige Bild sehen, das vom Polarisationsfilter durchgelassen wird. Eine Synchronisierung zwischen Projektor und Brille ist hierbei nicht erforderlich. Eine Polarisationsbrille ist daher wesentlich preiswerter als eine Shutterbrille. Der räumliche Eindruck weist keinerlei Farbverfälschungen auf. Im kommerziellen Bereich (3D-Kino) erfolgt das Erzeugen polarisierter Bilder mit unterschiedlichen Verfahren (z.B. XPanD, RealID, Dolby Digital 3D). Die Polarisations-brille muss an das verwendete Verfahren angepasst sein.

Polfilterbrillen können auch im Heimbereich mit einem entsprechenden 3D-Bildschirm eingesetzt werden. Ein 3D-fähiger Bildschirm besitzt eine dünn aufgebrachte Filterfolie, welche die geraden und ungeraden Zeilen des Bildes unterschiedlich polarisiert. Hierbei sollte die Bildschirmauflösung möglichst hoch sein, da sich verfahrensbedingt die Auf-lösung pro Auge im 3D-Betrieb halbiert.

1.12.8.2 Autostereoskopische Displays

> Als **autostereoskopisches Display** bezeichnet man einen Bildschirm, der dreidimensio-nale Bilder ohne 3D-Brille und nahezu unabhängig von der Betrachtungsposition (z.B. Augenhöhe) erzeugen kann.

Zur Realisierung des gewünschten 3D-Effektes haben sich zwei unterschiedliche Techni-ken etabliert: die **Parallaxen-Barriere-Technik** und die **Lenticularlinsen-Technik**. Für beide Techniken gibt es unterschiedliche Realisierungsmöglichkeiten. Im Folgenden wer-den die Grundprinzipien beider Verfahren dargestellt.

Bei der Parallaxen-Barriere wird der 3D-Effekt mit ei-nem Streifenraster reali-siert, welches vor den Bild-schirmpixeln angeordnet ist (dunkle Streifen in Bild 1.163 a). Technisch kann es sich bei dieser Barriere um ein zweites LC-Display han-deln. Im 3D-Modus wird die Parallaxen-Barriere einge-schaltet, damit dem linken und dem rechten Auge je-weils ein unterschiedliches Lichtsignal zur Verfügung gestellt wird. Auf diese Wei-se lässt sich bei entspre-chender Ansteuerung der Pixel bei einer Bildschirm-auflösung von 1290 × 1080 Bildpunkten ein dreidimen-sionales Bild mit einer Auf-lösung von 645 × 1080 Bild-punkten darstellen, d.h., die horizontale Auflösung hal-biert sich im 3D-Modus.

Die Lenticular-Technik ver-wendet ein Prinzip, das auch bei „Wackelbildern"

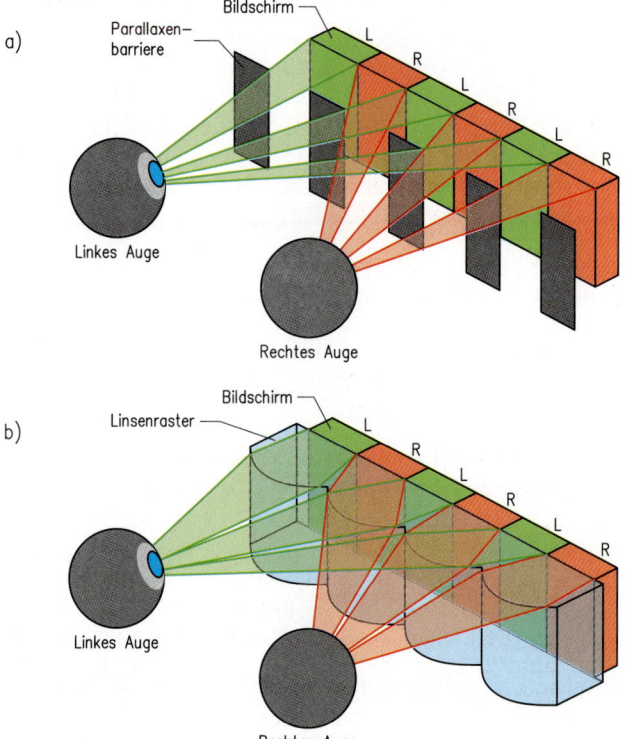

Bild 1.163: Grundprinzipien autostereoskopischer Displays:
a) Parallaxen-Barriere-Technik,
b) Lenticularlinsen-Technik

eingesetzt wird: Abhängig vom Betrachtungswinkel sieht man zwei unterschiedliche Bilder. Hervorgerufen wird dieser Effekt durch ein feines Rillenmuster auf der Bildoberfläche. Die Rillen beeinflussen durch Brechung das reflektierte Licht. Bei entsprechender Rillenanordnung und richtiger Positionierung sieht man jeweils nur eines der beiden vorhandenen Bilder.

Mithilfe von sog. Lentikularlinsen wird diese Technik auf den Bildschirm übertragen. Lentikularlinsen besitzen eine gewölbte Oberfläche (Bild 1.163 b). Hierdurch ändert sich die Lichtaustrittsrichtung in Abhängigkeit von der Oberflächenwölbung (allgemeines Brechungsgesetz). Befindet sich beispielsweise eine Folie, auf der Lentikularlinsen mikroskopisch klein aufgebracht sind, vor einem Bildschirm, so wird das austretende Licht blickwinkelabhängig gebrochen. Da die Augen naturgemäß stets aus geringfügig unterschiedlichen Winkeln auf den Bildschirm blicken, ist es technisch möglich, durch entsprechende Ansteuerung der einzelnen Pixel abwechselnd für jedes Auge ein eigenes Bild zu erstellen. Gibt der Bildschirm nun mit hinreichender Geschwindigkeit abwechselnd ein Bild für das linke und das rechte Auge wieder, entsteht ein dreidimensionaler Eindruck.

Beiden Verfahren gemein ist der vergleichsweise enge Betrachtungswinkel, unter dem der dreidimensionale Effekt wirksam ist.

AUFGABEN

1. Was versteht man bei einem Bildschirm unter einem Pixel?

2. Erläutern Sie das additive Farbmodell. Wo wird dieses Farbmodell eingesetzt?

3. Bei einem Notebook wird die Displaygröße mit 13,3 Zoll angegeben.
    a) Welche Information kann man dieser Angabe entnehmen?
    b) Welche Erkenntnisse erhält man aus folgender Zusatzinformation: 1 366 × 768?
    c) Welches Seitenverhältnis hat dieses Display?

4. Zu einem OLED-Display lesen Sie die Angabe: 118 dpi.
    a) Erläutern Sie die Merkmale eines OLED-Displays.
    b) Was bedeutet die Angabe 118 dpi?
    c) Wie groß ist hierbei der Dot Pitch?

5. Was verbirgt sich im Zusammenhang mit Displays hinter den Abkürzungen „HDTV", „Full-HD" und „UHD"? Nennen Sie jeweils technische Merkmale. (Hinweis: Internetrecherche erforderlich)

6. Bei einem Bildschirm unterscheidet man zwischen der logischen und der physikalischen Auflösung. Erläutern Sie die jeweilige Bedeutung.

7. Welcher Unterschied besteht bei einem Bildschirm zwischen dem Non-Interlaced-Modus und dem Interlaced-Modus? Begründen Sie, welcher Modus vorzuziehen ist.

8. Die Grafikkarte eines Kunden kann eine maximale Auflösung von 1 280 × 1 024 Bildpunkten liefern. Welche Antwort geben Sie diesem Kunden auf die Frage, ob sein alter TFT-Bildschirm mit den technischen Daten 17-Zoll-Display, Dot Pitch 0,26 mm, Seitenverhältnis 4:3 diese Auflösung darstellen kann?

9. Welche Anschlusssysteme gibt es, um einen Bildschirm mit einer Grafikkarte zu verbinden? Nennen Sie Vor- und Nachteile.

10. Welche Prinzipien liegen der Bilderzeugung bei einem LC-Display zugrunde?

11. Wodurch unterscheidet sich ein LC- von einem TFT-Display?

12. In Werbeangeboten für Displays finden Sie unter anderem die Bezeichnungen „PLS-Panel", „POLED", „QLED" und „IGZO". Worum handelt es sich bei diesen Bezeichnungen? Erläutern Sie diese.

13. Die sensitive Oberfläche eines Touchscreens kann nach dem Widerstandprinzip oder nach dem Kapazitätsprinzip arbeiten. Beschreiben Sie das jeweilige Grundprinzip und geben Sie Vor- und Nachteile an.

14. Smartphones sind in der Regel multi-touch-fähig. Was bedeutet dies? Welche erweiterten Bedienmöglichkeiten ergeben sich dadurch?

15. Wie funktioniert eine Polarisationsbrille (Polfilterbrille)?

16. TFT-Bildschirme in LED-Technik verwenden entweder das Edge-LED-Prinzip oder das Full-Array-LED-Prinzip. Erläutern Sie den Unterschied.

17. Bei TFT-Bildschirmen unterscheidet man zwischen reflektiven, transmissiven und transflektiven Displays. Erläutern Sie die Unterschiede.

18. Welche Darstellungstechnik wird üblicherweise bei einem E-Book-Reader eingesetzt? Beschreiben Sie das Verfahren. Welche Vorteile bietet dieses Verfahren?

19. Beschreiben Sie mit eigenen Worten den grundsätzlichen Aufbau des Projektionssystems eines TFT-Beamers mit drei Panels.

20. Wie erfolgt prinzipiell die Bilderzeugung bei einem Beamer mit DLP-Technik?

1.13 Drucker

Drucker gehören zur Peripherie einer Datenverarbeitungsanlage und dienen der Ausgabe von Texten und Grafiken auf Papier. Sie werden in vielen verschiedenen Ausführungen und für jeden gewünschten Einsatzbereich hergestellt. Eine Unterscheidung ist nach verschiedenen Gesichtspunkten möglich.

Monochrom- oder Farbdrucker

Ob ein Drucker monochrom oder farbig drucken kann, hängt nicht vom Druckverfahren, sondern von der Anzahl der vorhandenen Farbträger ab (z. B. Farbkartuschen, Tintenpatronen).

Impact- oder Non-Impact-Drucker

Bei Impact-Druckern (engl. *impact*: Aufprall) erfolgt der Zeichendruck aufgrund eines mechanischen Anschlags, bei Non-Impact-Druckern werden die Zeichen nicht mechanisch gedruckt.

Typendrucker oder Matrixdrucker

Unter dem Begriff „Type" versteht man in der Drucktechnik die Zeichen, aus denen gedruckter Text besteht, bzw. den gesamten druckbaren Zeichensatz (Typeface) in einer gegebenen Größe und einem gegebenen Stil. Beim Typendruck wird das darzustellende Zeichen zeilenweise als Ganzes gedruckt, beim Matrixdrucker wird das Zeichen punktweise aufgebaut.

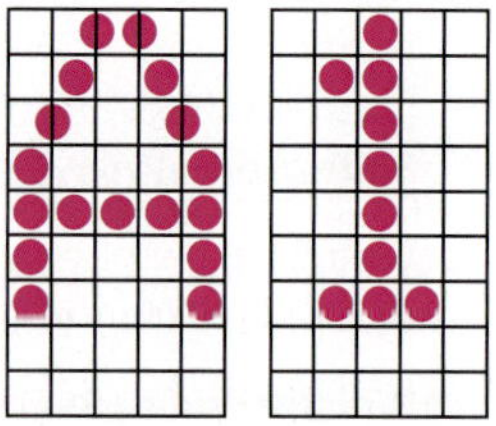

Bild 1.164: Zeichendarstellung eines Matrixdruckers

Im PC-Bereich haben Typendrucker nur eine geringe Bedeutung, da sie nicht grafikfähig sind.

GDI- oder PCL-Drucker

GDI- oder **Host-Based-Drucker** (GDI: Graphics Device Interface) verfügen lediglich über eine reduzierte Elektronik (kein leistungsstarker Druckerprozessor, geringerer Speicher) und sind daher preiswert herstellbar. Die erforderlichen Rasterberechnungen für den Druckvorgang erfolgen durch die CPU des PCs, die – unabhängig von der Auflösung der Vorlage – stets nur die für das Druckwerk nötige Datenmenge als direkte Druckerbefehle sendet. Die Leistungsfähigkeit hängt vom Druckertreiber ab, der in das Betriebssystem eingebunden ist. Wird dieser für ein neues Betriebssystem nicht aktualisiert, kann der Drucker vielfach nicht mehr verwendet werden.

1

PCL-Drucker (PCL: Printer Command Language) werden mit einer speziellen Druckersprache angesteuert. Sie verfügen über einen leistungsstarken Druckprozessor und einen größeren internen Speicher und nehmen die erforderlichen Berechnungen selbst vor, entlasten also die CPU. Heutige Drucker unterstützen in der Regel die Version PCL6, Vorgängerversionen sind nicht mehr gebräuchlich. Die Unterstützung von PCL6 ermöglicht insbesondere dann die weitere Nutzung, wenn für ein (älteres) Gerät seitens eines Herstellers keine speziellen Druckertreiber mehr für ein neues Betriebssystem angeboten werden.

Einsatzbereich

Der Einsatzbereich gibt an, in welchem Umfeld ein Drucker verwendet wird. Hiervon hängen bestimmte Parameter ab, z.B. Papierformate, Druckvolumen, Druckqualität, Druck- und Wartungskosten. Klassische Bereiche sind etwa Bürodrucker, Drucker für den Privatbereich, Produktionsdrucker oder professionelle Fotodrucker. Darüber hinaus gibt es auch sehr kleine, portable Drucker, die meist für spezielle Einsatzzwecke konzipiert sind (z.B. Etikettendrucker zur Warenauszeichnung).

Druckverfahren

Das Druckverfahren beschreibt, wie das zu druckende Zeichen auf das Papier gebracht wird. Die Einteilung nach dem Druckverfahren ist die gebräuchlichste Unterteilung. Die zurzeit aktuellen Druckverfahren werden im folgenden Abschnitt näher erläutert.

> **Drucker** lassen sich nach verschiedenen Merkmalen voneinander unterscheiden. Diese Unterscheidung sagt nichts über die Qualität eines Druckers aus.

Neben Geräten mit reiner Druckerfunktion gibt es auch **Multifunktionsgeräte**, die zusätzlich als Fax, Fotokopierer und/oder Scanner arbeiten.

1.13.1 Nadeldrucker

Bei einem Nadeldrucker (*dot matrix printer*) sind im Druckkopf mehrere Nadeln senkrecht untereinander angeordnet. Jede Nadel wird einzeln und unabhängig von den anderen Nadeln angesteuert. Beim Druckvorgang schlagen diese Nadeln – bewegt durch einen Elektromagneten – mechanisch auf ein Farbband, das sich zwischen den Nadelspitzen und dem Papier befindet. Durch diesen Vorgang werden kleine Punkte auf dem Papier erzeugt. Untereinanderliegende Druckpunkte werden hierbei gleichzeitig angebracht.

Danach bewegt sich der Druckkopf mechanisch angetrieben einige zehntel Millimeter horizontal über das Papier und setzt eine weitere Reihe von Punkten. Die einzelnen Pünktchen liegen so eng zusammen, dass sich aufgrund der nur begrenzten Wahrnehmungsfähigkeit des menschlichen Auges im Allgemeinen zusammenhängende Strukturen ergeben. Der Nadeldrucker gehört also zur Klasse der Matrixdrucker (Dot Matrix Printer; Line Matrix Printer). Je mehr Nadeln der Druckkopf enthält, desto enger können die Punkte untereinander gesetzt werden. Aufgrund der geometrischen Abmessungen der Nadeln ist ihre maximale Anzahl jedoch begrenzt. Standardmäßig werden Drucker mit mindestens 24 Nadeln angeboten.

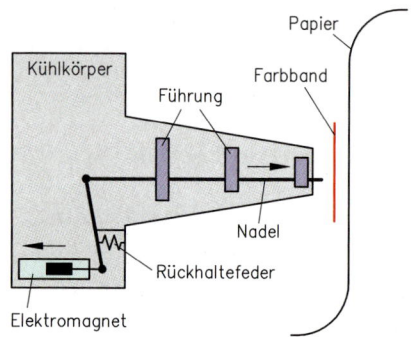

Bild 1.165: Druckkopf eines Nadeldruckers

Die Druckqualität eines **Nadeldruckers** hängt maßgeblich von der Anzahl der Nadeln im Druckkopf ab.

Da ein Nadeldrucker Zeichen aus einzelnen Punkten zusammensetzt und jede Nadel einzeln angesteuert werden kann, ist er grundsätzlich auch in der Lage, Grafiken auszudrucken. Nadeldrucker werden als Monochrom- oder Farbdrucker hergestellt; die Farbdrucker arbeiten mit einem Farbband, das über vier Farbstreifen verfügt.

Der Vorteil des Nadeldruckers gegenüber allen anderen Druckerarten ist die Fähigkeit, aufgrund des mechanischen Anschlagens der Nadeln auf das Papier auch Durchschläge erzeugen zu können. Der Druck ist auf jede Art von Papier möglich. Allerdings ist der Druckvorgang stets mit einer hohen Lärmbelästigung verbunden.

1.13.2 Tintenstrahldrucker

Der Druckkopf eines Tintenstrahldruckers (*ink jet printer*) besteht im Wesentlichen aus einem Tintenbehälter und vielen untereinander angeordneten Düsen, die mit dem Vorratsbehälter über kleine Kanülen miteinander in Verbindung stehen. Der Tintenstrahldrucker arbeitet also auch nach dem Matrixprinzip. Das Druckbild wird erzeugt, indem die Düsen kleinste Tintentropfen auf das Papier spritzen, d.h., es handelt sich um einen anschlagsfreien Drucker. Der gesamte Druckkopf wird auf einem „Schlitten" fast berührungsfrei über das Papier bewegt. Die Düsen sind viel kleiner als die Nadelspitzen eines Nadeldruckers, sodass sie wesentlich dichter zusammenliegen. Hierdurch können die einzelnen Tröpfchen wesentlich enger gesetzt werden. Da die Tinte vom Papier aufgesogen wird, hängt die Qualität des Drucks nicht unerheblich von der Qualität des verwendeten Papiers ab. Für eine hohe Qualität – insbesondere beim Drucken von Grafiken oder Bildern – ist zum Teil Spezialpapier erforderlich.

Tintenstrahldrucke weisen überdies den Nachteil auf, dass die gedruckten Farben unter dem Einfluss von Sonnenlicht mit der Zeit verblassen.

Der Begriff **Farbstabilität** (*colour stability*) charakterisiert die Veränderung von gedruckten Bildern unter dem Einfluss von Tageslicht bei der Aufbewahrung hinter Glas.

Als absolut farbstabil gilt ein Bild, das sich in einem Zeitraum von 50 Jahren für den Menschen nicht wahrnehmbar verändert. Hierbei spielt die Beschaffenheit der Tinte eine erhebliche Rolle (z. B. wasserlösliche Farbstofftinte, pigmentierte Tinte).

Aus den vergleichsweise hohen Preisen für Tintenpatronen finanzieren die meisten Druckerhersteller ihre Entwicklungskosten, da die Druckerpreise künstlich niedrig gehalten werden.

Das Herausschleudern der Tinte aus dem Druckkopf wird durch Anwendung unterschiedlicher Techniken bewirkt; im Privatbereich werden hierbei überwiegend sog. **DOD-Drucker** (DOD: **D**rop **O**n **D**emand) eingesetzt, bei denen alle herausgeschleuderten Tintentropfen auch auf dem Papier landen. Im industriellen Bereich wird eine Technik angewendet, bei der die Tintentropfen teilweise in einen Auffangbehälter abgelenkt und in die Patrone zurückgeführt werden.

1

Piezoverfahren

Bei diesem Verfahren nutzt man die besonderen Eigenschaften von sog. Piezokristallen aus. Darunter versteht man Materialien, deren äußere Abmessungen sich beim Anlegen einer elektrischen Spannung geringfügig verändern (piezoelektrischer Effekt). Aufgrund der Konstruktion der verwendeten Piezoröhrchen im Druckerkopf bewirkt das Anlegen einer elektrischen Spannung, dass sich das Piezoröhrchen zusammenzieht. Der (Luft-)Druck vor der Düse ist damit niedriger als im Inneren des Röhrchens. Hierdurch wird ein winziges Tröpfchen Tinte aus der Öffnung gepresst.

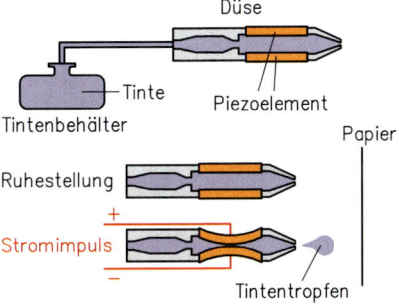

Bild 1.166: Grundprinzip des Piezoverfahrens

Bubble-Jet-Verfahren

Hinter jeder düsenförmigen Öffnung, die über eine Kanüle mit dem Tintenbehälter verbunden ist, befindet sich eine Art elektrischer Widerstand, der durch Anlegen einer elektrischen Spannung bis über 500 °C erhitzt werden kann. Aufgrund dieser Erwärmung dehnt sich die Tinte aus. Im Bereich der Düse bildet sich ein Tropfen, der durch den im Inneren entstandenen Druck auf das Papier gespritzt wird. Dieses Verfahren wird auch **Blasenstrahlprinzip** genannt.

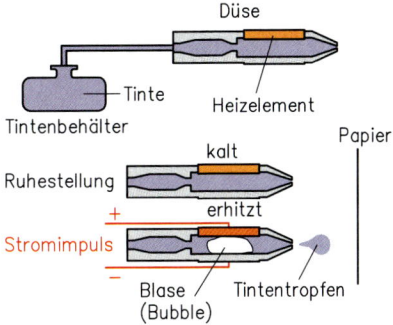

Bild 1.167: Grundprinzip des Bubble-Jet-Verfahrens

> Beim Piezo-Druckverfahren ist der Verschleiß des Druckkopfes geringer als beim Bubble-Jet-Verfahren.

Monochrome Tintenstrahldrucker arbeiten mit einem einzigen Druckkopf, Farbtintenstrahldrucker haben mehrere Druckköpfe nebeneinander angeordnet, die jeweils mit verschiedenfarbiger Tinte gefüllt sind. Jeder Druckkopf verfügt über eigene Düsen. In der Regel findet man hier drei farbige Druckköpfe und einen Druckkopf für Schwarz. Höherwertige Farbtintenstrahldrucker verfügen auch über eine größere Anzahl von verschiedenfarbigen Druckköpfen. Auf welche Weise hierdurch vielfarbige Drucke erzeugt werden können, wird in Kap. 1.13.6 näher erläutert.

Festtintendrucker/Wachsdrucker

Beim Festtintendrucker (*Solid Ink Printer*) wird keine flüssige Tinte verwendet, sondern Wachsfarbstifte. Diese werden sukzessive bei einer spezifischen Temperatur abgeschmolzen und bei ca. 90 °C in Behältern bereitgehalten. Beim Druckvorgang wird aus diesen Behältern bedarfsorientiert Tinte auf das Druckmedium gesprüht, wo sie unmittelbar nach dem Auftreffen erstarrt.

Anschließend wird das Papier unter hohem Druck zwischen zwei Rollen hindurchgeführt, die die Farbe auf das Medium pressen (Kaltfixierung, *cold fusing*). Dieses Verfahren ist insbesondere für den fotorealistischen Druck geeignet, da die Wachsfarbe nur zu einem geringen Teil vom Papier aufgesogen wird und sich eine durchgehende matt glänzende Farboberfläche bildet. Allerdings ist dieses Verfahren vergleichsweise teuer.

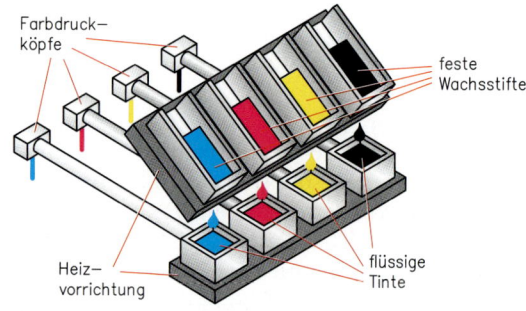

Bild 1.168: Grundprinzip Festtintendrucker

> Das **Festtintenverfahren** wird auch als **Phasenwechselverfahren** bezeichnet, weil das Farbmedium während des Druckvorgangs seinen Aggregatzustand (fest – flüssig – fest) wechselt.

1.13.3 Thermografische Drucker

Bei den thermografischen Druckern (*thermographic printer*) werden mithilfe von Heizelementen im Druckkopf Farben erhitzt, die sich entweder direkt auf entsprechendem Spezialpapier (Thermopapier) oder auf Farbträgern befinden. Man unterscheidet:

Thermodrucker

Beim einfachen Thermodrucker (*thermal printer*) besteht der Druckkopf ähnlich wie bei einem Nadeldrucker aus einer Anzahl von Stiften. Diese Stifte schlagen allerdings nicht durch ein Farbband auf das Papier, sondern werden aufgeheizt und anschließend kurz mit dem Spezialpapier (Thermopapier) in Kontakt gebracht (anschlagsfreier Drucker). Aufgrund der Wärmeeinwirkung hinterlassen sie eine Verfärbung auf der Beschichtung des Thermopapiers. Weder das Drucken auf normalem Papier noch ein Farbdruck ist mit diesem Verfahren möglich.

Thermotransferdrucker

Thermotransferdrucker (*thermal transfer printer*) arbeiten nach dem Prinzip der subtraktiven Farbmischung. Hierbei wird anschlagslos mit einem speziellen Thermo-Farbband auf Polyesterbasis gearbeitet. Winzige Heizelemente im Druckkopf erwärmen die wachsartigen

Farben auf dem Farbband, die sich dann von dem Trägerband lösen und auf das Papier übertragen. Da sich die einzelnen Farbpartikel auf dem Papier vermischen, entsteht ein stufenloser Farbverlauf. Es ist kein Spezialpapier erforderlich.

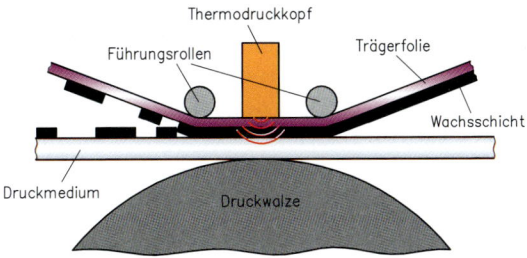

Bild 1.169: Grundprinzip Thermotransferdruck

Thermosublimationsdrucker

Der Thermosublimationsdrucker (*thermal sublimation printer*) arbeitet ähnlich wie der Thermotransferdrucker, jedoch wird das Farbwachs mithilfe von Heizelementen so stark erhitzt, dass es den flüssigen Zustand überspringt und vom festen sofort in den gasförmigen Zustand wechselt. In diesem Zustand diffundiert es in das Spezialpapier. Jedes Heizelement des Druckkopfes kann bis zu 256 unterschiedliche Temperaturen erzeugen; die von der Trägerfolie abgeschmolzene Farbe wird umso intensiver übertragen, je höher die Temperatur ist. Auf diese Weise lassen sich bis zu 256 Farbintensitätsstufen auf dem Papier und damit eine hohe Farbqualität erzeugen. Diese Qualität geht allerdings mit hohen Kosten für Spezialpapier und Farbträger einher, daher finden diese Drucker im privaten Bereich weniger Verwendung.

Der **Thermosublimationsdrucker** ist in der Lage, fotorealistische Bilder hoher Qualität zu erzeugen.

1.13.4 Laserdrucker

Laserdrucker (*laser printer*) gehören zur Kategorie der elektrofotografischen Drucker (*electrophotographic printer*) und arbeiten wie Fotokopierer nach einem elektrofotografischen Verfahren. Bei diesem Verfahren macht man sich die elektrostatische Kraftwirkung elektrisch geladener Komponenten zunutze (Kap. 5.4.1).

Innerhalb des Druckers befindet sich eine fotoempfindliche Trommel, die elektrisch (negativ) aufgeladen wird. Auf diese Trommel wird mithilfe eines Laserstrahls, der von einem Spiegelsystem zeilenweise über die rotierende Trommel gelenkt wird, ein Abbild der zu druckenden Zeichen geschrieben ("Belichten"). An denjenigen Stellen, an denen später keine Druckzeichen entstehen sollen, wird der Laserstrahl abgeschaltet bzw. unterbrochen. An allen Auftreffpunkten des **Lasers** (**L**ight **A**mplification by **S**timulated **E**mission of **R**adiation) wird die elektrische Ladung der Trommel neutralisiert. Nur an diesen Stellen kann der Toner, der mit der gleichen Polarität aufgeladen wird wie die Trommel und der im weiteren Verlauf des Druckvorgangs auf die Trommel aufgetragen wird, haften bleiben. An allen anderen Stellen wird der Toner abgestoßen. Auf diese Weise entsteht auf der Trommel ein unsichtbares elektrisches Abbild des zu druckenden Blattes (Elektrofotografie).

Laserdrucker werden auch als **Seitendrucker** (*page printer*) bezeichnet, da sie das komplette Abbild einer zu druckenden Seite auf die Bildtrommel projizieren.

Der Toner besteht aus einer Art sehr feinem Tintenpulver. Das zu bedruckende Papier wird ebenfalls elektrostatisch aufgeladen, jedoch mit entgegengesetzter Polarität zur Ladung der Trommel. Da entgegengesetzt geladene Teilchen einander anziehende Kräfte ausüben, überträgt sich der Toner auf das Papier, das an der Trommel vorbeigerollt wird („Entwickeln"). Durch anschließende Hitzeeinwirkung wird der Toner schließlich auf dem Papier dauerhaft fixiert („Fixieren"). Eine DIN-A4-Seite kann auf diese Weise in kürzester Zeit bedruckt werden. Nach jedem Druckvorgang wird die Trommel automatisch von Tonerresten gereinigt.

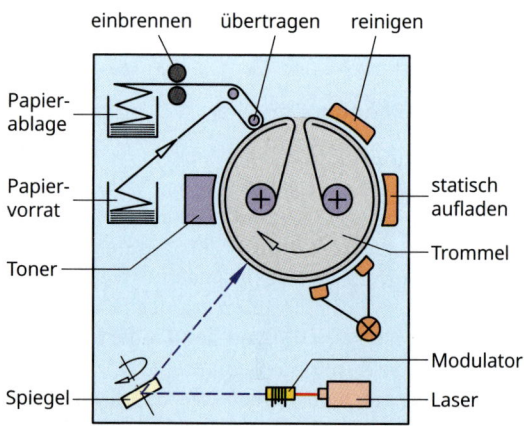

Bild 1.170: Prinzipieller Aufbau eines Laserdruckers

Farblaserdrucker arbeiten nach dem subtraktiven CMYK-Farbmischverfahren. Um eine Seite farbig zu drucken, müssen die dargestellten Arbeitsschritte viermal durchlaufen werden. Hierbei sind auch vier unterschiedliche elektrostatische Potenziale nötig, da das gleiche Potenzial eine bereits aufgebrachte Tonerschicht wieder zerstören würde (Direct-to-Drum-Verfahren).

Andere Farblaserdrucker verwenden zwei Bildtrommeln. Dabei werden alle vier Auszüge nacheinander auf einer Bildtrommel erzeugt, auf die zweite übertragen und von dort zusammen aufs Papier gebracht.

Laserdrucker gehören zu den qualitativ hochwertigsten Druckern, sie zeichnen sich neben einer gestochen scharfen Druckqualität und hohen Druckgeschwindigkeiten auch durch hervorragende Grafikfähigkeiten aus. Der beschriebene elektrofotografische Effekt lässt sich außer mit einem Laserstrahl auch mit anderen Lichtquellen realisieren. Zu den elektrofotografischen Druckern gehören dementsprechend auch die **LED-Drucker**, die **LCD-Drucker** und die **Ionenbeschuss-Drucker** (*ion deposition printer*).

1.13.5 Druckerkenngrößen und Leistungsmerkmale

Die Hersteller beschreiben die Eigenschaften ihrer Drucker mit Kenngrößen, von deren Qualität letztlich der Verkaufspreis abhängt. Beim Kauf eines neuen Druckers sind neben dem reinen Anschaffungspreis auch die Folgekosten zu beachten. Diese hängen vom jeweiligen Druckertyp ab. Neben der Kostenfrage sollte man vor dem Kauf ebenfalls über den Anwendungszweck nachdenken. Ein Drucker, der nur für den Textausdruck verwendet wird, muss anderen Anforderungen genügen als ein Drucker, der zur fotorealistischen Darstellung von Bildern dienen soll.

Druckgeschwindigkeit (printing speed)

Die Druckgeschwindigkeit gibt an, wie schnell ein Drucker ein Blatt bedrucken kann. Sie wird entweder in Zeichen pro Sekunde (**cps**: caps per second) oder Anzahl der (DIN-A4-) Blätter pro Minute (**ppm**: pages per minute) oder pro Sekunde (**pps**: pages per second) angegeben.

Druckerauflösung (printer resolution)

Vergleichbar mit der Darstellung auf einem Bildschirm kann man unabhängig vom Druckverfahren ein kleinstes, auf dem Papier druckbares Element definieren. Hierfür wird allgemein der Begriff **Druckpunkt** (*printer dot*) verwendet. Unter der Auflösung eines Bildes versteht man bei Druckern die Anzahl der zur Verfügung stehenden Druckpunkte pro Längeneinheit. Die Angabe erfolgt in **dpi** (**d**ots **p**er **i**nch; Punkte pro Zoll; 1 Inch = 2,54 cm). Je größer die Anzahl der Druckpunkte pro Inch ist, desto besser ist die Qualität des Ausdrucks.

Bei allen gängigen Druckertypen ist die Wahl bestimmter vorgegebener Auflösungen möglich und kann nach Bedarf eingestellt werden. Grundsätzlich kann man stets die höchstmögliche Auflösung verwenden. Allerdings sollte man wissen, dass sich bei hoher Auflösung die Druckgeschwindigkeit verlangsamen kann und der Verbrauch des Farbträgers (Farbband, Druckertinte, Toner) höher als bei niedrigerer Auflösung ist. Typische Auflösungen gängiger Druckertypen zeigt Bild 1.171.

Druckertyp	Auflösung	Typische Anwendung
Nadeldrucker	125–150 dpi 300 dpi (abhängig von der Anzahl der Nadeln)	Geringe Anforderungen; Konzeptausdrucke, je nach Auflösung Textverarbeitung bis hin zu einfachen Grafiken, Erstellung von Dokumenten mit Durchschlägen
Tintenstrahl-drucker	600 × 600 dpi 720 × 720 dpi 1 440 × 720 dpi 2 280 × 1 440 dpi 4 800 × 1 200 dpi	In Abhängigkeit von der eingestellten Auflösung (und der verwendeten Papierqualität) mittlere bis hohe Anforderungen; Konzeptausdruck bis hochwertige Grafiken; bei Fotodruck je nach Preisklasse bessere Qualität als vergleichbare Laserdrucker
Laserdrucker	2 400 × 600 dpi 720 × 720 dpi 4 800 × 720 dpi	Hohe Anforderungen; Texte, Grafiken, fotorealistische Bilder

Bild 1.171: Typische Auflösungen verschiedener Druckertypen

Rasterweite (screen ruling)

Eine weitere kennzeichnende Größe ist bei Druckern die Rasterweite. Sie wird in Linien pro Inch angegeben (lpi: **l**ines **p**er **i**nch) und erhält ihre Bedeutung dadurch, dass zur Darstellung verschiedener Graustufen entweder die einzelnen Druckpunkte mehr oder weniger eng gesetzt werden oder die Größe von angrenzenden schwarzen und weißen Bereichen verändert wird. Diese Art der Darstellung bezeichnet man als **Halbtonverfahren** (*halftone processing*). Die Wahrnehmung unterschiedlicher Graustufen bei der Färbung von Flächen entsteht durch das begrenzte Auflösungsvermögen des menschlichen Auges. Bei der Darstellung von Farben wird ähnlich verfahren.

Graustufe	100 % (schwarz)	50 %	25 %
Vergrößerte Darstellung			

Bild 1.172: Prinzipielle Darstellung von Graustufen

In Bild 1.173 sind die typischen Merkmale der wichtigsten Druckertypen kurz zusammengefasst.

	Nadeldrucker	Tintenstrahldrucker	Laserdrucker
Druckgeschwindigkeit	– Eine bis sechs Seiten pro Minute	– Je nach Druckverfahren (monochrom/farbig) drei bis 20 Seiten pro Minute	– Je nach Typ 20 bis 100 (DIN-A4-)Seiten pro Minute
Vorteile	– Niedriger Anschaffungspreis – Geringe Verbrauchskosten (Farbband) – Kann Durchschläge erzeugen – Dokumentenecht – Kann Endlospapier bearbeiten	– Günstiger Anschaffungspreis – Folgekosten bei reinem Textdruck gering – Geräuscharmes Drucken – Prinzipiell hohe Farbqualität, auch bei Mischfarben und Farbverläufen	– Hohe Druckqualität – Sehr leiser Druckvorgang – Dokumentenechter Druck
Nachteile	– Sehr lautes Druckgeräusch – Langsame Druckgeschwindigkeit – Nicht für Bilder geeignet	– Ausdrucke nicht licht- und wasserecht – Unrentabel bei Seitendrucken mit hoher Seitenfärbung (z. B. Bilder) – Für hohe Druckqualität Spezialpapier erforderlich – Beim Bubble-Jet-Verfahren größerer Verschleiß des Druckkopfes als beim Piezoverfahren	– Vergleichsweise hoher Anschaffungspreis (insbesondere bei Farbdruckern) – Hoher Wartungsaufwand – Bei Druckbeginn ggf. mehrere Sekunden Aufwärmzeit der Heizelemente für die Tonertrocknung erforderlich
Ursache der Folgekosten	– Drucker-Farbband	– Tintenpatrone – Spezialpapier	– Tonerkartusche – Bildtrommel
Umweltaspekte	– Umweltfreundlich – Lange Lebensdauer, daher nachhaltig – Geringer Wartungsaufwand	– Umweltfreundlich	– Tonerkartusche muss entsorgt werden – Zum Teil Ozonentwicklung (aufgrund der elektrostatischen Aufladung)

Bild 1.173: Merkmale der wichtigsten Druckertypen

Einer möglichen Gesundheitsgefährdung durch Toner- oder Papierfeinstaubemissionen sowie durch Ozon kann durch entsprechende Belüftungsmaßnahmen entgegengewirkt werden.

Drucker werden üblicherweise an einem USB-Anschluss betrieben. Vielfach können sie auch direkt in ein vorhandenes WLAN eingebunden werden. Um einen Drucker betreiben zu können, bedarf es stets eines entsprechenden Druckertreibers (*printer driver*). Dieser muss sowohl den jeweiligen Drucker als auch die vorhandene Software unterstützen. Im Lieferumfang der gängigen Betriebssysteme sind Treiber für die meisten handelsüblichen Drucker enthalten. Allerdings bieten die von den Druckerherstellern mitgelieferten Treiber teilweise eine größere Auswahl an möglichen Einstellungen.

Im Zusammenhang mit Druckern treten oft auch die folgenden Begriffe auf:

Druckmodus (*printing mode*)

Dieser Begriff bezeichnet allgemein das Ausgabeformat eines Druckers. Der Druckmodus legt die Ausrichtung (Hoch- oder Querformat), die Druckqualität und die Größe des Ausdrucks fest. Matrixdrucker unterstützen folgende Druckqualitäten: Entwurf, Letter-Qualität (LQ) oder Near-Letter-Qualität (NLQ). Die meisten Drucker können sowohl Standardtext (ASCII) als auch eine Seitenbeschreibungssprache (z. B. PostScript) interpretieren.

PostScript

Die Tatsache, dass jeder Drucker seinen eigenen speziellen Druckertreiber benötigt, kann beispielsweise unter Windows dazu führen, dass Texte, die auf zwei PC-Systemen mit unterschiedlichen Druckern ausgegeben werden, verschieden aussehen (z. B. unterschiedlicher Seitenumbruch). PostScript ist eine Seitenbeschreibungssprache, die das Seitenlayout mit standardisierten Befehlen steuert, die auf jedem PostScript-fähigen Drucker zum gleichen Ausdruck führen. PostScript verfügt über flexible Schriftfunktionen, eine hochqualitative Grafikausgabe und in Verbindung mit **Display-PostScript** eine absolute WYSIWYG-Qualität (**W**hat **Y**ou **S**ee **I**s **W**hat **Y**ou **G**et). Diese Qualitätsstufe lässt sich ansonsten nur schwer realisieren, wenn man für die Darstellung auf Bildschirm und Drucker unterschiedliche Methoden anwendet. Gleiche Ausdrucke sind alternativ auch mit dem weit verbreiteten **PDF** (**P**ortable **D**ocument **F**ormat) möglich.

Drucker-Spooler (*printer spooler*)

Der Drucker-Spooler ist ein Programm, das einen Druckjob auf dem Weg zum Drucker abfängt und ihn stattdessen im Speicher ablegt. Dort verbleibt der Druckjob so lange, bis ihn der Drucker ausführen kann. Der Begriff Spooler steht für „**S**imultaneous **P**eripheral **O**perations **O**nline".

Druckpuffer (*print buffer*)

Der Druckpuffer ist ein Speicherbereich, in dem Druckausgaben vorübergehend abgelegt werden, bis der Drucker sie verarbeiten kann. Die Einrichtung eines Druckpuffers kann im Hauptspeicher (RAM) des Computers, im Drucker selbst oder in einer separaten Einheit zwischen dem Computer und dem Drucker (z. B. innerhalb eines Netzwerks) erfolgen. Unabhängig von seiner Lokalisierung besteht die Funktion eines Druckpuffers darin, die Druckausgaben vom Computer mit hoher Geschwindigkeit zu übernehmen und sie an den Drucker, der eine wesentlich geringere Geschwindigkeit erfordert, weiterzuleiten. Dadurch kann der Computer in der Zwischenzeit andere Aufgaben übernehmen.

1.13.6 Farbdruckverfahren

Eine farbige Darstellung, beispielsweise ein Farbfoto, beinhaltet in der Regel eine große Anzahl vieler verschiedener Farben. Beim Drucken ist es nicht möglich, für jede dieser Farben einen entsprechenden Farbträger – je nach Druckertyp Farbband, Tintenpatrone oder Toner – bereitzustellen. Aus diesem Grund wendet man Verfahren an, mit deren Hilfe es möglich ist, durch Kombination einiger weniger Grundfarben alle anderen Farben zu realisieren.

Bild 1.174: Subtraktives Farbmodell

Bei Bildschirmen wird hierzu bekanntlich das RGB-Verfahren, ein additives Mischverfahren, angewendet (Kap. 1.12.1). Das additive Farbmischverfahren kann in der Technik nur dann angewendet werden, wenn Licht direkt, d.h. ohne Reflexion durch einen Gegenstand, in das Auge gelangt, wie dies beim Bildschirm der Fall ist. Für Darstellungen, die nicht selbst lichterzeugend sind, sondern bei denen das Licht erst durch Reflexion ins Auge gelangt, wie etwa Farben, die auf Papier aufgebracht sind, muss ein **subtraktives Farbverfahren** (*subtractive colour process*) verwendet werden.

Bei diesem Verfahren werden die Grundfarben Cyan, Magenta und Yellow (Gelb) verwendet. Aus den drei Anfangsbuchstaben dieser Farben leitet sich die Kurzbezeichnung **CMY-Verfahren** ab.

> Beim **CMY-Farbmischverfahren** (*colour mixing procedure*) können sämtliche Farben durch Mischen der drei Grundfarben Cyan, Magenta und Gelb mit jeweils unterschiedlichen Intensitäten hergestellt werden.

Bei diesem Farbmodell entsteht die Farbe Weiß – die natürliche Farbe des Papiers – wenn die drei Grundfarben jeweils die Intensität null aufweisen (d.h. nicht vorhanden sind). Wie viele verschiedene Farben – man spricht auch von **Farbnuancen** – realisiert werden können, ist abhängig von der Anzahl der möglichen Abstufungen (Intensitäten) der drei Grundfarben.

> **Beispiel**
> *Bei einem Drucker wird jede der drei Grundfarben mit 6 bit codiert.*
> *a) Wie viele Farbabstufungen einer Grundfarbe gibt es?*
> *b) Wie viele Farbnuancen lassen sich insgesamt darstellen?*
>
> **Lösung**
> *a) Bei 6 bit ergeben sich bei jeder Grundfarbe jeweils $2^6 = 64$ Farbabstufungen.*
> *b) Insgesamt lassen sich $2^6 \cdot 2^6 \cdot 2^6 = 64^3 = 262\,144$ Farbnuancen darstellen.*

Werden alle drei Farben mit jeweils hohen Farbanteilen gemischt, entsteht als Farbeindruck die Farbe Schwarz. In der Praxis stehen die drei Grundfarben allerdings nicht 100% rein zur Verfügung. Die Folge ist, dass kein 100%iges Schwarz erzeugt werden kann und dass die Anzahl der druckbaren Farben eingeschränkt ist. Da bei diesem Verfahren das Erzeugen der Farbe Schwarz zudem einen extrem hohen Farbverbrauch zur Folge hat, wird Schwarz nicht durch Mischen der drei Grundfarben, sondern durch eine „echte" schwarze Druckfarbe erzeugt. Dieses Verfahren bezeichnet man als **CMYK-Verfahren**. Der Buchstabe „K" steht hierbei für die Farbe Schwarz ("Key"; Begriff stammt ursprünglich von den mechanischen Plattendruckverfahren).

> Bei Farbdruckern wird das **CMYK-Farbmischverfahren** verwendet. Dieses Farbmischsystem wird auch als Vierfarb-Druckverfahren bezeichnet und findet ebenfalls in der professionellen Druckereitechnik Anwendung.

Zur Verbesserung des Farbeindrucks insbesondere bei der Wiedergabe von Fotos werden auch Drucker angeboten, die über mehr als drei Grundfarben verfügen. Je nach Preisklasse und Druckermodell findet man bis zu zwölf Farbkartuschen, die einzeln gewechselt werden können.

Aufgrund der verwendeten Drucktechnik sind Thermosublimationsdrucker in der Lage, bis zu 256 verschiedene Farbnuancen (Abstufungen) pro Grundfarbe zu drucken. Bei den Tintenstrahldruckern müssen die Farben erst mithilfe spezieller Verfahren aufbereitet werden, da diese Drucker – technologisch bedingt – keine Abstufungen der drei Grundfarben hervorbringen können.

Um den Eindruck von Farbnuancen entstehen zu lassen, werden vergleichbare Verfahren wie bei der Darstellung von Graustufen (Bild 1.172) angewendet. Durch eine geschickte Anordnung einzelner, aus den drei Grundfarben bestehender Farbpunkte entsteht der Eindruck einer bestimmten Farbnuance. Dieses Verfahren bezeichnet man als **Dithering**. Das entstehende Punkteraster besitzt je nach verwendeter Technik entweder ein festes oder ein variables Verteilungsmuster. Die entsprechenden Farbeindrücke entstehen, weil das menschliche Auge nur eine begrenzte Empfindlichkeit hat, die dazu führt, dass der Farbeindruck über eine gewisse Fläche gemittelt wird.

Je feiner die Verteilung von Farbpunkten in einem Bildbereich ist, desto besser lassen sich Farbübergänge drucken und umso mehr Farbnuancen lassen sich darstellen. Die Feinheit der Verteilung der Farbpunkte ist nach unten durch die maximale Druckerauflösung begrenzt.

> Farbdrucker, die nicht in der Lage sind, Halbtöne mit fließenden Farbabstufungen zu erzeugen, simulieren Zwischentöne mithilfe des **Dithering-Verfahrens**.

Die zu den Druckern gehörenden Treiber ermöglichen in der Regel die Einstellung unterschiedlicher Halbton- und Dithering-Verfahren. Durch Ausprobieren kann man die jeweils beste Einstellung ermitteln. Allerdings wird diese Einstellung von manchen Softwareprogrammen während des Druckvorgangs überschrieben, sodass sich auch nach einer manuellen Umstellung keine Änderung in der Qualität des Ausdrucks einstellt.

In der Praxis macht man oft die Erfahrung, dass ein Bild auf dem Bildschirm andere Farbtöne aufweist als das ausgedruckte Bild. Ursache hierfür ist eine ungenaue Anpassung der beiden verwendeten Farbmodelle RGB und CMYK. Über spezielle Einstellungen des Druckertreibers lassen sich die Farbdrucke der Bildschirmdarstellung anpassen; eine 100 %ige Übereinstimmung ist allerdings auch von der verwendeten Papierqualität abhängig. Allgemein bezeichnet man eine solche Einstellungsmöglichkeit als **Farbmanagement**.

> Mit dem Begriff **Farbmanagement** (*colour management*) bezeichnet man allgemein ein Verfahren, mit dem auf unterschiedlichen Ausgabegeräten exakt die gleichen Farbtöne dargestellt werden.

Im vorliegenden Fall muss eine exakte Konvertierung der RGB-Farbdaten des Bildschirms in die entsprechenden CMYK-Ausgabedaten des Druckers erfolgen.

Die **Papierqualität** wird maßgeblich bestimmt von den folgenden drei Parametern:

- **Weißgrad**
  Maß für die „Sauberkeit" des bei der Papierherstellung verwendeten Materials; da das menschliche Auge dies nicht subjektiv beurteilen kann, gibt es vier verschiedene genormte Papierklassen, die unterschiedliche ISO-Normwerte erfüllen müssen (Bild 1.175); durch Zugabe von sog. „Aufhellern" lässt sich der wahrnehmbare Weißeindruck beeinflussen; zusätzliche Beschichtungen bewirken eine glänzende Oberfläche (z. B. Papier für den Fotodruck)

- **Grammatur**
  Angabe der Papierstärke; gibt Auskunft über Dichte und Stärke des Papiers und bestimmt sein Gewicht; Angabe in Gramm pro Quadratmeter (g/m^2); typischer Wert für Standardanwendungen: 80–120 g/m^2; je schwerer das Papier ist, desto höher ist die haptische Festigkeit und als desto hochwertiger wird es empfunden (z. B. für Visitenkarten)

Bezeichnung	ISO-Wert
Recycelt	55–140
Universal	146–150
Business	160–167
Premium	168–171

Bild 1.175: ISO-Normwerte von Papierklassen

- **Opazität**
  Beschreibt die Lichtundurchlässigkeit; hängt eng vom Weißgrad und der Grammatur ab; Angabe in Prozent (0 % = komplett durchsichtig; 100 % = komplett undurchsichtig); wichtiges Qualitätskriterium insbesondere bei doppelseitigem Druck

1.13.7 Plotter

Ein **Plotter** (*plotter*) ist ein Gerät, mit dem sich Diagramme, Zeichnungen und andere vektororientierte Grafiken zeichnen lassen.

Während Drucker in der Regel nur die Papiergrößen DIN A4 oder DIN A3 bedrucken können, lassen sich mit Plottern auch wesentlich größere Papierformate (z. B. DIN A0) bearbeiten.

Im Gegensatz zu Druckern, bei denen Grafiken vielfach durch Anordnung einzelner Bildpunkte entstehen (Bildrasterung), zeichnet ein Plotter kontinuierliche Linien. Dadurch werden keine „Treppenstufeneffekte" erzeugt, womit der Plotter für die Ausgabe von Grafiken im technischen Bereich prädestiniert ist (z. B. Stromlaufpläne, Gebäudegrundrisse).

Plotter sind in der Lage, kontinuierliche Linien zu zeichnen.

Für reine Schriftdarstellungen sind sie weniger geeignet, da jedes Zeichen gemalt werden muss und die Ausgabegeschwindigkeit dadurch sehr gering wird.

Plotter arbeiten entweder mit Stiften (z. B. Stifte mit speziellen Stahlkugelspitzen, Faserschreiber oder Gasdruckminen) oder elektrostatischen Ladungen in Verbindung mit Toner (elektrostatischer Plotter).

Nach der Art der Papierbehandlung unterscheidet man drei grundlegende Plottertypen: Flachbett-, Trommel- und Rollenplotter.

Flachbettplotter (*flatbed plotter*) halten das Papier ruhig und bewegen den Stift, der sich auf einem Schlitten befindet, mithilfe von Schrittmotoren entlang der X- und Y-Achsen. Ein eigener Elektromagnet senkt den Stift erst dann auf die Papieroberfläche, wenn gezeichnet werden soll.

Trommelplotter (*drum plotter*) rollen das Papier über einen Zylinder. Der Stift bewegt sich entlang einer Achse, während sich die Trommel mit dem darauf befestigten Papier entlang einer anderen Achse dreht. Trommelplotter sind besonders für große Ausdruckformate geeignet.

Rollenplotter (*roll plotter*) stellen eine Kombination aus Flachbett- und Trommelplotter dar. Der Stift bewegt sich entlang einer Achse und das Papier wird durch kleine Rollen vor- und zurücktransportiert.

AUFGABEN

1. Nach welchen Gesichtspunkten lassen sich Drucker einteilen?

2. Als Auszubildende/-r in einem der IT-Berufe sollen Sie künftig auch im Verkauf eingesetzt werden. Ihr Ausbilder möchte sich über Ihren Kenntnisstand über Drucker informieren und fragt Sie nach den verschiedenen Druckertypen, den verwendeten Druckverfahren, den Vor- und Nachteilen der jeweiligen Verfahren und welche Empfehlungen Sie Ihrer Kundschaft geben würden. Welche Auskünfte geben Sie ihm?

3. Was versteht man unter der Druckerauflösung und wie wird sie angegeben?

4. Auf welche Weise lassen sich bei einem S/W-Tintenstrahldrucker verschiedene Graustufen darstellen?

5. Woraus leitet sich die Abkürzung CMYK ab?

6. Aus welchem Grund sind Thermosublimationsdrucker besser für die Darstellung fotorealistischer Bilder geeignet als Farb-Tintenstrahldrucker?

7. Was versteht man unter der sog. Farbstabilität?

8. Eine Kundin möchte sich über den Druckvorgang bei einem Laserdrucker informieren. Welche Auskünfte geben Sie ihr?

9. Was versteht man unter einem PostScript-fähigen Drucker?

10. Aus welchem Grund lässt sich das RGB-Verfahren bei Druckern nicht anwenden?

11. Bei vielen Druckertreibern lässt sich das sog. Dithering einstellen. Was versteht man unter diesem Begriff?

12. In welchen Bereichen werden vornehmlich Plotter eingesetzt? Welche Vorteile bietet ein Plotter gegenüber einem Drucker?

13. Abhängig vom Preis werden bei CMY-Farbdruckern 32, 64, 128 oder 256 bit pro Farbe für die Codierung eingesetzt. Wie viele Farbnuancen lasse sich jeweils realisieren? Erstellen Sie eine Tabelle mit den jeweiligen Codierungen der Grundfarben sowie der Anzahl der sich ergebenden Farbnuancen.

1.14 Ergonomie, Umweltverträglichkeit und Prüfsiegel

Für den gesamten IT-Bereich gilt, dass alle Maßnahmen zur Arbeitssicherheit und zum Gesundheitsschutz sowie zur Entsorgung und zum Recycling von EDV-Geräten einen hohen Stellenwert für die gesamte Produktbewertung besitzen. Die Einhaltung von Normen und die Vergabe von Prüfzertifikaten gelten als entscheidende Produkteigenschaften für die Hersteller wie für die Anwender/-innen. Seit einigen Jahren gibt es die „Green IT"-Bewegung, die sich im weitesten Sinne um die Entwicklung und Verbreitung umweltfreundlicher und ressourcenschonender IT-Produkte kümmert.

1.14.1 Ergonomie am Arbeitsplatz

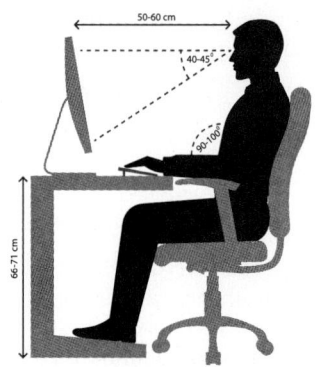

Mit der Veröffentlichung der Verordnung über Sicherheit und Gesundheitsschutz bei der Arbeit an Bildschirmgeräten, kurz **Bildschirmarbeitsverordnung** (BildscharbV), wurde bereits 1996 eine entsprechende EU-Richtlinie in nationales Recht umgesetzt. In allgemeiner Form legt diese Verordnung die Grundlagen für Anforderungen an eine ergonomische Bildschirmarbeit fest. Neu für die Bildschirmarbeit war die Verpflichtung zur Überprüfung der Arbeits-, Sicherheits- und Gesundheitsbedingungen hinsichtlich Sehvermögen, körperlicher Probleme und psychischer Belastung. Das bedingt eine Arbeitsplatzanalyse aller Bildschirmarbeitsplätze in Bezug auf Sitzposition, Anordnung von Ein- und Ausgabegeräten, Lärmemission, Lichtverhältnisse, sowie Blend- und Flimmerfreiheit. Inzwischen werden seitens der Arbeitgebenden auf Wunsch vielfach auch ergonomische Steharbeitsplätze eingerichtet.

Bild 1.176: Ergonomisches Arbeiten am Bildschirm (Prinzipdarstellung mit typischem Standardabstand zum Display; dieser hängt aber auch von der Displaygröße ab, d. h. je größer das Display, desto größer der Abstand)

Allerdings haben die Beschäftigten hierauf keinen gesetzlichen Anspruch. Die Bildschirmarbeitsplatzverordnung ist in Deutschland inzwischen Teil der **Arbeitsstättenverordnung** (ArbStättV alternative Abkürzung: AStV, Abschnitt 6; siehe z.B.: https://vorschriften.bgn-branchenwissen.de/daten/gv/arbstaettv/anh 6.htm; https://www.baua.de/DE/Arbeitsgestaltung/Arbeitsstaetten/Arbeitsstaettenverordnung; [28.1.2025]).

Die Arbeitsstättenverordnung präzisiert die ergonomischen Anforderungen an den Büroarbeitsplatz beispielsweise in den folgenden Bereichen:

- Raumtemperatur (möglichst zwischen 19 °C und 25 °C)

- Raumfläche pro arbeitende Person (z. B. Mindestraumgröße 8 m² bei einer Person, jeweils 5 m² mehr für jede weitere Person)

- Lärmbelastung (maximal 65 dB A)

- Beleuchtung (Fensterfläche mindestens 10 % der Raumgröße; künstliche Beleuchtung mit mindestens 500 Lux am Arbeitsplatz)

- Nichtraucherschutz (Rauchverbot am Arbeitsplatz)

Büroeinrichtungen am Arbeitsplatz sollten den aktuellen Kriterien und Anforderungen entsprechen, die auf der Leitlinie L-Q 2022 „Qualitätskriterien für Büro-Arbeitsplätze", beruhen und ständig aktualisiert wird. Diese Leitlinie wird als Gemeinschaftsproduktion u. a. vom Deutschen Institut für Normung e. V. (DIN), der Deutschen Gesetzlichen Unfallversicherung (DGUV), dem Industrieverband Büro und Arbeitswelt e. V. (iba), dem Deutsche Netzwerk Büro (d\b) sowie dem Handelsverband Büro und Schreibkultur (HBS) herausgegeben. In ihr werden Kriterien zu Sicherheitsanforderungen, Ergonomie, Funktion, Ökologie und Ökonomie berücksichtigt und sie soll den ständig steigenden Anforderungen an Büroarbeit Rechnung tragen. Büroarbeitsplätze, die diesen Kriterien entsprechen, erhalten die entsprechende „**Quality Office**" Zertifizierung.

Ein wesentlicher Beitrag zur Ergonomie am Arbeitsplatz besteht auch in der Verwendung emissionsfreier bzw. emissionsarmer Arbeitsmittel. Mindestgrenzwerte sind in nationalen und internationalen Richtlinien festgeschrieben, z. B. zur elektromagnetischen Verträglichkeit (EMV; Kap. 5.4.4). Danach muss jeder PC der Produktnorm für Störemission EN

55032, der Grundnorm für Störbeeinflussung EN 50082-1 sowie der als Niederspannungs-richtlinie bezeichneten Norm EN 62368-1 entsprechen.

Die **ISO (International Organization for Standardization = Internationaler** ISO-Norm **Normenausschuss)** hat mit der Norm ISO 9241-x unter anderem die Bildqualitätsanforderungen für Displays und deren Design festgelegt. Hiernach müssen bestimmte Bedingungen für Entspiegelung, Flimmerfreiheit, Kontrast, Sichtabstand sowie Zeichenbreite, -höhe und -gleichmäßigkeit erfüllt werden.

Auch bei der Entwicklung von neuer Software spielt der Ergonomiefaktor eine bedeutende Rolle.

> Ziel der **Softwareergonomie** ist die Anpassung der Eigenschaften eines Dialogsystems an die geistigen und physischen Eigenschaften der damit arbeitenden Menschen.

Der Ergonomieanspruch erfordert eine benutzerfreundliche Auslegung von Software, z.B.:

- Software soll so gestaltet sein, dass die Anwender/-innen bei der Erledigung von Arbeitsaufgaben unterstützt und nicht unnötig belastet werden.
- Software soll selbstbeschreibend sein, d.h. bei Bedarf Einsatzzweck und Leistungsumfang erläutern.
- Software soll so weit wie möglich steuerbar und individuell anpassbar sein.
- Software soll den Erwartungen der Anwender/-innen entsprechend reagieren.
- Software soll fehlerrobust sein, d.h., fehlerhafte Eingaben sollten nicht zu Systemabbrüchen führen und mit minimalem Korrekturaufwand rückgängig gemacht werden können.
- Die auf dem Bildschirm dargestellten Informationen sollen eindeutig und einheitlich gegliedert sein. Dazu zählen u.a. leicht erkennbare Symbole, Icons und Buttons sowie die Hervorhebung wichtiger Informationen.

Regelmäßiges und langes Arbeiten am Computerbildschirm führt mit der Zeit zu Augenbeschwerden. Werden anfängliche Symptome wie Brennen, Jucken, erhöhte Lichtempfindlichkeit usw. nicht beachtet, können ernsthafte gesundheitliche Schäden an den Augen entstehen. Daher gehören regelmäßige Entspannungspausen für die Augen als Vorbeugungsmaßnahme zur Bildschirmarbeit dazu.

Zur individuellen Anpassung sollte ein gutes Bürodisplay daher auch über eine mechanische Höhenverstellung sowie über eine Einstellung des senkrechten Neigungswinkels (**Tilt-Funktion**) verfügen. Manche Bürobildschirme lassen sich auf ihrem Standfuß um 360° drehen (**Swivel-Funktion**). Für die Darstellung langer Dokumente ohne Scrollen eignen sich besonders Breitformat-Displays, die eine um 90° gedrehte Positionierung unterstützen und somit auch hochkant verwendet werden können (sog. **Pivot-Darstellung**).

Zur augenschonenden Bildschirmarbeit werden vielfach auch gewölbte Displays (**Curved Displays**) verwendet. Ab einer Bilddiagonalen von 27 Zoll decken Curved Displays mit ultrabreitem Format (z.B. 21:9; Kap. 1.12.1) einen größeren Bereich des peripheren Sehens ab als flache Bildschirme, da sie die natürliche Krümmung des menschlichen Sichtfelds besser nachempfinden und daher weniger ermüdend wirken (Nachteil: nicht für den Pivot-Betrieb geeignet).

Im Zusammenhang mit der Ergonomie ist ebenfalls die **Barrierefreiheit** (*accessibility*) von Bedeutung. Diese ist in § 4 des **Behindertengleichstellungsgesetzes (BGG)** wie folgt definiert:

Barrierefrei sind bauliche und sonstige Anlagen, Verkehrsmittel, technische Gebrauchs-
gegenstände, Systeme der Informationsverarbeitung, akustische und visuelle Informationsquellen und Kommunikationseinrichtungen sowie andere gestaltete Lebensbereiche,
wenn sie für Menschen mit Behinderungen in der allgemein üblichen Weise, ohne besondere Erschwernis und grundsätzlich ohne fremde Hilfe auffindbar, zugänglich und nutzbar sind. Hierbei ist die Nutzung behinderungsbedingt notwendiger Hilfsmittel zulässig.

Barrierefreiheit gilt gleichermaßen für die Gestaltung von Hard- und Software sowie für
jegliche Nutzung technischer Kommunikationseinrichtungen. Hierzu definiert der Ge-
setzgeber Anforderungen in den Bereichen **Wahrnehmbarkeit**, **Bedienbarkeit**, **Verständ-
lichkeit** und **Robustheit**. Beispiele für barrierefreie Gestaltungen sind (siehe auch ISO
9241-171: Ergonomie der Mensch-System-Interaktion):

- Vermeidung von roten und grünen Tönen bei der grafischen Oberfläche einer Software
  oder auf Internetseiten (für Menschen mit Farbsehschwächen)

- Möglichkeit von gebärdensprachlicher Interaktion mit Benutzenden (für Menschen
  mit Hörschäden)

- Leichte, intuitive und lernfördernde Dialogführung bei der Bedienung von Software
  für verschiedene Zielgruppen (für Menschen mit unterschiedlichen geistigen Einschränkungen)

- Individuell anpassbare Skalierbarkeit (Schriftgröße, Schriftart, Schriftgrad, Schrift-
  farben) und Kontraste in Programmoberflächen und Browsern (für Menschen mit allgemeiner Sehschwäche)

- Bedienung von Software über Sprachbefehle (für Menschen mit körperlichen Einschränkungen)

- Eindeutig gegliederte, gut wahrnehmbare Navigationssymbole (für Menschen mit allgemeiner Sehschwäche)

- Verhinderung von Programm- oder Systemabstürzen bei falscher Handhabung oder
  fehlerhaften Eingaben (robuste, d. h. zuverlässige Nutzung)

1.14.2 Recycling und Umweltschutz

Außer auf Ergonomie und Arbeitssicherheit achten viele Hardwarehersteller zunehmend
auf den Einsatz von umweltverträglichen Werkstoffen und die Möglichkeit, wertvolle
Rohstoffe – sog. **Wertstoffe** (*reusable materials*) – wiederzuverwenden. Dies gilt prinzipiell für alle Arten von elektronischen Geräten, die von spezialisierten Recyclingfirmen
wieder in ihre Ausgangsmaterialien zerlegt werden können.

Dennoch werden Notebooks und andere Geräte nach wie vor unter Verwendung toxi-
scher Materialien gebaut. Zwar haben die Hersteller von Notebooks in den letzten Jahren
einige der gefährlichsten Stoffe aus der Produktion eliminiert, es werden jedoch weiterhin
andere gesundheitsgefährdende Stoffe wie PVC, bromhaltige Flammschutzmittel und
Phthalate in den meisten tragbaren PCs verbaut. (Phthalate sind Weichmacher, die eine
hormonähnliche Wirkung haben, bei Männern zu Unfruchtbarkeit und bei ihren Nachkommen zu Missbildungen führen könnten.)

 Das Recycling-Symbol weist auf Produkte oder Komponenten hin, die eine besondere Entsorgung erfordern. Auf diese Weise gekennzeichnete Artikel dürfen nicht einfach in den Hausmüll geworfen werden. Dazu zählen insbesondere schwermetallhaltige Batterien und Akkumulatoren (Akkus; Kap. 5.3.1.3).

Häufig findet man noch eine Kennzahl in der Mitte des Symbols. Diese Zahl gibt Aufschluss über das verwendete Material. So steht

- 01 bis 07 für verschiedene Kunststoffe,
- 40 für Stahl,
- 41 für Aluminium,
- 80 bis 85 für Verbundwerkstoffe aus Papier mit Metallen oder Kunststoffen,
- 90 bis 92 für Verbundwerkstoffe aus Kunststoffen und Metall,
- 95 bis 98 für Verbundwerkstoffe aus Glas und Metall.

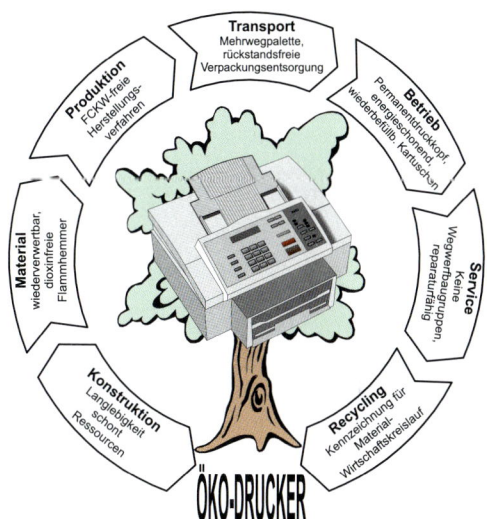

Bild 1.177: Beispiel für umweltschonende Produktion und Wiederverwertung

 Auf der Basis der europaweit rechtsverbindlichen EU-Batterieverordnung (EU-BattVO 2023/1542) löst das neue **Batterierecht-Durchführungsgesetz** (BattDG) das bislang geltende **Batteriegesetz** (BattG) ab und ist ab Mitte 2025 unmittelbar geltendes innerdeutsches Recht. Wesentliche Regelungen aus dem bisherige BattG werden hierbei übernommen. Gegenüber dem alten Gesetz unterliegt jetzt auch der Versandhandel der Rücknahmepflicht. Zusätzlich sollen die vorhandenen Rücknahmesysteme der örtlichen Händler deutlich ausgeweitet werden, um eine höhere Sammelquote für Batterien und Akkus (Kap. 5.1.1.5) aus stationären und portablen Geräten zu erzielen. Ab 2025 werden schrittweise Zielvorgaben für die Recyclingeffizienz und die Materialrückgewinnung formuliert, damit Batterien zukünftig einen geringeren CO_2-Fußabdruck haben, generell weniger Schadstoffe verwenden und geringere Mengen an Rohstoffen aus Nicht-EU-Ländern benötigt werden. Ab 2027 müssen Gerätebatterien so gestaltet sein, dass nutzende Personen sie zu jedem Zeitpunkt des Batterie-Lebenszyklus leicht (d.h. ohne zusätzlich erforderliche Spezialwerkzeuge) entnehmen und austauschen können.

Leere Tonerkartuschen und Tintenpatronen gehören ebenso wie Akkus und Batterien nicht in den Hausmüll. Mittlerweile haben die meisten Städte und Gemeinden oder regionale Abfallentsorger für diese Form von Sondermüll Altstoffsammelzentren eingerichtet.

Gleiches gilt für CD-ROMs und DVDs. Viele dieser Silberscheiben haben keine oder nur eine geringe Nutzungsdauer und landen danach im Müll. Das im Recyclingprozess gewonnene Polycarbonat wird entweder eingeschmolzen und als 30%ige Beigabe wieder zu CD-Rohlingen verarbeitet oder, mit anderen Kunststoffen und Farbe vermischt, zu neuen Produkten wie Computergehäusen oder Armaturentafeln verarbeitet. Man spricht in diesem Zusammenhang auch vom „silbernen Kreislauf".

Nicht mehr benötigte CDs und DVDs gehören in den „silbernen Kreislauf".

Im Übrigen sind die Hersteller und Vertreiber von Transport- und Verkaufsverpackungen verpflichtet, alle Verpackungsmaterialien zurückzunehmen und zu verwerten bzw. wiederzuverwenden.

Auf Initiative des „WEEE Executing Forums" haben die Mitgliedsstaaten der EU und das Europäische Parlament im Jahr 2003 neue Richtlinien zur Entsorgung von Altgeräten sowie zur Bleisubstitution bei Neugeräten festgelegt:

- **WEEE-Direktive**: Elektro- und Elektronik-Altgeräte-Richtlinie (**WEEE** = **W**aste Electrical and **E**lectronic **E**quipment)
- **RoHS-Direktive**: Richtlinie zur Beschränkung der Verwendung bestimmter gefährlicher Stoffe in Elektro- und Elektronikgeräten (**RoHS** = **R**estrictions **o**f **H**azardous Substances in Electrical and Electronic Equipment)

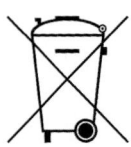 Im Juli 2012 erfolgte eine Neufassung dieser Richtlinien, in der u. a. die Verwendung gefährlicher Stoffe weiter eingeschränkt wurde. Die damit verbundenen Verbotslisten wurden in der Folgezeit immer wieder aktualisiert. Als Ergänzung existieren aber auch Ausnahmeregelungen für schädliche Substanzen, für die es nach jeweils aktuellem Stand der Technik keine Alternativen gibt (z. B. delegierte EU-Richtlinie 2024/1416: Ausnahmeregelung für den Einsatz von Cadmium direkt auf LED-Halbleiterchips). Hauptziel aller Richtlinien und Regelungen ist die Formulierung verbindlicher Forderungen zur Nachhaltigkeit bei der Produktion und beim Verbrauch sowie zur effizienten Ressourcennutzung und zur Rückgewinnung von wertvollen Sekundärrohstoffen. Die WEEE-Richtlinie sieht vor, dass die Hersteller und Importeure von Elektro- und Elektronikgeräten den Transport der entsprechenden Altgeräte aus privaten Haushalten finanzieren müssen – sowohl die Rücknahme als auch die Entsorgung. Ein Hersteller im Sinne der Richtlinie ist allerdings nicht nur derjenige, der Elektrogeräte herstellt und verkauft, sondern auch derjenige, der Geräte anderer Anbieter unter seinem Markennamen weiterverkauft oder gewerblich in einen Mitgliedsstaat der EU ein- oder ausführt (Importeur). Zur Identifizierung der Hersteller/Importeure haben die Mitgliedsstaaten ein Herstellerregister einzurichten. Den Hersteller/Importeur trifft darüber hinaus eine Kennzeichnungspflicht seiner Produkte. Neue Elektro- und Elektronikgeräte müssen mit dem Symbol der durchgestrichenen Mülltonne gekennzeichnet werden. Die nationale Umsetzung dieser Neufassung erfolgt stufenweise über mehrere Jahre, die Maßnahmen der letzte Stufe sind seit 2018 verpflichtend.

Mit der stufenweisen Umsetzung gekoppelt ist das Gesetz über das Inverkehrbringen, die Rücknahme und die umweltverträgliche Entsorgung von Elektro- und Elektronikgeräten (Elektro- und Elektronikgerätegesetz – **ElektroG**), das in Deutschland insbesondere die Entsorgung und Verwertung von Elektro- und Elektronikgeräten regelt. Deutlich stärker als bisher sind die Hersteller, Importeure (und unter Umständen auch die Wiederverkäufer) solcher Produkte verantwortlich für den gesamten Lebenszyklus der von ihnen produzierten und in Verkehr gebrachten Geräte. Sie müssen diese sowohl von gewerblichen als auch (über die öffentlich-rechtlichen Entsorgungsträger) von privaten Kundinnen und Kunden auf eigene Kosten zurücknehmen bzw. entsorgen lassen.

Zusätzlich beschränkt das ElektroG den Anteil bestimmter gefährlicher Stoffe, z. B. Blei oder Quecksilber, in neu konzipierten und produzierten Geräten. In einer im August 2018 veröffentlichten Aktualisierung wird der Geltungsbereich des ElektroG auf deutlich mehr Produktgruppen erweitert. Hierzu zählen insbesondere auch diejenigen Produkte, die von ihrem Primärzweck her zwar keine Elektro(nik)geräte sind, jedoch über entsprechende Komponenten verfügen, etwa eingebaute Chips oder Sensoren (z. B. „smarte" Kleidungsstücke, Wearables). Nachfolgende Novellierungen (z. B. **ElektroG3**, gültig seit 31.12.2022) erweitern und konkretisieren die bisherigen Hersteller- und Händlerpflichten sowie auch die Haftungspflichten von Betreibern elektronischer Verkaufsplattformen (z. B. Amazon, eBay). Hierzu zählen beispielsweise:

- Informationspflicht über die grundsätzlich kostenfreie Rückgabemöglichkeit für Endkundinnen und -kunden (bei Elektro-Kleingeräten auch ohne Kauf eines Neugerätes)
- Hinweispflicht für batteriebetriebene Geräte (z. B. auf Schadstoffgehalt, Brandrisiken bei lithiumhaltigen Batterien)
- Rücknahmepflicht von Altgeräten (auch bei Aktionsware im Lebensmittel-Einzelhandel und im Onlinehandel)
- Vermeidung der Vernichtung von noch gebrauchsfähigen Retouren („**Obhutspflicht**")

Insgesamt verfolgt das Elektrogesetz drei zentrale Ziele:

- Vermeidung von Elektro- und Elektronikschrott
- Reduzierung von Abfallmengen durch Wiederverwendung und Sammel-/Verwertungsquoten
- Verringerung des Schadstoffgehalts in Elektro- und Elektronikgeräten

Im Juli 2011 wurde die Version 2.0 der RoHS-Richtlinie veröffentlicht. Sie ist jetzt abgekoppelt von der WEEE-Direktive und gilt für fast alle elektrischen und elektronischen Geräte. Die RoHS-Richtlinie verbietet u. a. den Einsatz von Blei (sog. Bleiablösung), Cadmium, Chrom VI, Quecksilber und den Flammenhemmern PBB und PBDE in Elektro- und Elektronikgeräten. Diese Richtlinie wurde 2015, 2019 und 2024 auf weitere Stoffe ausgedehnt (siehe z. B. EU Richtlinie 2015/863 und 2024/1416). Mehr Informationen liefern der FED (**F**achverband **E**lektronik-**D**esign e. V.) und der ZVEI (**Z**entral**v**erband der **E**lektrotechnik- und **E**lektronik**i**ndustrie e. V.).

1.14.3 Prüfsiegel und Umweltzeichen

Immer mehr **Prüfsiegel** (*quality seal*) und **Umweltzeichen** (*ecolabel*) auf technischen Produkten sollen Verbraucherinnen und Verbraucher über spezielle Produkteigenschaften informieren (Bild 1.178).

Dies gilt inzwischen sowohl für die Hardware als auch für die Software von IT-Produkten. Sie sollen beim Kauf wie bei der Anwendung wichtige Hinweise liefern in Bezug auf Arbeitssicherheit, Ergonomie und Umweltverträglichkeit. Die bekanntes-

Bild 1.178: Beispiel für Prüfsiegel mit verschiedenen nationalen und internationalen Zertifikaten

ten Prüfsiegel – insbesondere für Displays – werden im Folgenden kurz dargestellt. Zusätzliche Informationen zu Prüfsiegeln erhält man z. B. unter www.label-online.de.

Blauer Engel

Der **Blaue Engel** ist die erste und älteste umweltschutzbezogene Kennzeichnung der Welt für Produkte und Dienstleistungen. Er wurde 1978 auf Initiative des Bundesministeriums des Inneren und durch den Beschluss der Umweltministerien des Bundes und der Länder ins Leben gerufen. Seitdem ist er ein marktkonformes Instrument der Umweltpolitik, mit dem auf freiwilliger Basis die positiven Eigenschaften von Produkten und Dienstleistungen gekennzeichnet werden können.

Der Blaue Engel wird durch folgende vier Institutionen getragen:

- Die Jury Umweltzeichen (UZ) ist das unabhängige Beschlussgremium des Blauen Engel mit Vertreterinnen und Vertretern aus Umwelt- und Verbraucherverbänden, Gewerkschaften, Industrie, Handel, Handwerk, Kommunen, Wissenschaft, Medien, Kirchen, Jugend und Bundesländern.

- Das Bundesministerium für Umwelt, Naturschutz, nukleare Sicherheit und Verbraucherschutz ist Inhaber des Umweltzeichens Blauer Engel.

- Die Expertinnen und Experten des Umweltbundesamtes erarbeiten die hohen Standards für Produkte und Dienstleistungen mit dem Blauen Engel und passen sie kontinuierlich an den aktuellen Stand der Technik an.

- Die RAL gemeinnützige GmbH ist die Zeichenvergabestelle für den Blauen Engel. Sie ist die Anlaufstelle für Unternehmen und Dienstleistende, die ihre Produkte mit dem Blauen Engel auszeichnen wollen.

Entgegen der allgemeinen Einschätzung geht die Prüfung weit über den reinen Umweltschutz hinaus. So müssen z.B. im Bereich der Bildschirme Anforderungen an die Reparaturfähigkeit, Bildschirmergonomie, Umweltverträglichkeit der Produkte, Möglichkeit zur Produkterweiterung, Energieverbrauch, Recyclingfähigkeit, Arbeitssicherheit und Lärmemission bewertet werden. Seit 2017 dürfen z.B. Druckerhersteller nur noch mit dem Blauen Engel werben, wenn sie eine Prüfung nach den jeweils aktualisierten Vergabegrundlagen DE-UZ 205 bestanden haben. Die nachfolgenden, aktualisierten Veröffentlichungen beinhalten meist verschärfende Maßnahmen zur Ressourcenschonung, Maßnahmen zum Einsatz schadstoffarmer Materialien sowie der Reduzierung gesundheitsschädlicher Emissionen (Lärm, Feinstaub). Das Umweltbundesamt veröffentlicht auch kontinuierlich aktualisierte Leitfäden und Handbücher auf der Basis der jeweils aktuellen Kriterien des Umweltzeichens Blauer Engel für Bürogeräte mit Druckfunktion. Weitere Informationen zum Umweltzeichen „Blauer Engel" erhält man unter www.blauer-engel.de.

CCC-Zertifikat

Seit dem 01.08.2003 ist in China das System der Pflichtzertifizierung obligatorisch. Zertifizierungspflichtige Waren ohne entsprechende Zertifikate oder Sondergenehmigungen können seitdem nicht mehr in die Volksrepublik eingeführt, in den Handel gebracht oder genutzt werden. CCC steht für „China Compulsory Certificate" (chinesisches Pflicht-Zertifikat). Das CCC-Zeichen (Bild 1.178) wird zur differenzierten Betrachtung der Zertifizierung durch die Zusätze für elektromagnetische Verträglichkeit CCC(EMC) und CCC(S&E) sowie für Feuerschutz CCC(F) erweitert.

CE-Zeichen

Die **CE-Kennzeichnung** (Conformité Européenne; frei übersetzt: „Übereinstimmung mit EU-Richtlinien") ist eine Kennzeichnung nach EU-Recht für bestimmte Produkte im Zusammenhang mit der Produktsicherheit. Hersteller, die ihre Produkte in der Europäischen Union in Verkehr bringen, sei es als Import oder innerhalb der EU produzierte Ware, sind gesetzlich dazu verpflichtet, dieses Zeichen vor dem Inverkehrbringen auf ihren Erzeugnissen anzubringen, sofern dies in den relevanten Richtlinien gefordert ist. Doch nur mit der Anbringung ist es nicht getan.

Der Hersteller hat die Forderungen aller Richtlinien, die auf sein Produkt anzuwenden sind, einzuhalten. Für die Herstellung von Computern und Peripheriegeräten gelten insbesondere die Richtlinien der **Elektromagnetischen Verträglichkeit** (2014/30/EU), kurz EMV (Kap. 5.4.4), und für die Betriebssicherheit die Niederspannungsrichtlinie (2014/35/EU) mit ihren jeweiligen nachfolgenden Änderungen. Prüfungen zur Erfüllung der Schutzziele der Richtlinien erfolgen in der Regel auf Basis europäisch harmonisierter Normen (z. B. EN 55011:2016 und A1:2017, Prüfnorm für die Störaussendung von ISM-Geräten, z. B. Bluetooth; Kap. 1.7.8; **ISM**-Band: Industrial, Scientific and Medical Band).

Wichtig bei der EMV sind zwei Tatsachen: Einerseits darf das Gerät keine elektromagnetischen Störungen in seiner Umwelt erzeugen, andererseits soll es gegen äußere Störeinflüsse ausreichend geschützt sein. In der Niederspannungsrichtlinie sind die Einhaltung der elektrischen und mechanischen Gerätesicherheit und der Brandschutz gefordert. Eine besondere Bedeutung bekommen hier Lasergeräte, z. B. DVD-Laufwerke. Die **Bundesnetzagentur** kontrolliert regelmäßig durch Stichproben im Markt die Einhaltung der Richtlinien.

> Die CE-Kennzeichnung ist ausschließlich für die staatliche Marktüberwachung gedacht. Das CE-Zeichen ist weder ein Gütesiegel noch eine Sicherheitskennzeichnung wie beispielsweise die VDE-Kennzeichnung.

Die Richtlinien werden von den Mitgliedsstaaten der EU in nationale Gesetze umgewandelt, die dann für alle Hersteller verbindlich sind. Bereits vorhandene nationale Vorschriften wie Sicherheitsvorschriften werden den EU-Richtlinien angepasst. In Deutschland ist das CE-Zeichen seit dem 01.01.1996 Pflicht.

Das CE-Konformitätszeichen wird durch den Hersteller auf einem Produkt nur einmal angebracht, auch wenn für das Produkt mehrere Richtlinien zur Anwendung kommen. Dazu gibt der Hersteller eine EU-Konformitätserklärung ab. Das CE-Zeichen muss einem definierten Raster entsprechen und eine Mindesthöhe von 5 mm besitzen.

KEYMARK – der Schlüssel für Europa

 Die **KEYMARK** ist das europäische Zertifizierungszeichen, das die Übereinstimmung von Produkten und Dienstleistungen mit europäischen Normen dokumentiert. Während die CE-Kennzeichnung primär die Einhaltung gesetzlicher Mindeststandards anzeigt, bietet die KEYMARK einen echten Mehrwert: die geprüfte und zertifizierte Einhaltung einheitlicher europäischer Qualitätsstandards. Die für bestimmte Produkte gesetzlich geforderte CE-Kennzeichnung kann damit in sinnvoller Weise ergänzt werden. (www.keymark.eu)

Ein Produkt darf nur dann mit der KEYMARK gekennzeichnet werden, wenn es zuvor durch neutrale, unabhängige und kompetente Stellen geprüft und zertifiziert wurde. Werksbesichtigung und Typprüfung stellen neben der regelmäßigen Überwachung wichtige Elemente des Verfahrens zur Vergabe der KEYMARK dar. Darüber hinaus muss der Hersteller eine produktbezogene Herstellungskontrolle unter Berücksichtigung der Elemente der Normenreihe EN ISO 9001 durchführen. Dieses Qualitätssystem unterliegt einer jährlichen Überwachung und wird durch eine mindestens alle zwei Jahre stattfindende Produktprüfung ergänzt. Seit 2015 erfolgen in Deutschland die Verwaltung und die Vergabe des Prüfzeichens im Auftrag der CEN (European Committee for Standardization) durch DIN CERTCO. (www.dincertco.de)

 Um das Vertrauen in die KEYMARK zu stärken, kann sie in Verbindung mit Zeichen bestehender nationaler Zertifizierungssysteme erteilt werden, die auf der Konformität mit Europäischen Normen beruhen. Das Zertifizierungszeichen von DIN CERTCO heißt „DIN-Geprüft".

ENEC-Verfahren und ENEC-Zeichen

 Auf Initiative von europäischen Herstellerverbänden haben europäische Prüf- und Zertifizierungsstellen vereinbart, die Sicherheitsanforderungen von elektrotechnischen Produkten europaweit einheitlich zu beurteilen. So entstanden das ENEC-Verfahren und das **ENEC-Zeichen** (European Norms Electrical Certification).

Das ENEC-Zeichen ist für eine Vielzahl von elektrotechnischen Produkten erhältlich. Es steht für die Konformität mit den europäischen Sicherheitsnormen und wird von einer am ENEC-Verfahren teilnehmenden Zertifizierungsstelle erteilt. ENEC-zugelassene Produkte werden auf der ENEC-Website (www.enec.com) aufgelistet.

Mit dem ENEC-Zeichen gekennzeichnete Produkte unterliegen einer vollständigen Prüfung an einem repräsentativen Produkt in einem der Laboratorien der jeweiligen Zertifizierungsstelle. Hierbei wird geprüft, ob die relevanten europäischen Normen erfüllt sind. Zusätzlich findet jährlich eine Fertigungsüberwachung statt, die sicherstellen soll, dass die Produkte auch nach der Zulassung den geprüften Anforderungen entsprechen. Alle ENEC-Zertifizierungsstellen haben sich verpflichtet, das ENEC-Zeichen so zu akzeptieren, als hätten sie es selbst erteilt. Das ENEC-Zeichen macht somit immer mehr nationale Prüfzeichen überflüssig.

ERGONOMIE GEPRÜFT

  Das Label **ERGONOMIE GEPRÜFT** wird für Büromöbel, IT-Geräte und Software vergeben. Einem Display bescheinigt es elektrische Sicherheit (GS-Zeichen) und die Erfüllung ergonomischer Anforderungen nach der Norm DIN EN ISO 9241-307 (visuelle Anzeigen und Farbdarstellungen), sowie weitere Kriterien wie Leuchtdichte oder Gleichmäßigkeit der Zeichendarstellung.

> Das Prüfsiegel ERGONOMIE GEPRÜFT vergibt der TÜV Rheinland nur nach einer eingehenden Prüfung.

Bezüglich der Einhaltung von Softwareergonomie müssen bestimmte Merkmale wie Dialogführung, Benutzerführung, Menüs usw. der DIN EN ISO 9241, Teil 11 und Teil 110 entsprechen.

GS-Zeichen

> Das internationale **GS-Zeichen** (Geprüfte Sicherheit) bescheinigt einem Produkt elektrische und mechanische Sicherheit sowie die Einhaltung von Brandschutzbestimmungen. („Sicherheitszeichen")

Es bestätigt außerdem, dass die Sicherheitsregeln für Bildschirmarbeitsplätze der Berufsgenossenschaft (EK1-ITB 2000) eingehalten werden. Diese Prüfplakette wird vom TÜV, vom VDE oder den Berufsgenossenschaften vergeben. Sie bescheinigt z. B. einem Display, dass es die Normen zur Sicherheit der Informationstechnik IEC/EN 62368-1, der Sicherheitsregeln für Bildschirmarbeitsplätze im Bürobereich EK1-ITB 2000 und der Ergonomie gemäß ISO 9241-307 erfüllt. Die Anforderungen werden immer wieder aktualisiert. Auf Geräten der IT-Technik findet man das GS-Zeichen auch in Verbindung mit der SGS-Produktkennzeichnung, einem weiteren Gütesiegel zur Kennzeichnung der elektrischen Sicherheit. Das GS-Zeichen steht für die Einhaltung einer Gesetzeskonformität sowie deren Überprüfung und Überwachung durch eine staatlich zugelassene Stelle. Alle zugelassenen Stellen müssen gleiche Beurteilungskriterien für die Vergabe ihrer GS-Zeichen anwenden.

Staatlich zugelassene Prüfstellen für das GS-Zeichen sind u. a.:
- TÜV Rheinland LGA Products GmbH
- TÜV SÜD Produkt Service GmbH
- TÜV Nord CERT GmbH & Co. KG
- VDE Verband der Elektrotechnik Elektronik Informationstechnik e. V.

S-Zeichen

Das **S-Zeichen** ist ein europäisches Prüfzeichen und wird von Intertek SEMKO AB zertifiziert. Der Buchstabe S steht für Sicherheit in fast allen europäischen Sprachen: safety, Sicherheit, sécurité, seguridad, Säkerhet, salvezza etc. (Bild 1.178).

Produkte, die das S-Zeichen tragen, entsprechen allen anwendbaren Anforderungen der zutreffenden europäischen Sicherheitsnormen. Zusätzliche Fertigungsüberwachungen stellen sicher, dass die Produkte auch nach der Zulassung den geprüften Anforderungen entsprechen.

Das S-Zeichen unterstützt die Hersteller zusätzlich bei der gesetzlich geforderten CE-Kennzeichnung und Konformitätserklärung. Produkte, die das S-Zeichen tragen, erfüllen alle grundlegenden Sicherheitsanforderungen der EU-Niederspannungsrichtlinie. Das S-Zeichen hilft somit Herstellern und Händlern bei der Einhaltung der gesetzlichen Anforderungen und gibt der Kundschaft die Gewissheit, ein sicheres Produkt zu erhalten.

„Green Product"-Zertifizierung

Die Vergabekriterien des Prüfzeichens „**Green Product**", „Verantwortlicher Umgang mit chemischen Inhaltsstoffen", „Recycling und Wiederverwendung recycelter Materialien", „Erstellung einer CO_2-Bilanz/Carbon Footprint" sowie „Energieverbrauch und Energieeffizienz" werden durch den TÜV Rheinland überarbeitet und stetig den neuesten Entwicklungen angepasst. Das Label können neben PCs auch Notebooks und Monitore einschließlich TFTs und Tastaturen, aber auch andere Konsumgüter erhalten. Vergabe und Kontrolle erfolgen ebenfalls durch den TÜV Rheinland.

Ziele sind die Schonung von Ressourcen und Umwelt sowie die Information über Einhaltung der technischen Sicherheit, Ergonomie und Umweltanforderungen.

TCO Certified

TCO Certified ist die weltweit führende Nachhaltigkeitszertifizierung für IT-Produkte und ein wichtiges Werkzeug für Einkäufer und Beschaffungsorganisationen, um Nachhaltigkeit korrekt umzusetzen. Die Organisation hinter den Zertifizierungen ist **TCO Development** (Tjänstemännens Central Organisation) mit Hauptsitz in Schweden. Diese beschreibt TCO Certified wie folgt:

„TCO Certified is a global sustainability certification for IT products. It includes both social and environmental aspects and helps purchasing organizations and the IT industry address the most important sustainability challenges connected to electronics, such as climate, circularity, hazardous substances, and supply chain responsibility."
(Quelle: TCO Development, https://tcocertified.com/speaking-and-writing-about-tco-certified [17.09.2024])

Die TCO-Certified-Kriterien umfassen inzwischen eine Vielzahl von Bereichen (Bild 1.179).

Product and sustainability Information	Product Performance	Socially responsible Manufactoring
Product Lifetime Extention	**Criteria Areas**	Material Recovery
Reduction of hazardous Substances	Environmentally responsible Manufactoring	User Health and Safety

Bild 1.179: Kriterienbereiche TCO Certified

Die in diesen Bereichen jeweils formulierten Kriterien gehen vielfach über gesetzliche Bestimmungen hinaus. Die Kriterien wurden in der Vergangenheit (z.B. 1999) zunächst nur für Computerdisplays formuliert. Obwohl diese national keinen Gesetzescharakter hatten, bildeten sie in der Folgezeit dennoch die Grundlage für Industriestandards bei Displays und haben bis heute noch immer ihre Bedeutung.

Beispiele für frühe, grundlegende Display-Anforderungen im Überblick:

Flimmerfreiheit
Die Bildwiederholfrequenz muss bei der für die Bildschirmgröße typischen Auflösung mindestens 85 Hz betragen. Die Bildwiederholfrequenz muss leicht einstellbar sein.

Leuchtdichtekontrast
Der Wert für den Leuchtdichtekontrast wurde verbessert. Die Messung der Kontrastanforderungen muss jetzt über 81 % der Bildschirmfläche (vorher 64 %) betragen.

Kontrast bei Flachbildschirmen
Die Kontrastanforderungen müssen auch bei einem Blickwinkel von bis zu 30° abweichend von der Senkrechten erfüllt sein.

Farbtemperatur
Anforderungen bezüglich der Abweichungen bei der Farbtemperatur und der Einheitlichkeit der angezeigten Farben haben sich erhöht.

Magnetische Felder
Magnetische Felder in der Umgebung von Bildschirmen dürfen keine Störungen und keine Beeinträchtigungen der Bildqualität (z.B. Flackern) hervorrufen.

Energieverbrauchswerte
Die Energieverbrauchswerte wurden im Stand-by-Modus von 30 Watt auf max. 15 Watt halbiert, im abgeschalteten Zustand auf max. 5 Watt.

Rückkehrzeiten beim Restart vom Energiesparmodus
Nach dem Stand-by-Modus soll die Rückkehrzeit für Bildschirme maximal drei Sekunden und für Systemeinheiten max. fünf Sekunden betragen.

Energiedeklaration
Jedem Gerät muss eine Energiedeklaration bezüglich des Energieverbrauchs in allen Betriebs-arten beigefügt werden, ebenso eine Bedienungsanleitung in der Landessprache, wie der Energiesparmodus zu aktivieren ist.

Recyclingfähigkeit
Es sollen nur wenige Kunststoffarten verwendet werden und diese nicht vermischt in einzelnen Bauteilen (ab 100 g Gewicht). Alle Kunststoffarten (einschließlich Angaben zur Verwendung von Flammschutzmitteln) müssen deklariert werden.

Verbot der Metallisierung von Plastikgehäusen
Weder an Innen- noch Außenseiten von Kunststoffgehäusen dürfen Metallisierungen vorgenom-men werden.

Recycling beim Hersteller
Hersteller müssen mindestens einen Vertrag mit einer Recyclingfirma für Elektronikschrott abgeschlossen haben.

Bild 1.180: Auswahl grundlegender Displayanforderungen

Diese Anforderungen wurden in nachfolgenden Veröffentlichungen auch für andere Pro-dukte übernommen, ggf. produktbezogen angepasst und punktuell immer weiter ver-schärft. Die Verschärfungen umfassen inzwischen auch andere Elemente, etwa soziale Verantwortung in der Lieferkette und im gesamten Produktlebenszyklus.

Die Veröffentlichungen werden inzwischen durch eine fortlaufende „Generationszahl" gekennzeichnet (z.B. TCO Certified, Generation 9; die TCO-Bezeichnungen mit nachfol-gender Jahreszahl werden nicht mehr verwendet; z.B. TCO`99). Im Dreijahresrhythmus wird eine neue Generation aktualisierter Kriterien und Prüfmethoden entwickelt, um schrittweise Veränderungen voranzutreiben und die Nachhaltigkeit zu fördern. Bild 1.181 zeigt die insgesamt elf Produktkategorien, die in der TCO Certified, Generation 9, defi-niert sind, mit Beispielen von (verschärfenden) Anforderungen. (siehe auch https://tco-certified.com/de/industry/tco-certified-generation-9/).

Produktkategorie	Beispiele für (verschärfende) Anforderungen
Displays	– EMV-Verträglichkeit – Verbot von umweltschädlichen Stoffen wie Cadmium, Quecksilber, Blei usw. – Erfüllung der aktuellen RoHS-Richtlinie (Kap. 1.14.2) – Ein Bildschirmhersteller muss nach ISO 14001 oder **EMAS** (**E**co **M**anagement and **A**udit **S**cheme; freiwilliges Umweltmanagement-system innerhalb der EU) zertifiziert sein (siehe auch EU-Verordnung Nr. 2018/2026).
Notebooks	– Umweltanforderungen: Geräte dürfen z.B. kein Quecksilber enthalten, haben einen sehr geringen Stromverbrauch und sind für das Recycling vorbereitet. – Erhöhte Bildqualität, niedrigerer Geräuschpegel sowie höherer Schutz vor elektrischen und magnetischen Feldern – Forderung nach ergonomischer Gestaltung und gut lesbaren Tasten

Produktkategorie	Beispiele für (verschärfende) Anforderungen
Tablets	– Neben den für alle zertifizierten Produkte geltenden Kriterien muss das Display eines Tablet-PCs in einem weiten Betrachtungswinkel lesbar sein.
Smartphones	– Gute Kommunikationseigenschaften, einfache Anwendbarkeit, z. B. Tastengröße, ergonomische Gestaltung von Displayinhalten, Material des Gehäuses (Vermeidung von Kontaktallergien) – Akku ersetzbar und frei von Blei und Cadmium
Desktops	– Geringerer Energieverbrauch, niedrigerer Lärmpegel und höherer Schutz vor elektrischen und magnetischen Feldern – Strengere Anforderungen an die Verbreitung umweltschädlicher Stoffe bei Herstellung und Wiederverwertung
All-In-One-PCs	– Farbwiedergabe, hohe Lichtstärke und hohe Auflösung wie bei separaten Displays – Erfüllung von Umweltkriterien (niedriger Gehalt an umweltschädlichen Stoffen, geringer Stromverbrauch, Recyclingfähigkeit)
Projectors	– Geringe Geräuschentwicklung des Kühlventilators – Keine Erzeugung messbarer elektrischer Felder – Hohe Energieeffizienz des verwendeten Leuchtmittels
Headsets	– Schutz vor gefährlichen Impulstönen – Gut funktionierende Lautstärkenregelung – Ergonomie und Anwenderfreundlichkeit – Bei kabellosen Headsets Forderung nach niedrigen SAR-Werten (Spezifische Absorptionsrate; Kap. 5.4.4)
Network Equipment	– Verwendung erneuerbarer Komponenten (z. B. Mainboard, CPU, GPU, RAM, Batterien, Verbindungskabel) – Einrichtung eines Managementsystems zur Entsorgung entstehenden Elektroabfalls
Data Storage	– Sichere Datenlöschung – Produktgewährleistung des Herstellers – Vollständigkeit und Funktionstüchtigkeit gelieferter Produkte
Server	– Genaue und vergleichbare Produktinformationen (z. B. in gedruckter oder digitaler Form) – Lange Lebensdauer – Geringer Wartungsaufwand

Bild 1.181: TCO-Certified, Generation 9: Produktkategorien und Beispiele für zu erfüllende Anforderungen

Neben einer Vielzahl jeweils produktspezifischer Anforderungen existieren auch Kriterienbereiche, die für alle Produktkategorien identisch sind. Hierzu gehören beispielsweise die folgenden Bereiche:

- **sozialverträgliche Fertigung** (*socially responsible manufactoring*): z. B. höhere Transparenz bei der Lieferantenkette, angemessene Entlohnung der Beschäftigten, korruptions- und ausbeutungsfreie Beschaffung von Grundstoffen

- **Einsatz gefährlicher Stoffe** (*use of hazardous substances*): z. B. Verwendung umweltverträglicher Stoffe, Gesundheitsschutz der Beschäftigten, Reduzierung von Prozesschemikalien

- **Nachhaltigkeit** (*substainability*): z. B. Verlängerung der Lebensdauer von IT-Produkten, Verbesserung der Recyclingfähigkeit

- **IT-Wirtschaftskreislauf** (*economic cycle*): z. B. vermehrter Einsatz zirkulärer Geschäftsmodelle, Verbesserung der Wiederverwertbarkeit, Reduzierung von Elektroschrott

Die endgültige Fassung der TCO Certified, Generation 10, wurde 2024 veröffentlicht. Sie beinhaltet aktualisierte Kriterien, die insbesondere darauf abgestimmt sind, Klimaauswirkungen von IT-Produkten zu verringern, weitere Schadstoffe durch sichere Alternativen zu ersetzen sowie die Arbeitsbedingungen von Menschen zu verbessern. Hierzu gehören u. a. zusätzliche Kriterien in den folgenden Schlüsselbereichen (siehe auch https://tcocertified.com/de/industry/generation-10/#major-Changes):

- **Klima**, z. B.
  - Verwendung von mindestens 15 % erneuerbaren Energien bei der Endmontage
  - Einführung eines Energiemanagementsystems bei allen Endmontagewerken (Zertifizierung nach ISO 50001)
  - Verringerung des CO_2-Fußabdrucks von Produkten
  - Verbesserung der Energieeffizienz von Produkten
  - Produktion von Geräten mit einer möglichst langen Lebensdauer

- **Stoffe**, z. B.
  - Erweiterung der Liste „TCO Certified Accepted Substances" um die Kategorie „Stabilisatoren" (chemische Zusätze bei der Bearbeitung von Werkstoffen, z. B. um Kunststoffe hitzebeständiger zu machen); sofern eine Stabilisatorsubstanz von einer unabhängigen Prüfstelle nicht als sicher bewertet bzw. diese nicht auf der oben genannten Substanzliste aufgeführt wird, darf sie nicht in zertifizierten Produkten verwendet werden
  - Mit Produkten gelieferte Anschlusskabel dürfen nur Flammschutzmittel, Weichmacher und Stabilisatoren enthalten, die auf der oben genannten Substanzliste aufgeführt sind.

- **Zirkularität**, z. B.
  - seitens der Markeninhaber garantierte Lebensdauer eines Produkts von mindestens fünf Jahren (und mehr), davon mindestens ein Jahr kostenlos
  - kostenlose Software-Updates für Sicherheit und Funktionalität (insbesondere für Betriebssysteme) während der gesamten Gültigkeit des Zertifikats TCO Certified sowie mindestens fünf Jahre, nachdem das Produkt nicht mehr in Verkehr gebracht wird
  - Produktkennzeichnung mit einem zweidimensionalen Barcode (Kap. 4.3.6), der die eindeutige Produktidentität enthält und einen direkten Zugriff auf die Produktinformationen auf Artikelebene ermöglicht
  - Möglichkeit des Batteriewechsels (insbesondere bei Mobilgeräten) mit handelsüblichen oder kostenlos mitgelieferten Werkzeugen
  - Angabe eines „Reparaturindex" bei mobilen Geräten, der über den Grad der Wartung und der Reparaturfähigkeit informiert

- **Lieferkette**, z. B.
  - Einhaltung des Lieferkettengesetzes
  - strengere Anforderungen an die Korruptionsbekämpfung
  - größere Transparenz bei der Beschaffung erforderlicher Mineralien (z. B. sog. „seltene Erden" für Mobiltelefone)

1.14.4 Reduktion der Energiekosten

Viele elektrische und elektronische Geräte im Consumerbereich verbrauchen auch dann Energie, wenn sie eigentlich gar nicht in Funktion sind, sondern lediglich darauf warten, durch ein entsprechendes, meist per Funksignal aus einer Fernsteuerung gesendetes Signal in ihren jeweiligen aktiven Zustand versetzt zu werden. Diesen Bereitschaftszustand bezeichnet man als *Leerlauf* oder *Standby*. Viele Geräte haben auch gar keinen Schalter mehr, um sie komplett vom Energieversorgungsnetz zu trennen. Diese Leerlaufverluste betragen laut Untersuchungen des Umweltbundesamtes allein in Deutschland mehrere Milliarden Kilowattstunden (kWh, Kap. 5.1.5.1) an elektrischer Energie, deren Erzeugung und Bereitstellung mehrere Milliarden Euro pro Jahr an Kosten verursacht.

Um (unter anderem) diese Leerlaufverluste zu reduzieren, wurden auf EU-Ebene eine Reihe von Richtlinien und Verordnungen mit Anforderungen erlassen, die elektrische und elektronische Geräte erfüllen müssen, um in der EU in den Handel zu kommen. Die hierbei ursprünglich zugrunde liegende EU-**Ökodesign-Richtlinie** 2009/125/EG (sowie andere ältere Richtlinien, z.B. EU 2020/1828) wurden 2024 durch die EU-Verordnung 2024/1781 ersetzt und muss nunmehr in nationales Recht umgesetzt werden.

Zur Verringerung vorhandener Leerlaufverluste werden in dieser Verordnung unter anderem folgende Anforderungen für Elektrogeräte genannt:

- grundsätzliches Vorhandensein von Stromsparzuständen

- Einhaltung von vorgegebenen Höchstwerten der Energieaufnahme in bestimmten Bereitschafts- oder scheinbaren Aus-Zuständen

- Informationspflicht der Hersteller über die Leerlaufzustände ihrer Geräte und über die dabei aufgenommene Energieleistung in den jeweiligen Geräteunterlagen.

Grundsätzlich sollte bei allen technischen Geräten schon bei der Auswahl auf einen niedrigen Energieverbrauch sowohl im Normalbetrieb als auch im Stand-by-Zustand geachtet werden. Eine Orientierung für den durchschnittlichen Energieverbrauchswert eines Geräts liefert die EU-Energieverbrauchskennzeichnung, auch **EU-Energielabel** genannt, das sich inzwischen auf allen technischen Produkten befindet. Dieses Energielabel besteht aus einer siebenstufigen Farbskala, von Dunkelgrün bis Rot, durch die eine einfache Zuordnung zu einer Energieeffizienzklasse (üblicherweise A bis G) erfolgt. Abhängig von der Produktgruppe können auch zusätzliche Angaben zum Produkt gemacht werden (in Bild 1.182 z.B. für Flachbildschirme).

Für den deutschen Markt sind generell die folgenden Umweltzeichen relevant:

- Der Blaue Engel des Bundesumweltministeriums
- Das TCO-Certified-Logo des schwedischen Gewerkschaftsverbandes
- Das Energielabel der EU (noch nicht für alle Geräte verpflichtend; lässt ausschließlich Rückschlüsse auf die Energieeffizienz der Geräte zu)

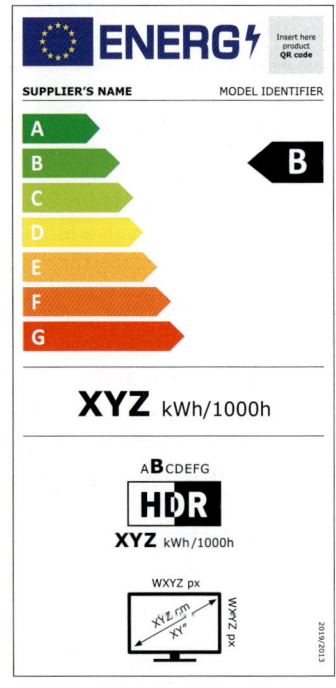

Bild 1.182: Energielabel (Beispiel)

Als **Energieeffizienz** (*energy efficiency*) bezeichnet man die wirtschaftliche und effiziente Verwendung von Energie. Hierbei werden durch Prozessoptimierungen die unvermeidbaren Verluste bei der Erzeugung, der Wandlung, dem Transport, der Speicherung und dem Einsatz von Energie möglichst minimiert (siehe auch Kap. 5.1.5).

AUFGABEN

1. In welchem Jahr wurde die Bildschirmarbeitsverordnung (BildschArbV) in nationales Recht umgesetzt und welche Maßnahmen werden darin beschrieben?

2. Nennen Sie wichtige ergonomische Gesichtspunkte, nach denen benutzerfreundliche Software ausgelegt werden sollte.

3. Die falsche Aufstellung des Bildschirms ist derzeit der am häufigsten auftretende Mangel an Bildschirmarbeitsplätzen. Geben Sie Hinweise zur richtigen ergonomischen Aufstellung des Bildschirmes (ggf. Internetrecherche erforderlich).

4. Das Deutsche Institut für Normung e. V. (DIN) gibt „Deutsche Normen" für fast alle technischen und naturwissenschaftlichen Bereiche heraus. Was charakterisiert eine Norm? (Hinweis: Zur Beantwortung ggf. Internetrecherche durchführen.)

5. In welchem Zusammenhang spricht man vom „silbernen Kreislauf"?

6. Wozu dient die 2003 erstmals beschlossene und nachfolgend stetig aktualisierte WEEE-Richtlinie?

7. Ein Kunde möchte ein IT-Gerät kaufen, welches den allgemeinen Kriterien der zugehörigen TCO Certified-Norm entspricht. Erläutern Sie ihm, welche Anforderungen bzw. Kriterienbereiche durch ein TCO Certified-Label erfasst werden.

8. Welche Informationen kann man dem EU-Energielabel entnehmen, das auf vielen technischen Geräten zu finden ist?

9. Auf manchen Geräten ist sowohl das GS-Zeichen als auch das CE-Zeichen zu finden. Formulieren Sie mit eigenen Worten die jeweilige Bedeutung und begründen Sie, warum eines der Zeichen allein nicht ausreicht.

10. In welchen Fällen spricht man von elektromagnetischer Verträglichkeit (EMV) und welche Prüfsiegel bestätigen, dass die gestellten Anforderungen erfüllt werden?

11. Aus welchen Gründen sollten zukünftig nur noch Geräte produziert werden, die das Prüfsiegel „Blauer Engel" besitzen? (abhängig von der Bearbeitungstiefe Internetrecherche erforderlich)

12. Welche wesentlichen Punkte werden durch das ElektroG sowie seine nachfolgenden Aktualisierungen geregelt?

13. Der Jahresverbrauch eines Büros mit 20 Computerarbeitsplätzen beträgt 13.570 kWh. Welchen Betrag könnte man bei einem Strompreis von 0,35 €/kWh pro Jahr einsparen, wenn man den Energieverbrauch optimieren und dadurch ca. 70% der elektrischen Energie einsparen würde?

14. Unter welchen Bedingungen darf eine Firma mit dem „Blauen Engel" werben?

15. Was versteht man allgemein unter „Barrierefreiheit"? Nennen Sie Beispiele für Maßnahmen, um Benutzeroberflächen von Software und Darstellungen auf Internetseiten barrierefrei zu gestalten.

1

Der aus dem Englischen stammende Begriff **Software** entstand als Kunstwort in Abgrenzung zum wesentlich älteren Begriff der Hardware. Während Hardware die physikalischen Komponenten eines Computersystems bezeichnet, wird Software im allgemeinen Sinn synonym mit dem Begriff *Computerprogramme* verwendet.

Software kann nach unterschiedlichen Gesichtspunkten klassifiziert werden, meist erfolgt eine Unterteilung nach hauptfunktionalen Aspekten. Hierbei unterscheidet man die Kategorien **Systemsoftware** und **Anwendungssoftware**. Zur Systemsoftware gehören maßgeblich die Betriebssysteme sowie angegliederte Dienstprogramme, die jeweils durch entsprechende Anweisungen bewirken, dass die Hardware – also der Rechner – bestimmte elementare Funktionen ausführt. Zur Anwendungssoftware gehören sämtliche Programme, die jeweils Aufgaben durchführen, die Menschen mit einem Computer erledigen wollen. Diese Programme lassen sich nach unterschiedlichen Kriterien gruppieren (Bild 2.1).

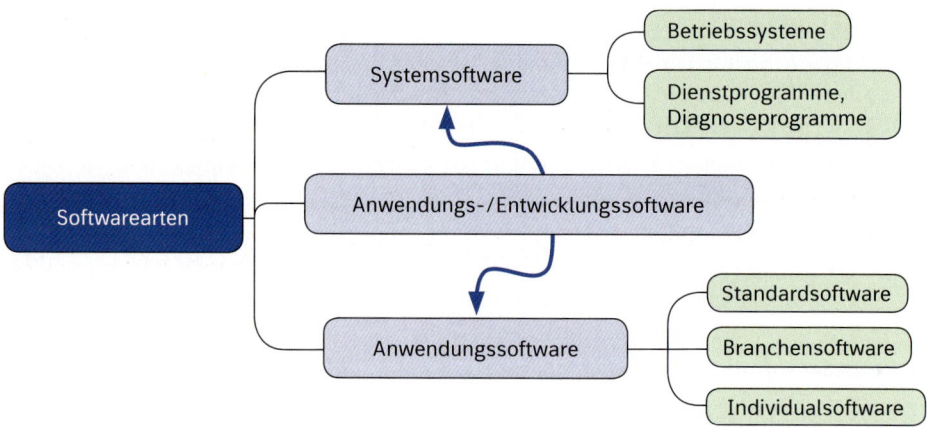

Bild 2.1: Softwarearten nach hauptfunktionaler Einteilung

Das Zusammenwirken der verschiedenen Softwarearten wird mit dem sog. **Schalen- und Schichtenmodell** visualisiert (Kap. 2.3.1). Bei moderner Systemsoftware werden vielfach Prozesse aus dem eigentlichen Systemkern ausgelagert, was mit dem Begriff **Client-Server-Modell** umschrieben wird (Kap. 2.3.2).

2.1   Systemsoftware

Alle Anwendungsprogramme, die auf einem Rechner ausgeführt werden – ob Software zur Textverarbeitung, zur Datenbankverwaltung, zur Bildbearbeitung oder zur Datenkommunikation –, haben eines gemeinsam: Sie benötigen für ihre Ausführung ein Basisprogramm, das eine Reihe wichtiger Funktionen (Systemdienste) zur Verfügung stellt.

Als **Systemdienste** bezeichnet man auf einem Computer ablaufende Basisprogramme, die für eine Anwendungssoftware erforderliche systemnahe Funktionen aktivieren, steuern und überwachen.

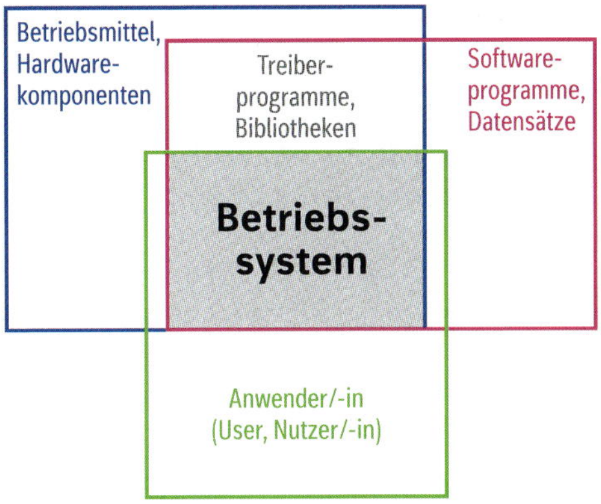

Zu diesen Funktionen zählen z. B. die Verwaltung des Arbeitsspeichers, die Steuerung der Datenein- und -ausgabe sowie die Kontrolle über verwendete Programme und Dateien.

Die Software, die diese Dienste bereitstellt, wird als **Betriebssystem (BS)** oder auf Englisch **Operating System (OS)** bezeichnet.

Bild 2.2: Das Betriebssystem als Vermittler zwischen Hardware, Software und Anwender/-in

Viele dieser Dienste laufen im Hintergrund ab und werden bei der Nutzung meist nicht wahrgenommen. Dennoch sind sie für eine fehlerfreie Datenverarbeitung unverzichtbar, ebenso wie die zahlreichen Treiberprogramme.

Als **Treiberprogramm, Gerätetreiber** oder kurz **Treiber** bezeichnet man ein Computerprogramm, das hardwarenahe Funktionen für den Betrieb eines angeschlossenen Gerätes zur Verfügung stellt.

Für jedes angeschlossene Gerät ist ein an die verwendete PC-Hardware und die Systemsoftware angepasster Treiber erforderlich, damit eine Interaktion zwischen Computer und Gerät erfolgen kann. Moderne Betriebssysteme beinhalten bereits eine Vielzahl gängiger Treiber, bei neu auf den Markt kommenden Geräten müssen diese ggf. nachträglich von den Internetseiten des jeweiligen Herstellers heruntergeladen werden. Durch die Systemdienste und die Treiberprogramme ermöglicht das Betriebssystem den Anwendenden, Geräte und Anwendungssoftware auf unterschiedlicher Hardware laufen zu lassen.

Betriebssysteme sind in der Norm ISO 24765:2010 beschrieben. Sinngemäß lässt sich zusammenfassen:

Das **Betriebssystem** ist die Gesamtheit der Programme eines Rechnersystems, die die Betriebssteuerung erledigt und den Nutzenden eine zugängliche Umgebung für ihre Aufträge bereitstellt.

Ein Betriebssystem hat demnach folgende grundlegende Funktionen:

- Verbergen der Komplexität der Maschine vor den Anwendenden (Abstraktion)

- Bereitstellung einer Benutzerschnittstelle wie Kommandointerpreter, Shell oder Desktop

- Gewährleistung der Zusammenarbeit der Zentraleinheit (CPU; Kap. 1.3) mit den verwendeten Hardwarebausteinen und Peripheriegeräten (z. B. Tastatur, Maus, Drucker usw.; Kap. 1.11 ff.)

- Bereitstellung einer normierten Programmierschnittstelle (API: **A**pplication **P**rogramming **I**nterface), ggf. auch Compiler, Linker, Editor

- Verwaltung der Ressourcen der Maschine; dazu zählen Prozessor(en), Arbeitsspeicher, Hintergrundspeicher (Flash, Platte, Band etc.; Kap. 1.5 und 1.8), Geräte (Terminal, Drucker, Plotter etc.), Rechenzeit usw.

- störungsfreie Ausführung von Anwendungsprogrammen inkl. der sicheren Verwaltung und Speicherung von Dateien

- Schutzstrategien, z.B. gegen Systemabstürze

- Koordination von Prozessen und Programmabläufen

In der Arbeit des Softwarenutzenden sind die realen Rechnerkomponenten nicht sichtbar. Daher spricht man von der Abstraktion des Maschinebegriffs, die sich in drei Stufen vollzieht:

Reale Maschine	=	Zentraleinheit + Geräte (Hardware)
Abstrakte Maschine	=	Reale Maschine + Betriebssystem
Benutzermaschine	=	Abstrakte Maschine + Anwendungsprogramme

Das Betriebssystem bietet den Anwendenden eine abstrakte Maschine an, welche die reale Hardware unsichtbar macht.

Oft vermischen sich die Ebenen. So ist ein Teil des Betriebssystems moderner Rechner als UEFI (Kap. 3.3.1) für die Ansteuerung der Hardware in einem Festwertspeicher (Flash, EPROM etc.; Kap. 1.5.1) fest auf dem Mainboard des PCs eingebaut.

Alle heute verwendeten Betriebssysteme arbeiten nach dem Dialogprinzip. Zuvor erfolgte der Dialog im Textmodus über Tastatur und Textbildschirm. Später wurden grafische Benutzeroberflächen entwickelt, wie z.B. GEM von Digital Research, Apple OS auf Lisa und Macintosh, Windows von Microsoft und X unter UNIX. Es gibt für einen PC stets unterschiedliche Betriebssysteme, aber für alle gilt in gleicher Weise: Nach dem Einschalten des Rechners müssen sie als Erstes in den Arbeitsspeicher geladen werden. Dieser Vorgang wird als Hochfahren oder **Booten** bezeichnet (Kap. 3.1).

Moderne Betriebssysteme wie auch viele Anwendungsprogramme sind modular aufgebaut. Sie bestehen nicht wie früher aus einer einzelnen ausführbaren Programmdatei (COM- oder EXE-Datei), sondern greifen bei Bedarf auf installierte Programmbibliotheken (**DLL**-Dateien: **D**ynamic **L**ink **L**ibrary) und virtuelle Gerätetreiber zurück (z.B. **VDD**.VXD: **V**irtual **D**isplay **D**river für den Bildschirm).

Alle Betriebssysteme enthalten zahlreiche Zusatzprogramme (Utilities = Dienst-/Systemprogramme, Tools = Werkzeuge) für die Bearbeitung spezieller Aufgaben und Dienste.

Dazu gehört auch das Überprüfen, Formatieren und Defragmentieren von Speichermedien (Kap. 3.2). Jedes Betriebssystem besteht aus einer Sammlung von Programmen, die die Steuerung des PCs und die Sicherheit der Daten gewährleisten. Betriebssysteme können hierbei ganz unterschiedlich aufgebaut sein, was teils in der Entwicklung der Prozessortechnologie, teils in den unterschiedlichen Anwendungsanforderungen begründet ist. Je leistungsfähiger die Hardwarekomponenten sind, umso anspruchsvoller und benutzungsfreundlicher kann die Systemsoftware ausfallen. Trotz der möglichen Bandbreite zwischen Minimalsystem und höchstem Bedienkomfort haben alle Betriebssysteme folgende Aufgaben zu erledigen:

- Hochfahren bzw. Booten des Rechnersystems
- Anpassung und Steuerung der verwendeten Hardware und Peripheriegeräte
- Erkennen und Abfangen von Fehlersituationen
- Verwalten des Arbeitsspeichers und des Dateiensystems (Filesystem; Kap. 3.2.4)
- Vernetzung mit anderen Systemen (z. B. Intranet oder Internet)
- Bereitstellung von Dienst- und Diagnoseprogrammen zur Systempflege
- Überwachung der Ausführung von Anwendungsprogrammen
- Bereitstellung von Funktionsbibliotheken für Programmierende
- Verantwortung für Datensicherheit

2.1.1 Klassifizierung von Betriebssystemen

Betriebssysteme lassen sich nach unterschiedlichen Kriterien klassifizieren.

Klassifizierung nach der Betriebsart des Rechnersystems

- **Stapelverarbeitungs-Betriebssysteme (Batch-Processing)**
  Frühe Betriebssysteme erlaubten nur den Stapelbetrieb (Lochkarten etc.) und auch heutige Systeme besitzen vielfach die Möglichkeit, Programmabfolgen automatisch zu bearbeiten (z. B. Batch-Dateien bei DOS, Shell-Skripte bei UNIX usw.).

- **Dialogbetrieb-Betriebssysteme (Interactive Processing, Dialog Processing)**
  Die Benutzenden bedienen den Rechner im Dialog mittels Bildschirm, Tastatur, Maus usw. Die Bedienoberfläche kann textorientiert oder grafisch sein.

- **Netzwerk-Betriebssysteme (Network Processing)**
  Sie erlauben die Einbindung des Computers in ein Computernetz und so die Nutzung von Ressourcen anderer Computer. Dabei unterscheidet man zwischen Client-Server-Betrieb, bei dem Arbeitsplatzrechner auf einen Server zugreifen, und Peer-to-Peer-Netzen, bei denen jeder Rechner sowohl Serverdienste anbietet als auch als Client fungiert (vgl. Kap. 3.3 f.).

- **Realzeit-Betriebssysteme (Realtime Processing): Echtzeitbetrieb**
  Hier spielt, neben anderen Faktoren, die Verarbeitungszeit eine Rolle.

- **Universelle Betriebssysteme**
  Diese Betriebssysteme erfüllen mehrere der oben aufgeführten Kriterien.

Klassifizierung nach der Anzahl der gleichzeitig laufenden Programme

In dieser Klassifikation kommt der Begriff „Task" vor. Alternativ kann der deutsche Begriff „Prozess" verwendet werden. Aus Anwendungssicht eignet sich an dieser Stelle auch der Begriff „Aufgabe" bzw. „Auftrag".

- **Einzelprogrammbetrieb (Singletasking)**
  Ein einziges Programm läuft jeweils zu einem bestimmten Zeitpunkt. Mehrere Programme werden nacheinander ausgeführt.

- **Mehrprogrammbetrieb (Multitasking)**
  Mehrere Programme werden gleichzeitig (bei mehreren CPUs) oder zeitlich verschachtelt, also quasi-parallel, bearbeitet.
  Beim Multitasking werden mehrere Anwendungen scheinbar gleichzeitig ausgeführt. Für die Abarbeitung von unterschiedlichen Aufgaben (Tasks) werden diese durch den sog. Scheduler in Threads eingeteilt.

Threads sind die kleinsten Einheiten eines Programms, die zur Bearbeitung in die CPU geleitet und im schnellen Wechsel durch den Prozessor abgearbeitet werden. Mehrere Threads ergeben einen Prozess.

> Durch Multitasking wird die Rechenleistung der CPU erhöht.

Echtes Multitasking ist in der Regel nur mit mehreren Prozessoren oder Prozessorkernen möglich, da sonst keine zwei Threads gleichzeitig ausgeführt werden können. Jedoch kann durch den Einsatz von leistungsfähigen Prozessoren die Fähigkeit des schnellen und kontrollierten Wechsels zwischen den Threads näherungsweise als echtes Multitasking bezeichnet werden.

Bei Multitaskingprozessen unterscheidet man zwischen **präemptivem** (*preemptive*) und **kooperativem** (*cooperative*) Multitasking. Im ersteren Fall (präemptiv) behält das Betriebssystem die Kontrolle über den Prozessor und die Abarbeitung der Tasks (Zeit und Reihenfolge). Alle Prozesse bekommen einen separaten Speicherraum zugewiesen, erhalten aber nicht die Kontrolle über den Prozessor. So kann auch bei einem Fehler nicht das gesamte Betriebssystem zum Absturz gebracht werden. Im zweiten Fall (kooperativ) müssen sich die Programme die Arbeitszeit des Prozessors teilen. Dabei behalten die Programme selbst die Kontrolle über den Prozessor und können somit andere Programme blockieren. Bei fehlerhaften Programmen kann das gesamte System abstürzen.

Klassifizierung nach der Anzahl der gleichzeitig am Computer Tätigen

- **Einzelbenutzerbetrieb (Singleuser Mode)**
  Der Computer steht nur einer einzigen Person zur Verfügung.

- **Mehrbenutzerbetrieb (Multiuser Mode)**
  Mehrere Benutzende teilen sich die Computerleistung. Sie sind über Terminals oder Netzwerkverbindungen mit dem Computer verbunden.

Prinzipiell lassen sich Betriebssysteme nach den Kategorien Benutzerzahl, Programmzahl und Prozessorzahl folgendermaßen klassifizieren:

> Singleuser-System ⟺ Multiuser-System
> Singletasking-System ⟺ Multitasking-System
> Singleprozessor-System ⟺ Multiprozessor-System

Klassifizierung nach der Anzahl der verwalteten Prozessoren bzw. Rechner

Hier geht es nicht darum, wie viele Prozessoren allgemein in einem Rechner verwendet werden, sondern wie viele Universalprozessoren für die Verarbeitung der Daten zur Verfügung stehen. Damit ist gemeint, dass es in einem modernen Rechner mindestens einen Hauptprozessor (CPU: Central Processing Unit; Kap. 1.3) gibt. Ihn bezeichnet man allgemein als den Prozessor. Aber auch der PC enthält unter Umständen weitere, im Verborgenen wirkende Prozessoren, z.B. den Grafikprozessor, der spezielle Eigenschaften und auch einen eigenen Befehlssatz besitzt (Kap. 1.9.1.1). Auch auf dem Controller für die SAS-Schnittstelle (Kap. 1.7.2) sitzt oft ein eigener Prozessor und auch die Ein- und Ausgabe kann über eigene Prozessoren abgewickelt werden. Somit ergeben sich nachfolgende Unterscheidungsmerkmale:

- **Ein-Prozessor-Betriebssystem**
  Die meisten Rechner, die auf der Von-Neumann-Architektur (Kap. 2.4) aufgebaut sind, verfügen über nur einen Universalprozessor. Aus diesem Grund unterstützen auch die meisten Betriebssysteme für diesen Anwendungsbereich nur einen Prozessor.

- **Mehr-Prozessor-Betriebssystem**
  Für diese Klassifizierung der Betriebssysteme ist noch keine Aussage über die Kopplung der einzelnen Prozessoren getroffen worden. Auch gibt es keinen quantitativen Hinweis auf die Anzahl der Prozessoren, nur dass mehr als ein Prozessor vorhanden ist. Für die Realisierung der Betriebssysteme für Mehr-Prozessor-Systeme gibt es zwei Vorgehensweisen:

  - Jedem Prozessor wird durch das Betriebssystem eine eigene Aufgabe zugeteilt, d.h., es können zu jedem Zeitpunkt nur so viele Aufgaben bearbeitet werden, wie Prozessoren zur Verfügung stehen. Es entstehen Koordinierungsprobleme, wenn die Anzahl der Aufgaben nicht gleich der Anzahl verfügbarer Prozessoren ist.

  - Jede Aufgabe kann prinzipiell jedem Prozessor zugeordnet werden, die Verteilung der Aufgaben auf die Prozessoren ist nicht an die Bedingung gebunden, dass die Anzahl der Aufgaben gleich der Anzahl der Prozessoren ist. Sind mehr Aufgaben zu bearbeiten als Prozessoren vorhanden sind, so bearbeitet ein Prozessor mehrere Aufgaben „quasi-parallel". Sind mehr Prozessoren als Aufgaben vorhanden, dann bearbeiten mehrere Prozessoren die gleiche Aufgabe.

Moderne Prozessoren unterstützen hardwareseitiges **Multithreading**, durch das ein Prozessor Softwareprogrammen gegenüber als zwei oder mehrere Prozessoren erscheint. Im Ergebnis können die Programme effizienter ausgeführt werden. In den Multitasking-Umgebungen wird die Leistung verbessert und eine höhere Reaktionsgeschwindigkeit des Systems erreicht, da der Prozessor Threads, also Programmanweisungen, parallel ausführen kann. Rechner mit dieser Systemarchitektur erhalten mehr Performance durch verbesserte Übertragungsraten und Antwortzeiten, wie sie für die Verarbeitung anspruchsvoller Anwendungen (z.B. 3D-Visualisierung) oder Betriebssysteme erforderlich sind.

Das Betriebssystem kann dabei seinerseits auch auf mehrere Prozessoren verteilt sein. Man spricht dann von verteilten Betriebssystemen (*distributed operation systems*).

Alle Betriebssystemarten haben die gleichen typischen Systemaufgaben, z.B.:

- Prozessverwaltung (*process management*)
- Dateiverwaltung (*file management*)
- Speicherverwaltung (*memory management*)
- I/O-Geräteverwaltung (*I/O-device management*)

Verallgemeinernd lassen sich Betriebssystemarchitekturen durch das Schalen- bzw. Schichtenmodell und das Client-Server-Modell darstellen (Kap. 2.3).

2.1.2 Dienstprogramme

Dienstprogramme unterstützen die systemverwaltenden Benutzenden in der Bereitstellung und Steuerung der Betriebssystem-Ressourcen. Zwar sind sie nicht notwendigerweise für den grundsätzlichen Betrieb eines Computers erforderlich, erleichtern jedoch wesentlich die durchzuführenden Arbeiten. Im Gegensatz zu Anwendungsprogrammen sind Dienstprogramme damit Teil der Systemsoftware. Betriebssysteme stellen mit ihrer Installation üblicherweise bereits einige grundlegende Dienstprogramme bereit.

Zu solchen Dienstprogrammen zählen beispielsweise die Warteschlangenverwaltung für Druckaufträge (Spooler; Kap. 1.13.5), der Festplattendefragmentierer, die Funknetzwerkkonfiguration oder die Benutzerverwaltung.

Dienstprogramme, auch Service-, System- oder Hilfsprogramme genannt, erledigen spezielle systemnahe Aufgaben.

AUFGABEN

1. Erläutern Sie die Beziehung zwischen Betriebssystem, Systemdiensten, Treibern und Anwendungsprogrammen.

2. Welche Grundfunktionen muss ein Betriebssystem erfüllen?

3. Nach welchen Kriterien lassen sich Betriebssysteme unterscheiden?

4. Was versteht man unter Multitasking, welche Variationen gibt es und wie wirkt sich Multitasking auf die Prozessorleistung aus?

5. Nennen Sie die typischen Systemaufgaben des Betriebssystems.

6. Bei welchen der folgenden Beispiele handelt es sich um Dienstprogramme?
   a) Textverarbeitung
   b) Taskmanager
   c) Registrierungs-Editor
   d) Freecell

2.2   Anwendungssoftware (Apps)

Ein Anwendungsprogramm, auch **Applikation** (*application*) oder verkürzt **App** genannt, ist speziell auf die Lösung eines Anwendungsproblems zugeschnitten. Im Unterschied zu Dienstprogrammen, die der Systemsoftware zugeordnet sind, liegt der Fokus bei Anwendungssoftware auf dem Nutzen für die Endbenutzenden. Der Nutzen eines Anwendungsprogramms kann einen allgemeinen Bedarf, branchenbezogene Erfordernisse oder ganz individuelle Problemstellungen abdecken.

Anwendungsprogramme, auch Apps genannt, erfüllen einen bestimmten Nutzen für die Anwendenden.

Hierbei lassen sich unterschiedliche Klassifizierungen vornehmen, z.B. nach anwendungsbezogenen Kategorien oder Art der Vermarktung bzw. Verbreitung. Vielfach wird generell unterteilt in Standardsoftware, Branchensoftware und Individualsoftware.

2.2.1   Standardsoftware

Anwendungssoftware, die einen allgemeinen Nutzen bietet und nicht auf eine bestimmte Branche zugeschnitten ist, zählt zur **Standardsoftware**. Beispiele dafür sind Office-Anwendungen zur Textverarbeitung, Tabellenkalkulation und Bildschirmpräsentation sowie Medienabspielsoftware (Media Player) oder Unternehmensablaufplanungssoftware (ERP: **E**nterprise **R**esource **P**lanning).

2.2.2   Branchensoftware

Branchensoftware beschreibt Anwendungen, die auf die Anforderungen einer Branche oder eines speziellen Marktsegments ausgerichtet sind. Beispiele sind Anwendungen zur Patientenverwaltung in Arztpraxen oder Anwendungen zur Produktionssteuerung und -überwachung.

Die Grenze zwischen Branchensoftware und Standardsoftware ist fließend. So lässt sich ein einfaches Programm zur computerunterstützten Erstellung von technischen Entwürfen, ein sog. CAD-Programm (**C**omputer **A**ided **D**esign), kaum auf eine konkrete Branche einschränken. Es ist daher der Standardsoftware zuzuordnen. Durch Funktionserweiterungen kann der Nutzen der Anwendung für eine bestimmte Branche gesteigert werden, sodass trotz des universellen Nutzens (Standardsoftware) nun der besondere Nutzen für eine Branche (Branchensoftware) hinzukommt.

2.2.3   Individualsoftware

Vor allem in produzierenden Unternehmen kommt es immer wieder zu Situationen, die sich nicht oder nicht zufriedenstellend mit Standard- oder Branchensoftware lösen lassen. In solchen Fällen muss auf Anwendungen zurückgegriffen werden, die individuell auf die vorliegenden Anforderungen zugeschnitten ist. Nicht selten muss sie für den konkreten Anwendungsfall erst noch erstellt werden. Man bezeichnet diese Software als Individualsoftware.

2.2.4   Open-Source-Software und Softwarelizenzen

Eine wichtige Eigenschaft von Software ist die mit ihr verbundene Lizenz. Autorinnen und Autoren von Softwareprodukten können – ähnlich wie bei Romanen etc. – über die Nutzung ihrer Werke bestimmen. Im klassischen Fall wird die Software als Endprodukt beispielsweise in Form eines ausführbaren Anwendungsprogramms ausgegeben, verbunden mit Vereinbarungen zu Verwendung und Weitergabe.

Die Nutzenden haben in diesem Fall regelmäßig keine Möglichkeit zur Einsichtnahme in den menschenlesbaren Quelltext des betreffenden Programms. Software dieser Art wird entsprechend als **Closed-Source-Software** bezeichnet.

Die Bezeichnung **Open-Source-Software** beschreibt zwar die Verfügbarkeit des Programm-Quelltextes (*source code*), setzt aber zusätzlich noch die weitreichende Einräumung von Nutzungsrechten voraus. Bild 2.3 fasst verschiedene Softwarearten zusammen.

Softwareart	Beschreibung
Closed Source	Der Quelltext zu einem Programm wird nicht veröffentlicht.
Open Source	Der Quelltext zu einem Programm kann von allen eingesehen werden. Außerdem steht es allen frei, Programm und Quelltext zu ändern, anzuwenden und auch geänderte Fassungen weiterzugeben. Eine Einschränkung der Nutzung (z. B. kommerzielle oder militärische) darf nicht erfolgen.
Public Domain	Die Software, oft inklusive Quelltext, wird von der Urheberin oder vom Urheber zur gemeinfreien Nutzung freigegeben.
Freeware	Der Urheber/die Urheberin gewährt eine kostenlose Nutzung der Software. Eine Weitergabe darf üblicherweise nur kostenlos erfolgen. Der Quelltext wird üblicherweise nicht veröffentlicht (Closed Source).
Shareware	Die Software kann vor dem Kauf für einen begrenzten Zeitraum getestet werden. Aus diesem Grund wird auch häufig von „Trial-Ware" gesprochen.

Bild 2.3: Verschiedene Softwarearten (Beispiele)

2.2.5 Urheberrechtsschutz

Der Branchenverband Business Software Alliance (BSA) zeigt in seinem Report aus dem Jahr 2018 einen rückläufigen Trend für den Einsatz unlizenzierter Software. Während 2016 noch 32 % der in der Eurpäischen Union genutzten Software unlizenziert waren, sank der Anteil 2018 auf 31 %. Damit entsteht den Softwareunternehmen dennoch ein potenzieller wirtschaftlicher Schaden von rund 10 Milliarden Euro pro Jahr allein in der Europäischen Union. Für Unternehmen und Privatleute kommt der Schaden durch Malware (Kap. 2.6.7) hinzu, die oft zusammen mit illegalen Kopien verbreitet wird.

> Der Begriff **Softwarepiraterie** (*software piracy*) bezeichnet den unlizenzierten Einsatz sowie das illegale Kopieren und Weitergeben von Software – ganz gleich, ob dies für den privaten oder den gewerblichen Gebrauch geschieht. Solche Versöße gegen den Urheberschutz werden mit hohen Geld- und Freiheitsstrafen geahndet.

Das Urheberrecht basiert auf der allgemeinen Erklärung der Menschrechte. Danach hat jeder Mensch das Recht auf Schutz der geistigen und materiellen Interessen, die ihm bzw. ihr als Entwickler/-in (Urheber/-in) von Ideen und Werken der Wissenschaft, Literatur oder Kunst erwachsen. So gesehen basiert das Urheberrecht auf drei politischen Ebenen:

- internationale Ebene (Menschenrechtskonvention, Welturheberrechtsabkommen)
- europäische Ebene (EU-Urheberrechtsrichtlinie, Softwarerichtlinie)
- deutsche Ebene (Urheberrechtsgesetz)

Software gilt allgemein als kulturelle Geistesschöpfung und ist per Urheberrechtsgesetz (UrhG) geschützt. Das Urheberrecht räumt den schöpferisch Tätigen eines Werkes das ausschließliche Recht ein, über ihr Werk zu bestimmen. Es schützt die Urheber/-innen in Bezug auf das Werk in ihrem Persönlichkeitsrecht (geistiges Eigentum) und ihren wirtschaftlichen Interessen. Das Urheberrecht gehört in Deutschland zum gewerblichen Rechtsschutz und damit zum Privatrecht.

In Europa setzen EU-Richtlinien den Rahmen, der durch nationales Recht ausgefüllt werden muss. In Deutschland gilt seit September 2003 ein novelliertes Urheberrecht („Gesetz zur Regelung des Urheberrechts in der Informationsgesellschaft"), das u. a. die Umgehung von wirksamem Kopierschutz für kommerzielle, aber auch private Zwecke unter Strafe stellt. Die letzten Änderungen des Urheberrechtsgesetzes erfolgten in den Jahren 2008 bis 2018 (z. B. Regelungen zu Privatkopien, Sehbehindertenrechten, Zweitverwertungsrechten, Pauschalvergütungen bei DRM-geschützten Produkten).

Die Europäische Union hat zahlreiche Richtlinien erlassen, um das Urheberrecht europaweit zu vereinheitlichen. Dazu gehören u. a.:

- die Richtlinie zur Harmonisierung der Schutzdauer des Urheberrechts und bestimmter verwandter Schutzrechte, nach der der Urheberrechtsschutz erst 70 Jahre nach dem Tod des Urhebers bzw. der Urheberin endet.

- die Urheberrechtsrichtlinie (Richtlinie 2001/29/EG), in der die europäischen Rechtsvorschriften zum Urheberrecht an das digitale Zeitalter angeglichen werden. Außerdem werden internationale Vorgaben durch Verträge der World Intellectual Property Organization (WIPO) umgesetzt. Die WIPO ist eine Teilorganisation der UNO und verfolgt das Ziel, Rechte an immateriellen Gütern weltweit zu fördern und zu sichern.

- die Urheberrechtsrichtlinie (Richtlinie 2019/790) aus dem Jahr 2019. Sie bezieht sich auf die Schutzrechte im digitalen Bereich und ändert u. a. die Vorgaben aus der Richtlinie 2001/29/EG entsprechend ab. Sie verpflichtet Onlineanbieter zur Lizenzierung aller abrufbaren urheberrechtlich geschützten Inhalte. Das gilt auch für solche Inhalte, die Benutzende dieser Plattformen absprachewidrig eingestellt haben. Damit zwingt die Richtlinie die Betreibenden von Onlineforen, Marktplätzen usw. faktisch zum umstrittenen Einsatz von Upload-Filtern, die das Einstellen von urheberrechtlich geschützten Inhalten verhindern sollen. Des Weiteren führt die Richtlinie europaweit ein Leistungsschutzrecht für Presseverleger und -verlegerinnen ein. Presseartikel dürfen dann gewerblich nicht mehr ohne Erlaubnis (bzw. Vergütung) mit einem Textausschnitt, sondern nur noch mit wenigen Worten zitiert und verlinkt werden. Die fristgerechte Umsetzung der Richtlinie in nationales Recht schafften bis zum 07.06.2021 allerdings nur Deutschland, die Niederlande, Ungarn und Malta. Österreich zog im Dezember 2021 nach und setzte die Richtlinie in nationales Recht um. Gegen die anderen Länder laufen derzeit Verletzungsverfahren, u. a. auch Klagen am Gerichtshof der Europäischen Union.

Um der Softwarepiraterie und anderen Formen illegaler Verwendung entgegenzuwirken, verlangen viele Softwarefirmen mittlerweile von ihrer Kundschaft eine Produktaktivierung in Form einer Code-Kontrolle. Der durch die Übermittlung des Product Keys geschlossene Endbenutzer-Lizenzvertrag (EULA: **E**nd **U**ser **L**icense **A**greement) ist ein rechtsgültiger Vertrag zwischen dem Endkunden/der Endkundin (entweder als natürliche oder als juristische Person) und dem Softwarehersteller für das dem EULA beiliegende Softwareprodukt.

AUFGABEN

1. Worin unterscheiden sich Anwendungsprogramme von Dienstprogrammen?

2. Wie kann aus einer Individualsoftware eine Branchensoftware werden?

3. Welche Lizenzarten erlauben es, die lizenzierte Software beliebig weiterzuverteilen?

4. Die Autorin einer Software veröffentlicht die Quelltexte, erlaubt anderen aber keine Änderungen. Handelt es sich hier um Open-Source-Software (Antwort mit Begründung)?

5. Ist es für private Zwecke erlaubt, eine gekaufte Software zu kopieren und sie mit einem Spezialprogramm lauffähig zu machen (Antwort mit Begründung)?

6. Was versteht man unter Softwarepiraterie?

2.3 Betriebssystemarchitekturen

Betriebssysteme besitzen in ihrer Gesamtheit eine sehr komplexe Struktur. Um diese zu erfassen, verwendet man vielfach vereinfachende grafische Darstellungen, um die Zusammenhänge modellhaft zu visualisieren. Gängige Visualisierungen, deren Komplexität jeweils dem Verwendungszweck angepasst werden kann, sind das Schalen- und Schichtenmodell sowie das Client-Server-Modell.

2.3.1 Schalen- und Schichtenmodell

Das mehrstufige Schalen- oder Schichtenmodell (*shell model, layer model*) verwendet man zur Darstellung der logischen Strukturierung moderner Betriebssystemarchitekturen. Die unterste Schale beinhaltet alle hardwareabhängigen Teile des Betriebssystems. Dazu gehört auch die Verarbeitung von Interrupts (IRQ: Kap. 3.3.5). Auf diese Weise ist es möglich, ein Betriebssystem leicht an unterschiedliche Rechnerausstattungen anzupassen. Die nächste Schicht enthält alle grundlegenden Ein-/Ausgabe-Dienste für Plattenspeicher und Peripheriegeräte. Die darauffolgende Schicht behandelt Kommunikations- und Netzwerkdienste, Dateien und Dateisysteme (vgl. auch OSI-Schichtenmodell im Aufbauband, Kap. 1.4.2 in „Vernetzte IT-Systeme"). Weitere Schichten können je nach Anforderung folgen. Ein Betriebssystem besitzt also drei oder mehr logische Schichten.

Jede Schicht bildet für sich eine abstrakte (virtuelle) Maschine, die mit ihren benachbarten Schichten über wohldefinierte Schnittstellen kommuniziert. Sie kann Funktionen der nächstniedrigeren Schicht aufrufen und ihrerseits Funktionen für die nächsthöhere Schicht zur Verfügung stellen. Die Gesamtheit der von einer Schicht angebotenen Funktionen wird auch

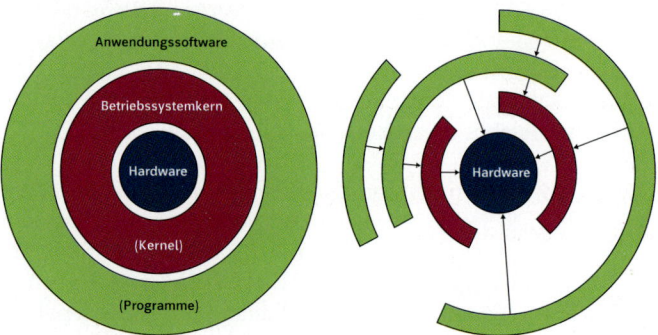

Bild 2.4: Vereinfachte Darstellung zur Schalenarchitektur; links: konzentrische Schalen, rechts: durchbrochene Schalen

als **Dienste** (*services*) dieser Schicht bezeichnet. Die Gesamtheit der Vorschriften, die bei der Nutzung dieser Dienste einzuhalten sind, wird als **Protokoll** (*protocol*) bezeichnet.

Die unterste Schicht setzt immer direkt auf der Rechner-Hardware auf. Sie verwaltet die realen Betriebsmittel des Rechners und stellt an deren Stelle virtuelle Betriebsmittel bereit.

Oft wird diese Schicht als **UEFI** (**U**nified **E**xtensible **F**irmware **I**nterface) oder **BIOS** (**B**asic **I/O S**ystem) bezeichnet (Kap. 3.1.1). Alle weiteren Schichten sind von der Hardware unabhängig.

Durch jede Schicht wird eine zunehmende „Veredelung" der Hardware erreicht (z. B. wachsende Abstraktion, wachsende Benutzungsfreundlichkeit).

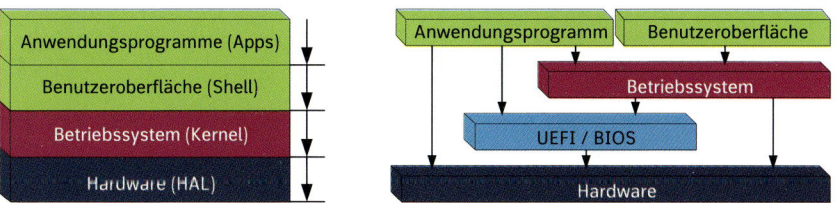

Bild 2.5: Aufbau des Schichtenmodells; links: vereinfachtes Modell, rechts: Treppenschichtenmodell

Betriebssysteme, die nach dem Schichtenmodell aufgebaut sind, bestehen aus mehreren Systemebenen (Layern). Ein Zugriff von einer höheren Schicht aufgrund einer Benutzeranwendung (Anwendungsprogramm) auf eine untere Schicht ist nur über eine definierte **API-Schnittstelle** (**A**pplication **P**rogramming **I**nterface) möglich. So kann beispielsweise ein Kommunikationsprogramm nicht direkt auf ein angeschlossenes Mikrofon zugreifen. Die Applikation muss zuerst eine Anfrage an das Betriebssystem stellen, ob das Mikrofon verfügbar ist.

Die frühen Computer (Großrechner, mittlere Datentechnik) zeichneten sich dadurch aus, dass Hardware und Betriebssystem oft vom gleichen Hersteller kamen und optimal aufeinander abgestimmt waren. Bei den heutigen Personal Computern ist dies nur noch bei Rechnern der Firma Apple der Fall. Bei allen anderen PCs kommen Hardware und Betriebssystem von unterschiedlichen Herstellern, auch wenn das Betriebssystem vielfach zusammen mit der Hardware ausgeliefert wird. So hat man die Wahl zwischen Betriebssystemen von Microsoft (Windows 11, Windows 10 usw.) oder freien UNIX-Implementierungen (Free BSD, Ubuntu Linux, Debian GNU/Linux, usw.). Da Zusatzsteckkarten und Peripheriegeräte (Drucker, Scanner usw.) von den verschiedensten Herstellern kommen können, liefern diese hierzu passende Treiberprogramme zur Betriebssystemanpassung und -erweiterung, die beim Laden des Betriebssystems (Bootvorgang; Kap. 3.1) oder beim Aufruf der entsprechenden Software eingebunden werden.

Durch die API-Programmierschnittstelle der höheren Schichten wird auch vermieden, dass alle Programmierenden die grundlegenden Routinen für den Zugriff auf Ein- und Ausgabegeräte und Massenspeicher jeweils selbst programmieren müssen. Das Betriebssystem stellt bereits eine definierte Programmierschnittstelle zur Verfügung. Änderungen am Betriebssystem oder an der Hardware wirken sich somit nicht auf die Anwendungsprogramme aus, die nach wie vor über die gleichen Betriebssystemaufrufe die Dienste des Betriebssystems in Anspruch nehmen können.

Ist ein Betriebssystem nach dem **Schichtenmodell** konzipiert, hat das Anwendungsprogramm keinen direkten Zugriff auf die Hardware. Die Hardware-Schicht HAL (**H**ardware **A**bstraction **L**ayer) ist so vor unbefugten Zugriffen geschützt.

2.3.2   Client-Server-Modell

In heutigen PC-Betriebssystemen gibt es die Bemühung, den Betriebssystemkern (Kernel) so klein wie möglich zu halten.

> Als **Kernel** (*kernel*) bezeichnet man den zentralen Bestandteil des Betriebssystems, der gerätenahe Grundfunktionen wie die Ablaufsteuerung, Ressourcenvergabe, Kommunikation und Verwaltung von Prozessen ausführt.

Einen möglichst kompakten Kernel erhält man insbesondere durch die Verlagerung von Betriebssystemfunktionen in die Userprozesse. In diesem Zusammenhang spricht man auch vom **Client-Server-Modell**. Dieser Begriff beschreibt einerseits eine Möglichkeit, Aufgaben und Dienstleistungen auf unterschiedlichen Computern innerhalb eines Netzwerkes zu verteilen und wird in dieser Bedeutung im Band „Vernetzte IT-Systeme" ausführlich behandelt. Im hier dargestellten Zusammenhang wird der Begriff andererseits auch für Aufgaben und Prozesse verwendet, die auf demselben Computer umverteilt werden (siehe auch Kap. 3.3.).

Um eine Anfrage des Clients zu erfüllen, hier als Beispiel das Lesen eines Files, sendet der Clientprozess seinen Wunsch durch den Kernel an den Fileserver. Der Kernel, das eigentliche System, hat hier nur noch die Aufgabe, den Datentransfer zwischen den Client- und den Server-

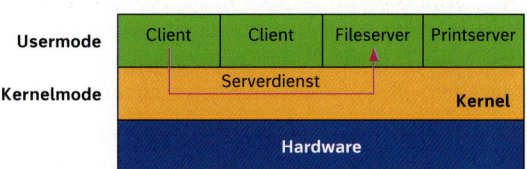

Bild 2.6: Das Client-Server-Modell (Grundprinzip)

prozessen zu überwachen. Diese Aufspaltung hat gewisse Vorteile. Alle hardwareabhängigen Serverprozesse laufen im „Usermode", d. h., sie haben keinen direkten Zugang zur Hardware und ein Bug (Fehler) im Serverbetrieb kann sich nicht so leicht im System fortpflanzen.

Bedenkt man, dass sich heutige Rechnersysteme selbst innerhalb einer Rechnerfamilie vielfältig in Speicherausstattung, Art und Umfang der angeschlossenen Geräte usw. unterscheiden, so wird klar, dass die Erstellung monolithischer Programme für jede mögliche Rechnerkonstellation ein praktisch undurchführbares Unterfangen ist. Die Lösung dieses Problems heißt auch hier: **Modularisierung** (*modularization*).

Programme werden in Module zerlegt, die zueinander über definierte Schnittstellen in Beziehung stehen. Somit ist es möglich, innerhalb eines Programms ein bestimmtes Modul durch ein anderes mit gleicher Schnittstelle zu ersetzen, um das Programm an eine andere Rechnerkonstellation anzupassen. Die Auswahl und Zusammenstellung der allgemeingültigen Module werden bestimmt durch die eingesetzte Hardware und die Art der Programme, die durch diese Module unterstützt werden sollen. Sie ist für viele Programme, die auf einem Rechner abgearbeitet werden sollen, gleich und unterscheidet sich wiederum etwas von Rechner zu Rechner.

Oft taucht im Zusammenhang mit Betriebssystemen auch der Begriff **Middleware** auf. Er bezeichnet zwischen den eigentlichen Anwendungen und der Betriebssystemebene angesiedelte System- und Netzwerkdienste (z. B. Datenbank, Kommunikation, Protokollierung, Sicherheit). Die Middleware ist als Applikationsschicht eine Dienstleistungsschicht, die anstelle der Betriebssystemschnittstelle verwendet wird.

> **Middleware-Systeme** ermöglichen die Verteilung von Applikationen auf mehrere Rechner in einem Netzwerk.

Die Verteilung ist objektorientiert: Server exportieren ihre Dienste als Klassenschnittstellen, Clients benutzen den entfernten Methodenaufruf zum Zugriff auf diese Dienste. Die Bindung kann statisch oder dynamisch erfolgen.

AUFGABEN

1. Was versteht man unter dem Schalenmodell und wie arbeitet es?

2. Nennen Sie Betriebssysteme, die nach dem Schichtenmodell aufgebaut sind.

3. Was versteht man unter einer API-Schnittstelle? Welche Funktion hat sie im Zusammenhang mit dem Schichtenmodell?

4. Welche Eigenschaften kennzeichnen das Client-Server-Modell?

5. Was versteht man im Zusammenhang mit Betriebssystemen unter dem Begriff „Middleware"?

2.4 Software und rechnerabhängige Strukturen

Das Prinzip, sowohl ausführbare Programme als auch die damit zu bearbeitenden Daten im gleichen Arbeitsspeicher des Rechners abzulegen, geht auf eine Idee von John von Neumann, einem amerikanischen Mathematiker ungarischer Herkunft (1903–1957), zurück.

Von Neumann entwickelte 1946 ein Rechnerkonzept, das nach ihm benannte **Von-Neumann-Prinzip** (*von Neumann model*), das universell sowohl für einfache technische, für kommerzielle als auch für wissenschaftliche Anforderungen genutzt werden konnte. Das Konzept wurde ständig weiterentwickelt, sodass die Wurzeln der meisten heutigen Rechner das Von-Neumann-Prinzip beinhalten. Eine grundlegende Neuerung der Von-Neumann-Architektur besteht in der weitestgehenden Trennung von Hardware und dem Einsatzgebiet des Rechners. Der universelle Von-Neumann-Rechner besitzt eine feste Hardwarearchitektur.

> Alle klassischen Mikrocomputersysteme wie auch der PC sind nach dem **Von-Neumann-Prinzip** aufgebaut.

Der Rechner wird durch eine Bearbeitungsvorschrift, das Programm, an die jeweilige Aufgabenstellung angepasst. Dieses Programm wird vor der eigentlichen Datenverarbeitung in den Speicher des Rechners geladen und kann für die gleiche Aufgabenstellung wiederholt verwendet werden. Diese Eigenschaft hat zu dem Namen „Stored Program Machine" geführt. Ohne dieses Programm ist der Rechner nicht arbeitsfähig.

Weitere wesentliche Bestandteile des Von-Neumann-Prinzips sind:

- Alle Daten und Programmbestandteile werden im selben Speicher abgelegt. Sie können nur durch die Reihenfolge unterschieden werden.

- Der Speicher ist in gleich große Zellen unterteilt, die über ihre Adressen eindeutig referenzierbar sind (z.B. Speicherverwaltung). Befehle, die im Programm nacheinander folgen, werden ihrer Reihenfolge im Programm entsprechend im Speicher abgelegt. Das Abarbeiten eines neuen Befehls wird durch die Erhöhung des Befehlszählers initiiert.

- Durch Sprungbefehle kann von der Bearbeitung der Befehle in ihrer gespeicherten Reihenfolge abgewichen werden.

- Es sind mindestens folgende Befehlstypen vorhanden:
    - arithmetische Befehle: Addition, Multiplikation usw.
    - logische Befehle: UND, ODER, NICHT usw. (Kap. 4.4.1)
    - Transportbefehle: MOVE
    - Ein-/Ausgabebefehle
    - unbedingte Sprungbefehle: GOTO
    - Verzweigungen: IF ... THEN ... ELSE (Hinweis: Programmierbefehle werden ausführlich im zur Fachbuchreihe gehörenden Band „Anwendungsentwicklung in Theorie und Praxis" behandelt.)

Im Gegensatz dazu sind bei der sog. **Harvard-Architektur** (*Harvard architecture*) Instruktionen und Daten in getrennten Speichern untergebracht. Der Prozessor besitzt getrennte Busse für Instruktions- und Datenzugriffe, wodurch ein überlappender Betriebsmodus realisiert wird, d.h., die nächste Instruktion kann bereits abgeholt werden, während noch Daten in den Speicher geschrieben werden. Allerdings ist der Aufwand für die Realisierung einer Harvard-Architektur beträchtlich. Sie findet heute wieder Anwendung in speziellen Grafik-Chips.

AUFGABEN

1. Worin unterscheidet sich grundsätzlich ein nach dem Von-Neumann-Prinzip aufgebautes Rechnersystem von einem, das dem Harvard-Prinzip entspricht?

2. Welche Befehlstypen sind mindestens Bestandteile des Von-Neumann-Prinzips?

3. Welche Aufbaustruktur (Von Neumann, Harvard) verhindert die Überschreibung des eigenen Programmcodes (Antwort mit Begründung)?

2.5   Aktuelle Betriebssysteme

Die Betriebssystemhersteller (z.B. Microsoft) unterscheiden bei ihren Produkten heutzutage vielfach zwischen **Client-Betriebssystem** und **Server-Betriebssystem** (Client: Kunde, Dienstnutzer; Server: Bediener, Anbieter, Dienstleister). Diese Bezeichnungen können insofern zu Missverständnissen führen, als es sich bei einem Server eigentlich um eine *Funktion* handelt, die ein Gerät ausübt, und nicht um einen Computer an sich. Die jeweils ausgeübte Serverfunktion wird als **Dienst** bzw. **Service** bezeichnet. Ein Client kann auf

Anfrage einen Dienst nutzen, der von einem Server zur Verfügung gestellt wird. Die *Serverfunktion* kann sich hierbei auf einem *separaten* Computer befinden, aber auch auf dem *gleichen* Computer, der den Dienst in Anspruch nehmen möchte. Somit kann prinzipiell ein Computer an sich gleichzeitig als Client- *und* als Server fungieren (Kap. 2.3.2).

Die Server-Betriebssysteme der Hersteller sind von ihrer Konzeption her *nicht* für Computer vorgesehen, an denen Nutzende mit Anwendungsprogrammen arbeiten (z.B. an einem Arbeitsplatzrechner), sondern für Computer, deren Aufgabe *ausschließlich* darin besteht, Serverfunktionen für andere Computer in einem Netzwerk bereitzustellen. Ein solcher Computer – d.h. in diesem Fall das Gerät an sich – wird dann ebenfalls als „Server" bezeichnet. Er verfügt über zusätzliche Softwarekomponenten, die für die Bereitstellung der jeweiligen Dienste sowie für die Verwaltung und die Kommunikation mit den anderen Computern im Netzwerk erforderlich sind (Client-Server-Netz).

An dieser Stelle werden einführend die grundsätzlichen Eigenschaften aktueller Client-Betriebssysteme dargestellt, Server-Betriebssysteme werden ausführlich im Aufbauband „Vernetzte IT-Systeme" behandelt.

In marktgängigen PCs werden derzeit unterschiedliche (Client-)Betriebssysteme eingesetzt. Statistisch nehmen Windows-Betriebssysteme in diesem Marktsegment einen Anteil von weltweit rund 71 % ein. Die weite Verbreitung hängt zum einen mit dem vielfältigen Softwareangebot und zum anderen mit der aufwendigen Vermarktungsstrategie von Microsoft zusammen.

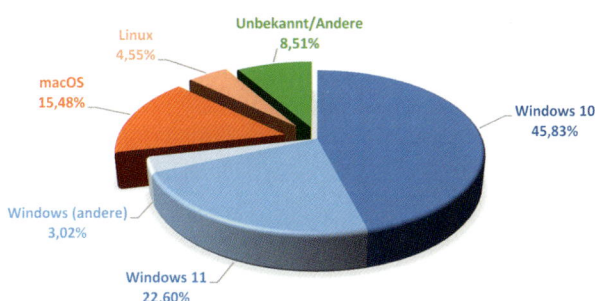

Bild 2.7: Marktanteile der Arbeitsplatz-Betriebssysteme 2024 (vgl. Statcounter Global Stats: Desktop Operating System Market Share Worldwide (August 2024), veröff. unter https://gs.statcounter.com/os-market-share/desktop/worldwide/#monthly-202408-202408-bar [07.09.2024]

Diese Statistik spiegelt jedoch nicht den aktuellen Trend wieder. In Zeiten der Mobilisierung sinkt der Absatz der Desktop-PCs, während mobile Endgeräte wie Smartphones, Tablets etc. auf dem Vormarsch sind. Im mobilen Bereich sieht die Verteilung der Betriebssysteme ganz anders aus. Nachdem Microsoft sich aus dem Smartphone-Bereich zurückgezogen hat, sind Windows-Betriebssysteme hier mittlerweile bedeutungslos geworden. Der Markt wird inzwischen von Apple (iOS) und Google (Android) bestimmt. Hier führt das Betriebssystem Android derzeit mit etwa 72 %.

Bild 2.8: Marktanteile der Smartphone-Betriebssysteme 2024 (vgl. Statcounter Global Stats: Desktop Operating System Market Share Worldwide (August 2024), veröff. unter https://gs.statcounter.com/os-market-share/mobile/worldwide#monthly-202408-202408-bar [07.09.2024]

2.5.1   Windows 11

Die ursprünglich unterschiedlichen Microsoft-Betriebssysteme für Arbeitsplatzrechner, Smartphones, Spielekonsolen oder für Geräte des sog. Internets der Dinge (IoT; Kap. 1.7.9) werden seit der Einführung von Windows 10 nicht mehr als eigenständige Systeme geführt. Microsoft vereint inzwischen mit Windows 11 alle Varianten in einem Produkt. Dabei wird die Bedienoberfläche entsprechend an das Endgerät angepasst. Im laufenden Betrieb kann dies beispielsweise bei Convertibles (Kap. 1.1.4) beobachtet werden. Diese Notebook-Tablet-Kombinationsgeräte lassen sich von einem Laptop durch Abnehmen oder Umklappen der Tastatur in einen Tablet-Computer mit Berührungsgesten (Touch) oder Stifteingabesteuerung konvertieren. Das Betriebssystem reagiert auf die veränderte Eingabeform und passt die Benutzerführung an die Touch- oder Stifteingabe an.

Bild 2.9: Windows 11 als einheitliches Betriebssystem

Anwendungsprogramme können für Windows 11 so erstellt werden, dass sie sowohl die klassische Bedienung per Maus und Tastatur als auch die Steuerung per Touch oder Bedienstift unterstützen. Außerdem werden weitere Faktoren in die Gestaltung der Bedienelemente einbezogen, etwa die Bildschirmgröße. Damit kann ein gemeinsames Anwendungsprogramm für den Arbeitsplatzrechner, das Touchpad und das Smartphone die jeweils optimale Benutzerführung bieten. Die Bereitstellung von separaten Programmvarianten ist nicht mehr erforderlich. Dennoch müssen die Programme in der Regel für die jeweilige Prozessorarchitektur (z. B. x86, x86-64, ARM) übersetzt werden. Für sog. UWP-Apps (**U**niversal **W**indows **P**latform) gilt das nicht, weil diese mithilfe der UWP-Laufzeitumgebung des Betriebssystems ausgeführt werden und dafür keinen vorab übersetzten Programmcode benötigen. UWP-Apps haben sich allerdings bislang nicht durchsetzen können. Inzwischen hat Microsoft die Weiterentwicklung eingestellt. Als Alternative können in JavaScript oder TypeScript geschriebene Web-Apps dienen.[1]

Windows 11 ist in verschiedenen Editionen erhältlich (Bild 2.10).

---

[1] *Vgl. Paul Therrott: Microsoft Officially Deprecates UWP, veröff. am 19.10.2021 unter: www.thurrott.com/ dev/258377/microsoft-officially-deprecates-uwp [07.09.2024]*

Bezeichnung	Zielgruppe/Einsatzzweck
Windows 11 Home	Privatanwender/-innen
Windows 11 Pro	Privatanwender/-innen und kleinere Firmen
Windows 11 Enterprise	Einsatz in Firmen, meist als Volumenlizenz
Windows 11 Education	Für Schulen und Bildungseinrichtungen, meist als Volumenlizenz; entspricht der Enterprise-Edition
Windows 11 Pro Education	Meist auf Computern vorinstalliert, die von Lernenden gegen Nachweis vergünstigt erworben werden können; entspricht der Pro-Edition
Windows 11 SE	Stark eingeschränkte Fassung für Schulen und Bildungseinrichtungen, die für den Einsatz auf günstiger PC-Hardware ausgelegt ist; es können nur ausgewählte Bildungs-Apps ausgeführt werden

Bild 2.10: Gängige Windows-11-Editionen (zusätzlich existieren spezielle Versionen, z. B. Windows 11 IoT Enterprise)

2.5.1.1 Windows Lifecycle

Der Lebenszyklus von Windows-Systemen entsprach bislang Microsofts **Fixed Lifecycle Policy**, d. h., mit der Markteinführung wurden direkt die Zeitpunkte für das Ende des Mainstream Supports und des Extended Supports festgelegt. Mit dem Auslaufen des Extended Supports erreichte die Windows-Version auch ihr offizielles Lebensende.

Die kostenpflichtige Extended-Support-Option richtet sich an Firmenkunden und bietet Qualitäts- und Sicherheitsupdates für weitere fünf Jahre. Für Unternehmen, die ihre Systeme über diese Zeit hinaus noch weiter betreiben möchten, bietet Microsoft das **Extended Security Updates Program** an (ESU, Bild 2.11). Der zugehörige Dienstleistungsvertrag sichert die Versorgung mit wichtigen und/oder kritischen Sicherheitsupdates und endet nach maximal drei Jahren. Qualitätsupdates und andere Serviceleistungen werden in dieser Zeit nicht mehr angeboten.

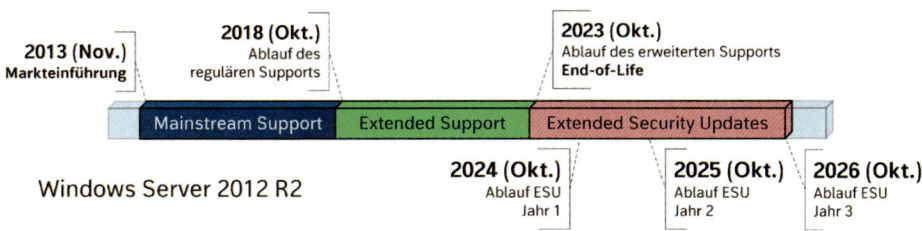

Bild 2.11: Fixed Lifecycle Policy und Extended Security Updates Program am Beispiel von Windows Server 2012 R2

Durch das ESU-Dienstleistungsprogramm können sich Unternehmen zusätzliche Zeit für einen Systemwechsel verschaffen, ohne das Risiko eines nicht gewarteten und potenziell unsicheren Systems einzugehen.

Mit Windows 11 setzt Microsoft die mit Windows 10 begonnene Umstellung des gesamten Windows-Vertriebsmodells fort. So sollen nach Microsofts **Modern Lifecycle Policy** nicht mehr einzelne Windows-Produkte mit begrenzter Lebensspanne vermarktet werden, sondern ein ständig aktuell gehaltenes Windows.

> Windows 11 soll als Softwaredienstleistung aufgefasst werden, die ständig weiterentwickelt und aktualisiert wird. Eine solche Veröffentlichungsform wird auch als **Rolling Release** (fortlaufende Veröffentlichung) bezeichnet.

Microsoft bezeichnet dieses Angebot als **Windows-as-a-Service (WaaS)**. Mit der Anlehnung an den einschlägigen Begriff **Software-as-a-Service (SaaS)** unterstreicht der Konzern die Cloud-Ausrichtung seiner neuen Windows-Generation. So können mit einem Microsoft-Konto, wie es bei der Installation angelegt wird, bereits einige Cloud-Dienste in Anspruch genommen werden (z. B. Office-Anwendungen).

Darüber hinaus bieten Cloud-Dienstleister wie Amazon, Google oder Microsoft weitere IT-Dienstleistungen an. Man unterscheidet dabei die folgenden drei Ebenen:

1. Ebene: **Software-as-a-Service (SaaS)**

- Bereitstellung von Software-Sammlungen, Applikationen oder Anwendungsprogrammen (Miet-Software)
- oft in Kombination mit Ebene 1 zu einem Gesamtbündel kombiniert
  Beispiele: Telefonanlage in der Cloud („Communication as a Service"); in der Regel verbirgt sich hinter einem solchen Angebot die Zusammenstellung von „Unified Communications-Diensten", wie Voice-over-IP-Telefonie, Instant Messaging, Webkonferenzen, E-Mail
- leichte Erweiterbarkeit und bedarfsorientierte Anpassung
- nutzungsabhängige Abrechnung

2. Ebene: **Platform-as-a-Service (PaaS)**

- Nutzungszugang zu Programmierungs- oder Laufzeitumgebungen mit flexiblen, dynamisch anpassbaren Rechen- und Datenkapazitäten
- Entwicklung von Softwareanwendungen innerhalb einer eigenen oder von einem Dienstanbieter bereitgestellten Softwareumgebung
  Beispiele: technische Frameworks, Datenbanken, Middleware oder die gesamte Anwendungssoftware (z. B. Windows Azure)
- nutzungsabhängige Abrechnung

3. Ebene: **Infrastructure-as-a-Service (IaaS)**

- Bereitstellung einer (für die Anwendenden meist virtuellen) Infrastruktur von IT-Komponenten durch einen entsprechenden IT-Dienstleister
  Beispiele: Server, Rechenleistung, Netzkapazitäten, Kommunikationsgeräte, Speicher, Archivierungs- und Backup-Systeme
- Vorteile: hohe Effizienz, bedarfsorientierte Skalierbarkeit, große Flexibilität, kostengünstige Nutzung stets aktueller Hardware
- nutzungsabhängige Abrechnung

Bei der Veröffentlichung von Windows 10 bezeichnete ein hochrangiger Microsoft-Entwickler es als „die letzte Windows-Version" – neue Versionen seien nicht geplant.[1] Mit Erscheinen der Nachfolgeversion Windows 11 gilt diese Aussage jedoch als widerlegt. Genau genommen hat sich Microsoft allerdings nie ausdrücklich auf Windows 10 festgelegt, wohl aber auf den mit Windows 10 eingeführten neuen WaaS-Vertriebsmodus. Dieser ist mit Windows 11 beibehalten, im Server-Segment jedoch aufgegeben worden. Für die Client-Systeme ist außerdem ein Wechsel auf die neue Version grundsätzlich möglich und kann in der Regel kostenlos durchgeführt werden.

Wie auch alle vorangegangenen neuen Versionen präsentiert sich Windows 11 mit einem sichtbar veränderten User-Interface. Am auffälligsten sind dabei die grafischen Veränderungen, gefolgt von den funktionalen Neuerungen. Letztere reichen von neu strukturierten Menüs bis zu neuen Funktionskomponenten. Darüber hinaus wartet die neue Version mit einer Reihe von weiteren Neuerungen auf, so wie sie sonst allerdings auch regelmäßig im Rahmen der Feature Updates installiert werden. Microsoft nutzt die neue Version auch dazu, die Systemanforderungen anzupassen. Modernere Hardware wird damit zur zwingenden Voraussetzung. Die Konsequenz ist, dass vielen PCs mit Windows 10 der Umstieg auf Windows 11 verwehrt bleibt, weil sie nominell die Voraussetzungen nicht erfüllen. Es wurde Kritik laut, dass Microsoft damit selbst leistungsstarke Büro-PCs unnötig zu Elektroschrott erklären würde.

2.5.1.2 Windows-Updates

Microsofts aktuelle Update-Politik unterscheidet zwei übergreifende Update-Kategorien: Qualitäts-Updates und Feature-Updates.

> Das monatliche **Qualitäts-Update** (*quality update*) stellt eine Sammlung von Sicherheits-Updates und Detailverbesserungen dar. Es wird zu einem einheitlichen Paket geschnürt und baut auf die Updates der letzten Monate auf. Administrierende müssen nur noch dieses einheitliche Paket an alle Client-Systeme verteilen.

Zuvor wurde zum monatlichen Update-Release eine Vielzahl einzelner Updates bereitgestellt, die je nach Konfiguration des Client-Systems einzeln angefordert wurden. Für Systemadmins war die Verwaltung dieser Updates in Firmennetzen damit recht aufwendig. Die neue Strategie sieht den Versand einheitlicher Update-Pakete vor, die für alle Rechner mit der gleichen Windows-Version identisch durchgereicht werden können.

> **Feature-Updates** (*feature updates*) sind jährlich geplant und erscheinen in der Regel jeweils in der zweiten Jahreshälfte, etwa im Oktober. Sie treten an die Stelle der zuvor etwa zwei- bis dreijährlich erschienenen neuen Windows-Produkte. Durch die kürzeren Intervalle fallen die Neuerungen kleiner portioniert aus und erreichen die Nutzenden schneller.

Während ein System-Upgrade auf ein Nachfolgeprodukt bedeutet, dass alle neuen Features auf einmal bereitgestellt werden, geschieht das im Windows-11-as-a-Service-Vertriebsmodell kontinuierlich und in kleiner Stückelung. Das Upgrade findet also an mehreren Terminen, aber in kleineren Schritten statt. Bei Unverträglichkeiten kann da-

---

[1] Vgl. Tom Warren: Why Microsoft is calling Windows 10 ‚the last version of Windows‘. The Verge. Veröff. am 07.05.2015 unter www.theverge.com/2015/5/7/8568473/windows-10-last-version-of-windows [07.09.2024]

mit zielgerichteter auf die Ursache geschlossen und schneller reagiert werden. Bei kritischen Systemen wie medizinischen Geräten, Zahlungssystemen und Geldautomaten sind Feature-Updates in der Regel irrelevant. Hier steht die Betriebssicherheit im Vordergrund, sodass man Ausfallrisiken durch Feature-Updates möglichst vermeiden möchte. Hier bietet Microsoft die Wahl eines **Langzeit-Support-Kanals** (**Long-Term Servicing Channel**) an. Diese Versionen werden über ihre Lebenszeit hinweg mit Sicherheits-Updates und Detailverbesserungen versorgt, bleiben aber ansonsten weitgehend unverändert.

Für Unternehmen besteht die Möglichkeit, das Einspielen von Feature-Updates um bis zu 365 Tage und Qualitäts-Updates um bis zu 30 Tage systematisch zu verzögern. Auf diese Weise soll sichergestellt werden, dass sich als problematisch erweisende Updates rechtzeitig blockiert werden können.

Update-Kanäle

Die Steuerung der Update-Versorgung geschieht über sog. Update-Kanäle (*servicing channels*):

General Availability Channel:
Qualitäts- und Feature-Updates werden über diesen Kanal direkt mit ihrer Veröffentlichung bereitgestellt. Sofern die Updates nicht pausiert oder zurückgestellt wurden, erfolgt die Installation, sobald sie verfügbar sind.
Dieser Update-Kanal ist für alle Client-Versionen mit Ausnahme der LTSC-Version vorgegeben.

Long-Term Servicing Channel (LTSC):
Dieser Update-Kanal stellt etwa alle zwei bis drei Jahre eine neue langzeitunterstützte Windows-Version bereit. Feature-Updates werden nicht angeboten. Die Versorgung mit Qualitäts-Updates ist für jede LTSC-Version während ihrer Lebensdauer von zehn Jahren sichergestellt.

Windows Insider Program for Business:
Dieser Update-Kanal stellt Firmenkunden verschiedene Entwicklungsstände des nächsten Feature-Updates bereit, um ihnen die Möglichkeit zu geben, die neuen Features und ihre Kompatibilität mit der Unternehmens-IT auszuwerten. So können sie bei auftretenden Problemen frühzeitig Rückmeldungen an Microsoft liefern. Die Unternehmen können dabei wahlweise auf aktuelle Entwicklungsstände, Beta-Versionen oder Vorschau-Release-Versionen der Feature-Updates zugreifen.

Versionsnummern

Die Versionsnummern bestehen aus einem vierstelligen Datumskürzel. Aktuell wird es aus einer zweistelligen Jahreszahl und einem nachfolgenden „H1" oder „H2" zur Kennzeichnung der Jahreshälfte der Veröffentlichung zusammengesetzt (Bild 2.12). So bezeichnet z. B. das Kürzel 23H2 das in der zweiten Jahreshälfte 2023 erschienene Feature-Update. Bei älteren Versionsangaben findet man statt der Jahreshälfte die Monatsangabe des internen Versionsdatums.

Die aktuell installierte Update-Version kann in den Systeminformationen und im Update-Verlauf nachgeschlagen werden (siehe nachfolgendes Beispiel). Sie liefern neben der Versionskennung auch den Update-Namen und die Build-Nummer.

Beispiel

Aus dem Informationsfenster der Windows-Einstellungen (Einstellungen → System → Info) lassen sich Informationen zur aktuellen Windows-11-Version ablesen:

Version: **23H2**   Jahr und Jahreshälfte der Veröffentlichung

Update: **KB5041587**   „Knowledge Base" (Microsoft-Support-Datenbankname) und Nummer eines einzelnen Updates

Build: **22631.4112**   Interne „Betriebssystem-Versionsnummer"

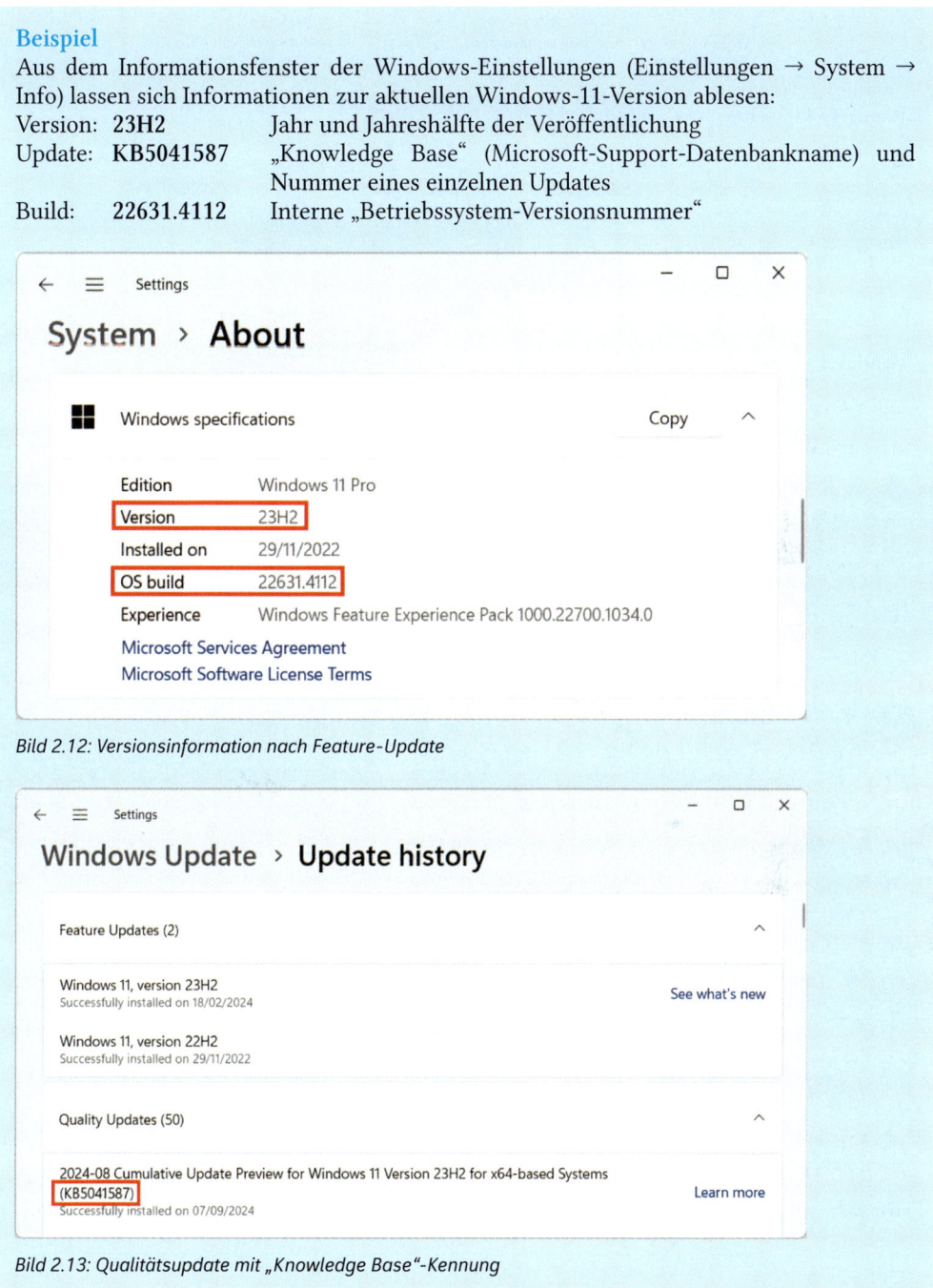

Bild 2.12: Versionsinformation nach Feature-Update

Bild 2.13: Qualitätsupdate mit „Knowledge Base"-Kennung

Windows 11 wird im General Availability Channel mit Qualitäts- und Feature-Updates versorgt. Werden Feature-Updates blockiert, endet der Mainstream Support mit Qualitäts-Updates 12 Monate nach Veröffentlichung des letzten Feature-Updates (Bild 2.14). Enterprise- und Education-Ausgaben werden allerdings noch 12 Monate länger unterstützt.

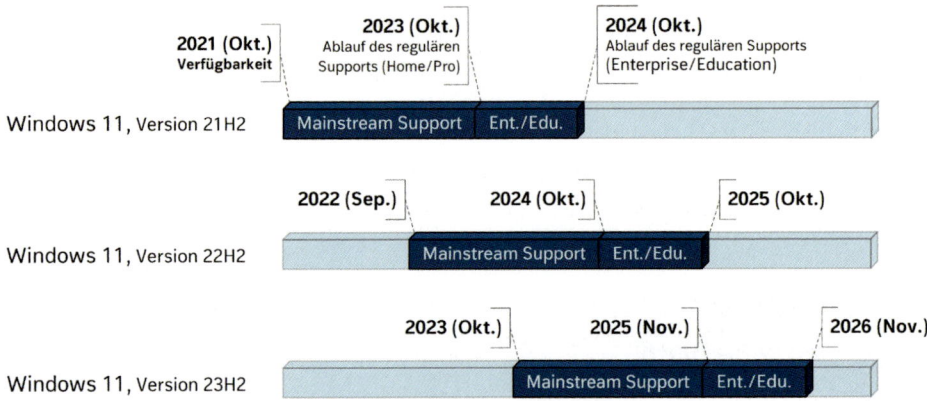

Bild 2.14: Windows 11 mit Feature-Updates im General Availability Channel

Windows 11 erhält im General Availability Channel Qualitäts- und Feature-Updates. Nur bei kontinuierlicher Versorgung mit Feature-Updates ist ein dauerhafter Support gewährleistet. Andernfalls enden der Support und damit auch die Versorgung mit Sicherheitsupdates spätestens nach zwölf Monaten (Home/Pro) bzw. spätestens nach zwölf Monaten (Home/Pro) Monaten (Enterprise/Education).

2.5.1.3 Installation

Um Windows 11 installieren und nutzen zu können, gelten bestimmte Mindestanforderungen, die erfüllt werden müssen (Bild 2.15).

Komponente	Mindestanforderung
Prozessor	64-Bit-Prozessor oder System-on-a-Chip (SoC) aus der Liste der unterstützten Prozessoren mit mindestens 2 Kernen und mindestens 1 GHz
Arbeitsspeicher (RAM)	4 GiB (Im Handel wird allerdings oft noch die ungenaue alte Schreibweise mit dezimalen Präfixen verwendet. Mit „4 GB" sind dann jedoch 4 GiB gemeint.)
Festplattenspeicher	64 GB (Bei Festplattenspeicher hat sich die werbewirksame – und korrekte – Angabe mit dezimalen Präfixen etabliert.)
Grafikkarte	DirectX 12 oder höher mit WDDM 2.0 Treiber
Display	HD-Auflösung (720p) und 8 Bit pro Farbkanal bei einem Bildschirmdiagonalmaß von mindestens 22,9 cm (9 Zoll)
Firmware/BIOS	UEFI-BIOS mit aktiviertem Secure-Boot
TPM	Trusted Platform Module (TPM) Version 2.0
Internetverbindung	Für die Ersteinrichtung von Windows 11 Home ist zwingend eine Onlineverbindung und ein Microsoft-Konto erforderlich.

Bild 2.15: Systemanforderungen für Windows 11

Zwar lassen sich die Anforderungen nach TPM 2.0 und UEFI-BIOS/Secure-Boot derzeit noch durch Tricks aushebeln. Allerdings besteht die Gefahr, dass es zu Problemen kommt oder Microsoft solche Systeme mit einem späteren Update stilllegt.

Installationsablauf

Bei der Installation von Windows 11 werden die Nutzenden in der geführten Ersteinrichtung zu Beginn nach der gewünschten Einsatzart gefragt (Bild 2.16). Neben der persönlichen Verwendung steht als zweite Option der Einsatz in einer Organisation zur Auswahl.

 Set up for personal use

Use a personal Microsoft account to get set up and have full control over this device.

 Set up for work or school

Get access to your organisation's resources such as email, network, apps and services. Your organisation will have full control over this device.

Bild 2.16: Ersteinrichtung mit Abfrage der Einsatzart

Umspannt ein Firmennetzwerk mehrere Büros oder Abteilungen, ist eine Vor-Ort-Administration in der Regel zu aufwendig. Für solche Anwendungsfälle ist die Installationsoption für Organisationsnetzwerke vorgesehen. Die Rechner stehen dann unter der vollständigen Kontrolle des Unternehmens.

Die persönliche Verwendung bezeichnet dagegen aber nicht bloß die Verwendung im Heimanwendungsbereich, sondern durchaus auch den Einsatz in sehr kleinen Firmennetzen. In diesen Fällen erhalten die Anwendenden oder der IT-Service vor Ort die vollständige Kontrolle über den jeweiligen Rechner. Diese Einsatzart wird im Folgenden betrachtet.

Die Installation von Windows 11 verläuft nach dem Start und der Eingabe einiger Basisinformationen (z. B. PC-Bezeichnung, Benutzername, ggf. Anmeldepasswort) weitgehend automatisch. Inzwischen ist die Einrichtung eines **Microsoft-Kontos** (Kap. 3.3.3) zwingend erforderlich und kann im regulären Installationsprozess nicht mehr umgangen werden. Das Microsoft-Konto eröffnet aber auch den Zugang zum Microsoft Store mit der Möglichkeit, Apps über eine zentrale und vertrauenswürdige Plattform zu beziehen. Hat man Zahlungsmitteldaten hinterlegt, können dort auch kostenpflichtige Apps einfach erworben werden.

Microsoft Store

System

Bild 2.17: Microsoft Store

2.5.1.4 Sicherheitseinstellungen

Bereits bei der Erstinstallation sollte man auf den entsprechenden Datenschutz Wert legen. In den Systemeinstellungen hat er einen eigenen Bereich und erlaubt auch nachträglich eine umfangreiche Steuerung des Datenflusses an Microsoft. Die Übermittlung von

Telemetriedaten lässt sich auf ein Minimum reduzieren, ganz abschalten lässt sie sich aber nicht. In den minimal erfassten Telemetriedaten der Stufe „Diagnostic data off" (ehemals „Security") sind enthalten: Geräte-ID, Angaben zum Betriebssystem und, sofern nicht gesondert abgeschaltet, Infektionsberichte der Microsoft-Schadsoftware-Erkennungs-

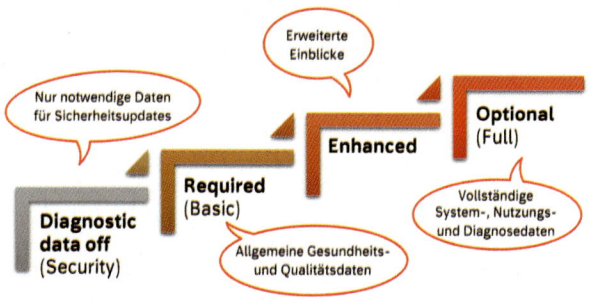

Bild 2.18: Stufenschema der Telemetrie-Profile

und -Entfernungs-Programme (**MSRT**: **M**alicious **S**oftware **R**emoval **T**ool, außerdem **Windows Defender** und **System Center Endpoint Protection**).

Windows 11 Home/Pro erlaubt nur die Reduzierung auf die Telemetrie-Stufe „Required" (ehemals „Basic"). Zusätzlich zu den Daten der Stufe „Diagnostic data off" sind Angaben zu den Geräten enthalten, wie Kameraauflösung, Displaytyp, Akkukapazität, Prozessortyp, Laufwerkstypen und -größen. Darüber hinaus werden qualitätsbezogene Informationen gesammelt und übermittelt, wie Systemleistung, Akkuverbrauch im Standby, Gesamtbetriebszeit einer App und Anzahl der Abstürze oder Blockierungen. Es werden Treiberdaten gesammelt, die Angaben zur Treiberauslastung und Nutzung durch Apps enthalten und Informationen über mögliche Kompatibilitätsprobleme nach Updates geben sollen. Außerdem werden Daten zur Nutzung des Microsoft Stores übermittelt, wie App-Downloads, Installationen und Updates, Seitenaufrufe und erworbene Lizenzen.

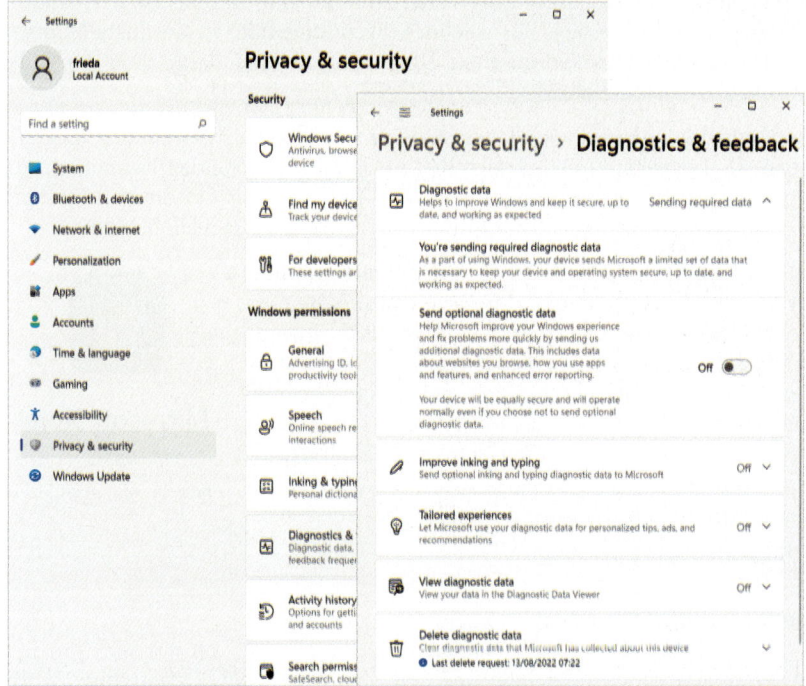

Bild 2.19: Menü für die Änderung von Datenschutzoptionen (Beispiel, versionsabhängige Abweichungen möglich)

Die Stufe „Enhanced" baut auf den Stufen „Diagnostic data off" und „Required" auf und sammelt darüber hinaus auch Informationen über Betriebssystem- und Microsoft-App-Ereignisse, die Einblicke in Arbeitsspeicher, Netzwerk, Dateisystem, Cortana und weitere Komponenten gewähren. Bei Abstürzen werden neben Fehlerberichten auch Speicherabbilder erstellt und übertragen. Microsoft stellt diese Stufe nur noch in Windows 10 zur Auswahl - in Windows 11 wurde sie aus der Auswahl entfernt und inhaltlich mit der nachfolgenden Stufe „Optional" zusammengelegt.

Die Telemetrie erfolgt in der Stufe „Optional" (ehemals „Full") ohne Beschränkungen. Sie baut auf den vorangegangenen Stufen „Diagnostic data off", „Required" und „Enhanced" auf. Zusätzlich können Registrierungsschlüssel sowie beliebige Nutzungsdaten gesammelt und übertragen werden. Außerdem können Diagnoseprogramme auf dem Rechner der Nutzenden ferngesteuert ausgeführt werden. Zu ihrem Schutz will Microsoft diese weiterreichenden Eingriffsmöglichkeiten durch ein eigenes Datenschutzkonzept und ein innerbetriebliches Genehmigungsverfahren auf ein als notwendig erachtetes Maß beschränken. Die Überprüfung sowie die nachträgliche Einstellung bestimmter Sicherheitseinstellungen können über das Icon für die Systemeinstellungen (Bild 2.19) im Bereich „Privacy & security" unter „Diagnostics & feedback" erfolgen.

2.5.1.5 Bedienung und Benutzung

Nach Systemstart und Anmeldung liefert Windows 11 auf einem Arbeitsplatzrechner zunächst einen Windows-Arbeitsplatz.

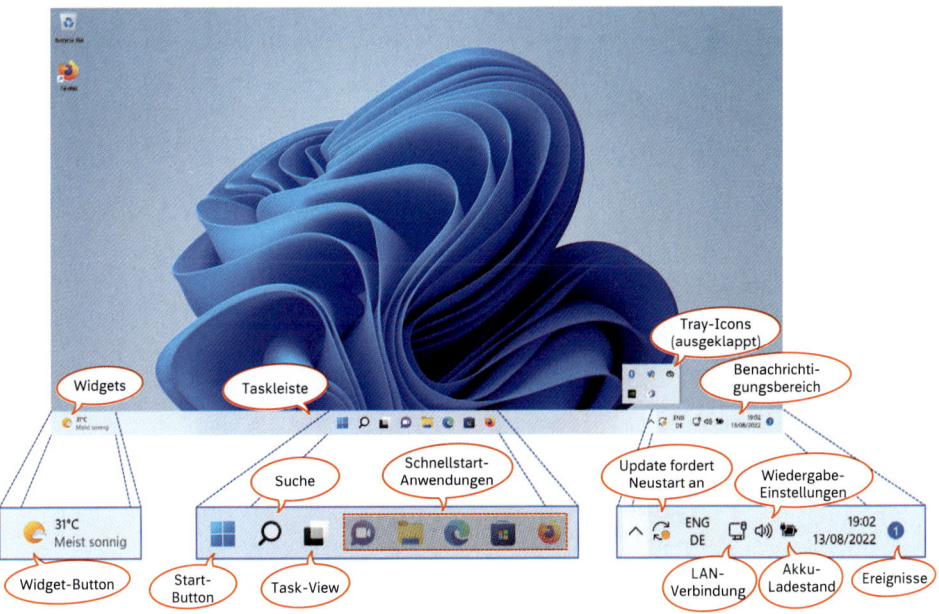

Bild 2.20: Windows-11-Arbeitsplatz und Taskleiste (taskbar)

Am unteren Bildrand befindet sich die **Taskleiste**. Sie wird zum Öffnen von Programmen, Dokumenten, Ordnern und anderen Objekten verwendet. Rechts neben dem Startsymbol können Anwendungen fixiert werden, um schneller darauf zugreifen zu können. Über den

Widget-Button am linken Rand können Benutzende mit einem Microsoft-Konto diverse Widgets (Wetter, Nachrichten usw.) verwenden. Der rechte Bereich der Taskleiste umfasst den Infobereich, er informiert z. B. über den Zustand des Netzwerkzugriffs oder ermöglicht eine direkte Einstellung der Wiedergabelautstärke.

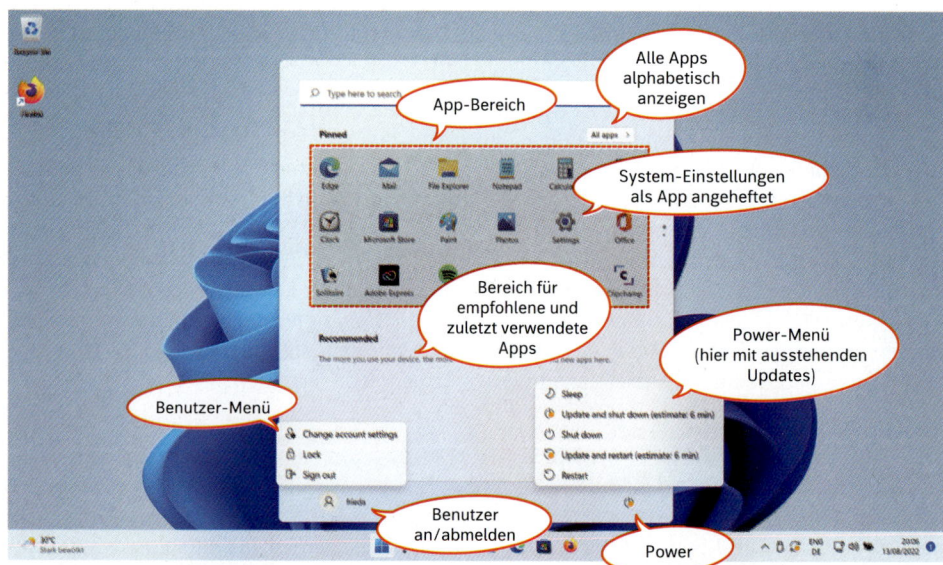

Bild 2.21: Windows 11 Startmenü

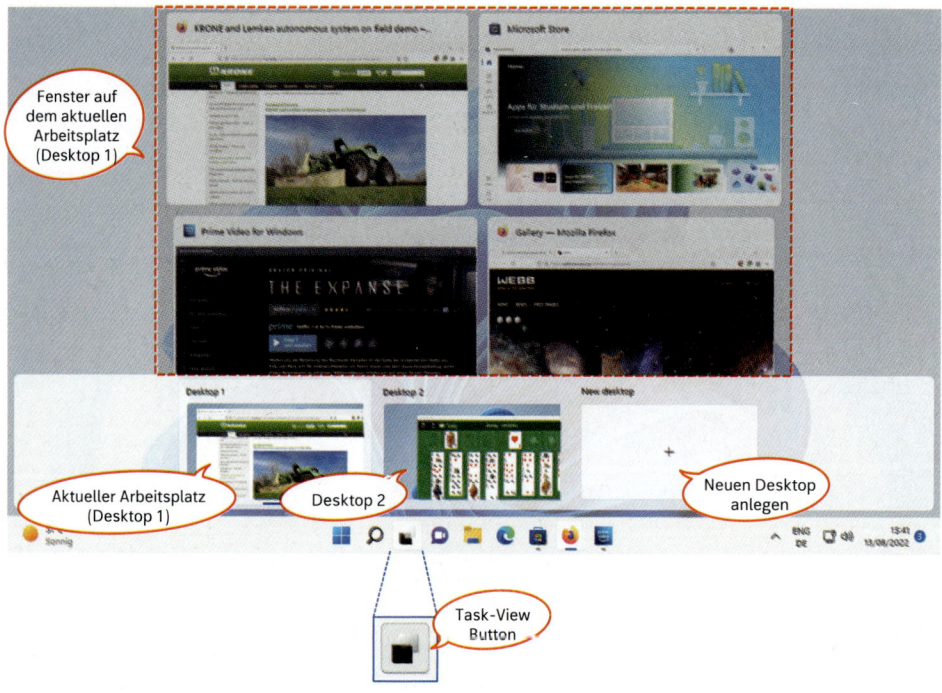

Bild 2.22: Virtuelle Desktops

Der Start-Button öffnet eine Programmleiste mit einem Bereich für angeheftete Objekte, in dem die Benutzenden Apps und klassische Anwendungsprogramme frei anordnen können. Die Systemeinstellungen sind über das angeheftete Zahnrad-Icon erreichbar. Darüber können beispielsweise auch während der Installation vorgenommene Einstellungen – insbesondere zum Datenschutz – überprüft und nachträglich verändert werden. Der Button „All Apps" zeigt alle installierten Anwendungen in alphabetischer Sortierung an. Über das Power-Symbol lässt sich der PC herunterfahren oder neu starten. Über das Benutzersymbol können sich die Benutzenden vom System abmelden, den Rechner sperren oder ihr Benutzerkonto bearbeiten.

Bei zahlreichen geöffneten und sich überlappenden Anwendungsfenstern verschafft der Task-View-Button einen Überblick. Ohne die Anordnung der tatsächlichen Fenster zu verändern, werden Abbildungen der einzelnen Fenster in der eingeblendeten Übersicht dargestellt. Ein Klick auf eines der abgebildeten Fenster schließt die Übersicht und holt das ausgewählte Fenster in den Vordergrund.

Alternativ besteht die Möglichkeit, zwischen verschiedenen Arbeitsplätzen umzuschalten oder einen neuen sog. **virtuellen Desktop** anzulegen. Auf diese Weise kann man Anwendungsfenster und Ordner auf verschiedene Desktops verteilen und ist nicht gezwungen, ständig Fenster zu minimieren oder zu verschieben, um in einem anderen weiter zu arbeiten.

2.5.1.6 Weitere Merkmale

Weitere Merkmale und Eigenschaften, die teilweise auch bereits von Vorgängerversionen unterstützt wurden, sind:

Eingabeaufforderung und PowerShell

Alle Windows-Versionen bieten die Möglichkeit, alternativ zur grafischen Oberfläche eine textbasierte Eingabeaufforderung zu nutzen, um direkt Kommandos zur Steuerung des Betriebssystems oder von Anwendungen auszuführen. Windows-Versionen vor Windows NT und Windows 2000 bauten noch auf dem kommandozeilenbasierten Betriebssystem **MS-DOS** (Microsoft Disk Operating System) auf. Die „**Eingabeaufforderung**" ist inzwischen ein Windows-Programm, das die MS-DOS-Funktionalität nachbildet. Bild 2.23 zeigt eine Auswahl gängiger Kommandozeilen-Befehle.

Kommando	Kurzbeschreibung
cd	wechselt das aktuelle Verzeichnis
cls	löscht den Inhalt des DOS-Fensters
dir	listet den Inhalt des aktuellen Verzeichnisses auf
exit	beendet die aktuelle Sitzung
copy xcopy robocopy	kopiert einzelne oder mehrere Dateien
del erase	löscht einzelne oder mehrere Dateien

Kommando	Kurzbeschreibung
move	verschiebt Dateien
ren	benennt eine Datei oder ein Verzeichnis um
mkdir md	erstellt ein neues Verzeichnis
help	listet die internen DOS-Befehle auf
type	gibt den Inhalt einer Datei im Konsolenfenster aus
format	formatiert das Dateisystem eines Laufwerks
diskpart	startet den Laufwerkspartitionseditor
bcdedit	erlaubt die Bearbeitung der Bootkonfiguration
ipconfig	zeigt die Netzwerkkonfiguration an, kann den DNS-Chache löschen und einen DHCP-Lease erneuern
tracert	gibt den Netzwerkpfad zu einer Zieladresse aus

Bild 2.23: Auswahl einiger Befehle der Windows-Eingabeaufforderung

Solche Kommandos lassen sich zu einer Sequenz zusammenfassen und in einer sog. **Batch-Datei** mit Endung „.bat" oder „.cmd" speichern. Für Batch-Dateien stehen zusätzliche Kommandos zur Verfügung, z.B. zur bedingten Ausführung oder für Sprünge.

Trotzdem ist es nicht möglich, mit den Befehlen der Eingabeaufforderung und mit Batch-Dateien alle Möglichkeiten der grafischen Benutzeroberfläche zu erreichen. Gerade für Administrationszwecke und im Serverumfeld ist es aber wichtig, weite Bereiche des Systems zu automatisieren, also durch Kommando-Skripte steuern zu können.

Diesen Ansatz verfolgt **PowerShell**. Die aus objektorientierter Skriptsprache und Kommandozeileninterpreter bestehende Administrationsplattform war erstmals in Windows Server 2008 verfügbar und ist seit Windows 7 Bestandteil aller Windows-Ausgaben. PowerShell erlaubt nicht nur konsolenbasierte Interaktionen, sondern ermöglicht auch die Erstellung grafischer Dialoge. Mit PowerShell ISE (Integrated Scripting Environment) steht eine Skript-Entwicklungsumgebung zur Verfügung.

Logical Volume Manager

Der **Logical Volume Manager (LVM)** verwaltet logische Laufwerke. Das bedeutet, dass ein unter Windows verfügbares Laufwerk nicht mehr zwingend direkt einem physikalischen Gerät oder einer Partition zugeordnet sein muss (Kap. 3.2.2). Entsprechend ermöglicht der LVM, mehrere physikalische Datenträger zu einem logischen Laufwerk (Stripsetvolume) zusammenzufassen.

Sprach- und Chat-Assistent mit künstlicher Intelligenz

Als Ersatz für die bisherige Sprachassistentin Cortana, die Microsoft Ende 2023 abgeschaltet hat, steht nun mit Microsoft Copilot ein Sprach- und Chat-Assistent mit künstlicher Intelligenz zur Verfügung.

Mit **Copilot** bezeichnet Microsoft den neuen Cloud-basierten und mit **künstlicher Intelligenz** ausgestatteten Sprach- und Chat-Assistenten. Auf Basis einer Anfrage (Prompt) kann Copilot kreative Texte oder auch Bilder erstellen, umfangreiche Dokumente oder Webseiten zusammenfassen und Antworten zu Inhaltsfragen liefern. Als Windows-Komponente hat Copilot die Möglichkeit, interaktiv Windows-Funktionen zu steuern, z. B. App-Fenster neu anzuordnen, nach Dateien zu suchen oder E-Mails zu schreiben.

Copilot+ ist die Offline-Variante des Assistenten, der vollständig auf der lokalen Computerhardware läuft, sofern sie die anspruchsvollen Systemanforderungen erfüllt und beispielsweise einen leistungsstarken KI-Koprozessor (**NPU**: **N**eural **P**rocessing **U**nit) mit mindestens 40 TOPS (**T**era **O**perations **P**er **S**econd) aufweist. Copilot+ kann damit auch in Bereichen eingesetzt werden, in denen sensible Daten den Computer nicht verlassen dürfen. Entsprechend soll mit der „Recall"-Funktion auf dem Computer, der Festplatte und in den vergangenen Aktivitäten mit natürlich formulierten Anfragen gesucht werden können, etwa: „Wie hieß die Person mit dem roten Pullover, mit der ich vor zwei Wochen in einem Teams-Meeting gesprochen habe?" Die „Live Captions"-Funktion kann laufende Video-Meetings in Echtzeit mit Untertitel versehen, wahlweise auch direkt in eine andere Sprache übersetzt.

Nutzende von Windows 11 erhalten Copilot über Windows-Update im Herbst 2024 als eine funktional weitgehender in das Betriebssystem integrierte Komponente. Für Windows 10 kann die einfacher gehaltene Copilot-App über den Microsoft Store manuell installiert werden.

Alternativ steht die im Edge-Browser integrierte Copilot-Funktion auf allen Systemen zur Verfügung (Bild 2.24).

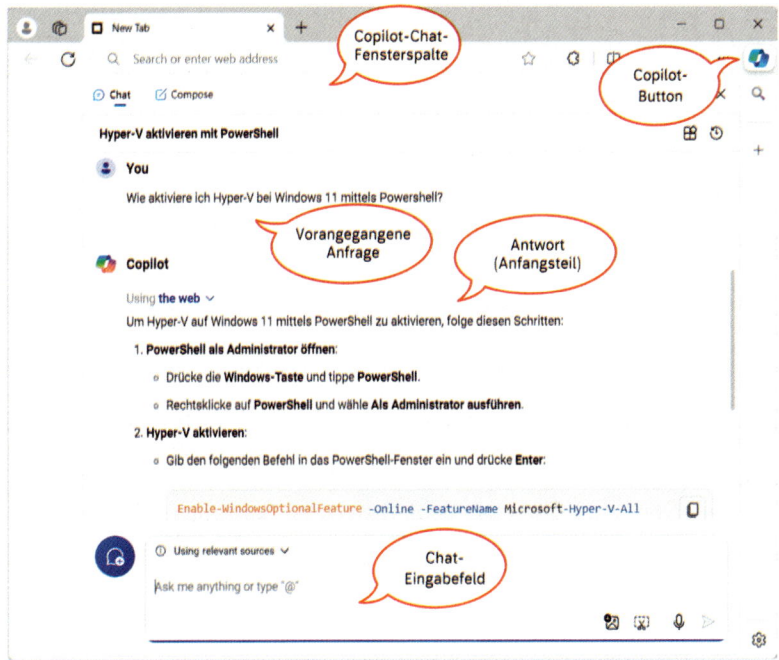

Bild 2.24: Edge-Browser mit Copilot-Funktion

Geräteverschlüsselung mit BitLocker

Mit der Festplattenverschlüsselung **BitLocker** bietet Microsoft eine umfassende Daten-schutzmöglichkeit an. Hierbei kommt das vorhandene TPM-Hardware-Sicherheitsmodul zum Einsatz.

> Mit **TPM** (**T**rusted **P**latform **M**odule) bezeichnet man einen speziellen Chip, den Hersteller in ihre Computer oder sonstigen Kommunikationsgeräte (Smartphone, Tablet, Notebook) einbauen, um zusätzliche grundlegende Sicherheitsfunktionen zu integrieren (z. B. Lizenzschutz, Datenschutz, Geräteidentifikation).
>
> Zusammen mit einer passenden Software bildet ein solches Gerät eine **Trusted Computing Platform (TCP)**, d. h. eine „vertrauenswürdige Plattform".

Die aktivierte Festplattenverschlüsselung stellt sicher, dass bei Diebstahl oder Verlust des geschützten Geräts Unberechtigte keinen Zugriff auf die Daten erhalten.

Kritisiert wird, dass Microsoft mit der BitLocker-Ausgabe seit Windows 10 die Verschlüsselungsfunktionen aus unklaren Gründen abgeschwächt hat. Mutmaßungen, dass Hintertüren in die Verschlüsselung eingebaut wurden, um Ermittlungsbehörden und Geheimdiensten das Umgehen der Verschlüsselung zu ermöglichen, wurden bislang nicht belegt und erscheinen wenig wahrscheinlich. Wegen der nicht offengelegten Quelltexte ist eine unabhängige Kontrolle der Funktionsweise aber praktisch kaum möglich. Alternativ bieten sich Open-Source-Lösungen wie Veracrypt an, wenn sie von einem großen Fachpublikum untersucht wurden und aus sicheren Quellen bezogen werden.

Die oft in Festplatten integrierte Hardwareverschlüsselung kann von BitLocker zur Entlastung des Prozessors genutzt werden. Weil wiederholt Schwachstellen in den Sicherheitsfunktionen verschiedener Festplatten bekannt und z. T. von den Herstellern auch nicht beseitigt wurden, wird diese Option von Windows 11 grundsätzlich gemieden. Ihr Einsatz ist dennoch möglich, sollte aber sehr genau überlegt sein.

Virtualisierung mit Hyper-V

Auf Systemen ab der Pro-Ausgabe von Windows kann die Virtualisierungstechnik **Hyper-V** von Microsoft eingesetzt werden. Nutzende der Home-Version müssen zu alternativen Angeboten greifen. Hyper-V stellt eine virtuelle Rechnerumgebung bereit, die PC-Komponenten und deren Funktion simuliert. Das gelingt so gut, dass es für die Software keinen Unterschied macht, ob sie auf einem tatsächlichen Rechner läuft oder in der simulierten Umgebung gestartet wird. Die vermeintliche Monitorausgabe wird von der Hyper-V-Software in einem Anwendungsfenster dargestellt. Umgekehrt werden bei Bedarf Tastatureingaben und Mausbewegungen an den simulierten Rechner umgeleitet. Auf die virtuelle Maschine muss zunächst ein Betriebssystem installiert werden. Unterstützt werden beispielsweise diverse Windows-Versionen, aber insbesondere auch verschiedene Linux-Varianten. Dadurch können andere Betriebssysteme ausprobiert werden, ohne sie auf einem tatsächlichen Rechner installieren zu müssen. Funktioniert eine Software nur mit einer älteren Windows-Version, kann sie durch Virtualisierung auch auf neueren Systemen weiter genutzt werden.

Windows Mixed Reality

Windows 11 unterstützt brillenähnliche Sichtgeräte, die computergeneriertes Bildmaterial in das Sichtfeld der Benutzenden projizieren und mit den Kopfbewegungen abgleichen.

Auf diese Weise entsteht für die Betrachtenden der Eindruck einer gänzlich neuen Umgebung, einer sog. virtuellen Realität (**Virtual Reality**). Alternativ kann die reale Sicht erfasst und erweitert werden, beispielsweise durch das passgenaue Einfügen von computergenerierten Bildelementen. Man spricht in diesem Fall von **Augmented Reality**. Beide Formen fasst Microsoft mit der Bezeichnung **Mixed Reality** zusammen.

Shortcuts

Als **Shortcut**, **Hotkey** oder **Tastaturkombination** bezeichnet man das gleichzeitige oder aufeinanderfolgende Drücken mehrerer Tasten auf Computertastaturen. Hiermit können bestimmte Steuerbefehle oder beispielsweise auch Sonderzeichen eingegeben werden, die üblicherweise auf dem Tastaturlayout nicht zu finden sind. Dadurch wird die Bedienung vielfach erleichtert. Gängige Tastaturkombinationen bei Windows 11, die teilweise auch von anderen Betriebssystemen verwendet werden, zeigt Bild 2.25.

Tastaturkombination	Bedeutung/Aktion
Windows-Taste + A	aktiviert das Info-Center
Windows-Taste + C	startet eine Microsoft-Teams-Sitzung
Windows-Taste + D	blendet den Desktop ein
Windows-Taste + E	öffnet den Datei-Explorer
Windows-Taste + I	öffnet die Windows-11-Einstellungen
Windows-Taste + K	startet das Fenster für die Verbindungsfunktion zum Streamen
Windows-Taste + L	aktiviert den Sperrbildschirm
Windows-Taste + R	öffnet das „Ausführen"-Fenster
Windows-Taste + X	startet die sog. Poweruser-Befehle (wie Rechtsklick auf Start-Button)
Windows-Taste + Plus-Taste	startet die Bildschirmlupe
Windows-Taste + Minus-Taste	schließt die Bildschirmlupe
Windows-Taste + Komma-Taste	Desktop kurz einblenden (solange die Windows-Taste gedrückt wird)

Bild 2.25: Windows-11-Tastaturkombinationen (Beispiele)

Standarddienste und Systemprogramme

Die folgende Aufstellung enthält einige Beispiele für typische Systemdienste und Systemprogramme:

- Anmeldedienst (LSASS: Local Security Authority Security Service)
- Benutzerprofildienst (User Profile Service)
- Druckwarteschlange (Print Spooler)
- Aufgabenplanungsdienst (Task Scheduler)
- Automatische Netzwerkkonfiguration (DHCP Client Service)

- Lokaler DNS-Cache (DNS Client service)
- Windows-Ereignisprotokoll (Windows Event Log Service)
- Datenträger-Schattenkopierdienst (Volume Shadow Copy Service)

Eine Übersicht sämtlicher Systemdienste erhält man, indem man beispielsweise im „Ausführen"-Fenster (Windows-Taste + R; Bild 2.25) „services.msc" eingibt und anschließend den OK-Button betätigt.

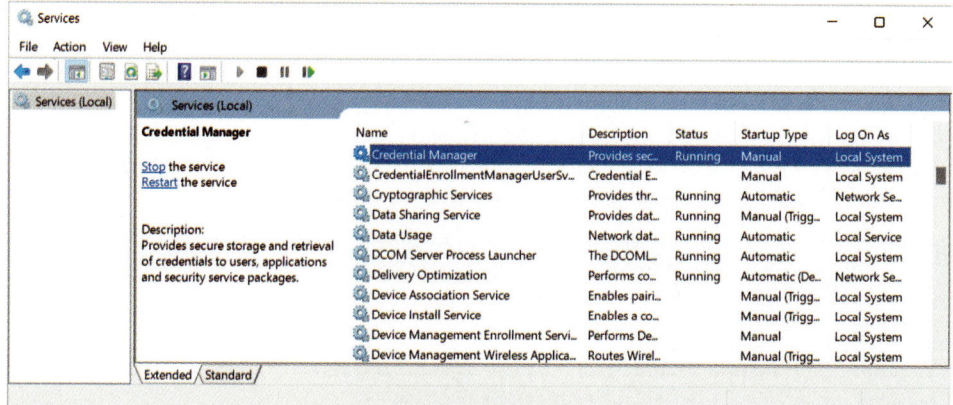

Bild 2.26: Übersicht über Windows-11-Systemdienste (Auszug)

Einstellungen und Systemsteuerung

Erste Anlaufstelle zur Veränderung von Windows-Einstellungen ist die „Einstellungen"-App im Startmenü (Bild 2.21), die zur Einstiegsseite führt (Bild 2.27).

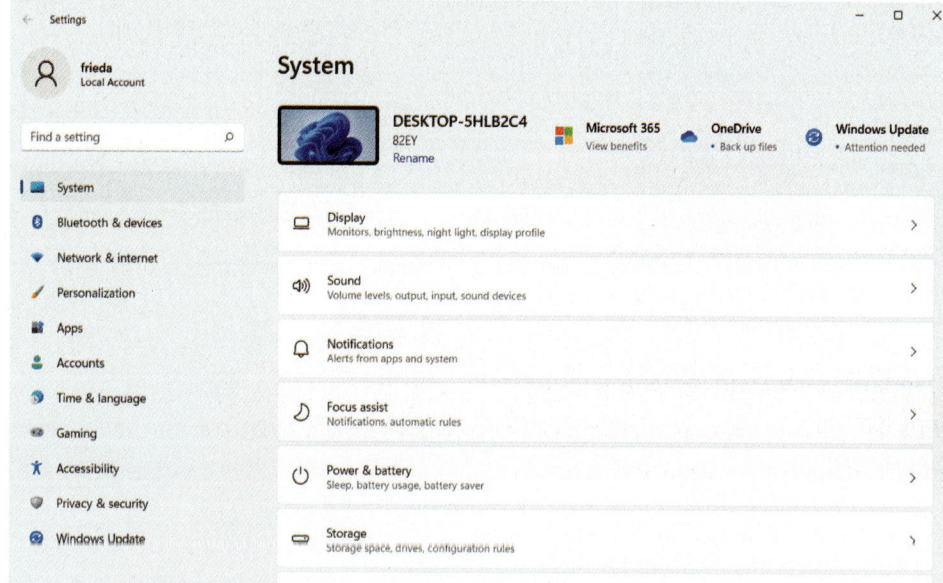

Bild 2.27: Einstiegsseite der Windows-Einstellungen

Von hier aus erreicht man die spezifischeren Einstellungsmenüs. Einige noch nicht vollständig in das Windows-11-Design übertragene Menüs lassen sich noch in der versteckten Systemsteuerung (Control Panel) finden (Bild 2.28). Sie lässt sich beispielsweise durch kurzes Drücken der Windows-Taste mit anschließender Eingabe von „Systemsteuerung" aufrufen.

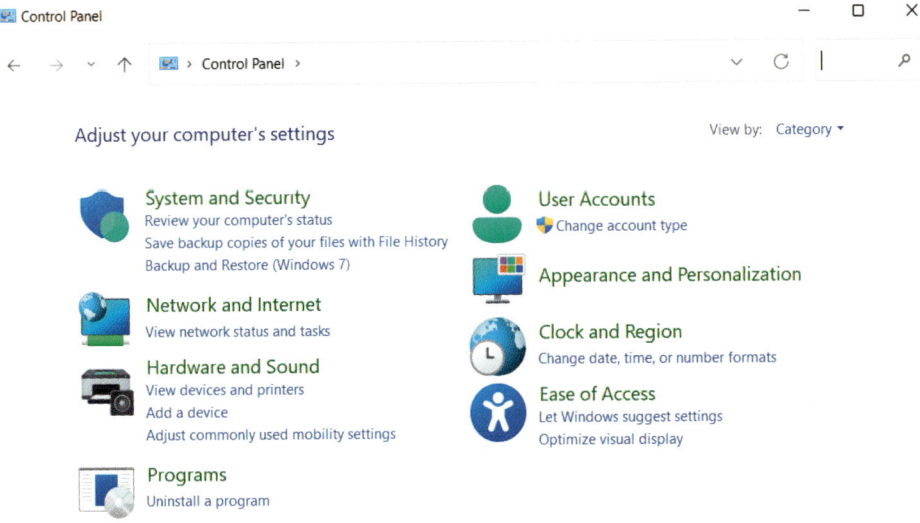

Bild 2.28: Einstellungsmenüs der Systemsteuerung

Microsoft hat auch in Windows 11 wieder eine Liste mit Direktaufrufen vieler Einstellungsmenüs versteckt, die besonders für Fortgeschrittene interessant ist. Die Menüliste (Bild 2.31) kann über Doppelklick eines speziell benannten Verzeichnisses erreicht werden (Bild 2.29). Bild 2.30 zeigt, wie dieses Verzeichnis mithilfe eines Kommandozeilen-Befehls für die Windows-Benutzerin „Frieda" auf dem Desktop erstellt werden kann. Es erscheint dort ohne Namen mit dem Symbolbild der Systemsteuerung (Bild 2.29).

Bild 2.29: Namenloses Aufrufverzeichnis auf dem Desktop

Bild 2.30: Erstellen des Aufrufverzeichnisses

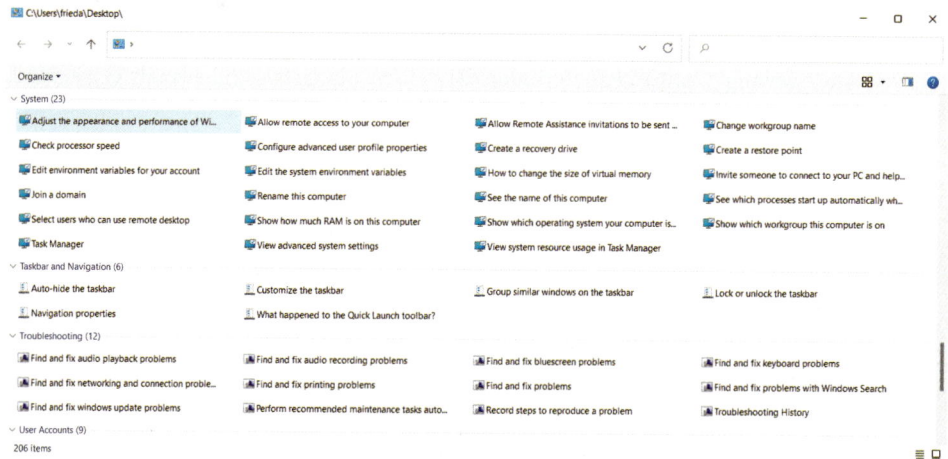

Bild 2.31: Verstecktes Einstellungsmenü mit Direktaufrufen (Auszug)

Benutzerkontensteuerung (User Account Control, UAC)

Als **Benutzerkonto** (*user account*) oder Account bezeichnet man eine Zugangsberechtigung zu einem zugangsbeschränkten IT-System. Der Zugang ist nur möglich, nachdem sich eine Benutzerin oder ein Benutzer beim Einloggen mit Benutzername und Kennwort authentifiziert hat. Das Benutzerkonto ermöglicht z. B.:

- Zugriff auf bestimmte Dateien, Ordner und Sub-Systeme, aber ggf. auch Zugriffsverweigerung (z. B. auf systemrelevante Bereiche)
- Speicherung bestimmter Konfigurationsdaten (z. B. individuell gestalteter Startbildschirm)

Das Benutzerkonto dient somit der Verwaltung verschiedener Benutzender eines Computers oder eines Netzwerks. Der oder die Verwaltende wird bei Microsoft Windows **Administrator** genannt. Diese Person besitzt ein entsprechend privilegiertes **Administrator-Konto** mit sämtlichen zur Verfügung stehenden Rechten und kann anderen Benutzenden Zugriffsrechte gewähren oder verweigern. Oftmals werden Benutzerkonten auch zu Gruppen zusammengefasst. Die Rechte der Gruppe sind dann allen Mitgliedern gleichzeitig zugewiesen.

Einstellungen zur Benutzerkontensteuerung können bei Windows 11 beispielsweise über die klassische Ansicht der Systemsteuerung (Bild 2.28) oder über die moderne Ansicht der Windows-Einstellungen (Bild 2.27) vorgenommen werden. In den letzten Windows-Versionen wurde die Benutzerkontensteuerung deutlich verbessert. Die Benutzenden können inzwischen die Benachrichtigungseinstellungen selber ändern und damit vorgeben, welche Anlässe einer Benutzerbestätigung bedürfen. Selbst in der höchsten Stufe erscheinen wesentlich weniger Meldungen als anfänglich unter Windows Vista.

Erweiterte Taskleiste

Laufende Programme können als Schnellstartverknüpfungen an die Taskleiste angeheftet werden. Mehrere Fenster derselben Anwendung werden gruppiert, was die Übersicht verbessert. Fährt man den Anwendungseintrag in der Taskleiste mit der Maus an, öffnet sich darüber ein Vorschaubild des Anwendungsfensters, das durch Anklicken in den Vordergrund geholt werden kann. Bei gruppierten Anwendungen erscheint für jedes Anwendungsfenster ein separates Vorschaubild.

Scheduler

Die Unterstützung mehrerer physikalischer wie logischer Prozessorkerne wurde verbessert, um eine möglichst optimale Auslastung der Prozessorressourcen zu erreichen.

Kompatibilitätsmodus

Dieser Modus stellt älteren Anwendungen, die unter Windows 11 nicht mehr funktionieren, eine virtuelle Windows-7-, Windows-8- oder Windows-Vista-Umgebung bereit. Auf diese Weise lassen sich viele zu Windows 11 inkompatible Programme weiterhin nutzen.

WOW64 (Windows on Windows 64-Bit)

WOW64 ist ein weiteres Kompatibilitätssystem, das es ermöglicht, 32-Bit-Anwendungen auf 64-Bit-Systemen zu betreiben.

2

2.5.2   Linux oder GNU/Linux

Linux wurde 1991 als ein Experiment des finnischen Informatikstudenten Linus Torvalds auf der Basis von UNIX entwickelt und unterscheidet sich besonders durch die freie und Open-Source-Struktur von professionellen bzw. kommerziellen Betriebssystemen wie Microsoft Windows oder Apple macOS. Auch heute noch ist der Namensgeber an der Weiterentwicklung des Kernels beteiligt (Vetorecht).

In der Entwicklerszene wird noch heute darüber gestritten, ob es Linux oder GNU/Linux heißen müsste, da die Linux-Betriebssysteme in der Regel auf einem Linux-Kernel mit GNU-Tools basieren. Heutzutage sind die beiden Komponenten kaum noch voneinander zu trennen.

Von den mehreren hundert verschiedenen Linux-Distributionen weltweit haben sich nur wenige Betriebssysteme etablieren können. Im Prinzip gibt es heutzutage für jede Anwendung eine spezielle Linux-Betriebssystemversion. Ihnen allen ist gemeinsam, dass sie in Community-Projekten entwickelt werden, hinter vielen stehen letztlich große Softwarefirmen.

In Deutschland verdankt Linux vor allem dem initiierten KDE-Projekt (**K D**esktop **E**nvironment) seinen Durchbruch. Die Programme KDE sowie GNOME werden mittlerweile mit allen Linux-Distributionen (Ubuntu, SuSE, RedHat, Fedora usw.) ausgeliefert und sind bei vielen Softwarepaketen bereits standardmäßig als Oberfläche konfiguriert.

KDE (**K D**esktop **E**nvironment) und **GNOME** (**G**NU **N**etwork **O**bject **M**odel **E**nvironment) sind zwei unterschiedliche grafische Benutzerumgebungen für Linux-Systeme.

Benutzende, die regelmäßig mit Windows arbeiten, haben bei der Umstellung auf Linux meistens keine allzu großen Probleme mehr. Der Installationsvorgang läuft ähnlich ab wie bei Windows. Die Hardware wird automatisch erkannt und Hardwarekonflikte treten nur selten auf. Linux läuft sehr zuverlässig und stabil. Auch Anwendungen und Desktop-Einteilung funktionieren mittlerweile ähnlich wie bei ihren Windows-Pendants.

Anstelle eines Mikrokernels, der gerade so viel Codes enthält, dass die Grundfunktionalität des Betriebssystems (Process Handling, I/O-Operationen) gewährleistet ist, kommt bei Linux meistens ein monolithischer Kernel zum Einsatz. Heutzutage werden dabei viele Funktionalitäten in sog. Kernel-Module ausgelagert, um ein Nach- bzw. Neuladen von betriebssystemnahen Funktionen zu ermöglichen.

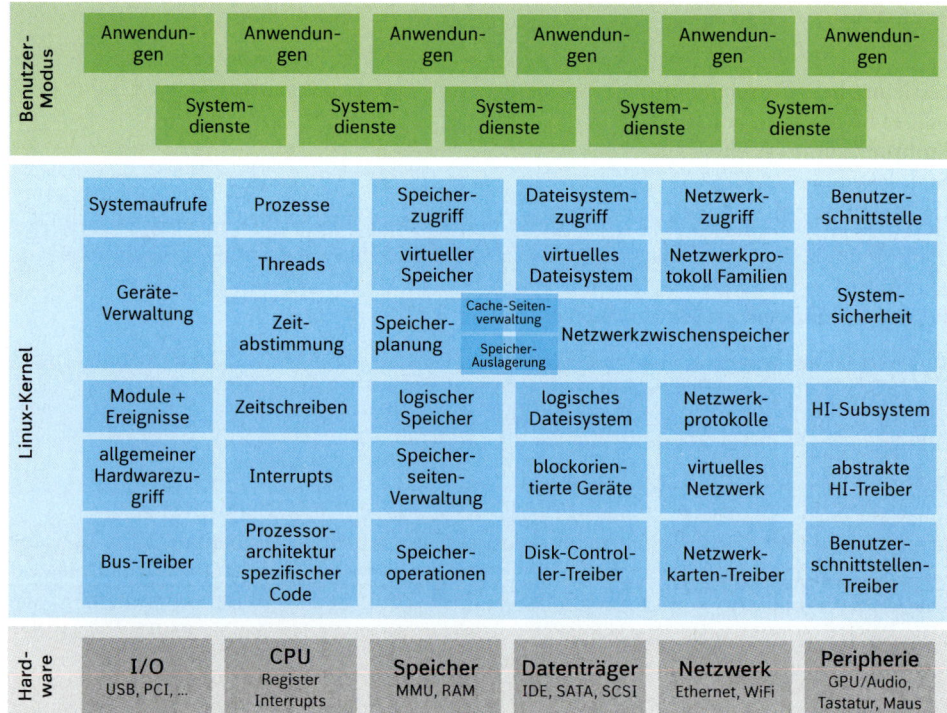

Bild 2.32: Kernelstruktur von Linux

Da der Linux-Kernelprozessor nahezu architekturunabhängig ist, kann er an beliebige Hardware angepasst werden. So findet man mittlerweile immer mehr Smartphones, Tablet-PCs oder Media-Streaming-Geräte mit auf Linux basierenden Betriebssystemen. Eine der am weitesten verbreiteten Distributionen ist das von Google entwickelte Android (Kap. 2.5.4).

Die besonders herausragenden Eigenschaften von Linux dokumentieren sich in der Vielseitigkeit und Anpassungsfähigkeit dieses modularen Betriebssystems, das u.a. eine Vielzahl von Betriebsarten, Geräten und Protokollen unterstützt, z.B.:

- Multiuser
- Multitasking, Multithreading
- Multiprocessing
- Datenträger (Festplatten, USB-Sticks, BD-ROM, DVD+/-RW, ...)
- Bussysteme für Datenträger (PCIe, SATA, SAS, ...)
- Unterstützung verschiedener Dateisysteme (FAT32, exFAT, ZFS, HPFS, ISO9660, NTFS, ...)
- Netzwerke (Ethernet, FDDI, IEEE 802.11, ATM, MPLS, ...)
- Unterstützung von TCP/IP (v4 und v6)
- Support für Kanalbündelung
- SMB Netzwerkprotokoll (LanManager, Microsoft Network)
- NCP (**N**etware **C**ontrol **P**rotocol)
- AppleTalk (Apple Macintosh Netzwerkprotokoll)
- dynamisches Speicher-Management
- POSIX-konform (d.h., Anwendungsprogramme können ohne bzw. mit geringen Quelltextänderungen übernommen werden)
- mit Erweiterung echtzeitfähig (DIN 44300 Nr. 161)

- Audio/Video-Unterstützung
- diverse Eingabegeräte wie Maus, Tastatur, Scanner, ...

Herkömmliche Laufwerksbuchstaben, wie man sie von anderen Betriebssystemen kennt, gibt es hier nicht. Die Beschränkungen des Alphabets für Laufwerksbuchstaben (wie in allen Microsoft-Betriebssystemen) sind unter Linux wie auch unter UNIX nicht existent. Stattdessen werden die Blu-Ray-/DVD-Laufwerke, Festplatten, andere Dateisysteme usw. in die bestehende Hierarchie des Dateisystems eingehängt. Im Fachjargon wird vom **Mounten** der Dateisysteme gesprochen. In der Regel übernimmt der Systemoperator diese Aufgabe.

Die Auflistung in Bild 2.33 zeigt ein Dateisystem eines Linux-PCs, das sich in ähnlicher Form auch auf vielen anderen UNIX-Servern wiederfindet.

Verzeichnis	Beschreibung
/	Bildet die Wurzel des Dateisystems (root).
/boot	Hier sind die Boot-Manager-Dateien enthalten und der Unix-Kern, der vom Boot-Manager gestartet wird.
/bin	Steht als Abkürzung für Binaries und beherbergt Dienstprogramme wie ls, cp, sh, mount, login usw.
/dev	Enthält sämtliche Gerätedateien, insbesondere die der gesamten Systemperipherie.
/etc	In diesem Verzeichnis liegen in der Regel alle Konfigurations- und Datenbank-Files, die die Systemkonfiguration des PCs bestimmen.
/home	Hier haben die Standardbenutzenden ihre „Heimat"-Verzeichnisse.
/lib	Ist eines der Verzeichnisse, die die Shared Libraries (gemeinsame Bibliotheken) beinhalten.
/proc	Ist ein Linux-spezifisches Verzeichnis, in dem viele Systemvariablen enthalten sind. Als Beispiel sei hier die Statistik der über das Netzwerk versandten und empfangenen TCP/IP-Pakete genannt (Process Filesystem).
/sbin	Beinhaltet eine Ansammlung von Systemverwaltungstools.
/tmp	Ist ein Verzeichnis, das temporäre Dateien enthält. Hier können auch normale Benutzende Dateien ablegen.
/usr	In diesem Unterverzeichnis liegen alle Anwendungsprogramme, die grafische Benutzeroberfläche X11 und alle anderen installierten Applikationen.
/var	Dieses Directory enthält veränderliche Dateien wie Drucker-Spooler-Verzeichnisse und temporäre Laufzeitdateien.

Bild 2.33: Verzeichnisse bei einem Linux-Betriebssystem

Durch die Verzeichnisstruktur wird der Unterschied zwischen Linux bzw. UNIX und anderen Betriebssystemen wie Windows deutlich.

Wie bei Windows müssen Linux-Anwendende eine Grundsatzentscheidung treffen, ob sie ein 32- oder 64-Bit-Betriebssystem einsetzen wollen. Wenn möglich, sollte die 64-Bit-Version gewählt werden, denn sie ist zwingende Voraussetzung, sobald auch nur eine 64-Bit-Anwendung gestartet werden soll. Außerdem stellen inzwischen immer weniger Distributionen überhaupt noch eine 32-Bit-Version bereit.

Linux unterscheidet drei Kategorien von Anwendenden bzw. Usern:

- Root (Superuser bzw. Systemadministrator/-in des UNIX-Hosts)
- Daemons (Hintergrundbenutzende des UNIX-Hosts)

- Benutzer/-innen (eigentliche User des Systems)

Der Root-Account hat uneingeschränkte Rechte am System. Dieser wird in der Regel nur zur Administration, zur Installation von neuen Applikationen und zur Systemwartung gebraucht.

Daemon-User (**D**isk **a**nd **E**xecution **Mon**itor) sind keine interaktiven Login-Accounts. Es handelt sich hierbei um Dienste und Protokolle wie mail, uucp usw., die im Hintergrund ablaufen und Systemarbeiten (teilweise mit Root-Rechten) erledigen.

Zuletzt kommt die große Gruppe der eigentlichen Benutzenden, die innerhalb ihrer zugewiesenen Ressourcen keine weiteren Rechte besitzen. Dadurch ist es so gut wie ausgeschlossen, dass ein normaler User einen UNIX- bzw. Linux-Rechner zum Systemcrash bringt.

Die Oberfläche von Linux

Im Gegensatz zu Microsoft Windows 10 oder macOS gibt es nicht die eine Oberfläche. Die meisten Distributionen nutzen KDE, Xfce oder GNOME als Desktop-Umgebung. Grundsätzlich sind diese Oberflächen Windows sehr ähnlich. Im Bereich der OEM-Anbieter (**O**riginal **E**quipment **M**anufacturer) ist derzeit Ubuntu mit der GNOME-Desktopoberfläche sehr gefragt.

Gegenüber Windows ist das System mit seiner schlanken Oberfläche und seiner einfachen Bedienung deutlich ressourcenschonender und richtet sich vor allem an Anwendende, die mit einem Umstieg auf Linux liebäugeln. Alles, was zur täglichen Arbeit am Rechner benötigt wird, bringt Ubuntu mit.

Bild 2.34: Ubuntu Desktop-Oberfläche

Bei Ubuntu 24.04.1 LTS handelt es sich wieder um eine LTS-Version (LTS: Long Term Support). Der Schwerpunkt gegenüber den anderen Ubuntu-Versionen liegt auf der Stabilität des Betriebssystems. Zusätzlich zu den herkömmlichen Ubuntu-Releases ist für diese LTS-Version fünf Jahre lang Support verfügbar, damit ist sie auch für den Einsatz in Unternehmen gedacht.

Zentrales Bedienelement der Oberfläche von Ubuntu ist der Launcher am linken Bildrand. Er wird zum Öffnen von Programmen, Dokumenten, Ordnern und anderen Objekten verwendet. Im Großen und Ganzen ist er mit der Taskleiste von Windows 10 vergleichbar.

Das karierte Feld unten links entspricht dem Windows-Start-Button und klappt die Anzeige aller Anwendungen auf. „Activities" am oberen Rand stellt das Pendant zum Task-View-Button dar. Hier lassen sich beispielsweise weitere Desktops anlegen und die Anwendungsfenster auf andere Desktops verschieben.

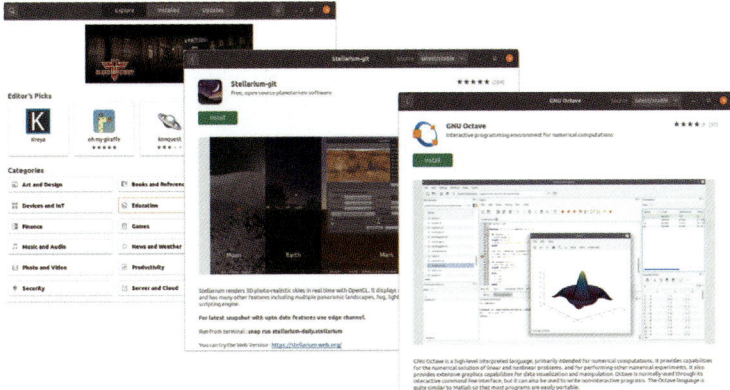

Bild 2.35: Ubuntu Softwarecenter

Der rechte Bereich der Systemleiste liefert Informationen zum Status des Rechners und erlaubt einen schnellen Zugriff auf Netzwerkverbindungen. Über das Symbol ganz rechts lässt sich der Rechner ausschalten.

Das Ubuntu Softwarecenter erlaubt die komfortable Installation weiterer Anwendungen und erinnert an die App-Stores der Smartphone-Systeme (Bild 2.35).

2.5.3 Apple macOS

Computer von Apple sind nicht nur rein äußerlich immer ein wenig anders als die weit verbreiteten Geräte der sonstigen PC-Welt. Auch im Inneren haben sich die Entwickler/-innen nie auf einen anderen Hersteller verlassen. Anders als bei PCs, wo das Betriebssystem Windows von Microsoft Marktführer ist, arbeitet ein Macintosh-Computer mit einem hauseigenen Betriebssystem (ursprüngliche Bezeichnung: **OS X**). Es basiert auf Unix und stellt damit dessen bisher erfolgreichste kommerzielle Variante auf dem Markt für Personal Computer dar. In abgewandelter Form wird es als iOS (Kap. 2.5.5) ebenfalls bei anderen Apple-Geräten eingesetzt (z. B. iPhone, iPad). Mit der 2016 veröffentlichten Version (Codename: Sierra) wurde das Namensschema der PC-Betriebssysteme an die Bezeichnungen anderer Apple-Geräte angepasst (anstatt OS X nunmehr macOS in Analogie zu iOS für Apple-Smartphones).

Mittels des Features **Handoff** wird gleichzeitig der Datenaustausch zwischen den iOS- und macOS-Geräten erleichtert. In der Regel erfolgt die Bereitstellung der Daten hierbei über die iCloud. Diese Integration geht so weit, dass man z. B. am iMac ein Telefonat fürs iPhone, das in einem anderen Raum liegt, annimmt oder auf dem iPad sein am iMac erstelltes Dokument unterwegs ergänzt. Apple fasst das Ganze unter dem Begriff **Continuity** (Kontinuität) zusammen.

Die grundlegende Betriebssystem-Architektur von macOS besteht aus vier Basiselementen:

- grafische Benutzeroberfläche **Aqua**
- Programmierschnittstellen **Carbon, Cocoa** und **Java**
- Grafik-Subsysteme **Quartz, OpenGL** und **QuickTime**
- eigentliches Unix-Betriebssystem **Darwin**

Der Kernel des Apple-Unix-Betriebssystems Darwin weist eine Besonderheit auf: Es handelt sich um einen sog. **Hybridkernel**, d. h., er versucht die Vorteile eines monolithischen Kernels mit den Vorteilen eines Mikrokernels zu verbinden.

Als **Microkernel** bezeichnet man einen Betriebssystemkern, der nur grundlegende Funktionen erfüllt. Hierzu gehören die Speicher- und Prozessverwaltung sowie Grundfunktionen zur Synchronisation von Abläufen sowie zur Kommunikation.

Als **monolithischen Kernel** bezeichnet man einen Kernel, in dem zusätzlich zu den Grundfunktionen der Speicher- und Prozessverwaltung und der Kommunikation zwischen den Prozessen auch Treiber für andere Hardwarekomponenten und ggf. auch weitere Funktionen direkt eingebaut sind.

So werden Fähigkeiten wie Speicherschutz, präemptives Multitasking, Mehrbenutzerfähigkeit, erweitertes Speichermanagement und symmetrisches Multiprocessing (SMP) bereitgestellt. Weiterhin kann macOS als Einzel- wie auch als Mehrbenutzersystem (Kap. 2.1.1) verwendet werden.

Wie beim klassischen Linux wird unter macOS unterschieden zwischen

- normalen **Benutzenden** (User),
- **Systemverwaltenden** (Admin) und
- dem **Superuser** (Root).

Normalen Benutzenden ist es nicht erlaubt, Änderungen am System vorzunehmen oder Software außerhalb ihres Benutzerordners zu installieren. Von ihnen gestartete Programme werden nur mit ihren Nutzungsrechten ausgeführt. Die Benutzenden der Gruppe *Admin* verfügen über weitergehende Rechte; sie dürfen systemweite Einstellungen vornehmen, Software installieren und verfügen über Schreibzugriff auf diverse Systemverzeichnisse. Nach gesonderten Authentifizierungen besteht auch die Möglichkeit, tiefergreifende Änderungen am System vorzunehmen. Ein nutzbares Root-Benutzerkonto wie unter Linux, das dauerhaft über die Berechtigungen des *Superusers* verfügt, gibt es nach einer Systeminstallation allerdings nicht. Benutzende können aber über eine Kommandozeile auf das System zugreifen.

Seit geraumer Zeit unterstützen die Apple-Betriebssysteme zudem Windows-Programme, die auf dem Mac-Rechner ausgeführt werden können. Dazu wird eine spezielle Software benötigt, die im Lieferumfang der aktuellen macOS-Versionen enthalten ist. Eine Vielzahl von zusätzlichen Anwendungen ist über den Apple App Store erhältlich, eine Installation von Fremdquellen wird jedoch rigoros unterbunden.

Typische Systemanforderungen für die Installation eines aktuellen macOS sind:

- Mac-PC mit Intel Core i5, Core i7, Core i9 oder Xeon Prozessor

- 4 GiB Arbeitsspeicher

- 35,5 GiB freier Speicherplatz

- Für einige Funktionen ist eine Apple-ID erforderlich; es gelten entsprechende Nutzungsbedingungen, denen man zustimmen muss.

- Einige Funktionen erfordern einen kompatiblen Internetanbieter; hierfur können – abhängig vom vorhandenen Tarif – Gebühren anfallen.

2

2.5.3.1 Eigenschaften und Merkmale

Eigenschaften und Merkmale der zurzeit aktuellen macOS-Version (macOS 14 Sonoma, veröffentlicht im September 2023) sowie deren Vorgänger (z. B. macOS 13 Ventura; macOS 12 Monterey; macOS 11 Big Sur) – versionsbedingt ggf. abgewandelt oder im Umfang unterschiedlich – sind u. a.:

- **Mission Control**

 Mission Control (frühere Bezeichnung: Exposé) bringt Apps im Vollbildmodus, das Dashboard und Spaces in nur einem neuen Feature zusammen, mit dem alles auf dem Schreibtisch quasi aus der Vogelperspektive gesehen werden kann. Damit wird der Überblick über alle geöffneten und im Vollbildmodus laufenden Anwendungen erleichtert. Es dient auch zur Verwaltung virtueller Schreibtische (unterschiedliche grafische Benutzeroberflächen).

- **Mac App Store**

 Wie fürs iPad oder das iPhone gibt es auch Apps für Mac-PCs. Über den Mac App Store kann der Rechner mit kostenfreier und kostenpflichtiger Software ausgestattet werden. Ebenso kann auf Musik und Videos zugegriffen werden. Hierbei werden alle Programme, Musik und Videos an eine Apple-ID gebunden. Das hat den Vorteil, dass alles gesichert wird und man auch von anderen Geräten darauf zugreifen kann. Gleichzeitig wird man über den Store auf Updates für seine Software hingewiesen.

- **Dashboard**
  Durch das Dashboard wird eine Schreibtischoberfläche simuliert, die mittels kleiner Programme, sog. **Widgets**, die Erledigung kurzer Aufgaben ermöglicht.

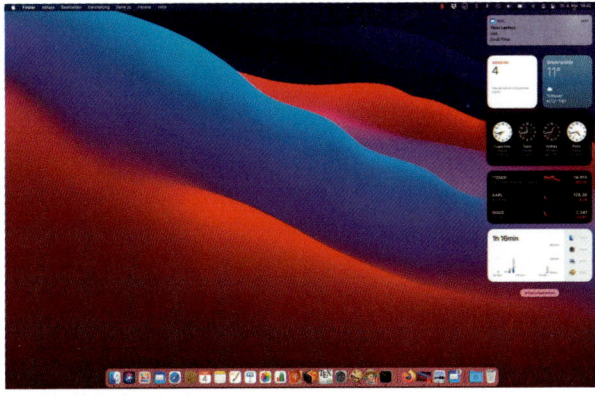

Bild 2.36: Dashboard (Prinzipdarstellung)

- **Launchpad**

  Das Launchpad liefert eine Übersicht und Startmöglichkeit für alle installierten Apps und Programme. Die Darstellung erinnert stark an die Darstellung auf iPhone und iPad. Bei genauerer Betrachtung präsentiert das Launchpad lediglich den Inhalt des Programmordners in neuer Optik.

Bild 2.37: Launchpad (Beispiel; versionsabhängige Abweichungen möglich)

- **Resume**

  Bei einem Neustart mussten früher nach dem Reboot auch alle Programme wieder selbst starten. Inzwischen wird vor einem Herunterfahren der aktuelle Stand der offenen Programme „eingefroren" und nach dem Reboot wieder hergestellt. Alle Apps können automatisch dort fortgesetzt werden, wo sie vorher beendet worden sind.

- **Automatisches Sichern und Abspeichern von verschiedenen Versionen**

  Regelmäßige Versions-Backups für Dateien gibt es inzwischen zusätzlich mit der Funktion „Versionen". Dabei speichert das Betriebssystem bei jedem Öffnen eines Dokuments eine Version ab und macht zusätzlich in regelmäßigen Zeitabständen während einer Bearbeitung eine Sicherung. Direkt aus dem jeweiligen Programm heraus kann man dann die Versionen einsehen und mit **Time-Machine-Look** restaurieren.

- **Komplettverschlüsselung**

  Die komplette Verschlüsselung der Systempartition ist kein besonders innovatives Feature. Bisher konnte man mit FileVault nur das Home-Verzeichnis verschlüsseln. Das schützt zwar vor neugierigen Blicken, wird aber beispielsweise ein Macbook gestohlen, dann ist die Systempartition schnell geknackt. Mit einer Erweiterung von FileVault zur Festplattenverschlüsselung ist es nunmehr möglich, die komplette Systempartition zu chiffrieren.

- **Rettungssystem**

  Seit macOS 10.7 Lion wird bei der Installation eine eigene Notfall-Partition auf die Festplatte geschrieben. Das passiert ohne Nutzerinteraktion und auch ohne Nachfrage. Rund 1 GiB wird dafür vom Speicherplatz der Festplatte benötigt. Sollte das Betriebssystem nicht mehr starten, kann man auch ohne Installations-DVD den Rechner reparieren. Dafür bietet die Notfall-Partition etwa Tools wie ein Festplattendienstprogramm an.

- **AirDrop**

   Dieses Feature erlaubt den Datenaustausch zwischen AirDrop-fähigen Geräten ohne extra Einrichtung eines drahtlosen Netzwerkes. AirDrop basiert auf WiFi-Direct (Kap. 1.7.6) und ermöglicht entfernungsabhängig eine theoretische Übertragungsrate von bis zu 18 MiByte/s (nur bei Abstand < 1 m, bei größeren Abständen bis ca. 9 m wesentlich weniger).

- **Family Sharing**

  Die Familienfreigabe erlaubt es, die Einkäufe aus iTunes, iBooks und dem App Store mit bis zu sechs Familienmitgliedern zu teilen. Jede/ r kann dabei einen eigenen Account haben. Zusätzlich können gemeinsame Familienalben für Fotos, Kalender etc. angelegt werden.

- **Spotlight**

  Bei Spotlight handelt es sich um eine intelligente Suchfunktion sowohl auf dem Gerät als auch in der iCloud, in E-Mails, Apps und Fotos bis hin zum Internet. Die Suche berücksichtigt u.a. den Standort des Geräts und den Kontext der Frage.

- **iCloud**

  Das Online-Laufwerk ist obligatorisch vorhanden und kann wie eine eigene Festplatte benutzt werden. Auch von einem Windows-PC kann darauf zugegriffen werden.

Seit macOS 10.12 Sierra ist die digitale Assistentin **Siri** auch für den Mac-PC verfügbar. Hierbei handelt es sich um eine Spracherkennungssoftware von Apple, die seit geraumer Zeit auch auf dem iPhone genutzt werden kann. Siri reagiert auf Spracheingaben der Nutzenden, indem es auf Fragen passende Antworten gibt oder gesprochene Kommandos ausführt (Aktivierung mit dem Sprachbefehl „Hey, Siri"). Hierzu ist eine aktive Internetverbindung erforderlich. Bei aktivierter Siri besteht theoretisch auch die Gefahr, dass Gespräche im Raum über das Internet abgehört bzw. aufgezeichnet werden können.

Mit macOS 10.13 High Sierra wurde das Dateisystem mit der Bezeichnung **APFS** (**A**pple **F**ile **S**ystem) für Anwendende eingeführt, das für SSD-Laufwerke und große Dateimengen optimiert ist (Betatest bereits bei macOS Sierra). Das 64-Bit-Dateisystem soll schrittweise das vorhandene Dateisystem HFS+ ablösen. APFS ist grundsätzlich abwärtskompatibel, ist allerdings ausschließlich **case sensitive**, d.h., es unterscheidet Groß- und Kleinbuchstaben bei Dateinamen (wie bei Unix-Systemen allgemein üblich).

Nach mehr als 20 Jahren lieferte Apple mit Big Sur ein neues Major Release von macOS: Version 11. Die technisch größte Neuerung ist vor allem die neu hinzugekommene Unterstützung der ARM-Prozessorplattform. Darüber hinaus wurden u.a. das User-Interface umfassend überarbeitet und die Backup-Funktion (Time Machine) aufgefrischt.

Seit macOS 12 Monterey erlaubt **Universal Control** die Steuerung von mehreren Apple-Geräten mir nur einer Maus und einer Tastatur. Ebenso lassen sich Macs nun als **AirPlay Receiver** nutzen, um Audio- und Video-Streams von anderen Apple-Geräten auszugeben oder die Bildschirmanzeigen zu spiegeln. **Shortcuts** wurde von iOS adaptiert und erlaubt die automatisierte Verarbeitung und Steuerung von Aufgaben und Apps.

Nach dem Update auf macOS 13 Ventura fallen besonders die völlig neu gestalteten Systemeinstellungen auf, die sich weitgehend an der Umsetzung in iOS orientieren.

MacOS 13 Sonoma bietet nun Desktop-Widges, die auf dem Arbeitsplatz verankert werden können und interaktive App-Funktionalitäten bieten können. Der **Game Mode** optimiert die Systemkonfiguration und priorisiert Spieleanwendungen für einen flüssigen Spielbetrieb.

2.5.3.2   Benutzeroberfläche von macOS

Zentrales Bedienelement der Oberfläche eines aktuellen macOS ist das **Dock**. Es wird zum Öffnen von Programmen, Dokumenten, Ordnern und anderen Objekten verwendet. Standardmäßig wird es am unteren Bildschirmrand angezeigt und enthält bereits Symbole für einige Programme wie Mail und iTunes.

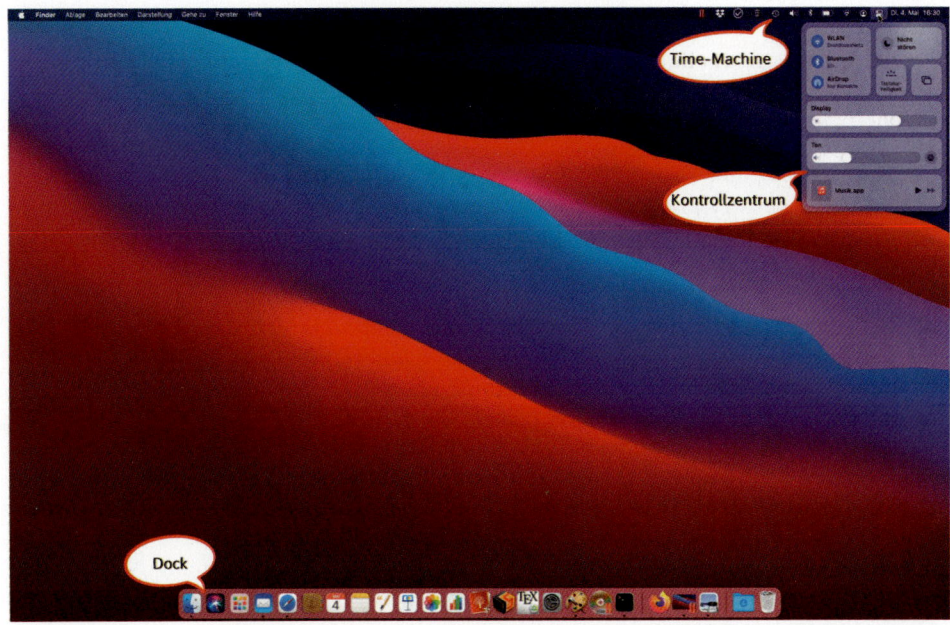

Bild 2.38: macOS-Oberfläche (Beispiel; versionsabhängige Abweichungen möglich)

Weitere Symbole können hinzugefügt, aber auch wieder entfernt werden. Wenn ein Fenster minimiert oder ein Programm geöffnet wird, das nicht im Dock enthalten ist, wird das zugehörige Symbol im Dock angezeigt. Der linke Bereich des Docks stellt dabei die Programme und deren Icons dar. Im rechten werden abgelegte Programme (über den gelben Knopf in der Programmkopfzeile) und Ordner dargestellt. Der linke Bereich macht die Menüs des derzeit aktiven Programms sichtbar. Wechselt man zu einem anderen Programm, ändert sich dieser Bereich. Auf der rechten Seite werden dagegen systemspezifische Symbole angezeigt, die unabhängig vom aktiven Programm sind. Hier findet man z.B. auch das WLAN-Symbol.

Sobald man eine Datei oder ein Laufwerk sucht, wird man mit dem **Finder** konfrontiert (über das Dock aufrufbar). Er liefert den Überblick über und Zugriff auf alles, was auf dem Mac liegt – Dateien, Laufwerke, Programme und Netzwerke. Der Finder ist daher auch eins der ersten Programme, die beim Systemstart geladen werden. Mit ihm kann sortiert, navigiert und gesucht werden. Die Ergebnisse können in Ordnern gruppiert, bewegt oder angezeigt werden. Will man zwischen verschiedenen laufenden Programmen wechseln, kann dies mithilfe der Multitasking-Leiste geschehen.

Das Äquivalent zum Internet-Explorer von Microsoft ist der Webbrowser **Safari**. In der aktuellen Version unterstützt er iCloud-Funktionen, sodass man nahtlos auf allen Geräten surfen kann.

2.5.4 Android

Den Mobilbereich dominiert das unter der Schirmherrschaft von Google entwickelte Betriebssystem **Android**. Neben dem Einsatz auf Netbooks, Tablets und Smartphones wird es auch auf stationären oder weniger mobilen Endgeräten wie Smart-TVs, Digital-TV-Empfängern oder Mediaplayern eingesetzt. Wesentlich zu seiner Verbreitung beigetragen hat der Umstand, dass es sich bei Android um freie, quelloffene Software handelt. Die Grundlage des Betriebssystems bildet ein Linux-Kernel. Trotzdem kann Android damit nicht als Linux-Distribution bezeichnet werden, weil zu umfangreiche Änderungen vorgenommen wurden. Eine grundlegende Änderung hatte zum Ziel, die Komponenten mit strikten Open-Source-Lizenzen gegen freier lizenzierte zu ersetzen. Open-Source-Lizenzen wie die LGPL (GNU Lesser General Public Licence) erlauben die Nutzung und Veränderung von Quelltexten, verpflichten aber wiederum zur Veröffentlichung. Google hält zwar weiterhin an der Veröffentlichung der Quelltexte fest, will dabei aber flexibler vorgehen können. Beispielsweise können so Vorabversionen öffentlich zum Testen bereitgestellt werden, ohne dass zugleich die Quelltexte der unfertigen Fassung offengelegt werden müssen. Vor allem aber entfällt der Zwang für App-Entwickler/-innen, ihre Quelltexte automatisch offenlegen zu müssen. Der Bezug von Apps geschieht grundsätzlich über Googles Play Store. Nutzende haben aber auch die Möglichkeit, Apps manuell zu installieren oder aus anderen Bezugsquellen zu beziehen, wie dem Amazon Appstore oder dem F-Droid-Appstore für Open Source Apps.

Benutzerinnen und Benutzer

Im Rahmen der Ersteinrichtung wird das Hauptbenutzerprofil erstellt. Für Geräte, die von mehreren Personen genutzt werden, bietet sich die Möglichkeit an, weitere Nutzerprofile einzurichten. Den Zugriff der neuen Nutzenden kann man über die Auswahl des Nutzertyps vorgeben: „Nutzer" hat im Wesentlichen die gleichen Zugriffsrechte wie der oder die Hauptbenutzende, der Nutzertyp „eingeschränktes Profil" hat beispielsweise nur Zugriff auf zuvor freigegebene Apps und darf bestimmte Systemeinstellungen nicht verändern.

Anders als bei Desktop-Betriebssystemen üblich, erhalten Nutzende mit dem

Bild 2.39: Android-User

Kauf eines Geräts mit Android-Betriebssystem in der Regel nicht die vollen Administrationsrechte. Ohne Zugriff auf das administrative Root-Benutzerkonto lassen sich beispielsweise bestimmte Apps nicht entfernen, die vom Gerätehersteller integriert wurden, die aber für den Betrieb des Geräts nicht erforderlich sind. Das Ausführen von Apps mit den erweiterten Zugriffsrechten des Root-Accounts ist auch nicht möglich. Durch diese Beschränkungen wird einerseits verhindert, dass Nutzende durch unachtsamen Umgang mit den administrativen Privilegien ungewollt die Sicherheit ihres Geräts gefährden. Andererseits haben sie auch keine Möglichkeit, bewusst dieses Risiko einzugehen – die Kontrolle über das Gerät behalten Google und ggf. der Gerätehersteller.

Sandbox

Die in der Programmiersprache Java geschriebenen Apps werden bei der Installation in ausführbaren Programmcode übersetzt. Versionen vor Android 5 übersetzten den App-Code zur Laufzeit (just-in-time) in ausführbaren Programmcode. Das bedeutete kürzere Installationszeiten, jedoch auch verzögerte App-Starts. Das aktuelle Verfahren verlängert die Installationszeit zwar spürbar, sorgt anschließend aber für einen schnelleren Start der Apps.

Android startet die einzelnen Apps in jeweils einer vom Kernel abgesicherten Umgebung, einer virtuellen Maschine, der sog. **Application-Sandbox**. Der „Sandkasten" sieht für jede App gleich aus: Innerhalb eng gesteckter Grenzen kann sich die App mit den zur Verfügung gestellten Ressourcen „austoben". Weil jede App in einer eigenen Sandbox gestartet wird, ist eine direkte Beeinflussung oder Störung der Apps untereinander ausgeschlossen. Trotzdem erlaubt das Android-Betriebssystem den Apps über definierte Schnittstellen den Datenaustausch mit Betriebssystemkomponenten oder anderen Apps, sofern die entsprechenden Berechtigungen dafür erteilt wurden. Benötigt eine App beispielsweise Zugriff auf die Kontaktdaten, muss sie diese Berechtigung anfordern. Erst wenn der oder die Nutzende sie gewährt, ist der Zugriff freigegeben. Insbesondere der schreibende Zugriff auf das Dateisystem ist auch bei einer Freigabe auf den App-spezifischen Ordner und einige allgemein zugängliche Verzeichnisse und Medien beschränkt.

Grafische Oberfläche

Grundlage der Bedienung ist der Startbildschirm, der aus mindestens einer Seite besteht und vornehmlich zum Starten der einzelnen Apps dient. Nutzende können Icons der einzelnen Apps frei auf verschiedenen Bildschirmseiten anordnen. Dazu wird die jeweilige App aus der alphabetischen Gesamtliste gezogen und an der gewünschten Stelle abgelegt. Durch Antippen bei Touch- oder Stift-Bedienung (oder bei angeschlossener Maus per Klick) wird die betreffende App gestartet.

Aktive Schaltflächen, sog. **Widgets**, erlauben App-Interaktionen direkt vom Startbildschirm aus. Im Gegensatz zu den App-Icons können Widgets einen deutlich größeren Bereich auf dem Bildschirm belegen. Voreingestellt findet man auf dem Startbildschirm oft Uhren-, Kalender- und Wetter-Widgets.

Durch Wischen oder Ziehen können der Benachrichtigungs- und der Schnelleinstellungsbereich von oben in den Bildschirm hineingezogen werden. Häufig benötigte Einstellungen oder Funktionen lassen sich dadurch schnell erreichen.

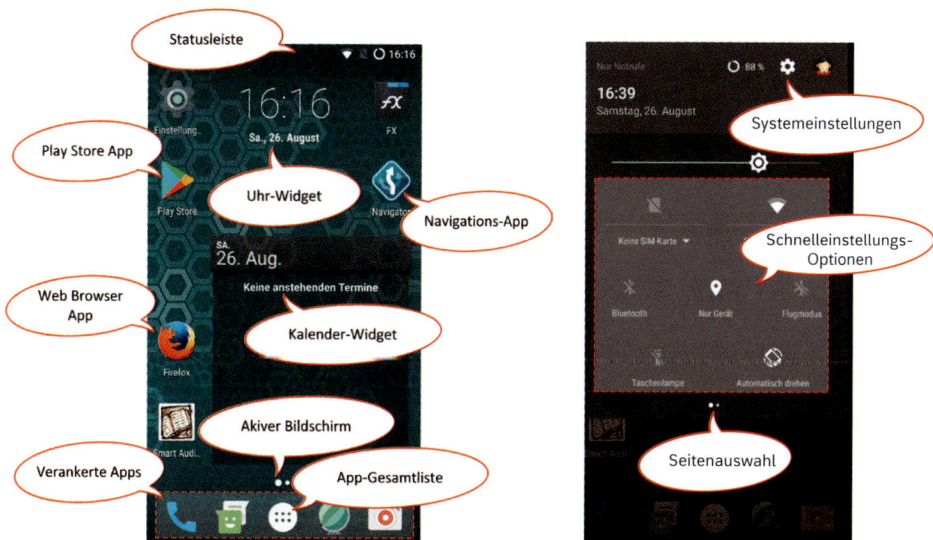

Bild 2.40: Startbildschirm mit Apps und Widgets (links), Schnelleinstellungsmenü (rechts)

Multitasking

Das Umschalten zwischen verschiedenen laufenden Anwendungen geschieht über den Task-Manager, der über den quadratischen Multitasking-Button aufgerufen wird. Doppelt angetippt, wird direkt zwischen der aktuellen und der zuletzt bedienten App umgeschaltet. Im geteilten Bildschirm (Splitscreen) lassen sich zwei Apps gleichzeitig darstellen. Bei aktuellen Android-Versionen können Apps – sofern sie diesen Modus unterstützen – auch kleinere Teilbereiche des Bildschirms belegen, ähnlich der Fensterdarstellung bei Desktop-Betriebssystemen.

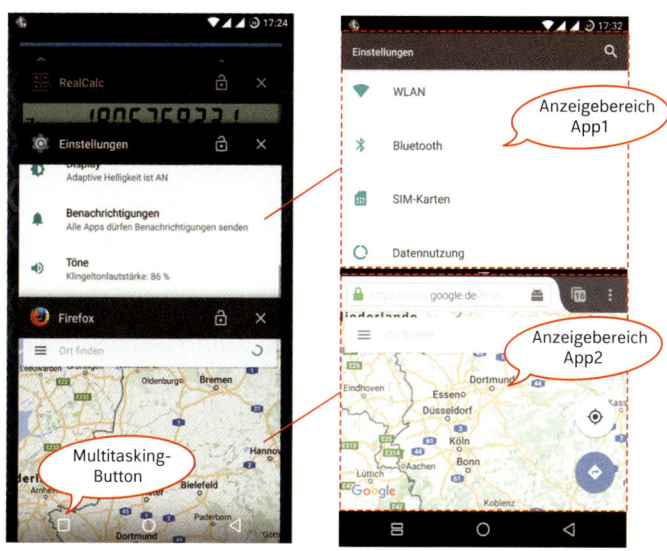

Bild 2.41: Task-Manager (links) und Apps im geteilten Bildschirm (Splitscreen; rechts)

Updates

Android wird fortlaufend weiterentwickelt, aktuell ist die Version 14 (Oktober 2023). Oft dringen Updates, die kritische Schwachstellen beheben sollen, nicht bis zu den Endanwendenden durch. Das liegt an der Vertriebsstruktur. Während Updates für die über den Android Play Store installierten Apps automatisch bezogen werden, liegt die Verantwortung in der Pflege des Betriebssystems beim Gerätehersteller. Werden Updates von Google fertiggestellt, gelangen sie erst dann zu den Kundinnen und Kunden, wenn der Gerätehersteller sie geprüft, ggf. angepasst und zum Einspielen bereitgestellt hat. Dadurch kommt es zu Verzögerungen von mehreren Wochen oder Monaten. Während kleinere oder No-Name-Hersteller nach dem Geräteverkauf üblicherweise keinerlei Updates mehr bereitstellen, versorgen selbst namhafte Hersteller oft nur ihre Top-Modelle mit Updates. Dabei bleibt es meist bei einfachen Updates. Ein Upgrade zu einer neueren Betriebssystemversion scheitert regelmäßig daran, dass für die einzelnen Hardware-Komponenten (z. B. WLAN-Chipsets) keine kompatiblen Treiber verfügbar sind oder dass dem Gerätehersteller die Anpassung zu aufwendig ist.

Bei zahlreichen Gerätemodellen besteht inzwischen die Möglichkeit, statt der vom Hersteller bereitgestellten Android-Version eine alternative Fassung dieses Betriebssystems einzuspielen. Bekannt ist hier vor allem das LineageOS-Projekt, das sich einer umfangreichen Entwicklergemeinschaft erfreut und zahlreiche, längst von den Geräteherstellern nicht mehr unterstützte Modelle weiter mit aktuellen Android-Updates versorgt. Auch bei guter Pflege durch den Gerätehersteller kann der Umstieg auf solch eine Alternativ-Version sinnvoll sein. Beweggrund kann der geschützte, aber unversperrte Root-Zugriff sein, oder die Option, das System gänzlich ohne Google-Komponenten betreiben zu können.

2.5.5 iOS

Apples **iOS** gilt als zweitgrößter Vertreter der im Smartphone-Markt präsenten Betriebssysteme. Anders als beim konkurrierenden Betriebssystem Android, das sich auf eine Vielzahl von Gerätemodellen verschiedener Hersteller verteilt, setzt Apple das iOS-Betriebssystem ausschließlich auf eigenen Geräten ein. So stattet Apple seine Modellreihen iPhone (Smartphone), iPad (Tablet) und iPod touch (mobiler Mediaplayer) mit dem iOS-Betriebssystem aus. iOS basiert in Teilen auf macOS, dessen Basis wiederum Apples freies Unix-Derivat Darwin bildet. Die Quelltexte zum iOS-Betriebssystem werden von Apple nicht veröffentlicht und auch die App-Entwickler/-innen müssen die Quelltexte ihrer Apps nicht offenlegen. Der Bezug von Apps ist für die Nutzenden allein über Apples App Store möglich, eine manuelle Installation oder die Nutzung anderer Appstores ist ausdrücklich nicht vorgesehen.

Benutzerinnen und Benutzer

Ein Mehrbenutzerbetrieb mit umschaltbaren Benutzerprofilen wird erst seit der iOS-Version 17 (Juli 2024) unterstützt. Davor war eine entsprechende Unterstützung nur für iPads und nur über ein Softwarepaket für Bildungseinrichtungen erhältlich.

Sandbox

Aufgrund der einheitlichen Gerätehardware können die in der objektorientierten Programmiersprache Swift erstellten iOS-Apps direkt in ausführbaren Programmcode übersetzt werden. Ausgeführt werden die Apps auf den Geräten jeweils in einer abgesicherten virtuellen Umgebung, einer Sandbox. Es ist dasselbe Schutzkonzept, das auch bei Android zum Einsatz kommt. Allerdings sind unter iOS insbesondere die Dateizugriffe und die erforderlichen Berechtigungen restriktiver ausgestaltet. Während ein Zugriff auf Dateien eines angeschlossenen USB-Sticks fast unmöglich ist, gestaltet sich der Datenaustausch mit Apples internetbasiertem Speicherdienst iCloud sowie mit anderen iOS-Geräten besonders unkompliziert.

Grafische Oberfläche

Die Anordnung der Apps auf dem Startbildschirm kann verändert werden, lässt aber weniger Freiheiten bei der Positionierung, als Android es zulässt. iOS bietet auch Widgets. Sie lassen sich auf einer separaten Seite anheften. Apps können auf dem Startbildschirm eine Mitteilungsziffer an ihr App-Symbol anheften und auf diese Weise beispielsweise über die Anzahl der verfügbaren Updates oder ungelesenen Nachrichten informieren, ohne dass Benutzende die betreffende App dazu öffnen müssen.

Bild 2.42: Startbildschirm, ausgeklappte App-Gruppe, App-Mediathek und Kontrollzentrum (v. l. n. r.)

Durch Wischen von unten nach oben erhält man die Seite mit den Schnelleinstellungen. Darüber lassen sich beispielsweise Komponenten wie WLAN, Bluetooth oder GPS schnell ein- oder ausschalten.

Multitasking

Ein Doppelklick des Home-Buttons öffnet den Task-Manager und erlaubt das Umschalten zu einer anderen laufenden App. iOS erlaubt iPad-Nutzenden seit Version 11 die gleichzeitige Darstellung von zwei Apps. Dazu muss das Pad in Querlage ausgerichtet werden. Die Bildschirmfläche kann durch Verschieben der Trennlinie flexibel auf die beiden Apps aufgeteilt werden.

Updates

Wie Android wird auch iOS ständig weiterentwickelt. Da iOS aber exklusiv in Apple-Geräten zum Einsatz kommt, gelangen die Updates ohne Verzögerungen zu den Benutzenden. Auch die Versorgung zurückliegender Gerätegenerationen mit Updates ist vorbildlich. So hat sich der aktive Supportzeitraum stetig verlängert. Das 2017 erschienene iPhone 8 hat beispielsweise über fünf Jahre hinweg, beginnend mit iOS 11, auch alle größeren Versionsupdates bis einschließlich iOS 16 erhalten, den Sprung auf iOS 17 hat es aber nicht mehr mitmachen dürfen.

Alternative Fassungen des iOS-Betriebssystems gibt es nicht. Das liegt in erster Linie daran, dass Apple keine frei verwendbaren Quelltexte seines Betriebssystems veröffentlicht, und die Verbreitung von manipulierten iOS-Fassungen scheidet aus urheberrechtlichen Gründen aus.

Um dennoch Apps aus fremden Quellen einzuspielen, sind Root-Benutzerrechte zwingend erforderlich. Immer wieder gelingt es Hackern, Schwachstellen zu finden, die den Ausbruch einer App aus der geschützten Umgebung und schließlich den begehrten Root-Zugriff ermöglichen. Durch diesen **Jail-Break**-Eingriff erlischt jedoch ein ggf. noch vorhandener Garantieanspruch.

AUFGABEN

1. Was bedeutet WaaS?
2. Was sind Qualitäts-Updates und was unterscheidet sie von den bisherigen Windows-Updates?
3. Was sind Feature-Updates?
4. Was ist daran vorteilhaft, wenn umfangreiche Upgrades nicht auf einmal, sondern einzeln und zeitlich versetzt durchgeführt werden?
5. Welche Gründe sprechen für die Wahl einer langzeitunterstützten (LTSC) Windows-Version?
6. Was bezweckt die Option für Unternehmen, Feature-Updates systematisch verzögern zu können?
7. Was ist die Konsequenz, wenn Feature-Updates generell blockiert werden?
8. Der Begriff „Server" wird in Kombination mit dem Begriff „Client" im allgemeinen Sprachgebrauch oftmals mit unterschiedlicher Bedeutung verwendet. Erläutern Sie den Unterschied.
9. Was versteht man unter einem „Rolling Release"?
10. Welche Stufen unterscheidet Windows 11 bei seinen Telemetrieprofilen? Erläutern Sie diese.
11. Was versteht man unter einem „Trusted Platform Modul" und wozu wird es verwendet?
12. Wozu verwendet man in der PC-Technik „Shortcuts"? Listen Sie tabellarisch einige gängige Windows-11-Shortcuts auf und erläutern Sie deren Funktion.
13. Welche Kategorien von Anwendenden unterscheidet Linux? Erläutern Sie die Unterschiede.
14. Was bedeutet im Zusammenhang mit Linux die Abkürzung KDE? Was wird hiermit bezeichnet?
15. Was versteht man bei Linux unter dem Begriff „Mounten"?
16. Aus welchen Basiselementen besteht die Betriebssystemstruktur von macOS?
17. a) Welcher Unterschied besteht zwischen einem Microkernel und einem monolithischen Kernel?
    b) Was ist ein Hybridkernel? Nennen Sie ein Anwendungsbeispiel.
18. Welche Betriebssysteme bieten eine Mehrbenutzerverwaltung?
19. Welchen Zweck hat eine sog. Sandbox bei mobilen Betriebssystemen?
20. Wie werden Apps auf den verschiedenen Smartphone-Systemen geupdatet?
21. Wie werden Smartphones mit Betriebssystem-Updates versorgt?

2.6 IT-Sicherheit

Informationen stellen für Unternehmen wichtige Werte dar, die geschützt werden müssen. Gefahren drohen beispielsweise durch Offenlegung, Manipulation oder Zerstörung. Da heutzutage die Erstellung, Sammlung, Speicherung, Verarbeitung und Übermittlung von Informationen überwiegend mithilfe von Informationstechnik erfolgt, ergibt sich für Unternehmen die Notwendigkeit, ihr IT-Umfeld angemessen zu schützen.

Die Sicherheit von Informationen kann auf unterschiedliche Weise bedroht werden: ohne Vorsatz, beispielsweise durch höhere Gewalt (Blitzschlag, Feuer, Überschwemmung), oder mit Vorsatz, insbesondere durch Schadsoftware oder Hackerangriffe.

Daraus ergeben sich unterschiedliche Aspekte des Begriffs Sicherheit. Im Englischen werden zwei wesentliche Bedeutungen sprachlich differenziert: Für den deutschen Begriff Sicherheit gibt es die beiden Übersetzungen *safety* und *security*. Konventionell versteht man unter *safety* Unfallvermeidung, unter *security* Kriminalprävention. Auf die Informationstechnik bezogen bedeutet *safety* **Funktionssicherheit**. Sie besagt, dass ein IT-System unter normalen Betriebsbedingungen nur die vorgesehenen und keine verbotenen Funktionen ausführt. *Security* wird in der Informationstechnik mit **Informationssicherheit** übersetzt. Informationssicherheit bedeutet, dass ein IT-System keine unautorisierte Informationspreisgabe oder -manipulation zulässt.

Informationstechnisch erfasste, gespeicherte, verarbeitete oder übertragene Informationen bezeichnet man als Daten. Dabei stützt sich der Begriff **Datensicherheit** vor allem auf den Aspekt des Schutzes *(protection)*. Maßnahmen zur Datensicherheit sollen damit einerseits vor unautorisierten Zugriffen schützen (Informationssicherheit). Andererseits gilt es, die Verfügbarkeit der Daten sicherzustellen. Dazu zählt insbesondere die Erstellung von redundanten Datenspeicherungen (Backups), um Datenverluste zu vermeiden.

Der Begriff **Datenschutz** bezieht sich vor allem auf den Schutz personenbezogener Daten. Da diese Daten die Privatsphäre *(privacy)* der betroffenen Personen anbelangen, gelten sie als besonders schutzbedürftig und nehmen dadurch eine Sonderrolle ein. Das **Bundesdatenschutzgesetz** (BDSG) stellt Regeln zum Umgang mit diesen Daten auf. Bürgerinnen und Bürger können ihr Recht auf informationelle Selbstbestimmung wahrnehmen und über Art und Umfang der Nutzung ihrer personenbezogenen Daten bestimmen. In der am 26.5.2018 in Kraft getretenen **Datenschutzgrundverordnung** (DSGVO) wurden diese Regeln verschärft und EU-weit vereinheitlicht (Kap. 2.6.8.6).

Generell sind für ein funktionierendes Datensicherheitskonzept technische, infrastrukturelle, organisatorische und personelle Schutzmaßnahmen erforderlich.

Funktionssicherheit *(safety)*	Ein System ist funktionssicher, wenn es unter normalen Betriebsbedingungen die festgelegte Funktionalität bietet. Ein funktionssicheres System führt keine unzulässigen Funktionen aus.
Informationssicherheit *(security)*	Ein funktionssicheres System ist informationssicher, wenn es keine unautorisierte Informationspreisgabe oder -veränderung zulässt.
Datensicherheit *(protection)*	Ein funktionssicheres System, das Daten und Systemressourcen vor Verlust und unautorisierten Zugriffen schützt, bietet Datensicherheit. Dazu zählen insbesondere auch Maßnahmen zur redundanten Datenspeicherung *(backup)*.

Datenschutz *(privacy)*	Der Begriff Datenschutz bezeichnet den Schutz von Informationen, die eine Person betreffen. Gesetzliche Bestimmungen legen Sicherheitsanforderungen fest und regeln das informationelle Selbstbestimmungsrecht.
Verlässlichkeit *(dependability)*	Ein verlässliches System führt keine unzulässigen Funktionen aus (Funktionssicherheit) und erbringt die festgelegten Funktionen zuverlässig *(reliability)*.

Bild 2.43: Aspekte der IT-Sicherheit

IT-Systeme sollen idealerweise **Verlässlichkeit** bieten, also funktionssicher und zuverlässig arbeiten. Um einen funktionssicheren Betrieb zu gewährleisten, setzen Hersteller vor allem auf Maßnahmen, die ein technisches Fehlverhalten des Systems selbst verhindern sollen. Derartige von innen ausgehende Gefahren entstehen dabei insbesondere durch Programmierfehler. Über Strukturierungs- sowie Validierungs- und Verifikationskonzepte kann erreicht werden, dass sich Fehler im Programmcode schneller finden und beheben lassen.

Äußere Einflüsse auf IT-Systeme wie Stromausfall, Feuer oder irrtümliche Fehlbedienungen stellen zusätzliche Gefahren für einen verlässlichen Betrieb dar. Dem stehen absichtliche Fehlbedienungen und Hackerangriffe gegenüber, die bewusst auf die Auslösung von Fehlverhalten betreffender IT-Systeme abzielen. Mit der fortschreitenden Vernetzung von IT-Systemen ergeben sich nicht nur für autorisierte Personen, sondern auch für potenziell Angreifende eine Zugangsmöglichkeit. Insbesondere die Anbindung an das Internet schafft eine deutlich vergrößerte Angriffsfläche, die bei der Absicherung des Systems berücksichtigt werden muss.

Exkurs

*Auf einem Speichermedium (z.B. HDD, SSD, USB-Stick) redundant gesicherte Daten werden als **Sicherungskopie** (backup) bezeichnet. Man unterscheidet verschiedene Sicherungsarten:*

Komplettsicherung *(full backup)*
Die (Nutz-)Daten auf einem Laufwerk, einer Partition oder in einzelnen Verzeichnissen werden bei jedem Speichervorgang vollständig auf ein Sicherungsmedium übertragen. Der Vorgang ist einfach durchzuführen, abhängig vom Datenumfang allerdings zeitintensiv. Einzelne Komplettsicherungen sind zwar völlig unabhängig voneinander, ihre Archivierung erfordert aber ggf. einen großen Speicherbereich.

Speicherabbildsicherung *(image backup)*
Es wird ein 1-zu-1-Abbild eines Datenträgers (Nutzdaten, Benutzereinstellungen, Dateisystem und Betriebssystem) erstellt und auf dem Sicherungsmedium abgelegt.
Bei Totalausfall eines PCs kann der Zustand des Datenträgers zum Zeitpunkt der Sicherung vollständig wiederhergestellt werden, der Vorgang ist wenig praktikabel für Sicherungen innerhalb kurzer Zeitabstände.

Differenzielle Sicherung *(differential backup)*
Nach einer vorhandenen Komplettsicherung werden lediglich diejenigen (Nutz-)Daten komplett gesichert, die seit der letzten Sicherung geändert wurden oder neu hinzugekommen sind. Dies spart Zeit und Speicherplatz, da stets nur die letzte Komplettsicherung bzw. differenzielle Sicherung aktualisiert wird. Somit existiert lediglich immer nur eine einzige (aktuelle) Sicherungsdatei. Um beispielsweise einen Datenbestand dauerhaft zu sichern (z.B. um einen älteren Datenzustand wiederherzustellen, falls zwischenzeitlich Daten unabsichtlich gelöscht wurden), muss zunächst eine neue Komplettsicherung durchgeführt werden, auf die dann nachfolgende

differenzielle Sicherungen aufsetzen. Die vorhandene alte Sicherung mit ihren durchgeführten Änderungen kann unabhängig von der neuen Sicherung verwendet werden. Die differenzielle Sicherung ist nicht sinnvoll bei großen Dateien, die sich kurzzeitig häufig ändern (z. B. Datenbanken).

Inkrementelle Sicherung *(consecutive partial backup, incremental backup)*
Nach einer vorhandenen Komplettsicherung werden stets nur diejenigen Dateien oder Teile von Dateien gespeichert, die seit der letzten Sicherung geändert wurden oder neu hinzugekommen sind. Bei jedem Sicherungsvorgang entsteht eine neue Sicherungsdatei, die aber immer auf der letzten inkrementellen Sicherung aufsetzt. Es entsteht eine Kette von Sicherungsdateien, die bei einer Wiederherstellung nacheinander durchlaufen werden müssen. Hierdurch ergibt sich ein vergleichsweise geringer Speicherbedarf, die Verkettung der Teilsicherung erfordert jedoch einen erhöhten Rechenaufwand bei der Wiederherstellung.

2.6.1   Schutzbedarf

Um Ziele und Maßnahmen definieren zu können, muss der tatsächliche Schutzbedarf festgestellt werden. Bevor der Schutzbedarf der verschiedenen Bereiche untersucht wird, werden zunächst Schutzbedarfskategorien vereinbart. Bild 2.44 zeigt die drei grundlegenden Kategorien als Ausgangslage.

Schutzbedarfskategorie	Schadensauswirkungen
Normal	sind begrenzt und überschaubar
Hoch	können beträchtlich sein
Sehr hoch	können ein existenziell bedrohliches, katastrophales Ausmaß erreichen

Bild 2.44: Grundlegende Schutzbedarfskategorien

Gegebenenfalls kann es sinnvoll sein, weitere abgestufte Kategorien zu definieren, z. B. „unkritisch" für Schäden, die keine oder nur minimale Auswirkungen auf das Unternehmen haben.

Anschließend kann die Schutzbedarfsfeststellung erfolgen. Sie umfasst mehrere Bereiche und wird in der Regel in der folgenden Reihenfolge durchgeführt:
▪ Geschäftsprozesse und Anwendungen
▪ IT-Systeme und IT/IoT-Geräte
▪ Gebäude, Räume, Werkhallen usw.
▪ Kommunikationsverbindungen
Zur Beurteilung des jeweiligen Schutzbedarfs werden die möglichen Schadensszenarien herangezogen und mit der jeweiligen Situation abgeglichen. Zu den typischen Schadensszenarien zählen:

1. Verstoß gegen Gesetze, Vorschriften oder Verträge
2. Beeinträchtigung des informationellen Selbstbestimmungsrechts
3. Beeinträchtigung der persönlichen Unversehrtheit
4. Beeinträchtigung der Aufgabenerfüllung
5. negative Innen- oder Außenwirkung
6. finanzielle Auswirkungen

Darüber hinaus können auch weitere Szenarien betrachtet werden, z. B.:

- Einschränkung der Dienstleistungen für Dritte
- Auswirkungen auf die angebundene IT-Infrastruktur (z. B. Rechenzentren, IT-Betrieb bei Kundinnen/Kunden oder Dienstleistern)

Mit diesen Schadensszenarien (SZ) können die Schutzbedarfskategorien konkreter ausformuliert werden (Bild 2.45).

SZ	Normal	Hoch	Sehr hoch
1	– Verstöße gegen Vorschriften und Gesetze mit *geringfügigen* Konsequenzen – geringfügige Vertragsverletzungen mit maximal geringen Konventionalstrafen	– Verstöße gegen Vorschriften und Gesetze mit *erheblichen* Konsequenzen – Vertragsverletzungen mit hohen Konventionalstrafen	– *fundamentaler* Verstoß gegen Vorschriften und Gesetze – Vertragsverletzungen, deren Haftungsschäden ruinös sind
2	– Es handelt sich um personenbezogene Daten, durch deren Verarbeitung die Betroffenen in ihrer gesellschaftlichen Stellung oder in ihren wirtschaftlichen Verhältnissen beeinträchtigt werden können.	– Es handelt sich um personenbezogene Daten, bei deren Verarbeitung Betroffene in ihrer gesellschaftlichen Stellung oder in ihren wirtschaftlichen Verhältnissen *erheblich* beeinträchtigt werden können.	– Es handelt sich um personenbezogene Daten, bei deren Verarbeitung eine Gefahr für Leib und Leben oder die persönliche Freiheit von Betroffenen gegeben ist.
3	– Eine Beeinträchtigung ist nicht möglich.	– Eine Beeinträchtigung der persönlichen Unversehrtheit kann nicht absolut ausgeschlossen werden.	– Gravierende Beeinträchtigungen der persönlichen Unversehrtheit sind möglich. – Gefahr für Leib und Leben
4	– Die Beeinträchtigung würde von Betroffenen als *tolerabel* eingeschätzt werden. – Die maximal tolerierbare Ausfallzeit liegt zwischen 27 und 72 Stunden.	– Die Beeinträchtigung würde von einzelnen Betroffenen als *nicht tolerabel* eingeschätzt werden. – Die maximal tolerierbare Ausfallzeit liegt zwischen einer und 24 Stunden.	– Die Beeinträchtigung würde von allen Betroffenen als *nicht tolerabel* eingeschätzt werden. – Die maximal tolerierbare Ausfallzeit ist kleiner als eine Stunde.
5	– Eine geringe bzw. nur interne Ansehens- oder Vertrauensbeeinträchtigung ist zu erwarten.	– Eine breite Ansehens- oder Vertrauensbeeinträchtigung ist zu erwarten.	– Eine landesweite Ansehens- oder Vertrauensbeeinträchtigung, evtl. sogar existenzgefährdender Art, ist denkbar.
6	– Der finanzielle Schaden bleibt für die Institution tolerabel.	– Der Schaden bewirkt beachtliche finanzielle Verluste, ist jedoch nicht existenzbedrohend.	– Der finanzielle Schaden ist für die Institution existenzbedrohend.

Bild 2.45: Schadensszenarien und Schutzbedarfskategorien[1]

---

[1] Vgl. Bundesamt für Sicherheit in der Informationstechnik: BSI-Standard 200-2. S. 104 ff. Version 1.0, abrufbar unter www.bsi.bund.de/SharedDocs/Downloads/DE/BSI/Grundschutz/BSI_Standards/standard_200_2.html [30.09.2024]

Personenbezogene Daten sind nach § 46 Bundesdatenschutzgesetz (BDSG) alle Informationen, die sich auf eine identifizierte oder identifizierbare natürliche Person (betroffene Person) beziehen.

Als identifizierbar wird eine natürliche Person angesehen, die direkt oder indirekt identifiziert werden kann, insbesondere mittels Zuordnung
- zu einer Kennung wie Namen,
- zu einer Kennnummer,
- zu Standortdaten,
- zu einer Online-Kennung oder
- zu einem oder mehreren besonderen Merkmalen,

die Ausdruck der
- physischen,
- genetischen,
- psychischen,
- wirtschaftlichen,
- kulturellen oder
- sozialen

Identität dieser Person sind.

2.6.2 Schutzziele

Maßnahmen zum Schutz vor den vielfältigen Bedrohungen zielen insgesamt auf einen Schutz der IT-Sicherheit ab. Dabei ist es hilfreich für die Entwicklung und Beurteilung von Schutzmaßnahmen, dieses allgemeine Ziel in konkrete Schutzziele zu untergliedern.

Abhängig von der konkreten Situation müssen für ein Unternehmen nicht alle im Folgenden aufgeführten Schutzziele relevant sein.

Schutzziel	Beschreibung
Vertraulichkeit	Informationsvertraulichkeit (*confidentiality*) gewährleistet ein System, wenn es keine unautorisierte Informationsgewinnung ermöglicht.
Integrität	Ein System gewährleistet Datenintegrität (*integrity*), wenn es nicht möglich ist, die zu schützenden Daten unautorisiert und unbemerkt zu manipulieren.
Verfügbarkeit	Ein System gewährleistet Verfügbarkeit (*availability*), wenn authentifizierte und autorisierte Nutzende in der Wahrnehmung ihrer Berechtigungen nicht unautorisiert beeinträchtigt werden können.
Authentizität	Unter der Authentizität einer Sache (*authenticity*) versteht man deren Echtheit und Glaubwürdigkeit, die anhand ihrer eindeutigen Identität und charakteristischen Eigenschaften überprüfbar ist.
Verbindlichkeit	Ein System gewährleistet die Verbindlichkeit bzw. Nachvollziehbarkeit (*non-repudiation*) von Aktionen, wenn es den Durchführenden im Nachhinein nicht möglich ist, die Durchführung einer solchen Aktion abzustreiten.

Schutzziel	Beschreibung
Anonymisierung und Pseudonymisierung	Unter Anonymisierung versteht man die Veränderung personenbezogener Daten, sodass die Einzelangaben nicht mehr oder nur mit einem unverhältnismäßig großen Aufwand an Zeit, Kosten und Arbeitskraft einer bestimmten oder bestimmbaren Person zugeordnet werden können. Die Pseudonymisierung stellt eine schwächere Form der Anonymisierung dar. Dabei wird die Personenzuordnung anhand eines Zuordnungsverfahrens (z. B. durch Austausch mit einem Pseudonym) verhindert. Nur bei Kenntnis oder Nutzung des Zuordnungsverfahrens können die Daten einer bestimmten Person zugeordnet werden.

Bild 2.46: Schutzziele

2.6.3   Gefährdungsfaktoren

Um den Schutzbedarf für das IT-System eines Unternehmens bestimmen und beurteilen zu können und entsprechende Maßnahmen damit zu verbinden, muss eine sorgfältige Schwachstellenanalyse durchgeführt werden. Eine Schwachstelle ist eine Schwäche des Systems oder ein Punkt, an dem das System verwundbar ist. Eine Verwundbarkeit ermöglicht die unautorisierte Umgehung oder Manipulation von Sicherungsmaßnahmen.

Bild 2.47 listet vorhandene Gefährdungsfaktoren auf. Weitere Informationen bietet die Edition 2023 des IT-Grundschutz-Kompendiums[1].

Höhere Gewalt
- Blitzschlag
- Feuer
- Überschwemmung
- Erdbeben
- Streik

Fahrlässigkeit
- Irrtum
- Fehlbedienung
- Unsachgemäße Behandlung

Vorsatz
- Einbruch
- Hacking
- Spionage
- Manipulation
- Sabotage
- Vandalismus

Technisches Versagen
- Stromausfall
- Hardwareausfall
- Fehlfunktionen

Organisatorische Mängel
- Unberechtigter Zugriff
- Lizenzverletzungen
- Ungeschultes Personal

Bild 2.47: Gefährdungsfaktoren

Maßnahmen zum Schutz dienen dazu, Risiken zu vermindern. Dazu müssen Gefahren, also drohende Schadensereignisse, mit ihrer möglichen Schadenshöhe und ihrer Eintrittswahrscheinlichkeit ermittelt werden.

---

[1] Vgl. Bundesamt für Sicherheit in der Informationstechnik: IT-Grundschutz-Kompendium Edition 2023, abrufbar unter www.bsi.bund.de/DE/Themen/Unternehmen-und-Organisationen/Standards-und-Zertifizierung/IT-Grundschutz/IT-Grundschutz-Kompendium/it-grundschutz-kompendium_node.html [30.09.2024]

Das von einer Gefahr ausgehende **Risiko** bezeichnet die **Wahrscheinlichkeit**, mit der das schädigende Ereignis eintritt, und die **Höhe des möglichen Schadens**, der dadurch hervorgerufen werden kann.

Auf dieser Grundlage werden die zu ergreifenden Maßnahmen so gestaltet, dass sie das Risiko auf ein akzeptables Maß reduzieren. Dabei sind vor allem die technische und wirtschaftliche Umsetzbarkeit entscheidende Faktoren.

Eine große Bedeutung kommt dem Schutz vor IT-Angriffen zu. Als Grundlage für zu ergreifende Schutzmaßnahmen erfolgt zuerst eine Risikoanalyse. Aus möglichen Zielen und Fähigkeiten potenzieller Angreifender erstellt man Angriffsmodelle. Dann wird untersucht, welche tatsächlichen Bedrohungen für die Unternehmens-IT relevant sind und wie hoch der potenzielle Schaden bei einem erfolgreichen Angriff ist. Verknüpft mit der Wahrscheinlichkeit für einen erfolgreichen Angriff, erhält das Unternehmen eine Aussage über die Bedeutung der Bedrohung, kurz gesagt: das Risiko.

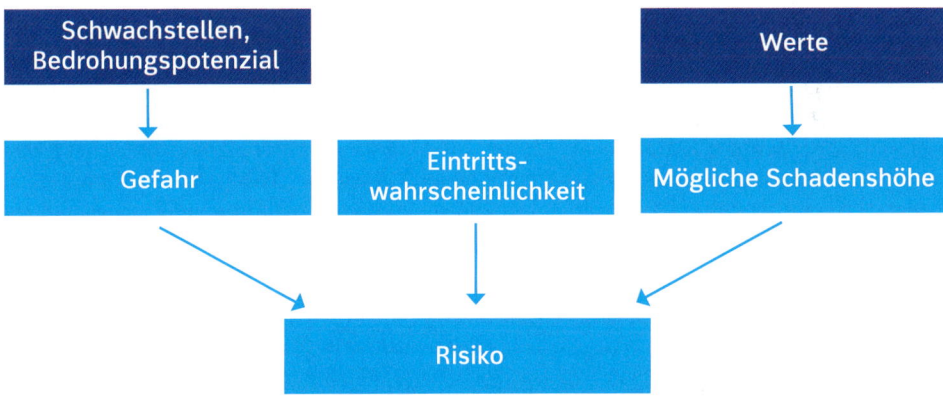

Bild 2.48: Risiko

2.6.4 Verwundbarkeiten

Weist ein System Schwachstellen auf, durch die Sicherungsmaßnahmen unautorisiert umgangen oder manipuliert werden können, ist es verwundbar. Eine erste Einordnung von Verwundbarkeiten geschieht anhand ihrer Wirkungsgrundlage. Können Angreifende physikalische Schwächen des Systems ausnutzen, spricht man von hardwarebasierten Verwundbarkeiten. Schwächen in der Informationsverarbeitung durch nachlässige oder fehlerhafte Programmierung werden als softwarebasierte Verwundbarkeiten bezeichnet.

2.6.4.1 Hardwarebasierte Verwundbarkeiten

Hardwarebasierte Verwundbarkeiten entstehen oft durch Fehler im Design.

Beispiel
DRAM-Arbeitsspeicher (Kap. 1.5.2.2) besteht im Wesentlichen aus dicht aneinandergereihten Kondensatoren (Kap. 5.3.1.3). Seit längerer Zeit ist bekannt, dass ein schneller permanenter

Zustandswechsel einer Kondensatorzelle den Ladungszustand einer benachbarten Kondensatorzelle in handelsüblichen Arbeitsspeicherbausteinen beeinflussen kann. Diese Verwundbarkeit kann ausgenutzt werden (exploit), um geschützte Speicherbereiche zu beschreiben und auf diese Weise unberechtigt erweiterte Nutzungsrechte zu erlangen. In der Öffentlichkeit wurden diese Verwundbarkeit sowie das Programm zum Machbarkeitsnachweis, ein sog. Exploit, unter der Bezeichnung „Rowhammer" bekannt.

Als absoluter **Security-GAU** gelten schwerwiegende Sicherheitslücken im Kernel-Design der meisten Intel- und AMD-Prozessoren, die Anfang 2018 unter den Namen „Meltdown" und „Spectre" bekannt wurden. Durch zielgerichtete Angriffsszenarien (sog. *Side Channel Attacks*) kann hierbei sowohl über Betriebssysteme als auch über Treiber und Anwendungssoftware, z.B. Browser, ein Zugriff auf normalerweise geschützte Speicherbereiche erfolgen und Schadcode ausgeführt werden. Trotz Sicherheitsupdates in allen genannten Softwarebereichen, die teilweise Performance-Verluste nach sich ziehen können, lässt sich derzeit kein vollständiger Schutz gegen Angriffe auf diese oder ähnliche, bislang noch nicht festgestellte, Lücken realisieren.

2.6.4.2 Softwarebasierte Verwundbarkeiten

Verwundbarkeiten auf Softwarebasis gehen üblicherweise auf Fehler im Betriebssystem (Kap. 2.1) oder in Anwendungsprogrammen (Kap. 2.2) zurück. Trotz aller Anstrengungen vieler Softwarehersteller, Fehler in ihren Programmen aufzuspüren und zu beseitigen, werden dennoch immer wieder neue Verwundbarkeiten bekannt. Betriebssystemhersteller wie Microsoft und Apple stellen monatlich, manchmal sogar im Abstand von wenigen Tagen, Updates zur Beseitigung von Verwundbarkeiten bereit.

Software-Verwundbarkeiten lassen sich im Wesentlichen in die folgenden Kategorien einteilen:

- **Puffer-Überlauf (*buffer overflow*)**

  Diese Verwundbarkeit entsteht, wenn die reservierte Länge des Speicherbereichs einer Variable missachtet wird. Ein solcher Puffer-Überlauf kann etwa dadurch provoziert werden, dass von einem fünf Elemente umfassenden Feld das zehnte beschrieben wird. Dadurch werden Speicherbereiche verändert, auf die sonst kein Zugriff besteht. In der Folge kann das zu Systemabstürzen, zur Preisgabe oder Veränderung von geschützten Daten oder zur Veränderung von Nutzungsrechten führen.

- **Ungeprüfte Eingaben (*non-validated input*)**

  Programme verarbeiten oft Daten, die von Nutzenden bereitgestellt werden. Die an das Programm übergebenen Daten können bösartiger Natur sein, die das Programm zu einem unbeabsichtigten Verhalten provoziert.
  Betrachtet man ein Bildverarbeitungsprogramm, könnten Angreifende eine bösartige Bilddatei derart konstruieren, dass sie ungültige Größenangaben enthält. Die bösartig manipulierten Größenangaben könnten das Programm zur Reservierung einer falschen und unerwarteten Speichermenge veranlassen.

- **Kritischer Wettlauf (*race condition*)**

  Ein kritischer Wettlauf entsteht, wenn das Ergebnis einer Operation von der Reihenfolge oder der zeitlichen Abfolge von Einzelereignissen abhängt.

Kann bei dafür anfälliger Programmierung beispielsweise eine Teiloperation unerwartet verzögert werden, kann dies zu einem unerwarteten Programmablauf führen, etwa zu einer Endlosschleife (*deadlock*).

- **Schwachstellen der Sicherheitspraktiken**

  Zum Schutz von Systemen und sensiblen Daten können Techniken zur Autorisation, zur Authentifikation und zur Verschlüsselung eingesetzt werden. Softwareentwickler/ -innen sollten nicht versuchen, eigene Algorithmen zu erstellen, sondern stattdessen auf bestehende Sicherheitsprogrammbibliotheken zurückgreifen. Diese wurden bereits umfangreich getestet und überprüft, während die Wahrscheinlichkeit hoch ist, dass durch selbst erstellte Sicherheitsfunktionen neue Sicherheitslöcher entstehen.

- **Zugriffssteuerungsprobleme (*access-control problems*)**

  Die Zugriffssteuerung sorgt für die Verwaltung von Rechten für den physikalischen Zugriff auf Ausrüstungsgegenstände sowie die Festlegung von Rechten zur Nutzung von Systemressourcen. Viele Verwundbarkeiten entstehen durch die falsche Vergabe von Zugriffsrechten.

2

2.6.5   Angriffsarten

Als Angriff wird ein nicht autorisierter Zugriff oder ein nicht autorisierter Zugriffsversuch auf ein IT-System bezeichnet. Dabei wird zwischen aktiven und passiven Angriffen unterschieden.

Passive Angriffe

Passive Angriffe sind datenbeobachtend. Sie dienen der nicht autorisierten Informationsgewinnung und zielen auf eine Verletzung der Vertraulichkeit ab. Beispiele sind das Abhören von Netzwerkleitungen in vernetzten Systemen, das Mitschneiden von Tastatureingaben zur Ausspähung von Passwörtern oder das unauthorisierte Lesen von Dateiinhalten.

> **Sniffer**-Angriffe zählen zu den häufigsten passiven Angriffen im Internet.

Aktive Angriffe

Aktive Angriffe sind datenverändernd. Durch Manipulation von Daten lassen sich u. a. Nutzungsrechte verändern, Identitäten fälschen oder Betriebsabläufe beeinträchtigen. Sie richten sich damit störend gegen die Datenintegrität oder die Verfügbarkeit von IT-Systemen. Ein Beispiel für einen aktiven Angriff ist das Manipulieren von Datenpaketen auf den Netzwerkleitungen vernetzter Systeme. Ein denkbares Ziel für Angreifende könnte darin bestehen, den Empfänger oder die Empfängerin durch eine gefälschte Absenderadresse zur Preisgabe von vertraulichen Informationen zu veranlassen. Bei einem anderen Angriff werden DNS-Namensangaben manipuliert und damit eine Serveridentität gefälscht. Statt auf den authentischen Server zuzugreifen, leiten Angreifende die Nutzer-Zugriffe auf eigene Server um. Mögliche Ziele können das weitere Ausspähen von Passwörtern sein oder der Versuch, den Nutzenden Schadsoftware unterzuschieben, um weitere Angriffe vorzubereiten.

> Die Fälschung von Identitätsangaben ist auch als **Spoofing**-Angriff bekannt (*email address spoofing, IP address spoofing*).

Eine weitere Angriffsart, die auf die Beeinträchtigung der Verfügbarkeit eines IT-Systems zielt, ist der Denial-of-Service-Angriff. Diese Form eines aktiven Angriffs wird von Angreifenden im Internet häufig zur Unterdrückung von Webinhalten eingesetzt. Die Angreifenden erzeugen dazu eine große Menge von Anfragen, die an den anvisierten Webserver gesendet werden. Durch die hohe Zahl der Anfragen wird der angegriffene Webserver überfordert und ist auch nicht mehr in der Lage, legitime Anfragen zu bearbeiten. Im Ergebnis ist das betreffende Webangebot nicht mehr aufrufbar.

> **Denial-of-Service**-Angriffe (DoS-Angriffe) überfluten das Zielsystem mit Anfragen der Angreifenden, sodass legitime Anfragen kaum oder gar nicht mehr bearbeitet werden können.

2.6.6 Infektionswege

Steht ein System im Fokus der Angreifenden, hängt der weitere Ablauf von der Art des möglichen Angriffs und der konkreten Verwundbarkeit des Systems ab. So werden beispielsweise DoS-Angriffe in der Regel ohne genauere Kenntnis des Zielsystems durchgeführt. Gelingt es den Angreifenden nicht oder ist es ihnen zu aufwendig, ausnutzbare Schwachstellen zu finden, werden sie nach Wegen suchen, das Zielsystem verwundbar zu machen. Dies geschieht in der Regel, indem Schadsoftware auf indirektem Weg in das Zielsystem eingeschleust wird. Die folgende Auflistung einiger typischer Infektionswege soll dabei helfen, ein Gespür für die Gefahren und mögliche Abwehrmaßnahmen zu entwickeln. Neben den in Kap. 2.6.8 vorgestellten technischen Maßnahmen sind das in diesem Fall vor allem Verhaltensregeln und Informationsmaßnahmen zur Sensibilisierung der Mitarbeitenden.

Zu den wichtigsten Infektionswegen zählen:

- **Drive-by-Download**

  Dieser Begriff bedeutet wörtlich übersetzt „Herunterladen im Vorbeifahren". Dabei wird der Computer über eine Schwachstelle im Browser oder in installierten Plug-Ins verseucht. Eine solche Bedrohung existiert nicht nur auf illegalen Webseiten, sondern auch auf seriösen Seiten, wenn es Kriminellen gelingt, auf diesen Seiten z. B. ein infiziertes Werbebanner einzuschleusen.

- **USB-Sticks/Online-Speicher**

  Trojaner (Kap. 2.6.7) verbreiten sich heute oft über Datenspeicher wie USB-Sticks oder Online-Speicher. Dabei verwenden die Schädlinge verschiedene Tricks: Besonders effektiv ist die Infektion von bereits auf dem Stick vorhandenen ausführbaren Dateien. Dies kann z. B. mittels eines verseuchten Computers geschehen, an der USB-Stick zuvor angeschlossen war, oder von dem auf den Online-Speicher zugegriffen wurde. Sobald die Anwendenden diese nun infizierte Datei auf einem Computer starten, wird dieser ebenfalls infiziert.

- **PDF- und Word-Dateien**

  Aktive Inhalte, wie Office-Makros in Microsoft-Word-Dokumenten oder Javascript-Code in PDF-Dokumenten, stellen eine große Gefahr dar. Üblicherweise werden solche Dokumente inzwischen mit zunächst deaktivierten Skriptinhalten und einem Sicherheitshinweis geöffnet. Gelingt es den Angreifenden durch die Dokumentengestaltung, die Benutzenden zur Aktivierung der Skriptinhalte zu bringen, ist das System damit in der Regel infiziert.

- **E-Mails**

  Eine der häufigsten Möglichkeiten, Computer mit Schadsoftware zu infizieren, ist das massenhafte Versenden von E-Mails (*Spam*) mit verseuchtem Anhang. Oft handelt es sich bei den angehängten Dateien um ausführbaren Programmcode. Durch Anhängen einer unverfänglichen zweiten Dateiendung, z. B. „Dokument.txt.exe", wird die Voreinstellung auf Windows-Systemen ausgenutzt: Die tatsächliche Endung „.exe" für ausführbare Programmdateien wird gemäß Voreinstellung ausgeblendet, es bleibt der Dateiname mit der scheinbar harmlosen Endung „.txt". Sobald die angehängte Datei geöffnet wird, wird der Schädling gestartet und infiziert den Rechner. Deshalb sollte man auch bei E-Mails von Bekannten mit nicht abgesprochenen Anhängen immer Vorsicht walten lassen. Es könnte sein, dass deren PC mit Malware infiziert ist, die ausgehende E-Mails mit infizierten Anhängen versieht oder selbst das Adressbuch ausliest und heimlich infizierte E-Mails an die gespeicherten Adressen verschickt.

2.6.7 Malware

Der Begriff Malware hat sich inzwischen als Oberbegriff für Schadsoftware etabliert. Es handelt sich dabei um ein englisches Schachtelwort aus *malicious* und *software* und steht für „bösartige Software".

Malware gibt es in sehr verschiedenen Ausführungsformen. Eine erste Unterscheidung liefert das mutmaßlich von Angreifenden verfolgte Ziel. Es reicht vom Diebstahl von Rechenleistung über die reine Datenzerstörung bis zu erpresserischen Lösegeldforderungen für alle Nutzdaten des befallenen Rechners.

Im Folgenden werden verschiedene Arten von Malware beschrieben:

- **Spyware**

  Dieser Typ Schadsoftware ist darauf ausgelegt, die Nutzenden zu verfolgen und auszuspionieren. Dazu zählen die Verfolgung der Nutzungsaktivitäten und das Mitschneiden von Tastatureingaben und anderen Daten. Um Sicherheitsmaßnahmen zu überwinden, werden Sicherheitseinstellungen oft durch Spyware verändert. Spyware wird oft in Kombination mit legitimer Software oder Trojanischen Pferden ausgeliefert.

- **Adware**

  Die Funktion von Adware ist in erster Linie die Verbreitung von Werbung. Oft erfolgt die Installation der Adware zusammen mit der Installation legitimer Software. Üblich ist aber auch die gemeinsame Verbreitung mit Spyware.

- **Bot, Botnetz**

  Der Begriff „Bot" ist die Kurzform von „Robot". Ein Bot ist darauf ausgelegt, automatisch Aktionen auszuführen, üblicherweise über das Internet. Während die meisten Bots harmlos sind, werden sie vermehrt zu Netzen zusammengefasst, den sog. Botnetzen. So vernetzt, warten die Bots auf Anweisungen der Angreifenden.

- **Ransomware**

  Hier beginnt der Schädling, die angeschlossenen Festplattendaten auf den befallenen Systemen zu verschlüsseln. Im Gegensatz zu anderen Schädlingen gibt sich die Erpressungssoftware klar mit einer Zahlungsaufforderung zu erkennen. Aber: Eine Zahlung ist riskant, da völlig unklar ist, ob die Erpressenden anschließend die Daten auch wieder entschlüsseln. In der Vergangenheit konnten Sicherheitsforschende zeigen, dass Programmierfehler in vielen Ransomware-Exemplaren eine nachträgliche Entschlüsselung auch ohne Zahlung erlauben.

- **Scareware**

  Dieser Schädlingstyp ist darauf ausgelegt, die Nutzenden zu verunsichern und sie dazu zu verleiten, eine Schadsoftware zu installieren oder ein nutzloses Produkt zu erwerben. So werden oft gefälschte Warnmeldungen über einen angeblichen Virenbefall des Computers angezeigt, damit die Nutzenden Software kaufen, die diese angeblichen Viren entfernen soll.

- **Rootkit**

  Diese Schadsoftware modifiziert das Betriebssystem, um eine Hintertür (*backdoor*) einzurichten. Angreifende nutzen dann diese Hintertür, um auf das angegriffene System zuzugreifen. Durch den tiefen Eingriff in das Betriebssystem ist eine Entdeckung von Rootkits enorm schwierig. Befallene Systeme müssen in der Regel komplett gelöscht (*wiped*) und wieder ganz neu installiert werden.

- **Virus**

  Bei einem Virus handelt es sich um ein Schadprogramm, das sich an andere, oft ganz legitime ausführbare Programme anheftet. Die meisten Viren erfordern zur Aktivierung eine Interaktion der Nutzenden oder aktivieren sich selbstständig an einem festgelegten Tag, zu einer festgelegten Zeit oder einem festgelegten Datum.

- **Trojaner**

  Mit Trojaner (genauer: Trojanisches Pferd; Begriff aus der griechischen Mythologie) bezeichnet man Schadsoftware, die vorgeblich eine gewünschte Funktion bereitstellt. Meist verstecken sie sich hinter den Namen bekannter und harmloser Software, beispielsweise DVD-Brennprogrammen, Passwortverwaltungen oder anderen nützlichen Programmen.

  Meistens führen sie die vorgegebenen Funktionen auch aus, jedoch geht es in erster Linie darum, die Nutzenden zum Starten der Software zu bewegen. Anschließend startet das Schadprogramm. Im Unterschied zu Viren reproduzieren sich Trojaner üblicherweise nicht selbst.

  Als eingeschleuste Schadprogramme werden vermehrt sog. Crypto-Miner (engl. to mine: schürfen) eingesetzt, die die Rechenkapazität des befallenen Systems ausnutzen, um für die Angreifenden geldwerte Einheiten von Kryptowährungen wie Bitcoin, Ethereum usw. zu berechnen.

- **Würmer**

  Bei Würmern handelt es sich um Schadsoftware, die sich unabhängig voneinander reproduziert, indem sie Verwundbarkeiten in Netzwerken ausnutzt. Während Viren zum Betrieb Host-Programme benötigen, kommen Würmer ohne aus. Mit Ausnahme der initialen Infektion ist danach keine weitere Interaktion der Nutzenden mehr erforderlich. Nachdem ein Host infiziert ist, erfolgt die weitere Verbreitung über das Netzwerk sehr schnell. Der eigentliche Schaden erfolgt durch die beigefügte und mitverbreitete Nutzlast.

Beispiele

Im Mai 2017 verbreitete sich die Windows-Ransomware WannaCry über ihre Wurm-Funktionalität anhand einer Verwundbarkeit im SMB-Protokoll. Die Verwundbarkeit bestand über fünf Jahre lang mit Wissen des amerikanischen Geheimdienstes NSA. Die NSA informierte Microsoft erst, als bekannt wurde, dass ihr u. a. Daten zu dieser Verwundbarkeit durch Hackerangriffe entwendet worden waren. Die Ausbreitung konnte jedoch relativ früh gestoppt werden, indem ein Sicherheitsforscher eine spezielle Internetadresse bereitstellte, die von der Schadsoftware abgefragt wurde und bei Existenz eine weitere Ausbreitung unterband.

Im März 2024 zeigten[1] israelische Forscher, dass miteinander kommunizierende KI-Systeme anfällig für Wurm-Angriffe sind. Der von ihnen erstellte Wurm Morris-II zielte auf generative KI-Systeme (GenAI Systems), die auf Wissensdatenbanken zur Ergebnisverbesserung zurückgriffen, dem sogenannten Retrieval Augmented Generation (RAG). Im Testaufbau verwendeten die Forscher per E-Mail gekoppelte KI-Systeme. Eine speziell formulierte Anweisung (prompt) führte zu einer Art Kettenreaktion (self-replicating prompt), die den RAG-Datenbestand betroffener Systeme veränderte, eigentlich geschützte Informationen ausgab und den Wurm auf weitere Systeme verbreitete.

2.6.8   Abwehrmaßnahmen

Die Verhinderung von passiven Angriffen ist nur selten möglich. Elektromagnetische Abstrahlungen bei der Datenübertragung ermöglichen es Angreifenden berührungslos und mit einem gewissen Abstand die Signale zu empfangen und auszuwerten. Allerdings lassen sich übertragene und gespeicherte Daten durch Verschlüsselung absichern. Angriffe, die sich auf das Abgreifen der nun verschlüsselten Daten beziehen, bleiben dann wirkungslos.

Bei der Netzwerkkommunikation stehen inzwischen vielfältige Verschlüsselungslösungen zur Verfügung. Statt beispielsweise einer ungeschützten Telnet-Verbindung sollte man besser auf SSH setzen. Für Webseitenabruf und E-Mail bieten sich die TLS-geschützten Protokolle wie HTTPS, IMAPS und SMTPS an.

Alternativ kann mittels IPSec oder (anderer) VPN-Lösungen wie Wireguard die Verschlüsselung in der Transportschicht erfolgen. Dadurch werden auch die ansonsten nicht verschlüsselnden Protokolle der höhergelegenen Schichten direkt mit abgesichert.

2.6.8.1   Verschlüsselung

Bei der verschlüsselten Nachrichtenübertragung verschlüsselt das sendende System (Sender) seine Klartextnachricht vor dem Versand anhand eines mathematischen Verfahrens zusammen mit seinem Schlüsseldatensatz. Das empfangende System (Empfänger) erhält die verschlüsselte Nachricht und macht seinerseits die Verschlüsselung mithilfe eines mathematischen Verfahrens und seines Schlüsseldatensatzes rückgängig. Passen Verschlüsselungsverfahren und die verwendeten Schlüsseldatensätze zusammen, gelingt die Entschlüsselung und der Empfänger kann die entschlüsselte Klartextnachricht lesen.

---

1 Stav Cohen, Ron Bitton, Ben Nassi: *Here Comes The AI Worm: Unleashing Zero-click Worms that Target GenAI-Powered Applications*, v2. Veröff. am 30.01.2025 unter: *https://arxiv.org/abs/2403.02817*

Man unterscheidet bei der Verschlüsselung im Wesentlichen zwischen zwei Verfahren: der symmetrischen Verschlüsselung und der asymmetrischen Verschlüsselung.

Symmetrische Verschlüsselung

> Bei der symmetrischen Verschlüsselung verwenden **Sender** und **Empfänger** den **gleichen geheimen Schlüssel**.

Bild 2.49: Symmetrische Verschlüsselung

Das setzt voraus, dass sich die Kommunikationspartner vorher auf einen gemeinsamen geheimen Schlüssel geeinigt haben. Wird der Schlüssel über eine abgehörte Verbindung ausgetauscht, so sind Angreifende anschließend auch in der Lage, die verschlüsselte Kommunikation mitzulesen oder zu verfälschen.

> **Symmetrische Verschlüsselungsverfahren** sind vergleichsweise **schnell** und eignen sich zur Verschlüsselung **großer Datenmengen**.

Asymmetrische Verschlüsselung

> Bei der asymmetrischen Verschlüsselung besitzen **Sender** und **Empfänger** jeweils ein **eigenes Schlüsselpaar**: einen **öffentlichen** Schlüssel und einen **privaten** Schlüssel.

Der öffentliche Schlüssel darf allen bekannt sein, den privaten Schlüssel darf nur sein Besitzer bzw. seine Besitzerin kennen.

Zur verschlüsselten Nachrichtenübertragung verschlüsselt der Sender seine Nachricht mit dem öffentlichen Schlüssel des Empfängers. Der Empfänger entschlüsselt die Nachricht mit seinem privaten Schlüssel (Bild 2.50).

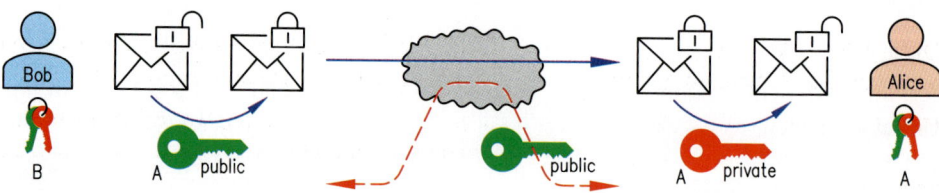

Bild 2.50: Asymmetrische Verschlüsselung

Die öffentlichen Schlüssel können gefahrlos auch über einen abgehörten Kanal ausgetauscht werden.

> **Asymmetrische Verschlüsselungsverfahren** sind vergleichsweise **langsam** und eignen sich nur zur Verschlüsselung **kleiner Datenmengen**.

Hybride Verschlüsselung

Dem offensichtlichen Vorteil der asymmetrischen Verschlüsselung steht der Nachteil entgegen, dass sie sehr rechenaufwendig und damit langsam ist. Symmetrische Verschlüsselungsverfahren sind im Vergleich um Größenordnungen schneller, erfordern aber einen sicheren Schlüsselaustausch.

In der Praxis nutzt man die Vorteile beider Verfahren, indem man sie zur hybriden Verschlüsselung kombiniert.

Das langsame asymmetrische Verfahren wird genutzt, um einen gemeinsamen Schlüssel sicher auszutauschen. Anschließend werden alle weiteren Nachrichten nur noch mithilfe des schnellen symmetrischen Verfahrens verschlüsselt (Bild 2.51).

2

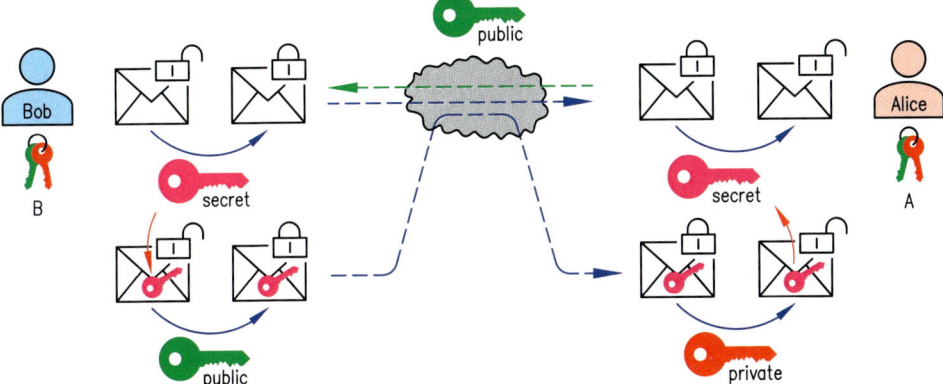

Bild 2.51: Hybride Verschlüsselung

2.6.8.2 Digitale Signatur

Einige aktive Angriffe lassen sich ebenfalls oft kaum verhindern. So erfolgt beispielsweise das Fälschen der Absenderadresse einer E-Mail oft in der Regel außerhalb des Wirkungsbereichs der empfangenden Personen. Statt Fälschungen wirksam zu verhindern, reicht es in den meisten Fällen jedoch aus, Fälschungen und Manipulationen sicher erkennen zu können.

Diese Möglichkeit zur Überprüfung der Datenintegrität bietet das Verfahren der digitalen Signatur. Zur Anwendung kommt dabei das asymmetrische Verschlüsselungsverfahren.

Um einen Datensatz zu signieren und damit als echt zu kennzeichnen, führt die unterzeichnende Person den asymmetrischen Verschlüsselungsvorgang mit ihrem privaten Schlüssel durch.

> Die Anwendung der asymmetrischen Verschlüsselung mit einem **privaten Schlüssel** auf einen Klartext bezeichnet man als **Signieren**.
> Den dadurch entstandenen Datensatz bezeichnet man als **Signatur**.

Die mit dem privaten Schlüssel durchgeführte Operation kann nur mit dem dazugehörigen öffentlichen Schlüssel wieder umgekehrt werden.

Da der private Schlüssel ausschließlich im Besitz der unterzeichnenden Person ist, kann auch nur diese Signaturen erzeugen. Alle anderen können mithilfe des öffentlichen Schlüssels die Signaturberechnung umkehren und auf diese Weise die Echtheit des Signaturdatensatzes überprüfen.

> Die Anwendung des **öffentlichen Schlüssels** auf eine digitale Signatur bezeichnet man als **Signatur-Prüfung**.

2.6.8.3 Hash-Funktionen

Eine sog. **Hash-Funktion** hat zwei wesentliche Eigenschaften: An erster Stelle handelt es sich um eine **Einwegfunktion**. Das heißt, sie erzeugt aus einem Eingabetext anhand einer Berechnungsvorschrift einen Ausgabetext. Die Umkehrung, also die Erzeugung eines passenden Eingabetextes anhand eines gegebenen Ausgabetextes, ist rechnerisch nicht möglich. Kleinste Änderungen am Eingabetext – z. B. ein „ä" anstatt eines „a" oder auch nur die Veränderung eines Bits – sorgen bereits für dramatische Änderungen am Ausgabetext.

> Bei einer **Hash-Funktion** (*hash function*) handelt es sich um eine Einwegfunktion.
>
> Eine **Einwegfunktion** ist **nicht umkehrbar**, d. h., aus einem Ausgabedatensatz kann nicht auf die Eingabedaten geschlossen werden.

Die zweite wesentliche Eigenschaft von Hash-Funktionen macht sie praktisch nutzbar, denn sie erzeugen aus beliebig langen Eingabedaten einen vergleichsweise kurzen Ausgabedatensatz von fester Länge, den **Hashwert** (*hash value*). So erzeugt beispielsweise die Hashfunktion „SHA-256" einen Hashwert, der aus 32 Bytes besteht.

Bei längeren Eingabedaten reichen die Kombinationsmöglichkeiten der Ausgabedaten nicht aus, um jedem Eingabedatensatz einen individuellen Hashwert zuweisen zu können.

> Wenn sich verschiedene Eingabedaten finden lassen, die den gleichen Hashwert ergeben, bezeichnet man das als **Hash-Kollision**.

Solange es technisch nicht möglich ist, in absehbarer Zeit zwei solcher Eingangsdatensätze zu finden, die denselben Hashwert bilden, gilt der Hash-Algorithmus weiterhin als „sicher".

Anwendung: Digitale Signatur

Bei digitalen Signaturen (Kap. 2.6.8.2) kommen aufwendige asymmetrische Verschlüsselungsalgorithmen zum Einsatz, die eine feste Länge der Ein- und Ausgabedaten verlangen. Statt lange Eingabedaten in einzelne Blöcke passender Länge aufzuteilen und einzeln zu signieren, geht man in der Regel so vor, dass nicht die Eingabedaten selbst signiert werden, sondern der Hashwert dieser Eingabedaten.

Eine **digitale Signatur** (*digital signature*) wird grundsätzlich über den **Hashwert** der Eingabedaten gebildet.

Dies hat den Vorteil, dass die langsame Signaturoperation für einen beliebigen Eingabedatensatz nur einmal ausgeführt werden muss. Zu bedenken ist aber, dass die so erzeugte Signatur nicht nur zu dem beabsichtigten Eingangsdatensatz passt, sondern ebenfalls zu vielen anderen möglichen Eingabedaten, die den gleichen Hashwert aufweisen. Solange die verwendete Hashfunktion als „sicher" gilt, droht jedoch keine Gefahr.

Beispiel: Signierte Zahlungsanweisung

Originalnachricht. „*Zahlungsanweisung: Herr Meier von der Firma Quickscam24 erhält im Rahmen seiner IT-Servicetätigkeiten eine Auslagenerstattung in Höhe von 1 000,00 EUR. Der Betrag ist ihm an der Barkasse gegen Vorlage dieser signierten Nachricht auszuhändigen. Gerd Gründlich, Rechnungswesen.*"

SHA-256-Hashwert: `79393b44d7c64dda770a4d672ecfb471` `8357957521885a16113d515fe91afea1`

Digitale Signatur: `1b531d67f1c1ced891d6666ed3a4ec45` `bcbd97d3c9f8817a8e50639f88450c1d` `4814ddc5a407fb346fa6d3e4a24003ab` `6546fc562096a0c4cb5d1cd9a9694de9`

Manipulierte Nachricht: „*Zahlungsanweisung: Herr Meier von der Firma Quickscam24 erhält im Rahmen seiner IT-Servicetätigkeiten eine Auslagenerstattung in Höhe von 9 000,00 EUR. Der Betrag ist ihm an der Barkasse gegen Vorlage dieser signierten Nachricht auszuhändigen. Gerd Gründlich, Rechnungswesen.*"

SHA-256-Hashwert: `788428f8a6ebd9c749f8876b0522ea7a` `64ce0b9b3c0aab927b4ade403535d125`

Digitale Signatur: `1b531d67f1c1ced891d6666ed3a4ec45` *(Originalnachricht)* `bcbd97d3c9f8817a8e50639f88450c1d` `4814ddc5a407fb346fa6d3e4a24003ab` `6546fc562096a0c4cb5d1cd9a9694de9`

Digitale Signatur: `77af1345336a23637dd52f2141a20206` *(neu erstellt, gültig)* `057f1942f31d7d1217cc1cb5feab7f3d` `ca7f9a079fb2d6b216d7ae48b6365126` `a0b67f907ef7f8d545da05bf1f2e315f`

Im Fall der Originalnachricht stimmt der zur Signaturprüfung berechnete Hashwert der Originalnachricht mit dem signierten Hashwert überein. Damit ist die Originalnachricht gültig.

Die manipulierte Nachricht führt zu einem völlig anderen Hashwert. Bei der Signaturprüfung fällt dieser Unterschied auf, sodass die Signatur und damit die manipulierte Nachricht als ungültig abgewiesen wird.

Um die manipulierte Nachricht mit einer gültigen Signatur zu versehen, muss der Inhaber d bzw. die Inhaberin des privaten Signaturschlüssels die Signatur über den veränderten Hashwert erstellen. Erst dann würde die manipulierte Nachricht als gültig akzeptiert werden.

Anwendung: Passwortprüfung

Für die passwortgestützte Zugangskontrolle wird lediglich das Wissen benötigt, ob das eingegebene Passwort mit dem hinterlegten übereinstimmt. Der genaue Wortlaut des gewählten Passworts ist dafür irrelevant. Statt also das eingegebene Passwort direkt mit dem hinterlegten zu vergleichen, reicht ein Vergleich der jeweiligen Hashwerte. Die Speicherung der Klartext-Passwörter ist dann nicht mehr erforderlich. Durch die Einwegfunktion des Hash-Algorithmus kann nicht auf ein mögliches Passwort rückgeschlossen werden.

Kommt es zu einem Angriff, bei dem u. a. diese Passwortdatensätze erbeutet werden, sind die Missbrauchsmöglichkeiten deutlich reduziert. Trotzdem führen z.B. gleiche Passwörter zu gleichen Hashwerten. So können Angreifende im Voraus Hashwerte für beliebte Passwortkombinationen („Passwort123", „geheim!" usw.) berechnen und dann in den Datensätzen nach den entsprechenden Hashwerten suchen. Um das zu verhindern, werden die Eingangsdaten **„gesalzen"**, d. h., der Hashwert wird über die Kombination aus dem Passwort und einem zusätzlichen Datensatz, dem sog. **Salz**, gebildet. Das Salz wird idealerweise für alle Nutzenden einzeln erzeugt, beispielsweise bei Erstellung eines Nutzerkontos. Die Speicherung kann dann zusammen mit dem gehashten Passwort erfolgen.

> **Passwörter** (*passwords*) sollten grundsätzlich nicht im Klartext, sondern idealerweise als **gesalzene Hashwerte** gespeichert werden.

2.6.8.4 Beschränkung der Nutzungsrechte

Aktive Angriffe auf die Datenintegrität von IT-Systemen lassen sich wirksam durch die Beschränkung von Zugriffs- und insbesondere Schreibrechten verhindern oder zumindest beschränken.

Basierend auf ihrer Rolle im Unternehmen können Zugriffsrechte von Personen segmentiert und der Umfang der Zugriffe pro Zeiteinheit limitiert werden. Dringen Angreifende mit den Rechten einer Person ein, sind sie zunächst auf deren Zugriffsrechte und somit in ihrem Schädigungspotenzial beschränkt.

> Erhalten Angreifende über **gestohlene Zugangsdaten** unautorisierten Zugriff auf IT-Systeme, kann eine sorgfältige **Beschränkung der Nutzungsrechte** den möglichen **Schaden begrenzen**.

Ergänzend bieten sich Maßnahmen an, die aktive Angriffe erkennen und abwehren. So kann die Verwendung von Sequenznummern in einem Datenstrom helfen zu erkennen, ob Daten zusätzlich eingebracht oder aus einem Datenstrom entfernt wurden.

2.6.8.5 Monitoring

Angriffe auf die Verfügbarkeit sind schwierig abzuwehren. Die Beschränkung der Ressourcenzugriffe der Nutzenden auf festgelegte Quoten stellt eine mögliche Maßnahme dar. Eine genaue Beobachtung (*monitoring*) der Ressourcenzugriffe kann helfen, frühzeitig drohende Überlastungen zu erkennen und entsprechende Maßnahmen zur Abwehr einzuleiten.

> Durch **Monitoring** von Ressourcenzugriffen können **verdächtige Zugriffsmuster erkannt** und Abwehrmaßnahmen frühzeitig ergriffen werden.

2.6.8.6 Nachwirkungen von Datenschutzverletzungen

Hackern gelingt es immer wieder, z.B. durch Schwachstellen in Webshops, an Nutzerdaten zu gelangen, etwa Kreditkartendaten, E-Mail-Adressen und Passwörter. Dabei muss es sich nicht immer um Schwachstellen der Software handeln. Nicht selten liegt eine fehlerhafte Konfiguration vor, die einen vergleichsweise einfachen Datenabgriff ermöglicht.

Manchmal gelangen die erbeuteten Daten danach auf allgemein zugängliche Filesharing-Plattformen, sodass sie einer breiten Öffentlichkeit und damit auch Kriminellen zum Missbrauch zur Verfügung stehen.

Beispiel

Im April 2024 wurde bekannt, dass von der amerikanischen Firma National Public Data (NPD) bei einem Hackerangriff Datensätze mit den persönlichen Daten wie Namen, Adressen, Geburtsdaten, Telefonnummern und die in den USA so wichtige Sozialversicherungsnummer von etwa 2,9 Milliarden Personen erbeutet und im Darkweb veröffentlicht wurden.

Im Februar 2024 erbeuteten Hacker bei einem Angriff auf das amerikanische Krankenkassenunternehmen Change Healthcare neben Adress- und Sozialversicherungsdaten auch die Patientenakten von 190 Millionen Personen. Die Hacker erhielten das geforderte Lösegeld in Höhe von 22 Millionen US-Dollar, stellten kurze Zeit später aber erneut Lösegeldforderungen.

Kommt es in Unternehmen zu Datenschutzverstößen, bei denen sensible Nutzerdaten Unbefugten bekannt werden, z. B. infolge eines Hackerangriffs oder durch Verlust eines unverschlüsselten Datenträgers, bestehen inzwischen auf Grundlage der europäischen **Datenschutzgrundverordnung (DSGVO)** eine Reihe von Informationspflichten. Die zuständige Datenschutzaufsichtsbehörde muss unverzüglich informiert werden. Die Betroffenen müssen ebenfalls informiert werden und ihnen müssen Maßnahmen zur Minderung der möglichen nachteiligen Folgen vorgeschlagen werden. Ist das Ausmaß des Schadens jedoch so umfangreich, dass die Betroffenen praktisch nicht mehr individuell informiert werden können, dürfen die Unternehmen auf Bekanntmachungen in Massenmedien ausweichen.

Nicht alle Betroffenen werden aber tatsächlich informiert. Eintreffende Informations-E-Mails könnten fälschlicherweise als Spam markiert werden oder öffentliche Bekanntmachungen in Zeitungen übersehen werden. Bei Vorfällen, die außerhalb des Wirkungsbereichs der DSGVO liegen, werden die Betroffenen in der Regel ebenfalls nicht informiert. Das können Vorfälle in Ländern außerhalb der EU sein oder zurückliegende Fälle, die sich vor der Umsetzung der DSGVO ereigneten.

Es gibt zwei namhafte Informationsstellen, die Auskunft über kompromittierte Nutzerdaten liefern:

- **Identity Leak Checker** vom Hasso-Plattner-Institut (Potsdam)
  https://sec.hpi.de/ilc/

- **Have I been pwned?** vom australischen Web-Security-Spezialisten Troy Hunt
  https://haveibeenpwned.com/

Beide Plattformen sammeln und verarbeiten die Daten, die im Rahmen von Datenlecks abrufbar waren oder beispielsweise digital bereinigt von Ermittlungsbehörden zur Verfügung gestellt wurden. Dabei speichern sie nicht die Inhaltsdaten, sondern Informationen über Art und Umfang der jeweiligen Daten. Diese Art von Informationen bezeichnet man als **Metainformationen** bzw. **Metadaten** (*meta data*). Die personenbezogene Zuordnung der gesammelten Daten geschieht anhand einer E-Mail-Adresse. Diese wird jedoch nicht im Klartext, sondern ausschließlich als Hashwert (Kap. 2.6.8.3) gespeichert.

Eine Prüfanfrage erfolgt über die Angabe einer E-Mail-Adresse. Anschließend erhält man eine Liste der mit dieser E-Mail-Adresse in Verbindung stehenden Datenlecks, angereichert mit Informationen über das jeweilige Datenleck sowie Art und Umfang der dadurch kompromittierten Daten. Bild 2.52 zeigt als Beispiel den Ausschnitt eines Prüfberichts von Identity Leak Checker.

> Wenn die Prüfberichte keinen Datenabfluss mit Bezug zu der angegebenen E-Mail-Adresse feststellen konnten, bedeutet das lediglich, dass ihnen kein solcher Fall bekannt ist.

Im Fall aus Bild 2.52 konnte die angegebene E-Mail-Adresse sechs Vorfällen zugeordnet werden. Die roten Markierungen zeigen, welche der aufgeführten Daten dabei abgeflossen sind. Beispielsweise besagt die erste Zeile, dass Kriminelle über die vollständige Anschrift, das Geburtsdatum und die Kreditkartennummer der geschädigten Person verfügen. Geht man davon aus, dass auch Kriminelle Daten aus verschiedenen Quellen zusammenführen, verfügen sie neben dem vollständigen Namen, der Adresse, dem Geburtsdatum und der Kreditkartennummer nun auch noch über eine Telefonnummer und Zugangspasswörter aus drei Quellen.

Kriminelle nutzen diese Informationen beispielsweise für Phishing-Angriffe.

> Mit **Phishing** (*phishing*) bezeichnet man einen betrügerischen Vorgang, bei dem das Opfer über die Identität und Absicht der Kriminellen getäuscht und zur Herausgabe sensibler Daten gebracht wird. Phishing-Aktionen werden in der Regel über E-Mails und präparierte Webseiten durchgeführt. Aber auch manipulierte oder gefälschte Geldautomaten, durch die die Kriminellen Kartennummern und Geheimzahlen abgreifen, zählen dazu.

Sind den Kriminellen einige Passwörter der betroffenen Person bekannt, können sie diese nutzen, um sich weitere Zugänge zu verschaffen. Weisen beispielsweise die bekannten Passwörter Ähnlichkeiten auf oder lassen sich Merkregeln ableiten, könnten sich daraus Passwörter anderer Zugänge erraten lassen.

Die Mitarbeitenden eines Unternehmens sollten auf mögliche Nachwirkungen von Datenlecks vorbereitet sein. Sie müssen damit rechnen, dass die kompromittierten Nutzerdaten für betrügerische Zwecke zum Schaden des gesamten Unternehmens eingesetzt werden. Das könnte beispielsweise in Form vorgetäuschter Vorgesetzter, Kunden oder Zulieferer geschehen. Außerdem müssen Maßnahmen ergriffen werden, um die Auswirkungen aktueller und zukünftiger Datenlecks zu reduzieren. So zeigt Kapitel 2.6.8.7 bei-

Result of Your Request for the HPI Identity Leak Checker

Attention: Your e-mail address klaus.hegemann██████ appears in at least one stolen and illegally published identity data base (a so-called identity leak). The following sensitive information was freely found on the Internet in connection with your e-mail address:

Affected Service	Date	Verified	Affected users	Password	First and last name	Date of birth	Address	Telephone number	Credit card	Bank account details	Social security number	IP Adress
Mastercard (Priceless Specials)	Aug. 2019	✓	89386	-	Affected	Affected	Affected	-	Affected	-	-	-
Unknown (Collection #1–#5)	Jan. 2019		2191498885	Affected	-	-	-	-	-	-	-	-
This dataset was published in January 2019 and contains huge lists of credentials of unknown origin, older leaks and smaller database dumps.												
Ontiner Spambot (Spamlist)	Aug. 2017		128471704	-	-	-	-	-	-	-	-	-
Phishing Data (LKA)	Feb. 2017		4713404	Affected	-	-	-	-	-	-	-	-
This dataset was confiscated by the LKA as part of an investigation and are sourced from a range of phishing campaings in the German language area. LKA has handed over the affected email addresses to HPI.												
adobe.com	Oct. 2013	✓	152375851	Affected	-	-	-	-	-	-	-	-
moneybookers.com	Dec. 2009	✓	4480665	-	Affected	Affected	-	Affected	-	-	-	Affected

Bild 2.52: Ausschnitt eines Prüfberichts von Identity Leak Checker (Beispiel)

2

spielsweise, wie sich die Qualität von Passwörtern und damit ihre Sicherheit durch den Einsatz von Passwort-Managern verbessern lässt.

2.6.8.7 Passwort-Manager

Ein sicheres Passwort ist idealerweise sehr lang, kompliziert und unterscheidet sich von allen anderen Passwörtern derselben Person. Solche Passwörter sind allerdings auch umständlich einzugeben und schwierig zu merken. Außerdem wird in der Regel mehr als ein Passwort benötigt, sodass die Tendenz besteht, kürzere Passwörter zu wählen, die sich außerdem untereinander kaum oder gar nicht unterscheiden. Solche Passwörter sind jedoch weniger sicher und stellen ein IT-Sicherheitsrisiko dar.

Am Arbeitsplatz sind dadurch Unternehmenswerte gefährdet. Daher sind Firmen bemüht, Wege zu finden, die sichere Passwörter garantieren und trotzdem bedienungsfreundlich sind.

Mögliche Lösungen müssen die beiden größten Anwendungsprobleme adressieren, die sich aus langen und komplizierten Passwörtern ergeben: Sie sind umständlich einzugeben und lassen sich schlecht einprägen. Hier setzen Passwort-Manager an. Diese

- speichern beliebig viele und lange Passwörter,
- befüllen bei Abruf Eingabefelder mit Passwörtern,
- generieren auf Wunsch sichere Passwörter und
- schützen die Passwortsammlung mit einem Master-Passwort.

Beispiele für Passwort-Manager-Apps sind:

- KeePass/KeyPassXC
- BitWarden
- Password Safe
- LastPass

Die Passwort-Manager-Apps speichern die gesammelten Zugangsdaten in einer Datenbankdatei, die in der Regel mit einem Master-Passwort vor fremden Zugriffen geschützt wird. Dieses Passwort muss nach dem Start der App einmalig eingegeben werden und öffnet damit den Zugang zu der Passwortsammlung.

Alle gängigen Webbrowser werden von Passwort-Managern unterstützt. Verlangt beispielsweise eine Webseite Zugangsdaten, die im Passwort-Manager hinterlegt sind, werden die Felder automatisch befüllt, sodass die Benutzenden nur noch die Schaltfläche zum Einloggen anklicken müssen. Für andere Anwendungen bieten die Passwort-Manager verschiedene Möglichkeiten zur automatischen Erkennung und Befüllung der Eingabefelder. Bei manchen Anwendungen funktioniert dies jedoch nicht zuverlässig, z.B. beim SAP-Client. In solchen Fällen kann über Tastenkombinationen (Kap. 2.5.1.6) das für das aktive Programmfenster gespeicherte Passwort an der aktuellen Cursorposition eingefügt werden.

Soll die Nutzung des Passwort-Managers auch auf anderen Arbeitsplatz-PCs möglich sein, setzt dies voraus, dass die App auf den verwendeten Systemen vorhanden ist. Ein Zugriff auf die Passwortdatenbank muss ebenfalls gewährleistet sein. Das lässt sich beispielsweise auf die folgenden zwei Arten erreichen:

- Mitführen eines USB-Sticks mit Passwortdatenbank und App in einer Portable-Version, damit sie auf anderen Rechnern ohne Installation lauffähig ist

- Installation der App auf Zielrechnern, wobei die mit einem Master-Passwort gesicherte Passwortdatenbank in der Cloud abgelegt ist.

2.6.8.8 Passwortlose Anmeldung mit FIDO2

Passwortbasierte Anmeldeverfahren sind lästig und anfällig für Phishing-Angriffe (Kap. 2.6.8.6). Zwar existieren für viele Spezialfälle Alternativen, aber eine universelle Passwortablösung hat sich im World Wide Web bislang noch nicht allgemein durchsetzen können. Mit **FIDO2** existiert seit Anfang 2019 eine vielversprechende Alternative, denn die FIDO-Allianz hat den FIDO2-Standard zusammen mit dem wichtigen Standardisierungsgremium W3C entwickelt. Hierbei bilden die beiden FIDO2-Komponenten **WebAuthn** (W3C Web Authentication Standard) und **CTAP2** (Client to Authenticator Protocol 2) ein **Authentifizierungsprotokoll**. Es kommt zwischen dem vertrauenswürdigen Webserver **(FIDO2-Server)** und dem **Hardware-Sicherheitsschlüssel (Authenticator)** der Anwendenden zum Einsatz (Bild 2.53). Der Webbrowser stellt dabei als Vermittler über WebAuthn die Verbindung zwischen dem FIDO2-Server und dem Authenticator her.

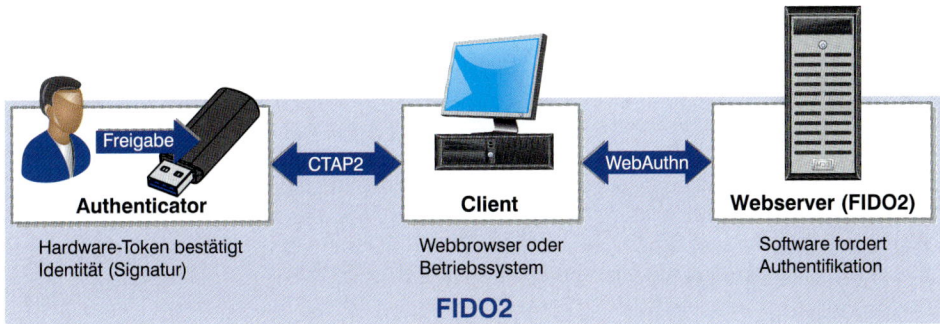

Bild 2.53: FIDO2 für die passwortlose Anmeldung in einem Webangebot (Beispiel)

Als Hardware-Sicherheitsschlüssel (Hardware-Token) kann beispielsweise ein FIDO2-USB-Stick, ein TPM-Chip im Arbeitsplatz-PC oder ein Secure Element (SE) im Android-Smartphone zum Einsatz kommen. Seine prinzipielle Aufgabe ist es, die Identität des bzw. der Anwendenden zu bestätigen. Dies erfolgt anhand von **digitalen Signaturen** (Kap. 2.6.8.2). Im Rahmen der Zugangsregistrierung erzeugt die Hardware ein **Signaturschlüsselpaar**. Davon wird dem Webserver (Bild 2.53) der öffentliche Schlüssel mitgeteilt.

Der private Signaturschlüssel verlässt niemals den Hardware-Sicherheitsschlüssel. Dadurch ist sichergestellt, dass nur die Hardware in der Lage ist, digitale Signaturen für dieses Schlüsselpaar zu erzeugen. Es ist deshalb für Angreifende nicht möglich, an den privaten Signaturschlüssel zu gelangen (z. B. durch Phishing; Kap. 2.6.8.6).

Zur Anmeldung rufen die Anwendenden im Webbrowser des Clients die Anmeldeseite des Webservers auf (Bild 2.54). Sie geben dort ihren Benutzernamen ein und starten den Anmeldevorgang (1). Der FIDO2-Server sendet nun im Rahmen eines **Challenge-Response-**

Verfahrens eine sog. **Challenge** zurück an den Client (2). Dabei handelt es sich um eine Authentifizierungsaufforderung mit einem zufällig generierten Datenteil. Der Webbrowser gibt die Challenge zusammen mit einer Zugangs-ID an den Authenticator weiter (3). Dieser führt sofort oder optional nach Freigabe – z. B. durch Tastendruck oder Fingerabdruckscan – einen Signaturvorgang durch. Das Ergebnis liefert er zurück an den Webbrowser (4), der die signierte Antwort wiederum als **Response** an den FIDO2-Server sendet (5). Der FIDO2-Server überprüft die Signatur der Response und gleicht den enthaltenen Zufallswert mit der Challenge ab. Sind Signatur und Inhaltsdaten korrekt, wird der Anmeldevorgang als erfolgreich zurückgemeldet. Andernfalls wird der Anmeldevorgang mit einer Fehlermeldung abgebrochen (6) und der Zugang verweigert.

Bild 2.54: Prinzipieller Ablauf eines passwortlosen FIDO2-Anmeldevorgangs

Die passwortlose Authentifizierung von FIDO2 wird aktuell beispielsweise von Windows 11 für die Benutzeranmeldung unterstützt. Webangebote, die Webauthn und damit eine passwortlose FIDO2-Anmeldung ermöglichen, werden stetig ausgebaut. Vorreiter dabei sind Anbieter für den professionellen Einsatz, z. B. GitHub, GitLab, Dropbox und Microsoft.

Auf der Demonstrations-Webseite https://webauthn.io können die Registrier- und Anmeldefunktionen eines FIDO2-Hardware-Sicherheitsschlüssels getestet werden.

2.6.8.9 Passkey

Während das Authentifizierungsverfahren mit FIDO2-Hardware-Token (Kap. 2.6.8.8) eine sehr hohe Sicherheit gewährleistet, ist es an einigen Stellen nicht sehr nutzungsfreundlich: Ist der Token defekt, verloren oder soll ein zweiter genutzt werden können, dann müssen alle Zugänge einzeln mit dem neuen Token verbunden werden.

Hier setzt Passkey an und lockert den FIDO2-Standard. Mit Passkey sind die Private Keys nicht mehr an den Authenticator gebunden, sondern können ausgelesen, vervielfältigt und beispielsweise in der Cloud abgelegt werden. Meist wird Passkey als reine Softwarelösung realisiert, z. B. im Smartphone. Das verbessert zwar die Nutzungsfreundlichkeit und bietet den gleichen Schutz vor Phishing-Angriffen, senkt allerdings prinzipiell auch die Sicherheit. Denn die auf diese Weise kopierten und transferierten Private Keys könnten ebenso von Angreifenden abgegriffen werden.

2.6.8.10 Zweifaktor-Authentifikation

Die herkömmliche Authentifikation mit Benutzername und Passwort stellt eine **Einfaktor-Authentifikation (1FA)** dar.

Bei einer **Zweifaktor-Authentifikation (2FA)** geschieht der Identitätsnachweis über zwei verschiedene und unabhängige Komponenten, auch **Faktoren** genannt. Die Zweifaktor-Authentifikation ist die am häufigsten eingesetzte Form der **Multifaktor-Authentifikation (MFA)**.

Beispiel

Beispiele für Zweifaktor-Authentifikationen sind:

- *Bargeldentnahme am Geldautomaten*
  - *Erster Faktor: Bankkarte*
  - *Zweiter Faktor: Geheimzahl*

- *Überweisung im Onlinebanking*
  - *Erster Faktor: Benutzerkennung und Passwort*
  - *Zweiter Faktor: TAN*

Die Faktoren einer Zweifaktor-Authentifikation lassen sich in der Regel in zwei Typen einteilen: einen **Wissensfaktor** und einen **Besitzfaktor**.

Hardware-Sicherheitsschlüssel, die beispielsweise den **FIDO-U2F**-Vorgaben entsprechen, können als zweiter Faktor eingesetzt werden. Die als 1FA zur passwortlosen Authentifikation eingesetzten FIDO2-Sicherheitsschlüssel (Kap. 2.6.8.8) eignen sich ebenfalls als zweiter Faktor. Umgekehrt können FIDO-U2F-Sicherheitsschlüssel aber nicht als alleiniger Faktor eingesetzt werden.

Als zweiter Faktor kann aber auch eine Software eingesetzt werden, z. B. FreeOTP für Android-Smartphones. Nach der Konfiguration der Zugangsparameter erzeugen solche Programme Einmal-Kennwörter, die in der Regel zeitbasiert erstellt werden (*time-based one-time password*, TOTP). Ein Kennwort gilt üblicherweise für maximal 30 Sekunden, bevor es ungültig wird und ein neues generiert werden muss.

2.6.9   IT-Sicherheitsmanagement

Die Gewährleistung von Informationssicherheit im Unternehmen ist eine komplexe, aber beherrschbare Aufgabe. Hierbei ist die Unternehmensführung gefordert, eine Sicherheitsstrategie für das Unternehmen zu entwickeln.

Eine Säule zur Umsetzung der Sicherheitsstrategie stellt die Erstellung eines unternehmensweiten Sicherheitskonzeptes dar. Es basiert auf der Analyse des Informationsverbundes im Unternehmen, der Risikobewertung und der Formulierung von Maßnahmen. Eine zweite Säule bildet die Organisation der Informationssicherheit. Durch sie werden Regeln und Anweisungen festgelegt, Prozesse und Abläufe definiert und die Unternehmensstruktur abgebildet.

Im Folgenden wird zunächst auf den dynamischen Prozess der Informationssicherheit eingegangen. Dann erfolgt ein Blick auf die Aufgaben und Pflichten der Unternehmensführung und abschließend wird der Beitrag der betrieblichen Kommunikation zur Informationssicherheit behandelt.

2.6.9.1 Lebenszyklus der Informationssicherheit

Sicherheit in der Informationstechnik ist kein statischer Zustand, der einmal erreicht wird und sich danach nie wieder ändert. Um ein erreichtes Sicherheitsniveau aufrechtzuerhalten, ist ein aktives Sicherheitsmanagement erforderlich. Es reicht nicht aus, Geschäftsprozesse und Sicherheitsmaßnahmen bei der Einführung eines neuen IT-Systems einmalig zu planen und umzusetzen. Vielmehr müssen die Sicherheitsmaßnahmen regelmäßig auf ihre Wirksamkeit und Aktualität untersucht, optimiert oder neu konzipiert und umgesetzt werden.

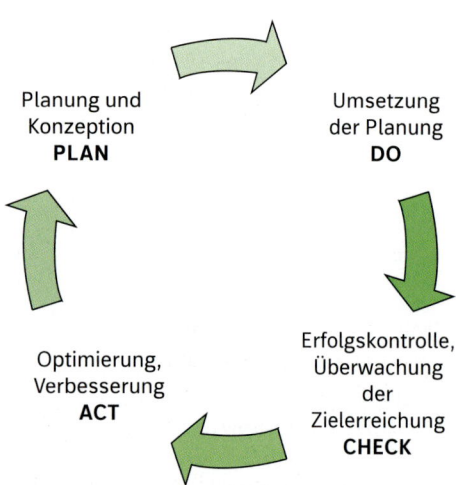

Bild 2.55: Lebenszyklus nach Deming (PDCA-Modell)

Der dynamische Prozess der Informationssicherheit lässt sich in den vier Phasen eines Lebenszyklus darstellen (Bild 2.55).

Beginnend mit der Planung folgen im Anschluss die Umsetzung und die Erfolgskontrolle. In der vierten Phase werden kleinere Mängel sofort beseitigt. Bei umfangreicheren Mängeln wird wieder mit einer neuen Planungsphase begonnen.

Planung und Konzeption
- Auswahl einer Methode zur Risikobewertung
- Klassifikation von Risiken bzw. Schäden
- Risikobewertung
- Entwicklung einer Strategie zur Behandlung von Risiken
- Auswahl von Sicherheitsmaßnahmen

Umsetzung
- Realisierungsplan für das Sicherheitskonzept
- Umsetzung der Sicherheitsmaßnahmen
- Überwachung der Steuerung der Umsetzung
- Aufbau der Notfallvorsorge und Behandlung von Sicherheitsvorfällen
- Schulung und Sensibilisierung

Erfolgskontrolle und Überwachung
- Detektion von Sicherheitsvorfällen im laufenden Betrieb
- Überprüfung der Einhaltung von Vorgaben
- Überprüfung der Eignung und Wirksamkeit von Sicherheitsmaßnahmen
- Überprüfung der Effizienz der Sicherheitsmaßnahmen
- Managementberichte

Optimierung und Verbesserung
- Beseitigung von Fehlern

Bild 2.56: Lebenszyklus eines Sicherheitskonzepts

2.6.9.2 Aufgaben der Unternehmensführung

Die Unternehmensführung ist verantwortlich für die Gewährleistung von Informationssicherheit im Unternehmen. Ihr obliegen in diesem Zusammenhang zahlreiche Aufgaben und Pflichten, die in den folgenden Punkten zusammengefasst sind:

- **Übernahme der Gesamtverantwortung für Informationssicherheit**
  Die Führungsebene des Unternehmens ist für die Gewährleistung der Informationssicherheit verantwortlich. Die Führungskräfte müssen sich zu ihrer Verantwortung bekennen und die Bedeutung der Informationssicherheit allen Beschäftigten verdeutlichen.

- **Informationssicherheit integrieren**
  Sicherheit muss in alle informationsverarbeitenden oder IT nutzenden Abläufe integriert werden. Sie muss bei der Erstellung von Geschäftsprozessen und der Schulung von Mitarbeitenden berücksichtigt werden.

- **Informationssicherheit steuern und aufrechterhalten**
  Die betriebliche Führungsebene muss den Sicherheitsprozess aktiv betreiben. Dazu zählt die Festlegung von Strategien und Zielen, die Untersuchung der Auswirkung von Risiken, die Schaffung von organisatorischen Rahmenbedingungen für Informationssicherheit, die Bereitstellung ausreichender Ressourcen, die regelmäßige Überprüfung und Korrektur der Sicherheitsstrategie und der Zielerreichung sowie die Motivierung und Schulung von Arbeitskräften für Sicherheitsbelange.

- **Erreichbare Ziele setzen**
  Die Unternehmensführung muss Ziele erreichbar gestalten. Die Sicherheitsstrategie muss mit den verfügbaren Ressourcen in Einklang gebracht werden. Kleine Schritte mit stetigen Verbesserungen ohne hohe Investitionskosten zu Beginn können sich effizienter erweisen als ein groß angelegtes Projekt.

- **Sicherheitskosten gegen Nutzen abwägen**
  Die Unternehmensleitung hat die schwierige Aufgabe, die Kosten für die Informationssicherheit gegenüber dem Nutzen und den Risiken abzuwägen. Dabei sind insbesondere solche Maßnahmen sehr wichtig, die besonders effektiv sind oder gegen besonders hohe Risiken schützen. Informationssicherheit wird schließlich durch ein Zusammenspiel von technischen und organisatorischen Maßnahmen erreicht.

- **Vorbildfunktion**
  Die Firmenleitung muss eine Vorbildfunktion einnehmen. Das bedeutet insbesondere, dass sie alle vorgegebenen Regeln zur Informationssicherheit einhält und selbst auch an Schulungen teilnimmt.

2.6.9.3 Kommunikation

Um die gesteckten Sicherheitsziele erreichen zu können, ist Kommunikation in allen Phasen des Sicherheitsprozesses eine wichtige Grundlage. Um Missverständnissen und Wissensmängeln als häufiger Ursache für Sicherheitsprobleme aus dem Weg zu gehen, muss betriebsweit für einen reibungslosen Informationsfluss über Sicherheitsvorkommnisse und -maßnahmen gesorgt werden.

- **Berichte an die Leitungsebene**
  Um ihrer Steuerungsfunktion nachkommen zu können, muss die Unternehmensleitung regelmäßig über Probleme, Ergebnisse von Audits, Verbesserungsmöglichkeiten und veränderte Rahmenbedingungen informiert werden.

- **Informationsfluss**
  Mangelhafte Kommunikation kann zu Sicherheitsproblemen, Fehlentscheidungen oder überflüssigen Arbeitsschritten führen. Dies gilt es durch organisatorische Maßnahmen zu vermeiden. Die Beschäftigten müssen über Sinn und Zweck vor allem von unbequemen oder arbeitsintensiven Sicherheitsmaßnahmen sowie über Rechtsfragen zu Datenschutz und Informationssicherheit aufgeklärt werden. Die von der Umsetzung Betroffenen sollten in die Umsetzungsplanung eingebunden werden und eigene Ideen einbringen können.

- **Dokumentation**
  Um einen fortlaufenden und konsistenten Sicherheitsprozess gewährleisten zu können, muss dieser zwingend dokumentiert werden.
  Eine aussagekräftige Dokumentation
    - sorgt für Nachvollziehbarkeit der verschiedenen Prozessschritte und Entscheidungen,
    - sorgt dafür, dass gleichartige Arbeiten auf vergleichbare Weise durchgeführt werden,
    - hilft, grundsätzliche Schwächen im Prozess zu erkennen und die Wiederholung von Fehlern zu vermeiden.
  Die Art der Dokumentation hängt von den Sicherheitsaktivitäten und der jeweiligen Zielgruppe ab. Sie reicht von an Expertinnen und Experten gerichtete technische Dokumentationen über Anleitungen für IT-Anwendende zu Aufzeichnungen von Managemententscheidungen für die Leitungsebene.

- **Formale Anforderungen an die Dokumentationen**
  Die Dokumentationsform sollte auf den Anwendungsfall zugeschnitten sein. Die Papierform ist nicht zwingend vorgeschrieben.
  Vorgaben können über gesetzliche oder vertragliche Anforderungen erfolgen, beispielsweise zu Aufbewahrungsfristen oder Detaillierungsgrad der Dokumentation.
  Damit sie ihren Zweck erfüllen können, müssen die Dokumentationen regelmäßig erstellt und aktuell gehalten werden.
  Bezeichnung und Ablageort müssen so gewählt werden, dass sie im Bedarfsfall genutzt werden können. Es muss erkennbar sein, wer wann welche Teile der Dokumentation erstellt hat. Bei Verweisen müssen die Quellen beschrieben werden, weiterführende Dokumente müssen im Bedarfsfall verfügbar sein.
  Sicherheitsrelevante Dokumentationen können schutzbedürftige Informationen enthalten und müssen angemessen geschützt werden. Daneben müssen Art und Dauer der Aufbewahrung sowie Optionen für die Vernichtung der Informationen festgelegt werden.
  Aus den Prozessbeschreibungen muss hervorgehen, ob und wie die Dokumentationen auszuwerten sind.

- **Nutzung von Informationsquellen und Erfahrungen**
  Informationssicherheit ist ein komplexes Thema und erfordert eine sorgfältige Einarbeitung. Als eine grundlegende Informationsquelle stehen die betreffenden Normen und Standards zur Verfügung. Darüber hinaus gilt es aus der Vielzahl der verfügbaren Internet- und Print-Publikationen diejenigen Informationsquellen zu identifizieren

und zu dokumentieren, die zum Unternehmen und zu den Rahmenbedingungen passen. Die Kooperation mit Verbänden, Partnern, Gremien, anderen Unternehmen oder Behörden sollte zum Erfahrungsaustausch über erfolgreiche Sicherheitsprojekte genutzt werden.

AUFGABEN

1. Was versteht man unter Sicherheit (*safety*) in der Informationstechnik?

2. Was versteht man unter Sicherheit (*security*) in der Informationstechnik?

3. Welche weiteren Aspekte gibt es für die Sicherheit in der Informationstechnik?

4. Welche Arten von Verwundbarkeiten unterscheidet man bei IT-Systemen?

5. Nachdem in Ihrer Firma mehrfach Daten verloren gegangen sind, soll künftig ein verbessertes Datensicherungsverfahren eingesetzt werden. Bei Internetrecherchen zu Backup-Strategien stoßen Sie auf die Begriffe „FIFO", „Generationenprinzip" und „Türme von Hanoi". Erläutern Sie die damit verbundenen Sicherungsprinzipien. (Hinweis: Internetrecherche erforderlich)

6. Welche grundsätzlichen Angriffsarten auf IT-Systeme unterscheidet man? Nennen Sie Beispiele.

7. Nennen und erläutern Sie Infektionswege, die vielfach bei Angriffen auf IT-Systeme verwendet werden.

8. Nennen und beschreiben Sie verschiedene Arten von Malware.

9. Welche Schutzziele lassen sich durch Verschlüsselung erreichen?

10. Welche Schutzziele lassen sich durch Signierung erreichen?

11. Welche Schutzziele sind für eine Bank bei einer Online-Überweisung wichtig?

12. Welchen Vorteil bietet die langsame asymmetrische Verschlüsselung?

13. Aus welchem Grund setzt man die hybride Verschlüsselung ein, statt allein die symmetrische oder asymmetrische Verschlüsselung zu nutzen?

14. Welche wichtigen Eigenschaften haben Hash-Funktionen?

15. Welchen Vorteil hat der Einsatz von Hash-Funktionen bei der digitalen Signatur?

16. Warum sollten Onlinedienste Kundenpasswörter nicht im Klartext speichern?

17. Was ist ein „gesalzener" Hashwert und welche Vorteile bietet er?

18. Was bedeutet es, wenn der Identity Leak Checker keine Treffer anzeigt?

19. Welchen Nutzen kann ein Identity-Leak-Checker-Ergebnis mit Treffern haben?

20. Welche Vorteile können Passwort-Manager bieten?

21. Wann sollten die Daten des Passwort-Managers mit einem Master-Passwort versehen werden?

22. Warum sind FIDO2-Anmeldedaten sicher vor Phishing-Angriffen?

23. Nennen Sie weitere Beispiele für eine Zweifaktor-Authentifikation und teilen Sie die Faktoren nach Wissen und Besitz ein.

24. Nennen Sie Möglichkeiten, wie ein IT-System geschützt werden kann.

25. Was geschieht, nachdem die vier Phasen des IT-Sicherheitslebenszyklus durchlaufen wurden?

26. Welche Bedeutung haben Kommunikation und Dokumentation für die IT-Sicherheit in einem Unternehmen?

3.1 Bootvorgang

Generell bezeichnet man den Startvorgang eines Computers als „Hochfahren" oder „Booten". Bei einem x86-PC (Kap. 1.3.3) unterscheidet man zwischen dem sog. „Kaltstart" und dem „Warmstart". Ein Kaltstart liegt immer dann vor, wenn der Startvorgang mit dem Einschalten des Computers oder – sofern vorhanden – der Betätigung der „Reset-Taste" am Computergehäuse beginnt, d. h. wenn die Stromzufuhr unterbrochen war. Ein Warmstart (Alternativbezeichnungen: Reboot, Restart) liegt vor, wenn ein PC aus dem laufenden Betrieb heraus neu gestartet wird. Hierbei wird eine verkürzte Boot-Prozedur durchlaufen. Während man früher jeden bereits eingeschalteten Computer durch Betätigung der Tastenkombination `Strg` + `Alt` + `Entf` direkt neu booten lassen konnte, wird diese Tastenkombination heutzutage von einigen Betriebssystemen abgefangen (z. B. öffnet sich bei Windows ein Auswahlmenü mit verschiedenen Optionen). Alternativ kann man einen Reboot – abhängig vom Betriebssystem – auch mit entsprechenden Systembefehlen bewirken (z. B. Linux: reboot). Ein Reboot liegt aber unter Umständen auch vor, wenn ein PC nach einem Absturz neu hochfährt oder aus einem Energiesparmodus (Bild 1.27) gestartet wird.

Nach jedem Einschalten des PCs wird zunächst automatisch ein grundlegendes Minimalprogramm aktiviert, das sich fest eingeschrieben in einem **Flash-EEPROM** (Kap. 1.5.1.2) auf dem Motherboard befindet und das Starten des Rechners erst ermöglicht. Dieses Programm war viele PC-Generationen lang das sog. **BIOS** (Basic Input/Output System), dessen Aufgabe als erstes darin bestand, einen allgemeinen Selbsttest durchzuführen. Damit das BIOS die vorhandenen Komponenten testen konnte, benötigte es zunächst Informationen über diese Komponenten. Diese sind bekanntlich im CMOS-Flash-EE-

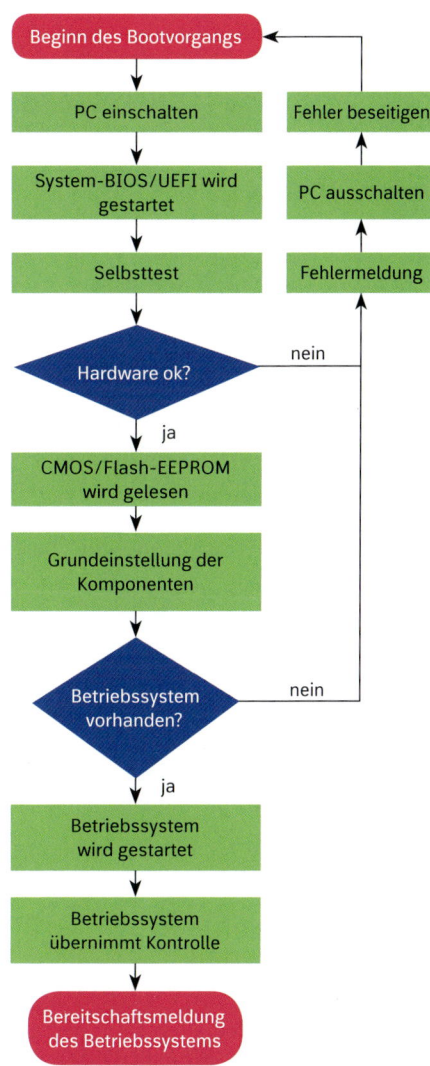

Bild 3.1: Vereinfachter Ablauf des Bootvorgangs

PROM-Speicherchip (Kap. 1.5.5) enthalten und werden beim Booten ausgelesen, um sie anschließend für grundlegende Systemeinstellungen zu verwenden.

> Das Ausführen grundlegender Systemeinstellungen bezeichnet man als **Initialisieren** (*initialization*).

Bis zu diesem Zeitpunkt verlief jeder Bootvorgang völlig unabhängig von einem vorhandenen Betriebssystem. Erst danach suchte das BIOS auf den vorhandenen Speichermedien (HDD, DVD) nach einem Betriebssystem. Dieses wurde gestartet und bestimmte dann den weiteren Verlauf des Bootvorgangs. Der Bootvorgang war abgeschlossen, wenn sich der PC mit dem entsprechenden Bereitschaftszeichen oder der Benutzeroberfläche des jeweiligen Betriebssystems meldete. Bild 3.1 stellt den grundsätzlichen Ablauf des Bootvorgangs grafisch dar.

Je nach Einstellung wird ein moderner PC beim Ausschaltvorgang allerdings vielfach gar nicht richtig abgeschaltet, sondern lediglich in einen extremen „Tiefschlafmodus" versetzt (Kap. 1.2.3). Hierdurch lässt sich ein erneuter Startvorgang zeitlich extrem verkürzen.

Da das klassische BIOS aufgrund seiner Struktur nicht beliebig in seinen Funktionen erweiterbar ist, stößt es bei heutiger Hardware an seine Grenzen. Auch die Verwaltung moderner Komponenten (z. B. Festplatten mit großen Kapazitäten) kann das BIOS nicht mehr leisten. Aus diesem Grund wurde als Nachfolger des BIOS das abwärtskompatible **EFI** bzw. **UEFI** (Unified Extensible Firmware Interface; Kap. 3.1.1) entwickelt, das über zusätzliche Funktionen verfügt und inzwischen anstelle des BIOS verwendet wird.

3.1.1 UEFI

Die Abkürzung **EFI** (Extensible Firmware Interface) bezeichnet die Schnittstelle zwischen der vorhandenen Hardware mit ihren implementierten Firmwareelementen und dem zu installierenden Betriebssystem. Es basiert auf modularen Treibern, die systemunabhängig sind und sich auch schon vor dem Betriebssystem bedarfsorientiert laden lassen (im Gegensatz zum bisherigen monolithischen BIOS, welches immer komplett geladen wurde).

Zur Weiterentwicklung von EFI wurde das **Unified EFI Forum** gegründet, in dem neben Intel auch weitere PC- und BIOS-Hersteller tätig sind (z. B. AMD, Microsoft, Apple). Die von diesem Gremium weiterentwickelte Schnittstelle wird mit **UEFI** (Unified Extensible Firmware Interface: vereinheitlichte erweiterbare Firmware-Schnittstelle) bezeichnet. UEFI weist insbesondere die folgenden Merkmale auf:

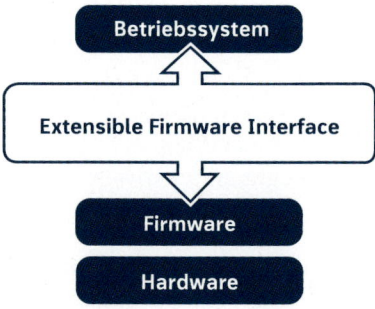

Bild 3.2: Extensible Firmware Interface

- 64-bit-tauglich, modular erweiterbar und netzwerkfähig (BIOS nur 32-bit-tauglich)

- unterstützt hochauflösende Grafikkarten und stellt eine grafische Benutzeroberfläche zur Verfügung, die mit der Maus bedienbar ist

- kompatibel zu den alten BIOS-Versionen; die BIOS-Emulation erfolgt durch das Compatibility Support Module (**CSM**); die Nutzenden können bei Bedarf auch immer noch einen BIOS-basierenden Start wählen (Kap. 3.2.2.2)

- bietet eine Auswahlmöglichkeit zwischen verschiedenen installierten Betriebssyste-men, d. h., ein vorgeschalteter Bootloader ist nicht mehr erforderlich

- kann im sog. **Sandbox-Modus** betrieben werden, d. h., Software kann vom Rest des Systems komplett abgeschirmt werden („virtuelle Umgebung"), um ggf. Schaden zu verhindern

Das UEFI ist – wie der Vorgänger BIOS – für den Bootvorgang des PCs unbedingt erfor-derlich und wird in einem EEPROM gespeichert. Es wird auch als **Urlader** (*bootstrap loa-der*) bezeichnet und ist im Lauf seiner Entwicklung immer umfangreicher und leistungs-fähiger geworden. Die Verwendung eines EEPROMs zur Speicherung des UEFI ermöglicht die Aktualisierung einer vorhandenen Version. Diese Aktualisierung darf allerdings nur mit der vom UEFI-Hersteller ausdrücklich für ein Board angegebenen Version erfolgen.

> **Booten** ist die Kurzform von Bootstrap Loading.
>
> **Bootstrapping** bezeichnet im PC-Bereich den Startvorgang, bei dem eine Minimalsoft-ware (Firmware des Mainboards) das Starten von weiterer, komplexerer Software (Be-triebssystem) bewirkt.
>
> Das Aktualisieren eines UEFI wird als **Flashen** bezeichnet.

Obwohl sich die Eigenschaften und der Funktionsumfang des UEFI bei den verschiedenen Herstellern voneinander unterscheiden, sind die grundsätzlichen Aufgabenbereiche gleich. Hierzu gehören im Wesentlichen:

- Selbsttest des PCs
- Fehler- bzw. OK-Meldungen
- Prüfen der Systemkonfiguration
- Initialisieren der *aktiven* Komponenten (das Ignorieren deaktivierter Elemente bewirkt eine Verkürzung des Bootvorgangs, beim BIOS wurden stets sämtliche Komponenten initialisiert)
- Suchen nach einem bootfähigen Medium
- Aktivieren der Startdateien des vorhandenen Betriebssystems

Der Selbsttest wird auch als **POST**-Diagnose (Power on Self Test) bezeichnet. Hierbei wer-den zunächst sämtliche Komponenten in einen definierten Anfangszustand versetzt, d. h., es wird ein sog. **Reset** durchgeführt. Bei diesem Reset werden beispielsweise in sämtliche Zellen des Arbeitsspeichers Nullen geschrieben. Anschließend wird das Befehlsregister des Hauptprozessors auf die Startadresse des EEPROM-Bereiches gesetzt, damit die in die-sem Speicher abgelegten Informationen ausgelesen und ausgeführt werden können. Diese ersten Anweisungen veranlassen den Prozessor dazu, das Vorhandensein und die Funktion des Hauptspeichers zu überprüfen. Hierzu wird in jede Speicherzelle ein Test-Bitmuster geschrieben, anschließend wieder ausgelesen und auf Übereinstimmung überprüft. An-schließend wird der Inhalt des CMOS- bzw. Flash-EEPROM-Speichers in den Arbeitsspei-cher geladen und die dort abgelegten Informationen über die Systemkonfiguration werden überprüft. Im Anschluss daran werden auch die Funktionen der übrigen aktiven Kompo-nenten überprüft (z. B. Controller, Tastatur, Netzwerkadapter), indem Steuersignale an die einzelnen Baugruppen gesendet werden, die diese dann quittieren müssen.

Werden Fehler festgestellt, werden diese durch Fehlercodes bzw. -meldungen angezeigt. Diese Meldungen sind UEFI-abhängig und sollten im Handbuch des Rechners dokumentiert sein. Beim POST wird zwischen zwei Arten von Fehlern unterschieden: fatale und nicht fatale Fehler. Als fatal wird jeder Fehler auf dem Motherboard eingestuft. Ein fataler Fehler führt zum sofortigen Abbruch des Bootvorgangs (z.B. kein Controller ansprechbar). Bei Auftreten eines schwerwiegenden Fehlers erscheint bei Windows-Betriebssystemen auf einem angeschlossenen Display vielfach der gefürchtete „Blue Screen of Death" (**BSoD**), oftmals in Kombination mit einem erläuternden Fehlercode. Bei nicht fatalen Fehlern ist zwar der Funktionsumfang des PCs eingeschränkt, aber grundsätzlich gegeben (z.B. fehlende Datums- und Zeiteinstellung).

Arbeitet das System fehlerfrei, werden die Hardwarekomponenten einer grundlegenden softwaremäßigen Einstellung unterzogen, die die Zusammenarbeit dieser Komponenten erst ermöglicht. Anschließend sucht das UEFI in einer vorgegebenen Reihenfolge auf den gefundenen Speichermedien (z.B. Festplatte/SSD oder DVD-/BD-Laufwerk) nach einem bootfähigen Programm. Hierzu muss eine entsprechende bootfähige Festplatte, SSD oder DVD/BD (alternativ auch ein bootfähiger USB-Stick) vorhanden sein. Auf bootfähigen Datenträgern sind in einem festgelegten Bereich u.a. Informationen über die eigene Speicherstruktur angelegt, die erforderlich sind, damit das System die Startdateien des vorhandenen Betriebssystems findet und in den Arbeitsspeicher laden kann (Kap. 3.2.2). Anschließend übernimmt dieses Betriebssystem die Kontrolle über den PC und steuert alle weiteren Vorgänge.

3.1.2   UEFI-Setup

Während des Bootvorgangs benötigt das UEFI Informationen über die vorhandene Konfiguration des PCs. Aus diesem Grund ist es wichtig zu wissen, welche Gerätekonfiguration vorliegt und welche Daten im CMOS- bzw. im entsprechenden Flash-EEPROM-Bereich gespeichert sind. Diese Informationen müssen beim allerersten Systemstart nach dem Zusammenbau des PCs in den CMOS-/Flash-EEPROM-Speicher geschrieben werden. Bei Änderung der Gerätekonfiguration (z.B. Einbau eines zusätzlichen Laufwerks, Erweiterung des Arbeitsspeichers) werden diese Daten meist automatisch vom Betriebssystem aktualisiert, damit der Rechner mit den neuen Komponenten arbeiten kann.

Die Daten lassen sich auch mit dem Dienstprogramm **CMOS/UEFI-SETUP** eingeben und prüfen bzw. verändern. Dieses Dienstprogramm ist im UEFI-Flash-EEPROM gespeichert und lässt sich beim Booten des Rechners durch Betätigen der [Entf]-Taste oder durch Betätigung einer anderen, dem Handbuch oder einer Information auf dem Startbildschirm zu entnehmenden Tastenkombination aufrufen. Änderungen sollten allerdings nur von Nutzenden vorgenommen werden, die über das entsprechende Fachwissen verfügen, da der Rechner bei falschen Einstellungen nicht bootet.

Das Setup-Dienstprogramm bietet für diesen Fall zwar sog. Standardwerte (**Default**-Werte) an, die automatisch eingetragen werden, diese sind jedoch nicht immer optimal für eine vorhandene Konfiguration geeignet. Aus diesem Grund sollte man sich stets die aktuellen Konfigurationseinstellungen notieren.

Die SETUP-Programme (UEFI Setup Utility) der verschiedenen Hersteller unterscheiden sich in ihren Einstellmöglichkeiten. Der prinzipielle Aufbau ist allerdings identisch: Die Einstellparameter sind in Menüform zusammengefasst und tragen vergleichbare Bezeichnungen.

Nach dem Aufruf eines UEFI-SETUPs erscheint auf dem Bildschirm in der Regel automatisch das Startmenü mit einer Übersicht verschiedener Parameterwerte (Easy Mode, Bild 3.3).

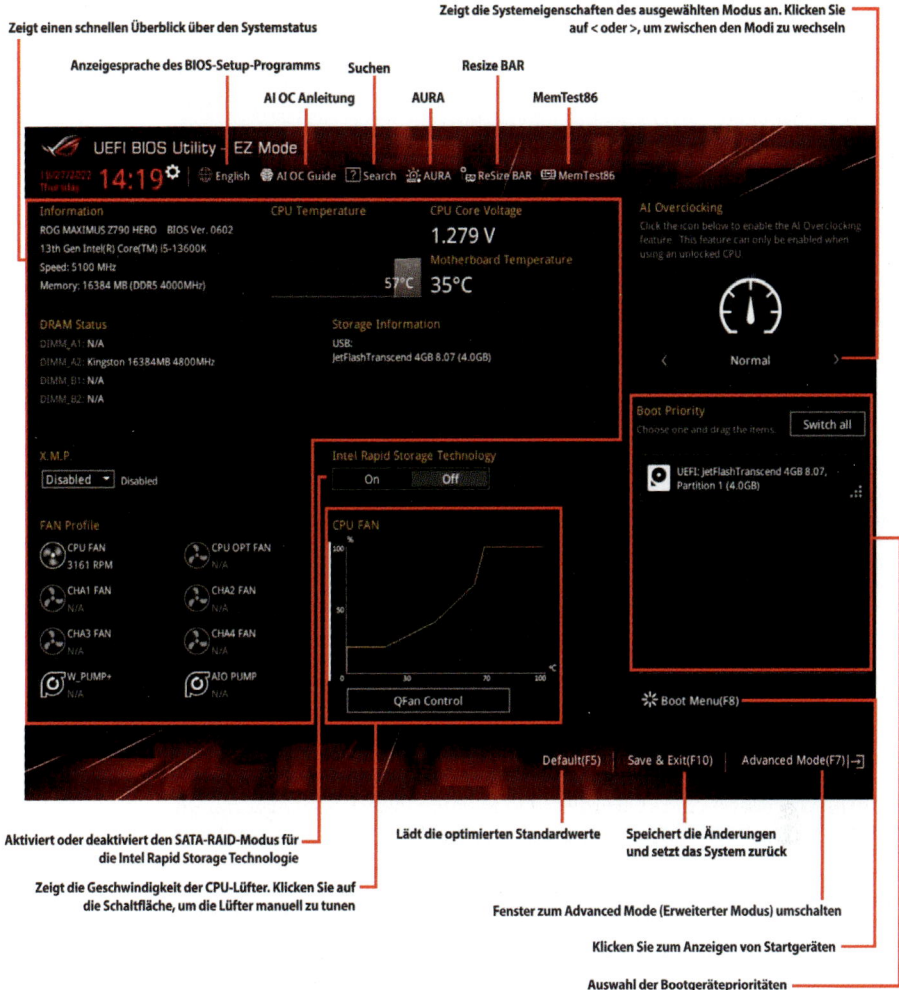

Bild 3.3: Beispiel für das Startmenü eines UEFI-Setups (Easy Mode; engl. EZ Mode)

Die Navigation durch die verschiedenen Setup-Menüs erfolgt bei einem UEFI mit den angegebenen Funktionstasten oder der Maus. Eine Kennzeichnung (z. B. kleine weiße Pfeile, Bild 3.4) verweist auf ein Untermenü, das sich öffnet, wenn man den entsprechenden Menüpunkt markiert hat und anschließend die ⏎-Taste betätigt oder den Menüpunkt mit der Maus anklickt. Auch eine Sprachauswahl ist möglich (beim BIOS nur Englisch).

Bei der Eingabe von Parameterwerten ist entweder eine freie Eingabe von Werten oder eine Auswahl aus vorgegebenen Daten möglich. Sind die Eingabegeräte per Kabel angeschlossen, funktionieren sämtliche Eingaben in der Regel problemlos, da beim Bootvorgang automatisch entsprechende Standardtreiber geladen werden. Bei Funktastaturen werden deren Treiber möglicherweise erst später bereitgestellt. Mit einer solchen Tastatur sind – beispielsweise bei einem frühen Bootfehler – Eingaben im UEFI-Setup nicht möglich.

Die folgenden Bilder zeigen beispielhaft die Struktur einiger UEFI-Menüs.

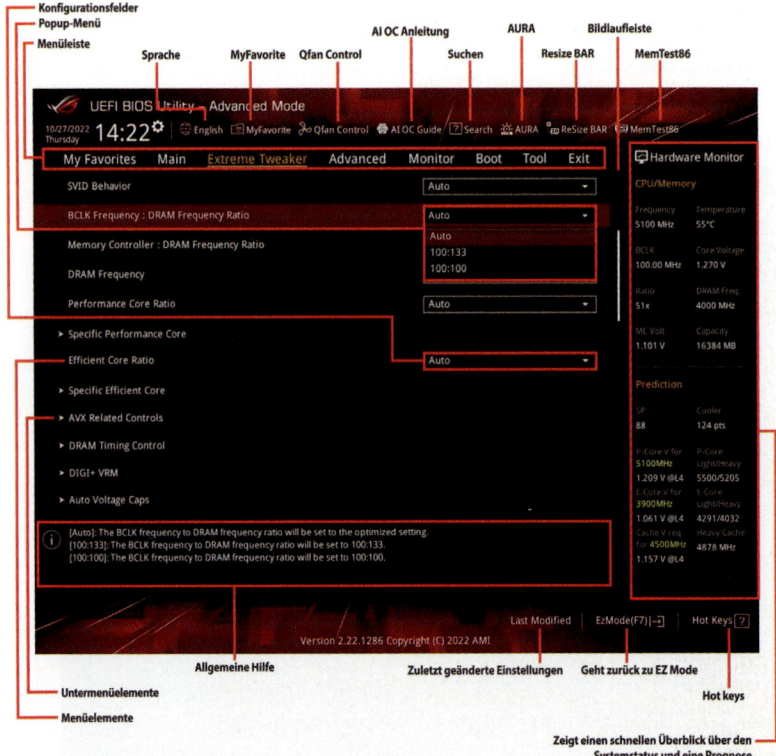

Bild 3.4: Beispiel für das Startmenü eines UEFI-Setups im erweiterten Modus (Advanced Mode)

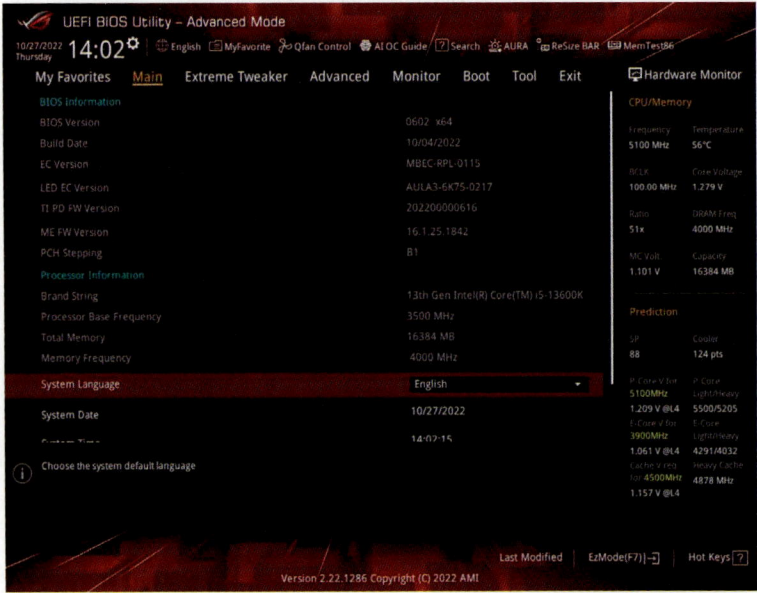

Bild 3.5: Main-Menü (Beispiel)

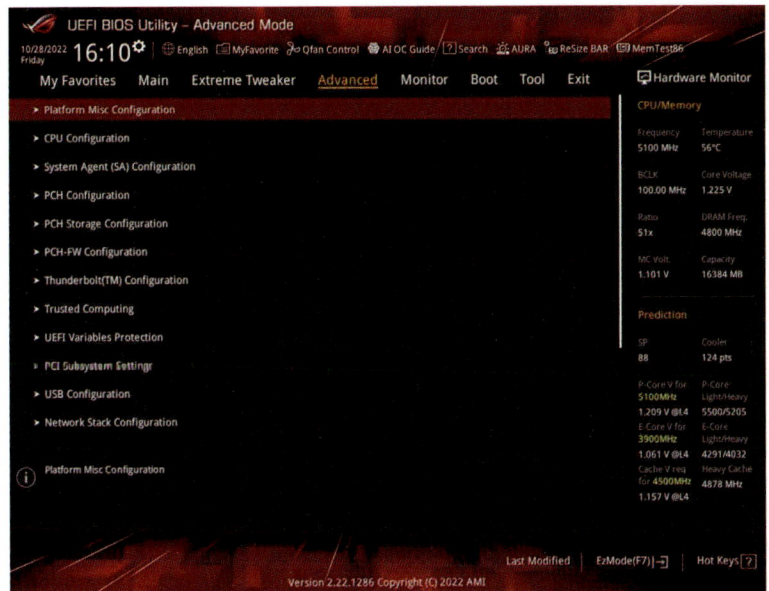

Bild 3.6: Advanced-Menü (Beispiel)

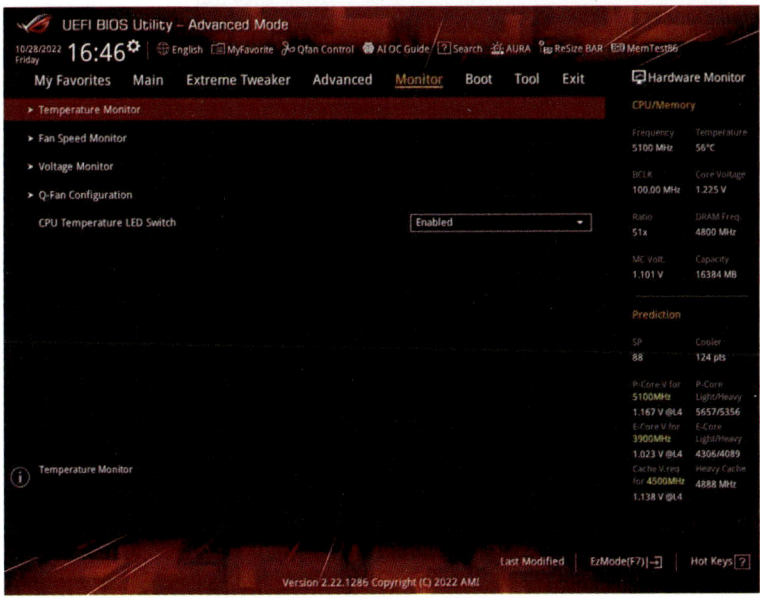

Bild 3.7: Monitor-Menü (Beispiel)

Über diese Menüoberfläche (alternativ durch Betätigen einer dafür vorgesehenen Funktionstaste während des Startvorgangs) lässt sich das **UEFI** auch flashen (Kap. 3.1.1). Dieser Vorgang ist nicht ganz unproblematisch, da bei einem hierbei auftretenden Fehler der PC möglicherweise gar nicht mehr startet und somit völlig unbrauchbar wird. Das Flashen erfolgt üblicherweise mit einem entsprechend vorhandenen Update-Tool, dessen Bezeichnung herstellerabhängig variiert (z. B. EZ-Flash, Q-Flash).

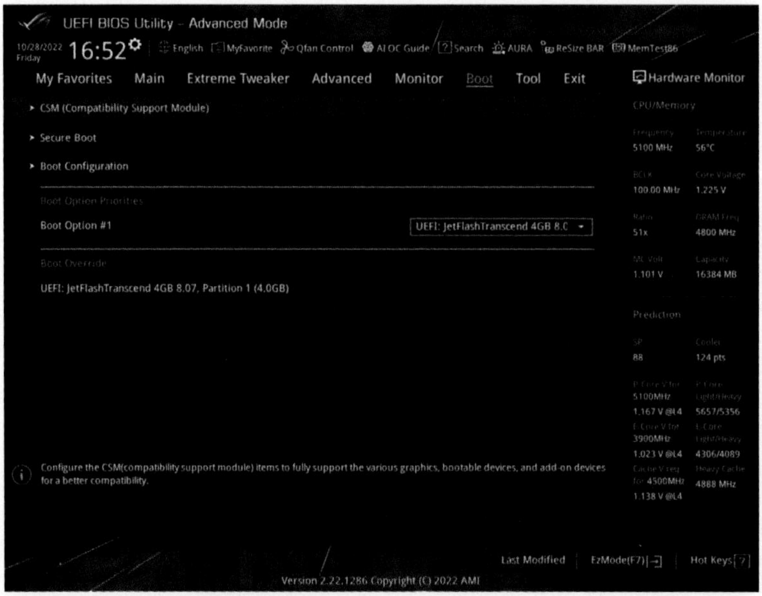

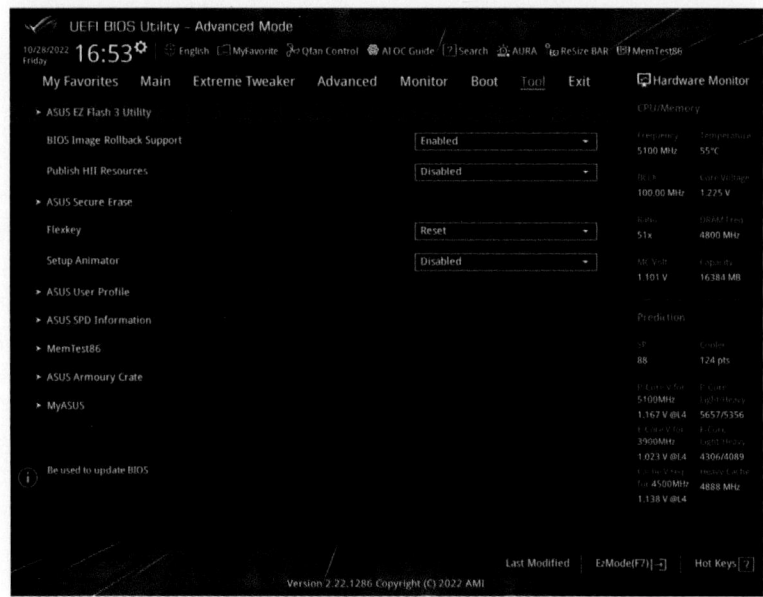

Bild 3.8: Boot-Menü (Beispiel)

Bild 3.9: Tool-Menü (Beispiel)

Verfügt ein Board über eine **USB-BIOS-Flashback**-Funktion, so kann die Aktualisierung erfolgen, ohne das PC-System einzuschalten! Es ist lediglich ein USB-Stick erforderlich, auf dem sich die entsprechend vorbereitete, von der Internetseite des Boardherstellers heruntergeladene, aktuelle BIOS/UEFI-Datei befindet. Nach Einstecken des Sticks in die speziell dafür vorgesehene USB-Buchse des PCs, erfolgt nach Betätigung des von außen zugänglichen, sogenannten **BIOS-Flashback-Buttons** der Aktualisierungsvorgang. (Hinweis: Die exakte Vorgehensweise ist dem jeweiligen Board-Manual zu entnehmen.) Die Einstellungsmöglichkeiten ändern sich mit jeder neuen UEFI-Version und werden auch immer komfortabler (z. B. individuelle Zusammenfassung favorisierter Parameter auf einer Seite). Die Bedeutungen der einzelnen Parameter lassen sich bei Bedarf den entsprechenden, ständig aktualisierten Internetseiten entnehmen.

3.1.3   UEFI-Fehlermeldungen

Findet das UEFI beim Selbsttest Fehler, können diese in unterschiedlicher Weise gemeldet werden:

- als Klartext-Meldungen auf dem Bildschirm (Bild 3.10)
- durch eine Folge von Tönen über den eingebauten Lautsprecher (Bild 3.11)
- durch Leuchtdioden- oder Ziffernanzeige auf dem Motherboard (Hinweis: Nicht jedes Board unterstützt diese Anzeigeart.)
- mittels Sprachausgabe über den eingebauten Lautsprecher; hierzu muss ein entsprechender Voice-Editor installiert sein.

Typische Meldungen auf dem Bildschirm zeigt Bild 3.10.

Fehlermeldung	Bedeutung
C-MOS-BATTERY HAS FAILED	Die Batterie zum Puffern der Daten im CMOS-Speicher ist defekt.
C-MOS CHECKSUM ERROR	Der Inhalt des CMOS-Speichers wird geprüft, bevor die Hardware mit den darin enthaltenen Parametern konfiguriert wird. Aus den gespeicherten Werten wird eine Quersumme errechnet, die als Test dient. Eine Fehlermeldung erscheint, wenn die Quersumme nicht zu den gespeicherten Werten passt.
DISC BOOT FAILURE, INSERT SYSTEM DISC AND PRESS ENTER	Es wurde kein bootfähiger Datenspeicher gefunden. Um das System zu starten, ist ein entsprechendes Bootmedium erforderlich.
ERROR ENCOUNTERED INITIALIZING HARD DRIVE	Es wurden falsche physikalische Daten über eine vorhandene Festplatte gefunden oder die Festplatte kann nicht angesprochen werden, weil z. B. ein Kabel locker oder der Festplattencontroller nicht richtig in seinem Slot sitzt.
ERROR INITIALIZING HARD DISC CONTROLLER	Es liegt ein Festplattenproblem vor (s. o.). Dies kann entweder bei der Festplatte selbst oder beim Festplattencontroller liegen.
KEYBOARD ERROR OR NO KEYBOARD PRESENT	Es wird keine Tastatur gefunden oder beim Bootvorgang ist eine Taste blockiert (z. B. eine Taste ist dauerhaft gedrückt).
MEMORY ADDRESS ERROR AT ...	Beim Testen des RAM-Speichers wurde bei der angegebenen Adresse ein Fehler gefunden.
MEMORY PARITY ERROR AT ...	Es wurde ein Fehler in der Checksumme der RAM-Bausteine bei der angegebenen Adresse gefunden.
PRESS ANY KEY TO REBOOT	Kommt diese Meldung zusätzlich zu einer anderen Meldung, so ist nach einer Fehlermeldung ein Neustart vorzunehmen. Erscheint diese Meldung allein, wurde vermutlich kein Betriebssystem gefunden.

Bild 3.10: Typische UEFI-Fehlermeldungen (versionsabhängige Abweichungen möglich)

Fehler können auch in akustischer Form signalisiert werden, etwa bei einem Fehler in der Grafikeinheit (Bild 3.11).

Ton	Bedeutung
1 × kurz	Kein Fehler
1 × lang	Netzteilfehler
1 × lang, 2 × kurz	Grafikkarte defekt
1 × lang, 6 × kurz	Tastaturcontroller defekt
1 × lang, 8 × kurz	Grafikspeicher defekt
2 × lang	Parityfehler; Speicherchip defekt
3 × lang	Tastaturcontroller defekt
3 × kurz, 3 × lang, 3 × kurz	RAM-Module defekt
4 × kurz	System-Timer ausgefallen
5 × kurz	Prozessorfehler
6 × kurz	Kein Speicher installiert
7 × kurz	Ausnahme-Unterbrechungs-Fehler
8 × kurz	Speicherfehler
9 × kurz	CMOS-/ROM-Checksummen-Fehler
10 × kurz	CMOS-Lesefehler

Bild 3.11: Beispiele für akustische UEFI-Fehlermeldungen (versionsabhängige Abweichungen möglich)

Die Zuordnung zwischen Tonfolge und signalisiertem Fehler ist bei Bedarf dem jeweiligen Handbuch zu entnehmen.

Meldet sich die Grafikkarte auf dem Bildschirm und sieht man einen blinkenden Cursor, funktionieren auf jeden Fall das Netzteil, der Prozessor, die Grafikkarte und der Bildschirm. Außerdem sind sowohl das UEFI als auch der CMOS-Speicher lesbar und haben eine korrekte Checksumme, der Prozessor findet RAM-Speicher und kann diesen sowohl beschreiben als auch lesen. Das I/O-System funktioniert grundlegend und kann auf die vorhandene Grafikkarte zugreifen.

Kann ein Rechner nicht mehr gebootet werden, kann dies an einer falschen UEFI-Einstellung liegen. In diesem Fall sollte man das UEFI-Setup aufrufen und die eingetragenen Werte überprüfen. Änderungen sollten hierbei nur schrittweise vorgenommen werden. Nach jedem Schritt sollte die Funktion überprüft werden, um die Fehlerursache zu lokalisieren. Sind die ursprünglichen Werte nicht mehr bekannt, kann man zu den voreingestellten Default-Werten zurückkehren, die den Rechner zwar nicht optimal konfigurieren, aber wenigstens ein Hochfahren ermöglichen sollten. Hierbei werden die Datums- und die Laufwerksinformationen im Allgemeinen nicht auf einen Standardwert zurückgesetzt, sondern beibehalten. Lässt sich der Rechner nun immer noch nicht booten, kann man von einem ernsteren Hardwareproblem ausgehen.

Kommt man erst gar nicht ins UEFI-Setup hinein, lässt sich unter Umständen der CMOS-bzw. Flash-EEPROM-Speicher auf die vorgegebenen Default-Werte zurücksetzen, indem man eine bestimmte Taste (z.B. Einfg; siehe Handbuch oder Internet) gedrückt hält und dann erst den PC einschaltet. Hilft auch dies nicht, besteht als Nächstes die Möglichkeit, den auf dem Motherboard befindlichen CMOS-/Flash-EEPROM-Reset-Jumper (CLEAR-Jumper) für 5 bis 30 Sekunden zu setzen. Dieser befindet sich in der Regel in der Nähe der eingebauten Batterie und ist mithilfe der zu jedem PC gehörenden Unterlagen zu finden. Das Setzen dieses Jumpers bewirkt eine Unterbrechung der Spannungsversorgung des CMOS-Speichers bzw. führt zu einem Reset des Flash-EEPROMs. Unterstützt der PC die USB-BIOS-Flashback-Funktion, kann man auch diese noch einzusetzen. Funktioniert der PC anschließend immer noch nicht, ist er wahrscheinlich defekt. Aufgrund des komplexen und hochintegrierten Aufbaus ist eine Reparatur meist mit hohen Kosten verbunden und teilweise auch nicht mehr möglich, insbesondere dann, wenn der Fehler nicht näher lokalisiert werden kann.

AUFGABEN

1. Erläutern Sie die Abkürzungen BIOS und UEFI. Welche Bedeutung hat das BIOS bzw. das UEFI für den PC und welche grundlegenden Aufgaben führen beide beim Booten durch?

2. Welche grundsätzliche Struktur weist das UEFI-Setup-Programm auf?

3. Welche Vorteile bietet das UEFI gegenüber dem BIOS?

4. Eine Kundin möchte die Bootreihenfolge auf ihrem PC verändern. Erläutern Sie ihr die Vorgehensweise.

5. In welcher Form kann das UEFI Fehler melden, die beim Selbsttest festgestellt wurden?

3.2 Datenträgerorganisation

Um auf einem Festplattenlaufwerk Daten speichern zu können, müssen die darin verwendeten magnetischen Speichermedien zunächst vorbereitet werden. Diese Vorbereitung besteht darin, auf dem Speichermedium Strukturen zu schaffen, die es dem Betriebssystem ermöglichen, Daten auf den Träger zu schreiben, sie zu verwalten und schnellstmöglich zu lesen. Das Erzeugen solcher Strukturen wird als **Formatieren** (*formatting*) bezeichnet.

Bei Festplatten umfasst der **Formatierungsvorgang** grundsätzlich die folgenden drei Schritte:

1. Low-Level-Formatierung
2. Erzeugung einer oder mehrerer Partitionen
3. Logische Formatierung der Partitionen

Hinweis: Umgangssprachlich wird mit „Formatieren" vielfach nur der letzte Schritt des Formatierungsvorgangs bezeichnet (Kap. 3.2.3).

3.2.1 Low-Level-Formatierung

Die **Low-Level-Formatierung** (*low-level formatting*) erfolgt werksseitig durch den Hersteller. Hierbei wird auf der Plattenoberfläche durch den eingebauten Festplattencontroller eine Struktur aus **logischen Spuren** (*tracks*) und **Sektoren** (*sectors*) erzeugt. Die Anzahl der Spuren und Sektoren hängt vom physikalischen Aufbau der Platte ab. Dieser Vorgang ist nachträglich (z. B. im Fehlerfall) bei aktuellen Festplatten in der Regel nicht mehr möglich. Ältere Modelle erlauben zwar oft eine erneute Durchführung, sie sollte aber nur durch erfahrene Nutzende erfolgen, möglichst mit einem speziellen, vom Hersteller bereitgestellten Low-Level-Formatierungsprogramm, das sämtliche individuelle Parameter der Festplatte berücksichtigt.

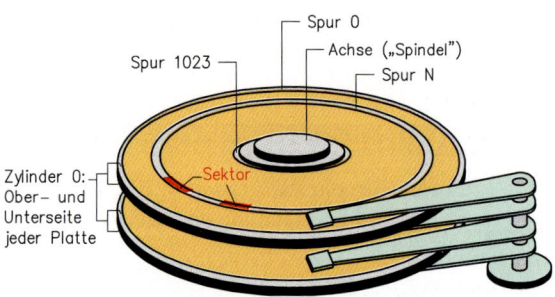

Unter einer Spur versteht man einen schmalen ringförmigen Streifen, auf dem später die Speicherung von Daten erfolgt. Die Spuren werden auf jeder Plattenseite – jeweils mit der Spur null beginnend – durchnummeriert. Die Spur null befindet sich immer am äußeren Rand der Platte, die Spuren mit der höchsten Nummer liegen der Drehachse am nächsten. Die Spuren der Plattenseiten

Bild 3.12: Low-Level-Formatierung einer Festplatte

mit jeweils der gleichen Spurnummer gehören zu einem sog. **Zylinder** (*cylinder*). Zum Zylinder null gehören demzufolge die Spuren null auf den Ober- und Unterseiten aller vorhandenen Platten.

Jede angelegte Spur ist in Abschnitte – die sog. **Sektoren** – unterteilt, in denen später die Daten gespeichert werden. Die Daten werden von den Schreib-/Leseköpfen (Kap. 1.8.1) geschrieben und gelesen.

Bei der **Low-Level-Formatierung** werden auf der Plattenoberfläche logische Spuren und Sektoren angelegt. Ein Sektor ist die kleinste mögliche Speichereinheit auf der Festplatte.

Die Speicherkapazität eines Sektors stellt immer eine Zweierpotenz dar und betrug früher standardmäßig 512 Byte. Festplatten mit großen Speicherkapazitäten werden heute auch mit 4k-Sektoren (4096 Byte; Kap. 3.2.2.1) formatiert. Ein oder mehrere Sektoren werden zu sog. **Clustern** (*cluster*) zusammengefasst.

Ein **Cluster** ist der kleinste Speicherbereich, der von einem Dateisystem genutzt werden kann.

Die Clustergröße hängt von der Größe der Partition ab. In Abhängigkeit vom verwendeten Dateisystem (Kap. 3.2.4) ergeben sich hierbei Grenzwerte, die nicht überschritten werden können. Die Anzahl der verwaltbaren Sektoren ist systembedingt begrenzt.

Um den Speicherplatz in den außen gelegenen Spuren optimal zu nutzen, verwenden moderne Datenträger das **MZR-Verfahren** (MZR: Multiple Zone Recording; alternative Bezeichnung **ZBR**: Zone Bit Recording). Bei diesem Verfahren vergrößert sich die Zahl der Sektoren, je weiter die entsprechende Spur von der Drehachse entfernt ist. Ein Bereich mit gleicher Anzahl von Sektoren pro Spur bildet dann eine **Zone**. Die Schreib-/

Lesegeschwindigkeit innerhalb einer Zone bleibt gleich groß. Bei einem Zonenwechsel von innen nach außen nimmt sie zu, da bei gleicher Winkelgeschwindigkeit mehr Sektoren pro Zeiteinheit gelesen oder beschrieben werden können.

> Die physisch vorhandene Einteilung der Festplatte, d. h. die Anzahl und Lage der Spuren und Zylinder auf einem Datenträger, die Anzahl der Köpfe pro Zylinder und die Anzahl der Sektoren pro Spur bezeichnet man als **physikalische Datenträgergeometrie**.

Damit der Beginn eines Sektors eindeutig erkannt wird, ist eine Identifikationsinformation für jeden Sektor erforderlich. Die Informationen zur Sektorerkennung können in einem Bereich unmittelbar vor dem Datenbereich im jeweiligen Sektor gespeichert sein (**Sektorheader**). Moderne Datenträger reservieren allerdings oft die komplette Seite einer Platte für die Aufzeichnung von Positionsinformationen und ergänzen diese mit Informationen zur Fehlerkorrektur. Diese Daten werden während der Low-Level-Formatierung auf den Datenträger geschrieben und später vom Festplattencontroller ausgewertet. Sie dienen dem Controller dazu, die Position der Köpfe zu steuern, wenn diese sich zu einer anderen Stelle auf dem Datenträger bewegen müssen. Für das Betriebssystem sind diese Informationen nicht verfügbar. Die Plattenseite mit den Controllerinformationen steht für die Aufzeichnung von Daten nicht mehr zur Verfügung. Bei einer Festplatte, die beispielsweise aus drei Einzelplatten aufgebaut ist, stehen demnach noch fünf Seiten für die Datenspeicherung zur Verfügung.

3

3.2.2   Partitionierung

Im zweiten Schritt werden auf einer Festplatte eine oder mehrere Partitionen erzeugt.

> Eine **Partition** (*partition*) ist ein logisch selbstständiger Teil einer Festplatte, der wie eine physisch separate Einheit funktioniert, von einem Betriebssystem als separates Laufwerk angesprochen wird und sich durch ein Dateisystem (Kap. 3.2.4) nutzen lässt.

Bei der Speichergröße heutiger Festplatten hat die Aufteilung in mehrere Partitionen verschiedene Vorteile:

- Mehrere voneinander unabhängige Betriebssysteme (Kap. 2.5) können installiert werden.

- Mehrere unterschiedliche Dateisysteme (Kap. 3.2.4) können angelegt werden.

- Bei Neuinstallation eines Betriebssystems oder bei Fehlern auf einer Partition gehen die Daten der übrigen Partitionen nicht verloren (Datensicherheit).

- Programmdaten und Benutzerdaten können in getrennten Bereichen gespeichert werden (Datensicherheit).

- Auf einzelnen Partitionen lassen sich bei Bedarf ausführbare Dateien verbieten (Systemsicherheit, z. B. unter Linux).

- Es lässt sich eine (meist versteckte) Wiederherstellungspartition erstellen (Systemsicherheit).

Bei jedem Startvorgang benötigt das Betriebssystem Informationen über die vorhandene Festplattenstruktur. Daher werden diese Informationen bei der Erstellung (und auch bei einer Änderung) in einer speziellen Tabelle hinterlegt.

> Eine **Partitionstabelle** *(partition table)* ist eine normierte Anordnung von Informationen über die Aufteilung und Struktur eines physischen Datenspeichers.

3.2.2.1 BIOS-basierende Partitionierung

Über viele PC-Generationen hinweg erfolgte der Systemstart (Kap. 3.1) eines handelsüblichen Computers BIOS-basierend. Hierbei suchte die im EEPROM (Kap. 1.5.1) gespeicherte Mainboard-Firmware stets in Zylinder 0, Spur 0 und Sektor 1 (Kap. 3.2.1) auf der Festplatte nach dem sog. **Master Boot Code**, der den Bootvorgang zunächst zu initiieren hatte. Dieser Code griff auf eine Partitionstabelle mit der Bezeichnung **MBR** (**M**aster **B**oot **R**ecord) zu, die Informationen zur vorhandenen Festplattenaufteilung enthielt. Mit diesen Informationen konnte dann auf die erforderlichen Startroutinen des Betriebssystems zugegriffen werden, mit denen der weitere Bootvorgang fortgeführt wurde.

Der Master Boot Record besteht grundsätzlich (nur) aus einer 64 Byte umfassenden tabellarischen Datenstruktur, die aus vier Bereichen mit jeweils zehn Feldern besteht. Jeder Bereich umfasst 16 Byte und beinhaltet Informationen zu jeweils einer Partition. Somit können mit einem MBR maximal vier Partitionen verwaltet werden.

Information zu einer Partition	Feldgröße	Bedeutung
Boot-Indikator	8 bit	Kennzeichnet die aktive Partition (siehe unten); es kann stets nur eine Partition aktiv sein.
System I/O	8 bit	Beschreibt das verwendet Dateisystem
Erster Schreib-/Lesekopf	8 bit	Der Master Boot Code verwendet diese Informationen beim Startvorgang, um die jeweilige Boot-Datei des Betriebssystems in einer Partition zu suchen, sie in den Arbeitsspeicher zu laden und um die gesamte Partition zu verwalten.
Erster physischer Sektor	6 bit	
Erster physischer Zylinder	10 bit	
Letzter Schreib-/Lesekopf	8 bit	
Letzter physischer Sektor	6 bit	
Letzter physischer Zylinder	10 bit	
Relativer Sektor	32 bit	Kennzeichnet den ersten Sektor einer Partition; hierbei werden die Sektoren vom Anfang der Platte bis zum ersten Sektor der entsprechenden Partition gezählt.
Anzahl der Sektoren	32 bit	Gibt die gesamte Zahl der Sektoren innerhalb einer Partition an

Bild 3.13: Informationen des MBR zu einer Partition

Bei BIOS-basierenden Partitionen unterscheidet man zwischen **primaren Partitionen** *(primary partition)* und **erweiterten Partitionen** *(extended partition)*. Von einer primären Partition kann man booten, sofern sie als **aktive Partition** deklariert ist und sich auf ihr ein entsprechendes Betriebssystem befindet. Die primäre Partition, von der gebootet wird, nennt man auch **Systempartition**. Jede primäre Partition kann jeweils nur ein Betriebssystem beinhalten, die Anzahl möglicher primärer Partitionen bestimmt somit im Prinzip die Anzahl der installierbaren Betriebssysteme. In einem PC mit einem x86-Prozessor (Kap. 1.3) kann es immer nur eine einzige aktive Partition geben.

Einer primären Partition wird unter Windows-Betriebssystemen (Kap. 2.5.1) ein Laufwerksbuchstabe zugeordnet (z. B. C: oder D:; Hinweis: Die Buchstaben **A:** und **B:** sind historisch bedingt bis heute den nicht mehr gebräuchlichen Diskettenlaufwerken vorbehalten). Bei Linux-/Unix-Systemen (Kap. 2.5.2) werden die Laufwerke mit den Bezeichnungen **sda**, **sdb** usw. versehen und **Volumes** genannt.

Eine erweiterte Partition ist ein eigenständiger, logischer Bereich, von dem aus ein Booten nicht möglich ist. Auf einer BIOS-basierenden Festplatte kann es nur eine einzige erweiterte Partition geben. Im Gegensatz zu einer primären Partition lässt sie sich aber in sog. **logische Laufwerke** weiter unterteilen, die dann (bei Windows) ebenfalls je einen Laufwerksbuchstaben erhalten (z. B. **E:**, **F:**, **G:** usw.). Auf diese Weise ist es möglich, die Begrenzung auf vier Partitionen zu umgehen und eine Festplatte in mehr als vier logische Bereiche zu konfigurieren.

Ist ein PC Teil eines LANs (Kap. 1.7.9), kann er auch auf Laufwerke zugreifen, die sich in anderen Computern befinden, sofern er vom Netzadministrator bzw. der Administratorin entsprechende Zugriffsrechte bekommen hat. Diese Netzlaufwerke werden ebenfalls betriebssystemkonform benannt.

Ursprünglich erfolgte die Festplattenverwaltung im sog. CHS-Modus. Hierzu waren die im MBR gespeicherten Informationen über den jeweils ersten und letzten Schreib-/Lesekopf, Sektor und Zylinder erforderlich (Bild 3.13).

> Im **CHS-Modus** werden Zylinder (**C**ylinder), Köpfe (**H**ead) und Sektoren (**S**ector) so angegeben und verwaltet, wie sie physisch vorhanden sind.

Durch die festgelegte Anzahl der Bits im Master Boot Record ergeben sich in den einzelnen Feldern bestimmte Maximalwerte (Bild 3.13; z. B. Anzahl der Sektoren: 32 bit). Da Festplatten ursprünglich nur mit dem Industriestandard von 512 Byte pro Sektor low-level-vorformatiert wurden, ergaben sich wegen der vorgegebenen Maximalwerte unterschiedliche Begrenzungen der durch das BIOS verwaltbaren Festplattenkapazität. (Hinweis: Abhängig vom Betriebssystem und vom verwendeten Dateisystem ergeben sich ebenfalls Kapazitätsobergrenzen; Kap. 3.2.4.)

Beispiel

Welche maximale Festplattenkapazität F_{max} kann im CHS-Modus durch Verwendung der Anzahl maximal möglicher Sektoren bei der Low-Level-Formatierung im Industriestandard von einem BIOS verwaltet werden?

Lösung

Aus Bild 3.13 ergibt sich, dass die Anzahl der Sektoren mit 32 bit im MBR verwaltet wird. Hieraus folgt:

$$F_{max} = 512\,Byte \cdot 2^{32} = 512\,Byte \cdot 4\,294\,967\,296 = 2\,199\,023\,255\,552\,Byte = 2\,048\,GiByte = \mathbf{2\,TiByte}$$

Hinweis: Dies entspräche bei entsprechender Umrechnung ca. 2,2 TByte (Kap. 4.3.2).
*Die Hersteller geben aber die Kapazität traditionell mit Dezimalpräfixen an, also **2 TByte**;*
dies entspricht in der Praxis – entgegen obiger Rechnung – „nur" ca. 1,8 TiByte.

Die Festplattenkapazität von 2 TiByte stellte ursprünglich den theoretisch größten Wert dar, der sich mit einer BIOS-basierenden Formatierung verwalten lässt.

Heute verwendet man vielfach auch Sektorgrößen von 4 096 Byte. Hierbei ergibt sich bei gleicher Rechnung für F_{max} unter Verwendung von Binärpräfixen ein Wert von 16 TiByte.

> Festplatten, die mit einer Sektorgröße von 4 096 Byte (Schreibweise: „4k-Sektor", eigentlich 4 KiByte; Kap. 4.3.2) low-level-vorformatiert sind, werden als **Advanced Format Drives** bezeichnet.

Moderne Festplatten verwalten ihre physikalische Datenträgergeometrie selbst über den eingebauten Festplattencontroller. Die wahre Struktur bleibt dem PC verborgen, er arbeitet mit einer Art virtuellen Festplatte, bei der die Adressierung für ihn verständlich übersetzt wird. Hierzu zählt bei AFD-Festplatten bei Bedarf auch die Emulation der 4k-Sektoren auf 512-Byte-Sektoren („512E-Sektoren").

> Unter einer Übersetzung von **Sektoradressen** versteht man die Umwandlung der vorhandenen physischen Datenträgergeometrie in eine logische Konfiguration, die vom MBR und vom Betriebssystem unterstützt wird.

Heute werden Festplatten zudem im sog. **LBA-Modus** (**L**ogical **B**lock **A**ddressing) verwaltet. Hierbei wurde von den Festplattencontrollern zunächst eine 28-Bit-Adressierung verwendet, womit 2^{28} Sektoren mit jeweils 512 Byte ansprechbar sind, was einer Kapazität von 128 GiByte entsprach (EIDE- bzw. ATA-Standard). Dieser Standard wurde später auf 48 bit erweitert, womit bei einer Sektorgröße von 512 Byte eine Kapazität von theoretisch bis zu 128 Pebibyte (512×2^{48} Byte; Kap. 4.3.2) verwaltet werden kann.

3.2.2.2 UEFI-basierende Partitionierung

Zur (problemlosen) Verwaltung von Speicherkapazitäten über 2 TiByte ist eine UEFI-basierende Formatierung erforderlich.

Beim ersten Anlegen von Partitionen mittels UEFI kann man bei modernen PCs aber vielfach noch zwischen der klassischen BIOS-Partitionierung und der umfangreicheren UEFI-basierenden Festplatteneinteilung auswählen. Wählt man die klassische Form, werden maximal 2 TiByte partitioniert, auch wenn die Festplatte eine größere Speicherkapazität aufweist. Dies erfolgt aus Gründen der Abwärtskompatibilität, da BIOS-basierende Systeme und einige Betriebssysteme manchmal von Festplatten über 2 TiByte nicht booten können.

Die UEFI-basierende Partitionierung ist heute aber der Standard. Die für den Systemstart erforderlichen Informationen über die vorhandenen Partitionen werden hierbei in der GPT abgelegt.

> **GPT** ist die Abkürzung von **G**UID **P**artition **T**able und bezeichnet einen Standard für Partitionstabellen, die von einem UEFI auf einer Festplatte angelegt werden.
>
> **GUID** bedeutet **G**lobal **U**nique **Id**entifier und bezeichnet eine weltweit eindeutige Kennzeichnung, die im Zusammenhang mit der GPT aus 16 Bytes besteht. Die GUID wird in hexadezimaler Form angegeben.
>
> Beispiel: GUID 736DB01F-9ACD-4A9D-85C3-10CD85B82A54 (Schema: 8-4-4-4-12)

Bei der UEFI-basierenden Formatierung wird am Anfang der primären Festplatte (Systemfestplatte) grundsätzlich eine sog. **EFI-Systempartition (ESP)** angelegt. Diese ist in der Regel ca. 100 MByte groß und wird mit dem FAT-32-Dateisystem formatiert (Kap. 3.2.4). Sie beinhaltet neben dem EFI-Bootloader beim Startprozess benötigte modulare Anwendungen und Treiber (z. B. Bildschirm- und Maustreiber, um auch vor Betriebssystemstart komfortabel Einstellungen im UEFI-Setup vornehmen zu können).

Beim späteren PC-Start lädt das UEFI die erforderlichen Daten aus dieser Systempartition, um ein vorhandenes Betriebssystem (Windows, Linux, macOS; Kap. 2.5) zu starten, das in einer anderen Partition installiert ist. Wird die EFI-Partition gelöscht, kann der PC nicht mehr ordnungsgemäß starten. Sie wird im Datei-Explorer (aus Sicherheitsgründen) auch nicht angezeigt, da sie (unter Windows) keinen Laufwerksbuchstaben erhält (Hinweis: Zugriff nur über die Datenträgerverwaltung möglich).

Eine GPT-formatierte Festplatte verfügt u. a. über folgende Features:

- Sie kann prinzipiell bis zu 128 Partitionen aufweisen (Begrenzung durch das Betriebssystem).

- Sie verwendet GUIDs zur eindeutigen Identifizierung von Partitionen.

- Sie benutzt den LBA-Modus unter Verwendung einer 64-bit-Adressierung, womit bis zu $512 \cdot 2^{64}$ Byte $= 9{,}4 \cdot 10^{21}$ Byte pro Partition adressiert werden können.

- Sie stellt einen klassischen MBR zur Verfügung („Protective MBR"). Dieser MBR ist vorhanden, damit Betriebssysteme oder Boot-Manager, die keine GUID-Partitionstabellen lesen können, das System zwar starten, aber keine Veränderungen außerhalb des MBR vornehmen können. Das Betriebssystem kann dann – wenn überhaupt – nur die im MBR angelegte Partition erkennen. Der gesamte restliche Datenträger erscheint als belegt.

- Sie erstellt eine primäre GPT am Festplattenanfang sowie eine Kopie (sekundäre GPT) am Festplattenende, sodass im Fehlerfall eine Wiederherstellung möglich ist.

- Sie ermöglicht das Erkennen von fehlerhaften Einträgen durch entsprechende Checksummen im GPT-Header durch den Einsatz von **CRC** (**C**yclic **R**edundancy **C**heck).

- Sie unterstützt **Secure Boot**, einen Mechanismus, der das Booten von unsignierten Bootloadern verhindert und damit die Sicherheit gegenüber Schadsoftware erhöht, die bereits während des Startvorgangs versucht, sich in das System einzuschleusen.

Bild 3.14 visualisiert in vereinfachter Form den grundsätzlich möglichen Aufbau einer GPT-Festplatte und nennt einige wichtige Informationen, die in den einzelnen angegebenen Blöcken abgelegt sind.

In der Praxis sind auf einem Arbeitsplatzrechner kaum 128 Partitionen erforderlich. Bei einem UEFI-kompatiblen Betriebssystem werden bei einer Standardinstallation aber auch einige betriebssystemspezifische Partitionen angelegt (z. B. Wiederherstellungspartition, Microsoft Reserved Partition).

Neben den Partitionierungsroutinen der Betriebssysteme (z. B. Windows: Datenträgerverwaltung) kann das Partitionieren (auch nachträglich) mit einem externen Tool eines Drittanbieters (Partitionsprogramm, Festplattenmanager, z. B. GParted, Eraseus Partition Manager) oder mit dem Kommandozeilenbefehl **DISKPART** (Kap. 2.5.1.6) durchgeführt werden.

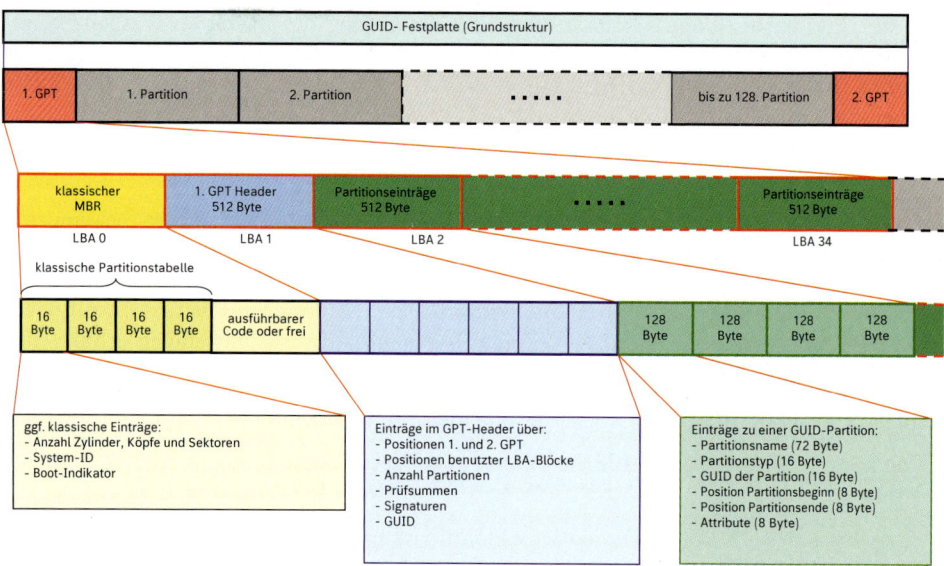

Bild 3.14: Prinzipieller Aufbau einer GPT-Festplatte

Moderne Betriebssysteme sind darüber hinaus auch in der Lage, Speicherstrukturen, die sich beispielsweise über mehrere physisch vorhandene Festplatten erstrecken, als eine einzige logische Einheit zu verwalten (Kap. 2.5.1.6).

Vielfach werden in PCs auch elektronische Speicher (SSDs; Kap. 1.8.2) als Ersatz für eine handelsübliche Festplatte eingesetzt. Um auf einer SSD Daten speichern zu können, muss sie prinzipiell genauso formatiert werden wie eine Festplatte. Das Formatieren beinhaltet hierbei auch das Partitionieren.

Bei anderen Speichermedien (z.B. externe USB-Festplatte, USB-Stick) verwendet man umgangssprachlich zwar auch den Begriff „Formatieren", gemeint ist damit aber lediglich die sog. „logische Formatierung", d.h. das Implementieren eines Dateisystems (Kap. 3.2.3).

3.2.3 Logische Formatierung

Um eine Partition, ein logisches Laufwerk oder ein Volume praktisch nutzen zu können, ist eine Ablageorganisation erforderlich, mit der Daten gespeichert, auf der Festplatte gefunden und bearbeitet werden können. Hierzu muss zwischen den vergebenen Dateibezeichnungen eine Verbindung zu den Speicheradressen hergestellt werden, unter denen die Dateien auf dem Speicher abgelegt werden. Die Ablage erfolgt hierbei in einzelnen Datenblöcken, deren Größe auch vom jeweiligen Speichermedium abhängt (z.B. Festplatte: 512 Bytes oder 4096 Bytes; DVD/BD: 2048 Bytes).

Das Erstellen benötigter Ablagestrukturen zur Verwaltung der vergebenen Dateibezeichnungen und deren Speicherung auf einem Medium bezeichnet man als **High-Level Formatierung** (*high-level formatting*) oder **logische Formatierung** (*logical formatting*).

Eine solche Ablage- und Organisationsstruktur nennt man **Dateisystem** (*file system*).

Die Art und Weise, wie diese logische Formatierung durch-geführt wird, hängt vom verwendeten Dateisystem ab. Bei der Installation eines Betriebssystems wird auf der System-partition automatisch ein passendes, vom Hersteller vorge-sehenes Dateisystem verwendet (Kap. 3.2.4). Die oberste Ebene der Ordnungsstruktur besteht in der Regel aus dem **Stammverzeichnis**, auch **Stammordner**, **Wurzelverzeichnis** oder **Rootverzeichnis** (*root directory*) genannt. Dieses unter-teilt sich baumartig in hierarchisch ineinander verschachtel-te **Unterverzeichnisse** (Unterordner, *subdirectory*; Bild 3.15).

In den (Unter-)Verzeichnissen werden die Dateien abgelegt. Die für die Lokalisierung und den Zugriff erforderlichen In-formationen über den jeweiligen Speicherort befinden sich in einer tabellenförmigen Verwaltungsliste („Inhaltsverzeich-nis"), die abhängig vom Dateisystem unterschiedlich be-zeichnet wird (z. B. Dateizuordnungstabelle; Kap. 3.2.4). Die Verwaltung und damit die Speicherung erfolgt clusterweise (Kap. 3.2.1).

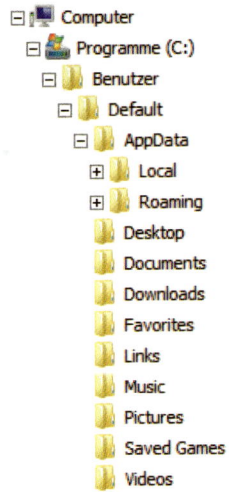

Bild 3.15: Beispiel für eine Verzeichnisstruktur

Auf einige **Systemordner** (*system folder*), die funktionale und sicherheitsrelevante Daten beinhalten, können Nutzende nur eingeschränkt zugreifen.

Vorhandene Datenpartitionen lassen sich bedarfsorientiert mit einem vom jeweiligen Be-triebssystem unterstützten Dateisystem logisch formatieren. Moderne Betriebssysteme unterstützen meist mehrere unterschiedliche Dateisysteme. Zugriffseinschränkungen be-stehen hier nur dann, wenn diese – meist in vernetzten Systemen – von einem Systemad-ministrator bzw. einer Administratorin eingerichtet wurden.

Muss ein vorhandener Datenträger erneut logisch formatiert werden (z. B. bei fehlendem Zugriff), bieten alle Dateisysteme zwei mögliche Formatierungsarten an.

Bei der **Normalformatierung** werden zunächst fehlerhafte Cluster gesucht und gekenn-zeichnet. Anschließend werden sämtliche Speicherzellen mit Nullen überschrieben und somit bestehende Daten gelöscht. Dann wird eine neue – zunächst leere – Verwaltungs-liste angelegt.

Bei der **Schnellformatierung** werden lediglich die Inhalte der bestehenden Verwaltungs-liste gelöscht und eine neue, leere Liste erstellt. Die vorhandenen Dateien selbst bleiben erhalten, solange sie nicht von neuen Daten überschrieben werden.

Die Normalformatierung erfordert wegen des Zugriffs auf sämtliche Speicherzellen eine vergleichsweise lange Zeit, während die Schnellformatierung bereits nach kurzer Zeit abgeschlossen ist, da hier lediglich die Metadaten neu geschrieben werden, d. h., es wird ein neues „Inhaltsverzeichnis" erstellt, in dem aber noch keine Informationen zu Dateien und Ordnern existieren.

Metadaten (*meta data*) sind strukturierte Daten, die Informationen über andere Daten enthalten.

Nicht selten lassen sich mit frei verfügbaren Softwaretools nach einer Schnellformatie-rung die noch erhaltenen Daten wiederherstellen. Auch die Normalformatierung bietet keine absolute Sicherheit gegen eine Datenrekonstruktion. Eine höhere Sicherheit, dass (insbesondere sensible) Daten nicht wiederhergestellt werden können, ergibt sich durch mehrfaches Überschreiben, ggf. auch durch Lösch- und Formatierungsvorgänge mit speziellen Tools.

Ebenso wie Festplatten müssen auch andere Datenträger (z.B. USB-Speicherstick, CD/DVD/BD) zunächst formatiert werden.

USB-Speichersticks und Flashspeicherkarten sind in der Regel bereits herstellerseits logisch formatiert. Eine nachträgliche Formatierung ist dann erforderlich, wenn auf die gespeicherten Daten nicht mehr zugegriffen werden kann. Dieser Effekt tritt unter Umständen bei Windows auf, wenn man einen USB-Stick im laufenden Betrieb entfernt und die erforderliche Dateizuordnungstabelle auf dem Stick noch nicht abschließend aktualisiert wurde. Abhilfe schafft hier (bei Windows) der „Umweg" über das Taskleisten-Icon „Hardware sicher entfernen".

Mit entsprechenden Formatierungsvorgaben kann ein solcher Speicherstick unter Umständen auch als Bootmedium verwendet werden.

Die Formatierung einer CD/DVD/BD erfolgt in der Regel automatisch in Verbindung mit dem Beschreiben (Brennen) des Datenträgers.

3.2.4 Dateisysteme

In einem PC werden Dateien auf **Massenspeichern** (*mass storage*; Festplatten, SSDs, DVDs, BDs, USB-Sticks) gespeichert. Im Laufe der Zeit wurden für die verschiedenen Speichermedien angepasste Dateisysteme entwickelt und dem technischen Fortschritt angepasst. Einige grundsätzliche Strukturen findet man jedoch bei allen Dateisystemen wieder.

Um eine Datei auf einem Speichermedium ablegen zu können, benötigt sie einen Namen, der prinzipiell die folgende Struktur aufweist:

Ein Dateiname hat die allgemeine Form **Dateiname.Erweiterung**.

Der **Dateiname** (*file name*) besteht aus Zeichen und/oder Ziffern und ist zur Kennzeichnung der Datei erforderlich. Dabei wird die maximale Länge eines Dateinamens sowohl durch das Betriebssystem als auch durch das Dateisystem des Datenträgers begrenzt. Die Erweiterung (auch **Suffix**, **Extension**, **Dateityp**) ist optional und besteht in der Regel aus bis zu vier Zeichen oder Ziffern. Die Namenserweiterung dient zur Klassifizierung der Dateien.

Folgende Zeichen dürfen in Dateinamen und Erweiterungen nicht vorkommen, da sie als Sonderzeichen für spezielle Funktionen reserviert sind:

$$„ \setminus / : | < > ? *$$

Bei der Namensgebung dürfen bei allen aktuell gebräuchlichen Betriebssystemen auch mehrere Punkte verwendet werden (z.B. „kleines.haus.txt"). Der letzte vorhandene Punkt in einem Dateinamen wird stets als Trennsymbol zwischen Dateiname und Erweiterung interpretiert.

Suffix	Erläuterung
.avi	Videodatei
.bmp	Bitmap-Bilddokument
.cab	Kabinett-Datei (meist für PDA)
.dat	Textdatei
.dll	Programmbibliothek
.doc, .docx	Word-Dokument
.dot	Word-Vorlage
.exe	ausführbare Programmdatei
.gif	Gif-Bilddokument
.hlp	Hilfedatei
.htm	Html-Dokument
.ico	Symboldatei
.ini	Konfigurationsdatei
.jpg	JPEG-Bilddokument
.log	Kontrolldatei
.mdb	Access-Datenbank

Suffix	Erläuterung
.mp3	MP3-Musikdatei
.pdf	Acrobat-Reader-Datei
.ppt	Power-Point-Dokument
.pub	Microsoft-Publisher-Dokument
.rtf	Textdatei (rich text format)
.sys	Systemdatei
.tmp	temporäre Datei
.txt	Textdatei
.vob	DVD-Movie-Datei
.wav	Wavesound-Datei
.wmx	Windows-Media Audio / Videodatei
.xls, .xlsx	Excel-Dokument
.xlt	Excel-Vorlage
.zip	ZIP-komprimierte Datei

Bild 3.16: Beispiele für Dateierweiterungen

Zusätzlich zum Dateinamen werden weitere Dateieigenschaften erfasst und im Inhaltsverzeichnis abgelegt. Hierzu gehören beispielsweise:

- Name des (Unter-)Verzeichnisses, in dem die Datei gespeichert ist
- Attribut-Informationen (Attribute: Archiv, System, versteckt, schreibgeschützt)
- Erstelldatum
- Erstellzeit
- Datum der letzten Änderung
- Uhrzeit der letzten Änderung
- Datum des letzten Zugriffs
- Dateigröße

Da auf Festplatten die Speicherung von Dateien clusterweise erfolgt (Kap. 3.2.1), stehen zudem über jeden Cluster bestimmte Informationen zur Verfügung (z. B. Cluster frei; Cluster von einer Datei verwendet; Cluster fehlerhaft). Die Speicherung von Dateien erfolgt nicht nach einem bestimmten Ordnungsprinzip, vielmehr bekommen sie – abhängig von der jeweiligen Position des Schreib-/Lesekopfs (Kap. 1.8.1.1) – meist den nächstliegenden freien Cluster auf dem Datenträger zugewiesen. Bei Bedarf werden auch mehrere Cluster verwendet. Bild 3.17 visualisiert diese Struktur in vereinfachter Form.

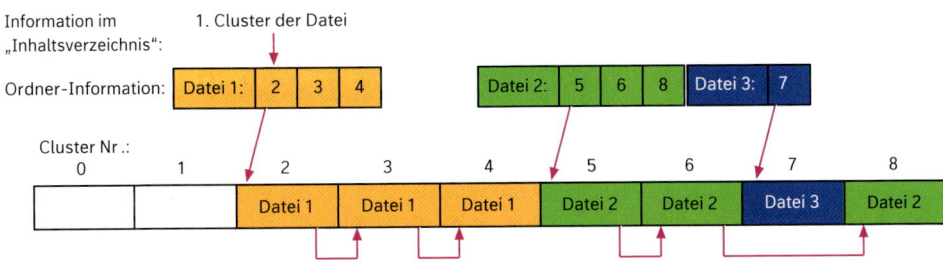

Bild 3.17: Mögliche Clusterbelegung von Dateien

Die erste Ziffer im Beispiel ist die Adresse des ersten durch die Datei belegten Clusters. Diese Information ist im Inhaltsverzeichnis abgelegt (bei Datei 1: Cluster 2). Ist die Datei kleiner, als die Clustergröße vorgibt, wird trotzdem der gesamte Cluster belegt, wodurch unter Umständen Speicherplatz vergeudet wird. Ist die Datei größer als ein Cluster, so wird ihr eine entsprechende Anzahl von Clustern zugewiesen. Jeder zu einer Datei gehörende Cluster ist mit seiner Adresse in der entsprechenden Reihenfolge im Inhaltsverzeichnis gespeichert (bei Datei 1: Cluster 2, Cluster 3, Cluster 4). Die von einer Datei belegten Cluster sind unter Umständen nicht aneinandergereiht, sondern auf dem Speichermedium verteilt: Die Datei ist fragmentiert (Datei 2). Durch die **Fragmentierung** (*fragmentation*) entstehen Zeitverzögerungen beim Lesen, da der Schreib-/Lesekopf an unterschiedlichen Stellen positioniert werden muss. Bei der Verwendung von Clustern mit mehr als einem Sektor (Kap. 3.2.1) verringert sich zwar die Wahrscheinlichkeit einer Fragmentierung, allerdings vergrößert sich die Wahrscheinlichkeit von ungenutztem Platz in den Clustern. Aufgrund ihrer anderen Speicherstruktur und des Schreib-/Lesevorgangs besteht bei elektronischen Speichern (SSD) das Problem der Fragmentierung nicht.

3.2.4.1 FAT-Dateisysteme

> Die Abkürzung **FAT** ist die Bezeichnung für eine Gruppe von Dateisystemen, deren Verzeichnisstruktur („Inhaltsverzeichnis") auf der **File Allocation Table** (Dateizuordnungstabelle, FAT) beruht.

Die Zahlen (FAT12, FAT16, FAT32) geben darüber Auskunft, wie viele Bit für die Cluster-Adressierung jeweils verwendet werden, und informieren somit über die Größe der ansprechbaren Speicherkapazität.

Die von Microsoft entwickelten FAT-Dateisysteme werden plattformübergreifend von nahezu allen Betriebssystemen unterstützt. Aufgrund der – aus heutiger Sicht – vergleichsweise geringen verwaltbaren Speicherkapazitäten von FAT12 und FAT16 ist heute nur noch das FAT32-System (Bild 3.18) von Bedeutung und wird beispielsweise bei mobilen Datenträgern als Austauschplattform eingesetzt.

Zur Adressierung benutzt FAT32 einen 32-Bit-Code, bei dem 4 bit für interne Zwecke reserviert sind. Somit stehen für die Clusteradressierung 28 bit zur Verfügung, wodurch maximal $2^{28} = 268\,435\,456$ Cluster angesprochen werden können. Standardmäßig beträgt die Clustergröße 4 KiByte, die maximale Clustergröße beträgt 32 KiByte. Hiermit lassen sich theoretisch Partitionen bis 8 TiByte ($2^{28} \cdot 32$ KiByte) verwalten. Allerdings wird die Erstellung von Partition solcher Größen in der Praxis teilweise durch das verwendete Betriebssystem eingeschränkt (z. B. bei Windows-Datenträgerverwaltung bis maximal 32 GiByte). Zur Erstellung größerer Partitionen sind Partitionsmanager von Drittanbietern erforderlich.

Partitionsgröße	Sektoren pro Cluster	Clustergröße
Bis 4 GiByte	4	4 KiByte
Bis 16 GiByte	16	8 KiByte
Bis 32 GiByte	32	16 KiByte
> 32 GiByte	64	32 KiByte

Bild 3.18: Beispiele für Partitions- und Clustergrößen bei FAT32 (alternativ werden auch Dezimalpräfixe verwendet; Kap. 4.3.2)

Die maximale Größe einer Datei bei FAT32 beträgt 4 GiByte. Da inzwischen eine Vielzahl von Dateien größer als 4 GiByte ist (z. B. bei Videoaufnahmen), werden Festplatten von Windows-Betriebssystemen fast nur noch mit NTFS formatiert (Kap. 3.2.4.2).

Zur Speicherung solch großer Dateien auf *elektronischen* (Wechsel-)Datenträgern wurde von Microsoft ein neues Dateisystem entwickelt, bei dem der Adressraum auf 64 bit erweitert wurde.

exFAT steht abkürzend für **extended File Allocation Table** und ist ein Dateisystem, das speziell zur logischen Formatierung von Flashspeichern mit großen Speicherkapazitäten entwickelt wurde.

exFAT wird bei Flashspeichern (z. B. USB-Sticks, SSDs) mit einer Speicherkapazität größer als 32 GiByte eingesetzt (Kap. 1.5.1.1). Allerdings ist exFAT nicht abwärtskompatibel zu FAT32 und kann von peripheren Geräten (z. B. Digitalkamera) nicht gelesen werden. Da es zudem nicht durchgängig von allen Betriebssystemen unterstützt wird (macOS erst ab Version 10.6.5; bei einigen Linux-Versionen nur mit Zusatztreiber; keine Unterstützung sonstiger Open-Source-Betriebssysteme), eignet es sich nur bedingt als Austauschplattform.

3.2.4.2 NTFS

Die Abkürzung **NTFS** steht für **New Technology File System** und bezeichnet ein Dateisystem, das ab Windows NT verwendet wird. Die Verzeichnisstruktur wird hierbei in der **Master File Table** (**MFT**; Master-Dateitabelle) abgelegt.

Ebenso wie beim FAT-Dateisystem erfolgt die Zuweisung von Speicherplatz clusterweise. Die Adressierung erfolgt mit 64-Bit-Adressen. Die standardmäßige Clustergröße hängt von der Größe des Datenträgers ab (Bild 3.19).

Partitionsgröße	Sektoren pro Cluster	Clustergröße
Bis 2 GiByte	8	4 KiByte
Bis 2 TiByte	8	4 KiByte
Bis 16 TiByte (*)	8	4 KiByte
Bis 32 TiByte (*)	16	8 KiByte
Bis 64 TiByte (*)	32	16 KiByte
Bis 128 TiByte (*)	64	32 KiByte
Bis 256 TiByte (*)	128	64 KiByte

Bild 3.19: Beispiele für Partitions- und Clustergrößen bei NTFS (* GUID erforderlich; alternativ werden auch Dezimalpräfixe verwendet; Kap. 4.3.2)

Die Master-Dateitabelle wird beim Formatieren eines Datenträgers mit dem NTFS-Dateisystem angelegt. Sie enthält Informationen über alle Dateien und Verzeichnisse auf dem Datenträger. Die Systemdateien beinhalten sämtliche Informationen, die zur Einrichtung des NTFS-Dateisystems und dessen Verwaltung erforderlich sind. Hierzu gehören u. a. das Stammverzeichnis, die Zuordnungseinheiten, die Orte beschädigter Cluster, die Dateiattribute und Informationen zur Wiederherstellung beschädigter Dateien (Logdatei). Die genannten Bereiche können mehrere Megabyte an Speicherplatz umfassen.

Unter NTFS sind lange Dateinamen mit bis zu 255 Zeichen möglich. NTFS beinhaltet eine Wiederherstellungsmethode, die sog. **Cluster-Neuzuordnung** (*cluster remapping*), die es ermöglicht, Fehler zu beseitigen. Wird dem Dateisystem ein Fehler infolge eines beschädigten Sektors gemeldet, ersetzt NTFS dynamisch den Cluster mit dem beschädigten Sektor und weist den Daten einen neuen Cluster zu. Die Adresse des beschädigten Clusters wird registriert, sodass der fehlerhafte Sektor nicht wiederverwendet wird. Darüber hinaus besitzt NTFS folgende Merkmale:

- Möglichkeit einer „transparenten" Komprimierung bei Datenträgern mit Clustergrößen bis zu 4 KiByte; anwendbar auf einzelne Dateien und Ordner oder auf die gesamte Partition; transparent bedeutet dabei, dass die Dateien ohne Eingreifen der oder des Nutzenden dekomprimiert und wieder neu komprimiert werden (verursacht geringe Performance-Einbußen).

- Mit dem implementierten **Encrypting File System (EFS)** besteht auch die Möglichkeit einer transparenten Verschlüsselung von (unkomprimierten) Dateien und Ordnern (Ausnahme: Systemdateien und Dateien im Root-Verzeichnis).

- Verwaltung zusätzlicher Dateiattribute, z.B. Sicherheitsattribute mit Informationen über den Eigentümer oder die Eigentümerin der Datei und über Benutzende zwecks Datenschutz und zur Zugriffssteuerung (Lesen, Schreiben, Ausführen von Dateien)

- Unterstützung von Datenträgerkontingenten, d.h. Festlegung von Speicherkapazitäten, die ein/-e Benutzende maximal belegen darf

- Effizientere Nutzung von vorhandenem Speicherplatz durch Verwendung von kleineren Clustergrößen als bei FAT32 (z.B. bis 16 TiByte Clustergröße 4 KiByte; Bild 3.19)

3.2.4.3 Weitere Dateisysteme

Neben den bisher aufgeführten Dateisystemen existieren andere Systeme, die entweder im Zusammenhang mit Betriebssystemen oder speziell für bestimmte Anwendungsbereiche entwickelt wurden.

Dateisystem	Merkmale
ext4	fourth **ext**ended file system Dateisystem für Linux, vollständig abwärtskompatibel zu den Vorgängerversionen (ext2, ext3), mit jeweils verbesserten bzw. erweiterten Eigenschaften (z.B. ext3: max. Dateigröße 2 TiByte, Partitionen bis 16 TiByte; ext4: max. Dateigröße 16 TiByte, Partitionen bis 1 ExiByte); Verwendung bei Festplatten
Btrfs	**B-tree** file **s**ystem 64-bit-Dateisystem für Linux, ursprünglich als potenzieller Nachfolger von ext4 geplant, steht bei den meisten Linux-Distributionen bei der Installation als Alternative zu ext4 zur Auswahl; verfügt über integriertes RAID-Management und Volume-Management; zusätzliche Absicherung von Daten durch Bildung von Checksummen, verwaltet Partitionen bis 16 ExiByte, mehrere Dateisysteme können auf einem Volume (einer Partition) als sog. Subvolumes ineinander geschachtelt werden; unter der Bezeichnung **WinBtrfs** existiert auch ein Windows-Treiber für das Dateisystem

Dateisystem	Merkmale
ReFS	**Re**silient **F**ile **S**ystem (engl. *resilient*: robust, unverwüstlich) Von Microsoft ursprünglich nur für die Serverversion von Windows 8 neu entwickeltes Dateisystem, inzwischen aber auch in der Clientversion ab Windows 8.1 eingesetzt (erforderliche Treiber nicht in allen Win-10-Versionen enthalten); weitestgehend kompatibel zu NTFS, jedoch fehlen (teilweise) einige Merkmale (z. B. ReFS-Datenträger nicht direkt bootbar, ein NTFS-Laufwerk kann jedoch uneingeschränkt auf einen ReFS-Datenträger zugreifen, aber mindestens Windows 8.1 erforderlich). Kann Partitionen oder Volumes bis zu einer Größe von $256 \cdot 2^{70}$ Byte (256 Zebi-Byte) bei einer Dateigröße bis zu 2^{64} Byte (16 ExiByte = $16 \cdot 2^{60}$ Byte) verwalten. Dateinamen können bis zu 32 768 Zeichen enthalten. ReFS ist ein sog. **transaktionsbasierendes Dateisystem**, d. h., bei Veränderung von Daten gehen die Ursprungsdaten nicht verloren, da diese durch Speicherung sog. Metadaten, die in Tabellen – ähnlich wie bei Datenbanken – gespeichert werden, wiederhergestellt werden können. Mit einem Prüfsummenverfahren können die Dateien, insbesondere bei großen Speicher-Arrays, und ihre Zusammenfassung zu virtuellen Speichersystemen, bei denen die Daten auf mehrere Datenträger verteilt sind, auf ihre Datenintegrität (d. h. Informationssicherheit) überprüft und so auftretende Fehler automatisch korrigiert werden (Microsoft: „Storage-Spaces mit Mirroring").
ISO 9660	Dateisystem für CD-/DVD-/BD-Medien, als Standard von der ISO (**I**nternational **S**tandardization **O**rganisation) entwickelt, um Daten unterschiedlicher Betriebssysteme über optische Datenträger austauschen zu können. Spezifikationen: **Level 1:** Dateinamen im 8.3-Format; maximale Dateigröße bis 2 GiByte verwaltbar; universelles Austauschformat **Level 2:** Dateinamen mit bis zu 31 Zeichen möglich **Level 3:** Dateien können auch fragmentiert gespeichert werden; Packet-Writing ist möglich, d. h., ein wiederbeschreibbares CD-/DVD-/BD-Medium ist wie eine Wechselfestplatte bzw. ein USB-Stick verwendbar
UDF	**U**niversal **D**isc **F**ormat (ISO-Norm 13346) Von der Optical Storage Association (OSTA) entwickeltes, plattformunabhängiges Dateisystem, insbesondere für DVDs, welches das ISO-9660-Format ablösen soll. Dateinamen mit bis zu 255 Zeichen möglich; Unterscheidung von Groß- und Kleinschreibung; beinhaltet Optimierungen für das Beschreiben von DVD-R/DVD-RW und DVD-RAM, wird auch bei BDs verwendet

Bild 3.20: Beispiele für weitere Dateisysteme

Bei der Wahl eines bestimmten Dateisystems können verschiedene Faktoren von Bedeutung sein, z. B.:

- FAT32 wird zwar von den meisten Betriebssystemen unterstützt, kann aber nur für vergleichsweise kleine Partitionen/Speichergrößen eingesetzt werden. Es dient daher meist nur als Austauschformat für portable Datenträger.

- FAT bietet keine Vergabe von Nutzungsrechten, wie dies bei NTFS möglich ist.

- Wird ein Datenträger nur auf Systemen mit Windows-Betriebssystemen eingesetzt, bietet NTFS die meisten Vorteile (Verschlüsselung, Rechtevergabe usw.).

- Eine Konvertierung von FAT nach NTFS ist problemlos möglich und wird vom Betriebssystem durchgeführt. Die Konvertierung von NTFS nach FAT ist nur mit entsprechenden Hilfsprogrammen möglich.

- ReFS ist speziell für die Verwaltung großer Datenmengen auf verteilten Speichereinheiten abgestimmt. Seine Leistungsfähigkeit kann es auf einem Client mit „nur" einer Festplatte nicht voll entfalten.

- Für den Austausch von Filmen und DVD-Abbildern ist ein FAT-formatierter USB-Stick aufgrund der Dateigrößenbeschränkung von maximal 4 GiByte ungeeignet. Für diesen Anwendungszweck kommen nur das exFAT- und das NTFS-Dateisystem infrage.

- Standardmäßig kann Windows keine Linux-Dateisysteme lesen, hierzu ist ein Zusatztool erforderlich (Linux File System for Windows).

- USB-Sticks und externe Festplatten lassen sich auch an andere IT-Geräte anschließen (z.B. DSL-Router, Audio- und Videoanlagen, TV-Geräte). Diese unterstützen meist nur FAT, aber nicht NTFS oder Linux-basierende Dateisysteme.

Bild 3.21 fasst einige wesentlichen Werte von gängigen Microsoft-Dateisystemen vergleichend zusammen.

Eigenschaft	FAT 16	FAT 32	exFAT	NTFS	ReFS
Speichergröße	4 GiByte	8 TiByte	128 PiByte	256 TiByte	256 ZiByte
Dateigröße	4 GiByte	4 GiByte	16 EiByte	16 TiByte	16 EiByte
Clustergröße	64 KiByte	32 KiByte	32 MiByte	64 KiByte	32 KiByte
Clusterzahl	2^{16}	2^{28}	2^{32}	2^{64}	2^{64}
Anzahl von Zeichen im Dateinamen	8	255	255	255	$2^{15} = 32\,768$

Bild 3.21: Vergleich gängiger Microsoft-Dateisysteme (angegeben sind theoretische Maximalwerte, durch systembedingte Einschränkungen sind diese in der Praxis vielfach kleiner; anstelle von Binärpräfixen können auch Dezimalpräfixe verwendet werden; Kap. 4.3.2)

AUFGABEN

1. Aus welchen Schritten besteht der Formatierungsvorgang bei Festplatten?

2. Nach dem 1. Schritt der Formatierung befinden sich auf der Festplatte Sektoren, Spuren, Zylinder und Zonen. Erläutern Sie diese Begriffe.

3. Was versteht man unter der physikalischen Datenträgergeometrie?

4. a) Was versteht man bei einem Datenträger unter einer Partition?
   b) Welche Vorteile bietet die Partitionierung eines Datenträgers?

5. In einer Fachzeitschrift lesen Sie im Zusammenhang mit einer BIOS-basierenden Partitionierung die Begriffe MBR, primäre Partition, erweiterte Partition, Systempartition und aktive Partition. Erläutern Sie diese Fachbezeichnungen.

6. a) Aus welchem Grund werden Festplatten im sog. LBA-Modus betrieben?
   b) Mit wie vielen Bits erfolgte früher die ATA konforme LBA-Adressierung eines Sektors?
   c) Mit wie vielen Bits erfolgt die LBA-Adressierung eines Sektors in der GPT?
   d) Wie viele Sektoren sind somit gemäß b) und c) jeweils adressierbar?

7. Was ist eine GPT? Nennen Sie wesentliche Merkmale.

8. a) Was bedeutet logische Formatierung?
   b) Welche Strukturen werden bei der logischen Formatierung erstellt?

9. Aufgrund eines Fehlers kann auf einen USB-Stick nicht mehr zugegriffen werden, sodass eine Neuformatierung erforderlich ist. Welche beiden Formatierungsarten bietet ein Dateisystem grundsätzlich an? Erläutern Sie die Unterschiede.

10. Sie erhalten von Ihrer Abteilungsleiterin einen USB-Stick mit persönlichen Daten ehemaliger Angestellter, die dauerhaft gelöscht werden sollen. Der Stick soll anschließend möglichst weiter genutzt werden. Wie gehen Sie vor? Begründen Sie ihre Vorgehensweise. (Hinweis: Verwenden Sie ggf. auch Informationen aus Kap. 2.6.)

11. a) Welche prinzipielle Struktur weist ein Dateiname auf?
    b) Können die folgenden Dateinamen verwendet werden (Antwort mit Begründung)? Um welchen Dateityp handelt es sich jeweils?
       – „Betrifft: 1. Kündigung Mietvertrag.Haus.docx"
       – „Datenspeicherung wichtig!.txt"
       – „Information zu Ihrem Gewinn.pdf.exe"

12. Nennen Sie mindestens fünf Dateieigenschaften, die von einem Dateisystem zusätzlich zum Dateinamen erfasst und im Stammverzeichnis abgelegt werden.

13. Was versteht man unter der Fragmentierung einer Festplatte? Warum sollte eine Festplatte ggf. „defragmentiert" werden?

14. Was bedeutet im Zusammenhang mit Dateisystemen die Abkürzung FAT?

15. Welche Information wird in einem FAT-Dateisystem (so wie bei anderen Dateisystemen auch) für jeden Cluster gespeichert?

16. Welche Information kann man bei FAT-Dateisystemen der nachgestellten Zahl entnehmen (z. B. FAT16, FAT32)? Führen Sie beispielhaft eine entsprechende Berechnung durch.

17. a) Was bedeutet im Zusammenhang mit Dateisystemen die Abkürzung NTFS?
    b) Nennen Sie Merkmale von NTFS.

18. Aus welchen Gründen wurde das Dateisystem exFAT als Nachfolger für FAT32 entwickelt? In welchen Bereichen wird exFAT schwerpunktmäßig verwendet?

19. Nennen Sie zwei Linux-basierende Dateisysteme sowie einige Eigenschaften dieser Dateisysteme.

20. a) Wo wird das Dateisystem ISO 9660 benutzt?
    b) Was bedeutet UDF im Zusammenhang mit Dateisystemen?

3.3 Systemkonfiguration am Beispiel von Windows 11

Ist der nach den Vorgaben aus Kap. 2.5.1.3 aufgebaute PC einsatzbereit, ist als nächstes die BIOS-Boot-Konfiguration zu prüfen. Während der Vorgänger Windows 10 noch auf reinen BIOS-PCs installiert werden konnte, setzt Microsoft für Windows 11 zwingend ein UEFI-System voraus. Diese Voraussetzung wird von allen aktuellen Arbeitsplatz-PCs und -Laptops erfüllt.

3.3.1   UEFI Boot-Konfiguration

Ein UEFI-System ist grundsätzlich ein 64-Bit-System. Trotzdem erlauben viele UEFI-basierte Computer den Start von 32-Bit-Betriebssystem. Dazu muss das System in den Kompatibilitätsmodus oder in den Legacy-Modus geschaltet werden. Nutzende können dann allerdings nicht von den folgenden Vorteilen eines UEFI-Systems profitieren:

- **GUID-Partitionstabelle**
  Jedes im UEFI-Modus installierte Windows verwendet die sog. GPT (GUID Partition Table, also Partitionstabelle; Kap. 3.2.2.2), um die Festplatte(n) zu verwalten. Diese wird u. a. benötigt, um Festplatten mit mehr als 2 TiB (Tebibyte) zu verwalten. Der maximal adressierbare Bereich liegt bei 8 192 EiB (Exbibyte).

- **Schnelles Booten**
  Das UEFI merkt sich den Ort der Windows-Installation und ermöglicht so ein schnelleres Starten des Betriebssystems. Windows 11 und andere 64-Bit-Versionen können diesen Vorteil nutzen, da sie sowohl den normalen als auch den speziellen Bootloader für UEFI-PCs enthalten.

Um Windows im UEFI-Mode zu installieren, wird der UEFI-Bootloader gestartet. Als erstes wird die Windows-(64-Bit-)Setup-DVD eingelegt. Im nächsten Schritt wird nicht direkt von der DVD gebootet, sondern das Boot-Menü des Rechners aufgerufen. Hierzu muss während der Bootphase des Rechners die entsprechende Funktionstaste gedrückt werden, häufig [ESC], [F11] oder [F8]. Anschließend erscheint das Boot-Menü. Das DVD-Laufwerk sollte dann zweimal angezeigt werden:

- einmal ohne Zusatz, siehe Bild 3.22 (1)
- ein zweites Mal mit dem Zusatz „UEFI"; dieser Eintrag erscheint nur, wenn auf der DVD ein UEFI-Bootloader gefunden wurde, siehe Bild 3.22 (2)

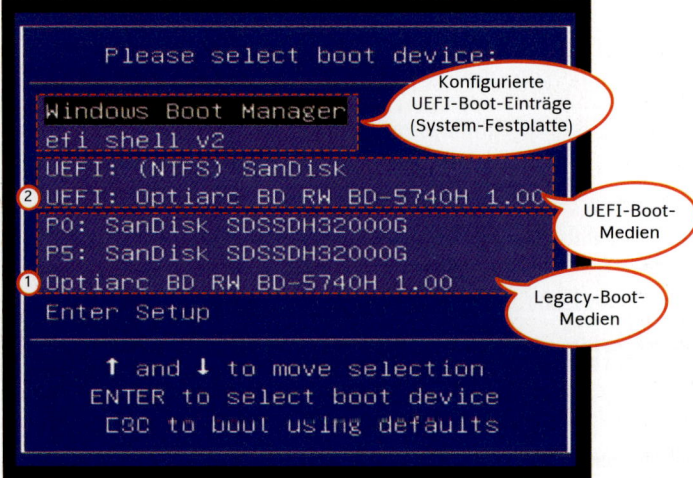

Bild 3.22: Boot-Menü

Für die Installation muss nun der Eintrag mit „UEFI" ausgewählt und gestartet werden. Danach startet die Installation im UEFI-Mode. Die weitere Installation läuft wie gewohnt ab.

Nach der Installation lässt sich über die Datenträgerverwaltung (diese wird gestartet über [Windows-Taste + R] und den Befehl diskmgmt.msc) noch kontrollieren, ob die Installation im UEFI-Mode erfolgte. Hierzu sollte der Wert für den Partitionsstil „GUID-Partitionstabelle" (GPT) betragen.

3.3.2   Peer-to-Peer-Netzwerkkonfiguration

Die Netzwerkfähigkeit von Windows war anfangs dem Firmenumfeld vorbehalten, wurde aber spätestens durch die Verbreitung des Internets ein fester Bestandteil aller Windows-Versionen. Um Heimanwendenden und kleinen Firmen eine einfache Vernetzung von Windows-Rechnern untereinander und mit Netzwerkdruckern zu ermöglichen, bot Microsoft die Bündelung in sog. **Arbeitsgruppen (Workgroups)** an. Der Austausch von Daten zwischen vernetzten Rechnern ist schon nach wenigen Konfigurationsschritten möglich.

> Ein Netzwerk, in dem kein ausgewiesener Server konfiguriert werden muss und die grundlegende Konfiguration für alle Teilnehmenden gleich ausfällt, bezeichnet man als **Peer-to-Peer-Netzwerk**.

3

Jeder Einzelplatzrechner verwaltet sich in diesem Peer-to-Peer-Netzwerk nur selbst. Damit eine funktionierende Netzwerkkommunikation zwischen den Computern einer Arbeitsgruppe sichergestellt ist, müssen an jedem einzelnen Rechner die entsprechenden Netzwerkeinstellungen vorgenommen werden. Daher eignet sich diese Form der Vernetzung nur für kleine Netzwerke, bei denen der Aufwand für die Wartung der angeschlossenen Computer überschaubar ist. Microsoft erlaubt bei Windows 11 die gleichzeitige Verbindung von bis zu 20 Geräten. Ältere Vorgängerversionen setzten die Grenze noch bei fünf oder zehn Teilnehmenden. Die für das vorliegende System geltende Höchstzahl ergibt sich einerseits als Lizenzvorgabe aus dem Text des Kleingedruckten (Befehl „winver", Klick auf Lizenzbedingungen). Andererseits kann sie als technische Vorgabe über die Kommandozeile ausgelesen werden. Dazu muss das Kommando „net config server" mit Administratorrechten ausgeführt werden (Bild 3.23).

Die Obergrenze von 20 Nutzenden bezieht sich in einem Windows-11-Peer-to-Peer-Netzwerk auf die Anzahl der gleichzeitigen Verbindungen. Solange immer maximal 20 Teilnehmende angemeldet sind, könnten an einem solchen Netzwerk auch noch mehr Geräte angeschlossen sein.

> In **Arbeitsgruppennetzwerken** wird der Zugriff auf Freigaben über **Benutzerkonten** gesteuert. Auf jedem Rechner muss ein Benutzerkonto alle Nutzenden vorhanden sein, die darauf zugreifen können sollen.

Während Arbeitsgruppennetzwerke nach dem Peer-to-Peer-Prinzip aufgebaut sind, also ohne Server auskommen, sind in solchen Netzwerken oft trotzdem Server anzutreffen. Diese erfüllen ihre Serverfunktionen dann jedoch für andere Netzwerkdienste. Ein Beispiel ist der DHCP-Serverdienst zur automatischen Verteilung von IP-Einstellungen, der in der Regel von jedem Internetzugangsadapter angeboten wird.

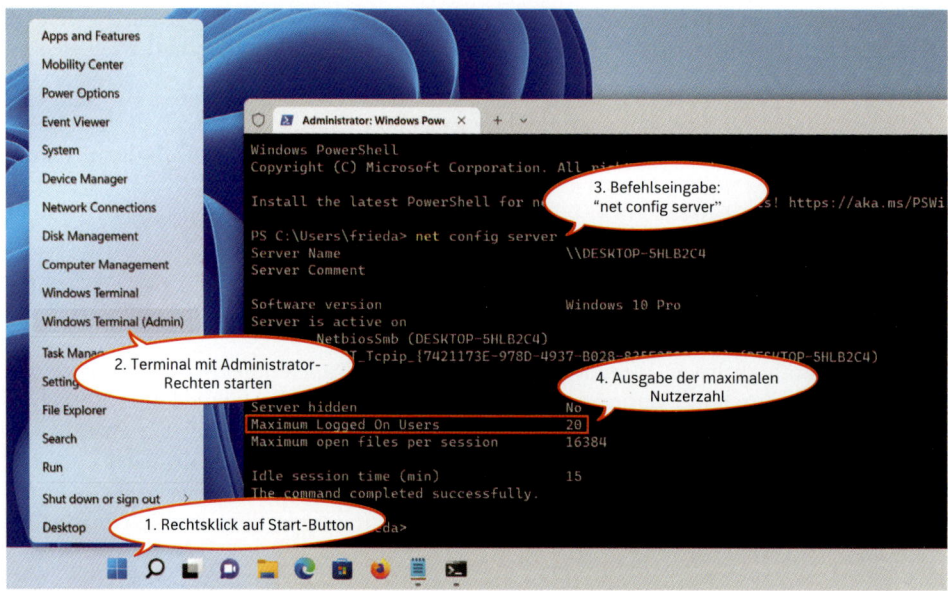

Bild 3.23: Anzahl der maximal unterstützten Peer-to-Peer-Verbindungen

Mit steigender Nutzerzahl wächst der Aufwand zur Verwaltung des Netzes erheblich. Denn um das Arbeitsgruppennetzwerk *uneingeschränkt* nutzen zu können, müsste auf allen Rechnern für alle Benutzenden jeweils ein Benutzerkonto eingerichtet werden. In der Praxis sollte man daher ab etwa zehn Personen eine **serverbasierte** und damit **zentral** und besser wartbare Form der Vernetzung in Betracht ziehen.

> In **serverbasierten** Windows-Netzwerken werden **Benutzerkonten** und Zugriffsrechte **zentral** auf den Active-Directory-Servern verwaltet. Auf den jeweiligen Rechnern müssen keine Benutzerkonten angelegt werden.

Der Aufbau und die Konfiguration von serverbasierten Netzwerken wird im Aufbauband „Vernetzte IT-Systeme" eingehend behandelt.

3.3.2.1 Netzwerkprofile

Nach der Ersteinrichtung befindet sich der Rechner in einer allgemeinen Grundkonfiguration, die in vielen Anschlusssituationen bereits ohne weitere Eingriffe die Internetkommunikation ermöglicht. Für den Datenaustausch in der Arbeitsgruppe gibt die Grundkonfiguration geeignete Einstellungen für den Computernamen und die Arbeitsgruppe (Workgroup) vor. Allerdings können Einstellungen der Firewall dafür sorgen, dass der lokale Netzzugriff scheitert. Das hängt von dem jeweiligen Netzwerkprofil ab, das der aktuellen Verbindung zugeordnet ist. Wird eine neue Verbindung erstmalig aufgebaut, z.B. durch den kabelgebundenen Netzwerkanschluss oder durch Verbinden mit einem neuen WLAN-Netzwerk, dann erfolgt die Nachfrage, ob damit eine Verbindung zu einem öffentlichen oder privaten Netz erfolgt. Über die Auswahl wird die Einstellung der Firewall gesteuert. Wird eine Verbindung als öffentlich markiert, gelten für sie die größten Einschränkungen. Verpasst man diese Nachfrage, wird automatisch eine öffentliche

Verbindung angenommen. Die damit verbundenen Firewall-Einstellungen behindern allerdings dann auch den Datenaustausch in der Arbeitsgruppe.

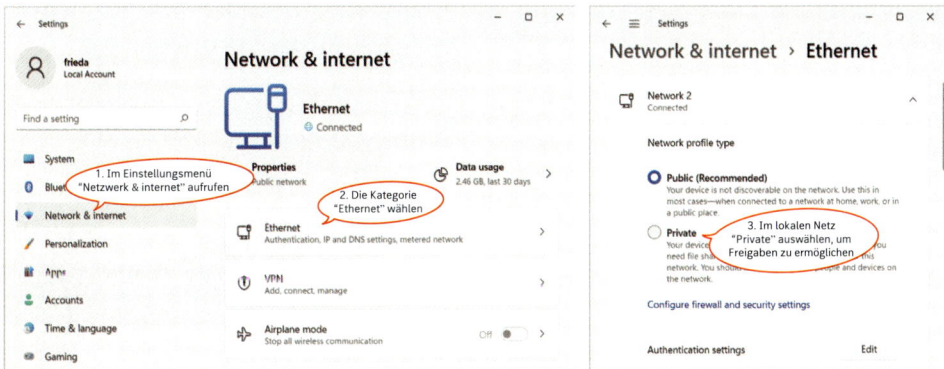

Bild 3.24: Umstellung des Netzwerkprofils

Für eine Netzwerkverbindung mit fremden Netzen, z. B. WLAN-Hotspots, sollte immer das öffentliche Netzwerkprofil gewählt werden. Fremde erhalten dann keinen Zugriff auf freigegebene Drucker oder Dateien.

Findet der Rechner hingegen bei der Verbindung mit dem lokalen Netz keine Freigaben, muss möglicherweise das Netzwerkprofil auf „Privat" umgestellt werden (Bild 3.24). Details der Freigabeeinstellungen können über die Verknüpfung „Erweiterte Freigabekonfiguration ändern" angepasst werden (Bild 3.25).

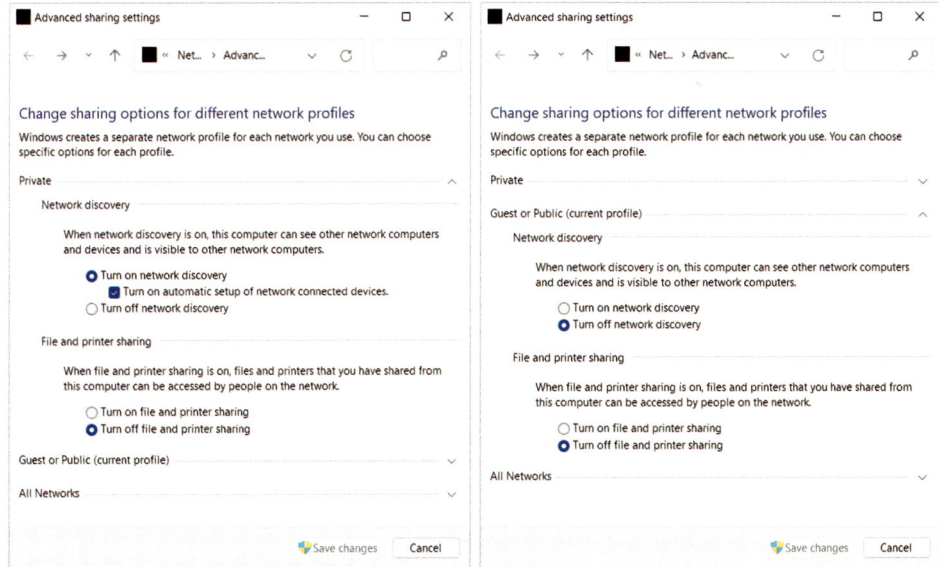

Bild 3.25: Freigabeoptionen der Netzwerkprofile

Darüber hinaus müssen alle Netzwerkgeräte derselben Arbeitsgruppe angehören und alle Geräte verschiedene Namen aufweisen. Im Bereich „About" der Kategorie „System" des Windows-11-Einstellungsmenüs kann der Computername geändert werden (Bild 3.26).

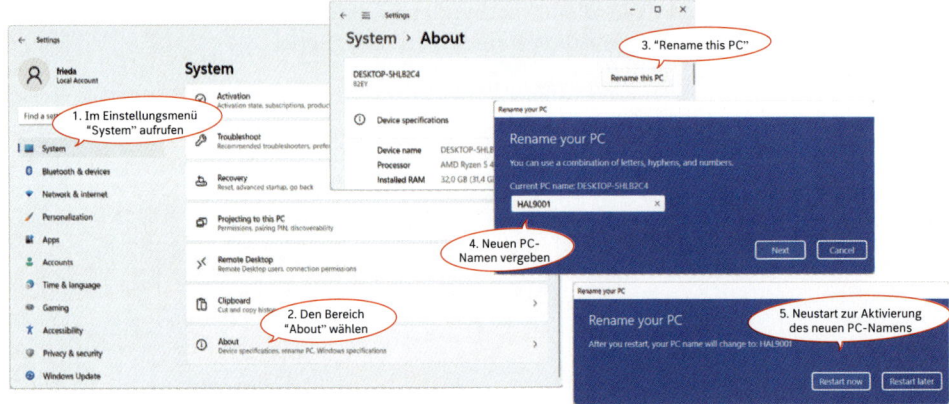

Bild 3.26: Änderung des Computernamens über die Einstellungsmenüs

Alternativ lässt sich der Computername auch über die PowerShell durch ein Kommando ändern. Dazu muss eine PowerShell mit Administratorrechten geöffnet werden (Bild 3.23, Schritte 1 und 2). Bild 3.27 zeigt den Aufruf des Kommandos „Rename-Computer" zum Ändern des Computernamens in „HAL9001".

Bild 3.27: Änderung des Computernamens über die PowerShell

Der erste Aufrufparameter referenziert den zu ändernden Computernamen. Der Punkt kennzeichnet den lokalen Rechner. Als neuer Computername ist im Beispiel „HAL9001" angegeben. Der Parameter „-Restart" führt sofort nach Ausführung des Kommandos und ohne Rückfrage den notwendigen Neustart des Rechners durch.

Die Änderung des Arbeitsgruppennamens ist in der aktuellen Version 21H2 nicht in die neu gestalteten Windows-11-Menüs integriert. Stattdessen muss auf den klassischen Einstellungsdialog „Systemeigenschaften" zurückgegriffen werden. Er lässt sich über die Verknüpfung „Advanced System Settings" im „About"-Dialogfenster der Systemeinstellungen oder einfach per Kommandozeile (Windows+R) aufrufen: „sysdm.cpl". Bild 3.28 zeigt die Konfigurationsschritte zur Umstellung des Arbeitsgruppennamens auf „TEAMDAVE".

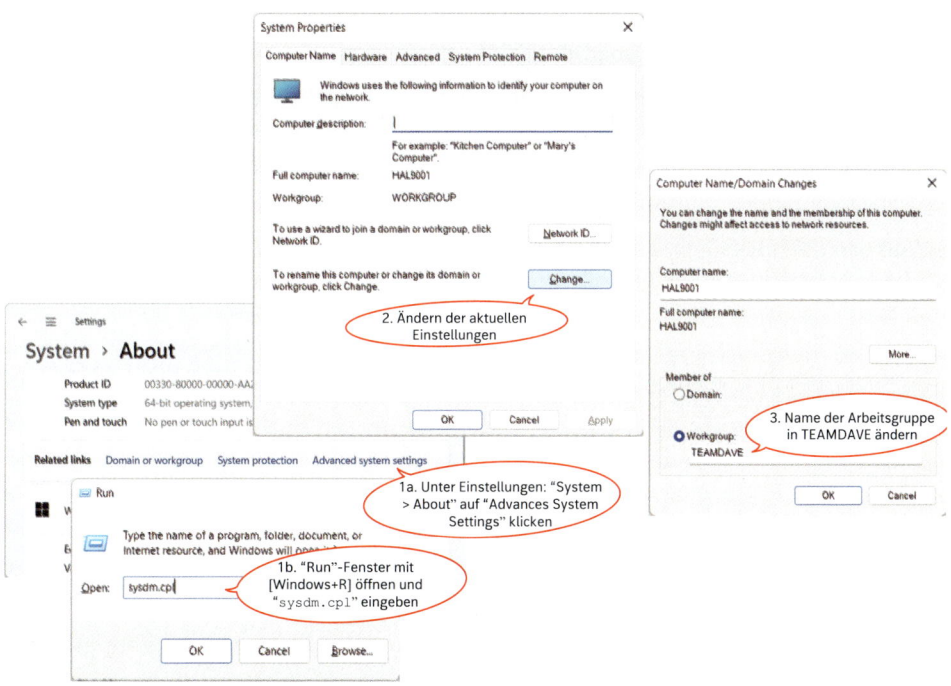

Bild 3.28: Änderung des Arbeitsgruppennamens über die Systemeigenschaften

Diese Aufgabe kann alternativ mit nur einer PowerShell-Zeile erledigt werden. Dazu wird im PowerShell-Fenster mit Administratorrechten (Bild 3.23, Schritte 1 und 2) das Kommando „Add-Computer" mit dem Parameter „-WorkGroupName" und dem Wert „TEAMDAVE" eingegeben (Bild 3.29). Anschließend muss der Computer neu gestartet werden, damit die Änderung gültig wird.

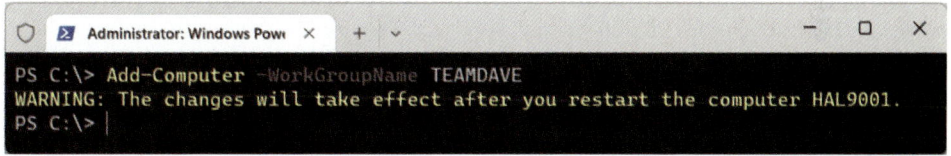

Bild 3.29: Änderung des Arbeitsgruppennamens über die PowerShell

3.3.2.2 Netzwerkfreigaben

Während die öffentlichen Ordner (s. u.) nur für den Datenaustausch zwischen den Nutzenden eines Computers vorgesehen sind, ermöglichen Freigaben den Datenaustausch mit anderen Personen über das Netzwerk. Alle Benutzenden können eigene Order freigeben, auf die andere Netzwerkteilnehmende dann zugreifen können. Abhängig vom gewählten Netzwerkprofil kann die Freigabefunktion auch komplett abgeschaltet werden. Das ist besonders bei mobilen Computern wichtig, die sich z.B. unterwegs mit öffentlichen Hotspots verbinden. Bei aktivierter Freigabefunktion hätten Fremde in solchen Fällen Zugriff auf die Freigabeordner. Deshalb weist man solchen Netzwerkverbindungen das öffentliche Netzwerkprofil mit abgeschalteter Freigabefunktion zu. Für vertrauensvolle Netzwerke gilt das private Netzwerkprofil mit aktivierter Freigabe (s. u.).

Grundlegende Freigabeoptionen der Netzwerkprofile lassen sich im Netzwerk- und Freigabecenter ändern (Bild 3.24 und Bild 3.25).

- Erst wenn die Netzwerkkennung eingeschaltet ist, können andere Computer des Netzes diesen Computer sehen.

- Dateien können nicht freigegeben werden, sondern nur Ordner. Allerdings werden Dateien innerhalb freigegebener Ordner ebenfalls freigegeben.

- Auf den öffentlichen Ordner können intern alle Benutzenden jederzeit zugreifen. Über das Netzwerk gibt es die Möglichkeit, den Zugriff von einem Passwort abhängig zu machen.

- Drucker müssen freigegeben werden, wenn man über das Netz drucken will.

- Generell kann man den Zugriff über das Netz auf Ordner von einem Passwort abhängig machen. Benutzende des Computers haben dann von anderen Computern Zugriff, wenn sie ihren Namen und das Passwort angeben. Andere Benutzende müssen entweder den Benutzernamen und das Passwort kennen oder ein Konto auf dem Rechner besitzen, auf den sie zugreifen wollen. Am besten ist es, auf jedem Computer für alle Nutzenden des Netzes ein Konto zu erstellen. Dies ist natürlich nur in kleinen Netzen möglich. In großen Netzen braucht man deshalb eine zentrale Verwaltung aller Benutzenden.

3.3.2.3 Verzeichnisfreigaben einrichten

Ist ein Ordner gefunden, der freigegeben werden soll, kann über den Windows Explorer per Kontextmenü die Freigabe erteilt werden. Bild 3.30 zeigt die Einrichtung einer Freigabe für den Ordner „Dorfgeschehen". Dazu wird im Kontextmenü „Zugriff gewähren auf" angefahren und „Bestimmte Personen ..." ausgewählt. Es öffnet sich ein Fenster mit den aktuellen Freigaben für diesen Ordner. Im Beispiel führt die Liste zu diesem Zeitpunkt nur die angemeldete Benutzerin auf. Damit alle Netzwerkteilnehmenden Zugriff erhalten, wird „Jeder" hinzugefügt. Voreingestellt sind nur lesende Zugriffsrechte. Sollen andere Benutzende auch schreiben können, muss der Eintrag entsprechend umgestellt werden.

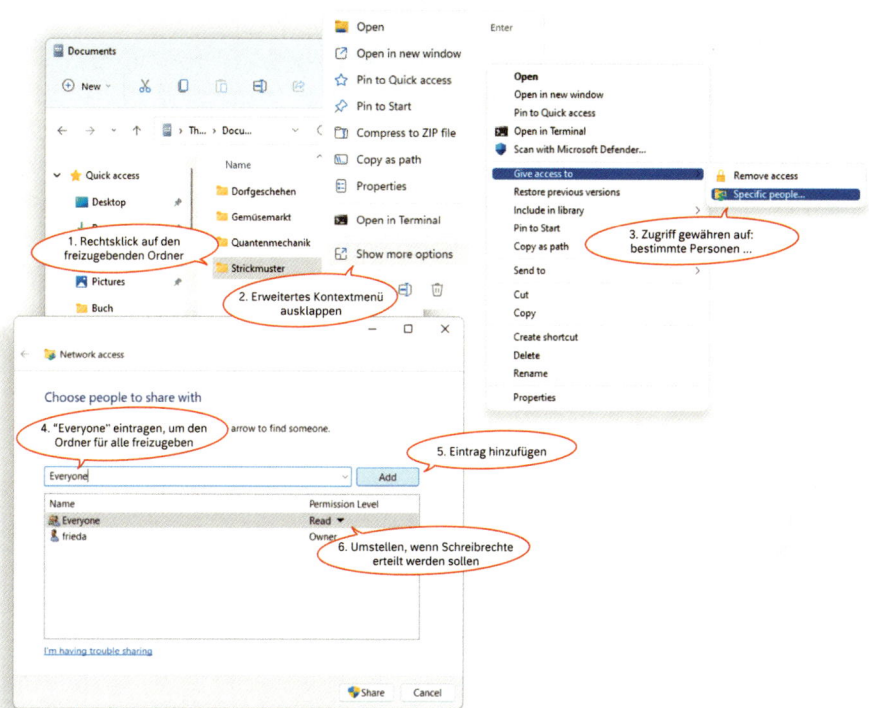

Bild 3.30: Ordnerfreigabe

3.3.2.4 Druckerfreigaben einrichten

Um einen Drucker für andere Benutzende über das Netzwerk zugänglich zu machen, muss er erst freigegeben werden. Die Freigabe muss dabei auf dem Computer erfolgen, an dem der Drucker angeschlossen ist. Kommen mehrere Computer infrage, reicht die Freigabe auf einem.

Bild 3.31 zeigt die Schritte zur Freigabe eines lokalen Druckers. Im Beispiel lautet der Name des Computers „HAL9002". Der Netzwerkfreigabename des Druckers lautet „Netzwerkdrucker".

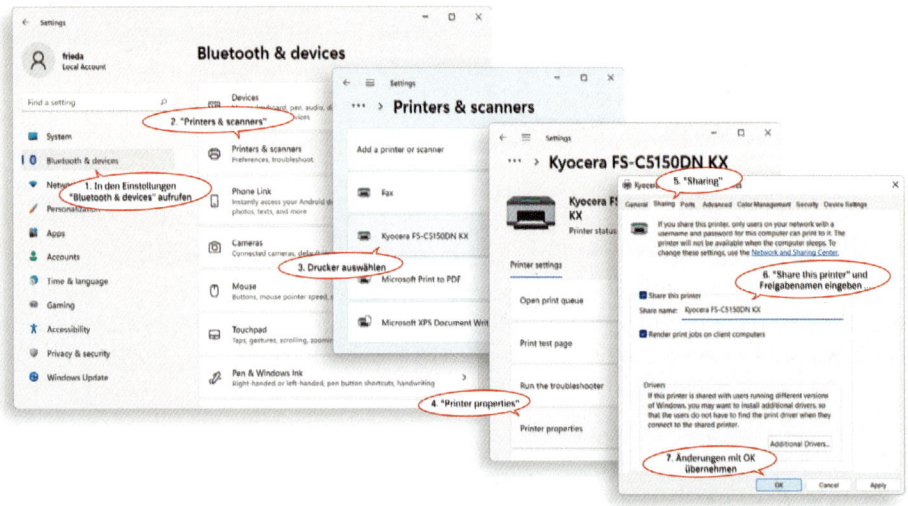

Bild 3.31: Druckerfreigabe

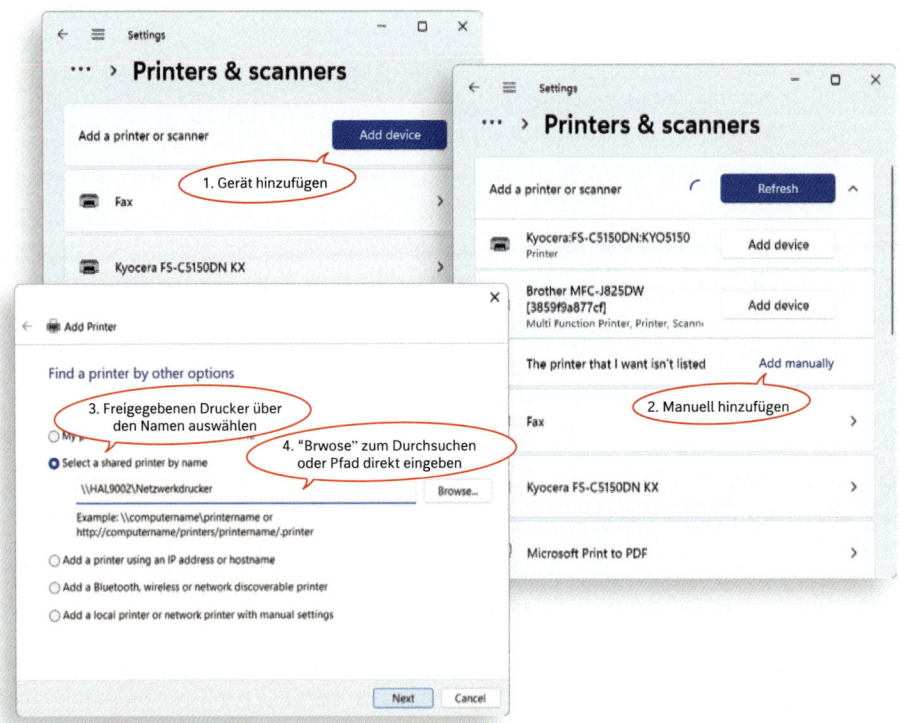

Bild 3.32: Einbinden eines freigegebenen Druckers

Handelt es sich sowohl bei den freigebenden als auch bei den die Freigabe nutzenden Computern um Windows-11-Systeme, erleichtert dies die Installation. In diesem Fall werden die notwendigen Treiber direkt zwischen den Windows-Computern ausgetauscht.

3.3.3 Benutzerverwaltung

Betriebssysteme wie Windows 11 sind für den Massenmarkt konzipiert. Sie sollen auch von Menschen ohne tiefere Systemkenntnisse bedient werden können. Das bedeutet aber auch, dass eine unerfahrene Person nicht leichtfertig oder aus Unkenntnis systemgefährdende Aktionen durchführen können sollte, wie beispielsweise das Löschen wichtiger Systemdateien. In weiterer Konsequenz sollten aber auch andere Benutzende an unbefugten Systemeingriffen gehindert werden, während IT-Fachleute zur Systemwartung erweiterte Befugnisse erhalten sollten.

Windows 11 ist für die Nutzung durch mehrere Benutzende vorgesehen. Für sie alle muss dazu ein eigenes Benutzerkonto angelegt werden. Mit den entsprechenden Kenndaten, z. B. Name und Passwort, melden sich Benutzende beim System an. Vorgefertigte Nutzerprofile legen dabei fest, welche Aktionen durchgeführt werden dürfen und welche nicht.

> Bei einem Windows-11-System für die persönliche Verwendung kann ein Benutzerkonto als **lokales Benutzerkonto** (Offline-Konto) oder als **Microsoft-Konto** (Online-Konto) eingerichtet werden.

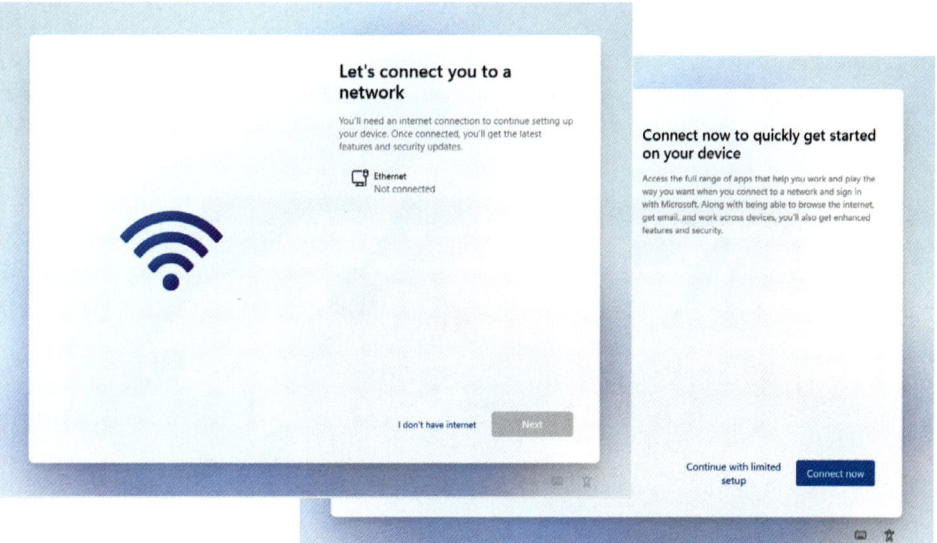

Bild 3.33: Optionales Vorgehen zur Erstellung eines lokalen Benutzerkontos

Windows-Anmeldungen sind bei Microsoft-Konten nach der Einrichtung in der Regel auch ohne bestehende Internetverbindung möglich. Wird allerdings zwischenzeitlich online das Passwort geändert, ist diese Änderung dem lokalen System dann noch nicht bekannt. Die Benutzenden müssen sich noch mit dem alten Passwort anmelden. Erst wenn die Internetverbindung wiederhergestellt wird, werden die Profildaten synchronisiert und die Passwortänderung wird übernommen.

> Im Rahmen der Installation wird die angelegte Person mit **Administratorrechten** ausgestattet. Deshalb ist es sinnvoll, diese Person als **lokaler Benutzer bzw. lokale Benutzerin** einzurichten. Das Konto ist dann an das lokale Gerät gebunden und unabhängig von externen Änderungen, z. B. einer online erfolgten Passwortänderung oder der Schließung des betreffenden Microsoft-Kontos.

Microsoft favorisiert jedoch die Verknüpfung mit einem Microsoft-Konto. Falls keines besteht, wird im Rahmen der Windows-11-Installation ein Microsoft-Konto eingerichtet. Dabei handelt es sich um ein Online-Konto, das auch für die Nutzung von Microsofts Online-Diensten wie dem Cloud-Speicher „OneDrive", dem cloudbasierten Office-365-Softwarepaket oder dem Internet-Telefondienst „Skype" erforderlich ist. Mit einem reinen Offline-Konto (lokales Benutzerkonto) können diese Dienste in der Regel nicht direkt genutzt werden.

> **Microsoft-Konten** können für **Familien** organisiert werden. Konten, die **Kindern** zugeordnet sind, können von **Erwachsenen** eingeschränkt und überwacht werden.

Wenn nicht der volle Umfang einer eigenen serverbasierten zentralen Benutzerverwaltung benötigt wird, können die Funktionen der Familien-Benutzerverwaltung beispielsweise für kleine Unternehmen eine sinnvolle Alternative darstellen.

Auf diese Weise haben Administratoren („Eltern") weitreichende Überwachungs- und Steuerungsmöglichkeiten. Sie haben die Möglichkeit, das Nutzungsverhalten einfacher Gruppenmitglieder („Kinder") zu überwachen und sich beispielsweise wöchentliche Berichte zusenden zu lassen, die Aufschluss geben über die Nutzungszeiten des Arbeitsplatz-PCs, aufgerufene Webadressen und wann welche Apps wie lange genutzt wurden.

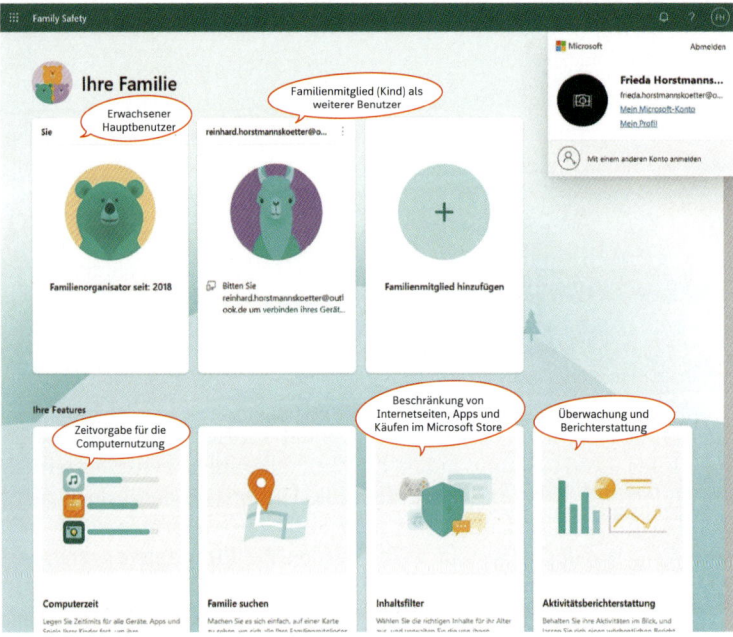

Bild 3.34: Familien-Benutzerverwaltung in der Microsoft-Cloud

Bei dieser Benutzerverwaltung ist z.B. voreingestellt, dass Käufe im Microsoft Store von einer erwachsenen Person genehmigt werden müssen (Bild 3.35). Außerdem stehen Zugriffseinschränkungsfunktionen (Jugendschutzfunktionen) bereit, um unangemessene Apps, Spiele oder Internetseiten zu blockieren. Wahlweise kann auch eine Liste zu sperrender Internetadressen (**Block-List**) oder eine Liste ausschließlich erlaubter Internetadressen (**Allow-List**) angegeben werden. Die entsprechenden Einstellungen sind mit den Microsoft-Konten verknüpft und werden online in der Microsoft-Cloud verwaltet.

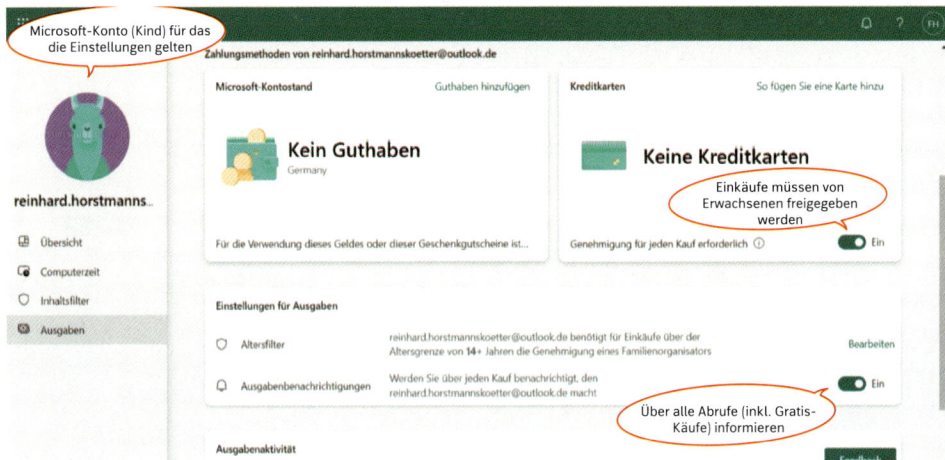

Bild 3.35: Kauf- und Zahlungseinschränkungen

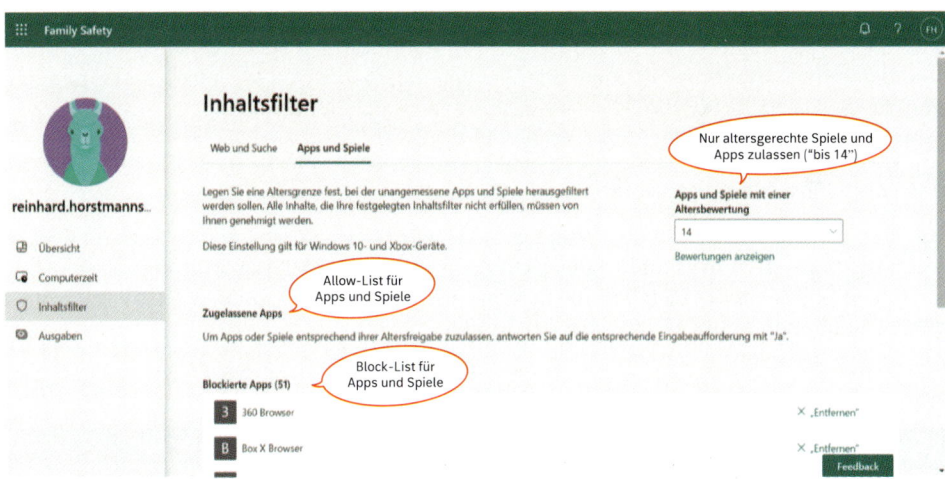

Bild 3.36: Block-List, Allow-List und Altersbeschränkungen

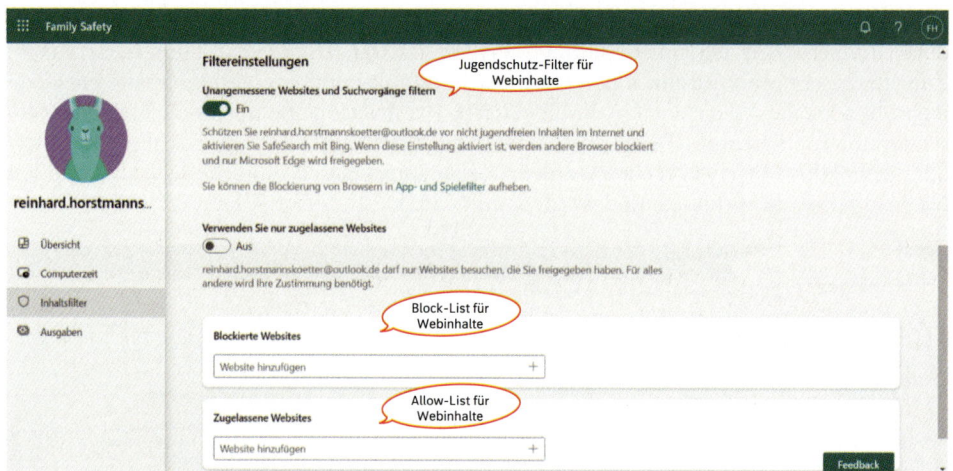

Bild 3.37: Jugendschutzeinstellungen

Die Funktionen der Familien-Benutzerverwaltung erscheinen im Rahmen des erzieherischen Einsatzes im Familienumfeld sinnvoll.
Für den betrieblichen Einsatz muss jedoch beachtet werden, dass die Nutzung der angebotenen Funktionen je nach Art und Umfang generell nicht oder nur unter Auflagen (z. B. Information der Betroffenen) zulässig sein können.

Durch die Verwendung eines Microsoft-Kontos gelangen kontinuierlich Informationen über die lokale Nutzung an Microsoft. Wer das unterbinden möchte, wählt ein lokales Benutzerkonto. Allerdings können dann einige Microsoft-Dienste nicht mehr genutzt werden.

Das versteckte Administratorkonto

Bei der Erstinstallation von Windows 11 wird zusätzlich noch das versteckte „Administrator"-Benutzerkonto eingerichtet. Es unterscheidet sich von dem ersten Benutzerkonto, das bei der Installation ebenfalls als Administratorkonto erstellt wird. Um es nutzen zu können, muss es erst aktiviert werden.

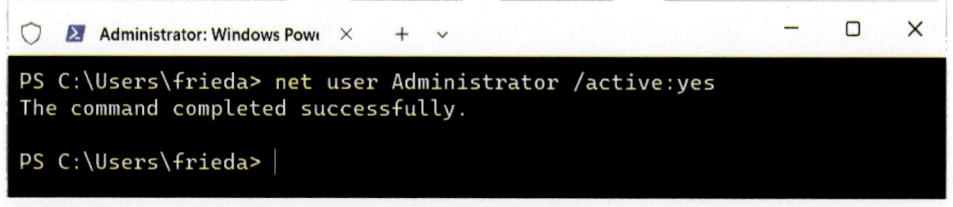

Bild 3.38: Aktivierung des versteckten Administrator-Benutzerkontos

Bei der Installation von Windows 11 wird das **Administratorkonto** inaktiv und **ohne Passwort** angelegt. Wird das Administratorkonto aktiviert, sollte unbedingt ein Passwort eingestellt werden.

Meldet man sich anschließend als „Administrator" an, laufen die gestarteten Programme direkt mit Administratorrechten. Die erste als Benutzerin oder Benutzer eingerichtete Person, die auch als Administrator verzeichnet ist, gewährt Administratorrechte allerdings erst auf Anforderung. Wird eine solche Anforderung nicht gestellt, erfolgt keine Anhebung der Rechte auf Administratorniveau. Das Programm wird dann weiterhin nur mit eingeschränkten Rechten ausgeführt und bricht in der Regel mit einer Fehlermeldung ab.

Beispielsweise erfordert der Befehl „net config server" Administratorrechte (Bild 3.39). Öffnet die Person, die ursprünglich mit der Administratorberechtigung angelegt wurde, eine gewöhnliche PowerShell und führt den Befehl aus, erhält sie eine Fehlermeldung (Bild 3.39, oben). Nur als „Administrator" lässt sich die PowerShell direkt mit Administratorrechten öffnen und der Befehl ohne Fehlermeldung ausführen (Bild 3.39, unten).

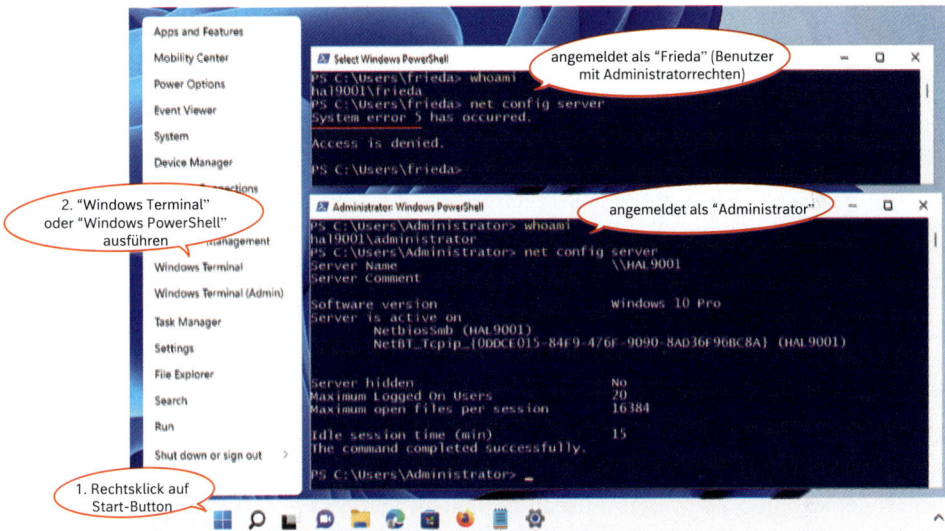

Bild 3.39: Administrator und Benutzerin mit Administratorrechten (Bildmontage)

Benutzergruppen

Benutzende lassen sich verschiedenen Gruppen zuordnen. So gehören die bei der Ersteinrichtung von Windows 11 erstellten Benutzenden und der versteckt angelegte „Administrator" der Gruppe „Administratoren" an (Bild 3.40). Alle weiteren Benutzende werden standardmäßig als Standardbenutzenden angelegt und damit der Gruppe „Benutzer" zugeordnet.

Die Unterteilung in Gruppen bietet sich üblicherweise erst bei einer Vielzahl von Beteiligten an, sodass sich der Aufwand zur Verwaltung der Zugriffsrechte im Wesentlichen auf die Konfiguration der Gruppenrechte reduziert.

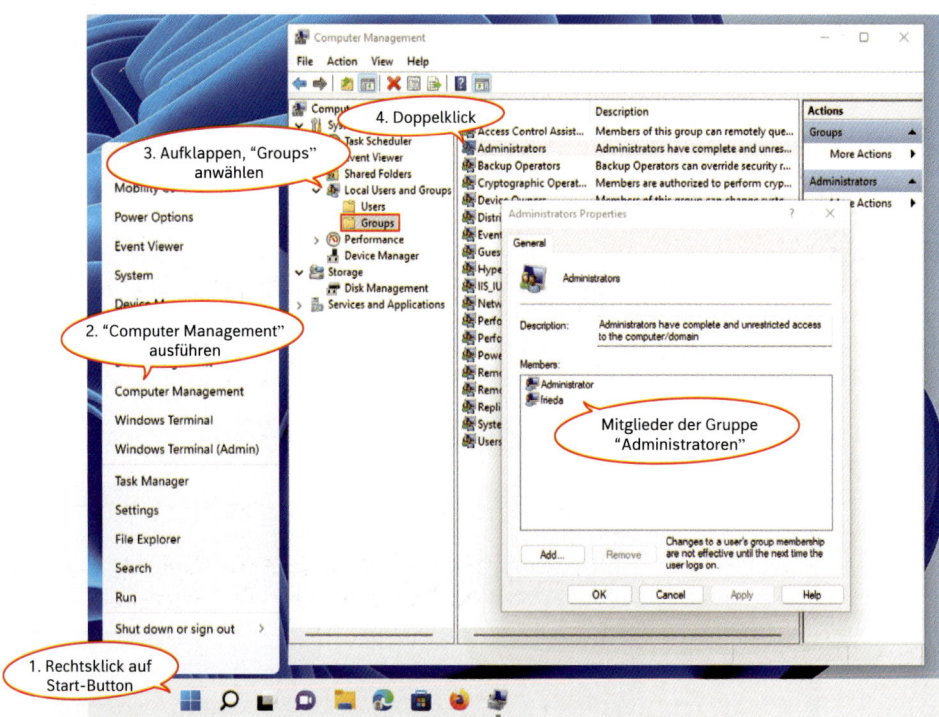

Bild 3.40: Verwaltung der lokalen Benutzergruppen

Persönliche Ordner

Zu jedem Benutzerkonto gehören Ordner, auf die nur der oder die jeweilige Benutzende zugreifen kann, z. B. „Eigene Dateien". Der Zugriff auf die persönlichen Ordner anderer Nutzender wird blockiert. Eine Ausnahme stellen Benutzende mit Administratorrechten dar. Sie können auf die lokalen Daten aller Benutzenden zugreifen.

Öffentliche Ordner

Auf öffentliche Ordner können alle Benutzenden zugreifen. Dateien können dort von allen gelesen, erstellt, verändert, verschoben und gelöscht werden. Die Ordner sind bei Windows 11 dem Benutzerkonto „Öffentlich" zugeordnet und sind in der Regel auf dem C-Laufwerk im Verzeichnis „C:\Users\Public" zu finden. Bei Windows 11 mit deutscher Spracheinstellung zeigt der Windows Explorer die übersetzten Verzeichnisnamen an (Bild 3.41). Aktiviert man in den Ordneroptionen („Ansicht" > „Optionen") die Einstellung „Vollständigen Pfad in der Titelleiste anzeigen", zeigt die Titelleiste den tatsächlichen Verzeichnispfad an. Eine andere Möglichkeit, diesen in Erfahrung zu bringen, ist der Klick in den freien Bereich neben dem übersetzten Verzeichnispfad (Bild 3.41). Die Pfadanzeige wird dadurch in ein Eingabefeld mit dem tatsächlichen Verzeichnispfad umgeschaltet.

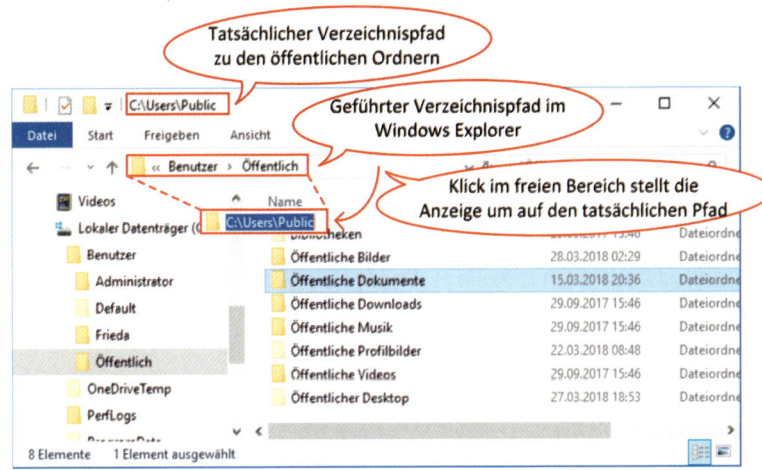

Bild 3.41: Verzeichnispfad zu den öffentlichen Ordnern im Windows Explorer

Um in der PowerShell oder der Eingabeaufforderung auf die öffentlichen Verzeichnisse zuzugreifen, müssen immer die tatsächlichen Verzeichnisnamen verwendet werden. Die deutschen Übersetzungen, die der Windows Explorer verwendet, funktionieren nicht (Bild 3.42).

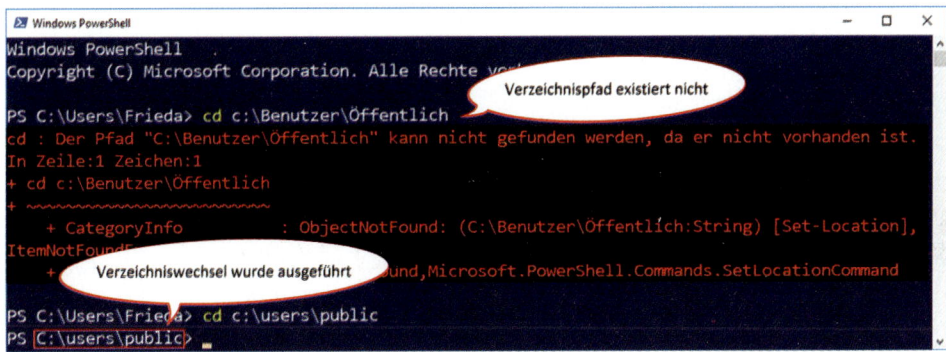

Bild 3.42: Verzeichnispfad zu den öffentlichen Ordnern in der PowerShell

3.3.4 Die Windows-Registrierungsdatenbank

Die Windows-Registrierungsdatenbank **(Registry)** dient als zentrale Sammelstelle für alle systemspezifischen Einstellungen. In der Registry speichern Windows und die meisten installierten Programme alle Informationen zur Hard- und Softwarekonfiguration sowie die Benutzereinstellungen zum Desktop sowie die zum Startmenü.

Die Registry ist eine hierarchisch aufgebaute Datenbank, die aus Schlüsseln und Werten besteht, die verschiedene Typen annehmen können. Insgesamt gibt es fünf bzw. sechs Hauptschlüssel, die mit **HKEY** beginnen (das H steht für Hive = Bienenstock und soll auf die hierarchische Anordnung wie bei einem Bienenschwarm hinweisen).

Der sechste Hauptschlüssel **HKEY_PER-FORMANCE_DATA** ist auf vielen Rechnern nicht sichtbar.

Die Registry lässt sich nur mit speziellen Programmen bearbeiten. Zur Ausführung des Windows-eigenen Registrierungs-Editors sind Administratorrechte nötig (**[Windows-Taste + R]** und dann **regedit** eingeben). Anschließend zeigen sich im Registrierungs-Editor die Hauptschlüssel, die ihrerseits wieder mit zahlreichen Unterschlüsseln versehen sind.

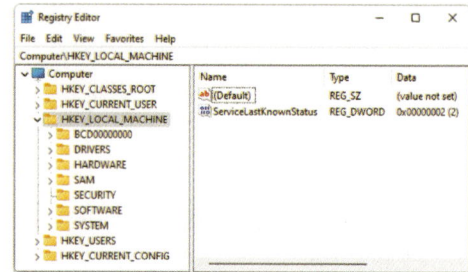

Bild 3.43: Baumstruktur der fünf Registrierungs-hauptschlüssel

Dabei sind die Daten der Registry hierarchisch in Form einer Baumstruktur organisiert, vergleichbar den Ordnern auf der Festplatte, nur dass man sie nicht als Ordner oder Verzeichnisse bezeichnet, sondern als Schlüssel.

Jeder Eintrag in der Registry enthält mindestens einen Wert mit dem Namen „Standard". Für jeden weiteren Wert eines Schlüssels muss es sowohl einen Namen als auch einen Datenwert geben. Ein Name kann aus den Zeichen A bis Z, 0 bis 9, Leerzeichen und Unterstrich bestehen. Die Werte werden in der Spalte Daten angezeigt. Dabei unterscheidet die Registry folgende Arten von Datentypen:

Bezeichnung	Datentyp	Inhalt
REG_SZ	Zeichenfolge	Eine Zusammenstellung von Zeichen mit variabler Länge, die mit Null endet; sie wird als Zeichen in Anführungszeichen eingeschlossen gespeichert.
REG_Binary	Binärwert	Ein definierter Wert kann eine Größe von ein bis 16 KiByte haben und wird als Folge von hexadezimalen Bytes dargestellt.
REG_DWORD	32-Bit-Wert	Ein binärer Wert mit einer maximalen Größe von vier Bytes; er wird sowohl im hexadezimalen als auch im dezimalen Format angezeigt; z. B. ist der Eintrag 0x00000000 (0) so zu lesen, dass 0x00000000 die hexadezimale Darstellung des Wertes und (0) die dezimale Darstellung ist.
REG_QWORD	64-Bit-Wert	Hierbei handelt es sich um die 64-Bit-Variante zum REG_DWORD. Sie wird ebenfalls im hexadezimalen und dezimalen Format dargestellt.
REG_Multi_SZ	mehrteilige Zeichenfolge	Hier können mehrere Zeichenketten in einem Registereintrag gesetzt werden.
REG_EXPAND_SZ	erweiterbare Zeichenfolge	Häufig wird dieser Datentyp für Umgebungsvariablen benutzt. Die aktuellen Werte der Variablen können somit auf den aktuellen Eintrag gesetzt werden.
REG_Full_RESOURCE_DESCRIPTOR		Diese Werte können nicht über Regedit gesetzt oder verändert werden. Es ist eine Folge verschachtelter Arrays, die für eine Hardwarekomponente oder einen Treiber benutzt werden.

Bild 3.44: Datentypen der Registry-Einträge

Wenn der Standardeintrag keinen Wert enthält, wird die Zeichenfolge „Wert nicht gesetzt" angezeigt.

Die Hauptschlüssel (HKEYs) der Registry haben folgende Funktionen und Inhalte:

HKEY_CLASSES_ROOT

Dieser Hauptschlüssel ist eigentlich kein richtiger Schlüssel, sondern ein Verweis auf **HKEY_LOKAL_MACHINE\SOFTWARE\Classes** und **HKEY_USERS\{SID der/des Benutzenden}** (mit SID, z.B. S-1-5-20).

Hier sind die Verknüpfungen zwischen Dateiarten und Anwendungen definiert, d.h., welches Programm mit welcher Endung gespeichert wird sowie die Verhaltensweisen der Dateiextensionen. Das betrifft auch das Erscheinen und Verhalten von Dateitypen in Kontextmenüs und die Frage, mit welchem Icon der Dateityp angezeigt wird (OLE-Informationen; OLE: Objekt Linking and Embedding = Objektverknüpfung und -einbettung). Im Unterschlüssel CLSID sind OLE-Settings, Active-X-Abläufe usw. definiert. Immer wenn ein OLE-fähiges Programm installiert wird, kommt eine weitere CLSID (**Class Identifier**) dazu. Es handelt sich hierbei um kryptische Zeichenfolgen, die z.B. so aussehen können:

> {2C63E4EB-4CEA-41B8–919C-E947EA19A77C}

Die CLSIDs enthalten noch etliche Unterschlüssel, in denen Angaben zum Pfad, zu den verwendeten DLLs, Icons, Objektnamen usw. festgelegt werden. Diese Registry-Einträge werden auch benötigt, um „Drag & Drop"-Operationen durchzuführen.

HKEY_CURRENT_USER

Dieser Hauptschlüssel beschreibt die Konfiguration der/des jeweils aktiven Anwendenden und wird als Kopie der Einstellungen aus **HKEY_USER** übernommen. Wichtige Unterschlüssel sind hier z.B.:

- AppEvents (Systemklänge mit Soundschemas für Anwendungen)
- Control Panel (Farbschema, Powermanagement, Systemsteuerung, Screensaver usw.)
- Keyboard Layout (Tastatureinstellungen)
- RemoteAccess (Profile für Fernzugriff)
- Software (Konfiguration der Programme für den angemeldeten User)

HKEY_LOCAL_MACHINE

Dieser Hauptschlüssel enthält alle Informationen über die vorhandene Hardware und Software, alle Sicherheitseinstellungen und Benutzungsrechte. Diese Einträge gelten für das lokale System, unabhängig davon, welche/-r Benutzende gerade angemeldet ist, und haben somit Vorrang vor den Werten unter **HKEY_CURRENT_USER**. Wesentliche Unterschlüssel sind:

- Hardware (die von der Hardwareerkennung ermittelten Daten, z.B. Informationen zur CPU, zu den Schnittstellen-Controllern, zur Grafikkarte usw.)
- Security (ein altes NT-Relikt)
- Services (Gerätetreiber für den Kernel, Dateisystem und Dienste)

3

- Software (Konfigurationsdaten der installierten Software, allgemeine Software-einstellungen für 32- und 64-Bit-Programme)

- System (Aus diesem Schlüssel werden die in der Bootphase benötigten Daten wie Treiber, Dienste und Einstellungen gelesen.)

HKEY_USERS

Dieser Schlüssel enthält die benutzerspezifischen Daten wie Desktop-Einstellungen und Netzwerkverbindungen, die in USER.DAT gespeichert werden. Ist die Benutzerverwaltung nicht aktiv, so ist dort nur ein „Default"-Schlüssel vorhanden. Bei aktiver Benutzerverwaltung werden mehrere USER.DAT gespeichert. Für die jeweiligen Anwendenden (USER) ist nur das eigene Profil bzw. die eigene USER.DAT sichtbar. Werden durch den Administrator neue Benutzende angemeldet, dann wird hier jeweils ein neuer Schlüssel für diese User angelegt.

HKEY_CURRENT_CONFIG

Das ist der Schlüssel für unterschiedliche Hardwareprofile. Konfigurationen für Drucker und andere Peripheriegeräte werden hier festgelegt. Es können Einstellungen für verschiedene Benutzende gespeichert sein.

Unterschlüssel sind:

- Software (Windows-Internetkonfiguration)
- System (Konfiguration von Druckern, Grafikkarte, PCI-Slots usw.)

Eine weitere Typisierung bilden die bereits genannten CLSID-Schlüssel. Ein CLSID (**Cl**ass **I**dentifier) ist zunächst einmal nichts weiter als ein Name für ein Objekt. Es ist eine spezielle Form eines GUID (**G**lobal **U**nique **Id**entifier), also ein weltweit eindeutiger Bezeichner. Ein CLSID ist ein 16-Byte-Wert, der 32 hexadezimale Stellen enthält, die in Gruppen zu 8–4–4–4–12 angeordnet sind.

CLSIDs werden benötigt, um OLE-Objekte eindeutig identifizieren zu können.

Objekte, die eine CLSID besitzen, sind Desktop, Arbeitsplatz, Drucker usw.

Diese Objekte werden über ihre CLSID angesprochen. Alle Objekte besitzen sowohl Eigenschaften wie Name, Icon oder Shortcut als auch Methoden. Methoden sind objektorientierte Vorgänge und werden ausgeführt, wenn mit einem Objekt gearbeitet wird, z. B. beim Betätigen einer Maustaste.

Objekt	Klassenkennung (Class Identifier)
Netzwerkumgebung	{208D2C60-3AEA-1069-A2D7-08002B30309D}
Arbeitsplatz	{20D04FE0-3AEA-1069-A2D8-08002B30309D}
Eigene Dateien	{450D8FBA-AD25-11D0-98A8-0800361B1103}
Startmenü	{48e7caab-b918-4e58-a94d-505519c795dc}
Gemeinsame Dokumente	{59031a47-3f72-44a7-89c5-5595fe6b30ee}
Papierkorb	{645FF040-5081-101B-9F08-00AA002F954E}

Objekt	Klassenkennung (Class Identifier)
Ordneroptionen (Systemsteuerung)	{6DFD7C5C-2451-11d3-A299-00C04F8EF6AF}
Temporary Internet Files	{7BD29E00-76C1-11CF-9DD0-00A0C9034933}
Programme	{7be9d83c-a729-4d97-b5a7-1b7313c39e0a}
Internet Explorer	{871C5380-42A0-1069-A2EA-08002B30309D}
Fonts (Systemsteuerung)	{D20EA4E1-3957-11d2-A40B-0C5020524152}
Verwaltung (Systemsteuerung)	{D20EA4E1-3957-11d2-A40B-0C5020524153}

Bild 3.45: Beispiele für Klassenregistrierungen (CLSIDs)

Jede installierte Software hinterlässt einen oder mehrere Schlüssel in der Registrierungsdatei. Bei einer späteren Deinstallation werden oftmals diese Schlüssel in HKEY_LOCAL_MACHINE\SOFTWARE nicht gelöscht. Die Registrierungsdateien fragmentieren bei zunehmender Lebensdauer immer mehr. Wird ein Eintrag in der Registry gelöscht, wird diese nicht automatisch kleiner. An der betreffenden Stelle entsteht einfach eine Lücke, die Windows bei Bedarf mit einem neuen Schlüssel füllt. Dieser Vorgang führt dazu, dass die Registrierung selbst das System zunehmend verlangsamt. Daher sollte die Registry von Zeit zu Zeit manuell defragmentiert werden. Geeignete Programme werden auch als Sharewareversionen angeboten.

HKEY_PERFORMANCE_DATA (nicht überall sichtbar)

Dieser Schlüssel erlaubt verschiedenen Anwendungen den Zugriff auf Leistungsdaten (*performance data*). Er wird erst bei entsprechenden Anforderungen erstellt und bei einer Standardinstallation nicht angezeigt.

Während der Schlüssel im Registrierungs-Editor nicht sichtbar ist, wird er beispielsweise über den PowerShell-Befehl „dir Registry::" in der Liste der vorhandenen Hauptschlüssel mit aufgeführt (Bild 3.46).

```
Windows PowerShell                                        —   □   ×
PS C:\Users\frieda> dir Registry::
                                                                  |

    Hive:


Name                            Property
----                            --------
HKEY_LOCAL_MACHINE              ServiceLastKnownStatus : 2
HKEY_CURRENT_USER
HKEY_CLASSES_ROOT
HKEY_CURRENT_CONFIG
HKEY_USERS
HKEY_PERFORMANCE_DATA           Global : {80, 0, 69, 0...}
                                Costly : {80, 0, 69, 0...}


PS C:\Users\frieda>
```

Bild 3.46: Anzeige aller vorhandenen Registry-Hauptschlüssel in der PowerShell

3.3.5 Systemeinstellungen und Fehlermeldungen: Interrupts, Ports und DMA

Betriebssystemstörungen und Betriebssystemabstürze können bei allen Betriebssystemen auftreten und unter Umständen für Datenverluste sorgen. In extremen Fällen ist eine komplette Neuinstallation des Betriebssystems erforderlich. Ursachen für Fehler liegen oft in Fehlbedienungen, in fehlerbehafteten Programmen der Softwarehersteller oder aber in Hardwarekonflikten und uneindeutigen Systemressourcen.

Eine erste Funktionsanalyse eines Computers ermöglicht – nicht nur im Fehlerfall – der **Task Manager** (aufrufbar z. B. mit *Strg* + *Alt* + *Entf*). Er liefert unter anderem grafisch aufbereitete Informationen zur CPU-Auslastung, zur Verwendung des Arbeits- und des Festplattenspeichers sowie der Bluetooth- und der LAN-/WLAN-Nutzung. Darüber hinaus lassen sich auf jeweiligen Registerkarten aktive Prozesse, Dienste und sonstige Informationen tabellarisch anzeigen und ggf. auch beenden.

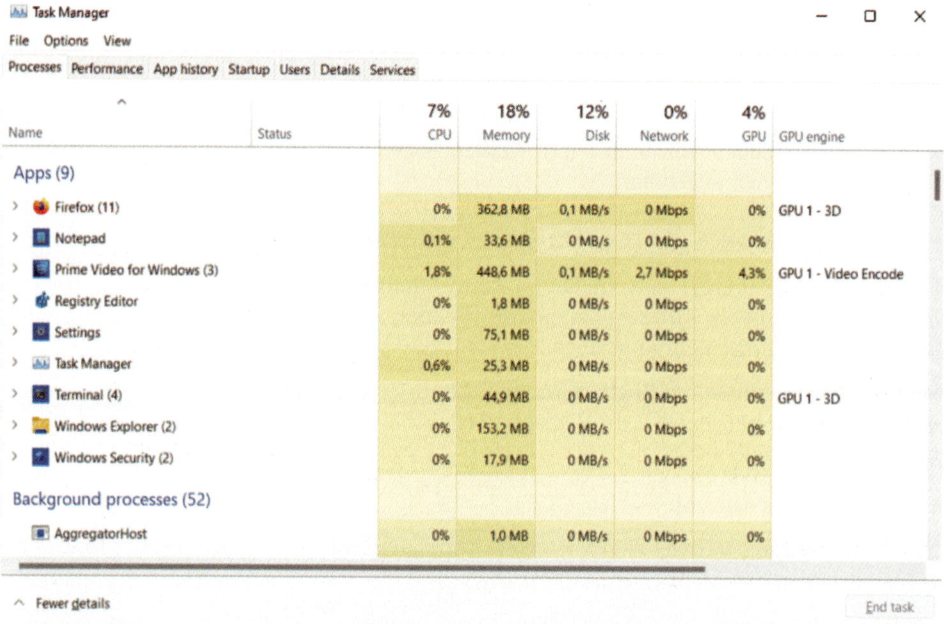
Task Manager
File Options View
Processes Performance App history Startup Users Details Services
Name Status 7% CPU 18% Memory 12% Disk 0% Network 4% GPU GPU engine
Apps (9)
Firefox (11) 0% 362,8 MB 0,1 MB/s 0 Mbps 0% GPU 1 - 3D
Notepad 0,1% 33,6 MB 0 MB/s 0 Mbps 0%
Prime Video for Windows (3) 1,8% 448,6 MB 0,1 MB/s 2,7 Mbps 4,3% GPU 1 - Video Encode
Registry Editor 0% 1,8 MB 0 MB/s 0 Mbps 0%
Settings 0% 75,1 MB 0 MB/s 0 Mbps 0%
Task Manager 0,6% 25,3 MB 0 MB/s 0 Mbps 0%
Terminal (4) 0% 44,9 MB 0 MB/s 0 Mbps 0% GPU 1 - 3D
Windows Explorer (2) 0% 153,2 MB 0 MB/s 0 Mbps 0%
Windows Security (2) 0% 17,9 MB 0 MB/s 0 Mbps 0%
Background processes (52)
AggregatorHost 0% 1,0 MB 0 MB/s 0 Mbps 0%
Fewer details
End task

Bild 3.47: Windows 11 Task Manager (Beispiel; versionsabhängige Abweichung der Registerkarten möglich)

Darüber hinaus bietet eine Sammlung von Service- und Dienstprogrammen, die bei Systemproblemen hilfreich sein können, mannigfaltige Einstellungsmöglichkeiten (Kap. 2.5.1.6, Bild 2.27). Von hier aus besteht Zugriff auf zahlreiche Ordner, die für die Überprüfung von Einstellungen und Anpassungen des Betriebssystems erforderlich sind. Viele dieser Ordner lassen sich auch über Hotkeys oder Mausklicks aktivieren.

Um eine bestehende Fehlfunktion zu beseitigen, hilft in vielen Fällen der Versuch, über den Menüpunkt „Problembehandlung“ („Troubleshoot“) in der Kategorie „Update und Sicherheit“ der Windows-Einstellungen die Ursache zu lokalisieren und automatisch zu beseitigen (Bild 3.48).

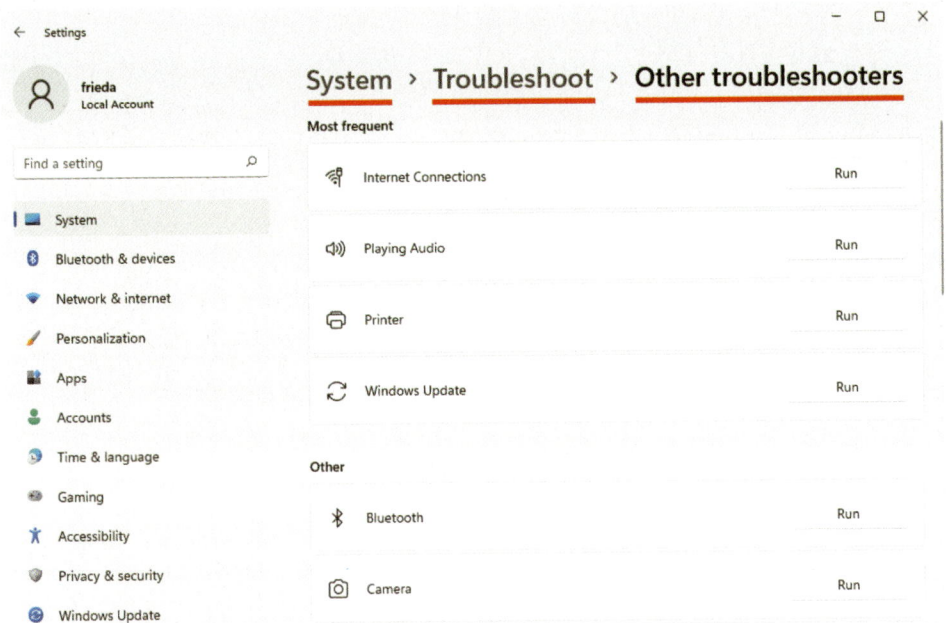

Bild 3.48: Menü Problembehandlung in den Windows-Einstellungen

Sofern dies erfolglos ist, kann man auch eine Systemwiederherstellung aus einem früheren Zeitpunkt durchführen.

> Beim Anlegen eines **Systemwiederherstellungspunktes** werden vom Betriebssystem sämtliche System- und Konfigurationseinstellungen zum jeweiligen Erstellzeitpunkt gespeichert. Man spricht auch von einer **Schattenkopie**. Bei einem späteren Auftreten von Betriebsproblemen kann das System durch einen vorhandenen Wiederherstellungspunkt auf einen früheren Systemstatus zurückgesetzt werden.

Wiederherstellungspunkte werden meist automatisch vom Betriebssystem erstellt. Sie lassen sich aber auch manuell erzeugen.

Windows-Wiederherstellungsumgebung

Lässt sich Windows 11 nicht mehr regulär starten oder treten nach dem Systemstart Probleme auf, ermöglicht die **Windows-Wiederherstellungsumgebung (Windows Recovery Environment, WinRE)** eine Problembehandlung (Bild 3.49). WinRE startet automatisch, wenn mindestens zweimal nacheinander der Windows-Start abgebrochen wurde. Diese Situation kann auch bewusst herbeigeführt werden, wenn zweimal in Folge nach dem Einschalten des Arbeitsplatz-PCs sofort beim ersten Anzeichen des Windows-Starts der Netzstecker gezogen wird. Wenn das Startmenü noch bedienbar ist, lässt sich WinRE starten, indem während des Anklickens der Neustart-Option die Shift-Taste gedrückt wird.

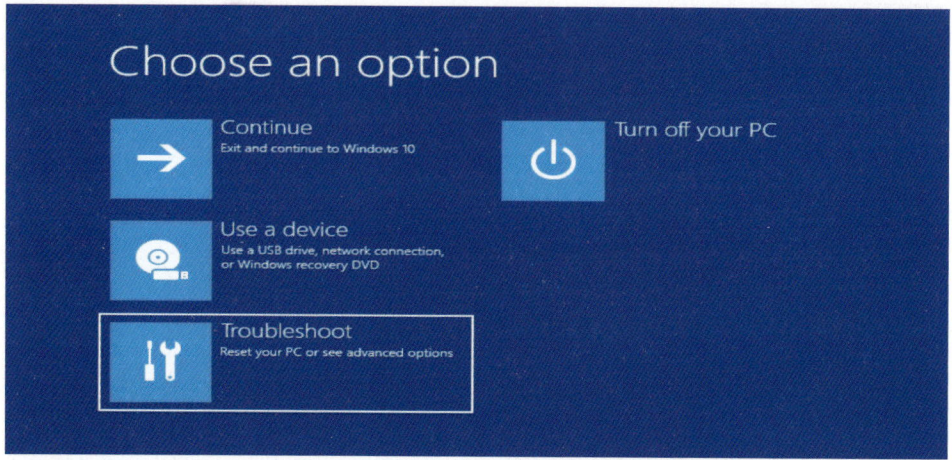

Bild 3.49: WinRE-Startmenü

Zur Problembehandlung bietet sich der Windows-Start im **abgesicherten Modus** an. Hierbei werden lediglich Standardtreiber und nur wenige Hintergrunddienste geladen, die Bildschirmdarstellung erfolgt in VGA-Auflösung (Kap. 1.9.1). Sofern möglich oder erforderlich, kann dann ggf. auf Kommandozeilenebene ein Systemzugang erfolgen und eine Fehlerbehebung oder zumindest eine Sicherung wichtiger Daten durchgeführt werden. Hierzu sind die – aus heutiger Sicht – „alten" MS-DOS-Befehle (Microsoft Disk Operating System) erforderlich, die auch heute noch quasi als virtuelle Anwendung unter Windows zur Verfügung stehen (z. B. cd, chkdsk, copy, dir, del, ren, del usw.). Der Start im abgesicherte Modus ist aus WinRE heraus über das Menü Problembehandlung > Erweiterte Optionen > Starteinstellungen und Klick auf „Neu starten" erreichbar (Bilder 3.49 und 3.50).

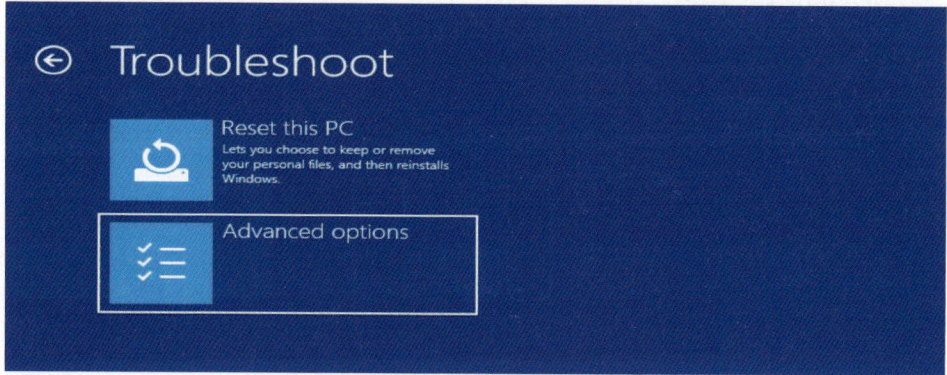

Bild 3.50: WinRE-Menü zur Problembehandlung

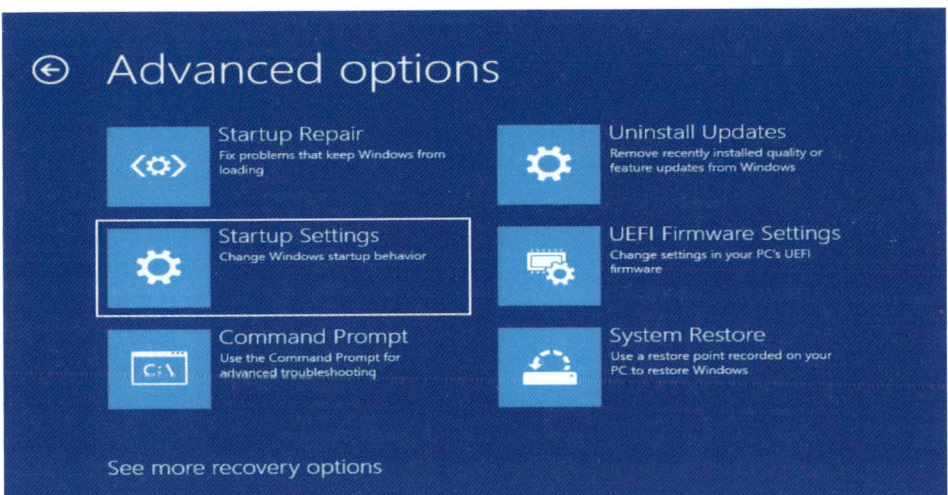

Bild 3.51: Erweiterte Problembehandlungsoptionen in WinRE

Anschließend erscheint das WinRE-Neustartmenü (Bild 3.51), in dem der Windows-11-Start im abgesicherten Modus über die Tasten 4, 5 (mit Netzwerkunterstützung) oder 6 (mit Eingabeaufforderung) ausgewählt werden kann (Bild 3.52).

3

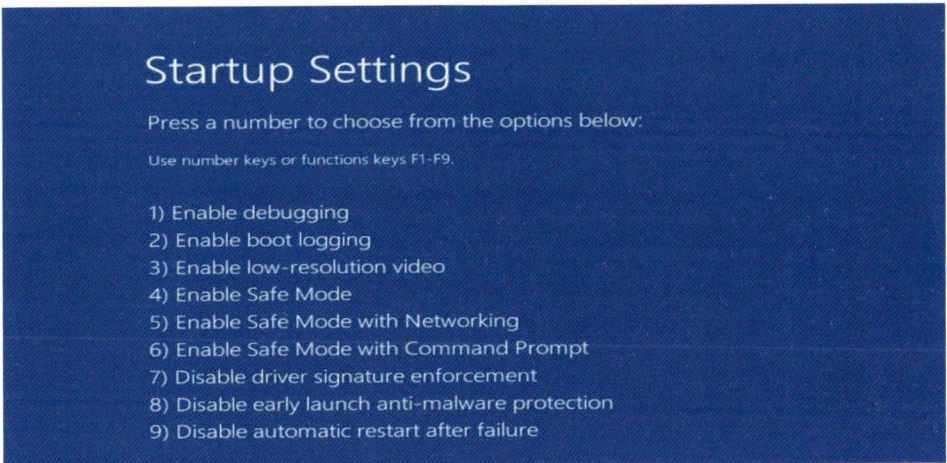

Bild 3.52: WinRE-Neustartoptionen

In extremen Fällen ist ggf. eine komplette Neuinstallation des Betriebssystems erforderlich.

Gerätemanager

Ein wichtiges Analysehilfsmittel ist auch der **Gerätemanager** (Device Manager) der in den Einstellungen unter System > About oder im [Windows + X]-Menü zu finden ist.

Er gibt darüber Auskunft, welche Hardware sich im PC befindet und wie einzelne Komponenten konfiguriert sind. Dazu fasst er die einzelnen Geräte in verschiedene Gruppen zusammen. So findet man z.B. unter „Laufwerke" (disk drives) alle Geräte, die den Benutzenden ermöglichen, auf ihnen Daten zu speichern.

Falls notwendig, können die Anwendenden hier Änderungen vornehmen und Treiber aktualisieren. Solche gerätespezifischen Einstellungen müssen immer dann vorgenommen werden, wenn trotz Plug & Play zwei Karten den gleichen IRQ (Interrupt Request) beanspruchen (Bild 3.53).

Immer dann, wenn Daten von oder zu einem Speichermedium oder einer Schnittstelle transportiert werden müssen, muss der PC seine aktuelle Arbeit unterbrechen. Obwohl diese Unterbrechungen nur Millionstelsekunden betragen, ist man bemüht, diese auf ein Mindestmaß zu beschränken. So sollen beispielsweise unnötige Wartepausen, die ein ständiges Überprüfen der Schnittstelle bzw. des Speichermediums erfordern würden, vermieden werden. Daher führt der Rechner nur dann Unterbrechungen aus, wenn auch wirklich Bedarf besteht. Dann meldet die Controller-Karte dem Hauptprozessor eine Unterbrechungsanforderung: den erwähnten Interrupt-Request (IRQ).

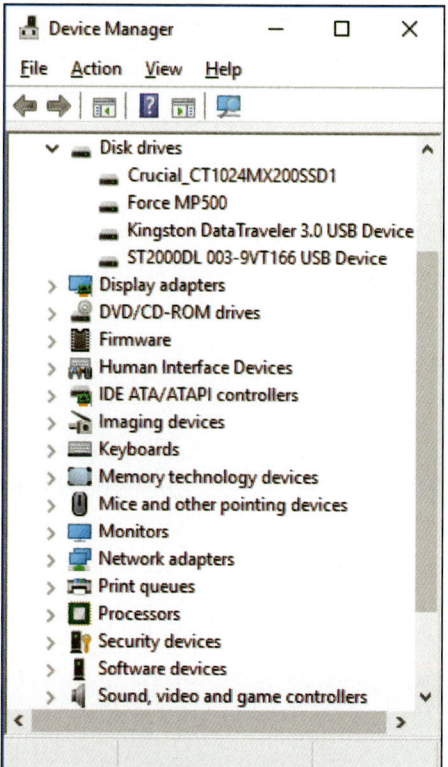

Bild 3.53: Gerätemanager von Windows 10 (Beispielkonfiguration)

> PC-Hardwarekomponenten können mittels eines elektrischen Signals den Prozessor zur Abarbeitung von Befehlen auffordern. Diesen Vorgang bezeichnet man als **Interrupt-Request** (**IRQ**).

Da in einem System mehrere IRQs gleichzeitig ausgelöst werden können, der Prozessor aber nur jeweils einen davon abarbeiten kann, gibt der IRQ-Controller diese geordnet nach ihrer Priorität an die CPU weiter. Treten mehrere Ereignisse zur selben Zeit ein, werden sie ihrer Wichtigkeit nach zur CPU weitergeleitet.

Jeder Kommunikationspartner eines PCs bekommt eine eigene Interrupt-Nummer. Für jede dieser Nummern gibt es im Rechner eine eigene Signalleitung. Jede Interrupt-Nummer darf nur einmal vergeben werden, denn bei einer Doppelbelegung würden zwei unterschiedliche Erweiterungen oder Systemkomponenten auf die Anforderung reagieren und es käme zu einer Art Kollision auf dem Datenbus. Keine der beiden Komponenten könnte dann richtig funktionieren. Fordert eine Karte oder eine Baugruppe eine Unterbrechung (*interrupt*) an, so erkennt der Prozessor anhand der Nummer, welche Komponente diese Unterbrechung angefordert hat.

Jede der in einen PC eingebauten Steckkarten belegt bestimmte Systemressourcen. Genau genommen ist es eigentlich der zu fast jeder Karte gehörende Gerätetreiber, der die Ressource belegt. Generell gilt, dass jede Ressourcenbelegung eindeutig sein muss, um Konflikte mit anderen Steckkarten zu vermeiden. Unter Ressourcen versteht man neben den Interrupt-Leitungen (IRQ) auch die Portadresse, die Speicheradressen und die DMA-Kanäle (s. u.). Nicht jede Karte benutzt all diese Ressourcen.

Fast immer werden der IRQ und eine Portadresse gebraucht. Die Steckkarte muss auf bestimmte gültige und konfliktfreie, d.h. bisher nicht besetzte Werte eingestellt werden. Kaum noch besteht die Möglichkeit, diese Werte an der Steckkarte anhand von Steckbrücken oder DIP-Schaltern einzustellen. Üblicherweise geschieht die Zuweisung automatisch oder über ein Konfigurationsprogramm, das nicht selten auch Bestandteil der Gerätetreiberinstallation ist. Die Installationsroutine fragt dann die entsprechenden Werte ab. Häufig kann mit dem gleichen Programm auch getestet werden, ob die eingestellten Werte gültig sind. Ist das nicht der Fall, kommt es zu Fehlermeldungen.

Aktuelle Systeme arbeiten mit einem **A**dvanced **P**rogrammable **I**nterrupt **C**ontroller (APIC). Dieser verarbeitet mehr als die zuvor möglichen 16 IRQs.

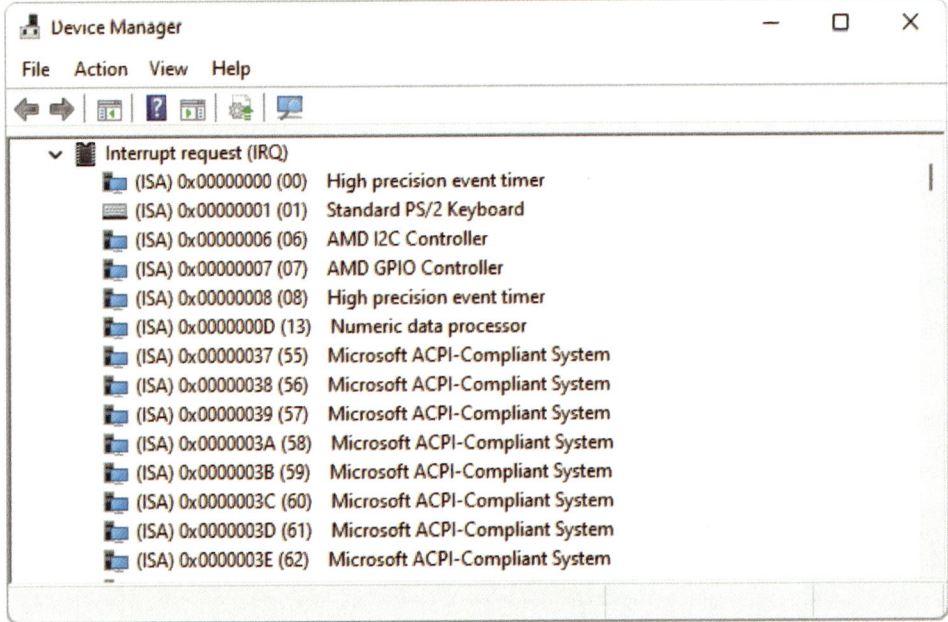

Bild 3.54: Belegung der Interrupt-Adressen im Gerätemanager (Beispiel)

Zusätzlich zum Interrupt-Wert muss für jede Erweiterungskarte, die zum Datentransfer (Input/Output) eingesetzt wird, eine Basisadresse festgelegt werden. Die Angabe erfolgt, wie bei Speicheradressen üblich, in hexadezimaler Schreibweise. Diese Basisadresse gibt den Bereich des Arbeitsspeichers an, in dem die Karte mit dem Treiberprogramm die Daten austauscht. Diese I/O-Bereiche befinden sich bereits am Anfang des Hauptspeichers und umfassen meistens nur einige Bytes. Wird eine Adresse doppelt belegt, so kann es wie bei den Interrupt-Nummern zu einem Gerätekonflikt kommen.

Die vom I/O-Bereich verwendeten Adressen sind normalerweise festgeschrieben. Meistens bieten die Hersteller der Karten bestimmte Adressen zur Auswahl an. Bild 3.55 zeigt, an welchen Stellen und in welchen Bereichen sich die Adressen normalerweise befinden.

Das Bild zeigt einen Ausschnitt aus der Standardbelegung der zur Verfügung stehenden Portadressen in hexadezimaler Schreibweise. Die normale Funktionsweise von I/O-Karten sieht vor, die Daten über die o.g. Portadressen zu verwalten. Diese Form ist bei korrekter Konfiguration zwar recht störungssicher, birgt aber auch einige Nachteile.

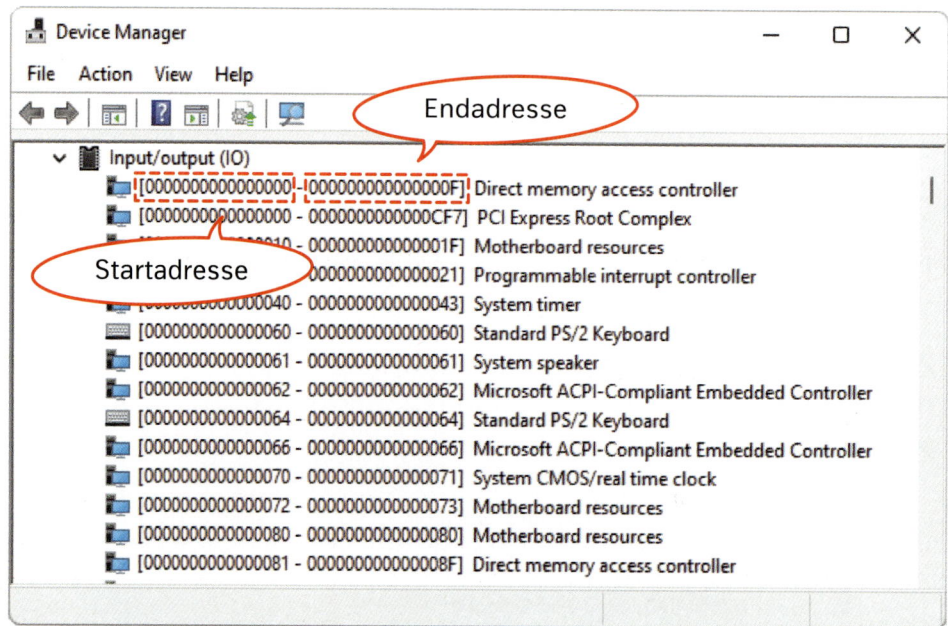

Bild 3.55: Belegung der Ein-/Ausgabe-Portadressen im Gerätemanager (Beispiel)

Insbesondere wenn größere Datenmengen verwaltet werden müssen (wie etwa bei einer BluRay), ist diese Methode langsam, da der nur wenige Bytes große I/O-Adressbereich wie ein Flaschenhals wirkt und einen höheren Datendurchsatz verhindert.

> Für eine schnelle Datenübertragung von großen Datenmengen in den Arbeitsspeicher ein Verfahren wurde entwickelt, das als **DMA** (**D**irect **M**emory **A**ccess: direkter Speicherzugriff) bezeichnet wird. Mit diesem DMA-Verfahren werden die Daten direkt in den Arbeitsspeicher geschrieben.

Auch für den DMA-Betrieb gibt es im PC verschiedene Kanäle, die auch als **DRQ** (**DMA R**equest) bezeichnet werden. Auch hierbei handelt es sich lediglich um Kanäle, über die nur eine Anforderung erfolgt und keine Daten transportiert werden. Einige DMA-Kanäle werden für systeminterne Funktionen benötigt, andere sind frei.

Die unteren DMA-Nummern, bis einschließlich DMA 4, werden normalerweise vom PC-System für eigene Zwecke benutzt. Die Kanäle 0, 1 und 3 können aber trotzdem verwendet werden, wohingegen der zweite Kanal (noch immer) als Disketten-Controller und der vierte Kanal als RAM-Controller voll beansprucht werden. Die Kanäle 5 bis 7 stehen meistens für Systemerweiterungen zur freien Verfügung.

AUFGABEN

1. Aus welchem Grund richtet man auf einem PC bzw. in einem Netzwerk sog. „Benutzerkonten" ein?

2. Erläutern Sie die Abkürzung GUID. Welchen Vorteil weist die Benutzung der GUID-Partitionstabelle auf?

3. Wie kann man überprüfen, ob das Betriebssystem im UEFI-Mode installiert wurde?

4. Auf welche zwei Arten lässt sich ein Betriebssystem auf modernen Rechnern mit einem UEFI installieren?

5. Was kennzeichnet ein Windows-Peer-to-Peer-Netzwerk?

6. Was ist die maximale Benutzeranzahl einer Arbeitsgruppe?

7. Unter welchen Umständen kann die maximale Benutzeranzahl einer Arbeitsgruppe überschritten werden?

8. Was bewirkt eine Umstellung des Netzwerkprofils von „Öffentlich" auf „Privat"?

9. Aus drei miteinander vernetzen PCs kann ein PC keine Dateifreigaben der anderen PCs sehen. Was sind mögliche Ursachen?

10. Zur Windows-Anmeldung kann entweder ein Offline-Konto oder ein Online-Konto eingesetzt werden. Worin bestehen die Unterschiede?

11. Weshalb ist es ratsam, ein Administratorkonto als lokales Benutzerkonto einzurichten?

12. Welche benutzerkontengesteuerten Jugendschutzfunktionen gibt es und wie kann man sie einsetzen?

13. Was ist das versteckte Administratorkonto und worin unterscheidet es sich von anderen Administratorkonten?

14. Welchen Vorteil bietet die Einteilung der Benutzenden in Benutzergruppen?

15. Was sind öffentliche und persönliche Ordner?

16. Wie unterscheiden sich öffentliche Ordner von freigegebenen Ordnern?

17. Im Windows Explorer klicken Sie das Laufwerk „C:" an. Danach klicken Sie auf „Benutzer" und dann auf „Öffentlich". Nun sollen Sie in der PowerShell auch in dieses Verzeichnis wechseln. Warum erhalten Sie bereits nach „cd c:\Benutzer" eine Fehlermeldung?

18. Wozu dienen die fünf Hauptschlüssel der Registry?

19. Welche Angaben enthält der Hauptschlüssel HKEY_LOCAL_MACHINE?

20. Wie setzt sich eine CLSID zusammen?

21. Wozu werden die Programme REGEDIT und REGCLEAN verwendet?

3

22. Welche Informationen stellt die Systemsteuerung bereit? Nennen Sie hierzu einige Beispiele.

23. Was ist ein Systemwiederherstellungspunkt und wozu kann er verwendet werden?

24. Was versteht man bei Betriebssystemen unter dem „abgesicherten Modus"?

25. Welche Informationen über einen PC erhält man vom sog. Gerätemanager des Betriebssystems?

26. Was versteht man unter einem Interrupt-Request und wie viele gibt es davon standardmäßig?

27. Wozu dient der DMA-Modus?

28. Geben Sie in dezimaler Form den Adressbereich der Grafikeinheit an.

> 🖳 [000000000000E000 - 000000000000EFFF] Intel(R) 6 Series/C200 Series Chipset Family PCI Express Root Port 6 - 1C1A
> 🖳 [000000000000F000 - 000000000000F03F] Intel(R) HD Graphics Family
> 🖳 [000000000000F040 - 000000000000F05F] Intel(R) 6 Series/C200 Series Chipset Family SMBus Controller - 1C22

29. Hat man nach einem Betriebssystemabsturz nur noch über die Kommandozeilenebene Zugang zu einem Computer, muss man (z. B. zur Datenrettung) auf MS-DOS-Befehle zurückgreifen.

    a) Was bedeutet MS-DOS?

    b) Erstellen Sie – ggf. mit einer Internetrecherche und einem entsprechenden Anwendungsprogramm – eine Tabelle mit einigen wesentlichen DOS-Befehlen und erläutern Sie kurz deren jeweilige Funktion.

4.1   Begriffe der Informationstechnik

4.1.1   Zeichen und Daten

Informationen sind im Sinne der Umgangssprache die Kenntnisse und das Wissen über Sachverhalte, Vorgänge, Zustände, Ereignisse usw. Sie können durch gesprochene und geschriebene Wörter, durch Tabellen und Diagramme oder Grafiken und Bilder dargestellt, gespeichert und verbreitet werden. In der Informations- und Kommunikationstechnik werden Informationen durch Zeichen dargestellt.

> Ein **Zeichen** (*character*) ist ein Element aus einer Menge verschiedener Elemente. Die Menge der Elemente wird als **Zeichenvorrat** (*character set*) bezeichnet.

Beispiele für Zeichen sind die Buchstaben des Alphabets, Ziffern, Interpunktionszeichen oder Steuerzeichen (z. B. auf der Tastatur Wagenrücklauf, Zeilenvorschub usw.).

In der Kommunikationstechnik dient eine Zeichenfolge zur Übertragung einer Information und wird **Nachricht** (*message*) genannt. In der Informationstechnik werden Zeichenfolgen, die eine Information zum Zweck der Verarbeitung enthalten, als **Daten** (*data*) bezeichnet.

4.1.2   Signalarten

Nachrichten und Daten müssen zur Übertragung oder Verarbeitung in (technische) **Signale** umgesetzt werden.

> **Signale** (*signals*) dienen zur Darstellung von Nachrichten und Daten durch physikalische Größen wie Spannung, Stromstärke o. Ä.
> Als **physikalische Größe** (*physical size, physical quantity*) bezeichnet man allgemein ein definiertes und messbares Merkmal oder eine Eigenschaft eines physischen Objekts sowie damit verbundene Erscheinungen und Vorgänge. Eine physikalische Größe besteht stets aus einem **Zahlenwert** (*numerical value*) und einer zugehörigen kennzeichnenden **Einheit** (**Maßeinheit**, *measurement unit*). Sowohl die physikalische Größe selbst als auch ihre jeweilige Einheit wird abkürzend mit entsprechenden Formelzeichen angegeben (z. B. elektrische Spannung: Formelzeichen **U**, Einheit **V** = Volt; Kap. 5.1.1.4).

Zur Verdeutlichung eines Signalverlaufs wird der Signalwert in Abhängigkeit von der Zeit üblicherweise in Form eines Diagramms dargestellt. Signale können sowohl hinsichtlich des Wertebereichs als auch hinsichtlich des Zeitbereichs **kontinuierlich** (d. h. stetig, lückenlos zusammenhängend) oder **diskret** (d. h. durch endliche Abstände voneinander getrennt) sein. Man unterscheidet folgende Signalarten (Bild 4.1):

1. Ein **wert- und zeitkontinuierliches Signal** kann jeden beliebigen Signalwert annehmen; in jedem Zeitpunkt ist ein Signalwert vorhanden.

2. Ein **wertdiskretes zeitkontinuierliches Signal** kann nur bestimmte Werte zwischen einem negativen und einem positiven Höchstwert annehmen; in jedem Zeitpunkt ist ein Signalwert vorhanden.

3. Ein **wertkontinuierliches zeitdiskretes Signal** kann jeden beliebigen Signalwert annehmen, ist aber nur zu bestimmten Zeiten vorhanden.

4. Ein **wert- und zeitdiskretes Signal** kann nur bestimmte Werte annehmen und ist nur zu bestimmten Zeiten vorhanden.

Wert- und zeitkontinuierliches Signal

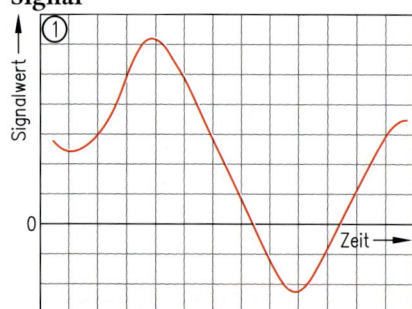

Wertdiskretes zeitkontinuierliches Signal

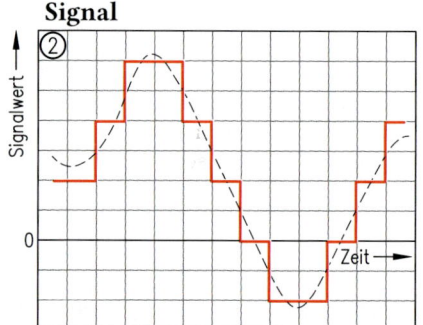

Wertkontinuierliches zeitdiskretes Signal

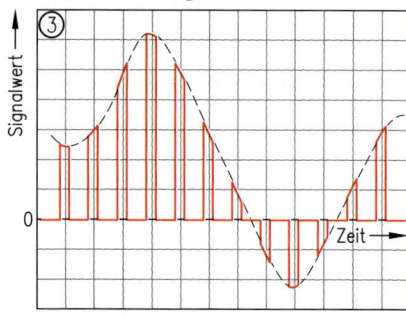

Wert- und zeitdiskretes Signal

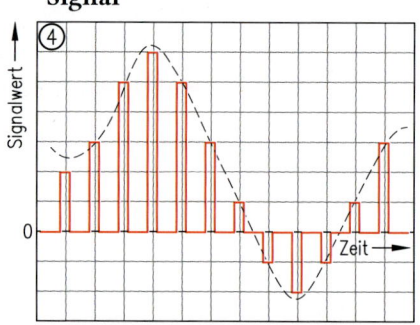

Bild 4.1: Signalarten

In der IT-Technik werden sowohl analoge als auch digitale Signale verarbeitet und übertragen.

Ein Beispiel für ein **analoges Signal** ist die sog. Sprechwechselspannung, die in einem Mikrofon durch Umwandlung der auf die Membran auftreffenden Schallwellen erzeugt wird (Bild 4.2).

Bei einem **digitalen Signal** können innerhalb eines begrenzten Wertebereiches nur bestimmte (diskrete) Signalwerte auftreten. Jedem Signalwert kann ein Zeichen zugeordnet werden. So können z.B. die Zeichen von 0 bis 5 jeweils durch einen festen Signalwert dargestellt werden (Bild 4.3).

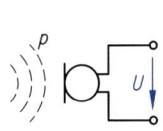
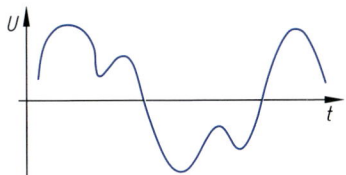

Bild 4.2: Analoges Signal

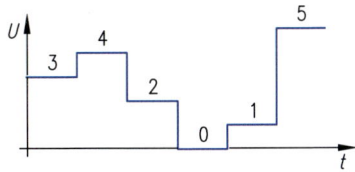

Bild 4.3: Digitales Signal

In IT-Systemen werden – bedingt durch die zwei einfach zu realisierenden Schaltzustände elektromechanischer und elektronischer Schaltelemente (Schalter auf, Schalter zu) – fast ausschließlich Digitalsignale verarbeitet, die nur *zwei* verschiedene Signalwerte annehmen können; man bezeichnet sie als **binäre** (d. h. zweiwertige) **Signale** (Bild 4.4).

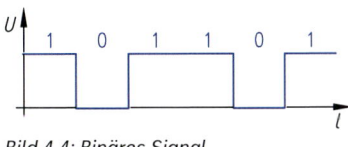

Bild 4.4: Binäres Signal

Als Binärzeichen werden den beiden Signalzuständen die Ziffern 0 und 1 zugeordnet. In der binären Schaltungstechnik verwendet man oft die Buchstaben **L (Low Level)** und **H (High Level)**, wobei die Wertebereiche für L und H durch die Technologie der Schaltungen bestimmt werden (Bild 4.5).

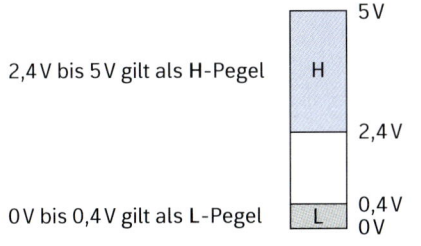

2,4 V bis 5 V gilt als H-Pegel

0 V bis 0,4 V gilt als L-Pegel

Bild 4.5: Wertebereiche der Signalpegel in einer Binärschaltung

In einer elektronischen Binärschaltung eines bestimmten Typs (sog. TTL-Logik; TTL: Transistor-Transistor-Logik) werden den Pegeln beispielsweise die in Bild 4.5 dargestellten Spannungsbereiche zugeordnet.

Für die Arbeitssicherheit von Digitalschaltungen ist die Größe des Spannungsabstands zwischen H-Pegel und L-Pegel wichtig.

Für das Beispiel (Bild 4.5) gilt:
Abstand = 2,4 V − 0,4 V = 2 V

4.1.3   Signalübertragung

Den in Bild 4.6 dargestellten binären Zuständen 0 und 1 (alternative Schreibweise: **log 0** und **log 1**; lies: logisch Null, logisch 1) werden zur Signalverarbeitung in IT-Geräten vielfach die Spannungswerte 0 V und 5 V zugeordnet. Diese Spannungswerte können auch für die Signalübertragung über eine elektrische Leitung verwendet werden. Dies nennt man eine unsymmetrische Übertragung.

> Bei einer **unsymmetrischen Übertragung** (*unbalanced transmission*) eines Binärsignals liegt auf dem Hinleiter entsprechend dem logischen Zustand (0 oder 1) die jeweils zugeordnete Spannung (0 V oder 5 V); der Rückleiter liegt stets fest auf 0 V.

Das Potenzial 0 V wird auch als **Bezugspotenzial** (*reference potential*) oder **Massepotenzial** (*ground potential*) bezeichnet (Kap. 5.1.1.3).

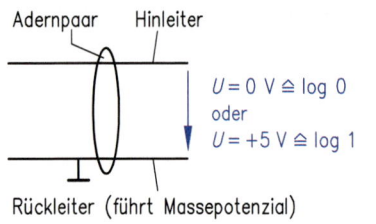 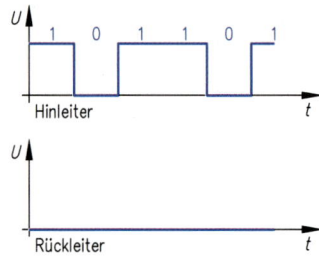

Bild 4.6: Unsymmetrische Übertragung (Grundprinzip)

Diese Art der Signalübertragung ist zwar einfach zu realisieren, hat aber den Nachteil, dass man auf der Empfangsseite den Binärzustand 0 (also 0 V) nicht von einer Leitungsunterbrechung unterscheiden kann.

Aus diesem Grund werden den binären Zuständen 0 und 1 zur Signalübertragung oftmals andere Spannungswerte zugeordnet. Von besonderer Bedeutung ist dabei die Übertragung mit differenziellen Signalen.

Als **differenzielles Signal** (*differential signal*) bezeichnet man die Spannungszuordnung zu einem Binärsignal, bei der sich entsprechend dem logischen Zustand (0 oder 1) sowohl auf dem Hinleiter als auch auf dem Rückleiter der zugehörige Spannungswert ändert.

Die Datenübertragung mithilfe eines differenziellen Signals, bei dem sich der Spannungswert auf dem Hin- und dem Rückleiter symmetrisch zum Nullpotenzial ändert, bezeichnet man als **symmetrische Übertragung** (*balanced transmission*).

Beispiel
Logisch 0: auf dem Hinleiter –5 V und auf dem Rückleiter +5 V
Logisch 1: auf dem Hinleiter +5 V und auf dem Rückleiter –5 V

Sowohl bei der Übertragung von logisch 0 als auch bei logisch 1 führt jede Leitung stets ein von 0 V abweichendes Potenzial. Somit ist eine Leitungsunterbrechung eindeutig erkennbar. Die Bezeichnung symmetrische Übertragung resultiert aus der symmetrischen Lage der beiden Leiterpotenziale bezogen auf das Massepotenzial (0 V). Der Potenzialunterschied zwischen beiden Leitern wird auch als **Spannungshub** bezeichnet und ist im dargestellten Beispiel (Bild 4.7) mit ±10 V doppelt so groß wie bei der unsymmetrischen Übertragung.

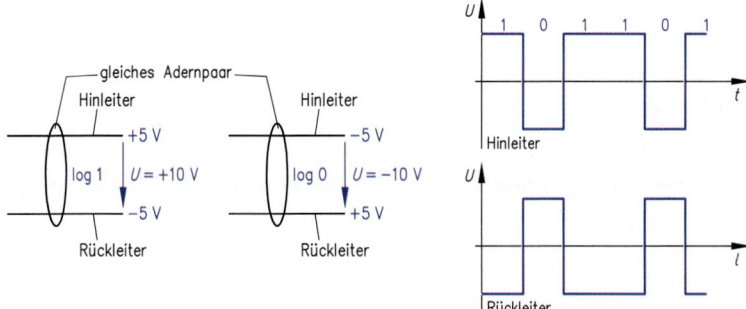

Bild 4.7: Symmetrische Übertragung (Grundprinzip)

Da die symmetrische Übertragung wesentlich weniger störanfällig ist als die unsymmetrische, verwendet man in der Praxis auch wesentlich geringere Spannungen für die Datenübertragung (z. B. ± 250 mV bei SATA; Kap. 1.7.1).

> Ein spezielles Verfahren zur **differenziellen Datenübertragung** (*differential data transmission*) mit geringem Spannungshub über zwei Leitungen bezeichnet man mit der Abkürzung **LVDS** (Low **V**oltage **D**ifferential **S**ignaling).

Im angegebenen Beispiel (Bild 4.8) arbeitet LVDS mit einem Spannungshub von 0,3 V auf beiden Leitungen. Eine 0 wird dargestellt, indem Leitung A (Hinleiter) auf 1,1 V und Leitung B (Rückleiter) auf 1,4 V liegt; eine 1 wird durch die umgekehrten Spannungswerte angezeigt. Die Signalpegel auf beiden Leitungen haben also immer entgegengesetzte Werte, sind dabei aber dauernd positiv (d. h., es handelt sich hierbei nicht um ein symmetrisches Signal).

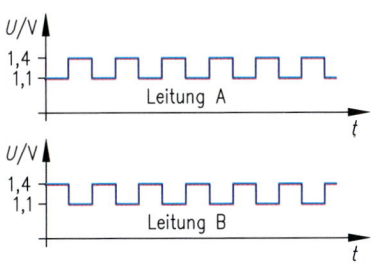

Bild 4.8: LVDS-Signal (Grundprinzip)

Die erreichbare Datenrate bei LVDS liegt zum derzeitigen Stand der Technik bei mehreren Gbit/s.

LVDS wurde als Übertragungsstandard (ANSI/TIA/EIA-644-1995) zur Hochgeschwindigkeits-Datenübertragung für Platinen und Backplanes entwickelt. Er wird heute in unterschiedlichen Ausprägungen zur Übertragung von Daten mit hoher Störsicherheit über Entfernungen von einigen Metern eingesetzt, z. B. bei USB 3.2 Gen 1, Firewire u. Ä. Ein anderes wichtiges Anwendungsgebiet ist die digitale Ansteuerung von Flachbildschirmen. In der Kfz-Elektronik wird LVDS zur Vernetzung von Kameras, Displays und den jeweiligen Steuer- und Auswertegeräten im Fahrzeug verwendet.

4

AUFGABEN

1. a) Wozu werden in der Informationstechnik Zeichen verwendet?
   b) Nennen Sie einige Beispiele für Zeichen.

2. Was versteht man unter dem Begriff „Signal"?

3. Nennen Sie die charakteristischen Merkmale zur Unterscheidung verschiedener Signalarten.

4. Wodurch unterscheiden sich analoge und digitale Signale?

5. Was verstehet man unter

   a) einer unsymmetrischen Übertragung und
   b) einer symmetrischen Übertragung?

6. Welche Art von Datenübertragung wird als LVDS bezeichnet?

4.2   Zahlensysteme

4.2.1   Dezimalsystem

Im täglichen Leben wird zur Darstellung von Zahlen fast ausschließlich das **Dezimalsystem (Zehnersystem)** benutzt. In diesem **Zahlensystem** (*number system*) werden die zehn verschiedenen **Ziffern** (*digits*) von 0 bis 9 in der sog. **Stellenschreibweise** (*positional notation*) verwendet (Bild 4.9).

Dezimalzahl	5	4	7	9 ,	2	6
Stellennummer	4	3	2	1	1	2
Stellenwert	10^3	10^2	10^1	10^0	10^{-1}	10^{-2}
Potenzwert	$5 \cdot 1000$	$4 \cdot 100$	$7 \cdot 10$	$9 \cdot 1$	$2 \cdot \dfrac{1}{10}$	$6 \cdot \dfrac{1}{100}$
Zahlenwert	$5\,000 + 400 + 70 + 9 + 0{,}2 + 0{,}06 = 5\,479{,}26_{dez}$					

Bild 4.9: Zahlenwert der Dezimalzahl

Aus Bild 4.9 sind die Regeln zu erkennen, nach denen Zahlensysteme aufgebaut sind:

- Die zur Darstellung einer Zahl erforderlichen Ziffern werden von einer Markierung – dem **Komma** (*comma*; Hinweis: Im englischen Sprachraum wird stattdessen ein Punkt verwendet.) – ausgehend nebeneinander geschrieben und nummeriert. Die Ziffern links vom Komma werden als Vorkommastellen, die Ziffern rechts vom Komma als Nachkommastellen bezeichnet.

- Die **Basis B** des Zahlensystems ist gleich der Anzahl der verfügbaren Ziffern (z. B. im Dezimalsystem: $B = 10$).

- Jede Stelle hat einen **Stellenwert W**; er berechnet sich aus der Basis B des Zahlensystems und der Stellennummer n.
  Stellenwert vor dem Komma: $W = B^{n-1}$
  Stellenwert nach dem Komma: $W = B^{-n} = \dfrac{1}{B^{n}}$

- Der Potenzwert einer Stelle ergibt sich durch Multiplikation der Ziffer mit dem Stellenwert.

- Der Zahlenwert ist die Summe aller Potenzwerte.

- Wird beim Hochzählen in einer Stelle die höchste Ziffer (im Dezimalsystem also die 9) erreicht, so wird im folgenden Schritt ein **Übertrag** von 1 in die nächsthöhere Stelle geschrieben und die hochgezählte Stelle beginnt wieder mit 0 (Bild 4.10).

Nach diesen Regeln können Zahlensysteme mit beliebiger Basis aufgebaut werden. Fragt man jedoch nach dem Wert einer Ziffernfolge in einem beliebigen Zahlensystem, so meint man mit der Kurzform „Wert" immer den Wert dieser Ziffernfolge im Dezimalsystem. Das Dezimalsystem ist damit das Bezugssystem für alle anderen Zahlensysteme.

Hexadezimalsystem				Dezimalsystem				Dualsystem				
16^3	16^2	16^1	16^0	10^3	10^2	10^1	10^0	2^4	2^3	2^2	2^1	2^0
4096	256	16	1	1000	100	10	1	16	8	4	2	1
			0				0					0
			1				1					1
			2				2				1	0
			3				3				1	1
			4				4			1	0	0
			5				5			1	0	1
			6				6			1	1	0
			7				7			1	1	1
			8				8		1	0	0	0
			9				9		1	0	0	1
			A			1	0		1	0	1	0
			B			1	1		1	0	1	1
			C			1	2		1	1	0	0
			D			1	3		1	1	0	1
			E			1	4		1	1	1	0
			F			1	5		1	1	1	1
		1	0			1	6	1	0	0	0	0
		1	1			1	7	1	0	0	0	1

Bild 4.10: Zahlensysteme

4.2.2 Dualsystem

In der IT-Technik werden nur binäre Signale verarbeitet. Daher wird als Zahlensystem das **Dualsystem (Zweiersystem)** verwendet, das nur über zwei Ziffern verfügt. Es ist nach der gleichen Gesetzmäßigkeit aufgebaut wie das Dezimalsystem (Bild 4.11).

Dualzahl	1	0	1	0	1	1	1 ,	1	1
Stellennummer	7	6	5	4	3	2	1	1	2
Stellenwert	2^6	2^5	2^4	2^3	2^2	2^1	2^0	2^{-1}	2^{-2}
Potenzwert	$1 \cdot 64$	$0 \cdot 32$	$1 \cdot 16$	$0 \cdot 8$	$1 \cdot 4$	$1 \cdot 2$	$1 \cdot 1$	$1 \cdot \frac{1}{2}$	$1 \cdot \frac{1}{4}$
Zahlenwert	$64 + 0 + 16 + 0 + 4 + 2 + 1 + 0{,}5 + 0{,}25 = 87{,}75_{\text{dez}}$								

Bild 4.11: Zahlenwert der Dualzahl

Im dualen und dezimalen Zahlensystem werden – wie in allen Zahlensystemen – die gleichen Zahlzeichen (Ziffern) verwendet. Um Verwechslungen zu vermeiden, ist es daher notwendig, das jeweils vorliegende Zahlensystem durch einen Index zu kennzeichnen, z. B.:

$$10_{10} = 10_{dez} = 1010_2 = 1010_{du}$$

Der Vergleich der Zahlen in den verschiedenen Systemen (Bilder 4.10 und 4.11) führt zu folgender Feststellung:

> Je weniger Ziffern in einem Zahlensystem verfügbar sind, umso mehr Stellen sind zur Darstellung einer Zahl erforderlich.

4.2.3 Hexadezimalsystem

In IT-Systemen werden Dualzahlen mit 8, 16, 32, 64 und mehr Stellen verarbeitet. Für den Menschen sind solche Ziffernkolonnen sehr unübersichtlich. Deshalb ersetzt man vielstellige Dualzahlen durch ein Zahlensystem mit höheren Stellenwerten. Hierfür erweist sich das Dezimalsystem als nicht optimal, denn zur Darstellung einer einstelligen Dezimalzahl ist eine vierstellige Dualzahl erforderlich (Bild 4.10). Andererseits lassen sich mit vierstelligen Dualzahlen 16 verschiedene Zahlzeichen (Ziffern) darstellen. Ein Zahlensystem, das über 16 Ziffern verfügt, ist das **Hexadezimalsystem (Sechzehnersystem**, auch Sedezimalsystem). Als Hexadezimalziffern werden die Dezimalziffern 0 bis 9 und zusätzlich die Ziffern (Buchstaben) A bis F verwendet (Bild 4.10). Hexadezimalzahlen werden beispielsweise zur Darstellung von IPv6-Adressen verwendet.

Zur Umwandlung einer Dualzahl in eine Hexadezimalzahl werden vom Komma ausgehend jeweils vier Dualstellen zu einer Gruppe zusammengefasst. Jede so entstandene Gruppe wird als vierstellige Dualzahl betrachtet, deren Zahlenwert durch eine einstellige Hexadezimalzahl dargestellt wird (Bild 4.12). Ihr Zahlenwert ist wieder als Dezimalzahl angegeben.

Stellenwert der Dualzahl	2^{15}	2^{14}	2^{13}	2^{12}	2^{11}	2^{10}	2^{9}	2^{8}	2^{7}	2^{6}	2^{5}	2^{4}	2^{3}	2^{2}	2^{1}	2^{0}	2^{-1}	2^{-2}	2^{-3}	2^{-4}
Dualzahl	0	0	1	1	1	0	1	1	0	1	1	1	1	1	1	0	1	1	0	0
Hexadezimalzahl	3				B				7				E				C			
Stellenwert der Hexadezimalzahl	16^3				16^2				16^1				16^0				16^{-1}			
Potenzwert der Hexadezimalzahl	$3 \cdot 4096$				$11 \cdot 256$				$7 \cdot 16$				$14 \cdot 1$				$12 \cdot \frac{1}{16}$			
Zahlenwert	$12288 + 2816 + 112 + 14 + 0{,}75 = 15230{,}75_{dez}$																			

Bild 4.12: Umwandlung einer Dualzahl in eine Hexadezimalzahl

Eine Dezimalzahl kann in eine Hexadezimalzahl umgerechnet werden, indem die Dezimalzahl durch den größtmöglichen in ihr enthaltenen Stellenwert des Hexadezimalsystems dividiert wird. Der Rest wird durch den nächstkleineren Stellenwert geteilt usw., bis kein Rest mehr bleibt (Bild 4.13).

Die Umrechnung einer Dezimalzahl in eine Dualzahl erfolgt nach dem gleichen Schema durch fortlaufendes Teilen der Dezimalzahl durch die Stellenwerte des Dualsystems. Um den Rechenvorgang abzukürzen, wandelt man – vor allem bei vielstelligen Dezimalzahlen – diese zunächst in Hexadezimalzahlen und dann in Dualzahlen um.

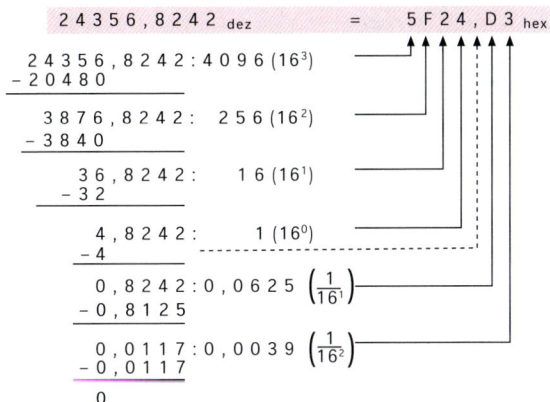

Bild 4.13: Umwandlung einer Dezimalzahl in eine Hexadezimalzahl

AUFGABEN

Hinweis: Die folgenden Umwandlungsaufgaben lassen sich vergleichsweise einfach mit technischen Hilfsmitteln lösen. Zum Verständnis des jeweils zugrunde liegenden Rechenprozesses sollte man es aber zunächst ohne Hilfsmittel versuchen.

1. Gegeben sind die Zahlen:
   A) 4 302,1   B) 715,02   C) 302,12   D) 1 220,2
   In jeder Zahl ist die höchste Ziffer auch gleichzeitig das höchste Zahlzeichen des verwendeten Zahlensystems.
   a) Geben Sie an, in welchem Zahlensystem die Zahlen A) bis D) dargestellt sind.
   b) Ermitteln Sie für jede der vier Zahlen die entsprechende Dezimalzahl.
   (Lösungshinweis: Stellen Sie für jede der vier Zahlen eine Tabelle nach dem Beispiel in Kap. 4.2 auf.)

2. Wandeln Sie die folgenden Dualzahlen in Dezimalzahlen um:
   a) 10110,101   b) 111 101,11   c) 10011,011   d) 100010,01

3. Wandeln Sie die folgenden Dezimalzahlen in Dualzahlen um:
   a) 4 273   b) 97 241   c) 37 842   d) 6 224

4. Geben Sie für die folgenden Dualzahlen die entsprechenden Hexadezimalzahlen an:
   a) 10 111 001 010,101   b) 10 111 000,110001
   c) 11 110011 011,01   d) 100 000 111 101,001

5. Wandeln Sie die folgenden Hexadezimalzahlen in Dualzahlen um:
   a) 4BF,5   b) D4E,9   c) C94,7   d) 0,4B3

6. Wandeln Sie die folgenden Hexadezimalzahlen in Dezimalzahlen um:
   a) 5F8C,3A   b) 27BE,7D   c) 974F,8B   d) ABCD,6E

7. Wandeln Sie die folgenden Dezimalzahlen in Hexadezimalzahlen um:
   a) 698,5   b) 4 763,6875   c) 28 359,44   d) 97 438,125

4

4.3   Codes

Zur Darstellung von Informationen werden in der IT-Technik Zeichensätze verwendet – wie überall in der zwischenmenschlichen Kommunikation. Solche Zeichensätze sind z. B. die Ziffern des Dezimalsystems oder die Buchstaben des Alphabets.

Sollen **gleiche Informationen** durch **verschiedene Zeichensätze** dargestellt werden, so müssen dafür bestimmte Vorschriften festgelegt werden. Die Vorschrift, nach der die Zuordnung der Zeichensätze erfolgt, bezeichnet man als **Code**.

> Ein **Code** ist eine Vorschrift für die eindeutige Zuordnung der Zeichen eines Zeichensatzes zu den Zeichen eines anderen Zeichensatzes.

Sollen z. B. die Ziffern des Dezimalsystems durch Buchstabenfolgen des Alphabets dargestellt werden, so muss jeder Ziffer eine feste Buchstabenfolge zugeordnet werden (Bild 4.14). Die Umsetzung geschieht in Geräten, die man Codierer nennt (Codeumsetzer; Kap. 4.4.2.2). Beispiele für Codierer sind Tastaturen von Computern, Taschenrechnern, Telefonen usw.

Zeichensatz „Dezimalziffern"	Zeichensatz „Alphabet"
0	NULL
1	EINS
2	ZWEI
3	DREI
4	VIER

Bild 4.14: Zuordnung von Ziffern und Buchstaben

4.3.1   Codearten

Nach ihrem Verwendungszweck unterscheidet man verschiedene Codearten (Bild 4.15).

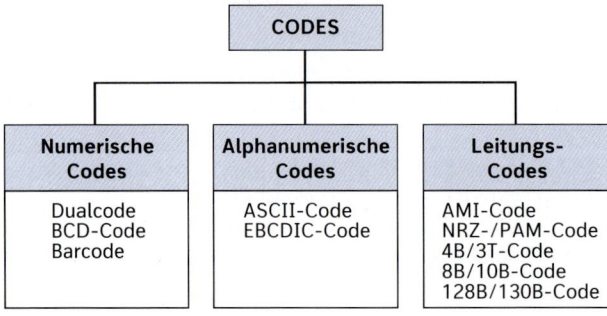

Bild 4.15: Codearten

- **Numerische Codes** codieren Ziffern. Angewendet werden sie beim Zählen und Rechnen, zur Codierung von Postleitzahlen oder Artikelnummern in Warenhäusern (Barcode; Kap. 1.11.4 und 4.3.6).

- **Alphanumerische Codes** codieren neben Ziffern auch die Buchstaben des Alphabets und Steuerzeichen (Kap. 4.3.5).

- **Leitungscodes** dienen zur Umwandlung von binären Signalen in Digitalsignale, die für das Übertragungsmedium (z. B. Kupferleitung, Lichtwellenleiter) am besten geeignet sind (Kap. 4.3.8).

4.3.2 Darstellung von binären Zeichenfolgen

In der IT-Technik werden vielstellige Zeichenfolgen verarbeitet. Jede Stelle, die nur einen von zwei möglichen Werten annehmen kann – z.B. „0" oder „1" – wird als **Bit** (Binary Digit) bezeichnet.

> Ein **Bit (1 bit)** ist die kleinste Informationseinheit.

Zur übersichtlichen Darstellung von Daten werden die Bits einer Zeichenfolge nummeriert und jeweils acht Bits zu einem **Byte** zusammengefasst (Bild 4.16).

1 Byte = 8 bit							
b_8	b_7	b_6	b_5	b_4	b_3	b_2	b_1
1	0	0	1	1	1	1	1

Bit-Nummer / Bit-Folge — Bit (1 bit)

Bild 4.16: Darstellung einer Bitfolge

Entsprechend der Stellenzahl einer Zeichenfolge spricht man bei der Informationsverarbeitung von **Datenbreite** oder **Wortlänge**, z.B. 8 bit oder 1 Byte, 16 bit oder 2 Byte usw.

> Als **Wort** bezeichnet man eine Bitfolge, die eine Einheit bildet.

Zur abkürzenden Darstellung einer großen Menge von Datenworten wurden zunächst die aus dem Dezimalsystem bekannten Präfixe für Zehnerpotenzen übernommen (**Dezimalpräfixe**, z.B. 768 kbit/s, 512 MByte; Bild 4.17). Da in der Datenverarbeitung aber nicht mit Zehnerpotenzen, sondern mit Zweierpotenzen gearbeitet wird, kommt man bei der Verwendung eines Dezimalpräfixes zu unterschiedlichen Ergebnissen, abhängig davon, ob man das Präfix als Abkürzung für eine Zehner- oder eine Zweierpotenz interpretiert.

Beispiel
Das DSL-Modem (Kap. 1.7.9) eines Kunden gibt als momentane Downloadrate den Wert 13 800 kbit/s an.
Interpretiert man das „k" als Dezimalpräfix, ergibt sich eine Bitrate von:
$$13\,800 \cdot 1000\,\text{bit/s} = 13\,800\,000\,\text{bit/s}$$
Interpretiert man „k" als Binärpräfix, ergibt sich eine Bitrate von:
$$13\,800 \cdot 1024\,\text{bit/s} = 14\,131\,200\,\text{bit/s}$$

Um diese Mehrdeutigkeiten zu vermeiden, wurden von einem Normungsgremium (**IEC**: International Electrotechnical Commission) spezielle **Binärpräfixe** definiert, die nur im Zusammenhang mit Zweierpotenzen zu verwenden sind (IEC-Norm 60027-2; Bild 4.17).

Dezimalpräfixe			Binärpräfixe		
Name	Symbol	Wert	Name	Symbol	Wert
Kilo	k	$1000^1 = 10^3$	**Kibi**	Ki	$1024^1 = 2^{10}$
Mega	M	$1000^2 = 10^6$	**Mebi**	Mi	$1024^2 = 2^{20}$
Giga	G	$1000^3 = 10^9$	**Gibi**	Gi	$1024^3 = 2^{30}$

Dezimalpräfixe			Binärpräfixe		
Name	Symbol	Wert	Name	Symbol	Wert
Tera	T	$1\,000^4 = 10^{12}$	Tebi	Ti	$1\,024^4 = 2^{40}$
Peta	P	$1\,000^5 = 10^{15}$	Pebi	Pi	$1\,024^5 = 2^{50}$
Exa	E	$1\,000^6 = 10^{18}$	Exbi	Ei	$1\,024^6 = 2^{60}$
Zetta	Z	$1\,000^7 = 10^{21}$	Zebi	Zi	$1\,024^7 = 2^{70}$

Bild 4.17: Dezimalpräfixe und Binärpräfixe

Obwohl auch andere Normungsgremien inzwischen die Nutzung der Binärpräfixe empfehlen (insbesondere bei der Angabe speicherbarer oder übertragbarer Datenmengen), konnten sich diese bislang im IT-Bereich nicht vollständig durchsetzen. Die bedeutungsrichtige Verwendung von Dezimalpräfixen (d.h. als Abkürzung für eine Zehnerpotenz) in der Datenverarbeitung ist in den Normungsvorgaben aber weiterhin ausdrücklich zugelassen. Hiervon wird aber (noch) oftmals abgewichen, sodass man meist aus dem Zusammenhang heraus „erkennen" muss, wie ein Dezimalpräfix zu interpretieren ist. Manchmal wird es auch extra angegeben (z.B. bei Prüfungen).

Beispiel

Herstellerangabe für die Speicherkapazität einer USB-Festplatte	Windows-Angaben zu dieser Festplatte (unter „Eigenschaften" erfolgt die Angabe in Byte und in GB)	
1 TB	**1 000 097 705 984 Byte***	**931 GB**
Der Hersteller interpretiert das „T" als **Dezimalpräfix**, somit $1 \cdot 1\,000^4$ Byte $= 1 \cdot 10^{12}$ Byte (also 1 Terabyte)	Windows gibt die erkannte Speicherkapazität in Byte an ... (* Plattenabhängig kann dieser Zahlenwert variieren.)	... und wandelt diese Information unter Verwendung des Faktors 1 024 in GB um (1 000 097 705 984 Byte : $1\,024^3$); hier ist das „G" als **Binärpräfix** zu interpretieren.

Unter Windows wird das „G" also nicht bedeutungsrichtig als Abkürzung für eine Zehnerpotenz verwendet, sondern soll als Binärpräfix verstanden werden, da intern mit dem Faktor 1 024 gerechnet wird. Nach derzeitigen Normvorgaben sollte es unter Windows bedeutungsrichtig heißen: 931 GiB (oder 931 GiByte).

Würde umgekehrt das „T" des Herstellers als Binärpräfix interpretiert, müsste die Festplatte eine Kapazität von umgerechnet 1 099 511 627 776 Bytes aufweisen (was aber nicht der Fall ist).

Die Angabe einer *Datenrate* (synonym: Übertragungsrate, Datentransferrate, Übertragungsgeschwindigkeit) erfolgt meist mit Dezimalpräfixen und bezieht sich dann auf die *Bitrate*, d.h. die Anzahl der Bits, die pro Sekunde physikalisch übertragen werden können.

Da digital gespeicherte Daten bekanntlich aber auf Zweierpotenzen basieren, sollte zur Angabe einer *Datenmenge* (z.B. einer zu übertragenden Datei) richtigerweise ein Binärpräfix verwendet werden (was in der Praxis ebenfalls nicht immer so gehandhabt wird).

Bild 4.18 zeigt Beispiele für die Schreibweisen von Dezimal- und Binärpräfixen sowie die unterschiedlichen Zahlenwerte, die sich bei der jeweiligen Umrechnung ergeben.

Schreibweisen Dezimalpräfixe	Sprechweise	Umrechnung in Byte	Entspricht ca.
4 GB oder **4 GByte**	„4 Gigabyte"	$4 \cdot 10^9$ Byte = $4 \cdot 1000^3$ Byte = 4 000 000 000 Byte	3,725 GiByte
2 TB oder **2 TByte**	„2 Terabyte"	$2 \cdot 10^{12}$ Byte = $2 \cdot 1000^4$ Byte = 2 000 000 000 000 Byte	1,819 TiByte
1 PB oder **1 PByte**	„1 Petabyte"	$1 \cdot 10^{15}$ Byte = $1 \cdot 1000^5$ Byte = 1 000 000 000 000 000 Byte	0,888 PiByte (oder 888 TiByte)
Schreibweisen Binärpräfixe	Sprechweise	Umrechnung in Byte	Entspricht ca.
4 GiB oder **4 GiByte**	„4 Gibibyte"	$4 \cdot 2^{30}$ Byte = $4 \cdot 1024^3$ Byte = 4 294 967 296 Byte	4,295 GByte
2 TiB oder **2 TiByte**	„2 Tebibyte"	$2 \cdot 2^{40}$ Byte = $2 \cdot 1024^4$ Byte = 2 199 023 255 552 Byte	2,199 TByte
1 PiB oder **1 PiByte**	„1 Pebibyte"	$1 \cdot 2^{50}$ Byte = $1 \cdot 1024^5$ Byte = 1 125 899 906 842 624 Byte	1,126 PByte

Bild 4.18: Beispiele für Schreib- und Sprechweisen von Dezimal- und Binärpräfixen

Anstelle von „k" (für Kilo, d.h. Faktor 1000) findet man manchmal auch den Großbuchstaben „K", um anzudeuten, dass mit dem Faktor 1024 gerechnet werden soll (z.B. 768 KB, somit 768 432 Byte). Diese Darstellung ist jedoch nicht normiert.

4.3.3 Binär codierte Dualzahlen

Jeder möglichen Bitkombination kann ein Zeichen, z.B. ein Buchstabe oder eine Ziffer, zugeordnet werden (vgl. Kap. 4.3.5). Soll mit einer solchen Bitfolge eine Dualzahl dargestellt werden, so muss jedem Bit ein Stellenwert des Dualsystems zugeordnet werden (Bild 4.19).

Das Bit b_1 ist die niedrigstwertige Stelle der Dualzahl und wird als **LSB** (**L**east **S**ignificant **B**it) bezeichnet; das Bit b_8 als höchstwertige Stelle wird **MSB** (**M**ost **S**ignificant **B**it) genannt.

Das Byte kann in ein höherwertiges und ein niederwertiges Halbbyte aufgeteilt werden, dessen vier Stellen jeweils als einstellige Hexadezimalzahl angegeben werden. Ein solches Halbbyte wird auch als **Nibble** bezeichnet.

Bei einer Wortlänge von 8 bit ergeben sich $2^8 = 256_{dez}$ verschiedene Bitkombinationen. Damit können die Zahlen von 0_{dez} bis $255_{dez} = 1111\ 1111_{du} = FF_{hex}$ dargestellt werden.

Bei der Codierung von positiven und negativen Dualzahlen werden die Vorzeichen durch Binärzeichen ersetzt:

4

„0" = „+"   „1" = „–"

Byte							
Höherwertiges Halbbyte				Niederwertiges Halbbyte			
MSB							LSB
b_8	b_7	b_6	b_5	b_4	b_3	b_2	b_1
2^7	2^6	2^5	2^4	2^3	2^2	2^1	2^0
1	0	0	1	1	1	0	1
9				D			

Bit-Nummer — Stellenwert — Dualzahl — Hexadezimalzahl

Bild 4.19: Darstellung einer Dualzahl

Stehen 8 bit zur Verfügung, so können 7 bit zur Zahlendarstellung genutzt werden, das achte Bit gibt das Vorzeichen an (VZ, Bild 4.20).

Byte							
b_8	b_7	b_6	b_5	b_4	b_3	b_2	b_1
VZ	2^6	2^5	2^4	2^3	2^2	2^1	2^0
0	0	1	0	1	1	0	1
1	1	0	1	0	0	1	1

$+45_{dez}$ / -45_{dez}

Vergleicht man die positive Dualzahl mit der negativen, so stellt man fest, dass sich bei der negativen Zahl nicht nur das Vorzeichen ändert, sondern auch die Zahl selbst.

Bild 4.20: Codierung positiver und negativer Dualzahlen

Negative Dualzahlen (*negative binary number*) werden durch das sog. *Zweierkomplement* dargestellt.

Mit 8-Bit-Wörtern können Dualzahlen von $1000\ 0000_{du}$ (= -128_{dez}) bis $0111\ 1111_{du}$ (= $+127_{dez}$) binär codiert werden.

Das **Zweierkomplement** (*two's complement*) einer Dualzahl wird folgendermaßen gebildet:

- Von der positiven Dualzahl wird das Einerkomplement gebildet, indem in jeder Stelle eine „0" durch eine „1" und eine „1" durch eine „0" ersetzt wird.

- Das Zweierkomplement erhält man durch Addition einer „1" in der niedrigstwertigen Stelle des Einerkomplements.

In gleicher Weise lässt sich durch Bildung des Zweierkomplements eine negative Dualzahl in eine negative Dezimalzahl umwandeln.

Als Beispiel sind in Bild 4.21 die vierstelligen positiven und negativen Dualzahlen den entsprechenden Dezimalzahlen zugeordnet.

Positive Dualzahl				Positive Dezimalzahl		Negative Dualzahl				Negative Dezimalzahl	
Vz	2^2	2^1	2^0	Vz	10^0	Vz	2^2	2^1	2^0	Vz	10^0
0	0	0	0	+	0	1	0	0	0	–	8
0	0	0	1	+	1	1	0	0	1	–	7
0	0	1	0	+	2	1	0	1	0	–	6
0	0	1	1	+	3	1	0	1	1	–	5
0	1	0	0	+	4	1	1	0	0	–	4
0	1	0	1	+	5	1	1	0	1	–	3
0	1	1	0	+	6	1	1	1	0	–	2
0	1	1	1	+	7	1	1	1	1	–	1

Bild 4.21: Vierstellige Dualzahlen mit Vorzeichen

4.3.4 Binär codierte Dezimalzahlen

Zur Darstellung von Dezimalzahlen mit Binärzeichen sind zwei Verfahren möglich:

- Die Dezimalzahl wird in eine Dualzahl umgewandelt, die wie oben beschrieben codiert wird.
- Jeder Stelle der Dezimalzahl wird ein eigenes 4 bit langes Codewort zugeordnet.

Die Zuordnungsvorschrift von Dezimalziffern zu Binärwörtern wird als **BCD-Code** (**B**inary **C**ode **D**ecimals) bezeichnet.

In Bild 4.22 sind einige häufig verwendete BCD-Codes mit unterschiedlichen Eigenschaften zum Vergleich nebeneinander aufgelistet.

Dezimal-ziffer	1-aus-10-Code	2-aus-5-Code	8-4-2-1-Code	5-4-2-1-Code	2-4-2-1-Code	Exzess-3-Code	Gray-Code
0	0000000001	00011	0000	0000	0000	0011	0000
1	0000000010	00101	0001	0001	0001	0100	0001
2	0000000100	00110	0010	0010	0010	0101	0011
3	0000001000	01001	0011	0011	0011	0110	0010
4	0000010000	01010	0100	0100	0100	0111	0110
5	0000100000	01100	0101	1000	1011	1000	0111
6	0001000000	10001	0110	1001	1100	1001	0101
7	0010000000	10010	0111	1010	1101	1010	0100
8	0100000000	10100	1000	1011	1110	1011	1100
9	1000000000	11000	1001	1100	1111	1100	1101

Bild 4.22: BCD-Codes für Dezimalziffern

4

- Der 1-aus-10-Code und der 2-aus-5-Code sind **Fehlererkennungs-Codes** (*error detection code*). In jedem Codewort sind nur 1 bit bzw. 2 bit mit „1" besetzt. Ein Bitfehler wird somit erkannt und ergibt kein falsches Codewort.

- Der 8-4-2-1-Code ist ein **gewichteter Code** (*weighted code*), d.h., jeder Stelle ist ein fester Stellenwert zugeordnet. Die Codewörter sind mit den Zahlen des **Dualsystems** (*binary system*) identisch.

- Der 5-4-2-1-Code ist ebenfalls ein gewichteter Code. Das vierte Bit der Codewörter für die Ziffern 0 bis 4 ist mit „0", für die Ziffern 5 bis 9 mit „1" besetzt. Das erste bis dritte Bit ist jeweils gleich für die Ziffern 0 und 5, 2 und 6, 3 und 7 usw.

- Der 2-4-2-1-Code ist ein gewichteter und **symmetrischer Code** (*symmetrical code*). Die mit „0" bzw. „1" besetzten Bits in den Codewörtern für die Ziffern 0 bis 4 sind in den Codewörtern für die Ziffern 5 bis 9 mit „1" bzw. „0" besetzt.

- Der Exzess-3-Code ist ein ungewichteter symmetrischer Code.

- Der Gray-Code ist ein **einschrittiger Code** (*single step code*), d.h., beim Zählen ändert sich jeweils nur 1 bit des Codewortes.

Die Codewörter der BCD-Codes werden auch als **Tetraden** bezeichnet. Von den 16 möglichen Tetraden werden zur Darstellung der zehn Dezimalziffern jeweils sechs Tetraden nicht verwendet. Diese werden **Pseudotetraden** oder **Pseudodezimale** genannt.

Zur Codierung von mehrstelligen Dezimalzahlen wird für jede Stelle ein entsprechendes Codewort des gewählten Codes eingesetzt (Bild 4.23).

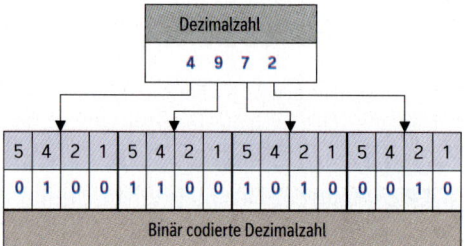

Bild 4.23: Darstellung einer vielstelligen Dezimalzahl im 5-4-2-1-Code

4.3.5 Alphanumerische Codes

Der **ASCII-Code** (American Standard Code for Information Interchange) ist ein international genormter 7-Bit-Code (Bild 4.24). Er dient zur Ein- und Ausgabe bei Datenverarbeitungsanlagen und zum Austausch digitaler Daten zwischen solchen Anlagen.

Bit-Nr. 7		0	0	0	0	1	1	1	1
6		0	0	1	1	0	0	1	1
5		0	1	0	1	0	1	0	1
4 3 2 1		Hexa-dezimal / Zeichen	Hexa-dezimal / Zeichen	Hexa-dezimal / Zeichen	Hexa-dezimal / Zeichen	Hexa-dezimal / Zeichen	Hexa-dezimal / Zeichen	Hexa-dezimal / Zeichen	Hexa-dezimal / Zeichen
0 0 0 0		00 NUL	10 DLE	20 SP	30 0	40 @	50 P	60 `	70 p
0 0 0 1		01 SOH	11 DC1	21 !	31 1	41 A	51 Q	61 a	71 q
0 0 1 0		02 STX	12 DC2	22 „	32 2	42 B	52 R	62 b	72 r
0 0 1 1		03 ETX	13 DC3	23 #	33 3	43 C	53 S	63 c	73 s
0 1 0 0		04 EOT	14 DC4	24 $	34 4	44 D	54 T	64 d	74 t
0 1 0 1		05 ENQ	15 NAK	25 %	35 5	45 E	55 U	65 e	75 u
0 1 1 0		06 ACK	16 SYN	26 &	36 6	46 F	56 V	66 f	76 v

Bit-Nr.			7	0		0		0		0		1		1		1		1	
			6	0		0		1		1		0		0		1		1	
			5	0		1		0		1		0		1		0		1	
4	3	2	1	Hexadezimal	Zeichen	Hexadezimal	Zeichen	Hexadezimal	Zeichen	Hexadezimal	Zeichen	Hexadezimal	Zeichen	Hexadezimal	Zeichen	Hexadezimal	Zeichen	Hexadezimal	Zeichen
0	1	1	1	07	BEL	17	ETB	27	'	37	7	47	G	57	W	67	g	77	w
1	0	0	0	08	BS	18	CAN	28	(	38	8	48	H	58	X	68	h	78	x
1	0	0	1	09	HT	19	EM	29	)	39	9	49	I	59	Y	69	i	79	y
1	0	1	0	0A	LF	1A	SUB	2A	*	3A	:	4A	J	5A	Z	6A	j	7A	z
1	0	1	1	0B	VT	1B	ESC	2B	+	3B	;	4B	K	5B	[	6B	k	7B	
1	1	0	0	0C	FF	1C	FS	2C	,	3C	<	4C	L	5C	\	6C	l	7C	|
1	1	0	1	0D	CR	1D	GS	2D	-	3D	=	4D	M	5D	]	6D	m	7D	
1	1	1	0	0E	SO	1E	RS	2E	.	3E	>	4E	N	5E	^	6E	n	7E	~
1	1	1	1	0F	SI	1F	US	2F	/	3F	?	4F	O	5F	_	6F	o	7F	DEL

Bild 4.24: ASCII-Code

Der ASCII-Zeichensatz umfasst 128 Zeichen. Von diesen sind 94 Schriftzeichen, mit denen die Groß- und Kleinbuchstaben des lateinischen Alphabets, die Dezimalziffern, Interpunktionszeichen und mathematische Zeichen sowie einige Sonderzeichen (z. B. Währungszeichen) dargestellt werden. 34 Zeichen (in Bild 4.24 blau unterlegt) werden als Steuerzeichen genutzt. Ihre Bedeutung ist in Bild 4.25 aufgelistet. Die Zeichen „SP" und „DEL" gelten außerdem als nicht abdruckbare Schriftzeichen bzw. als Füllzeichen.

Zeichen	Bedeutung	Zeichen	Bedeutung
NUL	NULL	DLE	DATALINK ESCAPE
SOH	START OF HEADING	DC1 BIS 4	DEVICE CONTROL 1 BIS 4
STX	START OF TEXT	NAK	NEGATIVE ACKNOWLEDGE
ETX	END OF TEXT	SYN	SYNCHRONOUS IDLE
EOT	END OF TRANSMISSION	ETB	END OF TRANSMISSION BLOCK
ENQ	ENQUIRY	CAN	CANCEL
ACK	ACKNOWLEDGE	EM	END OF MEDIUM
BEL	BELL	SUB	SUBSTITUTE
BS	BACKSPACE	ESC	ESCAPE
HT	HORIZONTAL TABULATION	FS	FILE SEPARATOR
LF	LINE FEED	GS	GROUP SEPARATOR
VT	VERTICAL TABULATION	RS	RECORD SEPARATOR
FF	FORM FEED	US	UNIT SEPARATOR
CR	CARRIAGE RETURN	SP	SPACE
SO	SHIFT OUT	DEL	DELETE
SI	SHIFT IN		

Bild 4.25: Bedeutung der Steuerzeichen im ASCII-Code

Die Schriftzeichen in den grau unterlegten Feldern in Bild 4.24 können durch länderspezifische Schriftzeichen ersetzt werden.

Die in der deutschen Referenzversion des ASCII-Codes geänderten Schriftzeichen sind in Bild 4.26 dargestellt.

Wegen der üblichen 8-Bit-Wortlänge bei der Darstellung von Zeichen kann das achte Bit als **Prüfbit** (*check bit*) zur Erkennung von Übertragsfehlern genutzt werden. Im Beispiel in Bild 4.27 ist dem Codewort als Prüfbit ein **Paritätsbit** (*parity bit*) für gerade Parität hinzugefügt. Das Paritätsbit ist „0", wenn die Anzahl der mit 1 besetzten Stellen des Codewortes gerade ist; es ist „1", wenn diese Anzahl ungerade ist.

Hexa-dezimal	Zeichen	Hexa-dezimal	Zeichen
5B	Ä	7B	ä
5C	Ö	7C	ö
5D	Ü	7D	ü
		7E	ß

Bild 4.26: Deutsche Referenzversion

Bit-Nr.	8	7	6	5	4	3	2	1
Codewort „F"	1	1	0	0	0	1	1	0
Codewort „f"	0	1	1	0	0	1	1	0

Bild 4.27: ASCII-Code mit Prüfbit (hier grau)

Mit einer erweiterten 8-Bit-Variante (**Extended ASCII**) können 256 Zeichen dargestellt werden. Davon entsprechen die ersten 128 Zeichen dem normalen ASCII-Code. Die Zeichen von 128 bis 255 dienen zur Darstellung von weiteren Sonderzeichen (z. B. länderspezifische Zeichen) und Grafiksymbolen. Der **EBCDI-Code** (Extended BCD Interchange Code) ist ein auf ASCII basierender erweiterter Umwandlungscode. Mit diesem 8-Bit-Code sind 256 Zeichen darstellbar. Codiert werden die Dezimalziffern, die Buchstaben des lateinischen Alphabets sowie Sonder- und Steuerzeichen. Im Gegensatz zum ASCII-Code ist der EBCDI-Code nicht genormt.

4.3.6 Barcodes

Barcodes – auch Strichcodes oder Balkencodes (engl. *bar*: Balken) – sind binäre Zeichencodes, die zur Kennzeichnung von Waren im Handel und in der Lagerhaltung sowie zur Codierung von Postleitzahlen angewendet werden. Sie können mit einem Laserabtaster, einem Lesestift (Kap. 1.11.4) oder einem kamerabasierten Lesegerät entschlüsselt werden.

In Bild 4.28 ist eine Artikelkennzeichnung mit dem EAN-Code (European Article Numbering) dargestellt. Dieser Barcode besteht aus zwei Hälften, von denen jede sechs Dezimalziffern enthält. Jede Dezimalziffer wird durch sieben Binärzeichen codiert, die durch Balken („1") oder Lücken („0") dargestellt werden. Die beiden Hälften eines Codes werden durch Randzeichen („101") und Trennzeichen („01010") begrenzt.

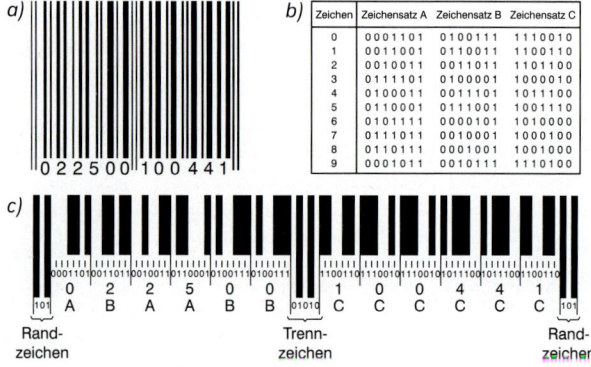

Bild 4.28: a) EAN-Codierung
b) Zeichensätze des EAN-Codes
c) Decodierung eines EAN-Codes

Zur Codierung der Dezimalziffern werden die Zeichensätze A, B und C angewendet; die linke Hälfte in der Folge ABAABB, in der rechten Hälfte alle sechs Ziffern nach Zeichensatz C.

Obwohl sich Barcodes seit vielen Jahren in Handel und Industrie bewährt haben, gibt es Bestrebungen, diese langfristig durch QR-Codes (Kap. 4.3.7) zu ersetzen, da diese wesentlich mehr Informationen zu den jeweils markierten Produkten beinhalten können und somit flexibler einsetzbar sind.

4.3.7 2D-Codes

Neben den eindimensionalen Strichcodes (1D-Barcodes) werden zunehmend **zweidimensionale Codes (2D-Codes)** verwendet. Aus einer ganzen Reihe verschiedener 2D-Codes soll hier als Beispiel der **Data-Matrix-Code (DMC)** kurz erläutert werden.

Den DMC gibt es in verschiedenen Versionen, von denen die aktuelle und sicherste die **DMC ECC 200** ist. ECC steht für Error Checking and Correction und beschreibt das verwendete Verfahren zur Fehlerkorrektur, bei dem die Rekonstruktion des Dateninhalts selbst dann noch möglich ist, wenn bis zu 25 % des Codes zerstört sind.

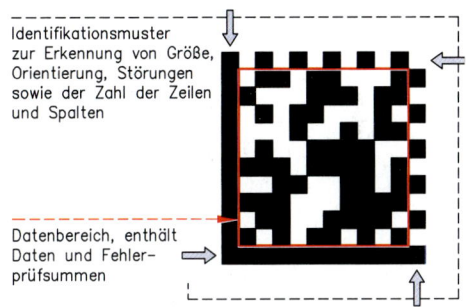

Bild 4.29: Datenregion eines DMC

Ein DMC besteht aus mehreren **Datenregionen**. Diese sind aus quadratischen Symbolelementen zusammengesetzt, wovon jedes bis zu 88 numerische oder 64 alphanumerische Zeichen speichern kann. Ein Identifikationsmuster unterteilt die Region in die einzelnen Symbole. Dabei ist das Aussehen der Ränder genau festgelegt. Der linke und der untere Rand bestehen aus einem durchgezogenen schwarzen Balken, am rechten und oberen Rand wechseln sich schwarze und weiße Quadrate ab. Durch dieses Muster kann ein Bildverarbeitungssystem die Größe, die Ausrichtung, die Zahl der Zeilen und Spalten sowie die Orientierung des Codes bestimmen. Daher sind 2D-Codes in jeder 360°-Position lesbar.

Insgesamt ist die Informationsdichte eines DMC wesentlich größer als die eines 2D-Barcodes. Die Kapazität ist abhängig vom gespeicherten Datentyp und beträgt 1556 Bytes, 2335 ASCII-Zeichen oder 3116 Ziffern.

Unter der Bezeichnung **QR-Code (QR: Q**uick **R**esponse) werden 2D-Codes immer häufiger zur Kennzeichnung von Produkten verwendet. Scannt man diesen Code mit der Kamera eines Smartphones, erkennt eine entsprechende App die codierten Informationen und öffnet automatisch eine Internetseite mit weiterführenden Informationen zu dem Produkt. Auch in anderen Bereichen werden QR-Codes inzwischen vielfältig eingesetzt, z. B. gedruckt als Sicherheitsmerkmal auf Flugtickets oder Eintrittskarten, alternativ auch direkt auf dem Smartphone als fälschungssicherer Nachweis einer Buchung.

Bild 4.30: Beispiel für einen QR-Code

4.3.8   Leitungscodes

Die *Verarbeitung* von Steuer- und Nutzsignalen erfolgt in der Datentechnik grundsätzlich mit binären Signalen. Hierbei werden den logischen Zuständen „Eins" („1"-bit) und „Null" („0"-bit) die elektrischen Zustände „Gleichspannung ein" und „Gleichspannung aus" (oder umgekehrt) zugeordnet. Der Spannungszustand bleibt für die Zeitdauer eines Bits unverändert.

Die *Übertragung* binärer Signale auf elektrischen Leitungen ist nur bedingt möglich.

> Bei der Übertragung einer binären Zeichenfolge wird das kürzeste vorkommende Signalelement **Schritt** (*step*) genannt, seine zeitliche Dauer wird als **Schrittdauer** T_0 (*time step interval*) bezeichnet (Bild 4.31).
>
> Den Kehrwert der Schrittdauer bezeichnet man als **Schrittgeschwindigkeit** v_S (*step rate; modulation rate*); sie wird in **Baud** (**Bd**) angegeben (1 Bd = 1/s).
>
> Hinweis: Formal besitzt die Schrittgeschwindigkeit v_S die gleiche Einheit wie die Frequenz f. Die beiden physikalischen Größen haben aber technisch unterschiedliche Bedeutungen.

Binäre Signale lassen sich auf elektrischen Leitungen nur über kurze Strecken problemlos übertragen (z. B. innerhalb eines PCs). Der Mittelwert des zu übertragenden Signals ist meist nicht Null, das Signal ist somit nicht gleichspannungsfrei (Bild 4.31 a). Zur Überbrückung größerer Entfernungen werden die Signale zwischendurch verstärkt und die Leitungen vielfach mit Bauelementen verschaltet, die keine Gleichspannung übertragen können (z.B. Übertrager: Kap. 5.5.2.5). Der Signalverlauf würde dadurch soweit verändert, dass eine Bitfolge am Zielort möglicherweise nicht mehr richtig erkannt wird.

Außerdem muss zur einwandfreien Verarbeitung übertragener Signale neben der Nutzinformation auch eine Taktinformation zur Synchronisation vorliegen. Diese wird oftmals aus den Signalflanken (Bild 4.31 a) des Nutzsignals gewonnen. Ein binär codiertes Signal kann jedoch lange Null- oder Eins-Folgen beinhalten, sodass die Taktinformation zeitweise fehlt.

Da die Dämpfung (Kap. 5.1.5.1) elektrischer Leitungen mit zunehmender Frequenz ansteigt, können hochfrequente Signale ohne entsprechend teure Zwischenverstärker weniger weit übertragen werden. Die Schrittgeschwindigkeit – und damit die höchste vorkommende Frequenz des zu übertragenden Signals – sollte also möglichst gering sein. Trotz niedriger Schrittfrequenz sollten aber dennoch große Datenmengen transportiert werden können.

Bei dem in Bild 4.31 a dargestellten Beispiel liegt der Mittelwert der Spannung im positiven Bereich. Das dargestellte Signal (rot) besitzt den gleichen Verlauf wie die binäre Bitfolge (schwarz) und wird übertragungstechnisch **NRZ-Code** (**N**on **R**eturn to **Z**ero) genannt, da es während der Übertragungsdauer der binären „1" seinen Spannungswert beibehält (und nicht auf 0 V abfällt). Pro Signalschritt T_0 kann lediglich *ein* Bit übertragen werden. Alternativ bezeichnet man ein solches Übertragungssignal auch als **PAM2**-Signal (pulsamplitudenmoduliertes Signal),

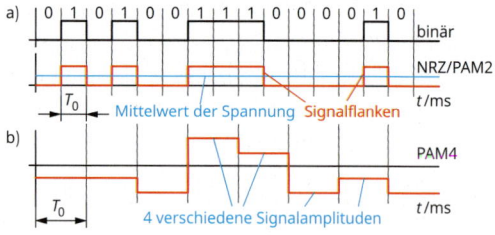

Bild 4.31: Beispiele für Leitungscodes (Grundprinzip)

die nachgestellte Zahl gibt die Anzahl der für die Übertragung verwendeten Amplituden-stufen an. Je größer diese Anzahl ist, desto mehr binäre Daten lassen sich pro Signal-schritt übertragen. Bei vier verschiedenen Spannungswerten lassen sich – bei der darge-stellten Schrittdauer – jeweils *zwei* Bits pro Amplitude übertragen (Bild 4.31 b; **PAM4**-Signal, z. B. +5 V: **11**; +3 V: **10**; -3 V: **01**; -5 V: **00**). Würde man darüber hinaus die Schrittdauer des dargestellten PAM4-Signals auf den Wert des dargestellten PAM2-Sig-nals verkürzen (Bild 4.31 a), könnte man in der gleichen Übertragungszeit die doppelte Datenmenge übertragen.

Die eingesetzten Übertragungstechniken sowie die Ausprägungen der unterschiedlichen Leitungscodierungen, die im Weitverkehrsbereich (z. B. Gigabit-Ethernet) und inzwischen auch zur Effizienzsteigerung bei Bussystemen innerhalb von PCs zum Einsatz kommen (z. B. USB4· PAM3), werden im Aufbauband „Vernetzte IT-Systeme" grundlegend behan-delt (z. B. Kap. 4.1.5, Kap. 4.1.11).

> Die **Leitungscodierung** bzw. der **Leitungscode** (*line code*) passt ein Datensignal an die Eigenschaften des Übertragungsmediums an, um es entsprechend den übertragungstech-nischen Anforderungen effizient transportieren zu können (d. h. insbesondere gleichspan-nungsfrei mit vielen Nutzdaten pro Schritt bei möglichst geringer Schrittgeschwindigkeit).

AUFGABEN

1. Was verstehet man unter einem Code?

2. a) Erklären Sie die Begriffe Bit, Byte und Datenwort.
   b) Aus welchem Grund wurden zur Angabe einer großen Anzahl von Datenworten sog. Binärpräfixe eingeführt?
   c) Geben Sie die folgenden Werte mit Binärpräfixen an: 25 GB; 128 TB; 6 000 Mbit/s; 53,8 GByte/s.

3. Beschreiben Sie, wie positive und negative Dualzahlen binär codiert werden.

4. Geben Sie die folgenden Dezimalzahlen als binär codierte Dualzahlen mit Vor-zeichenbit bei einer Wortlänge von 8 bit an:
   a) +5 und −5,   b) +40 und −40,   c) +100 und −100

5. Geben Sie die höchste (positive) und niedrigste (negative) Dezimalzahl an, die mit binär codierten Dualzahlen mit Vorzeichenbit bei einer Wortbreite von 12 bit dar-gestellt werden kann.

6. Geben Sie für folgende mit Vorzeichenbit codierte Dualzahlen jeweils die entspre-chende Dezimalzahl an:
   a) 0110 0111   b) 1110 0111   c) 0111 1111   d) 1111 1111

7. Die Zeichenfolgen mit unterschiedlichen Wortlängen stellen binär codierte Dualzah-len mit Vorzeichen dar. Geben Sie jeweils die dargestellte Zahl als Dezimalzahl an:
   a) 1000 0100   b) 10 0100   c) 1 0100   d) 1100

8. a) Wie unterscheidet sich der Dualcode vom 8-4-2-1-BCD-Code?
   b) Geben Sie die Zahl Z = $5\,427_{dez}$ als Dualzahl und im 8-4-2-1-BCD-Code an.

9. Der ASCII-Code (7-Bit-Code) enthält Steuerzeichen und Schriftzeichen. Die ein-zelnen Zeichen sind durch die Bitkombinationen in der Reihenfolge b7, b6 … b1 gekennzeichnet.

4

a) An welcher Bitkombination sind die Steuerzeichen zu erkennen?

b) Zwei Zeichen des Codes sind sowohl Steuer- als auch Schriftzeichen. Geben Sie die Bitkombinationen der beiden Zeichen an.

c) Vergleichen Sie die duale Codierung der Dezimalziffern mit den BCD-Codes. Wie sind diese codiert?

d) Wodurch unterscheiden sich bei den Buchstaben die Bitkombinationen für die Groß- und die Kleinschreibung?

e) Fügen Sie den Codewörtern für die deutschen Umlaute in Groß- und Kleinschreibung als achtes Bit ein Prüfbit an, wenn eine gerade Parität vereinbart ist.

10. a) Aus welchem Grund verwendet man Leitungscodierungen?

b) Welche prinzipiellen Anforderungen sollte ein Datensignal bei der Übertragung möglichst erfüllen?

4.4   Digitale Signalverarbeitung

Die in diesem Kapitel vorgestellten Schaltelemente bilden die Basis sämtlicher digitaler Datenverarbeitungsvorgänge und Steuerungsprozesse (z.B. SPS: Speicherprogrammierbare Steuerung). Sie sind nahezu in allen IT-Geräten – meist in integrierter Form – zu finden. Die dargestellte Schaltalgebra bildet auch die Basis der in vielen Programmen (z.B. Excel) vorhandenen Logikfunktionen.

4.4.1   Logische Verknüpfungen

4.4.1.1 Schaltalgebra

Die Schaltalgebra dient zur mathematisch exakten Beschreibung der funktionellen Zusammenhänge zwischen den Eingangs- und Ausgangssignalen digitaler Schaltelemente. Sie wurde von dem englischen Mathematiker George Boole (1815–1864) entwickelt.

Die Arbeitsweise aller digitalen Informationssysteme beruht auf den Gesetzen der „booleschen Algebra"; diese sind nur auf binäre Schaltvariablen anwendbar.

Eine **binäre Schaltvariable** kann nur die zwei Werte „0" und „1" annehmen.

Zwischen diesen beiden Werten besteht die Beziehung:

$0 = \overline{1}$ (lies: Null ist gleich Eins nicht)

$1 = \overline{0}$ (lies: Eins ist gleich Null nicht)

Der Querstrich über einer binären Schaltvariablen stellt eine Verneinung (Negation) dar.

Die Abhängigkeit des Ausgangssignals von den Eingangssignalen – die **Schaltfunktion** (*switching funktion*) – kann wie folgt dargestellt werden:

- durch ein Symbol für die **boolesche Verknüpfung** (Bild 4.32, Spalte 1)
- durch eine **Wahrheitstabelle** (*truth table*; Bild 4.32, Spalte 2)
- durch eine **Funktionsgleichung** (*functional equation*; Bild 4.32, Spalte 3)
- durch ein **Zeitablaufdiagramm** (*timing diagram*; Bild 4.32, Spalte 4)

In der Wahrheitstabelle wird für jede mögliche Wertekombination der Eingangsvariablen der Ausgangswert angegeben.

In der Funktionsgleichung wird die Verknüpfungsart der Schaltvariablen durch Zeichen dargestellt:
- $\wedge$ oder $\cdot$ für UND-Verknüpfung (Konjunktion)
- $\vee$ oder $+$ für ODER-Verknüpfung (Disjunktion)

Schalt-zeichen-Symbol	Wahrheits-tabelle			Schaltfunktion, Benennung, Gleichung	Zeitablauf-diagramm	Beschreibung
a —[&]— x b	b	a	x	**UND**-Funktion (Konjunktion) $x = a \wedge b$ $x = a \cdot b$		Der Ausgang nimmt nur dann den 1-Zustand an, wenn sich beide Eingänge im 1-Zustand befinden.
	0	0	0			
	0	1	0			
	1	0	0			
	1	1	1			
a —[≥1]— x b	b	a	x	**ODER**-Funktion (Disjunktion) $x = a \vee b$ $x = a + b$		Der Ausgang nimmt nur dann den 1-Zustand an, wenn sich mindestens ein Eingang im 1-Zustand befindet.
	0	0	0			
	0	1	1			
	1	0	1			
	1	1	1			
a —[1]o— x	a	x		**NICHT**-Funktion (Negation) $x = \overline{a}$		Der Ausgang nimmt nur dann den 1-Zustand an, wenn sich der Eingang im 0-Zustand befindet.
	0	1				
	1	0				
a —[&]o— x b	b	a	x	**NAND**-Funktion $x = \overline{a \wedge b}$ $x = \overline{a \cdot b}$		Der Ausgang nimmt nur dann den 1-Zustand an, wenn sich mindestens ein Eingang im 0-Zustand befindet.
	0	0	1			
	0	1	1			
	1	0	1			
	1	1	0			
a —[≥1]o— x b	b	a	x	**NOR**-Funktion $x = \overline{a \vee b}$ $x = \overline{a + b}$		Der Ausgang nimmt nur dann den 1-Zustand an, wenn sich beide Eingänge im 0-Zustand befinden.
	0	0	1			
	0	1	0			
	1	0	0			
	1	1	0			
a —[=1]— x b	b	a	x	**Antivalenz**-Funktion (Exklusiv-ODER) $x = (a \wedge \overline{b}) \vee (\overline{a} \wedge b)$ $x = (a \cdot \overline{b}) + (\overline{a} \cdot b)$		Der Ausgang nimmt nur dann den 1-Zustand an, wenn sich beide Eingänge in unterschiedlichen Zuständen befinden.
	0	0	0			
	0	1	1			
	1	0	1			
	1	1	0			

4

Schalt-zeichen-Symbol	Wahrheits-tabelle			Schaltfunktion, Benennung, Gleichung	Zeitablauf-diagramm	Beschreibung
a [=] x b	**b**	**a**	**x**	**Äquivalenz**-Funktion (Exclusiv-NOR) $x = (\overline{a} \wedge \overline{b}) \vee (a \wedge b)$ $x = (\overline{a} \cdot \overline{b}) + (a \cdot b)$	a b x	Der Ausgang nimmt nur dann den 1-Zustand an, wenn sich beide Eingänge in demselben Zustand befinden.
	0	0	1			
	0	1	0			
	1	0	0			
	1	1	1			

Bild 4.32: Binäre (boolesche) Verknüpfungen

Die Funktionsgleichung lässt sich aus der Wahrheitstabelle herleiten, indem

- die Eingangsvariablen einer Zeile, deren Ausgangswert „1" ist, UND-verknüpft werden und
- alle Zeilen mit dem Ausgangswert „1" miteinander ODER-verknüpft werden (Bild 4.32, Antivalenz- und Äquivalenz-Funktion).

In den nachfolgenden Bildern sind die Regeln der Schaltalgebra tabellarisch zusammengefasst. Hierbei wird die Schreibweise mit ∨ und ∧ bevorzugt verwendet, alternativ ist in allen Darstellungen auch die Verwendung von + und · möglich.

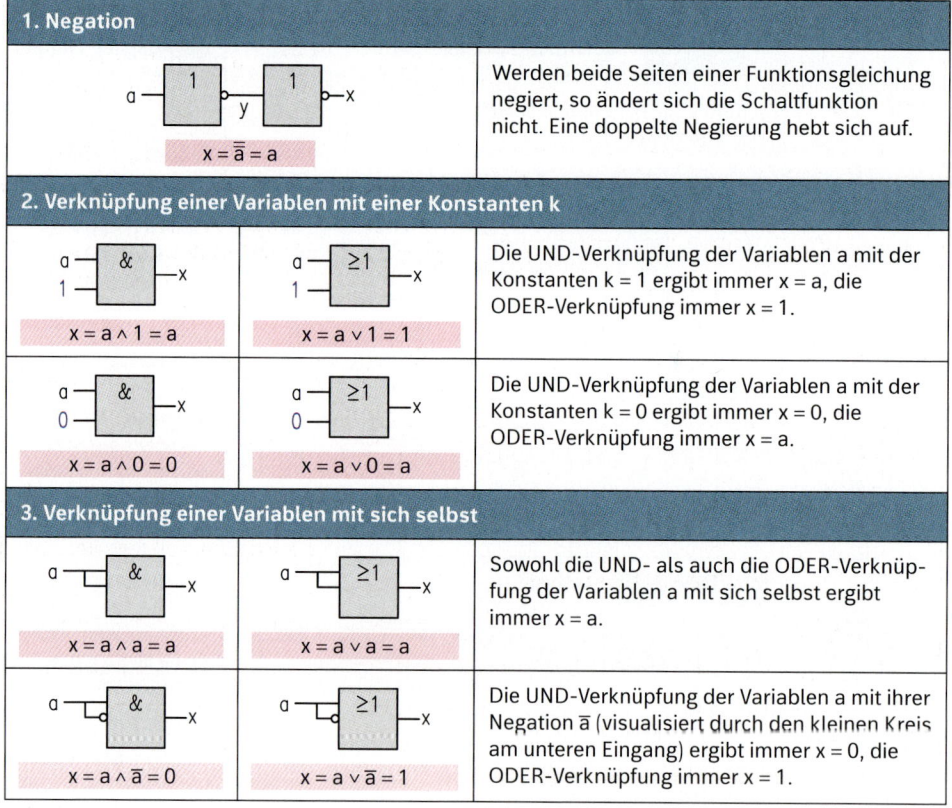

1. Negation

$x = \overline{\overline{a}} = a$

Werden beide Seiten einer Funktionsgleichung negiert, so ändert sich die Schaltfunktion nicht. Eine doppelte Negierung hebt sich auf.

2. Verknüpfung einer Variablen mit einer Konstanten k

$x = a \wedge 1 = a$

$x = a \vee 1 = 1$

Die UND-Verknüpfung der Variablen a mit der Konstanten k = 1 ergibt immer x = a, die ODER-Verknüpfung immer x = 1.

$x = a \wedge 0 = 0$

$x = a \vee 0 = a$

Die UND-Verknüpfung der Variablen a mit der Konstanten k = 0 ergibt immer x = 0, die ODER-Verknüpfung immer x = a.

3. Verknüpfung einer Variablen mit sich selbst

$x = a \wedge a = a$

$x = a \vee a = a$

Sowohl die UND- als auch die ODER-Verknüpfung der Variablen a mit sich selbst ergibt immer x = a.

$x = a \wedge \overline{a} = 0$

$x = a \vee \overline{a} = 1$

Die UND-Verknüpfung der Variablen a mit ihrer Negation $\overline{a}$ (visualisiert durch den kleinen Kreis am unteren Eingang) ergibt immer x = 0, die ODER-Verknüpfung immer x = 1.

Bild 4.33: Regeln für eine Variable

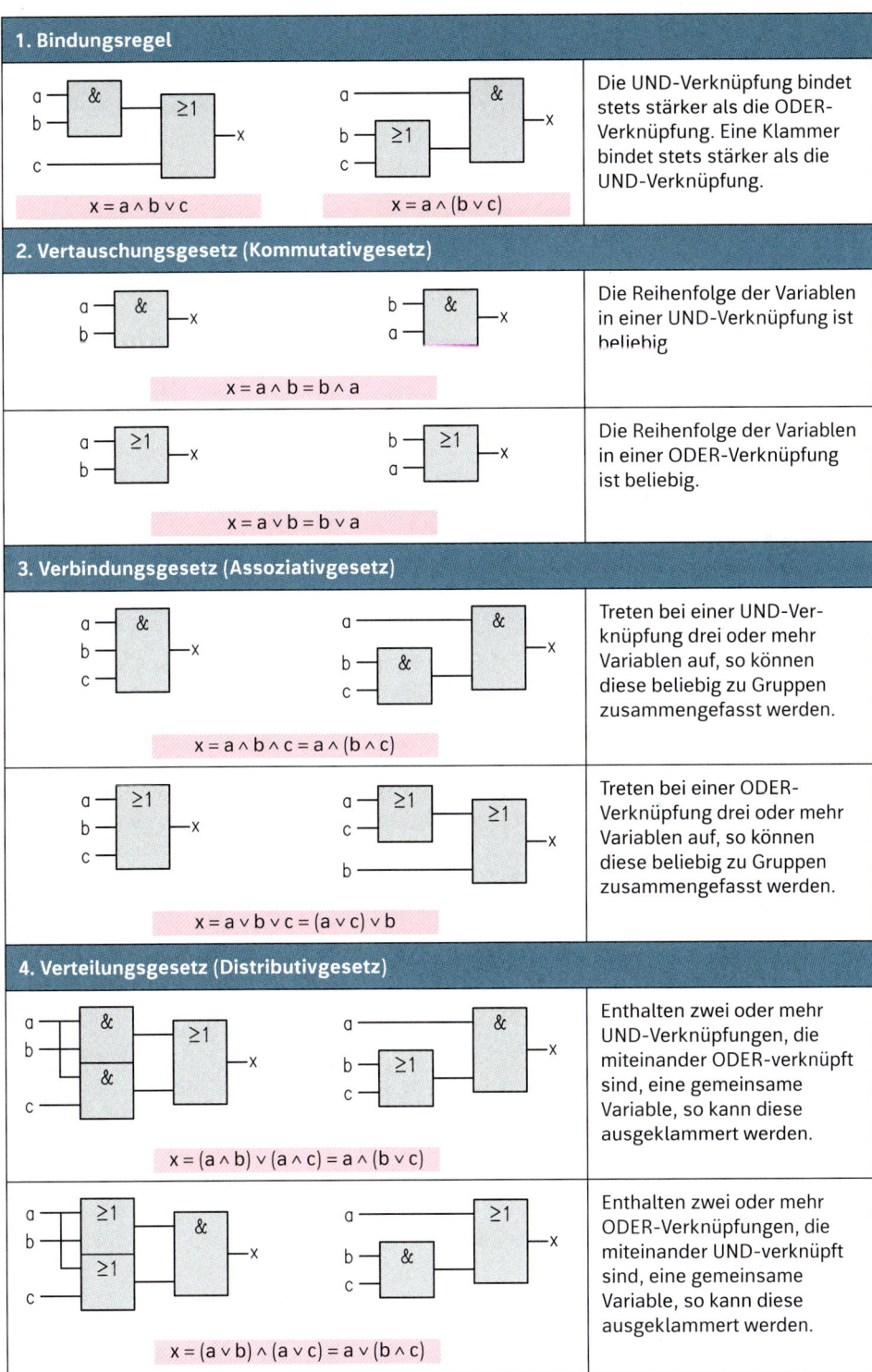

Bild 4.34: Regeln für zwei und mehr Variablen

Die nach dem englischen Mathematiker De Morgan (1806–1871) benannten Gesetze ermöglichen die Umwandlung negierter Funktionsgleichungen (Bild 4.35).

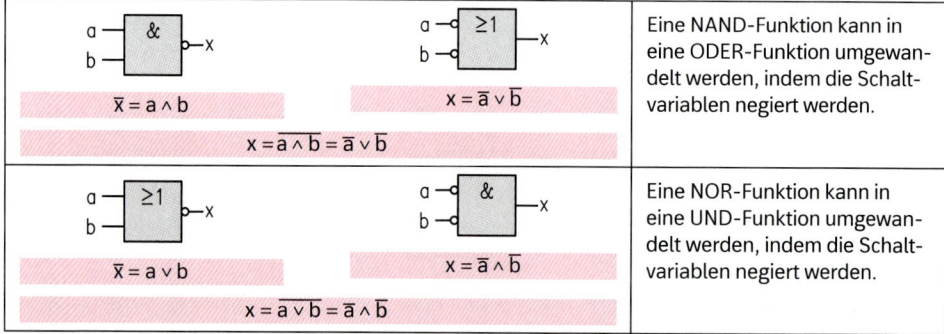

Bild 4.35: De Morgansche Gesetze

4.4.1.2 Verknüpfungselemente

Verknüpfungselemente (*combinatorial elements*) enthalten Schaltungen, die boolesche Verknüpfungen von Schaltvariablen bewirken.

In der IT-Technik werden integrierte Schaltkreise (IC: Integrated Circuit) eingesetzt, die mehrere gleiche Verknüpfungselemente enthalten und auf einem Halbleiterchip hergestellt werden.

Der Funktionszusammenhang, der zwischen der Ausgangsspannung und den Eingangsspannungen besteht, kann in einer Arbeitstabelle dargestellt werden. Bild 4.36 a zeigt die Arbeitstabelle für eine Schaltung mit zwei Eingängen, deren Eingangs- und Ausgangsspannungen die Werte +2 V und –3 V annehmen können. Da die absoluten Spannungswerte durch die Technologie des Schaltkreises bestimmt sind, werden in der Arbeitstabelle meist nur die Pegelwerte angegeben:

- H (High) für das höhere Potenzial
- L (Low) für das niedrigere Potenzial

Die Verknüpfungsfunktion ergibt sich durch die Zuordnung der Pegel zu den binären Schaltvariablen:

- bei der **positiven Logik** gilt **L = 0** und **H = 1**:
- bei der **negativen Logik** gilt **L = 1** und **H = 0**

Die Wahrheitstabelle (Bild 4.36 b) zeigt, dass ein und dasselbe Verknüpfungselement abhängig von der gewählten Logik zwei verschiedene boolesche Verknüpfungen durchführen kann: bei positiver Logik eine NAND-Verknüpfung, bei negativer Logik eine NOR-Verknüpfung.

a)	Arbeitstabelle mit					b)	Wahrheitstabelle und Gleichung für				
Spannungswerten			Pegelwerten			positive Logik			negative Logik		
b	**a**	**x**	**b**	**a**	**x**	**b**	**a**	**x**	**b**	**a**	**x**
−3V	−3V	+2V	L	L	H	0	0	1	1	1	0
−3V	+2V	+2V	L	H	H	0	1	1	1	0	0
+2V	−3V	+2V	H	L	H	1	0	1	0	1	0
+2V	+2V	−3V	H	H	L	1	1	0	0	0	1

$$x = \overline{a} \vee \overline{b}$$
$$= \overline{a \wedge b}$$

$$x = \overline{a} \wedge \overline{b}$$
$$= \overline{a \vee b}$$

Bild 4.36: a) Arbeitstabelle mit Spannungs- und Pegelwerten, b) Wahrheitstabelle und Gleichung für positive und negative Logik

Alle booleschen Schaltfunktionen lassen sich auf die Grundfunktionen UND, ODER und NICHT zurückführen. So entsteht eine NAND-Verknüpfung, wenn der Ausgang eines UND-Elementes mit einem NICHT-Element invertiert wird. Ein ODER-Element mit einem nachgeschalteten NICHT-Element bildet eine NOR-Verknüpfung. Das Kurzschlie-ßen der Eingänge eines NAND- oder NOR-Elementes ergibt eine NICHT-Verknüpfung (Bild 4.37).

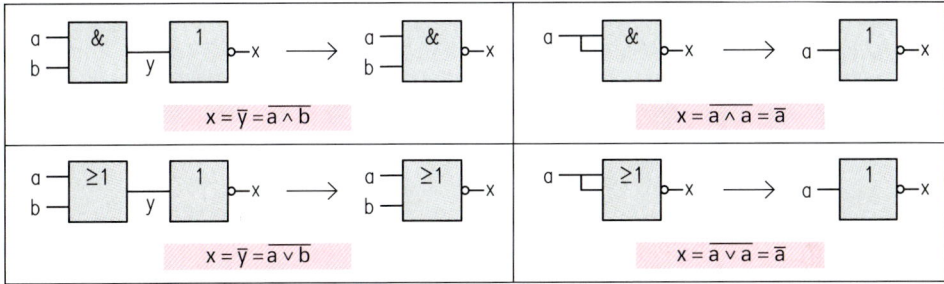

Bild 4.37: Grundverküpfungen

Für jede boolesche Verknüpfung lassen sich nach den De Morganschen Gesetzen (Bild 4.35) zwei in der Funktion gleichwertige Gleichungen aufstellen: eine konjunktive und eine disjunktive. Ebenso lässt sich zu jedem Schaltzeichen, das eine oder mehrere Grund-verknüpfungen darstellt, ein zweites gleichwertiges Schaltzeichen nach folgenden Regeln zeichnen:

1. Ein UND-Symbol wird durch ein ODER-Symbol ersetzt.
   Ein ODER-Symbol wird durch ein UND-Symbol ersetzt.

2. Alle nicht negierten Ein- und Ausgänge werden negiert.
   Alle negierten Ein- und Ausgänge werden nicht negiert.

Die Umwandlung einer **Konjunktion** (UND-Schaltung) in eine **Disjunktion** (ODER-Schaltung) und umgekehrt ermöglicht die Realisierung beliebiger Verknüpfungsschaltun-gen sowohl *nur* mit NAND-Elementen als auch *nur* mit NOR-Elementen. Dies ist beson-ders bedeutsam beim Einsatz integrierter Schaltkreise, da diese wesentlich preiswerter herstellbar sind, wenn sie nur eine einzige Art von Verknüpfungselement enthalten.

4.4.2   Schaltnetze

Schaltnetze (*combinatorial cicuit*) sind Verknüpfungsschaltungen, bei denen das Ausgangssignal nur von den anliegenden Eingangssignalen abhängig ist.

Schaltnetze entstehen durch Zusammenschalten von Verknüpfungselementen. Sie sind als integrierte Schaltkreise (IC) erhältlich.

4.4.2.1   Addierer

Zur Addition von Dualzahlen wird den Schaltvariablen ein Stellenwert zugeordnet. Dieser ist bei einstelligen Dualzahlen 2^0. Die Summe von zwei einstelligen Dualzahlen A und B lässt sich bei drei der vier möglichen Kombinationen der beiden Schaltvariablen in einer Stelle mit dem gleichen Stellenwert 2^0 bilden (Bild 4.38). Haben beide Schaltvariablen den Wert 1, so tritt bei der Addition ein Übertrag in den nächsthöheren Stellenwert 2^1 auf.

Stellenwert			
2^0	2^0	2^0	2^1
B	A	Σ	C
0	0	0	0
0	1	1	0
1	0	1	0
1	1	0	1

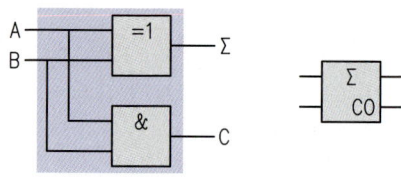

Bild 4.38: Wahrheitstabelle, Verknüpfungsschaltung und Schaltzeichen eines Halbaddierers

Anhand der Tabelle können die Funktionsgleichungen für die Summe Σ und den Übertrag C (Carry, im Schaltzeichen CO: Carry **o**ut) aufgestellt werden:

$$\Sigma = (A \wedge \overline{B}) \vee (\overline{A} \wedge B)$$
$$C = A \wedge B$$

Das Schaltnetz zum Addieren von zwei einstelligen Dualzahlen lässt sich mit einem Antivalenzelement und einem UND-Element realisieren (Bild 4.38). Es wird als **Halbaddierer** bezeichnet.

Mit einem **Halbaddierer** (*half adder*) können zwei einstellige Dualzahlen addiert werden.

Sollen mehrstellige Dualzahlen addiert werden, so muss in jeder Stelle noch der Übertrag aus der nächstniederwertigen Stelle addiert werden. Hierzu ist ein **Volladdierer** erforderlich.

Mit einem **1-Bit-Volladdierer** (*full adder*) können drei einstellige Dualzahlen addiert werden.

Ein Volladdierer kann aus zwei Halbaddierern geschaltet werden (Bild 4.39). Der erste Halbaddierer addiert die beiden Dualzahlen A und B zur Zwischensumme Σ_1 mit dem Übertrag C_1. Die mit dem zweiten Halbaddierer durchgeführte Addition des Übertrags CI (Carry in) aus der nächstniederwertigen Stelle zu der Zwischensumme Σ_1 ergibt die Endsumme Σ und den Übertrag C_2. Die Überträge C_1 und C_2 werden zum Übertrag C ODER verknüpft.

1. Halbaddierer				2. Halbaddierer				Übertrag
Stellenwert				Stellenwert				
2^n	2^n	2^n	2^{n+1}	2^n	2^n	2^n	2^{n+1}	2^{n+1}
B	A	Σ_1	C_1	CI	Σ_1	Σ	C_2	C
0	0	0	0	0	0	0	0	0
0	1	1	0	0	1	1	0	0
1	0	1	0	1	1	0	1	1
1	1	0	1	1	0	1	0	1

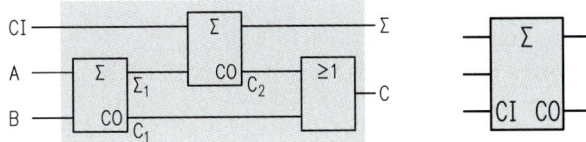

Bild 4.39: Wahrheitstabelle, Schaltung und Schaltzeichen eines 1-Bit-Volladdierers

Mit vier solcher 1-Bit-Volladdierer kann ein 4-Bit-Volladdierer geschaltet werden, der auch als IC erhältlich ist (Bild 4.40). Ebenso gibt es 4-Bit-Subtrahierer als IC. Mit diesen Schaltkreisen lassen sich Addierer und Subtrahierer für Dualzahlen mit beliebig vielen Stellen aufbauen.

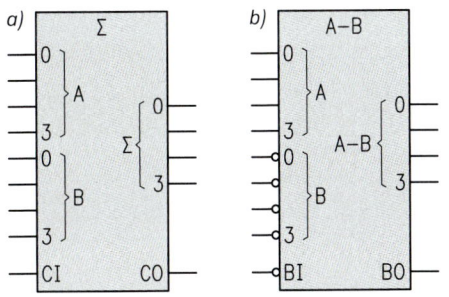

Volladdierer und Subtrahierer sind Funktionselemente der ALU eines Prozessors (Kap. 1.3.1).

Bild 4.40: a) 4-Bit-Volladdierer, b) 4-Bit-Subtrahierer

4.4.2.2 Codeumsetzer

Um reale Vorgänge oder Zustände in einem Informationssystem verarbeiten zu können, müssen sie mit einem **Codierer** in binäre Signale umgewandelt werden. Nach der Verarbeitung erfolgt in einem **Decodierer** die Umwandlung der binären Signale in einen realen Zustand oder Vorgang.

Ein **Coder** (*coder*) ist eine Schaltung zur Umsetzung eines realen Vorgangs oder Zustandes in ein binäres Codewort.

Ein **Decoder** (*decoder*) ist eine Schaltung zur Umwandlung eines Codewortes in eine unmittelbar wahrnehmbare optische oder akustische Anzeige.

Häufig erfordert die Verarbeitung binärer Daten einen Wechsel des Binärcodes. Hierzu werden Codeumsetzer eingesetzt.

Ein **Codeumsetzer** (*code converter*) wandelt das Codewort eines Codes in ein entsprechendes Codewort eines anderen Codes um.

Bild 4.41 zeigt eine Anordnung zur optischen Anzeige der Nummern einer Tastatur. Durch Betätigen einer Taste wird die Tastennummer im 1-aus-10-Code codiert. Der Codeumsetzer wandelt den 1-aus-10-Code (DEC) in den 7-Segment-Code (7SEG) zur Ansteuerung der optischen Anzeige um.

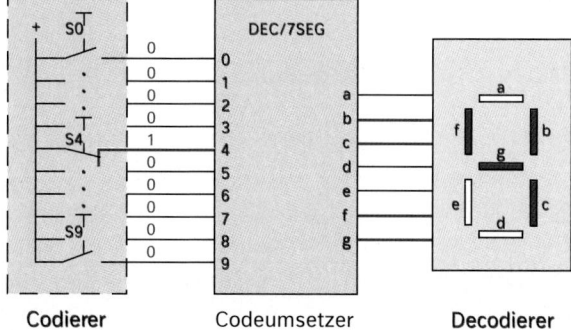

Codierer   Codeumsetzer   Decodierer

Im Schaltsymbol für Codeumsetzer wird die Art der Umsetzung durch die Bezeichnung des Eingangs- und des Ausgangscodes angegeben (Bild 4.42 b, c, d).

Bild 4.41: Codieren, Umcodieren und Decodieren

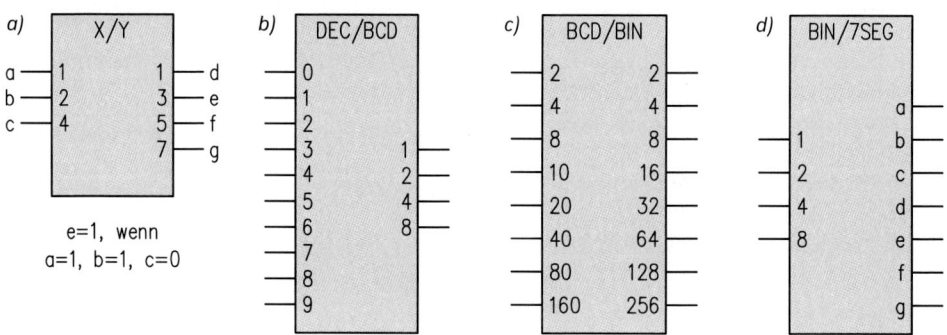

Bild 4.42: Codeumsetzer
a) von einem beliebigen Code X in einen Code Y   *b) von 1-aus-10-Code auf BCD-Code*
c) von BCD-Code auf Binärcode   *d) von Binärcode auf 7-Segment-Code*

Beliebige Codes werden mit X und Y bezeichnet, wobei die Art der Umsetzung durch eine Codetabelle oder durch Zahlen an den Ein- und Ausgängen dargestellt wird. Bei der Kennzeichnung durch Zahlen gilt: Die Summe der Eingangszahlen (in Bild 4.42 a: 1, 2, 4) ergibt eine interne Zahl, die am Ausgang einen 1-Zustand bewirkt, der mit dieser Zahl bezeichnet ist (Beispielrechnung für Ausgang e, siehe Bild 4.42 a).

4.4.2.3 Multiplexer und Demultiplexer

Zur besseren Ausnutzung von Leitungen sowie zur Übertragung und Anzeige binärer Daten wird die Multiplextechnik angewandt. Dabei wird durch einen **Multiplexer** aus einer Anzahl von Eingängen jeweils einer auf den Ausgang durchgeschaltet. Die Dateneingänge eines Multiplexers werden durch Steuereingänge „adressiert", d. h. ausgewählt (Bild 4.43 a). In einem Codeumsetzer werden die Signale der beiden Steuereingänge vom Binärcode in den 1-aus-4-Code umgesetzt. Die Bezeichnung G_3^0 bedeutet, dass die vier Ausgänge des Codeumsetzers mit den Dateneingängen 0 bis 3 UND-verknüpft sind. So wird abhängig von der Bitkombination an den Steuereingängen nur jeweils ein Dateneingang freigegeben.

> Ein **Multiplexer** (*multiplexer*) wählt aus einer Anzahl von Dateneingängen entsprechend der anliegenden Adresse einen Eingang aus, der zum Datenausgang durchgeschaltet wird.

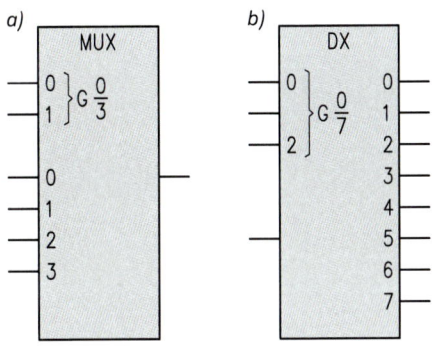

Am Ende der Übertragungsleitung werden die ankommenden Daten durch einen **Demultiplexer** wieder auf eine Anzahl von Leitungen verteilt (Bild 4.43 b). Die Ausgänge des Demultiplexers werden in gleicher Weise adressiert und freigegeben wie die Eingänge des Multiplexers.

> Ein **Demultiplexer** (*demultiplexer*) wählt aus einer Anzahl von Datenausgängen entsprechend der anliegenden Adresse einen Ausgang aus, auf den der Dateneingang durchgeschaltet wird.

Bild 4.43: a) 1-aus-4-Multiplexer, b) 1-auf-8-Demultiplexer

4.4.3 Schaltwerke

> **Schaltwerke** (*sequential circuit*) sind Verknüpfungsschaltungen, bei denen das Ausgangssignal sowohl von den anliegenden Eingangssignalen als auch von den gespeicherten Signalwerten abhängig ist.

Hierzu werden – im Gegensatz zu den Schaltnetzen (Kap. 4.4.2) – die Ausgänge auch auf entsprechende Eingänge zurückgeführt (z. B. Bild 4.44).

4.4.3.1 Bistabile Elemente

> Ein **bistabiles Schaltelement (Flipflop)** hat zwei stabile Schaltzustände; seine beiden Ausgänge führen immer entgegengesetzte Signalpegel.

Das **RS-Flipflop** bildet das Grundelement aller bistabilen Schaltelemente. Es kann aus zwei NOR- oder zwei NAND-Elementen geschaltet werden, indem jeweils der Ausgang des einen Elementes auf den Eingang des anderen zurückgeführt wird (Bild 4.44).

Im Logiksymbol werden die Eingänge mit **S** (Setzen) und **R** (Rücksetzen) bezeichnet. Beide Buchstaben dienen der Namensgebung des Schaltelements. Der stets entgegengesetzte Signalzustand der beiden Ausgänge wird durch das Negationssymbol am Ausgang Q_2 gekennzeichnet. Jeder Eingang steuert den ihm zugeordneten (im Symbol gegenüberliegenden) Ausgang (Bild 4.44).

- $S = 0, R = 0$ Das zuletzt eingelesene Signal bleibt gespeichert: $Q_1 = Q_n, Q_2 = \overline{Q}_n$

- $S = 1, R = 0$ Flipflop wird gesetzt: $Q_1 = 1, Q_2 = 0$

- $S = 0, R = 1$ Flipflop wird rückgesetzt: $Q_1 = 0, Q_2 = 1$

- $S = 1, R = 1$ Dieser Signalzustand ist zu vermeiden, da er zu einem nicht definierten Signalzustand der Ausgänge führt.

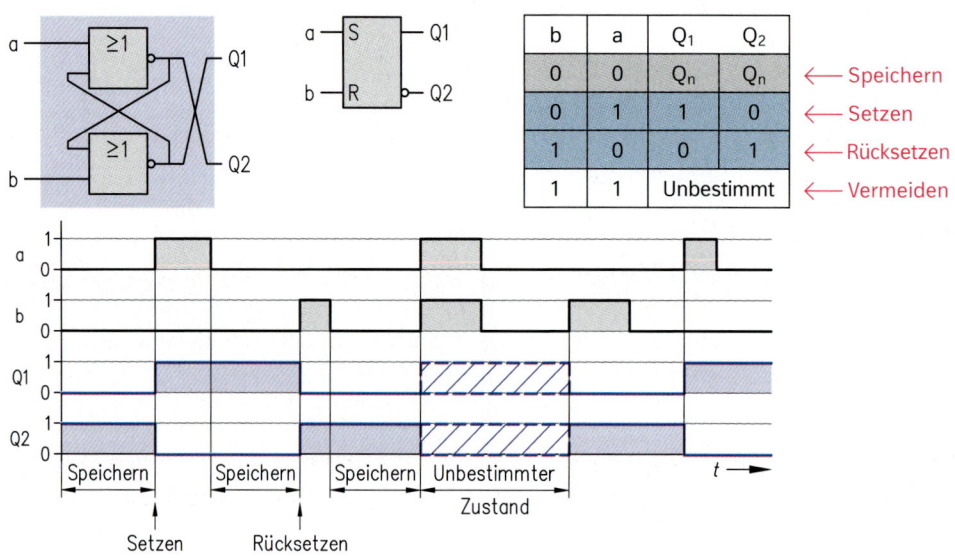

Bild 4.44: RS-Flipflop (Schaltung, Schaltzeichen, Wahrheitstabelle, Zeitablaufdiagramm)

Bistabile Elemente werden als statische Speicher (SRAM; Kap. 1.5.2.1) und in sequenziellen (zeitabhängigen) Schaltungen eingesetzt, da sie ihren Signalzustand sehr schnell ändern können und keinen Refresh benötigen. Bei zeitabhängigen Schaltungen lässt sich ihre Schaltfunktion deutlicher in einem **Zeitablaufdiagramm** als in einer Wahrheitstabelle darstellen (Bild 4.44).

Oft werden in Logikschaltungen Flipflops benötigt, die nur zu bestimmten Zeitpunkten die Eingangssignale aufnehmen. Ein solches Flipflop hat einen zusätzlichen Steuereingang (Bild 4.45 a).

> Setz- und Rücksetzeingang eines **einzustandsgesteuerten RS-Flipflops** sind nur dann wirksam, wenn der Steuereingang C1 im internen 1-Zustand ist.

Im Logiksymbol wird der Steuereingang mit dem Buchstaben C (Clock, Takt) und einer nachgestellten Ziffer gekennzeichnet. Die gleiche Kennziffer wird vor die Kennbuchstaben aller gesteuerten Eingänge gesetzt.

Das einzustandsgesteuerte RS-Flipflop ist weniger störanfällig als ein ungetaktetes Flipflop, da ein Störimpuls an einem Eingang nur während des anstehenden Taktsignals wirksam werden kann (d.h. solange C1 = 1 ist).

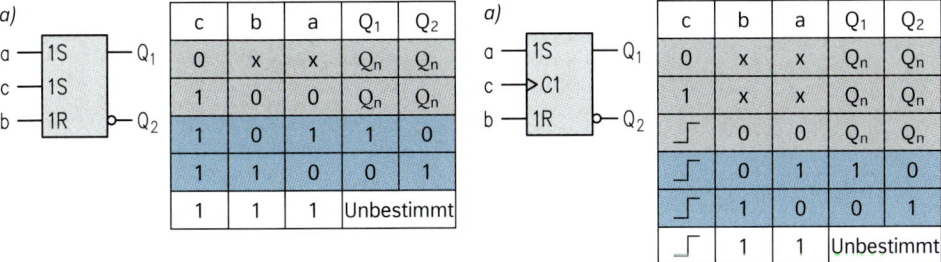

Bild 4.45: a) Einzustandsgesteuertes, b) einflankengesteuertes RS-Flipflop

Die Störanfälligkeit lässt sich weiter verringern, wenn das Setzen und Rücksetzen des Flipflops nur in der kurzen Zeit möglich ist, in der das Taktsignal seinen Zustand wechselt. Der Wechsel von 0 auf 1 wird als positive Taktflanke, der Wechsel von 1 auf 0 als negative Taktflanke bezeichnet (Bild 4.45 b).

> Ein **einflankengesteuertes RS-Flipflop** kann nur während der ansteigenden (positiven) oder während der abfallenden (negativen) Taktflanke gesetzt oder rückgesetzt werden.

4

Für viele Anwendungen, z.B. bei Schieberegistern (Kap. 4.4.3.2), sind Flipflops erforderlich, welche die letzte Information noch speichern, während eine neue Information eingelesen wird. Diese Anforderung erfüllt ein zweizustandsgesteuertes RS-Flipflop.

> Ein **zweizustandsgesteuertes RS-Flipflop** übernimmt die Eingangsinformation während des einen Taktsignalzustandes und gibt diese beim folgenden Taktsignalzustand aus.

Ein zweizustandsgesteuertes RS-Flipflop wird auch **Master-Slave-Flipflop** genannt. Es enthält zwei Speicherelemente: einen Zwischenspeicher (Master) und einen Hauptspeicher (Slave). Die Ausgänge, die das Eingangssignal verzögert ausgeben, werden als **retardierende Ausgänge** bezeichnet. Sie werden im Schaltsymbol besonders gekennzeichnet (Bild 4.46).

Im Gegensatz zu einem zwei*zustands*gesteuerten sind bei einem zwei*flanken*gesteuerten RS-Flipflop S- und R-Eingang nur während der Flanken des Taktsignals wirksam.

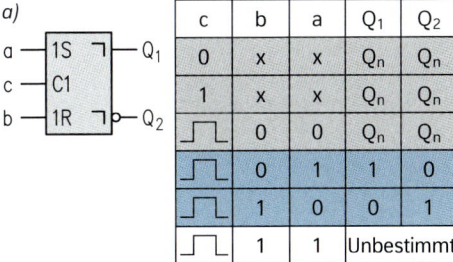

Bild 4.46: Zweizustandsgesteuertes RS-Flipflop

> Ein **zweiflankengesteuertes RS-Flipflop** übernimmt ein Eingangssignal bei der einen Taktflanke und gibt es bei der folgenden Taktflanke aus (Bild 4.47).

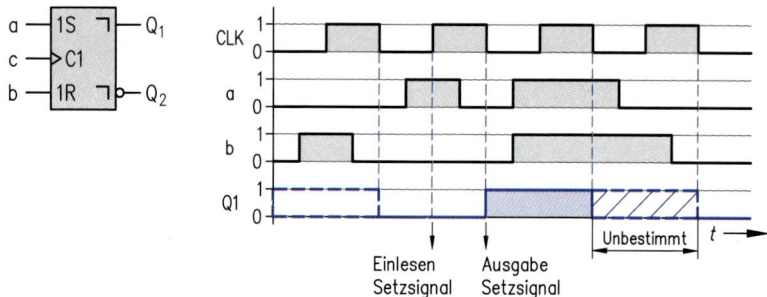

Bild 4.47: Zweiflankengesteuertes RS-Flipflop

Sind die Signaleingänge eines taktgesteuerten RS-Flipflops intern miteinander verknüpft und als gemeinsamer Anschluss nach außen geführt, so entsteht ein Flipflop, das über nur einen Eingang gesetzt und rückgesetzt werden kann. Dieser Eingang wird mit D bezeichnet (Bild 4.48).

> Ein **D-Flipflop** speichert, durch einen Taktimpuls gesteuert, das am Dateneingang anliegende Signal.

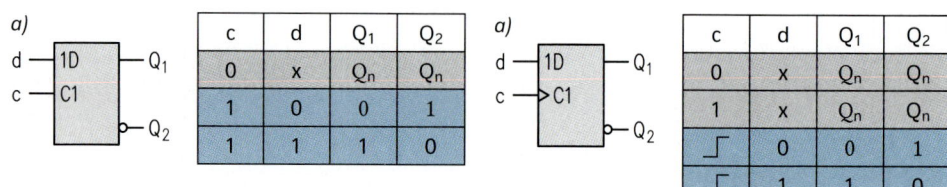

a)

c	d	Q_1	Q_2
0	x	Q_n	Q_n
1	0	0	1
1	1	1	0

a)

c	d	Q_1	Q_2
0	x	Q_n	Q_n
1	x	Q_n	Q_n
⌐	0	0	1
⌐	1	1	0

Bild 4.48: a) Einzustandsgesteuertes, b) einflankengesteuertes D-Flipflop

4.4.3.2 Schieberegister

Register sind kleine Speichereinheiten zur Zwischenspeicherung binärer Signale. Bei einem Schieberegister lassen sich die gespeicherten Signale mit einem Taktimpuls von einer Speicherzelle zur folgenden verschieben.

> Ein **Schieberegister** (*shift register*) ist ein taktgesteuerter digitaler Speicher, in den seriell anliegende Binärsignale eingelesen, gespeichert und mit jedem Taktimpuls um eine Stelle verschoben werden.
> Die seriell eingelesenen Signale werden in unveränderter Reihenfolge wieder ausgegeben (Bild 4.49).

Im Schaltsymbol werden Schieberegister mit **SRG** (Shift Register) gekennzeichnet; die folgende Zahl gibt die Anzahl der Speicherplätze an. Der Takteingang **CLK** (= Clock) steuert das Einlesen der am seriellen Dateneingang D_S anstehenden Signale. Der Pfeil weist auf die stellenweise Verschiebung der Signale innerhalb des Registers hin (Bild 4.49).

Wie das Zeitablaufdiagramm zeigt, erscheint bei einem 4-Bit-Schieberegister ein eingegebenes Signal nach vier Taktimpulsen am seriellen Datenausgang Q_S (Bild 4.49).

Schieberegister werden auch als **FIFO-Speicher** (First in – First out) bezeichnet, da das zuerst eingegebene Signal auch als erstes wieder ausgegeben wird.

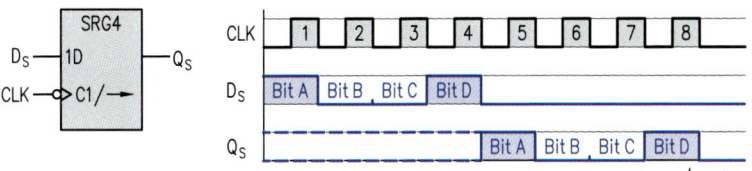

Bild 4.49: 4-Bit-Schieberegister mit seriellem Ein- und Ausgang

Es gibt auch Schieberegister, in die sich die Daten parallel einlesen lassen. Ein typisches Beispiel für den Einsatz solcher Schieberegister ist die Übertragung von mehrstelligen Datenwörtern über eine einzige Signalleitung. Sie sind stets dann erforderlich, wenn parallel verarbeitete Daten seriell auf einer Leitung übertragen werden müssen (z.B. USB). Bild 4.50 veranschaulicht den Vorgang für ein 4-Bit-Datenwort. Zu Beginn der Übertragung werden die Bits A bis D parallel in das Schieberegister D1 eingelesen. Mit dem ersten Takt wird auf der Leitung, die an Ausgang Q_{D1} angeschlossen ist, als erstes das D-Bit übertragen. Beim nächsten Takt werden die Bits jeweils ein Register weitergeschoben, sodass nun das C-Bit an Ausgang Q_{D1} anliegt. Nach vier Takten sind die gespeicherten Signale seriell ausgegeben und übertragen. In D2 werden sie seriell eingelesen und im Takt jeweils um ein Register verschoben. Nach vier Takten stehen alle Bits an den Ausgängen von D2 als paralleles Signal (Datenwort) an.

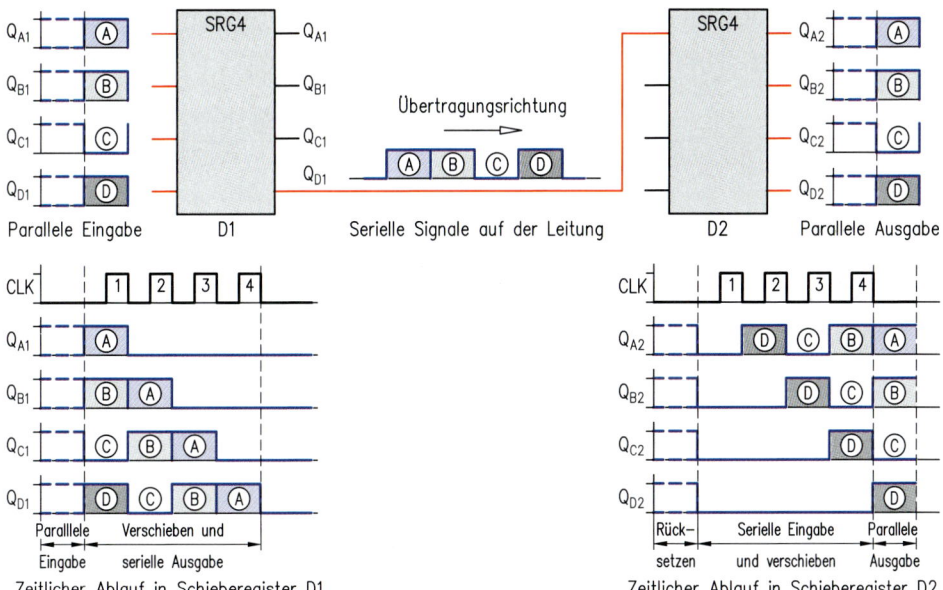

Bild 4.50: Schieberegister als Parallel-Serien-Wandler und als Serien-Parallel-Wandler (Grundprinzip)

4.4.3.3 Zähler und Frequenzteiler

Ein Zähler muss zwei Bedingungen erfüllen (Bild 4.51):

- Er muss, gesteuert durch einen Zählimpuls, eine „1" zu einer gespeicherten Zahl addieren.
- Das Ergebnis der Addition muss als neue Zahl gespeichert und ausgegeben werden.

Zähler (*counter*) sind Schaltwerke, bei denen ein eindeutiger Zusammenhang zwischen der Anzahl der eingegebenen Zählimpulse und dem Signalzustand der Ausgänge besteht.

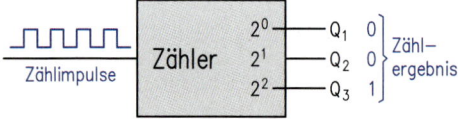

Bild 4.51: Prinzip einer Zählschaltung

Ein Zähler kann mit hintereinandergeschalteten Flipflops realisiert werden. Die gezählten Impulse werden durch die Signalkombinationen an den Ausgängen der Flipflops dargestellt. Nach der Zuordnung der Signalkombinationen zu Zahlen unterscheidet man Binärzähler und dekadische Zähler.

Binärzähler (Dualzähler) mit n hintereinandergeschalteten Flipflops zählen maximal bis $2^n - 1$. Nach 2^n Impulsen stehen sie wieder auf null.

Dekadische Zähler (Dezimalzähler) zählen maximal bis neun. Mit dem zehnten Impuls werden sie auf null zurückgesetzt.

Zählerbausteine können auch als Frequenzteiler eingesetzt werden. Dabei wird nur der Signalzustand *eines* Zählerausgangs ausgewertet (Bild 4.52).

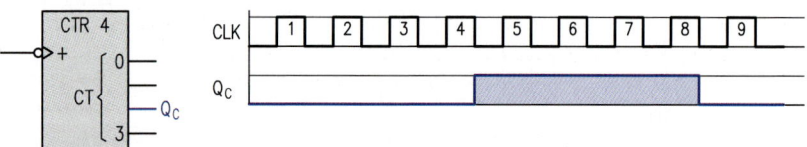

Bild 4.52: Binärzähler als Frequenzteiler 8:1

Das Teilerverhältnis eines **Frequenzteilers** (*frequency devider*) ist das Verhältnis der Pulsfrequenz am Eingang zur Pulsfrequenz am Ausgang des Zählers.

Durch Auswerten des Zählerstandes und anschließendes Rücksetzen auf 0 lässt sich jedes ganzzahlige Teilerverhältnis erzielen.

4.4.4   AD- und DA-Umsetzer

Nachrichten (Sprache, Bilder usw.) müssen zur Übertragung und Verarbeitung in elektrische Signale umgewandelt werden. Die Wandler (z.B. Mikrofone oder Messwertaufnehmer, d.h. Sensoren) liefern analoge Signale, die in digitale Signale umgesetzt werden. Dadurch ergeben sich wesentliche Vorteile:

- Digitale Signale können in Rechnern verarbeitet werden.
- Digitale Signale können einfacher gespeichert werden als analoge Signale.
- Digitale Signale werden bei der Übertragung weniger verzerrt.
- Die Übertragung digitaler Signale ist weniger störanfällig.

Ein analoges Signal kann innerhalb eines vorgegebenen Spannungsbereichs unendlich viele verschiedene Signalwerte annehmen. Daher kann nicht für jeden analogen Wert ein eigenes Codewort gebildet werden. Aus diesem Grund wird bei der Analog-Digital-Wandlung (kurz: AD-Wandlung) zunächst der gesamte Spannungsbereich in einzelne Stufen unterteilt. Diesen Schritt bezeichnet man als Quantisierung.

Quantisierung (*quantization*) ist die Einteilung des analogen Spannungsbereichs in Spannungsstufen.

In Bild 4.53 ist der analoge Spannungsbereich von $-U_{END}$ bis $+U_{END}$ (im Beispiel -2 V bis $+2$ V) in acht gleich große Stufen unterteilt dargestellt. Diese sog. **Quantisierungsintervalle** (*quantization interval*) sind durch Entscheidungswerte abgegrenzt. Jeder analoge Signalwert innerhalb einer Stufe wird dem gleichen Quantisierungsintervall zugeordnet. Ein Signalwert, der einen Entscheidungswert übersteigt, wird dem darüberliegenden Quantisierungsintervall zugeordnet. Im nächsten Schritt der AD-Umsetzung werden die Quantisierungsintervalle codiert.

Durch die **Codierung** (*coding, encoding*) wird jedem Quantisierungsintervall ein binäres Codewort zugeordnet. Jeder analoge Spannungswert innerhalb eines Quantisierungsintervalls erhält somit das gleiche Codewort (im Beispiel in Bild 4.53 erhalten z.B. alle analogen Spannungen zwischen 1,0 V und 1,5 V das binäre Codewort 110).

Zur Codierung von acht Stufen (Bild 4.53) sind 3 bit erforderlich. Das MSB (Kap. 4.3.3) ist das Vorzeichenbit. Im vorliegenden Fall kennzeichnet eine „1" den positiven, eine „0" den negativen Bereich der analogen Signalspannung (vgl. Kap. 4.3.3). Sowohl im positiven als auch im negativen Bereich werden die Quantisierungsintervalle von null ausgehend aufwärts gezählt und als Dualzahl dargestellt.

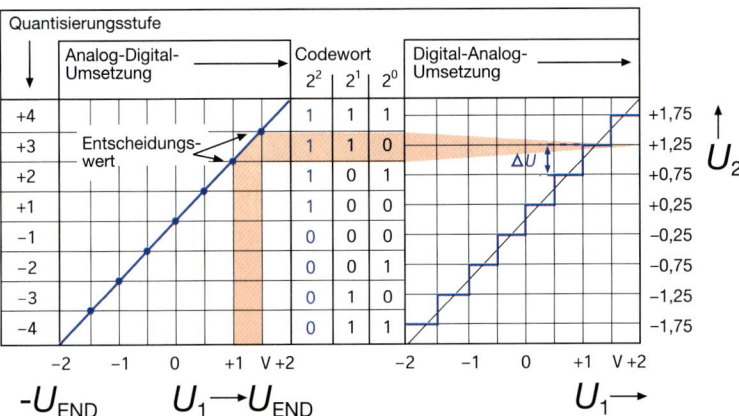

Bild 4.53: Analog-Digital- und Digital-Analog-Umsetzung (Prinzipdarstellung)

Schaltungen oder integrierte Schaltkreise (ICs), die ein analoges Signal in ein binäres Digitalsignal umsetzen, werden als Analog-Digital-Umsetzer (Bezeichnung gemäß DIN), Analog-Digital-Wandler oder Analog-Digital-Converter (ADC) bezeichnet.

Analog-Digital-Converter (ADC)
- stellen den Spannungswert des analogen Eingangssignals fest,
- ordnen diesen Wert dem Quantisierungsintervall zu und
- geben das entsprechende binäre Codewort aus.

Um die ursprüngliche Form der Nachricht (Sprache, Bilder usw.) zurückzugewinnen, muss das binäre Codewort (im Beispiel in Bild 4.53: 110) wieder in eine analoge Spannung umgesetzt werden. Diese Aufgabe übernehmen Schaltungen, die als Digital-Analog-Umsetzer (Bezeichnung gemäß DIN), Digital-Analog-Wandler oder Digital-Analog-Converter (DAC) bezeichnet werden (Bild 4.53).

Digital-Analog-Converter (DAC) setzen das an den Eingängen anliegende binäre Codewort in einen Spannungswert um.

Aus jedem Codewort wird ein Spannungswert zurückgewonnen, der dem Mittelwert des Quantisierungsintervalls entspricht (im Beispiel für 110 also 1,25 V; Bild 4.53). Dadurch entsteht möglicherweise eine Abweichung zwischen dem zurückgewonnenen und dem ursprünglichen Signalwert, die maximal dem halben Spannungswert einer Stufe entspricht. Diese Abweichung bezeichnet man als **Quantisierungsfehler** (*quantization error*).

Ein DAC kann nur eine endliche Zahl von Spannungswerten liefern. Das Ausgangssignal (U2) ist somit immer ein mehrstufiges Digitalsignal. Die Auflösung einer analogen Signalspannung in einzelne Spannungsstufen ist umso höher, je mehr Bits für die Codierung zur Verfügung stehen. Je höher die Auflösung ist, desto kleiner wird auch der Quantisierungsfehler.

ADC und DAC werden als ICs mit einer Auflösung von 8 bit bis 48 bit hergestellt.

AUFGABEN

1. a) Was versteht man unter der booleschen Schaltalgebra und wozu wird sie benötigt?

   b) Welche Werte kann hierbei eine Schaltvariable annehmen und wie werden diese Werte dargestellt?

2. Auf welche drei digitalen Grundverknüpfungen lassen sich alle anderen möglichen Verknüpfungen zurückführen?

3. Die Schaltfunktion digitaler Schaltelemente lässt sich auf fünf verschiedene Arten darstellen. Nennen Sie die unterschiedlichen Darstellungsarten und geben Sie diese am Beispiel einer Exklusiv-ODER-Funktion an.

4. a) Stellen Sie für die angegebene Verknüpfungsschaltung die Wahrheitstabelle auf.

   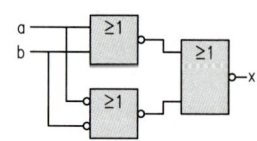

   b) Welche Funktion erfüllt die Schaltung?

   c) Geben Sie die Funktionsgleichung und das Symbol an.

5. a) Geben Sie die Funktionsgleichung der Schaltung an.

    b) Vereinfachen Sie die Gleichung nach den Regeln der Schaltalgebra.

    c) Überprüfen Sie die Gleichung anhand der Wahrheitstabelle.

    (Hinweis: In Schaltplänen wird bei mehreren gleichen, untereinander angeordneten Schaltelementen vielfach nur im obersten Element das Symbol der Verknüpfungsart angegeben.)

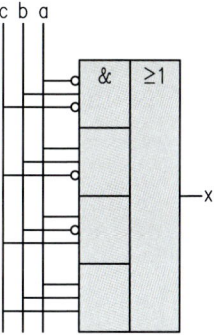

6. An einem Verknüpfungselement wurden die in der Arbeitstabelle angegebenen Spannungen gemessen.

    a) Stellen Sie eine Pegeltabelle auf.

    b) Geben Sie die Funktionsgleichung des Elements bei Anwendung der positiven und der negativen Logik an.

b	a	x
4,2 V	4,2 V	0,3 V
4,2 V	0,3 V	0,3 V
0,3 V	4,2 V	0,3 V
0,3 V	0,3 V	4,2 V

7. Für eine Verriegelungsschaltung wurde die nebenstehende Wahrheitstabelle angegeben.

    a) Stellen Sie die Funktionsgleichung auf.

    b) Vereinfachen Sie die Gleichung mithilfe der Schaltalgebra.

    c) Formen Sie die Gleichung durch Anwendung der Gesetze von De Morgan so um, dass die Verknüpfung ausschließlich mit NAND-Elementen realisiert werden kann.

    d) Formen Sie die Gleichung für eine Realisierung ausschließlich mit NOR-Elementen um.

    e) Zeichnen Sie für c) und d) die Verknüpfungsschaltungen.

c	b	a	x
0	0	0	0
0	0	1	0
0	1	0	0
0	1	1	1
1	0	0	0
1	0	1	1
1	1	0	1
1	1	1	1

8. Vereinfachen Sie die folgenden Logikgleichungen mit den Mitteln der Schaltalgebra.
    a) $X = a \wedge (\overline{a} \vee b) \vee (b \wedge c \wedge \overline{c})$
    b) $X = (a \wedge b \wedge \overline{c}) \vee (a \wedge b \wedge c)$
    c) $X = (a \wedge \overline{b} \wedge \overline{c}) \vee (a \wedge \overline{b} \wedge c) \vee (a \wedge b \wedge \overline{c})$
    d) $X = (a \vee b) \wedge (\overline{a} \vee b) \wedge (a \vee \overline{b})$
    e) $X = (\overline{a} \wedge b \wedge c) \vee (\overline{a} \wedge \overline{b} \wedge c \wedge d) \vee (a \wedge b \wedge \overline{c} \wedge \overline{d}) \vee (a \wedge b \wedge \overline{c} \wedge d)$

9. Was versteht man im Zusammenhang mit digitalen Verknüpfungsfunktionen unter der positiven Logik und der negativen Logik?

10. Die binär codierte Dezimalzahl 0101 soll als Ziffer auf einer 7-Segment-Anzeige dargestellt werden.

    a) Um welche Dezimalzahl handelt es sich?

    b) Skizzieren Sie die 7-Segment-Anzeige und den erforderlichen Codeumsetzer jeweils mit allen Ein- und Ausgängen (vgl. Bild 4.41). Verwenden Sie zur Darstellung ggf. ein geeignetes Computerprogramm.

    c) Geben Sie für alle Ein- und Ausgänge die erforderlichen Signalpegel an (0 = aus; 1 = an).

4

11. Wozu dient in der IT-Technik ein Multiplexer?

12. Die Speicherzelle eines statischen RAMs ist mit einem RS-Flipflop aufgebaut. Erläutern Sie – ggf. mit einer Skizze –, warum eine solche Speicherzelle keinen Refresh benötigt.

13. Was versteht man unter einem FIFO-Speicher?

14. Worin unterscheiden sich Schaltnetze und Schaltwerke?

15. Die Eingänge eines RS-Flipflops sollen so miteinander verknüpft werden, dass bei einem 1-Signal an beiden Eingängen das Flipflop rückgesetzt wird.

    a) Stellen Sie die Wahrheitstabelle auf.

    b) Zeichnen Sie die Beschaltung der Eingänge.

16. Ein Zählerbaustein arbeitet als Binärzähler bis zur Zahl 31.

    a) Über wie viele Ausgänge muss dieser Baustein verfügen (Antwort mit Begründung)?

    b) Der Baustein soll als Frequenzteiler 8:1 eingesetzt werden. Welcher Ausgang muss ausgewertet werden (Antwort mit Begründung)?

17. Für einen AD-Umsetzer wird vom Hersteller eine Auflösung von 24 bit angegeben. Wie viele Spannungsstufen lassen sich mit dem Umsetzer darstellen?

5.1   Elektrotechnische Grundbegriffe

Die **Datenverarbeitung** (*data processing*) erfolgt in IT-Systemen grundsätzlich auf der Basis elektrischer Vorgänge. Für die **Datenübertragung** (*data transmission*) werden neben elektrischen auch optische Verfahren unter Verwendung entsprechender Übertragungsmedien eingesetzt, wie z. B.:

- elektrische Leiterbahnen auf einer Platine (z. B. Mainboard; Kap. 1.2)
- elektrische Verbindungskabel zwischen zwei Geräten (z. B. USB, Firewire, Displayport; Kap. 1.6 und 1.7)
- elektromagnetische Wellen zwischen zwei Antennen zur leitungsungebundenen Kommunikation (z. B. Smartphone, Bluetooth, WLAN, RFID; Kap. 1.1.5, Kap. 1.7.8, Kap. 1.7.9; „Vernetzte IT-Systeme", Kap. 1.1.2.4)
- optische Verbindungskabel (Lichtwellenleiter) zwischen weit verteilten Kommunikationseinrichtungen („Vernetzte IT-Systeme", Kap. 4.2.2; Kap. 4.2.4).

Die elektrischen Vorgänge bei der Datenverarbeitung und -übertragung basieren auf grundlegenden physikalischen Zusammenhängen, deren Begrifflichkeiten und Bezeichnungen zum besseren Verständnis in den folgenden Kapiteln dargestellt werden.

5.1.1   Elektrische Spannung

5.1.1.1   Elektrische Ladung

Aus dem Physikunterricht ist bekannt, dass alle Körper aus Atomen aufgebaut sind, deren Elementarteilchen elektrische Ladungen besitzen. Auch wenn wesentlich differenziertere Erkenntnisse über den Atomaufbau existieren, genügt zur Erklärung der meisten Vorgänge in der Elektrotechnik ein einfaches Atommodell (Bild 5.1).

> Ein **Atommodell** (*atomic model*) vermittelt eine Vorstellung vom Aufbau eines Atoms, um physikalische Vorgänge plausibel erklären zu können.

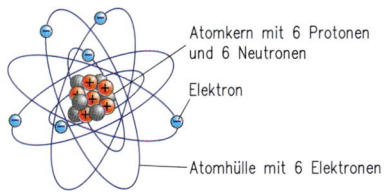

Atomkern mit 6 Protonen und 6 Neutronen

Elektron

Atomhülle mit 6 Elektronen

Bild 5.1: Atommodell von Kohlenstoff

Eines dieser Modelle besagt, dass ein Atom aus einem **Atomkern** (*nucleus*) und einer **Atomhülle** (*atomic shell*) besteht. Im **Atomkern** befinden sich:

- elektrisch **positiv geladene Protonen** (*positively charged protons*)
- elektrisch **ungeladene Neutronen** (*uncharged neutrons*)

Die **Atomhülle** besteht aus elektrisch **negativ geladenen Elektronen** (*negatively charged electrons*), die den Atomkern auf unterschiedlichen Bahnen umkreisen.

Zwischen den elektrisch geladenen Teilchen wirken Kräfte. Hierbei gilt:

- Gleichartige elektrische Ladungen stoßen sich ab.
- Ungleichartige elektrische Ladungen ziehen sich an.

Während die Masse von Protonen und Neutronen gleich groß ist, beträgt die Masse eines Elektrons etwa 1/2000 davon. Die elektrischen Ladungen von Proton und Elektron sind gleich groß. Da die Anzahl der Protonen im Kern im Normalzustand gleich der Anzahl der Elektronen in der Hülle ist, ist ein Atom elektrisch neutral, d. h. ungeladen.

Durch eine Kraft, die der Anziehungskraft der Teilchen entgegenwirkt, lassen sich positive und negative Ladungen trennen. Für Atome bedeutet dies z. B., dass in der Hülle befindliche Elektronen vom jeweiligen Atomkern losgelöst werden. Solche Atome sind dann nicht mehr elektrisch neutral, sondern elektrisch geladen (*electrically charged*). Dies gilt dann auch für den gesamten Körper, in dem sie sich befinden. Ein elektrisch geladenes Atom wird auch als **Ion** bezeichnet (Verwendung des Begriffs z. B. bei „Lithium-Ionen-Akku“; Bild 5.63).

> Ein Körper ist positiv geladen, wenn die Anzahl der negativ geladenen Teilchen (Elektronen) geringer ist als die Anzahl der positiv geladenen Teilchen (Protonen); es herrscht **Elektronenmangel** (*deficiency of electrons*).
>
> Ein Körper ist negativ geladen, wenn die Anzahl der negativ geladenen Teilchen (Elektronen) größer ist als die Anzahl der positiv geladenen Teilchen (Protonen); es herrscht **Elektronenüberschuss** (*excess of electrons*).
>
> Das **Formelzeichen** (*symbol*) für die elektrische Ladung ist Q.
>
> Die **Einheit** (*unit*) der elektrischen Ladung ist **1 Coulomb (1 C)**.

Die Ladung 1 C entspricht etwa $6{,}25 \cdot 10^{18}$ Elementarladungen; als **Elementarladung** bezeichnet man die Ladung eines Elektrons.

5.1.1.2 Potenzielle Energie

Am Erdboden wirkt auf einen Körper infolge der Erdanziehung die Gewichtskraft F_G (Bild 5.2 a). Soll der Körper in die Höhe h gehoben werden, so muss an ihm die Hubkraft F_H angreifen, die gleich groß wie F_G und dieser entgegengerichtet ist.

Bewegt sich der Körper unter dem Einfluss von F_H über die Höhe h, so wird an ihm eine Arbeit verrichtet. Arbeit ist in der Physik das Produkt aus Kraft und Weg, wenn beide gleichgerichtet sind ($W = F_H \cdot h$).

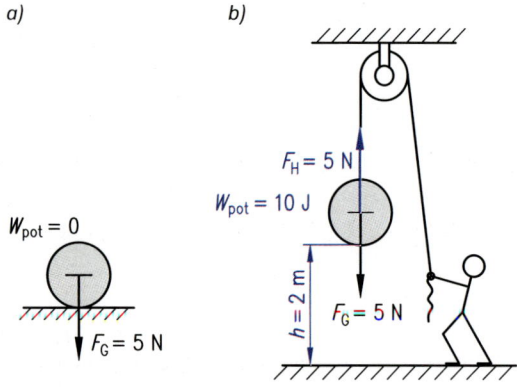

Bild 5.2: Potenzielle Energie (mechanisch)

Durch das Heben ist an dem Körper also Arbeit verrichtet worden. Diese kann er beim Herunterfallen wieder abgeben, indem er z. B. einen anderen Körper hochzieht. In der erhöhten Lage besitzt der Körper also die Fähigkeit, Arbeit zu verrichten. Diese Eigenschaft des Körpers bezeichnet man als Energie der Lage oder als potenzielle Energie (Bild 5.2 b).

Als **Energie** (*energy*) bezeichnet man das **Arbeitsvermögen** (*work capacity*) eines Körpers. **Potenzielle Energie** (*potential energy*) ist Energie der Lage (Lagenenergie).
$$W_{pot} = F_H \cdot h \qquad 1\,J = 1\,Nm = 1\,N \cdot 1\,m$$

Energiebeträge werden in der Einheit 1 Joule (1 J) angegeben. Ein Körper besitzt die Energie 1 J, wenn er durch eine Kraft von 1 Newton (1 N) um die Höhe 1 Meter (1 m) gehoben wurde.

5.1.1.3 Elektrisches Potenzial

Ruht eine positive elektrische Ladung Q auf einer negativ geladenen Platte, so wirkt auf Q – infolge der elektrischen Anziehung zwischen ungleichartigen Ladungen – eine anziehende Kraft F_A. In dieser Lage besitzt Q keine potenzielle Energie, vergleichbar einem Körper, der auf dem Erdboden liegt (Bild 5.3 a).

Soll Q über den Weg s von der negativen Platte getrennt werden, so muss an ihr eine Kraft F angreifen, die gleich groß wie F_A und dieser entgegengerichtet ist. Beim Zurücklegen des Weges s wird also an der Ladung Q eine Arbeit (Trennungsarbeit) verrichtet (Bild 5.3 b). Am Ende des Weges s besitzt Q die an ihr verrichtete Arbeit in Form von potenzieller Energie ($W_{pot} = F \cdot s$).

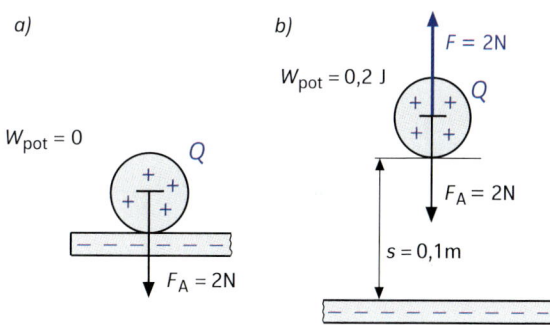

Bild 5.3: Potenzielle Energie (elektrisch)

Da die Kraft F_A mit zunehmender Ladung Q größer wird, ist auch die potenzielle Energie W_{pot} am Ende des Weges s umso größer, je größer Q ist. Dividiert man nun W_{pot} durch die Größe der Ladung Q, so erhält man die potenzielle Energie der Ladung 1 Coulomb (1 C). Man bezeichnet diese als elektrisches Potenzial φ (sprich: fi); dieses wird in der Einheit 1 Volt (1 V) angegeben.

Das **elektrische Potenzial** (*electric potential*) gibt an, wie groß die an der Ladung 1 Coulomb verrichtete Trennungsarbeit ist, d. h. wie groß die potenzielle Energie ist, die eine Ladung von 1 Coulomb besitzt.
$$\varphi = \frac{W_{pot}}{Q} \qquad 1\,V = \frac{1\,J}{1\,C}$$

Zur Verdeutlichung des elektrischen Potenzialbegriffs dient das Beispiel in Bild 5.4. Wird die Ladung $Q = 1\,C$ über einen Weg s bewegt, so ergibt sich: Mit zunehmendem Abstand s von der negativen Platte nimmt die anziehende Kraft ab. Da sich die Ladung aber gleichzeitig der positiven Platte nähert, nimmt die abstoßende Kraft zu.

In dem Raum zwischen den beiden geladenen Platten wirkt auf eine elektrische Ladung an jeder Stelle die gleiche Kraft F_A. Da die potenzielle Energie einer Ladung von $1\,C$ als elektrisches Potenzial bezeichnet wird, ist das Potenzial φ_2 größer als das Potenzial φ_1, und zwar im gleichen Verhältnis, wie S_2 größer ist als S_1. Das elektrische Potenzial hängt also nur noch von dem Abstand s ab, den die positive Ladung $1\,C$ von der negativen Platte hat. Ist dieser Abstand $s = 0$ (die Ladung liegt auf der Platte), so ist auch das elektrische Potenzial 0.

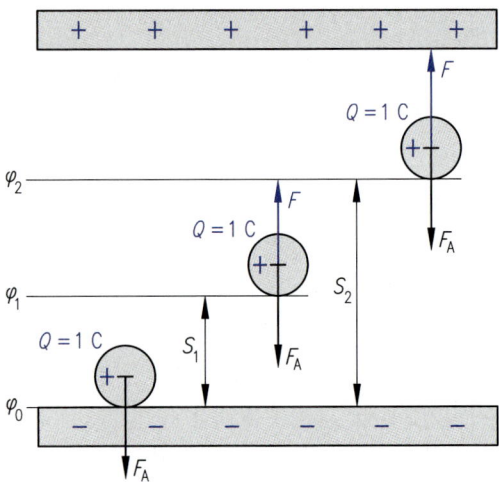

Bild 5.4: Elektrisches Potenzial

5.1.1.4 Spannungsbegriff

In jedem Abstand s von der negativen Platte herrscht ein anderes Potenzial (Bild 5.5). Den Unterschied zwischen zwei elektrischen Potenzialen nennt man **elektrische Spannung**. Sie wird mit dem **Formelzeichen U** bezeichnet und – wie das Potenzial – in der **Einheit 1 Volt (1V)** angegeben.

> **Elektrische Spannung** (*voltage*) ist der Unterschied zwischen zwei Potenzialen (**Potenzialdifferenz**, *potential difference*)
>
> $$U_{21} = \varphi_2 - \varphi_1$$

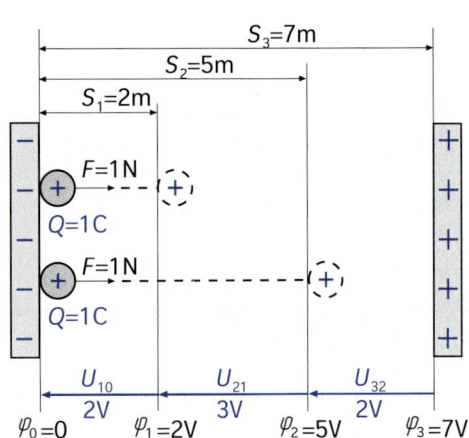

Bild 5.5: Elektrische Spannung

> Eine elektrische Spannung liegt immer zwischen zwei Punkten mit unterschiedlichen Potenzialen.

Zur eindeutigen Festlegung in elektrischen Schaltungen ordnet man der elektrischen Spannung eine Richtung zu, eine sog. **Zählrichtung** (*counting direction*), die durch einen Pfeil dargestellt wird, der immer vom höheren zum niedrigeren Potenzial weist (Bild 5.5).

> Der **Spannungspfeil** (*voltage arrow*) weist immer vom höheren zum niedrigeren Potenzial.

Aus Bild 5.5 erkennt man, dass das Potenzial eines Punktes genauso groß ist wie die Spannung dieses Punktes gegenüber dem Nullpotenzial. Abhängig vom jeweiligen Anwendungsfall (z. B. Hausenergieversorgung oder elektrisches Gerät) wird das **Nullpotenzial** (*zero potential*) auch als **Erdpotenzial** (*earth potential*) oder **Massepotenzial** (*ground potential*) bezeichnet und mit einem Zeichensymbol entsprechend gekennzeichnet.

Beispiele

Gegeben sind die Potenziale $\varphi_0 = 0\ V$; $\varphi_1 = 2\ V$; $\varphi_2 = 3\ V$; $\varphi_3 = 6,5\ V$.

a) Wie groß sind die Spannungen zwischen den Punkten 2 und 1, 3 und 1 sowie 3 und 2?

b) Wie groß sind die Spannungen zwischen Punkt 2 und dem Nullpotenzial sowie zwischen Punkt 3 und dem Nullpotenzial?

Lösung:

a) $U_{21} = \varphi_2 - \varphi_1 = 3V - 2V = 1\ V$
* $U_{31} = \varphi_3 - \varphi_1 = 6,5\ V - 2\ V = 4,5\ V$*
* $U_{32} = \varphi_3 - \varphi_2 = 6,5\ V - 3\ V = 3,5\ V$*

b) $U_{20} = \varphi_2 - \varphi_0 = 3\ V - 0\ V = 3\ V$
* $U_{30} = \varphi_3 - \varphi_0 = 6,5\ V - 0\ V = 6,5\ V$*

Hinweis: U_{21} lies: „U zwei eins", nicht „U einundzwanzig"; analog U_{20}: „U zwei null" usw.

5.1.1.5 Spannungsquellen

Eine elektrische Spannung entsteht, wenn ungleichartige Ladungen gegen ihre Anziehungskraft voneinander getrennt werden. Zur Ladungstrennung muss Trennungsarbeit (zugeführte Energie, W_{zu}) aufgewendet werden, die als potenzielle Energie in den getrennten Ladungen gespeichert wird. Die pro Ladungseinheit (1 C) gespeicherte Energie wurde hier als Spannung (gegenüber dem Nullpotenzial) bezeichnet.

Elektrische Spannung (*electric voltage*) wird durch die Trennung ungleichartiger elektrischer Ladungen erzeugt.

Technische Einrichtungen zur Spannungserzeugung bezeichnet man als **Spannungsquellen**. Jede Spannungsquelle besitzt (mindestens) zwei Anschlüsse (Klemmen) mit unterschiedlichen Potenzialen. Die Klemme, an der die Elektronen in der Überzahl sind, nennt man Minuspol. Die Klemme, an der Elektronenmangel herrscht, ist der Pluspol (Bild 5.6).

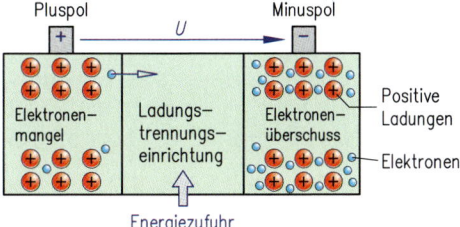

Bild 5.6: Prinzip einer Spannungsquelle

Eine **Spannungsquelle** (*voltage source, power supply*) ist ein Energiewandler, der die zugeführte Energie in elektrische Energie umwandelt.

Am Pluspol einer Spannungsquelle herrscht Elektronenmangel; am Minuspol herrscht Elektronenüberschuss.

An der Spannungsquelle zeigt der Spannungspfeil immer vom Pluspol (höheres Potenzial) zum Minuspol (niedrigeres Potenzial).

In den meisten Fällen wird der Minuspol einer Spannungsquelle als Bezugspotenzial – d. h. als Massepunkt – festgelegt. Prinzipiell kann aber jeder beliebige Potenzialpunkt einer Schaltung als Bezugspotenzial definiert werden. Aus diesem Grund können innerhalb einer elektrischen Schaltung bezogen auf das Massepotenzial auch negative Spannungen auftreten (z. B. PC-Netzteil: +12 V und –12 V; Kap. 1.10).

Spannungsquellen lassen sich nach unterschiedlichen Kriterien voneinander unterscheiden, z. B.:

- *Art der zugeführten Energie*; hierbei gewinnen neben den „klassischen" Energieformen (Kohle-, Gas-, Atomkraftwerke) sog. **erneuerbare** bzw. **regenerative Energien** (d. h. nahezu unerschöpflich zur Verfügung stehende oder vergleichsweise schnell neu entstehende und nachhaltig einsetzbare Energien) zunehmend an Bedeutung. Zu diesen Energiequellen gehören neben der Sonne (Solarzellen) beispielsweise auch Geothermie (Wärmepumpen), Wasserkraft (Pump-Wasserkraftwerke, Gezeitenkraftwerke), Windkraft (Windenergieanlagen) und Biomasse (Biomassekraftwerke).

- *Art des Spannungsverlaufs* (z. B. Gleich- oder Wechselspannungsquelle); Hinweis: Auch bei einer Wechselspannung, die technisch bedingt die Polarität der Spannung an den Klemmen periodisch wechselt (Kap. 5.1.1.6), wird durch einen Spannungspfeil eine Zählrichtung definiert.

- *elektronische Spannungsquellen* (z. B. Netzteil; Kap. 1.10)

- *chemische Spannungsquellen* (z. B. Primär- und Sekundärelemente; Kap. 5.3.1.3)

Darüber hinaus dienen in der IT-Technik einige „Spannungsquellen" weniger zur Energieversorgung als zur Erzeugung von Spannungen, die als **Datensignale** (*data signal*) zur Verarbeitung und Übertragung von Informationen (Kap. 4.1.3) oder zur Umwandlung nicht-elektrischer Größen in **Signalspannungen** (*signal voltage*) für die Mess-, Steuerungs- und Kommunikationstechnik dienen (z. B. Sensoren, Mikrofone).

5.1.1.6 Spannungsarten

Der zeitliche Verlauf einer elektrischen Spannung kann in einem sog. **Liniendiagramm** (*line chart*) zeichnerisch dargestellt werden. Hierzu wird auf der horizontalen

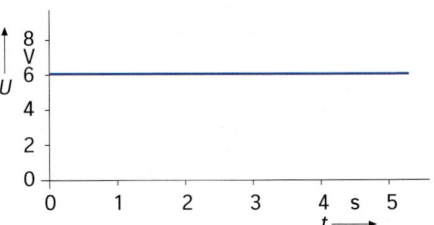

Bild 5.7: Darstellung einer Gleichspannung im Liniendiagramm

Achse („x-Achse") die Zeit aufgetragen und auf der vertikalen Achse („y-Achse") werden die möglichen Spannungswerte festgehalten. In einem Liniendiagramm lassen sich auch andere Zusammenhänge zwischen zwei Größen visualisieren (z. B. Bild 5.9).

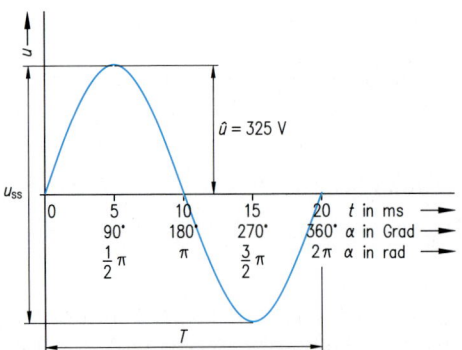

Bild 5.8: Liniendiagramm der periodischen Wechselspannung im Energieversorgungsnetz

Eine **Gleichspannung** (*direct voltage, d. c. voltage*) behält mit fortschreitender Zeit sowohl ihre Polarität als auch ihre Größe unverändert bei. Eine Angabe wie z.B. $U = 6\,\text{V}$ ist also eindeutig und unmissverständlich (Bild 5.7).

Bei einer **Wechselspannung** (*alternating voltage, a. c. voltage*) wechselt die Polarität der Spannung fortwährend und dabei ändert sich zwangsläufig auch fortwährend ihre Größe. Hierzu soll zunächst der in Bild 5.8 dargestellte sinusförmige Spannungsverlauf betrachtet werden.

Die im Liniendiagramm bezeichneten Größen haben die folgenden Bedeutungen:

u = **Augenblickswert** (*instantaneous value*), Momentanwert; dieser Spannungswert ist von der Zeit abhängig, er ändert sich fortwährend

$\hat{u}$ = **Maximalwert** (*maximum value*), Spitzenwert, Höchstwert, Scheitelwert, Amplitudenwert; der höchste Spannungswert in einer Periode

u_{ss} = **Spitze-Spitze-Wert** (*peak-to-peak value*); der Spannungswert zwischen dem positiven und negativen Maximalwert

T = **Periodendauer** (*period duration, cycle duration*); die Zeit, in der die Wechselspannung ihre Augenblickswerte einmal durchläuft; danach wiederholt sich der Vorgang periodisch

$f = \dfrac{1}{T}$ = **Frequenz** (*frequency*); sie ist der Kehrwert der Periodendauer und gibt die Anzahl der Perioden pro Sekunde an; sie hat die **Einheit**

$$\frac{1}{s} = 1\,\text{Hz (Hertz)}$$

Hinweis: Im Unterschied zu Gleichspannungsgrößen verwendet man gemäß DIN bei der Angabe von Wechselspannungsgrößen kleine Buchstaben. International sind abweichende Schreibweisen möglich.

5

Die Spannung im Energieversorgungsnetz ist eine sinusformige Wechselspannung, bei der sich der Kurvenverlauf immer im gleichen Zeitraum (Periode T = 20 ms) wiederholt. Man spricht daher von einer **periodischen Wechselspannung** (Bild 5.8). Obwohl diese Wechselspannung in jedem Augenblick einen anderen Augenblickswert hat, wird im allgemeinen Sprachgebrauch der Wert der Energieversorgungsspannung bekanntlich stets mit U = 230 V angegeben. Dieser Wert taucht in obigem Liniendiagramm zwar nicht auf, hat in der Technik aber eine besondere Bedeutung und wird als „Effektivwert" bezeichnet.

Als **Effektivwert** U (*root mean square*) einer Wechselspannung bezeichnet man denjenigen Spannungswert, der für den in einem Verbraucher R erzielten Effekt (z. B. Erwärmung) maßgebend ist.

Bei einer *sinusförmigen* Wechselspannung berechnet sich der Effektivwert nach der Gleichung

$$U = \frac{\hat{u}}{\sqrt{2}}$$

Hinweis: Da der Effektivwert eine zeitunabhängige Größe ist, verwendet man für das Formelzeichen einen Großbuchstaben. Zur Abgrenzung von anderen Werten wird der Effektivwert auch oft mit einem Index versehen, z. B.: U_{eff}

Um also beispielsweise in einem Verbraucher die gleiche Erwärmung hervorzurufen (allgemein: die gleiche Leistung umzusetzen) wie mit einer sinusförmigen Wechselspannung mit einem Maximalwert von 325 V, müsste man an den Verbraucher eine Gleichspannung von 230 V anlegen. Durch die Effektivwertangabe ist man bei Berechnungen unabhängig vom zeitlichen Verlauf einer Spannung, wodurch sich der Rechenvorgang oft vereinfacht. Die Sinusfunktion (Sinus = Bogen) ist für die gesamte Elektrotechnik – insbesondere für die Übertragungstechnik – von herausragender Bedeutung. Denn auch alle anders geformten periodischen Wechselspannungen (z. B. rechteck-, dreieck- oder sägezahnförmige) lassen sich bei übertragungstechnischen Betrachtungen auf der Basis mathematischer Verfahren in eine Reihe von reinen, sich überlagernden Sinusschwingungen zerlegen (Frequenzanalyse; „Vernetzte IT-Systeme", Kap. 4.1.5.3).

Der Sinus eines Winkels ist definiert als das Verhältnis der Gegenkathete zur Hypotenuse eines rechtwinkligen Dreiecks. Zeichnet man das rechtwinklige Dreieck in den Einheitskreis (Kreis mit dem Radius $r = 1$) ein, so ist die Hypotenuse gleich dem Kreisradius und die Länge der Gegenkathete gleich dem Sinuswert des Winkels (Bild 5.9). Durch Drehen des Radius entgegen dem Uhrzeigersinn erhält man die Sinuswerte für alle Winkel von 0° bis 360°.

Überträgt man die Sinuswerte aus dem Einheitskreis in ein Liniendiagramm, auf dessen waagerechter Achse der Drehwinkel des Radius aufgetragen ist (im **Gradmaß**, d. h. 0–360°;

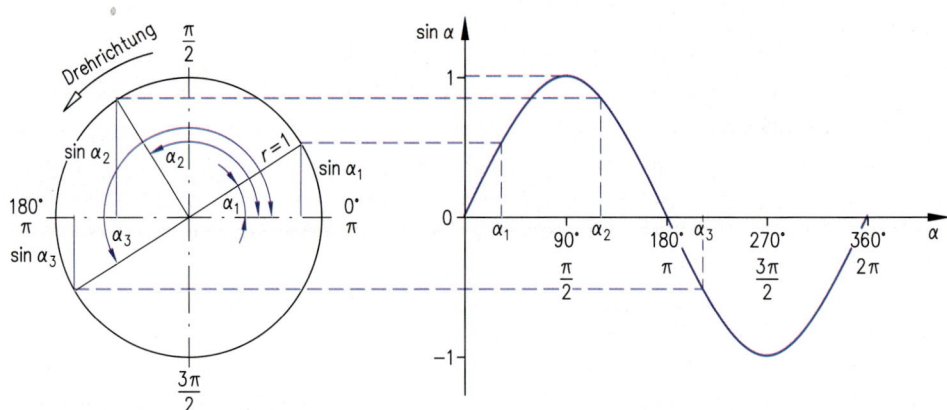

Bild 5.9: Liniendiagramm der Sinusfunktion

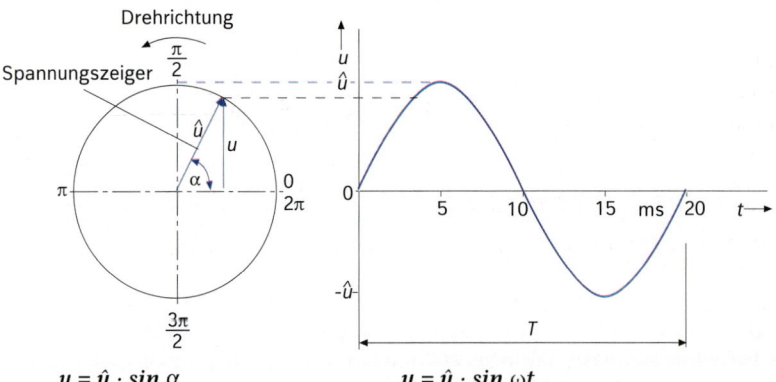

$$u = \hat{u} \cdot \sin \alpha \qquad\qquad u = \hat{u} \cdot \sin \omega t$$

Bild 5.10: Zeiger- und Liniendiagramm einer sinusförmigen Wechselspannung

oder im **Bogenmaß**, d.h. $0-2\pi$), so erhält man die allgemein gebräuchliche Darstellung der Sinusfunktion.

In gleicher Weise kann auch das Liniendiagramm einer Wechselspannung konstruiert werden. Man benutzt hierzu einen sog. **Spannungszeiger**, der sich gegen den Uhrzeigersinn um seinen Anfangspunkt dreht. Die Zeigerlänge entspricht dem Maximalwert der Wechselspannung. Die Gegenkathete des Winkels α stellt den Augenblickswert der Wechselspannung dar. Diese Darstellung einer Wechselspannung bezeichnet man als **Zeigerdiagramm** (links in Bild 5.10).

Die Übersetzung des Drehwinkels α aus dem Zeigerdiagramm auf die Zeitachse t im Liniendiagramm (rechts in Bild 5.10) erfolgt mithilfe der **Winkelgeschwindigkeit** ω (*angular frequency*). Sie gibt an, wie groß der Drehwinkel ist, den der Zeiger $\hat{u}$ in einer Sekunde überstreicht ($\omega = \frac{\alpha}{t}$ lies: Omega ist gleich Alpha geteilt durch t); daraus ergibt sich: $\alpha = \omega t$.

Wendet man diese Definition auf eine ganze Periode an ($\alpha = 2\pi$, $t = T$),

so ist
$$\omega = \frac{2\pi}{T}$$

und mit
$$T = \frac{1}{f}$$

ergibt sich
$$\omega = 2\pi \cdot f$$

Von dem Ausdruck $2\pi f$ leitet sich der Name **Kreisfrequenz** ab, der in der Elektrotechnik anstelle von Winkelgeschwindigkeit verwendet wird.

Ein weiterer Begriff, der beim Umgang mit Wechselspannungen von besonderer Bedeutung ist, ist die **Phasenverschiebung** (*phase shifting*). Hierbei werden zwei frequenzgleiche Wechselspannungen verglichen hinsichtlich des Zeitpunktes, in dem sie ihre Nullstellen bzw. ihre Maximalwerte durchlaufen.

Phasengleiche Wechselspannungen durchlaufen ihre Null- und Maximalwerte zur gleichen Zeit.

Phasenverschobene Wechselspannungen durchlaufen ihre Null- und Maximalwerte zu verschiedenen Zeitpunkten.

Im Liniendiagramm wird die Phasenverschiebung als Phasenverschiebungszeit Δt sichtbar; im Zeigerdiagramm wird sie durch den Phasenverschiebungswinkel φ dargestellt. Mithilfe der Winkelgeschwindigkeit ergibt sich

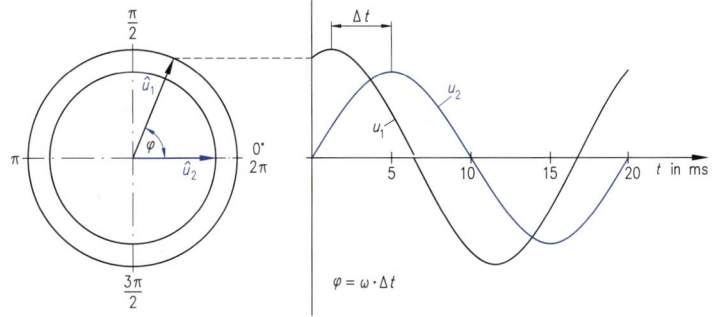

Bild 5.11: Phasenverschobene Wechselspannungen

zwischen Phasenverschiebungszeit und Phasenverschiebungswinkel die in Bild 5.11 angegebene Beziehung.

5.1.1.7   Spannungsmessung

Soll die Größe der elektrischen Spannung zwischen zwei Punkten mit unterschiedlichem Potenzial festgestellt werden, so muss ein **Spannungsmesser (Voltmeter)** an diese beiden Punkte angeschlossen werden. Um z. B. die Spannung an einer Batterie zu messen, müssen die Klemmen des Spannungsmessers mit den Klemmen der Batterie leitend verbunden werden (Bild 5.12).

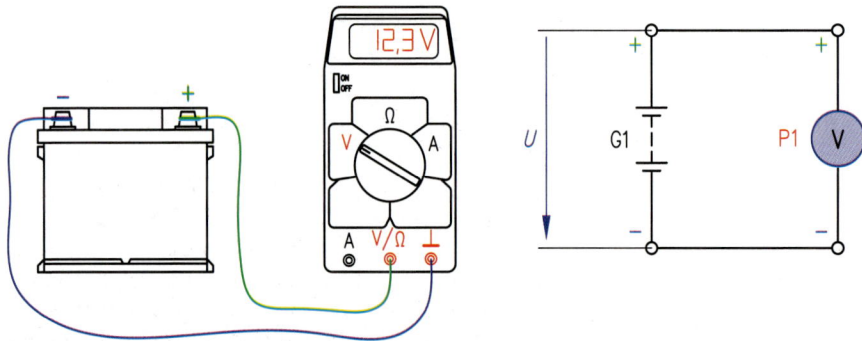

Bild 5.12: Anschluss eines Spannungsmessers

Ein **Spannungsmesser** (*voltmeter*) wird immer an die beiden Punkte angeschlossen, zwischen denen die Spannung gemessen werden soll.

In der Praxis werden für solche Messungen meist **Vielfachmessinstrumente (Multimeter)** benutzt, mit denen Gleich- und Wechselspannungen in jeweils verschiedenen Messbereichen gemessen werden können. Je nach Ausstattung sind auch Widerstands-, Kapazitäts- oder Frequenzmessungen möglich. Diese Multimeter bieten in der Regel auf einem relativ großen Display eine digitale Anzeige mit großen Ziffern, manchmal auch ergänzt mit zusätzlichen Informationen (z. B. der Einheit der gemessenen Größe, etwa in der Form mA, A, µV, mV oder auch MΩ, kΩ oder Ω) oder durch eingeblendete Symbole (z. B. Zustand der Batterieladung oder bei Messbereichsüberschreitung).

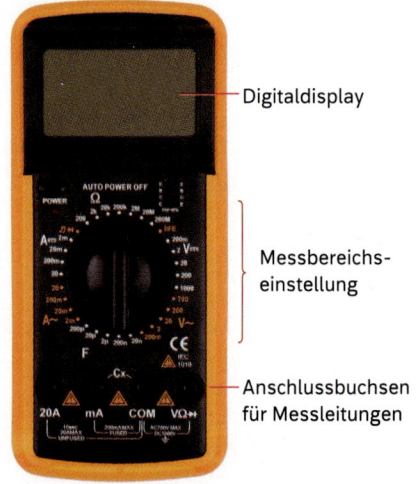

Bild 5.13: Beispiel für ein Digitalmultimeter mit Strom-, Spannungs-, Widerstands- und Kapazitätsmessbereichen

Bei der Benutzung dieser Messinstrumente ist darauf zu achten, dass

- die richtige **Spannungsart** (*voltage type*) eingestellt ist,

- der erforderliche **Messbereich** (*metering range*) eingestellt ist und

- bei Gleichspannung die **Polarität** (*polarity*) von Messinstrument und zu messender Spannung übereinstimmt.

Die folgenden Beispiele machen deutlich, dass in den verschiedenen Gebieten der Elektrotechnik und der Kommunikationstechnik Spannungen von weniger als einem Millionstel Volt (Mikrovolt, μV) bis zu einigen Millionen Volt (Megavolt, MV) vorkommen.

Beispiele

Signalspannung einer Rundfunkantenne . . . . 0,1 μV bis 5 mV

Sprechwechselspannung beim Telefon . . . . 1 mV bis 800 mV

Zellenspannung einer Lithium-Ionen-Zelle . . . . 3,6 V

Wechselspannung im Anschlussbereich des
Energieversorgungsnetzes . . . . 230 V bis 400 V

Überlandleitungen des Energieversorgungsnetzes . . . . 6 kV bis 400 kV

Teilchenbeschleuniger in der Kernforschung . . . . mehrere MV

In Bild 5.12 ist neben der bildhaften Darstellung der Messschaltung dieselbe als Schaltplan gezeichnet. Diese Art von Schaltplan bezeichnet man als **Wirkschaltplan** (*functional wired diagram*, *detailed wiring diagram*; früher: **Stromlaufplan in zusammenhängender Darstellung**). Nach Norm enthalten Stromlaufpläne die allpolige Darstellung einer elektrischen Anlage mit allen Einzelteilen. Alle Betriebsmittel (Schalter, Geräte, Messinstrumente, Leitungen usw.) werden durch Schaltzeichen dargestellt und mit ebenfalls genormten Kennzeichnungen versehen (Kap. 5.6).

5.1.2 Elektrischer Strom

5

5.1.2.1 Elektrischer Stromkreis

Bild 5.14 zeigt einen Generator (Spannungsquelle), an den über zwei isolierte Kupferdrähte (Leitung) eine Glühlampe (Verbraucher) angeschlossen ist. Wird der Generator angetrieben, so leuchtet die Lampe auf; beim

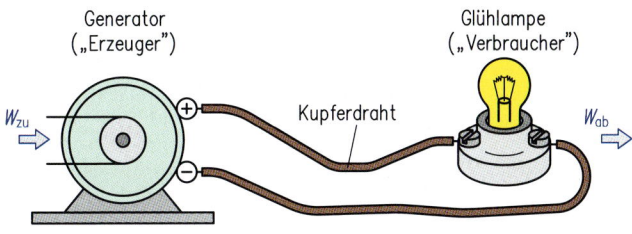

Bild 5.14: Aufbau eines Stromkreises

Leuchten strahlt sie Licht und Wärme ab. Eine solche Anordnung stellt einen elektrischen Stromkreis dar.

Ein **elektrischer Stromkreis** (*electrical circuit*) besteht aus Spannungsquelle, Leitung und Verbraucher.
Hinweis: Der Begriff „Verbraucher" ist historisch geprägt (Siehe hierzu auch Kap. 5.3).

Das Grundsätzliche (Prinzip) eines elektrischen Stromkreises zeigt Bild 5.15. In der Spannungsquelle wird die zugeführte mechanische Energie in elektrische Energie (Spannung)

umgewandelt. Die Leitung überträgt diese elektrische Energie zur Lampe und diese wandelt die ihr zugeführte elektrische Energie in Licht und Wärme um.

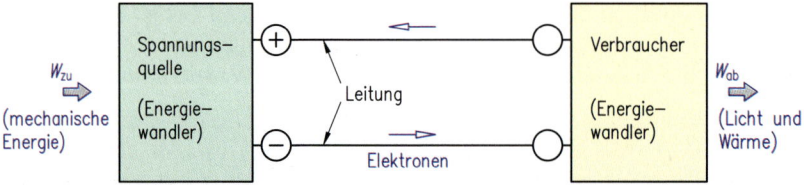

Bild 5.15: Prinzip eines Stromkreises

> Ein **elektrischer Stromkreis** (*electrical circuit*) ist im Prinzip ein System zur Übertragung elektrischer Energie.

Der **Stromkreis** ist ein über Spannungsquelle, Leitung und Verbraucher **geschlossener Leiterkreis**, in dem die Elektronen vom Minuspol (Elektronenüberschuss) über den Verbraucher zum Pluspol (Elektronenmangel) fließen.

> **Elektrischer Strom** (*electric current*) ist die gerichtete Bewegung elektrischer Ladungen in einem Stromkreis. Elektrischer Strom kann nur fließen, wenn der Stromkreis geschlossen ist.

Bild 5.16 zeigt den Stromlaufplan eines einfachen Stromkreises nach Bild 5.14. Durch die roten Pfeile in diesem Schaltplan wird die Richtung des elektrischen Stroms angegeben. Es fällt auf, dass diese im Stromlaufplan eingetragene Richtung entgegengesetzt zur Richtung des Elektronenflusses ist. Diese eingetragene Richtung bezeichnet man als **technische Stromrichtung**.

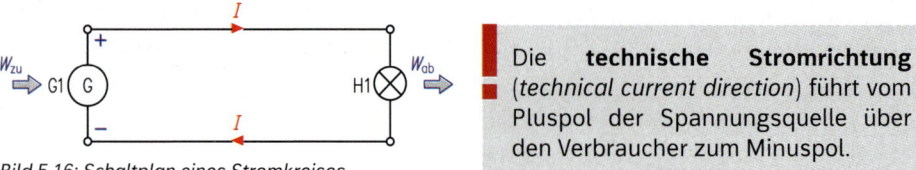

Bild 5.16: Schaltplan eines Stromkreises

> Die **technische Stromrichtung** (*technical current direction*) führt vom Pluspol der Spannungsquelle über den Verbraucher zum Minuspol.

5.1.2.2 Elektrische Stromstärke

Die elektrische Spannung gibt an, wie groß die Energie ist, die durch die Ladung 1 Coulomb von der Spannungsquelle zum Verbraucher übertragen wird. In Stromkreisen, die mit der gleichen Spannung arbeiten, trägt jedes Coulomb also die gleiche Energie. Benötigt der Verbraucher viel Energie (z.B. ein Supercomputer), so müssen mehr Ladungen über die Leitung fließen als bei einem Verbraucher, der in der gleichen Zeit weniger Energie umsetzt (z.B. ein Desktop-PC). Zum Betrieb unterschiedlicher Verbraucher müssen bei gleicher Spannung also auch verschieden große Ströme fließen.

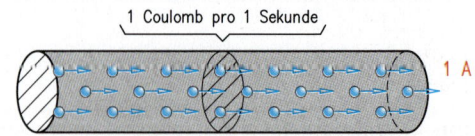

Bild 5.17: Definition der elektrischen Stromstärke

Um diese verschiedenen Ströme genau angeben zu können, definiert man die **elektrische Stromstärke** *I*. Die **Einheit der Stromstärke** ist **1 Ampere (1 A)**.

> Die **elektrische Stromstärke** (*current intensity, current stength, amperage*) gibt an, wie groß die elektrische Ladung ist, die in einer Sekunde durch den Querschnitt eines Leiters fließt.
>
> $$I = \frac{Q}{t} \qquad 1\,A = \frac{1\,C}{1\,s}$$
>
> In einem geschlossenen, unverzweigten Stromkreis ist die Stromstärke an allen Stellen gleich.
>
> Hinweis: Der Buchstabe C hat hier die Bedeutung der physikalischen Einheit „Coulomb", andererseits trägt er aber auch die Bedeutung der physikalischen Größe „Kapazität" (Kap. 5.5.1).

5.1.2.3 Strömungsgeschwindigkeit und Signalgeschwindigkeit

Elektrische Ladungen bewegen sich in einem elektrischen Strom relativ langsam durch einen metallischen Leiter. Beispielsweise beträgt die **Strömungsgeschwindigkeit** *v* (*current velocity*) in einem Kupferleiter von 1 mm² Querschnitt bei einer Stromstärke von 1 A weniger als 1 mm/s (Bild 5.18).

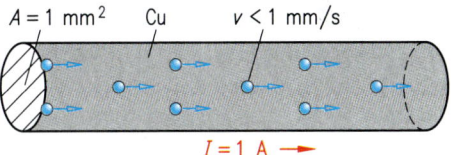

Bild 5.18: Strömungsgeschwindigkeit

Im Gegensatz zu dieser geringen Strömungsgeschwindigkeit elektrischer Ladungen ist die Geschwindigkeit, mit der sich der Bewegungsimpuls im Leiter fortpflanzt, sehr groß. Sie beträgt je nach Art der Leitung zwischen 50 % und 90 % der Lichtgeschwindigkeit (c = 300 000 km/s). Sie wird als **Signalgeschwindigkeit** (*signal speed*) bezeichnet und gibt an, wie schnell sich ein Signal entlang einer Leitung fortpflanzt.

Bild 5.19: Signalgeschwindigkeit

5.1.2.4 Stromarten

Nach Art der zeitlichen Änderung der Stromstärke unterscheidet man in der Elektrotechnik grundsätzlich zwei Stromarten:

Ein **Gleichstrom** (*direct current*) fließt dauernd in die gleiche Richtung; seine Stromstärke ist zu jedem Zeitpunkt gleich groß (Bild 5.20).

Ein **Wechselstrom** (*alternating current*) wechselt dauernd seine Richtung; dabei ändert sich

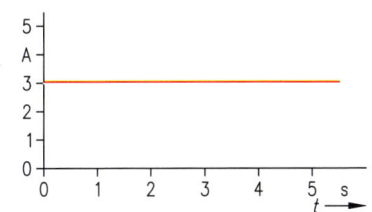

Bild 5.20: Gleichstrom

auch die Stromstärke ständig. Der zeitliche Verlauf des technischen Wechselstroms ist sinusförmig: Er wiederholt sich immer im gleichen Zeitraum von einer Periode (Bild 5.21).

Hinsichtlich der Kennwerte (Maximalwert usw.) eines sinusförmigen Wechselstroms gelten die gleichen Festlegungen und Bezeichnungen wie bei Wechselspannungen; es wird lediglich u durch i ersetzt. In Datenblättern werden Gleich- und Wechselströme vielfach mit einem kennzeichnenden Index versehen (*DC: Direct Current*; *AC: Alternating Current*). Die gleiche Indizierung hat sich auch bei entsprechenden Spannungsangaben eingebürgert.

Neben den periodischen Wechselströmen gibt es auch Ströme, die ihre Richtung nicht in gleichen Zeitabständen wechseln, sog. **nicht periodische Wechselströme**, z.B. Sprechwechselströme, wie sie in Mikrofonen erzeugt werden (Bild 5.22).

Fließen in einem Leiter gleichzeitig ein Gleichstrom und ein Wechselstrom, so ergibt sich durch Überlagerung ein sog. **Mischstrom** (*mixed current*; Bild 5.23). Dieser behält zwar seine Richtung bei, ändert aber ständig seine Stärke. Er wird auch als **pulsierender Gleichstrom** (*pulsating direct current*) bezeichnet.

Ein elektrischer Wechselstrom breitet sich längs einer Leitung **wellenförmig** angenähert mit der Lichtgeschwindigkeit $c =$ 300 000 km/s aus. Handelt es sich um einen sinusförmigen Wechselstrom, so folgt auch die Wellenform einer Sinusfunktion. Da die Darstellung einer sinusförmigen Welle (Bild 5.24; x-Achse = Wegstrecke s) der Darstellung einer sinusförmigen Schwingung (Bild 5.21; x-Achse = Zeit t) gleicht, kann es zu Verwechslungen kommen, die sich jedoch durch Beachtung der auf den Achsen des Diagramms abgetragenen Größen vermeiden lassen.

Breitet sich nun die Schwingung der Ladungen mit der Frequenz $f = 1/T$ (Kap. 5.1.1.6) entlang der Leitung mit der angenäherten Lichtgeschwindigkeit aus (vgl. Bild 5.19; Signalgeschwindigkeit), so entspricht dies der Ausbreitungsgeschwin-

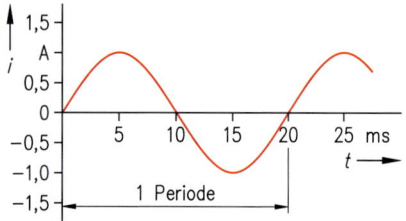

Bild 5.21: Sinusförmiger Wechselstrom

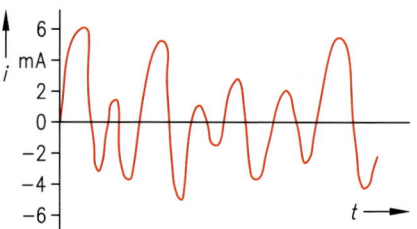

Bild 5.22: Nicht periodischer Wechselstrom

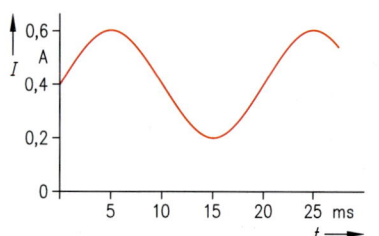

Bild 5.23: Mischstrom

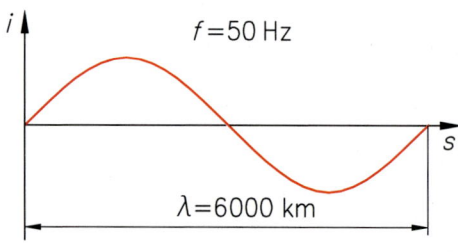

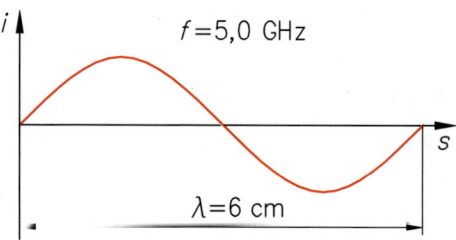

Bild 5.24: Wellenlänge (waagerechte Achse: Längenmaß s)

digkeit c der Welle. Den von der Welle zurückgelegten Weg bezeichnet man als **Wellen-länge** λ (*wavelength*; λ: griechischer Buchstabe, sprich: Lambda); sie ergibt sich nach der Gleichung $\lambda = c \cdot T$ (Weg = Geschwindigkeit · Zeit). Damit ergibt sich der Zusammenhang zwischen Wellenlänge, Frequenz und Ausbreitungsgeschwindigkeit einer Welle zu

$$\lambda = \frac{c}{f}$$

Bei der Netzfrequenz von $f = 50\,\text{Hz}$ resultiert hieraus eine Wellenlänge von

$$\lambda = \frac{c}{f} = \frac{300\,000\ \text{km/s}}{50\ \ 1/\text{s}} = 6\,000\ \text{km}$$

Auf die gleiche Art ergibt sich bei einer Frequenz von 5 GHz eine Wellenlänge von 6 cm.

5.1.2.5 Strommessung

Um die Stromstärke z. B. in einer Lampe zu messen, muss ein **Strommesser (Ampereme-ter)** so in den Stromkreis geschaltet werden, dass er von dem zu messenden Lampenstrom durchflossen wird. Da die Stromstärke im gesamten Stromkreis überall gleich groß ist, kann der Strommesser an jede beliebige Stelle des Stromkreises gelegt werden (Bild 5.25).

Wird zur Messung der Stromstärke ein Viel-fachmessinstrument (Multimeter) benutzt (wie bei der Spannungsmessung), so ist auf die richtige Einstellung von Stromart, Messbereich und Polarität zu achten.

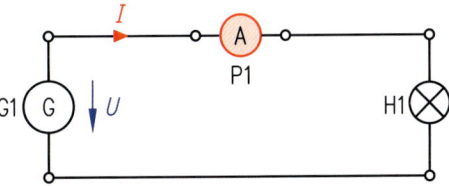

Die folgenden Beispiele sollen dazu dienen, die großen Unterschiede elektrischer Stromstärken in den verschiedenen Berei-chen der Elektrotechnik zu verdeutlichen.

Bild 5.25: Anschluss eines Strommessers

5

Beispiele

Rundfunk- und Fernsehtechnik	1 nA bis	100 µA
Kommunikationstechnik	1 mA bis	10 A
Haushaltsgeräte	100 mA bis	50 A
Energieübertragung	100 A bis	10 kA
Schmelzöfen	– bis	100 kA
Kerntechnik	– bis	1 MA

5.1.2.6 Stromdichte

In einem Lampenstrom-
kreis fließt der gleiche
Strom durch den dicken
Draht der Leitung und
durch den sehr dünnen
Draht des Glühfadens in
der Lampe. Dabei wird
der Glühfaden offen-
sichtlich wesentlich stärker erwärmt als die Lei-
tung. Wie weit dies
durch die unterschiedli-

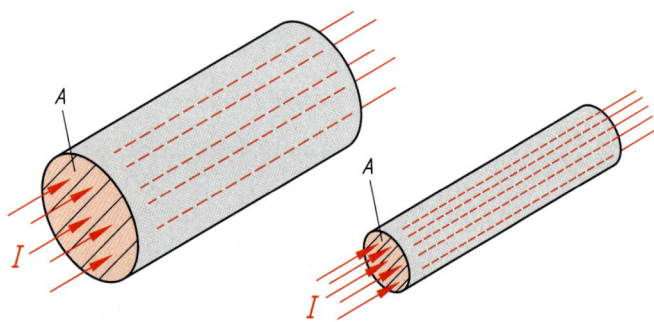

Bild 5.26: Zur Definition der Stromdichte

chen Metalle von Leitung und Glühfaden verursacht wird, soll hier nicht weiter untersucht werden.

Die Temperaturzunahme eines Leiters wird nicht allein von der Stromstärke, sondern
vom Verhältnis der Stromstärke I zum Querschnitt A des Leiters bestimmt; dieses Verhältnis bezeichnet man als **Stromdichte** S (Bild 5.26).

Die **Stromdichte** (*current density*) gibt an, wie groß die Stromstärke je Quadratmillimeter
(mm^2) in einem Leiterquerschnitt ist.

$$S = \frac{I}{A} \qquad 1\,\frac{A}{mm^2} = \frac{1\,A}{1\,mm^2}$$

Die in einem Leiter entwickelte Wärme ist umso größer, je größer die Stromdichte ist.

Hinweis: Der Buchstabe A hat einerseits die Bedeutung der physikalischen Größe „Fläche", andererseits aber auch die Bedeutung der physikalischen Einheit „Ampere".

Diese Erkenntnis findet eine wichtige praktische Anwendung bei **Schmelzsicherungen**
(Kap. 5.6.6). In der Schmelzsicherung befindet sich ein sehr dünner Draht, der genau so
bemessen ist, dass er die für die Leitung zulässige Stromstärke aushalten kann. Steigt infolge eines Fehlers in der Anlage die Stromstärke über den für die Leitung höchstzulässigen Wert hinaus, so schmilzt der Draht in der Sicherung durch und unterbricht den
Stromkreis, bevor die Leitung durch zu starke Erwärmung beschädigt wird.

Darüber hinaus sind in Geräten die Leiterquerschnitte von Leitungen, die höhere Ströme
leiten müssen (z. B. CPU-Stromversorgung), stets größer bemessen als von Leitungen, die
geringere Ströme übertragen (z. B. SATA-Datenkabel). Da Leitungen mit großen Querschnitten aber oft unhandlich werden, kann man stattdessen auch mehrere Leitungen mit
geringeren Querschnitten parallel schalten (z. B. CPU-Spannungsversorgungsstecker auf
dem Mainboard; Kap. 1.10.1).

5.1.3 Elektrischer Widerstand

Elektrische Leiter haben die Eigenschaft, auf elektrische Ströme hemmend einzuwirken, sie setzen dem Strom einen Widerstand entgegen.

> **Elektrischer Widerstand** (*electrical resistance*) ist die Eigenschaft eines Leiters, die Fortbewegung elektrischer Ladungen zu behindern.

Bild 5.27 zeigt den Schaltplan eines Versuchs, der nacheinander mit zwei verschiedenen Leitern durchgeführt wird. Im Schaltplan ist der zu untersuchende Leiter durch das Widerstandsschaltzeichen R dargestellt ("Leitungsersatzschaltbild"; Kap. 5.5). An der Spannungsquelle wird die Spannung von null ausgehend jeweils um 2 V erhöht. Am Strommesser wird die angezeigte Stromstärke abgelesen. Die Messergebnisse sind in Bild 5.28 zusammengestellt.

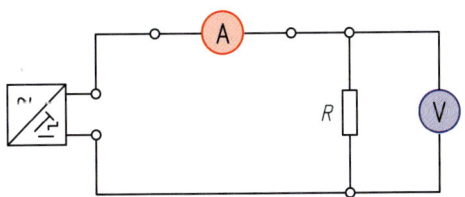

Bild 5.27: Schaltplan eines Versuchs

Bildet man für alle Wertepaare der Tabelle das Verhältnis U/I, so ergibt sich für die Messung am ersten Leiter ein konstanter Wert von 40 V/A (Volt pro Ampere) und für den zweiten Leiter ein konstanter Wert von 20 V/A. Die beiden Werte geben also an, wie groß die Spannung sein muss, wenn durch den betreffenden Leiter ein Strom von 1 A fließen soll. Bei der Messung am ersten Leiter ist offensichtlich eine doppelt so große Spannung erforderlich wie am zweiten Leiter. Daraus lässt sich schließen, dass der erste Leiter dem Strom doppelt so viel Widerstand entgegensetzt wie der

	Messung am 1. Leiter		Messung am 2. Leiter	
U	I	U/I	I	U/I
V	A	V/A	A	V/A
0	0	–	0	–
2	0,05	40	0,1	20
4	0,10	40	0,2	20
6	0,15	40	0,3	20
8	0,20	40	0,4	20
10	0,25	40	0,5	20
12	0,30	40	0,6	20

Bild 5.28: Messung zum Begriff des elektrischen Widerstands

zweite Leiter. Das Verhältnis U/I ergibt also eine Kennzahl, die als **elektrischer Widerstand R** bezeichnet wird; er wird angegeben in der Einheit **1 Ohm** (1 Ω).

Ein Leiter hat einen Widerstand von 1 Ω, wenn für einen Strom von 1 A eine Spannung von 1 V erforderlich ist.

> Der **elektrische Widerstand** ist definiert als Verhältnis von Spannung zu Stromstärke.
>
> $$R = \frac{U}{I} \qquad 1\,\Omega = \frac{1\,\text{V}}{1\,\text{A}}$$
>
> Der elektrische Widerstand gibt an, wie groß die Spannung an einem Leiter ist, in dem ein Strom von 1 A fließt.

5

5.1.4   Ohmsches Gesetz

Vergleicht man in der Tabelle in Bild 5.28 die gemessenen Stromstärken mit den jeweils eingestellten Spannungen, so erkennt man, dass beide im selben Verhältnis zunehmen.

> Bei einem elektrischen Leiter ist die Stromstärke der angelegten Spannung direkt proportional.
>
> $$I \sim U$$

Vergleicht man weiter die bei gleicher Spannung fließenden Ströme mit den angeschlossenen Widerständen, so sieht man, dass bei Verdopplung des Widerstands von $20\,\Omega$ auf $40\,\Omega$ die Stromstärke auf die Hälfte abnimmt.

> Bei einem elektrischen Leiter ist die Stromstärke dem Widerstand umgekehrt proportional.
>
> $$I \sim \frac{1}{R}$$

Diese Gesetzmäßigkeiten im Zusammenhang zwischen Stromstärke, Spannung und Widerstand eines elektrischen Leiters werden in dem nach seinem Entdecker benannten **Ohmschen Gesetz** zusammengefasst.

> Bei einem elektrischen Leiter ist die Stromstärke
> - der angelegten Spannung direkt proportional und
> - dem Widerstand umgekehrt proportional.
>
> $$I = \frac{U}{R}$$

5.1.4.1   Widerstandskennlinie

Trägt man die Messergebnisse aus der Tabelle in Bild 5.28 in ein Diagramm ein, das die Abhängigkeit der Stromstärke von der Spannung darstellt, so ergeben sich die in Bild 5.29 blau eingetragenen **Widerstandskennlinien**. An der Widerstandskennlinie eines elektrischen Bauelements lässt sich ablesen, wie sich in diesem Bauelement die Stromstärke ändert, wenn die angelegte Spannung geändert wird.

> Die **Widerstandskennlinie** (*resistance characteristic*) eines elektrischen Bauelements zeigt die durch das Bauelement bestimmte Abhängigkeit der Stromstärke von der Spannung ($I = f(U)$).

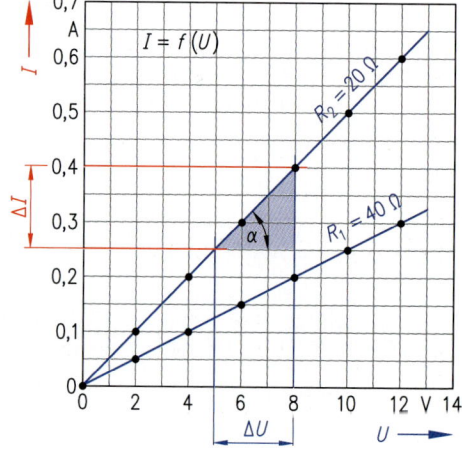

Bild 5.29: Widerstandskennlinien

In ihren Datenblättern stellen Hersteller nicht nur das Strom-Spannungs-Verhalten eines Bauelements mithilfe einer Kennlinie dar, sondern auch eine Vielzahl anderer technischer Zusammenhänge (z. B. Bild 5.30). Insbesondere bei Bauelementen mit nichtlinearem Verhalten ist dies eine gängige Darstellungsart, da hierzu keine mathematischen Gleichungen benötigt werden (z. B. Bild 5.131).

Solange der Widerstand einen konstanten Wert hat, ist seine Kennlinie eine Gerade. Wie man aus dem Diagramm (Bild 5.29) erkennt, ist die Steigung der Kennlinie umso größer, je kleiner der Widerstand ist.

> An der Steigung der Widerstandskennlinie erkennt man die Größe des Widerstands.
>
> **Je größer der Widerstand, desto kleiner die Steigung.**
>
> Hinweis: Das in Bild 5.29 blau getönte Dreieck bezeichnet man mathematisch auch als Steigungsdreieck.

Der hier eingeführte physikalische Begriff „elektrischer Widerstand" ist eine Eigenschaft elektrischer Leiter, Verbraucher und sonstiger Bauelemente. Diese Eigenschaft ist in der Regel unerwünscht und verursacht vielfach kostspielige Energieverluste. Wie der elektrische Widerstand eines Leiters von den Abmessungen und dem Werkstoff des Leiters abhängt, wird im Zusammenhang mit der Bemessung von Leitungen ausführlich behandelt (Kap. 5.3.2 und Kap. 5.6.5.)

Daneben gibt es ein Bauelement, das nur wegen seiner Eigenschaft „Widerstand" in elektrischen Schaltungen eingesetzt wird; dieses Bauelement bezeichnet man einfach als Widerstand. Das Wort Widerstand wird also in der Elektrotechnik mit zwei verschiedenen Bedeutungen verwendet:

- Widerstand als **Eigenschaft** von Leitungen und Bauteilen (physikalischer Begriff)
- Widerstand als **Name** für ein Bauelement

5

5.1.4.2 Abhängigkeit des Widerstands von der Temperatur

Der elektrische Widerstand von Leiterwerkstoffen nimmt bei steigender Temperatur zu, unabhängig davon, ob es sich um einen Leitungswiderstand oder um den Widerstand eines Bauelements handelt. Dabei ist es ganz gleichgültig, ob die höhere Temperatur durch einen Strom im Leiter verursacht wird oder ob sie durch Wärmezufuhr von außen (z. B. durch eine Flamme) entsteht.

> **Mit steigender Temperatur nimmt der Widerstand von Leiterwerkstoffen zu.**

Dies kann dazu führen, dass Geräte in kaltem Zustand andere elektrische Eigenschaften haben als bei „Betriebstemperatur" (z. B. fließen durch kalte Geräte im Einschaltmoment höhere Ströme als bei Betriebstemperatur). Hierdurch können unter Umständen Fehlfunktionen oder Defekte auftreten.

Bei der Berechnung der **Widerstandsänderung** ΔR, die bei Erwärmung oder Abkühlung eintritt, sind folgende Werte maßgebend:

- die Größe der erfolgten Temperaturänderung $\Delta\vartheta$ (sprich: Delta Theta); sie errechnet sich als Differenz zwischen der Endtemperatur ϑ_2 und der Bezugstemperatur 20 °C ($\Delta\vartheta = \vartheta_2 - 20$ °C).

- die Größe des erwärmten bzw. abgekühlten Widerstands bei der Bezugstemperatur R_{20}, also vor der Temperaturänderung

- ein Werkstoffkennwert, der als Temperaturbeiwert α bezeichnet wird und für jeden Werkstoff messtechnisch ermittelt werden muss

Die **Widerstandsänderung durch Temperaturänderung** ist
- der Temperaturdifferenz ($\Delta\vartheta$),
- dem Widerstandswert bei 20 °C (R_{20}) und
- dem Temperaturbeiwert (α)
direkt proportional.

$$R = R_{20} \cdot \alpha \cdot \Delta\vartheta$$

Der **Temperaturbeiwert** α eines Werkstoffs gibt an, um wie viel Ohm ein Widerstand, der bei 20 °C einen Wert von 1 Ω hat, zunimmt, wenn er um 1 °C erwärmt wird.

Zahlenangaben für die Temperaturbeiwerte der verschiedenen Werkstoffe findet man in Tabellenbüchern (Alternativbezeichnung: **Temperaturkoeffizient**; Angabe in 1/°C oder 1/K; z.B. Kupfer: $\alpha = 0{,}004$ 1/°C).

Zwischen dem Widerstandswert bei 20 °C (R_{20}), der Widerstandsänderung ΔR und dem Widerstandswert bei der Endtemperatur ϑ_2 (R_2) ergibt sich der in Bild 5.30 dargestellte Zusammenhang.

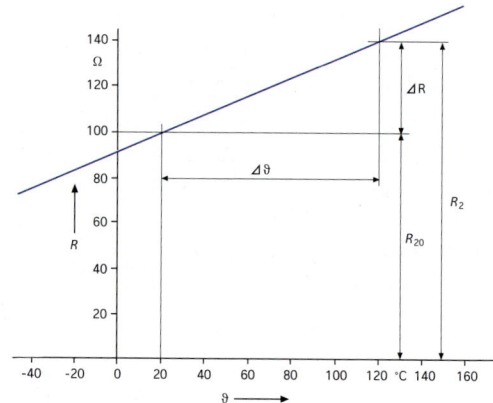

Bild 5.30: Widerstandszunahme bei Temperaturanstieg

5.1.4.3 Widerstandskenngrößen

Bei der **Auswahl eines Widerstands** für den Einsatz in einer Schaltung müssen vor allem die folgenden Kenngrößen beachtet werden.

Nennwert, Bemessungswert

Als **Bemessungswert** (*rated value*) wird der durch die Bauart bedingte Widerstandswert bezeichnet, der nach der Fertigung nicht mehr verändert werden kann. Der Bemessungswert gilt für eine Temperatur von 20 °C. Er wird auf das Bauteil als Klartext aufgedruckt oder durch Farbringe oder Farbpunkte angegeben.

E48 ±2%	E24 ±5%	E12 ±10%	E6 ±20%	E48 ±2%	E24 ±5%	E12 ±10%	E6 ±20%
1,00	1,00	1,00	1,0	3,16			
1,05				3,32	3,30	3,30	3,3
1,10	1,10			3,48			
1,15				3,65	3,60		
1,21	1,20	1,20		3,83	3,90	3,90	
1,27	1,30			4,02			
1,33				4,22	4,30		
1,40				4,42			
1,47	1,50	1,50	1,5	4,64	4,70	4,70	4,7
1,54				4,87			
1,62	1,60			5,11	5,10		
1,69				5,36			
1,78	1,80	1,80		5,62	5,60	5,60	
1,87				5,90			
1,96	2,00			6,19	6,20		
2,05				6,49			
2,15	2,20	2,20	2,2	6,81	6,80	6,80	6,8
2,26				7,15			
2,37	2,40			7,50	7,50		
2,49				7,87			
2,61				8,25			
2,74	2,70	2,70		8,66	8,20	8,20	
2,87				9,09			
3,01	3,00			9,53	9,10		

Bild 5.31: Internationale Normreihen

Mit Ausnahme von Spezialwiderständen liefern die Hersteller Widerstände mit Bemessungswerten, die in internationalen Normreihen festgelegt sind (Bild 5.31).

Diese Normreihen werden international mit dem Buchstaben E gekennzeichnet, die nachfolgende Zahl gibt die Anzahl der Widerstandswerte einer Reihe pro Dekade an (Dekade: abgeleitet von der metrischen Vorsilbe „deka", d.h. 10^1). In Bild 5.31 wird für alle angegebenen Widerstandsreihen jeweils nur die Dekade von $1\,\Omega$ bis zu $10\,\Omega$ dargestellt, aus Platzgründen auf zwei Spalten verteilt (siehe Tönung bei Reihe E12). Der Widerstandswert $10\,\Omega$ gehört jeweils bereits zur nächsten Dekade ($10\,\Omega$ bis zu $100\,\Omega$); die Reihe E6 enthält in dieser nächsten Dekade somit die Werte $10\,\Omega$, $15\,\Omega$, $22\,\Omega$, $33\,\Omega$, $47\,\Omega$ und $68\,\Omega$.

Fertigungstoleranz

Die **Fertigungstoleranz** (*production tolerance*) gibt an, in welchen Grenzen die bei der Serienfertigung unvermeidbaren Abweichungen von den Nennwerten zulässig sind. Nach den internationalen Normreihen sind bestimmte Grenzen für die Fertigungstoleranz festgelegt (Bild 5.31).

Die Toleranz wird – genau wie der Nennwert – als Zahl oder als Farbmarkierung auf dem Widerstand angegeben (Bild 5.32). Der internationale Farbcode legt die Farben zur Kennzeichnung von Widerständen fest. Üblicherweise verwendet man zur Kennzeichnung vier Farbringe, bei Präzisionswiderständen sind es fünf.

5

Ringfarbe oder Punktfarbe		Bedeutung bei 4 Ringen				Bedeutung bei 5 Ringen				
		1. Stelle 1. Ziffer	2. Stelle 2. Ziffer	3. Stelle Multiplikator	4. Stelle Toleranz in %	1. Stelle 1. Ziffer	2. Stelle 2. Ziffer	3. Stelle 3. Ziffer	4. Stelle Multiplikator	5. Stelle Toleranz in %
schwarz	(sz)		0	10^0	–		0	0	10^0	–
braun	(br)	1	1	10^1	±1	1	1	1	10^1	±1
rot	(rt)	2	2	10^2	±2	2	2	2	10^2	±2
orange	(or)	3	3	10^3	–	3	3	3	10^3	–
gelb	(gb)	4	4	10^4	–	4	4	4	10^4	–
grün	(gn)	5	5	10^5	±0,5	5	5	5	10^5	±0,5
blau	(bl)	6	6	10^6	±0,25	6	6	6	10^6	±0,25
violett	(vl)	7	7	10^7	±0,1	7	7	7	10^7	±0,1
grau	(gr)	8	8	10^8	–	8	8	8	10^8	–
weiß	(ws)	9	9	10^9	–	9	9	9	10^9	–
gold	(au)	–	–	10^{-1}	±5	–	–	–	10^{-1}	±5
silber	(ag)	–	–	10^{-2}	±10	–	–	–	10^{-2}	±10
ohne Farbe		–	–	–	±20	–	–	–	–	±20

Bild 5.32: Internationaler Farbcode mit vier bzw. fünf Ringen

In Bild 5.33 sind Beispiele für die Anwendung des Codes bei vierfach und fünffach beringten Widerständen dargestellt. Das Zählen der Ringe (1. Stelle, 2. Stelle usw.) beginnt immer an derjenigen Seite des Widerstands, an der die Ringe am nächsten liegen; im linken Beispiel also von links nach rechts, im rechten Beispiel von rechts nach links.

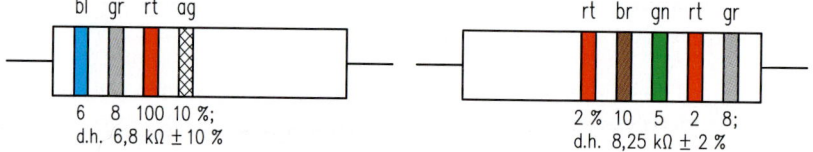

| bl | gr | rt | ag | | rt | br | gn | rt | gr |

6 8 100 10 %;
d.h. 6,8 kΩ ± 10 %

2 % 10 5 2 8;
d.h. 8,25 kΩ ± 2 %

Bild 5.33: Farbkennzeichnung von Widerständen

Ist der Nennwert als Zahl aufgedruckt, fehlt in der Regel das Ω-Symbol. 4,7 bedeutet dann 4,7 Ω, 4,7k bedeutet 4,7 kΩ und 4,7 M dann 4,7 MΩ. Bei zusätzlicher Angabe der Toleranz und/oder der Belastbarkeit werden diese meist durch einen Schrägstrich voneinander abgetrennt (z. B. 4,7 k/20 W/10 %). Der in Bild 5.33 angegebene Code mit vier Farbmarkierungen wird ebenfalls bei Kondensatoren zur Angabe des Kapazitätswerts verwendet (Angabe dann in pF; Kap. 5.5.1). Bei SMD-Bauelementen (siehe Bild 5.99) verwendet man alternativ einen aufgedruckten Zeichen- oder Zifferncode.

Belastbarkeit

Als **Belastbarkeit** (*load, capacity*) wird die in Watt (W) angegebene Leistung des Widerstands (Nennleistung) bezeichnet. Liegt der Widerstand an einer Spannung und wird von einem Strom durchflossen, so wird die ihm zugeführte elektrische Energie in Wärme umgewandelt. Als Folge dieser Energieumwandlung steigt die Temperatur des Widerstandswerkstoffs. Um eine Zerstörung des Bauteils zu vermeiden, muss die entstehende Wärme fortlaufend an die Umgebung abgeführt werden (Kap. 5.3.1.4). Je mehr Wärme ein Widerstand abführt, desto mehr Leistung kann ihm zugeführt werden, ohne dass er zerstört wird. Die höchste für ein Bauelement zulässige Leistung wird Belastbarkeit genannt.

Eine wesentliche Rolle bei der Wärmeabgabe an die Umgebung spielt die Größe der Ober-fläche des Bauelements. Daher weisen im Allgemeinen Widerstände mit kleinen Abmes-sungen nur eine geringe Belastbarkeit auf.

5.1.5 Elektrische Energie und elektrische Leistung

5.1.5.1 Elektrische Energie

Ein elektrischer Stromkreis mit Spannungsquelle, Leitung und Verbraucher dient sowohl in der Kommunikationstechnik als auch in der Energietechnik zur Übertragung elektri-scher Energie (Bild 5.34).

In der Spannungsquelle wird die von außen in Form von mechanischer Energie (Genera-tor) oder Schallenergie (Mikrofon) zugeführte Energie (W_{zu}) durch Umwandlung in elek-trische Energie in den Stromkreis eingespeist.

Die Leitung überträgt die von der Spannungsquelle abgegebene elektrische Energie zum Verbraucher. In der Praxis geht hierbei natürlich ein Teil der zu übertragenden Energie verloren. Dies äußert sich in der Energietechnik als Spannungsverlust (Erwärmung der Leitung) und in der Kommunikationstechnik als Dämpfung der zu übertragenden Sig-nale.

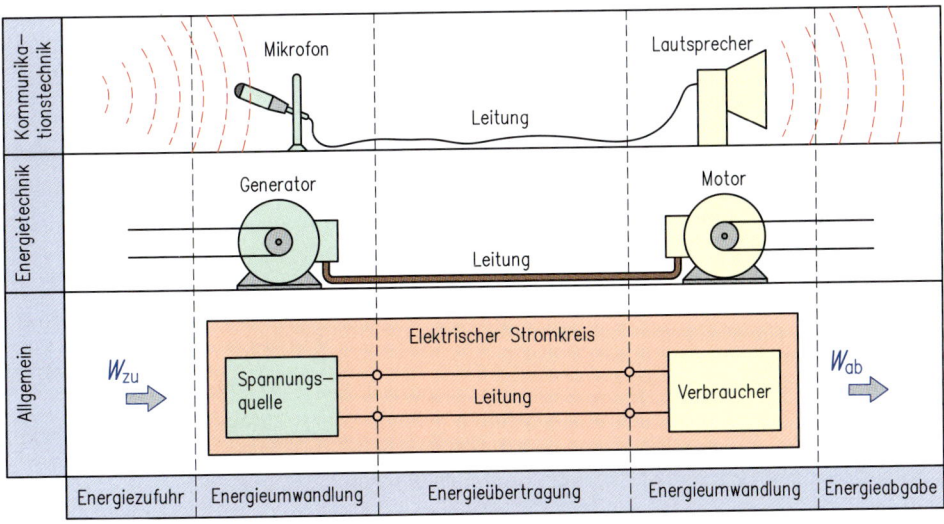

Bild 5.34: Elektrischer Stromkreis als Übertragungssystem für elektrische Energie

Im Verbraucher wird die über die Leitung zugeführte elektrische Energie in eine andere Energieform, z.B. akustische Energie (Schall) oder mechanische Energie, umgewandelt und damit vom Stromkreis wieder abgegeben (W_{ab}).

Die Berechnung der von einem Stromkreis übertragenen elektrischen Energie erfolgt nach den Überlegungen gemäß Bild 5.35.

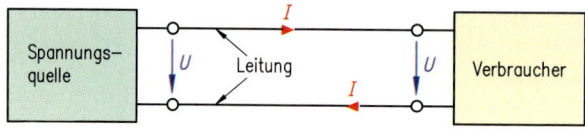

Bild 5.35: Berechnung der elektrischen Energie

Die durch einen Stromkreis zu einem Verbraucher übertragene **elektrische Energie W** errechnet sich aus
- der am Verbraucher liegenden Spannung U,
- der vom Verbraucher aufgenommenen Stromstärke I und
- der Einschaltdauer t des Verbrauchers.

$$W = U \cdot I \cdot t \qquad 1\,\text{Ws} = 1\,\text{V} \cdot 1\,\text{A} \cdot 1\,\text{s}$$

Die sich hieraus ergebende Einheit **1 Wattsekunde** entspricht der Einheit 1 Joule (**1 Ws =
1 J**; Kap. 5.1.1.2). Sie ist damit für Umrechnungen, nicht aber für den praktischen Gebrauch geeignet. Hierfür ergeben sich mit der Zeiteinheit 1 Stunde (1 h) wesentlich kleinere Zahlenwerte zur Angabe von Energiebeträgen in der Einheit **1 Wattstunde (1 Wh)** oder
1 Kilowattstunde (1 kWh).

5.1.5.2 Messung der elektrischen Energie

Die von einem Verbraucher aus dem Versorgungsnetz entnommene elektrische Energie wird von den Energie-Versorgungsunternehmen (EVU) dauernd gemessen (zur Berechnung der Kosten). Das hierzu verwendete Messinstrument ist der **Zähler**: Er zählt die vom Verbraucher aus dem Netz entnommenen Kilowattstunden.

Wie aus Bild 5.36 zu erkennen ist, werden im Zähler gleichzeitig die Stromstärke (roter Pfad) und die Spannung (schwarzer Pfad) gemessen. Die Einschaltdauer wurde früher über ein mechanisch arbeitendes Zählwerk erfasst. Seit geraumer Zeit werden bei Neuinstallationen jedoch vollelektronisch arbeitende Zähler verwendet, deren Ablesung automatisiert per Fernzugriff über das Energieversorgungsnetz erfolgt.

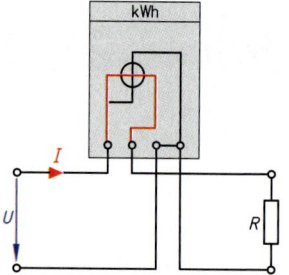

Bild 5.36: Anschluss eines
Kilowattstundenzählers
(Grundprinzip)

5.1.5.3 Energiekosten

Die vom Verbraucher an das EVU zu zahlenden Energiekosten (K) werden aus dem vom Zähler angezeigten Energieverbrauch (W) und dem Kilowattstundenpreis (k) berechnet.

Energiekosten = Energieverbrauch · Kilowattstundenpreis

$$K = W \cdot k \qquad 1{,}00\ \text{EUR} = 1\,\text{kWh} \cdot 1{,}00\ \text{EUR/kWh}$$

Der Preis für eine Kilowattstunde ist je nach Art des Verbrauchs (Industrie, Landwirtschaft, Gewerbe, Haushalt) und Größe des Energieverbrauchs in Tarifen gestaffelt. So wird in einem privaten Haushalt auch die erforderliche Energie für den Betrieb einer Wärmepumpe preiswerter tarifiert als die übrige Energieversorgung. In der Regel setzt sich der von Kundinnen und Kunden an das EVU zu zahlende Endpreis aus den folgenden Anteilen zusammen:

- Entgelt für die Energiebeschaffung (Stromerzeugung, Stromeinkauf)
- Netzentgelte (Stromtransport, Messstellenbetrieb/Smartmeter, Abrechnung)
- Steuern und Abgaben (Mehrwertsteuer, Stromsteuer, Netzumlage für erneuerbare Energien)

5.1.5.4 Leistung

Verbraucher wandeln die ihnen zugeführte Energie in eine andere Energieform um. Dabei ist ein wesentliches Merkmal solcher Energiewandler, wie lange es dauert, bis ein vorgegebener Energiebetrag umgesetzt ist.

Um die Leistungsfähigkeit von Energiewandlern beurteilen zu können, definiert man den **Begriff der Leistung**. Sie erhält das **Formelzeichen** P und wird in der Einheit **1 Watt (1 W)** angegeben.

> Die **Leistung** P (*power*) eines Verbrauchers (Energiewandlers) ist definiert als das Verhältnis der von ihm umgewandelten Energie W zu der dafür benötigten Zeit t.
>
> $$P = \frac{W}{t} \qquad 1\,W = \frac{1\,J}{1\,s}$$
>
> Hinweis: Der Buchstabe W hat einerseits die Bedeutung der physikalischen Größe „Energie", andererseits aber auch die Bedeutung der physikalischen Einheit „Watt".

Die Leistung gibt an, wie viel Energie (in Joule) ein Wandler in 1 Sekunde aus einer Energieform in eine andere umwandeln kann.

5.1.5.5 Elektrische Leistungv

Aus der Definition der Leistung ($P = \frac{W}{t}$) und der Gleichung zur Berechnung der elektrischen Energie ($W = U \cdot I \cdot t$) ergibt sich eine sehr einfache Beziehung zur Berechnung der elektrischen Leistung von Verbrauchern und Bauelementen.

> **Elektrische Leistung** ist das Produkt aus Spannung und Stromstärke:
> $$P = U \cdot I \qquad 1\,W = 1\,V \cdot 1\,A$$
> Ein Bauelement hat eine Leistung von 1 W, wenn es an einer Spannung von 1 V eine Stromstärke von 1 A aufnimmt.

In vielen praktischen Fällen steht einer der beiden Faktoren U und I für die Berechnung der Leistung nicht zur Verfügung, dafür ist aber der Widerstand R des Verbrauchers bekannt. In diesen Fällen lässt sich mithilfe des Ohmschen Gesetzes (Kap. 5.1.4) die Leistung auch aus I und R ($P = I^2 \cdot R$) bzw. aus U und R ($P = U^2/R$) direkt berechnen.

5

Aus der letzten Gleichung ist zu erkennen, dass sich die Leistung direkt **proportional zum Quadrat der Spannung** verhält. Wird die Spannung auf die Hälfte (z. B. von 3 V auf 1,5 V) verringert, so sinkt die Leistung auf ein Viertel des ursprünglichen Werts (z. B. von 8 W auf 2 W).

Die Betriebsspannung von Prozessoren wurde deshalb in ihrer Entwicklungsgeschichte immer weiter reduziert (Kap. 1.3.2).

Hierdurch wird die CPU-Leistung, die in Form von Wärme abgeführt werden muss, deutlich kleiner bzw. ihre mögliche technische Performance bei gleicher Wärmeabgabe wesentlich größer.

Beispiel

In einem Schulungsraum entnehmen vier PC-Arbeitsplätze an einem Arbeitstag von acht Stunden durchschnittlich eine Energie von 19,2 kWh aus dem 230-V-Energieversorgungsnetz. Die Nutzung des Schulungsraums erfolgt an 260 Tagen im Jahr. Zur besseren Luftzirkulation wird im Raum ein Ventilator eingesetzt, dessen Motor laut Typenschild einen Widerstand von 115 Ω aufweist.

a) Wie groß ist der Strom in der Zuleitung zu einem Arbeitsplatz?
b) Wie groß ist die elektrische Leistung pro Arbeitsplatz?
c) Wie hoch sind durchschnittlich die jährlichen Stromkosten pro Arbeitsplatz bei einem Kilowattstundenpreis von 32 Cent?
d) Wie groß ist die elektrische Leistungsaufnahme des Ventilators?

Lösung

a) $W_{el} = U \cdot I \cdot t \;\rightarrow\; I = \dfrac{W_{el}}{U \cdot t} = \dfrac{19,2\ \text{kWh}}{230\ \text{V} \cdot 8\ \text{h}} = \dfrac{19,2 \cdot 10^3\ \text{V} \cdot \text{A} \cdot \text{h}}{230\ \text{V} \cdot 8\ \text{h}} = 10,43\ \text{A}$, d. h. pro Arbeitsplatz 2,61 A

b) $P = U \cdot I = 230\ \text{V} \cdot 2,61\ \text{A} = 600\ \text{W}$

c) $K = W_{el} \cdot k = \dfrac{19,2\ \text{kWh}}{4} \cdot 0,32\ \dfrac{\text{Euro}}{\text{kWh}} = 1,54$ *Euro pro Tag,*
   d. h. 1,54 Euro · 260 = 400,40 Euro im Jahr

d) $P = \dfrac{U^2}{R} = \dfrac{(230\ \text{V})^2}{115\ \Omega} = \dfrac{230^2 \cdot \text{V}^2}{115\ \dfrac{V}{A}} = \dfrac{52\,900 \cdot \text{V}^2 \cdot \text{A}}{115 \cdot \text{V}} = 460\ VA = 460\ W$

In technischen Unterlagen wird die Leistungsangabe durch Namenzusätze genauer spezifiziert (z. B. Verlustleistung; Kap. 5.1.5.7). Ein bedeutsamer Begriff ist hierbei auch die sog. Nennleistung.

Die **Nennleistung** (*rated power*) ist diejenige höchste Dauerleistung, die bei einem bestimmungsgemäßen Betrieb eines Gerätes (Erzeuger oder Verbraucher) ohne zeitliche Einschränkung dauerhaft erbracht bzw. umgesetzt werden kann, ohne die Lebensdauer und die Sicherheit des Geräts zu beeinträchtigen.

5.1.5.6 Messung der elektrischen Leistung

Um die elektrische Leistung eines Verbrauchers (R) festzustellen, können verschiedene Messmethoden angewendet werden.

Bei der **indirekten Leistungsmessung** (Bild 5.37 a) wird mit einem Voltmeter die Spannung und gleichzeitig mit einem Amperemeter die Stromstärke gemessen. Die Leistung wird aus den Messwerten errechnet.

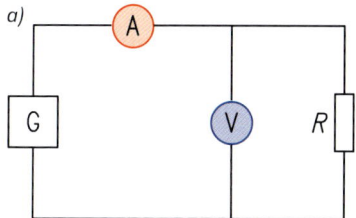
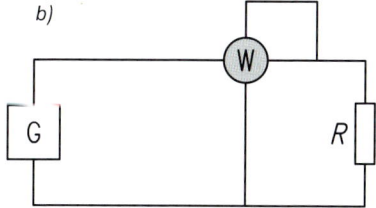

Bild 5.37: a) Indirekte, b) direkte Leistungsmessung

Bei der **direkten Leistungsmessung** (Bild 5.37 b) wird ein Leistungsmesser (Wattmeter) verwendet. Dieses Messinstrument kann Spannung und Stromstärke gleichzeitig aufnehmen; es zeigt die Leistung direkt an. In der Praxis werden häufig Vielfachmessinstrumente verwendet, bei denen besonders darauf zu achten ist, dass die beiden Messbereiche für Spannung und Stromstärke richtig eingestellt sind, sodass bei beiden Messungen keine Überlastung des Instruments erfolgt.

5.1.5.7 Wirkungsgrad

Bei der Umwandlung von Energie in einem Verbraucher (Energiewandler) entstehen immer Verluste. Beispielsweise geben Stecker-Schaltnetzteile, wie sie bei portablen Geräten (Smartphones, Tablets) zum Einsatz kommen, nur einen Teil der ihnen zugeführten Leistung (P_{zu}) am Ausgang (P_{ab}) wieder ab. Ein beträchtlicher Teil von P_{zu} wird als Wärme und damit als sog. **Verlustleistung** P_V (*power loss*) abgestrahlt.

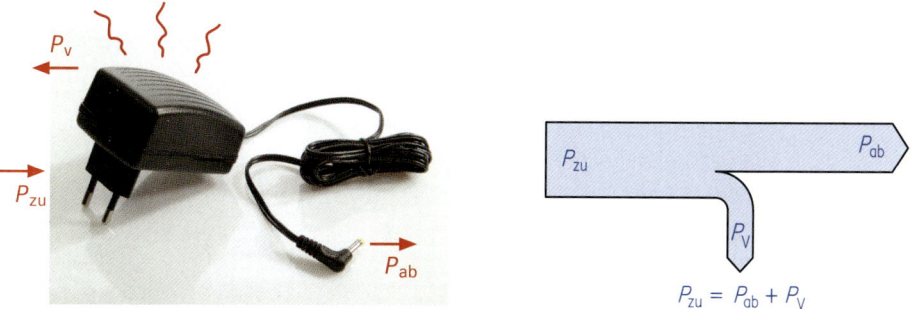

Bild 5.38: Verluste und Leistungsschema eines Stecker-Netzteils

Der Zusammenhang zwischen P_{zu}, P_{ab} und P_V kann in einem sog. Leistungsschema verdeutlicht werden. Auf dem Leistungsschild von Verbrauchern werden die dargestellten Verhältnisse durch den **Wirkungsgrad** η angegeben.

Der **Wirkungsgrad** η (sprich: „Eta"; griechischer Buchstabe; engl. *effectiveness*) ist das Verhältnis von abgegebener Leistung zu zugeführter Leistung.

$$\eta = \frac{P_{ab}}{P_{zu}}$$

Der Wirkungsgrad ist eine dimensionslose Größe, die stets kleiner 1 ist. Sie wird als Zahlenwert (z. B. 0,8) oder als Prozentwert (z. B. 80 %) angegeben.

Der Gesamtwirkungsgrad einer Anlage ist das Produkt aus den Wirkungsgraden der einzelnen Energiewandler.

AUFGABEN

1. Beschreiben Sie mit eigenen Worten Ihre Modellvorstellung vom Aufbau eines Atoms. Beantworten Sie dabei im Zusammenhang folgende Fragen:

   a) Aus welchen Grundbausteinen sind Atome aufgebaut?

   b) Wie sind diese Bausteine im Modell angeordnet?

   c) Was stellen Sie sich unter einer Elektronenschale vor?

   d) Wie sind die Atombausteine elektrisch geladen?

   e) Was ergibt sich bei einem Massenvergleich der Bausteine?

2. Am Schaltungspunkt A liegt ein elektrisches Potenzial von 30 V, am Punkt B ein Potenzial von 12 V. Berechnen Sie

   a) die Spannung von A gegenüber B und

   b) die Spannung von B gegenüber A.

3. a) Wie groß sind die Potenziale φ_1 und φ_2?

   b) Wie groß ist die Spannung U_{12}?

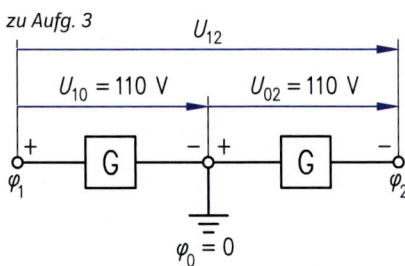
zu Aufg. 3

4. Mit einem Oszilloskop wird die Periodendauer von zwei sinusförmigen Wechselspannungen gemessen. Aus dem Messergebnis ist zu entnehmen, dass $T_1 = 2 \cdot T_2$ ist. Welche Aussage kann über die Frequenzen f_1 und f_2 der Wechselspannungen gemacht werden?

5. Wie viele Millisekunden nach dem Nulldurchgang erreicht eine sinusförmige Wechselspannung mit der Frequenz von 1 kHz ihren Maximalwert?

6. Berechnen Sie die Periodendauer für eine Taktfrequenz von 200 MHz.

7. Die Frequenz der im Bild dargestellten Wechselspannungen U_1, U_2 und U_3 beträgt 50 Hz. Geben Sie die Phasenverschiebungszeit und die Phasenverschiebungswinkel zwischen jeweils zwei der Wechselspannungen an.

zu Aufg. 7

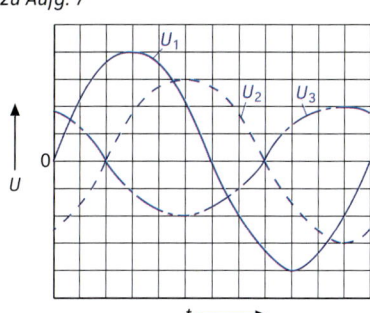

8. Was muss bei der Messung einer Spannung mit einem Multimeter alles beachtet werden?

9. Eine Wechselspannung durchläuft eine Periode in 25 ms. Wie groß ist die Frequenz der Wechselspannung?

10. Eine Wechselspannung, deren Maximalwert mit 325 V angegeben ist, hat eine Frequenz von 50 Hz. Wie groß ist ihr Augenblickswert bei $t = 2{,}5$ ms?

11. Berechnen Sie den Maximalwert und den Spitze-Spitze-Wert einer Wechselspannung, die einen Effektivwert von 800 mV hat.

12. Wie viel Prozent des Maximalwerts beträgt der Effektivwert einer sinusförmigen Wechselspannung?

13. a) Beschreiben Sie mit eigenen Worten, was Sie unter einem elektrischen Strom und einem elektrischen Stromkreis verstehen.

    b) Nennen Sie die Hauptbestandteile eines Stromkreises und erklären Sie, welche Aufgabe die genannten Teile im Stromkreis erfüllen.

14. Welche Ladungsmenge muss pro Sekunde durch einen Leiterquerschnitt strömen, wenn die Stromstärke 4,5 A betragen soll?

15. Durch einen Leitungsdraht wird in einer Zeit von 2 Min. eine Ladungsmenge von 60 C bewegt. Berechnen Sie die Stromstärke in diesem Leiter in Milliampere (mA).

16. Was versteht man unter der „technischen Stromrichtung"?

17. Nach welchen Merkmalen können Wechselströme unterschieden werden?

18. Beim technischem Wechselstrom im EVU-Netz dauert eine Periode 20 ms.

    a) Wie viele Perioden können demnach in einer Sekunde ablaufen?

    b) Wie oft wechselt in einer Sekunde die Stromrichtung?

19. Wird der Stromkreis durch den Schalter S geschlossen, so leuchtet die Lampe H sofort auf, obwohl die elektrischen Ladungen eine ganz geringe Strömungsgeschwindigkeit haben.

    a) Begründen Sie diesen Sachverhalt.

    b) Berechnen Sie die Signallaufzeit vom Schalter bis zur Lampe (Signalgeschwindigkeit = 90 % der Lichtgeschwindigkeit).

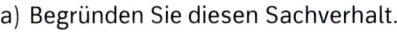

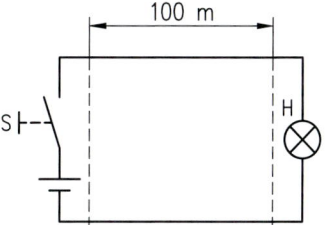

5

20. In einer Stromversorgungsleitung (4 mm², Cu) fließt ein Strom von 22,8 A. Wie groß ist die Stromdichte in der Leitung?

21. Nach den Vorschriften über die Belastbarkeit isolierter Leitungen nach DIN VDE 0100 beträgt die höchstzulässige Stromstärke für Kupferleiter in Rohr, verlegt bei einem Querschnitt von 1,5 mm², genau 16 A; bei 25 mm² beträgt sie 88 A.

    a) Berechnen Sie für beide Querschnitte die bei der Höchststromstärke auftretende Stromdichte.

    b) Versuchen Sie den Unterschied der zulässigen Stromdichte zu erklären.

22. Was bedeutet die folgende Aussage?

    „Ein Leiter hat einen Widerstand von 12 Ω."

23. Berechnen Sie für nebenstehende Schaltung den Wert des Widerstands in Kiloohm.

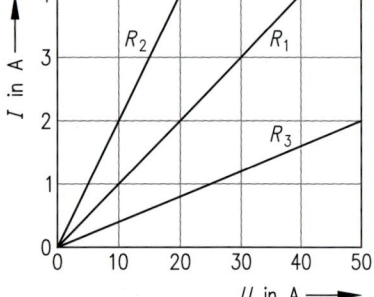

24. Durch einen Widerstand von 10 kΩ fließt ein Strom von 10 mA.

    Wie groß ist die am Widerstand liegende Spannung?

25. Das Diagramm zeigt die Kennlinien von drei verschiedenen Widerständen.

    a) Woran erkennen Sie auf einen Blick, welcher der drei Widerstände den größten bzw. den kleinsten Wert hat?

    b) Beschreiben Sie, wie Sie in einem solchen Diagramm die Größe eines Widerstands ablesen können.

    c) Bestimmen Sie die Größen der drei Widerstände.

    d) Welche Spannung muss an den Widerstand R_2 gelegt werden, damit sich eine Stromstärke von 3 A einstellt?

    e) Wie groß ist die Stromstärke im Widerstand R_1, wenn eine Spannung von 25 V anliegt?

26. Ein Mikrofon wird mit einer Spannung von 1,5 V gespeist; dabei stellt sich ein Speisestrom von 75 mA ein.

    a) Berechnen Sie den Mikrofonwiderstand.

    b) Bestimmen Sie den Bereich, in dem der Mikrofonwiderstand schwankt, wenn beim Besprechen der Membran der Widerstand um 20 % zu- und abnimmt.

27. Bei einer Spannung von 24 V fließt durch einen Widerstand ein Strom von 16 mA. Die Stromstärke soll um 20 % verringert werden. Um wie viel Prozent muss dazu der Widerstand vergrößert werden?

28. Der Glühfaden einer Lampe (Wolfram, α – 0,0048 1/°C) hat bei Zimmertemperatur einen Widerstand von 36,5 Ω. Welchen Widerstand nimmt er bei einer Temperatur von 2 500 °C an? In welchem Verhältnis steht die Einschaltstromstärke zur Betriebsstromstärke?

29. In einer Temperaturmessschaltung einer 24-V-Anlage wird bei 20 °C eine Stromstärke von 40 mA gemessen. Durch Temperatureinfluss steigt der Widerstand der Messspule auf 660 Ω an ($\alpha = 0{,}004$ 1/°C). Welche Temperatur wirkt auf die Messspule?

30. Wodurch unterscheiden sich drei Widerstände von 1,5 Ω, wenn je einer von ihnen zur Normreihe E6, E12 und E24 gehört?

31. Auf dem Leistungsschild eines Verbrauchers findet man folgende Angaben:
    $P_{ab} = 5$ kW; $\eta = 85\%$; $U = 230$ V.
    a) Wie groß ist die elektrische Leistung, die diesem Verbraucher zugeführt werden muss?
    b) Wie groß ist die Stromstärke in der Zuleitung?

32. Eine Signallampe trägt auf dem Sockel die Aufschrift 24 V/25 mA. Berechnen Sie:
    a) Widerstand der Lampe
    b) von der Lampe aufgenommene Leistung

33. Ein Mikroprozessor hat bei einer Betriebsspannung von 5 V eine Stromaufnahme von 170 mA. Wie viele Tage und Stunden kann der Mikroprozessor arbeiten, bis er 1 kWh verbraucht hat?

34. Eine 7-Segment-Anzeige nimmt bei einer Spannung von 1,6 V eine Stromstärke von 10 mA pro Segment auf. Die Anzeige hat eine tägliche Betriebsdauer von 9,5 h. 1 kWh kostet 0,35 EUR.
    a) Wie viel Wh verbraucht die Anzeige in 1 Monat (30 Tage)?
    b) Wie lange (Tage, Monate, Jahre) kann die Anzeige bei der angegebenen täglichen Betriebsdauer arbeiten, bis sie für 1 EUR elektrische Energie verbraucht hat?

35. Um wie viel Prozent geht der Energieverbrauch einer Fernmeldeanlage zurück, wenn die Spannung des Speisegeräts um 6 % unter ihrer Nenngröße liegt?

36. Die auf dem Leistungsschild von Verbrauchern angegebene Leistung ist immer die von diesem abgegebene Leistung. Beispielsweise kann dem in Bild 5.38 dargestellten Stecker-Netzteil am Ausgang eine Leistung von 5 W entnommen werden; sein Wirkungsgrad beträgt (typischerweise) 65 %.
    Berechnen Sie die aufgenommene Leistung und die Verlustleistung.

5

5.2 Zusammenschaltung von Widerständen

Bei der Fehlersuche in einem IT-Gerät ist es hilfreich, grundlegendes Wissen über das Zusammenwirken elektrotechnischer Komponenten und deren Einflüsse auf zugehörige elektrische Größen zu besitzen. Die hierzu erforderlichen Grundkenntnisse lassen sich an einfachen Schaltungen mit Widerständen erarbeiten und dann auf komplexere Strukturen übertragen.

So können vereinfachend beispielsweise das ATX-Netzteil (Kap. 1.10) als „Generator G" und zwei angeschlossene Grafikkarten (Crossfire; Kap. 1.9.1.1) als „Verbraucherwiderstände R" angesehen und in Schaltplänen entsprechend dargestellt werden.

Zudem lassen sich komplizierte Schaltungen meist auf einfache Grundschaltungen zurückführen, bei denen Bauelemente entweder in Reihe oder parallel geschaltet sind. Die elektrischen Eigenschaften dieser Schaltungsvarianten werden in den folgenden Kapiteln dargestellt.

5.2.1   Reihenschaltung

5.2.1.1   Spannungsteilung in der Reihenschaltung

Sind mehrere Widerstände so zusammengeschaltet, dass der Ausgang des ersten Widerstands mit dem Eingang des zweiten Widerstands, der Ausgang des zweiten mit dem Eingang des dritten usw. verbunden ist, so werden in dieser Schaltung **alle Widerstände von demselben Strom durchflossen**. Eine solche Widerstandsschaltung wird als **Reihenschaltung** (*series connection*) bezeichnet.

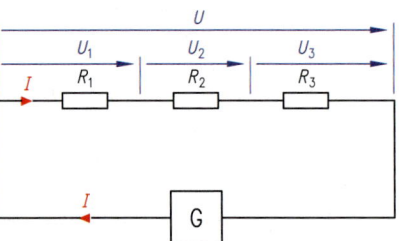

In Schaltplänen erkennt man eine Reihenschaltung zweier Widerstände daran, dass **zwischen den Widerständen keine Stromverzweigung** stattfindet. Der Strom, der den ersten Widerstand verlässt, muss in den zweiten Widerstand hineinfließen. Fließt der Strom nacheinander durch mehrere Widerstände, so geben die elektrischen Ladungen in jedem Widerstand einen

Bild 5.39: Reihenschaltung von Widerständen

Teil der Energie pro Ladung ab, die ihnen in der Spannungsquelle erteilt wurde. In jedem Widerstand entsteht eine sog. **Teilspannung**. Die Teilspannungen in einer Reihenschaltung sind zusammen immer genauso groß wie die Spannung der Spannungsquelle, denn insgesamt können die elektrischen Ladungen nur so viel Energie abgeben, wie ihnen von der Spannungsquelle mitgegeben wird (Bild 5.39).

Widerstände sind in Reihe geschaltet, wenn sie von demselben Strom durchflossen werden.

In einer Reihenschaltung ist die Gesamtspannung gleich der Summe der Teilspannungen (zweites Kirchhoffsches Gesetz).

$$U = U_1 + U_2 + U_3 + \ldots$$

In einer Reihenschaltung ist der Gesamtwiderstand (Ersatzwiderstand) gleich der Summe der Teilwiderstände.

$$R = R_1 + R_2 + R_3 + \ldots$$

In einer Reihenschaltung stehen die Spannungen in demselben Verhältnis zueinander wie die Widerstände.

$$\frac{U_1}{U_2} = \frac{R_1}{R_2}$$

5.2.1.2   Leistung in der Reihenschaltung

Werden mehrere Widerstände in Reihe geschaltet, so ist darauf zu achten, dass keiner von ihnen mit einer Leistung belastet wird, die seine **Nennleistung** (Belastbarkeit) übersteigt. Es muss also deutlich unterschieden werden zwischen der in einer Schaltung an einem Widerstand auftretenden Leistung einerseits und der auf diesen Widerstand aufgedruckten Nennleistung andererseits.

Im gleichen Diagramm, in dem die Widerstandskennlinie dargestellt ist, kann auch eine Linie für die höchstzulässige Leistung (Leistungshyperbel) eingezeichnet werden. Um einzelne Punkte dieser Linie zu berechnen, dividiert man die auf dem Widerstand angegebene Nennleistung durch verschiedene Spannungswerte ($I = P/U$) und erhält die jeweils zugehörigen Stromwerte. Jedes Wertepaar von U und I ergibt einen Punkt der Leistungshyperbel (Bild 5.40).

Aus der Nennleistung und dem Widerstandswert lassen sich die für den Widerstand höchstzulässigen Werte von Spannung ($P = U^2/R$) und Stromstärke ($P = I^2 \cdot R$) berechnen. Diese beiden Werte kann man aus dem Diagramm am Schnittpunkt der Widerstandskennlinie mit der Leistungshyperbel ablesen. Übersteigt die am Widerstand liegende Spannung den Wert U_{max}, so steigt nach der Widerstandskennlinie auch die Stromstärke an und die Leistung wird größer als die Nennleistung; der Widerstand wird überlastet.

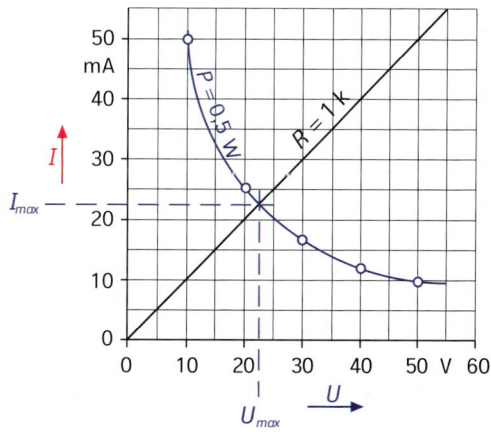

Bild 5.40: Leistungshyperbel

Die an einem Widerstand auftretende Leistung darf seine Nennleistung nicht übersteigen.

$$P_{max} \leq P_{zul}$$

In einer Reihenschaltung ist die Gesamtleistung gleich der Summe der Leistungen an den Einzelwiderständen.

$$P_g = P_1 + P_2 + P_3 + \dots$$

Die in den einzelnen Widerständen einer Reihenschaltung umgesetzten Leistungen stehen in demselben Verhältnis zueinander wie die Widerstände.

$$\frac{P_1}{P_2} = \frac{R_1}{R_2}$$

5.2.2 Parallelschaltung

5.2.2.1 Stromverzweigung in der Parallelschaltung

Verbindet man mehrere Widerstände so mit einer Spannungsquelle, dass jeder einzelne Widerstand mit einem Anschluss unmittelbar an den Pluspol und mit dem anderen Anschluss unmittelbar an den Minuspol angeschlossen ist, so liegen in dieser Schaltung **offensichtlich alle Widerstände an derselben Spannung**. Eine solche Schaltung wird als **Parallelschaltung** (*parallel connection*) bezeichnet.

5

In Schaltplänen erkennt man eine Parallelschaltung zweier Widerstände daran, dass sie mit beiden Anschlüssen direkt miteinander verbunden sind.

Bild 5.41 zeigt, dass in jedem der drei parallel geschalteten Widerstände ein Strom fließt, dessen Stärke jeweils nach dem Ohmschen Gesetz ($I = U/R$) bestimmt werden kann. Betrachten wir die Ströme I_1, I_2 und I_3 in Bezug auf den Punkt A, so fließen alle von diesem Punkt weg. Da nur der von der Spannungsquelle kommende Strom I auf den Punkt A zugerichtet ist, muss er genauso groß sein wie die wegfließenden Ströme zusammen. Der ankommende **Gesamtstrom I** teilt sich also am **Stromverzweigungspunkt A** auf in die **Teilströme I_1, I_2** und I_3. Am Punkt B vereinigen sich die Teilströme wieder zum Gesamtstrom.

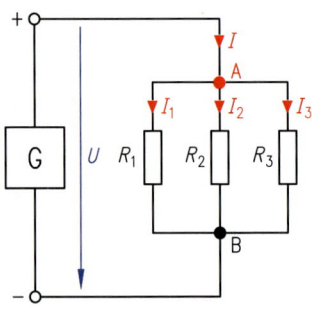

Bild 5.41: Parallelschaltung von Widerständen

Widerstände sind parallel geschaltet, wenn sie an derselben Spannung liegen.

An einem Stromverzweigungspunkt ist die Summe der zufließenden Ströme gleich der Summe der abfließenden Ströme (erstes Kirchhoffsches Gesetz).

$$I = I_1 + I_2 + I_3 + \dots$$

In einer Parallelschaltung ist der Kehrwert des Ersatzwiderstands gleich der Summe der Kehrwerte der Teilwiderstände (da $I \sim 1/R$).

$$\frac{1}{R_E} = \frac{1}{R_1} + \frac{1}{R_2} + \frac{1}{R_3} \dots$$

Der Kehrwert eines Widerstands wird auch als **Leitwert G** bezeichnet und in der Einheit Siemens (S) angegeben.

$$G = \frac{1}{R} \qquad 1\,S = \frac{1}{\Omega}$$

Somit gilt in der Parallelschaltung: $G_E = G_1 + G_2 + G_3 + \dots$

In einer Parallelschaltung stehen die Ströme im umgekehrten Verhältnis zueinander wie die Widerstände.

$$\frac{I_1}{I_2} = \frac{R_2}{R_1}$$

Aus diesen Gesetzen ergibt sich:

- In einer Parallelschaltung ist der Ersatzwiderstand immer kleiner als der kleinste Teilwiderstand.
- In einer Parallelschaltung fließt der kleinste Strom durch den größten Widerstand.

5.2.2.2 Leistung in der Parallelschaltung

Hinsichtlich der Leistung, die in den einzelnen Widerständen einer Parallelschaltung umgesetzt wird, gelten grundsätzlich die gleichen Überlegungen, die bei der Reihenschaltung erörtert wurden.

Da in einer Parallelschaltung alle Widerstände an derselben Spannung liegen, wird an demjenigen Widerstand die größte Leistung auftreten, in dem der größte Strom fließt, d.h., die größte Leistung wird am kleinsten Widerstand umgesetzt.

> In einer Parallelschaltung ist die Gesamtleistung der Schaltung gleich der Summe der Leistungen an den Einzelwiderständen; sie ist gleich der Leistung des Ersatzwiderstands.
>
> $$P_G = P_1 + P_2 + P_3 + \ldots$$
>
> Die in den einzelnen Widerständen einer Parallelschaltung umgesetzten Leistungen stehen im umgekehrten Verhältnis zueinander wie die Widerstände.
>
> $$\frac{P_1}{P_2} = \frac{R_2}{R_1}$$

5.2.3 Gemischte Schaltungen

In der elektrotechnischen Praxis findet man vielfach Widerstandsschaltungen, die aus Reihenschaltungen und Parallelschaltungen zusammengesetzt sind. Diese werden als **gemischte Schaltung** (*mixed circuit*) oder **Gruppenschaltung** (*group circuit*) bezeichnet. In einer solchen Schaltung können zwei oder mehrere Teilwiderstände, die miteinander in Reihe oder parallel geschaltet sind, zu einem Ersatzwiderstand zusammengefasst werden. Dadurch entsteht jeweils eine vereinfachte Schaltung, die als **Ersatzschaltung** (*equivalent circuit*) bezeichnet wird. In der Ersatzschaltung können wiederum Teilwiderstände miteinander

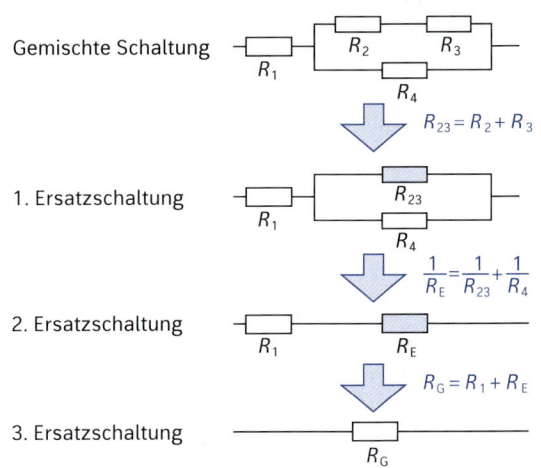

Bild 5.42: Berechnung des Gesamtwiderstands einer gemischten Schaltung

oder mit schon vorher gebildeten Ersatzwiderständen vereinigt werden. Dies lässt sich so weit fortführen, bis die gemischte Schaltung durch einen einzigen Widerstand ersetzt wird. In Bild 5.42 ist gezeigt, wie der Gesamtwiderstand einer gemischten Schaltung schrittweise ermittelt wird.

Diese Vorgehensweise lässt sich auch auf Schaltungen anwenden, in denen jeweils *nur* Kondensatoren (Kap. 5.5.1) oder *nur* Spulen (Kap. 5.5.2) miteinander verschaltet sind. Schaltungen mit Widerständen *und* Kondensatoren (bzw. Spulen) lassen sich zwar ebenfalls schrittweise zusammenfassen, allerdings ist der erforderliche Rechenaufwand wesentlich größer. Solche Zusammenschaltungen von unterschiedlich gearteten Komponenten werden vielfach ebenfalls als „gemischte Schaltungen" bezeichnet.

Liegt die Schaltung an einer Spannungsquelle, so lassen sich mithilfe des Ohmschen Gesetzes und der Kirchhoffschen Gesetze alle Spannungen und Ströme der Schaltung berechnen.

Spannungsteiler

Durch eine Reihenschaltung von Widerständen können aus einer größeren Gesamtspannung kleinere Teilspannungen gewonnen werden, die in demselben Verhältnis zueinander stehen wie die Widerstände (Kap. 5.2.1.1). Diese Möglichkeit zur Spannungsteilung wird in der Praxis sehr häufig angewendet, und zwar sowohl unter Verwendung von **Festwiderständen**, z.B. zur Festlegung einer bestimmten Helligkeit einer Lampe (Bild 5.43 a), als auch mit **Stellwiderständen** (Potenziometern), z.B. zur Regulierung der Helligkeit einer Lampe (Bild 5.43 b).

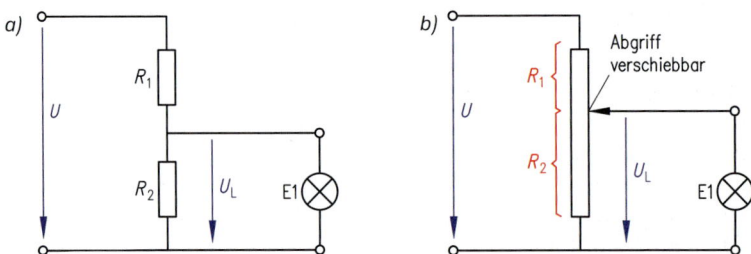

Bild 5.43: Spannungsteiler mit a) Festwiderständen und mit b) einem Stellwiderstand

> Schaltungen, die zur Gewinnung einer Teilspannung aus einer größeren Versorgungsspannung dienen, bezeichnet man als **Spannungsteiler** (*voltage-divider circuit*).

Bild 5.44 zeigt die elektrischen Zusammenhänge eines Spannungsteilers mit den Festwiderständen R_1 und R_2 und den Ausgangsklemmen a und b, an die ein Verbraucher (Lastwiderstand R_L) angeschlossen werden soll.

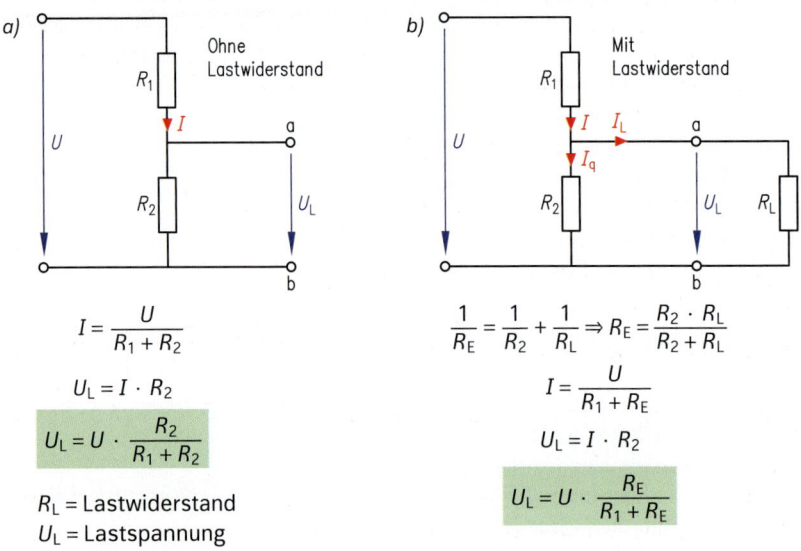

a)
$$I = \frac{U}{R_1 + R_2}$$

$$U_L = I \cdot R_2$$

$$U_L = U \cdot \frac{R_2}{R_1 + R_2}$$

b)
$$\frac{1}{R_E} = \frac{1}{R_2} + \frac{1}{R_L} \Rightarrow R_E = \frac{R_2 \cdot R_L}{R_2 + R_L}$$

$$I = \frac{U}{R_1 + R_E}$$

$$U_L = I \cdot R_2$$

$$U_L = U \cdot \frac{R_E}{R_1 + R_E}$$

R_L = Lastwiderstand
U_L = Lastspannung
R_2 – Querwiderstand
I_q = Querstrom
R_E = Ersatzwiderstand für die Parallelschaltung von R_2 und R_L

Bild 5.44: a) Unbelasteter und b) belasteter Spannungsteiler

Solange kein Verbraucher angeschlossen ist, spricht man von einem **unbelasteten Spannungsteiler**. Die Spannung zwischen den Klemmen a und b des unbelasteten Spannungsteilers bezeichnet man als Leerlaufspannung (Bild 5.44 a).

Wird ein **Lastwiderstand R_L** (*load impedance*) an die Klemmen a und b angeschlossen, so ergibt sich ein **belasteter Spannungsteiler** (Bild 5.44 b). Durch den Lastwiderstand R_L sinkt der Widerstand der Parallelschaltung von R_2 und R_L ab und damit auch der Gesamtwiderstand der Schaltung. Die Gesamtstromstärke steigt daher an und verursacht an R_1 einen höheren Spannungsabfall, wodurch die Lastspannung absinkt.

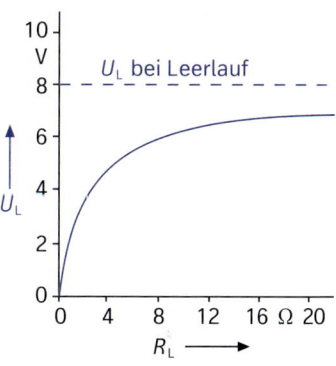

Der Einfluss des Lastwiderstands R_L auf die Größe der Lastspannung U_L wird durch das Diagramm in Bild 5.45 deutlich. Beträgt der Lastwiderstand $R_L = 0\,\Omega$ (Kurzschluss zwischen a und b), so ist $U_L = 0\,\text{V}$. Mit steigendem Lastwiderstand steigt U_L und nähert sich immer mehr der Leerlaufspannung an. Aus dem Verlauf der Kurve erkennt man, dass U_L sich in Abhängigkeit von R_L umso weniger ändert, je größer R_L im Vergleich zum **Querwiderstand R_2** ist.

Bild 5.45: Abhängigkeit der Lastspannung vom Lastwiderstand

Die Lastspannung U_L eines Spannungsteilers ist bei sich änderndem Lastwiderstand R_L umso stabiler, je größer die vorkommenden Lastwiderstände im Vergleich zum Querwiderstand R_2 sind.

Diese Erkenntnis ist ausgesprochen bedeutsam für eine ausgewogene Dimensionierung des Spannungsteilers. Bei großen Werten von R_2 (und auch R_1) bleibt die Spannung U_L nicht konstant, wenn sich R_L verändert. Bei sehr kleinen Werten von R_2 (und auch R_1) bleibt U_L zwar nahezu konstant bei sich änderndem Wert von R_L, jedoch wird die Spannungsquelle U mit einem vergleichsweise großen Strom I belastet.

5

AUFGABEN

1. In der Schaltung ist die Klemme 2 auf Nullpotenzial (Erde, Masse) gelegt.

    a) Wie groß ist die Gesamtspannung an der Schaltung?

    b) Welche Potenziale liegen an den Punkten 1 bis 4?

    c) Wie groß ist die Stromstärke in der Schaltung?

    d) Wie groß sind die Widerstände R_2 und R_3?

    e) Welche Potenziale treten an den Klemmen 1 bis 4 auf, wenn das Nullpotenzial von Klemme 2 nach Klemme 3 verlegt wird?

    f) Wie ändern sich die Spannungen in der Schaltung durch die angegebene Verlegung des Nullpotenzials?

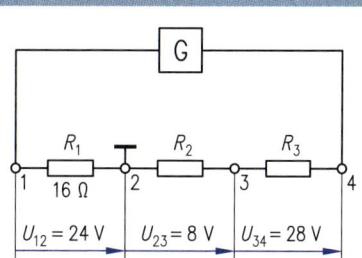

2. a) Berechnen Sie die Spannungen an den einzelnen Widerständen bei geöffnetem Schalter S.

    b) Wie groß sind die Spannungen U_1 und U_2, wenn der Schalter S geschlossen ist? (Hinweis: Eine Leiterabzweigung kann in technischen Zeichnungen *mit* oder *ohne* Verbindungspunkt dargestellt werden; siehe z. B. Aufg. 6 und Bild 5.132)

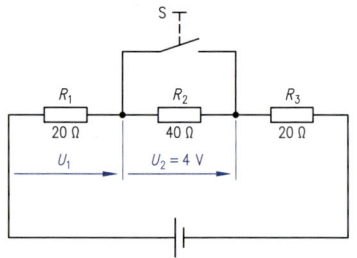

3. Ist der Schalter S1 in Stellung 1, so fließt ein Strom von 0,4 A. Wird der Schalter geöffnet, so sinkt die Stromstärke um 0,12 A. Berechnen Sie:

    a) die Spannung U

    b) den Widerstandswert von R_2

    c) die Stromstärke bei Schalterstellung 2 und I

    d) die Potenziale φ_1 und φ_2 für alle Schalterstellungen

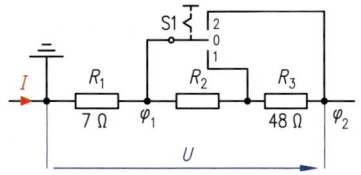

4. Um die Versorgungsspannung von 60 V auf die Nennspannung einer Lampe (24 V/12 W) herabzusetzen, soll ein Vorwiderstand R_V mit der Lampe H1 in Reihe geschaltet werden.

    a) Zeichnen Sie die Schaltung.

    b) Wie groß muss die Teilspannung am Vorwiderstand sein?

    c) Berechnen Sie die Größe des Vorwiderstands.

    d) Wie groß muss die Belastbarkeit des Vorwiderstands sein?

5. Eine Parallelschaltung mit den Widerständen $R_1 = 100\,\Omega$, $R_2 = 250\,\Omega$ und dem unbekannten Widerstand R_3 ist an eine Spannungsquelle angeschlossen. Durch R_1 fließt ein Strom von 0,24 A und durch R_3 ein Strom von 0,16 A.

    a) Zeichnen Sie den Stromlaufplan der Schaltung.

    b) Tragen Sie alle Ströme und Spannungen mit Richtungspfeil und Formelzeichen in die Schaltung ein.

    Berechnen Sie:

    c) die Spannung an der Parallelschaltung

    d) die Stromstärke im Widerstand R_2

    e) den Widerstandswert von R_3

    f) die Stromstärke in der Spannungsquelle

zu 6

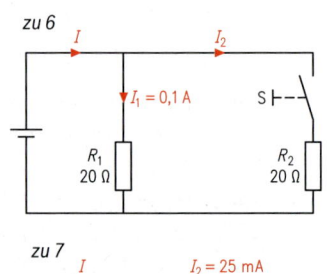

6. Der Schalter S wird geschlossen. Wie groß sind in diesem Fall die Stromstärken I_1, I_2 und I?

7. a) Wie groß ist I bei der dargestellten Schalterstellung?

    b) Wie groß ist I, wenn der Schalter S geöffnet ist?

zu 7

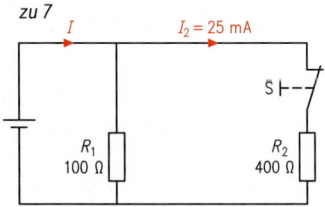

8. Berechnen Sie alle möglichen Werte des Gesamtstroms I, die sich durch Betätigung der Schalter S1, S2 und S3 einstellen lassen.

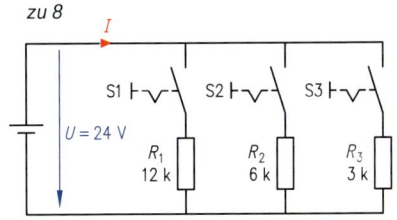

zu 8

9. Die Widerstände R_1 und R_2 sind parallel geschaltet. Entwickeln Sie eine Gleichung zur Berechnung des Ersatzwiderstands R_E, in der die Kehrwerte der Widerstände R_1 und R_2 nicht mehr auftreten.

10. Eine Parallelschaltung besteht aus den Widerständen $R_1 = 27,5\,\Omega$, $R_2 = 55\,\Omega$ und $R_3 = 82,5\,\Omega$. Die gesamte Schaltung entnimmt der Spannungsquelle eine Leistung von 72 W. Wie verteilt sich diese Leistung auf die einzelnen Widerstände? Berechnen Sie die Teilleistungen

   a) über Spannung und Ströme sowie

   b) mithilfe der Widerstands- und Leistungsverhältnisse.

11. Berechnen Sie für die Schaltungen ① bis ③:

   a) die Lastspannungen U_L und die Lastströme I_L

   b) die Lastspannungen U_L, wenn der Lastwiderstand jeweils auf 200 Ω herabgesetzt wird

   c) die infolge der Widerstandsänderung auftretende Änderung der Lastspannung ΔU_L

   d) Welcher Zusammenhang wird beim Vergleich der Spannungsänderungen erkennbar?

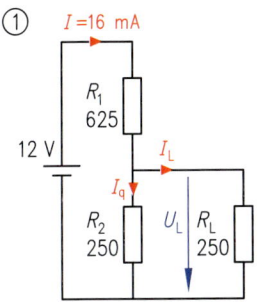
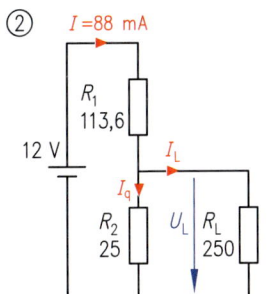
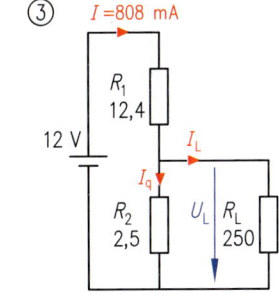

12. a) Auf welchen Widerstand R_2 muss der Spannungsteiler im Leerlauf eingestellt werden, damit $U_L = 120\,V$ beträgt?

   b) Auf welchen Wert sinkt die Spannung U_L ab, wenn eine Lampe von 120 V/0,5 A an den Ausgang des Spannungsteilers angeschlossen wird?

   c) Wie viele gleiche Lampen dürfen parallel an den Ausgang des Spannungsteilers angeschlossen werden, ohne dass die Spannung U_L unter 100 V absinkt?

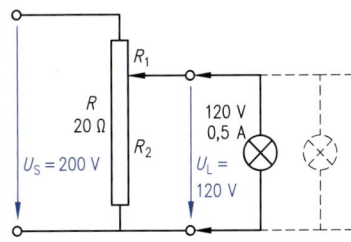

13. Der Spannungsabgriff A ist zwischen dem oberen und dem unteren Anschluss von R_4 verschiebbar. Zwischen welchen Werten ist das Potenzial am Punkt A, bezogen auf den zwischen R_1 und R_2 liegenden Massenpunkt, einstellbar?

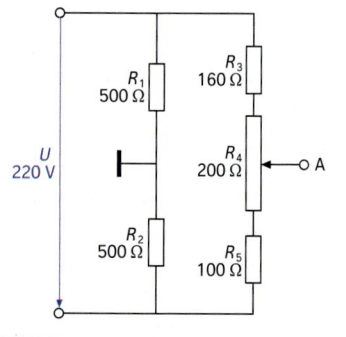

5.3 Der technische Stromkreis

Ein technischer Stromkreis ist zusammengesetzt aus Spannungsquelle, Leitung und elektrischem Verbraucher (Bild 5.46).

Der Begriff „elektrischer Verbraucher" (kurz: Verbraucher) bezeichnet hierbei allgemein ein Bauelement oder ein elektrisches Gerät, in dem elektrische Energie in eine andere Energieform umgewandelt und hierdurch ein Nutzen erzielt wird (z.B. Wärme, Licht, mechanische Bewegung). Der elektrische Strom („Elektronenstrom") wird hierbei jedoch nicht „ver-

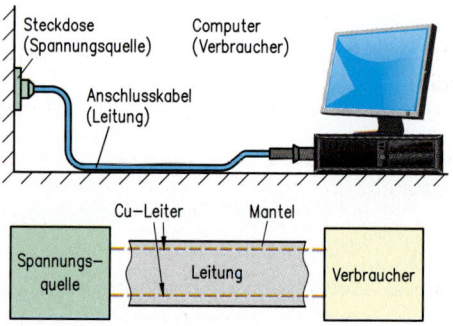

Bild 5.46: Technischer Stromkreis

braucht", sondern fließt zurück zur Quelle (geschlossener Stromkreis). Verallgemeinernd wird für elektrische Geräte auch die Bezeichnung „elektrisches Betriebsmittel" verwendet.

Wurde bisher lediglich der Verbraucher als elektrischer Widerstand angesehen, so sollen nun im Folgenden auch die Spannungsquelle und die Leitung hinsichtlich ihrer Widerstände und deren Einfluss auf die elektrischen Zusammenhänge im Stromkreis untersucht werden.

5.3.1 Spannungsquellen

5.3.1.1 Innenwiderstand, Urspannung und Klemmenspannung

Der Leiterweg eines Stromkreises hat auch im Inneren einer Spannungsquelle einen elektrischen Widerstand, den man als **Innenwiderstand R_i** (*internal resistance*) der Spannungsquelle bezeichnet. Daher kann eine Spannungsquelle in Schaltplänen als Reihenschaltung eines Generators mit einem Widerstand dargestellt werden (Bild 5.47; siehe „Ersatzschaltbild", Kap. 5.5).

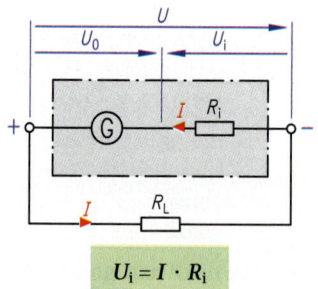

$$U_i = I \cdot R_i$$

Bild 5.47: Spannungsquelle mit Innenwiderstand und Lastwiderstand

Wird ein Lastwiderstand R_L an die Klemmen der Spannungsquelle angeschlossen, so fließt ein Betriebsstrom I (Bild 5.47). Dieser Strom verursacht am Innenwiderstand der Spannungsquelle einen Spannungsfall U_i. Da U_i für die Ausnutzung am Verbraucher R_L verloren ist, bezeichnet man diesen Spannungsfall als **inneren Spannungsverlust**.

In der Schaltung in Bild 5.47 unterscheidet man nun drei Spannungen:

- U_0 ist die in der Spannungsquelle durch Umwandlung der zugeführten Energie entstehende **Urspannung** (alternativ: **Leerlaufspannung**; engl. *no-load voltage*).
- U_i ist der durch den Betriebsstrom am Innenwiderstand verursachte **innere Spannungsverlust** (*internal voltage loss, internal voltage drop*).
- U ist die an den Klemmen der Spannungsquelle zur Verfügung stehende **Klemmenspannung** (*terminal voltage*).

Grundsätzlich gilt, dass die Klemmenspannung einer Spannungsquelle um den inneren Spannungsverlust kleiner ist als die Urspannung:

$$U = U_0 - U_i$$

Der innere Spannungsverlust ist umso größer, je größer die Stromstärke ist. Die Stromstärke ist umso größer, je kleiner der Lastwiderstand ist. Also ist der innere Spannungsverlust umso größer, je kleiner der Lastwiderstand ist.

Nimmt der innere Spannungsverlust zu, so nimmt die Klemmenspannung ab. Für eine unstabilisierte, belastete Spannungsquelle gilt also:

Die **Klemmenspannung** *einer unstabilisierten Spannungsquelle* ist umso kleiner, je kleiner der angeschlossene Lastwiderstand ist.

Hinweis: Bei einem elektronischen Netzteil handelt es sich in der Regel um eine stabilisierte Spannungsquelle, bei der die Klemmenspannung durch technische Maßnahmen konstant gehalten wird und somit – unabhängig vom angeschlossenen Lastwiderstand – stets gleich groß bleibt (Konstantspannungsquelle).

Für die Änderung des Lastwiderstands lassen sich die beiden in Bild 5.48 dargestellten Grenzfälle erkennen.

Leerlauf:

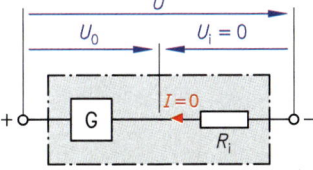

$$I = 0$$
$$U_i = 0$$
$$U = U_0$$

Im Leerlauf ist die Klemmenspannung U gleich der Urspannung U_0.

Kurzschluss:

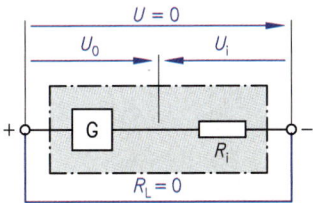

$$R_L = 0$$
$$I_K = U_0/R_i$$
$$U = 0$$

Bei Kurzschluss ist die Klemmenspannung U gleich null.

Bild 5.48: Leerlauf und Kurzschluss einer Spannungsquelle

Prinzipiell wird der Kurzschlussstrom in der Spannungsquelle nur durch den Innenwiderstand begrenzt. Da im Kurzschlussfall sehr große Ströme auftreten können, beinhalten elektronische Netzteile zum Schutz vor Zerstörung stets zusätzliche, Strom begrenzende Maßnahmen (Schmelzsicherung oder elektronische Schutzschaltung).

5.3.1.2 Leistungsbilanzen

Wird der an eine (unstabilisierte) Spannungsquelle angeschlossene **Lastwiderstand vergrößert**, so **sinkt die Stromstärke** und **die Klemmenspannung steigt**. Das Produkt aus Stromstärke und Klemmenspannung ist die von der Spannungsquelle an den Verbraucher abgegebene Leistung ($P = U \cdot I$). Da der eine Faktor (I) sinkt und der andere Faktor (U) steigt, stellt sich die Frage, wie sich durch den Anstieg des Lastwiderstands die von der Spannungsquelle abgegebene Leistung, also das Produkt von U und I, verändert.

Diese Frage kann durch das Beispiel in Bild 5.49 beantwortet werden.

In dem Diagramm erkennt man sehr deutlich, dass die von der Spannungsquelle an den Verbraucher abgegebene Leistung einen Höchstwert erreicht, wenn der Lastwiderstand gleich dem Innenwiderstand der Spannungsquelle ist. Diesen Belastungsfall bezeichnet man als **Leistungsanpassung**.

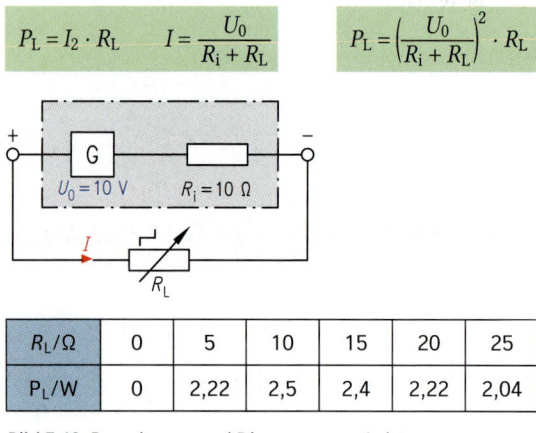
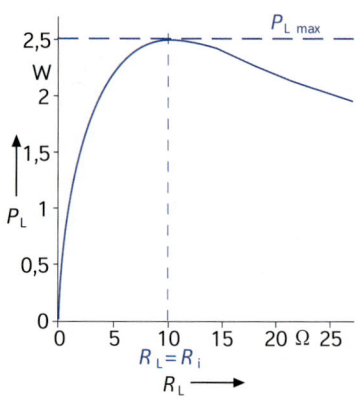

$$P_L = I^2 \cdot R_L \qquad I = \frac{U_0}{R_i + R_L}$$

$$P_L = \left(\frac{U_0}{R_i + R_L}\right)^2 \cdot R_L$$

R_L/Ω	0	5	10	15	20	25
P_L/W	0	2,22	2,5	2,4	2,22	2,04

Bild 5.49: Berechnung und Diagramm zur Leistungsanpassung

> Bei **Leistungsanpassung** (*power matching*) ist der Lastwiderstand gleich dem Innenwiderstand der Spannungsquelle.
>
> $$R_L = R_i \quad \text{bzw.} \quad \frac{R_L}{R_i} = 1$$
>
> Die von der Spannungsquelle an den Lastwiderstand gelieferte Leistung hat bei Leistungsanpassung ihren Höchstwert.
> Alternativ wird dieser Betriebsfall auch als **Widerstandsanpassung** (*impedance matching*) bezeichnet.

Die am Innenwiderstand umgesetzte Verlustleistung ist also auch genauso groß wie die Nutzleistung an R_L. Der Spannungsquelle muss doppelt so viel Leistung zugeführt werden, wie sie an den Verbraucher abgibt; ihr Wirkungsgrad beträgt also nur 50 %.

In der **Kommunikationstechnik** wird die Leistungsanpassung vorwiegend bei energiear-men Quellen (z.B. Mikrofon, Empfangsantenne Mobilgerät, Sensor) eingesetzt. Die hier-bei an den Klemmen zur Verfügung stehende *maximale* Signalenergie wird dann mittels nachgeschalteter Komponenten verstärkt.

Eine völlig andere Leistungsbilanz ergibt sich bei den folgenden Betriebsfällen:

Ist R_L wesentlich größer als R_i, so gilt: $\dfrac{R_L}{R_i} > 1$.

Hierbei gilt:

- Die an den Verbraucher gelieferte Leistung P_L ist sehr viel größer als die Verlustleis-tung der Spannungsquelle.

- Die Klemmenspannung U ist ungefähr gleich der Leerlaufspannung U_0 (*no-load voltage*) der Spannungsquelle und nahezu unabhängig vom angeschlossenen Lastwiderstand.

- Die Stromaufnahme und die Leistungsaufnahme eines Verbrauchers werden fast aus-schließlich durch seinen eigenen Widerstand bestimmt.

- Ist das Verhältnis $\dfrac{R_L}{R_i} \geq 10$, so beträgt der auf die Leistung bezogene Wirkungsgrad $\eta \approx 0{,}9$ (d.h. ca. 90%). Bei $\dfrac{R_L}{R_i} \geq 100$ gilt nahezu $\eta \approx 1$ (d.h. ca. 100%). Diesen Betriebsfall bezeichnet man als **Spannungsanpassung** (*voltage matching*).

Ist R_L wesentlich kleiner als R_i, so gilt: $\dfrac{R_L}{R_i} < 1$.

Hierbei gilt:

- Die an den Verbraucher gelieferte Leistung ist sehr viel kleiner als die Verlustleistung der Spannungsquelle.

- Der fließende Betriebsstrom ist nahezu unabhängig vom angeschlossenen Lastwider-stand, seine Größe wird maßgeblich nur vom Innenwiderstand der Spannungsquelle bestimmt.

- Ist das Verhältnis $\dfrac{R_L}{R_i} \leq 0{,}5$, so beträgt der auf die Leistung bezogene Wirkungsgrad $\eta \leq 0{,}4$ (d.h. unter 40%). Diesen Betriebsfall bezeichnet man als **Stromanpassung** (*current matching*).

In der **Energietechnik** kann die Leistungsanpassung nicht genutzt werden, denn es soll ein möglichst großer Wirkungsgrad erzielt werden. Hier arbeitet man mit Spannungsan-passung. In einigen Fällen, wie z.B. beim Laden eines Akkumulators, sind konstante Strö-me erforderlich, die vom Widerstand des Verbrauchers unabhängig sind. Hier kommt die Stromanpassung zum Einsatz.

5.3.1.3 Spannungsversorgung für IT-Geräte

Zur Spannungsversorgung von IT-Geräten werden sog. **Netzteile** (Kap. 1.10), die in die zu versorgenden Geräte integriert sind, oder Stecker-Netzteile (Bild 5.38) verwendet. Zur Abschirmung gegen Netzstörungen werden **unterbrechungsfreie Stromversorgungen** eingesetzt. Mobile Geräte, z.B. Smartphones, Notebooks usw., erfordern auch mobile Spannungsquellen, da sie jederzeit und überall betriebsbereit sein müssen. Hier kommen **Batterien** und gelegentlich auch **Brennstoffzellen** zum Einsatz.

Netzteile

Zur Versorgung von elektronischen Schaltungen mit einer konstanten Gleichspannung werden vorwiegend **Schaltnetzteile** (*switch-mode power supply*) eingesetzt. Für Schaltnetzteile mit mehreren gegeneinander isolierten Ausgängen und für Stromversorgungen in Telekommunikationsanwendungen wird meist die Sperrwandlerschaltung bevorzugt.

In der Schaltung nach Bild 5.50 wird die anliegende Wechselspannung gleichgerichtet (1), geglättet (2) und mittels eines Schalttransistors zerhackt (3). Die so gewonnene Wechselspannung wird auf den gewünschten Wert transformiert (4) und anschließend wieder gleichgerichtet und geglättet (5).

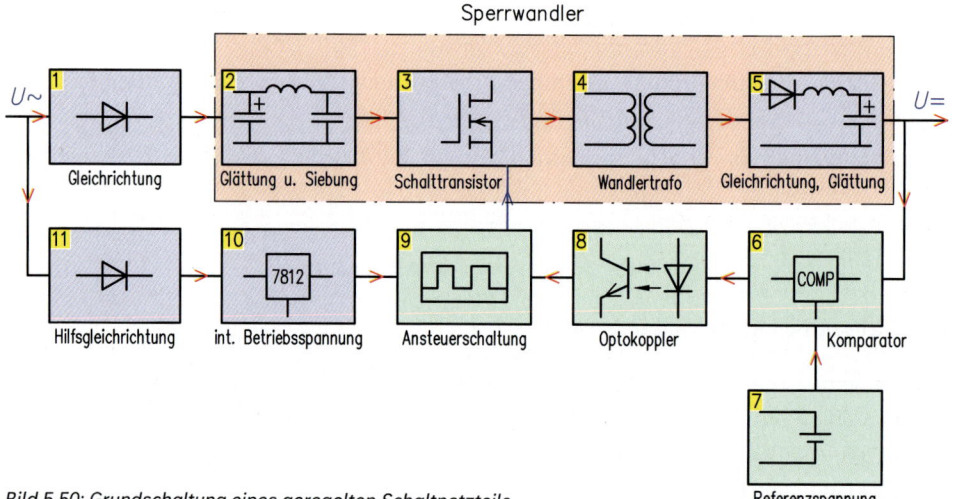

Bild 5.50: Grundschaltung eines geregelten Schaltnetzteils

Um eine stabile Ausgangsgleichspannung zu erzielen, wird die Ausgangsspannung durch einen Komparator (6) mit einer Referenzspannung (7) verglichen. Weicht die Ausgangsspannung (Istwert) von der Referenzspannung (Sollwert) ab, wird die Ansteuerung des Schalttransistors (9) so verändert, dass der Abweichung entgegengewirkt wird (Regelkreisprinzip). Hierdurch kann beispielsweise die in Kap. 5.3.1.1 beschriebene Abnahme der Klemmenspannung bei größeren Lastströmen verhindert werden. Um die Ausgangsseite elektrisch vollständig von der Eingangsseite zu trennen, erfolgt die Übertragung der Steuersignale über einen Optokoppler (8). Die für die Ansteuerschaltung und die ggf. vorhandenen Schutzschaltungen benötigten Betriebsspannungen werden separat erzeugt (10, 11).

Aufgrund ihrer Arbeitsweise besitzen Schaltnetzteile Vorteile gegenüber linear geregelten Netzteilen:

- sehr große Ausgangsströme bei geringer Verlustleistung; daher hoher Wirkungsgrad

- Infolge der hohen Schaltfrequenz ergeben sich geringe Abmessungen des Wandlertrafos.

- direktes Anschließen der Netzwechselspannung; dadurch kein Netztrafo (Einsparung von Gewicht und Volumen)

Nachteilig ist, dass durch die hohen Schaltfrequenzen Störsignale entstehen, deren Ausbreitung durch zusätzliche Filterschaltungen unterdrückt werden müssen.

Den Hauptbestandteil eines Schaltnetzteils bildet in der Regel ein **Sperrwandler** (*flyback-converter* = FC), der auch als „Buck-Boost-Wandler" (*Buck* = abwärts, *Boost* = aufwärts) bezeichnet wird. Dieser Spannungswandler dient insofern als Energiespeicher, als der Strom nicht gleichzeitig in beiden Wicklungen des Transformators fließt. Im ersten Teil eines Schaltzyklus lässt der eingeschaltete Transistor den Strom durch die Primärwicklung (N_P) fließen. Dabei wird im Eisenkern des Transformators ein Magnetfeld aufgebaut, das die zugeführte Energie speichert. Der während dieser Schaltphase durch den Arbeitswiderstand fließende Strom stammt aus dem (vorher aufgeladenen) Kondensator.

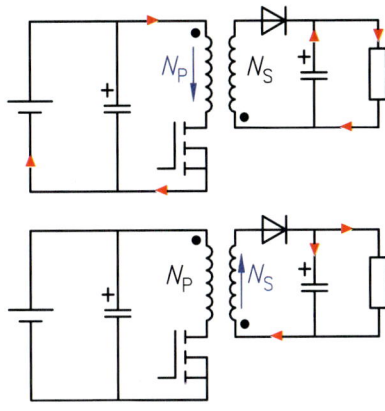

Bild 5.51: Wirkungsweise eines FCs

Im zweiten Teil des Schaltzyklus ist der Transistor gesperrt, das Magnetfeld bricht zusammen und induziert in der Sekundärwicklung (N_S) eine Spannung, die den Strom durch den Arbeitswiderstand treibt und den Kondensator (wieder) auflädt. Ein Sperrwandler ist im Schaltbild leicht an den Punkten zu erkennen, die (bei positiven Ausgangsspannungen) an entgegengesetzten Enden der beiden Transformatorwicklungen eingetragen sind.

Sperrwandler haben gegenüber fast allen anderen Schaltnetzteilen den Vorteil, dass man mehrere galvanisch getrennte Ausgangsspannungen gewinnen kann, indem man auf dem Transformator mehrere getrennte Wicklungen anordnet.

Neben dem Sperrwandler kommen in Elektrotechnik, Elektronik und Kommunikationstechnik noch weitere Wandlertypen zum Einsatz. Sie sind in Bild 5.53 kurz dargestellt.

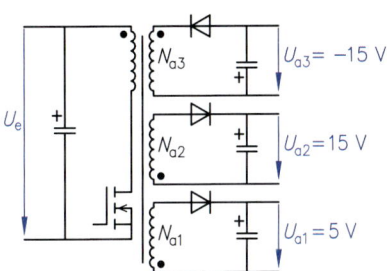

Bild 5.52: Sperrwandler mit mehreren getrennten Ausgangswandlern

Netzteiltyp	Beschreibung	Prinzipschaltung
Abwärtswandler	Die Eingangsspannung wird in eine niedrigere Ausgangsspannung umgesetzt.	
Aufwärtswandler	Die Eingangsspannung wird in eine höhere Ausgangsspannung umgesetzt.	
Invertierender Wandler	Eine positive Eingangsspannung wird in eine negative Ausgangsspannung umgesetzt.	

Netzteiltyp	Beschreibung	Prinzipschaltung
Sperrwandler	Galvanische Trennung von Eingangs- und Ausgangsspannung, Leistungen bis ca. 250 W, mehrere Ausgangsspannungen möglich	
Durchflusswandler	Galvanisch getrennte Ein- und Ausgangsspannung, Leistungen bis einige 100 W	

Bild 5.53: Netzteiltypen für Schaltnetzteile

Bei den in Bild 5.53 aufgeführten Netzteiltypen handelt es sich um sog. DC/DC-Wandler (*DC = Direct Current* = Gleichstrom), bei denen Eingangs- und Ausgangsspannung Gleichspannungen sind. Davon unterscheidet man AC/DC-Wandler (*AC = Alternating Current* = Wechselstrom), die aus einer Eingangswechselspannung eine Ausgangsgleichspannung erzeugen.

DC/DC-Wandler und AC/DC-Wandler werden in der Praxis als Module in geschlossenen Gehäusen angeboten. Mit ihnen lassen sich Stromversorgungsarchitekturen aufbauen, die allen Anforderungen der Schaltungspraxis genügen.

Unterbrechungsfreie Stromversorgung (USV)

Bei der Versorgung von IT-Geräten und -Anlagen können die verschiedensten Netzstörfälle auftreten und sowohl bei der Hardware als auch bei der Software zu verheerenden Folgen führen.

Totaler **Netzausfall** (*power failure*) ist in den relativ stabilen europäischen Stromnetzen selten. Aber auch auf **Spannungseinbrüche** (*voltage drop*), die über mehrere 50-Hz-Perioden andauern, reagieren Netzteile wie bei einem Totalausfall; Datenverluste sind unvermeidbar. **Überspannungen** (*overvoltage*), bei denen die Amplitude der Netzspannung für mehrere Sekunden den Normalwert um mehr als 10 % übersteigt, verursachen die meisten Hardwarefehler und Zerstörungen von Bauelementen. Als weitere Netzstörungen treten **Spikes** (Impulse mit überlagerten kurzzeitigen Spannungsspitzen) und höherfrequente **Spannungsüberlagerungen** (*voltage overlap*) auf.

Um derartige aus dem Versorgungsnetz eintreffende Störungen unschädlich zu machen, werden USVs (engl.: **UPS**, *Uninterruptible Power Supply*) eingesetzt.
Die Eigenschaften und die Leistungsfähigkeit einer USV werden gemäß der Norm IEC 62040-3 mit einem dreistufigen Code-System angegeben. Dieses klassifiziert das Verhalten der USV-Ausgangsspannung und ermöglicht somit eine Beurteilung der USV-Güte. Die Codierung weist die folgende Struktur auf:

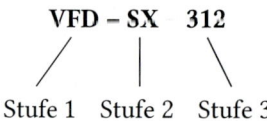

VFD – SX   312

Stufe 1   Stufe 2   Stufe 3

Stufe 1 besteht aus abkürzenden, namensgebenden USV-Bezeichnungen, die Abhängigkeiten der USV-Ausgangsspannung von der Netzspannung benennen. Die Angaben sowie die jeweils zugrunde liegenden Funktionsprinzipien werden in Bild 5.54 erläutert.

Die **Offline-USV** leitet die Netzspannung im Normalbetrieb (d.h. „Netzspannung ok"; Bild 5.54a) über HF- und Überspannungsfilter direkt zum angeschlossenen Betriebsmittel. Die Filter können allerdings nicht alle Netzspannungsstörungen herausfiltern. Gleichzeitig wird die Batterie (Sekundärelement, siehe weiter unten im Text) über den Gleichrichter bei Bedarf (nach-)geladen. Bei einem Netzausfall, bei größeren Spannungsschwankungen oder bei hohen Spannungsspitzen wird umgeschaltet und das angeschlossene Betriebsmittel von der Batterie über den Wechselrichter weiter versorgt. Die Umschaltzeit kann bis zu 10 ms betragen, d.h., es entsteht eine kurze Versorgungslücke. Die meisten angeschlossenen Betriebsmittel werden durch diesen Umschaltvorgang in ihrer Funktion nicht gestört.

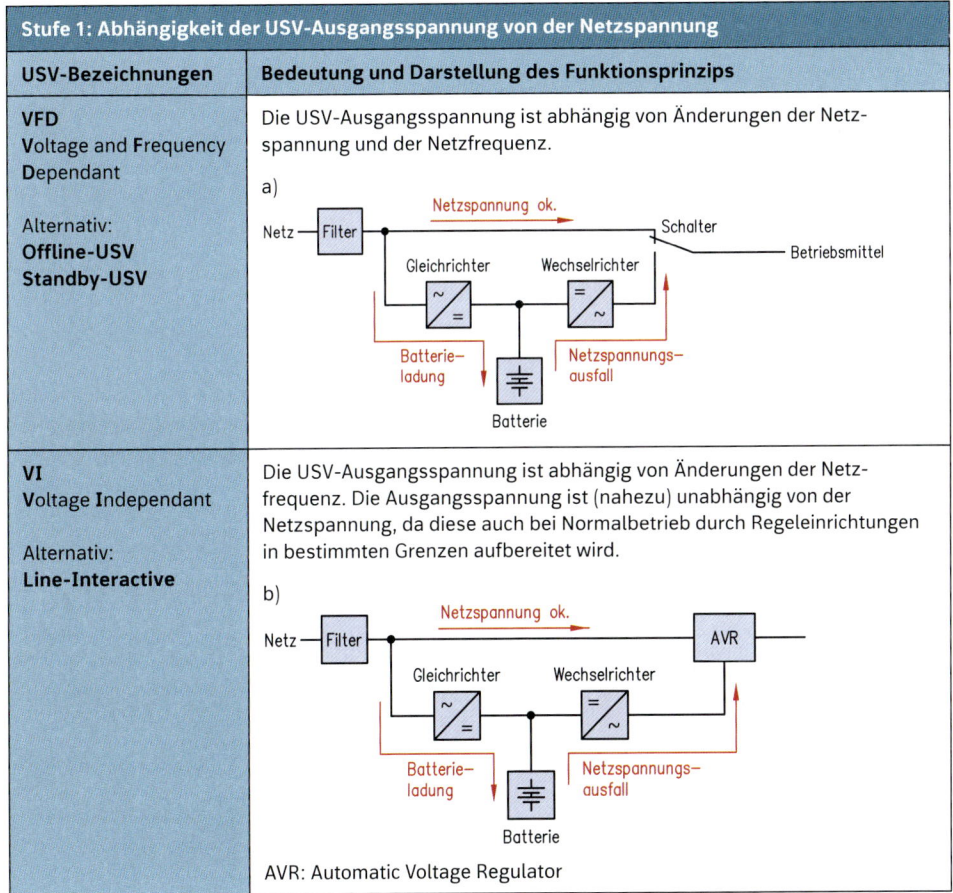

Stufe 1: Abhängigkeit der USV-Ausgangsspannung von der Netzspannung	
USV-Bezeichnungen	**Bedeutung und Darstellung des Funktionsprinzips**
VFD **Voltage and Frequency Dependant** Alternativ: **Offline-USV** **Standby-USV**	Die USV-Ausgangsspannung ist abhängig von Änderungen der Netzspannung und der Netzfrequenz. a) Netzspannung ok. Netz — Filter — Schalter — Betriebsmittel Gleichrichter Wechselrichter Batterie-ladung Netzspannungs-ausfall Batterie
VI **Voltage Independant** Alternativ: **Line-Interactive**	Die USV-Ausgangsspannung ist abhängig von Änderungen der Netzfrequenz. Die Ausgangsspannung ist (nahezu) unabhängig von der Netzspannung, da diese auch bei Normalbetrieb durch Regeleinrichtungen in bestimmten Grenzen aufbereitet wird. b) Netzspannung ok. Netz — Filter — AVR Gleichrichter Wechselrichter Batterie-ladung Netzspannungs-ausfall Batterie AVR: Automatic Voltage Regulator

5

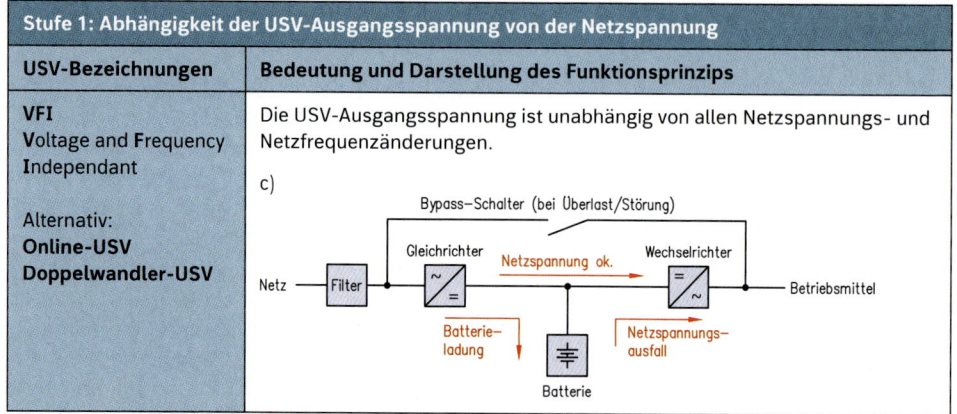

Stufe 1: Abhängigkeit der USV-Ausgangsspannung von der Netzspannung	
USV-Bezeichnungen	**Bedeutung und Darstellung des Funktionsprinzips**
VFI **V**oltage and **F**requency **I**ndependant Alternativ: **Online-USV** **Doppelwandler-USV**	Die USV-Ausgangsspannung ist unabhängig von allen Netzspannungs- und Netzfrequenzänderungen.

Bild 5.54: USV-Bezeichnungen und deren grundsätzliche Funktionsprinzipien

Bei der **Line-Interactive-USV** (Bild 5.54 b) gelangt die Netzspannung über eine spezielle Regelelektronik (AVR) an das angeschlossene Betriebsmittel. Durch die Elektronik lassen sich kleinere Netzspannungsschwankungen ausregeln, wenn sie einen bestimmten Grenzwert nicht überscheiten. Bei größeren Netzstörungen oder bei Netzausfall erfolgt die Spannungsversorgung aus der Batterie über den Wechselrichter. Die Umschaltzeit beträgt bis zu 4 ms.

Die **Online-USV** (Bild 5.54 c) ist aufwendiger und kostspieliger. Bei dieser Technologie wird die Netzwechselspannung grundsätzlich zuerst gleichgerichtet (AC/DC-Wandler) und dann über einen Wechselrichter (DC/AC-Wandler) auf das angeschlossene Betriebsmittel geführt. Dabei wird mit der gleichgerichteten Spannung ständig die Batterie (nach-)geladen. Die sinusförmige Ausgangsspannung wird bei allen Betriebsfällen völlig unabhängig von der Netzspannung und der Netzfrequenz erzeugt und ist frei von allen Störungen der Netzleitung. Bei dieser Schaltung entstehen höhere Verluste als bei den anderen Varianten, da die Betriebsspannung zweimal umgewandelt wird. Allerdings entfällt die bei den anderen Typen auftretende Umschaltzeit bei totalem Netzausfall, da die Batterie so angeordnet ist, dass sie die Versorgung des angeschlossenen Betriebsmittels unmittelbar übernehmen kann. Über den (vielfach integrierten) Bypass können bei Überlast oder bei internen Störungen die Wandler überbrückt werden und die weitere Versorgung kann direkt aus dem Netz erfolgen. Bei Anlagen ohne Bypass besteht die Gefahr, dass es bei Fehlern, z. B. an den Wandlern, zum völligen Spannungsausfall kommt. Bei USV-Modulen, die sich beispielsweise komplett in ein Server-Rack einsetzen lassen, kann zusätzlich auch ein Rack-interner Bypass existieren, der durch entsprechende Umschaltung eine einfachen Modultausch auch im laufenden Betrieb ermöglicht.

Stufe 2 klassifiziert prinzipiell Abweichungen von der sinusförmigen Kurvenform der USV-Ausgangsspannung. Abweichungen eines Spannungsverlaufs von seiner ursprünglichen Form werden allgemein als **Verzerrungen** (*distortion*) bezeichnet. Die Norm EN 62040-3 schreibt für Verzerrungen der Sinuskurve einen Grenzwert von 8 % vor. Die Angabe erfolgt mit zwei Kennbuchstaben. Der erste Buchstabe bezieht sich hierbei auf den Normalbetrieb, d. h., die Spannungsversorgung erfolgt aus dem Netz. Der zweite Buchstabe bezieht sich auf den Betriebsfall, dass die Spannungsversorgung aus der Batterie erfolgt („Batteriebetrieb").

Stufe 2: Beschreibung der Kurvenform der USV-Ausgangsspannung	
Bezeichnungen	**Bedeutung**
S	Unter allen Lastbedingungen (lineare oder nichtlineare Last) ist der gesamte Verzerrungsfaktor (auch Klirrfaktor genannt) der Ausgangsspannung < 8 %.
X	Bei linearen Lasten ist der Verzerrungsfaktor < 8 %, bei nichtlinearen (also wechselnden) Lasten liegt er darüber. Hierbei sind die Herstellerangaben bezüglich angegebener Belastungsgrenzen zu beachten.
Y	Die Ausgangskurvenform ist nicht sinusförmig und überschreitet auch die in der Norm vorgegebenen Grenzwerte. Der jeweilige Verzerrungsfaktor der Ausgangsspannung muss vom USV-Anbieter spezifiziert werden.

Bild 5.55: Klassifizierung der Kurvenform der USV-Ausgangsspannung

Insbesondere bei einer VFD-USV aus dem unteren Preissegment kann der Kurvenverlauf der Ausgangsspannung im Batteriebetrieb stark von der Sinusform abweichen und ggf. auch trapezförmig sein. Nicht alle Betriebsmittel arbeiten mit einem solchen Spannungsverlauf ordnungsgemäß.

Stufe 3 der Klassifizierung definiert genauer die maximal zulässigen Abweichungen der Ausgangsspannung von der Sinusform anhand von drei Ziffern, die jeweils ein bestimmtes dynamisches Verhalten der USV bei Betriebs- oder Lastwechsel beschreiben:

- **1. Ziffer** (im Beispiel oben: „3"): dynamisches Verhalten bei Änderung der Betriebsart (z. B. Umschalten von Normalbetrieb auf Batteriebetrieb oder Bypass-Betrieb)
- **2. Ziffer** (im Beispiel oben: „1"): dynamisches Spannungsverhalten beim Zu- oder Abschalten einer linearen Last im Netz- und Batteriebetrieb
- **3. Ziffer** (im Beispiel oben: „2"): dynamisches Spannungsverhalten beim Zu- oder Abschalten einer nichtlinearen Last im Netz- und Batteriebetrieb

Für diese Klassifizierung werden die Spannungsverläufe mit definierten Prüfkurven verglichen und in drei (optional vier) Klassen eingeordnet. Diese Informationen liefern noch genauere Angaben über die Güte einer USV.

5

Stufe 3: Dynamisches Verhalten der USV-Ausgangsspannung	
Klasse	**Bedeutung**
1	Die Ausgangsspannung darf bei Schaltvorgängen in einem Zeitraum von 0,1–5 ms nicht stärker als ±30 % vom Spitzenwert abweichen und bei Werten über 50 ms nur ±10 %. Eine USV mit diesen Kennziffern bei sämtlichen dynamischen Verhaltensweisen ist für alle Arten von Betriebsmitteln geeignet.
2	Die Spannungsabweichungen dürfen unter 1 ms 100 % betragen (Unterbrechung). Diese USV ist für die meisten Betriebsmittel geeignet.
3	Hierbei darf die Lücke der Ausgangsspannung 10 ms betragen; das Verhalten bei Überspannung bleibt wie bei Ziffer 2. Diese USV ist nur für Betriebsmittel geeignet, die große Schwankungen der Ausgangsspannung zulassen und auch 0 V bis zu 10 ms erlauben (z. B. Schaltnetzteile).
4 (optional)	Diese Klasse ist bei spezifischen Herstellerangaben zu verwenden, die von den Klassen 1–3 abweichen. Werte der Ausgangsspannung müssen beim Anbieter erfragt werden.

Bild 5.56: Kennzeichnung des dynamischen Verhaltens einer USV

Aufgrund ihrer Funktionsprinzipien verfügen die USV-Typen über unterschiedliche Leistungsspektren und sind daher jeweils auch nur für bestimmte Einsatzzwecke geeignet.

Eine VFD-USV ist grundsätzlich für die Versorgung von PCs und IT-Peripheriegeräten (Monitor, Drucker usw.) sowie zur Aufrechterhaltung einer Notbeleuchtung geeignet. Server und kleinere Netzwerke sollten mit einer VI-USV abgesichert werden. Für geschäftskritische Anwendungen (Rechenzentren, Netzwerkserver, risikobehaftete IoT-Anwendungen, medizinische Bereiche) sollten nur VFI-USVs zur Anwendung kommen, da nur sie den höchsten Klassifizierungscode VFI-SS-111 erfüllen und somit verlässlich vor Stromausfall und Spannungsspitzen sowie vor Frequenzschwankungen, Spannungsstößen und Oberschwingungen schützen.

Brennstoffzellen

Brennstoffzellen stellen neben ihrem Einsatz in Kraftfahrzeugen inzwischen auch eine mögliche Alternative für die klassischen USV-Anlagen dar. Hierbei wird aus der Reaktion von Wasserstoff und Sauerstoff direkt elektrische Energie gewonnen. Eine Brennstoffzelle besteht prinzipiell aus zwei Elektroden, die durch eine Membran (Elektrolyt, Ionenleiter) voneinander getrennt sind. Die Anode ist von dem Brennstoff (z. B. Wasserstoff) umspült, der dort oxidiert, d. h., es wandern positive H-Ionen aus der Anode in den Elektrolyten, es entsteht ein Elektronenüberschuss und die Anode wird zum Minuspol der Zelle. Die Kathode wird mit dem Sauerstoff (Luft) umspült. Aus ihr wandern negative OH-Ionen in den Elektrolyten, es entsteht ein Elektronenmangel und die Kathode wird dadurch zum Pluspol der Zelle.

Zwischen Anode und Katode entsteht also eine Spannung. Die positiven H-Ionen reagieren im Elektrolyten mit den negativen OH-Ionen zu Wasser, das abgeschieden wird. Der Elektronenaustausch von der Anode zur Kathode erfolgt außerhalb der Zelle über einen Verbraucher.

Eine Brennstoffzelle liefert im Betrieb eine Spannung von 0,5 V bis 0,7 V. Um eine brauchbare Ausgangsspannung (10 V bis 20 V) zu erhalten, wird eine größere Anzahl von Zellen in Reihe geschaltet (es sind sowohl Stapel- als auch sehr flache Membran-Bauformen möglich). Hieraus erzeugt ein Wandler eine für den jeweiligen Verbraucher passende stabilisierte Spannung. Die Leistung dieser Systeme beträgt etwa

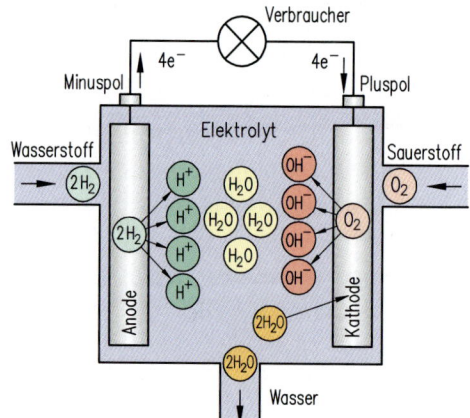

Bild 5.57: Grundsätzlicher Aufbau einer Brennstoffzelle

70 W bis 100 W (zum Vergleich: Im Automobilbereich mehr als 100 kW). Der Wirkungsgrad liegt bei 50 % bis 60 %, d. h. 40 % bis 50 % der zugeführten Energie wird in Wärme umgewandelt, wodurch das System erheblich aufgeheizt wird (je nach Typ 60 °C bis 90 °C). Die Ableitung dieser Wärme stellt ein Hauptproblem der weiteren Entwicklung dar.

Beispiele für unterschiedliche Entwicklungstypen sind DMFC- und PEMFC-Brennstoffzellen, die unter Normaldruck und bei relativ niedrigen Temperaturen arbeiten.

Bezeich-nung	Elektro-lyt	Ano-dengas	Kato-den-gas	Leis-tung	Betriebs-tempera-tur	elektr. Wir-kungs-grad	Eigen-schaften
PEMFC (*Proton Exchange Membrane Fuel Cell*)	Polymer-Mem-bran	Was-serstoff	Luft-sauer-stoff	0,1–500 W	60–80 °C	Zelle: 50–70 % System: 30–50 %	Hohe Leistungs-dichte und große Dynamik
DMFC (*Direct Methanol Fuel Cell*)	Polymer-Mem-bran	Metha-nol (flüs-sig)	Luft-sauer-stoff	10 mW bis über 100 kW	90–120 °C	Zelle: 20–30 %	Wie PEMFC, jedoch mit Methanol als Brennstoff, daher leichter

Bild 5.58: Eigenschaften und Leistungsdaten von DMFC- und PEMFC-Brennstoffzellen

Eine Weiterentwicklung stellt die **reversible Brennstoffzelle** (*RFC: Reversible Fuel Cell*) dar. Hierbei werden Energieerzeugung und Energiespeicherung in einem einzigen Modul kombiniert.

Batterien

Batterien sind chemische Spannungsquellen, bei denen im allgemeinen Sprachgebrauch kaum zwischen Zelle, Batterie und Akkumulator (Akku) unterschieden wird. Ihre Wirkungsweise beruht auf folgenden Zusammenhängen:

Kommt ein Metall (auch Kohle) mit einem Elektrolyten (leitende Flüssigkeit) in Berührung, so entsteht zwischen Metall und Elektrolyt ein elektrisches Potenzial (Berührungspotenzial). Je nach Art des Metalls treten gegenüber dem Elektrolyten positive oder negative Berührungspotenziale auf. Mit zwei verschiedenen Metallen in einem gemeinsamen Elektrolyten ergibt sich ein **elektrochemisches Element**, dessen Urspannung gleich der Differenz der beiden Berührungspotenziale ist.

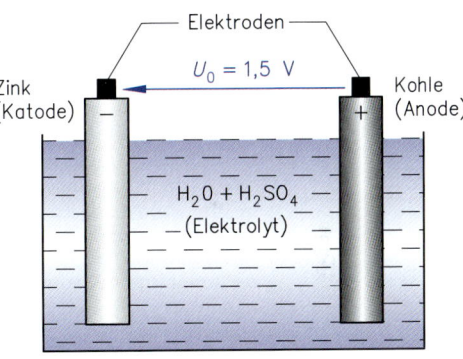

Bild 5.59: Elektrochemisches Element (Zelle)

Die Anordnung zweier verschiedener chemischer Elemente (Elektroden) in einem gemeinsamen Elektrolyten, in der durch chemische Vorgänge eine elektrische Spannung entsteht, bezeichnet man als **elektrochemische** (oder galvanische) **Zelle** oder **Batterie**.

Wird eine höhere Spannung benötigt als eine einzige Zelle liefern kann, so können mehrere Zellen in Reihe geschaltet werden. Wird ein höherer Strom benötigt als eine Zelle zu liefern vermag, so besteht die Möglichkeit, mehrere Zellen parallel zu schalten. Hierbei dürfen nur Zellen mit gleichen Spannungswerten, gleichen Ladungszuständen und gleichen Innenwiderständen verwendet werden, da sonst Ausgleichsströme fließen und die Zellen geschädigt werden.

Man unterscheidet bei chemischen Spannungsquellen grundsätzlich zwischen Primärelementen und Sekundärelementen.

> **Primärelemente** (*primary element*) können nur einmal entladen werden; es sind Batterien, bei denen sich der durch die Entladung ablaufende chemische Prozess nicht rückgängig machen lässt.

Primärelemente sind nach der Entladung unbrauchbar und müssen unter Beachtung der Umweltverträglichkeit entsorgt werden. Da sie teilweise ätzende Chemikalien enthalten, sollten sie nicht gewaltsam geöffnet werden; der Hautkontakt mit eventuell ausgetretenen Flüssigkeiten ist zu vermeiden.

Primärelemente gelten als „entladen", wenn die Klemmenspannung ca. 50% der Nennspannung beträgt; die Leerlaufspannung entspricht dann nahezu der Nennspannung.

Durch Verwendung verschiedener Elektrodenmaterialien und Elektrolyte können Primärelemente mit unterschiedlichen Eigenschaften hergestellt werden. Diese Eigenschaften bestimmen den praktischen Einsatz (Bild 5.62).

> **Sekundärelemente** (*secondary element*; Alternativbezeichnung: **Akkumulatoren**) sind Batterien, bei denen sich die beim Entladen ablaufenden chemischen Prozesse umkehren lassen. Akkus können daher wiederholt entladen und wieder geladen werden.

Nennspannung, Bemessungsspannung (*rated voltage*)	U_{Nenn} ist die durchschnittliche, systembedingte Batteriespannung während der Entladung unter Nennbedingungen (d. h. mit angeschlossenem Lastwiderstand). Diese beinhalten Angaben über die Umgebungstemperatur und die Größe des fließenden Stroms. Da die Nennspannung eine unmittelbare praktische Bedeutung für hat, wird sie häufiger angegeben als die Leerlaufspannung (Urspannung; messbare Spannung ohne Last, in geladenem Zustand größer als U_{Nenn}).
Kapazität (*capacity*)	K_L (Ladekapazität; in Herstellerunterlagen auch oft als C bezeichnet) gibt die gespeicherte Ladung in Amperestunden (Ah) bzw. in Milliamperestunden (mAh) an. Damit kann berechnet werden, wie lange ein Strom fließen kann, bis die Entlade-Endspannung erreicht ist. K_L ist keine feste Größe, sie hängt vielmehr vom Aufbau, von der Baugröße, von der Entladestromstärke und von der Art der Belastung ab. Bei einer langsamen Entladung mit einem kleinen Entladestrom kann eine größere Ladungsmenge entnommen werden als bei einem großen Entladestrom. Aus diesem Grund werden von den Herstellern die Kapazitätswerte für genau festgelegte Belastungsfälle angegeben.
Energiedichte (*energy density*)	Als W_d bezeichnet man die gespeicherte Energie, die von der Batterie, bezogen auf ihre Masse, bereitgestellt werden kann; sie wird in Wattstunden pro Kilogramm (Wh/kg) angegeben.
Leistungsdichte (*power density*)	Die Leistungsdichte (genauer: Massenleistungsdichte) ist ein Maß für die abgebbare Leistung, bezogen auf die Masse eines Akkus, und damit auch ein Anhaltspunkt für seine (kurzfristige) Strombelastbarkeit und seine Schnellladefähigkeit. Sie wird in Watt pro Kilogramm (W/kg) angegeben und insbesondere bei mobilen IT-Geräten sowie im Zusammenhang mit Energiespeichern in Elektroautos („Elektromobilität") verwendet.

Innenwiderstand (*internal resistance*)	Als Innenwiderstand R_i bezeichnet man den elektrischen Widerstand einer Batterie. Er verursacht einen zum Strom proportionalen Spannungsabfall und steigt bei den meisten Batterietypen mit zunehmender Entladung an.
Anzahl Zyklen	Als Zyklus bezeichnet man einen einzelnen Lade- und Entladevorgang bei einem Akku. Die „Anzahl Zyklen" gibt an, wie viele Zyklen ein Akku bis zu seinem Versagen durchlaufen kann.

Bild 5.60: Kenngrößen von Batterien

Die Anzahl der Zyklen (Bild 5.60 und Bild 5.63), die ein Akku durchlaufen kann, wird maßgeblich bestimmt durch die richtige Ladungsart. In Bild 5.61 sind die verschiedenen Ladearten aufgelistet. Der Ladestrom wird hierbei als Teil oder Vielfaches der Ladekapazität K_L (in Herstellerunterlagen als C bezeichnet) angegeben.

Ladeart	Ladestrom	Ladezeit	Temperatur
Erhaltungsladung	$C/30$	Unbegrenzt	0 °C–65 °C
Standardladung	$C/10$	10–16 Std.	0 °C–45 °C
Beschleunigte Ladung	$C/3–C/4$	4–6 Std.	10 °C–45 °C
Schnellladung	$1\,C–1,5\,C$	1–1,5 Std.	10 °C–45 °C
Ultraschnellladung	$> 1,5\,C$	< 1,5 Std.	10 °C–40 °C

Bild 5.61: Ladearten für Akkus (typische Werte)

Werden Akkus längere Zeit nicht entladen, so verlieren sie durch **Selbstentladung** (*self-discharge*) ihre gespeicherte Energie. Um ihre Einsatzbereitschaft jederzeit zu gewährleisten, müssen sie ständig mit einem geringen Strom geladen werden (Erhaltungsladung). Dadurch sind insbesondere Batterien in USVs und Notstromversorgungen jederzeit einsatzfähig.

Informationen darüber, für welche Ladeart ein Akku geeignet ist, können den Datenblättern der Hersteller entnommen werden.

Der sog. **Memory-Effekt**, bei dem es aufgrund chemischer Prozesse zu Kapazitätsverlusten bei Akkus kam, wenn diese aufgeladen wurden, bevor sie gänzlich entladen waren, spielt bei modernen Akkus keine nennenswerte Rolle mehr.

Bei portablen Geräten kommen meist Sekundärzellen zum Einsatz, auch weil sie sich wegen ihrer Mehrfachnutzung als nachhaltiger erweisen. Die Aufladung dieser Akkus erfolgt mithilfe von Ladegeräten, die jeweils im Lieferumfang der Mobilgeräte enthalten sind. In der Regel handelt es sich hierbei um Stecker-Netzteile, über die auch die Mobilgeräte selbst betrieben werden können. Für den Ladevorgang ist die Entnahme des Akkus aus dem Gerät nicht erforderlich.

Primärzellen finden sich – wegen ihrer längeren Haltbarkeit und geringeren Selbstentladung – meist nur in Geräten mit sehr geringer Stromaufnahme (z. B. CMOS-Batterie im PC) oder dort, wo ein Batteriewechsel nicht möglich ist (z. B. implantierter Herzschrittmacher).

In den folgenden Tabellen (Bild 5.62 und Bild 5.63) sind einige wesentliche Merkmale derzeit verbreiteter Batterie- und Akkutypen zusammengefasst. Darüber hinaus suchen Forschende weltweit ständig nach leistungsfähigeren Energiespeichern. Zu den bereits entwickelten bzw. noch in der Entwicklung befindlichen Typen gehören u. a. auch der

5

Zellenart	Bauformen	Nenn-spannung	Kapazitäts-werte (größenabhängig)	Innenwiderstand (typisch)	Betriebs-temperatur	Halt-barkeit	Anwendung	Bemerkungen
Zink-Kohle-Zelle	alle Standardgrößen	Rundzellen 1,5 V Block 4,5 V bzw. 9 V	0,3 Ah bis 4 Ah	0,3 Ω bis 0,8 Ω	−10 °C bis +50 °C	2 Jahre	– universeller Einsatz mit geringen Anforderungen	– kostengünstige Herstellung, vergleichsweise geringe Kapazität – nicht mit hohen Strömen belastbar, höhere Selbstentladung als Alkali-Mangan-Zellen – quecksilberfrei, Auslaufschutz durch äußeren Stahlmantel – keine konstante Klemmenspannung während der Entladung, d. h. abfallende Entladekurve
Alkali-Mangan-Zelle	alle Standardgrößen	Rundzellen 1,5 V Block 9 V	0,5 Ah bis 18 Ah	0,15 Ω bis 1,6 Ω	−30 °C bis +70 °C	5 Jahre	– universell einsetzbar	– korrosionsfrei und auslaufsicher – vierfache Lebensdauer gegenüber Zink-Kohle-Batterien – vierfacher Energiegehalt gegenüber Zink-Kohle-Batterien – quecksilber- und cadmiumfrei – geeignet für Belastung mit größeren Stromimpulsen
	Knopfzellen	1,5 V	70 mAh bis 300 mAh					
Lithium-Zellen	Standard- und Sondergrößen	abhängig vom Elektrodenmaterial, z. B.	0,1 Ah bis 16,5 Ah	0,2 Ω bis 1 Ω	−40 °C bis +70 °C	10 Jahre	– Uhren – Rechner – Kameras – Speicherunterstützung – PC – elektronische Verdunstungsmessung – Notbeleuchtung	– Bei gleicher Bauform sind durch Verwendung unterschiedlicher Elektrodenmaterialien Klemmspannungen von 1,5 V, 3 V oder 3,5 V möglich. (Hinweis: Die typischen Klemmspannungen sind geringfügig kleiner als die angegebenen Nennspannungen.) – Achtung: Trotz gleicher Bauform dürfen handelsübliche 1,5-V-Zellen nicht durch Lithiumzellen mit größerer Klemmenspannung ersetzt werden! – hohe Klemmenspannung, geringe Selbstentladung – stabile Spannung auch bei impulsförmiger Strombelastung – bei der Entladung gleichbleibender Innenwiderstand! – extrem leicht – Lithium ist ein ungiftiges Metall, das stark mit Wasser reagiert. – Elektrolyt besteht aus organischen, leicht entzündlichen Stoffen
	Knopfzellen	Lithium-Mangandioxid: 3,5 V bis 3,0 V Lithium-Thionylchlorid: 3,7 V Lithium-Eisensulfid: 1,8 V	5 mAh bis 1000 mAh					
Nickel-Oxyhydroxid-Zelle	Standardgröße Mignon und Micro	1,7 V	bis zu 1500 mAh	ca. 0,5 Ω	−20 °C bis +55 °C	10 Jahre	– kleine Elektromotoren – Digitalkameras – Camcorder	– konstante Spannung, d. h. flache Entladungskurve – nahezu Verdopplung der Nutzungsdauer gegenüber Alkali-Mangan-Zellen – auch für kurzzeitige hohe Stromentnahme geeignet – Achtung: Wegen der höheren Zellspannung gegenüber Alkali-Mangan-Zellen im Austausch nur in Geräten mit interner Spannungsregelung geeignet!
Silberoxyd-Zelle	Knopfzellen	1,55 V	5,5 mAh bis 180 mAh	4 Ω bis 10 Ω	−10 °C bis +60 °C	5 Jahre	– Uhren – Kameras – Taschenrechner	– flache Entladungskurve, aber nur für geringe Stromstärke geeignet – keine Umweltschädigung wegen Quecksilberfreiheit – wird zum Teil auch als zylinderförmige Rundzelle angeboten
Zink-Luft-Zelle	Knopfzellen	1,4 V	35 mAh bis 900 mAh	3 Ω bis 12 Ω	0 °C bis +60 °C	unbegrenzt (versiegelt)	– Hörgeräte	– hohe Kapazität bei kleinsten Abmessungen – ca. 40 % leichter als vergleichbare Silberoxidzellen – flache Entladekurve, sehr umweltfreundlich – nur für geringe Stromstärken geeignet

Bild 5.62: Kennwerte und Eigenschaften von Primärzellen

Zellenart	Bauformen	Nennspannung	Kapazitätswerte (größenabhängig)	Energiedichte	Innenwiderstand (typisch)	Betriebstemperatur (typisch)	Selbstentladung pro Monat	Anzahl Zyklen	Anwendung	Bemerkung
Blei-Akku (Pb)	anwendungsspezifische Blockformen	2 V pro Zelle (typisch; je nach Ladezustand 1,75 V bis 2,4 V) in der Praxis meist mehrere Zellen pro Akkublock (z. B. 6 V, 12 V)	1,2 Ah bis 75 Ah	40 Wh/kg	(keine Herstellerangaben)	Entladen: -20 °C bis +50 °C; Laden: 0 °C bis +40 °C	stark temperaturabhängig, siehe Bemerkungen	300 bis 1 500; abhängig von Entladetiefe und Temperatur	– Kfz – Kommunikationseinrichtungen – Notstrom-Speichersicherung – USV	– durch Verwendung von speziellen Fiberglasharzen absolut auslaufsicher; wartungsfrei – einsetzbar im Zyklenbetrieb oder im Bereitschafts-Parallelbetrieb – aufladbar mit Konstantstrom; Ultraschnellladungen möglich – Nachladen ohne vorhergehende Entladung möglich – bei gleichem Ladungszustand Parallelschaltung problemlos möglich – Tiefentladung ohne Schaden möglich – hohe Impulsstrombelastung (z. B. Kfz, kurzzeitig 200 A)
Nickel-Metallhydrid-Akku (NiMH)	Rundzellen; prismatische Zellen (Slimline: extrem flach); Sonderformen	1,2 V	1 100 mAh (Größe: AAA) bis 12 000 mAh (Größe: A)	80 Wh/kg	20 mΩ bis 30 mΩ	Entladen: -10 °C bis +65 °C; Laden: 0 °C bis 40 °C	< 10 %	bis zu 1 000 (mit speziellen Lademethoden auch mehr)	– Notebook – DECT-Mobiltelefon – Smartphone – Tablet – portabler CD-Player – MP3-Player	– als Batteriepack erhältlich – Wasserkontakt ist zu vermeiden, da sich Batterie sonst erhitzt – konstante Entladespannung – enthält kein giftiges Cadmium – spezielle Lademethoden mit Ladezustandsüberwachungen für lange Lebensdauer – kein Memory-Effekt – Überladen und Überhitzen sind zu vermeiden
Lithium-Ionen-Akku (Li-Ion)	Rundzellen; prismatische Zellen (extrem flach); Blockformen	3,6 V	300 mAh bis 2 000 mAh (Rundzellen)	bis zu 190 Wh/kg (abhängig von den verwendeten Materialien)	(keine Herstellerangaben)	Entladen: -20 °C bis +60 °C; Laden: 10 °C bis 45 °C	< 5 %	bis zu 1 000 (bei Aufladung bereits nach 50 % Entladung und speziellen Lademethoden auch wesentlich mehr)	– Notebook – Smartphone – Tablet – Elektrowerkzeuge (z. B. Akkuschrauber) – MP3-Player	– Ladung zunächst mit Konstantstrom, Ladespannung 4,2V, dann mit kontinuierlich sinkendem Ladestrom (Steuerung durch entsprechendes Ladegerät); Schnellladung möglich – hohe Zellspannung; darf nicht gegen Batterie mit gleicher Abmessung, aber anderer Spannung ausgetauscht werden! – über weiten Bereich konstante Entladespannung – kein Memory-Effekt – empfindlich gegen Überladen und Tiefentladen (führt zu irreparablen Schäden)
Lithium-Polymer-Akku (Li-Polymer)	sehr variabel; gut an Gerätedesign anzupassen	3,7 V	180 mAh bis 3 000 mAh	> 160 Wh/kg	wie Li-Ion	Entladen: -20 °C bis +60 °C; Laden: 0 °C bis 45 °C	< 5 %	bis zu 1 000 (bei Aufladung mit speziellen Lademethoden und Batteriemanagementsystem auch wesentlich mehr)	wie Li-Ion	– Aufladung nur mit speziellem Ladegerät für Li-Polymer-Akkus (Hinweis: Bei einigen Typen ist die Ladeelektronik bereits im Akkugehäuse integriert: „Smart Battery") – geringe Selbstentladung – Dauerentladestrom: 2 C; Pulsentladestrom: 5 bis zu 5 C (hochwertiger Typ) – kein Memory-Effekt – empfindlich gegen Überladen, Tiefentladen und langes Lagern im entladenen Zustand – hohe Betriebssicherheit, gute Umweltverträglichkeit

Bild 5.63: Kennwerte und Eigenschaften von Akkus

Lithium-Luft-Akku, der Aluminium-Ionen-Akku, der Zink-Mangan-Akku, die Redox-Flow-Batterie sowie die – insbesondere im Kontext mit erneuerbaren Energien eingesetzten – Lithium-Eisenphosphat-Speicher (LFP-Akkus)..

Akku-Ladegeräte

Die modernen Akku-Technologien (NiMH, Li-Ion, Li-Polymer) erfordern meist spezielle Lademethoden, ein Überwachen des Ladevorgangs und ein genau definiertes Abschalten des Akkus vom Ladegerät, um den Akku nicht zu schädigen und eine lange Lebensdauer zu gewährleisten.

Diese Anforderungen führten zur Entwicklung der sog. **Smart Batteries**. Dies sind „intelligente" Akkus, die mit einem Mikrochip ausgerüstet sind, in dem technische Daten und Anweisungen für den optimalen Ladevorgang gespeichert sind. Ein Mikrocontroller überwacht bei allen Lade- und Entladevorgängen Entladestrom und -spannung sowie die Temperatur und steuert dementsprechend den Ablauf der Ladung.

Akku-Ladegeräte bestehen im Wesentlichen aus drei Funktionseinheiten (Bild 5.64).

Die **Messgrößenerfassungseinheit** nimmt die aktuellen Daten über Strom, Spannung und Temperatur der zu ladenden Batterie auf. Sie enthält einen Speicher und ein Interface zur Kommunikation mit dem Prozessor.

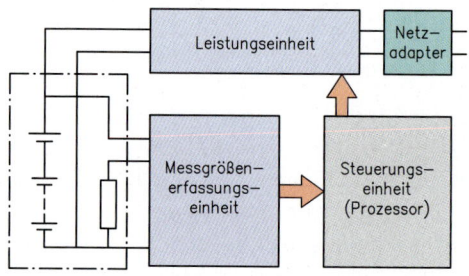

Der **Steuerungsteil** ist der wichtigste Teil eines modernen Ladegeräts. In dieser Einheit werden die Messwerte von der Erfassungseinheit ausgewertet und daraus die Steuersignale für die **Leistungseinheit** er-

Bild 5.64: Funktionseinheiten eines Ladegeräts

mittelt, die wiederum daraus die für die Ladung erforderlichen Größen von Konstantstrom und Konstantspannung oder Impulsladung erzeugt.

Umgang mit Akkus

Bei unsachgemäßem Umgang mit Batterien besteht eine gewisse Gefahr für Mensch und Umwelt, weil die Zellen meist sehr aggressive Chemikalien enthalten. Sie dürfen daher – auch bei falscher Behandlung – unter keinen Umständen platzen oder auslaufen (was bei Lithium-Polymer-Akkus infolge des Feststoffelektrolyten nicht möglich ist). Aus diesem Grund sollten folgende Regeln beachtet werden:

- Batterien beim Einbau möglichst weit von Wärmequellen entfernt platzieren, nicht erhitzen und nicht direkter Sonnenstrahlung aussetzen
- Wird ein Gerät längere Zeit nicht genutzt, möglichst die Batterien aus dem Gerät entfernen (Gefahr des Austretens chemischer Substanzen).
- nicht direkt an den Batteriekontakten löten, ggf. Batterien mit Lötfahnen verwenden
- Batterien nicht zerlegen oder ins Feuer werfen
- Batterien nicht kurzschließen
- beim Anschluss auf richtige Polung achten
- keine unterschiedlichen Batterietypen zusammenschalten

- keine Billig-Akkus verwenden, die äußerlich kaum von Markenprodukten zu unterscheiden, technisch aber meist minderwertig sind
- nicht versuchen, Primärzellen wieder aufzuladen
- bei Sekundärzellen die Ladungsvorschriften einhalten; um eine (schädliche) Tiefentladung (auch durch Selbstentladung bei Nichtnutzung) zu vermeiden, wird ein zwischenzeitliches Nachladen empfohlen
- Batterien vorschriftsmäßig und unter Beachtung der Umweltverträglichkeit entsorgen

Der letzte Punkt ist mittlerweile leicht zu realisieren, da Händler beim Kauf einer neuen Batterie in aller Regel die verbrauchte Batterie zurücknehmen und sie einer vorschriftsmäßigen Entsorgung zuführen. Hierbei werden die gesammelten Altbatterien einem geordneten Recycling (Kap. 1.14.2) zugeführt, wobei die in den Batterien enthaltenen Metalle zurückgewonnen werden.

Superkondensatoren

Superkondensatoren (engl. *SC, Supercapacitors, Supercaps*; Handelsnamen z.B. Powercap, Ultracap) stellen eine Weiterentwicklung der Doppelschichtkondensatoren dar, die aufgrund eines speziellen Aufbaus elektrische Energie sowohl statisch (wie ein normaler Kondensator; Kap. 5.5.1) als auch elektrochemisch (ähnlich wie in einem Akku) speichern können. Durch die Kombination spezieller Materialien für die Elektroden und den Elektrolyten sowie deren Interaktion ergeben sich die besonderen Eigenschaften eines Superkondensators. Abhängig von den verwendeten Materialien unterscheiden sich die elektrischen Eigenschaften der Superkondensatoren voneinander. Für den praktischen Einsatz werden sie daher entsprechend klassifiziert (EN 62391).

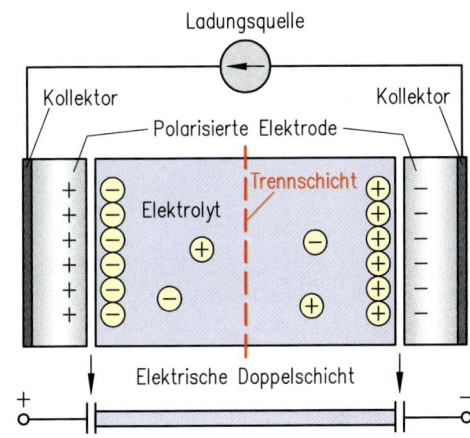

Bild 5.65: Doppelschichtkondensator (vereinfachte Darstellung)

- Klasse 1: Datenerhalt in Speichern (geringer Strombedarf über längeren Zeitraum)
- Klasse 2: Energiespeicherung (Zwischenspeicher für den Betrieb von Antriebsmotoren)
- Klasse 3: Leistungsanwendungen (höherer Leistungsbedarf über längere Zeit)
- Klasse 4: hohe Momentanleistung (kurzzeitige hohe Spitzenströme)

Der Aufbau eines Doppelschichtkondensators gleicht dem eines Plattenkondensators mit besonders großer Oberfläche der Elektroden, die aus Aktivkohle bestehen. Als Elektrolyt wird eine wässrige Salzlösung verwendet.

Die eigentliche Doppelschicht besteht aus Ionen, die sich beim Anlegen einer Spannung an der positiven bzw. negativen Elektrode sammeln und dabei ein hauchdünnes Dielektrikum mit einer Dicke von wenigen Nanometern bilden (1 nm = 10^{-9} m).

Standardausführungen werden meist mit Kapazitätswerten von 100 F bis ca. 5000 F geliefert. Trotz der niedrigen Gebrauchsspannung von 2,5 V können durch Reihen- und Parallelschaltung Kapazitätswerte von mehreren tausend Farad mit gewünschter Nennspannung aufgebaut werden.

Doppelschichtkondensatoren sind für den Einsatz in USVs besonders geeignet, weil sie die gespeicherte Energie schneller – allerdings nur kurzzeitig – abgeben können als Batterien, da diese in elektrischer Form gespeichert ist und keine elektrochemische Umwandlung abläuft.

Die Vorteile dieser Kondensatoren sind:

- große Entladeströme (400 A) und kurze Ladezeit
- extrem große Zyklenzahl (500 000) und lange Lebensdauer
- weiter Temperaturbereich (−30 °C bis +70 °C)
- hohe Festigkeit gegen Kurzschluss und Tiefentladung
- kein Memory-Effekt
- weitgehend wartungsfrei

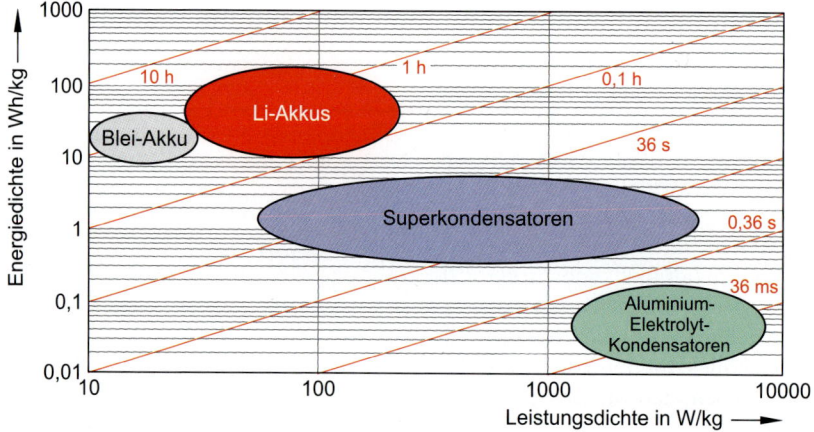

Bild 5.66: Eigenschaften von Superkondensatoren im Vergleich zu Akku-Systemen

5.3.1.4 Bauteilerwärmung und Kühlung

In der Regel werden elektronische Bauteile im normalen Betrieb durch die fließenden Ströme erwärmt. Damit die Erwärmung keine unzulässigen Werte annimmt und zur Zerstörung des Bauteils führt, muss die entstehende Wärme an die Umgebung abgeführt werden. Die Ableitung der Wärme erfolgt umso besser, je größer die Oberfläche des erwärmten Bauteils ist. Deshalb wird die Oberfläche – insbesondere bei Leistungsbauteilen – durch zusätzliche Kühlkörper vergrößert.

Die abzuführende Wärme ergibt sich aus der **Verlustleistung** P_V (*power loss*; Kap. 5.1.5.7), die aus den Betriebswerten der Schaltung berechnet wer-

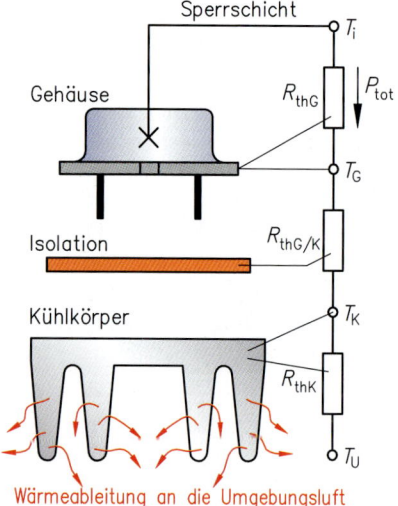

Bild 5.67: Wärmewiderstände

den kann und in keinem Fall größer sein darf als die vom Hersteller angegebene **höchstzulässige Verlustleistung** P_{tot}.

Auf dem Weg von der eigentlichen Wärmequelle im Innern des Bauteils – z.B. der Sperrschicht eines Transistors – bis zur Umgebungsluft muss die Wärme mehrere Wärmewiderstände R_{th} überwinden. R_{th} gibt an, wie viel Kelvin (K) Temperaturdifferenz erforderlich sind, um die von einer Verlustleistung von 1 Watt erzeugte Wärme abzuführen; seine Größe wird in Kelvin pro Watt (K/W) angegeben. Die in Bild 5.67 angegebenen Wärmewiderstände bedeuten:

R_{thG} = Wärmewiderstand des Gehäuses
$R_{thG/K}$ = Wärmewiderstand der Isolation zwischen Gehäuse und Kühlkörper
R_{thK} = Wärmewiderstand des Kühlkörpers

Für den gesamten Wärmewiderstand der Anordnung nach Bild 5.67 ergibt sich:

$$R_{th} = R_{thG} + R_{thG/K} + R_{thK}$$

Zwischen der wärmeerzeugenden Verlustleistung P_V und der Temperaturdifferenz $\Delta T = T_j - T_U$ besteht die Beziehung $P_V = \Delta T / R_{th}$.

Je kleiner der **Wärmewiderstand** (*thermal resistance*) ist, desto besser wird die im Bauteil entstehende Wärme abgeleitet. Eine Wärmeableitung durch Kühlkörper bewirkt,

- dass sich das Bauteil bei gleicher Verlustleistung weniger erwärmt oder
- dass das Bauteil bei gleicher Erwärmung eine höhere Verlustleistung haben darf.

Um die bei modernen Prozessor-Chips (CPU-Die; Kap. 1.3) mit Verlustleistungen bis 120 W entstehende Wärme abzuleiten, muss die Wirkung von Kühlkörpern noch wesentlich gesteigert werden.

Dies wird erreicht durch die Auswahl entsprechender Werkstoffe. So werden z.B. Kühlkörper als Kupfer-Aluminium-Mischbauformen hergestellt, bei denen die Bodenplatte aus Kupfer und die Lamellen aus Aluminium bestehen. Zusätzlich werden Wärmeleitungen (*Heatpipes*) eingesetzt, um die Wärme von der Bodenplatte zu den entfernteren Bereichen der Lamellen zu leiten.

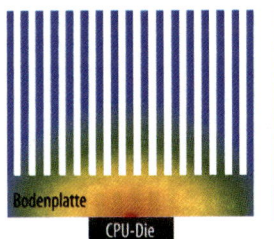 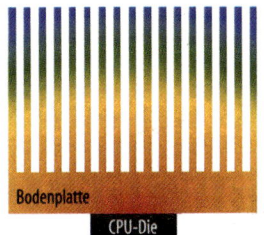 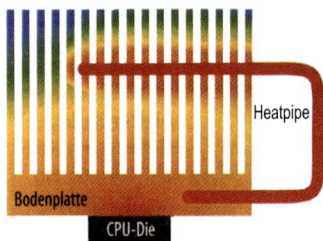

Temperaturverteilung bei schlecht wärmeleitender Bodenplatte

Temperaturverteilung bei gut wärmeleitender Bodenplatte

Temperaturverteilung mit Heatpipe

Bild 5.68: Wärmeverteilung in verschiedenen Kühlkörpern

Bild 5.68 zeigt, dass es bei einer schlecht leitenden Bodenplatte zur Überhitzung des CPU-Dies kommt, während die Kühllamellen weitgehend kalt bleiben. Bei einer gut leitenden Bodenplatte werden die Lamellen im oberen Bereich noch wenig erwärmt. Durch den

Einbau von Heatpipes werden auch die entfernten Bereiche der Lamellen erwärmt, wodurch die Kühlfläche optimaler genutzt wird.

Die Kühlung der Bauteile wird noch weiter gesteigert durch den Einbau von **Lüftern (Ventilatoren)**, die für einen Luftstrom zwischen den Lamellen und damit für einen schnelleren Abtransport der Wärme sorgen (siehe Bild 1.122).

Eine elektronische Lüftersteuerung sorgt ggf. für eine temperaturabhängige Regelung der Lüfterdrehzahl (Kap. 1.3.4). Moderne Lüfter verursachen sehr geringe Laufgeräusche. Inzwischen werden sogar magnetisch geführte Lüfter angeboten. Diese laufen praktisch reibungsfrei, da zwischen Lager und Achse des Rotors während des Laufs kein Kontakt besteht (Prinzip der Magnetschwebebahn).

Beim Design moderner elektronischer Komponenten und Systeme lassen sich die Kühlkörper nicht immer nahtlos mit den wärmebelasteten Bauelementen verbinden. Um eine optimale wärmeleitende Verbindung aller zu kühlenden Komponenten mit dem Kühlkörper herzustellen, werden sog. **Gap-Filler** verwendet. Dies sind sehr weiche Kunststoffe (Polymere oder Elastomere), die durch keramische Beimengungen thermisch leitfähig sind. Sie werden als Matten mit Materialdicken von 0,5 mm bis 10 mm angeboten. Inzwischen werden auch Systeme mit einer zirkulierenden Kühlflüssigkeit angeboten.

5.3.2   Leitungen

5.3.2.1   Der Leitungswiderstand

Obwohl zur Vereinfachung bei Schaltungsberechnungen vielfach angenommen wird, dass die verwendeten elektrischen Leitungen den elektrischen Strom nahezu widerstandslos transportieren, ist dies in der Praxis nicht der Fall (Ausnahme: Supraleiter, d. h. Leitungen bei Temperaturen nahe dem absoluten Nullpunkt von −273 °C).

Der vorhandene Widerstand eines elektrischen Leiters ist hierbei abhängig von den Abmessungen (Länge l, Querschnitt A) und dem Werkstoff des Leiters. Die jeweiligen speziellen Werkstoffeigenschaften werden durch den sog. spezifischen Widerstand ρ bzw. die spezifische Leitfähigkeit γ beschrieben.

Es bestehen folgende Zusammenhänge:

Der **Widerstand R** eines elektrischen Leiters

- nimmt in demselben Verhältnis *ab* wie der Querschnitt des Leiters *zunimmt*;
- nimmt in demselben Verhältnis *zu* wie die Länge l des Leiters *zunimmt*;
- nimmt in demselben Verhältnis *zu* wie der spezifische Widerstand ρ des Werkstoffs *zunimmt*. Damit errechnet sich der Widerstand eines elektrischen Leiters nach der Gleichung

$$R = \frac{l \cdot \rho}{A}$$

Dabei ist der **spezifische Widerstand ρ** (lies: Rho) eines Werkstoffs festgelegt als Widerstand eines Leiters von 1 m Länge und 1 mm^2 Querschnitt bei einer Temperatur von 20 °C. Er hat die Einheit $\frac{\Omega \cdot mm^2}{m}$ (nach Einheitenumwandlung alternativ: $\Omega \cdot m$).

Als **spezifische Leitfähigkeit** γ (lies: Gamma) eines Werkstoffs bezeichnet man den Kehrwert des spezifischen Widerstands. Sie hat die Einheit $\dfrac{m}{\Omega \cdot mm^2}$ (nach Einheitenumwandlung alternativ: $\dfrac{1}{\Omega \cdot m}$ oder $\dfrac{S}{m}$; Kap. 5.2.2.1).

Eine **Leitung** besteht in der Regel aus einem Hinleiter und einem Rückleiter (Bild 5.69), die gemeinsam in einem Installationsrohr oder als Kabel verlegt sind; sie bestehen aus dem gleichen Werkstoff (ρ) und haben den gleichen Querschnitt (A). Als Leitungslänge (l) bezeichnet man die Länge der Leitung oder des Kabels. Der Widerstand der Leitung ist hierbei eigentlich gleichmäßig auf Hin- und Rückleiter verteilt. Zur besseren Darstellung der Zusammenhänge und der Berechnung wird dieser verteilte Widerstand in Zeichnungen quasi zusammengefasst und durch ein einziges Widerstandssymbol (R_{Ltg}; Ersatzschaltbild; Kap. 5.5) visualisiert. Da bei der Berechnung des Leitungswiderstands (R_{Ltg}) die gesamte Drahtlänge von Hin- und Rückleiter berücksichtigt werden muss, wird in der Rechnung die doppelte Leitungslänge ($2\,l$) eingesetzt.

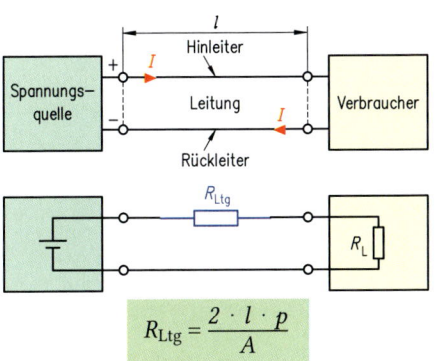

$$R_{Ltg} = \frac{2 \cdot l \cdot p}{A}$$

Bild 5.69: Leitungswiderstand

Die zunehmende Miniaturisierung elektronischer Schaltungen und damit auch die Verkleinerung der komponentenverbindenden Leiterbahnen (z. B. auf dem Motherboard oder in CPU-Chips) führt neben der Vergrößerung des Leitungswiderstands zu Effekten, die bislang in der Technik kaum von Bedeutung waren. Hierzu zählt insbesondere die **Elektromigration** (EM), die – hervorgerufen durch den fließenden elektrischen Strom – bei sehr dünnen Leitungen (ab dem Nanometerbereich) zu einem Materialtransport (Bewegung einzelner Atome) innerhalb des Leitermaterials führt. Hierdurch können sich im Lauf der Zeit Leitungsunterbrechungen ergeben, mit der Folge eines Totalausfalls einer gesamten Schaltung.

5.3.2.2 Spannungsverlust an der Leitung

Am Leitungswiderstand entsteht bei Stromdurchgang ein Spannungsfall; diese Spannung ist für die Ausnutzung am Verbraucher verloren. Der Spannungsfall an der Leitung wird daher als **Spannungsverlust** U_V (bzw. ΔU; lies: Delta U) bezeichnet.

Die **Spannung am Verbraucher** (U_2) ist um den Spannungsverlust (U_v) kleiner als die Spannung der Spannungsquelle (U_1).

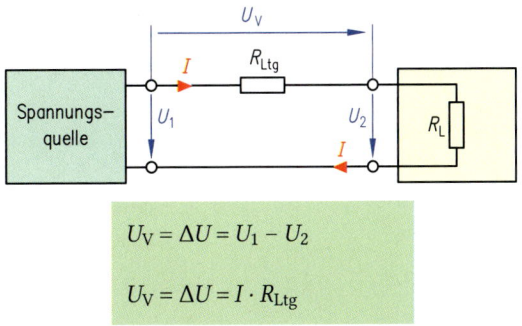

$$U_V = \Delta U = U_1 - U_2$$

$$U_V = \Delta U = I \cdot R_{Ltg}$$

Bild 5.70: Spannungsverlust an der Leitung

Mit dem Spannungsverlust und dem Betriebsstrom lässt sich auch die von der Leitung umgesetzte **Verlustleistung** berechnen ($P_v = U_v \cdot I$). Daraus ergeben sich mit der Betriebsdauer die von der Leitung in Form von Wärme abgestrahlten **Energieverluste** ($W_v = P_v \cdot t$). Bei Energieversorgungsleitungen darf der Spannungsverlust bestimmte Werte nicht überschreiten, da sonst die Funktionstüchtigkeit angeschlossener Geräte nicht mehr gewährleistet ist (Kap. 5.6.5.1).

5.3.2.3 Leitungen der Kommunikationstechnik

In der **Kommunikationstechnik** kommen Leitungsarten zur Anwendung, die für die Übertragung der jeweiligen Datensignale (Kap. 4.1) optimiert sind. Bild 5.71 zeigt – zusätzlich zu den Darstellungen in den Fachkapiteln (z.B. USB; Kap. 1.6.3) – einige weitere Beispiele für Leitungen mit Kupferadern, für Koaxialkabel und für Lichtwellenleiter.

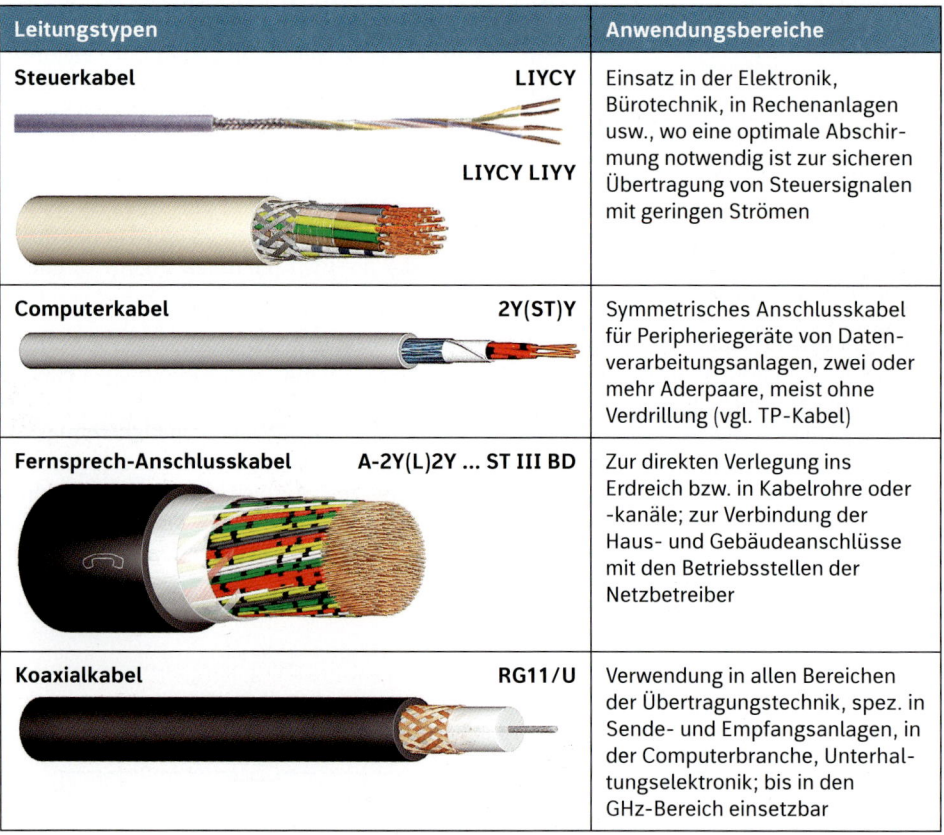

Leitungstypen		Anwendungsbereiche
Steuerkabel	**LIYCY** **LIYCY LIYY**	Einsatz in der Elektronik, Bürotechnik, in Rechenanlagen usw., wo eine optimale Abschirmung notwendig ist zur sicheren Übertragung von Steuersignalen mit geringen Strömen
Computerkabel	**2Y(ST)Y**	Symmetrisches Anschlusskabel für Peripheriegeräte von Datenverarbeitungsanlagen, zwei oder mehr Aderpaare, meist ohne Verdrillung (vgl. TP-Kabel)
Fernsprech-Anschlusskabel	**A-2Y(L)2Y ... ST III BD**	Zur direkten Verlegung ins Erdreich bzw. in Kabelrohre oder -kanäle; zur Verbindung der Haus- und Gebäudeanschlüsse mit den Betriebsstellen der Netzbetreiber
Koaxialkabel	**RG11/U**	Verwendung in allen Bereichen der Übertragungstechnik, spez. in Sende- und Empfangsanlagen, in der Computerbranche, Unterhaltungselektronik; bis in den GHz-Bereich einsetzbar

SCHURTER AG

Leitungstypen	Anwendungsbereiche
TP-Netzwerkkabel	Kommunikationskabel für PC-Netzwerke; vier Aderpaare, paarweise gegeneinander abgeschirmt; werden für die strukturierte Verkabelung mit Fast- oder Gigabit-Ethernet für Strecken bis 100 m in Netzwerken verwendet; **TP** (**T**wisted **P**air) bezeichnet den typischen Kabelaufbau: Die Adern sind in einer gemeinsamen Ummantelung paarweise miteinander verdrillt, wodurch sich gegenseitige elektromagnetische Störungen verringern lassen („Vernetzte IT-Systeme", Kap. 4.1.1.3, Kap. 4.1.3).
LWL-Außenkabel **A-D(ZN)B2Y** SCHURTER AG	Diese Kabel eignen sich zur Erd-, Röhren- und Trassenverlegung
LWL-Außenkabel **A-WF(ZN)2Y4Y** SCHURTER AG	Speziell für Erd- und Röhrenverlegung; wasserabweisende Gelfüllung der Hohladern und der Verseilhohlräume sorgt für absolute Wasserdichtigkeit
Mobiles LWL-Kabel SCHURTER AG	Dort besonders geeignet, wo mobile Glasfaserstrecken zu installieren sind, z.B. bei Fernsehübertragung, Objektüberwachung u. Ä.

Bild 5.71: Beispiele für Leitungen aus der Kommunikationstechnik

Die Bedeutung einiger typischer Kurzzeichen in der Leitungsbezeichnung ist in der folgenden Übersicht angegeben. Die Zusammensetzung einer Leitungsbezeichnung ist anhand der Bezeichnung für ein Fernsprechkabel zu erkennen.

A-	Außenkabel	**LI**	Litzenleiter
BD	Bündelverseilung	**M**	Bleimantel
C	Schirm oder Außenleiter aus Kupfergeflecht	**P**	Paarverseilung
DM	Dieselhorst-Martin-Vierer	**S-**	Schaltkabel
F	Kabelseele gefüllt	**ST**	Sternvierer für Phantomausnut-
G	Isolierhülle oder Mantel aus Naturkautschuk	**(ST)**	zung
G-	Grubenkabel	**ST III**	statischer Schirm aus Metallband
J-	Installationskabel	**Y**	Sternvierer in Ortskabeln
JE-	Installationskabel für Industrieelektronik	**2Y**	Isolierhülle oder Mantel aus PVC
L-	Leitung	**Z**	Isolierhülle oder Mantel aus PE
(L)2Y	Schichtenmantel aus AL-Band und Polyethylen (PE)		Zwillingsleitung

---

Fernsprechkabel   **A-2YF(L)2Y 30 × 2 × 0,8 ST III BD**

Bedeutung:			
A-	Außenkabel	**30 × 2**	30 Paare
2Y	Aderisolierung aus PE	**0,8**	Aderdurchmesser in mm
F	Kabelseele gefüllt	**ST III**	Sternvierer in Ortskabeln
(L)2Y	Schichtenmantel aus A-1-Band und PE	**BD**	Bündelverseilung

---

Bild 5.72: Kurzzeichen und Bezeichnungsbeispiel für Leitungen der Kommunikationstechnik

Bei der Bemessung von Leitungen sind in der Kommunikationstechnik Betrachtungen hinsichtlich Spannungsverlust und Belastbarkeit meist von geringerer Bedeutung. Hier kommt es in erster Linie auf Kennwerte (z. B. Dämpfung, Isolationswiderstand) an, durch welche die Übertragungseigenschaften beeinflusst werden. Eine eingehende Behandlung dieser Eigenschaften erfolgt im Rahmen der Übertragungstechnik (siehe „Vernetzte IT-Systeme", Kap. 4).

AUFGABEN

1. a) Wodurch entsteht bei Spannungsquellen der Unterschied zwischen Urspannung und Klemmenspannung?

    b) Wovon ist die Größe dieses Unterschieds abhängig?

2. Was versteht man bei einer Spannungsquelle unter Leerlauf und Kurzschluss?

3. Erläutern Sie den Begriff „Leistungsanpassung".

4. Skizzieren Sie die Prinzipschaltung eines Sperrwandlers (Abwärtswandler) und erläutern Sie seine Wirkungsweise.

5. Geben Sie die verschiedenen Arten von DC/DC-Wandlern an und erläutern Sie kurz ihre Funktion.

6. Skizzieren Sie die Prinzipschaltung einer Online-USV mit Bypass und erläutern Sie ihre Wirkungsweise und Einsatzmöglichkeiten.

7. Nach der Norm EN 62040-3 wird eine USV durch einen Code beschrieben. Erläutern Sie die Bezeichnungen VFD-SY-333, VI-SS-311 und VFI-SS-111.

8. Aus welchen wesentlichen Elementen ist eine elektrochemische Zelle grundsätzlich zusammengesetzt? Wovon hängt die Höhe ihrer Spannung ab?

9. Welcher wesentliche Unterschied besteht zwischen einem Primärelement und einem Sekundärelement?

10. Aus welchen Gründen eignen sich Lithiumzellen besser zur Aufrechterhaltung der Spannungsversorgung des CMOS-Speichers eines PCs als andere Knopfzellen?

11. Welche grundsätzlichen Akkutechnologien unterscheidet man?

12. Welche Bedeutung hat der Begriff Zyklus bei einem Akku?

13. Was versteht man bei Akkus unter dem „Memory-Effekt"?

14. Ein NiMH-Akku trägt die Aufschrift 1,2 V; 1 200 mAh.

    a) Welche Informationen kann man dieser Aufschrift entnehmen?

b) Auf welchen Ladestrom muss ein Ladegerät eingestellt werden, um den Akku nach völliger Entladung standardmäßig wieder aufzuladen?

c) Mit welcher Stromstärke muss geladen werden, wenn der Akku innerhalb einer Stunde geladen werden soll? Welche Ladeart liegt hier vor?

15. In batteriebetriebenen Geräten findet sich häufig der unten dargestellte Baustein (Werkbild). Erläutern Sie seine Funktion.

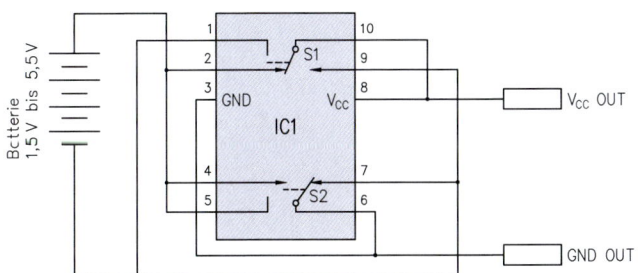

16. Wie unterscheiden sich P_v und P_{tot}?

17. Aus welchen Einzelwiderständen setzt sich der gesamte Wärmewiderstand eines gekühlten Leistungstransistors zusammen?

18. Welche Maßnahmen dienen zur Verbesserung der Wärmeableitung durch Kühlkörper?

19. Wozu werden Gap-Filler eingesetzt?

20. Was versteht man bei einem Leiterwerkstoff unter dem spezifischen Widerstand?

21. Welche Abhängigkeit besteht zwischen dem Leiterwiderstand und der Temperatur?

22. Welche Folgen hat ein zu hoher Spannungsverlust auf einer Leitung

a) für das Betriebsmittel und

b) für die Leitung selbst?

23. Um welchen Faktor ändert sich der Spannungsverlust an einer Leitung bei gleichbleibender Stromstärke, wenn

a) die Leitungslänge verdoppelt oder

b) der Leiterdurchmesser verdoppelt wird?

5.4   Elektrische und magnetische Felder

In der gesamten IT-Technik spielen elektrische und magnetische Felder eine bedeutende Rolle. Einerseits werden die diesen Feldern zugrunde liegenden physikalischen Eigenschaften technisch ausgenutzt, andererseits müssen IT-Geräte gegen unerwünschte Einflüsse durch diese Felder geschützt werden.

Eine wesentliche Eigenschaft elektrischer und magnetischer Felder besteht darin, dass sie auf bestimmte Materialien Kräfte ausüben, die sich in ihrem Einflussbereich befinden.

5

> Ein **elektrisches Feld** (*electric field*) ist ein Raum, in dem auf elektrisch positiv oder negativ geladene Gegenstände (z. B. Elektronen) Kräfte wirken.
>
> Ein **magnetisches Feld** (*magnetic field*) ist ein Raum, in dem auf magnetische Stoffe (z. B. Eisen) oder bewegte Ladungsträger Kräfte wirken.

Elektrische und magnetische Felder lassen sich mit mathematischen Methoden exakt beschreiben, eine in vielen Fällen ausreichende Veranschaulichung ist aber auch mithilfe sog. **Feldlinienbilder** möglich.

5.4.1 Elektrisches Feld

Bild 5.73 visualisiert mit grünen Linien das elektrische Feld zwischen zwei entgegengesetzt geladenen, punkförmigen Körpern Q_1 und Q_2 (**Punktladungen**). Das elektrische Feld wirkt hierbei im gesamten Raum um die geladenen Körper, die Feldlinien werden meist aber nicht räumlich (d. h. dreidimensional), sondern zur Vereinfachung nur in einer Ebene (d. h. zweidimensional) dargestellt.

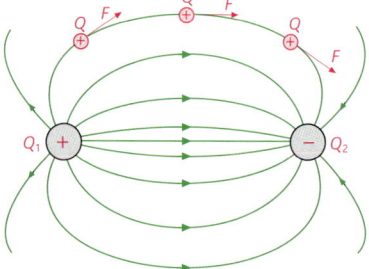

Die elektrischen Feldlinien beginnen bzw. enden jeweils auf den Oberflächen der Ladungen Q_1 und Q_2. Sie treten stets senkrecht zur jeweiligen Oberfläche aus und ein. Dazwischen verlaufen die Feldlinien **inhomogen** (ungleichmäßig). Q_1 stellt den positiven Pol, Q_2 den negativen Pol der Anordnung dar.

Bringt man in den Bereich dieses Feldes eine *positive* Probeladung Q, so wirkt auf diese eine Kraft F, die sich aus der abstoßenden Ladung Q_1 und der anziehenden Ladung Q_2 ergibt (Kap. 5.1.1.1). Die Richtung der Kraft F (und auch deren Stärke) ändert sich in Abhängigkeit vom Ort, an dem sich die Probeladung gerade befindet (rote Pfeile in Bild 5.73).

Bild 5.73: Elektrisches Feld zweier entgegengesetzt geladener Kugeln

> Die **Feldlinien** (*field lines*) eines elektrischen Feldes geben jeweils die Richtung der Kraft auf eine **positive** Probeladung in den einzelnen Punkten des Feldes an.

Durch diese Festlegung wird den Feldlinien eine Richtung zugeordnet, die in zeichnerischen Darstellungen durch entsprechende Pfeilspitzen symbolisiert wird (in Bild 5.73 grün dargestellt). Auf eine *negative* Probeladung erfolgt die Kraftwirkung jeweils entgegen der angegebenen Feldlinienrichtung.

Betrachtet man dagegen das elektrische Feld zwischen zwei parallel zueinander angeordneten, entgegengesetzt geladenen Platten (**Flächenladungen**), so ist das elektrische Feld dazwischen (abgesehen von Randerscheinungen) völlig homogen (gleichmäßig). Die Feldlinien eines **homogenen** Feldes verlaufen parallel in gleicher Richtung und in gleichem Abstand voneinander. Hierdurch wird symbolisiert, dass die Stärke des Feldes an allen Stellen gleich ist.

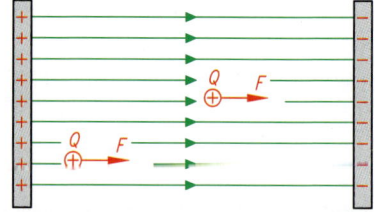

Bild 5.74: Homogenes Feld zwischen zwei entgegengesetzt geladenen Platten

Die Stärke der Kraft F auf eine in ein homogenes Feld eingebrachte positive Probeladung ist somit unabhängig vom Ort stets gleich groß und weist in die gleiche Richtung (rote Pfeile in Bild 5.74). Die Größe der Kraft F auf die Probeladung Q bezeichnet man als elektrische Feldstärke.

> Die **elektrische Feldstärke E** (*electric field strength*) an einem bestimmten Punkt eines elektrischen Feldes ist gleich der Kraft F, die dort auf eine Ladung Q von 1 Coulomb (1 C; Kap. 5.1.1.1) wirkt.
>
> $$E = \frac{F}{Q} \qquad 1\,\frac{\text{Newton}}{\text{Coulomb}} = 1\,\frac{\text{N}}{\text{C}} = \frac{1\,\text{N}}{1\,\text{C}}$$

Zwischen zwei voneinander isolierten und geladenen Körpern (Kugeln, Platten) besteht eine elektrische Spannung (Kap. 5.1.1.4). Gleichzeitig existiert zwischen diesen Körpern ein elektrisches Feld. Entsprechende Versuche offenbaren, dass Spannung und elektrisches Feld insbesondere zwischen zwei parallel angeordneten geladenen Platten in einem engen Zusammenhang zueinander stehen:

- Je größer die anliegende Spannung ist, desto größer wird auch die elektrische Feldstärke.

- Je größer der Abstand zwischen den Platten bei gleicher anliegender Spannung ist, desto kleiner wird die elektrische Feldstärke.

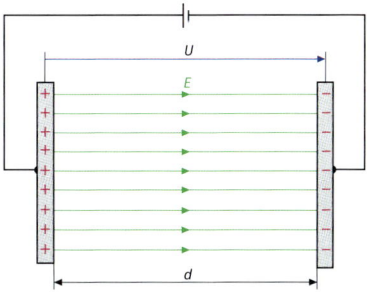

Bild 5.75: Spannung und Feldstärke im homogenen elektrischen Feld

> Die **elektrische Feldstärke E** zwischen zwei parallel angeordneten geladenen Platten verhält sich proportional zur anliegenden Spannung U und umgekehrt proportional zum Plattenabstand d.
>
> $$E = \frac{U}{d} \qquad 1\,\frac{\text{Volt}}{\text{Meter}} = 1\,\frac{\text{V}}{\text{m}} = \frac{1\,\text{V}}{1\,\text{m}}$$

Da alle Körper aus Atomen bestehen, deren Elementarteilchen elektrische Ladungen besitzen (Kap. 5.1.1.1), können elektrische Felder sowohl an elektrisch leitenden Materialien als auch an elektrisch nicht leitenden Materialien (Isolierstoffen) Kraftwirkungen ausüben. Hierbei treten zwei unterschiedliche Effekte auf.

Elektrisch leitfähiges Material (z. B. eine Metallplatte) enthält üblicherweise gleichmäßig verteilt die gleiche Anzahl positiver und negativer Ladungen. Die negativen Ladungen (Elektronen) sind hierbei frei beweglich, während die positiven Ladungen fest im Atomgitter verankert sind (Kap. 5.1.1.1).

Befindet sich eine solche Metallplatte in einem elektrischen Feld, so werden die Elektronen in der Platte entgegen der Feldrichtung bis an den äußersten Rand der Metalloberfläche verschoben. Auf der Gegenseite bleiben gleich viele feststehende positive Ladungen zurück (Bild 5.76 a).

> Die Verschiebung der elektrischen Ladungen eines metallischen Leiters unter der Einwirkung eines elektrischen Feldes bezeichnet man als **Influenz**.

5

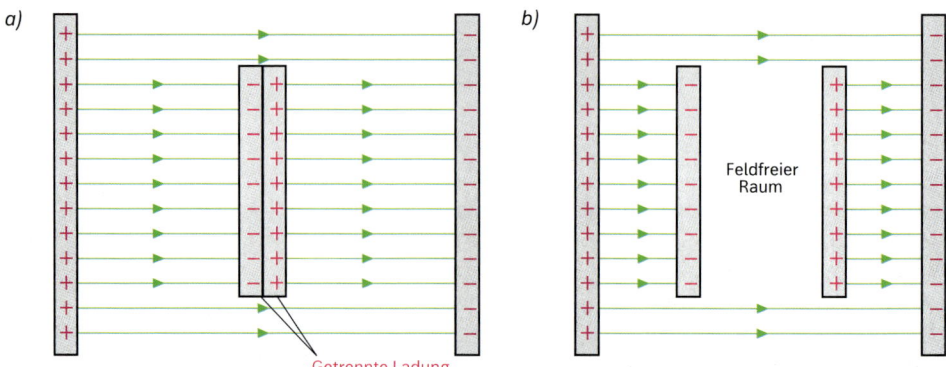

Bild 5.76: a) Ladungstrennung auf einer Metallplatte im elektrischen Feld (Influenz), b) feldfreier Raum (Faradayscher Käfig)

Zerteilt man anschließend die Metallplatte und trennt beide Hälften, so entsteht zwischen den beiden Teilen infolge dieser Influenz ein elektrisches Feld, das genauso stark, aber entgegengesetzt gerichtet ist wie das äußere Feld, sodass sich beide Felder aufheben. Der Raum zwischen den Platten bleibt also feldfrei (Bild 5.76 b).

Der durch die Influenz entstehende feldfreie Raum wird technisch genutzt, um empfindliche Schaltungsteile oder Messplätze vor der Einwirkung elektrischer Felder zu schützen (Faradayscher Käfig).

Ein **Faradayscher Käfig** (*Faraday cage*) ist ein Gehäuse, das Schaltungen, Leitungen, Messgeräte usw. vor elektrischen Feldern abschirmt.

Elektrische Nichtleiter enthalten keine beweglichen Ladungen. Dennoch bleibt das elektrische Feld auch auf einen Isolierstoff nicht ohne Wirkung. Die Ladungen verbleiben in ihrem Molekül oder Atom, verlagern jedoch ihren Schwerpunkt entsprechend der auf sie wirkenden Feldkräfte. Dadurch sind im Molekül oder Atom des Isolierstoffs positive und negative Ladungen nicht mehr gleichmäßig verteilt, sondern es entstehen jeweils zwei entgegengesetzte Pole.

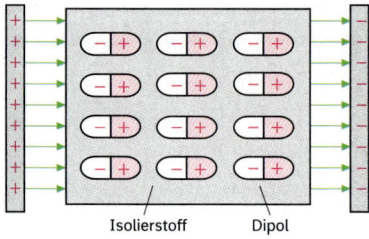

Bild 5.77: Polarisation eines Isolierstoffs im elektrischen Feld

Die Bildung von Molekülen mit zwei entgegengesetzt geladenen Polen (Dipole) in einem Isolierstoff unter der Einwirkung eines elektrischen Feldes bezeichnet man als **Polarisation**.

Den Zusammenhang zwischen der Spannung zweier geladenen Platten und der Polarisationswirkung auf einen dazwischen liegenden Isolierstoff aufgrund des vorhandenen elektrischen Feldes nutzt man technisch beispielsweise bei Kondensatoren (Kap. 5.5.1).

Steigt die Spannung zwischen den Platten und damit die Feldstärke weiter an, so kann es zur Zerstörung des Isolierstoffs und zu einer kurzzeitig leitenden Verbindung kommen; man spricht dann von einer **elektrostatischen Entladung** (ESD: Electrostatic Discharge) bzw. von einem **Durchschlag**.

> Als **Durchschlagsfestigkeit E_d** (*dielectric stength*) eines Werkstoffs bezeichnet man den Höchstwert der elektrischen Feldstärke, bei dem noch kein Durchschlag erfolgt.

Die Werte der Durchschlagsfestigkeit liegen für Luft bei ca. 2,5 kV/mm, für Papier bei ca. 4 kV/mm und für Kondensatorkeramik bis ca. 50 kV/mm.

Durch elektrische Felder und (meist unerwünschte) **elektrostatische Aufladungen** (*electrostatic charge*) können empfindliche elektronische Bauelemente und Schaltungen beschädigt werden. Elektrostatische Aufladungen ergeben sich im alltäglichen Leben u. a. durch Reibungseffekte (Reibungselektrizität) und sind allgegenwärtig. Aus diesem Grund werden **elektrostatisch gefährdete Bauelemente (EGB)** durch Verpackungsaufkleber besonders gekennzeichnet.

Bild 5.78: Aufkleber für EGB

Achtung
Nur geschultes Personal darf die Verpackung öffnen
Elektronisch gefährdete Bauelemente (EGB)

Attention
Observe Precautions for Handling
Electrostatic Sensitive Devices (ESD)

Ein **ESD-Schutz** ist überall dort erforderlich, wo häufig mit EGB gearbeitet wird. Dieser Schutz wird erreicht, indem der Arbeitsplatz mit einem **antistatischen Tisch- und Bodenbelag**, mit einem **Sicherheits-Handgelenkband** und dem entsprechenden **Erdungszubehör** ausgerüstet wird.

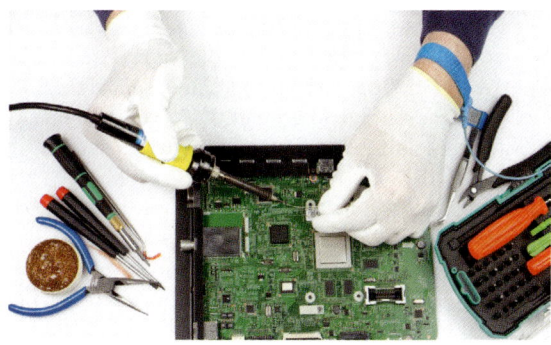

Bild 5.79: ESD-Schutz am Arbeitsplatz

5.4.2 Magnetisches Feld

Der Magnetismus stellt ein natürliches physikalisches Phänomen dar, das einerseits seinen Ursprung im Aufbau bestimmter Materialen (z. B. Eisen) hat. Diese können durch eine bestimmte Ausrichtung ihrer Elementarteilchen einen **Dauermagneten** bilden (Elementarmagnet, magnetischer Dipol, Bild 5.80). Diese Form des Magnetismus bezeichnet man genauer als **Ferromagnetismus** (*ferromagnetism*).

Andererseits tritt Magnetismus auch im Zusammenhang mit bewegten elektrischen Ladungen auf. Dies bezeichnet man dann als **Elektromagnetismus** (*electromagnetism*). Trotz verschiedener Ursachen sind beide Ausprägungen magnetischer Felder in ihrer Wirkung auf die jeweilige Umgebung nicht voneinander zu unterscheiden.

Zur Beschreibung magnetischer Phänomene hat man eine Reihe von Festlegungen getroffen, die sich u. a. auch am natürlichen Magnetfeld der Erde orientieren.

Betrachtet man beispielsweise eine drehbar gelagerte, magnetisierte Kompassnadel, so wirkt auf diese eine durch das Erdmagnetfeld verursachte Kraft. Hierdurch stellt sie sich in Nord-Süd-Richtung ein, wobei stets das gleiche Ende nach Norden zeigt.

> Als **Nordpol (N)** bezeichnet man das zum geografischen Nordpol der Erde zeigende Ende eines Magneten; das entgegengesetzte Ende eines Magneten nennt man **Südpol (S)**.

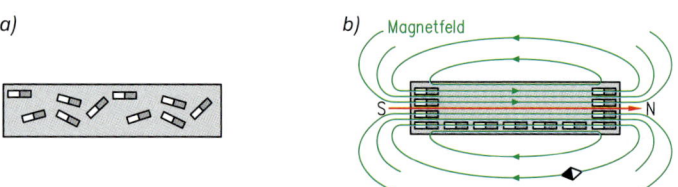

Bild 5.80: Eisenstück mit Elementarmagneten (Modellvorstellung): a) unmagnetisiert, b) magnetisiert

Mithilfe zweier Dauermagnete, deren Pole gekennzeichnet sind, stellt man bezüglich deren Kraftwirkung aufeinander fest:

- **Gleichnamige Pole** stoßen sich ab.
- **Ungleichnamige Pole** ziehen sich an.

Die Kraftwirkung magnetischer Felder wird mit Feldlinien veranschaulicht. Im Gegensatz zu den elektrischen Feldlinien, die einen Anfang und ein Ende haben (Bild 5.73), sind magnetische Feldlinien in sich geschlossen. Sie enden nicht an den Polen, sondern setzen sich im Inneren des Magneten fort (bei fortlaufender Teilung eines Magneten entstehen wieder einzelne Teilmagneten mit jeweils einem Nord- und Südpol). Per Definition wurde festgelegt, dass die Feldlinien am Nordpol eines Magneten austreten und am Südpol wieder eintreten. Die Richtung wird mit entsprechenden Pfeilspitzen an den Feldlinien visualisiert (Bild 5.80 b).

Wird eine Magnetnadel (als Indikator) in die Nähe eines stromdurchflossenen, geraden Leiters gebracht, so stellt sie sich ebenfalls in eine ganz bestimmte Richtung ein (Bild 5.81 b). Kehrt man die Stromrichtung um, so zeigt die Nadel in die entgegengesetzte Richtung. Wird der Strom abgeschaltet, so verschwindet die Ablenkkraft. Entsprechende Versuche zeigen, dass ein fließender elektrischer Strom (d.h. bewegte elektrische Ladungen) dieses Magnetfeld erzeugen. Das Magnetfeld umgibt den stromdurchflossenen Leiter ringförmig, der Zusammenhang zwischen Stromrichtung und Feldlinienrichtung lässt sich mit der **Rechtsschraubenregel** beschreiben (Bild 5.81 a).

> Dreht man eine Schraube mit einem rechtsdrehenden Schraubengewinde in Richtung des fließenden Stroms, so ergibt sich aus der Drehbewegung die zugehörige Feldlinienrichtung.
>
> Die magnetischen Feldlinien geben die Richtung an, in die der Nordpol einer Magnetnadel unter dem Einfluss des vom Strom erzeugten magnetischen Feldes zeigt.
>
> Die magnetischen Feldlinien um einen stromdurchflossenen Leiter sind in sich geschlossen.

In technischen Zeichnungen wird in der Draufsicht ein elektrischer Strom, der *in* die Zeichnungsebene hinein fließt, mit einem Kreuz im Leiterquerschnitt dargestellt (Bild

5.81 b). Ein elektrischer Strom, der *aus* der Zeichnungsebene heraus fließt, wird mit einem Punkt im Leiterquerschnitt dargestellt.

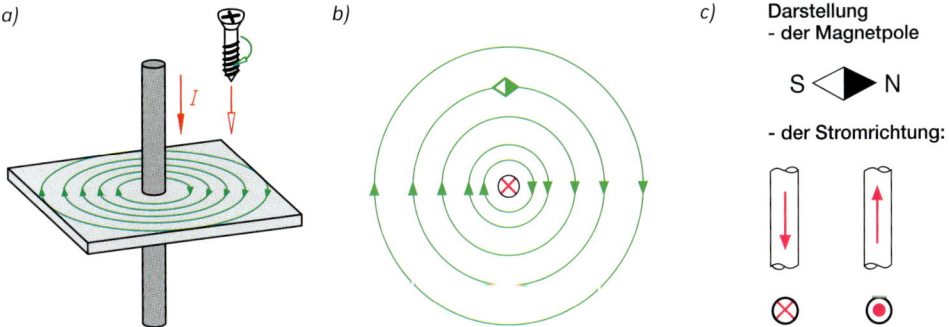

Bild 5.81: Magnetfeld eines stromdurchflossenen Leiters: a) perspektivische Darstellung, b) Draufsicht, c) Erläuterung zur Darstellung

Wird der gerade Leiter zu einer Schleife gebogen, bleibt das Magnetfeld erhalten. Im Inneren der Leiterschleife überlagern sich aber die Feldlinien, sodass sich die Form des Magnetfeldes ändert (Bild 5.82 a: Im Inneren mehr und enger zusammenliegende Feldlinien). Dieser Effekt verstärkt sich, wenn man mehrere nebeneinander liegende Leiterschleifen bildet (Bild 5.82 b). Eine solche Anordnung bezeichnet man als **Spule** (Kap. 5.5.2). Aus der Überlagerung der Felder sehr vieler nebeneinander liegender Leiterschleifen (Windungen) ergibt sich ein Magnetfeld, welches im Inneren dieser Spule **homogen** ist (Bild 5.82 c; die Stromrichtung der einzelnen Leiterschleifen wird nur einmalig mit Punkt und Kreuz symbolisiert). In Analogie zu einem Dauermagneten (Bild 5.80 b) bezeichnet man die Stirnfläche der Spule, an der sämtliche Feldlinien aus dem Spuleninneren *aus*treten, als Nordpol; die Stirnfläche, an der sämtliche Feldlinien in das Spuleninnere *ein*treten, ist demnach der Südpol (Bild 5.82 c).

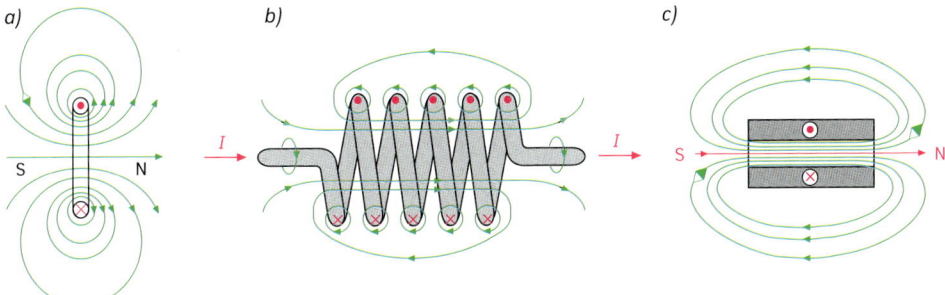

Bild 5.82: a) Magnetfeld einer Leiterschleife, b) mehrerer Leiterschleifen und c) einer Spule

5.4.2.1 Kraftwirkungen im magnetischen Feld

Wird ein stromloser elektrischer Leiter nach Bild 5.83 beweglich aufgehängt und in ein Magnetfeld gebracht, so zeigt sich zunächst keine Wirkung. Sobald jedoch ein Strom durch den Leiter fließt, wird er aus seiner natürlichen Lage abgelenkt. Wird die Stromrichtung umgekehrt, so kehrt auch die Kraft ihre Richtung um; wird der Strom abgeschaltet, so verschwindet die Kraftwirkung. Da eine Kraft auf den Leiter nur dann wirkt, wenn ein elektrischer Strom fließt, kann man annehmen, dass sie nicht unmittelbar auf das Leitermaterial, sondern auf die im Leiter fließenden Elektronen wirkt.

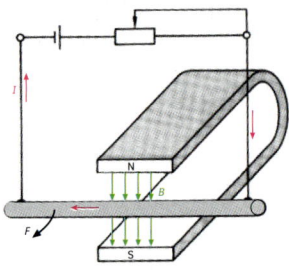

> Auf einen stromdurchflossenen Leiter wirkt im magnetischen Feld eine Kraft (**Motorprinzip**).

Das Magnetfeld des Dauermagneten in Bild 5.83 tritt hierbei in Wechselwirkung mit dem Magnetfeld, das durch den stromdurchflossenen elektrischen Leiter hervorgerufen wird.

Bild 5.83: Kraftwirkung auf einen stromdurchflossenen Leiter im magnetischen Feld

Die Kraftwirkung magnetischer Felder in Verbindung mit fließenden Strömen wird beispielsweise bei elektrodynamischen Lautsprechern genutzt (elektroakustischer Wandler; Bild 5.84). Hierbei sind die Windungen einer Spule starr mit einer Membran verbunden. Die Spule befindet sich im homogenen Magnetfeld eines Dauermagneten. Wird die Spule von einem Strom durchflossen, so wird sie je nach Stromrichtung weiter in den Luftspalt hineingezogen oder herausgedrückt. Wird sie z. B.

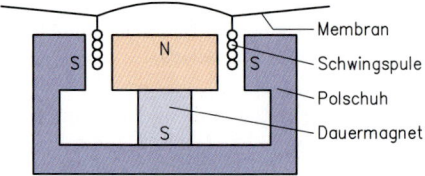

Bild 5.84: Prinzip eines elektrodynamischen Lautsprechers

von einem Sprechwechselstrom durchflossen, so schwingt die Spule im Rhythmus dieses Stroms (Schwingspule). Durch die Membran werden diese Schwingungen auf die Umgebungsluft übertragen.

Ist ein stromdurchflossener Leiter im Magnetfeld unbeweglich angeordnet, so kann er der auf die Elektronen wirkenden Kraft nicht folgen. Daher werden die Elektronen im Leiter so abgelenkt, dass es auf der einen Leiterseite zu einer Elektronenverdichtung, auf der Gegenseite zu einem Elektronenmangel kommt (visualisiert durch

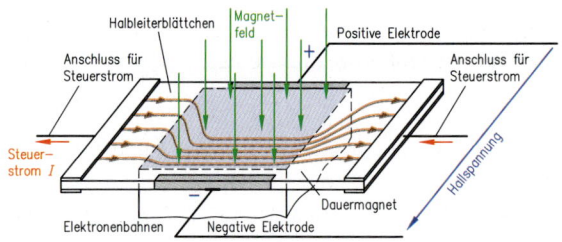

Bild 5.85: Entstehung einer Hall-Spannung (Grundprinzip)

braune Linien in Bild 5.85). Dadurch entsteht zwischen diesen beiden Seiten eine elektrische Spannung. Dieser Vorgang wird nach seinem Entdecker als Hall-Effekt, die entstehende Spannung als **Hall-Spannung** bezeichnet.

Der in Bild 5.85 dargestellte Dauermagnet dient der Erzeugung eines Magnetfeldes (grüne Linien), um den Hall-Effekt zu verdeutlichen. Ohne diesen lässt sich die Anordnung prinzipiell als **Magnetfeldsensor** (vgl. Kap. 5.5.6.1) verwenden. Bringt man den Sensor in den Bereich eines (unbekannten) Magnetfeldes, entsteht eine Hall-Spannung, deren Größe ein Maß für die Stärke des detektierten magnetischen Feldes ist.

Zwischen zwei parallel liegenden Leitern ergibt sich ebenfalls eine Kraftwirkung, wenn sie von einem elektrischen Strom durchflossen werden. Die Richtung der Kraftwirkung auf beide Leiter hängt hierbei von der Stromflussrichtung in den Leitern ab.

Fließt durch parallel liegende Leiter jeweils ein elektrischer Strom in die *gleiche* Richtung, so wirkt eine anziehende Kraft zwischen diesen Leitern.

Fließt durch parallel liegende Leiter jeweils ein elektrischer Strom in die *entgegengesetzte* Richtung, so wirkt eine abstoßende Kraft zwischen diesen Leitern.

Bild 5.86 visualisiert die beiden möglichen Fälle.

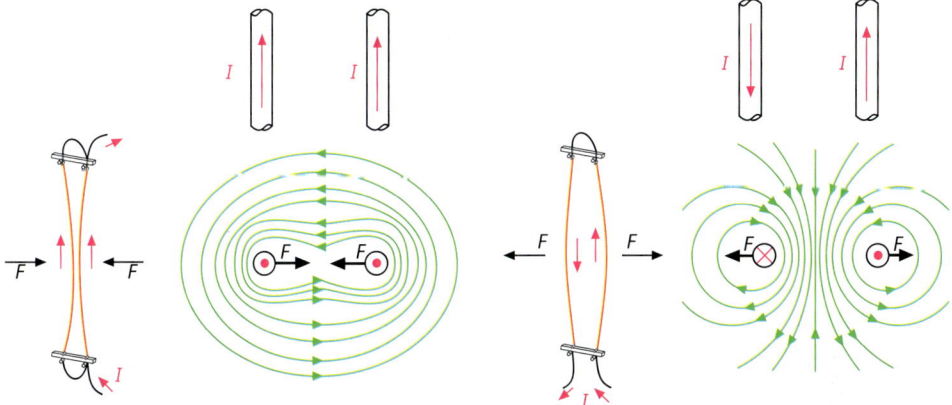

Bild 5.86: Kraftwirkung zwischen parallelen Leitern: a) bei gleichgerichteten Strömen, b) bei entgegengesetzt gerichteten Strömen

5.4.2.2 Magnetische Größen

Magnetische Felder benötigen grundsätzlich kein „Medium", um sich auszubreiten. Selbst im Vakuum bilden sie sich so aus, wie in den bisherigen Feldlinienbildern dargestellt. Jedoch kann man mit bestimmten Materialien, die eine bessere „magnetische Leitfähigkeit" aufweisen als Vakuum oder Luft, magnetische Feldlinien größtenteils bündeln bzw. über kurze Strecken in gewünschte Bahnen lenken. Versieht man beispielsweise eine Spule mit einem Kern und einem äußeren, in sich geschlossenen Eisenjoch, so erhält man einen sog. **magnetischen Kreis** (in Analogie zu einem elektrischen Stromkreis). Mit dem verwendeten Werkstoff (Kap. 5.4.2.3) für den Spulenkern und/oder dem Eisenjoch lassen sich die Eigenschaften der Anordnung beeinflussen bzw. die Wirkung verbessern.

Bei Berechnungen wird die Spulenlänge und die Kernlänge l stets als gleich groß angenommen (Bild 5.87).

Abhängig von ihrer Lage weisen die Feldlinien eines (geschlossenen) magnetischen Kreises geringfügig unterschiedliche Längen auf (innen kürzer als außen). Bei Berechnungen verwendet man daher stets einen Mittelwert l_m (entspricht in Bild 5.87 der in der Mitte liegenden Feldlinie).

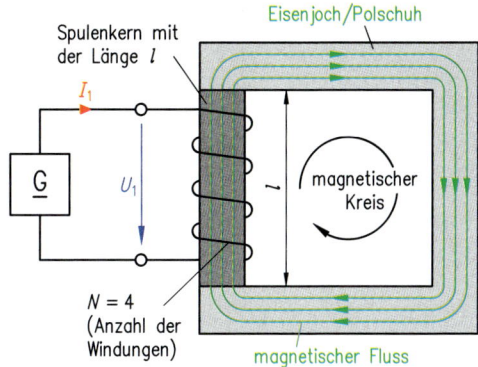

Bild 5.87: Magnetischer Kreis (Grundprinzip; die Anordnung der Windungen kann variieren)

Je nach Bauform besitzt der Spulenkern/das Eisenjoch eine kreis- oder rechteckförmige Querschnittsfläche A.

Bei einer kreisförmigen Querschnittsfläche A gilt:

$$A = \frac{\pi}{4} d^2 \ (d: \text{Durchschnitt der Querschnittsfläche})$$

Bei rechteckförmiger Querschnittsfläche gilt:

$$A = a \cdot b \ (a, b: \text{Seitenlängen der Rechteckfläche})$$

Zur Beschreibung elektromagnetischer Zusammenhänge hat man – ähnlich wie bei elektrischen Stromkreisen – folgende magnetische Größen definiert:

Bezeichnung	Formelzeichen/ Bestimmungs- gleichung	Einheit	Bemerkung	In Analogie zur elektr. Größe
Magnetischer Fluss (*magnetic flux*)	Φ (lies: Phi; griechischer Buchstabe)	1 Weber = 1 Wb = 1 Vs	Die Gesamtheit aller magnetischen Feldlinien im Inneren einer stromdurchflossenen Spule bezeichnet man als magnetischen Fluss (obwohl im physikalischen Sinn eigentlich nichts „fließt").	elektrischer Strom I
Magnetische Flussdichte (*magnetic flux density*)	$B = \dfrac{\Phi}{A}$	1 Tesla = 1 T = $1\,\dfrac{Wb}{m^2}$ = $1\,\dfrac{Vs}{m^2}$	Magnetische Wirkung einer Spule; sie gibt an, wie groß der magnetische Fluss bezogen auf die Fläche des Kernquerschnitts A ist.	Stromdichte S
Magnetische Durchflutung (*magnetomotive force*)	$\Theta = N \cdot I$ (lies: Theta; griechischer Buchstabe)	1 Ampere = 1 A	Große Stromstärken erzeugen große magnetische Flussdichten. Aber auch mit kleineren Strömen können große Flussdichten in einem Spulenkern erzeugt werden, wenn sie durch eine große Windungszahl fließen. (Beispiel: Ein Strom von 2 A erzeugt mit 40 Windungen die gleiche Flussdichte wie ein Strom von 1 A mit 80 Windungen.) Das Produkt aus Spulenstrom I und Windungszahl N bezeichnet man als magnetische Durchflutung.	Spannung U

Bezeichnung	Formelzeichen/ Bestimmungs-gleichung	Einheit	Bemerkung	In Analogie zur elektr. Größe
Magnetische Feldstärke (*magnetic intensity*)	$H = \dfrac{\Theta}{l_m}$	1 Ampere pro Meter $= 1\,\dfrac{A}{m}$	Die magnetische Durchflu-tung bewirkt im Inneren einer Spule ein Magnetfeld. Als magnetische Feldstärke H bezeichnet man die magneti-sche Durchflutung Θ bezogen auf die mittlere Feldlinienlän-ge l_m (Bild 5.87). Hinweis: Bei einer schlanken Zylinderspule ohne Eisenjoch verwendet man für l_m verein-fachend die Spulenlänge/ Kernlänge l.	Elektrische Feldstärke E
Magnetische Leitfähigkeit, Permeabilität (*magnetic conductivity*)	$\mu = \mu_r \bullet \mu_0$ (lies: „Mü"; griechischer Buchstabe) $\mu = \dfrac{B}{H}$	$1\,\dfrac{Vs}{Am}$	Die magnetische Leitfähigkeit (oder Permeabilität) ist ein Maß für die Durchlässigkeit des magnetischen Flusses in einem bestimmten Kernmate-rial. Sie wird oft als Vielfaches der **magnetischen Feldkons-tanten** μ_0 angegeben (mit μ_r = 1, 2, 3, ...). Zwischen magneti-scher Leitfähigkeit, Feldstärke und Flussdichte besteht der angegebene Zusammenhang.	Dielektri-sche Leitfähigkeit ε

Bild 5.88: Magnetische Größen

5.4.2.3 Magnetwerkstoffe

Schon sehr früh (1845, Faraday) hat man entdeckt, dass tatsächlich jeder Stoff (geringe) magnetische Eigenschaften besitzt. Als Magnetwerkstoffe bezeichnet man üblicherweise aber nur die technisch bedeutsamen **ferromagnetischen Werkstoffe**. Hierzu gehören ne-ben Eisen auch Kobalt und Nickel sowie zahlreiche Legierungen.

Nach ihrem Magnetisierungsverhalten lassen sich die ferromagnetischen Werkstoffe in zwei Gruppen aufteilen:

- **Hartmagnetische** Werkstoffe bleiben selbst magnetisch, nachdem sie einem Magnet-feld ausgesetzt wurden. Man spricht hierbei von einem großen verbleibenden **Restma-gnetismus** (Alternativbezeichnung: magnetische **Remanenz**). Sie werden verwendet zur Herstellung von Dauermagneten.

- **Weichmagnetische** Werkstoffe hingegen verfügen lediglich über einen sehr geringen Restmagnetismus. In der Gleichstromtechnik werden sie überall dort eingesetzt, wo der Magnetismus nur während eines Stromflusses wirken soll (z.B. bei einem Relais, Kap. 5.5.6.1). In der Wechselstromtechnik werden sie für Spulenkerne verwendet. Durch einen Weicheisenkern kann die magnetische Flussdichte einer Spule wesentlich vergrößert werden (bis zu 15 000-mal); daher werden praktisch nur Spulen mit Eisen-kern – sog. **Ferrite** – verwendet.

5

Die Magnetisierung weichmagnetischer Stoffe verhält sich allerdings nur in einem kleinen Bereich linear (nur hier liegt der Arbeitsbereich innerhalb der Wechselstromtechnik). Darüber hinaus kommt es bei derartigen Spulen oder Übertragern (Kap. 5.5.2.5) zu Verzerrungen (d. h., dann führt z. B. eine Verdopplung des Spulenstroms nicht mehr zu einer Verdopplung des magnetischen Flusses). Um diese Verzerrungen zu verringern, wird der Eisenkern mit einem Luftspalt versehen. Hierdurch lässt sich der lineare Bereich vergrößern und damit der Arbeitsbereich erweitern. Eisenkerne mit Luftspalt werden in Schwingkreisspulen hoher Güte, in Kleinsignal-Breitbandübertragern, in Speicherdrosseln und in getakteten Stromversorgungsgeräten eingesetzt.

Weichmagnetische Werkstoffe eignen sich aber auch zur Abschirmung empfindlicher Geräte gegen magnetische Felder, da sie eine hohe magnetische Leitfähigkeit haben (Kap. 5.4.2.2).

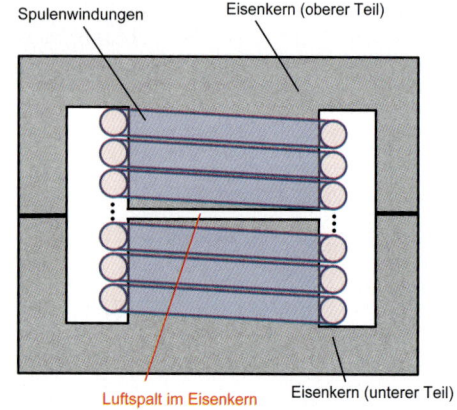

Bild 5.89: Spule mit Luftspalt im Eisenkern (Prinzipdarstellung)

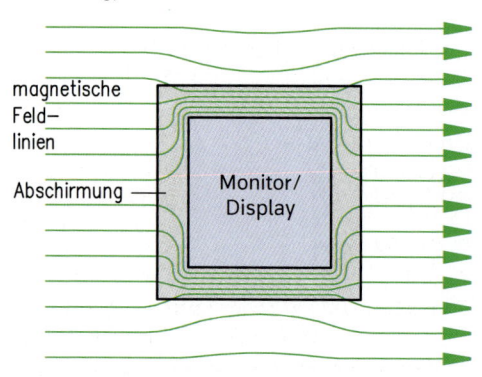

Bild 5.90: Magnetische Abschirmung (Grundprinzip)

5.4.2.4 Induktionsgesetz

Im Zusammenhang mit magnetischen Feldern ist das **Induktionsgesetz** von elementarer Bedeutung.

> Bei einer Änderung des magnetischen Flusses Φ im Innern einer Spule entsteht an ihren Anschlussklemmen stets eine elektrische Spannung. Diesen Vorgang bezeichnet man als **elektromagnetische Induktion** (*electromagnetic induction*).
>
> Die Flussänderung kann verursacht werden
>
> - durch **Bewegung der Spule in einem Magnetfeld** oder
> - durch **Änderung des in einer Spule fließenden Betriebsstroms I.**

Bild 5.91 zeigt exemplarisch die Bewegung einer Spule in einem Magnetfeld in vereinfachter Darstellung (anstelle einer Spule wird lediglich *eine* Leiterschleife dargestellt). Die Leiterschleife befindet sich drehbar gelagert im (konstanten) Magnetfeld eines Dauermagneten. Aufgrund der Drehbewegung ändert sich ständig die Lage, in der sich die Innenfläche A der Leiterschleife (gelbe Fläche in Bild 5.91 a) bezogen auf die Richtung des magnetischen Flusses Φ befindet. Hieraus resultiert eine ständige Flussänderung im Inneren der Leiterschleife (z. B. waagerechte Lage, d. h. $\alpha = 0°$: Φ maximal; senkrechte Lage, d. h. $\alpha = 90°$: $\Phi = 0$). Den Verlauf der bei einer vollen Umdrehung (d. h. um 360°) induzierten Spannung U_i zeigt Bild 5.91 b. Bei konstanter Drehgeschwindigkeit ergibt sich ein sinusförmiger Spannungsverlauf.

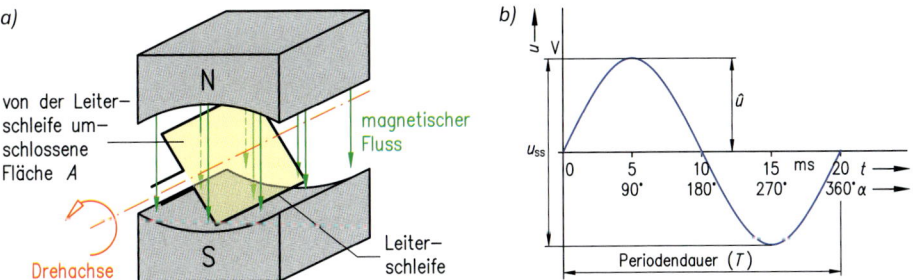

Bild 5.91: a) Elektromagnetische Induktion durch Drehbewegung einer Spule (Grundprinzip), b) Verlauf der induzierten Spannung

Wird die Leiterschleife beispielsweise 50-mal pro Sekunde gedreht, entsteht eine Wechselspannung von 50 Hz. Auf diese Weise erfolgt prinzipiell die Spannungserzeugung in unserem Energieversorgungsnetz (Hinweis: Im Dreiphasenwechselstromnetz werden drei jeweils um 120° gegeneinander versetzte Spulen im Magnetfeld gedreht; Kap. 5.7.4.1).

Bild 5.92 hingegen zeigt prinzipiell eine Anordnung, bei der eine Änderung des Betriebsstroms I_1 (hervorgerufen durch die sich ändernde Spannung U_1) in Spule 1 eine Änderung des magnetischen Flusses Φ im Eisenkern verursacht. Die Änderung dieses magnetischen Flusses bewirkt:

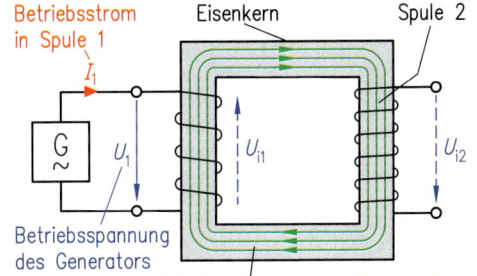

Bild 5.92: Elektromagnetische Induktion durch Betriebsstromänderung in einer Spule (Grundprinzip)

- in der vom verursachenden Betriebsstrom I_1 durchflossenen Spule 1 selbst eine induzierte Spannung (U_{i1} in Bild 5.92). Dies bezeichnet man als **Selbstinduktion**. Diese hat eine besondere Bedeutung bei Ein- und Ausschaltvorgängen in Stromkreisen mit Spulen (Kap. 5.5.2.1).

- in einer zweiten Spule, die von dem gleichen magnetischen Fluss durchsetzt wird (Spule 2 in Bild 5.92) eine induzierte Spannung (U_{i2} in Bild 5.92). Dies bezeichnet man als **Gegeninduktion** (alternativ: **induktive Kopplung**). Sie hat eine besondere Bedeutung für den Betrieb von Spulen an Wechselspannung (Kap. 5.5.2.4).

Bei den beiden aufgeführten Verfahren zur Erzeugung einer Flussänderung zeigen genauere Untersuchungen die folgenden Zusammenhänge: Ist die Ursache der Induktionsspannung

- eine *Bewegung der Spule*, so entsteht durch die Induktionsspannung ein Strom I, der eine Gegenkraft erzeugt (in Bild 5.91 a somit eine Kraft, die der verursachenden Drehkraft entgegenwirkt);

- eine *Betriebsstromänderung in einer Spule*, so wird durch die Induktionsspannung ein Strom erzeugt, der der Änderung des Betriebsstroms entgegenwirkt (d. h. in Bild 5.92: Die induzierte Spannung U_{i1} in Spule 1 wirkt entgegengesetzt zur Generatorspannung U_1).

Die Größe der in einer Spule induzierten Spannung (U_i) wird bestimmt durch die zeitliche Änderung des magnetischen Flusses ($\Delta\Phi/\Delta t$) und durch die Windungszahl (N) der Spule (**Induktionsgesetz**).

$$U_i = -N \cdot \frac{\Delta\Phi}{\Delta t} \qquad\qquad \frac{1\,\text{Vs}}{1\,\text{s}} = 1\,\text{V}$$

Das Minuszeichen besagt: Die Induktionsspannung ist stets so gerichtet, dass sie ihrer Ursache entgegenwirkt (**Lenzsche Regel**).

5.4.3   Elektromagnetische Welle

Elektrische und magnetische Felder können auch miteinander gekoppelt auftreten. Schaltet man beispielsweise einen geladenen Kondensator mit einer Spule zusammen (Bild 5.93), so entlädt sich der Kondensator über die Spule, wodurch in dieser durch den fließenden Strom ein magnetisches Feld entsteht. Dieses Magnetfeld induziert wiederum eine Spannung, die ihrerseits einen Strom erzeugt, der dann den Kondensator umgekehrt erneut auflädt. Dieser Vorgang wiederholt sich periodisch jeweils in umgekehrter Richtung.

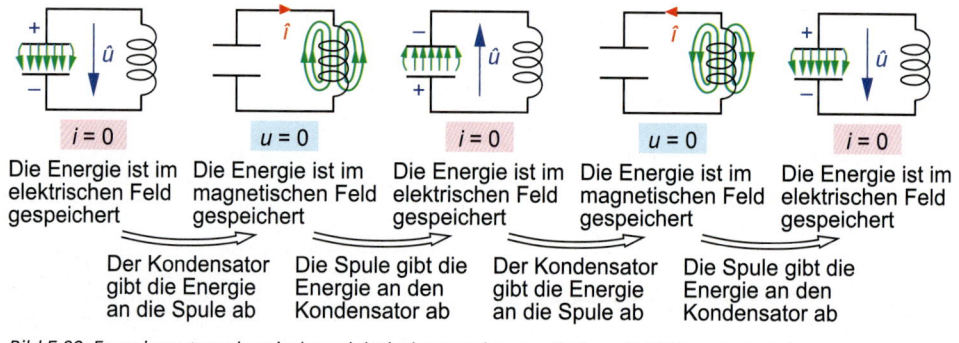

$i = 0$	$u = 0$	$i = 0$	$u = 0$	$i = 0$
Die Energie ist im elektrischen Feld gespeichert	Die Energie ist im magnetischen Feld gespeichert	Die Energie ist im elektrischen Feld gespeichert	Die Energie ist im magnetischen Feld gespeichert	Die Energie ist im elektrischen Feld gespeichert
	Der Kondensator gibt die Energie an die Spule ab	Die Spule gibt die Energie an den Kondensator ab	Der Kondensator gibt die Energie an die Spule ab	Die Spule gibt die Energie an den Kondensator ab

Bild 5.93: Energieaustausch zwischen elektrischem und magnetischem Feld (Grundprinzip)

Den fortgesetzten Energieaustausch zwischen Spule und Kondensator bezeichnet man als **elektrische Schwingung**.

Eine Schaltung, bei der es (im Idealfall ohne äußere Einwirkung) zu einem fortgesetzten Energieaustausch zwischen dem elektrischen Feld eines Kondensators und dem Magnetfeld einer Spule kommt, bezeichnet man als **elektrischen Schwingkreis** (*electrical oscillatory circuit*).

Die Frequenz, mit der ein Energieaustausch erfolgt, nennt man **Eigenfrequenz f_0** (*natural frequency*; alternativ: **Resonanzfrequenz**, *resonance frequency*) des Schwingkreises.

Bei realen Bauelementen muss man aufgrund der auftretenden Verluste den Schwingungsvorgang durch Zufuhr von Energie aufrechterhalten (z. B. durch Anschluss an eine Wechselspannung, deren Frequenz der Eigenfrequenz des Schwingkreises entspricht). Die Eigenfrequenz ist umso höher, je kleiner jeweils die Kapazität des verwendeten Kondensators (Kap. 5.5.1) und die Induktivität der verwendeten Spule ist (Kap. 5.5.2).

Bei einer entsprechenden Anordnung kann ein solcher Schwingkreis die zwischen Kondensator und Spule schwingende Energie auch in den umgebenden Raum abstrahlen (Bild 5.94 b). Eine solche Anordnung bezeichnet man als **offenen Schwingkreis**. Bei hohen Eigenfrequenzen (z.B. MHz- oder GHz-Bereich) sind nicht mehr unbedingt diskrete Kondensatoren und Spulen erforderlich, sondern auch ein gerader elektrischer Leiter einer bestimmten Länge (hängt von der Eigenfrequenz ab) kann aufgrund seiner induktiven und kapazitiven Eigenschaften (Ersatzschaltbild; Kap. 5.5) quasi wie ein offener Schwingkreis wirken (Dipol; Bild 5.94 c).

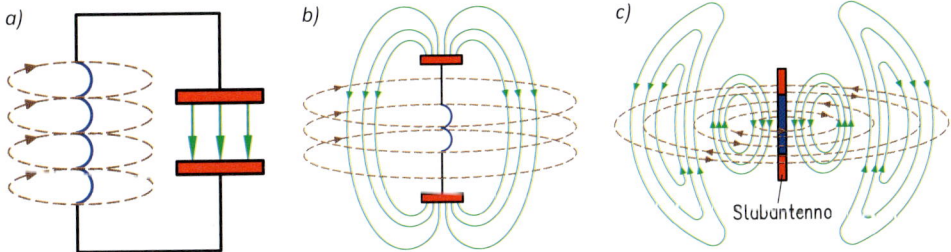

Bild 5.94: Grundprinzipien: a) geschlossener Schwingkreis, b) offener Schwingkreis, c) Stabantenne (Dipol) mit abgestrahlter elektromagnetischer Welle

> Ein sich im Raum ausbreitendes, gekoppeltes elektrisches und magnetisches Feld bezeichnet man als **elektromagnetische Welle** (*electromagnetic wave*).
>
> Eine technische Anordnung zur Abstrahlung (bzw. zum Empfang) elektromagnetischer Wellen bezeichnet man allgemein auch als **Antenne** (*aerial*).

Bei einer elektromagnetischen Welle erfolgt während ihrer Ausbreitung – also auch losgelöst von der Sendeantenne – weiterhin ein fortgesetzter Energieaustausch zwischen elektrischem und magnetischem Feld. Sie breitet sich im freien Raum (Luft, Vakuum) mit Lichtgeschwindigkeit aus, d.h., sie ist nicht an ein Medium gebunden.

Auf der Abstrahlung elektromagnetischer Wellen durch entsprechende Sendeantennen und deren Empfang durch entsprechende Empfangsantennen basiert die gesamte drahtlose Kommunikation in der IT-Technik. Durch Modulation („Vernetzte IT-Systeme", Kap. 4.1.5) dieser Wellen lassen sich Daten leitungsungebunden übertragen (z.B. Mobilfunk, WLAN, Bluetooth, GPS, NFC usw.).

5

5.4.4 Elektromagnetische Verträglichkeit

Die Funktion elektrischer und elektronischer Geräte kann erheblich gestört werden durch elektrische, magnetische und elektromagnetische Felder, die durch Blitzschlag, durch Schaltfunken an Kontakten oder durch wechselstrombetriebene Leitungen, Geräte und Anlagen verursacht werden. Insbesondere in der PC-Technik kommt es durch immer höhere Taktraten bzw. immer kürzere Schaltzeiten in digitalen Hochgeschwindigkeitsschaltungen zu immer stärkeren Störstrahlungen („**Elektrosmog**").

Infolgedessen hat das Thema **Elektromagnetische Verträglichkeit (EMV**; engl. **EMC**: *electromagnetic compatibility*) eine beträchtliche Bedeutung gewonnen. Man unterscheidet hierbei:

- **elektromagnetische Verträglichkeit mit der Umwelt (EMVU)**, die sich mit den Wirkungen elektromagnetischer Felder auf biologische Systeme (Mensch, Tier, Pflanze) befasst
- **elektromagnetische Verträglichkeit von Geräten (EMVG)**

Elektromagnetische Verträglichkeit (EMVG) ist die Fähigkeit eines Gerätes, in der elektromagnetischen Umwelt zufriedenstellend zu arbeiten, ohne dabei selbst elektromagnetische Störungen zu verursachen, die für andere in dieser Umwelt vorhandene Geräte unannehmbar wären.

Die wesentlichen Begriffe der EMVG sind:

- **Störfestigkeit**; sie bezeichnet die Fähigkeit eines Geräts, während einer elektromagnetischen Störung von außen (z. B. durch Blitzschlag) einwandfrei zu funktionieren.

- **Störaussendung**; sie beschreibt die Fähigkeit eines Geräts, elektromagnetische Störungen zu erzeugen.

Geräte im Sinne der EMVG-Vorschriften sind:

- alle Apparate, Anlagen und Systeme, die elektrische oder elektronische Bauteile enthalten, z. B. Rundfunk- und TV-Empfänger, mobile Funkgeräte, informationstechnische Geräte, Telekommunikationsgeräte und -netze usw.

- sämtliche Baugruppen, Geräteteile u. Ä., die allgemein im Handel erhältlich sind, z. B. PC-Karten, Motherboards, Schnittstellenkarten, Schaltnetzteile, Relais usw.

Alle diese Geräte müssen den EMV-Vorschriften entsprechen, damit sie das **CE-Zeichen** (Kap. 1.14.3) führen und auf dem freien Markt angeboten werden dürfen.

Keine Geräte im Sinne der EMVG-Vorschriften sind alle elementaren Bauteile, z. B. Widerstände, Kondensatoren, Spulen, Kabel, Stecker, ICs, Sicherungen usw.

Bei der Frage, ob elektromagnetische Strahlung die **Gesundheit des Menschen** (EMVU) beeinträchtigt, sollte man bedenken, dass alle inneren Regelmechanismen des Körpers auf kleinsten elektrischen Strömen und Spannungen beruhen (EEG, EKG). Künstlich erzeugte Felder rufen oft viel höhere Ströme und Spannungen im Körper hervor, deren gesundheitsgefährdende Wirkung jedoch noch nicht vollständig erforscht ist.

Recht gut bekannt ist die Wärmewirkung hochfrequenter (handyspezifischer) elektromagnetischer Strahlung. Die Wassermoleküle – der Mensch besteht zu etwa 60 % aus Wasser – bilden elektrische Dipole. Diese schwingen in dem ständig wechselnden elektromagnetischen Feld im Rhythmus der hohen Frequenz und reiben dabei aneinander. Dadurch entsteht Wärme zusätzlich zur Körpertemperatur. Bei Erwärmung um mehr als 1 °C können Stoffwechsel und Nervensystem gestört werden. Bei zu starker Erwärmung kann es auch zu Schäden im Auge kommen. Diese weitgehend erforschten thermischen Effekte bilden die Grundlage für die „Grenzwerte für elektromagnetische Strahlenbelastung" nach der 26. Bundesimmissionsschutzverordnung.

Als Messgröße für den Einfluss von Hochfrequenzfeldern und die damit verbundene Energieabsorption im menschlichen Gewebe dient die **SAR** (Spezifische Absorptions-Rate). Sie wird angegeben in Watt pro Kilogramm Körpermasse (W/kg). Die maximal zulässige SAR beträgt:

- 0,08 W/kg (z. B. Antennen von Basisstationen für GSM-, LTE- und 5G-Netze; „Vernetzte IT-Systeme", Kap. 3.6) für den ganzen Körper

- 2,00 W/kg für Teile des Körpers, z. B. für den Kopf (von der Weltgesundheitsorganisation WHO festgesetzter Grenzwert).

Die Messbedingungen für die SAR sind durch europäische Normung festgelegt (EN 62209-1: Anwendungsfall „Telefonieren mit dem Smartphone am Ohr"; EN 62209-2: Anwendungsfall „Betrieb beim Tragen des Smartphones irgendwo am Körper").

Der SAR-Wert z.B. eines Smartphones gibt an, wie viel Energie der Körper beim Telefonieren mit diesem Gerät maximal aufnimmt. Die SAR-Werte von aktuellen Smartphones liegen zwischen 0,1 und 1,6 W/kg. Damit ein Smartphone mit dem Blauen Engel ausgezeichnet wird, darf sein SAR-Wert höchstens 0,5 W/kg beim Anwendungsfall „Telefonieren mit dem Smartphone am Ohr" betragen.

Als Ergebnis vieler Ansätze und Studien gibt es über diese bekannte Wärmewirkung hinaus bislang keine wissenschaftlichen Ergebnisse, die auf sonstige Wirkungen schwacher elektromagnetischer Felder auf biologische Systeme hinweisen.

Als Summe aller bisheriger Untersuchungen ergibt sich, dass hochfrequente Felder im Rahmen der zulässigen Normen keine negativen gesundheitlichen Einflüsse auf den Menschen haben.

Mit einem **Feldstärkemessgerät** können Feldstärken in der Umgebung von Störstrahlungsquellen problemlos gemessen werden. Bild 5.95 zeigt ein solches Gerät, das für Frequenzen von 5 Hz bis 400 kHz gleichzeitig die magnetische Flussdichte B (Kap. 5.4.2.2) von 1 nT bis 200 T

Bild 5.95: Feldstärkemessgerät im praktischen Einsatz

und die elektrische Feldstärke E (Kap. 5.4.1) von 0,1 V/m bis 20 kV/m messen kann. Damit lassen sich Felder von Bahnanlagen, Stromversorgungsleitungen, Hausinstallationen und Elektrogeräten, aber auch Felder von Monitoren, medizinischen Geräten, Dimmern und Messgeräten sehr einfach erfassen.

Hinweise zum Schutz vor elektromagnetischer Strahlung:

- Möglichst **Abstand halten** von strahlenden Geräten (z.B. TV, Monitor)

- Nicht benötigte **Geräte abschalten** (z.B. Drucker, Kopierer). Die Netzteile vieler Geräte geben auch im Stand-by-Betrieb ein Magnetfeld ab.

- **Strahlungsarmes Display** verwenden

- **Schnurlose Telefone** am Telefonnetz haben eine relativ geringe Leistung im Vergleich zu Mobiltelefonen.

- Im **Schlafzimmer** sollte **keine TV- oder Stereoanlage** stehen; **Radiowecker oder Uhren möglichst weit weg** vom Bett.

- **Netzfreischalter** trennen das gesamte Schlafzimmer vom Stromnetz, sobald der letzte Verbraucher ausgeschaltet ist.

5

AUFGABEN

1. Wie definiert man in der IT-Technik

    a) ein elektrisches Feld und

    b) ein magnetisches Feld?

2. Was wird bei elektrischen und magnetischen Feldern mit den sog. Feldlinienbildern dargestellt?

3. Welcher Unterschied besteht zwischen einem inhomogenen und einem homogenen Feld? Geben Sie jeweils ein Beispiel an.

4. Was versteht man

    a) unter Influenz und

    b) unter Polarisation?

5. Wie kann ein elektronisches Bauteil gegen die Beeinflussung durch elektrische Felder geschützt werden?

6. Was versteht man unter der Durchschlagsfestigkeit eines Materials?

7. Wie lässt sich am Arbeitsplatz der erforderliche ESD-Schutz erreichen?

8. Welche Arten von Magnetismus gibt es und wodurch unterscheiden sie sich?

9. Erläutern Sie die im Zusammenhang mit magnetischen Feldern verwendete „Rechtsschraubenregel".

10. Was versteht man unter einem „magnetischer Kreis" (Erklärung ggf. zusätzlich mit einer Skizze)?

11. In Analogie zu elektrischem Strom, Stromdichte, elektrischer Spannung, elektrischer Feldstärke und dielektrischer Leitfähigkeit hat man entsprechende magnetische Größen definiert. Benennen und erläutern Sie diese.

12. Wodurch unterscheiden sich hartmagnetische und weichmagnetische Werkstoffe? Nennen Sie Beispiele für ihre jeweilige Anwendung.

13. Was versteht man unter magnetischer Abschirmung und wodurch wird sie erreicht?

14. Ein Magnetfeld übt eine Kraftwirkung auf bewegte elektrische Ladungen aus. Nennen Sie Beispiele für die technische Nutzung dieses Effekts.

15. a) Was verstehen Sie unter elektromagnetischer Induktion?

    b) Erklären Sie die Begriffe Selbstinduktion und Gegeninduktion.

16. Beschreiben Sie, warum Kontakte in Stromkreisen, in denen sich hohe Induktivitäten befinden, geschützt werden müssen. Nennen Sie Maßnahmen, mit denen Kontakte geschützt werden können. (Lösungshinweis: siehe auch Kap. 5.5.2.1)

17. Was versteht man unter einer elektromagnetischen Welle? Erläutern Sie deren Entstehung und nennen Sie Anwendungsbeispiele.

18. Welche Bedeutung haben die Bezeichnungen EMVU und EMVG?

19. Nennen Sie Maßnahmen, wie man den Einfluss von elektromagnetischen Feldern auf den menschlichen Körper reduzieren kann.

20. Erläutern Sie die Bedeutung der Bezeichnung SAR. In welcher Größenordnung liegen die SAR-Werte aktueller Smartphones?

5.5   Bauelemente in IT-Geräten

Die Funktion eines PCs und anderer elektronischer Geräte im Bereich der IT-Technik basiert auf den technischen Eigenschaften und dem aufeinander abgestimmten Zusammenspiel unterschiedlicher elektrotechnischer Bauelemente. Diese lassen sich grob einteilen in die Kategorien

- **passive Bauelemente**
- **aktive Bauelemente** und
- **integrierte Bauelemente**.

Zu jeder dieser Kategorien gehören unterschiedliche Arten von Bauelementen, die sich in ihren grundlegenden elektrotechnischen Eigenschaften voneinander unterscheiden. Jede Art lässt sich wiederum abhängig von ihrem jeweils speziellen Verhalten, von den verwendeten Materialien, ihrem Einsatzbereich oder einem anderen Kriterium gruppieren (z. B. Bild 5.121 und Bild 5.122).

> Ein Bauelement, das *einzeln* in einem eigenen Gehäuse mit eigenen Anschlüssen verwendet wird, bezeichnet man auch als **diskretes Bauelement** (*discrete component*).

Zu den fundamentalen **passiven Bauelementen** (*passive component*) gehören neben den bereits bekannten Ohmschen Widerständen (Kap. 5.1.3) auch die Kondensatoren (Kap. 5.5.1) und die Spulen (Kap. 5.5.2). Zunehmend an Bedeutung gewinnen als vierte Art der passiven Bauelemente in jüngster Zeit die sog. Memristoren (Kap. 5.5.3).

Aktive Bauelemente (*active component*) werden aus sog. **Halbleitermaterialien** (*semiconductor material*) als Ausgangssubstanz hergestellt. Diese Materialien zeichnen sich dadurch aus, dass sie bei Zimmertemperatur einen spezifischen elektrischen Leitwert (Kap. 5.3.2.1) aufweisen, der zwischen dem eines elektrischen Leiters und dem eines elektrischen Isolators liegt. Die Bedeutung dieser Elemente für die gesamte Elektrotechnik liegt darin begründet, dass sich diese Leitfähigkeit durch einfache technische Maßnahmen gezielt verändern lässt (Kap. 5.5.4).

Anders als passive Bauelemente verfügen aktive Bauelemente meist auch über verstärkende oder steuernde Eigenschaften, d. h., sie können ein Signal mit höherer Leistung abgeben, als es die Quelle des aufgenommenen Signals zur Verfügung stellen kann. Hierzu benötigen sie Energie aus einer zusätzlichen elektrischen Speisung oder erzeugen diese Energie selbst (z. B. Solarzellen).

Bei **integrierten Bauelementen** (*integrated component*) handelt es sich um die Zusammenfassung von *mehreren* passiven und aktiven, gleichartigen oder verschiedenartigen Bauelementen zu größeren Funktionseinheiten in *einem* gemeinsamen Gehäuse, das allgemein als **IC** bezeichnet wird (IC: Integrated Circuit; Kap. 5.5.5).

Jedes Bauelement wird in Schaltplänen mit einem genormten Schaltsymbol dargestellt. Bei der Betrachtung ihrer Eigenschaften geht man zwecks Vereinfachung in vielen Fällen von **idealen Bauelementen** aus (d. h. von Elementen, die nur eine einzige gewünschte Eigenschaft haben). In der Praxis haben **reale Bauelemente** aber stets eine Vielzahl von (oft auch unerwünschten) Eigenschaften, die man je nach Anwendung manchmal vernachlässigen kann, manchmal aber auch nicht. Dies ist insbesondere in Computerprogrammen für Schaltungssimulationen (z. B. Electronic Workbench, Multisim, PSpice, Logic Simula-

5

tor) von großer Bedeutung und führt je nach Einsatzzweck unter Umständen zu unterschiedlichen Ersatzschaltbildern.

> Als **Ersatzschaltbild** (ESB; *equivalent circuit*) eines Bauelements bezeichnet man die zeichnerische (bzw. bei Simulationsprogrammen programmierte) Darstellung eines *realen* Bauelements mithilfe von *idealisierten* Bauelementen, die sich zusammen elektrisch so verhalten wie das ursprüngliche reale Bauelement.

So kann man beispielsweise eine kurze elektrische Leitung vielfach als ideal und damit als verlustlos ansehen (Bild 5.96 a). Eine lange elektrische Leitung wirkt bei einer Gleichstromübertragung maßgeblich nur mit ihrem Ohmschen Widerstand (Bild 5.96 b), bei einem Strom hoher Frequenz aber auch mit ihren induktiven und kapazitiven Eigenschaften (Bild 5.96 c).

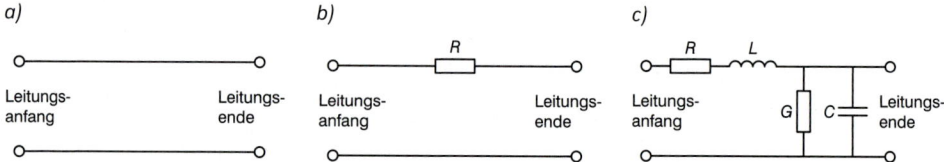

Bild 5.96: Beispiele für Ersatzschaltbilder eines elektrischen Hin- und Rückleiters: a) idealer Leiter, b) nur Ohmscher Anteil wirksam, c) alle Eigenschaften wirksam

Exkurs

*Die im **Kabelersatzschaltbild** (cable equivalent circuit) durch diskrete Bauelemente (R, G, L, C; Bild 5.96 c) dargestellten Eigenschaften verteilen sich bei einem realen Leiter stets auf den gesamten Hin- und Rückleiter. Sie beschreiben insgesamt die auftretenden „Leitungsverluste", die hauptsächlich von der jeweiligen Leitungslänge abhängen. In den Datenblättern der Hersteller werden sie daher meist auch als längenabhängige Größen – sog. „**Belagsgrößen**" – angegeben (Kennzeichnung mit einem angefügten Marginalstrich):*

- *R': **Widerstandsbelag** in Ω/km (Ohm pro Kilometer); zusammen für Hin- und Rückleiter, sollte möglichst klein sein*
- *G': **Ableitungsbelag** in µS/km (Mikrosiemens pro Kilometer); Isolation zwischen den Leitern, sollte möglichst groß sein*
- *L': **Induktivitätsbelag** in mH/km (Millihenry pro Kilometer); zusammen für Hin- und Rückleiter, sollte möglichst klein sein*
- *C': **Kapazitätsbelag** in nF/km (Nanofarad pro Kilometer); Kapazität zwischen den Leitern, sollte möglichst klein sein*

Beispiel
Beträgt der Widerstandsbelag einer Leitung laut Datenblatt R' = 0,15 Ω/km (lies: „R Strich"), so hat eine aus Hin- und Rückleiter bestehende und 20 km lange Leitung im Ersatzschaltbild einen Widerstand von R = 3 Ω.
*Diese längenabhängigen Größen sind nicht zu verwechseln mit einer anderen charakteristischen Kenngröße elektrischer Leitungen, dem sog. **Wellenwiderstand Z_W** (characteristic impedance; „Vernetzte IT-Systeme", Kap. 1.1.3.3).*

Ohmsche Widerstände wurden bereits in den vorangegangenen Kapiteln vorgestellt. Kenntnisse über die Eigenschaften anderer passiver, aktiver und integrierter Bauelemente sowie deren Handhabung sind sowohl bei der Bewertung auftretender Fehlfunktionen als auch bei Reparatur- und Instandsetzungsarbeiten von technischen Geräten von maßgeblicher Bedeutung.

5.5.1 Kondensatoren (Kapazitäten)

Kondensatoren bestehen prinzipiell aus zwei gleich großen Elektroden (Metallfolien, Elektrolyte), die durch ein **Dielektrikum** (d.h. einen Nichtleiter aus Keramik, Kunststoff, Papier, Luft; engl. *dielectric*) gegeneinander isoliert sind.

Wird ein Kondensator an eine Gleichspannung gelegt, so fließt für kurze Zeit ein Strom. Während dieser Zeit steigt die Spannung am Kondensator auf den Wert der angelegten Spannung (Bild 5.98 a). Trennt man den Kondensator von der Spannungsquelle, so behält er seine Spannung bei; er hat elektrische Energie gespeichert und wirkt selbst wie eine Spannungsquelle (Bild 5.98 b).

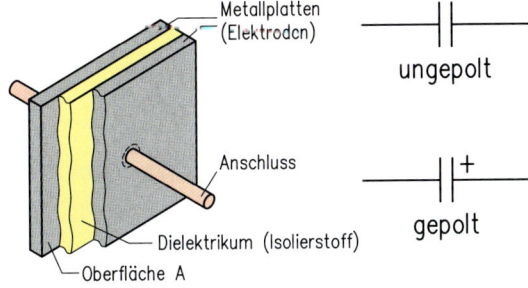

Bild 5.97: Prinzipieller Aufbau und Schaltsymbol eines Kondensators

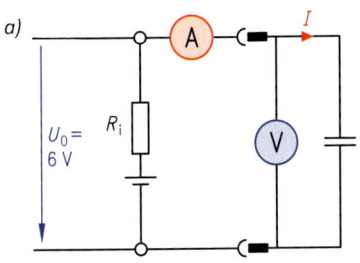 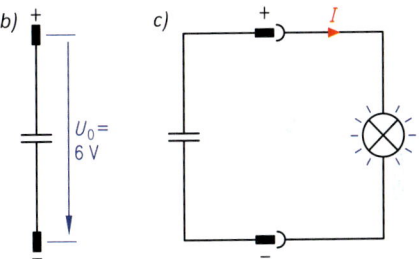

Bild 5.98: Kondensator als Energiespeicher

Schließt man eine Lampe (Verbraucher) an den geladenen Kondensator, so leuchtet diese kurz auf; die Kondensatorspannung geht auf null zurück (Bild 5.98 c).

Ein **Kondensator** (*capacitor*) kann elektrische Energie aufnehmen, speichern und wieder abgeben.

Zum Vergleich des Speichervermögens von Kondensatoren gibt man die Ladung an, die der einzelne Kondensator bei einer angelegten Spannung von 1 V aufnimmt.

Die **Kapazität C** (*capacity*) eines Kondensators gibt an, wie groß die elektrische Ladung Q ist, die der Kondensator bei einer angelegten Spannung U von 1 V aufnimmt.

$$C = \frac{Q}{U} \qquad 1\,\text{F} = \frac{1\,\text{Coulomb}}{1\,\text{Volt}} = 1\,\frac{\text{C}}{\text{V}} = 1\,\frac{\text{As}}{\text{V}}$$

Die Einheit der Kapazität heißt Farad (1 F). Dies ist eine sehr große Kapazität, die bei den in der IT-Technik gebräuchlichen Kondensatoren kaum vorkommt. Die hier verwendeten Kondensatoren haben Kapazitäten in den Größenordnungen Mikrofarad ($1\,\mu F = 10^{-6}\,F$), Nanofarad ($1\,nF = 10^{-9}\,F$) und Picofarad ($1\,pF = 10^{-12}\,F$). Doppelschichtkondensatoren können jedoch mit wesentlich größeren Kapazitäten hergestellt werde. Sie werden zur Energieversorgung von IT-Geräten und -Anlagen in Verbindung mit USVs eingesetzt (Kap. 5.3.1.3).

> Die Kapazität eines Kondensators wird bestimmt von seiner Baugrößen. Sie
>
> - steigt in demselben Verhältnis wie die **Oberfläche A** (*surface*) der beiden jeweils gegenüberliegenden Elektroden ($C \sim A$);
>
> - wird in demselben Verhältnis größer, wie der **Abstand d** (*distance*) der beiden Elektroden kleiner wird $\left(C \sim \dfrac{1}{d} \right)$;
>
> - ist abhängig von dem Werkstoff, der als Dielektrikum verwendet wird. Diese Werkstoffkennzahl wird als **Dielektrizitätskonstante ε** (lies: Epsilon) bezeichnet ($C \sim \varepsilon$). Die Dielektrizitätskonstante wird alternativ auch **dielektrische Leitfähigkeit** (*dielectric conductivity*) genannt und besitzt die Einheit As/Vm.
>
> $$C = \frac{\varepsilon \cdot A}{d} \qquad 1\,F = \frac{1\,\dfrac{As}{Vm} \cdot m^2}{m} = 1\,\frac{As \cdot m^2}{Vm \cdot m} = 1\,\frac{As}{V}$$
>
> Hinweis: In einigen Fachbüchern wird die dielektrische Leitfähigkeit eines Stoffs (ε) auch als Vielfaches der dielektrischen Leitfähigkeit im Vakuum (ε_0) angegeben (somit: $\varepsilon = \varepsilon_r \cdot \varepsilon_0$; mit $\varepsilon_r = 1, 2, 3, \ldots$).

Der Kapazitätswert eines Kondensators wird entweder mit Ziffern aufgedruckt (z.B. 47 µF) oder mit vier Farbmarkierungen entsprechend dem bei Widerständen verwendeten internationalen Farbcode (Bild 5.32) angegeben. Zusätzlich erscheint oftmals auch eine Angabe der maximal zulässigen Betriebsspannung in Volt als Zahl (z.B. 2,2 nF/650 V) oder als fünfte Farbmarkierung (wichtig für die Durchschlagsfestigkeit; Kap. 5.4.1). Alternativ wird auch ein aufgedruckter Buchstaben-Zahlen-Code verwendet (Angabe in pF; z.B. 473K bedeutet: $47 \cdot 10^3$ pF; +/- 10%, entspricht 47 nF).

Abhängig vom jeweiligen Einsatz verwendet man unterschiedliche Typen (z.B. Keramik-, Folien-, Tantal- oder Elektrolytkondensatoren). Im Gegensatz zu allen anderen Typen sind Tantal- und Elektrolytkondensatoren **gepolt**, d.h., sie dürfen nur an Gleichspannung betrieben werden. Eine Falschpolung bewirkt die Zerstörung des Bauelements. Die Anschlüsse sind entsprechend gekennzeichnet (Bild 5.99 a). Eine der Gleichspannung überlagerte Wechselspannung ist möglich, darf aber keine Umpolung bewirken ("Mischstrom"; Kap. 5.1.2.4). Aufgrund ihrer – in den folgenden Kapiteln dargestellten – Eigenschaften werden Kondensatoren in IT-Geräten vielfältig eingesetzt, z.B.:

- als diskretes Bauelement in Netzteilen zur Glättung bzw. Siebung der Restwelligkeit einer gleichgerichteten Wechselspannung und zur Pufferung von Gleichspannung bei schnellem Lastwechsel (meist Elektrolytkondensator mit großer Kapazität)

- als diskretes Bauelement auf dem Motherboard in der Nähe von ICs zwecks Filterung von hochfrequenten Signalstörungen (meist Tantalkondensatoren mittlerer Kapazität)

- als diskretes Bauelement in diversen Schaltungen zum Ein- und Auskoppeln von Wechselspannungssignalen bzw. zur Trennung von Gleich- und Wechselspannungssignalen (Entkopplungskondensator; meist gepolte Kondensatoren mittlerer Kapazität)

- integriert in einem IC bei allen dynamischen Speicherzellen (Kap. 1.5); ein Kondensator speichert hierbei die binären Zustände eines Bits (ungeladen: logisch 0, geladen: logisch 1; Kap. 4.3.2); sehr kleine Kapazitätswerte

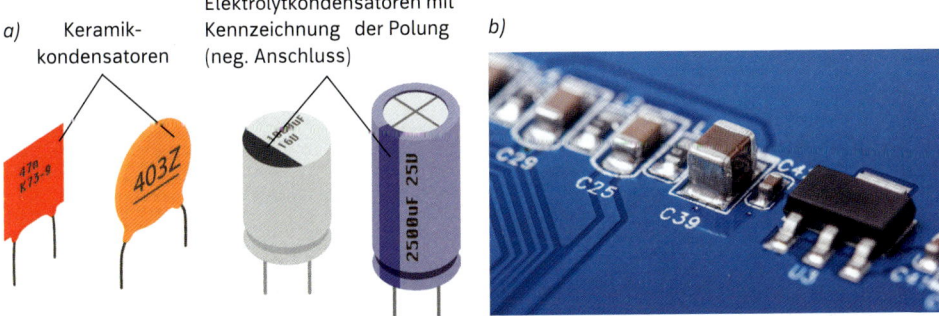

Bild 5.99: a) Beispiele für Kondensatorbauformen, b) SMD-Kondensatoren aufgelötet auf einer Platine (**SMD**: **S**urface **M**ounted **D**evice)

5.5.1.1 Aufladung und Entladung

Lädt man einen ungeladenen Kondensator an einer Gleichspannungsquelle auf, so bildet er im Einschaltaugenblick zunächst einen Kurzschluss. Um einen unzulässig hohen Anfangsladestrom zu verhindern, muss ein Kondensator daher über einen Vorwiderstand aufgeladen werden (Bild 5.100).

Am Vorwiderstand R liegt in jedem Augenblick die Spannung $U_R = U_0 - U_C$. Die Stromstärke in der Schaltung ergibt sich also nach der Gleichung:

$$I = \frac{U_R}{R} = \frac{U_0 - U_C}{R}$$

Der **Ladestrom eines Kondensators** nimmt in demselben Verhältnis ab, wie die Kondensatorspannung zunimmt.

Ein Kondensator ist geladen, wenn seine Spannung U_C genauso groß ist wie die angelegte Spannung U_0; I und U_R sind dann null.

Ein geladener Kondensator sperrt den Gleichstrom.

Die Ladezeit t_L wird bestimmt

- durch die Größe des Vorwiderstands R, der den Anfangsladestrom festlegt. Je größer R, desto größer t_L.

- durch die Kapazität C. Je größer C (je mehr Ladung der Kondensator bei der angelegten Spannung aufnimmt), desto größer t_L.

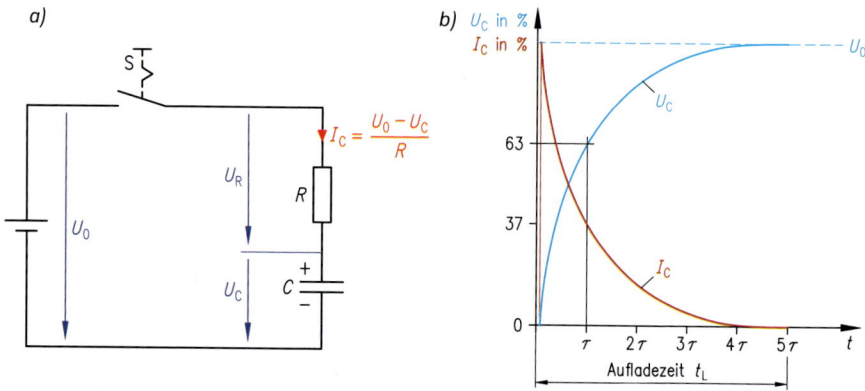

Bild 5.100: a) Aufladung eines Kondensators über einen Widerstand, b) Zeitlicher Verlauf von I_C und U_C während der Aufladung

> Bei einem Kondensator bezeichnet man das Produkt aus R und C als **Zeitkonstante τ** (lies: Tau; engl. *time constant*).
>
> $$\tau = R \cdot C \qquad 1\,\Omega \cdot 1\,F = 1\,\frac{V}{A} \cdot 1\,\frac{As}{V} = 1\,s$$
>
> Nach der Zeit von 1τ ist ein Kondensator auf 63 % der angelegten Spannung U_0 aufgeladen.
>
> Innerhalb jedes weiteren Zeitabschnitts von 1τ nimmt die Spannung um 63 % der jeweiligen Restspannung $U_0 - U_C$ zu.
>
> Nach einer Ladezeit t_L von fünf Zeitkonstanten gilt ein Kondensator praktisch als geladen (Bild 5.100 b).
>
> $$t_L = 5 \cdot \tau$$

Die **Entladung** verläuft genau umgekehrt wie die Aufladung. Während der ersten Zeitkonstanten (nach Schließen von Schalter S) nimmt die Kondensatorspannung um 63 % des Anfangswerts ab (Bild 5.101).

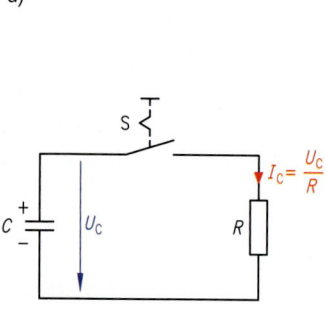

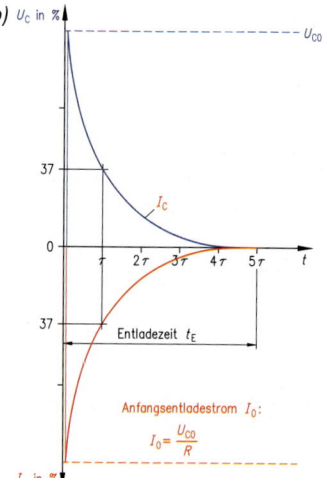

Bild 5.101:
a) Entladung eines Kondensators über einen Widerstand, b) Zeitlicher Verlauf von Spannung und Strom während der Entladung

> Ein Kondensator entlädt sich innerhalb der ersten Zeitkonstanten auf 37 % seiner Anfangsspannung (d. h., er entlädt sich um 63 %). Nach einer Entladezeit t_E von fünf Zeitkonstanten gilt ein Kondensator praktisch als entladen.
> $$t_E = 5 \cdot \tau$$

Die Stromkurve in Bild 5.101 ist auf der negativen Achse aufgetragen, um zu verdeutlichen, dass der Entladestrom in umgekehrter Richtung wie der Ladestrom fließt. Aus diesen Zusammenhängen wird deutlich, dass beispielsweise bei einer 1T/1C-Speicherzelle (DRAM; Kap. 1.5.2.2) für das Ändern eines logischen Zustands stets ein gewisse Zeit (im Nanosekundenbereich) einkalkuliert werden muss.

5.5.1.2 Kapazitiver Blindwiderstand

Wird ein Kondensator an eine Gleichspannung gelegt, so fließt nur so lange ein Strom, bis er auf die angelegte Spannung aufgeladen ist.

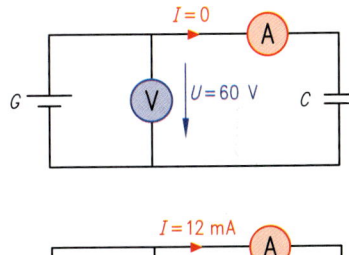

Da das Dielektrikum des Kondensators kein idealer Isolator ist, fließt auch nach dem Aufladen noch ein sehr geringer Gleichstrom (im Ersatzschaltbild eines realen Kondensators manchmal mit einem parallel zu C dargestellten Widerstand R symbolisiert). Vernachlässigt man diesen Verluststrom, so spricht man von einem verlustfreien oder idealen Kondensator; er stellt eine reine Kapazität dar.

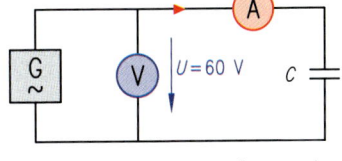

> Ein geladener, idealer Kondensator sperrt Gleichstrom.

Bild 5.102: Verlustloser Kondensator im Gleichstrom- und im Wechselstromkreis

Schließt man den Kondensator an eine Wechselspannung, so wird er fortwährend periodisch geladen und entladen; es fließt also ständig ein Strom.

> Durch einen Kondensator fließt in einem Wechselstromkreis dauernd ein Strom.

Ändert man die Größe der angelegten Wechselspannung, so ändert sich die Stromstärke im Kondensator im gleichen Verhältnis. Der ideale Kondensator verhält sich also im Wechselstromkreis ähnlich wie ein Widerstand; man bezeichnet ihn daher als kapazitiven Blindwiderstand. Zur Abgrenzung von Ohmschen *Wirk*widerständen (R) verwendet man bei *Blind*widerständen den Buchstaben X.

> Ein idealer Kondensator hat im Wechselstromkreis einen **kapazitiven Blindwiderstand** (*capacitive reactance*).
> $$X_C = \frac{U}{I} \qquad 1\,\Omega = \frac{1\,V}{1\,A}$$
> Hinweis: U und I sind jeweils die Effektivwerte von Wechselspannung und Wechselstrom am Kondensator.

Der Blindwiderstand einer Kapazität beruht auf der fortwährenden Umladung. Daraus ergibt sich, dass der kapazitive Blindwiderstand abhängig ist

- von der Größe der Kapazität und
- von der Schnelligkeit der Umladung, also von der Frequenz der Wechselspannung.

Misst man Stromstärke und Spannung bei der Frequenz 50 Hz an verschieden großen Kapazitäten und berechnet daraus jeweils den Blindwiderstand, so erkennt man, dass $X_C \sim 1/C$ ist (Bild 5.103 a).

Führt man die gleichen Messungen an einer Kapazität von $C = 10\,\mu F$ diesmal bei verschiedenen Frequenzen durch, so erkennt man, dass $X_C \sim 1/f$ ist (Bild 5.103 b).

Es zeigt sich jedoch, dass der aus den gemessenen Effektivwerten (U, I) berechnete Widerstandswert um einen Faktor $1/k$ größer ist als das Produkt aus dem Kehrwert von f und C, sodass sich ergibt:

$$X_C = \frac{1}{k \cdot f \cdot C}$$

Setzt man in diese Gleichung beispielsweise die Werte für $f = 100\,Hz$ und $C = 10\,\mu F$ aus Bild 5.103 b ein, so ergibt sich für die Konstante k ein Wert von $6{,}28 = 2\,\pi$.

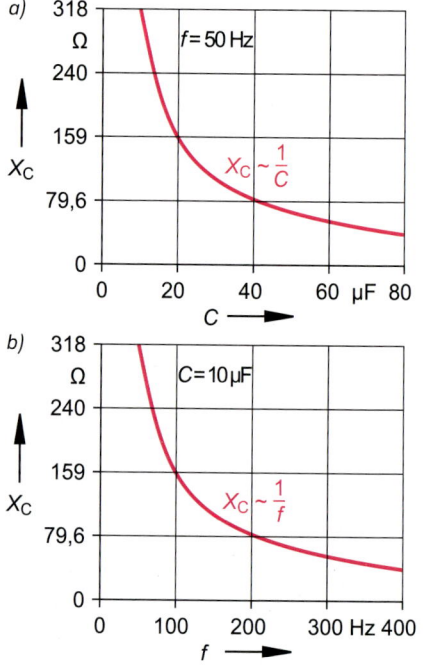

Bild 5.103: Abhängigkeit des kapazitiven Blindwiderstands von der Kapazität und der Frequenz

Der kapazitive Blindwiderstand eines Kondensators ist

- umgekehrt proportional zur Kapazität C des Kondensators und
- umgekehrt proportional zur Frequenz f der angelegten Spannung.

$$X_c = \frac{1}{2\pi \cdot f \cdot C} \qquad 1\,\Omega = \frac{1}{1\,Hz \cdot 1\,F}$$

5.5.1.3 Phasenverschiebung am kapazitiven Blindwiderstand

Überträgt man die Erkenntnisse, die man beim Lade- bzw. Entladevorgang an einer Gleichspannung gewonnen hat, auf die Vorgänge an einem Kondensator an Wechselspannung, so ergibt sich:

Wenn die Kondensatorspannung null ist ($t = 0$ in Bild 5.104 a), hat der Ladestrom seinen Höchstwert. Mit steigender Kondensatorspannung wird die Stromstärke geringer. Ist der Kondensator auf den Höchstwert der anliegenden Wechselspannung aufgeladen ($t = 5\,ms$), so hat die Stromstärke den Wert null. Wird die Spannung verringert, so entlädt sich der Kondensator. Der Entladestrom fließt in umgekehrter Richtung wie der Ladestrom. Wechselt die Polarität der Spannung ($t = 10\,\text{ms}$ in Bild 5.104 a), so wird der Kondensator mit umgekehrter Polarität wieder aufgeladen.

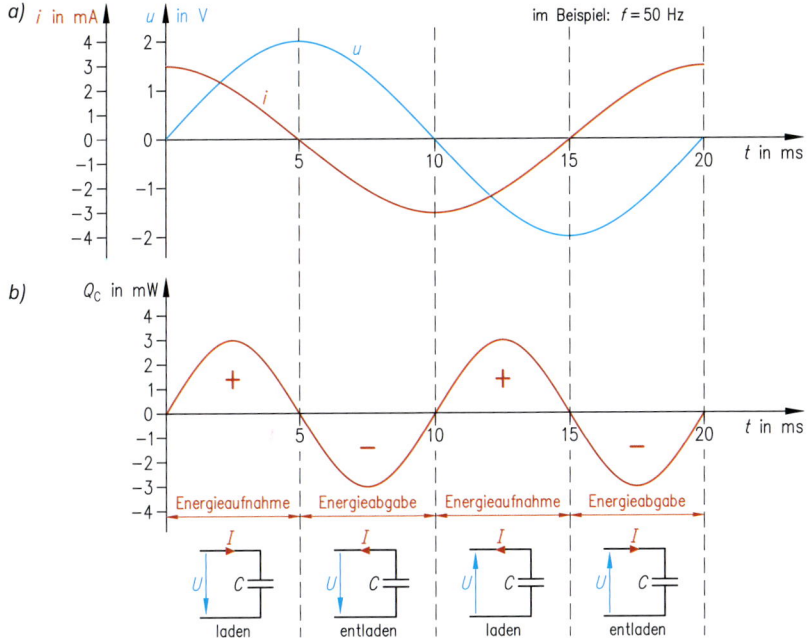

Bild 5.104: a) Phasenverschiebung zwischen Spannung und Stromstärke, b) Blindleistungsverlauf am kapazitiven Blindwiderstand

Im Liniendiagramm (Bild 5.104 a) erkennt man deutlich, dass Strom und Spannung phasenverschoben sind, und zwar eilt der Strom der Spannung um eine Viertelperiode voraus. Alternativ kann man auch formulieren:

> An einem **kapazitiven Blindwiderstand eilt die Spannung der Stromstärke um** $\varphi = 90°$ **nach.**

In einem Wechselstromkreis mit einem verlustlosen (idealen) Kondensator kann mit einem Wattmeter (Kap. 5.1.5.6) keine Wirkleistung gemessen werden. Daraus ergibt sich, dass im Kondensator keine Energie in Wärme umgesetzt wird; der Kondensator erwärmt sich im Betrieb praktisch nicht. Die Leistung, die sich als Produkt aus den einzeln gemessenen Werten von Spannung und Stromstärke ergibt, ist eine reine **Blindleistung**.

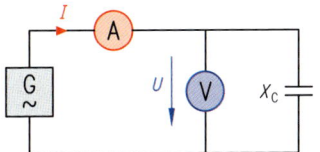

Bild 5.105: Messung der Blindleistung

> In einem verlustlosen Kondensator (kapazitiver Blindwiderstand)
> - entsteht keine Wirkleistung, d. h.: $P = 0$
> - entsteht reine Blindleistung, d. h.: $Q_C = U \cdot I$ $1\,\text{W} = 1\,\text{V} \cdot 1\,\text{A}$

In Bild 5.104 b erkennt man, dass die Ladung (Energieaufnahme) und Entladung (Energieabgabe) mit der doppelten Frequenz von Strom und Spannung abläuft.

Die Blindleistung ist also ein Maß für die pro Sekunde zwischen Spannungsquelle und Kondensator hin- und herschwingende Energie. Diese ist physikalisch nicht nutzbar, d. h., sie kann nicht in eine andere Energieform (Wärme, Licht) umgewandelt werden. Da diese Blindleistung aber über die Leitungen transportiert wird, führt sie insbesondere im Energiebereich zu einer erhöhten Strombelastung auf den Versorgungsleitungen.

5.5.1.4 Zusammenschaltung von kapazitiven Blindwiderständen

Für die Zusammenschaltung von kapazitiven Blindwiderständen gelten die gleichen Regeln wie für Ohmsche Widerstände.

Reihenschaltung von kapazitiven Blindwiderständen	
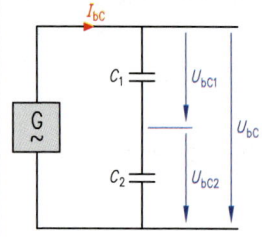	In der Reihenschaltung fließt durch jeden Kondensator der gleiche Strom I_{bC}. Folglich nimmt jeder einzelne Kondensator die gleiche Ladung Q auf. Die Teilblindspannungen können zu einer Gesamtblindspannung addiert werden (da sie hier miteinander in Phase sind). $$U_{bC} = U_{bC1} + U_{bC2} + \ldots$$ Auch die einzelnen Blindwiderstände können addiert werden. $$X_{Cges} = X_{C1} + X_{C2} + \ldots$$ Somit gilt: $\dfrac{1}{2\pi \cdot f \cdot C_{ges}} = \dfrac{1}{2\pi \cdot f \cdot C_1} + \dfrac{1}{2\pi \cdot f \cdot C_2} + \ldots$ $\Rightarrow \quad \dfrac{1}{C_{ges}} = \dfrac{1}{C_1} + \dfrac{1}{C_2} + \ldots \ (*)$
(*) Mit den Rechenregeln der Mathematik ergibt sich bei lediglich zwei Kapazitäten in Reihe vereinfacht: $$C_{ges} = \dfrac{C_1 \cdot C_2}{C_1 + C_2}$$	Die kapazitiven Blindwiderstände verhalten sich also im Wechselstromkreis umgekehrt proportional zu den Kapazitäten (d. h. allgemein: $X_C \sim \dfrac{1}{C}$). **In einer Reihenschaltung ist die Gesamtkapazität also immer kleiner als die kleinste Einzelkapazität.**

Parallelschaltung von kapazitiven Blindwiderständen

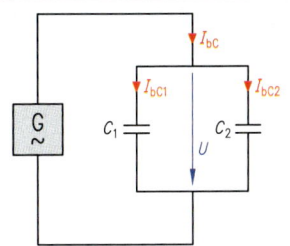

In der Parallelschaltung liegt jeder einzelne Kondensator an der gleichen Spannung. Die Teilblindströme können zu einem Gesamtblindstrom addiert werden (da sie hier miteinander in Phase sind).

$$I_{bC} = I_{bC1} + I_{bC2} + \dots$$

Der Gesamtblindwiderstand lässt sich allgemein über die Kehrwerte der Einzelblindwiderstände, d. h. über deren Leitwerte (Kap. 5.2.2.1), ermitteln.

$$\frac{1}{X_{Cges}} = \frac{1}{X_{C1}} + \frac{1}{X_{C2}} + \dots \ (*)$$

(*) Mit den Rechenregeln der Mathematik ergibt sich bei lediglich zwei parallelen kapazitiven Widerständen vereinfacht:

Somit gilt: $2\pi \cdot f \cdot C_{ges} = 2\pi \cdot f \cdot C_1 + 2\pi \cdot f \cdot C_2 + \dots$

$$\Rightarrow C_{ges} = C_1 + C_2 + \dots$$

Die kapazitiven Blindwiderstände verhalten sich also im Wechselstromkreis umgekehrt proportional zu den Kapazitäten.

$$X_{Cges} = \frac{X_{C1} \cdot X_{C2}}{X_{C1} + X_{C2}}$$

In einer Parallelschaltung ergibt sich die Gesamtkapazität als Summe der Einzelkapazitäten.

Bild 5.106: Reihen- und Parallelschaltung von kapazitiven Blindwiderständen

5.5.2 Spulen (Induktivitäten)

Als Spulen bezeichnet man in der Elektrotechnik Bauelemente, die aufgrund ihres Aufbaus in der Lage sind, bei Stromfluss ein lokales Magnetfeld zu erzeugen. Synonym hierzu wird für diese Bauelemente oft auch die Bezeichnung Induktivität verwendet, obwohl dieser Begriff eigentlich mehr die Eigenschaft eines Bauelements beschreibt, ein Magnetfeld erzeugen zu können (Doppelbedeutung wie beim Begriff „Widerstand"; Kap. 5.1.4.1).

Eine Spule (*coil*) besteht aus einem mehrfach auf einen meist ferromagnetischen Kern (Kap. 5.4.2.3) gewickelten, isolierten elektrischen Leiter. Sie kann aber auch als spiralförmig angeordnete Leiterbahn auf einer Platine oder einer dünnen Trägerfolie realisiert werden (z. B. bei RFID; Kap. 1.1.5).

Bild 5.107: Beispiele für Spulen: a) Ringkernspule, b) Luftspule, c) Ferritspule, d) Schaltsymbole

Das besondere Verhalten einer Spule basiert auf den Vorgängen der elektromagnetischen Induktion (Kap. 5.4.2.4). Durch die Selbstinduktion wird hierbei durch eine Stromänderung in der Spule eine Spannung induziert. Die Größe der Selbstinduktionsspannung wird bestimmt durch die Größe der Stromänderung, die Zeit, in der diese stattfindet, und durch den Aufbau der Spule. Der Einfluss des Spulenaufbaus wird durch eine Kenngröße angegeben, die man als Induktivität bezeichnet (Einheit: Henry).

Die **Induktivität *L*** (*inductance*) einer Spule gibt an, wie groß die induzierte Spannung U_i ist, wenn sich die Stromstärke in der Spule in einer Sekunde um 1 A ändert ($\Delta I/\Delta t$).

$$L = \frac{U_i}{\frac{\Delta I}{\Delta t}} \qquad 1\,\text{Henry} = 1\,\text{H} = \frac{1\,\text{V}}{1\,\frac{\text{A}}{\text{s}}} = 1\,\frac{\text{Vs}}{\text{A}}$$

Die Induktivität einer Spule wird bestimmt von der Windungszahl *N* der Spulenwicklung, von den Abmessungen und vom Werkstoff des Spulenkerns. Aufgrund ihres – in den folgenden Kapiteln dargestellten – Verhaltens werden Spulen für verschiedene Zwecke verwendet:

- als **Übertrager** in der IT-Technik zur elektrischen Trennung von Stromkreisen bei der Datenübertragung

- als **Transformatoren** in Netzteilen sowie in der gesamten Energietechnik (Kap. 5.5.2.5)

- als **Ferritspule** in Schwingkreisen (Kap. 5.4.3)

- zur Entstörung, z. B. als sog. **Mantelfilter** bei diversen Verbindungskabeln (Steckernetzteil, VGA, USB, Firewire, HDMI usw.; Bild 5.108)

Bild 5.108: Spulen als Mantelfilter

5.5.2.1 Ein- und Ausschalten einer Spule

Schaltet man eine Glühlampe mit einer Spule in Reihe an eine Gleichspannung, so sieht man, dass die Lampe nach dem Einschalten verzögert aufleuchtet. Die durch den Stromanstieg beim Einschalten verursachte Flussänderung bewirkt eine Selbstinduktionsspannung (Kap. 5.4.2.4), die nach der Lenzschen Regel ihrer Ursache – also dem Stromanstieg – entgegenwirkt. Daher steigt die Stromstärke nur allmählich auf ihren Endwert.

Wird in den Stromkreis nur eine Spule (z. B. eine Relaisspule) geschaltet, so ist der Endwert der Stromstärke vom Leiterwiderstand der Spulenwicklung abhängig. Daher lassen sich die Eigenschaften einer Spule im Gleichstromkreis als Ersatzschaltbild durch eine Reihenschaltung aus einem Widerstand *R* und einer Induktivität *L* darstellen (Bild 5.109).

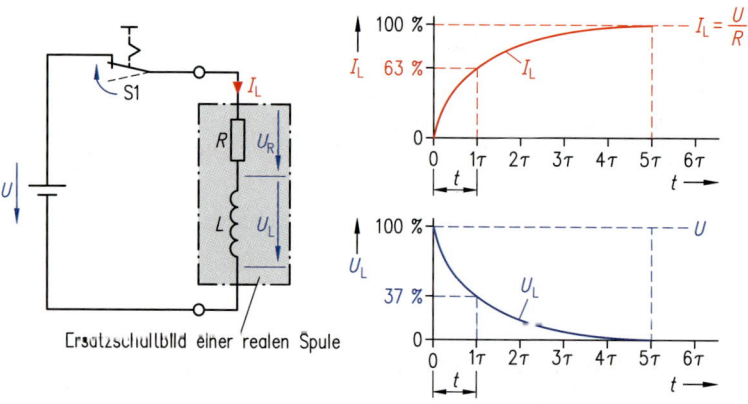

Bild 5.109: Schaltbild und Verlauf von Stromstärke und Spannung beim Einschalten einer Spule

Hierbei gilt beim Einschalten (d. h., Schalter S1 wechselt von der gestrichelten zur durchgezogenen Kontaktposition):

- Je größer die Induktivität L einer Spule ist, desto größer ist deren Selbstinduktionsspannung U_L, die dem Stromanstieg entgegenwirkt, und desto langsamer erfolgt der Stromanstieg.

- Je kleiner der Leiterwiderstand R der Spulenwicklung ist, desto größer ist der Endwert der Stromstärke und desto länger dauert der Stromanstieg.

> Bei einer Spule bezeichnet man den Quotienten aus L und R als **Zeitkonstante τ**.
>
> $$\tau = \frac{L}{R} \qquad \frac{1\,\text{H}}{1\,\Omega} = 1\,\frac{\text{Vs}}{\text{A}\Omega} = 1\,\frac{\text{Vs}}{\text{A}\dfrac{\text{V}}{\text{A}}} = 1\,\text{s}$$
>
> - Die **Zeitkonstante τ** einer Spule ist die Zeit, in der die Stromstärke in der Spule auf 63 % ihres Endwerts ansteigt (U_L ändert sich in dieser Zeit ebenfalls um 63 % auf 37 % der ursprünglichen Spannung U; Bild 5.109).
> - Die **Zeitkonstante τ** einer Spule ist umso größer, je größer die Induktivität L und je kleiner der Widerstand R ist.
> - Nach einer **Einschaltzeit t_E** von fünf Zeitkonstanten ist der Einschaltvorgang (Stromanstieg) praktisch beendet (d. h. $U_L = 0$).
>
> $$t_E = 5 \cdot \tau$$

Das **Ausschalten** verläuft ebenfalls verzögert, da durch die Stromabnahme wieder eine Selbstinduktionsspannung U_L entsteht, die der Abnahme entgegenwirkt (umgekehrte Polung von U_L gegenüber dem Einschaltvorgang). Damit der Selbstinduktionsstrom fließen kann, muss die Spule beim Abschalten kurzgeschlossen werden (d. h., Schalter S1 wechselt in die untere Position, Bild 5.110).

5

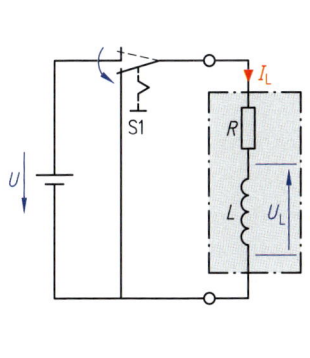 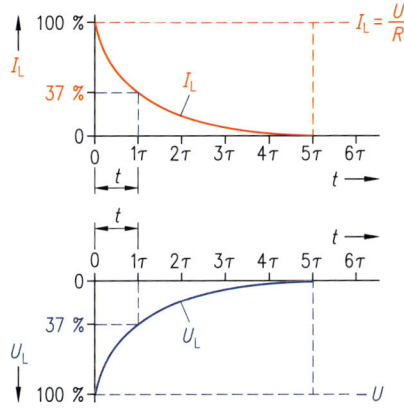

Bild 5.110: Verlauf von Stromstärke und Spannung beim Ausschalten einer Spule

> Beim **Ausschalten** einer Spule sinkt die Stromstärke innerhalb der ersten Zeitkonstante um 63 % des Betriebsstroms (d. h. auf 37 %; gleiches gilt für U_L; Bild 5.110). Nach einer **Ausschaltzeit t_A** von fünf Zeitkonstanten ist die Spule praktisch ausgeschaltet ($I = 0$).
>
> $$t_A = 5 \cdot \tau$$

Wird die Spule beim Abschalten nicht kurzgeschlossen, so kommt es zu einer sehr hohen Spannung U_K (im kV-Bereich) am sich öffnenden Kontakt (Bild 5.111). Betriebsspannung U und Induktionsspannung U_i werden zusammen am Kontakt wirksam, was zu Funkenbildung oder zur Zerstörung führen kann. Um zerstörisch hohe Induktionsspannungen zu vermeiden, muss daher in Spulenschaltungen ein möglichst niederohmiger Stromweg vorbereitet werden. Hierzu kann beispielsweise eine **Funkenlöschstrecke** parallel zum Kontakt geschaltet werden (Bild 5.112 a). In elektronischen Schaltungen wird häufig eine sog. **Freilaufdiode** (Kap. 5.5.4.1) parallel zur Spule geschaltet (Bild 5.112 b), die beim Abschaltvorgang quasi als Kurzschluss wirkt.

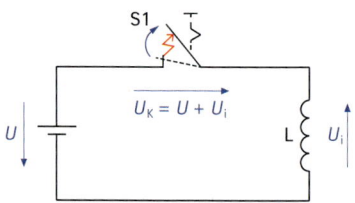

Bild 5.111: Spannung am Kontakt beim Abschalten einer Spule

Funkenlöschstrecke oder Freilaufdiode können auch durch einen spannungsabhängigen Widerstand (Varistor) ersetzt werden, dessen Widerstand bei höheren Spannungen kleiner wird.

Auch im Eisenkern einer Spule kommt es zu Induktionsvorgängen; das Ergebnis sind die sog. **Wirbelströme**. Diese führen – besonders in Wechselstromkreisen – zu Energieverlusten (Erwärmung des Eisenkerns).

Um Wirbelstromverluste gering zu halten, werden die Eisenkerne nicht aus massivem Eisen hergestellt, sondern aus Blechen geschichtet, die gegeneinander elektrisch isoliert sind. Spulen für hohe Frequenzen erhalten Kerne aus Eisenoxidpulver (Ferrite; Kap. 5.4.2.3).

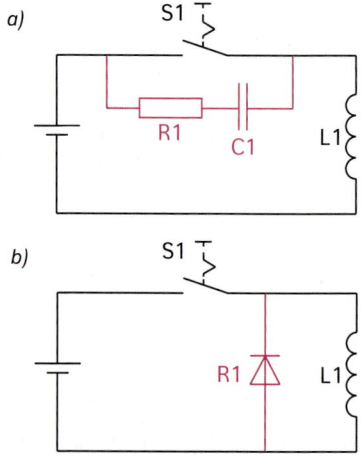

Bild 5.112: a) Funkenlöschstrecke, b) Freilaufdiode

5.5.2.2 Induktiver Blindwiderstand

Schaltet man eine verlustlose Spule (reine Induktivität) erst an eine Gleichspannung und anschließend an eine Wechselspannung, deren Effektivwert (Kap. 5.1.1.6) der entsprechenden Gleichspannung entspricht, so zeigt sich, dass die Stromstärke an Wechselspannung viel geringer ist als die an Gleichspannung. Fließt ein Wechselstrom durch die Spule, so entsteht infolge der Stromänderung eine Induktionsspannung, die nach der Lenzschen Regel ihrer Entstehungsursache – also der Stromänderung – entgegenwirkt. Die Induktivität der Spule hat also im Wechselstromkreis eine strombegrenzende Wirkung. Man sagt: Die Spule hat einen induktiven Blindwiderstand.

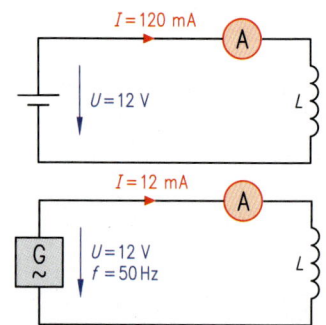

Bild 5.113: Stromstärke in einer Spule an Gleichspannung und an Wechselspannung

> Der **induktive Blindwiderstand** X_L (*inductive reactance*) ist der in einer Induktivität durch *Selbstinduktion* entstehende Widerstand einer Spule.
>
> $$X_L = \frac{U}{I} \qquad\qquad 1\,\Omega = \frac{1\,V}{1\,A}$$
>
> Hinweis: U und I sind jeweils die Effektivwerte von Wechselspannung und Wechselstrom an der Spule.

Da der induktive Blindwiderstand durch die Induktionsspannung verursacht wird und diese von der Induktivität der Spule und der Schnelligkeit der Stromänderung – also der Frequenz f – abhängt, ergibt sich, dass auch der Blindwiderstand von diesen Größen abhängig ist. Misst man bei konstanter Frequenz von $f = 50\,Hz$ die Stromstärke und die Spannung an verschieden großen Induktivitäten, so ergibt sich, dass $X_L \sim L$ (Bild 5.114 a). Führt man die gleiche Messung an einer Induktivität von $L = 0,1\,H$ bei verschiedenen Frequenzen durch, so ergibt sich $X_L \sim f$ (Bild 5.114 b).

Zusammengefasst ergibt sich damit:

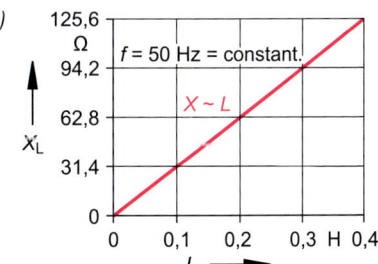

a)

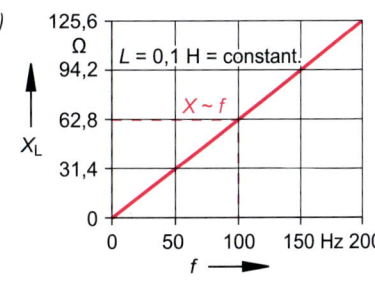

b)

5.114: Abhängigkeit des induktiven Blindwiderstands a) von der Induktivität und b) von der Frequenz

$$X_L \sim f \cdot L$$

Es zeigt sich jedoch, dass der aus den gemessenen Effektivwerten berechnete Widerstandswert um einen Faktor **k** größer ist als das Produkt aus Frequenz und Induktivität, sodass sich $X_L = k \cdot f \cdot L$ ergibt.

Für die Bestimmung der Konstanten k entnimmt man aus dem Diagramm (Bild 5.114 b) beispielsweise den Wert des Blindwiderstands für $f = 100\,Hz$ und $L = 0,1\,H$. Dabei ergibt sich für k ein Wert von $6,28 = 2\pi$.

> Der **induktive Blindwiderstand** X_L einer verlustlosen Spule ist bei einer sinusförmigen Wechselspannung direkt proportional der Frequenz f und der Induktivität L.
>
> $$X_L = 2 \cdot \pi \cdot f \cdot L \qquad\qquad 1\,\Omega = 1\,Hz \cdot 1\,H = 1\,\frac{Vs}{s \cdot A} = 1\,\frac{V}{A}$$

5.5.2.3 Phasenverschiebung am induktiven Blindwiderstand

Wie beim kapazitiven Blindwiderstand (Kap. 5.5.1.3) ergibt sich auch beim induktiven Widerstand eine Phasenverschiebung zwischen Strom und Spannung. Messungen zeigen allerdings umgekehrte Verhältnisse, d. h., die Spannung eilt hier der Stromstärke um eine Viertelperiode vor (aufgrund der Hemmung der Stromstärkenänderung durch Selbstinduktion; Bild 5.115 a).

5

> An einem **induktiven Widerstand eilt die Spannung der Stromstärke um** $\varphi = 90°$ **voraus.**

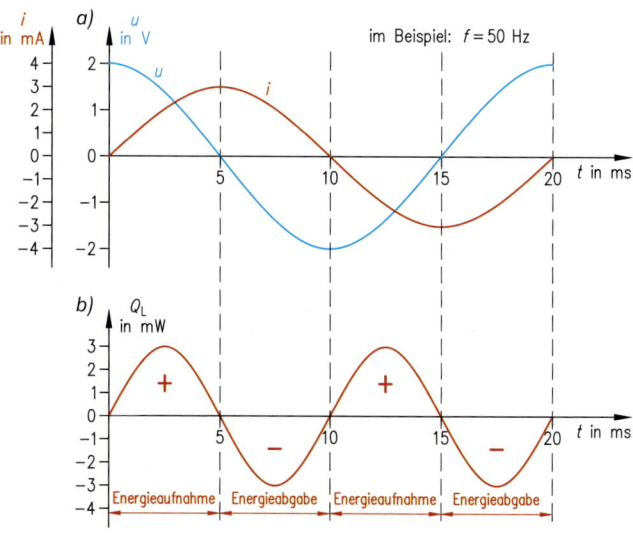

In einem Wechselstromkreis mit einer verlustlosen (idealen) Spule kann mit einem Wattmeter (Kap. 5.1.5.6) keine Wirkleistung gemessen werden. Daraus ergibt sich, dass in der Spule keine Energie in Wärme umgesetzt wird. Die Leistung, die sich als Produkt aus den einzeln gemessenen Werten von Spannung und Stromstärke ergibt, ist eine reine **Blindleistung**.

Im Diagramm (Bild 5.115 b) erkennt man, dass die Blindleistung sinusförmig mit der doppelten Frequenz der Spannung

Bild 5.115: a) Phasenverschiebung und b) Blindleistung am induktiven Blindwiderstand

schwingt. Während der 1. und 3. Viertelperiode der Spannung ist die Leistung positiv, d.h., die Spule nimmt Energie aus dem Stromkreis auf; das Magnetfeld der Spule wird jeweils aufgebaut. Während der 2. und 4. Viertelperiode ist die Leistung negativ, d.h., die Spule gibt Energie an den Stromkreis ab; das Magnetfeld der Spule bricht jeweils zusammen.

> In einer verlustlosen Spule (induktiver Blindwiderstand)
>
> - entsteht keine Wirkleistung, d.h.: $P = 0$
> - entsteht reine Blindleistung, d.h.: $Q_L = U \cdot I$ $1\,W = 1\,V \cdot 1\,A$

Die Blindleistung ist die pro Sekunde zwischen der Spannungsquelle und dem induktiven Widerstand hin- und herschwingende Energie. Diese kann physikalisch nicht genutzt werden (d.h., sie ist nicht in andere Energieformen umwandelbar), sie stellt jedoch eine Belastung für die Leitungen dar.

5.5.2.4 Zusammenschaltung von induktiven Blindwiderständen

Für die Zusammenschaltung von induktiven Blindwiderständen gelten die gleichen Regeln wie für Ohmsche Widerstände.

Reihenschaltung von induktiven Blindwiderständen

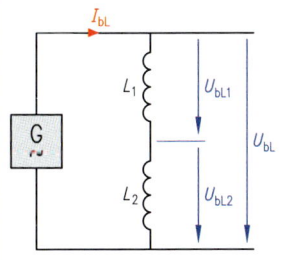

Die Teilblindspannungen können zu einer Gesamtblindspannung addiert werden (da sie hier miteinander in Phase sind).

$$U_{bL} = U_{bL1} + U_{bL2} + \ldots$$

Auch die einzelnen Blindwiderstände können addiert werden.

$$X_{Lges} = X_{L1} + X_{L2} + \ldots$$

Da sich die induktiven Blindwiderstände im Wechselstromkreis direkt proportional zu den Induktivitäten verhalten, ergibt sich die Gesamtinduktivität als Summe der Einzelinduktivitäten.

$$2\pi \cdot f \cdot L_{ges} = 2\pi \cdot f \cdot L_1 + 2\pi \cdot f \cdot L_2 + \cdots$$

$$\Rightarrow L_{ges} = L_1 + L_2 + \cdots$$

Parallelschaltung von induktiven Blindwiderständen

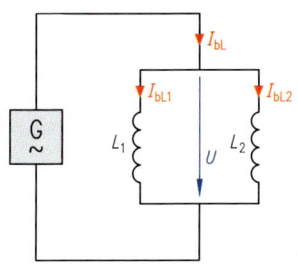

Die Teilblindströme können zu einem Gesamtblindstrom addiert werden (da sie hier miteinander in Phase sind).

$$I_{bL} = I_{bL1} + I_{bL2} + \ldots$$

Der Gesamtblindwiderstand wird allgemein über die Kehrwerte der Einzelwiderstände (Leitwerte; Kap. 5.2.2.1) ermittelt.

$$\frac{1}{X_{Lges}} = \frac{1}{X_{L1}} + \frac{1}{X_{L2}} + \cdots \; (*)$$

Da sich die induktiven Widerstände im Wechselstromkreis direkt proportional zu den Induktivitäten verhalten, muss die Gesamtinduktivität allgemein über die Summe der Kehrwerte der Einzelinduktivitäten ermittelt werden.

$$\frac{1}{2\pi \cdot f \cdot L_{ges}} = \frac{1}{2\pi \cdot f \cdot L_1} + \frac{1}{2\pi \cdot f \cdot L_2} + \cdots$$

$$\Rightarrow \quad \frac{1}{L_{ges}} = \frac{1}{L_1} + \frac{1}{L_2} + \cdots \; (*)$$

(*) Mit den Rechenregeln der Mathematik ergibt sich bei lediglich zwei Induktivitäten vereinfacht:

$$X_{Lges} = \frac{X_{L1} \cdot X_{L2}}{X_{L1} + X_{L2}}$$

$$L_{ges} = \frac{L_1 \cdot L_2}{L_1 + L_2}$$

5

Bild 5.116: Reihen- und Parallelschaltung von induktiven Blindwiderständen

5.5.2.5 Übertrager (Transformator)

Das Prinzip der induktiven Kopplung (Kap. 5.4.2.4) nutzt man technisch bei Bauelementen, die man – abhängig vom Einsatzbereich – entweder als Transformator oder Übertrager bezeichnet.

Bei einem **Übertrager** sind zwei Spulen über einen gemeinsamen Eisenkern gewickelt. Die Spule, an der als Quelle ein Wechselspannungsgenerator angeschlossen ist, nennt man **Primärspule** (*primary coil*). Die Spule, an der ein Verbraucher (R_L) angeschlossen ist, heißt **Sekundärspule** (*secondary coil*). Primärstromkreis und **Sekundärstromkreis** sind hierbei elektrisch völlig voneinander getrennt.

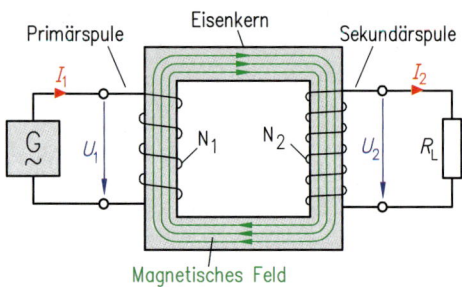

Bild 5.117: Prinzip eines Übertragers

Die *elektrische* Trennung von Primärstromkreis und Sekundärstromkreis bezeichnet man auch als **galvanische Trennung** (*galvanic isolation*).

Beide Stromkreise sind jedoch über das *magnetische* Feld miteinander gekoppelt. Dies bezeichnet man auch als **induktive Kopplung** (*inductive coupling*).

Fließt in der Primärwicklung ein *Wechselstrom* (oder ein *zerhackter Gleichstrom* wie bei Schaltnetzteilen; Kap. 5.3.1.3), so erzeugt dieser bekanntlich im Eisenkern einen magnetischen Wechselfluss (Kap. 5.4.2.4). Durch diesen wird in der Sekundärspule eine Wechselspannung U_2 induziert, welche einen Strom I_2 durch R_L bewirkt. Die (verursachende) Stromänderung I_1 und die daraus resultierende induzierte Spannung U_2 treten hier in verschiedenen Spulen auf (Gegeninduktion; Kap. 5.4.2.4). Die Induktionsspannung wirkt hier – wie beim Schaltvorgang im Gleichstromkreis – stets ihrer Ursache entgegen. Ein *konstanter Gleichstrom* in der Primärspule bewirkt – außer im Ein- und Ausschaltmoment (vgl. Kap. 5.5.2.1) – keine Spannungsinduktion in der Sekundärspule.

Die induzierte Wechselspannung U_2 entsteht auch ohne den dargestellten Eisenkern, der lediglich zur besseren Leitung des magnetischen Flusses und damit einer größeren Effizienz dient. Eine solche Anordnung ohne Kern wird beispielsweise für die kontaktlose Übertragung von Energie verwendet (z. B. stromdurchflossene Primärspule befindet sich in einem Ladegerät, die Sekundärspule in einem Smartphone; liegt das Smartphone auf dem Ladegerät, kann die induzierte Spannung den Akku laden).

Betrachtet man Spannungen und Ströme von Primär- und Sekundärseite genauer, so stellt man folgende Zusammenhänge fest:

Ein idealer, d. h. verlustfreier Übertrager gibt am Ausgang die gleiche Leistung ab, die er am Eingang aufgenommen hat.

$$P_1 = P_2 \text{ mit } P_1 = U_1 \cdot I_1 \text{ und } P_2 = U_2 \cdot I_2$$

Die Größe der Spannung U_2 wird bestimmt durch das **Verhältnis der Windungszahlen** N beider Spulen. Dieses wird als **Übersetzungsverhältnis** $\ddot{u}$ bezeichnet.

$$\ddot{u} = \frac{U_1}{U_2} = \frac{N_1}{N_2}$$

Da gilt $P_1 = P_2$, ergibt sich, dass sich die Ströme in den beiden Spulen umgekehrt wie die Spannungen verhalten.

$$\frac{I_1}{I_2} = \frac{U_2}{U_1} = \frac{1}{\ddot{u}}$$

Es findet also gleichzeitig eine Spannungs- und eine Stromübersetzung statt. Dies nutzt man beispielsweise bei der Energieverteilung über weite Strecken. Um den Energieverlust auf den (langen) Überlandleitungen auch bei kleinen Leiterquerschnitten möglichst gering zu halten, transformiert man die Spannung am Erzeugungsort (Kraftwerk) hoch. Dies führt bei gleicher übertragener Leistung zu niedrigen Strömen auf den Leitungen und damit zu geringeren Verlusten auf dem Übertragungsweg. Erst in Verbrauchernähe wird die Spannung wieder heruntertransformiert. Die für diese großen Leistungen konzipierten Bauelemente bezeichnet man dementsprechend als **Transformatoren** (Umspanner).

Im IT-Bereich hingegen steht die Informationsübertragung im Vordergrund, die hier eingesetzten Bauelemente bezeichnet man daher als **Übertrager**.

Erinnert man sich in diesem Zusammenhang daran, dass das Verhältnis von U/I einen Widerstand R ergibt, kann man beim Übertrager auch eine **Widerstandsübersetzung** berechnen:

$$\frac{R_1}{R_2} = \frac{\frac{U_1}{I_1}}{\frac{U_2}{I_2}} = \frac{U_1}{I_1} \cdot \frac{I_2}{U_2} = \frac{U_1}{U_2} \cdot \frac{I_2}{I_1} = \ddot{u} \cdot \ddot{u} = \ddot{u}^2 \Rightarrow R_1 = \ddot{u}^2 \cdot R_2$$

Das bedeutet, dass ein sekundärseitig angeschlossener Widerstand R_2 die Spannungsquelle der Primärseite belastet wie ein unmittelbar an diese angeschlossener Widerstand mit dem Wert $R_1 = \ddot{u}^2 \cdot R_2$. Dieser Zusammenhang ist in der Übertragungstechnik von größter Bedeutung für die Erzielung einer Leistungsanpassung (Kap. 5.3.1.2) bei gleichzeitiger galvanischer Trennung.

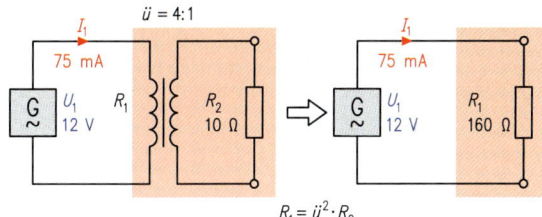

Bild 5.118: Widerstandsübersetzung bei einem Übertrager

5.5.3 Memristoren

Memristor ist eine aus den Worten „**Mem**ory" und „**Resistor**" zusammengesetzte Bezeichnung. Sie charakterisiert eine spezielle Art von Bauelement, die erst in den letzten Jahren zur Marktreife entwickelt werden konnten.

Ein **Memristor** besitzt – vereinfacht ausgedrückt – die Eigenschaft, seinen Widerstand in Abhängigkeit von einer anliegenden Spannung zu ändern und diesen Widerstandswert auch nach Abklemmen der Spannung dauerhaft beizubehalten.

5

Diese besondere Eigenschaft lässt sich inzwischen mit verschiedenen technischen Ansätzen und speziellen Materialien hervorrufen. Meist beruhen die Verfahren darauf, dass durch Anlegen einer elektrischen Spannung und der daraus resultierenden Bewegung elektrischer Ladungen dauerhaft eine Veränderung innerhalb der Struktur des verwendeten Materials hervorgerufen wird. Diese Materialveränderung führt dann zu einem veränderten elektrischen Widerstand, auch nachdem die Ladungsbewegung beendet ist. Materialien mit dieser Eigenschaft bezeichnet man daher auch als **resistiv**.

Diese Eigenschaft lässt sich als alternative Speichertechnik nutzen. Während bisherige elektronische Speichertechniken im IT-Bereich stets auf einer Speicherung elektrischer Ladungen beruhen (z.B. DRAM; Kap. 1.5.2.2), basiert die Speicherung beim Memristor auf der Basis einer Widerstandsänderung (ohne Speicherung elektrischer Ladungen).

Unter der Bezeichnung ReRAM oder anderen marketingabhängigen Namen werden von einzelnen Firmen Produkte auf dieser oder einer vergleichbaren Technik vermarktet.

So basiert der 3D-XPoint-Speicher (Kap. 1.5.1.2) prinzipiell auf einer mikroskopisch kleinen räumlichen Gitterstruktur resistiver Materialen (Bild 5.119), die einzelne Speicherzellen bilden und auf die wahlfrei zugegriffen werden kann. Jede dieser Speicherzellen speichert 1 Bit (Kap. 4.3.2). Der Schreibvorgang erfolgt durch das Anlegen einer Spannung an ein räumliches Leitungsgitter, an dessen Kreuzungspunkten der jeweilige Informationsspeicher liegt. Das Fehlen von Transistoren ermöglicht gegenüber DRAM-Zellen (Bild 5.123) und Flashspeichern (Bild 5.124) zudem eine wesentlich größere Packungsdichte der Speicherzellen auf einem Chip. Da die Speicherzellen in mehreren Lagen übereinander platzierbar sind („3D"), lässt sich die derzeitige Kapazität pro Chip zukünftig auch weiter erhöhen.

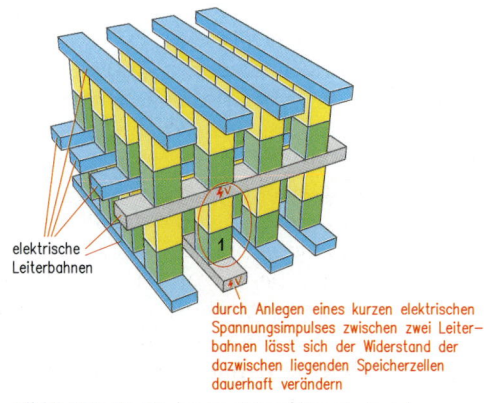

elektrische Leiterbahnen

durch Anlegen eines kurzen elektrischen Spannungsimpulses zwischen zwei Leiterbahnen lässt sich der Widerstand der dazwischen liegenden Speicherzellen dauerhaft verändern

Bild 5.119: 3D-XPoint-Speicher (Grundprinzip)

5.5.4   Aktive Bauelemente

Aktive Bauelemente werden aus sog. Halbleiterwerkstoffen gefertigt. Daher werden sie auch als **Halbleiterbauelemente** oder kurz als **Halbleiter** bezeichnet. Zu den in der Technik am meisten verwendeten Halbleiterwerkstoffen gehören die Elemente **Germanium (Ge)** und **Silizium (Si)**, seit geraumer Zeit zusätzlich auch speziell entwickelte **Verbindungshalbleiter** (z.B. Galliumarsenid, GaAs; Galliumnitrid, GaN) oder **organische Substanzen** (z.B. für OLED). Das verwendete Halbleitermaterial muss für den Herstellungsprozess aktiver Bauelemente zunächst in höchster Reinheit vorliegen. Anschließend wird es gezielt mit Atomen anderer Elemente versehen (z.B. Gallium, Arsen, Phosphor), um ein bestimmtes elektrisches Verhalten zu realisieren. Diesen Vorgang bezeichnet man als **Dotieren**.

Die elektrischen Eigenschaften diskreter Halbleiterbauelemente werden seitens der Hersteller stets in zugehörigen Datenblättern mit Kennlinien dargestellt, da diese Bauelemente – im Gegensatz zu etwa Ohmschen Widerständen (Kap. 5.1.4.1) – vielfach kein lineares Verhalten aufweisen (z. B. Bild 5.120). Aus diesem Grund ist oftmals nur ein eingeschränkter Bereich der Kennlinie als Arbeitsbereich technisch nutzbar. Außerhalb dieses Bereichs ergeben sich sehr große Signalverzerrungen oder das Bauelement wird zerstört.

Ohne Halbleiterbauelemente wäre die moderne IT-Technik aber nicht denkbar. Insbesondere die Möglichkeit, diese durch modernste Integrationstechniken in winzigen Strukturen herzustellen, ermöglicht erst die Entwicklung kleiner, leistungsstarker und dennoch portabler Geräte (z. B. Smartphones, Wearables usw.).
Grundlegende technische Merkmale und Bezeichnungen von häufig in IT-Geräten verwendeten aktiven Elementen werden im Folgenden kurz benannt. Ausführlichere Informationen sowie Schaltungsbeispiele findet man bei Bedarf im Internet (z. B. Wikipedia) oder in entsprechenden Fachbüchern.

5.5.4.1 Dioden

Eine Diode ist ein elektronisches Bauelement mit einem stromrichtungsabhängigen Widerstand: Im Rahmen der vom Hersteller angegebenen Grenzwerte sperrt sie in einer Richtung den Strom (Sperrrichtung: $U_R = U_{AK} < 0\,V$, d. h., sie ist hochohmig), in der anderen Richtung lässt sie ihn durch (Durchlassrichtung: $U_F = U_{AK} > 0{,}7\,V$, d. h., sie ist niederohmig). Aufgrund dieser Eigenschaft muss man für den richtigen Einbau in eine Schaltung die Anschlüsse voneinander unterscheiden können. Die Anschlüsse tragen die Bezeichnungen Anode (A) und Katode (K), der Katodenanschluss ist meist besonders gekennzeichnet (z. B. mittels Farbring, Bild 5.120). Zum Schutz vor zu großen Strömen müssen Dioden stets in Reihe mit einem Vorwiderstand betrieben werden.

Klassische Einsatzbereiche von Dioden sind die Gleichrichtung von Wechselspannungen (z. B. im PC-Netzteil) und die Spannungsbegrenzung (als Überspannungsschutz empfindlicher Bauteile, z. B. als Freilaufdiode; Kap. 5.5.2.1).

Durch die Verwendung spezieller Materialien beim Dotieren ergeben sich darüber hinaus spezielle Diodentypen mit unterschiedlichen Eigenschaften (Bild 5.121).

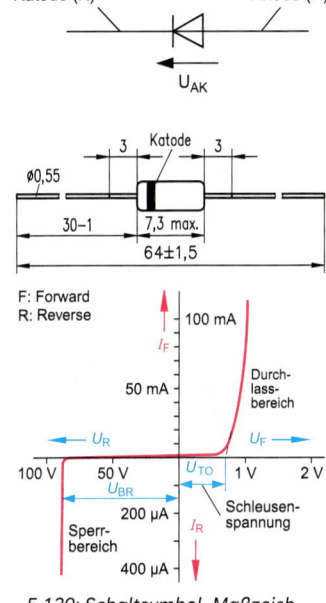

5.120: Schaltsymbol, Maßzeichnung und nichtlineare Kennlinie einer Siliziumdiode

Bezeichnung	Merkmale	Anwendungsbeispiele
Z-Diode	– Werden im Gegensatz zu normalen Dioden in Sperrrichtung betrieben (d. h. $U_{AK} < 0\,V$) – Ab einer bestimmten Sperrspannung (Durchbruchsspannung U_{BR}, Bild 5.120) ergibt sich auch bei großen Stromänderungen nur eine geringe Spannungsänderung, d. h., die Spannung an der Z-Diode bleibt nahezu konstant. – Der Wert von U_{BR} kann bei der Herstellung durch die Dotierungsstärke festgelegt werden.	Spannungsstabilisierung, Spannungsbegrenzung (z. B. im PC-Netzteil oder auf dem Mainboard)

Bezeichnung	Merkmale	Anwendungsbeispiele
LED	– Leuchtdiode (**L**ight-**E**mitting **D**iode); bei Stromfluss in Durchlassrichtung wird Licht abgestrahlt – Lichtfarbe abhängig vom Dotiermaterial; Farbe ggf. einstellbar bei Kombination von drei LEDs (RGB; Kap. 1.12.1); Wellenlänge sichtbares Licht: 780 nm–380 nm („Vernetzte IT-Systeme", Kap. 4.2) – Bei Hochleistungs-LED extrem hohe Lichtausbeute – Verwendung auch im nicht sichtbaren Bereich (**IR-LED**: **I**nf**r**arot LED)	Anzeigeelement, ggf. auch mehrfarbig (z. B. am Smartphone), Matrixanzeigen (z. B. Laufschrift), Back-groundbeleuchtung bei TFT-Bildschirmen; in Taschenlampen, als Kfz-Beleuchtung, IR-LED bei TV-Fern-steuerungen
OLED	– Organische Leuchtdiode (**O**rganic **L**ight **E**mitting Diode); in Durchlassrichtung selbstleuchtendes Dünnschichtbauelement aus organischen Schichten auf Glassubstrat oder biegsamer Kunststofffolie – Preisgünstige Herstellung, hohe Kontrastwirkung, geringer Stromverbrauch, aber nicht so langlebig wie herkömmliche LEDs	Display in Smartpho-nes, Tablets und Fernseher; Raumbe-leuchtung
Laserdiode	– Spezielle Art einer LED, die in Durchlassrichtung Laserstrahlung erzeugt (**Laser**: **L**ight **A**mplification by **S**timulated **E**mission of **R**adiation; Licht sehr hoher Intensität und Bündelung)	CD-/DVD-/BD-Player, PC-Maus, Laserdrucker, Laserpointer, Sende-diode bei Glasfaser-übertragung („Vernetzte IT-Systeme", Kap. 4.1.4, Kap. 4.2)
Fotodiode	– Bei Lichteinfall auf die innere Struktur wird – ähn-lich wie bei einer Solarzelle – in Sperrrichtung ein geringer elektrischer Strom erzeugt.	Lichtmessung, Empfang von mit Licht übertragenen Informa-tionen (Optokoppler)

Bild 5.121: Beispiele für Diodentypen in der IT-Technik

Dioden werden in unterschiedlichen Größen und Bauformen angeboten. Entsprechende Kenndaten sind bei Bedarf dem jeweiligen Datenblatt des Herstellers zu entnehmen.

5.5.4.2 Transistoren

Die Bezeichnung Transistor ist die Kurzform für „**Tran**sfer Re**sistor**" und bedeutet so viel wie „steuerbarer Widerstand". Er ist ein grundlegendes elektronisches Bauelement, des-sen elektrotechnische Eigenschaften in der gesamten IT-Technik von großer Bedeutung sind. Transistoren verwendet man im IT-Bereich hauptsächlich als schnelle elektronische Schalter, die elektrische Ströme ein- und ausschalten (z. B. im Prozessor, Kap. 1.3). Die ge-schalteten Ströme stellen binäre Signale dar (Kap. 4.1.2), auf deren Verarbeitung die ge-samte digitale Datentechnik beruht.

Ein Transistor besitzt aber auch verstärkende Eigenschaften, sodass das Ausgangssignal (Strom oder Spannung) größer ist als das steuernde Eingangssignal.

Jeder Transistor besitzt drei Anschlüsse, die abhängig vom Transistortyp unterschiedliche Be-zeichnungen tragen, die aber immer die gleiche Funktionalität aufweisen: Bezogen auf einen gemeinsamen Bezugspunkt fungiert ein Anschluss als Eingang und der andere als Ausgang.

Im IT-Bereich sind inzwischen die meisten Transistoren in integrierter Form anzutreffen, lediglich im Leistungsbereich (Netzteil, Endverstärker) findet man noch Einzeltransistoren.

Es existiert eine Vielzahl unterschiedlicher Transistortypen mit jeweils eigenen Bezeichnungen. Diese werden in Schaltplänen jeweils mit einem genormten Schaltsymbol dargestellt. Um aber komplexe Transistorschaltungen nicht komplett zeichnen zu müssen, werden oft ganze Funktionsblöcke mit nur einem einzigen Symbol des jeweils maßgeblich verwendeten Transistortyps dargestellt (z. B. Kap. 5.3.1.3). Bild 5.122 fasst die wesentlichen Typen und deren Schaltsymbole zusammen.

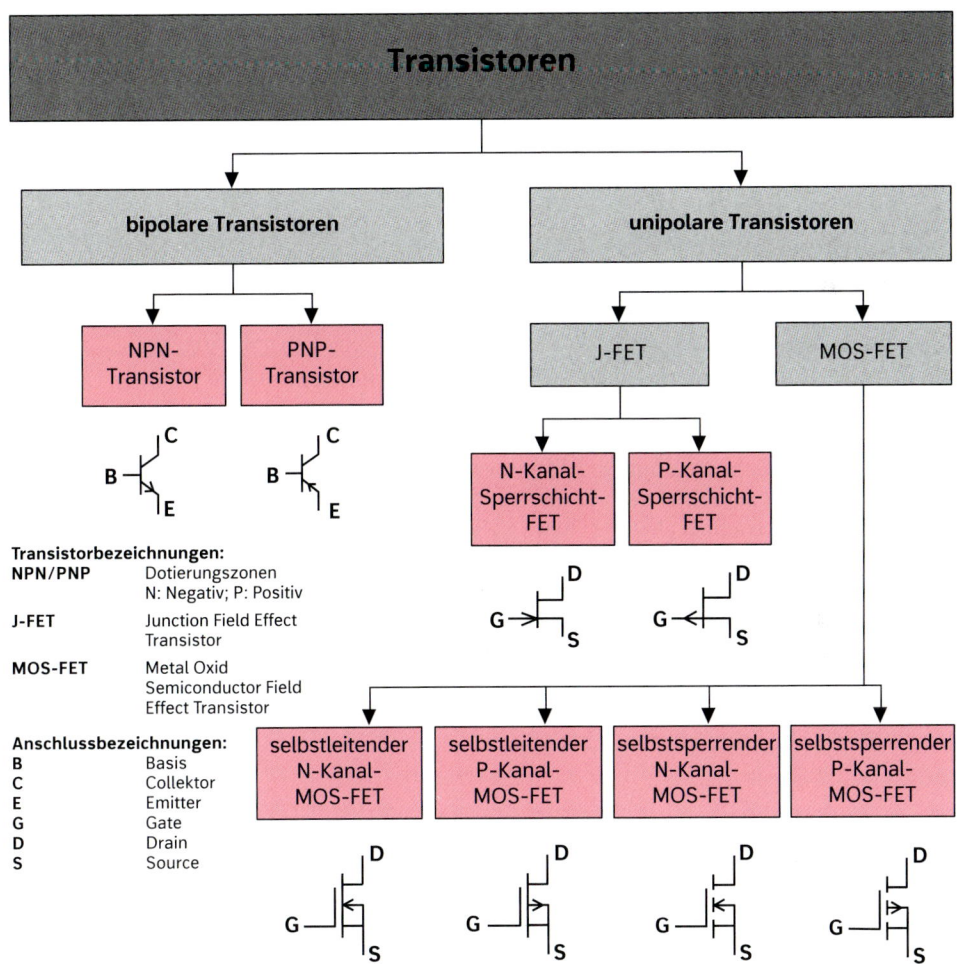

Bild 5.122: Transistortypen und deren Schaltsymbole

Die Ansteuerung eines Bipolartransistors erfolgt durch einen Eingangsstrom I_B in den Basisanschluss. Die Ansteuerung eines unipolaren Transistors hingegen erfolgt durch das elektrische Feld (Kap. 5.4.1) einer zwischen Gate und Source anliegenden Spannung U_{GS} (d. h. nahezu leistungslos, da $I_G \approx 0\,A$). Wegen dieser geringeren Energieaufnahme werden in Computer-ICs daher meist MOS-FETs verwendet. Die Bezeichnung „selbstsperrend" bedeutet, dass aufgrund der inneren Struktur die Strecke zwischen Drain- und Source-anschluss sehr hochohmig ist, wenn $U_{GS} = 0\,V$ ist. Hingegen besagt „selbstleitend", dass die Drain-Source-Strecke bei $U_{GS} = 0\,V$ leitfähig ist. In Verbindung mit einem Kondensator als Ladungsträgerspeicher lassen sich mit MOS-FETs vergleichsweise einfach Speicher-Arrays aufbauen (z.B. DRAM: 1T/1C-Zellen; Kap. 1.5.2.2). In einem solchen Array wird nacheinander jedes 8-Bit-Wort zunächst durch einen entsprechenden Spannungswert auf der **Wortleitung** angesprochen. Anschließend lassen sich die Werte der einzelnen Bits (0 oder 1) über die jeweiligen **Bitleitungen** einschreiben oder auslesen (Bild 5.123).

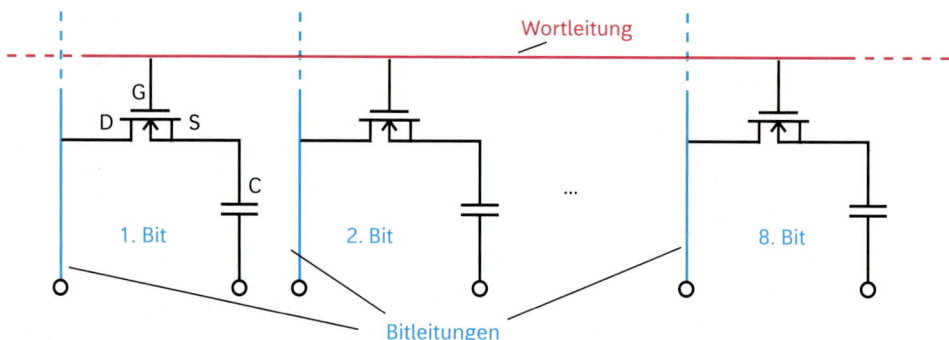

Bild 5.123: 8-Bit-DRAM-Speicherzelle (Grundprinzip)

Bei den Speicherzellen eines Flashspeichers werden spezielle MOS-FETs verwendet, die als Besonderheit im Inneren eine zusätzliche Zone enthalten, die als Floating Gate bezeichnet wird (Bild 5.124). In Abhängigkeit von der Polarität einer zwischen Steuergate und Drain angelegten Spannung (ca. ± 20 V) lassen sich in das **Floating Gate** Elektronen einbringen oder daraus entfernen („Daten einlesen"). Hierdurch ändert sich die elektrische Leitfähigkeit zwischen dem Drain- und dem Source-Anschluss dauerhaft. Den beiden möglichen Zuständen „leitend" bzw. „nicht leitend" zwischen Drain und Source entspricht dann der „0"- bzw. „1"-Zustand eines Datenbits („Daten auslesen"). Um eine dauerhafte Datenspeicherung zu ermöglichen, muss ein Abfließen der in das Floating Gate eingebrachten Elektronen verhindert werden. Aus diesem Grund ist das Floating Gate mit einem hoch isolierenden Dielektrikum (SiO_2: Siliziumdioxid) umgeben. Auf diese Weise lassen sich Daten mehr als zehn Jahre lang speichern.

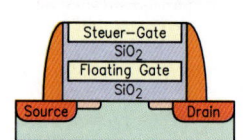

Bild 5.124: MOS-FET mit Floating Gate

5.5.5   Integrierte Bauelemente

Integrierte Bauelemente (**IC**: Integrated Circuit) stellen eine Zusammenschaltung einer großen Anzahl aktiver und passiver Bauelemente auf einem einzigen Halbleiterchip in einem Gehäuse dar. Mit modernen Integrationstechniken können hierbei mehrere Millionen einzelner Bauelemente auf einem Halbleiterchip mit wenigen Quadratzentimetern Grundfläche untergebracht werden.

Aufgrund der hohen Integrationsdichte und den damit verbundenen Entwicklungs- und Produktionskosten ist das erklärte Ziel der Hersteller die Entwicklung möglichst universell einsetzbarer Bausteine, deren gewünschte Funktionen entweder mithilfe weniger externer Bauteile eingestellt oder von Anwendenden selbst programmiert werden können (**PLD**: Programmable Logic Device; programmierbarer Logikbaustein). Der Begriff „Programmierung" ist hierbei nicht zu verstehen als Festlegung eines zeitlichen Ablaufs (wie bei einem Computerprogramm), sondern als Konfiguration einer erforderlichen Schaltungsstruktur. Diese kann entweder nur einmalig erfolgen (durch Einbrennen bestimmter Schaltungsstrukturen, vergleichbar mit einem ROM) oder mehrmalig (durch wiederholbare Prozesse, ähnlich wie bei einem EEPROM). Im Zusammenhang mit diesen Bausteinen werden häufig die folgenden Bezeichnungen verwendet:

Abkür-zung	Erläuterung	Anwendungs-beispiele
CPLD	**Complex Programmable Logic Device** (komplexer programmierbarer Logikbaustein) Diese Bausteine bestehen aus vielen (bis zu 100000) SPLDs (Simple Programmable Logic Device, z. B. AND, OR, NOT; Kap. 4.4), die als **Macrozellen** bezeichnet werden und über eine Verbindungsmatrix miteinander verknüpft sind; kostengünstig herstellbar	Adressdecoder, Multiplexer
FPGA	**Field Programmable Gate Array** („im Feld" programmierbare Gatteranordnun, d. h. vor Ort durch die Anwendenden) Besteht aus einer sehr großen Zahl (mehrere Millionen) von Logikzellen, die matrizenförmig auf dem Baustein angeordnet sind und wesentlich komplexer als CPLDs sind. Die Zellen können von den Anwendenden selbst zu einer anwendungsspezifischen Schaltung programmiert werden (je nach Ausführung des FPGAs ein- oder mehrmalig)	Digitale Signalverarbeitung in Echtzeit (z. B. digitale Filter, Fehlerkorrektur), Speichercontroller
ASIC	**Application Specific Integrated Circuit** (anwendungsspezifischer integrierter Schaltkreis) Speziell vom Hersteller nach Kundenangaben für eine bestimmte Applikation entwickelter und optimierter Chip	Prozessoren in Mobiltelefonen
ASSP	**Application Specific Standard Product** (anwendungsspezifisches Standardprodukt) Anwendungsspezifischer Schaltkreis, der aber in Geräten verschiedener Hersteller verwendet werden kann (d. h. andere Vermarktungsstrategie als bei ASICs)	GSM-Chip und GPS-Empfänger für Smartphones; Audio-/Video-Encoder in DVD-Geräten
SoC	**System-on-a-Chip** (Ein-Chip-System) Integration eines kompletten Datenverarbeitungssystems (CPU, RAM, ROM, Register, Controller und andere Komponenten) auf einem einzigen Chip; alle Komponenten sind über ein internes Bussystem direkt miteinander verbunden	ARM-CPU (Kap. 1.3.3)

Bild 5.125: Bezeichnungen bei programmierbaren Logikbausteinen

5.5.6 Sonstige Bauelemente

Neben den bisher aufgeführten Bauelementen gibt es eine Vielzahl weiterer Komponenten, die für die Funktion eines IT-Systems erforderlich sind (z. B. Spannungsregler, Schwingquarze, Sensoren usw.). Besonders zu erwähnen sind hierbei noch die speziell im Zusammenhang mit cyber-physischen Systemen eingesetzten und über das IoT kommunizierenden Sensoren und Aktoren sowie die dem Schutz vor Überlastung dienenden Gerätesicherungen.

5.5.6.1 Sensoren und Aktoren

Ein **Sensor** (*sensor*) ist ein technisches Bauelement zur Erfassung einer bestimmten physikalischen bzw. chemischen Eigenschaft oder der stofflichen Beschaffenheit von Objekten oder der Umgebung, in der sie sich befinden (**Messgröße**, z. B. Temperatur, Feuchtigkeit, Druck, Schall, Helligkeit, Bewegung, Beschleunigung usw.). Die Messgröße wird jeweils qualitativ oder quantitativ erfasst und mittels physikalischer oder chemischer Effekte (meist) in elektrische Signale oder visuelle Anzeigen umgewandelt. Alternativbezeichnungen sind **Detektor**, **Messfühler** oder **Messaufnehmer**.

Abhängig vom zugrunde liegenden Messverfahren unterscheidet man zwischen aktiven und passiven Sensoren.

Ein **aktiver Sensor** nutzt jeweils eines der bekannten physikalischen Prinzipien aus, um durch die Messgröße selbst eine elektrische Spannung oder einen elektrischen Strom zu erzeugen. Diese grundlegenden Prinzipien sind:

- **elektromagnetisches Prinzip**, d. h. durch Induktion erzeugte elektrische Spannung (z. B. Bewegung einer Spule in einem Magnetfeld); Anwendungsbeispiele: Drehzahlsensor, elektrodynamisches Mikrofon

- **piezoelektrisches Prinzip**, d. h. Auftreten einer elektrischen Spannung an Piezokristallen, wenn diese durch äußere Krafteinwirkung mechanisch verformt werden; Anwendungsbeispiele: Kraft-, Druck- und Beschleunigungssensoren, Tonabnehmer bei Musikinstrumenten

- **optoelektrisches Prinzip**, d. h. Licht wird durch Nutzung des fotoelektrischen Effekts in ein elektrisches Signal umgewandelt; Anwendungsbeispiele: Fotozelle, CMOS-Sensor, Fotodiode, Fototransistor

- **thermoelektrisches Prinzip**, d. h. an den Kontaktstellen von zwei elektrischen Leitern, die aus unterschiedlichen Materialien bestehen, tritt bei einer Temperaturdifferenz eine elektrische Spannung auf; Anwendungsbeispiel: Thermoelement (zur Temperaturmessung)

Hierbei ist vielfach allerdings nur eine Änderung der Messgröße detektierbar, da ein aktiver Sensor bedingt durch das jeweils zugrunde liegende physikalische Prinzip im statischen Zustand der Messgröße keine Energie liefern kann.

Ein **passiver Sensor** besteht lediglich aus einem oder mehreren passiven Bauelementen (Kap. 5.5), bei denen sich durch den Einfluss der Messgröße eine elektrische Eigenschaft verändert, hierbei selbst aber keine elektrische Energie erzeugt wird (z. B. Temperaturmessung mit PTC-Widerstand; Kap. 5.5.6.2). Um die jeweilige Änderung elektrisch zu erfassen, muss eine externe Spannung angeschlossen werden, damit ein elektrischer Strom durch das detektierende Bauelement fließt, dessen Größe dann ein Maß für die jeweilige Messgröße ist. Ein passiver Sensor besitzt den Vorteil, dass er auch statische Messwerte erfassen kann (z. B. eine konstante Temperatur). Überwiegend verbreitet sind daher Sensoren, die auf einem passiven Messverfahren beruhen. Zu beachten ist, dass auch aktive Sensoren vielfach nachgeschaltete elektronische Komponenten mit einer separaten, externen Energieversorgung benötigen, um beispielsweise die vom Sensor erzeugte elektrische Spannung zu verstärken.

Unabhängig vom Sensortyp und der zu detektierenden Messgröße werden Sensoren u. a. durch die in Bild 5.126 dargestellten Kenngrößen charakterisiert.

Merkmal	Erläuterung	Anmerkung/Beispiel
Messbereich (*measuring range*)	Gibt den Bereich eines physikalischen Signals (d. h. einer Messgröße) an, der von einem Sensor gemessen werden kann	Kann ein Temperatursensor Temperaturen zwischen −20 °C und +30 °C messen, dann ist dies der Messbereich des Sensors.
Auflösung (*resolution*)	Bezeichnet den kleinsten Unterschied des Eingangssignals, den der Sensor erfassen kann	Ein Temperatursensor kann beispielsweise Unterschiede von 0,1 °C erfassen.
Messempfindlichkeit (*sensitivity*)	Beschreibt das Verhältnis zwischen der Änderung der Ausgangsgröße zu der sie verursachenden Änderung der Eingangsgröße	Ein PTC-Widerstand ändert seinen Widerstandwert um 2 Ω, wenn sich die Temperatur um 0,5 °C ändert; Messempfindlichkeit: 4 Ω/°C.
Genauigkeit (*accuracy*)	Gibt an, wie groß eine mögliche Abweichung eines Messwerts vom wahren Wert der gemessenen physikalischen Größe ist	Sensorabhängig erfolgen Angaben bezogen auf die Messgröße, in Prozent oder in Digit (z. B. ±0,05 °C oder ±0,1 % oder ±1 Digit); teilweise werden auch „Genauigkeitsklassen" definiert.
Linearität (*linearity*)	Maß für die Abweichung zwischen einer idealen Kennlinie (d. h. einer Geraden) und der realen Kennlinie eines Sensors	Sensoren haben (wie andere Bauelemente auch) meist gekrümmte Kennlinien(z. B. Bild 5.131); die Linearität wird meist in Prozent in Abhängigkeit vom Messbereich angegeben (% d. M.).

Bild 5.126: Beispiele für typische Sensorkenngrößen

Die von einem Sensor aufzunehmende Messgröße ist in den meisten Fällen zunächst eine analoge Größe. Nachgeschaltete Messverstärker wandeln die analogen Messwerte in ein digitales Signal, das dann verlustfrei übertragen, verarbeitet oder visualisiert werden kann. Wird der Messwert mit Ziffern dargestellt, kann sein Zahlenwert exakt abgelesen werden (im Gegensatz zu einer Zeigerdarstellung auf einer analogen Skala, bei der sich Ablesefehler ergeben können). Unabhängig von der Sensorauflösung ist hier aber die Auflösung der Anzeige bei der Messwertdarstellung begrenzt, da aufgrund der Digitalisierung nur eine bestimmte Anzahl von Werten darstellbar ist. Die kleinste Differenz zwischen zwei Messwerten ergibt sich aus der Anzahl der Digits, die zur Messbereichsdarstellung zur Verfügung stehen.

Beispiel

Ein Sensor kann Temperaturen von −20 °C bis +30 °C mit einer physikalischen Auflösung von 0,1 °C erfassen. Der Messbereich erstreckt sich somit über 50 °C.

Bei einer Messwertdigitalisierung mit einer 8-bit-Codierung lassen sich $2^8 = 256$ Ziffernschritte (Digits) darstellen. Die Darstellungsauflösung beträgt also 50 °C : 256 = 0,2 °C und ist somit geringer als die physikalische Auflösung des Sensors. Mit einer 10-bit-Codierung ergeben sich 1 024 Digits und damit eine Darstellungsauflösung von 0,05 °C, womit die physikalische Sensorauflösung voll genutzt werden kann.

Ein **Aktor** (*actuator*) ist ein Bauelement, das elektrische Signale (z. B. die von einer Steuerungseinheit ausgegebenen Befehle) in mechanische Arbeit umsetzt, d. h. in Bewegung (z. B. Motor, Ventil, Relais). In einem Regelkreis wird alternativ auch die Bezeichnung **Stellglied** verwendet.

Abhängig vom Funktionsprinzip werden verschiedene Arten von Aktoren unterschieden (Bild 5.127).

Art	Grundprinzip	Anwendungsbeispiele
Elektromagnetischer Aktor	Durch elektrischen Strom (d. h. bewegte Ladungsträger) werden über das erzeugte Magnetfeld mechanische Vorgänge hervorgerufen.	Elektrodynamische Lautsprecher, Elektromotor, Elektromagnet, Relais (elektro-mechanischer Schalter)
Piezoelektrischer Aktor	Ein Piezokristall verformt sich beim Anlegen einer elektrischen Spannung.	Piezolautsprecher, Piezomotor, Piezodrucker, Schwingquarz
Elektrostatischer Aktor	Durch die Kraftwirkung ruhender elektrischer Ladungen lassen sich mechanische Bewegungen ausführen.	Elektrostatischer Lautsprecher, Beschichtungsverfahren (z. B. beim Laserdrucker), DLP-Projektor (Kap. 1.12.7)

Bild 5.127: Aktor-Prinzipien (Beispiele)

Bild 5.128 zeigt exemplarisch den prinzipiellen Aufbau eines elektromagnetischen Aktors. Hierbei handelt es sich um ein **EMR** (elektromagnetisches Relais) mit zwei Schaltstellungen. Ein EMR nutzt die Kraftwirkung eines elektromagnetischen Felds: Fließt durch die Spule ein Strom, so entsteht im Kern ein Magnetfeld; die Stromrichtung ist dabei ohne Bedeutung. Der beweglich angeordnete Eisenanker wird durch die Magnetfeldkraft angezogen und betätigt die Kontakte, die sich auf biegsamen Kontaktfedern befinden. Wird der Spulenstrom abgeschaltet, so wird der Anker durch die Rückstellkraft der Kontaktfedern in die Ruhelage zurückgestellt. EMRs gibt es in unterschiedlichen Größen und Ausführungsformen. In der Starkstromtechnik zum Schalten großer Lasten werden sie „**Schütz**" genannt.

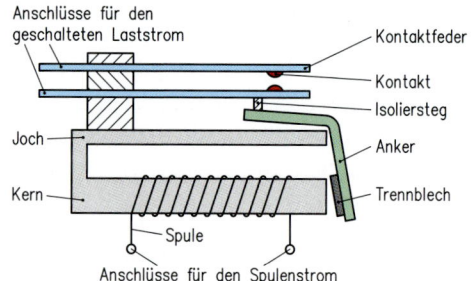

Bild 5.128: Elektromagnetisches Relais (Grundprinzip)

5.5.6.2 Geräteschutzsicherungen

Zum Schutz von Geräten und einzelnen Bauelementen vor zu hohen Strömen oder Spannungen werden **Geräteschutzsicherungen** (G-Sicherungen; engl. *circuit protection fuse*) eingesetzt.

Wenn der Strom im Schaltkreis aus irgendeinem Grund zu hoch wird, d. h. den Wert übersteigt, den ein Schaltkreiselement über einen gewissen Zeitraum hinaus aushält, schmilzt der Sicherungsdraht und verdampft, wodurch der Strom unterbrochen wird. Bild 5.129 zeigt einige Beispiele für Bauformen von G-Sicherungen.

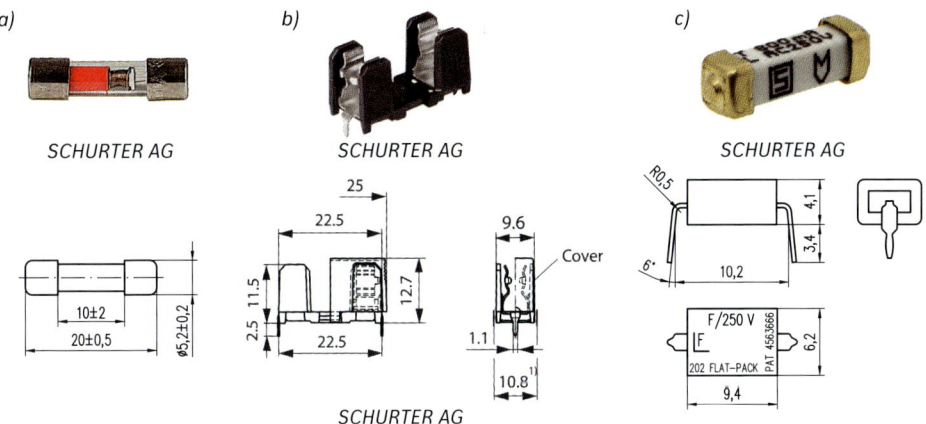

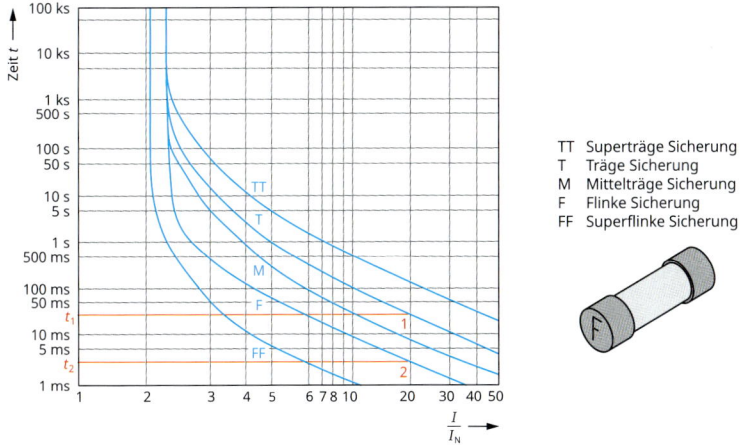

Bild 5.129: a) Patronensicherungseinsatz mit Glasrohr, b) Sicherungshalter für Patronensicherung,
c) Kleinstsicherungseinsatz für Leiterplatteneinbau

Um die Ansprechzeiten der Sicherungen möglichst genau an den jeweiligen Belastungsfall anpassen zu können, werden verschiedene Verhaltenstypen hergestellt.

Bild 5.130 visualisiert vereinfacht die prinzipiellen Unterschiede im Schaltverhalten, ferti-
gungsbedingte Toleranzen beim Abschaltverhalten bleiben unberücksichtigt. Die Sicherung mit der Charakteristik T löst beispielsweise bei einer Stromstärke $I = 20 \cdot I_N$ (20facher
Bemessungsstrom) zum Zeitpunkt t_1 = ca. 30 ms aus; dagegen öffnet die Sicherung mit der
Charakteristik F bei gleichem Strom schon nach t_2 = ca. 3 ms. Die träge Sicherung (T)
braucht also im vorliegenden Fall ca. zehnmal so lange wie die flinke Sicherung (F), um
den zu schützenden Stromkreis abzuschalten.

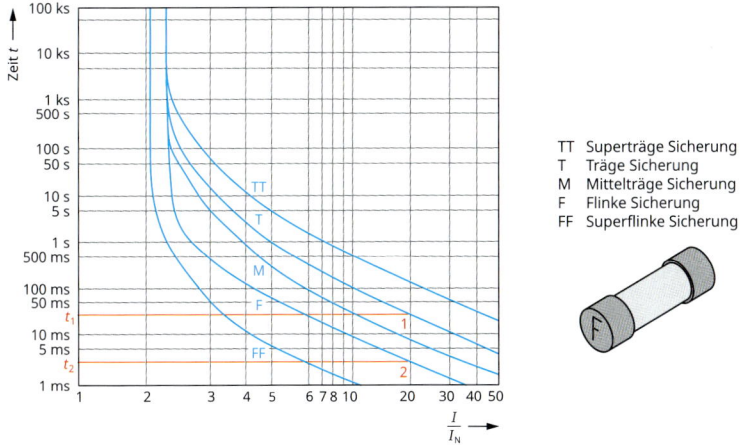

Bild 5.130: Vergleich von Strom-Zeit-Kennlinien für verschiedene Verhaltenstypen von Geräteschutzsicherun-
gen (prinzipielle Darstellung, das genormte Verhalten realer Geräteschutzsicherungen ist den jeweiligen
Herstellerunterlagen zu entnehmen; 1 ks = 10^3 s)

Müssen die bisher beschriebenen Geräteschutzsicherungen nach Überlastung und Beseitigung des Fehlers ausgetauscht werden, weil sie nicht rücksetzbar sind (*non-resettable
fuse*), ist dies bei den häufig eingesetzten selbstrückstellenden Überstromschutzsicherun-
gen (*self-resettable fuse*) nicht erforderlich.

Bei diesen selbstrückstellenden Sicherungen handelt es sich um **PTC-Bauelemente** (Positive **T**emperature **C**oefficient), also sog. Kaltleiter, bei denen der Eigenwiderstand bei Erwärmung über einen Grenzwert stark ansteigt. Sie werden mit dem zu schützenden Stromkreis in Reihe geschaltet und sichern diesen ab, indem sie im Fehlerfall, d.h. bei Überstrom, ihren normalerweise geringen Durchgangswiderstand durch Eigenerwärmung sprunghaft erhöhen und so den Strom begrenzen (Bild 5.131 b).

Nach Beseitigung des Fehlers und interner Abkühlung des PTCs geht der Eigenwiderstand auf seinen ursprünglichen niedrigen Wert zurück, und der Betrieb des Geräts kann ohne weiteren Eingriff wieder aufgenommen werden. Die in neueren Anwendungen eingesetzten PTC-Bauelemente basieren nicht mehr wie herkömmliche PTCs auf keramischen Werkstoffen, sondern auf Kunststoffen (Polymer-Materialien). Sie haben sehr geringe Abmessungen und werden in verschiedenen Bauformen hergestellt.

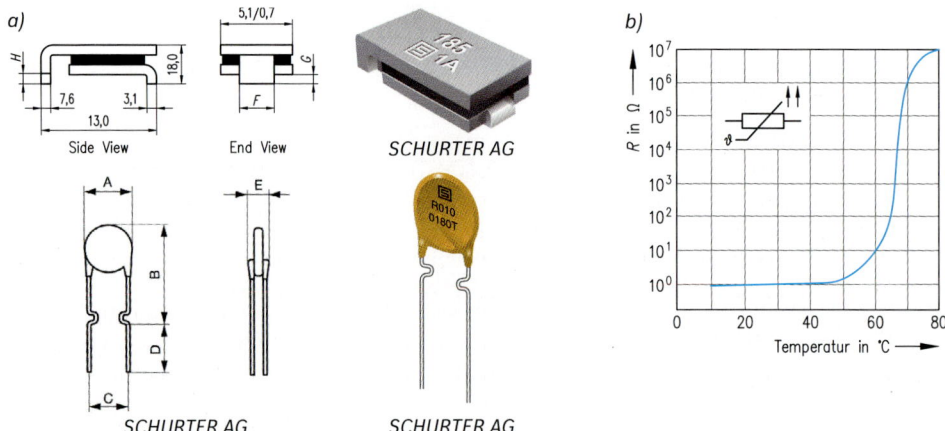

Bild 5.131: a) Kunststoff-PTC-Bauformen, Hinweis: Die Maße A–E sind den jeweiligen Herstellerunterlagen zu entnehmen, siehe z.B. https://www.schurter.com/de/datasheet/PFRA b) Schaltzeichen und typische Kennlinie

Mit Nennspannungen bis zu 60 V bieten Kunststoff-PTCs eine Vielzahl von Anwendungsmöglichkeiten in der IT-Technik (z.B. Netzteil, USB-Ports), in der Unterhaltungselektronik (z.B. DVD-Player, Lautsprecher), in der Kommunikationstechnik (z.B. Sicherheits- und Überwachungssysteme) sowie in der Stromversorgungstechnik und der Automobilelektronik.

AUFGABEN

1. a) Welcher Unterschied besteht zwischen einem idealen und einem realen Bauelement?

   b) Was versteht man in diesem Zusammenhang unter einem Ersatzschaltbild? Geben Sie ein Beispiel an.

2. Erklären Sie, warum beim Anlegen einer Wechselspannung an einen verlustlosen Kondensator dauernd ein Strom fließt, beim Anlegen einer Gleichspannung hingegen kein dauernder Stromfluss auftritt.

3. Von welchen Größen ist der kapazitive Blindwiderstand eines Kondensators abhängig? Um welchen Faktor ändert sich hierbei die Stromstärke in einem Kondensatorstromkreis, wenn

a) die Frequenz der anliegenden Spannung verdoppelt wird,

b) die Frequenz um 20 % verkleinert wird,

c) die Kapazität des Kondensators um die Hälfte verkleinert wird?

4. Wie groß ist die Phasenverschiebung zwischen Strom und Spannung in einem Wechselstromkreis

a) mit einem Wirkwiderstand,

b) mit einem verlustlosen Kondensator,

c) mit einer verlustlosen Spule? (Hinweis: Erstellen Sie ggf. – sofern möglich – jeweils Liniendiagramme für den Strom- und Spannungsverlauf mit einem entsprechenden Computerprogramm.)

d) Erläutern Sie, welche Auswirkung diese Phasenverschiebungen auf die in den Bauelementen umgesetzte Leistung hat.

5. Für eine elektronische Schaltung ist ein Kondensator mit einem genauen Wert der Kapazität von 750 pF erforderlich. Zur Verfügung stehen Kondensatoren mit den Normwerten $C_1 = 630$ pF und $C_2 = 1\,000$ pF. Durch Zuschalten und Abgleichen eines einstellbaren Kondensators (Timmerkondensator) soll der geforderte Kapazitätswert eingestellt werden. Wie muss der Trimmerkondensator geschaltet und auf welchen Wert muss er abgeglichen werden, wenn der Kondensator

a) mit dem Normwert $C_1 = 630$ pF und

b) mit dem Normwert $C_2 = 1\,000$ pF ausgewählt wird?

6. Ein Elektrolytkondensator mit $C = 10\,\mu F$ wird über einen Widerstand $R = 1,2\,k\Omega$ an einer Spannungsquelle auf 60 V aufgeladen.

a) Wie groß ist die Stromstärke zu Beginn des Ladevorgangs?

b) Berechnen Sie die Zeitkonstante.

c) Wie groß sind Strom und Kondensatorspannung nach $t = \tau$?

d) Nach welcher Zeit gilt der Kondensator praktisch als geladen? Wie groß ist nach dieser Zeit die tatsächliche Kondensatorspannung?

7. In der dargestellten Schaltung sind die Größen I_1, I_2, I_3, U_1, U_2, U_3 und U_C zu berechnen

a) zum Zeitpunkt des Schließens von S1,

b) wenn der Kondensator geladen ist,

c) zum Zeitpunkt des Öffnens von S1, nachdem sich der Kondensator aufgeladen hat.

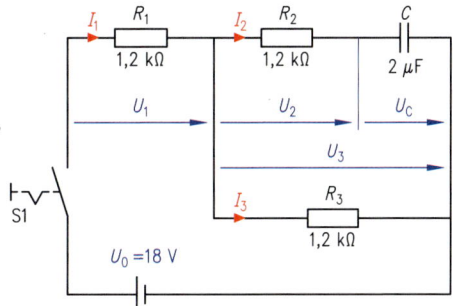

8. In einem Kondensatorstromkreis wird die Stromstärke $I = 2,5$ mA gemessen. Zu dem vorhandenen Kondensator wird ein zweiter Kondensator mit der gleichen Kapazität in Reihe geschaltet. Welche Stromstärke zeigt das Messgerät jetzt an?

9. Vergleichen Sie die Schaltungen 1 bis 4 miteinander.

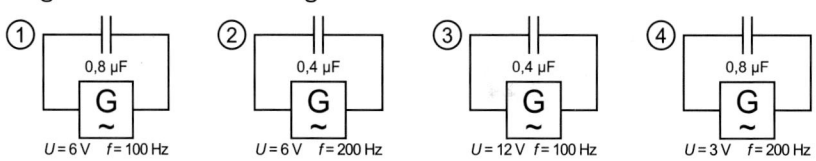

a) In welcher Schaltung ist der kapazitive Blindwiderstand am größten?

b) In welcher Schaltung hat der kapazitive Blindwiderstand den kleinsten Wert?

c) In welchen Schaltungen ist der kapazitive Blindwiderstand gleich groß?

d) In welchen Schaltungen hat die Stromstärke den gleichen Wert?

e) Wie groß ist die Stromstärke in Schaltung 1?

10. Berechnen Sie für die dargestellten Schaltungen jeweils

a) die Gesamtkapazität,

b) den gesamten Blindwiderstand bei der Frequenz $f = 800\,\text{Hz}$ und

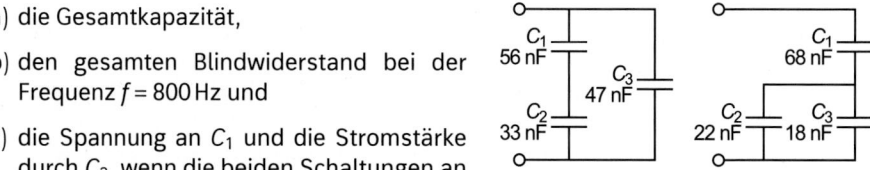

c) die Spannung an C_1 und die Stromstärke durch C_3, wenn die beiden Schaltungen an eine Wechselspannungsquelle mit $U = 6\,\text{V}$ und $f = 1\,\text{kHz}$ angeschlossen werden.

11. Wie ändert sich die Stromstärke in einer Spule ohne Eisenkern, wenn

a) die anliegende Wechselspannung vergrößert wird,

b) die Frequenz der anliegenden Spannung erhöht wird und

c) bei gleichbleibender Frequenz und Größe der Spannung ein Eisenkern in die Spule eingeführt wird?

12. Begründen Sie, warum der induktive Blindwiderstand einer Spule mit steigender Frequenz größer wird.

13. Wie groß ist die Blindleistung einer verlustlosen Spule mit der Induktivität $L = 0,8\,\text{H}$, die an eine Wechselspannungsquelle mit $U = 60\,\text{V}$ und $f = 50\,\text{Hz}$ angeschlossen wird?

14. Vergleichen Sie die Schaltungen 1 bis 4 miteinander.

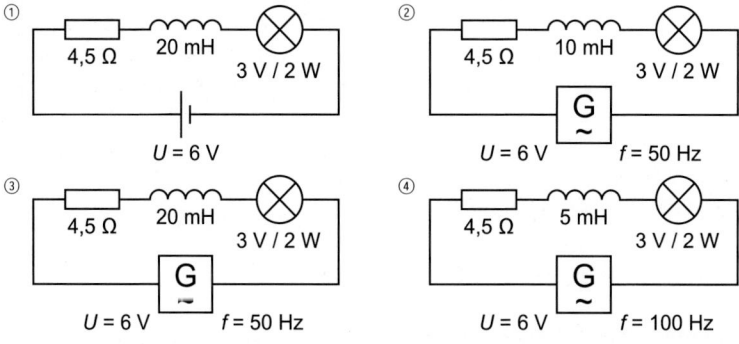

a) In welcher Schaltung leuchtet die Lampe am hellsten?

b) In welcher Schaltung ist die Leuchthelligkeit der Lampe am geringsten?

c) In welchen Schaltungen leuchten die Lampen gleich hell?

15. Berechnen Sie für die nebenstehenden Schaltungen

a) die Gesamtinduktivität,

b) den gesamten Blindwiderstand bei der Frequenz $f = 800\,Hz$ sowie

c) die Spannung an L_1 und die Stromstärke in L_3, wenn die beiden Schaltungen an eine Spannungsquelle mit $U = 6\,V$ und $f = 1\,kHz$ angeschlossen werden.

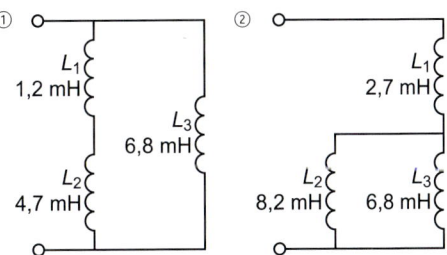

16. a) Erläutern Sie den Aufbau und die Wirkungsweise eines Übertragers.

b) Geben Sie an, in welchem Verhältnis zueinander die Spannung, die Stromstärke und der Widerstand durch einen Übertrager übersetzt werden.

c) Erklären Sie, wie mit einem Übertrager eine Leistungsanpassung erzielt werden kann.

17. In einem IT-Gerät muss ein defekter Netztransformator ersetzt werden. Da aufgrund von Insolvenz der Herstellerfirma kein Originalersatz lieferbar ist und wegen einer besonderen Bauform keine gängigen Alternativtransformatoren verwendet werden können, bietet Ihnen eine ebenfalls in der Ausbildung tätige Firma zu einem günstigen Preis einen Nachbau an, sofern Sie hierfür erforderliche Trafodaten zur Verfügung stellen. Auf dem beschädigten Typenschild des defekten Netztransformators (230 V) ist lediglich noch zu erkennen: Primärwicklung $N1 = 2500$. Benötigt werden drei Sekundärspannungen: einmal 5 V/2 A und zweimal 12 V/10 A.

a) Welche Windungszahlen sind für die jeweiligen Sekundärspulen erforderlich?

b) Welche Leistungen müssen sekundärseitig zur Verfügung gestellt werden?

c) Wie groß ist die primärseitige Stromaufnahme, wenn man von einem Wirkungsgrad von 70 % ausgeht?

18. Beschreiben Sie mit eigenen Worten jeweils den prinzipiellen Aufbau einer DRAM-Speicherzelle, einer MOSFET-Speicherzelle mit Floating Gate für einen Flashspeicher und einer ReRAM-Speicherzelle. Nennen Sie Unterschiede im Speicherverhalten.

19. In cyber-physischen Systemen spielen Sensoren und Aktoren eine bedeutende Rolle.

a) Erläutern Sie die Begriffe Sensor und Aktor.

b) Welche physikalischen Funktionsprinzipien liegen Sensoren und Aktoren zugrunde?

c) Nennen Sie jeweils Anwendungsbeispiele.

5

20. Die Eigenschaften von Sensoren werden artübergreifend mit typischen Kenngrößen charakterisiert. Hierzu zählen insbesondere Angaben zu Messbereich, Messempfindlichkeit, Auflösung und Genauigkeit. Erläutern Sie die angegebenen Kenngrößen und geben Sie jeweils ein Beispiel an.

21. Ein analoger Temperatursensor besitzt einen Messbereich von −50 °C bis +150 °C bei einer physikalischen Auflösung von 0,1 °C. Wie viele Bit sind für die Digitalisierung der analogen Messwerte erforderlich, um die physikalische Sensorauflösung voll nutzen zu können? (Hinweis: Der Rechenweg ist anzugeben.)

22. Eine Gerätesicherung soll beim Überschreiten der fünffachen Bemessungsstromstärke innerhalb von ca.

    a) 5 ms,

    b) 1 s und

    c) 5 s abschalten.

    Geben Sie jeweils den Typ der erforderlichen Sicherung an (vgl. Bild 5.130).

23. Beschreiben Sie die Funktionsweise einer selbstrückstellenden Geräteschutzsicherung (*self-resettable fuse*).

5.6 Elektroinstallation

5.6.1 Schaltzeichen und Schaltpläne

Die in elektrischen Anlagen eingesetzten Bauelemente (Schalter, Relais, Leitungen usw.) werden als **Betriebsmittel** (*electric equipment*) bezeichnet. In Schaltungsunterlagen werden die Betriebsmittel durch **Schaltzeichen** (**grafische Symbole**; engl. *circuit symbols*) dargestellt. Diese lassen nur noch die elektrische Funktion, nicht aber die Konstruktion oder Bauform des Betriebsmittels erkennen.

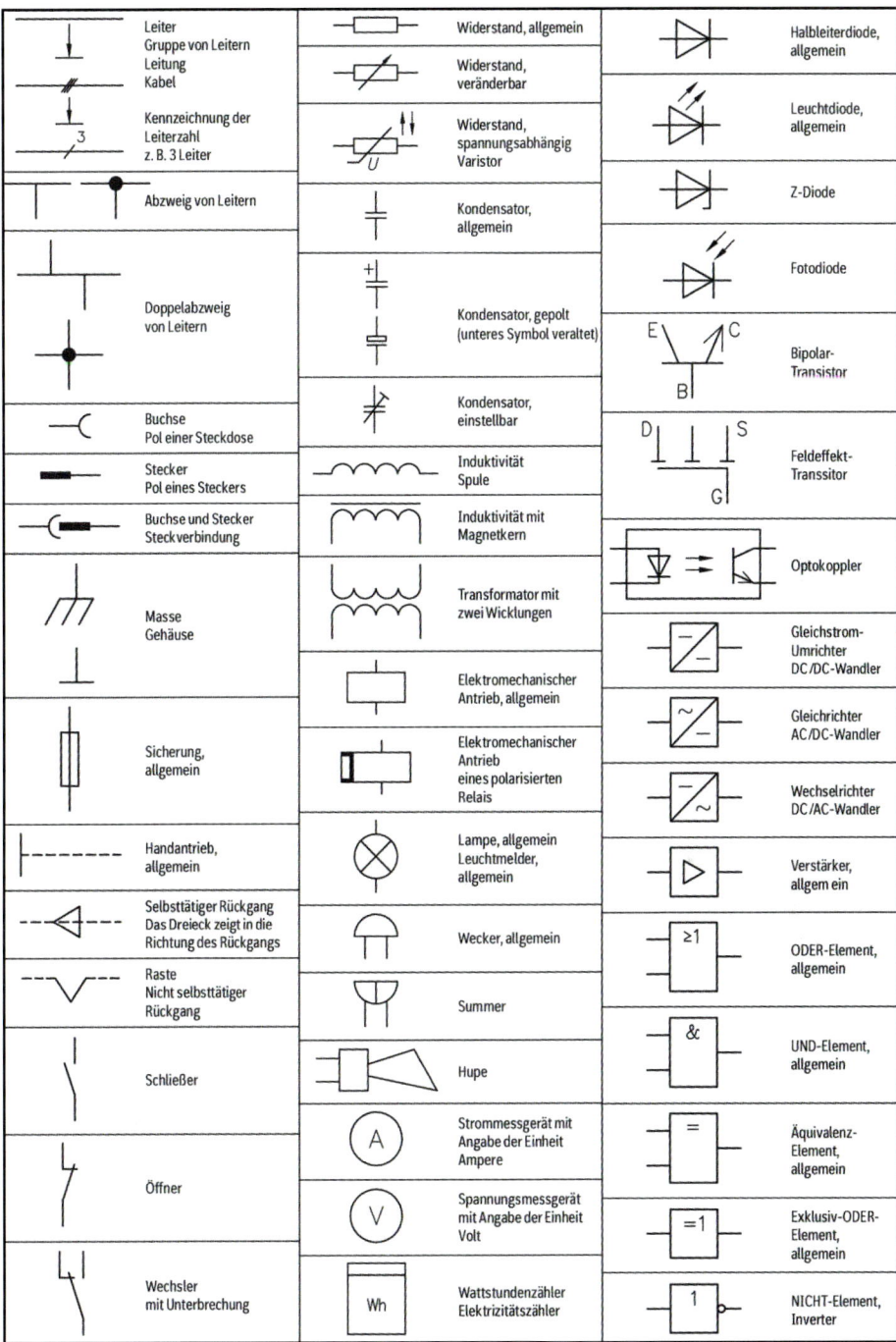

Bild 5.132: Schaltzeichen nach DIN (Hinweis: Gemäß Zeichnungsnorm besteht zwischen zwei rechtwinklig kreuzenden Linien ohne Punkt an der Kreuzung keine elektrisch leitende Verbindung.)

Abhängig davon, ob bei der Darstellung das Betriebsmittel selbst oder seine Funktion bzw. maßgebliche Eigenschaft im Fokus steht, werden bei einigen Schaltzeichen verschiedene Begriffe verwendet (Bild 5.133).

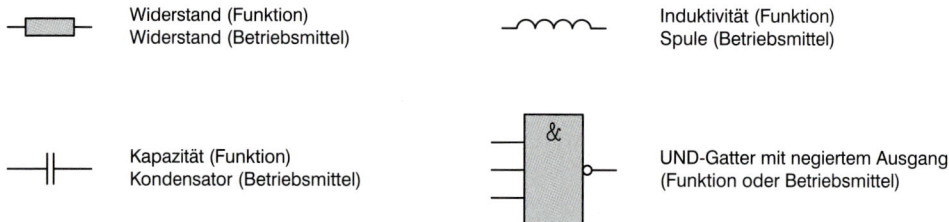

Widerstand (Funktion)
Widerstand (Betriebsmittel)

Induktivität (Funktion)
Spule (Betriebsmittel)

Kapazität (Funktion)
Kondensator (Betriebsmittel)

UND-Gatter mit negiertem Ausgang
(Funktion oder Betriebsmittel)

Bild 5.133: Schaltzeichen für Funktion und Betriebsmittel (Beispiele)

Zur **Kennzeichnung von Betriebsmitteln** werden Kennbuchstaben (**Referenzkennzeichen**) und zur Nummerierung Ziffern verwendet, die vielfach zu einem Kennzeichenblock zusammengefasst sind. Besteht ein Bauteil aus mehreren funktionell voneinander abhängigen Teilen (z. B. ein Relais mit einer Wicklung und mehreren Kontakten; Bild 5.134 a), so können verschiedene Darstellungsarten angewendet werden.

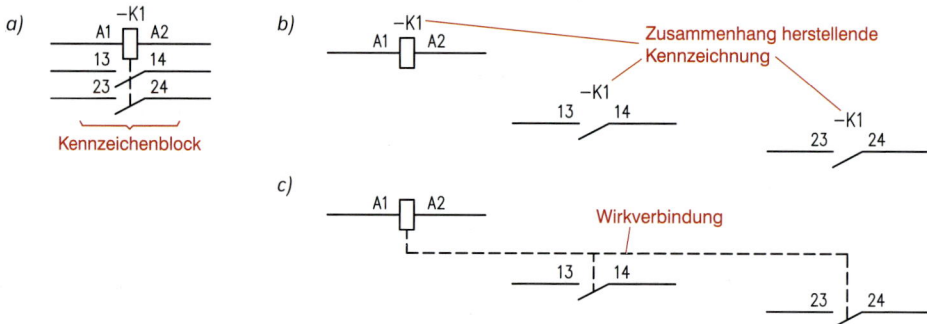

Bild 5.134: Unterschiedliche Darstellungsarten für zusammengesetzte Betriebsmittel

In der **aufgelösten Darstellung** können die einzelnen Teile des Betriebsmittels völlig losgelöst voneinander dargestellt werden, um in Schaltplänen eine klare Anordnung der Stromkreise zu erreichen. Der Zusammenhang der einzelnen Teile wird durch die Betriebsmittelkennzeichnung hergestellt (Bild 5.134 b).

Wird in der aufgelösten Darstellung eine Wirkverbindung eingezeichnet, um das Zusammenwirken der Teile zu verdeutlichen, so spricht man von einer **halbzusammenhängenden Darstellung** (Bild 5.134 c).

Als **Schaltplan** (alternativ: **Schaltbild**, **Stromlaufplan**; engl. *circuit diagram*) bezeichnet man die zusammenfassende Darstellung von Bauelementen, elektrischen Geräten und Anlagen unter Verwendung von genormten Schaltzeichen. Er zeigt entweder die Wirkungsweise und den Stromverlauf oder die Anordnung und die Leitungsverbindungen.

Zusammenfassende Normvorgaben für die Darstellung von Betriebsmitteln und Schaltplänen sind z. B. in der DIN EN 60617, der DIN EN 61082 oder der DIN EN 61355 zu finden. Zu beachten ist, dass international verwendete Schaltzeichen von der deutschen Norm abweichend sein können.

Zur Dokumentation von Elektroinstallationen werden unterschiedliche Schaltplanarten verwendet. Diese werden heutzutage in den meisten Fallen mit entsprechender Branchensoftware (Kap. 2.2.2) erstellt. Abhängig vom verwendeten Produkt können sich hierbei die verwendeten Symbole trotz entsprechender Normvorgaben geringfügig voneinander unterscheiden. Generell sollten dargestellte Leitungsverbindungen geradlinig, rechtwinklig zueinander und kreuzungsfrei angeordnet werden, sodass sich Pfade möglichst nicht überlappen. Abhängig vom Komplexitätsgrad lässt sich dies aber nicht immer realisieren.

Elektrische Leitungen für die Energieversorgung haben unterschiedliche Funktionen. Diese werden in Schaltungsunterlagen mit Buchstaben angegeben (Neutralleiter: **N**; Spannung führende Außenleiter: **L1**, **L2** und **L3**; Schutzleiter: **PE**; Kap. 5.6.3) oder mit entsprechenden Symbolen markiert (z.B. Bild 5.135). In einigen Fällen wird der (hier grün-gelbe) Schutzleiter auch als Strich-Punkt-Linie dargestellt, um ihn besser von anderen Leitungen unterscheiden zu können.

Die abgebildeten Beispiele für Schaltpläne sind vergleichsweise einfach strukturiert, um die Grundprinzipien der einzelnen Darstellungsformen zu verdeutlichen.

Der **Installationsplan** (*wiring diagram*) zeigt die räumliche Lage einer Anlage. Er wird in der Regel lagerichtig in eine Gebäudezeichnung eingetragen (Bild 5.135 a).

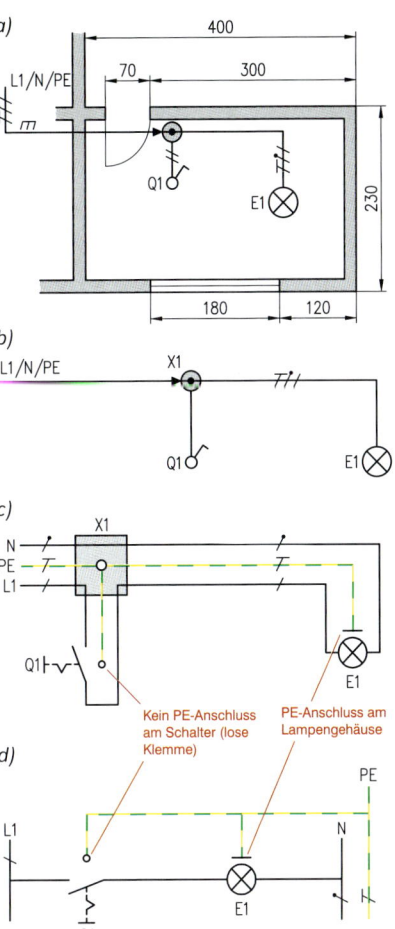

Bild 5.135: Schaltplanarten

Der **Übersichtsschaltplan** (*overview circuit diagram*) ist der einfachste, meist in einpoliger Darstellung ausgeführte Schaltplan einer Anlage. Er zeigt die einzelnen Geräte und ihre Verbindungen. Die räumliche Anordnung der Betriebsmittel ist nicht zu erkennen. Er dient als Grundlage für die Erstellung weiterer Schaltpläne (Bild 5.135 b).

Der **Wirkschaltplan** (*functional wired diagram, detailed wiring diagramm*; früher: **Stromlaufplan in zusammenhängender Darstellung**) ist die allpolige Darstellung einer Anlage mit allen Einzelteilen (Schalter, Abzweigdosen, Geräte, Leitungen). In dem Plan ist die Wirkungsweise der Schaltung erkennbar. Die räumliche Lage der Betriebsmittel ist nach Möglichkeit einzuhalten, darf jedoch im Interesse der Übersichtlichkeit verändert werden. Stromlaufpläne zeigen die Betriebsmittel im ausgeschalteten Zustand (Bild 5.135 c). Die Grün-Gelb-Darstellung des PE-Leiters dient in diesem und einigen nachfolgenden Bildern zur besseren Veranschaulichung, ist in der Zeichnungsnorm aber so nicht vorgegeben.

Der **Stromlaufplan in aufgelöster Darstellung** (*schematic diagram*) zeigt die einzelnen Stromkreise der Schaltung als geradlinige Stromwege zwischen den Polen der Spannungsquelle. Die räumliche Lage und der mechanische Zusammenhang der Teile werden nicht berücksichtigt (Bild 5.135 d).

Funktionsschaltpläne (*functional diagram*) dienen der Darstellung von Logiksystemen in Binärtechnik, z. B. von Schaltnetzen und Schaltwerken (vgl. Kap. 4.4.2 und 4.4.3). Sie müssen alle Einzelheiten der Funktion von Systemen, Installationen, Einrichtungen usw. enthalten, brauchen jedoch nicht zu berücksichtigen, wie die Funktionen ausgeführt sind (Bild 5.136). Ergänzend zu den aufgeführten Schaltplanarten werden vielfach auch ein **Geräteschaltplan** (Darstellung der Anschlussklemmen), eine **Potenzialliste** (Darstellung von Spannungen) und eine **Installationsbauteileliste** erstellt.

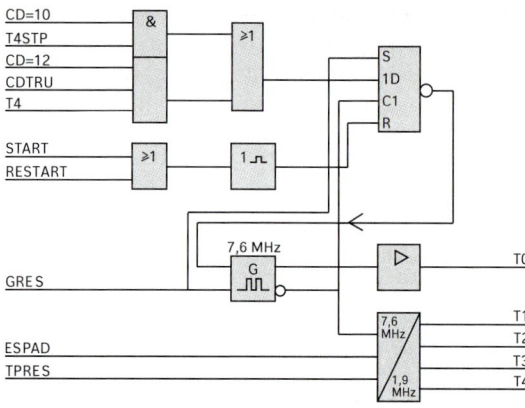

Bild 5.136: Funktionsschaltplan eines Taktgebers

5.6.2 Installationsschaltungen

In Bild 5.137 ist der Anschluss einer Schutzkontaktsteckdose (kurz: **Schuko-Steckdose**) im Übersichtsplan, im Wirkschaltplan und im aufgelösten Stromlaufplan dargestellt. Die einzelnen Leiterfunktionen lassen sich durch ihre Benennung (L1, N, PE) und zusätzlich durch genormte Symbole erkennen. Manchmal wird aber auch nur die Leiteranzahl angegeben.

Die Bilder 5.138 a bis d zeigen die im privaten Bereich oder im Arbeitsumfeld zum Schalten der Beleuchtung am häufigsten verwendeten Schaltungen als zusammenhängende Stromlaufpläne. Als Schutzmaßnahme ist der PE-Leiter an das Gehäuse des Beleuchtungskörpers angeschlossen.

Die **Ausschaltung** (a; engl. *off-circuit, power circuit breaker*) ist die einfachste Möglichkeit, von einer Schaltstelle aus eine Lampe ein- und auszuschalten.

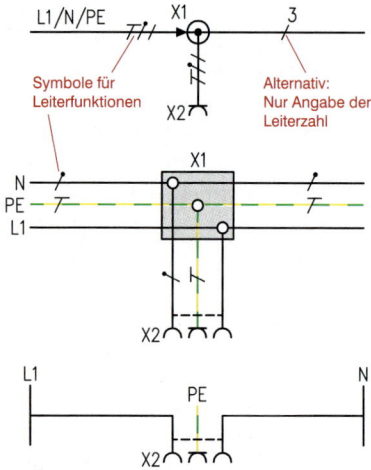

Bild 5.137: Anschluss einer Schuko-Steckdose

Mit der **Serienschaltung** (b; engl. *serial connection, serial circuit*) können von einer Schaltstelle aus zwei Lampen einzeln oder zusammen geschaltet werden.

Eine **Wechselschaltung** (c; engl. *two-way circuit*) ermöglicht es, von zwei Schaltstellen aus eine Lampe in beliebiger Folge ein- und auszuschalten. In einer **Kreuzschaltung** (d; engl. *cross-connect circuit*) kann eine Lampe von drei oder mehr Schaltstellen aus in beliebiger Folge ein- und ausgeschaltet werden.

Alle Schalter sind stets so anzuschließen, dass sie nur den angeschlossenen Außenleiter an- oder abschalten, niemals aber den angeschlossenen Neutralleiter unterbrechen.

Die getönten Umrahmungen der Schalter Q in Bild 5.138 dienen zur Hervorhebung der im jeweiligen Gehäuse vorhandenen unterschiedlichen Kontaktstrukturen. In der Zeichnungsnorm sind sie nicht zwingend vorgeschrieben. Darstellungen mit schaltenden Betriebsmitteln (z. B. Ein-/Aus-Schalter, Wechselschalter, LS-Schalter; Kap. 5.6.6) werden prinzipiell immer im stromlosen Zustand dargestellt (d. h. in Bild 5.138 „Lampe aus").

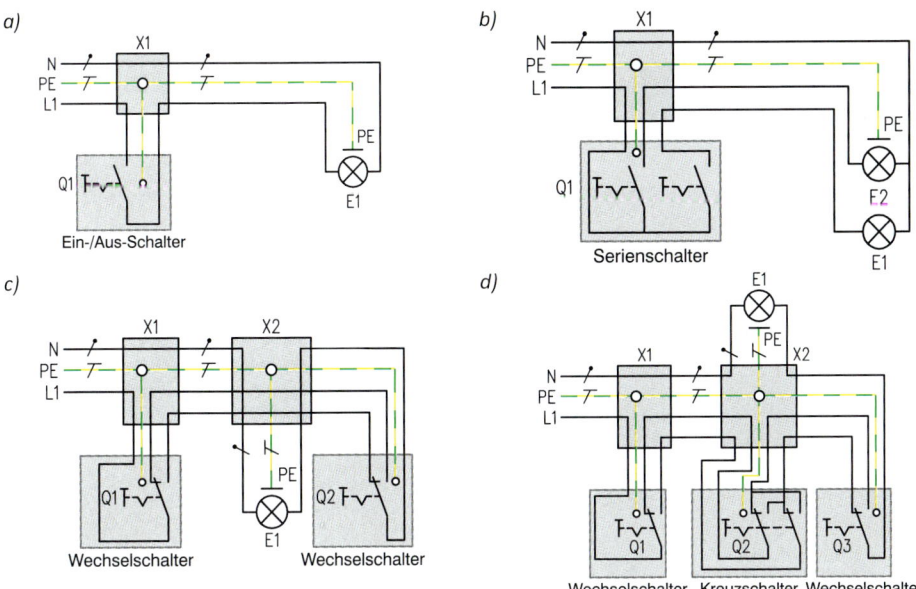

Bild 5.138: Installationsschaltungen (Hinweis: Kein Anschluss des PE-Leiters in den Schaltern, Ausführung nur als „lose Klemme")

5.6.3 Leitungen der Energietechnik

Zur Stromversorgung im häuslichen Bereich und am Arbeitsplatz werden genormte Leitungen der Energietechnik verwendet. Einige Beispiele für den Niederspannungsbereich (230 V/400 V) sind in Bild 5.139 dargestellt. In diesem Bereich sind unter Umständen Arbeiten erforderlich, die beispielsweise nur von einer anerkannten **Elektrofachkraft** (gemäß VDE 0100; VDE 0105-100) durchgeführt werden dürfen (z. B. Montage einer Schutzkontaktsteckdose).

Leitungen für feste Verlegung		Anwendungsbereiche
Aderleitungen	H07V-K	In trockenen Räumen, in Betriebsmitteln, Schalt- und Verteilungsanlagen in Rohr auf und unter Putz und auf Isolierkörpern über Putz
Stegleitungen	NYIF	In trockenen Räumen für feste Verlegung in und unter Putz; auch zulässig in Bade- und Duschräumen; ohne Putzabdeckung in Hohlräumen von Decken und Wänden aus Beton u. Ä.

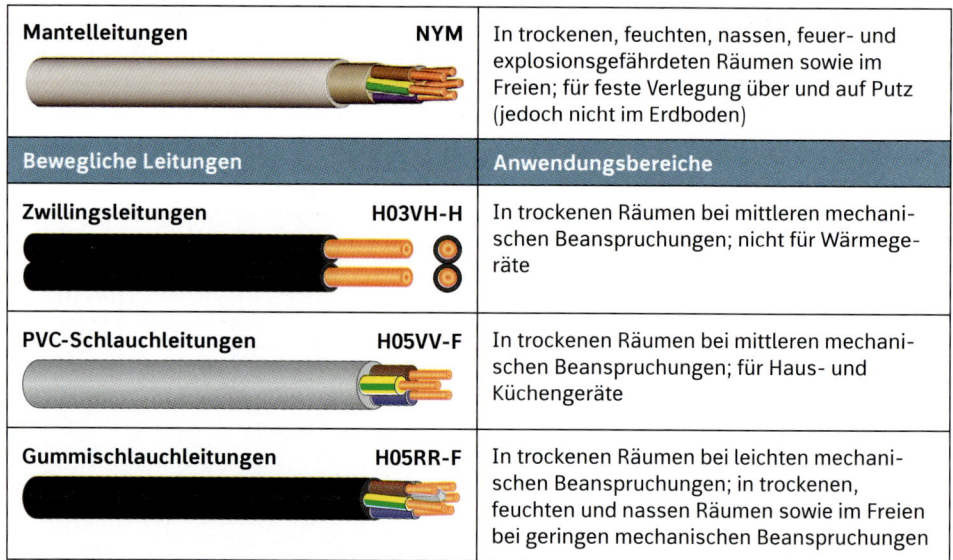

Mantelleitungen	NYM	In trockenen, feuchten, nassen, feuer- und explosionsgefährdeten Räumen sowie im Freien; für feste Verlegung über und auf Putz (jedoch nicht im Erdboden)
Bewegliche Leitungen		**Anwendungsbereiche**
Zwillingsleitungen	H03VH-H	In trockenen Räumen bei mittleren mechanischen Beanspruchungen; nicht für Wärmegeräte
PVC-Schlauchleitungen	H05VV-F	In trockenen Räumen bei mittleren mechanischen Beanspruchungen; für Haus- und Küchengeräte
Gummischlauchleitungen	H05RR-F	In trockenen Räumen bei leichten mechanischen Beanspruchungen; in trockenen, feuchten und nassen Räumen sowie im Freien bei geringen mechanischen Beanspruchungen

Bild 5.139: Beispiele für Leitungen der Energietechnik

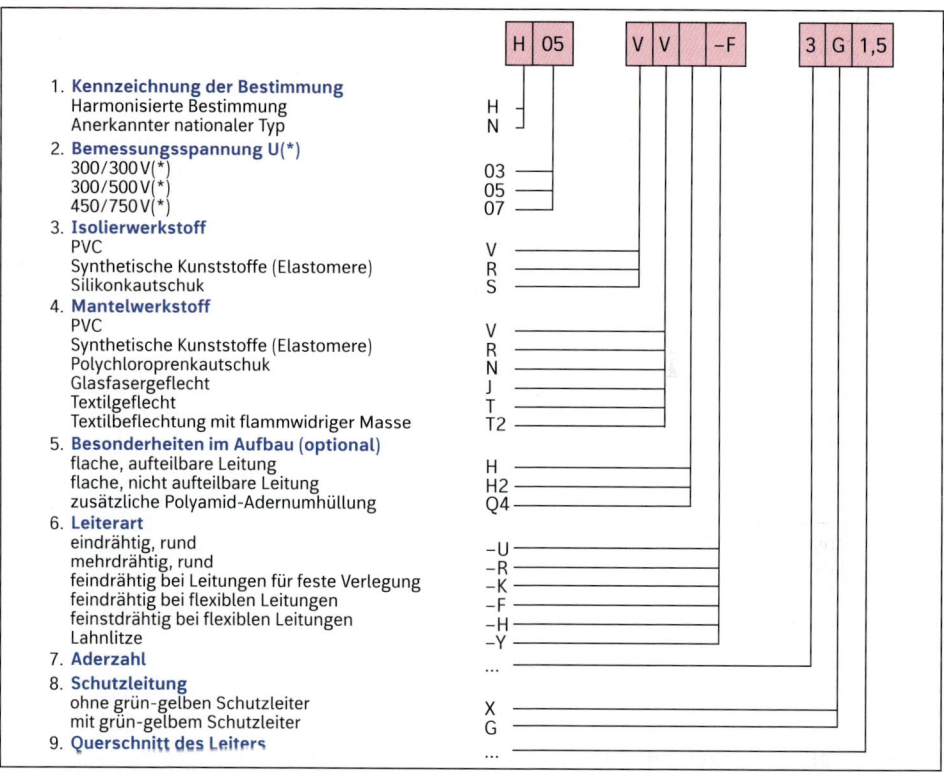

| H | 05 | | V | V | | −F | | 3 | G | 1,5 |

1. **Kennzeichnung der Bestimmung**
   Harmonisierte Bestimmung — H
   Anerkannter nationaler Typ — N
2. **Bemessungsspannung U(*)**
   300/300 V(*) — 03
   300/500 V(*) — 05
   450/750 V(*) — 07
3. **Isolierwerkstoff**
   PVC — V
   Synthetische Kunststoffe (Elastomere) — R
   Silikonkautschuk — S
4. **Mantelwerkstoff**
   PVC — V
   Synthetische Kunststoffe (Elastomere) — R
   Polychloroprenkautschuk — N
   Glasfasergeflecht — J
   Textilgeflecht — T
   Textilbeflechtung mit flammwidriger Masse — T2
5. **Besonderheiten im Aufbau (optional)**
   flache, aufteilbare Leitung — H
   flache, nicht aufteilbare Leitung — H2
   zusätzliche Polyamid-Adernumhüllung — Q4
6. **Leiterart**
   eindrähtig, rund — −U
   mehrdrähtig, rund — −R
   feindrähtig bei Leitungen für feste Verlegung — −K
   feindrähtig bei flexiblen Leitungen — −F
   feinstdrähtig bei flexiblen Leitungen — −H
   Lahnlitze — −Y
7. **Aderzahl** — ...
8. **Schutzleitung**
   ohne grün-gelben Schutzleiter — X
   mit grün-gelbem Schutzleiter — G
9. **Querschnitt des Leiters** — ...

Bild 5.140: Beispiel für die Kennzeichnung harmonisierter Leitungen, (* jeweils Effektivwerte; Kap. 5.1.1.6; 1. Wert: maximale Spannung zwischen einem Außenleiter und PE; 2. Wert: maximale Spannung zwischen zwei Außenleitern; Kap. 5.7.4.1)

Alle energietechnischen Leitungen und Kabel sind durch Kurzbezeichnungen gekennzeichnet. Bei den Kurzbezeichnungen, die mit „H" beginnen, handelt es sich um sog. **harmonisierte Leitungen**. Dies sind Leitungen, deren Bezeichnungen und Prüfbedingungen in allen CENELEC-Ländern identisch sind (CENELEC: Europäisches Komitee für elektrotechnische Normung, deren Mitgliedsländer sich auf harmonisierte, d.h. vereinheitlichte Normen und Vorschriften geeinigt haben).

Bild 5.140 zeigt den Aufbau der Kurzbezeichnung für harmonisierte Leitungen.

Die harmonisierten Leitungen werden national ergänzt durch die sog. **Normalleitungen**. Sie entsprechen ebenfalls den VDE- und DIN-Vorschriften; ihre Kennzeichnung beginnt mit einem „N". Die darauf folgenden Buchstaben bezeichnen von innen nach außen die verschiedenen Lagen von Isolation und Bewehrung (z.B. NYM 3 × 1,5).

Die Bedeutung der einzelnen Buchstaben zeigt Bild 5.141.

A	Aderleitung	N	1. Buchstabe im Kurzzeichen einer nicht harmonisierten Normenleitung
B	Bleimantel		
C	Abschirmung	–O	Ohne grün-gelben Schutzleiter
F	Flachleitung, feindrähtig	R	Rohrdraht
G	Isolierhülle oder Mantel aus Gummi	U	Umhüllung
I	Impuzleitung, Stegleitung	Y	Isolierhülle oder Mantel aus PVC
–J	Mit grün-gelbem Schutzleiter	Z	Zinkmantel
M	Mantelleitung		

Bild 5.141: Kennzeichnung nicht harmonisierter Leitungen

Die verwendeten Leitungen und Kabel sind meist 3- oder 5-adrig; die isolierenden Umhüllungen der einzelnen Adern sind entsprechend der VDE-Norm farbig ausgeführt (Bild 5.142).

Ader- zahl	DIN VDE 0293-308 (neuere Norm)	DIN VDE 0293:1990 (ältere Norm, z.B. zu finden bei Installationen vor 2006)	
	Kabel und Leitungen für feste Verlegung und flexible Leitungen	Kabel und Leitungen für feste Verlegung	Flexible Leitung
3	gn-ge, bl, br	gn-ge, sw, bl	gn-ge, br, bl
5	gn-ge, bl, br, sw, gr	gn-ge, sw, bl, br, sw	gn-ge, sw, bl, br, sw

gn-ge: Schutzleiter (PE bzw. PEN); bl: gemeinsamer Neutralleiter (N); br, sw, gr: Außenleiter (L1, L2 und L3); Abkürzungen und weitere Informationen siehe Kap. 5.7.4.1

Bild 5.142: Farben der isolierenden Ummantelungen von Energieversorgungsleitungen

ACHTUNG!
Jede Farbe ist gemäß VDE-Norm eindeutig einer entsprechenden Verwendung zugeordnet, von der keinesfalls abgewichen werden darf! Insbesondere die grün-gelb gekennzeichnete Ader darf grundsätzlich nur als Schutzleiter (PE) oder für den Neutralleiter mit Schutzfunktion (PEN) verwendet werden.

5.6.4   Verlegearten

Elektrische Leitungen müssen stets so verlegt werden, dass sie entweder durch ihre Lage oder durch ihre Verkleidung vor mechanischer Beschädigung geschützt sind. Innerhalb von Gebäuden können folgende **Verlegearten** eingesetzt werden:

Verlegeart	Symbol	Erläuterung
auf Putz	⟋⟋⟋	– Sichtbare Verlegung direkt auf der Wand, auf Abstandsschellen oder im Installationsrohr – Verwendung von Mantelleitungen – Einsatz in Garagen, Kellern, Gewerberäumen oder Werkstätten („Feuchtrauminstallation") – Nicht erlaubt in Wohnräumen
in Putz	⟋⟋⟋	– Verlegung auf dem Rohmauerwerk, nur verdeckt vom anschließend aufgebrachten Putz – Verwendung von Stegleitungen
unter Putz	⟋⟋⟋	– Verlegung in ausgefrästen Schlitzen des Mauerwerks, sodass die Leitungen bündig mit dem Rohmauerwerk abschließen (Achtung: Tragende Wände dürfen nicht geschlitzt werden!) – Verwendung von Mantelleitungen oder Einzeladern im Installationsrohr
in Installationsrohren	o	– Montage von starren Rohren zur Verlegung auf Putz (siehe oben) – Montage von flexiblen Rohren zur Verlegung im Mauerwerk oder Estrich – Zusätzlicher Schutz einer Leitung vor mechanischen Einwirkungen – Bei Verlegung im Mauerwerk nachträgliche Änderung oder Erweiterung der Elektroinstallation vergleichsweise einfach möglich – Verwendung von Einzeladern oder Mantelleitung

Bild 5.143: Gängige Verlegearten

Darüber hinaus ist auch eine Verlegung in Installationskanälen, auf Kabelpritschen, in Hohlräumen oder direkt in Beton möglich. Abhängig von den jeweiligen Verlegebedingungen werden die Verlegearten mit einer Kurzbezeichnung angegeben, die aus einem Buchstaben oder einer Buchstaben-Zahl-Kombination besteht.

Verlegeart	A1	A2		B1	B2
Darstellung					
Verlegebedingung	Verlegung in wärmegedämmten Wänden			Verlegung in Elektroinstallationsrohren oder geschlossenen Elektroinstallationskanälen **auf** oder **in** Wänden oder in Kanälen für Unterflurverlegung	
	Aderleitungen oder einadrige Kabel/ Mantelleitungen im Elektroinstallationsrohr oder -kanal	mehradrige Kabel oder Mantelleitungen		Aderleitungen oder einadrige Kabel/ Mantelleitungen	mehradrige Kabel oder Mantelleitungen
		im Elektroinstallationsrohr oder kanal	direkt verlegt		

Verlegeart	C		E	F	G
Darstellung 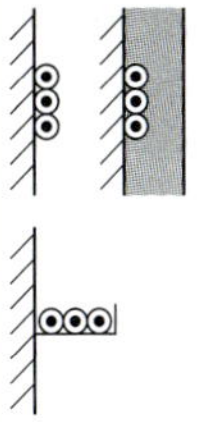 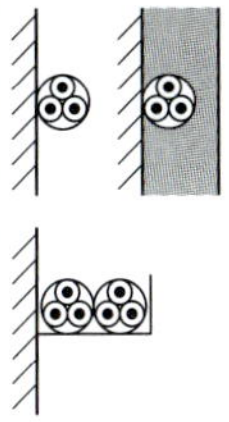 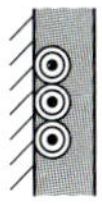 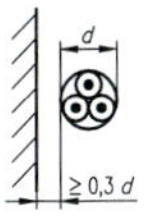 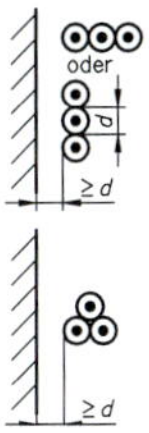 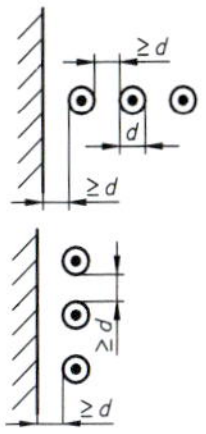	(Darstellung: einadrige bzw. mehradrige Kabel direkt auf/in Wand)	(≥ 0,3 d)	(Stegleitung in Wand)	(mehradrige Kabel, ≥ d)	(einadrige Kabel, ≥ d; mit/ohne Berührung, oder)
Verlegebedingung	Direkte Verlegung auf oder in Wänden/Decken oder in Kabelwannen		Stegleitung in Wänden/Decken oder Hohlräumen	Verlegung frei in Luft, an Tragseilen sowie auf Kabelpritschen und -konsolen	
	einadrige Kabel oder Mantelleitung	mehradrige Kabel oder Mantelleitungen		mehradrige Kabel oder Mantelleitungen	einadrige Kabel oder Mantelleitungen — mit Berührung / ohne Berührung, auch Aderleitungen auf Isolatoren

Bild 5.144: Kennzeichnung von Verlegearten

Die Verlegung von Leitungen innerhalb von Gebäuden hat in dafür vorgeschriebenen Bereichen – den sog. **Installationszonen** – zu erfolgen. Bei Bedarf lassen sich diese im Internet recherchieren.

5.6.5 Bemessung von Energieversorgungsleitungen

Bei der Bemessung elektrischer Energieversorgungsleitungen sind gemäß VDE folgende Faktoren zu berücksichtigen:
- Spannungsverlust an der Leitung (Kap. 5.3.2.2)
- Mindestquerschnitte
- Strombelastbarkeit der Leitung

5.6.5.1 Spannungsverlust

Der Spannungsverlust an einer Energieversorgungsleitung verursacht eine Abnahme der 230-V-Versorgungsspannung und damit eine kleinere Betriebsspannung am Verbraucher. Die als Verbraucher angeschlossenen Geräte sind aber für eine bestimmte Betriebsspannung ausgelegt. Liegt die Abweichung der Betriebsspannung oberhalb eines geräteabhängigen Toleranzwerts, funktionieren viele Verbraucher nicht mehr ordnungsgemäß.

Um eine einwandfreie Funktion aller angeschlossenen Verbraucher sicher zu gewährleisten, sind in den technischen Anschlussbedingungen (TAB) der Energieversorgungsunternehmen (EVU) die **höchstzulässigen Spannungsverluste in Prozent der Netzspannung (Δu)** angegeben:

$$\Delta u = \frac{U_1 - U_2}{U_1} \cdot 100\,\%$$
mit $U_1 = 230\,\text{V}$; U_2: (tatsächliche) Spannung am Verbraucher

Bei einem Hausanschluss darf der Spannungsverlust U an der Leitung gemäß DIN 18015 Teil 3
- für Leitungen vom Hausanschluss bis zum Zähler **maximal 0,5 % der Netzspannung**,
- für Leitungen vom Zähler zum Verbraucher **maximal 3,0 % der Netzspannung**

betragen.

Zur Berechnung des Spannungsverlusts an einer Leitung, der Verlustleitung, des erforderlichen Leitungsquerschnitts sowie der maximal möglichen Leitungslänge können die folgenden Gleichungen verwendet werden:

	Gleichstromleitung	Wechselstromleitung	Drehstromleitung
Spannungsverlust ΔU in V	$\Delta U = \dfrac{2 \cdot l \cdot I}{\gamma \cdot A}$	$\Delta U = \dfrac{2 \cdot l \cdot I \cdot \cos\varphi}{\gamma \cdot A}$	$\Delta U = \dfrac{\sqrt{3} \cdot l \cdot I \cdot \cos\varphi}{\gamma \cdot A}$
Spannungsverlust Δu in %	$\Delta u = \dfrac{2 \cdot l \cdot I}{\gamma \cdot A \cdot U_1} \cdot 100\,\%$	$\Delta u = \dfrac{2 \cdot l \cdot I \cdot \cos\varphi}{\gamma \cdot A \cdot U_1} \cdot 100\,\%$	$\Delta u = \dfrac{\sqrt{3} \cdot l \cdot I \cdot \cos\varphi}{\gamma \cdot A \cdot U_1} \cdot 100\,\%$
Verlustleistung P_V in W	$P_V = \dfrac{2 \cdot l \cdot I^2}{\gamma \cdot A}$	$P_V = \dfrac{2 \cdot l \cdot I^2}{\gamma \cdot A}$	$P_V = \dfrac{3 \cdot l \cdot I^2}{\gamma \cdot A}$
erforderlicher Leiterquerschnitt A in mm²	$A = \dfrac{2 \cdot l \cdot I}{\gamma \cdot \Delta U}$	$A = \dfrac{2 \cdot l \cdot I \cdot \cos\varphi}{\gamma \cdot \Delta U}$	$A = \dfrac{\sqrt{3} \cdot l \cdot I \cdot \cos\varphi}{\gamma \cdot \Delta U}$
maximale Leiterlänge l in m	$l = \dfrac{U_1 \cdot A \cdot \gamma \cdot \Delta u}{2 \cdot I \cdot 100\,\%}$	$l = \dfrac{U_1 \cdot A \cdot \gamma \cdot \Delta u}{2 \cdot I \cdot \cos\varphi \cdot 100\,\%}$	$l = \dfrac{U_1 \cdot A \cdot \gamma \cdot \Delta u}{\sqrt{3} \cdot I \cdot \cos\varphi \cdot 100\,\%}$

U_1: Eingangsspannung; im Allgemeinen gilt $U_1 = U_N = 230\,V$ (U_N: Netzspannung)
I: elektrische Stromstärke in Ampere
l: Leiterlänge in m
A: Leiterquerschnittsfläche in mm²
γ: spezifische Leitfähigkeit; für Kupfer gilt: $\gamma_{Cu} = 57{,}1 \dfrac{m}{\Omega \cdot mm^2}$
$\cos\varphi$: Leistungsfaktor; bei rein Ohmscher Last gilt: $\cos\varphi = 1$

Bild 5.145: Gleichungen zur Berechnung von Spannungsverlust an der Leitung, Verlustleitung, erforderlichem Leitungsquerschnitt und maximal möglicher Leitungslänge

5.6.5.2 Mindestquerschnitt

Für Leitungen und Kabel für feste und geschützte Verlegung (d.h. bei Aderleitungen Verlegung in Installationsrohr oder -kanal) sind folgende Normquerschnitte festgelegt:

Normquerschnitte in mm²									
Außenleiter	1,5	2,5	4	6	10	16	25	35	50
Schutzleiter	1,5	2,5	4	6	10	16	16	16	25

Bild 5.146: Normquerschnitte

Der **Mindestquerschnitt** (*minimum cross-section*) einer Ader bei fester und geschützter Verlegung einer Leitung beträgt 1,5 mm².

Auszug: Zulässige Strombelastbarkeit I_z der Leitung und Bemessungsstromstärke I_n der zugehörigen Überstromschutzorgane in A

q_n in mm² (Cu)	A1[1]				A2				B1				B2				C				E			
	Aderzahl				Aderzahl				Aderzahl				Aderzahl				Aderzahl				Aderzahl			
	2		3		2		3		2		3		2		3		2		3		2		3	
	I_z	I_n	I_z	I_n	I_z	I_n	I_z	I_n	I_z	I_n	I_z	I_n	I_z	I_n	I_z	I_n	I_z	I_n	I_z	I_n	I_z	I_n	I_z	I_n
1,5	16,5	16	14,5	13[2]	16,5	16	14,0	13[2]	18,5	16	16,5	16	17,5	16	16	16	21	20	18,5	16	23	20	19,5	20
2,5	21	20	19,0	16	19,5	16	18,5	16	25	25	22	20	24	20	21	20	29	25	25	25	32	32[2]	27	25
4	28	25	25	25	27	25	24	20	34	32[2]	30	25	32	32[2]	29	25	38	32[2]	34	32[2]	42	40[2]	36	35[2]
4																			35[3]	35[2]				
6	36	35[2]	33	32[2]	34	32[2]	31	25	43	40[2]	38	35[2]	40	40[2]	36	35	49	40[2]	43	40[2]	54	50	46	40[2]
10	49	40[2]	45	40[2]	46	40[2]	41	40[2]	60	50	53	50	55	50	49	40[2]	67	63	60	50	74	63	64	63
10															50[3]	50			63[3]	63				
16	65	63	59	50	60	50	55	50	81	80	72	63	73	63	66	63	90	80	81	80	100	100	85	80
25	85	80	77	63	80	80	72	63	107	100	94	80	95	80	85	80	119	100	102	100	126	125	107	100
35	105	100	94	80	98	80	88	80	133	125	117	100	118	100	105	100	146	125	126	125	157	125	134	125
50	126	125	114	100	117	100	105	100	160	160	142	125	141	125	125	125	178	160	153	125	191	160	162	160
70	160	160	144	125	147	125	133	125	204	200	181	160	178	160	158	125	226	200	195	160	246	200	208	200

1) Belastbarkeit für A1, A2, B1, B2 und C wurde für Verlegung auf einer Holzwand ermittelt, welche die thermisch ungünstigste Bedingung ist. Für die Verlegung auf anderen Wandarten, z. B. Putz, Mauerwerk und Gipskartonplatten, sind die Belastbarkeiten sicher gewährleistet.

2) Hinweis zu den Überstromschutzorganen mit den Bemessungsströmen 13 A, 32 A, 35 A und 40 A: Wenn diese Schutzeinrichtungen nicht zur Verfügung stehen, müssen solche mit nächstniedrigeren Bemessungsströmen verwendet werden.

3) Gilt nicht für die Verlegung auf einer Holzwand.

Bild 5.147: Strombelastbarkeit I_z und Bemessungsstromstärke I_n in Abhängigkeit von Verlegeart, Leiterzahl und Leiterquerschnitt gemäß DIN VDE 0298-4 für feste Verlegung bei einer Umgebungstemperatur von 25 °C

Bei beweglichen Anschlussleitungen kann der Mindestquerschnitt auch geringer bemessen werden (z. B. 0,75 mm^2); er richtet sich u. a. nach der Stromstärke, der Verlegeart und der Leiterlänge.

5.6.5.3 Strombelastbarkeit und Bemessungsstromstärke

Jeder Leiter wird von einem in ihm fließenden elektrischen Strom erwärmt (Kap. 5.1.2.6). Ist diese Erwärmung infolge einer zu hohen Stromstärke unzulässig hoch, so kann die Isolierung des Leiters zerstört werden. Neben der Gefahr eines Kurzschlusses besteht dann auch Brandgefahr.

Als **Strombelastbarkeit** I_z (*current carrying capacity range*) wird die maximale Stromstärke bezeichnet, bei der sichergestellt ist, dass der Leiter an keiner Stelle und zu keinem Zeitpunkt über die zulässige Betriebstemperatur erwärmt wird.

Die Strombelastbarkeit einer Leitung wird maßgeblich bestimmt durch:

- Leitungsquerschnitt der Strom führenden Adern
- Anzahl der Strom führenden Adern
- Verlegeart
- Umgebungstemperatur

Stromstärken, die zu einer unzulässigen Erwärmung und damit zu einer Beschädigung der Isolierung führen würden, müssen durch geeignete Überstromschutzeinrichtungen abgeschaltet werden.

Als **Bemessungsstromstärke** I_n (*rated current range*) wird die Stromstärke bezeichnet, bei der eine Überstromschutzeinrichtung den Strom abschaltet.

Die Strombelastbarkeit von Leitungen und die zugehörige Bemessungsstromstärke wird in der Praxis in Tabellen angegeben (Bild 5.147).

Bei der Dimensionierung einer elektrischen Leitung sind folgende Bedingungen einzuhalten:

- $I_n \leq I_z$: Der Bemessungsstrom I_n der zugeordneten Überstromschutzeinrichtung muss stets kleiner oder gleich der zulässigen Strombelastung I_z der Leitung sein.

- $I_b \leq I_n$: Der Betriebsstrom I_b, d. h. der Strom, der durch die Leitung zum Verbraucher fließt, muss stets kleiner oder gleich dem Bemessungsstrom I_n der zugeordneten Überstromschutzeinrichtung sein.

Bei der Ermittlung der Strombelastbarkeit einer Leitung muss stets von den ungünstigsten Bedingungen ausgegangen werden, die entlang des Leitungswegs bestehen. Der Leiterquerschnitt ist so zu wählen, dass bei dem zu erwartenden Betriebsstrom die Strombelastbarkeit nicht überschritten wird. Bei der Dimensionierung von Leitungen müssen veränderte Bedingungen mit entsprechenden Umrechnungsfaktoren berücksichtigt werden.

Umrechnungsfaktoren für abweichende Umgebungstemperaturen (Bezugstemperatur: 25 °C)										
Umgebungstemperatur in °C	10	15	20	25	30	35	40	45	50	55	60
Umrechnungsfaktor f_1	1,15	1,11	1,06	1,00	0,95	0,87	0,82	0,75	0,67	0,58	0,47

Umrechnungsfaktoren für Häufung											
Anordnung der Leitungen: Gebündelt direkt auf der Wand, im Installationsrohr oder -kanal, auf oder in der Wand*	**Anzahl der mehradrigen Leitungen oder Anzahl der Wechsel- oder Drehstromkreise**									
	1	2	3	4	5	6	7	8	9	10
Umrechnungsfaktor f_2	1,00	0,80	0,70	0,65	0,60	0,57	0,54	0,52	0,50	0,48

* Bei der Verlegung in Luft existiert für mehradrig belastete Kabel und Leitungen zusätzlich ein Umrechnungsfaktor f_3.

Bild 5.148: Umrechnungsfaktoren für abweichende Betriebsbedingungen (Auswahl)

Müssen mehrere Faktoren berücksichtigt werden, so sind diese miteinander zu multiplizieren.

Beispiel 1
Eine Mantelleitung NYM 2,5 mm² führt drei belastete Adern. Wie groß ist bei einer Umgebungstemperatur von 25 °C die Strombelastbarkeit und wie ist die Leitung abzusichern
a) bei Verlegung im Installationsrohr auf der Wand,
b) bei Verlegung im Installationsrohr in wärmegedämmter Wand?

Lösung:
a) Verlegeart B2 (siehe Bild 5.144, mehradrige Mantelleitung); aus der Tabelle in Bild 5.147 folgt die Strombelastbarkeit $I_z = 21$ A; damit ergibt sich mit $I_n \leq I_z$ für die Überstromschutzeinrichtung $I_n = 20$ A.
b) Analog ergibt sich: Verlegeart A2; $I_z = 18,5$ A; $I_n = 16$ A.

Beispiel 2
In einem Installationsrohr in einer Wand befinden sich sechs belastete Adern NYM 4 mm². Wie groß ist bei einer Umgebungstemperatur von 35 °C die Strombelastbarkeit? Wie sind die Leitungen abzusichern?

Lösung:
Verlegeart B1 (Bild 5.144); $I_z = 34$ A; Korrekturfaktoren: $f_1 = 0,87$ wegen erhöhter Temperatur; zusätzlich Korrekturfaktor $f_2 = 0,57$ wegen sechs Strom führender Adern (Bild 5.148). Damit ist $I_z = 0,87 \cdot 0,57 \cdot 34$ A $= 16,86$ A. Die Leitung kann mit einer Überstromschutzeinrichtung mit $I_z = 16$ A abgesichert werden.

Hinweis: In Tabellenbüchern oder technischen Unterlagen werden alternativ auch Tabellen und Umrechnungsfaktoren angegeben, die sich auf eine Umgebungstemperatur von 30 °C beziehen.

5.6.6   Überstromschutzorgane für Leitungen

Eine unzulässig hohe Erwärmung von Leitungen kann verursacht werden durch hohe Ströme bei **Überlastung** (*overloading*) im Betrieb oder bei **Kurzschluss** (*short circuit*). Damit ein Überschreiten der höchstzulässigen Stromstärke ausgeschlossen ist, wird in den VDE-Vorschriften zu jedem Nennquerschnitt der Nennstrom des erforderlichen Überstromschutzorgans vorgeschrieben.

> **Überstromschutzorgane** (*overload protection element*) sind Leitungsschutzschalter und Leitungsschutzsicherungen.

Leitungsschutzschalter (LS-Schalter, Automaten; engl. *line circuit breaker*) dienen nur zum Schutz von Leitungen gegen Überlastung und Kurzschluss. Sie dienen nicht zum betriebsmäßigen Ein- und Ausschalten von Geräten und Anlagen.

Bei Überlastung der Leitung durch länger andauernden Überstrom wird der Leitungsschutzschalter durch einen thermischen Bimetall-Auslöser abgeschaltet. Bei dem im Kurzschlussfall auftretenden sehr hohen Strom wird der Stromkreis durch einen elektromagnetischen Schnellauslöser aufgetrennt. Nach einem Auslösevorgang und anschließender Beseitigung der Störungsursache kann ein LS-Schalter durch Betätigen des Kippschalters an der Vorderseite wieder zurückgesetzt werden (Bild 5.149). Ein Austausch ist nicht erforderlich.

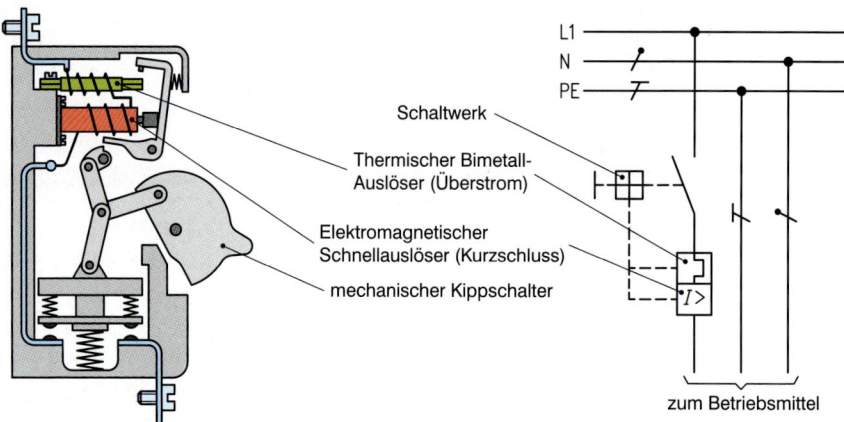

Bild 5.149: Prinzipieller Aufbau eines LS-Schalters und Darstellung im Stromlaufplan mit Funktionsschaltzeichen

Gemäß der Anwendungsregel VDE-AR-N 4100 ist inzwischen zusätzlich auch das Begrenzen von Betriebsströmen einer Gesamtanlage bei Belastung mit einem hohen **Dauerstrom** durch eine Trennvorrichtung sicherzustellen (z. B. bei Anschluss einer Wallbox). Hierzu werden **S**elektive **L**eitungs**s**chutzschalter (**SLS**-Schalter, Alternativbezeichnung **SH**-Schalter: **S**elektiver **H**auptleitungsschutzschalter) eingesetzt.

SLS-Schalter besitzen wie LS-Sicherungen einen thermischen Überlastauslöser, der bei einem zu hohen Dauerstrom nach einer bestimmten Zeit abschaltet, sowie einen speziellen Kurzschlussauslöser, der – im Gegensatz zum LS-Schalter – in *zwei* Stufen reagiert. Als Erstes wird bei einem auftretenden Kurzschluss der fließende Strom *sofort* über einen im Schalter vorhandenen „Nebenstromkreis" umgeleitet und mit einem Widerstand *be-*

grenzt. Dann wird in einer zweiten Stufe (nach ca. 50 ms) der Strom komplett *abschaltet,* sofern keine nachgeschalteten LS-Sicherungen vorhanden sind (Bild 5.150 a).

Sollten nachgeschaltete LS-Sicherungen vorhanden sein, so kann innerhalb dieser 50 ms diejenige LS-Sicherung auslösen, die den Kurzschlussstromkreis absichert. In diesem Fall erfolgt der zweite Reaktionsschritt des SLS-Schalters nicht, sondern der Stromfluss wird im SLS-Schalter auf den Hauptstromkreis (d. h. ohne den strombegrenzenden Widerstand) zurückgesetzt. Dadurch sind andere, der SLS-Einrichtung nachgeschaltete LS-Sicherungen nicht von einer Abschaltung betroffen (Bild 5.150 b).

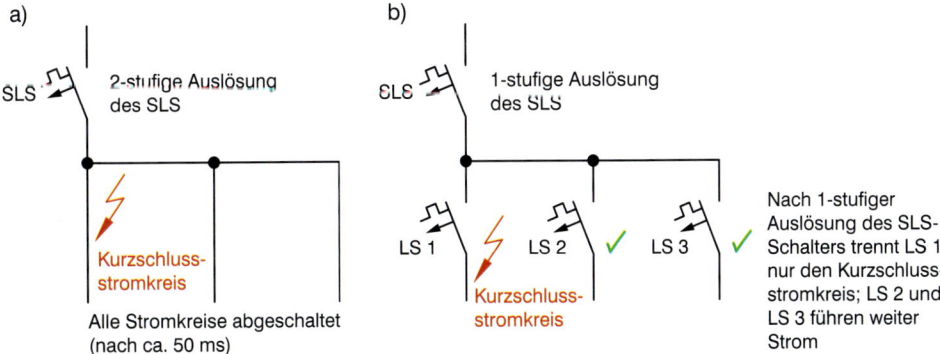

Bild 5.150: Zusammenwirken von SLS- und LS-Sicherungen (Prinzipdarstellung; der grüne Haken symbolisiert, dass LS2 und LS3 im vorliegenden Betriebsall nicht auslösen)

SLS-Schalter werden im netzseitigen Anschlussraum (Bild 5.153) platziert und wirken somit einerseits als zentraler Überstromschutz bei einer Dauerstrombelastung für den Zähler und die Leitung bis zum nachgeschalteten Verteiler. Andererseits ermöglichen sie in Kombination mit nachgeschalteten LS-Schaltern ein selektives Auslöseverhalten.

Da sie mit einem Kippschalter versehen sind, kann eine Anlage hiermit auch von Personen manuell freigeschaltet werden, die keine Elektrofachkraft oder elektrotechnisch unterwiesen sind („laienbedienbare Freischaltmöglichkeit").

Leitungsschutzsicherungen (*line protection fuse*) sind Schmelzsicherungen, bei denen ein Schmelzdraht mit sehr geringem Querschnitt in den zu sichernden Stromkreis eingesetzt wird. Dieser Schmelzdraht wird bei unzulässig hoher Stromstärke so stark erhitzt, dass er schmilzt. Dadurch wird der Stromkreis unterbrochen. Durchgeschmolzene Sicherungen müssen unbedingt durch neue des gleichen Typs ersetzt werden.

Sicherungen dürfen in keinem Fall geflickt oder überbrückt werden.

Nach der Ausführungsform unterscheidet man Schraubsicherungen und Griffsicherungen (Niederspannungs-Hochleistungs-Sicherungen = **NH-Sicherungen**; Bild 5.151).

Bild 5.151 zeigt die Darstellung von Sicherungen in Schaltplänen. Von der allgemeinen Darstellung (a) unterscheidet man durch besondere Kennzeichnung die Angabe der Netzseite (b) und des Nennstroms (c) sowie die Kennzeichnung von mehrpoligen Sicherungen in einpoligen Darstellungen (d).

Bei Schraubsicherungen wird der Sicherungseinsatz mit der Schraubkappe in den Sicherungssockel eingeschraubt. Durch den Passeinsatz wird verhindert, dass eine Sicherung

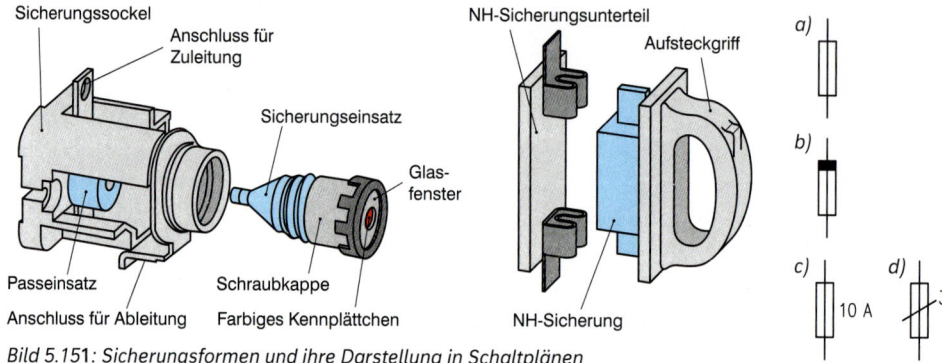

Bild 5.151: Sicherungsformen und ihre Darstellung in Schaltplänen

mit zu hohem Nennstrom eingesetzt wird. Passeinsätze haben die gleichen Kennfarben wie die Kennplättchen der Sicherungseinsätze (Bild 5.151).

Die Zuordnung der Sicherung zum Querschnitt der zu schützenden Leitung erfolgt über den Nennstrom. Als **Bemessungsstrom** (*rated current*) bezeichnet man die Stromstärke, mit der der Sicherungseinsatz dauernd belastet werden kann.

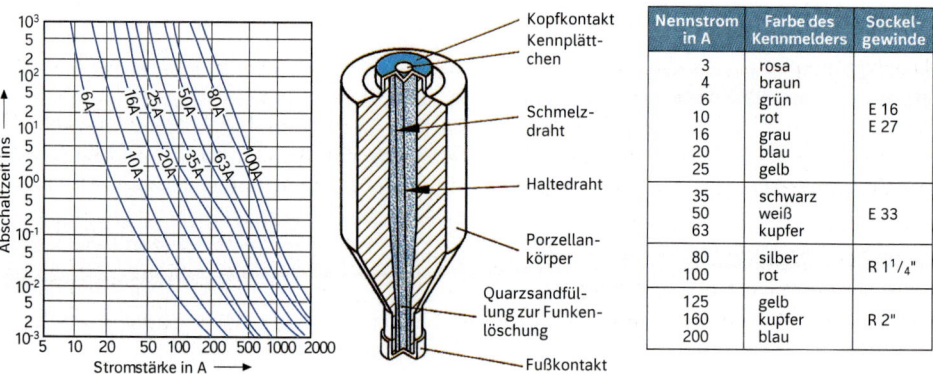

Nennstrom in A	Farbe des Kennmelders	Sockelgewinde
3	rosa	
4	braun	
6	grün	
10	rot	E 16
16	grau	E 27
20	blau	
25	gelb	
35	schwarz	
50	weiß	E 33
63	kupfer	
80	silber	R 1¹/₄"
100	rot	
125	gelb	
160	kupfer	R 2"
200	blau	

Bild 5.152: Sicherungseinsatz mit Nennströmen, Kennfarben und Abschaltkennlinien

Die Abschaltkennlinien in Bild 5.152 zeigen die Abhängigkeit der Abschaltzeit von der Stromstärke für Schraubsicherungen bis 100 A Nennstrom. Es wird deutlich, dass die Abschaltzeit umso kürzer wird, je weiter die Stromstärke den Nennstrom übersteigt.

> Als **Abschaltzeit** (*switch-off time*) bezeichnet man die Zeit vom Beginn des Überstroms bis zur Unterbrechung des Stromkreises.

Abhängig von der Bauart der Sicherungen können verschiedene Verhaltenstypen hergestellt werden. Es gibt **flinke Sicherungen**, die auf einen gegebenen Überstrom schnell reagieren, und **träge Sicherungen**, bei denen vor dem Einsetzen der Wirkung eine gewisse Zeitverzögerung eintritt. Letztere kommen in Stromkreisen zum Einsatz, in denen z.B. Einschaltstromstöße auftreten (Motoren, Transformatoren), die den Nennstrom weit übersteigen. Während der Stromstoßzeit darf die Sicherung den Stromkreis nicht unterbrechen.

5.6.7 Hausanschluss und Verteilung

Von einer Netzstation des örtlichen Verteilnetzbetreibers (VNB; engl. *distribution network operator*) führt ein Energieversorgungskabel zum **Hausanschlusskasten** (HAK; engl. *building connection box*), der die Übergabestelle zwischen dem Energieverteilnetz und der **Gebäudeinstallation** (*building installations*) darstellt (Bild 5.153). Er enthält die Hauptsicherungen (NH-Sicherungen; Kap. 5.6.6) und ist vom VNB verplombt, da er sich vor dem Zähler befindet.

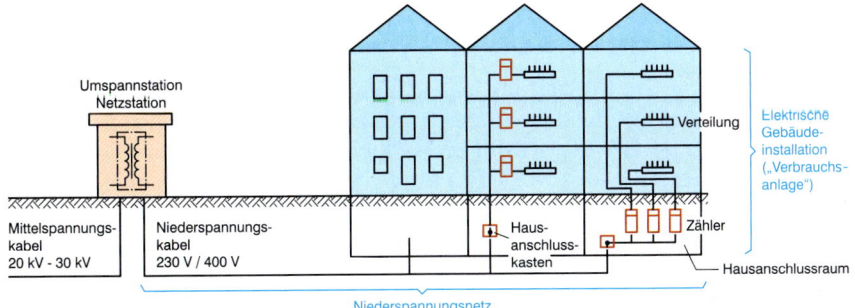

Bild 5.153: Hausanschluss (Grundprinzip)

Das Niederspannungskabel bei einem herkömmlichen Gebäudeanschluss (Bild 5.153) besteht bis zum HAK meistens aus vier Leitungen: drei spannungsführenden Außenleitern (L1, L2, L3) sowie dem PEN-Leiter, der bei Neuinstallationen im HAK in den Neutralleiter N und den Schutzleiter PE aufgeteilt wird (vgl. Anwendungsregel VDE-AR-N 4100:2019-04). In bestehenden Altbauten erfolgte diese Aufteilung vielfach erst im Zählerkasten.

> Nach der Aufteilung in PE- und N-Leiter dürfen beide Leiter an keiner weiteren Stelle mehr miteinander verbunden werden. Der Neutralleiter N darf auch nicht erneut geerdet oder in den Potenzialausgleich einbezogen werden.

Die dem HAK nachgeschalteten **Energiezähler** (*energy meter*) können in Gebäuden mit mehreren Wohneinheiten sowohl auf den einzelnen Etagen (**dezentrale Anordnung**; mittleres Haus in Bild 5.153) als auch gemeinsam mit dem Hausanschlusskasten in einem Übergaberaum (**zentrale Anordnung**; rechtes Haus in Bild 5.153) untergebracht sein.

Der Zählerplatz ist standardmäßig in drei Funktionsbereiche unterteilt (Bild 5.154). Die Hauptleitung wird im netzseitigen Anschlussraum (**NAR**) mit einer Anschlussschiene verbunden. In diesem Bereich ist in neu zu errichtenden Gebäuden oder bei Erweiterungen in Bestandsgebäuden zusätzlich ein **SLS**-Schalter (Kap. 5.6.6) als selektive Überstromschutzeinrichtung zu installieren. Falls erforderlich, kann hier zusätzlich noch eine netzseitige Überspannungsschutzeinrichtung (z. B. Blitzschutz) platziert werden. Im **Zählerfeld** (**ZF**) befindet sich zusätzlich zum elektronischen Energiezähler Platz für Zusatzanwendungen (z. B. Smart Meter Gateways). Im darüber liegenden anlagenseitigen Anschlussraum (**AAR**) ist der **Hauptschalter** untergebracht (**Leistungstrennschalter** Q1 in Bild 5.154; in bestehenden Gebäuden vielfach noch als Schraubsicherung ausgeführt, bei Neuinstallationen als Sicherungsautomat mit Kippschalter; vgl. Bild 5.149). Durch manuelle Betätigung des Hauptschalters kann die gesamte angeschlossene Energieversorgungsanlage freigeschaltet werden (d. h. komplett vom Energieversorgungsnetz getrennt werden).

5

Vom Zählerplatz geht es auf die **Verteilung** (*distribution*), die Anschlusseinrichtung für die einzelnen Stromkreise. Hier beginnt der eigentliche Arbeitsbereich der Elektroinstallateurin bzw. des -installateurs sowie von IT-Monteurinnen und -Monteuren (Bild 5.154).

In der Verteilung sind die Leitungsschutzautomaten bzw. Sicherungen für die einzelnen Stromkreise untergebracht. Die Aufteilung der Stromkreise sollte möglichst so erfolgen, dass die drei Phasen des Netzes gleichmäßig belastet werden.

Jeder Stromkreis wird grundsätzlich in seiner Zuleitung (L1, L2, L3; Bild 5.154) mit einem separaten Sicherungsautomaten (F2 bis F7; Bild 5.154) geschützt, der diesen jeweils bei Überlast vom Netz trennt. Das Auslösen eines Sicherungsautomaten im Fehlerfall beeinflusst nicht die Funktion der übrigen Stromkreise (**Selektivität**; engl. *selectivity*).

Wird an einem bestimmten Stromkreis eine Installation durchgeführt, muss vorher diejenige Sicherung betätigt werden, die den Stromkreis absichert, um die Leitung spannungsfrei zu schalten. Die Leitungssicherungen für die einzelnen Stromkreise sind zentral oder dezentral in einem Verteilerkasten untergebracht. Dort muss durch entsprechende Beschriftung eindeutig angegeben werden, welche Stromkreise sie jeweils absichern und bei welchen elektrischen Strömen sie jeweils auslösen (Standardwert z. B. 16 A;, Wert ist auf der Sicherung aufgedruckt).

Innerhalb einer Wohneinheit werden für die Stromkreise üblicherweise Leitungen mit einem Leiterquerschnitt von 1,5 mm^2 eingesetzt. Diese schützt man mit Sicherungsautomaten, die bei maximal 16 A auslösen (Kennzeichnung z. B. **B16A**; B: Auslösecharakteristik). Geräte mit einem höheren Strombedarf werden separat mit 2,5-mm^2-Leitungen angeschlossen, die dann mit 20-A- oder 25-A-Sicherungsautomaten geschützt werden (z. B. E-Herd, Durchlauferhitzer). Die N- und die PE-Leiter (Kap. 5.7.4.1) aller Stromkreise werden jeweils auf Verteilschienen im Anschlusskasten zusammengeführt (Bild 5.154).

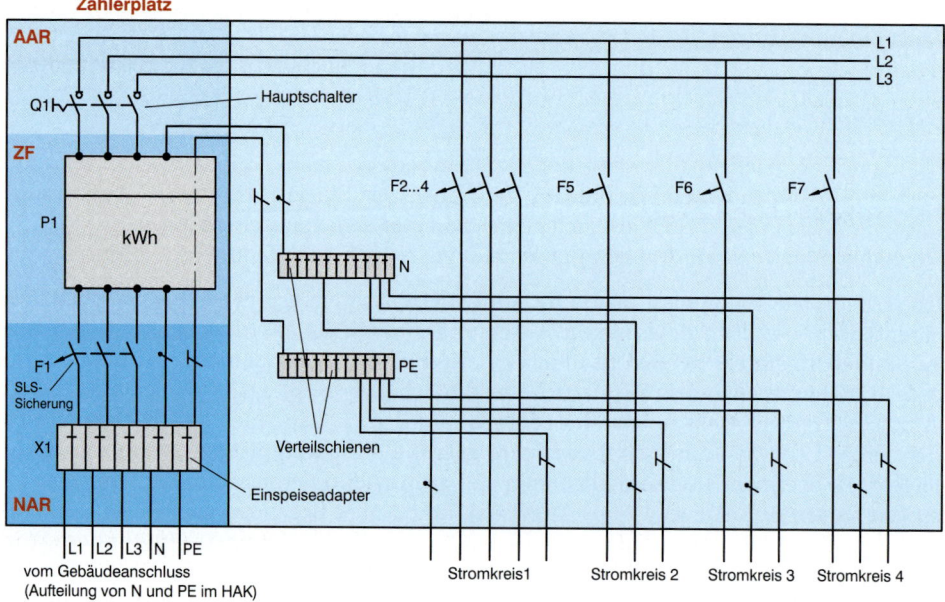

Bild 5.154: Hauptverteilung mit Zähler (Grundprinzip)

AUFGABEN

1. In den Schaltplänen elektronischer Geräte und bei Elektroinstallationsplänen werden elektrische Leitungen durch Linien dargestellt. Häufig kreuzen sich diese Linien in den zeichnerischen Darstellungen. Welche der folgenden Darstellungen ist normgerecht und in welchen besteht zwischen den Leitungen gemäß Zeichnungsnorm eine elektrisch leitende Verbindung?

   a)  b) 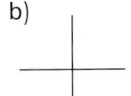 c) 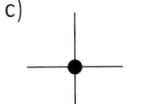 d) 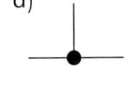 e)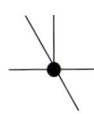

2. Sie erhalten den Auftrag, einen derzeit ungenutzten Raum in einem Firmengebäude mit PC-Arbeitsplätzen auszustatten. Alle Energieversorgungssteckdosen in diesem Raum sind über einen einzigen Sicherungsautomaten mit der Bezeichnung B16A abgesichert.
   a) Wie viele PC-Arbeitsplätze lassen sich maximal an die vorhandenen Steckdosen anschließen und gleichzeitig nutzen, wenn pro PC eine Leistung von 680 W und pro Display eine Leistung von 80 W erforderlich ist (Antwort mit Begründung)?
   b) Warum sollten nicht sämtliche PCs gleichzeitig eingeschaltet werden?
   c) Durch welche Maßnahme könnten Sie die Anzahl der (gleichzeitig nutzbaren) PCs in dem zur Verfügung stehenden Raum erhöhen?

3. Welche Arten von Schaltplänen unterscheidet man bei der Elektroinstallation? Wodurch unterscheiden sie sich?

4. Erläutern Sie die dargestellte Symbolik. Bei welchen Leitungen ist diese zu finden (siehe auch Kap. 5.6.4 und Kap. 5.7.4)?

5. a) In welcher Schaltplanart ist die folgende Schaltung dargestellt?

   b) Zeichnen Sie von dieser Schaltung den Stromlaufplan in aufgelöster Darstellung.

   c) Beschreiben Sie die Funktion der Schaltung.

   d) Die Schaltung soll durch eine Schutzkontaktsteckdose rechts neben Q2 erweitert werden. Zeichnen Sie die erweiterte Schaltung.

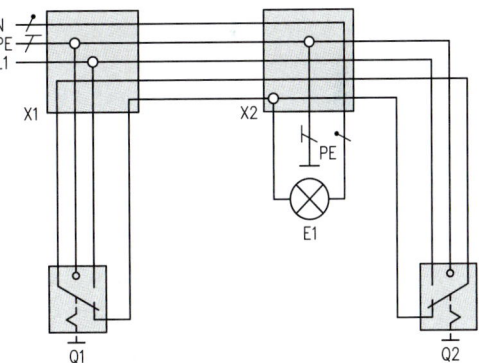

6. Die Spannung am Leitungsanfang beträgt 230 V und am Leitungsende 225 V. Wie groß ist der Spannungsverlust in Volt und in Prozent?

7. Ein von einem PC gesteuerter Roboter mit einer Anschlussleistung von 2,5 kW ($\cos \varphi = 0{,}9$) soll an einem Wechselstromanschluss (230 V) betrieben werden. Die Länge der Leitung zwischen der zugehörigen Sicherung, die mit der Zähleinrichtung im gleichen Gehäuse untergebracht ist, und dem Aufstellort des Roboters beträgt 20 m.

a) Berechnen Sie den erforderlichen Leiterquerschnitt.

b) Welche Leitungslänge ist bei einem Normquerschnitt von 1,5 mm² maximal möglich?

8. Eine Einbruchmeldezentrale benötigt bei 230-V-Wechselspannung einen Betriebsstrom von 0,5 A (cos $\varphi = 0{,}8$). Sie wird mit einer unter Putz verlegten Versorgungsleitung vom Typ NYIF-J 3 × 1,5 an eine Sicherung im Zählerschrank angeschlossen. Die Leitungslänge zwischen Zählerschrank und Meldezentrale beträgt 35 m. Ermitteln Sie

a) den Spannungsfall auf der Leitung in Volt und Prozent,

b) den maximalen Bemessungsstrom der erforderlichen Leitungsschutzsicherung.

9. Ein Schulungsraum ist mit PC-Arbeitsplätzen ausgestattet, deren Gesamtleistungsaufnahme 2 610 W beträgt (cos $\varphi = 0{,}9$). Die mehradrige Mantelleitung (3 × 1,5 mm²) für die Energieversorgung (230-V-Wechselspannung) ist im Installationskanal verlegt, wegen in der näheren Umgebung liegender Heizungsrohre beträgt die Umgebungstemperatur 30 °C. Die erforderliche Leitungslänge beträgt 30 m.

a) Wie groß ist der Gesamtbetriebsstrom I_b der Leitung?

b) Ermitteln Sie, ob die Leitung hinsichtlich der Strombelastbarkeit I_z ausreichend dimensioniert ist.

c) Ermitteln Sie, ob die Leitung hinsichtlich des maximalen Spannungsfalls ausreichend dimensioniert ist.

d) Schlagen Sie – sofern erforderlich – eine Änderung der Leitungsdimensionierung vor und bestimmen Sie dann den maximalen Bemessungsstrom I_n des erforderlichen Leitungsschutzschalters.

10. Die Abbildung zeigt eine typische Hauptverteilung, an die eine Unterverteilung angeschlossen ist.

a) Geben Sie die fünf Leiterbezeichnungen für die Verbindung zwischen Haupt- und Unterverteilung an.

b) Aufgrund welchen Sachverhalts sind die Nennströme der Sicherungsautomaten bemessen, da doch keine Verbraucher angeschlossen sind?

c) Bezeichnen Sie die Stromkreise mit L1, L2 und L3 so, dass sie auf die drei Phasen des Netzes gleichmäßig verteilt sind.

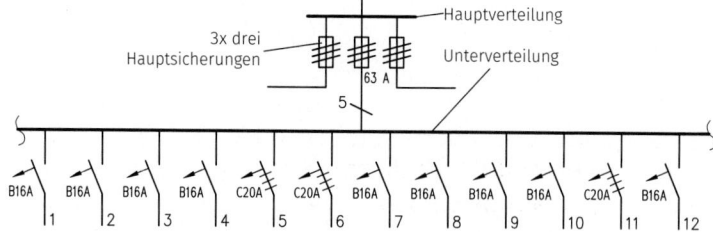

11. Welches Verteilungssystem ist in der Verteilung in Bild 5.154 erkennbar (vgl. Kap. 5.7.4.1)?

5.7   Schutzmaßnahmen

5.7.1   Gefährdung des Menschen durch elektrischen Strom

Fließt ein elektrischer Strom durch den menschlichen Körper, hat dies abhängig von Stromstärke und Wirkdauer erhebliche gesundheitliche Schäden zur Folge und kann im Extremfall zum Tode führen.

Ein Körperstrom kann nur dann fließen, wenn der Mensch gleichzeitig zwei Teile berührt, die unterschiedliche Potenziale aufweisen. Meist ist dies einerseits das Erdpotenzial (Fußboden) und andererseits ein Spannung führender Leiter oder das Gehäuse eines fehlerhaften Geräts.

> Eine **Berührungsspannung** U_B (*touch voltage*) über 50 V Wechselspannung oder über 120 V Gleichspannung kann einen gefährlichen Körperstrom verursachen.

Ein elektrischer Strom ist für den Menschen umso gefährlicher, je größer die **Körperstromstärke** I_K (*body current*) ist und je länger die **Einwirkzeit** t_E (*exposure time*) ist. Dem in Bild 5.155 dargestellten Diagramm liegen die Werte für einen erwachsenen Menschen bei einem Stromweg von der linken Hand zu beiden Füßen zugrunde.

Bereich 1:   keine Wahrnehmbarkeit
Bereich 2:   leichtes Kribbeln, jedoch keine Gefährdung
Bereich 3:   Muskelverkrampfungen, unregelmäßiger Herzschlag, leichte Verbrennungen
Bereich 4:   Herzflimmern, Herzstillstand und Tod möglich, starke Verbrennungen

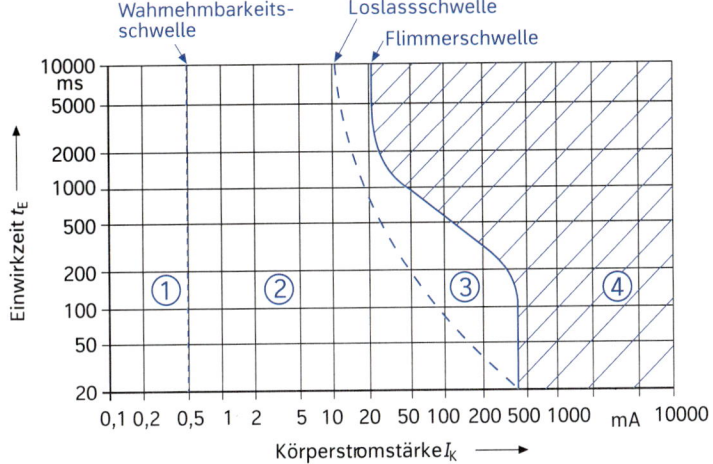

Bild 5.155: Zeit-Strom-Gefährdungsbereiche (IEC 479)

5

5.7.2 Sicherheit bei Arbeiten an elektrischen Anlagen

Um Gefährdungen durch Körperströme zu verhindern, sind bei Arbeiten an Energiever-sorgungsanlagen (z. B. Instandsetzung, Erweiterung, Wartung) unbedingt die festgelegten **Sicherheitsvorschriften** (*safety regulations*) einzuhalten. Die wichtigste Vorschrift lautet:

> Arbeiten an Teilen, die unter Spannung stehen, sind verboten.

Es muss also dafür gesorgt werden, dass bei Arbeiten die Anlage spannungsfrei geschaltet wird. Folgende Maßnahmen sind in der angegebenen Reihenfolge durchzuführen:

1. **Freischalten:** Alle Leitungen und Betriebsmittel sind durch Entfernen der Sicherungen oder Abschalten der Leitungsschutzschalter spannungsfrei zu schalten, d. h. von allen nicht geerdeten Zuleitungen abzutrennen.
2. **Gegen Wiedereinschalten sichern:** Um irrtümliches Wiedereinschalten auszu-schließen, sind die abgeschalteten Stromkreise zu sichern, z. B. Abschließen des Schaltschranks, Sperrung des Schaltschrankraums usw. Ein Warnschild „Nicht schalten", auf dem der Name des verantwortlichen Monteurs bzw. der Monteurin, Ort und Datum einzutragen sind, ist anzubringen.
3. **Spannungsfreiheit prüfen:** Vor Beginn der Arbeiten mit einem Spannungsprüfer fest-stellen, ob die Anlage spannungsfrei ist; hierbei ist ggf. auch die Funktionstüchtigkeit und die Messbereichseinstellung eingesetzter Prüfgeräte zu testen.
4. **Erden und Kurzschließen:** Um auch bei irrtümlichem Wiedereinschalten noch Schutz zu gewährleisten, müssen die Leitungen zuerst geerdet und dann kurzgeschlossen werden (Verwendung eingebauter Erdungsschalter oder sonstiger Kurzschließvorrichtungen; Ein-satz nur nach geprüfter Freischaltung; nicht immer erforderlich in Niederspannungsanla-gen bis 1 000 V).
5. **Benachbarte, unter Spannung stehende Teile abdecken oder abschranken:** Sind in unmittelbarer Nähe der Arbeitsstelle noch weitere Spannung führende Teile vorhan-den, so müssen diese sorgfältig abgedeckt werden. Bei der Abdeckung ist darauf zu achten, dass diese neben einer ausreichenden Isolation auch eine genügende mecha-nische Festigkeit aufweist. Durch angebrachte Absperrbänder kann der mögliche Ge-fahrenbereich eindeutig gekennzeichnet werden.

Nach Abschluss und anschließender Überprüfung der Arbeiten sind die Maßnahmen der Sicherheitsvorschriften im Normalfall in umgekehrter Reihenfolge wieder aufzuheben.

5.7.3 Verhalten bei Stromunfällen

Trotz aller Vorsichtsmaßnahmen kann es zu einem Stromunfall kommen. In einem sol-chen Fall sind Ruhe, Geistesgegenwart und Umsicht notwendig. Wichtig bei der Hilfeleis-tung für die verunglückte Person ist nicht nur die richtige Durchführung der einzelnen Maßnahmen, sondern auch die Einhaltung der Reihenfolge:

1. **Stromkreis unterbrechen:**
   - Betätigen des Notschalters oder
   - Ziehen des Netzsteckers oder
   - Entfernen der Sicherungen

   Ist eine Abschaltung des Stromkreises nicht sofort durchführbar, so muss die verletzte Person mit isolierenden Hilfsmitteln wie Wolldecken, Kleidern oder Holzplatten vom Stromkreis getrennt werden.

2. **Brennende Kleider löschen:**
   Flammen durch Decken oder durch Wälzen der verletzten Person auf dem Boden ersticken. Vorsicht bei der Anwendung von Wasser in elektrischen Anlagen.

3. **Arzt benachrichtigen:**
   Es ist ratsam, zuerst einen Arzt bzw. eine Ärztin zu benachrichtigen und danach der verletzten Person Hilfe zu leisten.

4. **Erste Hilfe leisten:**
   - Bei Atemstillstand ist keine Bewegung des Brustkorbs feststellbar. Sofort mit Atemspende beginnen.
   - Bei Herz-Kreislauf-Stillstand ist kein Pulsschlag fühlbar. Zusätzlich zur Atemspende muss eine Herzdruckmassage durchgeführt werden.
   - Bei Bewusstlosigkeit der verletzten Person in die stabile Seitenlage bringen. Eine bewusstlose Person nie aufrichten.

In vielen Gebäuden und öffentlichen Bereichen gibt es inzwischen auch portable Defibrillatoren, die bei einem Herzstillstand eingesetzt werden können.

5.7.4 Schutzmaßnahmen gegen gefährliche Körperströme

Um Stromunfälle auszuschließen, werden in elektrischen Anlagen und bei elektrischen Geräten verschiedene Maßnahmen angewendet. Diese **Schutzmaßnahmen** sind in der DIN VDE 0100 festgelegt.

5.7.4.1 Netzspannung und Verteilungssysteme

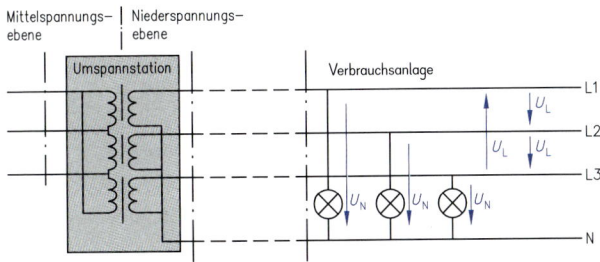

Bild 5.156: Dreiphasenwechselstromnetz (Grundstruktur)

Das Versorgungsnetz für Verbrauchsanlagen ist im Allgemeinen ein **Dreiphasenwechselstromnetz** (Drehstromnetz; Bild 5.156). In diesem Netz werden die Betriebsmittel jeweils an einen der **drei Außenleiter (L1, L2, L3)** und an den **Neutralleiter N** angeschlossen.

Die Spannung zwischen den Außenleitern und dem N-Leiter beträgt jeweils $U_N = 230\,V$ (Effektivwert; Kap. 5.1.1.6). Die Spannung von 230 V steht an jeder Schutzkontaktsteckdose zur Verfügung, unabhängig davon, an welchem der Außenleiter die Steckdose betrieben wird. Die drei Wechselspannungen der Außenleiter sind gegeneinander um 120° phasenverschoben (Kap. 5.1.1.6). Dadurch ergibt sich zwischen je zwei Außenleitern eine

Spannung von $U_L = 400\,V$ (Bild 5.156). Die Spannungen von 400 V werden für Geräte mit einem erhöhten Energiebedarf verwendet (z. B. Elektroherd, Durchlauferhitzer). Geräte dieser Art werden entweder direkt über separate Anschlussdosen oder steckbar mit speziellen mehrpoligen Starkstromsteckern angeschlossen.

In Niederspannungsnetzen sind verschiedene Systeme in Anwendung, die nach DIN 57000 mit mehreren Buchstaben gekennzeichnet werden.

Der erste Buchstabe kennzeichnet die Erdungsverhältnisse der „Spannungsquelle" (Erzeugerseite: Generator, Umspannstation):

T (Terre = Erde) direkte Erdung eines aktiven Teils der Spannungsquelle, z. B. der gemeinsame Anschlusspunkt für den N-Leiter (Sternpunkt; Bild 5.157)

I (Isolated) Isolierung aller aktiven Teile der Spannungsquelle

Der **zweite Buchstabe** kennzeichnet die Erdungsverhältnisse der Gehäuse elektrischer Betriebsmittel:

T (Terre) alle Gehäuse direkt geerdet

N alle Gehäuse direkt mit der Betriebserde (N-Leiter) verbunden

Der **dritte und vierte Buchstabe** kennzeichnen die Anordnung des N-Leiters und des **Schutzleiters** (PE: Protection Earth).

S (Separated) N- und PE-Leiter sind getrennt.

C (Combined) N- und PE-Leiter sind zu einem PEN-Leiter vereint.

Für die Versorgung von Kleinverbrauchsanlagen (z. B. Haushalte) wird vorwiegend das TN-C-S-System angewendet (Bild 5.157). Hierbei sind Neutralleiter (N) und Schutzleiter (PE) an der Spannungsquelle (Umspannstation) zum **PEN-Leiter** zusammengefasst (C: Combined) und geer-

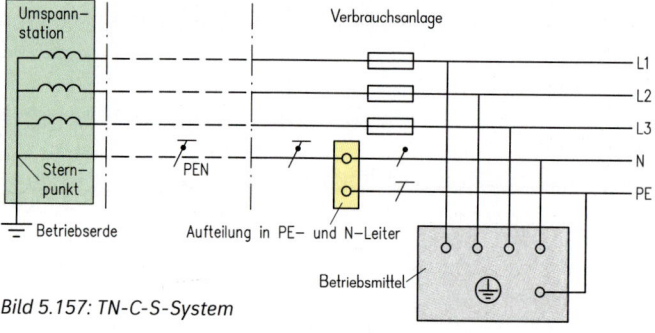

Bild 5.157: TN-C-S-System

det (Betriebserde). Erst am Einspeisungspunkt in der Verbrauchsanlage (**HAK**) werden sie getrennt und dann separat verlegt (**S**: Separated). Im Vergleich zum TN-S-System spart man hierdurch im Zuleitungsbereich eine Leitungsader, ohne dass bei einem Störfall die Schutzfunktion des PE-Leiters beim Verbraucher verloren geht (Schutzleiter-Schutzmaßnahme; Kap. 5.7.4.3).

5.7.4.2 Basisschutz (Schutz gegen direktes Berühren)

Dieser Schutz bezweckt, dass im ungestörten Betriebsfall alle Spannung führenden Teile der Anlage oder eines Geräts für den Menschen unzugänglich sind. Der Basisschutz kann z. B. erreicht werden durch:

Isolierung (*insulation*)

Sie muss so gut sein, dass kein oder nur ein nicht wahrnehmbarer Körperstrom fließen kann. Die Spannung führenden Teile müssen vollständig von der Isolierung umschlossen sein, die nur durch Zerstörung entfernt werden kann (z. B. Leitungsisolation).

Umhüllung (*casing*)

Sie schützt die Spannung führenden Teile gegen direktes Berühren. Sie kann aus isolierendem oder aus leitfähigem Material hergestellt sein. Im letzteren Fall muss sichergestellt sein, dass die aktiven Teile durch isolierende Abstandhalter sicher von der Umhüllung getrennt sind.

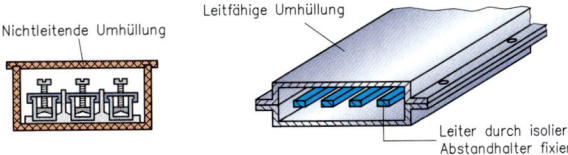

Bild 5.158: Umhüllung zum Schutz gegen direktes Berühren

Abdeckung (*covering*)

Zum Beispiel bei Schaltern und Steckdosen; schützt ebenfalls gegen direktes Berühren. Hierbei muss gewährleistet sein, dass die Abdeckung nur mit einem Werkzeug entfernt werden kann.

5.7.4.3 Fehlerschutz (Schutz bei indirektem Berühren)

Durch diesen Schutz wird sichergestellt, dass auch im Störfall keine gefährlichen Körperströme fließen können.

Es gibt drei Schutzklassen (Bild 5.159):
Schutzklasse I:
Geräte für Schutzleiter-Schutzmaßnahmen
Schutzklasse II:
Geräte mit Schutzisolierung
Schutzklasse III:
Geräte für Kleinspannungen

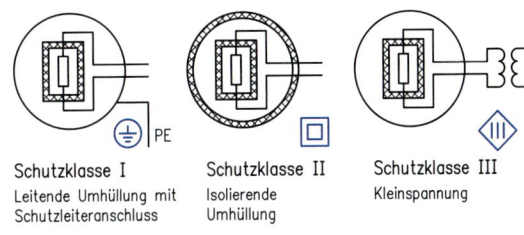

Bild 5.159: Schutzklassen und deren Kennzeichnung (blaue Symbole)

Bei Geräten der **Schutzklasse I** ist der Schutz gegen gefährliche Körperströme zweifach ausgeführt: durch Isolierung der aktiven Teile und durch eine metallene Umhüllung, an die der Schutzleiter PE angeschlossen ist.

Da in jeder Hausinstallation Geräte der Schutzklasse I vorhanden sind, ist immer eine Schutzleiter-Schutzmaßnahme erforderlich. Hierzu muss bei jedem Hausanschluss ein **Schutzpotenzialausgleich** vorgenommen werden. Darunter versteht man, dass an einer zentralen Stelle, der Potenzialausgleichsschiene, der Schutzpotenzialausgleichsleiter und alle metallenen Rohrsysteme (Gas, Wasser, Heizung) sowie Gebäudekonstruktionen miteinander verbunden und geerdet sein müssen. Diese Erdung erfolgt über den **Fundamenterder** (*foundation earth electrode*), ein

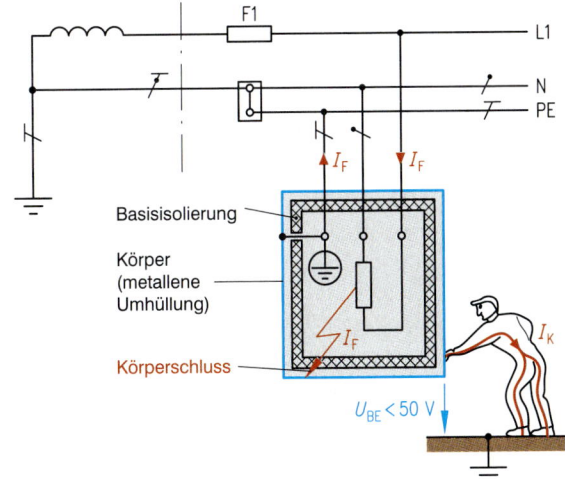

Bild 5.160: Schutzleiter-Schutzmaßnahme

in die Außenwände eines Gebäudes eingebrachter, nicht isolierter Leiter aus Band- oder Rundstahl, der über den vergleichsweise gut leitenden Beton großflächig mit der Erde in Verbindung steht.

Entsteht ein Körperschluss zwischen dem aktiven Teil eines Geräts und seiner Metallumhüllung (Bild 5.160), so nimmt letztere das Potenzial des aktiven Teils an.

> Als **Körperschluss** bezeichnet man die durch einen Fehler entstandene leitende Verbindung zwischen dem Körper eines Betriebsmittels und aktiven Teilen elektrischer Betriebsmittel (Bild 5.160). Beim Berühren der durch einen Körperschluss unter Spannung stehenden Teile besteht die Gefahr eines elektrischen Schlags.
>
> Ein **elektrischer Schlag** ist ein Stromunfall (alternativ: **Stromschlag**, **Elektrounfall**), der eine Verletzung eines Menschen durch Einwirkung eines elektrischen Stroms hervorruft (z. B. Verbrennungen, Herzflimmern, ggf. auch mit Todesfolge).

Bei einem Körperschluss entsteht ein Fehlerstromkreis über den PE-Leiter (Bild 5.160). Berührt ein Mensch das defekte Gerät („indirektes Berühren"), so teilt sich der Fehlerstrom I_F auf und es fließt ein Körperstrom I_K; damit dieser den Menschen nicht gefährdet, müssen I_K und die Einwirkzeit t_E möglichst gering sein.

Die Schutzleiter-Schutzmaßnahme bietet nur dann einen aureichenden Schutz, wenn im Fehlerfall die Berührungsspannung 50 V Wechselspannung nicht überschreitet und eine schnelle Abschaltung des Fehlerstromkreises erfolgt. Bei ortsveränderlichen Betriebsmitteln (z. B. Handbohrmaschine) muss die Abschaltung innerhalb von 0,2 Sekunden erfolgen, in allen anderen Stromkreisen innerhalb von fünf Sekunden.

Können diese Bedingungen für die Berührungsspannung und die Abschaltzeiten nicht eingehalten werden, so muss die Abschaltung des Fehlerstromkreises mit einer **RCD** erfolgen (Residual Current protective Device = Differenzstrom-Schutzeinrichtung; früher FI-Schalter; Bild 5.161).

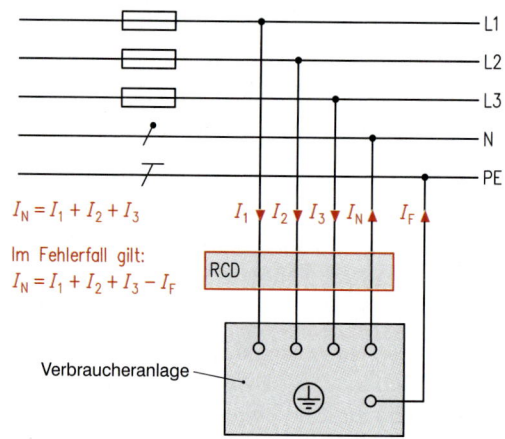

Fließt ein Fehlerstrom über den PE-Leiter ab, so ist der Strom im N-Leiter um den Fehlerstrom kleiner als die Summe der Ströme in den Außenleitern. Wird der Bemessungsdifferenzstrom (früher Nennfehlerstrom) der RCD überschritten, so löst diese aus und schaltet innerhalb von 0,1 Sekunden den Stromkreis ab.

Bild 5.161: RCD in vierpoliger Darstellung (Grundprinzip)

Typabhängig sind auch andere Abschaltzeiten möglich. RCDs sind verfügbar für Bemessungsdifferenzströme von 10 mA bis 500 mA (typischer Wert: 30 mA). Sie sind in vierpoliger Ausführung (d. h. zur Überwachung aller Außenleiter L1, L2 und L3; Bild 5.161) oder in zweipoliger Ausführung (d. h. zur Überwachung nur eines Stromkreises; Bild 5.162) erhältlich. Durch Betätigen des im RCD integrierten Prüftasters wird ein künstlicher Fehlerstrom erzeugt. Damit kann geprüft werden, ob der RCD intakt ist und entsprechend auslöst.

Bild 5.162 veranschaulicht das Funktionsprinzip bei Überwachung eines einzelnen Betriebstromkreises (z. B. ein Feuchtraum). Der durch das Betriebsmittel fließende Wechselstrom fließt auch durch die beiden (Differenzial-)Spulen auf dem Ringkern. Dieser Strom verursacht in beiden Spulen ein jeweils gleich großes magnetisches Feld im Ringkern (Kap. 5.4.2). Aufgrund ihres gegenläufigen Wicklungssinns sind die Magnetfelder entgegengesetzt gerichtet und heben sich folglich gegenseitig auf. Im Fehlerfall jedoch sind die elektrischen Ströme in beiden Spulen nicht mehr gleich groß, sodass sich das Magnetfeld im Ringkern auch nicht mehr zu null ergibt. Hierdurch wird in der Messwicklung eine Spannung induziert, durch die über das Abschaltrelais die Auslösekontakte betätigt werden und das Betriebsmittel allseitig abgeschaltet wird.

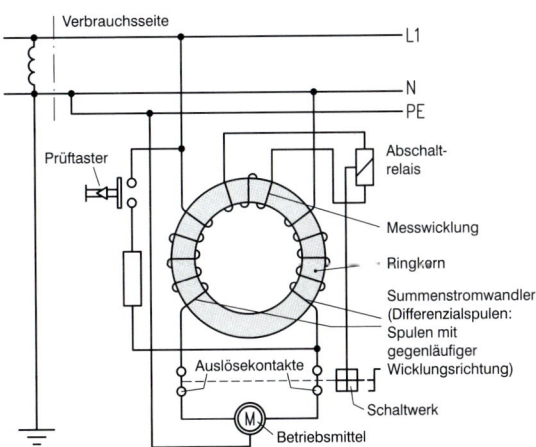

Bild 5.162: Schutzmaßnahme mit RCD; Funktionsprinzip bei einphasigem Anschluss

Damit ein RCD funktioniert, müssen im Wechselspannungsnetz folgende Bedingungen gegeben sein:

- Der Sternpunkt beim einspeisenden Netztransformator muss geerdet sein (siehe auch Bild 5.157).

- Nach dem RCD darf es keine Verbindung mehr zwischen N- und PE-Leiter geben (d. h., die Auftrennung beider Leiter muss vor dem RCD erfolgen).

- PE- und PEN-Leiter dürfen nicht durch den Summenstromwandler (Bild 5.162) geführt werden.

Bei Betriebsmitteln der **Schutzklasse II** ist der Schutz zweifach „passiv" ausgeführt: erstens durch Basisisolierung der aktiven Teile und zweitens durch eine zusätzliche Schutzisolierung.

Auf diese Weise wird bei Beschädigung der Basisisolierung eine Berührung der aktiven Teile verhindert. Diese Schutzklasse wird bei vielen Haushaltsgeräten und Elektrowerkzeugen angewendet. Betriebsmittel der Schutzklasse II werden mit Steckern an das Energieversorgungsnetz angeschlossen, die keinen Schutzleiteranschluss haben.

Alle Schalter- und Steckdosenabdeckungen sowie alle nach VDE-Bestimmungen gefertigten Leitungen gelten als schutzisoliert.

> Leitfähige Teile von Betriebsmitteln der Schutzklasse II dürfen nicht an den PE-Leiter angeschlossen werden.

Bei Betriebsmitteln der **Schutzklasse III** (Kleinspannung) ist sowohl Schutz gegen direktes Berühren als auch Schutz bei indirektem Berühren gegeben. Nach DIN VDE 0100-410 werden hierbei unterschieden:

- **SELV:** **S**afety **E**xtra **L**ow **V**oltage (Sicherheitskleinspannung)

- **PELV:** **P**rotective **E**xtra **L**ow **V**oltage (Schutzkleinspannung)

- **FELV:** **F**unktional **E**xtra-**L**ow **V**oltage (Funktionskleinspannung)

> Bei Betriebsmitteln der Schutzklasse III ist die Betriebsspannung auf den höchstzulässigen Wert der Berührungsspannung (50 V~ bzw. 120 V−) begrenzt. Bei besonderer Gefährdung (z. B. Kinderspielzeug) gelten jeweils die halben Spannungswerte.

Abgesehen von elektrochemischen Spannungsquellen wird die Kleinspannung in den meisten Fällen aus dem 230-V-Energieversorgungsnetz gewonnen. Hierzu ist ein Transformator erforderlich, der eine *sichere Trennung* der Stromkreise gewährleistet. Hierzu sind entsprechend gekennzeichnete Sicherheitstransformatoren zu verwenden, die in vielen Fällen durch entsprechende Strom begrenzende Schutzmaßnahmen sekundärseitig auch kurzschlussfest sind.

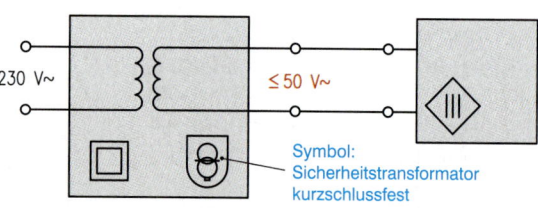

Bild 5.163: Schutz durch SELV

Bei **SELF** sind folgende Einschränkungen zu beachten:

- SELV-Stromkreise dürfen weder geerdet noch mit dem PE-Leiter oder aktiven Teilen anderer Stromkreise in Verbindung stehen.

- Die Gehäuse von SELV-Geräten dürfen nicht geerdet werden (gilt nicht notwendigerweise für einen in einem separaten Gehäuse untergebrachten Sicherheitstransformator).

- SELV-Stecker und -Steckdosen dürfen keine Schutzkontakte haben. Sie dürfen nicht in Steckdosen anderer Systeme passen.

- Bei SELV über 25 V~ bzw. 60 V- ist eine Basisisolierung erforderlich.

Beim Schutz durch **PELV** darf (im Gegensatz zu SELF) der Stromkreis geerdet werden, wenn aus *Funktionsgründen* eine Erdung oder eine Verbindung mit dem PE-Leiter erforderlich ist (sog. „**Funktionserdung**", engl. *functional ground*; z. B. bei Gehäusen von Audiogeräten zwecks EMV-Schutz). Daher sind auch Schutzkontakte bei Steckdosen und Steckern zulässig. Die Stecker dürfen jedoch nicht in Steckdosen anderer Systeme – auch nicht in SELV-Steckdosen – passen.

Als **FELV** bezeichnet man eine Schutzmaßnahme, bei der ein Betriebsmittel auch mit einer Kleinspannung betrieben wird, aber nicht alle Anforderungen von SELV oder PELV erfüllt werden können (z. B. keine sichere Stromkreistrennung, da nur ein „normaler" Transformator, aber kein Sicherheitstransformator verwendet wird).

Die Schutzmaßnahme **Schutztrennung** (*protective separation*) unterscheidet sich vom Schutz durch SELV im Wesentlichen durch eine höhere Ausgangsspannung. Sie bietet ebenfalls eine gute Schutzwirkung und wird für Bereiche mit erhöhter Gefahrdung verbindlich vorgeschrieben, z. B. bei Arbeiten mit elektrischen Handgeräten in Nassräumen, Großbehältern mit leitfähigen Wänden oder auf Montagegerüsten.

Bei Schutztrennung ist der Verbrauchsstromkreis vom Versorgungsnetz getrennt. Die Trennung erfolgt mittels Trenntransformatoren, die eine besonders hochwertige Isolierung zwischen Eingangs- und Ausgangsstromkreis besitzen (Bild 5.163).

Gehäuse und Teile des Verbrauchsstromkreises dürfen nicht geerdet werden, damit im Fehlerfall keine Berührungsspannung zwischen Gerät und Erde auftreten kann. Im Gegensatz zur Anschaltung des Geräts in Bild 5.160 kann hier auch im Fehlerfall kein Strom über der Körper eines Menschen fließen ($I_K = 0$).

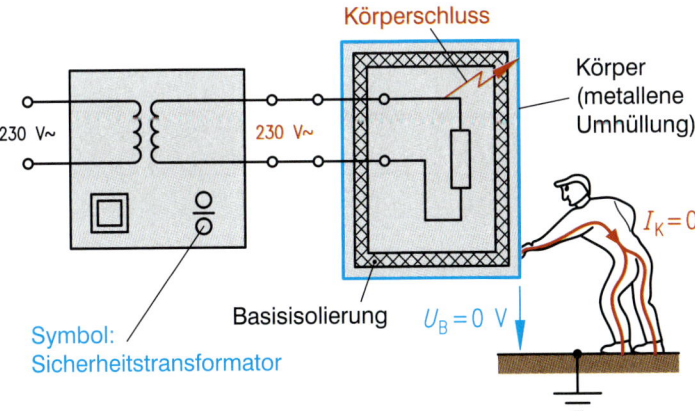

Bild 5.164: Schutztrennung

AUFGABEN

1. Welche Größen sind bei einem Körperstrom für die Gefährdung des Menschen von Bedeutung?

2. Bei welcher Einwirkzeit kann ein Körperstrom von 50 mA (100 mA, 200 mA) eine tödliche Gefahr bedeuten?

3. Erklären Sie den Begriff „Berührungsspannung".

4. Geben Sie die Berührungsspannung an, die einen Menschen gefährden kann.

5. Wie ist in der Praxis der „Basisschutz" ausgeführt?

6. Worin unterscheidet sich

    a) das TT-System vom IT-System und

    b) das TN-S-System vom TN-C-System?

7. Wozu dient bei den elektrischen Schutzmaßnahmen der „Fehlerschutz"? Wie wird er realisiert?

8. a) Erläutern Sie das Funktionsprinzip des RCD-Schutzes (ggf. auch mit einer Skizze).

    b) Unter welchen Rahmenbedingungen kann eine RCD eine Ergänzung zum Basisschutz darstellen?

9. a) Was versteht man in der Elektrotechnik unter SELV?

    b) Wie groß ist die zulässige Spannung bei SELV?

10. Begründen Sie, warum bei der Schutztrennung der Verbraucher nicht an den Schutzleiter angeschlossen oder geerdet werden darf.

11. Sie sollen in einer Verbraucheranlage eine zusätzliche Schutzkontakt-Steckdose installieren. Beschreiben Sie, welche Maßnahmen Sie in welcher Reihenfolge durchführen, um einen Stromunfall zu vermeiden.

12. a) Aus wie vielen verschiedenen Leitern besteht im Allgemeinen das Energieversorgungsnetz bei einer Gebäudeinstallation und wie werden sie bezeichnet?

    b) Zur Unterscheidung der Leiter sind ihre Ummantelungen farblich unterschiedlich ausgeführt. Nennen Sie die Normfarben und ordnen Sie diese den Leitern zu.

    c) An welche dieser Leiter wird eine handelsübliche Schutzkontaktsteckdose angeschlossen?

Sachwortverzeichnis

Bildquellenverzeichnis

ASRock EUROPE B.V., AR Nijmegen: 6546 37.1.

ASUS Computer GmbH, Ratingen: 39.1, 39.2, 102.1, 315.1, 316.1, 316.2, 317.1, 317.2, 318.1, 318.2.

**Di Gaspare, Michele (Bild und Technik Agentur für technische Grafik und Visualisierung),
Bergheim:** 17.2, 23.1, 27.1, 38.1, 38.2, 55.1, 68.2, 72.1, 76.2, 76.5, 76.7, 77.2, 83.2, 85.1, 90.1, 91.1,
91.2, 92.5, 93.3, 95.1, 99.2, 107.2, 112.1, 115.2, 115.3, 115.4, 119.3, 125.2, 136.1, 142.1, 143.1, 143.2,
143.3, 147.1, 149.1, 149.2, 151.1, 163.1, 166.1, 167.1, 167.2, 174.1, 176.1, 178.2, 181.1, 184.1, 185.1,
186.1, 186.2, 188.1, 192.1, 195.1, 198.1, 198.2, 202.1, 203.1, 203.2, 204.1, 205.1, 206.1, 207.1, 207.2,
207.3, 217.2, 294.1, 294.2, 295.1, 303.1, 304.1, 322.1, 368.1, 368.2, 368.3, 368.4, 369.1, 369.2, 369.3,
370.1, 370.2, 370.3, 370.4, 371.1, 384.1, 385.1, 386.1, 389.1, 389.2, 389.3, 389.4, 389.5, 389.6, 389.7,
389.8, 389.9, 389.10, 389.11, 389.12, 390.1, 390.2, 390.3, 390.4, 390.5, 390.6, 390.7, 390.8, 390.9,
390.10, 390.11, 391.1, 391.2, 391.3, 391.4, 391.5, 391.6, 391.7, 391.8, 391.9, 391.10, 391.11, 391.12,
391.13, 391.14, 392.1, 392.2, 392.3, 392.4, 393.1, 393.2, 393.3, 393.4, 393.5, 393.6, 393.7, 393.8, 394.1,
395.1, 395.2, 395.3, 395.4, 396.1, 396.2, 397.1, 398.1, 398.2, 398.3, 399.1, 399.2, 399.3, 400.1, 400.2,
400.3, 400.4, 401.1, 401.2, 401.3, 401.4, 401.5, 402.1, 402.2, 402.3, 403.1, 403.2, 404.1, 405.1, 407.1,
408.1, 408.2, 409.1, 410.1, 410.2, 411.1, 412.1, 412.2, 414.1, 414.2, 415.1, 416.1, 417.1, 418.1, 418.2,
418.3, 419.1, 419.2, 419.3, 420.1, 420.2, 420.3, 420.4, 421.1, 422.1, 423.1, 424.1, 426.1, 428.1, 429.1,
430.1, 430.2, 433.1, 433.2, 433.4, 434.1, 435.1, 435.2, 436.1, 436.2, 438.1, 439.1, 440.1, 441.1, 442.1,
442.2, 442.3, 442.4, 443.1, 443.2, 444.1, 444.2, 444.3, 444.4, 445.1, 445.2, 445.3, 445.4, 445.5, 446.1,
446.2, 446.3, 447.1, 447.2, 448.1, 448.2, 450.1, 451.1, 451.2, 451.3, 451.4, 451.5, 452.1, 452.2, 453.1,
453.2, 454.1, 456.1, 457.1, 462.1, 463.1, 464.1, 464.2, 465.1, 467.1, 467.2, 469.1, 469.2, 471.1, 472.1,
472.2, 473.1, 474.1, 474.2, 476.1, 476.2, 477.1, 477.2, 477.3, 477.4, 478.1, 478.2, 478.3, 479.1, 479.2,
482.2, 483.1, 483.2, 483.3, 484.1, 484.2, 485.1, 485.2, 485.3, 490.1, 490.2, 490.3, 491.1, 491.2, 491.3,
494.1, 494.2, 494.3, 494.4, 495.1, 495.2, 496.1, 497.1, 497.2, 498.1, 499.1, 500.2, 501.1, 502.1, 502.2,
502.3, 502.4, 502.5, 503.1, 504.1, 505.1, 505.2, 506.1, 507.1, 508.1, 509.1, 509.2, 509.3, 509.4, 510.1,
510.2, 510.3, 510.4, 512.1, 516.1, 517.1, 517.5, 517.7, 518.1, 518.3, 519.1, 520.1, 520.2, 520.3, 521.1,
521.2, 523.1, 524.1, 524.2, 524.3, 524.4, 525.1, 525.2, 525.3, 526.1, 526.2, 527.1, 527.2, 527.3, 527.4,
527.5, 527.6, 527.7, 528.1, 528.2, 528.3, 528.4, 530.1, 530.2, 530.3, 530.4, 530.5, 530.6, 530.7, 530.8,
530.9, 530.10, 531.1, 531.2, 531.3, 531.4, 531.5, 531.6, 536.1, 537.1, 537.2, 538.1, 538.2, 538.3, 538.4,
538.5, 538.6, 539.1, 540.1, 541.1, 542.1, 545.1, 546.1, 547.1, 547.2, 547.3, 548.1, 549.1, 550.1, 551.1.

DIN CERTCO Gesellschaft für Konformitätsbewertung mbH, Berlin: 221.1, 222.1.

ETICS European Testing Inspection Certification System, Brussels: 222.2.

fotolia.com, New York: WoGi 218.1.

Getty Images (RF), München: mikimad 1.1.

Google LLC, Mountain View: 275.1, 277.1, 277.2, 277.3.

Hama, Monheim: 119.4, 160.2, 166.2.

Hegemann, Klaus, Hörstel: 219.1, 241.1, 245.1, 245.2, 247.1, 252.1, 254.1, 268.1, 269.1, 338.1.

Heise Medien GmbH & Co. KG, Hannover: c't 2013, Heft 5 167.3.

Intel Corporation, Nürnberg: 62.1, 124.1.

iStockphoto.com, Calgary: Dubov, Daniil 105.3; ULRO 58.2.

Jouve Germany GmbH & Co. KG, München: 45.2, 64.1, 64.2, 82.1, 89.1, 124.2, 171.2, 171.3, 171.4,
171.5, 171.6, 171.7, 171.8, 172.1, 172.2, 172.3, 172.4, 172.5, 172.6, 172.7, 172.8, 172.9, 172.10,
172.11, 172.12, 172.13, 172.14, 172.15, 172.16, 173.3, 173.4, 200.1, 231.1, 240.1, 242.1, 311.1,
312.1, 314.1, 315.2, 328.1, 331.1, 375.1, 376.1, 382.1, 511.1, 528.5.

Microsoft Deutschland GmbH, München: 173.1, 173.2, 246.1, 251.1, 251.2, 253.1, 253.2, 254.2, 255.1, 256.1, 256.2, 259.1, 262.1, 262.2, 263.1, 263.2, 263.3, 264.1, 329.1, 340.1, 341.1, 341.2, 342.1, 342.2, 343.1, 343.2, 345.1, 346.1, 346.2, 347.1, 348.1, 349.1, 349.2, 350.1, 350.2, 351.1, 352.1, 353.1, 353.2, 354.1, 357.1, 358.1, 359.1, 360.1, 360.2, 361.1, 361.2, 362.1, 363.1, 364.1, 366.1.

Narda Safety Test Solutions GmbH, Pfullingen: 487.1.

PantherMedia GmbH (panthermedia.net), München: galdzer 142.2.

punktgenau gmbh, Bühl: 499.5.

Raspberry Pi, Cambridge: 28.1.

Ruhrstadtmedien, Castrop-Rauxel: 183.1, 543.1.

Schaefer, Udo, Herzogenrath: 169.1, 482.1.

SCHURTER AG, Luzern: 468.1, 468.2, 468.3, 468.4, 468.5, 469.3, 469.4, 517.2, 517.3, 517.4, 517.6, 518.2, 518.4, 518.5; Messtabelle: https://www.schurter.com/de/datasheet/typ_PFRA.pdf 518.6.

SD Association, San Ramon (CA): 69.1, 69.2, 69.3, 69.4.

Shutterstock.com, New York: Andrey_Popov 19.1, 19.2; Evgeny Karandaev 18.1; Keith Homan 141.2; MMXeon 118.1; slexp880 76.1; vetkit 135.1.

Shuttle Computer Handels GmbH, Elmshorn: 14.1, 14.2.

Stiftung Gemeinsames Rücknahmesystem Batterien, Hamburg: 217.3.

stock.adobe.com, Dublin: Aleshchenko 97.1; Alex 93.2, 121.1, 121.2, 121.3; Alexey 105.2; alexlmx 140.2, 141.3; An-T 154.1; aquapix 119.1; Archmotion.net 157.1; Armin 141.1; Birgit Reitz-Hofmann 433.3; bogdandimages 160.1; Bondarau 77.1; Brix 81.1; c_atta 66.1; cafa 32.1; Can Yesil 20.1; chapinasu 89.2, 101.1; Coprid 76.4; deagreez Titel; Destina 83.1, 93.4; DG-Studio 25.1; dlyastokiv 22.1; Dryashkin, Denis 119.2, 493.1; escapejaja 196.1; FedotovAnatoly 91.3; Feoktistov, Ivan 493.2; fotohansel 475.1; FrankBoston 157.2; gangster9686 178.1; geniuskp 76.6; happyvector071 92.2, 92.3, 92.4; iuneWind 68.1, 68.3, 68.4; Ivan 500.1; Jultud 499.2; Karramba Production 16.2; Kenishirotie 16.1; KPixMining 499.3; krasyuk 416.2; L.Klauser 159.2; lassedesignen Titel; lawcain 76.3; levelupart 113.1, 113.2; littlej78 140.1; lucadp 34.2; Lucky Dragon 171.1; magele-picture 93.1; martialred 217.1; mat 105.4; mehaniq41 123.1; mehmet 105.1; Moonwolf 159.1; Norman Chan 58.1; nsdpower 1.2; nullplus 34.1; Oleksandr Delyk 45.1; ozaiachin 189.1; pavelkubarkov 385.2; Popova, Olga 92.1; Reneshia 214.1; RomainQuéré 17.1; Ronald 99.1; Smeilov 134.1; SpicyTruffel 123.2; telmanbagirov 87.1; Trezvuy 173.5; vitalis83 59.1; vlabo 499.4; Volkov, Aleksandr 125.1, 475.2.

TCO Development, Stockholm: TCO Certified 224.1.

Tragant Handels- und Beteiligungs GmbH, Berlin: Delock® 107.1, 141.4.

Transcend Information Trading GmbH, Hamburg: 115.1.

TÜV Rheinland AG, Köln: ID 0100000000, www.tuv.com 223.2; ID 7000000000, www.tuv.com 222.3; ID Nr. 1000000000, www.tuv.com 223.1.

Umweltbundesamt, Dessau-Roßlau: 219.2.

Wortmann AG, Hüllhorst: 26.1.

© **Apple:** 20.2, 271.1, 272.1, 272.3, 272.4, 273.1; App Store 271.2, 279.1; FireWire 98.1; iOS, Hegemann, Klaus 279.2; macOS, Hegemann, Klaus 271.3, 272.2, 274.1.

© **Europäische Union, Brüssel:** 228.1.